AF901070

Büschgen · Bankbetriebslehre

Hans E. Büschgen

Bankbetriebslehre

Bankgeschäfte und Bankmanagement

5., vollständig überarbeitete und erweiterte Auflage

GABLER

Professor Dr. Hans E. Büschgen lehrt Bankbetriebslehre an der Universität zu Köln.

Die Deutsche Bibliothek - CIP-Einheitsaufnahme

Büschgen, Hans E.:
Bankbetriebslehre : Bankgeschäfte und Bankmanagement /
Hans E. Büschgen. - 5., vollst. überarb. und erw. Aufl. -
Wiesbaden : Gabler, 1998

ISBN 978-3-322-89532-5 ISBN 978-3-322-89531-8 (eBook)
DOI 10.1007/978-3-322-89531-8

1. Auflage 1972
2. Auflage 1989
3. Auflage 1991
4. Auflage 1993
5. Auflage 1998
Nachdruck 1999

Alle Rechte vorbehalten

© Springer Fachmedien Wiesbaden 1998
Ursprünglich erschienen bei Betriebswirtschaftlicher Verlag Dr. Th. Gabler GmbH, Wiesbaden 1998

Lektorat: Jutta Hauser-Fahr
Der Gabler Verlag ist ein Unternehmen der Bertelsmann Fachinformation.

Das Werk einschließlich aller seiner Teile ist urheberrechtlich geschützt. Jede Verwertung außerhalb der engen Grenzen des Urheberrechtsgesetzes ist ohne Zustimmung des Verlages unzulässig und strafbar. Das gilt insbesondere für Vervielfältigungen, Übersetzungen, Mikroverfilmungen und die Einspeicherung und Verarbeitung in elektronischen Systemen.

http://www.gabler-online.de

Höchste inhaltliche und technische Qualität unserer Produkte ist unser Ziel. Bei der Produktion und Auslieferung unserer Bücher wollen wir die Umwelt schonen: Dieses Buch ist auf säurefreiem und chlorfrei gebleichtem Papier gedruckt.

Die Wiedergabe von Gebrauchsnamen, Handelsnamen, Warenbezeichnungen usw. in diesem Werk berechtigt auch ohne besondere Kennzeichnung nicht zu der Annahme, daß solche Namen im Sinne der Warenzeichen- und Markenschutz-Gesetzgebung als frei zu betrachten wären und daher von jedermann benutzt werden dürften.

Vorwort

Seitdem 1993 die vierte Auflage der „Bankbetriebslehre“ erschienen ist, hat die Bankwirtschaft vielfältige Veränderungen erfahren, die bei der grundlegenden Überarbeitung des Buches für die nun vorliegende fünfte Auflage zu berücksichtigen waren. Besondere Bedeutung haben hierbei zum einen Veränderungen im aufsichtsrechtlichen Bedingungsrahmen bankgeschäftlicher Betätigung. So beinhaltete die sechste Novelle des Gesetzes über das Kreditwesen (KWG) ein Konvolut an Änderungen, die zum Teil Grundtatbestände des Aufsichtsrechts — insbesondere den Kreis der aufsichtsrechtlich überhaupt erfaßten Unternehmen bzw. Geschäfte — betreffen. Daneben war diese KWG-Novelle Grundlage für eine einschneidende Neufassung der aufsichtsrechtlichen Vorschriften über die Eigenmittelausstattung der Banken. Die Änderungen im legislativen und administrativen Bereich beschränken sich indessen nicht auf diese Sachverhalte, im Gegenteil waren viele Detailänderungen im Bank-, Wertpapier- und Börsenrecht einzubeziehen. Selbstverständlich wurden auch die operativen und strategischen Implikationen der Europäischen Währungsunion eingearbeitet.

Die aktuellen Veränderungen in der Bankwirtschaft — häufig als „Umbrüche“ qualifiziert — beschränken sich jedoch keineswegs auf den exogenen Bedingungsrahmen. Vielmehr sind eklatante Marktstrukturveränderungen zu konstatieren, die vor allem durch die Globalisierung und/oder die Elektronisierung des Bankgeschäfts geprägt werden. Auch diesen Entwicklungslinien wurde bei der Überarbeitung des Buches hohe Aufmerksamkeit geschenkt.

Dritter Schwerpunkt bei der Überarbeitung war die bankbetriebliche Risikopolitik. In diesem Bereich schreitet die theoretische und praktische Entwicklung schnell fort. Traditionelle risikopolitische Instrumente, häufig am einzelnen Geschäft ansetzend, werden ergänzt durch portfolioorientierte Konzepte, die auf einer empirisch-statistischen Grundlage stehen. Stichwort ist in diesem Zusammenhang der Terminus „value at risk“.

Obschon diese Überarbeitungsschwerpunkte für die Neuauflage der „Bankbetriebslehre“, ergänzt durch vielfältige Aktualisierungen und Verbesserungen im Detail, eine Ausweitung des Umfangs erforderten, versteht sich das Buch weiterhin als Darstellung, die sich nicht nur an Studierende der Bankbetriebslehre sowie Auszubildende bei den Banken, sondern ebenso an Bankpraktiker wendet: den erstgenannten zum Einstieg in die Materie der Bankbetriebslehre, den letztgenannten als Grundlage zur Ergänzung und Aktualisierung eines durch Berufspraxis oft notwendig verengten Wissenstandes. In diesem Sinne hat sich an der Grundorientierung und überwiegend auch am Konzept des Buches wenig verändert.

Meinen Mitarbeitern danke ich sehr für ihre Arbeiten zu dieser neuen Auflage; sie waren mir unentbehrlich. Dies gilt ganz besonders für meinen langjährigen Mitarbeiter Dr. Christoph J. Börner, dem auch wichtige Koordinationsaufgaben oblagen.

HANS E. BÜSCHGEN

Inhaltsübersicht

Drittes Kapitel

Viertes Kapitel

Zweiter Teil
Bankmanagement

Erstes Kapitel

Zweites Kapitel

Viertes Kapitel

Das Rechnungswesen der Banken

Fünftes Kapitel

Risiko und Risikopolitik

Inhaltsverzeichnis

Fünftes Kapitel

Zweiter Teil
Bankmanagement

Erstes Kapitel

Drittes Kapitel

Abbildungsverzeichnis

Abkürzungsverzeichnis

Abs.	Absatz
AGB	Allgemeine Geschäftsbedingungen
Aufl.	Auflage
BAK	Bundesaufsichtsamt für das Kreditwesen
BBankG	Gesetz über die Deutsche Bundesbank (Bundesbankgesetz)
B.Bl.	Betriebswirtschaftliche Blätter
BFuP	Betriebswirtschaftliche Forschung und Praxis
BGB	Bürgerliches Gesetzbuch
BI/GF	Bankinformationen/ Genossenschaftsforum
bum	bank und markt
BZ	Börsen-Zeitung
bzw.	beziehungsweise
CAPM	capital asset pricing model
CTD	cheapest to deliver
d.h.	das heißt
DBW	Die Betriebswirtschaft
Diss.	Dissertation
ECU	european currency unit
EDV	Elektronische Datenverarbeitung
EG	Europäische Gemeinschaft
ESZB	Europäisches System der Zentralbanken
EU	Europäische Union
EWI	Europäisches Währungsinstitut
EWS	Europäisches Währungssystem
EWWU	Europäische Wirtschafts- und Währungsunion
EZB	Europäische Zentralbank

f.	und folgende Seite
FAZ	Frankfurter Allgemeine Zeitung
FLF	Finanzierung — Leasing — Factoring
ff.	und folgende Seiten
FRA	forward rate agreement
GWB	Gesetz gegen Wettbewerbsbeschränkungen
HB	Handelsblatt
HdF	Handwörterbuch der Finanzwirtschaft
HGB	Handelsgesetzbuch
i.d.R.	in der Regel
i.e.S.	im engeren Sinne
i.w.S.	im weiteren Sinne
IT	Informations- und Telekommunikationstechnologien
IWF	Internationaler Währungsfonds
Jg.	Jahrgang
KAG	Kapitalanlagegesellschaft
KAGG	Gesetz über Kapitalanlagegesellschaften
KO	Konkursordnung
KuK	Kredit und Kapital
KWG	Gesetz über das Kreditwesen
LZB	Landeszentralbank
Nr.	Nummer
NRW	Nordrhein-Westfalen
NZB	nationale Zentralbank
o.a.	oben angeführt(e, -en)
o.Jg.	ohne Jahrgang
o.V.	ohne Verfasser
ÖBA	Bank-Archiv
OECD	Organization for Economic Cooperation and Development

OTC	over the counter
RAPM	risk-adjusted performance measurement
RAROC	risk-adjusted return on capital
RORAC	return on risk-adjusted capital
S.	Seite(n)
s.S.	siehe Seite(n)
Sp.	Spalte(n)
u.a.	und andere; unter anderem
u.U.	unter Umständen
UBGG	Gesetz über Unternehmensbeteiligungsgesellschaften
VAR	value at risk
vgl.	vergleiche
Vol.	Volume
vs.	versus
WK	Wechselkurs
Wpg	Die Wirtschaftsprüfung
WWU	Wirtschafts- und Währungsunion
z.B.	zum Beispiel
z.T.	zum Teil
z.Zt.	zur Zeit
ZBB	Zeitschrift für Bankrecht und Bankwirtschaft
ZfB	Zeitschrift für Betriebswirtschaft
ZfbF	Zeitschrift für betriebswirtschaftliche Forschung
ZfgK	Zeitschrift für das gesamte Kreditwesen

Erster Teil

Grundlagen der Bankbetriebslehre

Erstes Kapitel

Wissenschaftlicher Standort und Gegenstand der Bankbetriebslehre

Bankbetriebslehre wird als Wissenschaft konstituiert durch eine spezifische Auswahl der Sachverhalte, mit denen sie sich befaßt, sowie durch die darauf gerichteten Fragestellungen, unter denen diese Sachverhalte von ihr gesehen werden. Die Banken in einer Volkswirtschaft sind derjenige Ausschnitt der Realität, auf den die Bankbetriebslehre ausgerichtet ist. Als Spezialdisziplin der Betriebswirtschaftslehre sind es primär mikroökonomische Fragestellungen, mit denen sie sich diesen Sachverhalten zuwendet, z. B. der Aufbau und die innerbetrieblichen Abläufe des Bankbetriebs sowie seine Beziehungen zu dem für ihn relevanten Umsystem.

Stützt man die inhaltliche Bestimmung der Bankbetriebslehre außer auf die Wortinterpretation auf Beobachtung und Analyse der Forschungsprogramme der hierfür als zuständig erachteten Institutionen und Personen, so gehören aber auch Fragen, die die Gesamtheit der Banken oder die Gesamtheit abgegrenzter Institutsgruppen betreffen, zum Katalog der für das Forschungsprogramm der Bankbetriebslehre relevanten Sachverhalte. Hier sind der Systemaufbau, die Beziehungen innerhalb des Systems sowie die Beziehungen des Bankensystems zum Umsystem Gegenstand wissenschaftlicher Analyse. Erfolgt die Betrachtung des einzelnen Bankbetriebs aus *betriebswirtschaftlicher* (einzelwirtschaftlicher) Sicht, so wird die des Gesamtsystems aus *gesamtwirtschaftlicher*, speziell geldpolitischer, wettbewerbspolitischer oder kapitalmarktpolitischer Sicht vorgenommen. Das Bankensystem ist so einerseits als relevanter Faktor für das Handeln der Einzelbanken und andererseits als selbständiges Forschungsobjekt Gegenstand der Bankbetriebslehre.[1]

Die Herausbildung der Bankbetriebslehre als Spezialdisziplin ist Ergebnis eines — sich im ganzen unsystematisch vollziehenden — Spezialisierungsprozesses innerhalb der Betriebswirtschaftslehre, in dessen Verlauf sich eine Reihe von Besonderen (Speziellen) Betriebswirtschaftslehren abgespalten hat. Spezialisierungskriterium der Teilbereichslehren ist zum einen die Zugehörigkeit des speziellen Erfahrungsobjektes „Betrieb" zu bestimmten *Wirtschaftszweigen* — wie Handel, Bankwirtschaft, Industrie, Verkehr, Landwirtschaft —, die Begründung von Sondergebieten der Betriebswirtschaftslehre orientiert sich zum anderen an betrieblichen *Funktionen* — wie Finanzierung, Leistungserstellung, Absatz.

---

1 Vgl. bereits Kalveram, W.: Bankbetriebslehre, 1. Teil, Wiesbaden 1950, S. 7 f.

Für die Klärung des Verhältnisses der Bankbetriebslehre zur Allgemeinen Betriebswirtschaftslehre und zu den übrigen Wirtschaftszweig- und Funktionenlehren ist die spezifische Differenz zu beschreiben, aus der spezielle bankbetriebswirtschaftliche Fragestellungen resultieren, die die Herausbildung einer gesonderten Betriebswirtschaftslehre der Banken rechtfertigen.[2] Diese spezifische Differenz könnte in besonderen Merkmalen der bankbetrieblichen Leistungen, des bankbetrieblichen Leistungserstellungsprozesses sowie in Spezifika des Bedingungsrahmens bankbetrieblichen Handelns liegen. Mit zunehmender Abstraktion des Erkenntnisobjektes „Bankbetrieb“ von der Vielfalt und Komplexität der Realität vermindert sich das Ausmaß an Besonderheit, und bei zulänglicher Abstraktion sind die betriebswirtschaftlichen Sachverhalte der Leistungsprozesse bei Banken mit denen der Betriebe anderer Wirtschaftszweige identisch.

Die Herausbildung der Allgemeinen Betriebswirtschaftslehre und darin der Funktionenlehren vollzog sich historisch unter bevorzugter Ausrichtung an den Gegebenheiten der Sachleistungsbetriebe oder — noch enger — denen der Industriebetriebe.[3] Solange dieses Paradigma für die theoretische Analyse in den Funktionenlehren dominiert, der Abstraktionsgrad zur Erfassung auch der Vorgänge in Dienstleistungsbetrieben und speziell der Bankbetriebe nicht ausreicht, erscheint die spezifische Analyse bankbetrieblicher Sachverhalte durch die Bankbetriebslehre unabdingbar.

Durch Abstraktion und Theoriebildung in den einzelnen Wirtschaftszweiglehren könnte durch Integration der Erkenntnisse eine zulänglich allgemeine betriebswirtschaftliche Theorie formuliert und durch sie eine Ablösung der Wirtschaftszweiglehre bewirkt werden.[4] Eine durch Einbringung der Gemeinsamkeiten wirtschaftszweigübergreifender Gesetzmäßigkeiten entwickelte allgemeine Theorie könnte in umgekehrter Richtung wichtige Fortschritte für die theoretische Durchdringung der Prozesse der Betriebe einzelner Wirtschaftszweige ermöglichen. Schon heute erfolgt begrenzt Wissenstransfer von der allgemeinen betriebswirtschaftlichen Theorie zu den Spezialdisziplinen und zwischen diesen. Hinderlich für diese Transfers könnten gegenwärtig ein nicht hinreichender Abstraktionsgrad der allgemeinen Theorie und eine das Generelle verdeckende unnötige Fixierung der Wirtschaftszweiglehren auf ihre Spezifika sein.

Bezüglich der Beziehungen einer Wirtschaftszweiglehre zu der allgemeinen Theorie ist jedoch auch folgendes zu bedenken: Es kann sich herausstellen, daß für eine alle Betriebe übergreifende Theorie ein sehr hohes Abstraktionsniveau erforderlich ist, so daß die Distanz zur Realität für die Erarbeitung und theoretische Fundierung konkreter Problemlösungen zu groß wird, d. h. die allgemeine Theorie erst durch Auffüllung mit den spezifischen Gegebenheiten der einzelnen Wirtschaftszweige für praktische Problemlösungen leistungsfähig wird. Zu fordern wäre dann nicht, die speziellen Wirtschafts-

---

2 Vgl. zum folgenden Böhner, W.: Bankbetriebslehre, in: ZfB, 52. Jg. (1982), H. 9, S. 871 – 892, hier: S. 873 ff.

3 Vgl. Kern, W.: Die Produktionswirtschaft als Erkenntnisbereich der Betriebswirtschaftslehre, in: ZfbF, 28. Jg. (1976), H. 10, S. 756 – 767, hier: S. 756 f.

4 Vgl. z. B. für die Produktion Kern, W.: Industriebetriebslehre, in: HWB, hrsg. von E. Grochla und W. Wittmann, 4. Aufl., Stuttgart 1975, Sp. 1850 – 1858.

zweiglehren durch allgemeine Funktionenlehren abzulösen, sondern statt dessen die Interaktionen zwischen Funktionen- und Wirtschaftszweiglehren zu fördern.

Inhaltlich war Bankbetriebslehre traditionell und ist Bankbetriebslehre auch heute noch zunächst *Bankgeschäftslehre*. Die Lehre vom Inhalt, von der Systematik und von der Abwicklung von Bankleistungen sowie Fragen ihrer zweckmäßigen Gestaltung waren über lange Zeit neben Fragen ihrer adäquaten Abbildung im Rechnungswesen Hauptgegenstand der Bankbetriebslehre, und sie ist auch noch heute ein Kerngebiet dieser Disziplin. Hier wird außer der Beschreibung der verschiedenen Leistungsarten die bankwirtschaftliche und die kundenorientierte Bewertung der Leistungen verlangt. Dies setzt für Auswahl und Gewichtung der relevanten Leistungsmerkmale banktheoretische und finanzierungstheoretische Grundlagen voraus, so daß sich hier Überschneidungen mit der Lehre von der betrieblichen Finanzwirtschaft sowie der Theorie der Kapitalanlage und des Kapitalmarktes ergeben. Aus der Tatsache, daß Bankleistungen ganz überwiegend als Verträge zwischen Bank und Kunde konstruiert sind, folgt für die Behandlung der Bankleistungsinhalte, daß hier in starkem Maße juristisch-technische Sachverhalte in die Bankbetriebslehre eingehen.

Gegenstand der Bankbetriebslehre sind darüber hinaus die verschiedenen betrieblichen *Funktionen* im Bankbetrieb, also Beschaffung, Leistungserstellung, Absatz und Finanzierung mit weitgehenden — für eine Bank charakteristischen — Überschneidungen bei der Beschaffung, der Finanzierung und dem Einlagengeschäft. Im übrigen kann die Bankbetriebslehre hier lediglich versuchen, die aus der Eigenart und den Rahmenbedingungen der Bankgeschäftstätigkeit resultierenden spezifischen Konsequenzen für die betrieblichen Funktionen zu untersuchen, d. h. Möglichkeiten und Grenzen der Übertragung der Erkenntnisse der allgemeinen Funktionenlehren auf den Bankbetrieb kritisch zu hinterfragen.

Dabei hat sich in einzelnen Teilbereichen der Betriebswirtschaftslehre die Orientierung am Markt und seinen Akteuren und Bedingungen grundsätzlich durchgesetzt.[5] Für die Finanzierungslehre konkretisiert sich die Marktorientierung vordringlich in der Kapitalmarktorientierung. In der Kapitalmarkttheorie gilt das Konstrukt des vollkommenen Kapitalmarktes als benchmark für die Finanzierungs- und Investitionsentscheidungen eines Unternehmens. In neoklassischen Modellen wie dem capital asset pricing model (CAPM) werden unter den Annahmen homogener und rationaler Erwartungen sowie rationaler Entscheidungen der Akteure und generell den Bedingungen des vollkommenen Kapitalmarkts Finanztitel bewertbar. Die Prämissendiskussion um die Realitätsferne und Aussagekraft des Modells — insbesondere im Diskurs mit den empirischen Kapitalmarktforschern — ist für das Forschungsobjekt „Bank" letztendlich irrelevant, sind Banken doch in Modellen des vollkommenen Kapitalmarkts — wie beim CAPM — ökonomisch nicht existent, da die Marktakteure vom Kapitalmarkt bereits effizient mit Finanzdienstleistungen versorgt werden. Erst die Annahme von Marktunvollkommenheiten bei der neoinstitutionalistischen Finanzierungstheorie in Gestalt asymmetrischer

---

5 Vgl. zum folgenden auch Rudolph, B.: Von der Bankbetriebslehre zur Kapitalmarktforschung — Gedanken zur Entwicklung eines Faches, in: Mitteilungen aus dem Institut für das Spar-, Giro- und Kreditwesen an der Universität Bonn, Bonn 1995, Nr. 47, S. 66 – 77.

Informationsverteilungen und divergierender Interessenlagen und deren opportunistisches Ausnutzen durch die Kontraktpartner für ein bestimmtes Finanzierungsverhältnis bietet Anknüpfungspunkte für die *Existenz von Finanzintermediären*, da Banken durch Transaktions- und Transformationsleistungen die negativen Effekte ungleich verteilter Informationen bei opportunistischem Verhalten einschränken können, um ein (Kapital-) Marktversagen zu verhindern. Banken können als Finanzintermediäre mithin im Kontext eines unvollkommenen Kapitalmarktes gegebenenfalls wohlfahrtssteigernde Wirkungen durch die Ausübung der Transaktions- und Transformationsfunktion erzielen. Ihre Existenzbegründung aus einem möglichen Marktversagen heraus generiert aber prinzipiell keinen neuen theoretischen Ansatz. Zudem ist der neoinstitutionalistischen Finanzierungslehre im Widerspruch zu ihrem umfassenden Anspruch eine begrenzte Reichweite zu attestieren, kann sie doch allenfalls die Existenz von Banken in Ansätzen erklären; in bezug auf die Gestaltungsaufgabe im Bankbetrieb hat sie nur eine begrenzte Aussagekraft.[6]

Einen inhaltlichen Schwerpunkt der Bankbetriebslehre — als Insitutionenlehre — bilden mithin auch Fragen der *Bankunternehmungsführung*.[7] Ähnlich wie in der Allgemeinen Betriebswirtschaftslehre sind auch in der Bankbetriebslehre Fragen der Unternehmungsplanung, der Organisation und der Kontrolle stark in den Mittelpunkt wissenschaftlichen Interesses gerückt. Durch gravierende Wandlungen im rechtlichen und marktlichen — aber auch technischen — Bedingungsrahmen und, damit eng verbunden, durch Änderungen im unternehmerischen Selbstverständnis der Banken als autonom handelnde Wirtschaftssubjekte in einem marktlich gesteuerten Wirtschaftssystem erhielten Fragen der *geschäftspolitischen Steuerung* der Bankbetriebe in den letzten Dekaden zunehmende Bedeutung in der Bankpraxis, verbunden mit korrespondierender Reflexion in den wissenschaftlichen Arbeiten zur Bankbetriebslehre.

In jüngster Zeit ist zudem festzustellen, daß Strukturwandlungen im Bankenumfeld an Häufigkeit, Intensität und Geschwindigkeit im Zeitablauf zunehmen. Als deutliches Indiz für eine Zunahme der *Dynamik* im für das *bankgeschäftliche Handeln* relevanten *Umfeld* sind die Beschleunigung des technischen Fortschritts und hier insbesondere die neuen Informations- und Kommunikationstechnologien, die Änderungen der Anbieterstrukturen im finanziellen Sektor und die erhöhte Volatilität wichtiger gesamtwirtschaftlicher Variablen wie Zinssätze, Wechselkurse und Preise bedeutsamer Weltwirtschaftsgüter. Zudem erweitern die internationalen Deregulierungsmaßnahmen staatlicher Stellen — durch Aufhebung von bis dato strukturstabilisierender Konstanten des bankwirtschaftlichen Bedingungsrahmens — bewußt sowohl das Ursachen- als auch das Wirkungsfeld dieser Veränderungen. Banken sind als offene, dynamische Systeme in vielfältiger Weise durch monetäre und informationelle Beziehungen mit ihrem Umfeld verbunden, woraus sich die Notwendigkeit ergibt, die Strukturen und Prozesse der Bank an die relevanten Strukturwandlungen im Umfeld anzupassen. Dieser Anpassungsbedarf ergibt sich dabei zum einen aus eigenem Interesse der Bankunternehmensführung, ihre

---

6 Vgl. auch Baltensperger, E.; Milde, H.: Theorie des Bankverhaltens, Berlin – Heidelberg 1987.

7 Vgl. Büschgen, H. E.: Bank-Unternehmungsführung, Frankfurt a. M. 1981.

innerbetrieblichen und marktlichen Strukturen auf die des Umsystems abzustimmen, um langfristig am Markt erfolgreich zu sein; zum anderen resultiert eine Anpassungsnotwendigkeit aus staatlichen Re-Regulierungsmaßnahmen, um Marktvolatilitäten nicht unkontrolliert auf den volkswirtschaftlich sensitiven Bereich des Bankensystem einwirken zu lassen. In diesem Kontext wurden Fragen der *Risikopolitik* und des *Risikomanagement* in der bankbetrieblichen Forschung und Lehre virulent.

Die Tätigkeit der Banken ist mithin in vielfältiger Weise in einen die Zulässigkeit und die Folgen ihres Handelns bestimmenden komplexen *Bedingungsrahmen* eingebunden (z. B. Aufsichtsrecht, Wettbewerbsrecht, Geldpolitik der Zentralbank). Hier hat die Bankbetriebslehre die betriebswirtschaftlichen Konsequenzen und die Frage der sachgerechten Gestaltung dieser Bedingungen zu untersuchen. Die instrumentelle Einbindung des Bankensektors in die staatliche Ablaufpolitik (Prozeßpolitik) sowie die postulierte Sonderstellung der Banken in einer Volkswirtschaft sind wohl auch wesentliche Gründe dafür, daß in das Lehr- und Forschungsprogramm der Bankbetriebslehre vielfach *gesamtwirtschaftliche Problemfelder* (z. B. Geldtheorie und Geldpolitik, Kapitalmarkttheorie und Kapitalmarktpolitik) einbezogen werden.

Eine Verengung der Perspektive auf die besondere Reguliertheit der Bankwirtschaft durch staatliche Instanzen und die besondere volkswirtschaftliche Stellung der Banken in einer Geldwirtschaft sowie die besondere einzelwirtschaftliche Ausrichtung der Bank an den Interessen der Eigentümer — wie sie die Kapitalmarktorientierung für die Marktbewertung eines Unternehmens aus Sicht der shareholders vorsieht — darf aber den Blick nicht für andere bedeutende Einflüsse aus dem bankbetrieblichen Umfeld verstellen. So kann die Eingebundenheit einer Unternehmung im allgemeinen in eine pluralistische Gesellschaft mit divergierenden Interessen zu einem unternehmerischen Engpaßfaktor werden, der durch gesellschaftliche Akzeptanz aktiv zu gestalten ist, um Handlungsfreiräume zu schaffen; für die Bank gilt im besonderen, daß diese auf Interessenkonflikten zwischen der Bank und verschiedenen Anspruchsgruppen — den stakeholders — basierende Exponiertheit zu einer Einengung ihres Handlungsfelds führen kann und entsprechend gesteuert werden muß.[8] Dabei kann die Interessenvertretung vor den Teilöffentlichkeiten und hoheitlichen — zunehmend supranationalen — Instanzen ökonomisch sinnvoll nicht allein durch eine einzelne Bank wahrgenommen werden, sondern bedarf in einem zunehmend komplexeren gesellschaftspolitischen Netzwerk über nationale Grenzen hinweg der Ergänzung durch kooperative Instanzen. Dieses Geflecht zu analysieren gewinnt Bedeutung für die Gestaltungsaufgabe der Bankbetriebslehre vor dem Hintergrund seiner praktischen Relevanz für das Agieren jeder einzelnen Bank.

Zur Analyse des Bedingungsrahmens bankbetrieblichen Handelns gehört schließlich auch die Frage der Gestaltung des *Bankensystems als Ganzes*. So werden z. B. in einer fortwährend geführten Diskussion die einzel- und gesamtwirtschaftlichen Vorzüge und

---

8 Vgl. Börner, C. J.: Öffentlichkeitsarbeit von Banken: Ein Managementkonzept auf der Basis gesellschaftlicher Exponiertheit, Wiesbaden 1994.

Probleme eines Universalbanken- bzw. Spezialbankensystems erörtert.[9] Die konstatierten gravierenden technologischen und marktseitigen Veränderungen induzieren Umbrüche, die das Bankgeschäft gegenwärtig vermutlich tiefgreifender verändern als in den gesamten 150 Jahren zuvor, in denen sich der in Deutschland vorherrschende Universalbanktyp aktueller Prägung herausgebildet hat und nunmehr mit seiner gewachsenen Struktur auf den Prüfstand steht. Während Kritiker ihm Insuffizienzen im Wettbewerb mit seinem theoretischen Pendant attestieren, der auf bestimmte Geschäftsfelder — wie dem investment banking — spezialisierten *Trennbank*, sehen Befürworter einen strategischen Vorteil gerade in seinem diversifizierten Geschäftsportfolio mit seiner Ausgewogenheit von Chancen und Risiken. Von einem friktionslosen Siegeszug der *Universalbank* kann in jedem Fall nicht uneingeschränkt die Rede sein, implizieren doch auch die neuen Informationstechnologien — im Zuge der globalen Integration von Märkten, Bankensystemen und Bankkulturen — neue Protagonisten im internationalen Wettbewerb um Finanzdienstleistungen. Während der Universalbank auch ein Plus an strategischen Freiheitsgraden zugesprochen wird, erscheint ihre Position als Spezialist in einzelnen Geschäftsfeldern jedoch von den neuen Nischenanbietern mit einem Mehr an Kernkompetenzen konfrontiert. Entsprechend wird die Zukunft skizziert in einem Netzwerk spezialisierter Teilbanken oder auch Nichtbanken: ob realisiert in der Makroperspektive eines globalen Bankensystems oder in der Mikroperspektive eines einzelnen Universalbankkonzerns — als virtuelles oder reales Konglomerat dieser Teilunternehmen —, erscheint als noch recht diffuser Bestandteil einer Vision mit noch offenen Fragen, für die auch die bankbetriebliche Forschung Gestaltungshinweise und Problemlösungen entwickeln muß.

Aufgaben einer inhaltlich so abgegrenzten Bankbetriebslehre sind also das Erkennen bankbetriebswirtschaftlich relevanter *Sachverhalte der Realität*, ihre eingehende Beschreibung und insbesondere ihre systematische Ordnung. Ausgehend von einer Vielzahl einzelwirtschaftlich beobachtbarer Sachverhalte werden gleichartige Tatbestände registriert und geordnet, um so ein allgemeines Aussagensystem zur Beschreibung von Bankbetrieben zu gewinnen.

Diese systematisierende und zum Teil auch problematisierende Aufbereitung von Sachverhalten setzt für Auswahl, Gewichtung und bankbetriebswirtschaftliche Beurteilung durchaus auch *theoretische* Grundlagen, z. B. Annahmen oder Kenntnisse von Ziel-Mittel-Beziehungen, voraus. Die bis in die Mitte der sechziger Jahre vorherrschende Beschäftigung mit Fragen der Banktechnik, d. h. der Ausgestaltung und Abwicklung der Bankgeschäfte, verlangte zwar auch eine gewisse theoretische Basis; Bestrebungen im Hinblick auf eine *Theorie* des Bankbetriebs waren bis dahin im einzelwirtschaftlichen Bereich jedoch kaum erkennbar. So wurde diagnostiziert: „Der Stand der Betriebswirtschaftslehre der Banken wird seit langem als unbefriedigend empfunden... Im Mittel-

9 Vgl. Büschgen, H. E.: Das Universalbanken-System, Frankfurt a. M. 1971; Mühlhaupt, L.: Einführung in die Betriebswirtschaftslehre der Banken, 3. Aufl., Wiesbaden 1980, S. 277 – 292; Bundesministerium der Finanzen (Hrsg.): Bericht der Studienkommission „Grundsatzfragen der Kreditwirtschaft“, Schriftenreihe des Bundesministeriums der Finanzen, H. 28, Bonn 1979, S. 46 – 73 u. S. 222 – 245.

punkt fast aller betriebswirtschaftlichen Publikationen der letzten Jahre und Jahrzehnte, die unter der anspruchsvollen Bezeichnung „Bankbetriebslehre“ erschienen sind, steht nicht der Bankbetrieb als solcher und die sich in ihm vollziehenden Prozesse, sondern die Beschreibung der einzelnen Kredit- und Dienstleistungsgeschäfte, der Bankorganisation, des Rechnungswesens sowie der Struktur des Bankwesens“.[10]

Diese Diagnose war sicher zutreffend: Zwar waren Theorieansätze durch Modellbildung auch in der älteren Bankbetriebslehre gegeben, doch vorwiegend als Modelle der Geld- und Kredittheorie unter gesamtwirtschaftlichen Fragestellungen. Mikroökonomischer theoretischer Ansatz mit normativem Charakter war allenfalls die Herausbildung von Handlungsanweisungen zur Sicherung der Zahlungsfähigkeit einer Bank (beginnend im vergangenen Jahrhundert mit Hübner, Wagner, Knies, dann in diesem Jahrhundert fortgeführt z. B. von Schmalenbach). Aber auch bei ihnen standen nicht die primären Zielsetzungen eines Bankbetriebes als autonom handelnde Wirtschaftseinheit im Vordergrund des Interesses, sondern die Existenzsicherung der Banken im Hinblick auf die Gesamtwirtschaft und die Einleger. Andernfalls hätte zumindest die Beziehung zum Gewinnziel deutlicher beachtet werden müssen.

Auch zukünftig wird die Befassung mit dem Leistungsprogramm und den Leistungsarten der Banken ein Kerngebiet der Bankbetriebslehre bleiben. Das Selbstverständnis einer auch an der Lösung *praktischer* bankbetrieblicher Fragestellungen interessierten Bankbetriebswirtschaftslehre verlangt eine Ausweitung in zweierlei Hinsicht: Dies erfolgt zum einen — wie oben schon angemerkt — durch Rezeption, Anpassung und Fortentwicklung theoretischer Erkenntnisse der allgemeinen Funktionenlehren in die Bankbetriebslehre. Es sind zum anderen in den letzten Jahren zu einzelnen Problemfeldern einer *Theorie* des Bankbetriebes teils grundlegende, d. h. auf die Entwicklung einer geschlossenen Theorie zielende, und teils — wohl in größerer Zahl — auf Einzelprobleme bezogene Arbeiten erschienen. Ihr Theoriegehalt liegt in der Formulierung nomologischer (denkgesetzlicher) Hypothesen über Wirkungszusammenhänge in bankbetrieblichen Prozessen, um so Grundlagen für die Prognose der Handlungsfolgen bankbetrieblicher Entscheidungen zu gewinnen. Hierbei ist zu konstatieren, daß der empirisch getestete, empirisch bewährte nomologische Gehalt der durch Modellbildung deduktiv entwickelten Aussagensysteme noch gering ist. Sie liefern jedoch Ansätze zur Ableitung prüfbarer Hypothesen, um so weitere Schritte in Richtung auf eine Theorie des Bankbetriebs vorzubereiten.

Die theoretische Fundierung bankbetrieblichen Handelns könnte in umfassender Weise durch *Gesamtbankmodelle* erfolgen, die, ausgehend von einer Zielfunktion, die Ableitung zieladäquater Handlungsprogramme unter Beachtung der für das Handeln der Bank gegebenen Handlungsrestriktionen ermöglichen. Derartige Versuche sind als Optimalplanungsmodelle für das Aktiv- und Passivgeschäft der Bank vorgelegt worden. Der deterministische Charakter der Modelle, die vorgenommene Reduktion des technisch-organisatorischen Bereichs sowie der marktpolitischen Handlungsparameter einer Bank

---

10 Mühlhaupt, L.: Ansatzpunkte für eine Theorie der Kreditbank, in: Jahrbuch für Sozialwissenschaft, hrsg. von H. Jürgensen, A. Predöhl, H. J. Seraphim, F. Voigt, Band 12, Göttingen 1961, S. 132 – 143, hier: S. 132.

und der insgesamt doch geringe nomologische Gehalt der Modelle sind nur einige Merkmale, die deutlich machen, daß ein unmittelbarer praxeologischer Wert nicht gegeben ist. Es ist auch wohl kaum zu erwarten, daß in absehbarer Zeit in Form von Gesamtplanungsmodellen praktisch handhabbare Entscheidungshilfen entwickelt werden. Die große Zahl der Variablen und der kausalen Verknüpfungen in Verbindung mit dem Unsicherheitsproblem sowie der geringe Bestand nomologischen Wissens dürften dem entgegenstehen. Ihre wichtige Bedeutung liegt vielmehr darin, daß hier Ansätze zur weiteren modellhaften, theoretischen Durchdringung der bankbetrieblichen Prozesse vorliegen. Dabei wird die modellbildende Methode notwendig eine vorherrschende Vorgehensweise sein, da die Vielfalt der bankbetrieblichen Phänomene in Zeit und Raum Abstraktionen erforderlich macht. Soweit derartige Modelle für einzelne, relativ gut zu isolierende Partialbereiche konzipiert werden — dies setzt eine zulängliche Erfassung der realen Bedingungen bankbetrieblichen Handelns voraus — sind sie in der Lage, praktikable Lösungswege aufzuzeigen und einen Beitrag zur rationalen Entscheidungsfindung im Bankbetrieb zu leisten, d. h., sie dienen dazu, Zielsetzungen klar zu definieren, Handlungsalternativen zu suchen und im Hinblick auf ihre Handlungsfolgen zu analysieren und zu bewerten.

Bei dieser modellhaft entwickelten Theorie entsteht eine Diskrepanz zwischen singulären Phänomenen der bankbetrieblichen Realität und dem wissenschaftlichen Erklärungs- und Prognosevermögen, weil die Komplexität der Wirklichkeit im Modell nicht eingefangen werden kann. Diese Distanz zwischen singulärem Sachverhalt und theoretischer Modellaussage wird ständig vergrößert durch zum Teil recht rasante Wandlungen im Tatsachenbereich, so daß ständig die Notwendigkeit gegeben ist, die Theorie auszubauen und fortzuentwickeln. Aussagen über Bankbetriebe sind mangels einer allgemeinen Theorie einerseits notwendig zeit- und raumbezogen. Andererseits vollzieht sich Bankbetriebslehre als wissenschaftliche Tätigkeit nicht unmittelbar in der Bankpraxis, sondern im universitären Bereich, wobei hier — anders als bei den Naturwissenschaften — wirklichkeitsnahe Experimente und damit ein Nachvollzug des Erfahrungsprozesses der Praxis nicht möglich sind.

Um so wichtiger ist es, den Kommunikationsprozeß zwischen wissenschaftlicher Bankbetriebslehre und Bankpraxis möglichst umfassend und gut zu organisieren, wenngleich es sich hier wohl in aller Regel nur um einen sprunghaften, diskontinuierlichen und zum Teil zufälligen Prozeß handeln wird. Er sollte allerdings ausreichend sein, um die Realitätsnähe wissenschaftlicher Arbeit zu fördern und die praktische Relevanz der Fragestellungen offenzulegen, ohne allerdings die Entfaltung von Kreativität und die Freiheit der Problemformulierung zu behindern. So, wie aus der Zusammenarbeit mit der Praxis neue Aufgabenstellungen für die Wissenschaft erkennbar werden können, sollten aus wissenschaftlicher Analyse neue Einsichten für Fortentwicklungen in der Praxis resultieren.

Zweites Kapitel

Banken und Bankensysteme

A. Der Begriff „Bank" und verwandte Begriffe

Der Begriff „Bank" läßt sich je nach Sichtweise — einzel- oder gesamtwirtschaftlich — und je nach dem spezifischen Definitionszweck — ökonomisch oder rechtlich — anhand unterschiedlicher, für den Bankbetrieb und das Wesen der Bank konstitutiver Merkmale beschreiben.

I. Begriffsfassung aus rechtlicher Sicht

1. Legaldefinition nach deutschem Recht

Aus der Sicht des Gesetzgebers ist es notwendig, durch eine möglichst präzise Deskription und eine abschließende Enumeration konstitutiver Elemente eindeutig festzulegen, durch welche Kriterien die Qualifikation als Bankbetrieb im juristischen Sinne determiniert ist, um den Geltungsbereich der gesetzlichen Regelungen eindeutig festzulegen.

a) Der Begriff „Kreditinstitut"

In Abgrenzung zum Begriff „Bank" verwendet das deutsche Aufsichtsrecht den Begriff „Kreditinstitut", der als Oberbegriff — auch wenn er nur einen Teil des banküblichen Geschäfts repräsentiert (Aktivgeschäfte) — für alle Unternehmen der verschiedenen Gruppen im deutschen Kreditwesen Verwendung findet. Dabei wird durch den besonderen Institutsbegriff verdeutlicht, daß nur die Unternehmen aus der Gesamtheit der Unternehmen des finanzwirtschaftlichen Sektors berücksichtigt werden, die zur Sicherung der aufsichtsrechtlichen Ziele einer Kontrolle durch das Bundesaufsichtsamt für das Kreditwesen (BAK) zu unterwerfen sind. Dies ist insbesondere im Hinblick auf die —

durch die sechste Novellierung des Gesetzes über das Kreditwesen (KWG) — neu definierten Begriffe „Finanzdienstleistungsinstitute“, „Institute“ und „Finanzunternehmen“ von Bedeutung, da die „Institute“ — mithin die „Kreditinstitute“ und die „Finanzdienstleistungsinstitute“ — im Unterschied zu den „Finanzunternehmen“ der Aufsicht durch das BAK vollständig unterliegen.

Als konstitutive Elemente für ein Kreditinstitut wählt der deutsche Gesetzgeber in seiner Legaldefinition im Gesetz über das Kreditwesen (KWG) die „Bankgeschäfte“. Gemäß § 1 Abs. 1 KWG versteht er unter „Kreditinstituten“ solche Unternehmen, die eines oder mehrere der im Gesetz genannten Geschäfte gewerbsmäßig oder in einem Umfang betreiben, der einen in kaufmännischer Weise eingerichteten Geschäftsbetrieb erfordert. Als „Bankgeschäfte“ werden im Gesetz enumeriert:

1. „die Annahme fremder Gelder als Einlagen oder anderer rückzahlbarer Gelder des Publikums, sofern der Rückzahlungsanspruch nicht in Inhaber- oder Orderschuldverschreibungen verbrieft wird, ohne Rücksicht darauf, ob Zinsen vergütet werden“, d. h. also die Einlagen- oder Depositengeschäfte;
2. „die Gewährung von Gelddarlehen und Akzeptkrediten“, d. h. der größte Teil der Kreditgeschäfte;
3. „der Ankauf von Wechseln und Schecks“, d. h. ein weiterer Teil des Kreditgeschäfts: das Diskontgeschäft;
4. „die Anschaffung und die Veräußerung von Finanzinstrumenten im eigenen Namen für fremde Rechnung“, d. h. die Finanzkommissionsgeschäfte (Finanzinstrumente sind die im § 1 Abs. 11 KWG aufgeführten Wertpapiere bzw. Wertrechte, Geldmarktinstrumente, Devisen oder Rechnungseinheiten sowie Derivate);
5. „die Verwahrung und die Verwaltung von Wertpapieren für andere“, d. h. das (Effekten-) Depotgeschäft (Effektenverwahrung im „offenen“ Depot; das „geschlossene“ Depot, d. h. die „Annahme von Verwahrstücken“, auch wenn darin Wertpapiere sein sollten, gehört nicht hierher);
6. „die in § 1 des Gesetzes über Kapitalanlagegesellschaften bezeichneten Geschäfte“, d. h. das Investmentgeschäft;
7. „die Eingehung der Verpflichtung, Darlehensforderungen vor Fälligkeit zu erwerben“, d. h. das Darlehenserwerbsgeschäft als eine Form des Revolving-Kreditgeschäfts (auch „Pensionsgeschäft“): der Verkauf von Forderungen, die Teil eines langfristig gewährten Darlehens sind, an andere Geldgeber unter Übernahme von Rückkaufverpflichtungen auf kurze und mittlere Fristen (Fristentransformation auf der Basis von Prolongation und Substitution);
8. „die Übernahme von Bürgschaften, Garantien und sonstigen Gewährleistungen für andere“, d. h. die Garantiegeschäfte (im weiteren Sinne), also ein weiterer Teil des Kreditgeschäfts (Avalkredit usw.);
9. „die Durchführung des bargeldlosen Zahlungsverkehrs und des Abrechnungsverkehrs“, d. h. das Girogeschäft;
10. „die Übernahme von Finanzinstrumenten für eigenes Risiko zur Plazierung oder die Übernahme gleichwertiger Garantien“, d. h. das Emissionsgeschäft;

11. „die Ausgabe vorausbezahlter Karten zu Zahlungszwecken, es sei denn, der Kartenemittent ist auch der Leistungserbringer, der die Zahlung aus der Karte erhält", d. h. das Geldkartengeschäft;
12. „die Schaffung und die Verwaltung von Zahlungseinheiten in Rechnernetzen", d. h. das Netzgeldgeschäft.

Nach der sechsten Novellierung des Gesetzes über das Kreditwesen qualifiziert bereits das gewerbsmäßige Betreiben eines der aufgeführten Bankgeschäfte ein Unternehmen als „Kreditinstitut". Während bislang nur solche Unternehmen als Kreditinstitute galten, deren Geschäftsumfang einen in kaufmännischer Weise eingerichteten Geschäftsbetrieb erfordert, reicht nach der sechsten KWG-Novelle alternativ dazu die Gewerbsmäßigkeit des Betreibens von Bankgeschäften aus. Bankgeschäfte werden gewerbsmäßig betrieben, wenn der Betrieb auf eine gewisse Dauer angelegt ist und mit der Absicht der Gewinnerzielung verfolgt wird.

Die Legaldefinition des § 1 Abs. 1 erfuhr mit Inkrafttreten der sechsten KWG-Novelle 1998 eine Erweiterung in zweifacher Hinsicht: Zum einen knüpft die Kreditinstitutseigenschaft nicht länger nur an den objektiven Umfang des Bankgeschäfts, sondern bereits an das gewerbsmäßige Betreiben an. Damit sind auch diejenigen Unternehmen als Kreditinstitute zu qualifizieren, die kurzfristig rückzahlbare Gelder hereinnehmen, um sie dann im Namen des Einlegers bei anderen Kapitalnehmern zu plazieren, die aber bisher nur durch die geringe Zahl der Geschäfte, die sie gleichzeitig tätigten, unterhalb der Schwelle des § 1 Abs. 1 Satz 1 KWG geblieben sind und aufsichtsirrelevant waren. Zum anderen wurde der Katalog der erlaubnispflichtigen Bankgeschäfte im § 1 Abs. 1 Satz 2 KWG — die den Kreditinstituten vorbehalten sind — erweitert. In das Einlagengeschäft wurde in Ergänzung zum klassischen Einlagenbegriff die Annahme anderer rückzahlbarer Gelder des Publikums einbezogen, sofern der Rückzahlungsanspruch nicht in Inhaber- oder Orderschuldverschreibungen verbrieft wird, ohne Rücksicht darauf, ob Zinsen vergütet werden. Das Effektengeschäft, die kommissionsweise Anschaffung und Veräußerung von Wertpapieren und „Wertpapierderivaten", wurde von dem strengen wertpapierbezogenen Ansatz gelöst; namentlich Warentermin-, Zinssatz- und andere Termingeschäfte fallen unter den neuen Regelungsbereich. Ferner wurden drei neue Tatbestände als Bankgeschäfte definiert: Das sog. echte underwriting — das Emissionsgeschäft — als Übernahme der Plazierung von Wertpapieren oder anderen qualifizierten Instrumenten auf eigenes Risiko oder die Abgabe gleichwertiger Garantien für den Plazierungserfolg, die Ausgabe vorausbezahlter Karten zu Zahlungszwecken in dreiseitigen Systemen — das sog. Geldkartengeschäft — sowie die Schaffung und Verwaltung von Zahlungseinheiten in Rechnernetzen — das sog. Netzgeldgeschäft.

Das Einlagengeschäft stellt in seiner erweiterten Fassung gemäß § 1 Abs. 1 Satz 2 Nr. 1 KWG nicht mehr allein auf den klassischen Einlagenbegriff ab. In Extension des bisherigen Tatbestands — der Annahme fremder Gelder als Einlagen — wird die Annahme anderer rückzahlbarer Gelder des Publikums im Einklang mit der Ersten und Zweiten EG-Bankrechtskoordinierungsrichtlinie dem Einlagengeschäft subsumiert. Das BAK ging bisher vom Tatbestand des Einlagengeschäfts aus, wenn von einer Vielzahl von Geldgebern auf der Grundlage typisierter Verträge Gelder als Darlehen oder in ähnlicher Weise laufend entgegengenommen wurden, die ihrer Art nach banküblich besichert waren. Für den neuen Auffangtatbestand ist jede Form subjektiver Zwecksetzung — auch wenn sie auf dem übereinstimmenden Parteiwillen beruht — unmaßgeblich. Des weiteren ist es auch irrelevant, ob die Gelder des Publikums in der Absicht hereingenommen werden, durch Ausnutzung der Zinsspanne Gewinne zu erzielen. Damit wird die vom Bundesverwaltungsgericht vertretene enge Auslegung des Einlagenbegriffs, der auf die Ausnutzung der Zinsspanne zwischen Aktiv- und Passivgeschäft zielt, durch den Gesetzgeber obsolet.[11] Dagegen ist die Ausgabe von Inhaber- oder Orderschuldverschreibungen auch nach neuem Recht nicht als Einlagengeschäft anzusehen. Industrieunternehmen sollen sich wie bisher über die Ausgabe von Inhaber- oder Orderschuldverschreibungen direkt am Kapitalmarkt finanzieren können, ohne dadurch zu Kreditinstituten zu werden.

Das Finanzkommissionsgeschäft gemäß § 1 Abs. 1 Satz 2 Nr. 4 KWG substituiert das Effektengeschäft, das die Anschaffung und die Veräußerung von Wertpapieren und Wertpapierderivaten für andere als Bankgeschäft an dieser Stelle erfaßte. Weil die Beschränkung auf Wertpapiere und Wertpapierderivate nicht den EG-rechtlichen Anforderungen entspricht, definiert nunmehr die neue Vorschrift allgemein die kommissionsweise Anschaffung und Veräußerung von Finanzinstrumenten als Bankgeschäft. Zu den Finanzinstrumenten zählt der neue § 1 Abs. 11 KWG neben den handelbaren Werpapieren und Wertrechten auch Geldmarktinstrumente, Devisen oder Rechnungseinheiten sowie Derivate. Geldmarktinstrumente sind als Auffangtatbestand definiert, dem eine eigenständige Bedeutung zu attestieren ist im Hinblick auf nicht urkundenmäßig verbriefte oder als Wertrechte ausgestaltete Forderungsrechte, die auf dem Geldmarkt gehandelt werden. Dazu zählen z. B. kurzfristige Schuldscheindarlehen, bestimmte Unternehmensgeldmarktpapiere und certificates of deposit. Devisen und vergleichbare Rechnungseinheiten, die keine gesetzlichen Zahlungsmittel sind — wie die ECU —, werden generell erfaßt, womit die KWG-Vorschrift die Beaufsichtigung des Handels mit Devisen — auch von Devisenkassageschäften — und vergleichbaren Rechnungseinheiten über die Anforderungen der EG-Wertpapierdienstleistungsrichtlinie hinaus — aber gemäß internationalem Standard — reguliert. Den Derivaten werden beide Grundformen des Termingeschäfts zugeordnet: das Festgeschäft — vor allem in der Form des Terminkaufs — und das Optionsgeschäft — einschließlich der Übernahme von Stillhalterverpflichtungen. Zu den derivativen Bankgeschäften zählen insbesondere: Aktienindexfutures, Aktienindex-Optionen, Aktienoptionen, Edelmetall-futures, Edelmetall-Optionen, caps, collars, floors, forward rate agreements, Swap-Geschäfte, namentlich Währungs-swaps, Warenpreisindex-swaps, swaptions, Warentermingeschäfte, Zinsoptionen und Zinstermingeschäfte einschließlich hereingenommener forward forward desposits sowie die börsenmäßigen Zins-futures und die zinsbezogenen Index-futures.[12] Die derivativen Geschäfte sind — mit Ausnahme der Stillhalterverpflichtungen bei Optionsgeschäften, denen dem Wesen nach kein Adressenausfallrisiko und damit kein Kreditrisiko inhärent ist, grundsätzlich als Kredite im Sinne des § 19 Abs. 1 KWG einzustufen.

---

11 BVerwG NJW 1985, S. 929 f.

12 Siehe hierzu in diesem Teil Fünftes Kapitel Abschnitt C. VI. 4.

Vom Finanzkommissionsgeschäft abzugrenzen ist das Emissionsgeschäft, das seit 1998 als neuer Bankgeschäftstatbestand des § 1 Abs. 1 Satz 2 Nr. 10 KWG den Katalog der Bankgeschäfte verlängert. Im Zuge des underwriting hat es die Übernahme von Finanzinstrumenten für eigene Rechnung zur Plazierung oder Übernahme gleichwertiger Garantien zum Gegenstand.[13] Ein Bankgeschäft in diesem Sinne liegt beim Übernahmekonsortium vor, bei dem mehrere Dienstleistungsunternehmen eine Emission zu einem festen Kurs in den eigenen Bestand übernehmen bei gleichzeitiger Vergütung des Gegenwerts an den Emittenten und anschließender Plazierung der übernommenen Effekten (d. h. fungible, börsenfähige Wertpapiere) im eigenen Namen und für eigene Rechnung. Dabei trägt das Übernahmekonsortium das volle Absatzrisiko, da nicht absetzbare Effekten gegebenenfalls auf längere Frist respektive auf Dauer in den Eigenbestand übernommen werden müssen. Dagegen konstituiert das reine Begebungskonsortium kein Bankgeschäft im Sinne des § 1 Abs. 1 Satz 2 Nr. 10 KWG: Die Konsorten plazieren die Effekten im eigenen Namen, aber für die Rechnung des Emittenten gegen eine Bonifikation als Vergütung und tragen mithin kein Absatzrisiko. Gleichwohl erfüllt diese Tätigkeit die Tatbestandsmerkmale des Finanzkommissionsgeschäfts im Sinne des § 1 Abs. 1 Satz 2 Nr. 4 KWG und ist gleichermaßen Bankgeschäft. Eindeutig kein Bankgeschäft betreibt das reine Geschäftsbesorgungskonsortium, bei dem die Konsorten die Emission in offener Stellvertretung des Emittenten — also im Namen und für Rechnung des Emittenten — gegen eine Bonifikation plazieren.[14] Verpflichten sich die Konsorten jedoch, nicht verkaufte Emissionen in den Eigenbestand zu übernehmen — also für den Erfolg der Plazierung einzustehen —, ist das Geschäft Emissionsgeschäft im Sinne des § 1 Abs. 1 Satz 2 Nr. 10 KWG.

Neben dem Emissionsgeschäft verlängern auch die aus dem Girogeschäft nach § 1 Abs. 1 Satz 2 Nr. 9 KWG ausgegliederten Geldkartengeschäfte und Netzgeldgeschäfte den Katalog erlaubnispflichtiger Bankgeschäfte, deren zulässige Ausübung eine bereits erteilte Banklizenz automatisch mit einschließt. Mit der Unterscheidung dieser innovativen Zahlungssysteme vom klassischen Girogeschäft, das weiterhin „die Durchführung des bargeldlosen Zahlungsverkehrs und des Abrechnungsverkehrs" erfaßt, werden technische Neuentwicklungen auf dem Gebiet der elektronischen Zahlungsinstrumente explizit berücksichtigt. Damit wird den Empfehlungen des Europäischen Währungsinstituts und der Deutschen Bundesbank entsprochen, zum Schutz der Integrität des gesamtwirtschaftlich bedeutsamen Zahlungsverkehrs die Ausübung dieser an Bedeutung zunehmenden elektronischen Zahlungssysteme den — der Bankenaufsicht unterliegenden — Kreditinstituten vorzubehalten.

Der Begriff „Geldkartengeschäft" beschreibt gemäß § 1 Abs. 1 Satz 2 Nr. 11 KWG die Ausgabe vorausbezahlter Karten zu Zahlungszwecken. Diese prepaid cards treten insbesondere als Substitut zum Bargeld in Erscheinung, was die alternativen Bezeichnungen als Geldkarten und elektronische Geldbörsen erklärt. Vorausbezahlte Karten sind mit einem Magnetstreifen oder einem elektronischen chip ausgestattet, der die Speicherung

---

13 Siehe hierzu in diesem Teil Fünftes Kapitel Abschnitt C. III. 1. d) (1).

14 Das Geschäft ist Finanzdienstleistung im Sinne des § 1 Abs. 1a Satz 2 Nr. 2 (Abschlußvermittlung); vgl. hierzu auch in diesem Kapitel Abschnitt A. I. 1. b).

bestimmter Geldbeträge als elektronische Werteinheiten ermöglicht (Wertkarten). Diese Wertkarten können an einer Ladestation mit Bargeld oder durch Belastung des Bankkontos des Karteninhabers aufgeladen werden. Entladen wird die Karte in bargeldadäquater Stückelung bei der Bezahlung einer Leistung durch Übertragung des geschuldeten Betrags von der Karte des Leistungsempfängers auf den dem Kartensystem angeschlossenen Leistungserbringer, dem der Kartenemittent den Betrag gutschreibt. Dabei ist zwischen zwei- und dreiseitigen Systemen zu unterscheiden. In einem zweiseitigen System ist der Kartenemittent gleichzeitig Leistungserbringer (Kartenakzeptant), der dem Karteninhaber (Leistungsempfänger) gegenübersteht. Dagegen sind in einem dreiseitigen System Kartenemittent und Leistungserbringer zwei verschiedene Parteien, die mit dem Karteninhaber ein Dreiecksverhältnis bilden, in dem die Kartenemittenten Dienstleistungen sowohl für die Leistungserbringer als auch für die Karteninhaber erbringen. Ein dreiseitiges System entsteht auch dann, wenn zwei verschiedene Parteien gemeinsam eine Karte emittieren und beide als Leistungserbringer auftreten. Die Verwendung des Terminus „Leistungserbringer“ stellt sicher, daß als Kartenakzeptant stets der tatsächliche Leistungserbringer zu qualifizieren ist, damit Umgehungsmöglichkeiten a priori ausgeschlossen werden.[15]

Die neu aufgenommene Bankgeschäftsdefinition der Ausgabe vorausbezahlter Karten umfaßt nur dreiseitige Systeme. Von einer Unterstellung der zweiseitigen Systeme unter die Bankenaufsicht wird abgesehen, da das gesamtwirschaftliche Risikopotential für den Zahlungsverkehr gering ist. Die auf derartigen Karten gespeicherten Beträge können als Anzahlung auf ein vom Emittent und Leistungserbringer ex post zu erwerbendes Gut oder eine ex post zu erbringende Dienstleistung oder Werkleistung angesehen werden. Bei einem Ausfall des Emittenten können mithin andere Akzeptanzunternehmen nicht geschädigt werden. Aufgrund der eingeschränkten Verwendungsmöglichkeiten werden die Karteninhaber nur die für die möglichen Zahlungszwecke erforderlichen Geldbeträge auf der Karte bereithalten. Im Unterschied zu diesen zweiseitigen Systemen ist das Risikopotential der dreiseitigen Systeme im Hinblick auf die Sicherheit und die Funktionsfähigkeit des gesamtwirtschaftlichen Zahlungsverkehrs größer, da beim Fallissement eines Emittenten oder der plötzlich verweigerten Annahme vorausbezahlter Karten nicht nur die Karteninhaber, sondern auch die Akzeptanten einem hohen Verlustrisiko ausgesetzt sind. Zudem werden in dreiseitigen Systemen aufgrund der vielfältigen Verwendbarkeit und einem größeren Kreis von Karteninhabern tendenziell höhere Zahlungsvolumina anfallen. Folgerichtig werden dreiseitige Geldkartensystemen generell der Bankenaufsicht unterstellt, jedoch mit der Einschränkung, kleinere Systeme von einzelnen bankenaufsichtsrechtlichen Vorschriften freizustellen, wie es der Gesetzgeber in § 2 Abs. 5 KWG entsprechend spezifiziert. Der Gesetzgeber greift einer hohen Verbreitung der Geldkarte begleitet von einer signifikanten Verdrängung von Bargeld und Barzahlung durch zunehmende wertkartenbasierte Transaktionen vor, um eine Gefährdung der Sicherheit des Zahlungsverkehrs auszuschließen. Der Ausfall eines bedeutenden Kartenemittenten oder massive Fälschungen oder Falschbuchungen aufgrund von Systemfehlern könnten das Vertrauen in die Sicherheit dieses neuen Zahlungssystems erschüttern und zu Verwerfungen im gesamten Zahlungsverkehr mit erheblich nachteiligen Folgen

[15] Vgl. hierzu auch in diesem Teil Fünftes Kapitel Abschnitt C. V. 3. d) (2) (a).

für die gesamte Volkswirtschaft führen. Bei hohem Verwendungsgrad der Geldkarten und der daraus abgeleiteten Bargeldsubstitution würden Handels- und Dienstleistungsunternehmen ihre Barzahlungsfazilitäten entsprechend einschränken und in Folge davon auch die Banken ihre Bargeldbestände und Geldbearbeitungsfazilitäten abbauen.

Neben dem Geldkartengeschäft tritt in der Realität auch das Netzgeldgeschäft als Ausprägungsform des elektronischen Geldes in zunehmenden Maße in Erscheinung. Induziert durch technische Innovationen in der Chip-Technologie und in der Computer-Netzwerk-Infrastruktur ist eine zunehmende internationale Verbreitung der auf ihnen basierenden innovativen Zahlungssysteme zu konstatieren.[16] Die Reaktion des Gesetzgebers, auch das innovative Netzgeldgeschäft mit § 1 Abs. 1 Satz 2 Nr. 12 KWG unter Aufsicht zu stellen, verfolgt die Intention, der Bankenaufsicht prophylaktisch die Möglichkeit einzuräumen, die Schaffung und Verwaltung elektronischer Zahlungseinheiten in Rechnernetzen zu kontrollieren, bevor die Zahlungsvolumina ein Ausmaß annehmen, das zu einem unkalkulierbaren Risikofaktor im insbesondere grenzenüberschreitenden Zahlungsverkehr avancieren kann. Das Risikopotential ist bei diesen elektronischen Zahlungseinheiten besonders groß, da sich Fälschungen nicht anhand von physisch vorliegenden Noten und Münzen nachweisen lassen und die Verbreitung in globalen Rechnernetzen — wie dem Internet — keinen Beschränkungen unterliegt.

Das Netzgeldgeschäft operiert wie das Geldkartengeschäft mit vorausbezahlten elektronischen Zahlungseinheiten, die von einer Bank oder Nichtbank emittiert und als Zahlungsmittel anstelle von Bargeld oder Buchgeld verwendet werden können. Die elektronischen Zahlungseinheiten werden vom Benutzer auf der Festplatte seines Computers gespeichert und einmalig oder auch mehrfach zur Abwicklung von Fernzahlungen durch Dialog zwischen den Rechnern des Leistungserbringers und des Leistungsempfängers verwendet. Die elektronische Zahlungstransaktion soll auf ihrem Weg durch das Netz durch moderne kryptographische Verfahren vor dolosen Eingriffen geschützt werden. Für den Zahlungsvorgang müssen weder Bargeld (Zentralbankgeld) noch Buchgeld bei Banken (Sichteinlagen) bewegt werden. Statt dessen kann der Transfer elektronischer Zahlungseinheiten ohne Kontakt eines Bankkontos direkt von Speicher zu Speicher erfolgen. Das Bankkonto wird lediglich bei der Beschaffung — dem Aufladevorgang — und gegebenenfalls bei einem späteren Einzahlen berührt, womit den elektronischen Zahlungseinheiten als Netzgeld wie auch als Kartengeld der Bargeld-Status eines vorausbezahlten Inhaberinstruments zuzuschreiben ist. Im Unterschied zu vorausbezahlten Karten — als potentielles Bargeldsubstitut — eignen sich Netzgeldsysteme zum Transfer größerer Zahlungsbeträge im nationalen und grenzenüberschreitenden Fernzahlungsverkehr und substituieren damit tendenziell die traditionellen bargeldlosen Zahlungssysteme. Eine verstärkte Nutzung der Netzgeldsysteme durch das Publikum kann mithin dazu führen, daß die Banken nachfragebedingt die Kapazitäten ihrer traditionellen unbaren Zahlungssysteme zugunsten der innovativen unbaren Systeme reduzieren. In einem Worst-case-Szenario könnten die Banken bei unterstellter weiterer Verbreitung des Netzgeldes und im Fall des Ausfalls eines Netzbetreibers oder bei Vertrauensverlust durch massive Fälschungen in die Situation gelangen, der Nachfragerückverlagerung auf

[16] Vgl. hierzu auch in diesem Teil Fünftes Kapitel Abschnitt C. V. 3. d) (2) (b).

die traditionellen Zahlungssysteme wegen der reduzierten Kapazitäten nicht mehr entsprechen zu können — die Funktionsfähigkeit des gesamten Zahlungssystems wäre empfindlich gestört.

Um die Integrität des Zahlungsverkehrs vor dem Hintergrund seiner volkswirtschaftlichen Kernfunktion sicherzustellen, schien es dem Gesetzgeber geboten, das Betreiben von Netzgeldsystemen ex ante als Bankgeschäft zu bezeichnen und den Kreditinstituten vorzubehalten. Zum einen verfügen Banken auf diesem sensitiven Gebiet aufgrund ihrer langjährigen Erfahrung und Zusammenarbeit mit der Deutschen Bundesbank im bargeldlosen Zahlungsverkehr über entsprechende Sicherheitsstandards. Zum anderen unterliegen sie den bankaufsichtsrechtlichen Liquiditäts- und Bonitätsvorschriften und können auf Refinanzierungsfazilitäten bei der Zentralbank zurückgreifen. Das Systemrisiko — als die Gefahr von Störfällen in den Netzgeldsystemen — wird insofern im Vergleich zu einer Nichtregulierung von vornherein reduziert.

Der Katalog gesetzlicher Bankgeschäfte ist damit abschließend definiert. Dem Gesetzgeber war es bisher vorbehalten, weitere Geschäfte zu Bankgeschäften zu erklären, die sie betreibenden Institutionen damit als „Kreditinstitute“ zu deklarieren und der Bankenaufsicht zu unterstellen. Erfolgen konnte dies durch Rechtsverordnung des Bundesministers der Finanzen nach Anhörung der Deutschen Bundesbank, wenn es „nach der Verkehrsauffassung“ und unter Berücksichtigung des mit dem KWG verfolgten Aufsichtszweckes (Gewährleistung der allgemeinen Ordnung im Bankwesen, Erhaltung der Funktionsfähigkeit des Kreditapparates, Schutz der Gläubiger der Banken vor Vermögensverlusten) gerechtfertigt war. Da der Katalog der Bankgeschäfte bisher nur durch Gesetzesänderung erweitert wurde und faktisch kein Bedürfnis nach dieser Rechtsverordnungsermächtigung bestand, wurde sie mit der sechsten KWG-Novelle folgerichtig gestrichen.

In den Fällen, in denen es zweifelhaft ist, ob ein Betrieb Kreditinstitut ist oder nicht, obliegt die Entscheidung darüber dem Bundesaufsichtsamt für das Kreditwesen.

Auf bestimmte Betriebe, die nach § 1 KWG zwar als Kreditinstitute zu betrachten sind, finden die Normen des Kreditwesengesetzes dennoch ganz oder teilweise keine Anwendung. Diese Ausnahmen werden in § 2 KWG aufgeführt; es fallen hierunter:

1. die Deutsche Bundesbank; sie ist als einziges Institut von allen Vorschriften des Kreditwesengesetzes freigestellt, da sie selbst als Aufsichtsbehörde fungiert und zudem übergeordnete gesamtwirtschaftliche Aufgaben wahrzunehmen hat;
2. die Kreditanstalt für Wiederaufbau;
3. die Sozialversicherungsträger und die Bundesanstalt für Arbeit;
4. die privaten und öffentlich-rechtlichen Versicherungsunternehmen;
5. die Unternehmen des Pfandleihgewerbes, soweit sie dieses durch Gewährung von Darlehen gegen Faustpfand betreiben;
6. die Unternehmen, die aufgrund des Gesetzes über Unternehmensbeteiligungsgesellschaften als Unternehmensbeteiligungsgesellschaften anerkannt sind;
7. die Unternehmen, die Bankgeschäfte ausschließlich mit ihrem Mutterunternehmen oder ihren Tochter- oder Schwesterunternehmen betreiben;

8. die Unternehmen, die das Finanzkommissionsgeschäft ausschließlich an einer Börse, an der ausschließlich Derivate gehandelt werden, für andere Mitglieder dieser Börse betreiben und deren Verbindlichkeiten durch ein System zur Sicherung der Erfüllung der Geschäfte an dieser Börse abgedeckt sind.

Diese Freistellungen liegen zum einen darin begründet, daß die sich aus dem Gesetz über das Kreditwesen ergebenden Verpflichtungen zur Erreichung des Gesetzeszweckes, z. B. bezüglich des Erfordernisses einer angemessenen Eigenkapitalausstattung oder einer ausreichenden Liquidität, diesen Instituten nicht auferlegt werden müssen; dies gilt nicht nur für die Deutsche Bundesbank, sondern auch für die Kreditanstalt für Wiederaufbau. Zum anderen erklären sich die Freistellungen aus der Tatsache, daß die Unternehmen, die zur Aufnahme des Geschäftsbetriebs einer behördlichen Erlaubnis bedürfen, einer besonderen Fachaufsicht unterstehen und eine doppelte Beaufsichtigung unzweckmäßig wäre. Anzusprechen sind hier die Versicherungsunternehmen, die dem Versicherungsaufsichtsgesetz (VAG) unterliegen, sowie die Unternehmensbeteiligungsgesellschaften im Sinne des Gesetzes über Unternehmensbeteiligungsgesellschaften; in bezug auf das Merkmal der Beaufsichtigung gilt dasselbe für die Sozialversicherungsträger und die Bundesanstalt für Arbeit.

Die mit der sechsten KWG-Novelle neu aufgenommenen Ausnahmetatbestände der konzerninternen Bankgeschäftstätigkeit in § 2 Abs. 1 Nr. 7 KWG und der Bankgeschäftstätigkeit sog. locals in § 2 Abs. 1 Nr. 8 KWG liegen außerhalb einer im öffentlichen Interesse notwendigen Beaufsichtigung. Von Konzernunternehmen, die Bankgeschäfte ausschließlich mit ihrem Mutterunternehmen oder ihren Tochter- oder Schwesterunternehmen betreiben, erwartet der Gesetzgeber, daß sie ihre Interessen selbst wahrnehmen, zumal diese Form des inhouse banking nicht die Belange unerfahrener Dritter berührt. Keinen Ausnahmetatbestand stellt dagegen die Bankgeschäftstätigkeit im Gleichordnungskonzern dar, deren Einbeziehung in die Ausnahmeregelung gegen EG-rechtliche Vorgaben verstoßen hätte.[17] Der gleichfalls neu aufgenommene Ausnahmetatbestand sog. locals bezeichnet Unternehmen, die das Finanzkommissionsgeschäft ausschließlich an einer Börse gemäß § 1 Abs. 3e KWG, an der ausschließlich Derivate nach § 1 Abs. 11 Satz 4 KWG gehandelt werden, für andere Mitglieder dieses Marktes erbringen. Sie bedürfen keiner Aufsicht, solange ihre Verbindlichkeiten an diesem Markt durch ein System zur Sicherung der Erfüllung der Geschäfte abgedeckt sind, so daß für die Geschäfte des local gegebenenfalls ein Clearing-Mitglied einsteht. Diese Ausnahmeregelung gilt ausdrücklich nur für den Bereich der Terminbörsen, der in diesem Zusammenhang funktional zu verstehen ist. Ein local kann auch eine Person sein, die an einer Wertpapierbörse, an der auch Kassageschäfte getätigt werden, ausschließlich in Terminkontrakten handelt. Sofern der local jedoch auch Kassageschäfte tätigt und nach den Statuten der Börse, an der er zugelassen ist, tätigen kann, ist die Freistellung nicht zulässig.

[17] Artikel 2 Abs. 2 Buchstabe d der EG-Wertpapierdienstleistungsrichtlinie erlaubt keine weiteren Ausnahmen.

b) Die Begriffe „Finanzdienstleistungsinstitut“ und „Institut“

Mit der sechsten KWG-Novelle wurde im Zuge der Umsetzung der EG-Wertpapierdienstleistungsrichtlinie der Begriff des Finanzdienstleistungsinstituts für deutsches Recht in § 1 Abs. 1a KWG in analoger Weise zum Begriff des Kreditinstituts definiert und im § 1 Abs. 1b KWG gemeinsam mit dem Kreditinstitut dem Begriff „Institut“ subsumiert, an den der überwiegende Teil der KWG-Vorschriften formaljuristisch anknüft und damit eine weitgehende Gleichbehandlung beider Institutstypen impliziert. Damit dehnt die sechste KWG-Novelle die Aufsicht durch das BAK auf einen aufsichtsrechtlich neuen Typus von Unternehmen aus. Entsprechend enumeriert der Gesetzgeber analog zum für das Kreditinstitut konstitutiven Merkmal des Bankgeschäfts für das Finanzdienstleistungsinstitut sog. Finanzdienstleistungen. Bei Ausübung bereits einer dieser Tätigkeiten ist vorbehaltlich einer Ausnahmeregelung der gesamte aufsichtsrechtliche Regelungsrahmen auf das Unternehmen anwendbar, ohne daß es per definitionem Kreditinstitut ist und Bankgeschäfte betreibt. Umgekehrt kann jedes Kreditinstitut, das über eine Banklizenz verfügt, auch Finanzdienstleistungen erbringen. Die Qualifikation eines Unternehmens als Finanzdienstleistungsinstitut ist mithin ausdrücklich gegenüber seiner Einordnung als Kreditinstitut subsidiär: Ein nach § 1 Abs. 1 KWG einzustufendes Unternehmen kann nicht gleichzeitig Finanzdienstleistungsinstitut nach § 1 Abs. 1a KWG sein und vice versa.

Demnach sind Finanzdienstleistungsinstitute Unternehmen, die nicht Kreditinstitute sind und folgende Hauptgeschäfte für andere gewerblich oder in einem Umfang erbringen, der einen in kaufmännischer Weise eingerichteten Geschäftsbetrieb erfordert:

1. „die Vermittlung von Geschäften über die Anschaffung und die Veräußerung von Finanzinstrumenten oder deren Nachweis“, d. h. die maklertypische Anlagevermittlung von Finanzinstrumenten;
2. „die Anschaffung und die Veräußerung von Finanzinstrumenten im fremden Namen für fremde Rechnung“, d. h. die in offener Stellvertretung erfolgende Abschlußvermittlung von Finanzinstrumenten;
3. „die Verwaltung einzelner in Finanzinstrumenten angelegter Vermögen für andere mit Entscheidungsspielraum“, d. h. die sog. Finanzportfolioverwaltung;
4. „die Anschaffung und die Veräußerung von Finanzinstrumenten im Wege des Eigenhandels für andere“, d. h. der Eigenhandel mit Finanzinstrumenten, sofern er als Dienstleistung für andere zu begreifen ist;
5. „die Vermittlung von Einlagengeschäften mit Unternehmen mit Sitz außerhalb des Europäischen Wirtschaftsraums“, d. h. die sog. Drittstaateneinlagenvermittlung;
6. „die Besorgung von Zahlungsaufträgen“, d. h. das sog. Finanztransfergeschäft und
7. „der Handel mit Sorten“, d. h. das klassische Auslandsbargeldgeschäft.

Die ersten vier Geschäftsarten — die Anlagevermittlung, die Abschlußvermittlung, die Finanzportfolioverwaltung und der Eigenhandel — stehen im Einklang mit dem EG-rechtlichen Tatbestand einer Wertpapierfirma.[18] Im einzelnen beschreibt die Anlagevermittlung die Entgegennahme und Übermittlung von Aufträgen von Anlegern und er-

---

18 Vgl. EG-Wertpapierdienstleistungsrichtlinie Anhang Abschnitt A Nr. 1 bis 3.

faßt damit die Tätigkeit des Nachweismaklers im Sinne des § 34c Gewerbeordnung, soweit sie sich auf Finanzinstrumente im Sinne des § 1 Abs. 11 KWG beziehen. Dagegen umfaßt die Abschlußvermittlung die offene Stellvertretung und deckt sich mit der Tätigkeit des Abschlußmaklers im Sinne des § 34c Gewerbeordnung, sofern er eine Partei bei Abschluß des Geschäfts vertritt; andernfalls ist seine Tätigkeit der Anlagevermittlung zuzurechnen. Anlage- und Abschlußvermittlung sind im KWG gleichgestellt. Die an dritter Stelle aufgeführte Dienstleistung der Finanzportfolioverwaltung beschreibt die Verwaltung von Finanzinstrumenten, die dem Verwalter einen Entscheidungsspielraum bei Portfolio- respektive Anlageentscheidungen einräumt, wobei in den Portfolios auch Vermögen verschiedener Kunden zusammengefaßt werden können. Die Dienstleistung der Finanzportfolioverwaltung ist gegenüber dem Bankgeschäft der Verwahrung und Verwaltung von Wertpapieren, dem Depotgeschäft gemäß § 1 Abs. 1 Satz 2 Nr. 5 KWG, subsidiär. Soweit es um Wertpapiere geht, hat der Portfolioverwalter die Papiere auf einem Depotkonto des Kunden bei einem Unternehmen, das zum Betreiben des Depotgeschäfts befugt ist, verwahren zu lassen; andernfalls bedarf er einer Erlaubnis zum Betreiben des Depotgeschäfts und ist als Kreditinstitut zu qualifizieren.

Der Eigenhandel komplettiert das Spektrum möglicher Alternativen im Handel mit Wertpapieren und anderen Finanzinstrumenten im Kundenauftrag:

- der Handel im fremden Namen für fremde Rechnung (offene Stellvertretung) ist als Abschlußvermittlung Finanzdienstleistung im Sinne des § 1 Abs. 1a Satz 2 Nr. 2 KWG;
- der Handel im eigenen Namen für fremde Rechnung (verdeckte Stellvertretung) ist als Finanzkommissionsgeschäft Bankgeschäft im Sinne des § 1 Abs. 1 Satz 2 Nr. 4 KWG;
- der Handel im eigenen Namen für eigene Rechnung ist — sofern er als Dienstleistung für andere zu begreifen ist — als Eigenhandel Finanzdienstleistung im Sinne des § 1 Abs. 1a Satz 2 Nr. 4 KWG.

Beim Handel im Auftrag eines Kunden als Eigenhändler tritt das Institut seinem Kunden nicht als Kommissionär, sondern als Käufer oder Verkäufer gegenüber. Auch wenn bei diesem Geschäft ein reiner Kaufvertrag zugrunde liegt, ist das Geschäft Dienstleistung im Sinne der EG-Wertpapierdienstleistungsrichtlinie. Schwierig ist die Zurechnung des Dienstleistungscharakters in der Abgrenzung zum reinen Eigenhandel, der keiner Solvenzaufsicht oder Zuverlässigkeitsprüfung unterliegt, zu dem Zeitpunkt, wenn das Handelsgeschäft in der Absicht erfolgt, die Finanzinstrumente an Dritte weiterzuveräußern.

Als weitere Finanzdienstleistung schließt sich die Drittstaateneinlagenvermittlung an, die die Weiterleitung von Einlagen an ausländische Scheinfirmen außerhalb des Europäischen Wirtschaftsraums unterbinden soll. Häufig werden über einen „Treuhänder" im Inland Einlagegelder gesammelt und an Adressen im Ausland weitergeleitet. In den Fällen, in denen der Treuhänder offiziell auf Weisung des ausländischen Unternehmens arbeitet, liegt ein nach § 53 KWG erlaubnispflichtiges Betreiben einer Zweigstelle eines ausländischen Unternehmens vor. Eine Zweigstelle bestand jedoch nicht, wenn der Treuhänder — als „Bote" der Anleger — der Anlegersphäre zuzurechnen ist und auf deren Weisungen hin agiert. Diese rechtliche Differenzierung lud früher zu Scheinkonstruktionen ein, bei denen die Gelder nicht im Ausland, sondern von dem eigentlichen Betreiber der Geschäfte, der seinen Sitz im Inland hat, verwaltet werden. Mithin qualifiziert das KWG nunmehr diesen Geschäftstypus als Finanzdienstleistung. Die Vermittlung von Einlagen an Adressen in Staaten außerhalb des Europäischen Wirtschaftsraumes wird damit im Interesse eines umfassenden Einlegerschutzes und zur Stärkung des Vertrauens in die Seriosität der Finanzmärkte der Aufsicht durch das BAK unterstellt. Ausgenommen ist die Vermittlung von Einlagen an Adressen in anderen Staaten des Europäischen Wirtschaftsraumes, die schon durch die EG-rechtliche Harmonisierung des Bankenaufsichtsrechts erfaßt wird.

Auch der Erfassung des Finanztransfergeschäfts liegt die Überlegung zugrunde, daß die Nichtbeaufsichtigung der Geldtransferdienstleistung vor dem Hintergrund der unerlaubten Ausübung von Bankgeschäften und der „Wäsche“ von Drogengeldern nicht mehr adäquat ist. Unternehmen, die gewerbsmäßig Zahlungsaufträge für andere im bargeldlosen Zahlungsverkehr besorgen — die sog. Finanztransferdienstleister — unterlagen in Deutschland bisher keiner Beaufsichtigung und waren Teil des „Schattenbankensystems“, das sich zuletzt nicht mehr nur auf die unerlaubte Hereinnahme von Einlagen beschränkt hat, sondern im internationalen Maßstab verstärkt auch zu Geldwäscheaktivitäten genutzt wurde. Zur Verbesserung der Geldwäsche-Bekämpfung werden Unternehmen, die gewerbsmäßig Zahlungsaufträge für andere im bargeldlosen Zahlungsverkehr besorgen — das sog. Finanztransfergeschäft —, unter Aufsicht gestellt. Der neue Tatbestand umfaßt den Transfer von Geld als Dienstleistung für andere, der — sofern er nicht kontengebunden ist — bisher gemäß KWG keiner Erlaubnis bedurfte. Die Durchführung des bargeldlosen Zahlungsverkehrs und des Abrechnungsverkehrs, die nach § 1 Abs. 1 Satz 2 Nr. 9 KWG als Girogeschäft Bankgeschäftscharakter haben, umfaßt dagegen lediglich die auf Grund von Geschäftsbesorgungsverträgen banküblichen Dienstleistungen, durch die Buchgeld mittels Gut- oder Lastschriften respektive Wechsel oder Scheck abgewickelt wird oder in anderer Weise gegenseitige Verbindlichkeiten ohne Barzahlung ausgeglichen werden. Finanztransferdienstleister unterliegen nunmehr — de lege lata — nur insoweit den KWG-Vorschriften, als diese für die Bekämpfung der Geldwäsche mit gewerberechtlichen Instrumenten erforderlich sind.

Abschließend wird das Sortengeschäft als Finanzdienstleistung gesetzlich etabliert. Es umfaßt den Kauf und Verkauf ausländischer Banknoten oder Münzen, die in anderen Staaten gesetzliche Zahlungsmittel darstellen, sowie den Verkauf und Ankauf von Reiseschecks. Demnach unterliegen Wechselstuben als Finanzdienstleistungsunternehmen der Aufsicht durch das BAK. Unternehmen, die jedoch als einzige Finanzdienstleistung das Sortengeschäft betreiben, sind nach § 2 Abs. 6 Satz 1 Nr. 12 KWG keine Finanzdienstleistungsinstitute. Damit werden Hotels, Reisebüros oder Kaufhäuser, die das Sortengeschäft als Nebentätigkeit offerieren, von der Beaufsichtigung ausgenommen, weil das Sortengeschäft nicht im Vordergrund ihrer Geschäftstätigkeit steht und ein Mißbrauch für Geldwäschetransaktionen in nennenswertem Umfang nicht zu konstatieren ist. Anders ist die Situation bei den Wechselstuben: Nach Erkenntnissen einer bei der OECD angesiedelten Expertengruppe — der Financial Action Task Force on Money Laundering (FATF) — werden Wechselstuben zunehmend für Geldwäschetransaktionen mißbraucht, nachdem es durch die konzertierten internationalen Anstrengungen schwieriger wurde, illegale Gelder über Banken zu waschen. Vor der sechsten KWG-Novelle unterlagen Wechselstuben in Deutschland als Finanzinstitute im Sinne von § 1 Abs. 3 Nr. 5 KWG in Verbindung mit § 1 Abs. 2 Nr. 1e Geldwäschegesetz (GwG) formal wie Kreditinstitute den Pflichten aus dem Geldwäschegesetz. Die Aufsicht über die Wechselstuben fiel dabei jedoch in die Zuständigkeit der nach den jeweiligen Landesgesetzen zuständigen Gewerbeaufsichtsämter, die mit dieser Aufgabe überfordert waren. So ließen sich illegale Gelder faktisch unbehindert über Wechselstuben in den Finanzkreislauf einspeisen und die von den Kreditinstituten gemäß § 14 Abs. 2 GwG geschaffenen Sicherungsmaßnahmen unterlaufen. Im Unterschied zu den Kreditinstituten, über die eine umfassende Aufsicht im volkswirtschaftlichen Interesse erforderlich ist, genügt für Wechselstuben jedoch ein vereinfachtes Erlaubnis- und Überwachungsverfahren.

Mit der Berücksichtigung der Drittstaateneinlagenvermittlung, des Finanztransfergeschäfts und des Sortengeschäfts als Finanzdienstleistungen will der Gesetzgeber parallel zur Einbeziehung der Warentermingeschäfte in den Katalog der Finanzinstrumente den sog. grauen Kapitalmarkt und die Geldwäsche effektiver kontrollieren.

Auch für die Finanzdienstleistungsinstitute werden parallel zu den Kreditinstituten Ausnahmeregelungen getroffen. Der § 2 Abs. 6 KWG nimmt bestimmte Unternehmen, die materiell als Finanzdienstleistungsinstitute einzustufen sind, formal aus dem Anwendungsbereich des Gesetzes über das Kreditwesen:

1. die Deutsche Bundesbank entsprechend der Ausnahmeregelung in bezug auf Kreditinstitute;
2. die Kreditanstalt für Wiederaufbau entsprechend der Ausnahmeregelung in bezug auf Kreditinstitute;
3. die öffentliche Schuldenverwaltung des Bundes, eines seiner Sondervermögen, eines Landes, eines anderen Staates des Europäischen Wirtschaftsraums sowie deren Zentralbanken; d. h., auch wenn sie rechtlich selbständig sind, unterliegen sie nicht der KWG-Aufsicht;
4. private und öffentlich-rechtliche Versicherungsunternehmen entsprechend der Ausnahmeregelung in bezug auf Kreditinstitute;
5. Unternehmen, die Finanzdienstleistungen ausschließlich für ihr Mutterunternehmen oder ihre Tochter- oder Schwesterunternehmen erbringen entsprechend der Ausnahmeregelung dieser inhouse banking betreibenden Unternehmen in bezug auf Kreditinstitute;
6. Unternehmen, deren Finanzdienstleistungen ausschließlich in der Verwaltung eines Systems von Arbeitnehmerbeteiligungen an den eigenen oder an mit ihnen verbundenen Unternehmen besteht;
7. Unternehmen, die ausschließlich Finanzdienstleistungen für ihr Mutter-, Tochter- oder Schwesterunternehmen im Konzern erbringen und die Verwaltung eines Systems von Arbeitnehmerbeteiligungen an den eigenen oder an mit ihnen verbundenen Unternehmen betreiben;
8. Unternehmen, die auschließlich die Anlage- und Abschlußvermittlung zwischen Kunden und einem Institut, einem ausländischen Unternehmen oder einer ausländischen Investmentgesellschaft betreiben, sofern sich diese Finanzdienstleistungen auf Anteilscheine von Kapitalanlagegesellschaften oder auf ausländische Investmentan-

teile, die nach dem Auslandsinvestment-Gesetz vertrieben werden dürfen, beschränken und die Unternehmen nicht befugt sind, sich bei der Erbringung dieser Finanzdienstleistungen Eigentum oder Besitz an Geldern, Anteilscheinen oder Anteilen von Kunden zu verschaffen. Das vermittelnde Unternehmen selbst führt keine aufsichtsrechtlich relevante Tätigkeit aus, da es sich bei Investmentanteilen um standardisierte Leistungen handelt und das Weiterleiten der Kauf- und Verkaufsaufträge keine besonderen Risiken birgt, zumal das Unternehmen, an das die Vermittlung erfolgt, bereits selbst der Aufsicht unterliegt;

9. die Unternehmen, die Finanzdienstleistungen ausschließlich an einer Börse, an der ausschließlich Derivate gehandelt werden, für andere Mitglieder dieser Börse erbringen und deren Verbindlichkeiten durch ein System zur Sicherung der Erfüllung der Geschäfte an dieser Börse abgedeckt sind — entsprechend der Ausnahmeregelung dieser sog. locals in bezug auf Kreditinstitute;
10. Angehörige freier Berufe, die Finanzdienstleistungen nur gelegentlich im Rahmen ihrer Berufstätigkeit erbringen und einer Berufskammer in der Form der Körperschaft des öffentlichen Rechts angehören, deren Berufsrecht die Erbringung von Finanzdienstleistungen nicht ausschließt;
11. Unternehmen, deren Haupttätigkeit darin besteht, Geschäfte über Rohwaren mit gleichartigen Unternehmen, mit den Erzeugern oder den gewerblichen Verwendern der Rohwaren zu tätigen, und die Finanzdienstleistungen nur für diese Personen und nur insoweit erbringen, als es für ihre Haupttätigkeit erforderlich ist;
12. Unternehmen, deren einzige Finanzdienstleistung der Handel mit Sorten ist, sofern ihre Haupttätigkeit nicht im Sortengeschäft besteht, d. h. Hotels, Reisebüros, Kaufhäuser und andere Unternehmen, die das Sortengeschäft lediglich als Nebentätigkeit betreiben.

Für diese Einrichtungen und Unternehmen gelten die Vorschriften des KWG nur insoweit, als sie Finanzdienstleistungen erbringen, die nicht zu den ihnen eigentümlichen Geschäften gehören.

c) Der Begriff „Finanzunternehmen“

Die bis zur sechsten KWG-Novelle geltende Definition des Finanzinstituts, das nicht der Aufsicht unterlag, aber gleichwohl wie Unternehmen mit bankbezogenen Hilfsdiensten in die Eigenkapital- und Großkreditkonsolidierung aufzunehmen war, wird nunmehr als „Finanzunternehmen“ bezeichnet und damit semantisch eindeutig vom Institutsbegriff — der Kreditinstitute und Finanzdienstleistungsinstitute umfaßt — abgegrenzt. Der Katalog der Geschäfte, die ein Finanzunternehmen konstituieren, verkürzte sich entsprechend durch die Aufnahme aufsichtsrechtlich relevant gewordener Tatbestände der nun den Instituten zugeordneten Bankgeschäfte respektive Finanzdienstleistungen. Die verbliebenen Geschäfte der Finanzunternehmen erfaßt der § 1 Abs. 3 Satz 1 KWG. Danach betreiben Finanzunternehmen weder Bankgeschäfte noch Finanzdienstleistungen, sondern eines oder mehrere der folgenden Hauptgeschäfte:

1. den Erwerb von Beteiligungen;
2. den entgeltlichen Erwerb von Geldforderungen, d. h. das Factoring- und Forfaitierungsgeschäft;
3. den Abschluß von Leasingverträgen, d. h. das Leasinggeschäft;
4. die Ausgabe und Verwaltung von Kreditkarten oder Reiseschecks;
5. den Handel mit Finanzinstrumenten für eigene Rechnung, d. h. der reine Eigenhandel, der nicht im Auftrag für einen Kunden erfolgt;
6. die Beratung anderer bei der Anlage in Finanzinstrumenten, d. h. die Anlageberatung;
7. die Beratung von Unternehmen über die Kapitalstruktur, die industrielle Strategie und die damit verbundenen Fragen sowie die Beratung bei Zusammenschlüssen und Übernahmen von Unternehmen und das Angebot von Dienstleistungen, d. h. das Unternehmensberatungs- und Mergers-&-acquisitions-Geschäft;
8. die Vermittlung von Darlehen zwischen Kreditinstituten, d. h. die Geldmaklergeschäfte.

Der Katalog der Tätigkeiten von Finanzunternehmen wird insgesamt abschließend aufgezählt, wobei jedoch im Unterschied zur Enumeration der Bankgeschäfte und Finanzdienstleistungen auf dem Wege der Rechtsverordnung durch den Bundesminister für Finanzen weitere Unternehmen zu Finanzunternehmen erklärt werden können, sofern deren Tätigkeit im Sinne der Zweiten EG-Bankrechtskoordinierungsrichtlinie die eines Finanzinstituts ist. Mit der sechsten KWG-Novelle erfolgte im deutschen Recht die Neudefinition des Finanzinstituts und gleichzeitig die Umbenennung des bisherigen Finanzinstituts in Finanzunternehmen im § 1 Abs. 3 KWG. Darüber hinaus ist das Finanzunternehmen auch materiell nicht deckungsgleich mit den Tatbestandsmerkmalen des Finanzinstituts der Zweiten EG-Bankrechtskoordinierungsrichtlinie definiert, da einige Geschäfte, die in der Richtlinie als Geschäfte von Finanzinstituten aufgeführt werden, im Rahmen des deutschen Aufsichtsrechts bereits Bankgeschäfte nach § 1 Abs. 1 KWG (z. B. Depot-, Garantie- und Zahlungsverkehrsgeschäft) bzw. Finanzdienstleistungen nach § 1 Abs. 1a KWG (z. B. (Finanz-)Portfolioverwaltung und Eigenhandel) sind.

Auch als Finanzunternehmen bezeichnet wird die „Finanzholding-Gesellschaft“ in § 1 Abs. 3a KWG, deren Tochterunternehmen ausschließlich oder hauptsächlich Institute oder Finanzunternehmen sind und die mindestens ein „Einlagenkreditinstitut“ oder ein „Wertpapierhandelsunternehmen“ zum Tochterunternehmen haben. Dabei bezeichnet Einlagenkreditinstitut einen Typus des Kreditinstituts, das Einlagen oder andere rückzahlbare Gelder des Publikums entgegennimmt und das Kreditgeschäft betreibt (§ 1 Abs. 3d KWG), das Werpapierhandelunternehmen einen Typus des Kreditinstituts oder Finanzdienstleistungsinstituts, die keine Einlagenkreditinstitute sind und die das Finanzkommissionsgeschäft, das Emissionsgeschäft, die Anlagevermittlung, die Abschlußvermittlung, die Finanzportfolioverwaltung oder den Eigenhandel im Kundenauftrag betreiben, es sei denn, die Bankgeschäfte oder Finanzdienstleistungen beschränken sich auf Devisen, Rechnungseinheiten oder Derivate (§ 1 Abs. 3d KWG). Dagegen beschreiben Werpapierhandelsbanken einen Institutstypus, der das Finanzkommissions- oder Emissionsgeschäft betreibt oder Finanzdienstleistungen im Sinne des § 1 Absatz 1a Satz 2 Nr. 1 bis 4 erbringt (§ 1 Abs. 3d KWG). Diese Differenzierung beruht weniger auf materiell neuartigen Gesetzestatbeständen, sondern dient dazu, das KWG zu straffen und sprachlich umständliche Umschreibungen auf Basis europarechtlicher Grundlagen zu vermeiden. So entspricht das Einlagenkreditinstitut der EU-rechtlichen Definition des Kreditinstituts und das Wertpapierhandelsunternehmen der EU-rechtlichen Wertpapierfirma.

Zur Abgrenzung werden abschließend „gemischte Unternehmen" definiert, die weder den Tatbestand der Finanzholding-Gesellschaft noch den eines Instituts erfüllen und die mindestens ein Einlagenkreditinstitut oder ein Wertpapierhandelsunternehmen zum Tochterunternehmen haben (§ 1 Abs. 3b KWG). Des weiteren spezifiert das KWG „Unternehmen mit bankbezogenen Hilfsdiensten" für eines oder mehrere Institute, die für diese Rechenzentren betreiben, Immobilien verwalten oder andere Hilfsdienste erbringen, selbst aber kein Institut oder Finanzunternehmen sind (§ 1 Abs. 3c KWG).

Einen zusammenfassenden Überblick über die wesentlichen Unternehmenstypen im KWG sowie deren europarechtlichen Bezüge gibt die Abbildung 1.

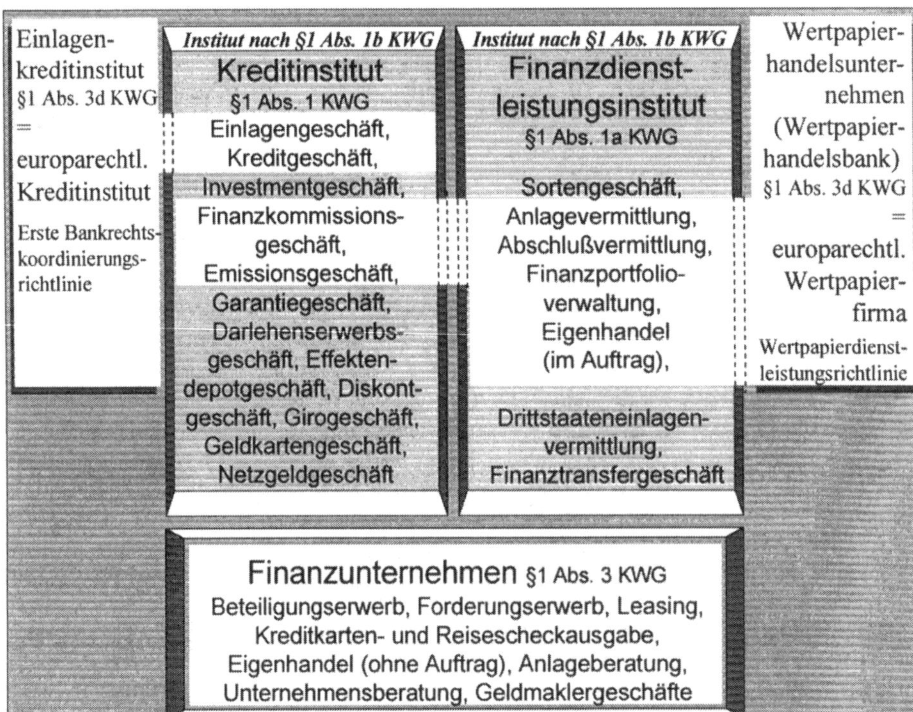

Abb. 1: Unternehmenstypen nach KWG

d) Die Begriffe „Institutsgruppe" und „Finanzholding-Gruppe"

Die veränderte Risikosituation der Banken, die sich aus dem Wachstum, der nationalen und internationalen Verflechtung sowie der Internationalisierung der Finanzmärkte ergeben hatte, führte zu einer Erweiterung des Aufsichtszweckes auf die Beaufsichtigung von Kreditinstitutsgruppen, die im § 10a KWG im Rahmen der dritten Novelle des KWG 1984 festgeschrieben wurde. Die Beaufsichtigung von Kreditinstituten auf konsolidierter Basis sollte insbesondere die bankwirtschaftlichen Risiken, die aus dem Verbund von Mutter- und Tochterinstituten entstanden, berücksichtigen. Nach den bis dahin geltenden Regelungen konnten Kreditinstitute durch Gründung oder Erwerb von Tochterunternehmen ihr haftendes Eigenkapital gewissermaßen mehrfach einsetzen, was zum Aufbau sog. Kreditpyramiden führte. Einen weiteren Anstoß für die Festlegung des bankenaufsichtlichen Konsolidierungsverfahrens gab die Verpflichtung zur Umsetzung der EG-Richtline über die Beaufsichtigung der Kreditinstitute auf konsolidierter Basis vom 13. Juni 1983 (83/349/EWG), in der die EG-Mitgliedstaaten verpflichtet wurden, eine Konsolidierung bei Mehrheitsbeteiligungen von mehr als 50 % in nationales Recht umzusetzen. Des weiteren entsprach die Konsolidierungsvorschrift einer internationalen Tendenz, die im Baseler Konkordat der Zentralbankgouverneure der Zehnergruppe und der Schweiz festgeschrieben worden war, Banken auf der Basis konsolidierter Daten zu überwachen.

Abzugrenzen ist die aufsichtsrechtliche Konsolidierung von Gruppen nach § 10a KWG von der konzernrechtlichen Konsolidierung von Bankkonzernen nach §§ 340i, 290 – 315 Handelsgesetzbuch (HGB), deren Ziel die Konzernrechnungslegung ist. Dagegen zielt die aufsichtsrechtliche Konsolidierung auf eine angemessene Eigenkapitalausstattung der Institutsgruppen adäquat zu den Vorschriften für einzelne Institute nach § 10 KWG. Als formal und materiell angemessen gilt das Verhältnis von Eigenmitteln und risikobehafteten Geschäften, wenn nicht nur die einzelnen Institute der Gruppe, sondern darüber hinaus auch die Gruppe insgesamt die Eigenmittel-Normen des Grundsatzes I einhalten. Mithin ist der Nukleus des § 10a KWG weniger das Postulat einer speziellen Eigenmittel-Risiken-Relation als vielmehr die aufsichtsrechtliche Definition der Gruppe, die eine dem Aufsichtszweck der Risikobegrenzung angemessene Konsolidierung gewährleistet. Entsprechend basiert die Gruppendefinition nach der Überarbeitung im Rahmen der sechsten KWG-Novelle auf den neuen Institutsbegriffen und unterwirft neben Kreditinstituten auch Finanzdienstleistungsinstitute der konsolidierten Aufsicht. Bei der Durchführung der Konsolidierung werden Kreditinstitute und Finanzdienstleistungsinstitute gleich behandelt.

Die Institutsgruppe besteht nach § 10a Abs. 2 in Verbindung mit den Absätzen 4 und 5 KWG grundsätzlich aus einem übergeordneten Unternehmen, das Kreditinstitut oder Finanzdienstleistungsinstitut sein kann, und den nachgeordneten Unternehmen, d. h. nachgeordneten Instituten — mit Ausnahme von Kapitalanlagegesellschaften —, nachgeordneten Finanzunternehmen gemäß § 1 Abs. 3 KWG und Unternehmen mit bankbezogenen Hilfsdiensten gemäß § 1 Abs. 3c KWG. Als übergeordnetes Unternehmen qualifiziert sich das Kreditinstitut respektive das Finanzdienstleistungsinstitut, das keinem anderen — inländischen — Institut nachgeordnet ist. Wird im Fall der wechselseitigen Beteiligungen diese Bedingung nicht wirksam, bestimmt das BAK das übergeordnete Unternehmen. Als nachgeordnete Unternehmen gelten die Tochterunternehmen sowie jedes Unternehmen, an denen das übergeordnete Unternehmen oder ein anderes gruppenangehöriges Unternehmen 20 % der Kapitalanteile oder Stimmrechte unmittelbar oder mittelbar hält und die es gemeinsam mit anderen Unternehmen leitet. Keine Institutsgruppe im Sinne des § 10a KWG bildet ein Konglomerat aus einem Institut und nachgeordneten Unternehmen mit bankbezogenen Hilfsdiensten.

Im Zuge der sechsten KWG-Novelle wurde darauf verzichtet, zusätzlich auch Unternehmen zu konsolidieren, an denen ein Institut mindestens 40 % der Kapitalanteile unmittelbar oder mittelbar hält, auch wenn dieses Unternehmen kein Tochterunternehmen ist und auch wenn es nicht gemeinsam mit anderen Unternehmen geleitet wird. Mit dem Verzicht auf die Konsolidierungsschwelle von 40 % wurde einem Deregulierungsanliegen der bankwirtschaftlichen Spitzenverbände entsprochen, die Institute — aufsichtsrechtlich vertretbar — zu entlasten. Durch die Anhebung der Pflichtkonsolidierungsschwelle von 40 % auf faktisch mehr als 50 % sind nur noch Tochterunternehmen sowie in der Realität seltene qualifizierte Minderheitsbeteiligungen pflichtweise zu konsolidieren. Daraus folgt eine Vereinheitlichung der Konsolidierungskreise für die Eigenmittelregelung gemäß § 10a KWG und für die Großkreditvorschriften gemäß § 13b KWG, die — bereits vor der sechsten KWG-Novelle noch in der alten Fassung als § 13a KWG — eine erforderliche Beteiligungsquote von 50 % kodifizierten und den Tatbestand des Großkredits auf Institutsgruppen ausdehnten.

Das Problem einer Umgehung der Konsolidierung, die die 40-Prozent-Schwelle des alten § 10a KWG bei der Einführung 1984 durch die dritte KWG-Novelle begründete, wird durch die Abzugsregelung des § 10a Abs. 6 KWG angemessen gelöst. Grundsätzlich muß für die Vollkonsolidierung in der Gruppe nach § 10a Abs. 6 KWG das übergeordnete Unternehmen seine maßgebliche Position mit denen der anderen gruppenangehörigen Unternehmen zusammenfassen. Dabei sind von den Eigenmitteln des übergeordneten Unternehmens diejenigen Eigenmittelbestandteile abzuziehen, die auf die Beteiligung an den gruppenangehörigen Unternehmen zurückzuführen sind. Dagegen greift bei gruppenzugehörigen Unternehmen, an denen das übergeordnete Unternehmen nicht mehrheitlich beteiligt ist, das Verfahren der Quotenkonsolidierung gemäß § 10a Abs. 7 KWG. Dabei hat das übergeordnete Unternehmen seine Eigenmittel und seine weiteren maßgeblichen risikobehafteten Positionen mit den Eigenmitteln und risikobehafteten Positionen des nachgeordneten Unternehmens quotal — entsprechend seiner Kapitalbeteiligung am nachgeordneten Unternehmen — zusammenzufassen.[19] Die bisherige Regelung des § 10a Abs. 10 KWG, Unterkonsolidierungskreise bei wechselseitigen Beteiligungen oder Beteiligungen unter 75 % zu bilden, ist entfallen.

Neben Institutsgruppen mit einer Bank oder einem Finanzdienstleistungsinstitut als übergeordnetem Unternehmen definiert der § 10a KWG im Absatz 2 in Verbindung mit Absatz 5 „Finanzholding-Gruppen“, die sich auf Basis der Finanzholding-Gesellschaft gemäß § 1 Abs. 3a KWG nach den gleichen Kriterien bestimmen wie Institutsgruppen.

19 Siehe hierzu auch im Zweiten Teil Fünftes Kapitel Abschnitt D. IV. 3. a) (5).

Auch für sie gelten die Bestimmungen des § 10 KWG über die angemessene Eigenmittelausstattung und Regelungen des § 13b KWG über Großkredite entsprechend.

2. Terminologische Grundlagen der EG-Richtlinien

a) Der Begriff „Kreditinstitut"

Ebenso wie der Gesetzgeber in Deutschland in § 1 KWG orientieren sich auch die Richtlinien und Empfehlungen der Europäischen Gemeinschaft / Europäischen Union an einer Enumeration der betriebenen Geschäfte zur Charakterisierung des Begriffs „Kreditinstitut". Im Gegensatz zum KWG, bei dem implizit universalisierte Banken angenommen werden, legen die Richtlinien die Fiktion eines Trennbankensystems zugrunde, wie es vor allem in Großbritannien vorherrschend ist. Die im Trennbankensystem vorgenommene Differenzierung in commercial banks und investments banks findet sich damit auch in den Richtlinien der EG dahingehend wieder, daß die Enumeration im Rahmen der Begriffsabgrenzung auch nur einen engeren Begriff des Kreditinstituts berücksichtigt. In der „Ersten Richtlinie des Rates zur Koordinierung der Rechts- und Verwaltungsvorschriften über die Aufnahme und Ausübung der Tätigkeit der Kreditinstitute" (Erste EG-Bankrechtskoordinierungsrichtlinie) vom 12. Dezember 1977[20] wird demnach ein Kreditinstitut als ein Unternehmen definiert, „dessen Tätigkeit darin besteht, Einlagen oder andere rückzahlbare Gelder des Publikums entgegenzunehmen und Kredite für eigene Rechnung zu gewähren."[21] Mit der sechsten KWG-Novelle wurde dieser europarechtliche Kredititinstitutsbegriff als Einlagenkreditinstitut im § 1 Abs. 3d KWG erfaßt.

Der gegenüber der bundesdeutschen Begriffsauslegung eindeutig eingeschränkte Anwendungsbereich des europäischen Kreditinstitutsbegriffs läßt sich aus der Übertragung der Geschäftsfelder der commercial banks erklären, die im Rahmen eines Trennbankensystems nur das Einlagen- und das Kreditgeschäft betreiben. Aus der Sicht der bundesdeutschen Universalbanken, die der umfangreichen Bankgeschäftsenumeration des § 1 Abs. 1 KWG unterliegen, ergeben sich zwar hinsichtlich ihres Stammgeschäfts keinerlei Änderungen, jedoch sind das Finanzkommissionsgeschäft und das Depotgeschäft gem. § 1 Abs. 1 Nr. 4 und 5 KWG Bankgeschäfte, deren Ausübung nach § 32 KWG der Zulassung durch das Bundesaufsichtsamt für das Kreditwesen bedarf. Diese Geschäftsbereiche sind aber nach europäischer Rechtsetzung durch die Erste EG-Bankrechtskoordinierungsrichtlinie nicht als Bankgeschäfte zu qualifizieren, was zu differierenden Regelungen innerhalb der EG führte, da unterschiedliche Bankensysteme (Universalbanken- bzw. Trennbankensysteme) unterschiedlichen Gesetzesgrundlagen unterliegen.

In der Diskussion der differierenden Definitionen wurde daher von bundesdeutschen Banken auch angeführt, daß ihnen durch dieses Ungleichgewicht Wettbewerbsnachteile

---

20 Richtlinie 77/780/EWG; ABl. Nr. L 322 v. 17.12.1977, S. 30.

21 Artikel 1, erster Spiegelstrich, Erste Bankrechtskoordinierungsrichtlinie.

dahingehend entstehen könnten, daß ihr Wertpapiergeschäft dem vergleichbar strengeren Bankrecht unterliegt, das Wertpapiergeschäft ausländischer Banken jedoch in ihren Heimatländern, deren Definition des Begriffs „Kreditinstitut“ sich nach der engen Interpretation der EG-Richtlinie richtet, nicht als Bankgeschäfte qualifiziert wird und damit nicht unter die bankenspezifischen Rechtsetzungen fällt. Die hierdurch induzierten Unterschiede hinsichtlich der Beaufsichtigung, der Eigenkapitalanforderungen wie auch Eigenkapitalbelastungen durch die andersartig berücksichtigten Geschäftsbereiche können infolge daraus resultierender unterschiedlicher Kostenstrukturen zu Wettbewerbsverzerrungen im europäischen Finanzdienstleistungsmarkt führen. Darüber hinaus werden die Risikostrukturen, die im investment banking gleichwohl vergleichbar dem commercial banking gestaltet sind, und die Notwendigkeit einer Beaufsichtigung im Interesse des Verbraucherschutzes nicht adäquat berücksichtigt, so daß zweifelsohne mit der Ersten EG-Bankrechtskoordinierungsrichtlinie eine differierende Wettbewerbsstellung begründet wurde.

b) Der Begriff „Wertpapierfirma“

Aus der engen Fassung des Kreditinstitutsbegriffs in den europäischen Richtlinien leitet sich auch die Notwendigkeit ab, analog zu den in den EG-Bankrechtskoordinierungsrichtlinien festgeschriebenen Regelungen für Kreditinstitute für Wertpapierfirmen auf der Basis der Mindestharmonisierung einheitliche Regelungen hinsichtlich der Herkunftslandkontrolle, Bestimmungen über die gegenseitige Anerkennung der Zulassungen und der Aufsichtssysteme für die Mitgliedstaaten der EG festzulegen. Zudem waren einheitliche Mindestnormen zu finden, die es Unternehmen, die in einem Mitgliedsland Dienstleistungen im Börsen- und Termin- bzw. Optionsgeschäft anbieten, den Zugang zu anderen Börsen und Terminmärkten in der EG zu eröffnen. Die Richtlinie des Rates für Wertpapierdienstleistungen (EG-Wertpapierdienstleistungsrichtlinie) fixiert entsprechend diese Regelungen für „Wertpapierfirmen“ (investment banks), die nicht den Richtlinien für Kreditinstitute unterliegen, in analoger Weise zu den Regelungen der EG-Bankrechtskoordinierungsrichtlinien. Das KWG erhielt zudem im § 1 Abs. 3d durch die sechste KWG-Novelle mit dem Wertpapierhandelsunternehmen ein deutsches Pendant zum europarechtlichen Begriff der Wertpapierfirma.

Wertpapierdienstleistungen im Sinne der EG-Wertpapierdienstleistungsrichtlinie sind Dienstleistungen, die von einer Wertpapierfirma für andere Personen erbracht werden. Was im einzelnen als Wertpapierdienstleistung verstanden wird, wird abschließend enumerativ in der Richtlinie aufgeführt, wobei sowohl Dienstleistungen im engeren Sinne wie auch Instrumente, die im Rahmen der Dienstleistungserbringung Verwendung finden, systemdefinierend sind. Von der EG-Wertpapierdienstleistungsrichtlinie erfaßt werden die folgenden Instrumente: übertragbare Wertpapiere sowie Investmentzertifikate (Anteile an Organismen für gemeinsame Anlagen), Geldmarktinstrumente, Finanzterminkontrakte (futures) einschließlich gleichwertiger Instrumente mit Barzahlungstransaktionen, Zinsterminkontrakte, Zins- und Devisenswaps sowie swaps auf Aktienindexbasis (equity swaps), alle Arten von Kauf- und Verkaufsoptionen.

Die unter die Bestimmungen der Richtlinie fallenden Dienstleistungen sind die kommissionsweise Annahme und Übermittlung von Aufträgen über die aufgeführten Instrumente sowie die Ausführung derartiger Aufträge für fremde Rechnung, der Handel in den Instrumenten für eigene Rechnung, die Verwaltung von Portefeuilles für Anleger, die Übernahme und Plazierung von Emissionen der aufgeführten Instrumente. Als weitere, für Wertpapierfirmen typische Dienstleistungen, die jedoch, wenn sie ausschließlich betrieben werden, konstituierend für Wertpapierfirmen sind, werden angesehen und den Regelungen der EG-Wertpapierdienstleistungsrichtlinie unterworfen: die Verwahrung und Verwaltung der aufgeführten Instrumente, Schließfachvermietung, Kreditgewährung zur Finanzierung der Engagements in derartigen Instrumenten, Unternehmensberatung und mergers & acquisitions, underwriting, Anlageberatung, Devisengeschäfte, die im direkten Zusammenhang mit der Erbringung der angeführten Dienstleistungen stehen.

Ergänzend zu der EG-Wertpapierdienstleistungsrichtlinie werden in der Richtlinie über die angemessene Eigenkapitalausstattung von Wertpapierfirmen und Kreditinstituten (EG-Kapitaladäquanzrichtlinie) entsprechend den Vorschriften der Zweiten EG-Bankrechtskoordinierungsrichtlinie, der Eigenmittelrichtlinie und der Solvabilitätsrichtlinie für Kreditinstitute Mindeststandards für Wertpapierfirmen festgeschrieben. Sie legen sowohl das Mindesteigenkapital (Anfangskapital) in absoluter wie auch in relativer Höhe — im Verhältnis zu den übernommenen Risiken — für Wertpapierfirmen fest. Zusätzlich werden Kreditinstitute diesen Bestimmungen unterworfen, sofern sie im Rahmen ihres Handelsbestandes (trading book) Positionsrisiken eingehen, die denen einer Wertpapierfirma entsprechen.

Ausgenommen von diesen Richtlinien sind insbesondere Versicherungsunternehmen, da diese hinsichtlich ihrer Aktivitäten im Wertpapierhandel sowie in derivativen Instrumenten einer gesonderten Rechtsetzung unterliegen. Analog gilt dies auch für Investmentgesellschaften, die zwar im Sinne der EG-Wertpapierdienstleistungsrichtlinie Wertpapierfirmen sind, jedoch eigenen Vorschriften unterliegen.

c) Der Begriff „Finanzinstitut"

In Abgrenzung zum Begriff des Kreditinstituts der Ersten EG-Bankrechtskoordinierungsrichtlinie, nach der Kreditinstitute Unternehmen sind, deren Tätigkeit darin besteht, Einlagen oder andere rückzahlbare Gelder des Publikums entgegenzunehmen und Kredite für eigene Rechnung zu gewähren, sind „Finanzinstitute" Unternehmen, die Bankleistungen anbieten, die nicht unter den Begriff des Kreditinstituts fallen. In der Zweiten EG-Bankrechtskoordinierungsrichtlinie wird der Begriff des Finanzinstituts ebenfalls auf enumerativem Wege über Leistungen derartiger Unternehmen definiert. Hauptleistung und damit Kern der Definition des Begriffs Finanzinstitut ist der Beteiligungserwerb. Des weiteren werden den Finanzinstituten folgende Leistungen zugerechnet:

- Ausleihungen (Konsumentenkredite, Hypothekendarlehen, Factoring, Handelsfinanzierung einschließlich Forfaitierung);
- Finanzierungsleasing;
- Dienstleistungen zur Durchführung des Zahlungsverkehrs;
- Ausgabe und Verwaltung von Zahlungsmitteln (Kreditkarten, Reiseschecks und Bankschecks);
- Bürgschaften und Eingehung von Verpflichtungen;
- Handel für eigene Rechnung oder im Auftrag für Kunden in Geldmarktinstrumenten, Geldwechselgeschäften, Termin- und Optionsgeschäften, Wechselkurs- und Zinssatzinstrumenten, im Wertpapiergeschäft;
- Teilnahme an der Wertpapieremission und den diesbezüglichen Dienstleistungen;
- Beratung von Unternehmen über die Kapitalstruktur, die industrielle Strategie und in damit verbundenen Fragen sowie Beratung und Dienstleistungen auf dem Gebiet der Zusammenschlüsse und Übernahme von Unternehmen;
- Geldmaklergeschäfte im Interbankenmarkt;
- Portfolioverwaltung und -beratung;
- Wertpapieraufbewahrung und -verwaltung.

Die Aufnahme des Begriffs des Finanzinstituts in die Zweite EG-Bankrechtskoordinierungsrichtlinie ist auf die Bestrebungen zurückzuführen, die Bestimmungen über die europaweite Niederlassungs- und Dienstleistungsfreiheit auf alle Unternehmen des finanziellen Bereichs ausdehnen zu können. Da aber auf den engen Kreditinstitutsbegriff der Ersten EG-Bankrechtskoordinierungsrichtlinie bei der Zweiten EG-Bankrechtskoordinierungsrichtlinie zurückgegriffen wurde, mußten die Unternehmen, die keine Kreditinstitute in diesem Sinne, aber gleichwohl Unternehmen des finanziellen Bereichs sind, durch einen präzisen Begriff definiert werden. Zudem konnte über diesen Umweg die Aufsichtsbefugnisse der nationalen Aufsichtsbehörden auf derartige Finanzinstitute ausgedehnt werden, sofern diese Tochterunternehmen von Kreditinstituten im Sinne der Ersten EG-Bankrechtskoordinierungsrichtlinie sind und in die Beaufsichtigung der Kreditinstitute auf konsolidierter Basis entsprechend der modifizierten EG-Konsolidierungsrichtlinie (92/30/EWG) einbezogen werden.

Wertpapierfirmen im Sinne der EG-Wertpapierdienstleistungsrichtlinie sind demnach den Finanzinstituten zuzurechnen und genießen die aus der Zweiten EG-Bankrechtskoordinierungsrichtlinie auch für Finanzinstitute übertragenen Rechte der Niederlassungs- und Dienstleistungsfreiheit in der EU. Die Instrumente der EG-Wertpapierdienstleistungsrichtlinie und der EG-Kapitaladäquanzrichtlinie erfüllen dabei die spezifischen Aufgaben zur Harmonisierung der Zulassungs- und Aufsichtsbestimmungen für Wertpapierfirmen. In diesem Sinne sind Wertpapierfirmen als Teilmenge der Finanzinstitute zu verstehen, wobei wiederum darauf hinzuweisen ist, daß diese Systematik auf dem ursprünglichen Ansatz der Richtlinien des Trennbankensystems beruht und die Wertpapierfirmen den investment banks in Abgrenzung zu den Kreditinstituten, den commercial banks, entsprechen.

II. Begriffsfassung aus einzelwirtschaftlicher Sicht

Die im Rahmen des KWG vorgestellte Legaldefinition des Bankbetriebs kann einer betriebswirtschaftlichen Betrachtungsweise nicht voll gerecht werden. Aus einzelwirtschaftlicher, betriebswirtschaftlicher Sicht erscheinen die starren Gesetzesformulierungen nicht in ausreichendem Maße geeignet, die oft schnellen Veränderungen des bankbetrieblichen Aktionsradius entsprechend flexibel einzufangen. Eine an ökonomischen Gesichtspunkten orientierte Charakterisierung des Bankbetriebs wird daher zwangsläufig abstrakter und globaler sein als die vom Gesetzgeber vorgenommene, da sie ein umfangreicheres Leistungsspektrum zu reflektieren hat. Es wird zwar auch in diesem Fall auf einzel- und gesamtwirtschaftliche Funktionen zurückgegriffen werden müssen; doch steht nunmehr die Suche nach möglichst weitgefaßten Oberbegriffen im Vordergrund, denen sich alle denkbaren Bankaktivitäten subsumieren lassen.

Ohne auf die in der bankbetrieblichen Literatur vorgestellten Definitionen im einzelnen einzugehen, können als Gemeinsamkeit der verschiedenen Begriffsbestimmungen folgende Charakteristika festgehalten werden:

- Bankbetriebe sind Betriebswirtschaften,
- die Kredite nehmen und gewähren,
- die Leistungen des Geld-, Kredit- und Kapitalverkehrs erbringen und
- sonstige Dienstleistungen anbieten.

Hinter einer derartigen Systematisierung, die schon in der älteren Literatur zu finden ist[22], steht das Ordnungsprinzip einer an der Bilanzwirksamkeit der Bankgeschäfte orientierten Gliederung. Während Aktiv- und Passivgeschäfte unmittelbar in der Bilanz ihren Niederschlag finden — ersteres führt zu Beständen an Forderungs- und Beteiligungsrechten, letzteres zu Beständen an Verbindlichkeiten —, tritt das Dienstleistungsgeschäft im engeren Sinne bilanzmäßig nicht in Erscheinung.

Parallel zum Vordringen einer verstärkt marktorientierten Ausrichtung der Bankbetriebslehre ist eine allmähliche Abkehr vom Prinzip der vorrangigen Betrachtung der Bilanzwirksamkeit zu beobachten. Vor allem wegen des spezifischen Marktleistungsbegriffs — auf den später einzugehen sein wird[23] — erscheint es zweckmäßiger, die Bankaktivitäten so zueinander in Beziehung zu setzen, wie sie sich aus der Sicht des Bankkunden darstellen. Diese Vorgehensweise führt zu folgenden Funktionsbereichen:

- Anbieten und Eröffnen von Zahlungsverkehrsfazilitäten und zugehöriger Aktivitäten;
- Anbieten und Eröffnen von Finanzierungsfazilitäten sowie zugehöriger Aktivitäten;
- Anbieten und Eröffnen von Geld- und Kapitalanlagefazilitäten sowie zugehöriger Aktivitäten;
- Anbieten sonstiger Dienstleistungen.

---

22 Vgl. z. B. Stucken, R.: Geld und Kredit, 2. Aufl., Tübingen 1957, S. 7.

23 Vgl. hierzu auch in diesem Teil Fünftes Kapitel Abschnitte A. und B.

Unter Abstrahierung vom sog. Eigengeschäft der Banken ist die Erfassung aller Banktätigkeiten unter diesen Grundfunktionen möglich.[24]

III. Begriffsfassung aus gesamtwirtschaftlicher Sicht

Standen bei den bisherigen Definitionen die einzelwirtschaftlichen Aufgaben der Banken im Vordergrund, so soll im folgenden eine Begriffsfassung aufgezeigt werden, die die Bedeutung und das Wesen der Banken innerhalb der Volkswirtschaft zum Gegenstand hat. Bei dieser Sichtweise wird primär auf die Leistungen der Gesamtheit aller Banken, also des Bankensystems, abgestellt; der einzelne Betrieb als Element dieses Systems ist nur mittelbar involviert. Gleichwohl können bestimmte Tätigkeiten sowohl im Einzelbetrieb als auch im Bankensystem den gleichen Charakter aufweisen; ein Unterschied besteht allerdings insofern, als aus makroökonomischer Sicht eine Aggregation der einzelwirtschaftlichen Tätigkeiten zu globalen gesamtwirtschaftlichen Größen vorgenommen wird.

In einer modernen arbeitsteiligen Volkswirtschaft vollzieht sich der Leistungsaustausch zwischen den Wirtschaftssubjekten unter Einschaltung von Geld. Um eine reibungslose Versorgung mit Zahlungsmitteln sowie die Aufrechterhaltung des gesamtwirtschaftlichen Geldkreislaufes sicherzustellen, bedarf es der Finanzintermediäre als Mittler zwischen Kapitalangebot und Kapitalnachfrage. Diese Mittlerrolle wird von den Banken wahrgenommen. Demnach repräsentieren sie sich als institutionelle Träger der Akkumulation und Distribution von Geldkapital. Dabei nehmen die Banken als Gesamtheit (Aggregat) idealtypisch betrachtet — unter Berücksichtigung der ordnungspolitischen Rahmenbedingungen — durch die Verfolgung ihrer einzelwirtschaftlichen Ziele Einfluß auf die gesamtwirschaftliche Allokation der Ressourcen, so daß das Kapital seiner optimalen Verwendungsart zufließen kann.

Finanzintermediäre sind allgemein Institutionen, deren Funktion darin besteht, einen Ausgleich zwischen Geldanlage- und Geldaufnahmebedarf von unterschiedlichen Wirtschaftssubjekten herzustellen. Hierzu nehmen sie zum einen Finanzmittel von originären Geldgebern, die Finanzmittelüberschüsse haben, auf Kreditbasis entgegen, und stellen diese Finanzmittel originären Geldnehmern, bei denen finanzielle Defizite bestehen, ebenfalls auf Basis von Kreditvereinbarungen zur Verfügung.[25] Volkswirtschaftlich gesehen können Finanzintermediäre damit zwischen Geldanbieter und Geldnachfrager treten, indem sie mit beiden Marktpartnern isolierte Vertragsverhältnisse eingehen. Aus Sicht der Marktpartner der Finanzintermediäre ersparen diese die individuelle Suche nach einem adäquaten Kontraktpartner, was in der Konsequenz zu einer Reduzierung der Transaktionskosten führt, da der spezifische Geldanlage- bzw. Geldaufnahmebedarf

---

24 Vgl. Stützel, W.: Bankpolitik heute und morgen, 2. Aufl., Frankfurt a. M. 1964, S. 12f.

25 Vgl. Bitz, M.: Erscheinungsformen und Funktionen von Finanzintermediären, in: WiSt, H. 10, 1989, S. 430.

über einen Finanzintermediär gedeckt werden kann, ohne auf eine individuelle Suche nach adäquaten Marktpartnern angewiesen zu sein.

Bei der *Existenz eines vollkommenen Finanzmarkts* — wie in einigen Marktmodellen der neoklassischen Theorie postuliert — werden das Kapitalangebot und die Kapitalnachfrage durch vollständige Markttransparenz, kostenfreie Tauschprozesse und Transaktionssicherheit direkt zusammengeführt und den Finanzintermediären — speziell den Banken — die ökonomische Existenzberechtigung entzogen. Dagegen hebt das Konstrukt der Finanzintermediation die realitätsferne Annahme des vollkommenen Marktes auf und erfaßt *Marktunvollkommenheiten* als asymmetrische Informationsverteilung zwischen den Marktteilnehmern, als anfallende Kosten für den Tauschprozeß und als Unsicherheit über zukünftige Transaktionsbedingungen. Damit werden Banken als Institutionen erkennbar, die Transaktionswünsche effizienter als der Markt erfüllen können, indem sie diese Marktunvollkommenheiten reduzieren. Die Effizienzverbesserung resultiert aus zwei — gedanklich zu trennenden — Prozessen, an denen Banken durch ihre Einschaltung in den Marktprozeß teilnehmen: zum einen aus dem Transaktionsprozeß, in dem Banken die Transaktionskosten und die asymmetrische Informationsverteilung für die Marktteilnehmer reduzieren; zum anderen aus dem Transformationsprozeß, in dem Banken die Friktionen zwischen Finanzierungsmittelangebot und Finanzierungsmittelnachfrage ausgleichen[26] (vgl. Abbildung 2).

---

[26] Vgl. bereits Schmalenbach, E.: Kapital, Kredit und Zins, 4. Aufl., Köln – Opladen 1961, S. 134 ff.

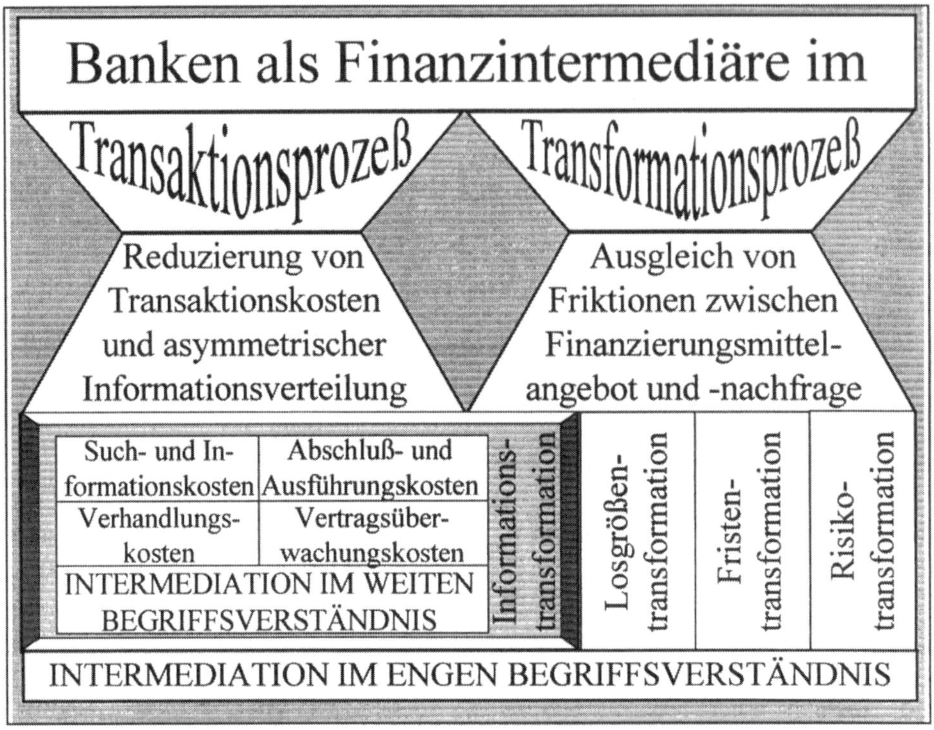

Abb. 2: Banken als Finanzintermediäre

Im Transaktionsprozeß reduziert eine Bank als Finanzintermediär die asymmetrische Informationsverteilung zwischen den Marktpartnern und die damit verbundenen Kosten für das Zustandekommen, die Durchführung und die Kontrolle einer Transaktion. Im einzelnen entstehen Such- und Informationskosten, Kosten für die Vertragsverhandlungen und den Vertragsabschluß, Kosten für die physische Vertragserfüllung und die Vertragsüberwachung. Diese Kostenkategorien manifestieren sich in den einzelnen Phasen des Transaktionsprozesses: Zunächst entstehen durch die asymmetrische Informationsverteilung Such- und Informationskosten bei der Informationsbeschaffung über potentielle Marktpartner und deren Konditionen respektive Konditionenvorstellungen sowie den eigenen Nutzenzuwachs durch eine mögliche Transaktion. Ohne organisierte Finanzmärkte — wie Börsen — und ohne Finanzintermediäre — wie Banken — wären die Finanzteilnehmer gezwungen, selbst nach Marktpartnern zu suchen, die ihren Transaktionswünschen in bezug auf die Rendite-Risiko-Konstellation, die Losgröße und den Zeithorizont entsprechen. Haben sich die potentiellen Kontraktpartner dann gefunden und stehen sich unmittelbar — ohne Banken — gegenüber, entstehen weitere Kosten im Verhandlungsprozeß über die Kontraktspezifikationen, insbesondere über die Austauschrelation — den Preis —, wenn dieser nicht bereits als „Marktpreis“ vorliegt; der Verhandlungsphase wäre in diesem Fall zudem das Risiko einer falschen Preisermittlung inhärent. Ferner entstehen Abschluß- und Ausführungskosten für den Vertragsschluß

— die Vertragsformulierung und Einigung zwischen den Marktparteien — und die physische Vertragserfüllung als eigentlichen Austauschvorgang der Marktleistung. Bei langfristigen Verträgen entsteht eventuell Anpassungsbedarf in bezug auf die Kontraktspezifikationen durch veränderte Bedingungen, die wegen der fehlenden Prognosesicherheit nicht vollkommen bei Vertragsabschluß antizipiert werden können. Die bei dieser Phase des sog. monitoring entstehenden Kontroll- und Anpassungskosten sind den Überwachungskosten zu subsumieren. Alle Kosten der einzelnen Phasen im Transaktionsprozeß sind demnach im weitesten Sinne „informationsbezogene Kosten"; mithin finden sie im Prozeß der Informationstransformation ihren Niederschlag und werden diesem im folgenden zugeordnet.

Ansatzpunkt für die Intermediation im Transaktionsprozeß ist neben den Transaktionskosten notwendigerweise die sie verursachende asymmetrische Informationsverteilung zwischen den Marktteilnehmern in bezug auf die Qualität der angebotenen Finanztitel. Besteht der unterschiedliche Informationsstand zwischen Kapitalanbieter und Kapitalnachfrager ex ante, d. h. bereits vor Vertragsabschluß über die Kapitalaufnahme respektive Kapitalbereitstellung, so orientiert sich der Marktpreis im Fall dieser sog. *hidden information* an der durchschnittlichen Bonität des Kapitalnehmers. Allerdings werden Kapitalnehmer mit überdurchschnittlicher Bonität zu diesem für sie zu hohen Preis bzw. zu hohen Kapitalkosten auf ihre Investition verzichten und aus dem Markt ausscheiden. Dies führt zum Phänomen der sog. *adverse selection*,[27] denn für die Kapitalgeber verbleiben nur noch „schlechte" Risiken am Markt, die mangels vollständiger Diversifikationsmöglichkeiten nur eingeschränkt reduziert werden können. Liegt dagegen eine asymmetrische Informationsverteilung ex post vor, d. h. nach Abschluß des Vertrages über den Finanztitel, entsteht das Problem der versteckten Handlung des Kapitalnehmers. Diese sog. *hidden action* beschreibt die Situation, daß der Kapitalgeber als *principal* bei der Kapitalüberlassung an den Kapitalnehmer, den *agent,* dessen Investitionshandlungen im Rahmen der Kapitalverwendung nur unzulänglich kontrollieren kann. Gleichzeitig besitzt der Kapitalnehmer einen Anreiz zu riskanteren Investitionen, da mögliche überdurchschnittliche Gewinne einer riskanteren Investition vor allem dem Kapitalnehmer zugute kommen, während Verluste bei einem Scheitern der Investition von den Kapitalgebern mitgetragen werden. Dieses Phänomen des *moral hazard* veranlaßt den Kapitalnehmer, risikoreichere Investitionen zu tätigen, die das Ausfallrisiko des Kapitalgebers erhöhen.

Durch Reduzierung dieser Informationsasymmetrien kann eine bessere Allokation des Kapitals ermöglicht werden. Potentielle Kapitalgeber müssen aber Kosten aufwenden, um zusätzliche Informationen über die Bonität der Kapitalnachfrager, die nicht bereits am Markt vorhanden sind, zu erhalten. Umgekehrt entstehen potentiellen Kapitalnachfragern Kosten, wenn sie ihre eigene Bonität ex ante signalisieren wollen, um die höhere Preisvorstellung für das Kapital durch den schlecht informierten Kapitalgeber zu vermeiden. Intermediäre, die durch die Beschaffung, Verarbeitung und Weitergabe von Informationen diese Marktunvollkommenheiten reduzieren wollen, entstehen, wenn ihre

---

27 Vgl. Akerlof, G. A.: The Market for „Lemons": Quality Uncertainty and the Market Mechanism, in: The Quarterly Journal of Economics, vol. 84 (1970), S. 488 – 500.

Tätigkeit am Markt kostendeckende Erträge erwirtschaftet. Entsprechend existieren in der Realität verschiedene Arten von Finanzintermediären, die ein Netzwerk individueller Such- und Kontrollvorgänge zwischen den Kontraktpartnern durch ihre zentralisierte Informationsbeschaffung, Informationsverarbeitung und Informationsweitergabe ersetzen. Anbieter dieser Informationsleistung zur Transaktionskostensenkung sind neben Banken auch spezialisierte Informationsintermediäre wie Börsendienste, Rating-Agenturen und Evidenz-Zentralen.

Wenngleich auch Transaktionskosten bei der Intermediation entstehen, führt die Einschaltung der Banken im Transaktionsprozeß gegenüber einer unmittelbaren Transaktionsbeziehung zwischen Kapitalanbieter und Kapitalnachfrager im Ergebnis zu einer Transaktionskostenersparnis. Diese beruht auf Spezialisierungsvorteilen der Banken im Umgang mit Informationen, die für finanzielle Transaktionen notwendig und kostenverursachend sind. Gründe liegen zum einen in sinkenden Stückkosten durch massenhafte Ausführung gleichartiger Leistungen — *economies of scale* —; zum anderen in Kostensenkungen durch positive Verbundwirkungen — *economies of scope* —, die sich aus der Erstellung und dem Angebot eines Leistungsbündels wie bei den Universalbanken durch die gemeinsame Ressourcennutzung ergeben können. Ferner sind in einer dynamischen Betrachtung *Erfahrungskurveneffekte* zu konstatieren, die bei der wiederholten Ausführung bestimmter Arbeitsvorgänge durch Entwicklung von Routinen kostensenkend wirksam werden. Die Spezialisierungsvorteile in Form der economies of scale, der economies of scope und der Erfahrungskurveneffekte verringern im Ergebnis die Kosten pro Kontrakt in den verschiedenen Phasen des Transaktionsprozesses: Zunächst fungieren Banken wie institutionalisierte „Treffpunkte“ für Kapitalanbieter und Kapitalnachfrager als eine Art Informationssammelstelle, wodurch die Suchkosten für beide Marktseiten vor dem Hintergrund der fehlenden vollständigen Markttransparenz reduziert werden. Die Kenntnis der wirtschaftlichen Verhältnisse ihrer Kunden auf Basis einer langjährigen Geschäftsverbindung und den Erfahrungen aus anderen Geschäften — wie im Zahlungsverkehr — sowie die wiederholte Durchführung dieser Geschäfte sichert den Banken einen Informations- und Erfahrungsvorsprung, der sich kostensenkend auf die Selektion geeigneter Kontrahenten und deren Überwachung auswirkt. Aber auch bei der Konditionenverhandlung, dem Abschluß und der Anpassung des Vertrages wirkt die Ressourcenausstattung und Expertise der Bank — durch die Wirksamkeit von Skalen- und Verbundeffekten — kostensenkend.

Die einzelnen Phasen des Transaktionsprozesses sind bei jeder Transaktion einer Volkswirtschaft zu beobachten, unabhängig davon, ob eine Intermediation stattfindet oder nicht. Die Einschaltung in den Transaktionsprozeß zur Kostensenkung (Transaktionsfunktion) kann nicht nur von Banken, sondern auch von anderen Finanzintermediären — wie Börsenmaklern, Finanzmaklern, Kassenvereinen oder Rating-Agenturen — wahrgenommen werden. Folglich konstituiert diese Finanzintermediation im weiten Begriffsverständnis (vgl. Abbildung 2) auf Basis der Transaktionsfunktion aber noch keine Bank; sie ist notwendige, aber noch nicht hinreichende Bedingung für Banken. Die Finanzintermediation im engen Begriffsverständnis schließt diese Informationstransformation als immanenten Bestandteil der Transaktionsleistung mit ein, gleicht darüber hinaus aber divergierende Bedürfnisstrukturen zwischen den Marktparteien aus, indem die Bank selbst in die Verträge als Kontrahent eintritt und qualitativ die zugrundeliegenden Finanztitel in bezug auf die Losgröße, die Fristen und das Risiko verändert. Erst diese Einschaltung in den Transformationsprozeß und die Ausübung der Losgrößen-, Fristen- und Risikotransformation — als Finanzintermediation im engen Begriffsverständnis — grenzt eine Bank hinreichend von anderen Finanzintermediären ab, die zwar einzelne Transformationsleistungen erbringen, aber nicht das gesamte Spektrum der Transformationsfunktion der Banken in einer Volkswirtschaft gleichermaßen erfüllen können.

Für den *Transformationsprozeß* lassen sich aus den Grundproblemen intermediärloser Finanzmärkte die Teilfunktionen der Transformationsfunktion von Banken ableiten. Zunächst ist bei einer Geldanlage ein Risiko darin zu sehen, daß bei Vertragsabschluß die Rückzahlung der angelegten bzw. als Kredit herausgelegten Gelder ungewiß ist. Insofern ist eine Bereitschaft beim Geldgeber vorauszusetzen, die Risiken, die mit der Geldhergabe verbunden sind, auch in voller Höhe zu übernehmen. Bei intermediärlosen Finanzmärkten ist darüber hinaus zusätzlich noch als Problem anzusehen, die divergierenden Bedürfnisse bei Geldanlage bzw. Geldaufnahme in der entsprechenden Losgröße und in der entsprechenden Frist ausgleichen zu können. Banken erfüllen im Rahmen ihrer Funktion als Finanzintermediäre dahingehend *Transformationsfunktionen*, als sie die Teilfunktionen Losgrößentransformation, Fristentransformation und Risikotransformation übernehmen.

Die *Losgrößen-* oder *Betragstransformation* der Banken ist in dem Umstand begründet, daß von Banken eine große Zahl betragsmäßig kleiner Einlagen hereingenommen wird und die Gelder dann in einem großen Betrag an Kreditnehmer ausgeliehen werden. Eine Transformation in umgekehrter Richtung ist dann gegeben, wenn eine große Einlage in kleinen Teilbeträgen, beispielsweise in Form von Ratenkrediten, herausgelegt wird. Durch die Mobilisierung kleiner Sparbeträge für investive Verwendungen kann das Kapitalangebot für Finanzierungen erhöht werden, ohne daß der Kreditnehmer mit allen Anlegern einzeln Kontakt aufnehmen und kontrahieren muß. Dies senkt die Such- und Informationskosten wie auch die Verhandlungs-, Abschluß- und Ausführungskosten. Zudem realisiert die Bank economies of scale und Erfahrungskurveneffekte bei der Kontrahierung mit einer großen Anzahl von Anlegern.

In dem Tatbestand, daß Banken Gelder mit anderen Laufzeiten bzw. Zinsbindungsfristen entgegennehmen, als sie diese ausleihen, liegt ihre Funktion der *Fristentransformation* begründet; sie nehmen damit Ausgleichsoperationen zur Harmonisierung von zeitlicher Überlassungs- bzw. Nutzungsdauer vor. Banken können aufgrund von Erfahrungswerten und der Wahrscheinlichkeit von Bodensätzen formal kurzfristige Mittel, die de facto aber langfristig zur Verfügung stehen, langfristig ausleihen: Zum einen werden — nach dem Prolongationsprinzip — fällige Einlagen zum Teil nicht vom Kunden abgezogen, sondern verlängert. Zum zweiten werden — nach dem Substitutionsprinzip — fällige und abgezogene Einlagen zum Teil durch neue Einlagen ersetzt. In der Summe ist mithin von einem stabilen Prozentsatz aktueller Einlagen als Bodensatz auszugehen. Durch diese Mobilisierung kurzfristiger Einlagen für investive Verwendungen kann das Kapitalangebot für langfristige Finanzierungen erhöht werden. Der Kern der Transaktionskostenersparnis liegt für den Kunden im Kostensenkungspotential eines einzelnen langfristigen Kredits im Vergleich zu mehreren aufeinanderfolgenden langfristigen Krediten über den gleichen Zeitraum.

Eine *Risikotransformation* wird von Banken dadurch vorgenommen, daß sie die auf der Aktivseite in jedem einzelnen Kredit bzw. in jeder einzelnen Anlage latent vorhandenen Ausfallrisiken mittels bewußt vorgenommener Risikoselektion, Risikokompensation und Risikostreuung so diversifizieren, daß sie hinsichtlich des Gesamtrisikos des Kredit- und Anlagenportefeuilles ein geringeres Ausfallrisiko erzielen als die Summe der Einzelrisiken. Mittels dieser Risikoreduzierung können Banken Kapitalanlagemöglichkeiten anbieten, denen im Vergleich zur Direktanlage ein geringeres Risiko inhärent ist. Dieser Ausgleich von Friktionen zwischen sicherheitsorientierten Einlegern und den Nachfragern nach — grundsätzlich mit Risiken behafteten — Krediten durch die Intermediation der Banken verändert die Risikostruktur in drei Dimensionen:

Erste Dimension: Die Eigenmittel der Bank dienen als zusätzliches, primäres Verlustausgleichspotential risikobehafteter Aktiva, wodurch die Risiken nicht allein von den Einlegern — wie bei der intermediärlosen Kontrahierung — sondern primär von den Eigentümern der Bank — z. B. den Aktionären — getragen werden.

Zweite Dimension: Das Risiko aus den Krediten wird auf viele Vermögenspositionen gestreut, womit das unsystematische Risiko durch Diversifikation im Kredit- und Anlageportefeuille vernichtet werden kann, während das systematische Risiko in das Portefeuille übernommen wird. Wenngleich diese Risikostreuung prinzipiell auch dem einzelnen Anleger möglich ist, entstehen ihm weitaus höhere Transaktionskosten, da die Bank Kostendegressioneffekte in Form der economies of scale realisiert. Grundlage dessen ist das originäre Interesse der Bank selbst an einer optimalen Risikostruktur.

Dritte Dimension: Zudem hat die Bank einen Informationsvorteil aus langfristigen Geschäftsbeziehungen mit dem Kreditnehmer wie durch die langjährige Abwicklung des Zahlungsverkehrs des Kunden. Auch werden Kreditnehmer zum vertragskonformen Verhalten bewegt und die genannten Phänomene der *hidden information* und *hidden action* reduziert durch die weitgehenden Sanktionsmöglichkeiten der Bank und die gestellten Kreditsicherheiten. Allerdings wird die asymmetrische Informationsverteilung zwischen den direkten Marktpartnern letztlich substituiert durch die asymmetrische Informationsverteilung zwischen dem Einleger und der Bank. Das hieraus resultierende Risiko kann aber als geringer eingeschätzt werden als das bei intermediärloser Kontrahierung, denn die Bank selbst ist an tragfähigen Risiken in ihrem Portefeuille interessiert und unterliegt zudem einer starken Regulierung und Beaufsichtigung.

Die Übernahme von Transformationsleistungen ist das wesenbestimmende Merkmal von Banken und dokumentiert deren volkswirtschaftliche Bedeutung. Mit den Transformationsleistungen verbunden sind aber ebenfalls systemspezifische Risiken. Aus der Fristentransformation erwächst typischerweise das Geldanschlußrisiko, da bei langfristiger Kreditvergabe auf der Basis kurzfristiger Einlagen regelmäßig eine Substitution respektive Prolongation der Einlagen erforderlich ist. Das Geldanschlußrisiko beschreibt damit die Gefahr, daß eine Prolongation oder Substitution der Refinanzierung nicht realisierbar ist. Zusätzlich kann aus der Fristentransformation ein Zinsänderungsrisiko entstehen. Dieses wird z. B. dann virulent, wenn eine Prolongation oder Substitution der Refinanzierung langfristiger Anlagen nur zu für die Bank ungünstigeren Zinssätzen möglich ist und damit die Zinsmarge unter den geplanten Wert sinkt oder sogar negativ wird. Die Losgrößentransformation kann bei entsprechender Größe der Kredite zu einem Großkreditrisiko führen, wenn die Gefahr besteht, daß durch zu große Einzelkreditsummen das wirtschaftliche Schicksal der Bank von dem Schicksal des Einzelkredits abhängig wird. Schließlich beinhaltet auch die Intermediationsleistung der Banken zwischen Kapitalgeber und Kapitalnehmer aus verschiedenen Ländern respektive Währungsgebieten spezifische Risiken. So können durch internationale Kreditvergabe Länderrisiken entstehen; ebenso resultieren Währungsrisiken aus internationalen Engagements.[28]

Die volkswirtschaftliche Rolle der Banken als Finanzintermediäre mit ihrer Transaktionsfunktion wie auch Transformationsfunktion ist in jüngerer Zeit durch verschiedene Entwicklungen tangiert worden. Kapitalanbieter guter Bonität und Kapitalnachfrager treten insbesondere im Großkreditbereich verstärkt in direkten Kontakt zueinander, ohne Zwischenschaltung von finanziellen Leistungen von Banken. Dieser Prozeß des „an den Banken vorbei“ wird als „Desintermediation“ bezeichnet, bei der Banken aus ihrer angestammten Intermediationsfunktion zurückgedrängt oder sogar verdrängt werden. Aus dem bilanzwirksamen zinsorientierten Geschäft der Banken als Finanzintermediäre wird zunehmend das provisionsorientierte Geschäft eines Garantiegebers (underwriter) oder Vermittlers bzw. Händlers. Offensichtlich wird diese Entwicklung durch den Trend zur Verbriefung von Kreditbeziehungen („securitization“). Die zunehmende Orientierung zum investment banking — als reinen Transaktionsleistungen —, aber auch die zunehmende Bedeutung innovativer Zahlungssysteme im Wettbewerb um Marktpotentiale und damit der Zahlungsverkehrsleistung als reine Transaktionsleistung sind als wichtige Trends im Finanzdienstleistungsmarkt zu nennen. Dies begründet eine Einschränkung des Aktionsradius von der Finanzintermediation im engen Begriffsverständnis — mit der durch Zinsen abgegoltenen Transformationsfunktion — hin zur Finanzintermediation im weiten Begriffsverständnis ohne Transformationsleistung — mit der durch Provisionen abgegoltenen Transaktionsleistung — bei Banken (vgl. Abbildung 2), die zudem zunehmend Konkurrenz durch andere Finanzintermediäre — wie durch Finanzmakler, Börsenmakler und Rating-Agenturen und andere neue Marktteilnehmer — erfahren.

Ferner sind die Banken am gesamtwirtschaftlichen Geldangebotsprozeß beteiligt: Die von ihnen auf der Grundlage einer frei disponierbaren Bezugsgröße („freie Liquidität“) gewährten Kredite führen über die Bildung von Giralgeld zu einer Veränderung der inländischen Geldmenge. Darüber hinaus wickeln sie in einer modernen Volkswirtschaft mit liberalisiertem Geld- und Kapitalwesen den überwiegenden Teil des nationalen und internationalen Zahlungsverkehrs ab.[29]

---

28 Siehe hierzu auch im Zweiten Teil Fünftes Kapitel.

29 Vgl. Büschgen, H. E.: Einführung in die Bankbetriebslehre, Teil I, Frankfurt a. M. 1977, S. 3 f., ders.: Bankbetriebslehre, Stuttgart – New York 1994, S. 6 ff.

B. Bankensysteme

I. Der Begriff „Bankensystem“

1. Allgemeiner Systembegriff

Der Begriff „System“ wird in den verschiedenen Wissenschaftsbereichen sowohl zur Kennzeichnung realer Phänomene als auch zur Kennzeichnung logisch miteinander verknüpfter Aussagen über die Realität benutzt. Dabei werden andere Begriffe wie z. B. „Ordnung“, „Ganzheit“ oder „Organisiertheit“ oft synonym für das Wort „System“ verwendet.

Ganz generell beschrieben besteht ein System aus einer mehr oder weniger großen Zahl von Elementen mit bestimmten Eigenschaften; die Elemente sind im System durch Beziehungen miteinander verknüpft. Die drei Merkmale, die Zustände und Verhaltensweisen eines Systems begründen, sind demnach:

- die Elemente des Systems,
- die konkreten Eigenschaften der einzelnen Elemente und
- die Beziehungen zwischen den Elementen.[30]

2. Klassifikationsmerkmale von Systemen

Eine Einteilung von Systemen kann anhand verschiedener Klassifikationsmerkmale vorgenommen werden. Hinsichtlich ihrer Beziehung zur Umwelt ist zwischen offenen und geschlossenen Systemen zu unterscheiden. Hinsichtlich der Entstehung der Systeme kann eine Unterscheidung in künstliche und natürliche Systeme getroffen werden. Bezogen auf die Seinsbereiche wird eine Trennung in ideale und reale Systeme vorgenommen. Des weiteren unterscheidet man aufgrund der Veränderungsmöglichkeit der Systeme im Zeitablauf statische und dynamische Systeme.[31]

---

30 Vgl. Bertalanffy, L. v.: Zu einer allgemeinen Systemlehre, in: Organisationstheorie, hrsg. von E. Grochla, 2. Teilband, Stuttgart 1976, S. 542 ff.

31 Vgl. Fuchs, H.: Systemtheorie, in: HWB, hrsg. von E. Grochla und W. Wittmann, 4. Aufl., Stuttgart 1976, Sp. 3820 – 3832; Grochla, E.; Lehmann, H.: Systemtheorie und Organisation, in: HWO, hrsg. von E. Grochla, 2. Aufl., Stuttgart 1980, Sp. 2204 – 2216.

3. Charakterisierung des Bankensystems

Bei Anwendung dieser allgemeinen systemtheoretischen Überlegungen auf Bankensysteme[32] lassen sich diese, an der — wie oben — gesamtwirtschaftlichen Begriffsebene anknüpfend, wie folgt charakterisieren: Die einzelnen *Elemente der Systeme* sind die *Geschäftsbanken* sowie die *Noten-* oder *Zentralbanken.* Je nach Ausprägung — z. B. Spezial- oder Universalbank — weisen die Elemente ganz bestimmte Eigenschaften auf.[33] Zwischen den einzelnen Systemelementen können bzw. müssen — im Hinblick auf die Funktionsfähigkeit des Systems — mehr oder weniger intensive Beziehungen bestehen. Aufgrund seiner sehr bedeutenden Funktion als „Bank der Banken" spielt das Element „Zentral(noten)bank" eine herausragende Rolle im Bankensystem.

Da Bankensysteme nicht in sich geschlossen sind, sondern vielfältige Beziehungen zu anderen Systemen und damit zu ihrer Umwelt unterhalten, können sie *offene Systeme* genannt werden. Als *künstlich geschaffenen Systeme* entspringen sie keinem natürlichen Entstehungsgrund und sind aufgrund ihrer Existenz in der Realität *reale Systeme.* Zudem unterliegen sie als *dynamische Systeme* bestimmten Entwicklungen und Veränderungen im generellen Wandel der Zeit.

Insbesondere das letzte Klassifikationsmerkmal soll im folgenden einer weitergehenden Untersuchung unterzogen werden. Die Entwicklung der Bankensysteme unter historischen Aspekten sowie einige der dafür verantwortlichen Einflußfaktoren sollen im Hinblick auf ihre Bedeutung für eine Veränderung des jeweiligen Gesamtsystems bzw. einzelner Elemente innerhalb des jeweiligen Bankensystems näher erläutert werden.

II. Einflußfaktoren der historischen Entwicklung von Bankensystemen

Die gegenwärtig in der Realität zu beobachtenden Bankensysteme sind das Ergebnis eines evolutorischen — historischen — Prozesses, in dem eine Vielzahl von Faktoren Einfluß auf die Entwicklungsrichtung und auf die Entwicklungsgeschwindigkeit genommen hat. Einige der in den heute existierenden Bankensystemen zu konstatierenden Sachverhalte wurzeln in langzeitigen Traditionen und sind nur aus sich heraus erklärbar und verstehbar. Andere dagegen werden durch völlig neue, kaum absehbare Wirkungszusammenhänge begründet.

Nicht nur für die vergangene, sondern auch für die zukünftige Entwicklung der Bankensysteme dürften die folgenden Bestimmungsfaktoren von besonderer Bedeutung sein:

---

32 Vgl. Eilenberger, G.: Bankbetriebswirtschaftslehre, 6. Aufl., München – Wien 1996, S. 13 ff.

33 Siehe hierzu in diesem Kapitel Abschnitte A und B.III.2.

- Gesellschafts- und Wirtschaftsordnung bzw. Wirtschaftsverfassung, in denen sich die grundlegenden wirtschafts- und gesellschaftspolitischen Werte und Ziele ausdrücken, sowie deren Veränderungen im Zeitablauf;
- allgemeine und spezifisch bankensystembezogene rechtliche Rahmenbedingungen für das bankbetriebliche Handeln sowie die eintretenden Gesetzesänderungen;
- Struktur und Volumen der Bankleistungsnachfrage und deren Wandel;
- Entwicklungsstand bzw. Entwicklungsveränderungen in der Wirtschaft allgemein und in der einzelnen Bank im besonderen, wobei die Innovationsfähigkeit und der Innovationswille eine wichtige Rolle spielen,[34]
- die wiederum eng mit dem technischen Fortschritt verbunden sind, insbesondere mit den neuen Informations- und Kommunikationstechnologien, derer sich die Banken in jüngster Zeit zunehmend als Medien bedienen für die Erstellung und den Vertrieb ihrer — wesentlich auf Informationen basierenden — Bankleistungen;
- woraus aber auch eine neue Anbieterkonkurrenz resultiert durch den Markteintritt spezalisierter Nichtbanken aus dem technischen Bereich bis hin zur Enstehung von virtuellen Bankleistungsstrukturen als Konglomerate aus Banken und Nichtbanken.

Diese Faktoren, die im folgenden näher erläutert werden, dürfen gleichwohl nicht isoliert betrachtet werden; sie stehen vielmehr in einem engen Zusammenhang dadurch, daß sie sich gegenseitig bedingen oder ausschließen können. Sicherlich haben neben den genannten auch andere Faktoren — wie Veränderungen im politischen und sozialen Bereich — Einfluß auf die Entwicklung des Bankensystems; auf sie wird jedoch nicht weiter eingegangen, da sie sich indirekt in den wirtschaftlichen und rechtlichen Faktoren widerspiegeln. Bei der folgenden Erläuterung der Einflußfaktoren wird insbesondere auf die Situation in Deutschland Bezug genommen.

1. Gesellschafts- und Wirtschaftsordnung bzw. -verfassung

Die Gesellschafts- und die Wirtschaftsordnung bzw. -verfassung sind diejenigen Faktoren, die das Bankensystem und seine Ausgestaltung weitestgehend beeinflussen und determinieren. Unter „Ordnung“ wird allgemein eine Konfiguration oder Zusammenfügung einer Vielzahl von Teilen oder Elementen zu einem einheitlichen Ganzen verstanden. Dieses Zusammenfügen geschieht unter einem bestimmten Ordnungsprinzip bzw. nach Regeln, wobei jedem der Elemente ein bestimmter Stellenwert im Ordnungsgefüge zugeordnet wird.

Die Begriffe „Wirtschaftsordnung“ bzw. „Wirtschaftsverfassung“ belegt die Volkswirtschaftslehre zum Teil mit unterschiedlichen Inhalten; manchmal verwendet sie sie aber auch synonym. Beide Begriffe lassen sich zum einen zur Kennzeichnung eines realen Zustandes der Wirtschaft verwenden und sind in diesem Sinne deskriptiv, da sie sich auf

---

34 Vgl. Büschgen, H. E.: Zeitgeschichtliche Problemfelder des Bankwesens der Bundesrepublik Deutschland, in: Deutsche Bankengeschichte, hrsg. im Auftrag des Instituts für bankhistorische Forschung e. V., Band 3, Frankfurt a. M. 1983, S. 349 – 409, hier: S. 351 ff.

den gegenwärtigen Zustand der Wirtschaft beziehen. Zum anderen können beide Begriffe auch im programmatisch-präskriptiven Sinn verwendet werden, in dem die Wirtschaft dargestellt wird, wie sie sein soll. Da die unterschiedlichen Begriffsdeutungen oft nicht eindeutig voneinander abgegrenzt werden und somit nicht zu erkennen ist, ob von der Wirklichkeit oder einer Idealvorstellung die Rede ist, erweist sich die Interpretation der Begriffe als recht problematisch. Eine dritte Möglichkeit der Begriffsdeutung wird offenbar, wenn ein spezifisch juristischer Verfassungs- oder Ordnungsbegriff zugrunde gelegt wird. Im juristischen Sinn ist die Verfassung eines Staates das rechtlich verbindliche, oberste Normengerüst einer staatlichen Gemeinschaft. Die Wirtschaftsverfassung wird in diesem Zusammenhang nur als rechtliche Kategorie verwendet, als Sammelbegriff aller für die Wirtschaft geltenden rechtlichen Grundsatznormen.[35] Da der rechtliche Rahmen — unter bankenspezifischen Gesichtspunkten — gesondert behandelt wird, sollen im folgenden die ersten beiden Begriffsdeutungen zugrunde gelegt werden.

Nach Eucken[36] besteht die Wirtschaftsordnung aus der Gesamtheit der jeweils realisierten Formen, in denen der Wirtschaftsprozeß abläuft. Die ineinandergreifenden Teilordnungen für die einzelnen Wirtschaftsbereiche (Landwirtschaft, Handel, Geldwesen usw.) bilden diese Wirtschaftsordnung. Jene — und damit auch die Gesamtordnung — bauen auf elementaren Ordnungsformen wie dem Wirtschaftssystem (Markt- oder Zentralverwaltungswirtschaft), den verschiedenen Marktformen, den Formen der Geldwirtschaft und den Geldentstehungsformen (Geldsystem) auf. Da alle diese elementaren Formen in unterschiedlicher Ausprägung vorhanden sein können, ergibt sich je nach „Mischung“ der einzelnen Komponenten eine ganz bestimmte Gesamtordnung mit ausgeprägten Eigentümlichkeiten. Diese Begriffsdeutung entspricht dem oben genannten deskriptiven Begriffsverständnis.

Im Sinne der programmatischen Begriffsdeutung kann Wirtschaftsordnung auch als Gesamtheit der Ordnungsprinzipien, Normen, Lenkungs- und Entscheidungsmechanismen, Einrichtungen und Verhaltensweisen, die die wirtschaftlichen Aktivitäten einer Gesellschaft steuern, aufgefaßt werden.

Die jeweilige Wirtschaftsordnung wird in der Realität entscheidend von den wirtschafts- und gesellschaftspolitischen Werten geprägt, wobei das jeweilige Menschenbild und die kulturelle Entwicklung eine besondere Rolle spielen. Von großer Relevanz sind dabei die Entscheidungs-, Informations- und Motivationsstrukturen einer Volkswirtschaft, da diese sich in der Art der Planung in den Betrieben, in der Willensbildung, in der Form des Eigentums, in den Formalzielen der Unternehmen sowie in den Formen der Preisbildung konkretisieren. Je nachdem, wie die Wirtschaftsordnung beschaffen ist, erhalten die getroffenen Entscheidungen, die durch sie verursachten Handlungen, deren Ordnungsgrad und damit das gesamte Wirtschaftssystem seine Eigenheit.

---

35 Vgl. Rupp, H. H.: Wirtschaftsordnung, in: HdWW, hrsg. von W. Albers et al., Stuttgart – New York – Tübingen – Göttingen – Zürich 1982, Bd. 9, S. 141 – 149, hier: S. 141 f.

36 Vgl. zum folgenden Eucken, W.: Die Grundlagen der Nationalökonomie, 3. Aufl., Jena 1943, S. 61 ff.

Aufgrund des fortschreitenden Wandels der einzelnen Formelemente der Wirtschaftsordnung stellt das zu einem bestimmten Zeitpunkt beobachtbare Wirtschaftssystem historisch gesehen eine Einmaligkeit dar. Dennoch lassen sich gewisse Grundmuster erkennen, die für zwar verschiedene, aber einander ähnliche Wirtschaftssysteme Gültigkeit haben. Diese Grundmuster sind zum einen die Marktwirtschaft und zum anderen die Zentralverwaltungswirtschaft.[37] In diesem Zusammenhang sei darauf hingewiesen, daß bei der Gestaltung eines Bankensystems dieses durchaus auch die Funktion einer Instrumentalvariablen wahrnehmen kann und wird, und zwar im Hinblick auf die der jeweiligen Wirtschaftsordnung innewohnenden wirtschafts- und gesellschaftspolitischen Zielsetzungen. So wie die Gestaltung eines unzweckmäßigen Bankensystems die Zielerfüllung erschweren kann, so kann ein optimal gestaltetes Bankensystem ein wirkungsvoller Hebel zur Erreichung übergeordneter Ziele sein.[38] Diese Gestaltung kann von Staats wegen mittels geeigneter Gesetzgebung im Rahmen der jeweils bestehenden Wirtschaftsordnung durchgeführt werden.[39]

2. Wandlungen des rechtlichen Rahmens bankbetrieblichen Handelns

Ein wichtiger Faktor für die Entwicklung eines Bankensystems im Zeitablauf sind die Bestimmungen und die Veränderungen des rechtlich-normativen regulativen Rahmens. Damit sind nicht nur das einer Gesellschafts- und Wirtschaftsordnung zugrundeliegende Grundgesetz und die für die einzelnen Rechtsbereiche gültigen Gesetze (Verwaltungsrecht, Strafrecht, BGB, HGB, AktG usw.) gemeint, sondern im besonderen die für das Bankwesen speziell erlassenen Gesetze und Rechtsverordnungen (in Deutschland unter anderem: BBankG, KWG, Eigenmittel- und Liquiditätsgrundsätze), wobei in den einzelnen Ländern Unterschiede hinsichtlich der rechtlichen Ausgestaltung bestehen können bzw. bestehen. Im folgenden soll am Beispiel Deutschlands die Auswirkung des Einflußfaktors „rechtlicher Rahmen" aufgezeigt werden, und zwar hinsichtlich der Spezialgesetze und -normen, da in diesem Bereich die meisten Veränderungen in der Vergangenheit zu konstatieren sind.[40]

So war beispielsweise gemäß der KWG-Fassung von 1939 für die Erteilung der Zulassungserlaubnis für Bank- und Zweigstellengründungen eine sog. Bedürfnisprüfung notwendig; diese beinhaltete eine Untersuchung darüber, ob für die Errichtung einer Bank bzw. einer Zweigstelle ein örtlicher Bedarf bzw. ein gesamtwirtschaftliches Interesse vorhanden war oder nicht. 1958 wurde diese Prüfung jedoch als Verstoß gegen das in

---

37 Zur konkreten Ausprägung des jeweiligen Bankensystems in den verschiedenen Wirtschaftsordnungen siehe in diesem Kapitel Abschnitt B.III.1.

38 Vgl. Büschgen, H. E.; Steinbrink, K.: Verstaatlichung der Banken?, Köln 1977, S. 15 f.

39 Bezüglich der engen Verknüpfung zwischen der Wirtschaftsordnung und dem rechtlichen Rahmen siehe in diesem Kapitel Abschnitt B.II.2.

40 Vgl. zum folgenden auch Büschgen, H. E.: Einführung..., a.a.O., S. 19 ff.

Artikel 12 Grundgesetz verankerte Grundrecht der freien Berufswahl für inländische Institute für verfassungswidrig erklärt. Für inländische Zweigstellen ausländischer Institute wurde die in § 4 Abs. 1b KWG (1939) vorgesehene Prüfung der Bedürfnisfrage unter dem Gesichtspunkt des gesamtwirtschaftlichen Bedürfnisses noch bis zur KWG-Novelle von 1984 aufrechterhalten. Mit Inkrafttreten der dritten Änderung des Kreditwesengesetzes entfiel die in § 53 Abs. 2 Nr. 5 KWG bis dahin vorgesehene Bedürfnisprüfung. In § 53 Abs. 2 Nr. 5 KWG wurde lediglich festgeschrieben, daß die Erlaubnis neben den in § 33 Abs. 1 KWG angegebenen Gründen auch versagt werden kann, wenn die Gegenseitigkeit nicht aufgrund zwischenstaatlicher Vereinbarungen gewährleistet ist.

Durch die Aufhebung der Bedürfnisprüfung eröffnete sich den deutschen Banken die Möglichkeit, das Instrument der Zweigstellenpolitik frei von administrativen Zwängen nach einzelwirtschaftlichen Zielsetzungen einzusetzen. Diesen Handlungsspielraum nutzend, erhöhten die Banken die Zahl ihrer Zweigstellen in starkem Maße (1957 12.974 Zweigstellen, 1991 39.422 Zweigstellen ohne frühere DDR, 44.862 mit früherer DDR) bei gleichzeitiger Abnahme der Zahl der selbständigen Banken (1957 13.359, 1991 3.960 ohne, 4.453 mit früherer DDR) bedingt durch Konkurs oder Fusion. In den letzten Jahren wurden jedoch kaum noch neue Zweigstellen eröffnet; allenfalls die Umwandlung vorher selbständiger Institute in Zweigstellen der übernehmenden Bank ist vereinzelt beobachtbar. Vielmehr wird ein „Filialsterben" im Zuge der Sättigung des deutschen Marktes für Bankleistungen prognostiziert, daß sich gegenwärtig aber noch nicht in einem eindeutigen Trend in den Statistiken niederschlägt.

Die auf wirtschaftspolitischen Motiven — bessere Durchsetzung geld- und zinspolitischer Ziele, Sicherung der Funktionsfähigkeit des Kreditwesens — beruhende Regelung einer möglichen staatlichen Zinsbindung im Bankenbereich wurde 1967 aufgehoben und damit auch der Preiswettbewerb unter den deutschen Banken stimuliert.[41] Mit der Aufhebung der staatlichen Zinsbindung einhergehend wurden die meisten Restriktionen im Bereich der Bankenwerbung beseitigt, was sich ebenfalls fördernd auf den bankwirtschaftlichen Wettbewerb auswirkte.

In den bis heute durchgeführten Änderungen bzw. Novellierungen des Kreditwesengesetzes ist sicher ein wesentlicher Einflußfaktor innerhalb des rechtlichen Rahmens zu sehen, da gerade hier eine Veränderung des bankbetrieblichen Umfeldes mit konkreten Auswirkungen auf das Bankensystem und auf seine einzelnen Elemente für die Banken stattfindet. So erfolgte z. B. mit der Teil-Novellierung des KWG 1976 eine Verschärfung der Großkreditvorschriften; § 13 KWG in der Fassung von 1976 legte in Absatz 3 fest, daß die Summe der Großkredite das Achtfache des haftenden Eigenkapitals nicht übersteigen darf, und in Absatz 4, daß der einzelne Großkredit 75 % des haftenden Eigenkapitals nicht übersteigen darf. Die — vorher als Soll-Vorschriften ausgelegten — Regelungen bewirkten, daß die Banken entweder einzelne Großkredite reduzieren oder aber ihr haftendes Eigenkapital aufstocken mußten. Bereits in der Novellierung des

---

41 Vgl. Büschgen, H. E.: Einführung..., a.a.O., S. 44. Zur Ex-post-Einschätzung vgl. u.a. Geiger, H.: 20 Jahre danach: Freie Zinsbildung hat sich bewährt, in: Sparkasse, 104. Jg. (1987), H. 4, S. 134 – 136.

KWG von 1984 wurde dies dahingehend verschärft, daß der einzelne Großkredit 50 % des haftenden Eigenkapitals nicht übersteigen darf.

Auch das Dritte KWG-Änderungsgesetz, das 1985 in Kraft trat,[42] veränderte einige wesentliche Bedingungen bankgeschäftlichen Handelns in Deutschland. So wurde unter anderem der § 10a in das Kreditwesengesetz eingefügt, der die Anforderungen an die Eigenkapitalausstattung einer Bank auch auf Bankkonzerne — Mutter- und deren Tochterbanken — überträgt. Es muß demzufolge nicht nur für die einzelne Bank geprüft werden, ob sie über ein angemessenes haftendes Eigenkapital verfügt, sondern aufgrund der Bestimmungen des § 10a KWG müssen auch gruppenangehörige Banken insgesamt ein angemessenes haftendes Eigenkapital aufweisen.

Während es bis dato insbesondere größeren Banken möglich war, ihr haftendes Eigenkapital durch die Beteiligung an oder Neugründungen von Tochterbanken „mehrfach auszunutzen" und durch Bildung sog. Kreditpyramiden innerhalb eines Bankkonzerns in gewissem Maße den an das haftende Eigenkapital der Banken gebundenen Geschäftsbegrenzungen durch das Bundesaufsichtsamt für das Kreditwesen — hier ist vor allem der Eigenkapitalgrundsatz I anzuführen — auszuweichen, sollte durch die Bestimmungen des § 10a KWG eine solche Mehrfachbelegung des haftenden Eigenkapitals unterbunden und das Gesamtrisiko eines Bankkonzerns bankaufsichtlichen Beschränkungen unterworfen werden. Durch das hierbei vorgeschriebene Verfahren der Quotenkonsolidierung erfolgte eine quotale Zusammenfassung des haftenden Eigenkapitals und der im Grundsatz I erfaßten risikotragenden Aktiva innerhalb eines durch Beteiligungen an in- und ausländischen Banken gebildeten Bankkonzerns. Dabei galt — abweichend von den für die handelsrechtliche Konsolidierung maßgeblichen Bestimmungen — eine Konsolidierungsschwelle von 40 %, d. h., eine quotale Zusammenfassung des haftenden Eigenkapitals und der risikotragenden Aktiva war dann vorzunehmen, wenn eine Bank (übergeordnete Bank) mittelbar — über andere Tochtergesellschaften, sog. Zwischengesellschaften — oder unmittelbar mindestens 40 % der Kapitalanteile oder Stimmrechtsanteile an einer anderen Bank (untergeordnete Bank) hält. Dieses galt gleichfalls für den Fall, daß die übergeordnete Bank unmittelbar oder mittelbar einen beherrschenden Einfluß auf die untergeordnete Bank ausüben kann.[43]

Durch dieses Verfahren wurden gruppenangehörige Banken insgesamt den durch § 10 KWG vorgegebenen Bestimmungen über das angemessene haftende Eigenkapital von Banken und der durch Grundsatz I verfügten Bindung der risikotragenden Aktiva der gruppenangehörigen Banken an die Höhe der innerhalb des Bankkonzerns vorhandenen haftenden Eigenmittel unterworfen. Aufgrund der Einfügung dieser Bestimmungen in das Kreditwesengesetz waren die Bankkonzerne in verstärktem Maße gezwungen, die Eigenkapitalbasis der Mutterbank, aber auch der Tochterbanken zu erhöhen, sofern sie nicht eine Reduzierung ihrer Grundsatz-I-relevanten Geschäfte hinnehmen wollten.

---

42 Vgl. zum folgenden auch Nirk, R.: Das Kreditwesengesetz, 8. Aufl., Frankfurt a. M. 1985.

43 Siehe zur aktuellen Version der Konsolidierung von Institutsgruppen in diesem Kapitel Abschnitt A.I.1.d).

Eine weitere Neuregelung, die im Rahmen der KWG-Novellierung 1985 in Kraft getreten und im Zusammenhang mit den vorgenannten Gesetzesänderungen bzw. Neueinfügungen zu sehen ist, bezieht sich auf die Zusammenfassung der Großkredite von Mutter- und Tochterbanken (§ 13a KWG). Ähnlich wie bei § 10a KWG werden hier die Kreditstreuungsvorschriften des § 13 Abs. 3 und 4 KWG auf die von Banken gebildeten Konzerne übertragen; anders als im § 10a KWG alter Fassung gilt hier jedoch eine Konsolidierungsschwelle von 50 %. Die Konsequenzen für die Bankkonzerne sind wie bei § 10a KWG entweder in einem Abbau einzelner Großkredite oder aber in einer Stärkung der Eigenkapitalbasis zu sehen.[44]

Da mit der Einführung der §§ 10a, 13a und 25 Abs. 2 in das Kreditwesengesetz gleichzeitig die Richtlinie des Rates der Europäischen Gemeinschaft von 1983 über die Beaufsichtigung der Banken auf konsolidierter Basis in nationales Recht umgesetzt und damit für deutsche Banken rechtswirksam wurde, wird in diesem Zusammenhang deutlich, daß auch — und in zunehmenden Maße — internationales Recht — vor allem im Rahmen der Harmonisierung von EU-Recht — ein wesentlicher Einflußfaktor für die Veränderung eines Bankensystems sein kann.

Mit der vierten Novellierung des KWG 1992 wurde dieser wachsende Einfluß der Gesetzgebung des Rates und der Empfehlungen der Kommission der EG offenkundig. Diese vierte KWG-Novelle konnte zum damaligen Zeitpunkt als die am weitesten gehende Reformierung des Rechts des Kreditwesens angesehen werden, da wesentliche Grundlagen des Kreditwesengesetzes verändert wurden. Am Beispiel des § 10 KWG, der infolge der Verpflichtung zur Umsetzung der Eigenmittelrichtlinie der EG in deutsches Recht in der vierten KWG-Novelle neu gefaßt wurde, kann aufgezeigt werden, daß durch die EG-Richtlinien wesentliche Grundwerte des KWG aufgegeben werden mußten. Die neu in den § 10 KWG aufgenommenen Eigenmittelbestandteile Neubewertungsreserven und nachrangige Verbindlichkeiten erfüllen nicht die klassischen Anforderungen an das haftende Eigenkapital, wie sie in der Tradition und der Intention des KWG begründet waren. Auch höhlt das Grundprinzip der freien Niederlassung und Dienstleistung sowie die gegenseitige Anerkennung der nationalen Aufsichtsregelungen sowie das Prinzips der Herkunftslandkontrolle innerhalb der EG, die über die Zweite EG-Bankrechtskoordinierungsrichtlinie in das KWG zu übernehmen waren, die strengen deutschen aufsichtsrechtlichen Prinzipien in einigen Punkten aus. Auf dem Wege der Mindestharmonisierung ist zwar der grundsätzlichen Gefahr vorgebeugt worden, daß innerhalb der EG die Wettbewerbsverhältnisse durch das Prinzip der geringsten aufsichtsrechtlichen Kontrolle für Banken und Finanzinstitute bestimmt werden und damit die Gefahr virulent werden konnte, daß zur Vermeidung von Wettbewerbsverschiebungen die aufsichtsrechtlichen Systeme der EG-Staaten an dem liberalsten nationalen Aufsichtssystem in der EG ausgerichtet wurden. Gleichwohl ist jedoch zu konstatieren, daß hinsichtlich der nationalen Gesetzgebungskompetenz und damit der Determinierung bankaufsichtsrechtlicher Normen entscheidende Kompetenzen an die EG abgegeben wurden, was insbe-

44 Vgl. u. a. Günther, H.; Arnold, W.: Die neuen Bestimmungen des Kreditwesengesetzes, in: Die Bank, o. Jg. (1985), H. 1, S. 27 – 34 und zur aktuellen Version der Großkreditvorschriften bei Institutsgruppen in diesem Kapitel Abschnitt A.I.1.d).

sondere in Deutschland, wo im Vergleich zu anderen EG-Staaten ein relativ strenges Aufsichtsrecht besteht, zu einschneidenden Veränderungen geführt hat.

Neben der Neudefinition des haftenden Eigenkapitals wurde im Rahmen der vierten KWG-Novelle infolge der Umsetzung der EG-Bankrechtskoordinierungsrichtlinie ein Mindesteigenkapital von fünf Millionen ECU für Banken — bei Festschreibung eines Bestandschutzes für bestehende Kreditinstitute mit geringerem Eigenkapital — vorgeschrieben (§ 33 KWG); zudem wurden wesentliche Einschränkungen hinsichtlich der Beteiligung von Banken an Nichtbanken aufgenommen. Außerdem wurde die Prüfungsbefugnis der Bankenaufsichtsbehörde auf die Zuverlässigkeit von Anteilseignern eines Kreditinstituts, die unmittelbar oder mittelbar mindestens 10 % der Anteile oder Stimmrechte (bedeutende Beteiligung) an dem Kreditinstitut halten bzw. zu erwerben beabsichtigen, ausgedehnt (§ 2a KWG). Darüber hinaus ist das Interesse an einer Erhöhung der bedeutenden Beteiligung ebenfalls dem BAK oder der Deutschen Bundesbank mitzuteilen, wobei dem BAK eine Prüfung der Zuverlässigkeit des Erwerbers obliegt. Das BAK erhielt das Recht, eine beabsichtigte Beteiligung sowie dem Inhaber einer bedeutenden Beteiligung die Ausübung seiner Rechte aus der Beteiligung zu untersagen. Insbesondere an dieser Vorschrift wird deutlich, daß wesentliche gesellschaftliche Entwicklungen Einfluß auf die rechtlichen Rahmenbedingungen der Kreditinstitute nehmen. Mit Hilfe dieser erweiterten Prüfungsrechte sollte nämlich verhindert werden, daß zum Zwecke der Geldwäsche Drogenhändler Banken erwerben.

Auch die fünfte Novellierung des KWG, die 1995 in Kraft trat, diente in erster Linie der Transformation von Richtlinien der Europäischen Gemeinschaft in deutsches Recht. Mit der Zweiten EG-Konsolidierungsrichtlinie von 1992 und der EG-Großkreditrichtlinie von 1992 wurden wesentliche Bestimmungen zur Harmonisierung des Gemeinschaftsrechts im Europäischen Binnenmarkt für den Finanzsektor umgesetzt bzw. mit mehrjährigen Übergangsfristen belegt. Mithin ergaben sich zwei Schwerpunktbereiche für die Veränderung des KWG: Zum einen die Regelung des § 10a zur Eigenkapitalausstattung von Kreditinstitutsgruppen durch die Berücksichtigung der Finanzholding-Gruppen und die Einführung des Prinzips der Vollkonsolidierung; zum zweiten die Regelungen zum Kreditgeschäft, in concreto die Vorschriften über Großkredite nach den §§ 13, 13a KWG und die Bestimmungen zum Begriff des Kredits und des Kreditnehmers nach § 19 KWG. Unter Berücksichtigung einer notwendigen Übergangszeit für die erforderlichen Anpassungsmaßnahmen der Banken wurde bis zum 1. Januar 2002 sukzessive die Einführung einer neuen Großkreditobergrenze und einer neuen Großkredituntergrenze mit neuen Eigenkapitalbegriffen und Großkreditbegriffen vorgesehen.

Die — von der Bankwirtschaft und ihren Verbänden beklagte — zunehmende Regulierungsdichte und die immer kürzeren Intervalle gesetzlicher Neuregelungen manifestieren sich signifikant in der bis dato tiefgreifendsten Novellierung in der Geschichte des KWG: Bereits parallel zur fünften KWG-Novelle vorbereitet trat 1998 die sechste KWG-Novelle mit den bis dato tiefgreifendsten Veränderungen des rechtlichen Rahmens bankgeschäftlichen Handelns in Kraft. Als weiterer Baustein für einen einheitlichen europäischen Bankenmarkt berücksichtigte sie einerseits die EG-Kapitaladäquanzrichtlinie[45], die EG-Wertpapierdienstleistungsrichtlinie[46] und die BCCI-Folgerichtlinie[47], bestimmte darüber hinaus aber auch ergänzende Regelungen zur Förderung des Vertrauens der Anleger in die Funktionsfähigkeit des Kapitalmarktes durch die Bekämpfung des sog. grauen Kapitalmarktes, zur Verbesserung der Geldwäschebekämpfung und zur Sicherung der Funktionsfähigkeit des Zahlungsverkehrs. Wenngleich nahezu alle Vorschriften des KWG von der Novelle tangiert wurden, erfuhren im wesentlichen die folgenden Bereiche grundlegende Änderungen: Neue Institutsdefinitionen im § 1 KWG; grundlegende Überarbeitung des § 10 KWG zur Eigenmittelausstattung; erneute Veränderung der — unlängst in der fünften KWG-Novelle neu gestalteten —Konsolidierungsvorschriften des § 10a KWG und der Großkreditregelungen der §§ 13 bis 13b KWG und generell in Verbindung mit dem neu gefaßten Eigenmittelgrundsatz I die Erfassung und Eigenmittelunterlegung von Marktpreisrisiken.

Einen Überblick über die wesentlichen Änderungen des KWG sowie dessen Entwicklung im Zeitablauf gibt die folgende Übersicht:

Novellierung	Jahr	Wirkung vom	Wesentliche inhaltliche Änderungen
	1934		Erstes einheitliches Bankrecht; Reaktion auf die Bankenkrise von 1931; Erlaubnispflicht für alle Kreditinstitute; Beaufsichtigung durch das Aufsichtsamt für das Kreditwesen.
	1939		Aufhebung der direkten Bankenaufsicht durch das Aufsichtsamt; Träger der Aufsicht wurde der Reichswirtschaftsminister.
	1961	1.1.1962	Neufassung des KWG (nach dem Krieg war das KWG 1939 zunächst weiterhin gültig); materiell wurde der Inhalt des KWG 1934 im wesentlichen übernommen; erneute Einrichtung einer zentralisierten Bankenaufsicht.
1. Novelle	1971		Ausdehnung der Gültigkeit des KWG auf Berlin (West) (Berlinklausel).
2. Novelle	1976	1.5.1976	Einschränkung der Kreditrisiken, die von Banken übernommen werden konnten; Festlegung des strikten Vier-Augen-Prinzips; Möglichkeit eines Moratoriums; Verbesserung der Eingriffsrechte des BAK; Einführung von Grundsatz Ia, Gründung der Liquiditätskonsortialbank GmbH.

45 Richtlinie 93/6/EWG über die angemessene Eigenkapitalausstattung von Wertpapierfirmen und Kreditinstituten; ABl. Nr. L 141 v. 11.06.1993, S. 1 – 26,

46 Richtlinie 93/22/EWG über Wertpapierdienstleistungen; ABl. Nr. L 141 v. 11.06.1993, S. 1 – 26.

47 Richtlinie 95/26/EG beinhaltet aufsichtsrechtliche Konsequenzen aus dem Zusammenbruch des Bankhauses Bank of Credit and Commerce International, ABl. Nr. L 168 , S. 7 – 13.

Novellierung	Jahr	Wirkung vom	Wesentliche inhaltliche Änderungen
3. Novelle	1984	1.1.1985	Neufassung des Begriffs des haftenden Eigenkapitals (Vermögenseinlage stiller Gesellschafter); Einführung des Genußrechts als Teil des haftenden Eigenkapitals; Einführung der Konsolidierungspflicht für Kreditinstitutsgruppen (§§ 10a, 13a KWG).
4. Novelle	1992	1.1.1993	Umsetzung der Zweiten EG-Bankrechtskoordinierungsrichtline, der EG-Eigenkapital- und EG-Solvabilitätsrichtlinie; Novellierung des § 10 KWG; Reformierung der Vorschriften über den Sparverkehr; bankenaufsichtsrechtliche Berücksichtigung der Poststrukturreform (Postbank 1.1.1996 dem KWG unterworfen).
5. Novelle	1994	1.1.1996	Umsetzung der Zweiten EG-Konsolidierungsrichtlinie und der EG-Großkreditrichtlinie; Bestimmungen zur Eigenkapitalausstattung von Gruppen und Vollkonsolidierung nach § 10a KWG und zum Kreditgeschäft in bezug auf Großkredite (§§ 13, 13a KWG) und den Kreditbegriff sowie den Kreditnehmerbegriff (§ 19 KWG).
6. Novelle	1997	1.1.1998	Umsetzung der EG-Wertpapierdienstleistungsrichtlinie, der EG-Kapitaladäquanzrichtlinie und der BCCI-Folgerichtlinie; Umfassende Neuregelung mit Schwerpunkten bei der Definition des Kreditinstitutsbegriffs nach § 1 Abs. 1 KWG, bei der Zulassung und Überwachung sog. EG-Finanzdienstleistungsinstitute nach § 1 Abs. 1a KWG sowie bei der Erfassung und Eigenmittelunterlegung von Marktpreisrisiken in Verbindung mit der Neufassung von Grundsatz I.

Abb. 3: Historische Entwicklung des Kreditwesengesetzes

Zusätzlich zu den EU-induzierten Änderungen der rechtlichen Rahmenbedingungen nehmen aber auch branchenspezifische Entwicklungen Einfluß auf die Gestaltung der rechtlichen Rahmenbedingungen. Die Internationalisierung, Globalisierung wie auch der Trend zur Bildung umfassender Finanzdienstleistungskonglomerate („Allfinanz") sowie die wachsende Dynamik branchenspezifischer Entwicklungen lassen die Reaktionshäufigkeit immer stärker wachsen und damit die Änderungen rechtlicher Rahmenbedingungen in immer kürzeren Zeiträumen stattfinden.[48]

3. Änderungen in der Struktur und im Volumen der Bankleistungsnachfrage

Die Nachfrage nach Bankleistungen ist als ein weiterer wichtiger Bestimmungsfaktor für die Ausprägung und Veränderung eines Bankensystems zu nennen. Dabei sind nicht nur die zu einem bestimmten Zeitpunkt vorherrschende Struktur und das damit verbundene Volumen zu berücksichtigen, sondern im besonderen auch die Änderungen der beiden Größen im Zeitablauf.

Das Sachziel des einzelnen Bankbetriebs — und damit indirekt auch des gesamten Bankensystems — ist auf den Absatz von Leistungen ausgerichtet. Unter marktpolitischen Aspekten ist somit eine Orientierung an den artikulierten oder vermuteten Bedürfnissen der Bankkunden unerläßlich. Diese gilt es bei der Gestaltung bzw. Ausbildung und Entwicklung des Bankensystems sowie der Konzipierung des jeweiligen Leistungsprogramms in Bankleistungen umzusetzen.

Bedeutsame Wandlungen im Bereich der Bankleistungsnachfrage, die als „Wandel vom Verkäufermarkt zum Käufermarkt" kolportiert werden, haben dazu geführt, daß sich einzelne Elemente eines Bankensystems sowie die Beziehungen zwischen den Elementen verändert haben. Ausdruck dieses Entwicklungsprozesses, der insbesondere in Deutschland, aber auch in anderen Ländern beobachtbar ist, ist die Angleichung der Leistungsprogramme und des Angebotsverhaltens der einzelnen Institutsgruppen des Bankensystems.

Die Entwicklung von Umfang und Verteilung des Volkseinkommens sowie von Umfang und Verteilung der Geldvermögensbildung bewirkten z. B., daß in wachsendem Maße Angehörige der unteren und mittleren Einkommensgruppen „bankfähig" wurden und damit als potentielle Bankkunden an Gewicht gewannen. Der Anstieg der Sparfähigkeit innerhalb dieser Bevölkerungsgruppe sowie die erhebliche staatliche Sparförderung führten zur Bildung von Geldvermögen in einem Umfang, daß diese Refinanzierungsquellen auch für diejenigen Banken bedeutsam wurden, die traditionell nur Unternehmen und die vermögende Privatkundschaft zu ihrem Kundenkreis zählten. Zur Erschließung dieses wachsenden Refinanzierungspotentials erfolgte eine starke Ausweitung des Zweigstellennetzes.[49] In jüngster Zeit ist ein Wandel dahingehend zu beobachten, daß diese akkumulierten Geldvermögen in zunehmenden Maße vererbt werden; wenngleich

---

48 Eine Zusammenstellung der Richtlinien der Europäischen Union sowie der aktuellen Richtlinienentwürfe findet sich in diesem Teil, Viertes Kapitel, VI. 2.

49 Vgl. Büschgen, H. E.: Mengengeschäft, in: Stichwörter zum Bank-Marketing, Frankfurt a. M., Teillieferung 1980, S. I/2-1 bis I/2-6, hier: S. Bl. 3 und Büschgen, H. E.: Bankmarketing, Düsseldorf 1995, S. 44 ff.

dadurch das Volumen des Geldvermögens nicht erhöht wird, gelangt es aber in die Hände einer jüngeren Generation (Erbengeneration), die bei der Vermögensanlage und bei der Bankwahl andere Werte und Einstellungen zugrunde legt als die ältere Generation. Auf diese Bedürfnisveränderungen bei der Bankleistungsnachfrage reagieren die Banken z. B. mit neuen Vertriebswegen — wie mit dem direct banking — bzw. mit neuen Banktypen — wie mit den Direktbanken —, die die neuen elektronischen Vertriebswege in ein neues Gesamtbankkonzept als Reaktion auf die veränderten Kundenwünsche und neuen technischen Möglichkeiten integrieren.[50]

Doch nicht nur vom Bereich des sog. Mengengeschäfts gingen Impulse für die Gestaltung des Bankensystems aus; auch die gewerblich-industrielle Kundschaft und der Bankkunde „Staat" mit ihren sich ändernden und steigenden Bedürfnissen haben prägend gewirkt. Die mit der stärkeren weltweiten Integration der einzelnen Volkswirtschaften einhergehende intensivere Auslandsorientierung der Unternehmen bewirkte Veränderungen im Sinne einer auch hier stattfindenden Internationalisierung der Institute.

Veränderungen bzw. Verschiebungen bezüglich der Wirtschaftsstruktur, das Aussterben einzelner Wirtschaftszweige und das Entstehen neuer Branchen dürfen bei dieser Betrachtung ebensowenig vernachlässigt werden wie die Veränderungen, die es hinsichtlich der Betriebsgrößenstruktur gegeben hat. Beides war (und ist) mit sich verändernden Bedürfnissen nach Bankleistungen verbunden und hat bereits in der Vergangenheit zur Ausprägung neuer Banktypen (Banken mit spezialisiertem Leistungsprogramm oder Kreditinstitute mit Sonderaufgaben, z. B. spezielle Außenhandelsbanken, Leasing-Gesellschaften, Wagnisfinanzierungsgesellschaften) geführt. Um die Abwicklung der gestiegenen Finanzierungswünsche der Bankkunden kapazitätsmäßig bewältigen zu können, sahen sich kleinere Banken vielfach zur Fusion gezwungen. Auch der Staat hat durch die starke Ausweitung seiner Kreditnachfrage und durch gezielte Impulssetzung bezüglich des Nachfrageverhaltens der privaten und gewerblichen Kunden im Rahmen seiner Wirtschaftspolitik Einfluß auf das Bankensystem ausgeübt. Hierbei sind z. B. als wirtschaftspolitische Instrumente die bereits erwähnte Sparförderung oder die gerade in den letzten Jahren häufig initiierten Mittelstandsförderungsprogramme zu nennen.[51]

Folge der ständigen Notwendigkeit zur flexiblen Anpassung der Struktur des Bankensystems und insbesondere der Bankleistungsprogramme und Banktypen aufgrund der veränderten Bedürfnisstrukturen der Nachfrager ist, daß für das Bankensystem nicht eine ganz bestimmte, feststehende Ausprägungsform konstatiert werden kann. Vielmehr unterliegt es einem dynamischen Entwicklungsprozeß.

---

[50] Bezüglich der technischen Implikationen siehe in diesem Kapitel Abschnitt B.II.5.

[51] Bezüglich der Einflußmöglichkeiten im Rahmen der Gesetzgebung siehe auch in diesem Kapitel Abschnitt B.II.2.

4. Entwicklung sowie Innovationsfähigkeit und Innovationswille der Wirtschaft

Die bisher genannten Einflußfaktoren Wirtschafts- und Gesellschaftsordnung, rechtlicher Rahmen und Bankleistungsnachfrage sowie ihre Veränderungen im Zeitablauf lassen nicht nur für das Bankensystem mit seinen einzelnen Elementen, sondern auch für andere Wirtschaftssubjekte neue Situationen entstehen, auf die es sich einzustellen gilt. Die Fähigkeit und der Wille, auf neu entstandene Situationen zu reagieren bzw. innerhalb eines veränderten Bedingungsrahmens zu agieren, sind dabei entscheidend dafür, ob und in welchem Maße Innovationen betrieben werden und wie schnell die Innovationen implementiert werden können (Innovationsgeschwindigkeit). Sofern Innovationsfähigkeit und -wille sehr schwach oder gar nicht ausgeprägt sind, findet keine Innovation statt bzw. die Innovationsgeschwindigkeit ist sehr langsam. Die damit verbundene Schwächung der Wettbewerbsstellung des einzelnen Elements eines Bankensystems kann letztlich dazu führen, daß es aus dem System ausscheidet.

In diesem Zusammenhang ist nochmals auf die enge Verknüpfung der einzelnen Einflußfaktoren hinzuweisen. Denn durch die Innovationstätigkeit werden oft Veränderungen der anderen Faktoren — z. B. des gesetzlichen Rahmens bei Entstehung neuer Bankleistungen — bewirkt, die dann wiederum Einfluß auf die Innovationstätigkeit oder auf die Bankleistungsnachfrage ausüben. Die starke Interdependenz zwischen den verschiedenen Bestimmungsfaktoren läßt es auch nicht zu, den Einfluß, den ein einzelner Faktor auf das Bankensystem bewirkt, zu isolieren und genau zu quantifizieren; vielmehr ist es nur möglich, die Richtung des Einflusses annähernd zu bestimmen. Gleichwohl kann in einer abstrakten Form das Ursache-Wirkungsgefüge für konkrete Entwicklungen aufgedeckt werden.

Analysiert man die Ursachen, die zur Generierung von Innovationen führen, ergeben sich auf dieser abstrakten Betrachtungsebene zunächst allgemeine Aspekte: Will man die Ursachen für Innovationen ergründen, müssen die realen, situativ beeinflußten Informations-, Gestaltungs- und Handlungsmöglichkeiten der Beteiligten ex ante und ex post analysiert werden, die an gegebener Stelle einzelfallbezogen spezifiziert werden sollen. Ignoriert man politische, soziale und kulturelle Innovationen, und betrachtet statt dessen (bank-) betriebswirtschaftlich relevante technologische und marktliche Innovationen — wobei die Verknüpfung von Technologie und Bankleistung ein bestimmendes Kennzeichen der Finanzmärkteentwicklung ist —, ist zunächst zu konstatieren, daß solche Innovationen nur marktwirksam werden können in einer bestimmten Umfeldkonstellation, in der sie höheren Nutzen stiften oder effizientere Prozesse ermöglichen als bekannte Verfahren, Instrumente oder Institutionen. So können banktechnische und bankmarktliche Innovationen verstanden werden als Reaktionen auf grundlegende Veränderungen bei den technischen Möglichkeiten und den wirtschaftlich-institutionellen Rahmenbedingungen, die zu veränderten Bedürfnissen führen und damit intendieren, daß durch neue Produkte, Prozesse oder Institutionen in technischer oder finanzwirtschaftlicher Hinsicht Informations-, Handlungs- und Gestaltungsmöglichkeiten grundsätzlich neu verteilt werden.

Wie bei der Entwicklung innovativer Systeme generell wird die Ursache der Entstehung neuer Instrumente und Strukturen im Bankensystem mithin transparent im situativen Kontext veränderter Umfeld- und Bedürfnisstrukturen (vgl. Abbildung 4). Unter Ausklammerung der in der Realität bestehenden Interdependenzen läßt sich ein zunächst komplex erscheinendes Beziehungsgefüge zwischen veränderten Umfeldbedingungen und Bedürfnisstrukturen sowie den neuen Bankleistungsinstrumenten und Bankstrukturen zu ihrer Befriedigung durch die Skizzierung grundlegender Veränderungen im Umfeld der Banken, deren Auswirkungen auf die Handlungsmöglichkeiten und Bedürfnisse der Marktteilnehmer und die dadurch induzierten bedürfnisadäquaten Innovationen erfassen. Unter Ausklammerung der in der Realität bestehenden Wechselwirkungen läßt sich die Komplexität aufschlüsseln durch folgende den situativen Kontext der Entstehung neuer Instrumente und neuer Strukturen im Bankensystem zur Befriedigung der veränderten Bankleistungsnachfrage abbildende Fragestellungen:

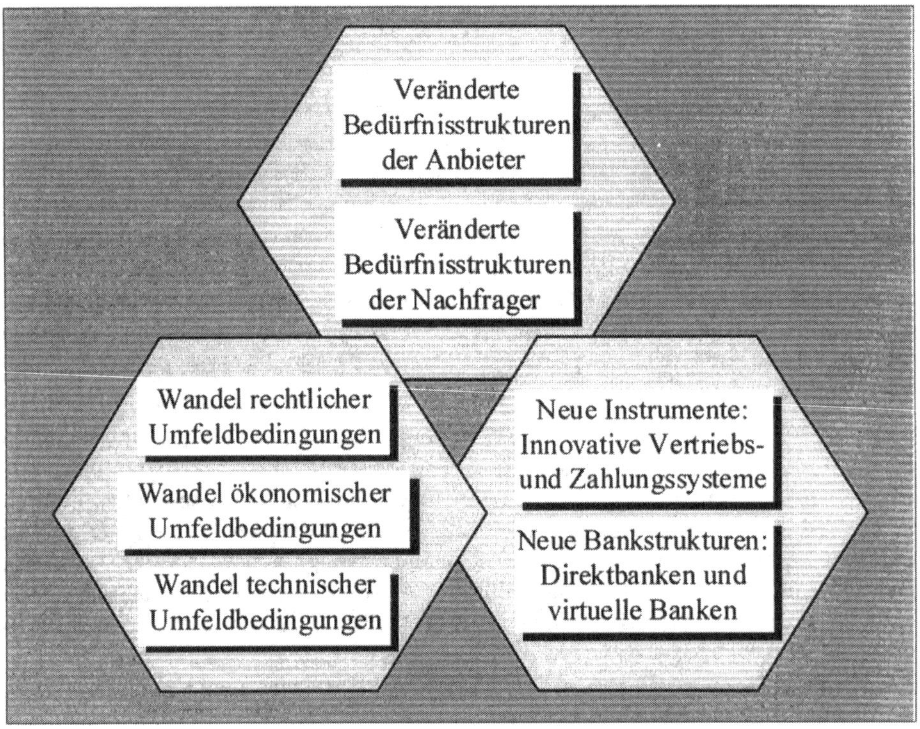

Abb. 4: Entwicklung neuer Instrumente und neuer Strukturen im Bankensystem

- Welche grundlegenden Veränderungen der technischen, wirtschaftlichen und rechtlichen Umfeldbedingungen sind in jüngerer Zeit festzustellen?
- Welche Auswirkungen haben diese Veränderungen auf die Handlungsmöglichkeiten und die Bedürfnisse der Marktteilnehmer?
- Welche Entwicklungslinien im Bankensystem wurden impliziert durch veränderte Umfeldbedingungen und Bedürfnisstrukturen? Wo liegen mithin Anknüpfungspunkte am Markt erfolgreicher, weil bedürfnisadäquater neuer Bankensysteme?

Während der Wandel der Umfeldveränderungen in rechtlicher und für die Bankleistungsnachfrage auch in wirtschaftlicher Hinsicht skizziert wurde, ist auf die technischen Veränderungen und die daraus resultierenden angebotsseitigen wirtschaftlichen Bedingungen im Umfeld der Banken im folgenden einzugehen. Die durch die geänderten technischen Umfeldbedingungen und die gewandelten Bedürfnisstrukturen induzierten Marktverschiebungen hin zu adäquaten Instrumenten und Strukturen im Bankensystem manifestieren sich in neuen elektronischen Bankleistungsinstrumenten — wie elektronischen Zahlungssystemen und Vertriebssystemen — und neuen Banktypen — wie Direktbanken — respektive neuen Bankstrukturen — wie virtuellen Banken.[52]

5. Technische Implikationen für neue — elektronische — Bankleistungsinstrumente

Als ein wesentlicher Faktor für den zu konstatierenden Strukturwandel im finanziellen Sektor der Volkswirtschaften hat die Herausbildung moderner Technologien neue Plattformen für ein rundum verändertes Bankgeschäft geschaffen. War der technische Fortschritt in den westlichen Volkswirtschaften zunächst die Domäne der realwirtschaftlichen Sphäre, wo innovative Produktionsverfahren zu einem schnellen Anstieg der Produktivität führten und so die Basis für materiellen Wohlstand schufen, ziehen in den letzten Jahren in zunehmendem Maße auch Banken als Finanzdienstleister ihren Nutzen aus der Anwendung neuer Technologien. Durch die Digitalisierung der Informationen und den Ausbau eines globalen Informations- und Kommunikationsnetzes verlieren räumliche und zeitliche Distanzen an Bedeutung. Das Zusammenwachsen nationaler Geld- und Kapitalmärkte zu einem internationalen Finanzmarkt mit globalem Wettbewerb basiert auf der neu geschaffenen Informations- und Kommunikationsinfrastruktur.

Diese Entwicklung impliziert für die Banken Chance und Risiko zugleich. Erweitert sich einerseits ihr Aktionsspielraum durch die mögliche Erschließung neuer Märkte, intensiviert sich andererseits der Wettbewerb in ihrem traditionellen Geschäft, dem sich zunehmend neue Konkurrenten nähern — eine Entwicklung, die sich nicht im Endstadium befindet, sondern gerade erst begonnen hat. Die Innovationsgeschwindigkeit im Bereich der Informations- und Kommunikationstechnologien nimmt stetig zu und hat das — we-

52 Vgl. zum folgenden Büschgen, H. E.: Banken im Wandel, in: Mitteilungen und Berichte des Instituts für Bankwirtschaft und Bankrecht an der Universität zu Köln, Abteilung Bankwirtschaft, 29. Jg. (1998) Nr. 79, S. !5 ff.

sentlich auf Informationen basierende — Bankgeschäft verändert und wird dies nachhaltig weiter tun. Tradierte Strukturen in einem bisher als äußerst stabil geltenden Bankensystem werden in Frage gestellt. Auch das in Kontinentaleuropa institutionalisierte Universalbankensystem wird dem Anpassungsdruck aus seinen veränderten Umfeldbedingungen nur dann ausgleichen können, wenn es auf die neuen technischen Entwicklungen reagiert. Die Nutzung der durch die neuen technischen Medien offerierten Gestaltungspotentiale unter Einschaltung der originären Kompetenzen einer Bank bei der Erstellung von Finanzdienstleistungen sind Erfolgspotentiale in der veränderten Wettbewerbssituation.

Der Wandel im Umfeld der Banken verursachte zunächst einen intensiveren Wettbewerb unter den Banken. Die fortschreitende Harmonisierung staatlicher Regulierungen, die zunehmende Internationalisierung und Globalisierung der Finanzmärkte sowie das gewandelte Nachfrageverhalten der Bankkunden veranlaßte die Banken zu Anpassungsreaktionen. Resultante der kompetitiven Reaktionen des Bankensystems waren neue Instrumente am Finanzmarkt.[53] Erhielten diese Finanzinnovationen ihre Anstöße im wesentlichen aus der rein finanziellen Sphäre, so wäre ihre Entstehung in dem zu konstatierenden Ausmaß ohne den Fortschritt in den Informationstechnologien nicht vorstellbar gewesen.

Aus dem Schatten als nur unterstützende Funktion für neuere Entwicklungen im Finanzsektor tritt der technische Fortschritt in jüngster Zeit heraus und wird zunehmend zum bestimmenden Faktor einer veränderten Wettbewerbssituation für die Banken. Ihre Kernkompetenzen beim Einsatz von Informationstechnologien nutzend treten neue Wettbewerber aus dem „technischen Sektor" auf, die sich als Nichtbanken neue Marktanteile am Bankgeschäft versprechen. Die Ausweitung technologiebasierter Finanzdienstleistungen im Bankensektor erleichtert den Markteintritt für neue Konkurrenten aus dem Nichtbankenbereich. Ferner wird die bisher stark durch örtliche Präferenzen geprägte Kunde-Bank-Beziehung für bestimmte Kundensegmente in Richtung auf Präferenzen durch anwenderfreundliche Technik — hard- und software — gelenkt. Nimmt der Kunde am Ende dieser Entwicklung die Qualität des Service primär als Qualität des Zugangsmediums zu der Bankleistung wahr, ist zu vernachlässigen, ob als Betreiber eine Bank oder ein Technologieunternehmen fungiert.

Das Innovationsmanagement der Banken muß daher auch an Stellen ansetzen, die sui generis für die Implementierung innovativer technologischer Medien prädestiniert sind: Während die achtziger Jahre noch vorwiegend durch kostensenkende Rationalisierung und Automatisierung der innerbetrieblichen Arbeitsabläufe geprägt waren, erfaßte der technische Fortschritt in den neunziger Jahren nachhaltig die Schnittstelle von Kunde und Bank. Die zeitliche Abfolge der Durchdringung des Bankgeschäfts mit technischen Neuentwicklungen ist dabei durch die zunehmende Komplexität der betroffenen Bankleistungen gekennzeichnet; ob bei den innovativen elektronischen Zahlungssystemen — von den einfachen Kundenselbstbedienungsterminals über die Chip-Karte bis zu Zahlungssystemen im Internet — oder bei den innovativen elektronischen Vertriebssyste-

---

[53] Vgl. hierzu Büschgen, H. E.: Finanzinnovationen, in: ZfB, 56. Jg. (1986), H. 4/5, S. 301 – 336.

men — vom reinen Telefon-banking über das online banking via PC bis zum umfassenden direct banking, das sich auch im neuen Banktyp „Direktbank" institutionalisiert hat. Dabei werden vor allem in diesem neuen Banktypus vollständig veränderte flexiblere Bankstrukturen realisierbar.

6. Neue Anbieterkonkurrenz und neue — virtuelle — Bankleistungsstrukturen

Die neue Anbieterkonkurrenz stellt die Banken vor die Herausforderung, die gewandelte Funktionalität des Bankgeschäfts zu beherrschen. Können sie die Innovationsdynamik nicht maßgeblich diktieren, werden sie ihre dominierende Rolle beim Angebot der Finanzdienstleistungen an innovative Wettbewerber aus den Reihen der non- und nearbanks teilweise verlieren. Denn wenn auch das Anbieten und Eröffnen von Zahlungsverkehrs-, Finanzierungs- sowie Geld- und Kapitalanlagefazilitäten zum originären Geschäftsfeld von Banken gehört, müssen sie nicht zwingend von der Bank traditioneller Prägung erbracht werden. Durch den „virtualisierenden" Einfluß der Informations- und Kommunikationstechnologien sind vollkommen neuartige — innovative — Bankstrukturen denkbar. So kann die von dem Kunden wahrgenommene Schnittstelle zur „Bank" ein ganzes Netzwerk von Spezialisten für die Leistungserstellung verdecken, die nur zum Teil aus dem Bankenbereich kommen. Dieser Anpassungsbedarf für das klassische Bankgeschäft setzt bei den neuen Zahlungssystemen und Vertriebssystemen an.

Die Veränderung der institutionellen Umfeldbedingungen können bei den Marktparteien zu weitreichenden Neuorientierungen ihrer Zahlungsgewohnheiten auf Basis neu geweckter Bedürfnisstrukturen führen. Neu entstandene „elektronische Plattformen" für den Zahlungsverkehr in Gestalt des Mikro-chip bzw. der software in globalen Computernetzwerken wie dem Internet implizieren neue wirtschaftliche Handlungsmöglichkeiten; manifestiert zum einen in Zahlungssystemen auf Basis eines materiellen Trägermediums wie der Chip-Karte („elektronische Geldbörse offline"), zum anderen im software-basierten Zahlungsverkehr in Computernetzen wie dem Internet („elektronische Geldbörse online"). Dabei haben diese technischen Innovationen in bezug auf die Entstehung der neuen Zahlungssysteme ambivalenten Charakter: War das Internet zunächst notwendige technische Voraussetzung für die neuen Systeme, bedarf es im weiteren für die fortschreitende Kommerzialisierung der angebotenen Internet-Leistungen (electronic commerce) und damit auch für ein Vertriebssystem von Bankleistungen über das Internet eines adäquaten Zahlungsmechanismus (electronic money).[54]

Weitere Antriebe des Wandlungsprozesses in der Vertriebsstruktur der Banken — mit dem Einzug des direct banking — resultieren aus Erfordernissen der Effizienzsteigerung

[54] Vgl. hierzu Büschgen, H. E.: Entwicklungen im elektronischen Zahlungsverkehr — Innovative elektronische Zahlungssysteme, in: Mitteilungen und Berichte des Instituts für Bankwirtschaft und Bankrecht an der Universität zu Köln, Abteilung Bankwirtschaft, 28. Jg. (1997) Nr. 77, S. 41 – 67.

im Vertriebsbereich, d. h. Kostensenkung bei Konstanz oder Erhöhung der akquisitorischen Wirkung auf einem zunehmend wettbewerblichen Markt. Möglich — aber auch notwendig — wird dies aus veränderten Anforderungen, die die Kunden an die Distribution der Bank stellen. Veränderte Präferenzen hinsichtlich der Leistungsgestaltung, der Banknähe, der jederzeitigen Verfügbarkeit der Leistungen, der erforderlichen Beratung, der gewünschten Abwicklungsqualität sowie der Preishöhe erlauben respektive erfordern — ohne Beeinträchtigung des Kundennutzens —, innovative Vertriebswege für bestimmte Kundensegmente zu implementieren. Technische Grundlage der Veränderungen im Vertriebsbereich sind die innovativen Problemlösungen der Informations- und Kommunikationstechnologien, durch die die neuen Vertriebssysteme in Verbindung mit den neuen Zahlungssystemen erst realisierbar werden.

Wenngleich Direktbanken ihre Bezeichnung von der Vertriebsform ableiten und ihre Errichtung sicherlich die ersten prägenden Anstöße aus dem direct banking erhalten hat, so sind sie nicht nur ein Vertriebsweg, sondern werden wohl (auch) als eigenständige Gesamtbankkonzeption verstanden werden müssen. Dies könnte deutlich werden nicht nur am selbständigen Auftreten dieser Institute am Markt, sondern auch an einer spezifischen Unternehmensphilosophie und Geschäftspolitik. Diese Spezifität dürfte primär im Vertriebsbereich liegen: Direktbanken haben konzeptionell Zugangssysteme, die als direct banking bezeichnet werden. Das Konzept verlangt indessen modellmäßige Konsequenzen für das gesamte Marketing: Neben der Distributionspolitik sind auch maßgeblich betroffen die Leistungs-, Preis- und Kommunikationspolitik und über den marktpolitischen Bereich hinaus die Personal- und Standortpolitik sowie Aspekte der Ablauforganisation.

Bezieht man neben den innovativen Vertriebsstrukturen einer Direktbank — auf einer höheren Komplexitätsstufe — auch den technikinduzierten Wandel bei der Bankleistungserstellung mit ein, lassen sich Entwicklungstendenzen skizzieren hin zu vollkommen neuen Bankstrukturen auf Basis moderner Informations- und Kommunikationstechnologien. Das Eindringen der Technik in alle Gebiete des wirtschaftlichen Lebens zur Koordination ökonomischer Aktivitäten ermöglicht weitgehende Veränderungen innerhalb der Organisation der Leistungserstellung. Die neuen Technologien gestatten den Aufbau von Strukturen, die die gleiche Koordinationsfunktion erfüllen können wie die klassischen marktwirtschaftlichen Koordinationsmechanismen — Markt, Hierarchie und Kooperation —, ohne jedoch an die entsprechende physische Struktur gebunden zu sein. In Anlehnung an die virtuelle Speichertechnik in der Informatik wird in diesem Zusammenhang von „virtuellen Strukturen“ gesprochen. Im einzelnen unterschieden werden virtuelle oder elektronische Märkte im Fall der marktlichen Koordination und virtuelle Unternehmen im Fall der Koordination durch Kooperation.[55]

Da einige Nichtbanken — wie weltweit operierende Kreditkartenunternehmen sowie Soft- und Hardware-Spezialisten — bei der Nutzung des Technologiepotentials einen Vorsprung haben, kann sich jede Chance aus den beschriebenen Entwicklungstendenzen

---

55 Vgl. Weinhardt, C.; Krause, R.; Schleth, J. P.; Bilitewski, E.: Banken, neue Medien und virtuelle Strukturen, Rahmenbedingungen, Trends und Strategien, in: ZfB-Ergänzungsheft Nr. 2 1997, S. 1 – 31.

in das Risiko verwandeln, daß die Wettbewerber sie nutzen. Daher müssen Banken konzeptionell und langfristig agieren und ihre Kernkompetenzen aus dem traditionellen banking in ihre Strategie für das virtual banking einbringen. Der „Bank der Zukunft" stellt sich die Frage, worin ihre Kernkompetenzen bestehen und damit ob ihre eigentliche Funktion im Prozeß der Bankleistungserstellung der Institution Bank oder im Kontakt zum Kunden mit den Informationen über die individuellen Kundenbedürfnisse und die adäquaten Instrumente zur ihrer Befriedigung anzusiedeln ist.

In der allgemeinen Diskussion um zukünftige Bankkonzepte werden entsprechend zwei Extrema kolportiert[56]: Die an der Kunde-Bank-Schnittstelle entstehenden „Vertriebsbanken" offerieren den Kunden eine umfassende Leistungsbereitschaft. Die eigentliche Leistungserstellung entsteht aus den komplementären Einzelleistungen mehrerer „Produktionsbanken", die zusammen mit der — den Leistungsverbund — steuernden Vertriebsbank eine virtuelle Organisation generieren. Mithin übernimmt eine solche Vertriebsbank die Rolle einer „Kopfunternehmung", die verschiedene „Körperunternehmen" dirigiert. Eine wesentliche Leistung der Kopfunternehmung besteht darin, zu wissen, welche der im Verbund inkorporierten Unternehmen wann was leisten können, sowie in der Fähigkeit, den Verbund aufzubauen und situativ den Marktbedürfnissen anzupassen. Diese Form zwischenbetrieblicher Integration entlang der Wertschöpfungskette verzichtet bewußt auf vertraglich abgesicherte Hierarchien in Konsortien oder gemeinsamen Tochterunternehmen. Vielmehr räumt sie einer — den jeweiligen Marktbedürfnissen dynamisch adaptierbaren — Ablauforganisation klare Priorität über die Aufbauorganisation ein und steht damit in deutlichem Kontrast zu monolithischen Gebilden der Leistungserstellung und des Vertriebs von Bankleistungen, wie sie bei konventionellen Universalbanken zu beobachten sind. Historisch gewachsen inkorporieren deutsche Universalbanken nahezu alle Teilleistungen entlang der Wertschöpfungskette bis zur vollständig generierten Bankleistung unter Mitwirkung des externen Faktors „Kunde".

Bankleistungen entstehen — als spezifische Dienstleistungen, die nicht speicherbar sind — in einem zweistufigen Prozeß: Die Kombination aller internen — und damit disponiblen — Produktionsfaktoren in Banken erzeugen noch keine am Markt absetzbare Leistung. Sie sind in einer Vorkombination als Leistungspotential bzw. Leistungsversprechen notwendig vorzuhalten. Erst durch den externen Faktor „Kunde" gelangen Informationen in den Leistungserstellungsprozeß, die als hinreichende Bedingung das vorgehaltene Leistungspotential in der Endkombination zu einer marktfähigen Bankleistung spezifizieren. Diese Trennung von Vor- und Endkombination weist für die Bankleistungserstellung auf Freiheitsgrade hin, die in der Vergangenheit von deutschen Banken noch nicht in extenso genutzt wurden. Die umfassende Vor- und Endkombination des gesamten Leistungsspektrums „aus einer Hand" durch ein rechtlich selbständiges Unternehmen wird bisher nicht nachdrücklich in Frage gestellt. Teilleistungen in der Wertschöpfungskette erbringen derzeit vor allem spezialisierte Gemeinschaftsunternehmen des Bankensektors im Zahlungsverkehr und im EDV-Bereich. Weitere Aufgaben

---

56 Vgl. zum folgenden Reimers-Mortensen, S.; Disterer, G.: Strategische Optionen für Direktbanken, in: Die Bank o. Jg. (1997), H. 3, S. 132 - 139.

— wie die Innenrevisionen und die Entwicklung von Marketingkonzepten — werden bei öffentlich-rechtlichen und genossenschaftlichen Bankengruppen von Verbänden übernommen.

Insgesamt ist in Deutschland ein Markt für die Erstellung von Bankleistungen in der Vorkombinationsphase nur rudimentär vorhanden, da die Banken die Leistungserstellung weitgehend selbständig innerhalb der Unternehmensgrenzen respektive innerhalb geschlossener Verbände abwickeln. Da der Aufbau dieser kompletten Stätten zur Leistungserstellung mit hohen Kosten verbunden ist, stellt dies eine Barriere für den Markteintritt neuer Wettbewerber dar. Die genannten neueren Entwicklungen deuten aber darauf hin, daß diese historisch entstandenen Strukturen in Zukunft einem tiefgreifenden Wandel unterliegen werden.

Fraglich ist dabei, ob der Aufbau virtueller Banken durch etablierte Universalbanken vorangetrieben werden kann. Die gewachsenen Hierarchien und das kulturell bedingte Streben nach Dominanz gegenüber „Zulieferern" stehen scheinbar im Widerspruch zur Philosophie virtueller Unternehmen. Demgegenüber verfügen Direktbanken als Neugründungen über größere Gestaltungsspielräume. Da die wesentlichen Wettbewerber bei den deutschen Direktbanken als Tochterinstitute von Universalbanken gegründet wurden, können sie Vorteile virtueller Organisationen nur nutzen, wenn die Mutterbank ihnen hohe Freiheitsgrade im Hinblick auf die Auswahl und Kombination der Produktionsfaktoren im Geschäftsprozeß einräumt. Denkbar ist auch, daß virtuelle Bankorganisationen durch Unternehmen anderer Branchen — wie Versandhäuser, Telekommunikationsunternehmen oder erfahrene Projektentwickler — initiiert und gesteuert werden, die damit Kundenbeziehungen, verfügbare Infrastruktur oder know-how verwerten. Das entstehende Angebot an „Produktions-"Leistungen und die zunehmende Akzeptanz der Telekommunikation als Vertriebsweg wird branchenfremden Unternehmen — durch gesunkene Markteintrittsbarrieren — den Einzug in das Bankgeschäft wesentlich erleichtern.

III. Erscheinungsformen von Bankensystemen

1. Bankensysteme in verschiedenen Wirtschaftsordnungen

Wie bereits erwähnt, kann die Wirtschaftsordnung bzw. -verfassung als wichtiger Einflußfaktor für die konkrete Ausgestaltung eines Bankensystems angesehen werden: Sie determiniert nicht nur das ökonomische Umfeld der Banken, sondern prägt auch deren Stellung und Funktion in diesem Umfeld sowie die daraus resultierenden, systembezogenen Kennzeichen. Im weiteren soll zwischen den beiden idealtypischen Grundformen von Wirtschaftsordnungen, der „Marktwirtschaft" und der „Zentralplanwirtschaft" (auch „Zentralverwaltungswirtschaft" genannt) unterschieden werden (auf mögliche Mischformen und die dazu gehörigen Bankensysteme wird nicht weiter eingegangen). Anhand der diese beiden alternativen Wirtschaftssysteme kennzeichnenden Ordnungsprinzipien läßt sich der Zusammenhang zwischen Bankensystem und Wirtschaftsverfassung verdeutlichen. Die konkrete Ausgestaltung des Bank- bzw. Geld- und Kreditwesens kann folglich als Konsequenz der jeweils herrschenden Wirtschaftsordnung verstanden werden.

Zur Unterscheidung der beiden idealtypischen Wirtschaftssysteme bieten sich die Kriterien „Eigentumsform" (Individual- oder Kollektiveigentum), „Planung" (dezentral oder zentral), „Art des Tausches" und „Preisbildung" (Marktpreisbildung oder staatliche Preisfestsetzung) an.[57] Während die Preisbildung in einer über die Märkte koordinierten Wirtschaft entscheidend von monetären Daten beeinflußt wird, bleibt eine über zentrale Planung gelenkte Wirtschaft von solchen Impulsen im wesentlichen unberührt. In der Marktwirtschaft werden die Produktionsfaktoren über den Marktpreis einer optimalen Verwendung zugeführt; in der Zentralverwaltungswirtschaft dagegen erfolgt die Allokation der Ressourcen durch zentral erstellte Pläne, die unabhängig von der aktuellen Angebots- und Nachfragesituation aufgestellt werden.

Bei der konkreten Gestaltung des jeweiligen Bankensystems dient der größtmögliche Erfüllungsgrad hinsichtlich der dem Geld- und Kreditwesen zugedachten Funktionen als Orientierungshilfe. Demzufolge entspricht das unterschiedliche Funktionsbild der Bankensysteme in den beiden Wirtschaftsidealformen den divergierenden Steuerungsprinzipien. Eine Effizienzbeurteilung kann deshalb nur anhand solcher Kriterien erfolgen, die in der jeweiligen Wirtschaftsordnung integrale Elemente von systemtragender Bedeutung sind.

Das Bankensystem stellt also — aus Sicht der für die Wirtschaftsordnungs- und -prozeßpolitik zuständigen Entscheidungsträger — eine wichtige Instrumentalvariable zur Realisierung übergeordneter, makroökonomischer Ziele dar.[58] Zur Verdeutlichung soll im folgenden auf die unterschiedlichen prägenden Elemente der den beiden konträren Wirtschaftssystemen zuzuordnenden Bankensysteme eingegangen werden.

a) Bankensysteme in der Marktwirtschaft

In idealtypischer Form zeichnet sich die Marktwirtschaft durch folgende charakteristische Merkmale aus:

---

[57] Vgl. hierzu ausführlicher Gutmann, G.: Volkswirtschaftslehre, Stuttgart – Berlin – Köln – Mainz 1981, S. 29 ff.; Leipold, H.: Wirtschafts- und Gesellschaftssysteme im Vergleich, Stuttgart 1976, S. 52 ff.

[58] Vgl. Büschgen, H. E.: Bankbetriebslehre, a.a.O., S. 37 f.

- Die produktiven Faktoren Kapital und Boden befinden sich weitgehend in Privateigentum.
- Die Produktionstätigkeit wird in großem Umfang durch die Initiative privater Unternehmer geregelt; sie ist keinem zentralen Plan unterworfen.
- Der Staat befriedigt vornehmlich kollektive Bedürfnisse. Im Rahmen der Finanz- und Geldpolitik stehen jedoch Steuerungs- und Lenkungsinstrumente zur Beeinflussung der wirtschaftlichen Ebene zur Verfügung (z. B. Konjunktur-, Struktur-, Regionalpolitik). Durch die oftmals sehr weitgehende Autonomie der für die Geldpolitik Verantwortlichen sind die Einflußmöglichkeiten der politischen Entscheidungsträger aber zu relativieren.
- Die privaten Unternehmen versuchen, die Produktionsstruktur den sich ändernden Konsumentenwünschen anzupassen und den Absatz ihrer Produkte durch den Einsatz absatzpolitischer Instrumente zu fördern.
- Bei der Transformation von Konsumentennachfrage in Nachfrage nach Produktionsfaktoren entscheiden Kosten und Preise über Art und Umfang der Verwendung der produktiven Faktoren.

Die Marktwirtschaft bietet demnach den einzelnen Wirtschaftssubjekten die Möglichkeit, innerhalb des Warenangebotes frei zu wählen. Durch die Art der Einkommensverwendung nehmen die Wirtschaftssubjekte zudem Einfluß auf die Ressourcenallokation und den Gang der Produktion.

Es ist zwar offenkundig, daß die nationalen Bankensysteme der westlichen Industrieländer große Unterschiede aufweisen; ähnlich ist aber die Zweiteilung in Geschäftsbanken (im weitesten Sinne) und Notenbanken. Die Notenbank steht ausnahmslos nicht mehr auf einer Stufe mit den Geschäftsbanken, sondern nimmt die Position einer „Bank der Banken“ ein. Ihre wesentliche gesamtwirtschaftliche Aufgabe ist es, die Geldmenge der Volkswirtschaft zu regulieren. Die Notenbank versucht, das wirtschaftliche Geschehen nach Maßgabe wirtschafts- und gesellschaftspolitischer Zielsetzungen, — im Notenbankgesetz und, z. B. in Deutschland, im Gesetz zur Förderung der Stabilität und des Wachstums enthalten — zu beeinflussen. Die überwiegende Mehrheit der Wirtschaftssubjekte — Unternehmen und private Haushalte — unterhält Geschäftsbeziehungen nur mit den Geschäftsbanken. Die Notenbank richtet ihre Geschäftsbeziehungen neben ihrer Tätigkeit als Hausbank des Staates („fiscal agent“) vornehmlich auf die Gesamtheit der Banken aus, wohingegen unmittelbare geschäftspolitische Verbindungen zwischen Zentralnotenbank und Unternehmen oder privaten Haushalten eine untergeordnete Rolle spielen.

Die Geschäftsbanken dienen der Volkswirtschaft im wesentlichen durch folgende Leistungen:

- Im Kreditverkehr treten sie zwischen Geldanbietern und Geldnachfragern als Vermittler auf; hierzu gehört auch die Geldschöpfungstätigkeit des Geschäftsbankensystems.

- Im Effektengeschäft[59] besorgen sie die Vermittlung von verbrieftem Kapital.
- Im Zahlungsverkehr führen sie die Zahlungen zwischen den Wirtschaftssubjekten aus.

Gesamtwirtschaftlich gesehen sind vor allem die im Kredit- und im Effektengeschäft zu erbringenden Leistungen wichtige Aufgaben eines Bankensystems, um eine optimale Versorgung der Wirtschaft mit den notwendigen Finanzierungsmitteln zu ermöglichen. Bei Gestaltungs- und Ordnungsalternativen im Bankenbereich, wie sie im Universalbanken- und Spezialbankenprinzip[60] ersichtlich werden, ist zu fragen, welche Alternative einen besseren Beitrag zur Erfüllung des wirtschafts- und gesellschaftspolitischen Zielkataloges zu leisten vermag. Konkret bedeutet dies, daß von den Ordnungsprinzipien dasjenige wünschenswert ist, das eine erfolgreiche Durchsetzung der wirtschaftspolitischen, speziell der geld- und kreditpolitischen Maßnahmen, die zur Erfüllung des volkswirtschaftlichen Zielkataloges ergriffen werden, gewährleistet. Insbesondere muß durch das entsprechende Ordnungsprinzip (wie überhaupt durch das Bankensystem in der Marktwirtschaft) die Allokation des Kapitals sichergestellt sein, d. h., die Kapitalsammlungs- und Kapitallenkungsfunktionen müssen im Sinne der wirtschaftspolitischen Ziele bestmöglich erfüllt werden.[61]

b) Bankensysteme in der Zentralplanwirtschaft

Vergleichende Betrachtungen über den in dieser Form historischen Antagonismus „östliche“ Bankensysteme versus „westliche“ Bankensysteme gehen in der weiterhin aktuellen Dichotomie sozialistische Bankensysteme versus marktwirtschaftlich geprägte Bankensysteme auf. Ihr Vergleich ist nur dann ergiebig, wenn zugleich die den beiden Wirtschaftsordnungen zugrundeliegenden unterschiedlichen Ordnungsprinzipien einbezogen werden. Denn nicht nur hinsichtlich der Bankensysteme, sondern auch im gesamten Geld- und Kreditsystem unterscheiden sich kapitalistisch orientierte Marktwirtschaften und sozialistisch ausgerichtete Planwirtschaften sehr deutlich. So übt in der Marktwirtschaft die jeweilige Geld- und Kreditpolitik der Währungsbehörden einen entscheidenden Einfluß auf die Preisbildung aus, während die durch einen Zentralplan gesteuerte Wirtschaft von derartigen monetären Einflüssen relativ unabhängig ist. Lediglich auf dem Arbeitsmarkt und an den Konsumgütermärkten spielt das Geld in Zentralplanwirtschaften eine ähnliche Rolle wie in der Marktwirtschaft. Hervorzuheben ist jedoch, daß Einwirkungen des Geldes (Preisänderungen) die Allokation der Produktionsfaktoren in der Zentralplanwirtschaft kaum beeinflussen können: Die Ressourcenallokation wird durch Naturalpläne bestimmt; monetäre Momente haben nur sehr geringe Auswirkung auf die Verteilung der Produktionsfaktoren.

---

59 Im folgenden findet weiterhin der ökonomische Begriff „Effektengeschäft“ Verwendung und nicht durchgängig der juristische terminus technicus des weitergefaßten Finanzkommissionsgeschäfts nach § 1 Abs. 1 Nr. 4 KWG, der sich auf Finanzinstrumente allgemein bezieht und damit nach § 1 Abs. 11 KWG neben handelbaren Wertpapieren auch Geldmarktinstrumente, Devisen und Derivate einschließt.

60 Siehe hierzu in diesem Kapitel Abschnitt B.III.2.

61 Vgl. Büschgen, H. E.; Steinbrink, K.: Verstaatlichung..., a.a.O., S. 12 ff.

Die sozialistischen Bankensysteme unterscheiden sich sowohl im Hinblick auf ihre Struktur als auch in den anders gelagerten Funktionen der Banken stark von den marktwirtschaftlich geprägten Bankensystemen. Hierbei ist zu bedenken, welche Rolle die „Klassiker" des Marxismus-Leninismus den Banken im Rahmen der (sozialistischen) Volkswirtschaft zugedacht hatten: Bereits im „Kommunistischen Manifest" wird das Postulat der „Zentralisation des Kredits in den Händen des Staates durch eine Nationalbank mit Staatskapital und ausschließlichem Monopol" aufgestellt. Gerade diese Forderung ist immer wieder auch von Lenin betont worden;[62] auch die Notwendigkeit einer allumfassenden Staatsbank für den Aufbau einer sozialistischen Gesellschaft wurde von ihm herausgestellt. Es ist für das Bank- und Kreditwesen in sozialistischen Ländern in den meisten Fällen typisch, was Lenin 1917 wie folgt umriß: „Ohne die Großbanken wäre der Sozialismus nicht zu verwirklichen. Die Großbanken sind jener Staatsapparat, den wir für die Verwirklichung des Sozialismus brauchen und den wir vom Kapitalismus fertig übernehmen... Eine einheitliche Staatsbank allergrößten Umfangs mit Zweigstellen in jedem Amtsbezirk, bei jeder Fabrik — das ist schon zu neun Zehnteln ein sozialistischer Apparat. Das bedeutet eine gesamtstaatliche Buchführung, eine gesamtstaatliche Rechnungsführung über die Produktion und die Verteilung der Produkte, das ist sozusagen ein Gerippe der sozialistischen Gesellschaft".[63]

Diese Gedanken waren in den sozialistischen Staaten weitgehend verwirklicht. So setzte sich z. B. das Bankensystem der früheren UdSSR aus drei großen Bankinstituten zusammen: der Staatsbank, der Gesamtunionsbank für die Finanzierung von Kapitalinvestitionen und der Außenhandelsbank. Die Außenhandelsbank war dabei nur als ausgegliederte Abteilung der Staatsbank zu verstehen. Die in der westlichen Marktwirtschaft übliche Trennung zwischen Zentralnotenbank und Geschäftsbanken bestand nicht; vielmehr übernahm die Staatsbank die Rolle der Notenbank und gleichzeitig die der Geschäftsbanken. Sämtliche Aktivitäten der drei Banken wurden mit den Zielen der sozialistischen Planwirtschaft abgestimmt.

Die Rolle des Bankensystems in der früheren UdSSR basierte demnach hauptsächlich auf den folgenden Prinzipien:

- auf dem Staatsmonopol im Bankwesen,
- auf der Gleichheit der Bankpolitik für das gesamte Land und

62 Karl Marx nahm in gewisser Hinsicht später hierzu eine abweichende Haltung ein: Er sah die Banken nicht als ein Mittel, um ein bestimmtes Endziel zu erreichen; die Banken hatten vielmehr in der Gesamtheit der wirtschaftlichen und gesellschaftlichen Erscheinungsbilder einen wichtigen Platz inne, von dem ausgehend sich in Marxscher Sicht eine historisch gesetzmäßige Entwicklung in Richtung auf ein sozialistisches Stadium ergeben sollte. Er stand deshalb einer Weiterentwirklung des Bankwesens eher positiv gegenüber. Da die Banken als untrennbar mit den Produktionsmitteln der Kapitalisten verbunden angesehen wurden, mußte demnach mit der Überwindung des kapitalistischen Zustandes auch das Bankensystem überflüssig werden; vgl. dazu: Büschgen H. E.; Steinbrink, K.: Verstaatlichung..., a.a.O., S. 45 ff.

63 Zit. n. ebenda, S. 17 f.

- auf der Konzentration des gesamten Geldumlaufs in der Staatsbank, damit die wirtschaftliche Kontrolle der Produktion und der Verteilung des Nationalproduktes möglich ist.

Bis zum Zusammenbruch des sozialistischen Regimes in der ehemaligen Deutschen Demokratischen Republik (DDR) im November 1989 gestaltete sich das dortige Bankensystem seit 1970 zwar nicht formal, jedoch materiell als Einbankensystem. Es herrschte faktisch ein staatliches Bankenmonopol unter der Führung der Staatsbank der DDR mit entsprechender Gestaltung der Befugnisse, Aufgaben und Funktionen. Das Bankensystem bestand aus der Staatsbank, die völlig den Weisungen der Regierung unterlag, weiteren formal eigenständigen staatlichen Banken, genossenschaftlich organisierten Banken und Sparkassen. Aufgaben von Banken übernahmen in eingeschränktem Maße auch die Deutsche Post, bäuerliche Handelsgenossenschaften, die Reichsbahnkasse und die Reichsbahnsparkasse.

Die Staatsbank war das zentrale Organ des Ministerrates zur Verwirklichung der Kredit- und Geldpolitik; neben der Notenbankfunktion hatte sie auch die dominierende Stellung als „Geschäftsbank" inne und führte infolge eines bestehenden Kontrahierungszwangs der anderen Institute mit der Staatsbank faktisch sowohl das gesamtwirtschaftliche Rechnungswesen wie auch die Verrechnung der internationalen Zahlungsströme durch. So zählten zu ihren wichtigen Aufgabengebieten die zentrale Geldumlaufplanung, die Lenkung der Kredite und Kreditquellen im Rahmen der volkswirtschaftlichen Buchführung, die Grundsatzaufstellung für den Zahlungs- und Verrechnungsverkehr, die Kontenführung des Staatshaushaltes und der übrigen Kreditinstitute, mit denen sie in Einlagen- und Refinanzierungsbeziehungen stand, und verschiedene Maßnahmen im grenzenüberschreitenden Zahlungs- und Verrechnungsverkehr sowie im Zusammenhang mit der Zahlungsbilanz. Daneben fungierte sie als Weisungs- und Kontrollstelle für das gesamte Bankensystem. Die anderen staatlichen, genossenschaftlichen oder sparkassenrechtlich organisierten Institute waren zwar institutionell abgegrenzte Einheiten, stellten faktisch aber eine Erweiterung des Zweigstellensystems der Staatsbank dar.

Mit dem Beginn der Währungsunion am 1. Juli 1990 und endgültig mit der Vereinigung der beiden deutschen Staaten wurde ein Prozeß eingeleitet, der das planwirtschaftliche Bankensystem der früheren DDR dem bundesdeutschen, marktwirtschaftlich orientierten Bankensystem angeglichen hat. Mit der Übernahme der wesentlichen gesetzlichen Bestimmungen hat sich das Bankensystem in den neuen Bundesländern sukzessive an das System der alten Bundesländer angenähert. Die alten Elemente des Bankensystems der früheren DDR wurden weitgehend in das neue System integriert; lediglich Abwicklungsaufgaben übernahmen die Banken mit Sonderaufgaben (Deutsche Handelsbank AG, Deutsche Außenhandelsbank AG) im Rahmen der Neuorganisation des Bankensystems. Durch die Funktionentrennung bei der Staatsbank — durch die Gründung der Deutsche Kreditbank AG wurde die Geschäftsbankenfunktion ausgelagert — wurde der Prozeß der Umgestaltung bereits im März 1990 eingeleitet.

Als Hauptaufgaben des Bankensystems in der Zentralplanwirtschaft lassen sich also Verteilungs-, Lenkungs-, Kontroll- und Stimulierungsfunktionen unterscheiden: Die Banken verteilen das Volkseinkommen gemäß der staatlichen monetären Planung, indem sie gesteuert Kredite vergeben, sie überwachen die wirtschaftliche Produktions- und Verwaltungstätigkeit und kontrollieren im Rahmen des Planungs- und Leitungssystems des Staates deren Effizienz. Dabei soll nicht nur die Einhaltung der Planziele überwacht, sondern auch in den Ablauf des sozialistischen Wirtschaftsprozesses eingegriffen werden, um eine Aktivierung der volkswirtschaftlichen Reserven und eine Steigerung der gesamtwirtschaftlichen Produktivität zu initiieren. Die für sämtliche Betriebe geltende Kontoführungspflicht beinhaltet, daß die freien Zahlungsmittel auf Konten bei den jeweils zuständigen Kreditinstituten zu halten sind, wobei den Betrieben durch Richtlinien vorgeschrieben wird, wo und wie die Geldmittel zu plazieren sind. Die Kreditfinanzierung der Wirtschaft erfolgt entsprechend einem Kreditplan mit weitgehend fixierten Konditionen, ist also nicht abhängig von der Bonität der kreditnachfragenden Betriebe. Es existiert kein allgemeiner, freier Geld- und Kapitalmarkt, da Kredit und Zins keine Steuerungsfunktion — im Sinne des Allokationsprinzips — ausüben, sondern Instrumente der zentralen staatlichen Volkswirtschaftsplanung sind. Die Regulierung des Notenumlaufs und die Kreditvergabe erfolgen ausschließlich nach Maßgabe der durch den volkswirtschaftlichen Gesamtplan vorgegebenen gesellschaftlichen und wirtschaftlichen Ziele.

Dieses Vorgehen unterscheidet sich also in wesentlichem Maße von der Geld- und Kreditpolitik innerhalb einer Marktwirtschaft, in der eine der wesentlichen Funktionen des Bankwesens darin besteht, das Geldangebot den vom Markt ermittelten investiven Verwendungsmöglichkeiten zuzuführen.

Die Tatsache, daß bei der technischen Ausgestaltung und vor allem bei der Bezeichnung vieler Bankoperationen zum Teil Ähnlichkeiten bestehen, darf nicht darüber hinwegtäuschen, daß es sich hierbei überwiegend um Übereinstimmungen formaler Natur handelt, hinter denen sich grundsätzliche materielle Divergenzen verbergen.[64]

2. Universalbankensystem und Spezialbankensystem

Wie in den vorhergehenden Abschnitten gezeigt wurde, ist die Ausbildung realer Bankensysteme als ein historischer, evolutorischer Prozeß anzusehen, der von zahlreichen Einflußfaktoren determiniert wurde. Innerhalb der Volkswirtschaften, die durch eine liberale, marktwirtschaftliche Gesellschaftsordnung geprägt sind, haben diese Faktoren zur Ausprägung unterschiedlicher Banktypen und Bankensysteme geführt.

Versteht man die einzelnen Banken — wie oben geschehen — als Elemente eines Systems, zwischen denen Austauschbeziehungen bestehen, so sind die Art und der Umfang der Arbeitsteilung, die zwischen den Systemelementen konstatiert werden können, ein geeignetes Kriterium zur Klassifikation alternativer Banktypen und Bankensysteme. Hiernach lassen sich nach dem Grad der Universalisierung bzw. der Spezialisierung

64 Vgl. Büschgen, H. E.; Steinbrink, K.: Verstaatlichung..., a.a.O., S. 20 f.

idealtypisch Universalbanken bzw. Universalbankensysteme und Spezialbanken bzw. Spezialbankensysteme unterscheiden.[65]

a) Universalbank — Universalbankensystem

Im wörtlichen Sinne zeichnet sich „universale" Banktätigkeit durch das Fehlen von Geschäftsbeschränkungen jedweder bankspezifischen Kategorie aus. Eine Universalbank ist in weitester Definition somit als eine Bank aufzufassen, die sich bei der Ausübung ihrer Geschäftstätigkeit weder Begrenzungen

- quantitativer noch
- regionaler bzw. lokaler noch
- kunden-(gruppen-)bezogener noch
- branchenmäßiger noch
- qualitativ-sachlicher

Art auferlegt.[66]

Da eine so weit gefaßte Definition wenig operational erscheint, sollen im folgenden den Universalbanken diejenigen Kreditinstitute subsumiert werden, die

- das Einlagen- und das Kreditgeschäft in allen Formen verbinden mit
- dem Effekten-(Wertpapier-)geschäft, insbesondere dem
- Effektenemissions-, dem Effektenkommissions-, dem Effekteneigen- und dem Effektendepotgeschäft.

Ein „reines" Universalbankensystem ist idealtypisch durch die ausschließliche Existenz von Vertretern dieses Banktyps gekennzeichnet. Eine in diesem Kapitel in Abschnitt C durchzuführende Bestandsaufnahme des konkreten Bankensystems in Deutschland zeigt, daß sich in der Realität ein Bankensystem entwickelt hat, in dem Universalbanken und Spezialbanken nebeneinander existieren.

b) Spezialbank— Spezialbankensystem

Ausgehend von der Definition der Universalbank sind im Umkehrschluß zum einen diejenigen Kreditinstitute als Spezialbanken zu bezeichnen, die das Kredit- und Depositengeschäft betreiben, es aber nicht mit dem Effektengeschäft kombinieren („commercial bank", „deposit bank"), zum anderen diejenigen Institute, die ausschließlich die Emission, die Verwaltung und den An- und Verkauf von Effekten oder aber das Effektengeschäft gemeinsam mit anderen Geschäften als dem Depositen- und Kreditgeschäft betreiben („investment bank", „broker").[67]

---

65 Vgl. Büschgen, H. E.: Bankbetriebslehre, a.a.O., S. 38 f.

66 Vgl. Büschgen, H. E.: Universalbanken oder spezialisierte Banken als Ordnungskriterium für das Bankgewerbe der Bundesrepublik Deutschland unter besonderer Berücksichtigung der Sammlung und Verwendung von Kapital. Köln 1970, 1. Teil, S. 5 f.

67 Vgl. Büschgen, H. E.: Universalbanken oder spezialisierte Banken..., a.a.O., S. 9.

Ein Spezialbankensystem („Trennbankensystem") zeichnet sich folglich durch ein dieser Definition entsprechend praktiziertes Maß an Arbeits- oder Aufgabenteilung aus; d. h., die Leistungsangebote der am Markt vertretenen Spezialbanken verhalten sich im wesentlichen komplementär, indem sich die von ihnen ausgeübten Funktionen und angebotenen Leistungen ergänzen.

c) Entwicklungsgeschichte von Prototypen des Universal- und Spezialbankensystems

Bevor auf die Frage der Vorteilhaftigkeit eines Universalbanken- oder eines Spezialbankensystems eingegangen und reflektiert werden kann, welche der beiden Alternativen innerhalb marktwirtschaftlicher Wirtschaftsordnungen einzel- wie gesamtwirtschaftliche Bedürfnisse effizienter erfüllt, erscheint es notwendig, die Entwicklungsgeschichte dieser Systemtypen exemplarisch darzustellen. Hierbei sollte deutlich werden, daß die Ausbildung eines Bankensystems bzw. eines bestimmten Systemtyps nicht als ein konstitutiver Akt eines Ordnungsgebers, sondern vielmehr als ein komplexer Prozeß aufzufassen ist, in dem zahlreiche Einflußfaktoren rechtlicher, ökonomischer und ideengeschichtlicher Art — wie weiter oben gezeigt — zusammenwirken.

In *Großbritannien* — oft als „klassisch" in bezug auf das System der Bankenfunktionstrennung angesehen — hat der Industrialisierungsprozeß relativ früh eingesetzt. Die breite Bürgerschaft, die aus Kolonialbesitz, Schiffahrt und daraus resultierenden internationalen Handelsbeziehungen großes Vermögen akkumuliert hatte, war hier in der Lage und auch gewillt, sich mit ihrem Kapital an den entsprechenden Industriebetrieben zu beteiligen. Außerdem war den Industriebetrieben aufgrund des damals noch schwachen Marktwettbewerbs die Realisierung hoher Gewinne und damit in großem Umfang die Alimentierung durch Selbstfinanzierung möglich, so daß sie nur in geringem Umfang auf Kreditfinanzierungen durch Banken angewiesen waren. Der geringe — überwiegend kurzfristige — Kreditbedarf der britischen Wirtschaft wurde von den bestehenden oder jeweils gegründeten — meist lokalen — Depositenbanken gedeckt, die vor allem auch in die Abwicklung des laufenden Zahlungsverkehrs eingeschaltet waren. Auch der Kapitalmarkt hatte — aus den aufgeführten Gründen — für die Finanzierung der neuen Betriebe nur geringe Bedeutung; insbesondere der Anleihenmarkt diente fast nur der Regierung sowie den Eisenbahngesellschaften. Aufgrund dieser ökonomischen Gegebenheiten hat sich in Großbritannien die traditionelle Trennung zwischen Depositenbanken einerseits und verschiedenartigen Formen der Finanzierungs- und Wertpapierinstitute andererseits nahezu zwangsläufig herausgebildet.[68] Aber die ursprünglich freiwillige geschäftspolitische Selbstbeschränkung der britischen Bankwirtschaft scheint obsolet nicht zuletzt angesichts der Akquisitionen von Investmentbanken durch Londoner high street banks. Wenngleich sie sich zum Teil bereits wieder desinvestieren mußten wegen nicht realisierter Renditeerwartungen in diesem intensiven Wettbewerbsfeld, zeigen diese aktuellen Entwicklungen — wie auch das Engagement der Depositenbanken im Bauspargeschäft —, daß die tradierte Trennung in einem gewandelten globalen Umfeld keine Bestandsgarantie mehr besitzt.

---

68 Vgl. Büschgen, H. E.: Das Universalbanken-System, a.a.O., S. 7.

In den *USA* — ebenfalls oft als „klassisches" Land des Spezialbankensystems und (fälschlich) als beispielhaft angeführt — erfolgte die gesetzliche Einführung des Trennbankensystems dortiger Prägung — Trennung von Depositengeschäft und Effektengeschäft — in den dreißiger Jahren dieses Jahrhunderts. Obwohl die Gewährleistung eines sicheren Bankensystems nach dem Börsenkrach des Jahres 1929 der Hauptgrund für die gesetzliche Verankerung des Trennbankensystems war (Glass-Steagall-Act 1933), sind zwei weitere Schutzzwecke nicht zu übersehen, nämlich der Schutz vor Wettbewerbsverzerrungen und der Schutz vor übermäßiger Wirtschaftsmacht.[69] Genauso wie in der britischen Bankwirtschaft ist aber auch in den USA ein schleichender „Abbau" des seit 1933 im Glass-Steagall-Act manifestierten Trennbankensystems zu beobachten. Da sich zudem in *Japan* — ähnlich dem „Big Bang" in London Mitte der achtziger Jahre — eine schlagartige Revision der nach dem zweiten Weltkrieg etablierten Trennung zwischen investment banking und commercial banking anbahnt, gewinnen die Auflösungserscheinungen der klassischen Triade typischer Trennbankensysteme an Signifikanz.

In *Deutschland* bestand schon zu Beginn der Industrialisierungswelle eine enge Beziehung zwischen den Banken und der Industrie, die darauf zurückzuführen war, daß die deutsche Industrie — anders als in Großbritannien — zur Finanzierung ihrer Vorhaben nicht auf ein kapitalkräftiges Bürgertum zurückgreifen konnte, das in der Lage und willens war, sich an den neu entstehenden Unternehmen zu beteiligen. Vielmehr waren die jungen deutschen Industrieunternehmen bei scharfem Wettbewerb und niedrigen Gewinnmargen in hohem Maße auf die Außenfinanzierung, insbesondere durch Banken, angewiesen. Den spezifischen Finanzierungsbedürfnissen der jungen Industrie wurden jene Institute gerecht, die — als Aktienbanken auf Initiative einzelner Privatbankiers gegründet und von Beginn ihrer Geschäftstätigkeit an universal ausgerichtet — über die Gewinnung eines breiten Anlegerkreises den hohen Kapitalbedarf der Wirtschaft dadurch decken konnten, daß sie häufig bereits in der Gründungsphase von Unternehmen mittels des Effektenemissionsgeschäftes Finanzierungsleistungen erbrachten, indem sie sich an den Unternehmensneugründungen beteiligten und die Anteile so lange hielten, bis eine Mobilisierung über die Börse möglich war.

Bei dem Versuch, die Entstehungsgründe des für Deutschland typischen, gegenüber den Verhältnissen anderer Länder differenzierten Universalbankensystems aufzuzeigen, sind neben den beschriebenen wirtschaftlichen Verhältnissen bestimmte geistige, ideengeschichtliche Strömungen zur Zeit der Gründungsphase der Aktien(universal)banken zu nennen. In diesem Zusammenhang ist einerseits auf die Gründung der *Société Générale du Crédit Mobilier* in Paris 1852 — der gewissermaßen Vorbildfunktion für spätere Universalbanken zuzusprechen ist[70] —, andererseits auf die Ideen des Saint Simonismus hinzuweisen. Im Mittelpunkt der Reformgedanken des *Saint Simonismus* stand die zentrale Verwaltung aller Kapitalien und ihre Aufteilung an die „Arbeitenden" nach Maß-

---

69 Zur Struktur des amerikanischen Bankwesens vgl. u.a. Schierenbeck, H.: Institutionelle Bankbetriebslehre, Stuttgart 1987, S. 100 ff.

70 Vgl. u.a. Riessner, J.: Zur Entwicklung der Deutschen Großbanken mit besonderer Rücksicht auf die Konzentrationsbestrebungen, Jena 1905, S. 37 ff.; Plenge, J.: Gründung und Geschichte des Crédit Mobilier, Tübingen 1903.

gabe der „Fähigkeiten" und der „allgemeinen Wohlfahrt". Demzufolge war es zentrale Aufgabe der Banken, die Mittel der Arbeiter auf die für Produktion und Produzenten vorteilhafteste Weise zu verteilen, — ein Gedanke, dem die Gründer des Crédit Mobilier — die Brüder Péreire — folgten.

Die Anerkennung und die Übernahme dieses Gedankengutes einerseits sowie die Vorbilder im Crédit Mobilier und im A. Schaffhausenschen Bankverein andererseits und schließlich das Interesse an einem Konkurrenzinstitut zum als übermächtig angesehenen Haus Rothschild ließen in Deutschland die Bank für Handel und Industrie entstehen. Diese war zum Betrieb aller Bankgeschäfte befugt, auch zum Gründungs- und Emissionsgeschäft, wozu die Privatbankiers vor allem deshalb wenig bereit waren, weil sie nicht über die erforderlichen großen Kapitalvolumina verfügten. Nachdem so die Konzeption der „Universalbank" gereift war, folgte eine Kette von ähnlichen Bankengründungen.

Die Tatsache, daß die Universalbanken den Bedürfnissen der deutschen Wirtschaft entsprachen, hat ihrerseits wiederum zu der schnellen Entwicklung der zunächst rückständigen deutschen Industrie beigetragen bzw. diese erst ermöglicht. Ohne die Bereitschaft der deutschen Banken, die künftigen Ertragschancen jener Wirtschaftszweige, für deren Ausbau langfristiges Fremdkapital erforderlich war, mit eigenen sowie formal kurzfristigen, fremden Geldern vorzufinanzieren und so lange „stillzuhalten", bis sich ausreichend neues Kapital gebildet hatte, um die langfristigen Kreditengagements der Banken abzulösen, hätte die industrielle Entwicklung in Deutschland zweifellos einen langsameren Fortgang genommen.[71] Aber auch im deutschen Bankensystem sind tiefgreifende Veränderungen hin zu einer stärkeren Gewichtung des investment banking im Geschäftsportefeuille evident. Cum grano salis scheint sich die Universalbank mit ihrer Adaptionsfähigkeit in der Realität aktuell durchzusetzen, legt man die zu konstatierende Hinwendung des internationalen Bankwesens zum Universalbankensystem zugrunde. Gleichwohl darf diese „Universalisierung" nicht verwechselt werden mit einem friktionslosen Siegeszug der Universalbank, implizieren doch auch die neuen Informationstechnologien — im Zuge der globalen Integration von Märkten, Banksystemen und Bankkulturen — neue Protagonisten im internationalen Wettbewerb um Finanzdienstleistungen. Als spezialisierte Nischenanbieter konfrontieren sie das Plus an strategischen Freiheitsgraden bei einer universell ausgerichteten Bank mit ihrem Spezialistentum in einzelnen Geschäftsfeldern.

d) Effizienzbeurteilung einzelner Bankensystemtypen

Wenngleich sich das deutsche Universalbankensystem mithin wiederholt als wirkungsvoll erwiesen hat, schließt dies nicht aus, daß das Universalbankprinzip Gegenstand einer kritischen Auseinandersetzung sein kann — und in der Realität auch permanent ist. Im Antagonismus der Ordnungsalternativen „Spezialbankensystem" angelsächsischer

---

71 Vgl. Büschgen, H. E.: Das Universalbanken-System, a.a.O., S. 2 f.; Kottmann, G.: Universalbank, in: HWF, hrsg. von H. E. Büschgen, Stuttgart 1976, Sp. 1740 f.

Provenienz versus „Universalbankensystem“ des deutschsprachigen Raumes[72] ist somit zu untersuchen, welche positiven bzw. negativen Auswirkungen von den einzelnen Alternativen sowohl auf die Bankunternehmung mit allen ihren Beteiligten als auch auf die Gesamtwirtschaft ausgehen.

(1) Einzelwirtschaftliche Perspektive

Der Trend zur Universalisierung der Geschäftstätigkeit kann als Indiz gewertet werden, daß das Universalbankensystem auch aus einzelwirtschaftlicher Sicht Vorteile aufweist. Die Prüfung, worauf sich diese Vorteilhaftigkeit eines Bankensystemtyps stützt, muß neben den generell bankbetrieblichen Interessen auch die zur Verwirklichung der betrieblichen Ziele relevanten Ansprüche der an der Bank beteiligten Personengruppen berücksichtigen.

(a) Generelle bankbetriebliche Interessen

Im Vergleich zur Spezialisierung auf das commercial banking oder das investment banking kann die Universalisierung als Leistungsprogramm-Diversifikation bewertet und im Hinblick auf ihren Beitrag zum Gewinnziel diskutiert werden.[73]

Pioniergewinne scheiden als Anreiz für diese Diversifizierung aus, legt man zugrunde, daß die Universalisierung einer Bank nicht auf der Erschließung vollkommen neuer, von noch keinem anderen Anbieter bedienter Märkte beruht. Ausgangspunkt ist mithin die Überlegung, wann ein breiteres Leistungsprogramm gegenüber einem engeren betriebswirtschaftlich superior ist, wenn die einzelnen Geschäftsbereiche auch von getrennten Institutionen bedient werden können. Neben Pioniergewinnen scheiden aber auch *Größendegressionseffekte* weitgehend als Kriterien zur Beurteilung einer Universalisierung aus, da sich diese immer auf *statische* oder *dynamische Kosteneffekte* bei der Erstellung einer homogenen Leistunsgart beziehen. Eine Diversifikation basiert aber per se auf der Aufnahme neuer Leistungsarten in die Angebotspalette. *Economies of scale* besitzen daher allenfalls einen indirekten Einfluß auf die Diversifikationsentscheidung: Einerseits könnten sie Aufschluß über die kritische Masse innerhalb eines anvisierten Geschäftsbereiches geben und so die Markteintrittsentscheidung beeinflussen; andererseits sind Skaleneffekte insofern entscheidungsrelevant für das Diversifikationskalkül, als sie für die möglichen Vorteile der Strategiealternative „Spezalisierung“ verantwortlich sein können. Spezialisierungsvorteile werden angenommen, wenn ein bestimmtes Leistungspotential auf eine enge Angebotspalette ausgerichtet wird, um so einen höheren output bei den einzelnen, homogenen Leistungen zu erzielen, als dies ein breites Leistungsprogramm erlaube; unter der Prämisse, daß der Absatz kein Engpaßfaktor ist respektive die Überwindung zunehmender Widerstände beim Absatz durch die Spezialisierungsvorteile

---

72 Vgl. zum folgenden Büschgen, H. E.: Universalbanken oder spezialisierte Banken..., a.a.O., S. 2 ff.; Mühlhaupt, L.: Einführung..., a.a.O., S. 277 ff.

73 Vgl. zum folgenden auch Börner, C. J.: Entstehung und strukturelle Problemfelder des deutschen Bankensystems, in: Mitteilungen und Berichte des Instituts für Bankwirtschaft und Bankrecht an der Universität zu Köln, Abteilung Bankwirtschaft, 27. Jg. (1996) Nr. 76, S. 32 – 60.

kompensiert werden. Aber selbst bei einer derartig angenommenen Substituierbarkeit zwischen commercial banking und investment banking, sind Spezialisierungsvorteile nur begrenzt erzielbar und die dafür notwendigen Transaktionsvolumina sind auch für eine Universalbank mit bestimmter Größe erreichbar.

Gegenüber möglichen Spezialisierungsvorteilen abzuwägen sind die sog. *economies of scope*, d. h. Verbundeffekte, die aus der Vereinigung des commercial banking mit dem investment banking resultieren können: zum einen aus der gemeinsamen Nutzung von Kapazitäten bei der Erstellung und dem Absatz der Leistung; zum zweiten aus risikopolitischen Kompensationseffekten und zum dritten aus einer verbesserten Befriedigung der Kundenbedürfnisse. Die *Universalisierung einer Bank als Mittel zur Verstetigung der Kapazitätsauslastung* spricht dem universalisierten Leistungsprogramm den Vorteil zu, vorhandene Ressourcen — insbesondere EDV-Kapazitäten und das Mitarbeiterpotential — sowohl für den Absatz von Leisungen des commercial banking als auch des investment banking einsetzen zu können, um so Nachfrageschwankungen besser ausgleichen bzw. vorhandene Ressourcen besser auslasten zu können. Diese allgemein abgeleiteten Verbundeffekte (Synergien) aus der gemeinsamen Nutzung von Sachmitteln und Personal sind aber nicht friktionslos auf die Universalisierung der Banken übertragbar, da sich die qualitativen Anforderungen an die Produktionsfaktoren für die beiden Geschäftsbereiche in weiten Teilen unterscheiden. So spielt die geographische Präsenz — durch das Zweigstellennetz — des commercial banking für wesentliche Leistungsbereiche des investment banking keine Rolle; umgekehrt verlangt letzteres eine besondere Expertise — manifestiert im know-how spezialisierter Mitarbeiter —, die nur für Teilbereiche des commercial banking wie für das Effektenkommissionsgeschäft mit der Privatkundschaft Relevanz besitzt, zumal das Insider-Recht den uneingeschränkten Informationstransfer zwischen Aktien-research, Kreditgeschäft (eines börsennotierten Unternehmens), Aktienhandel und Kundenberatung verbietet. Die Verstetigung der Kapazitätsauslastung impliziert des weiteren eine *Universalisierung der Bank als Mittel zur Risikodiversifikation* im Hinblick auf Absatz- und Marktrisiken, aber auch finanzwirtschaftliche Risiken wie Ausfall-, Zinsänderungs- und Währungsrisiken. Sind die Risikostrukturen des investment banking und des commercial banking nicht vollständig positiv korreliert, d. h. in Teilen unabhängig voneinander, resultiert aus der Tätigkeit in beiden Geschäftsbereichen ein Risikodiversifikationseffekt; korrelieren die den beiden Geschäftsbereichen immanenten Risiken negativ miteinander, ergibt sich in der Summe sogar eine Risikoreduzierung dadurch, daß unerwartete negative Ergebnisabweichungen des einen Geschäftsbereiches durch positive Ergebnisabweichungen des anderen Geschäftsbereiches ganz oder — realitätsnäher — partiell kompensiert werden. Da unabhängig von der Art der Risikokorrelation zwischen commercial banking und investment banking die Geschäftsportefeuille-Entscheidungen an den Interessen der Eigentümer — der Aktionäre — auszurichten sind, muß der mögliche Risikoausgleich als nicht generell zielkonform bezeichnet werden und bedarf genauso wie der dritte Verbundeffekt der besseren Befriedigung der Kundenbedürfnisse einer Einbeziehung der Interessen einzelner Unternehmensbeteiligter in die Managementüberlegungen.

(b) Interessen einzelner Unternehmensbeteiligter

Entgegen einer rein kapitalmarktorientierten Betrachtung aus Sicht der Unternehmenseigentümer — sog. *shareholders* (Aktionäre usw.) — muß die Bankunternehmungsführung auch die Interessen aller anderen Anspruchsgruppen — sog. *stakeholders* (Öffentlichkeit, Arbeitnehmer, Kunden usw.) — für ein umfassendes Managementkonzept berücksichtigen. Dabei liegt es zunächst im Interesse der Öffentlichkeit, daß die Funktionsfähigkeit des Bankensystems sichergestellt ist. Mithin werden stabilitätspolitische Aspekte postuliert, die sich auch für die Arbeitnehmer, als gegenüber anderen Zielsetzungen, wie z. B. der Gewinnerzielung, zumindest vordergründig dominant erweisen. Für eine weitere Anspruchsgruppe, die Kunden, ist die langfristige Existenzsicherung der Bank im Hinblick auf ihre Einlagen oberster Anspruch; aber auch der aus dem geschäftspolitischen Möglichkeitenspektrum einer Universalbank resultierende Vorteil einer umfassenden Bedürfnisbefriedigung und flexibleren Preispolitik besitzt Relevanz. Die latent existenten Interessenkonflikte in der Struktur einer Universalbank durch die Kombination von Effektenemissions- und Industriekreditgeschäft, von Einlagen- und Wertpapiergeschäft nebst Effekteneigengeschäft und Effektendepotgeschäft bergen vordergründig die Gefahr, in Zweifelsfällen zu Lasten des — wirtschaftlich schwächeren — Kunden gelöst zu werden. Fraglich ist jedoch, in welchem Ausmaß sie virulent werden können vor dem Hintergrund des — angebotsseitig — intensivierten Wettbewerbs um Anlagekunden gerade im Bereich der vermögenden Privatkunden und der — kundenseitig — gewachsenen Erfahrung im Umgang mit Bankleistungen und dem damit einhergehenden ausgeprägteren Bewußtsein in bezug auf Rendite, Qualität und Beratung.

Für die Aktionäre gilt neben dem stabilitätspolitischen Interesse eine starke Bedeutung des Gewinnziels. Im Hinblick auf die — generell bereits als vorteilhaft erachteten — risiko- und ergebnispolitischen Kompensationsmöglichkeiten des Management ist aus der Perspektive der Aktionäre einzuwenden, daß sie selbst durch eine entsprechende Selektion ihrer investments ein risikodiversifiziertes Portefeuille generieren könnten, das weitaus besser der eigenen — individuellen — Rendite-Risiko-Präferenz entspräche. Im Zusammenhang mit der Vertretung der Aktionärsinteressen wird zudem kritisiert, das aus dem kumulativen Zusammenwirken von Anteilsbesitz im Nichtbankensektor, Aufsichtsratsmandaten und Depot-(Auftrags-)stimmrecht der Banken ein Einflußpotential erwachse, das die Banken mißbrauchten, um eigene, nicht immer mit den Interessen der Eigentümer respektive Aktionäre kongruente Ziele zu realisieren. Hier ist anzumerken, daß die Diskussion um die *Macht der Banken* von der Bankensystemfrage zu unterscheiden ist. Denn explizit jene Faktoren, aus denen sich die angeführten Einflußmöglichkeiten für deutsche Banken ableiten, manifestieren sich zum großen Teil in den Normen des Aktienrechts, mithin in solchen Bestimmungsfaktoren, die nicht als systemimmanente Insuffizienzen des Universalbankensystems anzusehen sind. Darüber hinaus resultieren auch im Spezialbankensystem Einflußmöglichkeiten, die das Problemfeld „Macht der Banken" nicht als universalbanktypisch identifizierbar werden lassen.[74]

---

[74] Vgl. Büschgen, H. E.: Universalbankensystem versus Trennbankensystem: Vor- und Nachteile, in: Die Bürger im Staat, 47. Jg. (1997), H. 1, S. 16 ff.

(2) Gesamtwirtschaftliche Perspektive

Die Beurteilung der gesamtwirtschaftlichen Effizienz alternativer Bankensysteme muß sich daran orientieren, in welchem Maße das jeweilige Bankensystem zur Erfüllung wirtschafts- und gesellschaftspolitischer Aufgaben geeignet erscheint. Dies bedeutet konkret, daß von den Ordnungsprinzipien dasjenige vorzuziehen ist, das die Gewähr für die Durchsetzung jener geld- und kreditpolitischen Maßnahmen bietet, die zur Erfüllung des wirtschaftspolitischen Zielkatalogs notwendig sind. Aus der Perspektive des für die Wirtschaftsordnungs- und -prozeßpolitik maßgeblichen Entscheidungsträgers nimmt das Bankensystem somit den Rang einer Instrumentalvariablen zur Realisierung makroökonomischer Zielvariablen ein.

Die dem Bankensystem zuzuordnenden gesamtwirtschaftlichen Ziele und Funktionen erlangen ihre Rechtfertigung dadurch, daß sie aus den über ihnen rangierenden allgemeinen wirtschaftspolitischen Zielen deduziert sind, sie gewissermaßen in die Erfüllung „höherer Ziele“ eingeschaltet werden. Als solche zur Erfüllung oberster gesamtwirtschaftlicher Ziele bankensystemrelevanten Unterziele, an denen sich die Beurteilung der Ordnungsalternativen ausrichten müßte, können genannt werden:

- die Stabilität des Bankwesens,
- die kapitalmarktpolitische Effizienz und
- die sozialpolitische Effizienz

der jeweiligen Ordnungsalternative.[75]

(a) Stabilität des Bankwesens

Wenn davon ausgegangen wird, daß die Störung des Gesamtbankensystems in der Krise einzelner Institute begründet sein kann, dann haben folgerichtig Strategien zur Erzielung der Stabilität — seien sie ursachen- oder wirkungsbezogen — primär an den „Schwachstellen“ des Systems, nämlich bei den einzelnen Banken, anzusetzen.

Die rechtlichen Vorschriften des Kreditwesengesetzes über Eigenmittel, Liquidität, Kreditgeschäft, Qualifikation der Geschäftsleitung, Publizität usw. sowie die ergänzenden Bestimmungen anderer Gesetze sind als hoheitliche Maßnahmen auf das Ziel der Stabilität des Bankwesens ausgerichtet. Darüber hinaus ist zu prüfen, auf welche Weise neben den ordnenden Eingriffen des Staates unter Beachtung der Systemkonformität von den betroffenen Betriebswirtschaften selbst ein Beitrag zur Erreichung des Stabilitätszieles geleistet werden kann.

Indem die Stabilität des Bankwesens letztlich von der betriebswirtschaftlichen Stabilität der das Gesamtsystem bildenden einzelnen Institute abhängt, ist deren Fähigkeit zu untersuchen, sich den ökonomischen Wandlungen langfristiger Natur sowie den eher kurzfristigen, konjunkturellen Nachfrageschwankungen in der Weise anzupassen, daß ihre Existenzgrundlagen stets gesichert sind. Allein die Tatsache, daß die deutschen Banken bei weitgehend freier Geschäftsspartenwahl ein umfassendes Angebot monetärer

---

75 Zum folgenden vgl. auch Büschgen, H. E.: Das Universalbanken-System, a.a.O., S. 12 ff.

Dienstleistungen angestrebt haben, kann als (vorläufiges) Indiz dafür gelten, daß die Sicherung von Rentabilität und Liquidität durch die geschäftspolitische Strategie der Universalisierung zumindest erhofft wird.

(b) Kapitalmarktpolitische Effizienz

Der kapitalmarktpolitisch relevante Funktionsbereich der Banken umfaßt deren Aktivitäten im Prozeß der Sammlung und Weiterleitung von Kapital vom Sparer zum Investor. Die kapitalmarktpolitische Effizienz eines Bankensystems läßt sich anhand der Fähigkeit messen, inwieweit es in der Lage ist, die Kapitalquellen in der Volkswirtschaft in möglichst vollkommener Weise zu erschließen und eine insgesamt bedarfskongruente Kreditversorgung der Wirtschaft zu gewährleisten.

Universalbanken verfügen im allgemeinen über ein dichtes Netz von Bankzweigstellen; ihr Leistungsprogramm umfaßt ein differenziertes Angebot von Geld- und Kapitalanlagefazilitäten. Sie vermögen dadurch — besser als Spezialbanken — die Geld- und Kapitalquellen der Volkswirtschaft in der Weise zu erschließen, daß ihnen die Sammlung auch kleinster Anlagebeträge in ihren verschiedenen Qualitäten gelingt. Schließlich wird durch die universalbanktypische Einlagenkonzentration der gesamtwirtschaftliche Bedarf an Transaktionskasse gemindert, ein Effekt, der eine Erhöhung des Kreditschaffungspotentials der einzelnen Banken bewirkt und damit die Kapitalkraft des Universalbankensystems als Ganzes zusätzlich stärkt. Diese Faktoren bieten der Universalbank die Voraussetzungen, um der Wirtschaft ein dem Bedarf entsprechendes Spektrum von Finanzierungsfazilitäten zu offerieren, indem eine mögliche, qualitative Inkongruenz von Kapitalangebot und Kapitalbedarf durch die Befähigung zur notwendigen Fristen-, Losgrößen- und Risikotransformation[76] — effizienter als in einem Trennbankensystem — überbrückt werden kann.

(c) Sozialpolitische Effizienz

Die instrumentale Bedeutung des Bankensystems im Hinblick auf die sozialpolitische Zielsetzung des Gesetzgebers leitet sich von der Funktion der einzelnen Banken ab, aus dem Bereich der Geldvermögenspositionen solche Leistungen anzubieten, die einen Beitrag zur Erreichung bestimmter, als wünschenswert angesehener gesellschafts- und sozialpolitischer Effekte zu leisten vermögen. Das bedeutet konkret, daß ihnen unter sozialpolitischem Aspekt die Aufgabe zugewiesen wird, die Vermögensbildung breiter Bevölkerungsschichten, insbesondere die Beteiligung der Sparer am Produktivvermögen der Wirtschaft, zu begünstigen, um damit dem gesamtwirtschaftlichen Ziel der „gerechten“ Einkommens- und Vermögensverteilung — wenn auch nur mittelbar — zu dienen.

Ein Einfluß des Bankensystems auf die Sparfähigkeit der Bevölkerung besteht nicht; diese ist bedingt durch sozioökonomische Determinanten und muß von der kapitalsammelnden Bank als Datum hingenommen werden. Umstritten ist, ob die Sparbereitschaft durch motivationale Aktivitäten der Banken in wesentlichem Ausmaß steuerbar ist. Ohne Zweifel ist den Banken allerdings bei der Wahl der Sparform ein Handlungsspiel-

[76] Siehe hierzu in diesem Kapitel Abschnitt A.III.

raum gegeben; durch gezielte Beratungsleistungen und Werbemaßnahmen eröffnet sich insbesondere gegenüber latent anlagebereiten und unerfahrenen Anlegern ein umfassendes Potential an Freiheitsgraden zur Lenkung der Anlageströme.

Der Erfüllung des aus der sozialpolitischen Zielsetzung des Ordnungsgebers abzuleitenden Auftrags, den Wertpapiererwerb, speziell den Aktienbesitz, zu fördern, stehen jedoch, wie in Deutschland zu beobachten ist, häufig psychologische Barrieren im Wege, die den Übergang vom Kontensparen zu den „höheren" Sparformen, wie dem Investment- und Aktiensparen und damit zu einer allgemeinen Aktienkultur in Deutschland, erschweren. Wegen dieses Tatbestandes sind solche Institute, deren Leistungsprogramm sämtliche Sparformen enthält, gegenüber jenen Instituten begünstigt, die auf den isolierten Absatz von Effekten bzw. Kontoanlagen spezialisiert sind; so ist in einem Trennbankensystem der Kunde, der neben seinem Sparkonto eine Anlage in Wertpapieren beabsichtigt, dazu gezwungen, zusätzliche Geschäftsverbindungen mit einer Effektenspezialbank aufzunehmen. Die Voraussetzungen der Hinführung zur „Wertpapierreife" der Anleger und damit gleichzeitig die Voraussetzungen für die oben genannten sozialpolitischen Ziele müssen unter diesem Aspekt im Universalbankensystem günstiger als in einem Spezialbankensystem beurteilt werden.

C. Banken und andere Finanzinstitute in Deutschland

Nachfolgend werden die einzelnen Subsysteme und Systemelemente des deutschen Bankensystems, die bisher lediglich kurz umrissen und klassifiziert wurden, hinsichtlich ihrer individuellen Charakteristika genauer spezifiziert. Die Kriterien, die im Rahmen einer Systemanalyse zur Abgrenzung von Supersystem, Subsystem sowie einzelner Systemelemente herangezogen werden, sind stets individuell vor dem Hintergrund der jeweils zugrundeliegenden Fragestellungen und Absichten festzulegen; sie können daher je nach Problemstellung und/oder persönlicher Auffassung variieren. Die nachfolgende Darstellung knüpft zur Abgrenzung einzelner Subsysteme des deutschen Bankensystems schwerpunktmäßig an die Art und den Umfang der jeweils betriebenen (Bank-) Geschäfte bzw. partiell auch an die Breite des anvisierten Kundenspektrums an. Danach werden im folgenden Universalbanken (umfassendes Leistungsprogramm), Spezialbanken (eingeschränktes Leistungsprogramm), banknahe Finanzinstitute (diese zählen nicht unmittelbar zum Bankensystem, betreiben jedoch Bankgeschäften ähnliche, komplementäre oder auch substitutive Geschäfte), Nichtbanken (sind nicht dem Bankensystem zuzurechnen, betreiben jedoch in mehr oder weniger großem Umfang Bankgeschäfte) sowie die Zentralbank (Deutsche Bundesbank bzw. Europäische Zentralbank) unterschieden. Es könnten allerdings auch andere Attribute wie z. B. die Breite des abgedeckten Marktfeldes (regional, national oder international tätige Banken) oder die Trägerschaft (öffentlich-rechtliche und private Trägerschaft) als Systematisierungskriterium der ersten Ebene einer Systemabgrenzung verwendet werden. Die Beziehungen zwischen den Systemelementen des nationalen Bankensystems werden abschließend unter wettbewerblichen Gesichtspunkten näher beleuchtet.

I. Universalbanken

1. Kreditbanken

Zu der von der Deutschen Bundesbank in ihrer Bankenstatistik erfaßten Bankengruppe der „Kreditbanken" gehören im wesentlichen universalisierte Banken in privatrechtlichen Rechtsformen. Entsprechend der Klassifikation der Deutschen Bundesbank läßt sich die Gruppe der Kreditbanken differenzieren in:

- Großbanken,
- Regionalbanken und sonstige Kreditbanken (Lokalbanken, Haus- und Konzernbanken, Branchebanken),
- Zweigstellen ausländischer Banken und
- Privatbankiers.[77]

a) Großbanken

Die bedeutendste Gruppe unter den Kreditbanken bilden die Großbanken.[78] Bezüglich der dieser Institutsgruppe zuzuordnenden Banken bestehen allerdings unterschiedliche Auffassungen: Dem allgemeinen Sprachgebrauch sowie der Diktion der Deutschen Bundesbank folgend zählen die Deutsche Bank AG, die Dresdner Bank AG und die Commerzbank AG hierzu. Im weiteren Sinne lassen sich jedoch auch noch bestimmte Regionalbanken mit Marktbedeutung, die Großbanken vergleichbare Charakteristika aufweisen, zu dieser Bankengruppe zählen. Dies sind insbesondere die Bayerische Vereinsbank AG und die Bayerische Hypotheken- und Wechselbank AG. Einen Überblick über die Bilanz- und Erfolgsstruktur (auf Konzernebene) der genannten Institute per 31.12.1996 gibt die nachfolgende Übersicht (Abbildung 5). Dabei zeigt sich vor allem, daß das aus der (damals noch) geplanten Fusion der beiden bayerischen Regionalbanken hervorgehende Institut dem Geschäftsvolumen nach Rang zwei unter den deutschen

---

[77] Vgl. zum folgenden u. a. Eilenberger, G.: Bankbetriebswirtschaftslehre, 6. Auflage, München und Wien 1996, S. 119 ff.; Hagemüller, K. F. u. Jacob, A.-F.: Der Bankbetrieb, Band 1, 5. Auflage, Wiesbaden 1987, S. 99 ff.; Mülhaupt, L.: Einführung in die Betriebswirtschaftslehre der Banken, 3. Auflage, Wiesbaden 1980, S. 77 ff.; Priewasser, E.: Bankbetriebslehre, 5. Auflage, München und Wien 1996, S. 115 ff., und Schierenbeck, H. u. Hölscher, R.: Bank Assurance, 4. Auflage, Stuttgart 1998, S. 28 ff.

[78] Vgl. hierzu vertiefend Büschgen, H. E.: Die Großbanken, Frankfurt a. M. 1983.

Großbanken einnehmen wird. Ungeachtet dessen werden dem Begriff Großbank im folgenden lediglich die drei erstgenannten Institute subsumiert.

	Deutsche Bank *	Dresdner Bank	Commerzbank	Bayer. Vereinsbank	Bayer. Hyp. u. Wechselbank
	in Mio. DM	in Mio. DM	in Mio. DM	in Mio. DM	in Mio. DM
Bilanzsumme	886.090	561.163	448.003	403.581	339.404
Kreditvolumen	411.358	322.791	309.458	312.300	253.276
Derivate	4.547.090	1.387.691	1.683.490	958.376	376.734
Zinsüberschuß	10.543	6.920	5.974	4.753	4.408
Provisionsüberschuß	6.850	4.129	2.286	1.214	1.176
Handelsergebnis	3.226	667	450	254	222

* Abschluß nach IAS

Abb. 5: Bilanz- und Erfolgsstruktur deutscher Großbanken. Quelle: Geschäftsberichte.

Neben der Tatsache, daß es sich um Universalbanken handelt, zeichnen sich die Großbanken durch vergleichsweise große Geschäftsvolumina und einen relativ hohen Marktanteil der einzelnen Institute aus. Ein besonderes Charakteristikum, das diese Institutsgruppe von fast allen anderen Banken unterscheidet, ist darin zu sehen, daß sie ein über ganz Deutschland verteiltes großes Filial- bzw. Zweigstellennetz unterhalten. Des weiteren ist den Großbanken gemeinsam, daß sie sich keinerlei Beschränkungen hinsichtlich ihres Leistungsprogrammes und ihrer Kundenstruktur unterwerfen, ihre Geschäftstätigkeit in erheblichem Maße durch grenzenüberschreitende Aktivitäten gekennzeichnet ist und sie in der Rechtsform der Aktiengesellschaft firmieren. Eine in der Literatur teilweise anzutreffende Gleichsetzung der Begriffe „Großbank" und „Aktienbank" ist hieraus jedoch nicht abzuleiten, da u. a. auch Regional- und Lokalbanken, einige Spezialbanken und Kreditinstitute mit Sonderaufgaben sowie die Zentralinstitute des Genossenschaftssektors in der Rechtsform der Aktiengesellschaft geführt werden, der Begriff der Aktienbank somit weiter aufzufassen ist als der der Großbank.

Die Großbanken betreiben außer der Selbstemission von Hypothekenpfandbriefen und öffentlichen Pfandbriefen praktisch alle universalbanktypischen Geschäfte. Lag der Schwerpunkt ihrer Aktivitäten ehemals stärker im kurz- und mittelfristigen Bereich, so ist bei ihnen heute auch ein umfangreiches längerfristiges Aktiv- und Passivgeschäft zu verzeichnen. Wenngleich das Aktivgeschäft nach wie vor durch das Kreditgeschäft dominiert wird, ist in den vergangenen Jahren eine zunehmende Bedeutung des provisionstragenden Geschäfts bei den Großbanken zu konstatieren. Dies zeigt sich vor allem an dem zunehmenden Anteil des Provisionsüberschusses am Betriebsergebnis. Auf der Passivseite ergibt sich für die Großbanken aufgrund ihrer bundesweiten Filialnetze und dem daraus resultierenden umfangreichen Einlagengeschäft ein erheblicher Refinanzierungsrückhalt. Eine weitere Refinanzierungsquelle stellt die Emission eigener Schuldverschreibungen dar.

Neben Beteiligungen an Unternehmen aus Industrie und Handel unterhalten die Großbanken — primär aus leistungsprogrammstrategischen Gründen — ein umfangreiches Portefeuille von Beteiligungen an anderen Finanzinstituten wie Spezialbanken, Investment-, Leasing-, Kapital- und Unternehmensbeteiligungsgesellschaften, Versicherungsunternehmen und anderen banknahen Instituten. Eine wesentliche Rolle spielt für die Großbanken das auch Wertpapiergeschäft in all seinen Erscheinungsformen: Sie betreiben in bedeutendem Umfang das Effektenkommissionsgeschäft und das Depotgeschäft und sind in fast allen bedeutenden Emissionskonsortien - häufig als Konsortialführer - vertreten. Ihr ausgedehntes Filialnetz prädestiniert sie für die Plazierung von Effekten im breiten Publikum.

Im Auslandsgeschäft nehmen die Großbanken neben den Spitzeninstituten des Sparkassen- und Genossenschaftssektors aufgrund ihres standing eine führende Marktstellung ein. Über ihre heute weltweit verbreiteten Tochtergesellschaften, Filialen und Repräsentanzen zum einen sowie durch Gemeinschaftsgründungen und ihre historisch gewachsenen Verbindungen zu Korrespondenzbanken zum anderen sind sie an allen international bedeutenden Finanzplätzen vertreten. Die bereits vor vielen Jahren eingeleitete Intensivierung ihrer Auslandsaktivitäten erstreckt sich auf ihr Engagement im internationalen Emissionsgeschäft ebenso wie auf den Geld- und Devisenhandel. Die Durchführung des internationalen Zahlungsverkehrs sowie vielfältige Dienstleistungen runden das Leistungsprogramm der Großbanken im Auslandsgeschäft ab.

b) Regionalbanken und sonstige Kreditbanken

Zur Gruppe der Regionalbanken und der sonstigen Kreditbanken zählen die Regional-, die Lokal-, die Haus- und Konzern- sowie die Branchebanken.

Die *Regionalbanken* unterhalten — anders als die Großbanken — Niederlassungen in der Regel nur in einem bestimmten geographischen Raum (Bundesländer oder Wirtschaftsregionen, z. B. das Ruhrgebiet), obwohl ihr geschäftlicher Aktionsradius oftmals über den Niederlassungsbereich hinausgeht. Während kleinere Regionalbanken meistens filiallos oder filialarm sind, weisen die größeren Institute in ihrer Region oft ein z. T. ausgedehntes Filialnetz auf.

Lokalbanken beschränken sich hingegen in ihrem Niederlassungsbereich auf einen einzigen Ort, etwa eine Stadt und deren Umgebung; weitestgehend handelt es sich um filiallose Institute. Lokalbanken haben in aller Regel einen relativ geringen Geschäftsumfang, wenngleich sie prinzipiell Universalbanken darstellen (im allgemeinen jedoch ohne Effektenemissionsgeschäft). Lokalbanken sind häufig in besonderem Maße mit der Wirtschaft ihres engeren Gebietes geschäftsmäßig verbunden, da sie aufgrund ihrer räumlichen Konzentration deren Probleme und spezielle Erfordernisse besonders gut beurteilen können, ein Charakteristikum, das aber auch für Privatbankiers sowie für Sparkassen (Regionalprinzip) und Genossenschaftsbanken gilt. Unter Risikoverteilungsaspekten ist die recht weitgehende Verflechtung mit dem Wirtschaftsraum und die daraus resultierende Abhängigkeit von den lokalen Gegebenheiten, besonders bei einer u.U. einseitigen Wirtschaftsstruktur, jedoch als problematisch anzusehen.

Zur Gruppe der *Haus- und Konzernbanken* werden im wesentlichen die Banken gezählt, die Großunternehmen und Konzernen in Industrie und Handel angegliedert sind. (Der Begriff „Hausbank" ist auch für die Hauptbankverbindung einer Unternehmung gebräuchlich.) Sie führen primär deren Bankgeschäfte durch, stehen jedoch teilweise auch für den Geschäftsverkehr mit dem allgemeinen Publikum zur Verfügung. Die speziellen Aufgaben der Konzernbanken bestehen im Ausgleich von Zahlungen und liquiden Mitteln zwischen den Unternehmen des Konzerns, in der Mittelbereitstellung für laufende Zwecke, etwa Lohn- und Gehaltszahlungen, in der Kreditgewährung bzw. -vermittlung an Konzernunternehmen sowie in der Mitwirkung bei sonstigen Finanzierungsvorgängen innerhalb des Konzerns, z. B. bei der Emission und der Börseneinführung von Wertpapieren, die Konzernunternehmen ausgeben. Abgesehen von einer starken kundenorientierten Spezialisierung können die Haus- und Konzernbanken aufgrund der Vielfalt der von ihnen durchgeführten Geschäfte i. d. R. dem Universalbanktypus subsumiert werden.

Branchebanken hatten sich zwar aus ihrer historischen Entwicklung heraus auf bestimmte Geschäftsarten mit bestimmten Kundengruppen spezialisiert, müssen jedoch heute weitgehend auch als Universalbanken gesehen werden. Ursächlich hierfür ist nicht zuletzt die in den letzten Jahren unter dem Aspekt des Risikoausgleichs in vielen Fällen vorgenommene Erweiterung ihres Geschäftsbereichs. Die Branchebanken zeichnen sich überwiegend durch geringe Betriebsgrößen aus. Viele werden heute in der Rechtsform der (eingetragenen) Genossenschaft geführt.

c) Privatbankiers

Grundsätzlich gehören auch die Privatbankiers, die heute nur noch in der Rechtsform der OHG oder KG, nicht aber als Einzelkaufmann tätig sein dürfen, zur Gruppe der Universalbanken. Der zahlenmäßig überwiegende Teil dieser Bankhäuser ist von kleiner bis mittlerer Betriebsgröße. Diese Institute haben sich aufgrund ihrer Standortverhältnisse, ihrer Tradition und ihrer engen Beziehungen zu anderen Unternehmen bei prinzipiell universeller Ausrichtung häufig auf bestimmte Geschäftsschwerpunkte (z. B. Außenhandel, Vermögensverwaltung, Börsengeschäft, langfristige Unternehmensfinanzierung) spezialisiert. Obwohl das kurz- und mittelfristige Geschäft dominierend ist, sind Privatbankiers auch im langfristigen Industriefinanzierungsgeschäft, teilweise als Vermittler, aktiv. Zudem sind sie in Emissionskonsortien vertreten und halten sowohl gewerbliche als auch Finanzbeteiligungen. Ihr wirkungsvollstes akquisitorisches Potential liegt im persönlichen, langjährigen Kontakt zur Kundschaft (relationship banking) und in der individuellen Beratung, mit deren Hilfe Wettbewerbsnachteile gegenüber den Großbanken kompensiert werden können.

d) Postbank

Durch das Poststrukturgesetz / Postverfassungsgesetz wurden die Bankdienste der Deutschen Bundespost 1989 ausgegliedert, in einem öffentlichen Unternehmen, der Deutsche

Bundespost Postbank, zusammengefaßt und rechtlich verselbständigt. Obwohl die Deutsche Bundespost Postbank Bankgeschäfte nach § 1 KWG betrieb (vor allem das Einlagen- und Girogeschäft), war sie als Teilbereich einer obersten Bundesbehörde, dem Ministerium für Post und Telekommunikation, von den meisten Vorschriften des KWG ausgenommen. Mit Inkrafttreten der vierten KWG-Novelle 1993 wurde dieser Sonderstatus aufgehoben; die vollständige aufsichts- und gewerberechtliche Gleichstellung der Postbank mit anderen Kreditinstituten erfolgte nach einer Übergangsphase zum 1. Januar 1996. Außerdem wurden im September 1994 mit der Verabschiedung des „Gesetzes zur Neuordnung des Postwesens und der Telekommunikation" (Postreform II) die notwendigen Voraussetzungen dafür geschaffen, die Deutsche Bundespost Postbank, die bis dahin als Teilsondervermögen des Sondervermögens „Deutsche Bundespost" des Bundes mit eigener Wirtschafts- und Rechnungsführung, jedoch ohne eigene Rechtspersönlichkeit, geführt wurde, in eine Aktiengesellschaft umzuwandeln. Der Rechtsformwechsel wurde zum 1. 1. 1995 vollzogen; seitdem firmiert die ehemalige Deutsche Bundespost Postbank als Deutsche Postbank AG; Hauptfirmensitz ist Bonn.

Mit der Privatisierung der Postbank ist auch ihr gesetzlicher Versorgungsauftrag aufgehoben worden. Dieser bestand darin, eine flächendeckende Versorgung der Bevölkerung mit bestimmten Bankdienstleistungen zu gewährleisten, die Versorgung benachteiligter Bevölkerungsgruppen mit Bankdienstleistungen sicherzustellen sowie solche Bankdienstleistungen anzubieten, die von anderen Kreditinstituten nicht erbracht werden. Zu letzteren zählen beispielsweise die Postanweisung Inland, die Postanweisung Ausland sowie die Zahlungsanweisung Inland. Diese Dienstleistungen werden zwar bislang immer noch von der Postbank angeboten, jedoch erscheint eine Aufrechterhaltung dieses Leistungsangebotes auf längere Sicht aufgrund der Kostenintensität dieser Leistungen, eines Nachfragerückganges sowie der nicht mehr gegebenen gesetzlichen Verpflichtung zur Offerte fraglich.

Hauptzielgruppe der Deutsche Postbank AG sind private Kunden; innerhalb dieses Marktsegments verfolgt die Postbank nach eigener Aussage die „Strategie einer zuverlässigen und preiswerten Abdeckung des Grundbedarfs dieser Zielgruppe an Finanzprodukten" im Sinne einer „Basisbank"[79]. Dementsprechend hat sie seit der Erteilung einer Vollbanklizenz, mit der gleichzeitig die frühere Beschränkung der Geschäftstätigkeit auf das Einlagengeschäft und den Zahlungsverkehr aufgehoben wurde, ihr Leistungsangebot konsequent ausgeweitet. So werden neben dem traditionellen Einlagengeschäft und dem Zahlungsverkehr nunmehr auch Konsumenten- und Ratenkredite sowie Bauspar- und Baufinanzierungsleistunngen angeboten. Auch das Investmentgeschäft, das über die Deutsche Postbank International S.A., eine Tochtergesellschaft mit Sitz in Luxemburg, betrieben wird, zählt zum Leistungsangebot der Postbank. Die Leistungspalette im Fondsgeschäft umfaßt dabei Laufzeitfonds mit drei, fünf und sieben Jahren Laufzeit, geldmarktnahe Fonds sowie internationale Aktien- und Rentenfonds. Außerdem werden Kapitallebens- und Rentenversicherungen in Kooperation mit Partnern vertrieben. Schließlich kommt auch dem Kartenemissionsgeschäft der Postbank ein großer Stellen-

79 Vgl. Postbank: http://www.postbank.de/, Internet-Seite der Postbank vom 01.12.1997.

wert zu: Exemplarisch seinen hier die Emission der eigenen Postbankcard, der Visa-Card und der Eurocard genannt.

Die Leistungen der Postbank werden sowohl über ein stationäres Vertriebssystem (Filialsystem), als auch — im Rahmen einer Direct-banking-Strategie — über die zunehmend an Bedeutung gewinnenden Vertriebswege PC, Telefon und Brief angeboten. Distributionspolitische Besonderheiten ergeben sich bei der Postbank im Vergleich zu anderen Kreditinstituten vor allem dadurch, daß sie sich zum Absatz ihrer Leistungen, neben lediglich etwa 300 „eigenen" Vertriebsstellen, vorrangig des flächendeckenden Vertriebsnetzes der Deutschen Post AG mit ihren rund 16.200 Postschaltern (Stand per 30. 9. 1997) bedient. Für diese „Vertriebskooperation" muß die Postbank ein entsprechendes Entgelt an die Bundespost entrichten.

e) Zweigstellen ausländischer Banken

Die gestiegene internationale finanzielle und bankmäßige Verflechtung hat bewirkt, daß sich in Deutschland zahlreiche ausländische Banken durch Gründung von Niederlassungen, Vertretungen und Repräsentanzen etabliert haben. Zweigstellen ausländischer Unternehmen, die in Deutschland in dem in § 1 KWG bezeichneten Umfang Bankgeschäfte betreiben oder Finanzdienstleistungen erbringen (hierunter fallen auch ausländische Kreditinstitute), werden als eigenständige Kreditinstitute oder Finanzdienstleistungsinstitute behandelt und unterliegen als solche der Aufsicht des Bundesaufsichtsamtes für das Kreditwesen und den Vorschriften des Kreditwesengesetzes. Nicht unter diese Regelungen fallen reine Repräsentanzen ausländischer Banken, die im Inland vornehmlich Geschäftsverbindungen anknüpfen und pflegen sollen. Mehrere Zweigstellen eines ausländischen Instituts in Deutschland gelten als ein Institut.

Nach § 53 KWG müssen diese Institute besondere Vorschriften beachten:

- Es sind mindestens zwei persönlich zuverlässige und fachlich geeignete verantwortliche (natürliche) Personen zu bestellen, die ihren Wohnsitz im Inland haben und für den Geschäftsbereich der Bank zur Geschäftsführung und zur Vertretung der ausländischen Unternehmung befugt sind. Solche Personen gelten als Geschäftsleiter im Sinne des Kreditwesengesetzes.
- Das Institut ist zu gesonderter Buchführung und Rechnungslegung verpflichtet, wobei die einschlägigen HGB-Vorschriften gelten.
- Da inländische Zweiginstitute praktisch über kein eigenes Eigenkapital verfügen, ist es Intention des Kreditwesengesetzes, daß diesen Instituten zumindest gewisse Vermögenswerte zur Abdeckung der Verbindlichkeiten zur Verfügung stehen. Hierzu zählen vor allem das Betriebskapital, das der inländischen Zweigstelle von der ausländischen Muttergesellschaft zur Verfügung gestellt wird, sowie die in der Zweigstelle belassenen Betriebsüberschüsse. Ein eventueller passiver Verrechnungssaldo wird nicht angerechnet; ein eventueller aktiver Verrechnungssaldo muß von der Summe des Betriebskapitals und der Betriebsüberschüsse abgezogen werden. Darüber hinaus sind dem Institut unter bestimmten Umständen Kapital, das gegen Gewährung von Genußrechten oder aufgrund eingegangener kurz- oder längerfristiger nachrangiger Verbindlichkeiten eingezahlt ist, und Nettogewinne als haftendes Ei-

genkapital oder Drittrangmittel zuzurechnen. Im übrigen wurde die Berechnung der Eigenmittel durch die 6. KWG-Novelle in wesentlichen Punkten auf die gleiche Basis gestellt, wie die Berechnung der Eigenmittel inländischer Institute, d.h. zentrale Regelungen des § 10 KWG finden nun auch hier Anwendung.

- Die für inländische Banken geltende Erlaubnispflicht gilt gleichfalls für Zweigstellen ausländischer Banken, jedoch mit der Ergänzung, daß nicht nur die Aufnahme der Geschäftstätigkeit der jeweils ersten Zweigstelle einer Erlaubnis bedarf, sondern auch die jeder weiteren (bei deutschen Banken besteht bei jeder weiteren Eröffnung einer Zweigstelle lediglich eine Anzeigepflicht an die Deutsche Bundesbank und das Bundesaufsichtsamt für das Kreditwesen). Die Erlaubnis kann versagt werden, wenn die Gegenseitigkeit nicht aufgrund zwischenstaatlicher Vereinbarungen gewährleistet ist (Reziprozitätsprinzip).
- Da eine Rechtsverfolgung im Ausland oft Schwierigkeiten mit sich bringt, darf der Gerichtsstand der Niederlassung nach § 21 ZPO für Klagen, die sich auf den Geschäftsbetrieb einer Zweigstelle eines solchen Instituts beziehen, nicht ausgeschlossen werden.

Des weiteren schreibt § 53a KWG vor, daß Errichtung, Verlegung und Schließung einer Repräsentanz durch ein ausländisches Unternehmen, das in seinem Herkunftsstaat Bankgeschäfte betreibt, dem Bundesaufsichtsamt für das Kreditwesen und der Deutschen Bundesbank unverzüglich anzuzeigen sind.

Mit der Umsetzung der 2. EG-Bankrechtskoordinierungsrichtlinie in deutsches Recht in der vierten KWG-Novelle 1992 haben sich auch für Zweigstellen ausländischer Banken aus Mitgliedstaaten der Europäischen Gemeinschaft erhebliche Änderungen in ihrem deutschen Rechtsstatus ergeben. Diese Regelungen wurden durch die 6. KWG-Novelle nochmals ausgeweitet und erstrecken sich nun auch auf Wertpapierhandelsunternehmen (vormals nur auf Einlagenkreditinstitute) sowie auf alle Staaten des europäischen Währungsraumes (bis dahin nur Europäische Gemeinschaft), die das entsprechende EU-rechtliche Regelwerk eingeführt haben. Auch sind Finanzdienstleistungen in den Katalog der Tätigkeiten, für die der „Europäische Paß“ gilt, eingeschlossen worden. Das Recht auf Dienstleistungs- und Niederlassungsfreiheit innerhalb der europäischen Staaten ist in § 53 b KWG niedergelegt. Danach dürfen *Einlagenkreditinstitute* oder *Wertpapierhandelsunternehmen* mit Sitz in einem anderen Staat des Europäischen Wirtschaftsraumes auch in Deutschland über eine Zweigniederlassung oder im Wege des grenzüberschreitenden Dienstleistungsverkehrs Bankgeschäfte gemäß § 1 KWG betreiben (ausgenommen davon ist das Investmentgeschäft) oder Finanzdienstleistungen gemäß § 1 KWG erbringen, ohne eine Erlaubnis des Bundesaufsichtsamtes für das Kreditwesen einholen zu müssen.[80] Voraussetzung hierfür ist lediglich, daß das betreffende Unternehmen erstens von den zuständigen Stellen des Herkunftslandes zugelassen worden ist, zweitens seine Geschäfte durch die Zulassung abgedeckt sind und drittens das Unternehmen von den zuständigen Stellen nach den Richtlinienvorgaben der EU beaufsichtigt wird. Die Umsetzung der Bestimmungen der 2. EG-Bankrechtskoordinierungsrichtlinie zur Niederlassungsfreiheit basiert auf der Idee der Herkunftslandkontrolle und der einmaligen Zulassung eines Unternehmens innerhalb der Europäischen Gemeinschaft. Auf der Basis der Herkunftslandkontrolle erhält das Unternehmen den sog. „Europäischen Paß", der die Zweigstellengründung in allen Mitgliedstaaten der Europäischen Gemeinschaft ohne zusätzliche Genehmigungsverfahren ermöglicht. Lediglich Meldeverfahren sind generell in den Ländern zu beachten. Das BAK hat in eingeschränktem Maße das Recht zur Beaufsichtigung der Zweigstellen, ist grundsätzlich jedoch nur ausführendes Organ der Aufsichtsbehörde des Herkunftslandes des Kreditinstituts.

Eine direkte Zuständigkeit und Eingriffsbefugnis des BAK ist unter anderem dann gegeben, wenn verbotene Geschäfte betrieben werden (§ 37 KWG), eine Gefahr für die Verpflichtungen des Instituts gegenüber seinen Gläubigern, insbesondere für die Sicherheit der ihm anvertrauten Vermögensgegenstände, besteht (§ 46 KWG), der begründete Verdacht besteht, daß eine wirksame Aufsicht über das Institut nicht möglich ist (§ 46 KWG), Konkursgefahr besteht (§ 46a) und das Unternehmen unzureichende Liquidität aufweist. Auch wenn es anderen Verpflichtungen nicht nachkommt, die sich aus dem KWG ergeben — beispielsweise finden aufgrund der 6. KWG-Novelle nun auch die Vorschriften über Liquidität, Millionenkredite, Werbung, Einlagensicherungseinrichtungen oder Monatsausweise Anwendung —, besteht eine Eingriffsbefugnis des BAK. Darüber hinaus überwacht das BAK auch die Einhaltung der nationalen Meldevorschriften. Eingriffsrechte hat das BAK beim Auftreten von Problemen nur subsidiär, d. h. wenn nach Aufforderung zur Behebung des Mangels und Unterrichtung der Aufsichtsbehörde des Heimatlandes des Unternehmens diese nicht einschreitet oder wenn in dringenden Fällen ein sofortiges Einschreiten durch das BAK geboten erscheint. Ausfluß des Prinzips der Herkunftslandkontrolle ist auch, daß die Aufsichtsbehörde des Herkunftslandes nach Unterrichtung des BAK in Deutschland Prüfungen eines Unternehmens mit Sitz in einem anderen Staat des Europäischen Wirtschaftsraumes vornehmen kann.

In analoger Weise zu § 53 b KWG, der für in Deutschland tätige Unternehmen mit Sitz in anderen Staaten des Europäischen Wirtschaftsraumes gilt, ist in § 24 a KWG die Zuständigkeit des Bundesaufsichtsamtes bei der Zulassung von Zweigstellen, die ein deutsches Einlagenkreditinstitut oder Wertpapierhandelsunternehmen in anderen EU-

---

80 Unter einer *Zweigstelle* wird im Sinne der 2. EG-Bankrechtskoordinierungsrichtlinie eine Betriebsstelle verstanden, „die einen rechtlich unselbständigen Teil eines Kreditinstituts bildet und unmittelbar sämtliche Geschäfte oder einen Teil der Geschäfte betreibt, die mit der Tätigkeit eines Kreditinstituts verbunden sind. Hat ein Kreditinstitut mit Sitz in einem anderen Mitgliedstaat in ein und demselben Mitgliedstaat mehrere Betriebsstellen errichtet, so werden diese als eine einzige Zweigstelle betrachtet". Vgl. 2. EG-Bankrechtskoordinierungsrichtlinie, Art. 1, Punkt 3.

Mitgliedsländern errichten will, geregelt. Als Aufsichtsbehörde des Herkunftslandes ist das BAK zuständig für die Ausstellung des „Europäischen Passes“ für die genannten Institute.

Auch Unternehmen, die in einem anderen Staat des Europäischen Wirtschaftsraumes Bankgeschäfte betreiben, Finanzdienstleistungen erbringen oder sich als Finanzunternehmen betätigen, die allerdings nicht als Einlagenkreditinstitute oder Wertpapierhandelsunternehmen zu qualifizieren sind, dürfen diese Tätigkeiten im Wege des grenzüberschreitenden Dienstleistungsverkehrs oder über eine Zweigniederlassung in Deutschland auch ohne Erlaubnis des BAK gemäß § 32 KWG ausüben, sofern bestimmte einschränkende Bedingungen erfüllt sind: Das Unternehmen muß ein Tochterunternehmen eines oder mehrerer Einlagenkreditinstitute sein, das Mutterunternehmen muß in dem Staat, in dem das Unternehmen seinen Sitz hat, als Einlagenkreditinstitut zugelassen sein; die Tätigkeiten des Tochterunternehmens müssen von diesem auch in seinem Sitzland ausgeübt werden; die Tochterunternehmung muß zu mindestens 90 % in Besitz des Mutterunternehmens bzw. der Mutterunternehmen stehen und damit in deren Konsolidierungskreis einbezogen sein; das oder die Mutterunternehmen haben gegenüber den zuständigen Behörden des Herkunftslandes die umsichtige Geschäftsführung des Tochterunternehmens glaubhaft gemacht und sich mit Zustimmung der zuständigen Stellen des Herkunftslandes gegebenenfalls gesamtschuldnerisch für die vom Tochterunternehmen eingegangenen Verpflichtungen verbürgt; das Tochterunternehmen muß in die Beaufsichtigung des Mutterunternehmens auf konsolidierter Basis einbezogen sein. Diese Vorschriften gelten auch für Dienstleistungen, die von einem Tochterunternehmen ohne Zweigstelle im Geltungsbereich des KWG aus Staaten des Europäischen Wirtschaftsraumes heraus in Deutschland angeboten werden.

Die Freizügigkeit der Niederlassungs- und Dienstleistungsfreiheit ist generell an die Bedingung gebunden, daß die anbietenden Unternehmen in ihrem Herkunftsland über die für die Geschäfte notwendige Zulassung verfügen sowie einer Beaufsichtigung unterliegen. Gleichwohl unterliegt die Geschäftstätigkeit dieser Institute in Deutschland jedoch einer Beaufsichtigung durch das BAK und den allen Kredit- und Finanzdienstleistungsinstituten vorgeschriebenen Melde- und Berichtspflichten gegenüber dem BAK und der Deutschen Bundesbank. Die Vorschriften des § 53 b KWG können auch auf Kreditinstitute, die ihren Sitz nicht in einem Mitgliedstaat des Europäischen Wirtschaftsraumes haben, Anwendung finden, sofern Abkommen der Europäischen Union die Übertragung der Niederlassungs- und Dienstleistungsfreiheit auf andere Staaten vorsehen und in diesen Staaten eine Bankenaufsicht nach international anerkannten Grundsätzen gegeben ist (§ 53 c KWG).

2. Sparkassen und Girozentralen

Die zweite große Gruppe des deutschen Universalbankensystems sind die Universalbanken des öffentlich-rechtlichen Bereichs, d. h. die Sparkassen und Girozentralen sowie die wenigen sog. freien Sparkassen.[81] Die ersteren werden von Körperschaften des öffentlichen Rechts errichtet (Gewährträger; das sind Städte, Gemeinden und Landkreise) und sind damit Teil der mittelbaren Staatsverwaltung. Den Rechtsrahmen für Organisation und Geschäftstätigkeit der Sparkassen bilden das Sparkassengesetz sowie die Sparkassenverordnungen und/oder Mustersatzungen der jeweiligen Bundesländer. In ihnen sind die Leitmaximen des sog. öffentlichen Auftrags — bankwirtschaftliche Versorgung der Bevölkerung und der Gewährträger nach dem Regionalprinzip, Förderung der Vermögensbildung breiter Bevölkerungsschichten usw. — und der Grundsatz der Gemeinnützigkeit verankert.

Die wenigen freien Sparkassen sind dagegen lokal oder regional tätige Sparkassen ohne Gewährträger und werden in der Regel in der Rechtsform der juristischen Person des privaten Rechts geführt (Stiftung, Verein).

Der Bereich der Sparkassenorganisation in Deutschland ist als dreistufiges Verbundsystem organisiert: Er umfaßt die 607 lokalen Sparkassen (Stand Ende 1996), die zwölf regionalen Girozentralen (Landesbanken) und die Deutsche Girozentrale - Deutsche Kommunalbank, das überregionale Spitzeninstitut der Sparkassengruppe.

a) Kommunale Sparkassen

Die ersten kommunalen Sparkassen wurden in Deutschland erst Anfang des 19. Jahrhunderts gegründet (1801 in Göttingen, 1818 in Preußen). Die allen Gründungen zugrundeliegende Leitidee war, den unbemittelten Gruppen der Bevölkerung zu ermöglichen, auch kleine Geldbeträge sicher anzulegen und in Notsituationen Kredit aufzunehmen. Diese eher sozialpolitisch ausgerichtete Aufgabe bestimmt heute in dieser Form nicht mehr die Geschäftstätigkeit der Sparkassen. Obwohl sie auch weiterhin in ihren traditionellen Aufgabenbereichen schwerpunktmäßig tätig sind, hat sich, bedingt durch die starke Geschäftsausweitung, das Bild der Sparkassen hin zum Universalbankbetrieb gewandelt.

Die Sparkassen sind grundsätzlich dem Regionalprinzip verpflichtet; Ausnahmen werden allerdings z. T. zugelassen. Die Geschäftspolitik der Sparkassen ist — wie bereits angesprochen — gesetzlich von dem Prinzip der Gemeinnützigkeit bestimmt, d. h., sie sollen ihre Geschäfte zwar nach wirtschaftlichen Gesichtspunkten, jedoch ohne Gewinn*maximierungs*streben durchführen. Gleichwohl sind auch Sparkassen, wie andere Geschäftsbanken auch, auf Gewinn*erzielung* angewiesen; diese ist nicht nur eine Grundvoraussetzung zur Erfüllung des öffentlichen Auftrags (Quersubventionierung wenig ertragreicher Kundengruppen), sondern stellt für Sparkassen auch eine der wenigen Möglichkeiten dar, ihr Eigenkapital zu erhöhen (Gewinnthesaurierung). Im Rahmen des Aktivgeschäfts sollen die Bedürfnisse der örtlichen Wirtschaft besonders berücksichtigt werden; im Rahmen des Passivgeschäfts will man durch ein großes Angebot an Leistungen im Sparbereich insbesondere dem Leitgedanken der Förderung des Sparens und damit auch der Vermögensbildung gerecht werden. Durch größere Sparkassen erfolgt auch

[81] Vgl. zum folgenden u. a. Hagemüller, K. F., Jacob, A.-F.: Der Bankbetrieb, Band 1, a.a.O., S. 159 ff., sowie Geiger, H.: Die Sparkassenorganisation, 2. Auflage, Frankfurt a. M. 1992.

in zunehmendem Maße die Emission eigener Schuldverschreibungen. Mittelverwendung und Geschäftsstruktur der Sparkassen werden z. T. durch besondere Sicherheitsgrundsätze restringiert. So sind z. B. bestimmte, als besonders risikoreich eingestufte Eigengeschäfte (Eigenerwerb von Aktien, Beteiligungen, Deviseneigengeschäfte usw.) nicht zugelassen bzw. kontingentiert und Höchstgrenzen für andere Anlageformen - wie z. B. Personalkredite, Kredite an Personen mit Wohnsitz außerhalb des Geschäftsbezirks der Sparkasse - vorgeschrieben. Allerdings sind im Rahmen dieser geschäftlichen Restriktionen aus Gründen der Sicherung der Wettbewerbsfähigkeit der Sparkassen im Zeitverlauf moderate Deregulierungsbemühungen zu verzeichnen. Die Aufgabe der Förderung des bargeldlosen Zahlungsverkehrs, ebenfalls in den Satzungen der Sparkassen verankert, wird aufgrund des leistungsfähigen Zahlungsverkehrsnetzes ohne Schwierigkeiten erfüllt.

In bezug auf das Eigenkapital unterscheiden sich die Sparkassen grundsätzlich von anderen Banken: Die Eigenkapitalbasis besteht lediglich aus den Rücklagen (§ 10 Abs. 2 Ziff. 4 KWG); sie ist deshalb relativ gering und kann nur aus den durch die Geschäftstätigkeit zu erzielenden Überschüssen verstärkt werden. Aufgrund der Tatsache, daß die Gebietskörperschaften als die Gewährträger im Außenverhältnis unbeschränkt für die Verbindlichkeiten der Sparkassen haften (Gewährträgerhaftung) bzw. im Innenverhältnis zwischen Sparkasse und Gebietskörperschaft dazu verpflichtet sind, die wirtschaftliche Funktionsfähigkeit der jeweiligen Sparkasse zu erhalten (Anstaltslast), gelten die Sparkassen als mündelsichere Institute. Dadurch wird der Nachteil der geringen Eigenkapitalausstattung im Hinblick auf die Sicherheit der Einlagen und im Hinblick auf die werbende Funktion des Eigenkapitals teilweise ausgeglichen. Nachteile, die sich hinsichtlich der Begrenzung der Geschäftstätigkeit gemäß den Liquiditäts- und Eigenmittelgrundsätzen des Bundesaufsichtsamtes für das Kreditwesen ergeben, lassen sich jedoch nicht ausgleichen, da keine Anrechnung der Gewährträgerhaftung als „Eigenmittelersatz" erfolgt. Auf die Möglichkeit einer Eigenmittelunterlegung durch Genußrechtskapital bzw. (kurz- und längerfristige) nachrangige Verbindlichkeiten wird im Zusammenhang mit der Behandlung des Kreditwesengesetzes eingegangen.[82]

b) Girozentralen / Landesbanken

Als Zentralbanken der Sparkassen auf Länderebene arbeiten die zwölf Girozentralen (Landesbanken), die ebenfalls Anstalten des öffentlichen Rechts sind. Sie befinden sich mit Ausnahme der reinen Girozentralen, die ausschließlich vom jeweiligen Sparkassen- und Giroverband getragen werden (Landesbank Saar), in der Trägerschaft des jeweiligen Bundeslandes und des jeweiligen Sparkassen- und Giroverbandes, werden also als Gemeinschaftsbanken geführt (Ausnahme: Hamburg, nur „Landesbank").

Geschäftspolitische Überlegungen wie auch die Anforderungen des internationalen Wettbewerbs haben seit den ausgehenden achtziger Jahren zu einem Konzentrationsprozeß im Bereich der Landesbanken geführt. Zudem wurde im Zuge der Integration der aus der ehemaligen DDR hervorgegangenen Bundesländer in das deutsche Sparkassen-

82 Vgl. die Abschnitte B. und E. des vierten Kapitels in diesem Teil.

wesen eine Reorganisation des Landesbankenbereichs vorgenommen, durch die die traditionelle Bindung der Landesbanken an ein Bundesland weitgehend aufgehoben wurde. Aus den vormals in der Bundesrepublik bestehenden elf Landesbanken haben sich bis zum Jahre 1992 zwölf Landesbanken einschließlich derjenigen der ostdeutschen Bundesländer gebildet. Einen Überblick über die Eigentümerstruktur der Landesbanken zum Jahresende 1996 gibt die nachfolgende Tabelle (Abbildung 6), in der die Fusion der SüdwestLB, der Landeskreditbank Baden-Württemberg (L-Bank) und der Landesgirokasse Stuttgart zur Landesbank Baden-Württemberg von 1999 noch nicht berücksichtigt ist.

	Kapitaleigner		
Landesbank	**jeweiliges Bundesland (in %)**	**Sparkassensektor (Verband bzw. Sparkasse in %)**	**sonstige Kapitaleigner (in %)**
Bayerische Landesbank	50,00	50,00	---
Bremer Landesbank	7,50	---	Nord LB 92,50
Hamburgische Landesbank	50,50	---	LB Schlesw. Holst. 49,50
Landesbank Berlin	25,00	---	Bankges. Berlin 75,00
Landesbank Hessen-Thüringen	---	100,00	---
Landesbank Rheinland-Pfalz	---	50,00	West LB 37,50 Südwest LB 12,50
Landesbank Saar	17,60	57,30	Bayerische LB 24,10
Landesbank Schleswig-Holstein	25,05	25,05	West LB 39,90 Südwest LB 10,00
Nord LB	Land Niedersachsen 40,00 Land Sachsen Anhalt 10,00 Land Mecklenburg Vorpommern 10,00	NSGV 26,67 SK-Beteiligungsverb. Sachsen Anhalt 6,67 SK-Beteiligungsverb. Mecklbg. Vorp. 6,67	---
Sachsen LB	62,55	Sächsische Sparkassen 37,45	---
Südwest LB	---	Württ. Sparkassen 70,00 Badische Sparkassen 30,00	---
West LB	43,16	RSGV 16,67 WLSGV 16,67	LV Rheinland 11,75 LV Westf. Lippe 11,75
DGZ Deutsche Girozentrale – Deutsche Kommunalbank	---	DSGV 50,00	Landesbanken 50,00

Abb. 6: Eigentümerstruktur der Landesbanken

Eine wichtige Aufgabe der Landesbanken ist es, Geschäfte bzw. Funktionen insbesondere im Auslands-, Kredit- und Effektengeschäft für die ihnen angeschlossenen Sparkassen zu übernehmen, deren Erfüllung der einzelnen Sparkasse aufgrund satzungsmäßiger, gesetzlicher oder qualitativer/quantitativer Einschränkungen verwehrt ist. In ihrer Eigenschaft als regionale Zentralinstitute wickeln sie im Rahmen des Sparkassenverbundes den bargeldlosen Zahlungsverkehr ab, verwalten Teile der Liquiditätsreserven der Sparkassen, wirken beim Geldausgleich der Sparkassen untereinander mit und gewähren zusammen mit den Sparkassen sog. Metakredite und, falls nötig, einen Refinanzierungsrückhalt für die einzelne Sparkasse. Durch Beteiligung an anderen Finanzdienstleistungsunternehmen (Leasing-, Investmentgesellschaften usw.) ermöglichen die Girozentralen die Ausdehnung des Leistungsangebots der gesamten Sparkassenorganisation. Des weiteren haben sie in ihrer Eigenschaft als Hausbank des jeweiligen Bundeslandes die Kassenführung der öffentlichen Verwaltungen inne und gewähren Unterstützung finanzieller Art bei der Durchführung öffentlicher Investitionsvorhaben.

In Konkurrenz zu den Kreditbanken und den Genossenschaftsbanken offerieren die Landesbanken alle Dienstleistungen einer Universalbank, u. a. auch im Effektengeschäft und im langfristigen Industriekreditgeschäft. Vor dem Hintergrund der Wettbewerbsveränderungen auf dem Bankenmarkt sowie des in den letzten Jahren zu konstatierenden Konzentrations- und Umstrukturierungsprozesses im gewerblichen und industriellen Sektor wurde auch das Beteiligungsgeschäft der Landesbanken erheblich ausgebaut. Einerseits handelt es sich dabei um Beteiligungen an Banken und anderen Finanzdienstleistungsunternehmen, die zur Verstärkung der Kerngeschäftsaktivitäten eingegangen werden. Sie dienen primär der Sicherung der Wettbewerbsfähigkeit indem eine Diversifikation des Leistungsangebotes erreicht wird und auf diese Weise den Wünschen der Kunden nach einem umfassenden Leistungsprogramm besser entsprochen werden kann. Ein weiteres Ziel banknaher Beteiligungen ist eng mit dem unternehmerischen Auftrag der Landesbanken als Sparkassenzentralbank verbunden; es besteht darin, die Effizienz der arbeitsteiligen Leistungserstellung im Sparkassenverbund durch horizontale Aufgabenintegration zu verbessern und so eine nach Art und Umfang verbesserte Unterstützung der Aktivitäten der angeschlossenen Sparkassen zu erreichen. Andererseits werden aber auch in beachtlichem Umfang Industriebeteiligungen eingegangen. Neben dem investiven Charakter haben Beteiligungen im gewerblichen Bereich auch kundenorientierten Charakter. Landesbanken fungieren hierbei als Zwischeninvestoren, bei Umstrukturierungsprozessen oder Erreichen einer Wachstumsschwelle beispielsweise solange bis eine Neustrukturierung der Eigentumsverhältnisse vorgenommen werden kann. Sie leisten damit einen wichtigen Beitrag zur Überwindung finanzieller Engpässe mittelständischer Unternehmen. Schließlich werden viele gewerbliche Beteiligungen auch vor dem Hintergrund der wirtschafts- und strukturpolitischen Interessen des jeweiligen Bundeslandes eingegangen, etwa zur Unterstützung innovativer Unternehmen im Umwelt- und Technologiebereich. Neben dem Beteiligungsgeschäft ist auch ein zunehmendes Engagement der Landesbanken im Konsortial- sowie im Auslandsgeschäft zu registrieren; hiervon zeugt nicht zuletzt die Tatsache, daß die Landesbanken heute an allen wichtigen internationalen Finanzplätzen mit Stützpunkten vertreten sind. Ferner besitzen Landesbanken auch ausländische Finanzierungsgesellschaften, mit deren Hilfe sie Anleiheemissionen plazieren (z. B. die der Westdeutschen Landesbank gehörende „West LB Finance N.V.“ Curacao, Niederländische Antillen). Die Refinanzierungsquellen der Landesbanken sind Darlehen von öffentlichen Institutionen und Kapitalsammelstellen sowie die Ausgabe von Hypothekenpfandbriefen, öffentlichen Pfandbriefen und sonstigen Schuldverschreibungen.

c) Deutsche Girozentrale — Deutsche Kommunalbank

Die für die Girozentralen getroffenen Aussagen gelten weitgehend auch für das überregionale Spitzeninstitut des Sparkassenverbundes, das von den Sparkassen- und Giroverbänden und den zwölf Girozentralen getragen wird. Die Deutsche Girozentrale, ebenfalls eine Anstalt des öffentlichen Rechts, verwaltet die bei ihr von den Girozentralen unterhaltenen Liquiditätsreserven, dient als Liquiditätsausgleichsstelle für den Sparkassenverbund am Geldmarkt und ist stark involviert im Kommunalkreditgeschäft. Im übrigen betreibt auch die Deutsche Girozentrale alle Geschäfte einer Universalbank. Sie refinanziert sich ebenfalls über die Ausgabe von öffentlichen Pfandbriefen und, in geringerem Maße, über die Ausgabe von Hypothekenpfandbriefen und sonstigen Schuldverschreibungen.[83]

d) Freie Sparkassen

Die Entstehungszeit der ersten von Privaten gegründeten Sparkassen fällt in die letzten Jahrzehnte des 18. Jahrhunderts (erste Gründung 1778). Damit liegt ihre Gründung zeitlich gesehen vor der der kommunalen Sparkassen. Die heute nur noch in geringer Zahl (sieben) vorhandenen sog. freien Sparkassen werden privatrechtlich als Verein, Stiftung oder Aktiengesellschaft (AG) geführt und zählen ebenso wie die öffentlich-rechtlichen Sparkassen zu den Universalbanken, erstreckt sich ihre Geschäftstätigkeit doch auf das gesamte, für diesen Banktypus charakteristische Leistungsangebot. Trotz der eigentümerrechtlichen Unterschiede werden sie aufgrund der Übereinstimmung hinsichtlich wesentlicher Merkmale mit den übrigen Sparkassen und aufgrund der organisatorischen und geschäftstechnischen Einordnung in den Bereich der Sparkassenorganisation zu der Gesamtgruppe der Sparkassen gezählt. Obwohl sie rechtlich nicht den Maximen des öffentlichen Auftrages und damit der Sparkassengesetzgebung der Länder unterliegen, sind sie gleichwohl den öffentlichen Sparkassen insofern gleichgestellt, als sie sich dem wie dort verstandenen Gemeinnützigkeitsprinzip verpflichtet haben. Durch ihre Satzung haben sich die freien Sparkassen der Sparkassenaufsicht und damit der Staatsaufsicht unterstellt, wie sie auch dem Sparkassenverband als gleichgestellte Mitglieder angehören.

e) Horizontale Verbundinstitute des Sparkassensektors

Das Angebot eines möglichst umfassenden Leistungsprogramms zur Erhöhung der Kundenbindung (im Sinne eines Allfinanzkonzepts) erfolgt im Sparkassenbereich arbeitsteilig im Wege der Kooperation (Kooperationsstrategie), d.h. Finanzdienstleistungen, die eine einzelne Sparkasse nicht selbst erbringen kann oder darf, werden in Zusammenarbeit mit anderen Unternehmen des Verbundes offeriert.[84] Die Vorteile dieser Kooperationslösung liegen im Vergleich zu einer Konzernlösung (Selbsterstellung neuer Leistungen und Eingliederung in das bisherige Leistungsprogramm bzw. Gründung ei-

---

83 Vgl. hierzu Zweig, G.: Die Deutsche Girozentrale - Deutsche Kommunalbank, Stuttgart 1986.

84 Vgl. hierzu Schröder, G. A.: Der Sparkassenverbund im Wettbewerb, in: Sparkasse, 114. Jg. (1997), H. 12, S. 572 ff., und Deutscher Sparkassen- und Giroverband: Jahresbericht 1996.

ner Tochtergesellschaft) vor allem in einer besseren Ausnutzung von Kosten-, Qualitäts- und Informationsvorsprüngen der Kooperationspartner und in vertriebspolitischen Synergieeffekten — durch die Verknüpfung und gemeinsame Nutzung von Vertriebswegen werden die Vertriebspotentiale besser ausgenutzt und eine bessere Ausschöpfung des gemeinsamen Kundenpotentials erreicht. Um eine dauerhafte Bindung der Verbundunternehmen an den Sparkassenbereich sicherzustellen und die Risiken zu minimieren, die daraus entstehen, daß die Kooperationsleistungen nicht mehr verfügbar sind, müssen die Sparkassen in der Lage sein, ausreichenden geschäftspolitischen Einfluß auf die Verbundunternehmen nehmen zu können; dies setzt in der Regel eine Kapitalbeteiligung an den Partnerunternehmen voraus.

Zu den Verbundgeschäftsfeldern des Sparkassensektors zählen u.a. das Bauspar- und Immobiliengeschäft, das Investmentgeschäft, das Leasing- und Factoring-Geschäft sowie das Versicherungs- und Kapitalbeteiligungsgeschäft. Über die dreizehn Landesbausparkassen, die in der Rechtsform der selbständigen juristischen Person des öffentlichen Rechts firmieren, wird den Kunden der Sparkassen ein umfassendes Leistungsspektrum rund um die *Immobilienfinanzierung* angeboten. Im *Investmentgeschäft* arbeiten die Sparkassen mit organisationseigenen Kapitalanlagegesellschaften zusammen. Hierzu zählen die Deka-Gruppe sowie die Deutsche Sparkassen-Immobilien-Anlagegesellschaft mbh, über die den Kunden Immobilienfondsanteile offeriert werden. Im Privat- und Firmenkundengeschäft werden den Kunden als Finanzierungsalternativen Leasingfinanzierungen über die zwölf *Leasing-Gesellschaften* des Sparkassenverbundes angeboten. Zu den bedeutendsten Gesellschaften zählen dabei die Deutsche Leasing AG, die LGS Leasinggesellschaft der Sparkassen GmbH und die SüdLeasing GmbH. Die Sparkassen übernehmen hierbei das Bonitätsrisiko, indem sie die aufgrund der abgeschlossenen Leasing-Verträge entstandenen Forderungen gegen den Leasing-Nehmer im Wege der Forfaitierung ankaufen; die Leasing-Gesellschaften haften lediglich für den rechtlichen Bestand der Forderung. Die Leistungserstellung im Verbund beinhaltet darüber hinaus den Ankauf von in- und ausländischen Forderungen, das *Factoring*, das Firmenkunden der Sparkassen in Kooperation mit zwei Factoring-Gesellschaften ermöglicht wird. Im *Versicherungsgeschäft* kooperieren die Sparkassen mit rund vierzig öffentlichen Versicherungsanstalten, deren Geschäftstätigkeit ähnlich wie bei den Sparkassen regional begrenzt ist. Kapitalschwachen mittelständischen Unternehmen mit hohen Ertragserwartungen und guten Marktchancen, die das Unternehmenswachstum auf absehbare Zeit nicht aus eigenen Mitteln finanzieren können, stellen die *Kapitalbeteiligungsgesellschaften* des Sparkassenverbundes die benötigten Mittel in Form von Beteiligungskapital bereit. Diese Gesellschaften werden primär von den regionalen Landesbanken / Girozentralen und Sparkassen getragen. Auch die *Verbandsrechenzentren und Datenverarbeitungsgesellschaften* sowie die Unternehmensgruppe Deutscher Sparkassenverlag dürfen hier nicht unerwähnt bleiben. Erstere spielen eine zentrale Rolle bei der elektronischen Abwicklung der Geschäftsvorgänge innerhalb des Verbundes. Sie existieren überwiegend als Rechenzentren der regionalen Sparkassenverbände und arbeiten eng mit den Landesbanken / Girozentralen zusammen. Mit dem Ziel, die Datenverarbeitung innerhalb der Sparkassenorganisation zu vereinheitlichen, wurde 1990 zudem das Informatikzentrum der Sparkassenorganisation GmbH (SIZ) gegründet, dessen satzungsgemäße Aufgaben die Koordinierung, Planung und Durchführung von Datenverarbeitungsaufgaben für die Institute und Institutionen des Sparkassenbereichs umfassen. Die *Unternehmensgruppe Deutscher Sparkassenverlag*, in der u.a. ein Verlag, eine Werbegesellschaft, ein Rechenzentrum sowie zwei Kreditkartengesellschaften zusammengefaßt sind, fungiert schließlich als Schnittstelle zwischen Finanz- und Medienmarkt.

3. Genossenschaftsbanken und deren Zentralinstitute

Diese Gruppe des Universalbankenbereichs in Deutschland, die wie die Sparkassen einen dreistufigen vertikalen Verbund bildet, setzt sich aus den Kreditgenossenschaften (Primärgenossenschaften) auf örtlicher Ebene — in Form von Volksbanken, Raiffeisenbanken, Spar- und Darlehnskassen u. dgl. —, aus den auf regionaler Ebene angesiedelten Zentralbanken und aus dem überregionalen Spitzeninstitut, der Deutschen Genossenschaftsbank, zusammen. Bis Ende 1971 gliederte sich der Sektor der Primärgenossenschaften und der regionalen Zentralbanken in zwei Gruppierungen: in die hauptsächlich für den gewerblichen Mittelstand zuständigen gewerblichen Kreditgenossenschaften (Schulze-Delitzsch-Richtung) und deren Zentralbanken und die hauptsächlich den ländlichen Bereich betreuenden Kreditgenossenschaften des Raiffeisenbereichs und ihre Zentralinstitute.[85] Die Deutsche Genossenschaftsbank — damals noch Deutsche Genossenschaftskasse — war für beide Gruppen als Zentralinstitut tätig. Beide Bereiche haben sich sowohl auf der Ebene der Zentralinstitute als auch auf Verbandsebene zusammengeschlossen, so daß sich der genossenschaftliche Bankenbereich heute als eine einheitliche Institutsgruppe präsentiert.

a) Kreditgenossenschaften

Die erste Stufe des genossenschaftlichen Bankensektors, die Primärgenossenschaften — die überwiegend in der Rechtsform der eingetragenen Genossenschaft betrieben werden —, stellen mit 2.504 (Stand Ende 1996) rechtlich selbständigen Instituten und 16.945 Bankstellen (Stand Ende 1996) die zahlenmäßig umfangreichste Bankengruppe in Deutschland dar. Da es sich bei den Kreditgenossenschaften teilweise um sehr kleine Institute handelt, deren Möglichkeiten, ein umfassendes Leistungsprogramm anzubieten, stark eingeschränkt sind, hat es in den letzten drei Jahrzehnten eine nachhaltige Tendenz zur Fusion gegeben, die sich auch heute noch fortsetzt und mittels derer die Bildung leistungsfähigerer und rationellerer Einheiten angestrebt wird. Bedingt dadurch hat sich die Zahl der Institute in den letzten drei Jahrzehnten drastisch verringert; so betrug die Zahl der rechtlich selbständigen Kreditgenossenschaften 1957 noch 11.795.

Gemäß § 1 des Genossenschaftsgesetzes obliegt den Genossenschaften die Förderung des Erwerbs oder der Wirtschaft ihrer Mitglieder mittels eines gemeinschaftlichen Geschäftsbetriebs (sog. Förderungsauftrag), ein grundlegendes Charakteristikum der Ge-

---

85 Vgl. Schramm, B.: Die Volksbanken und Raiffeisenbanken, 2. Aufl., Frankfurt a. M. 1982, S. 11 ff.

nossenschaftsbanken, wodurch auch die Ausrichtung für den gesamten Verbund bestimmt wird. Ein weiteres wichtiges Merkmal der Primärgenossenschaften ist das vorherrschende, dem Sparkassensektor vergleichbare Regionalprinzip.

Die Entwicklungslinien der Geschäftstätigkeit, ausgehend von den speziell auf den gewerblichen Mittelstand bzw. auf die ländliche Bevölkerung zugeschnittenen Leistungsangeboten der Gründerjahre, weisen eine deutliche Ausweitung in Richtung auf das Angebot einer Universalbank auf. So bieten die Kreditgenossenschaften heute ein Universalleistungsprogramm an, oftmals in Zusammenarbeit mit den Zentralbanken, der DG Bank oder den für Spezialgeschäfte zuständigen Beteiligungsinstituten des (horizontalen) Verbundes. Im Aktivgeschäft bildet das kurz-, mittel- und langfristige Kreditgeschäft den Schwerpunkt, während das Wertpapier- und das Deviseneigengeschäft nur nachgeordnete Bedeutung haben. Im Passivgeschäft spielen die Spareinlagen eine — insbesondere auch unter Refinanzierungsgesichtspunkten — wichtige Rolle. Gerade die mit den Gedanken der Selbsthilfe gegründeten Volks- und Raiffeisenbanken unterstützen mit einem vielfältigen Angebot, das oft durch neue Sparformen erweitert wird, das Ziel der Vermögensbildung breiter Bevölkerungsteile. Auch im Dienstleistungsgeschäft hat man sich bei den Kreditgenossenschaften — oftmals mit Hilfe der übrigen Verbundinstitute — dem Angebot der Universalbanken angepaßt. Die Aufhebung der noch bis vor einigen Jahren bestehenden Beschränkungen der Geschäftstätigkeit (Verbot des Nichtmitgliedergeschäfts, steuerliche Begünstigung des Mitgliedergeschäfts, steuerliche Benachteiligung der Banknebengeschäfte wie z. B. Vermittlung von Immobilien und Versicherungen) hat diesen Anpassungsprozeß in starkem Maße begünstigt. Die noch weiterhin existierenden Beschränkungen — z. B. das Verbot des ausschließlich erwerbswirtschaftlichen Zwecken dienenden Beteiligungserwerbs — spielen aufgrund der speziellen Ausrichtung der Kreditgenossenschaften keine große Rolle.

Das haftende Eigenkapital der Kreditgenossenschaften (§ 10 Abs. 2 Ziff. 3 KWG) weist gegenüber dem der übrigen Banken durch den Haftsummenzuschlag eine Besonderheit auf:[86] Die Genossenschaftsmitglieder gehen über ihren Geschäftsanteil hinaus eine zusätzliche Haftungsverpflichtung ein, die je nach Satzungsbestimmung in ihrer Höhe beschränkt oder unbeschränkt sein kann. Die Höhe des nach dem KWG zu bestimmenden Eigenkapitals der Kreditgenossenschaft unter Einschluß des Haftsummenzuschlags wird in der „Verordnung über die Festsetzung eines Zuschlages für die Berechnung des haftenden Eigenkapitals von Kreditinstituten in der Rechtsform der eingetragenen Genossenschaft (Zuschlagsverordnung)“ bestimmt: § 1 der Zuschlagsverordnung bestimmt hierzu, daß der Zuschlag auf das Eigenkapital maximal 25 % des ohne den Zuschlag vorhandenen Eigenkapitals betragen darf. Die Einbeziehung eines Haftsummenzuschlags zur Eigenkapitalquantifizierung wird grundsätzlich auch auf europäischer Ebene durch die Eigenmittelrichtlinie der EU akzeptiert.

---

86 Vgl. ausführlicher Gierden, K.: Das Eigenkapital der Kreditgenossenschaft. Eine praxisorientierte Betrachtung, in: Kreditgenossenschaften, hrsg. von J. Zerche und W. W. Engelhardt, Gelsenkirchen 1983, S. 155 – 166.

b) Genossenschaftliche Zentralbanken

Die nach der Verabschiedung der „Verbund-Konvention" im Dezember 1989 noch existierenden drei genossenschaftlichen Zentralbanken (Westdeutsche Genossenschafts-Zentralbank e. G., Düsseldorf [WGZ]; Südwestdeutsche Genossenschafts-Zentralbank AG, Frankfurt/Karlsruhe [SGZ]; Genossenschaftliche Zentralbank AG, Stuttgart [GZB]) haben die Funktionen der Ergänzung und Vervollständigung des Leistungsangebots der Kreditgenossenschaften ihres regionalen Verantwortungsbereichs. Bis auf die Westdeutsche Genossenschafts-Zentralbank e. G., Düsseldorf, die, wie alle Zentralbanken früher, heute noch in der Rechtsform der eingetragenen Genossenschaft firmiert, haben alle anderen genossenschaftlichen Zentralbanken die Rechtsform der Aktiengesellschaft gewählt. Aktionäre sind die jeweiligen Primärgenossenschaften.

Die genossenschaftlichen Zentralbanken bilden die mittlere Stufe eines grundsätzlich dreistufig aufgebauten Verbundes, der nach regionalen Kriterien gestaltet ist. Dabei bilden die Zentralbanken — vergleichbar mit den Girozentralen der Sparkassen — das regionale Zentralinstitut für die der jeweiligen Zentralbank angeschlossenen eigenständigen Primärgenossenschaften. Sie sind insbesondere im Metakreditgeschäft mit den Primärgenossenschaften, im Wertpapier- und im Auslandsgeschäft tätig. Des weiteren sorgen sie dafür, daß ein Geldausgleich zwischen den einzelnen Kreditgenossenschaften ihres Geschäftsbereichs stattfinden kann, daß die Liquiditätsreserven der Primärgenossenschaften — sofern sie nicht in Bargeld oder in Guthaben bei der jeweiligen Landeszentralbank gehalten werden — verwaltet werden, um so die Liquidität des gesamten genossenschaftlichen Bankensektors optimal nutzen zu können, und daß die Refinanzierung der lokalen Institute im eigenen Verbund erfolgen kann. Eine weitere Funktion der Zentralbanken ist die Abwicklung des Zahlungsverkehrs zwischen den Kreditgenossenschaften. Ebenso vergleichbar zu den Girozentralen haben sich die verbliebenen genossenschaftlichen Zentralbanken über ihre eigentlichen Grundfunktionen hinaus zu Universalbanken entwickelt, die vereinzelt auch in Konkurrenz zu den lokalen Kreditgenossenschaften auftreten.

c) DG Bank Deutsche Genossenschaftsbank

Als Spitzeninstitut und zentrale Geschäftsbank des genossenschaftlichen Verbundes besteht die Aufgabe der DG Bank darin, in Zusammenarbeit mit den noch verbliebenen Zentralbanken es den lokalen Kreditgenossenschaften zu ermöglichen, ihren Kunden ein umfassendes Leistungsprogramm zu offerieren, und den Kreditgenossenschaftssektor an den nationalen und internationalen Finanzmärkten zu vertreten. Auch ist sie in die Abwicklung des Zahlungsverkehrs innerhalb des genossenschaftlichen Verbundes eingeschaltet und nimmt überschüssige Liquidität der genossenschaftlichen Zentralbanken auf bzw. gibt Liquidität an sie ab, sofern dies aufgrund der Liquiditätsausgleichsfunktion der Zentralbanken notwendig ist. Die DG Bank — ursprünglich eine eine Körperschaft des öffentlichen Rechts — wurde 1998 in eine Aktiengesellschaft umgewandelt. Ihr Grundkapital, das sich ausnahmslos aus Namensaktien zusammensetzt, wird größtenteils von den regionalen Zentralbanken des Genossenschaftverbundes gehalten.

Ebenso wie die genossenschaftlichen Zentralbanken nutzt auch die DG Bank die Möglichkeit, zur Sicherung der Refinanzierung eigene Schuldverschreibungen auszugeben. Entweder allein oder zusammen mit den genossenschaftlichen Zentralbanken hält sie das Kapital der Tochter- und Beteiligungsgesellschaften, die der Ergänzung des Leistungsangebotes der gesamten Gruppe dienen. Im Rahmen der Kreditgewährung vergibt sie über die Zentralbanken und Kreditgenossenschaften Darlehen an andere Unternehmen des gesamten genossenschaftlichen Sektors.[87]

d) Horizontale Verbundinstitute des Genossenschaftsbereichs

Ähnlich wie im Sparkassenbereich werden auch im Genossenschaftssektor Leistungen, die eine einzelne Genossenschaftsbank nicht selbst erstellen kann, arbeitsteilig in Kooperation mit spezialisierten Unternehmen erbracht. Aufgrund dieser subsidiär ausgestalteten Zusammenarbeit innerhalb des Genossenschaftsverbundes wird es auch kleinen Genossenschaftsbanken ermöglicht, den Privat- und Firmenkunden sowohl in Ballungszentren, als auch in ländlichen Regionen ein umfassendes Spektrum an Bankleistungen zu offerieren. So werden über die Bausparkasse Schwäbisch Hall AG die gesamte Bandbreite der Bausparleistungen sowie die zugehörigen Beratungsleistungen angeboten. Das Realkreditgeschäft wird über die beiden Hypothekenbanken des genossenschaftlichen Bankensektors, die Deutsche Genossenschafts-Hypothekenbank AG und die Münchner Hypothekenbank eG — übrigens die einzige Hypothekenbank in Deutschland in der Rechtsform der eingetragenen Genossenschaft —, abgewickelt. Die neun Gesellschaften der R+V Versicherung ermöglichen den Genossenschaftsbanken, auch Versicherungsleistungen zu vertreiben. Das Angebot reicht hier über Kraftfahrzeug-, Haftpflicht- oder Hausratversicherungen bis hin zu Lebens-, Kranken- und Pensionsversicherungen. Traditionell ist die Betreuung von Landwirtschaft, Handel, Handwerk und Gewerbe besonders intensiv, doch mittlerweile sind auch (vermögende) Privatkunden und mittelständische Unternehmen der Zielgruppe der R+V-Gruppe zuzurechnen. Leasing-Finanzierungen werden in Zusammenarbeit mit der VR-Leasing GmbH abgewickelt. Das Angebotsspektrum der VR-Leasing GmbH umfaßt alle Bereiche der marktüblichen Leasing-Dienstleistungen, z.B. Leasing von Kraftfahrzeugen, Produktionsmaschinen und Informations- und Telekommunikationstechnologie, aber auch von Immobilien wie etwa Bürohäuser und Produktions- und Lagerhallen sowie die korrespondierenden Beratungs- und Serviceleistungen. Das Investmentgeschäft schließlich wird über die Union Investment-Gruppe und die Deutsche Immobilien Fonds AG (DIFA), die offene Immobilien-Publikumsfonds auflegt, betrieben.

---

[87] Vgl. hierzu ausführlicher Greiner, W.: Die Emission eigener Schuldverschreibungen durch Kreditgenossenschaften, Nürnberg 1985, S. 42 ff. u. S. 202 ff.

II. Spezialbanken

1. Banken mit spezialisiertem Leistungsprogramm

a) Realkreditinstitute (Hypothekenbanken)

Realkreditinstitute werden bei prinzipiell gleichartigem Geschäftskreis sowohl in privater Rechtsform (AG oder KGaA) als auch in öffentlich-rechtlicher Rechtsform geführt und haben sich auf die Gewährung von langfristigen Krediten gegen Kommunaldeckung (Kommunalkredit) oder gegen Grundpfandrechte (Hypothekarkredite) spezialisiert.[88] Ihre Refinanzierung erfolgt in erster Linie über die Ausgabe von *Hypothekenpfandbriefen* (gedeckte Schuldverschreibungen zur Refinanzierung von Hypothekendarlehen) und *öffentlichen Pfandbriefen* (gedeckte Schuldverschreibungen zur Refinanzierung von Krediten an den öffentlichen Sektor). Pfandbriefe sind mündelsicher, besitzen Dekkungsstockfähigkeit und ihre Börsenzulassung ist erleichtert. Mit einem Umlaufvolumen von etwa 1.400 Milliarden DM bilden Pfandbriefe gegenwärtig noch vor Bundesanleihen und anderen Titeln öffentlicher Emittenten das größte Marktsegment des deutschen Rentenmarktes. Bei den zur Emission von Pfandbriefen angewandten Verfahren muß grundsätzlich zwischen der Ausgabe „traditioneller" Pfandbriefe und sog. Jumbo-Pfandbriefe unterschieden werden. Erstgenannte werden im freihändigen Verkauf in Form von Daueremissionen ausgegeben, wobei der Emissionsbetrag meist zwischen zehn Millionen und einer Milliarde DM liegt. Innerhalb einer Emission werden einzelne Serien aufgelegt, eine Anpassung der Konditionen an aktuelle Kapitalmarktentwicklungen wird durch Variation des Ausgabekurses vorgenommen. Jumbo-Pfandbriefe — eine Pfandbriefinnovation, die erstmals 1995 aufgelegt wurde — werden dagegen durch Emissionskonsortien mit mindestens drei Mitgliedern begeben, das Emissionsvolumen beträgt hierbei wenigstens eine Milliarde DM. Die Neuerung besteht vor allem darin, daß für jeden Jumbo-Pfandbrief zumindest drei market-maker bestellt werden, die sich verpflichten, zu den üblichen Handelszeiten simultan Geld- und Briefkurse (Zwei-Wege-Kurse) für Abschlüsse bis 25 Millionen DM zu quotieren. Unverzüglich nach der Begebung, spätestens jedoch 30 Kalendertage nach dem Valutierungstag, müssen die Papiere an einer deutschen Börse im amtlichen oder geregelten Markt eingeführt werden. Mit der Lancierung der Jumbo-Pfandbriefe konnte ein erhebliches Handicap des deutschen Pfandbriefmarktes, das vor allem ausländische Investoren von einem Engagement abhielt, nämlich die geringe Marktliquidität, überwunden werden. Über das Recht zur Emission von Pfandbriefen (Pfandbriefprivileg) verfügen in Deutschland gegenwärtig etwa fünfzig Kreditinstitute, die sich in drei große Gruppen unterteilen lassen;

---

88 Vgl. hierzu und nachfolgend Arndt, F.-J.: Der Pfandbriefmarkt, gesetzliche Grundlagen und Emittenten, in: Verband Deutscher Hypothekenbanken (Hrsg.): Der deutsche Pfandbrief, 2. Auflage, Bonn 1997, S. 7 ff. und Kottmann, G.: Hypothekenbanken im Wandel - die WestHyp vom Zweiproduktunternehmen zum leistungsstarken Partner für professionelle Immobilienfinanzierungen und innovative Kapitalmarktgeschäfte, in: Feinen, K. und Bierbaum, D. (Hrsg.): Bank- und Finazwirtschaft: Strategien im Wandel, Festschrift zum 65. Geburtstag von Hans E. Büschgen, Wiesbaden 1997, S. 315 ff.

dies sind die privaten Hypothekenbanken, öffentlich-rechtlichen Institute und die privaten Schiffsbanken.

Den gesetzlichen Rahmen für die Tätigkeit der *privaten Hypothekenbanken* bildet das Hypothekenbankgesetz, das in den vergangenen Jahrenzehnten, zuletzt 1998 durch das dritte Finanzmarktförderungsgesetz, mehrfach an veränderte wirtschaftliche Gegebenheiten und Marktrahmenbedingungen angepaßt wurde. Das Hypothekenbankgesetz beschränkt die Geschäftstätigkeit der privaten Hypothekenbanken prinzipiell auf das Hypothekar- und Kommunaldarlehensgeschäft. Der Katalog der darüber hinaus zulässigen Geschäfte wurde in der Vergangenheit zwar mehrfach ausgeweitet, beschränkt sich jedoch im wesentlichen auf den Wechseleinzug, die Verwahrung und Verwaltung von Wertpapieren, die Beteiligung an Unternehmen unter bestimmten Bedingungen, die Anlage verfügbaren Geldes in bestimmten Anlageformen sowie auf bestimmte Auslandsgeschäfte. So besteht neben der Emission eigener Schuldverschreibungen nunmehr etwa auch die Möglichkeit der Aufnahme von langfristigen Darlehen bei Kapitalsammelstellen. Außerdem dürfen von den privaten Hypothekenbanken Einlagen in begrenztem Umfang zur Refinanzierung angenommen werden. Auch dürfen sie begrenzt Beteiligungen übernehmen bzw. erwerben, sofern diese die hauptsächlich betriebenen Geschäfte fördern. Der Erwerb von Grundstücken ist dagegen nur zur Vermeidung von Verlusten an Hypotheken und zur Beschaffung von Betriebsräumen erlaubt. Auslandsgeschäfte sind beschränkt auf die Länder der Europäischen Union und des Europäischen Wirtschaftsraumes sowie auf die europäischen Reformstaaten, die der OECD angehören und auf die Schweiz. Kommunaldarlehen ins Ausland dürfen u.a. nur dann vergeben werden, wenn der Schuldner nach der EU-Solvabilitätsrichtlinie mit maximal 20 % gewichtet ist, d.h. nur ein niedriges Kreditrisiko besteht. Darüber hinaus enthält das Hypothekenbankgesetz im Interesse des Gläubigerschutzes, d.h. im Interesse der Pfandbriefkäufer, neben der Beschränkung der Geschäftstätigkeit der Hypothekenbanken auf risikoarme Geschäfte weitere Restriktionen. Gemäß § 6 HypBkG müssen beispielsweise die in Umlauf befindlichen Hypothekenpfandbriefe jederzeit mindestens in Höhe des Nennwertes durch erstrangige Hypothekendarlehen mit mindestens gleichem Zinsertrag gedeckt sein (Kongruenzprinzip). Das dritte Finanzmarktförderungsgesetz hat hier die Basis für das Kommunalgeschäft allerdings insofern verbreitert, als nunmehr auch Inhaberschuldverschreibungen öffentlicher Emittenten als ordentliche Deckung zugelassen sind. Um die Ausgabe von Jumbo-Pfandbriefen zu erleichtern, wurde gleichzeitig auch die Ersatzdeckung flexibilisiert, indem die Bemessungsgrundlage für für die Ersatzdekkung in Höhe von 10 % auf den Gesamtumlauf von Hypothekenpfandbriefen und öffentlichen Pfandbriefen erweitert wurde.[89] Der Gesamtbetrag der umlaufenden Hypothekenpfandbriefe und öffentlichen Pfandbriefe darf den sechzigfachen Betrag des haftenden Eigenkapitals nicht überschreiten. Zu diesen Vorschriften hinzu kommen weitere Regelungen bezüglich der Gewährung von Darlehen, Darlehensbedingungen, Beleihungsgrenzen und der Führung eines Deckungsregisters. Aus Wettbewerbs- und Sicherheitsgründen werden die Hypothekenbanken außerdem auch den Normen des KWG und damit den für alle Kreditinstitute geltenden Regelungen des § 10 KWG über

[89] Vgl. Rischer, R.: Neue Geschäftsspielräume der Hypothekenbanken durch das dritte Finanzmarktförderungsgesetz, in: Der Langfristige Kredit, o. Jg. (1998), H. 4., S. 109 – 111.

die Eigenmittel sowie dem Grundsatz I des Bundesaufsichtsamtes für das Kreditwesen unterworfen, der das Verhältnis zwischen haftendem Eigenkapital und risikobehafteten Aktiva regelt.

Historisch bedingt existieren in Deutschland neben den 27 reinen privaten Hypothekenbanken noch drei gemischte private Hypothekenbanken — die Bayerische Hypotheken- und Wechselbank AG, die Bayerische Vereinsbank AG und die Norddeutsche Hypotheken- und Wechselbank AG —, die über das spezialisierte Leistungsprogramm einer reinen Hypothekenbank hinaus auch sämtliche Leistungen einer Universalbank offerieren dürfen; allerdings spielen über das Realkreditgeschäft hinausgehende Geschäfte bei dem letzgenannten Institut keine Rolle. Die überwiegende Zahl der privaten Hypothekenbanken befindet sich im Mehrheitsbesitz deutscher Banken und Versicherungen; so sind allein sechs Institute mehrheitlich dem Großbankenbereich zuzurechnen, drei dem genossenschaftlichen Bankenbereich und fünf den beiden bayerischen Instituten. Auch im Bereich der privaten Hypothekenbanken ist zur Zeit ein nachhaltiger Konzentrationsprozeß festzustellen: Neben der aufsehenerregenden Fusion der Bayerischen Hypotheken- und Wechselbank AG und der Bayerischen Vereinsbank AG wurden zum einen auch die Hypothekenbanktöchter der Deutschen Bank, die Lübecker Hypothekenbank AG und die Frankfurter Hypothekenbank Centralboden AG, sowie zum anderen die Deutsche Hypothekenbank Frankfurt AG, die Hypothekenbank in Hamburg AG und die Norddeutsche Hypotheken- und Wechselbank jeweils unter gemeinsamer Firma zusammengefaßt.

Die bedeutendste Gruppe der 18 *öffentlich-rechtlichen Pfandbriefemittenten* in Deutschland bilden die 12 Landesbanken / Girozentralen sowie die Deutsche Girozentrale - Deutsche Kommunalbank. Hierbei handelt es sich im Gegensatz zu den reinen Hypothekenbanken jedoch um Kreditinstitute mit universalisiertem Leistungsprogramm. Reine Hypothekenbanken des öffentlich-rechtlichen Bereichs sind die öffentlich-rechtlichen Grundkreditanstalten, die neben der Vergabe von Realkrediten teilweise auch noch Sonderaufgaben für den Bund oder die Länder wahrnehmen. Grundkreditanstalten unterliegen dem Gesetz über Pfandbriefe und verwandten Schuldverschreibungen öffentlich-rechtlicher Kreditanstalten (Pfandbriefgesetz). Zwar gelten für sie im Gegensatz zu den privaten Hypothekenbanken keine Regelungen über den zulässigen Geschäftsbereich, doch spielen andere Geschäfte, wie z. B. das Effektenkommissions- und das Depotgeschäft, nur eine geringe Rolle. Ebenso wie die Hypothekenbanken unterliegen die Grundkreditanstalten aber dem Prinzip der kongruenten Deckung zwischen den im Umlauf befindlichen öffentlichen Pfandbriefen und Kommunaldarlehen mit mindestens gleichem Zinsertrag.

Den Geschäftsgegenstand der *Schiffsbanken* bildet die Gewährung langfristiger Schiffskredite gegen die Eintragung von Schiffshypotheken; die Refinanzierung der Kredite erfolgt durch die Ausgabe von Schiffspfandbriefen. Zur Zeit existieren in Deutschland zwei Schiffsbanken, die Deutsche Schiffsbank AG, Bremen, mit einer Bilanzsumme von rund 9 Milliarden DM und die Schiffshypothekenbank zu Lübeck mit einer Bilanzsumme von etwa 1,7 Milliarden DM (Stand 1996). Grundlage der Geschäftstätigkeit der Schiffsbanken ist das Gesetz über Schiffspfandbriefbanken (Schiffsbankgesetz).[90]

b) Bausparkassen

Bausparkassen, die gemäß § 1 KWG Kreditinstitute im Sinne des Kreditwesengesetzes sind, deren Tätigkeit aber durch ein eigenes Gesetz — für öffentlich-rechtliche und private Bausparkassen — seit 1973 geregelt ist, betreiben die einzig erlaubte Form des Zweckspargeschäfts (§ 3 Abs. 2 KWG). Die Rechtsform der privaten Bausparkassen ist die der Aktiengesellschaft. Die Rechtsform der öffentlich-rechtlichen Bausparkassen wird vom jeweiligen Bundesland bestimmt; sie werden in den meisten Fällen als Bausparabteilungen der betreffenden Girozentralen geführt. Aufsichtsbehörde auch für die Bausparkassen ist das Bundesaufsichtsamt für das Kreditwesen. Der Gesamtbetrag der Forderungen aus Bauspardarlehen und übernommenen Gewährleistungen darf das sechsfache des haftenden Eigenkapitals, das nach § 10 KWG zu bestimmen ist, nicht überschreiten.

Aufgabe der Bausparkassen ist es, das bei ihnen angelegte Spargeld ihrer Kunden, das vergleichsweise niedrig verzinst und in einem sog. Zuteilungsfonds angesammelt wird, den Kunden nach einem bestimmten Zuteilungsplan und nach Ablauf geregelter Spar- und Wartezeiten verbunden mit einem Hypothekarkredit zu ebenfalls niedrigen Zinsen zur Finanzierung von Bauvorhaben und zum Wohnungskauf zur Verfügung zu stellen. Die besondere Bedeutung der Bausparkassen liegt darin, daß sie im Gegensatz zu anderen Banken, insbesondere den Hypothekenbanken, nachrangig gesicherte Hypothekarkredite gewähren, wenn die erste Rangstelle im Grundbuch anderweitig besetzt ist. Neben dem eigentlichen Bauspargeschäft als Kerngeschäft dürfen Bausparkassen nur in eingeschränktem Maße weitere Geschäfte betreiben. Hierzu zählen u. a. die Gewährung von Darlehen, die der Vor- oder Zwischenfinanzierung von Bausparverträgen ihrer Kunden dienen, die Beteiligung an inländischen Unternehmen, deren Zweck die Förderung des Bauspargeschäfts ist, die Vermittlung oder der Erwerb von Bauland für wohnungswirtschaftliche Maßnahmen, die selbständige Errichtung und der Verkauf von Wohngebäuden oder die Beratung von Bauherren. Verfügbares Geld kann in Guthaben bei anderen Banken oder in Schuldverschreibungen des Bundes oder der Länder sowie sonstigen an der Börse gehandelten Schuldverschreibungen angelegt werden. Auch der Erwerb von Grundstücken oder Wohnungseigentum ist möglich, sofern er der Vermeidung von Ausfällen an Forderungen und zur Beschaffung von Geschäftsräumen dient. Durch eine Novellierung des Bausparkassengesetzes sind die Betätigungsmöglichkeiten der Bausparkassen mit Wirkung ab dem 1.1.1991 u. a. durch die Zulassung von Auslandsbeteiligungen und durch Ausdehnung der Verwendungsmöglichkeiten für Bauspardarlehen erweitert worden.

Bis Ende der siebziger Jahre beschränkte sich das Leistungsangebot der Bausparkassen noch auf einen Standardtarif, der sich durch folgende Merkmale auszeichnete: Guthabenzinsen von 3 % p. a., Darlehenszinsen von 4 % p. a., ein Mindestsparguthaben von

---

[90] Vgl. Bohnhoff, R.: Die deutschen Schiffspfandbriefbanken, Diss., Hamburg 1961.

40 % der Bausparsumme, monatliche Regelsparbeträge von 4 bis 5 % der Bausparsumme, monatliche Tilgungen von 5 bis 6 % der Bausparsumme sowie gleichbleibende monatliche Zins- und Tilgungsraten. Erschwerte Marktbedingungen, stellvertretend seien an dieser Stelle nur eine Verschlechterung der gesamtwirtschaftlichen Rahmenbedingungen, der Abbau staatlicher Fördermaßnahmen und verändertes Nachfragerverhalten genannt, zwangen die deutschen Bausparkassen im Verlauf der frühen achtziger Jahre jedoch vielfach zu einer Neuorientierung ihrer Geschäftspolitik, die auch zu einer zielgruppenorientierten Weiterentwicklung der Leistungsart Bausparen führte. Die erste Neuerung in diesem Zusammenhang bestand in einem steuerlich motivierten „Disagiotarif", bei dem das Baudarlehen nicht zu 100 % ausgezahlt wird, sondern mit einem Abschlag. Weiterhin wurde ein „Hochzins-Langzeittarif" eingeführt, mit dem man sich vor allem an solche Kunden wendet, die den Vertrag langfristig ansparen wollen. Der Unterschied zum „Standardtarif" besteht in einer höheren Guthabenverzinsung, die allerdings auch mit einem höheren Darlehenszins korrespondiert. Eine dritte Variante ist der „Schnellspartarif", der den Bausparern eine relativ rasche Zuteilung des ihres Darlehens (bei erhöhtem Regelsparbetrag und Mindestsparguthaben) ermöglicht. Darüber hinaus entstanden im Verlauf der achtziger Jahre auch ein sog. „Optionstarif" und der sog. „Dispo 2000". Der Optionstarif zeichnet sich durch ein Wahlrecht des Bausparers zwischen verschiedenen Tarifen aus, das rückwirkend ausgeübt werden kann; der Dispo 2000 ermöglicht dem Bausparer, monatlich bis zu 2000 D-Mark zu Lasten seinen Bausparvertrages zu verfügen, wobei der Vertrag monatlich neu bewertet wird.

Der Vertrieb von Bausparverträgen erfolgt vornehmlich durch einen eigenen Außendienst, im Zuge der Allfinanzstrategie vieler Finanzdienstleister zunehmend aber auch in Kooperation mit Banken oder Versicherungen. Die Refinanzierung der Bausparkassen erfolgt zum einen durch die Spareinlagen der Bausparer, zum anderen durch Aufnahme von Darlehen bei anderen Banken und Kapitalsammelstellen. Des weiteren können Bausparkassen seit 1973 Schuldverschreibungen ausgeben. [91]

c) Ratenkreditbanken

Als spezialisierte Institute des kurz- und mittelfristigen Kreditgeschäftes sind die Ratenkreditbanken vorwiegend in der Konsumentenfinanzierung tätig, vergeben jedoch auch Absatz- und Investitionskredite an gewerbliche Kreditnehmer. Ratenkreditbanken werden in verschiedenen Rechtsformen betrieben und unterliegen den Vorschriften des Kreditwesengesetzes, haben aber auch das Gesetz über Abzahlungsgeschäfte bzw. seit 1.1.1991 das Verbraucherkreditgesetz zu beachten. Sofern sich die Tätigkeit auf das Ratenkreditgeschäft beschränkt — die Erlaubnis dazu erteilt das Bundesaufsichtsamt für das Kreditwesen —, sind die Anforderungen an das haftende Eigenkapital und an die fachlichen Qualifikationen des Management geringer als die Anforderungen an Eigenkapital und Management einer Universalbank. Neben diesem spezialisierten Leistungsprogramm bieten einige Ratenkreditbanken auch nahezu sämtliche anderen Bankleistun-

---

91 Vgl. hierzu und nachfolgend Berndt, H., Degner, J., Hamm, H. und Zehnder, A. J.: Die Bausparkassen, 7. Auflage, Frankfurt a. M. 1994, S. 9 ff.

gen an. Hierzu ist allerdings eine erweiterte Genehmigung des BAK erforderlich; mit dieser Erlaubnis erhält das jeweilige Institut den Status einer „Vollbank".

Die Konsumentenfinanzierung erfolgt entweder in direkter Form, indem der Kunde den von ihm beantragten Kredit ohne Mitwirkung eines Warenverkäufers direkt vom Teilzahlungsinstitut erhält, oder aber in der indirekten Form. Letztere ist dadurch charakterisiert, daß ein Dritter, vor allem der jeweilige Lieferant des zu finanzierenden Konsumgutes, als Mittler zwischen Bank und Kunde fungiert und in die Kreditabwicklung eingeschaltet ist.

Die Refinanzierung der Ratenkreditbanken erfolgt, sofern eine Erlaubnis dazu vorliegt, durch das Einlagengeschäft, das allerdings nur bei großen Instituten von Bedeutung ist, und/oder am Geldmarkt, d. h. durch bei anderen Banken aufgenommene Gelder und Darlehen.

Die Ratenkreditbanken haben je nach Größe eine oder mehrere Geschäftsstellen oder Niederlassungen, wobei sie auch überregional tätig sind. Zudem nutzen sie zum Vertrieb ihrer Leistungen unabhängige und abhängige Vermittler sowie in jüngerer Zeit auch verstärkt auf elektronische Kommunikationsmedien gestützte Vertriebswege (PC, Telefon). Die für das Ratenkreditgeschäft typischen, relativ kleinen Kreditbeträge, das in dieser Sparte hohe Ausfallrisiko sowie die große Anzahl der Kreditwürdigkeitsprüfungen der Antragsteller mit der Besicherung des Kredites durch Lohn- und Gehaltsabtretungen sind ursächlich für die im Vergleich zu dem gewerblichen und dem Industriekreditgeschäft der Universalbanken relativ hohen Kosten des Ratenkreditgeschäftes. Aufgrund dieser Tatsachen ist bei den Ratenkreditbanken eine verstärkte Hinwendung zum gewerblichen Kunden vor allem unter Kostengesichtspunkten zu beobachten.

d) Direktbanken

Im Verlauf der vergangenen Jahrzehnte sahen sich viele Banken im Privatkundengeschäft zunehmend Marktentwicklungen gegenübergestellt, die ein Überdenken der ehemals produktorientierten Wachstumsphilosophie und eine strategische Neuausrichtung ihrer Geschäftspolitik bedingten. Mit gestiegenen Ansprüchen aktueller und potentieller Kunden, die infolge einer Verschiebung der Marktmacht zugunsten der Nachfrager bei gleichzeitig abnehmender Bankloyalität immer leichter durchsetzbar wurden, zunehmender Preissensibilität und dem Wunsch der Kunden nach größerer Unabhängigkeit von Öffnungszeiten und Standorten der Banken rückten zunehmend auch Fragen der Distributionspolitik in den Mittelpunkt des Interesses der Bankunternehmensführung. Vor dem Hintergrund der hohen Kosten des stationären Vertriebssystems sowie der erheblichen Belastung der Kundenberater mit Routinetätigkeiten, die einer intensiven Kundenbetreuung diametral entgegensteht, richteten sich vertriebspolitische Überlegungen der Banken dabei zunächst auf eine Umstrukturierung des bestehenden Zweigstellennetzes oder den Bankaußendienst als „neuen" Vertriebsweg. Die zügig voranschreitende Entwicklung der Informations- und Telekommunikationstechnologien (IT-Technologien), die zunehmende Aufgeschlossenheit vieler Privatkunden elektronischen Kommunikationsmitteln gegenüber sowie die zunehmende „Elektronisierung" der privaten Haushalte (Ausstattung mit IT-Technologien) ermöglichten es in der Folgezeit allerdings, den beschriebenen Markterfordernissen auch durch eine alternative vertriebspolitische Strategie Rechnung zu tragen, die darauf zielt, die Schnittstelle zum Kunden durch Forcierung eigenständiger, komplementärer bzw. sogar substitutiver und verglichen mit dem traditionell stationären Vertriebssystem in räumlicher und/oder zeitlicher Hinsicht flexibilisierter Vertriebswege, kostengünstiger und kundenfreundlicher zu gestalten. Die Grundüberlegung hierzu war einesteils, daß Kunden, die aufgrund ihrer Vorbildung eine eigenständige Anlageentscheidung treffen (können) und insofern keine Beratung benötigen, keine Leistungskombination, bestehend aus Beratung *und* Transaktion, sondern lediglich, bei entsprechenden preispolitischen Zugeständnissen, eine separate (standardisierte) Transaktionsleistung in Anspruch zu nehmen wünschen. Hinzu kam die Überlegung, daß man dem Bedürfnis der Kunden nach einer größeren Unabhängigkeit von der Bankfiliale dadurch Rechnung tragen könne, daß man als primäres Vertriebsmedium IT-Technologien einsetzt und die Kontaktintiative zur Inanspruchnahme einer Bankleistung stärker auf den Kunden verlagert. Auf diese Weise sollte den Kunden die Möglichkeit einer schnellen, kostengünstigen Abwicklung standardisierter Bankleistungen geboten werden. In der Anfangsphase wurde diese Vertriebsstrategie, die auch als „direct banking" bezeichnet wird, organisatorisch zunächst als zusätzlicher Vertriebskanal neben den herkömmlichen Absatzkanälen implementiert: Unter der Firma des Bankinstituts selbst wurden vorwiegend einfache, wenig erklärungsbedürftige Bankleistungen über den Postweg („banking by mail") angeboten, und es wurde den Kunden die Möglichkeit geboten, einfache Bank- und Serviceleistungen per Post oder Telefon abzuwickeln. Eine solche Inhouse-Lösung birgt jedoch verschiedene Probleme in sich, beispielsweise unterschiedliche Preissysteme den Kunden gegenüber zu begründen und durchzusetzen. So ging die Entwicklung des direct banking seit Anfang der 90er Jahre folgerichtig verstärkt in Richtung einer Institutionalisierung dieses Vertriebskonzept in Form eigenständiger Unternehmen, den sog. Direktbanken. Der Gedanke, Finanzdienstleistungen primär durch innovative Vertriebsmedien anzubieten, wurde daneben in der Vergangenheit auch im non-bank banking aufgegriffen, so daß es auch hier zu einer Reihe von Direktbankgründungen kam (z. B. Quelle Bank, Volkswagenbank) anführen. Direktbanken lassen sich somit als eigenständige Bankunternehmen, vornehmlich Tochtergesellschaften von Kreditbanken oder Warenhandelsgesellschaften, charakterisieren, die sich dadurch auszeichnen, daß sie standardisierte Leistungen nicht über ein stationäres, dezentralisiertes Vertriebssystem (Zweigstellennetz), sondern ausschließlich über Post- und Telekommunikationsmedien (Brief, Telefon, Telefax, Computer) offerieren. Da die räumliche Distanz zum Kunden beim Absatz der Bankleistung ein konstituierendes Charakteristikum dieser neuen Vertriebswege im Vergleich zum traditionellen stationären Vertriebssystem ist, könnte man sie auch prägnant als „Televertriebswege" bezeichnen. Entsprechend könnte man statt von direct banking zutreffender auch von „tele-banking" sprechen, denn auch der traditionelle Vertrieb von Bankleistungen über Zweigstellen ist ein Direktvertrieb im klassischen Sinne der Definition (Vertrieb von Produkten oder Leistungen ohne Zwischenschaltung von Absatzmittlern bzw. durch angestellte Außendienstmitarbeiter). Ungeachtet dessen soll auch hier weiterhin der geläufigere Begriff der Direktbank bzw. des direct banking verwendet werden.

Wenngleich die erste Institutionalisierung einer Direct-banking-Strategie bereits im Jahre 1965 mit Gründung der „Allgemeine Deutsche Direktbank AG" erfolgte, ist ein steigender Trend in Richtung der Institutionalisierung des Direct-banking-Ansatzes in Form der Gründung von Direktbanken erst seit Beginn / Mitte der neunziger Jahre zu konstatieren. Die ersten Direktbanken der neueren Gründungswelle, die Comdirekt, eine Tochtergesellschaft der Commerzbank AG, und die Direkt Anlage Bank, eine Tochter der Bayerischen Hypotheken- und Wechselbank AG, traten zunächst mit dem Leistungsprogramm eines „discount broker" auf den Markt. Discount broker focussieren in erster Linie auf Dienstleistungen im Wertpapiergeschäft. Ihr Leistungsprogramm umfaßt jedoch keine Beratungsleistungen, sondern ausschließlich Transaktionsleistungen (Entgegennahme und Abwicklung von Effektenorders, Depotverwaltung) sowie die Möglichkeit einer Abwicklung von Zahlungsverkehrstransaktionen. Zielgruppe der discount broker sind dementsprechend informierte Anleger, die ihre Anlageentscheidung selbst treffen, d. h. die keinen Wert auf eine Anlageberatung seitens der Bank legen, sondern lediglich eine kostengünstige und transparente Abwicklung ihrer Wertpapiertransaktionen wünschen. Dieses begrenzte Leistungsangebot erlaubt jedoch nur, eine *Zweitbankverbindung* mit dem Kunden aufzubauen. Andere, nachfolgend gegründete Direktbanken, wie z. B. die Bank 24, eine Tochter der Deutsche Bank AG, verfolgten dagegen eine andere Philosophie, die mittlerweile auch von den o. g. Discount-broker-Direktbanken adaptiert wurde. Ihre Marktpolitik ist darauf gerichtet, eine *Erstbankverbindung (Hausbankverbindung)* mit ihren Kunden aufzubauen. Sie offerieren dementsprechend ein im Vergleich zu den discount brokers breiteres Leistungsprogramm, das das gesamte Spektrum klassischer Bankleistungen in standardisierter Form, aber ohne Beratungsleistung umfaßt. Die jüngste Entwicklungsrichtung im institutionalisierten direct banking wird u. a. durch die Strategie der im März 1997 gegründeten Advance Bank AG, einer Tochtergesellschaft der Bayerische Vereinsbank AG (inzwischen Tochtergesellschaft der Dresdner Bank AG), geprägt. Ihre Wettbewerbsstrategie ist sowohl auf Kosten-, als auch auf Leistungsvorteile innerhalb des relevanten Wettbewerbsfeldes gerichtet und *integriert* im Gegensatz zu den herkömmlichen Direktbankkonzeptionen wiederum Beratungs- und Transaktionsleistung innerhalb des Leistungsangebots. So werden neben dem kompletten Leistungsprogramm des Mengengeschäfts auch umfassende Beratungs- und Serviceleistungen über elektronische Kommunikationsmedien angeboten, wobei dies zu einem im Vergleich zu den Filialbanken günstigen Preis geschieht. Die Offerte der Advance Bank beschränkt sich jedoch nicht allein auf den Bereich „klassischer" Bankleistungen, sondern umfaßt auch eher als bankuntypisch einzustufende (Service-) Leistungen, so z. B. weltweite medizinische Beratung, Dokumentenzustellung, Nachrichtenübermittlung, einen Erinnerungsservice für wichtige Termine, einen Geschenkservice oder einen internationalen Kartenservice für Sport- und Konzertveranstaltungen. Auch andere Direktbanken, so etwa die Bank 24, gehen unlängst dazu über, im Rahmen einer Leistungsprogrammdiversifikation solche „bankfremden" Serviceleistungen in ihr Angebot aufzunehmen.

e) Kapitalanlagegesellschaften (Investmentgesellschaften)

Laut Kreditwesengesetz zählen auch Kapitalanlagegesellschaften (KAG) zu den Kreditinstituten (§ 1 Abs. 1 Nr. 6 KWG); ihre Geschäftstätigkeit wird aber durch ein spezielles Gesetz, das Gesetz über Kapitalanlagegesellschaften (KAGG), geregelt. Kapitalanlagegesellschaften dürfen nur in der Rechtsform der AG oder GmbH betrieben werden. Ihr Eigenkapital muß mindestens fünf Millionen DM betragen — in der Praxis übersteigt das Eigenkapital i. d. R. diesen Betrag — und voll eingezahlt sein. Dabei sind die Aktien einer Kapitalanlagegesellschaft als vinkulierte Namensaktien auszugestalten; die Übertragung von Aktien wie auch von Geschäftsanteilen von Kapitalanlagegesellschaften, die in der Rechtsform der GmbH geführt werden, ist an die Zustimmung der Gesellschaft gebunden. Als Kreditinstitute unterliegen KAG den Normen des KWG; ihre Beaufsichtigung obliegt dem Bundesaufsichtsamt für das Kreditwesen.

Formaljuristisch wird der Begriff der Kapitalanlagegesellschaft durch das KAGG präzisiert, das durch das dritte Finanzmarktförderungsgesetz von 1998 diverse Änderungen und Erweiterungen erfahren hat. In der novellierten Fassung des KAGG werden Kapitalanlagegesellschaften als Kreditinstitute definiert, deren Geschäftstätigkeit darauf ausgerichtet ist, die bei ihnen eingelegten Gelder in eigenem Namen und für gemeinschaftliche Rechnung der Anleger nach dem Grundsatz der Risikomischung in

- Geldmarkt-,
- Wertpapier-,
- Beteiligungs-,
- Investmentfondsanteil-,
- Grundstücks-,
- gemischten Wertpapier- und Grundstücks- oder
- Pensions-

Sondervermögen anzulegen und über die sich hieraus ergebenden Rechte der Anteilhaber Urkunden (Anteilscheine, Investmentanteile) auszustellen. Wirtschaftlich betrachtet bieten KAG damit auch kapitalschwächeren Anlegern die Möglichkeit, ihre Mittel nach den Grundsätzen der Portfolio-selection-Theorie zu investieren und so von Risikodiversifikationseffekten zu profitieren, die ihnen ansonsten aufgrund ihres geringen Anlagevolumens nicht offenstehen würden. Das bei der KAG gegen Ausgabe von Investmentanteilen eingelegte Geld und die damit angeschafften Vermögensgegenstände bilden ein *Sondervermögen.* Dieses Sondervermögen kann entweder im Eigentum der Kapitalanlagegesellschaft (Treuhandprinzip) oder aber — dies ist die in praxi dominierende Variante — im Miteigentum der Anteilinhaber (Miteigentumsprinzip) stehen; es ist von dem eigenen Vermögen der Gesellschaft getrennt zu halten. Die Verwahrung des Fondsvermögens erfolgt durch eine *Depotbank,* oftmals die Mutterbank der Investmentgesellschaft. In Abgrenzung zu den allgemeinen Fonds bzw. Sondervermögen der Kapitalanlagegesellschaften definiert das KAGG *Spezialfonds* als Sondervermögen, deren Anteilscheine von höchstens zehn Anteilinhabern, die keine natürlichen Personen sein dürfen, gehalten werden. Die Anteilscheine der Spezialfonds dürfen von den Anteilinhabern nur mit Zustimmung der Kapitalanlagegesellschaft übertragen werden.

Kapitalanlagegesellschaften sind durch das KAGG dazu verpflichtet, einen *Verkaufsprospekt* zu erstellen und zu veröffentlichen. Der Verkaufsprospekt muß bestimmte, im Gesetz genau bezeichnete Mindestangaben Enthalten (so z. B. Angaben über die KAG selbst, über die durch die Investmentzertifikate verbrieften Rechte, über die Anlageziele und -politik des Fonds u. ä.) und muß der Öffentlichkeit zugänglich gemacht werden. Insbesondere muß der Prospekt zusammen mit den Vertragsbedingungen und dem jüngsten Rechenschaftsbericht dem Erwerber von Anteilen vor Vertragsabschluß kostenlos zur Verfügung gestellt werden.

Hinsichtlich der *Anlagepolitik der Kapitalanlagegesellschaften* in ihren Sondervermögen schränkt das Gesetz über Kapitalanlagegesellschaften die Möglichkeiten der Gesellschaften in wesentlichen Punkten ein. Hierbei unterschiedet das KAGG allgemeine Regelungen, die für sämtliche Arten von Sondervermögen gelten und sondervermögenspezifische Regelungen. Neben Regelungen über die Art der Titel, die für ein Sondervermögen erworben werden dürfen sowie Höchstgrenzen der Anlage in einzelnen Titeln werden auch Vorschriften, die die Diversifikation des Anlageportefeuilles betreffen, angeführt: So werden im wesentlichen nur Anlagen in Wertpapieren erlaubt, die an einer Börse eines Mitgliedlandes der Europäischen Union zum amtlichen Handel zugelassen sind, die an einem organisierten Markt gehandelt werden oder deren Zulassung zum Handel innerhalb eines Jahresfrist erfolgt. Nur bis maximal 10 % eines Sondervermögens dürfen auch in Wertpapieren angelegt werden, die nicht zum amtlichen Handel zugelassen sind oder in einen organisierten Markt einbezogen sind. Die vom Gesetz eingeräumte Option, Anlagen außerhalb der Europäischen Union tätigen zu können, muß Bestandteil der Vertragsbedingungen sein; erst dann ist eine Anlage außerhalb der Europäischen Union möglich. Eine Anlage in Edelmetallen und Zertifikaten über Edelmetalle ist für Wertpapier-Sondervermögen grundsätzlich ausgeschlossen. Mindestens 51 % der Vermögenswerte eines Sondervermögens sind in Wertpapieren und vergleichbaren Instrumenten anzulegen, die übrigen 49 % eines Sondervermögens können auch in liquiden oder quasi-liquiden Mitteln wie Bankguthaben und Geldmarkttiteln bestimmter Emittenten mit einer Restlaufzeit von maximal 12 Monaten gehalten werden. Durch das 3. Finanzmarktförderungsgesetz wurden die Anlagemöglichkeiten in liquiden Mitteln um Anteile an Geldmarktfonds erweitert, wobei allerdings bestimmte Voraussetzungen für die Anlagepolitik dieser Geldmarktfonds zu berücksichtigen sind.

Wertpapiere ein und desselben Ausstellers dürfen für das einzelne Sondervermögen nur insoweit erworben werden, als zur Zeit des Erwerbs ihr Wert zusammen mit dem Wert der bereits in dem Sondervermögen befindlichen Wertpapiere desselben Ausstellers 5 % des Wertes des Sondervermögens nicht übersteigt. Darüber hinaus dürfen weitere Wertpapiere desselben Ausstellers bis zur Grenze von 10 % des Wertes des Sondervermögens erworben werden, wenn der Gesamtwert dieser Wertpapiere der Aussteller 40 % des Wertes des Sondervermögens nicht übersteigt. Das 3. Finanzmarktförderungsgesetz hat die Möglichkeit einer Überschreitung obiger emittentenspezifischer Grenzen zugestanden, wenn nach den Vertragsbedingungen die Auswahl der für das Wertpapiersondervermögen zu erwerbenden Aktien darauf gerichtet ist, unter Wahrung des Aspekts der Risikomischung einen Aktienindex abzubilden, der Gegenstand von Börsentermingeschäften ist. Auf das Überschreiten der festgelegten Grenzen muß in den Vertragsbedingungen hingewiesen werden; außerdem muß darauf verwiesen werden, daß der Grundsatz der Risikomischung nur eingeschränkte Gültigkeit besitzt. Besondere Regelungen gelten auch für als bonitätsmäßig besonders hoch einzustufende Schuldverschreibungen: Hypothekenpfandbriefe und öffentliche Pfandbriefe dürfen einen Anteil von bis zu 20 %, bestimmte öffentliche Schuldverschreibungen einen Anteil von bis zu 100 % ausmachen (Staatsanleihefonds).

Für alle verwalteten Sondervermögen einer Kapitalanlagegesellschaft darf der Gesamtnennbetrag der erworbenen Aktien desselben Ausstellers max. 10 % des stimmberechtigten Nennkapitals der AG betragen. Schuldverschreibungen eines Ausstellers dürfen nur bis zur Höhe von 10 % aller umlaufenden Schuldverschreibungen des Ausstellers erworben werden. Die ehemals bestehende Regelung, daß für ein Sondervermögen keine Anteilscheine eines anderen Sondervermögens erworben werden dürfen (Verbot von Parallel- oder Dachfonds), wurde mit Inkrafttreten des 3. Finanzmarktförderungsgesetzes aufgehoben; damit wurde den Investmentgesellschaften auch die Möglichkeit zugestanden, sog. Dachfonds zu bilden.

Die Investmentgesellschaft ist berechtigt, im eigenen Namen über die zu einem Sondervermögen gehörenden Gegenstände nach Maßgabe des Gesetzes und der Vertragsbedingungen zu verfügen und alle Rechte aus ihnen auszuüben. Sie hat das Sondervermögen für gemeinschaftliche Rechnung der Anteilinhaber zu verwalten und deren Interesse zu wahren, insbesondere auch bei der Ausübung der mit dem Sondervermögen verbundenen Stimm- und Gläubigerrechte. Die ausgegebenen Anteilscheine verbriefen als Wertpapiere die Ansprüche der Anteilinhaber gegenüber der Kapitalanlagegesellschaft. Die Anteileigner haften nicht für die Ansprüche der Gesellschaft aus den für gemeinschaftliche Rechnung der Anteilinhaber getätigten Geschäfte. Gegen Rückgabe der Anteilscheine können die Anleger verlangen, daß ihnen ihr Anteil am Sondervermögen ausgezahlt wird. Die Rücknahme der Anteile erfolgt zum Rücknahmepreis, der neben dem Ausgabepreis börsentäglich ermittelt wird und dem Anteilinhaber einen Einblick in den aktuellen Wert seiner Anlage gibt. Die börsentägliche Berechnung des Ausgabepreises erfolgt nach dem im Gesetz festgelegten Verfahren anhand des Inventarwertes pro Anteil, indem der Tageswert des Fondsvermögens einschließlich der Barreserven durch die Zahl der ausgegebenen Anteile dividiert wird. Zu diesem Inventarwert wird dann ein Ausgabezuschlag zur Abgeltung der Verwaltungsaufwendungen der KAG addiert, dessen Höhe in den Vertragsbedingungen festgelegt ist. Der Rücknahmepreis entspricht dem ermittelten Anteilswert (ohne Ausgabeaufschlag).[92]

Die Angebotspalette der Kapitalanlagegesellschaften erfuhr im Verlauf der vergangenen Jahrzehnte eine erhebliche Ausweitung. Im Jahre 1950 traten die Investmentfonds mit dem Angebot von *Aktienfonds* erstmals an die Öffentlichkeit. Ihre Angebotspalette erfuhr in den folgenden Jahrzehnten bis in die Gegenwart hinein eine umfangreiche und vielfältige Bereicherung: Boten die ersten Aktienfonds dem Anleger die Chance, am Wachstum der deutschen Wirtschaft teilzunehmen, so folgten einige Jahre später Fonds mit internationaler Ausrichtung. Mit der Ausdehnung des Investmentprinzips auf den

92 Vgl. im einzelnen Büschgen, H. E.: Rentabilität und Risiko der Investmentanlage, Stuttgart 1971, S. 186 ff.

Bereich der Rentenanlage wurden Mitte der 60er Jahre die ersten *Rentenfonds* aufgelegt. Mit dem „thesaurierenden Rentenfonds“ etablierte sich in den 80er Jahren eine Variante, die als Zielgruppe den sicherheitsorientierten Rentenanleger im Auge hatte. Lange Zeit konzentrierten sich Rentenfonds überwiegend auf Papiere mit langen Laufzeiten. Dem im Zeitverlauf kontinuierlich sinkenden Zinsniveau wurde dann jedoch Rechnung getragen, indem auch Fonds mit Rentenpapieren kürzerer Laufzeit aufgelegt wurden. Als „*Spezialitätenfonds*“ dürfen nicht unerwähnt bleiben die Fonds für Wandel- und Optionsanleihen sowie Fonds, die Zerobonds im Portefeuille halten oder auf bestimmte Währungsbereiche ausgerichtet sind. Zur umfangreichen Palette der Kapitalanlagegesellschaften zählt auch die Sachwertanlage in Form offener Immobilienfonds (Grundstückssondervermögen). Außerdem umfaßt das Angebot der Investmentgesellschaften sog. *Beteiligungsfonds*; die Mittel des Sondervermögens werden hierbei in Wertpapieren und Beteiligungen als stiller Gesellschafter im Sinne des § 230 HGB investiert. Seit Inkrafttreten des 2. Finanzmarktförderungsgesetzes (1.8.1994) besteht für deutsche Kapitalanlagegesellschaften außerdem die Möglichkeit, Geldmarktfonds und Staatsanleihefonds aufzulegen. *Geldmarktfonds* legen die Mittel des Sondervermögens in (möglichst hochverzinslichen) Geldmarktinstrumenten und Bankeinlagen an. Sie eröffnen auf diese Weise auch solchen Anlegern die Möglichkeit, (indirekt) am Geldmarkt zu partizipieren, die ansonsten keinen direkten Zugang zu diesem Marktsegment haben, weil sie z. B. die hohen Mindestbeträge, die für eine Direktanlage am Geldmarkt erforderlich sind, nicht aufbringen können. Staatsanleihefonds investieren die Mittel des Sondervermögens zu 100 % in Schuldverschreibungen bestimmter öffentlicher Emittenten. Die Anlagemöglichkeiten der Investmentgesellschaften wurden durch das 3. Finanzmarktförderungsgesetz noch einmal erheblich ausgeweitet.[93] So dürfen jetzt auch *Investmentfondsanteil-Fonds* (sog. Dachfonds) gebildet werden, d.h. Sondervermögen die sich prinzipiell an allen Arten von Publikumsfonds (Aktien, Renten, Grundstücke etc.) beteiligen und auf diese Weise je nach Anlagestrategie bestimmte Kundengruppen erschließen. Hierdurch findet nicht nur eine Diversifikation über verschiedene Arten von Aktiva statt, sondern auch über verschiedene Portfoliomanager, die unterschiedliche Anlageerfolge erzielen. Außerdem sind nunmehr auch *Aktien-Laufzeit-Fonds* und *Aktien-Index-Fonds* erlaubt. Erstgenannte zeichnen sich durch ihre zeitlich begrenzte Laufzeit aus, wodurch es möglich wird, den Fonds bis zum Laufzeitende gegen Kursverluste zu sichern. Aktien-Index-Fonds dagegen zielen darauf, einen bestimmten Index und damit letztlich — im Idealfall — einen bestimmten Markt möglichst genau nachzubilden. Schließlich hat das 3. Finanzmarktförderungsgesetz auch die Möglichkeit zugestanden, *gemischte Wertpapier- und Grundstückssondervermögen* und *Altersvorsorge-Sondervermögen* aufzulegen sowie *Investmentaktiengesellschaften* (geschlossene Fonds in Form einer Aktiengesellschaft) zu bilden.[94] Altersvorsorge-Sondervermögen sehen den Aufbau eines Kapitalstocks für die Altersversorgung in Form eines Pensionssparplanes mit Ertragsthesaurierung vor. Sie dürfen allerdings nicht mit den angelsächsischen pension

---

93 Vgl. hierzu Herbst, Th. und Erhardt, J.: Mehr Flexibilität für Kapitalanlagegesellschaften im Zuge des 3. Finanzmarktförderungsgesetzes, in: Sparkasse, 114. Jg. 1997, H. 11, S. 530 ff.

94 Bezüglich des Leistungsprogramms von Kapitalanlagegesellschaften vgl. auch im vierten Kapitel des Ersten Teils Abschnitt C. V. 2. a) (7).

funds verwechselt werden, die neben der Vermögensbildung auch zusätzliche Versicherungsleistungen (Hinterbliebenenversorgung und Berufsunfähigkeit) abdecken.

Wenngleich die Rentenfonds heute den wesentlichen Teil des Aufkommens neuer Mittel auf sich ziehen, erregten die — besonders zu Beginn der 80er Jahre aufgelegten — speziellen Aktienfonds, die besonders den Wünschen der Anleger mit größerer Wertpapierreife gerecht werden wollen, besondere Aufmerksamkeit: Diese Fonds sind international ausgerichtet und legen konzentriert im Rohstoff-, Energie- oder Technologiebereich an. Auch regional ausgerichtete Fonds, z. B. im pazifischen Raum, sind hier zu nennen. All diese Fonds unterliegen dem Gesetz über Kapitalanlagegesellschaften und müssen die entsprechenden Bestimmungen bezüglich der Anlagestreuung sowie der Anlagegrenzen beachten.

f) Kreditgarantiegemeinschaften

Aufgabe von Kreditgarantiegemeinschaften ist es, Bürgschaften und Garantien zugunsten mittelständischer Unternehmen zu übernehmen, um diesen dadurch bei anderen Banken Kreditwürdigkeit zu verschaffen. Kreditgarantiegemeinschaften sind Kreditinstitute im Sinne des § 1 KWG, da sie Garantiegeschäfte betreiben; sie unterliegen damit auch der Bankenaufsicht. Wurden die ersten Kreditgarantiegemeinschaften im Bereich des Handwerks als Selbsthilfeorganisationen gegründet, finden sich solche Institutionen, da sie sich gut bewährt haben, heute auch in anderen Wirtschaftszweigen, so z. B. im Handel, im Hotel- und Gaststättengewerbe, der Industrie, dem Gartenbau und der Landwirtschaft. Im Rahmen der Aufbauleistungen im Zuge des wirtschaftlichen Neuaufbaus in den fünf neuen Bundesländern nach der deutschen Wiedervereinigung hat das System der Kreditgarantiegemeinschaften nochmals erheblichen Aufschwung genommen. Bürgschaftsbanken haben hier wesentliche Sicherungsfunktionen bei dem Neuaufbau einer mittelständischen Wirtschaft erfüllt.

Die von den Kreditgarantiegemeinschaften zu übernehmenden Bürgschaften dürfen bis zu 80 % des jeweiligen Kredites betragen; die restlichen 20 % des Kreditbetrags hat der kreditnehmende Betrieb in Form banküblicher Sicherheiten selbst beizubringen. Der Kredit, für den die Bürgschaft gewährt wird, muß vorrangig für Betriebserweiterungen, Rationalisierungs- und andere produktive Investitionen verwendet werden. Gegenüber den Kreditgarantiegemeinschaften übernimmt die öffentliche Hand für deren Bürgschaften die Rückbürgschaft bis zu einer Höhe von 65 %, wobei der Bund 60 % und die Länder 40 % des rückverbürgten Ausfallteils tragen. Diese Rückbürgschaft wird i. d. R. für einen Zeitraum von fünf Jahren zur Verfügung gestellt.

g) Kreditversicherungen

Bei den Kreditversicherungen handelt es sich i. w. S. um Spezialinstitute des Garantiegeschäfts; jedoch werden sie nicht von Schuldnern, sondern von Gläubigern in Anspruch genommen. Die Kreditversicherungen haben sich auf die Übernahme von Bürgschaften und Garantien — hierbei handelt es sich um Bankgeschäfte gemäß § 1 Abs. 1 Nr. 8 KWG — spezialisiert, gelten aber nicht als Kreditinstitute im Sinne des Kreditwesengesetzes (§ 2 Abs. 1 Nr. 4 KWG). Betrieben werden diese Geschäfte in Deutschland treuhänderisch durch zwei private Unternehmen, die Hermes Kreditversicherungs AG und die C & L Deutsche Revision AG Wirtschaftsprüfungsgesellschaft, die als Mandatare des Bundes Ausfuhrkreditversicherungen nach bestimmten Grundsätzen (Bürgschaften und Garantien für Insolvenz-, Konkurs-, Transfer-, Moratoriums-, politisches Risiko, bei bestimmten Selbstbehalten der Exporteure) anbieten; das Leistungsprogramm der bestehenden privaten Kreditversicherungsunternehmen beinhaltet verschiedene Warenkreditversicherungen in Form von Pauschaldeckungen besonders für kleine und mittlere Unternehmen mit breitgestreutem Abnehmerkreis (Versicherung des Bestands an Debitoren vor Insolvenzrisiken), Teilzahlungskreditversicherung, Dispositionskreditversicherung (Sparkassen und Kreditgenossenschaften als Versicherungsnehmer), Scheckkartenversicherung, Leasingkreditversicherung (Leasinggesellschaften als Versicherungsnehmer), ferner — ohne größere Bedeutung — Vertrauensschadenversicherung. Die Restschuldversicherung vor allem im Bereich des Konsumentenkredits zur Abdeckung des Schuldentilgungsrisikos im Todesfall des Kreditnehmers hat gerade in den letzten Jahren wieder eine wachsende Bedeutung angesichts steigender Arbeitslosigkeit und damit verbundener verminderter Schuldentilgungsfähigkeit erhalten.

2. Kreditinstitute mit Sonderaufgaben

a) Kreditinstitute mit Sonderaufgaben im öffentlich-rechtlichen Bereich

(1) Kreditanstalt für Wiederaufbau (KfW)

Die Kreditanstalt für Wiederaufbau, eine Körperschaft des öffentlichen Rechts mit Sitz in Frankfurt a. M., durch Gesetz vom 5.11.1948 kurze Zeit nach der Währungsreform gegründet, hatte als Aufgabenkreis zunächst die Mitwirkung bei der Finanzierung des Wiederaufbaus der kriegs- und demontagegeschädigten deutschen Wirtschaft, soweit es anderen Banken nicht möglich war, die erforderlichen Finanzierungsmittel dafür aufzubringen. Mit zunehmender Konsolidierung der Kredit- und Kapitalmärkte sowie dem abgeschlossenen Wiederaufbau der deutschen Wirtschaft erhielt die Anstalt weitere Aufgaben: so die wichtige Funktion langfristiger Exportfinanzierung, in deren Rahmen sie Darlehen sowohl an inländische Lieferanten wie an ausländische Besteller gewährt. Zum Teil werden auch an deutsche Lieferungen und Leistungen nicht gebundene Finanzkredite an ausländische Kreditnehmer gewährt. Die Kredite werden, soweit möglich, im „Hausbankverfahren", d. h. unter Einschaltung anderer Banken, zur Verfügung gestellt. Es bestehen für sie besondere Sicherungs- oder Deckungsvorschriften. Im gleichen Rahmen übernimmt die Kreditanstalt auch Bürgschaften.[95]

[95] Vgl. Bäkow, H.: Kreditanstalt für Wiederaufbau, in: Die Bank, o. Jg. (1984), H. 9, S. 413 – 416; Pohl, M.: Wiederaufbau. Kunst und Technik der Finanzierung 1947 – 1953: Die ersten Jahre der Kreditanstalt für Wiederaufbau, Frankfurt a. M. 1973 sowie KfW: Die KfW im Überblick, Frankfurt a. M. 1997, S. 2 ff.

Seit der Änderung des „Gesetzes über die Kreditanstalt für Wiederaufbau“ im Jahre 1969 wurde dem Institut die zusätzliche Aufgabe übertragen, förderungswürdige Vorhaben im Ausland, insbesondere im Rahmen der Entwicklungshilfe Deutschlands, zu finanzieren, was eine ergänzende Veränderung des Geschäftskreises hin zur zentralen deutschen Entwicklungsbank zur Folge hatte. Der Entschluß, die Anstalt mit der Aufgabe der Entwicklungsfinanzierung zu betrauen, war beeinflußt von den Überlegungen, daß zum einen die bei der Wiederaufbaufinanzierung der deutschen Wirtschaft gewonnenen Erfahrungen der Bank bei der Hilfe an die Entwicklungsländer von Nutzen sein könnten, zum anderen, daß eine klare Trennung der politischen Verantwortung einerseits und der Prüfung und Abwicklung andererseits für alle Beteiligten von Vorteil sein würde. Die Aufgabe der Kreditanstalt für Wiederaufbau besteht hierbei darin, geeignete Vorhaben zum Ausbau der sozialen und wirtschaftlichen Infrastruktur und der gewerblichen Wirtschaft, zur Schonung der Ressourcen und zur Verbesserung des Umweltschutzes nachhaltig zu fördern. In diesem Zusammenhang prüft sie die zur Diskussion stehenden Projekte auf ihre entwicklungspolitische Förderungswürdigkeit, legt den Darlehensvertrag nach positiver Beurteilung der Bundesregierung zur abschließenden Stellungnahme vor und übernimmt die folgende Abwicklung.

Eine 1971 erfolgte Ausweitung des Aufgabenbereiches der KfW besteht in der Gewährung von Krediten an mittelständische Betriebe zur Milderung von Wettbewerbsnachteilen. Ein besonderes Anliegen ist dabei die Unterstützung innovativer Projekte. Die Mittel resultieren z. T. aus Sonderprogrammen des Bundes, z. T. werden sie von der KfW am Kapitalmarkt beschafft und zu Lasten der eigenen Erträge verbilligt. Die so „gestalteten“ Konditionen sollen denen entsprechen, die Großunternehmen mit direktem Zugang zum Kapitalmarkt erreichen können. Auch bei der Abwicklung dieser Kredite wird das Subsidiaritätsprinzip eingehalten, da die Beantragung und weitgehend auch die Abwicklung über die „Hausbank“ des Investors läuft und somit gewährleistet ist, daß nur solche Finanzierungswünsche an die KfW weitergeleitet werden, die die Geschäftsbanken nicht selbst befriedigen können. Zu den neueren Aufgaben dieses Instituts zählen Programme zur Finanzierung von Umweltinvestitionen. Darüber hinaus liegt ein weiterer Tätigkeitsschwerpunkt der KfW in der Förderung kommunaler Infrastrukturvorhaben, wie z. B. Wasserversorgung, Abwasserentsorgung, Abfallwirtschaft oder Vorhaben im Energiebereich.

Aufgrund ihrer Aufgabe, die wirtschafts- und strukturpolitischen Ziele der Bundesregierung zu unterstützen, ist ein neuer Geschäftsschwerpunkt der KfW die Kreditgewährung für Investitionen in den neuen Bundesländern. Neben privatwirtschaftlichen Investitionen werden auch kommunale Investitionen und Finanzierungen im Wohnungsbau gefördert. Zudem ist die KfW sowohl national wie auch im Rahmen ihrer internationalen Aufgaben beratend tätig. Darüber hinaus wirkt die KfW auch bei der Privatisierung bundeseigener Unternehmen mit, indem sie für einen begrenzten Zeitraum Unternehmensanteile aus dem Besitz des Bundes (z.B. die Anteile an der Deutsche Telekom AG) erwirbt, die in Zukunft an der Börse als Sekundärplazierung eingeführt werden sollen.

Am Grundkapital der KfW in Höhe von einer Milliarde DMark sind der Bund zu 80 % und die Länder zu 20 % beteiligt. Ihre Kredite finanziert die Bank teilweise aus öffentlichen Mitteln, die im ERP-Wirtschaftsplan und im Bundeshaushalt bereitgestellt werden.

Der überwiegende Teil der Kredite wird jedoch durch die Emission von Schuldverschreibungen sowie die Darlehensaufnahme beim Bund und bei anderen öffentlichen Stellen, im Ausland und bei Kapitalsammelstellen refinanziert. Im Januar 1996 wurde der rechtliche Rahmen für die Refinanzierung der KfW bei deutschen Kreditinstituten neu gefaßt, um ihre Refinanzierungsbedingungen zu erleichtern. Dabei wurden sämtliche Forderungen an die KfW sowie Forderungen an Dritte, die durch die KfW gewährleistet werden, adressenmäßig Forderungen an den Bund gleichgestellt. Im Ergebnis entfällt damit für Titel der KfW und der KfW International Finance die Unterlegung mit Eigenkapital. Außerdem sind sie nicht mehr, wie im Rahmen der 5. KWG-Novelle ursprünglich vorgesehen, bei der Berechnung der Großkredite zu berücksichtigen.

(2) Deutsche Ausgleichsbank (DtA-Bank)

Die Deutsche Ausgleichsbank (bis 1986 Lastenausgleichsbank - Bank für Vertriebene und Geschädigte) ist eine bundesunmittelbare Anstalt des öffentlichen Rechts mit Sitz in Bonn. Sie hatte ursprünglich die Aufgabe, durch die Gewährung von Investitions- und Betriebsmittelkrediten zu Sonderkonditionen sowie mittels Garantie- und Bürgschaftsleistungen zugunsten der Betriebe von Flüchtlingen, Vertriebenen und Kriegsgeschädigten zur wirtschaftlichen Eingliederung dieser Personengruppen beizutragen; zudem war ihr die bankgeschäftliche Abwicklung des Lastenausgleich übertragen. Da der Lastenausgleich im wesentlichen abgeschlossen ist, liegen die Aufgaben des Instituts heute weitgehend in anderen Bereichen, schwerpunktmäßig in der Unterstützung der Mittelstandsförderung (Existenzgründungen, Umweltschutz und Technologie) des Bundes.

Das Leistungsangebot der DtA-Bank umfaßt zu diesem Zweck unterschiedliche Förderprogramme in Form zweckgebundener Finanzierungsmittel sowie ergänzende Beratungs- und Serviceleistungen. So werden mit mehreren Programmen insbesondere Existenzgründungen im gewerblichen Mittelstand und in den freien Berufen durch Bereitstellung von Risikokapital oder zinsgünstigen Darlehen unterstützt. Aber auch Fachkräfte aus Entwicklungsländern, die in Deutschland ausgebildet worden sind und die in ihre Heimat zurückkehren, um dort ein Unternehmen zu gründen, werden durch die DtA-Bank gefördert. Entsprechende bilaterale Existenzgründungsprogramme bestehen gegenwärtig mit Chile, Eritrea, Kroatien, Slowenien, Türkei, Ungarn und Vietnam. Darüber hinaus finanziert das Institut auch als förderungswürdig erachtete Investitionen in neue Technologien und moderne Umweltschutztechniken. Darlehen werden außerdem im Zusammenhang mit der Schaffung neuer (zusätzlicher) Ausbildungsplätze in kleineren und mittleren Unternehmen der gewerblichen Wirtschaft oder bei Angehörigen der freien Berufe gewährt. Darüber hinaus ermöglicht die DtA-Bank jungen Fachkräften, sich beruflich weiter zu qualifizieren (Meisterprüfung oder Studium), indem sie ihnen zinsgünstige Darlehen gewährt. Im Rahmen eines Sozialprogramms können schließlich auch Sachinvestitionen im sozialen Bereich zinsgünstig finanziert werden; dieses Programm wendet sich an Träger der freien Wohlfahrtspflege, gemeinnützige Organisationen aber auch an private Investoren.

Die Programmkredite der Ausgleichsbank werden zu einem Großteil aus Mitteln des ERP-Sondervermögens des Bundes refinanziert. Zur Beschaffung der zur Refinanzierung ihrer Förderprogramme darüber hinaus benötigten Mittel nimmt die DtA-Bank in-

und ausländische Kapitalmärkte in Anspruch; rund die Hälfte ihrer Mittel beschafft sich die Bank dabei mittlerweile an internationalen Märkten, an denen sie dank ihrer erstklassigen Bonität (Tripel-A-Rating) über entsprechende Vorteile verfügt.

(3) Landwirtschaftliche Rentenbank (LRB)

Die Landwirtschaftliche Rentenbank wurde 1949 als zentrales Refinanzierungsinstitut für die Land- und Ernährungswirtschaft mit Sitz in Frankfurt a. M. gegründet. Die Bank vergibt an diese Wirtschaftsbereiche im Hausbankverfahren kurz-, mittel- und langfristige Darlehen. Im Direktgeschäft gewährt das Institut solche Kredite nur an Betriebe, die für die inländische landwirtschaftliche Erzeugung, die Vorratshaltung und den Absatz landwirtschaftlicher Produkte von allgemeiner Bedeutung sind. Die Bank refinanziert sich im Passivgeschäft kurzfristig am Geldmarkt oder über die Deutsche Bundesbank, längerfristig durch Aufnahme von Darlehen und Emission von Schuldverschreibungen. Als Refinanzierungsmittel spielen öffentliche Kapitalien eine bedeutende Rolle. Das Institut ist nicht im Konkurrenzbereich der Geschäftsbanken tätig.[96]

(4) DSL Bank - Deutsche Siedlungs- und Landesrentenbank

Die Deutsche Siedlungs- und Landesrentenbank, die einen Doppelsitz in Berlin und Bonn hat, ist 1966 aus der Fusion der Deutschen Siedlungsbank und der Deutschen Landesrentenbank hervorgegangen. Nach dem am 14.9.1989 verabschiedeten DSL-Bank-Gesetz ist die Bank eine Anstalt des öffentlichen Rechts unter der gemeinsamen Aufsicht des Bundesministers der Finanzen und des Bundesministers für Ernährung, Landwirtschaft und Forsten; der Bund ist an dem Kapital der Bank mit 51,5 % beteiligt, das Land Berlin und der Freistaat Bayern halten zusammen 0,5 %. Die zum Zweck der indirekten Privatisierung der Bank gegründete DSL Holding AG ist seit September 1989 als atypischer stiller Gesellschafter durch eine Vermögenseinlage mit 48 % beteiligt. Die Aktien der Holding werden an allen deutschen Börsenplätzen notiert.

Die DSL Bank hatte ursprünglich primär die Aufgabe, durch die Finanzierung verschiedener Vorhaben im ländlichen Raum zu dessen Förderung und Neuordnung beizutragen. Neben der Förderung und Neuordnung des ländlichen Raumes aus öffentlichen Mitteln betrieb die DSL Bank auch Eigengeschäfte (Hypothekendarlehen für den ländlichen Raum, Darlehen an Siedlungsgesellschaften und an die öffentliche Hand). Je mehr die Agrarpolitik Bestandteil der allgemeinen Wirtschaftspolitik wurde und je stärker die ursprünglichen Aufgaben erfüllt bzw. auf andere Institute übertragen wurden, desto stärker verlagerten sich die geschäftlichen Aktivitäten der DSL Bank vom Fördergeschäft in den Bereich des Wettbewerbsgeschäfts. Dieser Entwicklung trug der Gesetzgeber 1981 mit der Änderung des Gesetzes über die DSL Bank Rechnung. Hierin wurden die Aufgaben der Bank den veränderten Verhältnissen angepaßt und die ursprünglich aus dem öffentlichen Auftrag resultierenden Privilegien (Amtshilfe, Einziehung und Vollstreckung von Forderungen und das Privileg der Befreiung von der Körperschaft-, Gewerbe- und Vermögensteuer) abgeschafft. Wesentliches Ergebnis der Gesetzesänderung war eine deutli-

[96] Vgl. Kehl, K.-H.: Landwirtschaftliche Rentenbank, in: Die Bank, o. Jg. (1985), H. 8, S. 402 – 404.

chere Trennung der Aufgabenstellung der Bank im Förder- und Wettbewerbsgeschäft sowie eine Ausweitung der Geschäftsmöglichkeiten im Wettbewerbsgeschäft. Damit hat sich die DSL Bank generell zu einer Spezialbank vornehmlich für das mittel- bis langfristige Kreditgeschäft zu festen Zinsätzen mit einer breiten Zweckbestimmung entwickelt. So ist die Bank heute, neben dem traditionellen Fördergeschäft, das in der Neuordnung des ländlichen Raumes im Wege der Strukturverbesserung und der Eingliederung der vertriebenen und geflüchteten Landwirte besteht, in folgenden Sparten tätig:

- Finanzierung des privaten Wohnungsbaus,
- Unternehmensfinanzierung (schwerpunktmäßig langfristige, vornehmlich auf die Finanzierung komplexer, gewerblicher Immobilienvorhaben ausgerichtete Investitionsfinanzierung),
- Refinanzierung von Banken und Bausparkassen,
- nationales und internationales Kommunalkreditgeschäft und
- Handel mit Derivaten.

Um insbesondere der grenzenüberschreitenden Bedeutung der EU-Agrarpolitik Rechnung zu tragen, kann die DSL-Bank im Rahmen des Wettbewerbs- und Auftragsgeschäfts unter bestimmten Voraussetzungen auch im Ausland tätig werden.

Die Refinanzierung des überwiegend mittel- und langfristig betriebenen Kreditgeschäfts erfolgt durch die Emission von Schuldverschreibungen in DMark und Fremdwährung an nationalen und internationalen Geld- und Kapitalmärkten.

b) Kreditinstitute mit Sonderaufgaben im privatrechtlichen Bereich

(1) IKB Deutsche Industriebank AG

Die IKB Deutsche Industriebank AG ist ein Spezialkreditinstitut, dessen Geschäftsschwerpunkt im Bereich der mittel- bis langfristigen Unternehmensfinanzierung liegt. Ihre Ursprünge gehen auf die „Bank für deutsche Industrie-Obligationen" zurück, die 1924 in Berlin von deutschen Wirtschaftsverbänden gegründet wurde.[97] In ihrer heutigen Form ging die IKB 1974 aus der Fusion der Deutsche Industriebank, Berlin, und der Industriekreditbank AG, Düsseldorf, hervor. Hieraus erklärt sich auch, daß die Bank noch heute ihren Sitz in beiden Städten unterhält. Bis 1991 firmierte das Institut unter dem Namen „Industriekreditbank AG - Deutsche Industriebank", 1991 wurde der Name in „IKB Deutsche Industriebank AG" geändert.

Mit ihrem Leistungsangebot wendet sich die IKB ausschließlich an Firmenkunden, ohne dabei branchenmäßige Einschränkungen vorzunehmen. Satzungsgemäß werden bevorzugt mittelständische Unternehmen finanziert. Dementsprechend zählen überwiegend Unternehmen kleinerer bis mittlerer Betriebsgröße zum Kundenkreis der Bank; daneben

---

97 Vgl. hierzu und nachfolgend: Kann, G.: Die Industriekreditbank AG - Deutsche Industriebank, in: Die Bank, o. Jg. (1983), H. 10, S. 483 ff.; IKB: Die Bank auf einen Blick, Internet-Seite der IKB, http://www.ikb.de/ vom 10.07.1997 sowie IKB: Unternehmensportrait, Düsseldorf und Berlin 1997, S. 5 ff.

enthält das Kundenportfolio der IKB aber auch eine Reihe von Großunternehmen. Auch ausländischen Firmen, die in Deutschland investieren, steht die IKB mit ihren Leistungen zur Verfügung.

Das Leistungsprogramm der IKB umfaßt Bank- und Beratungsleistungen im Bereich der langfristigen Unternehmensfinanzierung und der Außenhandelsfinanzierung. Die Kredite, die die IKB gewährt, haben i. d. R. eine Laufzeit von 10 Jahren und länger. Sie dienen beispielsweise der Mitfinanzierung von Sachinvestitionen, der Konsolidierung oder der Abfindung von Gesellschaftern. Besichert werden diese Kredite gewöhnlich durch werthaltige, erstrangige Grundschulden. Darüber hinaus gewährt das Institut langfristige Darlehen, auch in Fremdwährung, zur Finanzierung von Direktinvestitionen (Neu- und Erweiterungsinvestitionen) innerhalb Westeuropas und ausgewählter osteuropäischer Länder. In diese Finanzierungen werden auch die für die jeweilige Region vorgesehenen nationalen und europäischen Fördermittel einbezogen. Im Bereich der Außenhandelsfinanzierung umfaßt das Leistungsangebot der IKB langfristige Kredite zur Finanzierung von Anlagegüterexporten, die entweder direkt an den ausländischen Abnehmer (Bestellerkredite) oder an dessen Bank (Bank-zu-Bank-Kredite) gewährt werden, darüber hinaus auch Forfaitierungen, Avalkredite sowie die korrespondierenden Dienstleistungen. Um die Aktivitäten ihrer Kunden in den emergierenden ostasiatischen Märkten begleiten zu können, wurde eine Repräsentanz in Hongkong errichtet. Als Alternative zu den traditionellen Investitionsfinanzierungen bietet die IKB ihren Kunden umfassende Möglichkeiten der Leasing-Finanzierung an; das Leasing-Geschäft, das das gesamte Spektrum der Leasing-Leistungen umfaßt (Immobilien-, Mobilien-Leasing, Export-Leasing), wird über drei Tochtergesellschaften, die IKB Leasing GmbH, die IKB Leasing Berlin GmbH und die BHF & IKB Immobilien Leasing GmbH, abgewickelt. Über eine weitere Tochtergesellschaft, die IKB Beteiligungsgesellschaft mbH, wird mittelständischen Unternehmen Beteiligungskapital in Form direkter Minderheitsbeteiligungen oder stiller Beteiligungen zur Verfügung gestellt. Leistungen im Going-Public-Geschäft und M&A-Geschäft werden in Kooperation mit der BHF-Bank, die zu 10 % an der IKB beteiligt ist, abgewickelt. Ergänzt wird diese Leistungsangebot durch ein breites Band von Beratungsleistungen zu Fragen der Rechtsformwahl, der Eigenkapitalfinanzierung, der Strategieplanung oder der Organisationsgestaltung.

Sachzielgemäß betreibt die IKB kein Einlagengeschäft. Die Refinanzierung der Bank erfolgt daher — prinzipiell laufzeitkongruent — durch Emission lang- und mittelfristiger Schuldverschreibungen und Schuldscheindarlehen sowie durch Mittelaufnahme bei öffentlichen Kreditinstituten, so z. B. bei der KfW, der DtA-Bank und der Europäischen Investitionsbank.

(2) AKA Ausfuhrkredit GmbH

Die AKA Ausfuhrkredit GmbH (AKA) wurde 1952 durch ein deutsches Bankenkonsortium als AG gegründet und 1966 in eine GmbH umgewandelt.[98] Hauptgesellschafter ist

---

98 Vgl. hierzu und nachfolgend: AKA Ausfuhrkredit GmbH: Unternehmensleitfaden, Frankfurt a. M. 1994, sowie Büschgen. H. E.: Internationales Finanzmanagement, 3. Auflage, Frankfurt a. M. 1997, S. 45 ff.

die Deutsche Bank AG; daneben umfaßt der Gesellschafterkreis noch rund 40 weitere Institute des Kreditbankenbereichs sowie des genossenschaftlichen und öffentlich-rechtlichen Zentralbankenbereichs. Der Geschäftsschwerpunkt der AKA liegt im Bereich der Finanzierung deutscher Exportgeschäfte. Hierzu gewährt die AKA

- deutschen Exporteuren mittel- und langfristige Kredite zur Finanzierung der Produktion bzw. einer Zahlungszielgewährung bei Exportgeschäften (Lieferantenkredite),
- ausländischen Bestellern Kredite zur Finanzierung von Importen (Bestellerkredite) aus Deutschland und
- kauft bundesgedeckte Exportforderungen deutscher Exporteure an.

Die AKA-Kredite sind stets zweckgebunden und sollen aus den Erlösen des Exportgeschäfts getilgt werden. Zur Finanzierung stehen der AKA vier Plafonds (A, B, C und D) zur Verfügung: *Plafonds A* ist eine Kreditlinie der AKA bei ihren Konsorten, die diese nach einem bestimmten Schlüssel unter sich aufteilen. Plafonds-A-Mittel dienen der Refinanzierung der Aufwendungen des Exporteurs während der Produktionszeit oder der Zahlungszielgewährung. Der Kredit kann bis zur Höhe der abgesicherten Exportforderung abzüglich einer 10- bis 15-prozentigen Selbstfinanzierungsquote gewährt werden; letztere kann bei einer entsprechenden Befürwortung durch die antragstellende Konsortialbank aber auch entfallen. Die Kreditlaufzeit orientiert sich an den Zahlungsbedingungen des zugrundeliegenden Exportgeschäfts, beträgt mindestens aber zwölf Monate. *Plafonds B* ist eine Rediskontlinie der AKA bei der Deutschen Bundesbank: Rediskontiert werden dabei Solawechsel der Exporteure, die von der AKA angekauft worden sind. Eine Anrechnung auf die Rediskontkontingente der beteiligten Banken erfolgt hierbei nicht. Allerdings sind einige Beschränkungen hinsichtlich der zu finanzierenden Geschäfte zu beachten. So sind beispielsweise Abrufaufträge von der Finanzierung ausgeschlossen, Massengüter und Serienerzeugnisse nur ab Lieferung finanzierbar und Exporte in andere EU-Mitgliedstaaten gemäß EU-Vertrag grundsätzlich von Plafonds-B-Finanzierungen ausgeschlossen. Die Kreditlaufzeit liegt zwischen 12 und 48 Monaten, die Selbstfinanzierungsquote des Exporteurs beträgt 30 % des Auftragswertes. Seit 30. 6. 1996 besteht keine Rediskontzusage der Deutschen Bundesbank mehr für Planfonds B. Die bis dahin zugesagten Finanzierungen laufen zum vereinbarten Vertragsende aus. Die *Plafonds C und D* stehen zur Finanzierung liefergebundener Finanzkredite an ausländische Importeure oder deren Banken sowie zum Ankauf von Forderungen zur Verfügung. Der Höchstbetrag der Kredite entspricht i. d. R. dem um An- und Zwischenzahlungen (international üblich sind hier mindestens 15 %) reduzierten Auftragswert. Die Laufzeit der Finanzierung wird durch die notwendige Hermes-Deckung beschränkt und beträgt normalerweise fünf Jahre. Der erst 1993 geschaffene Plafonds D unterscheidet sich von Plafonds C hauptsächlich dadurch, daß der Zinssatz als variabler Satz in bezug auf einen Referenzzinssatz festgelegt wird. Hierbei können Kredite in DM oder Fremdwährung auf der Grundlage von FIBOR (Frankfurt interbank offered rate) oder LIBOR (London interbank offered rate) plus Marge vergeben werden. Die Marge ist während der Laufzeit des Kredites, die bis zu fünf Jahren beträgt, im Falle einer Hermes-Deckung aber auch länger sein kann, konstant. Der Zinssatz wird i. d. R. alle sechs Monate dem Referenzzinssatz angeglichen. Die Tilgung erfolgt ebenfalls in halbjährlichen Raten.

Über die Einzelkreditvergabe bei der AKA entscheidet ein Kreditausschuß, der auch die Kreditrichtlinien aufstellt, nach denen die Kreditgewährung generell erfolgt. Ohne auf die Vielzahl von Details einzugehen, die zudem Änderungen unterliegen, sollen hier lediglich einige grundsätzliche Bestimmungen und Richtlinien für AKA-Finanzierungen dargestellt werden. Grundsätzlich gilt, daß Mittel aus den Plafonds A, C und D ausschließlich über die Gesellschafterbanken der AKA beantragt werden können, während die Anträge bezüglich Mittel des Plafonds B grundsätzlich durch jedes im Inland ansässige Kreditinstitut eingereicht werden können. Als Grundlage für die Berechnung des Kreditbedarfs muß der Exporteur einen Finanzierungsplan einreichen. Bei Krediten mit einer Laufzeit von mehr als zwei Jahren wird eine Bundesbürgschaft oder -garantie (Hermes-Deckung) verlangt, auf die aber ggf. auch verzichtet werden kann, wenn der Eingang der Erlöse bzw. die Rückführung des Kredits hinreichend sicher erscheinen. Zur Zusätzlichen Sicherung der Kredite sind der AKA die finanzierten Exportforderungen und die Ansprüche aus der abgeschlossenen Kreditversicherung abzutreten. Voraussetzungen für die Kreditgewährung sind der Nachweis von fest abgeschlossenen Exportverträgen, eine einwandfreie Bonität von Exporteur und Importeur sowie handelsübliche Zahlungsbedingungen auf Wechselbasis.

Die AKA refinanziert sich bei der Gewährung von Plafonds-A-, -C-, und -D-Krediten zu 75 % bei der Hausbank des Exporteurs und zu 25 % bei den anderen Gesellschaftern der AKA, soweit sie die Finanzierung nicht aus eigenen Mitteln darstellt. Beim Plafonds B erfolgt die Refinanzierung durch Diskontierung der angekauften Solawechsel des Exporteurs bei der Deutschen Bundesbank.

(3) Liquiditätskonsortialbank GmbH (Liko-Bank)

Die Liquiditätskonsortialbank ist ein im Anschluß an die Liquiditäts- und Vertrauenskrise im deutschen Bankwesen im Jahre 1974 von allen Gruppen der Bankwirtschaft und der Deutschen Bundesbank gegründetes Spezialinstitut. Aufgabe dieses ebenfalls in Frankfurt a. M. ansässigen Instituts ist es, Zahlungsschwierigkeiten von wirtschaftlich intakten Banken, die ohne eigenes Verschulden in Zahlungsschwierigkeiten geraten sind, zu überbrücken. Auf diese Weise soll einer Abnahme des Vertrauens der Öffentlichkeit in das Bankensystem begegnet werden. Die Bank gewährt zu diesem Zweck Kredite an andere Banken, tätigt Einlagen bei ihnen, kauft von ihnen Wechsel an und betreibt Refinanzierungsgeschäfte aller Art. Sie wird in Personalunion mit der AKA geführt.

Am Stammkapital von 250 Millionen DM sind die Deutsche Bundesbank sowie Mitgliedsinstitute des Bundesverbandes deutscher Banken mit je 30 %, des Sparkassen- und Giroverbandes mit 26,5 %, die Deutsche Genossenschaftsbank als Repräsentant der deutschen Volks- und Raiffeisenbanken mit 11 %, die BfG-Bank mit 1,5 % und der Bankenfachverband Konsumenten- und gewerbliche Spezialkredite e.V. mit einem Prozent beteiligt. Darüber hinaus ist im Gesellschaftsvertrag eine Nachschußpflicht von 750 Millionen DM vorgesehen, die im Bedarfsfall von den Gesellschaftern im Verhältnis ihrer Anteile zu leisten ist.

Das Verfahren der Gewährung von Liquiditätshilfen durch die Liko-Bank ist in „Kreditrichtlinien" festgelegt. Antragberechtigt sind danach in erster Linie die Institute, die Mitglieder der an der Liko-Bank beteiligten Bankengruppen sind. Die Anträge müssen bestimmte Mindestangaben enthalten wie z. B. Erläuterungen zur Unternehmung, zur Geschäfts- und Ertragsentwicklung, zu den Gründen für die Liquiditätsschwierigkeiten und evtl. schon eingeleiteten Gegenmaßnahmen sowie detaillierte Erläuterungen der relevanten Bilanzpositionen wie Debitoren, andere Forderungen, Verbindlichkeiten.

Eine Liquiditätshilfe durch die Liko-Bank erfolgt nach Prüfung des Antrages grundsätzlich nur, wenn das beantragende Institut ohne eigenes Verschulden in Liquiditätsschwierigkeiten geraten ist. Die Kreditinanspruchnahme erfolgt durch Diskontierung von Solawechseln des Kreditnehmers mit Laufzeiten bis zu drei Monaten. Hierbei sollen grundsätzlich Sicherheiten gestellt werden. Debitorenforderungen werden zunächst still an die Liquiditäts-Konsortialbank abgetreten, während ihre Verwaltung beim antragstellenden Institut bleibt. Weiter kann die Bank Unterlagen des Kreditnehmers einsehen und Bonitätsprüfungen (auch über Dritte) durchführen. Der Zinssatz für die Liquiditätshilfekredite der Bank orientiert sich an den jeweiligen Marktverhältnissen.

III. Banknahe Finanzinstitute („near banks")

1. Versicherungsunternehmen

Das typische Geschäft der Versicherungsunternehmen ist die Übernahme von Risiken für andere sowie die Anlage der Prämieneinnahmen nach den Vorschriften des Versicherungsaufsichtsgesetzes (VAG), wonach auch Kredite gewährt werden können. Obwohl die Versicherungsunternehmen gemäß § 2 Abs.1 Nr. 5 KWG nicht als Kreditinstitute im Sinne des Kreditwesengesetzes gelten, müssen sie aufgrund ihrer Geschäftstätigkeit in verschiedenen Geschäftsbereichen als Konkurrenten von Banken angesehen werden.[99] Beispielsweise üben sie die folgenden Kreditinstitutsfunktionen in verschiedenen Organisationsformen aus:

---

99 Zur Konkurrenz bzw. Kooperation zwischen Banken und Versicherungen siehe u. a. Benölken, H.: Überlegungen zur Kooperation von Kreditinstituten und Versicherungen, in: ZfgK, 38. Jg. (1985), H. 1. S. 16-18; Schwebler, R.: Chancen und Probleme im Beziehungsgeflecht von Banken und Versicherungen, in: Die Bank, o. Jg. (1985), H. 2, S. 72 – 76, Weiss, U.: Allfinanz in Deutschland, in: Bank und Markt, o. Jg. (1997), H. 1, S. 23 – 27, und Warth, W. P.: Bancassurance - Potentiale der Banken, in: Die Bank, o. Jg. (1997), H. 5, S. 280 – 286.

- Als Realkreditinstitute: Vor allem Lebensversicherungen (ferner Sozialversicherungen) legen ihnen zufließendes Kapital auch in (erststelligen) Hypotheken an. Neben der „klassischen“ Versicherungshypothek, die vorwiegend zur Förderung des Hauptgeschäfts Versicherungsinteressenten angeboten wird, ist der „versicherungsungebundene Hypothekarkredit“ ein langfristiges, mit Abschluß einer Lebensversicherung gewährtes und aus letzterer zu tilgendes Darlehen. Weiter bieten Versicherungen in Zusammenarbeit mit Bausparkassen Programme der „Finanzierung aus einer Hand“ an.
- Als Financier öffentlicher Haushalte: Versicherungsunternehmen erwerben in größerem Umfang Schuldverschreibungen öffentlicher Haushalte (des Bundes und der Bundesländer) und vergeben Schuldscheindarlehen an diese. Da diese Papiere mündelsicher sind, sind sie in besonderem Maße zur Mittelanlage im privaten Versicherungssektor geeignet. Öffentlich-rechtliche Versicherer einschließlich der Sozialversicherungen erwerben praktisch ausschließlich öffentliche Anleihen.
- Als Industriekreditinstitute: Durch Versicherungsunternehmen, vor allem mit langfristigem Mittelaufkommen, erfolgt auch die Gewährung langfristiger Kredite an Industrie- und Handelsunternehmen. Diese „Industriedarlehen“ insbesondere der Lebensversicherungen werden als Schuldscheindarlehen oder ähnliche Kreditgewährungen herausgelegt. Sie müssen besonders strengen Vorschriften genügen, da sie nicht „von Natur aus“ als mündelsichere Anlagen gelten. Ebenfalls erwerben Versicherungen, vor allem Lebensversicherungen, Industrieobligationen, wobei ähnlich strenge Bonitätsprüfungen anzustellen sind.
- Als Sparinstitute: Vor allem Lebensversicherungsunternehmen nehmen Spargelder entgegen, die in den zu zahlenden Prämien quotenmäßig (neben der Risikoprämie) enthalten sind. Sie ermöglichen den Versicherungen vor allem ihre langfristigen Anlagegeschäfte. Aufgrund der Konkurrenz, die Versicherungsunternehmen gerade in diesem Bereich darstellen, bieten die Banken in jüngerer Zeit individuell gestaltete Sparpläne mit Versicherungsschutz an. Sie versuchen durch diese Anlagealternative, Spargelder, die bisher in zunehmendem Maße von den Kapitallebensversicherern absorbiert wurden, als potentielle Refinanzierungsreserve zurückzugewinnen.[100]
- Als Garantie- und Bürgschaftsunternehmen: Spezielle Versicherungen übernehmen Bürgschaften und Garantien. Hier ist vor allem die Hermes Kreditversicherungs AG zu nennen, die Ausfuhrgarantien und -bürgschaften des Bundes abwickelt.
- Als Investmentgesellschaften: Letztlich sind Versicherungsgesellschaften, speziell Lebensversicherungen, in geringem Umfang auch im Investmentgeschäft engagiert. Sowohl unter Sachwert- als auch unter geschäftspolitischen Aspekten (Konkurrenz der Investmentfonds, Erweiterung des eigenen Dienstleistungsangebots, bessere Ausnutzung der Vertriebsorganisation) ist von den Lebensversicherungen die „fondsgebundene Lebensversicherung“ geschaffen worden. Im Gegensatz zur herkömmlichen nominalwertbezogenen Lebensversicherung soll die fondsgebundene Lebensversicherung stärker real- bzw. sachwertorientiert sein. Durch die Bewertung

100 Vgl. hierzu ausführlicher Büschgen, H. E.: Sparen an den Banken vorbei?, in: Der volkswirtschaftliche Sparprozeß, hrsg. von W. Ehrlicher und D. B. Simmert, Heft 9 der Beihefte zu Kredit und Kapital, Berlin 1985, S. 583 – 597.

des Fondsvermögens zum jeweiligen Tageswert kann vermieden werden, daß neu eintretende Anleger an von ihnen nicht mitfinanzierten stillen Reserven partizipieren, bei denen die zugrundeliegenden Vermögenswerte auf Einzahlungen früher in die Versicherten- und Sparergemeinschaft eingetretener Sparer beruhen. Bei der fondsgebundenen Lebensversicherung wird das Deckungskapital im Gegensatz zur herkömmlichen Lebensversicherung in einem Sondervermögen angelegt, das als Fonds konstruiert ist bzw. aus Anteilen an speziell für diesen Zweck gegründeten oder bereits bestehenden Fonds gebildet wird. Darüber hinaus werden im Investmentgeschäft der Versicherungen sog. „Ablauffonds" angeboten. Diese Fonds werden aufgelegt in dem Bemühen, Kunden verstärkt für die Wiederanlage von Leistungen aus normal abgelaufenen Lebensversicherungsverträgen zu gewinnen.

Für die Geschäftstätigkeit deutscher Banken relevante, den Wettbewerb auf dem Finanzdienstleistungsmarkt intensivierende Entwicklungslinien in der Versicherungswirtschaft wurden in den vergangenen Jahren u. a. auch deutlich geprägt durch die Aktivitäten des Marktführers, der Allianz AG, die ihr Angebot an Finanzdienstleistungen sukzessive ausgebaut hat und damit in Marktsegmente vorgestoßen ist, die bisher überwiegend von Banken bedient wurden. Hierbei besteht die Strategie der Allianz AG darin, vor dem Hintergrund der aktuellen Veränderungen der Marktrahmenbedingungen über das eigentliche Versicherungsgeschäft hinaus Leistungen in Geschäftsfeldern anzubieten, in denen sie aufgrund des Versicherungsgeschäfts über Kernkompetenzen verfügt. So wurde 1997 die Gründung einer eigenen Vermögensverwaltungsgesellschaft, der Allianz Asset Management GmbH, bekanntgegeben, deren Geschäftsgegenstand die Verwaltung nicht nur des unternehmenseigenen, sondern auch fremden Vermögens ist. Dabei wird sowohl die Zielgruppe der privaten als auch die der institutionellen Anleger anvisiert. Darüber hinaus erfolgte die Gründung eines Unternehmens, der Allianz Capital Partners GmbH, die Finanzierungslösungen für mittelständische nicht börsennotierte Unternehmen anbietet. Das Leistungsangebot dieser Gesellschaft umfaßt dabei das gesamte Spektrum von kleineren Wachstumsfinanzierungen bis hin zu großen Unternehmenskäufen. Beispielsweise werden den Kunden Eigenkapital, nachrangiges Fremdkapital und Mittel für Restrukturierungen zur Verfügung gestellt, Unternehmensverkäufe an leitende Angestellte finanziert sowie Wachstumsfinanzierungen und Privatisierungen ermöglicht.

2. Leasing-Gesellschaften

Leasing-Gesellschaften sind keine Kreditinstitute im Sinne des Kreditwesengesetzes. Versteht man Leasing als temporäre Gebrauchsüberlassung von Wirtschaftsgütern gegen Entgelt, so läßt sich die Geschäftstätigkeit der Leasing-Gesellschaften charakterisieren als entgeltliche Nutzungsüberlassung von Investitionsgütern oder langlebigen Gütern des privaten Bedarfs, die wirtschaftlich selbständig verwendbar und verwertbar sind. Trotz dieser Charakterisierung des Leasing als entgeltliche Gebrauchs- oder Nutzungsüberlassung von Wirtschaftsgütern, die eine Parallelität von Leasing und Miete/Pacht andeutet, und der grundsätzlichen Zugrundelegung mietvertragsrechtlicher Normen besteht in rechtlicher Hinsicht keine Identität zwischen Leasing und Miete, da das Finanz-Leasing gerade auch durch eine von den mietvertraglichen Regelungen differierende Verteilung der vertraglichen Rechte und Pflichten zwischen Leasing-Geber und Leasing-Nehmer gekennzeichnet ist. Da (Finanz-)Leasing-Verträge üblicherweise eine weitgehende Übernahme des Investitionsrisikos durch den Leasing-Nehmer vorsehen, kann die Stellung des Leasing-Nehmers im Gegensatz zur Miete durchaus als eigentümerähnlich apostrophiert werden kann. Diese resultiert in erster Linie aus dem Ausschluß der Kündigungsmöglichkeit durch den Leasing-Nehmer während der Grundmietzeit und aus der Überwälzung aller Gefahren, vor allem auch des zufälligen Untergangs und der mangelnden Funktionsfähigkeit des Investitionsgegenstandes auf den Leasing-Nehmer. Bedingt durch die Kalkulation der Leasing-Raten, die neben den Anschaffungs-, den Finanzierungs- und weiteren Kosten auch die Gewinnmarge der Leasing-Gesellschaft enthalten und damit grundsätzlich auch eine vollständige Amortisation des Leasing-Objektes gewährleisten, steht beim Finanz-Leasing die Finanzierungsfunktion im Vordergrund, so daß Leasing in wirtschaftlicher Betrachtung dem Kreditkauf vergleichbar ist (Zurverfügungstellung von Realkapital).

Die am Markt operierenden Leasing-Gesellschaften lassen sich grob in institutionelle, eigenständige und herstellerunabhängige Gesellschaften (in der Regel Tochtergesellschaften von Banken) und herstellergebundene Leasing-Gesellschaften (Auto-, Computerleasing) einteilen. Ursprünglich wurde das Leasing-Geschäft von den Herstellerfirmen unter dem Aspekt der Absatzförderung entwickelt und getragen, doch schon früh kam es aufgrund der Refinanzierungsbedürfnisse der Leasing-Gesellschaften zur Zusammenarbeit mit Banken. Heute sind letztere in vielfältiger Weise im Leasingeschäft involviert. Sie unterhalten eigene Leasing-Tochterunternehmen, sind an eigenständigen Leasing-Gesellschaften beteiligt, refinanzieren Leasing-Verträge und vermitteln Leasing-Finanzierungen. Dagegen wird das Leasing-Geschäft i. d. R. nicht von Banken direkt betrieben.

3. Kreditkartengesellschaften

Primärer Geschäftsgegenstand von Kreditkartenunternehmen ist die Ausgabe oder Verwaltung von Kreditkarten; sie sind Finanzunternehmen gemäß § 1 Abs. 3 Nr. 4 KWG. Bei der Kreditkarte handelt es sich um ein Instrument, das es dem Karteninhaber ermöglicht, Waren, Dienstleistungen oder Bargeld bei Unternehmen, die entsprechende Kooperationsvereinbarungen mit dem jeweiligen Kreditkartenemittenten eingegangen sind, bis zu einem bestimmten Höchstbetrag gegen Unterzeichnung eines Rechnungsbeleges („Kartenbeleg“) auf Kredit zu beziehen. Sobald der Verkäufer die Kartenbelege der Kreditkartengesellschaft vorlegt, werden sie unter Einbehaltung einer Provision beglichen. Die Abrechnung der Kreditkartengesellschaft mit dem Kreditkarteninhaber erfolgt gesammelt zu einem späteren Zeitpunkt, in der Regel zum Monatsende. Der dem Karteninhaber im rechtlichen Sinne gestundete Betrag wird anschließend innerhalb von längstens zwei Wochen per Lastschrift von einem Konto des Karteninhabers eingezogen. Die Kredit- bzw. Zahlungszielgewährung kann damit im Einzelfall bis zu sechs Wochen währen. Für die Möglichkeit, die Leistungen einer Kreditkartengesellschaft zu nutzen, d. h. für die Mitgliedschaft in einem Kartensystem, muß der Karteninhaber eine Jahresgebühr entrichten. Das Leistungsangebot der Kartengesellschaften umfaßt neben der beschriebenen Kernleistung aber auch eine Reihe ergänzender Dienstleistungen. So sind darüber hinaus beispielsweise auch Versicherungsleistungen (Reisegepäck- und Reisekrankenversicherung), ein Ticket-Service (Reservierung von Karten für Konzert- und Sportveranstaltungen) oder Hotelreservierungs-Service mit einer Kreditkarte verbunden. Auch können Kreditkarten mit einem Microchip ausgestattet und so zugleich als Geldkarte verwendet werden. Neben universell einsetzbaren Kreditkarten, die sich prinzipiell an eine breite Zielgruppe wenden, bieten Kreditkartengesellschaften auch auf die speziellen Bedürfnisse ausgewählter Kundengruppen zugeschnittene Kartenverträge an. Hierzu zählen beispielsweise Angebote, die sich an das Management großer und mittlerer Unternehmen wenden und die Abwicklung der Geschäftsreisekosten erleichtern sollen. Ferner werden Karten angeboten, mit denen das Beschaffungsmanagement eines Unternehmens optimiert werden kann; autorisierte Mitarbeiter können hiermit bis zu einem festgesetzten Limit bei bestimmten Händlern Waren einkaufen. Andere Kartenangebote richten sich etwa an kleinere Unternehmen, die ein weniger umfassendes Leistungspaket wünschen. Auch für die Zielgruppe vermögender Privatkunden werden spezielle Kartenprogramme bereitgehalten.

Etwa seit Mitte der achtziger Jahre verzeichnet der Kreditkartenmarkt in Deutschland ganz erhebliche Zuwachsraten. Zwar waren Kreditkarten auch schon vor dieser Zeit in Deutschland bekannt, allerdings wendeten sich die Kreditkartengesellschaften mit ihrem Leistungsangebot ursprünglich nur an ausgewählte Kundensegmente. Einer weiteren Verbreitung der Kreditkarte standen zudem bis dahin auch die Präferenz deutscher Banken für das von ihnen entwickelte eurocheque-System in Verbindung mit dem Ausbau des Raten- und Kontokorrentkreditgeschäfts entgegen. Erst Entwicklungen wie die allmählich einsetzende Substitution der Konsumkredite der Banken durch die Konsumfinanzierungen des Handels, der zunehmende Auslandsreiseverkehr und die Internationalisierung des Privatkundengeschäfts verhalfen der Kreditkarte auch in Deutschland zum Durchbruch. Zu den führenden Anbietern in Deutschland zählen gegenwärtig American Express, Diners Club, Visa International und Eurocard, das von deutschen Banken getragen wird und mittelbar mit der ebenfalls von Banken getragenen internationalen MasterCard-Gruppe verbunden ist. Die Zahl der von diesen vier Unternehmen insgesamt ausgegebenen Karten belief sich 1995 in Deutschland auf rund 11,5 Millionen Karten, weltweit etwa auf das Siebenfache. Davon entfielen in Deutschland knapp 60 % auf Eurocard/Mastercard und rund 28 % auf Visa. Mit der Visacard konnte man 1995 in Deutschland bei 246.000 Akzeptanzstellen Waren und Dienstleistungen beziehen; die Eurocard/Mastercard wurde bei mehr als 300.000, die American-Express-Karte und die Diners-Club-Karte jeweils bei etwa 170.000 Stellen akzeptiert.[101] Während American Express und Diners Club als direkter Kartenemittent auftreten, erfolgt die Ausgabe der

101 Vgl. o.V.: Kartenstatistik, In Deutschland weniger Visa-Akzeptanzstellen, in: cards/Karten/cartes, o. Jg. (1996), H. 1, S. 23.

Visa- und Eurocard-Kreditkarten über das Bankensystem. Die lizenznehmenden Banken haben dabei weitgehende Freiheiten hinsichtlich der Ausgestaltung der Karte sowohl in ihrer Kreditfunktion als auch in den Zusatzleistungen. Sie übernehmen neben der Emission der Karten auch das Marketing in eigener Regie, tragen zugleich aber auch das gesamte mit dem Kartengeschäft verbundene Risiko. Die Refinanzierung der Kreditkartengesellschaften erfolgt über das Bankensystem oder die Geld- und Kapitalmärkte.

4. Factoring-Institute

Factoring-Institute betreiben eine Warenfinanzierungsform, bei der auf der Basis eines Rahmenvertrages zwischen „Factor" und „Factor-Kunde" dessen Forderungen aus Warenlieferungen und Leistungen gegen seine Abnehmer einmalig oder laufend sofort oder Valuta Verfalltag angekauft und/oder bevorschußt werden. Neben der Finanzierungsfunktion übernehmen Factoring-Institute weitere Dienstleistungen für ihre Kunden, indem sie etwa deren Debitorenbuchhaltung, Mahnwesen und Inkasso sowie weitere verwandte Aufgaben durchführen. „Echtes" Factoring liegt vor, wenn neben der Verwaltung der Forderungen auch Finanzierungsleistungen erbracht und das Delkredererisiko übernommen werden. Bleibt das Kreditrisiko dagegen beim Klienten des Factors, spricht man von „unechtem" Factoring. Die Refinanzierung der Factoring-Institute erfolgt, soweit es sich um Tochterunternehmen von Banken handelt, in der Regel über die Muttergesellschaften; ansonsten muß sie über den Geldmarkt vorgenommen werden.[102]

5. Forfaitierungsinstitute

Forfaitierungsinstitute, d. h. ausschließlich auf Forfaitierung von Forderungen (Ankauf in „Bausch und Bogen") spezialisierte Institute, sind in Deutschland nicht existent. In der Regel wird das dem Factoring verwandte Geschäft — schon wegen seines begrenzten Volumens — von umfassender ausgerichteten Instituten — vor allem von Universalbanken — betrieben. Forfaitierung besteht im Ankauf von mittel- bis langfristigen Einzelforderungen über hohe Beträge unter Übernahme aller Risiken, vor allem auch des Delkredererisikos. Die Refinanzierung der Forfaiteurs erfolgt meist über Banken, die Muttergesellschaften der Forfaitierungsinstiute sind, über sonstige Gesellschafterdarlehen u. ä. sowie am freien Geldmarkt.

---

[102] Vgl. Bette, K.: Die Einordnung des Factoring-Geschäfts in das deutsche Recht, in: Die Bank, o. Jg. (1985), H. 8, S. 408 – 413.

6. Pfandleih-(-kredit-)anstalten

Pfandleihanstalten sind gewerbliche Unternehmen, die das Pfandleihgeschäft betreiben, d. h. Darlehen gegen Verpfändung von Gegenständen des täglichen Gebrauchs — sogenannte Lombardkredite — gewähren. Sie sind zwar Banken, werden in § 2 KWG jedoch von den Bestimmungen des Kreditwesengesetzes ausgenommen. Pfandleiher sind in Deutschland entweder gewerbliche Privatbetriebe oder häufiger solche der öffentlichen Hand („Leihhäuser"). Werden Pfandleihanstalten von Privaten betrieben, so bedarf dies einer behördlichen Betriebserlaubnis, die nur nach Vorliegen bestimmter Voraussetzungen erfolgt.

Rechtsgrundlagen für das Aktivgeschäft der Pfandleihanstalten sind die Gewerbeordnung sowie die Verordnung über den Geschäftsbetrieb der gewerblichen Pfandleiher, nicht das Kreditwesengesetz. Gesetzliche Regelungen für das Passivgeschäft der Pfandleihanstalten liegen nicht vor.

Die Refinanzierung der Leihanstalten ist nicht banktypisch. Bei fehlender Einlagenannahme erfolgt die übliche Refinanzierung über Mittel der Gemeinden als langfristige Darlehen und/oder Verrechungskredite; daneben kommen Kreditaufnahmen bei örtlichen Banken in Betracht. Für das Aktivgeschäft der Institute, die Darlehensgewährung, gilt das Prinzip der ausschließlichen Pfandhaftung sowie das Verbot der Drittverpfändung. Bei Nichteinlösung der Pfänder muß eine öffentliche Versteigerung durch amtlich bestellte Auktionatoren erfolgen. Für die Darlehenskonditionen der Institute setzt die Pfandleihverordnung praktisch Höchstgrenzen fest.

7. Kapitalbeteiligungsgesellschaften und Venture-capital-Gesellschaften

Kapitalbeteiligungsgesellschaften sind keine Kreditinstitute im Sinne des Kreditwesengesetzes, jedoch zählen sie nach § 1 Abs. 3 Punkt 1 KWG zu den Finanzunternehmen. Sie sind Unternehmen, die nichtemissionsfähigen — i. d. R. mittelständischen — Unternehmen Eigenkapital in Form von Minderheitsbeteiligungen für eine begrenzte Zeit zur Verfügung stellen. Nach der Zielsetzung und dem Geschäftskreis lassen sich private, erwerbswirtschaftlich ausgerichtete Kapitalbeteiligungsgesellschaften einerseits und öffentlich-rechtliche, nicht erwerbswirtschaftliche Gesellschaften andererseits unterscheiden.

Neben der volkswirtschaftlich wichtigen Zielsetzung, die Eigenkapitallücken und damit einen Teil der Finanzierungsprobleme der mittelständischen Unternehmen zu „überbrücken", haben die Kapitalbeteiligungsgesellschaften — zumindest die erwerbswirtschaftlich ausgerichteten — das Ziel, unter Berücksichtigung der Gesamtkundenbeziehung eine nachhaltige, dem Risiko angemessene Rendite zu erzielen. Als Beteiligungsnehmer kommen somit i. d. R. nur etablierte, wachstums- und ertragsstarke Unternehmen in Betracht, die eine ausreichende Verzinsung des eingesetzten Beteiligungskapitals erwarten lassen.

Der Konzeption nach ist das Engagement der Kapitalbeteiligungsgesellschaften zweistufig angelegt: Die erste Stufe ist mit dem Beteiligungserwerb in Form von Kommanditeinlagen, GmbH-Anteilen oder der stillen Gesellschaft abgeschlossen; in der aufgrund von Bewertungsfragen, Fungibilitätsfragen und anderen Fragen problematischen zweiten Stufe sollen diese erworbenen Beteiligungen einen Fonds bilden und durch Ausgabe von Anteilen an diesem Fonds ähnlich den Investmentzertifikaten gestückelt im Publikum abgesetzt werden. Die Kapitalbeteiligungsgesellschaften erhalten Mitspracherechte bei größeren geschäftspolitischen Entscheidungen der Beteiligungsbetriebe, ohne aber selbst Entscheidungsgremium zu werden. Die Betriebe sollen selbständig und personenorientiert bleiben.

Von den Kapitalbeteiligungsgesellschaften im herkömmlichen Sinne sind die „Venture-capital-Gesellschaften“ zu unterscheiden. Wie die traditionellen Beteiligungsgesellschaften stellen sie mittelständischen Unternehmen Beteiligungskapital zur Verfügung, jedoch haben sie nicht etablierte Unternehmen, sondern primär innovative, junge Unternehmen mit überdurchschnittlichen Wachstumspotentialen als Zielgruppe.

Der Konzeption nach verläuft der Prozeß der Venture-capital-Finanzierung in mehreren Schritten. Zunächst legt ein spezialisiertes Venture-capital-Unternehmen einen Fonds auf, den es bei institutionellen Anlegern wie Großunternehmen, Versicherungen sowie Banken, aber eventuell auch bei Privatpersonen plaziert. Nach Aufbringung der Mittel werden potentielle Investitionsobjekte auf ihre Eignung (Zukunftsorientierung, gutes Management, potentielle Ertragskraft) überprüft und geeignet erscheinende Unternehmen ausgewählt. Im nächsten Schritt werden ein Gesamtfinanzierungsplan, der ggf. auch zusätzliche externe Mittel enthält, aufgestellt, die Beteiligungsverträge abgeschlossen und die Finanzierungsbedingungen ausgehandelt. Die Beteiligungen werden regelmäßig zur Wahrung der Autonomie des Gründers als Minoritätsbeteiligungen eingegangen; sie können sich jedoch gelegentlich durch den hohen Kapitalbedarf in der Entwicklungsphase des Unternehmens zu Mehrheitsbeteiligungen ausweiten. In der Entwicklungsphase ist der „Jungunternehmer“ häufig überfordert, alle technischen und betriebswirtschaftlichen Probleme abgestimmt aufeinander zu lösen. Hier unterstützt ihn die Venture-capital-Gesellschaft aktiv durch ihr know-how. Sie kann somit in gewissem Sinne als „Mischung“ aus geschlossenem Beteiligungsfonds für Risikokapital und Unternehmensberatungsgesellschaft charakterisiert werden. In der letzten Phase, der Desinvestitionsphase, soll das Beteiligungsunternehmen mit möglichst hohem Gewinn veräußert werden. Dies gelingt entweder über den Rückverkauf an die Gründer, eine Veräußerung an ein interessiertes Großunternehmen oder mittels „going public“, der Einführung der Unternehmung an der Börse.

Um die Haftung der Venture-capital-Gesellschaft gegenüber den Gläubigern des Kapitalnehmers auszuschließen, erfolgt das Engagement der Beteiligungsgesellschaft i. d. R. in Form der typischen stillen Gesellschaft. Die Verlustbeteiligung ist bei dieser Gesellschaftsform zwar grundsätzlich möglich, sie wird jedoch für die Venture-capital-Gesellschaft regelmäßig ausgeschlossen. Wie auch bei vielen anderen banknahen Institutionen sind die Banken zum großen Teil an den Venture-capital-Gesellschaften beteiligt.[103]

8. Unternehmensbeteiligungsgesellschaften

1987 ist das Gesetz über Unternehmensbeteiligungsgesellschaften (UBGG) in Kraft getreten. Ziel dieses Kapitalmarktgesetzes ist es, nicht börsennotierten kleinen und mittleren Unternehmen mittelbar Zugang zu den organisierten Märkten für Eigenkapital zu verschaffen. Durften Unternehmensbeteiligungsgesellschaften in Deutschland ursprünglich nur in der Rechtsform einer Aktiengesellschaft gegründet werden, gesteht die durch das 3. Finanzmarktförderungsgesetz 1998 novellierte Fassung des UBGG nunmehr auch den Geschäftsbetrieb in der Rechtsform der GmbH, der KG und der KGaA zu. Damit — wie generell im Rahmen der Deregulierung des UBGG durch das 3. Finanzmarktförderungsgesetz — soll eine größere Flexibilität, Attraktivität und letztlich Verbreitung von Unternehmensbeteiligungsgesellschaften erreicht werden, um den Markt für Wagniskapital in Deutschland nachhaltig zu beleben. Geschäftsgegenstand einer Unternehmensbeteiligungsgesellschaft ist der Erwerb, das Halten, die Verwaltung und die Veräußerung von Wagniskapitalbeteiligungen. Unter Wagniskapitalbeteiligungen sind dem Gesetz nach Aktien, Geschäftsanteile an einer GmbH, Kommanditanteile, Beteiligungen als Komplementär, Beteiligungen als stiller Gesellschafter im Sinne des § 230 HGB und Genußrechte zu verstehen. Darüber hinaus dürfen gemäß § 3 UBGG lediglich noch folgende Geschäfte betrieben werden:

- Gewährung von Darlehen an Unternehmen, an denen Wagniskapitalbeteiligungen gehalten werden,
- Anlage verfügbaren Geldes bei Kreditinstituten und in Schuldverschreibungen,
- Aufnahme von Krediten,
- Begebung von Schuldverschreibungen (unter einschränkenden Bedingungen) und Genußrechten,
- Grundstückserwerb zur Beschaffung von Geschäftsräumen,
- Sonstige Geschäfte, die mit dem Unternehmensgegenstand zusammenhängen.

Mit dem Ziel, steuerlichem Mißbrauch des Gesetzesrahmens durch Holdinggesellschaften vorzubeugen, unterscheidet das UBGG zwei Arten von Unternehmensbeteiligungsgesellschaften. Dies ist zum einen die offene Unternehmensbeteiligungsgesellschaft und zum anderen die integrierte Unternehmensbeteiligungsgesellschaft. Offene Unternehmensbeteiligungsgesellschaften unterliegen gesetzlichen Beschränkungen hinsichtlich der Anteilsstruktur (nach einer bestimmten Anlaufphase dürfen keine maßgeblichen Beteiligungen mehr an der Gesellschaft bestehen), sind jedoch freier in ihrer Anlagepolitik. Integrierte Unternehmensbeteiligungsgesellschaften hingegen unterliegen keinen

---

103 Vgl. Büschgen, H. E.: Venture Capital - der deutsche Ansatz, in: Die Bank, o. Jg. (1985), H. 5, S. 220 – 227, hier: 224 f.; ders.: Banken und Venture-Capital-Finanzierung, in: Die Bank, o. Jg. (1985), H. 6, S. 284 ff.

gesetzlichen Beschränkungen hinsichtlich ihrer Anteilstruktur, müssen dafür aber — um einem Mißbrauch dieses Unternehmenstyps durch Holdingstrukturen vorzubeugen — striktere Anlagegrenzen einhalten. Das Grundkapital einer Unternehmensbeteiligungsgesellschaft muß mindestens zwei Millionen DMark betragen. Unternehmensbeteiligungsgesellschaften sind von ihrer Geschäftstätigkeit her gesehen Kreditinstitute, aber nach § 2 Abs. 1 Nr. 6 KWG gelten sie nicht als Kreditinstitute im Sinne des Kreditwesengesetzes und unterliegen somit weder den Vorschriften des Kreditwesengesetzes noch der Aufsicht des Bundesaufsichtsamtes für das Kreditwesen. Die Aufsicht über die Unternehmensbeteiligungsgesellschaften führen vielmehr die obersten Landesbehörden, die auch für die Anerkennung als Unternehmensbeteiligungsgesellschaft — die nur auf Antrag erteilt wird — zuständig sind.

9. Vermögensverwaltungs- und Anlageberatungsgesellschaften

Vermögensverwaltungs- und Anlageberatungsgesellschaften sind in Deutschland in Konkurrenz zu den Vermögensverwaltungs-, Anlageberatungs- und Anlagevermittlungstätigkeiten der Universalbanken als selbständige Unternehmen entstanden. Sie sind nicht Kreditinstitute im Sinne des Kreditwesengesetzes, da die Durchführung der Effektenhandels- sowie -verwahrungs- und -verwaltungsgeschäfte nicht von ihnen selbst, sondern — für Rechnung ihrer Kunden von ihnen veranlaßt — von Banken, bei denen ihre Kunden Konten unterhalten, erfolgt. Die Vermögensverwaltungsgesellschaften betreuen dabei nur sehr große Effektendepots. Die Vermittlung beschränkt sich nicht nur auf das Effektengeschäft, sondern umfaßt auch sonstige Vermögensanlagen (Edelmetall-, Warentermingeschäfte, Investmentanteile, Immobilien, Steuersparprojekte u.a.m.). Verbunden mit diesen Vermittlungsgeschäften ist die Anlageberatung der Kapitalanleger. Neben juristisch selbständigen Anlageberatungsgesellschaften sind hier auch Börsen- und Finanzinformationsdienste zu nennen.

10. Finanzmakler

Zum Finanzsystem Deutschlands gehören auch — obwohl nicht Banken und nicht selbst Geld- bzw. Kapitalgeber und -nehmer — die Finanzmakler. Diese vermitteln Geld und Kapital (Kredite, Beteiligungen, Einlagen) in verschiedensten Formen, i. d. R. ohne selbst Bonitäts- oder Liquiditätsrisiken zu übernehmen. Das deutsche Recht unterscheidet Zivil- und Handelsmakler entsprechend der Zurechnung ihrer Vermittlungsgeschäfte unter die Kriterien „Geschäfte des Handelsverkehrs", „Gewerbsmäßigkeit" und „Umfang des Geschäftsbetriebs". Der Handelsmakler ist stets gewerblicher Vermittler und Mußkaufmann, während der Zivilmakler nur u.U. Sollkaufmann gem. § 2 HGB sein kann.

Wirtschaftlich lassen sich die Finanzmakler nach den Objekten ihrer Vermittlungstätigkeit unterscheiden in:[104]

- *Kursmakler:* Kursmakler sind amtlich bestellte und vereidigte Handelsmakler, die an Wertpapierbörsen die Börsenpreise amtlich festzustellen bzw. an Warenbörsen bei der amtlichen Feststellung mitwirken. Kursmakler dürfen ihre börslichen und außerbörslichen Geschäfte außer als Einzelkaufmann auch als Geschäftsleiter eines Finanzdienstleistungsinstituts oder Kreditinstituts in der Rechtsform der Aktiengesellschaft oder der Gesellschaft mit beschränkter Haftung betreiben. Erhebliche Veränderungen in den rechtlichen Rahmenbedingungen ergeban sich für die Kursmakler aus der Umsetzung der EG-Wertpapierdienstleistungsrichtlinie von 1993 und der EG-Kapitaladäquanzrichtlinie in deutsches Recht durch das Begleitgesetz zum Gesetz zur Umsetzung von EU-Richtlinien zur Harmonisierung bank- und wertpapieraufsichtsrechtlicher Vorschriften (6. KWG-Novelle) 1998. Kursmakler erbringen aufgrund ihrer Vermittlungstätigkeit und Eigenhandelsgeschäfte gewerbsmäßig Finanzdienstleistungen im Sinne des KWG. Sie werden damit zu Finanzdienstleistungsinstituten (wenn sie zusätzlich auch Bankgeschäfte gem. § 1 KWG betreiben, zu Kreditinstituten) und müssen die diesbezüglichen Bestimmungen des KWG berücksichtigen, insbesondere auch Mindesteigenkapitalanforderungen genügen.
- *Lieferantenkreditmakler*: Diese vermitteln — meist als Investitionsgüterverkäufer o. ä. — zur Finanzierung der über sie abgeschlossenen Grundgeschäfte auch den entsprechenden Kredit als Mittel der Absatzförderung. Im Grunde sind hier auch die Hypothekenbankkreditvermittler, die Bauträgerunternehmen und/oder Immobilienmakler sind, aufzuführen.
- *Konsumenten- und Kleinkreditmakler*: Gegenstand dieser Finanzmaklergruppe ist die Vermittlung von Kleinkrediten und ähnlichen Darlehen von Ratenkreditbanken und anderen kleinkreditgewährenden Banken für kreditsuchende Konsumenten. Hierbei wird die auf seiten der Konsumenten bestehende Unwissenheit und mangelnde Bankerfahrung oder Abneigung, selbst zur Bank zu gehen, ausgenutzt. Die deutschen Banken sind bemüht, die überflüssige, nur kreditkostensteigernde Tätigkeit dieser Makler durch Informationen und Werbemaßnahmen auszuschalten.
- *Finanzmakler der Individualfinanzierung*: Diese vermitteln gewerblich Investitionskredite vor allem zwischen Personen und nicht emissionsfähigen kleinen und mittleren Unternehmen, Außenhandelsfinanzierung (in Deutschland kaum zu finden), Kapitalbeteiligungen (Anteile an Unternehmen) und ganze Unternehmen.
- *Finanzmakler für Schuldscheindarlehen*: Diese betätigen sich in den verschiedenen Formen des Schuldscheindarlehengeschäfts: Beim direkten Revolving vermitteln sie Darlehen unmittelbar zwischen den Beteiligten (Industrieunternehmen und i. d. R. Lebensversicherungen); beim indirekten Revolving kommt es vor, daß einer Bank durch den Makler Einlagengelder - meist von Versicherungen - mit der Zweckbindung zur (Schuldschein-)Darlehensgewährung vermittelt werden.

---

[104] Vgl. Hahn, O.: Der Finanzmakler als Banktyp, in: Der Bankbetrieb zwischen Theorie und Praxis. Festschrift zum 60. Geburtstag von K. F. Hagenmüller, hrsg. von J. Süchting, Wiesbaden 1977, S. 179 – 191.

IV. Nichtbanken am Bankenmarkt („non banks", „non-bank-banking")

Neben den Konkurrenzbeziehungen zwischen einzelnen Banken bzw. Bankengruppen ist die Bankwirtschaft in zunehmendem Maße der Konkurrenz mit Nichtbankunternehmen ausgesetzt, eine Entwicklung, die vielfach dem Schlagwort „an den Banken vorbei" subsumiert wird. Bei einer diesbezüglichen Einordnung ist jedoch eine exakte Abgrenzung des Begriffs „Bank" bedeutsam, da mit zunehmender Einengung des Bankbegriffs auch gleichzeitig die Möglichkeiten des „an den Banken vorbei" steigen. So führt die enge Fassung des Begriffs Bank in den USA dazu, daß dort eine Reihe von Sachverhalten als „an den Banken vorbei" einzuordnen sind, die bei der weiteren Fassung des Begriffs „Kreditinstitut" gemäß § 1 KWG für das Bankensystem in Deutschland brancheninternen Charakter aufweisen. Hinzu kommt, daß das in Deutschland vorherrschende Universalbankensystem seine Leistungen traditionell bereits im Zusammenwirken mit einer Vielzahl spezialisierter Banken sowie banknaher Institutionen des finanziellen Sektors (near-banks) erbringt. Zudem läßt die Flexibilität des deutschen Universalbankensystems nennenswerte Entwicklungen im finanziellen Bereich „an den Banken vorbei" auf den ersten Blick zumindest als wenig vorstellbar erscheinen. Denn „an den Banken vorbei" kann letztlich nur bedeuten, daß entweder Nichtbankunternehmen traditionelle Marktleistungen der Bankwirtschaft (in kommerzieller Weise) erbringen oder daß Finanzströme an den Bankbilanzen vorbei, z. B. unmittelbar vom Sparer zum Investor, fließen.

In diesem Zusammenhang sei zunächst exemplarisch auf Entwicklungen in den USA verwiesen: Non banks oder nonfinancial institutions nutzten Umbruchstimmungen im US-amerikanischen Finanzsystem, um neben traditionellen Geschäftsbereichen auch eine Sparte „financial services" innerhalb ihres Geschäftsportfolios zu etablieren. So bietet der Warenhauskonzern Sears Roebuck z. B. seinen Kunden nicht nur Konsumfinanzierungen an, sondern setzt zur Refinanzierung seiner Aktivitäten auch commercial paper selbständig bei institutionellen Anlegern des Nichtbankenbereichs ab. Darüber hinaus konkurriert der Konzern insbesondere auch durch selbstaufgelegte Geldmarktfonds mit der Bankwirtschaft um das Anlagepotential der privaten Sparer. Sollten solche und andere Finanzdienstleistungsarten bei vielen Unternehmen ursprünglich als Absatzförderungsinstrumente für das eigentliche Nichtbank-Sortiment dienen, haben sie sich tatsächlich zu einer eigenständigen Geschäftssparte entwickelt. Die Aktivitäten der US-amerikanischen Nichtbanken in traditionellen Geschäftsbereichen der Banken liegen aber u. a. darin begründet, daß den amerikanischen Banken (commercial banks) nur das Einlagengeschäft als bankinstitutsbegründende Tätigkeit gesetzlich vorbehalten ist. Damit liegt die Problematik der Übertragung des Begriffs der non-bank in das deutsche Bankensystem in der von der deutschen formal-juristischen Begriffsdefinition stark abweichenden Interpretation des Bankbegriffs in den USA begründet. Gleichwohl sind auch in Deutschland Tendenzen erkennbar, in denen Nichtbanken in Bankenmärkte vordringen. Dies geschieht einerseits ohne gleichzeitig das Bankgeschäft als primäres Sachziel zu übernehmen. Aus bankwirtschaftlicher Sicht werden diese Nichtbankunternehmen, die Finanzdienstleistungen anbieten, die zu den von den Banken gebotenen Leistungen komplementär oder, vor allem, substitutiv sein können, in Analogie zum Begriff der near-banks als non-banks bezeichnet. Andererseits diversifizieren Nichtbankunternehmen in Deutschland aber auch durch Gründung (spezialisierter) konzerneigener Banken, d. h. unter Übernahme des Sachziels „Erstellung von Bankleistungen", in den Bankenmarkt. Der Grund hierfür ist darin zu sehen, daß Finanzdienstleistungen, die nach der umfassenden Abgrenzung des KWG als Bankgeschäfte zu qualifizieren sind, in Deutschland ausschließlich durch „Kreditinstitute" erbracht werden dürfen, sofern sie gewerbsmäßig oder in einem Umfang betrieben werden, der einen in kaufmännischer Weise eingerichteten Geschäftsbetrieb erfordern. Die Offerte von Bankleistungen ist an die Genehmigung des BAK gebunden und setzt die Erfüllung der KWG-Normen und eine Überwachung durch die Bankenaufsicht voraus. Im Fall der Gründung von Banken durch Nichtbankunternehmen kann man zwar zumindest in formal-juristischer Sicht prinzipiell nicht mehr von non-banks am Bankenmarkt im Sinne obiger Abgrenzung sprechen; dennoch können solche Banken durchaus dieser Konkurrentengruppe subsumiert werden, da es sich um Markteintritte handelt, die im Nichtbankenbereich initiiert wurden und insofern aufgrund der Besitzverhältnisse Veränderungen der Wettbewerberstruktur in Richtung Nichtbankenbereich induzieren.

Überwiegende Motive der Unternehmen des reinen Nichtbankensektors (Warenhäuser, Mineralölfirmen, Automobilhersteller, Computerhersteller usw.), die in mehr oder weniger großem Umfang bestimmte Bankgeschäfte betreiben, sind zum einen die Förderung des Absatzes ihrer eigentlichen Hauptleistungen, zum anderen aber auch die Schaffung zusätzlicher Ertragsquellen. Absatzfördernde Finanzierungsangebote wurden in Deutschland überwiegend zunächst über spezialisierte Tochtergesellschaften der Nichtbanken angeboten, wobei diese Tochtergesellschaften in der Regel als Teilzahlungsinstitute ohne Vollbanklizenz gestaltet waren. Kennzeichnend dabei ist, daß sich diese hier als non bank-banks bezeichneten Banken vertriebspolitisch vorrangig auf Kundengruppen ausrichten, die auch Gegenstand des originären Geschäftes der Nichtbank sind und denen im Rahmen dieser Kundengruppen entsprechend einer Cross-selling-Strategie Finanzdienstleistungen angeboten werden. Paradigmatisch seien an dieser Stelle die sog. Autobanken — Tochtergesellschaften der Automobilhersteller, so z. B. die Opel Bank GmbH , die FIAT Bank GmbH oder die Renault Bank GmbH — angeführt, deren strategische Positionierung darauf abzielt, durch ein ausgewähltes Leistungsprogramm „rund um das Auto" Kundenverbindungen — in der Regel als Zweit- oder Drittbankverbindung — zu akquirieren. Teilweise wurden Teilzahlungsinstitute des Nichtbankenbereichs zu Vollbanken ausgebaut, die kundengruppenspezifisch neben den klassischen Teilzahlungsfinanzierungen nunmehr auch das vollständige Kredit- und Einlagengeschäft sowie spezifische Zahlungsverkehrsleistungen, insbesondere die Emission bzw. den Vertrieb von Kreditkarten, betreiben. Beispielsweise wendet sich die Volkswagen Bank mittlerweile nicht nur mit dem Angebot von Finanzierungsfazilitäten für Kraftfahrzeuge an ihre Kunden, sondern bietet ihnen darüber hinaus als Direktbank auch Anlagefazilitäten (Tages- und Festgeld, Sparpläne und Sparbriefe) und eine Reiseservice an (Sortengeschäft, Reiseschecks) und emittiert Kreditkarten. Gleiches gilt für die Quelle Bank GmbH & Co., deren Leistungen zudem auch den Service eines discount broker umfassen. Darüber hinaus bietet der Quelle-Konzern auch Bauspar- und Versicherungsleistungen über Tochtergesellschaften an. Eine konsequente, zukunftsorientierte Weiterentwicklung solcher leistungs- und ertragspolitischen Diversifikationsgedanken stellt auch die Gründung der Debis AG, der Dienstleistungsgesellschaft des Daimler-Benz Konzerns, dar. Neben der Sparte Finanzdienstleistungen, deren Leistungsspektrum von der Produkt- bis zur Projektfinanzierung reicht, umfaßt das Portfolio der Debis AG weiterhin die Geschäftsfelder Versicherung und risk managment, Informations- und Telekommunikationstechnologie, Mediendienste, Handel und Immobilienmanagement.

Als eine weitere im Zusammenhang von Nichtbankaktivitäten auf den für Banken relevanten Märkten bedeutende, sich teilweise mit dem bereits Aufgeführten überschneidende Entwicklungslinie im Firmenkundengeschäft ist auch der Trend zum *corporate banking* anzusehen[105], der sich darin manifestiert, daß große, international tätige Industrieunternehmen höchster Bonität ihre Finanzabteilungen — teilweise aus Gründen der Kostenminimierung, teilweise aber auch aus Gründen der Ertragserzielung — konsequent in Richtung einer Eigenerstellung von Leistungen, die ursprünglich von Banken bezogen wurden, ausbauen bzw. ausgebaut haben und sich so weitgehend von Banken emanzipieren. Ermöglicht und forciert werden solche Insourcing-Strategien einesteils etwa durch die zunehmende Globalisierung und Deregulierung der Finanzmärkte mit der Folge eines erleichterten Marktzugangs für diese Unternehmen, durch den enormen technischen Fortschritt bei den Kommunikations- und Informationstechnologien mit der Folge einer deutlich verbesserten Informationsverarbeitung und erhöhten Transparenz auf den Finanzmärkten, die zu einem zunehmenden Abbau der Informations- und Transaktionskostenvorteile der Banken im Rahmen ihrer Intermediärsfunktionen führt, sowie durch die verbesserte Erreichbarkeit institutioneller Anleger, die ihre Mittel vielfach direkt am Kapitalmarkt anlegen. Darüber hinaus sind Ursachen des corporate banking aber auch in unternehmensbedingten Veränderungen zu suchen, so etwa erheblichem Wachstum — viele Transaktionen fallen bei multinationalen Unternehmen in einer Größenordnung und Häufigkeit an, die selbst größeren Banken nicht nachstehen —, geographischer Diversifikation oder Mangel an Realinvestitionsmöglichkeiten im Kerngeschäft. Die Finanzabteilungen multinationaler Großunternehmen führen im Rahmen des corporate banking nicht mehr lediglich Beschaffungs- und Verwaltungsaufgaben durch, sondern werden darüber hinaus auch aktiv in Bereichen wie Zahlungsverkehr, Währungsmanagement, Restrukturierung (mergers and acquisitions) oder Auftragsfinanzierung tätig. So verfügen viele große Unternehmen mittlerweile über weltweite Kommunikations- und Datenverarbeitungsnetze, mit deren Hilfe Zahlungen auch innerhalb des Konzens weitergeleitet werden können und die Liquiditätsposition zentral optimiert werden kann. Im Rahmen des Liquiditäts- und Währungsmanagement wurde in Kooperation mit Softwareherstellern entsprechende Software entwickelt, die prinzipiell auch anderen Unternehmen entgeltlich zugänglich gemacht werden könnte. Auch die Finanzierung international tätiger Großunternehmen höchster Bonität erfolgt vielfach direkt über den Kapitalmarkt und ohne Zwischenschaltung eines Finanzintermediärs (securitisation). Schließlich verfügen multinationale Unternehmen auch aus ihrem Kerngeschäft

---

[105] Vgl. hierzu Hagemann, H.: Von der Finanzabteilung zur „corporate bank", in: Geldinstitute, o. Jg. (1992), H. 1/2, S. 6 – 16, und Jacob, A.-F.: Corporate Banking und Kundenloyalität, in: Bank und Markt, o. Jg. (1993), H. 1, S. 5 – 13.

heraus bei bestimmten Finanzdienstleistungen über komperative Vorteile gegenüber Banken, so beispielsweise über besonderes Know-how bei Projekt- und Leasing-Finanzierungen oder über besseren Zugang zu ihren Kunden im Rahmen der Auftragsfinanzierung. Die institutionelle Ausgestaltung einer Corporate-banking-Strategie kann entweder in Form eines cost- oder profit-center oder — sofern Bankgeschäfte nach § 1 KWG betrieben werden — in Form einer rechtlich selbständigen, konzerneigenen Bank bzw. eines Finanzdienstleistungsinstituts / Finanzunternehmens erfolgen, die entweder nur als Hausbank des Konzerns fungiert oder ihr Leistungsprogramm auch für Dritte öffnet. In jedem Fall aber vollzieht sich damit ein Wandel in der Struktur der Arbeitsteilung zwischen Banken als Finanzintermediären und multinational tätigen Industrieunternehmen, wobei eine Abgrenzung zwischen kostenpolitisch motivierter Eigenerstellung und ertragspolitisch motivierter Konkurrenz zu Banken vielfach nicht mehr klar gezogen werden kann.

Eine weitere Entwicklung, die zu einer Erweiterung des bankbetrieblichen Wettbewerbsumfeldes aus dem Nichtbankenbereich führt, resultiert aus der zunehmenden Bedeutung innovativer Technologien für die Bankgeschäftstätigkeit. Die von einer wachsenden Anzahl deutscher Banken verfolgten Electronic-banking- und Direct-banking-Strategien implizieren mehr und mehr Veränderungen der Schnittstelle zwischen einer Bank und ihren Kunden. Der persönliche Kontakt in den Geschäftsräumen einer Bank wird dabei durch eine Kommunikation mittels distanzüberbrückender Kommunikationsmedien substituiert. Die technischen Voraussetzungen einer Abwicklung von Bankleistungen über die räumliche Distanz hinweg wurden in der Vergangenheit durch innovative Problemlösungen im Bereich der Informations- und Telekommunikationstechnologie geschaffen. Gerade in diesem Kompetenzbereich weisen jedoch Nichtbankunternehmen des Technologie-Sektors (z. B. Computerhard- und -softwarehersteller) in erheblichem Maße Vorsprünge gegenüber Banken auf. Bezieht man weiterhin auch die Implikationen der veränderten technischen Rahmenbedingungen für die bankbetriebliche Leistungserstellung mit in die Betrachtung ein, zeigt sich, daß Bankleistungen, die sich als Konglomerat verschiedener Teilleistungen des technisch-organisatorischen und des liquiditätsmäßig-finanziellen Bereichs einer Bank darstellen, im Rahmen virtueller Organisationsstrukturen grundsätzlich auch kooperativ durch eigenständige, institutionell separierte Leistungseinheiten erbracht werden können. Mit anderen Worten können Teilleistungen innerhalb der bankbetrieblichen Wertkette separiert und ausgelagert werden. Leistungen, die ursprünglich von Banken selbst erstellt worden sind, können damit in zunehmendem Maße auch von Unternehmen erbracht werden, die nicht als Bank zu qualifizieren sind. Der „Bankenmarkt“ erweitert sich also und öffnet sich dementsprechend — zumindest teilweise — auch für Nichtbankunternehmen.

V. Deutsche Bundesbank

Die stufenweise Realisation der Europäischen Währungsunion, deren abschließende Phase 1999 begann, implizierte in allen Mitgliedstaaten der EU teilweise erhebliche Veränderungen der nationalen Geld- und Notenbankordnungen.[106] Gemäß Art. 108 des Vertrages zur Gründung der Europäischen Gemeinschaft (EG-Vertrag) waren die Mitgliedstaaten der Europäischen Union verpflichtet sicherzustellen, daß spätestens zum Zeitpunkt der Errichtung des Europäischen Systems der Zentralbanken (ESZB) 1998 die innerstaatlichen Rechtsvorschriften einschließlich der nationalen Notenbankgesetze mit dem EG-Vertrag und der Satzung des ESZB in Einklang stehen. Die Europäische Kommission und das EWI prüften im Rahmen ihrer Konvergenzberichte neben der Erfüllung der ökonomischen Konvergenzkriterien auch die Frage, ob und inwieweit die nationalen Rechtsvorschriften mit dem vorrangig anzuwendenden Europarecht vereinbar waren. Die Erfüllung dieses rechtlichen Konvergenzkriteriums wurde damit gleichermaßen eine zentrale Ausgangsbedingung für eine Teilnahme an der Währungsunion. Vor diesem europarechtlichen Hintergrund wurden auch verschiedene Änderungen des Bundesbankgesetzes erforderlich, die mit dem 1997 verabschiedeten und 1999 inkraftgetretenen 6. Gesetz zur Änderung des Bundesbankgesetzes (6. BBankGÄndG) vorgenommen wurden. Die nachfolgenden Ausführungen beziehen sich auf die durch das 6. BBankGÄndG novellierte Fassung des Bundesbankgesetzes.

1. Der institutionelle Rahmen der Deutschen Bundesbank

a) Gesetzliche Grundlagen und Rechtsstellung

Die Deutsche Bundesbank als Zentralnotenbank hebt sich aufgrund ihrer besonderen Funktion und Stellung von vornherein aus dem Kreis der übrigen Banken ab. Sie ist rechtlich und institutionell Nachfolgerin der Bank deutscher Länder und der Landeszentralbanken, die nach dem zweiten Weltkrieg als formell zweistufig organisiertes Notenbanksystem Funktionen und Einrichtungen der ehemaligen Deutschen Reichsbank übernommen hatten. Mit dem „Gesetz über die Deutsche Bundesbank" (BBankG) vom 26. Juli 1957 erfüllte der Gesetzgeber den in Art. 88 Grundgesetz verankerten Verfassungsauftrag, eine zentrale Währungs- und Notenbank zu errichten, und schuf das heutige, einstufige Zentralnotenbanksystem Deutschlands.[107]

Die Deutsche Bundesbank, die von 1999 an integraler Bestandteil des Europäischen Systems der Zentralbanken ist, ist eine bundesunmittelbare juristische Person öffentlichen Rechts und hat ihren Sitz in Frankfurt am Main. Ihr Grundkapital, das seit ihrer Gründung im Jahr 1957 bis 1998 unverändert 290 Millionen DMark betrug, wurde durch das

[106] Siehe hierzu in diesem Kapitel Abschnitt C.VI.3.f).

[107] Vgl. hierzu und nachfolgend Deutsche Bundesbank (Hrsg.): Die Geldpolitik der Bundesbank, Sonderveröffentlichungen der Deutschen Bundesbank, Frankfurt a. M. 1995, und Deutsche Bundesbank: Monatsberichte, Januar 1998, S. 25 ff.

6. BBankGÄndG auf 5 Milliarden DM erhöht. Die gesetzliche Rücklage der Deutschen Bundesbank (§ 27 Nr. 1 BBankG) wurde ebenfalls auf 5 Milliarden DMark festgesetzt. Diese Regelung lehnt sich an die für die Europäische Zentralbank geltenden Bestimmungen an, deren allgemeiner Reservefonds sich auf die Höhe ihres Kapitals von 5 Milliarden Euro beläuft. Das Kapital der Deutschen Bundesbank steht gemäß § 2 BBankG dem Bund zu. Auch der Gewinn der Deutschen Bundesbank, sofern er nicht nach den gesetzlichen Vorschriften zur Bildung von Rücklagen verwendet werden muß, fließt dem Bund zu. Im Einzelnen ist der Bundesbankgewinn in folgender Weise zu verwenden: 20 %, jedoch mindestens 500 Millionen DMark, sind einer gesetzlichen Rücklage so lange zuzuführen, bis diese den Umfang von 5 Milliarden DMark erreicht hat. Diese Rücklage darf nur zum Ausgleich von Wertminderungen und zur Deckung anderer Verluste verwendet werden. Der restliche Gewinnanteil, der nicht der gesetzlichen Rücklage zugeführt wird, wird an den Bund abgeführt (§ 27 BBankG).Die Regelungen über die „sonstige Rücklage" gemäß § 27 Nr. 2 BBankG, die bis zur Höhe des Grundkapitals gebildet werden durfte, wurden im Zuge der sechsten Novellierung des Bundesbankgesetzes aufgehoben. Die finanziellen Mittel, die durch die Auflösung der sonstigen Rücklage und durch die Festlegung der gesetzlichen Rücklage auf 5 Milliarden DMark frei geworden sind, wurden zur Erhöhung des Grundkapitals verwendet. Der darüber hinausgehende Betrag wurde in die Gewinn- und Verlustrechnung der Bundesbank übernommen.

Die Deutsche Bundesbank ist verpflichtet, die allgemeine Wirtschaftspolitik der Bundesregierung unter Wahrung ihrer Aufgabe als Bestandteil des Europäischen Systems der Zentralbanken zu unterstützen. Im Rahmen der Ausübung der ihr nach dem BBankG zugewiesenen Aufgaben ist die Deutsche Bundesbank jedoch von Weisungen der Bundesregierung unabhängig (§ 12 BBankG). Für den Fall, daß es zu Interessenkonflikten zwischen der Deutschen Bundesbank und der Bundesregierung kommen sollte, enthält das BBankG keine Bestimmungen. Es enthält indes Regelungen, die beide Seiten zur Zusammenarbeit und zu gegenseitigen Konsultationen anhalten.[108] Darüber hinaus beschränken sich Einflußmöglichkeiten der Bundesregierung auf die Bundesbank im wesentlichen auf die Mitwirkung bei der Bestellung der Mitglieder des Direktoriums. Eine Grenze ist der politischen Unabhängigkeit der Zentralbank ist allerdings durch die Gesetzgebungskompetenz des Bundestages zu einer Änderung des Notenbankgesetzes und die Einwirkungsmöglichkeiten der Bundesregierung hierauf gesetzt.

b) Organisation

Die Organe der Deutschen Bundesbank sind der Zentralbankrat, das Direktorium und die Vorstände der neun Landeszentralbanken. Jede Landeszentralbank verfügt über einen Beirat (höchsten 14 Mitglieder, die auf Vorschlag der zuständigen Landesregierungen und nach Anhörung des Vorstandes der Landeszentralbank durch den Präsidenten der Bundesbank für die Dauer von drei Jahren berufen werden), der mit dem Präsidenten der Landeszentralbank über Fragen der Währungs- und Kreditpolitik und mit dem Vorstand der Landeszentralbank über die Durchführung der ihm in seinem Bereich oblie-

[108] Siehe hierzu ausführlicher Abschnitt C.V.2. in diesem Kapitel.

genden Aufgaben berät. Die Beiräte haben nur beratende Funktion und keine Organeigenschaft; sie sollen die regionale Wirtschaftsnähe der Landeszentralbanken gewährleisten.

Im *Direktorium*, dem zentralen Exekutivorgan der Bundesbank, sind der Präsident und der Vizepräsident der Bundesbank und bis zu sechs weitere Mitglieder vertreten, die besondere fachliche Eignung besitzen müssen. Das Direktorium zeichnet für die Durchführung der Beschlüsse des Zentralbankrates verantwortlich und führt Geschäfte mit dem Bund und seinen Sondervermögen sowie mit Banken, die zentrale Aufgaben im gesamten Bundesgebiet haben, durch. Ferner obliegen ihm Transaktionen im Devisengeschäft, der Zahlungsverkehr mit dem Ausland sowie die Operationen am offenen Markt (§ 7 BBankG). Hinzu kommt eine Reihe weiterer Vertretungs- und Verwaltungsaufgaben. Beschlüsse des Direktoriums werden mit einfacher Mehrheit gefaßt, wobei die Stimme des Bundesbankpräsidenten als die des Vorsitzenden bei Stimmengleichheit den Ausschlag gibt. Das Direktorium hat die Stellung einer obersten Bundesbehörde.

Der *Zentralbankrat* als oberstes Legislativorgan der Bundesbank setzt sich zusammen aus dem Präsidenten und dem Vizepräsidenten der Bundesbank, den weiteren Mitgliedern des Direktoriums und den Präsidenten der Landeszentralbanken. Die Regelung des § 6 Abs. 1 Satz 1 des Bundesbankgesetzes, durch die die Aufgaben des Zentralbankrates geregelt sind — ursprünglich die Bestimmung der Währungs- und Kreditpolitik der Bundesbank—, wurde durch die sechste Novellierung des Bundesbankgesetzes neu gefaßt. Sie lautet jetzt: „Der Zentralbankrat bestimmt die Geschäftspolitik der Bank. Bei der Erfüllung der Aufgaben des Europäischen Systems der Zentralbanken handelt er im Rahmen der Leitlinien und Weisungen der Europäischen Zentralbank. Er erörtert die Auswirkungen der Geld- und Währungspolitik unbeschadet der Weisungsunabhängigkeit des Präsidenten in seiner Eigenschaft als Mitglied des Rates der Europäischen Zentralbank sowie der für die Europäische Zentralbank geltenden Geheimhaltungsvorschriften." Somit obliegt es dem Zentralbankrat nunmehr, im Rahmen der gesetzlich festgelegten Zuständigkeiten, durch allgemeine Richtlinien für die Geschäftsführung und die Verwaltung sowie durch Weisungen zu bestimmen, wie die Deutsche Bundesbank die währungspolitischen Beschlüsse der EZB umsetzt. Besondere Bedeutung erlangt die neu gefaßte Regelung über die Aufgaben des Zentralbankrates, wenn der Rat der Europäischen Zentralbank Leitlinien erläßt, die gestaltende Entscheidungen durch die nationalen Zentralbanken zur Umsetzung erfordern oder ermöglichen. [109] Beschlüsse faßt der Zentralbankrat mit einfacher Mehrheit, ohne daß die Stimme des Präsidenten der Bundesbank den Ausschlag gibt. Der Zentralbankrat ist einer obersten Bundesbehörde, also einem Bundesminister, gleichgestellt.

Mitglieder der *Vorstände der Landeszentralbanken* sind die Präsidenten und Vizepräsidenten der Landeszentralbanken und ggf. ein oder zwei weitere Mitglieder. Sie repräsentieren die regionalen Ausführungsorgane der Bundesbank und haben im Bereich der Hauptverwaltungen selbständige Geschäftsführungsbefugnisse. Sie sind zuständig für Geschäfte mit dem betreffenden Bundesland und seinen öffentlichen Verwaltungen so-

[109] Vgl. hierzu Deutsche Bundesbank: Monatsberichte, Januar 1998, S. 28.

wie mit den Banken ihres Obliegenheitsbereichs, soweit dies nicht unter die Kompetenz des Direktoriums fällt (§ 8 BBankG).

Seit der Organisationsreform im Zuge der Eingliederung der aus der ehemaligen DDR hervorgegangenen Bundesländer unterhält die Deutsche Bundesbank nach § 8 BBankG neun Hauptverwaltungen (*Landeszentralbanken*), die jeweils für bestimmte Bundesländer zuständig sind und die Stellung einer Bundesbehörde haben. Seit 1992 sind die Zuständigkeitsbereiche der Landeszentralbanken wie folgt geregelt: 1. Land Baden-Württemberg, 2. Freistaat Bayern, 3. Länder Berlin und Brandenburg, 4. freie Hansestadt Bremen und die Länder Niedersachsen und Sachsen-Anhalt, 5. freie und Hansestadt Hamburg und die Länder Mecklenburg-Vorpommern und Schleswig-Holstein, 6. Land Hessen, 7. Land Nordrhein-Westfalen, 8. Länder Rheinland-Pfalz und Saarland, 9. Freistaat Sachsen und Land Thüringen. Bis zu der Organisationsreform waren die Zuständigkeitsbereiche auf die einzelnen alten Bundesländer zugeschnitten, so daß bis 1992 elf Landeszentralbanken bestanden. Jede Landeszentralbank unterhält wiederum in ihrem Zuständigkeitsbereich Zweiganstalten unterschiedlichen Ranges (Hauptstellen, Zweigstellen), wobei die Hauptstellen von zwei Direktoren, die der zuständigen Landeszentralbank unterstellt sind, und die Zweigstellen von einem Direktor geleitet werden, der der zuständigen Hauptstelle unterstellt ist (§ 10 BBankG). Diese Zweiganstalten tragen ebenfalls den Namen „Landeszentralbank“.

2. Aufgaben der Deutschen Bundesbank

Die Aufgaben, die die Deutsche Bundesbank zu erfüllen hat, sind in § 3 BBankG festgelegt. Die Hauptaufgabe der Deutschen Bundesbank besteht dem Gesetzeswortlaut nach darin, an der Erfüllung der Aufgaben des Europäischen Systems der Zentralbanken, dessen integraler Bestandteil sie von 1999 an ist, mitzuwirken und zwar mit dem vorrangigen Ziel, die Preisstabilität zu gewährleisten. Ergänzend hat sie für die bankmäßige Abwicklung des Zahlungsverkehrs im Inland und mit dem Ausland zu sorgen.

Solange die Deutsche Bundesbank noch für die nationale Geld- und Währungspolitik verantwortlich war, stand ihr zur Erfüllung ihrer Aufgaben mit den §§ 15 und 16 des Bundesbankgesetzes (Diskont-, Kredit- und Offenmarktpolitik sowie Mindestreserve-Politik) ein weites Spektrum geldpolitischer Instrumente zur Verfügung.[110] Die gesetzlichen Regelungen des Bundesbankgesetzes über den Instrumenteneinsatz ließen der Bundesbank einen großen Spielraum für die konkrete Ausgestaltung und die Anpassung des Instrumentariums an veränderte Umfeldbedingungen. Auf diese Weise war auch die Entwicklung und der Einsatz neuer Instrumente möglich, was in der Vergangenheit mehrfach geschehen ist (z. B. die Konzeption und der Einsatz von Wertpapierpensionsgeschäften).

---

[110] Vgl. hierzu und nachfolgend ausführlich Deutsche Bundesbank: Die Geldpolitik der Bundesbank, a.a.O., S. 98 ff.

Das geldpolitische Instrumentarium, auf das die Deutsche Bundesbank zurückgreifen konnte, läßt sich nach verschiedenen Kriterien klassifizieren: Einerseits kann man eine Einteilung in Zins- und liquiditätspolitische Instrumente vornehmen, andererseits, an die beabsichtigte Wirkungsdauer der Maßnahmen anknüpfend, Instrumente der Fein- und Grobsteuerung unterscheiden. *Zinspolitische Instrumente* knüpfen an die Refinanzierungszinssätze der Banken bei der Bundesbank an; sie umfassen hauptsächlich die Festsetzung des Diskont- und Lombardsatzes sowie der Zinssätze für Wertpapierpensionsgeschäfte. Zu den *liquiditätspolitischen Instrumenten* ist vor allen die Mindestreservepolitik zu rechnen. Daneben können auch die Refinanzierungsmöglichkeiten der Geschäftsbanken (Diskont und Lombard) quantitativ oder qualitativ beschränkt werden. Eine solche Differenzierung ist allerdings insofern problematisch, als Zins- und Liquiditätseffekte meist gemeinsam auftreten. Allerdings ist auch die Unterscheidung von Instrumenten der Grob- und Feinsteuerung nicht trennscharf; vor allem Wertpapierpensionsgeschäfte nehmen hier eine Mittelstellung ein. *Grobsteuerungsinstrumente* zielen auf eine längerfristige Veränderung der Liquiditätsausstattung der Geschäftsbanken mit Zentralbankgeld sowie eine nachhaltige Änderung des Zinsniveaus am Geldmarkt, ggf. auch am Kapitalmarkt, ab. Sie sollen nachhaltige Orientierungsmarken für die Zinsbildung an den Geld- und Kapitalmärkten setzen. Die wichtigsten Instrumente sind dabei Mindestreserve-, Dikont-, Lombard- und z. T. auch die Offenmarktpolitik. *Instrumente der Feinsteuerung* dienen dagegen der kurzfristigen, flexiblen Anpassung der Zentralbankgeldversorgung an zeitliche Schwankungen in der Geldnachfrage. Sie sollen keine grundsätzliche Änderung der geldpolitischen Strategie signalisieren. Wichtigste Instrumente sind die am Geldmarkt durchgeführten Offenmarktgeschäfte mit einer Laufzeit bis zu zwei Monate, in erster Linie Wertpapierpensionsgeschäfte. Mittels Beeinflussung der Liquiditäts- und Zinssituation — primär auf dem Geldmarkt — konnte die Bundesbank aufgrund der aufgeführten Instrumente auf das geschäftspolitische Entscheidungsfeld der Banken im Sinne der geldpolitischen Zielsetzung einwirken. Mit dem Übergang der geldpolitischen Souveränität auf die Europäische Zentralbank, die satzungsgemäß über ein breites Spektrum geldpolitischer Instrumente verfügt, blieb für nationale Instrumente kein Raum mehr. Die entsprechenden Vorschriften des Bundesbankgesetzes wurden dementsprechend aufgehoben.

Wenngleich die Bundesbank gegenüber der Bundesregierung bzw. allgemein dem Staat weitgehend autonom ist, um eine nur von den Erfordernissen ihrer Aufgaben im Rahmen des Europäischen Systems der Zentralbanken geleitete, unabhängige Geschäftspolitik betreiben zu können, so enthält das Gesetz über die Deutsche Bundesbank doch bestimmte, im Interesse einer Koordinierung der allgemeinen Wirtschaftspolitik und ihrer geldpolitischen Aktivitäten stehende Zusammenarbeitspflichten. So ist die Bundesbank nach § 12 BBankG verpflichtet, unter Wahrung ihrer Aufgabe als Bestandteil des Europäischen Systems der Zentralbanken die allgemeine Wirtschaftspolitik der Bundesregierung zu unterstützen, ist jedoch bei der Ausübung der Befugnisse, die ihr nach dem Gesetz über die Deutsche Bundesbank zustehen, nicht von Weisungen der Bundesregierung abhängig.

Im Rahmen der Zusammenarbeit mit der Bundesregierung muß die Deutsche Bundesbank diese in Angelegenheiten von wesentlicher währungspolitischer Bedeutung beraten und ihr auf Verlangen Auskunft geben. Zudem haben die Mitglieder der Bundesregierung das Recht auf Teilnahme an den Beratungen des Zentralbankrates, wobei sie zwar kein Stimmrecht haben, jedoch Anträge stellen können. Umgekehrt soll die Bundesregierung den Präsidenten der Deutschen Bundesbank zu ihren Beratungen hinzuziehen, die Angelegenheiten von währungspolitischer Bedeutung zum Gegenstand haben (§ 13 BBankG).

Die Deutsche Bundesbank ist schließlich an der materiellen Bankenaufsicht beteiligt. Die Vorschriften des Kreditwesengesetzes sehen eine enge Zusammenarbeit zwischen dem Bundesaufsichtsamt für das Kreditwesen und der Deutschen Bundesbank vor.[111]

3. Funktionen und Geschäftstätigkeit der Deutschen Bundesbank

Die Deutsche Bundesbank nimmt neben den Verpflichtungen im Rahmen der Geld- und Kreditpolitik eine Vielzahl weiterer Funktionen wahr. Dazu zählen nicht nur die Aufgaben einer Zentralnotenbank, insbesondere die Ausgabe auf Deutsche Mark lautender Banknoten, sondern auch Pflichten als Verwalterin der Währungsreserven sowie Aufgaben als „Bank der Banken“ und „Hausbank des Staates“. Diese Tätigkeiten stehen solange nicht im Widerspruch zu ihren Aufgaben im Rahmen des Europäischen Systems der Zentralbanken, wie sie dessen geldpolitischen Zielen und Erfordernissen untergeordnet werden.

a) Funktion als Zentralnotenbank

Bis zum Abschluß der dritten Phase des europäischen Währungsintegrationsprozesses hat die Deutsche Bundesbank gemäß § 14 BBankG das ausschließliche Recht zur Emission von auf Deutsche Mark lautenden Banknoten. Auch nachdem die nationalen Währungen 2002 endgültig durch den Euro als einziges gesetzliches Zahlungsmittel innerhalb der Europäischen Union abgelöst worden sind, verbleibt das Recht zur Ausgabe von Banknoten in Deutschland — der subsidiären Konzeption des Europäischen Systems der Zentralbanken entsprechend — bei der Deutschen Bundesbank. Allerdings muß die Notenausgabe gemäß Art. 105a Abs. 1 EG-Vertrag durch die Europäische Zentralbank genehmigt werden. Als ein technisch komplizierter Prozeß reicht die Banknotenbereitstellung an das Publikum von der Planung der Banknotenserien und der fälschungssicheren Herstellung bis zur Vernichtung unbrauchbar gewordener Noten. Da die ausgegebenen Noten im Lauf eines Jahres mehrfach zur Bundesbank „zurückkehren“, ergibt sich dabei die Möglichkeit, beschädigte oder verschmutzte Noten auszusondern. Außerdem ist die Bundesbank für die Ausgabe von Scheidemünzen zuständig, jedoch liegt das Ausgaberecht (Münzregal) für auf Deutsche Mark oder Deutsche Pfennige lautenden Münzen beim Bund, der die Münzen prägen läßt und sie an die Bun-

[111] Siehe hierzu im Ersten Teil viertes Kapitel Abschnitt D.II.

desbank zum Nominalwert verkauft. Der aus der Differenz zwischen Nennwert und Herstellungskosten der Münzen resultierende Münzgewinn (Seigniorage, Schlagschatz), der dem Bund in voller Höhe zufließt, und der dadurch möglicherweise entstehende Konflikt mit der währungspolitischen Aufgabe der Bundesbank macht eine Zustimmung der Bundesbank für den Fall erforderlich, daß der Umlauf an Münzen den im Münzgesetz festgelegten Rahmen übersteigt, was seit längerer Zeit geschieht.[112] Auch die Ausgabe von Münzen, die auf Euro lauten, liegt nach Vollendung der Europäischen Währungsunion nach wie vor in nationaler Kompetenz, ist jedoch gemäß EG-Vertrag an die Genehmigung der Europäischen Zentralbank gebunden.

b) Funktion als „Bank der Banken“

Die Banken in Deutschland sind in bestimmtem Umfang auf die Versorgung mit Zentralbankguthaben (Sichtguthaben bei der Deutschen Bundesbank, die jederzeit in Bargeld umgetauscht werden können) angewiesen, da sie einerseits ihrer Kundschaft teilweise den Gegenwert von Sichtguthaben oder von eingeräumten Krediten in Banknoten zur Verfügung stellen müssen, andererseits im Rahmen der Mindestreserveverpflichtung bestimmte Prozentsätze ihrer kurz- und mittelfristigen Verbindlichkeiten gegenüber inländischen Nichtbanken, gegenüber nicht reservepflichtigen Banken und gegenüber Gebietsfremden als unverzinsliche Guthaben auf Konten der Bundesbank halten müssen. Dadurch ist die Geschäftstätigkeit der Banken in bestimmtem Maße — sofern nicht auf Geldaufnahme bei anderen Banken zurückgegriffen werden kann — abhängig von der Zentralbankgeldversorgung durch die Bundesbank. Im Rahmen der Geschäftstätigkeit mit den Banken darf die Deutsche Bundesbank hauptsächlich die folgenden Geschäfte betreiben (§ 19 BBankG):

- Wechsel und Schecks, die bestimmte Kriterien erfüllen, kaufen und verkaufen;
- Schatzwechsel des Bundes, der Länder und der Sondervermögen ERP und Ausgleichsfonds, die innerhalb von drei Monaten nach Ankauf fällig werden, kaufen und verkaufen;
- verzinsliche Darlehen für längstens drei Monate gegen Pfänder gewähren (Lombardkredite); als Pfänder kommen dabei in Betracht: Wechsel, Schatzwechsel, unverzinsliche Schatzanweisungen, festverzinsliche Schuldverschreibungen und Schuldbuchforderungen von Bund, Ländern oder den Sondervermögen des Bundes sowie andere von der Bundesbank bestimmte Schuldverschreibungen und Schuldbuchforderungen sowie ins Schuldbuch eingetragene Ausgleichsforderungen);
- unverzinsliche Giroeinlagen annehmen;
- Wertgegenstände — insbesondere Wertpapiere — verwahren und verwalten;
- andere bankmäßige Geschäfte, wie z. B. die Annahme von Schecks und Wechseln zum Einzug, An- und Verkauf von ausländischen Zahlungsmitteln und Geschäfte im Verkehr mit dem Ausland, betreiben.

Im Rahmen ihrer Aufgabe, für die Abwicklung des Zahlungsverkehrs im Inland und mit dem Ausland tätig zu sein, stellt die Deutsche Bundesbank Dienstleistungen für die

---

[112] Vgl. Deutsche Bundesbank: Die Geldpolitik der Bundesbank, a.a.O., S. 29 ff.

technische Abwicklung, insbesondere für den Giro- und Abrechnungsverkehr zwischen den Banken und Bankengruppen zur Verfügung.[113]

c) Funktion als „Bank des Staates“

Bis zum Inkrafttreten der 5. Änderung des Gesetzes über die Deutsche Bundesbank 1994 konnte die Bundesbank als „Bank des Staates“ gemäß § 20 Abs. 1 BBankG (alter Fassung) dem Bund, den Ländern und den Sondervermögen des Bundes bis zu einem Höchstbetrag kurzfristige Kredite in Form von Buch- oder Schatzwechselkrediten - sog. Kassenkredite - gewähren. Seit Beginn der zweiten Stufe des europäischen Währungsintegrationsprozesses gilt jedoch für die Notenbanken der EU ein generelles Verbot der Kreditgewährung an den öffentlichen Sektor. Daher wurde § 20 Abs. 1 BBankG (alter Fassung) gestrichen. Korrespondierend dazu wurde auch die Verpflichtung des Bundes und der Länder, ihre liquiden Mittel auf Konten der Bundesbank einzulegen (§ 17 BBankG alter Fassung), aufgehoben. Somit erstrecken sich die Aufgaben der Bundesbank als „Hausbank des Staates“ gemäß § 20 BBankG (neuer Fassung) gegenwärtig lediglich noch auf bestimmte Dienstleistungsgeschäfte mit öffentlichen Stellen (u. a. Annahme unverzinslicher Einlagen, Verwahrung und Verwaltung von Wertpapieren, Scheck- und Wechselinkasso, Sorten- bzw. Devisengeschäfte) sowie auf Aufgaben im Rahmen der Plazierung öffentlicher Finanzierungstitel.

Im Rahmen der Kreditaufnahme der öffentlichen Verwaltungen am Kreditmarkt sollen Anleihen, Schatzanweisungen und Schatzwechsel primär durch die Bundesbank begeben werden; eine andere Art der Begebung kann nur im Einvernehmen mit der Bundesbank erfolgen (§ 20 Abs. 2 BBankG). Die Bundesbank erfüllt hierbei vor allem Beratungs-, Mittler- und Koordinierungsfunktionen, zu denen sie aufgrund ihrer umfassenden Marktkenntnisse besonders geeignet erscheint. Bei den meisten der vom Bund emittierten Schuldtitel fungiert die Bundesbank darüber hinaus als „fiscal agent“, d. h. sie verkauft im Wege der Daueremission Bundesschatzbriefe, Finanzierungsschätze und Bundesobligationen für Rechnung des Bundes und übernimmt die Ausschreibung und Plazierung von Kassenobligationen und unverzinslichen Schatzanweisungen.[114] Außerdem war sie bis 1997 Konsortialführerin im Bundesanleihekonsortium. Aufgrund der positiven Erfahrungen, die mit der Konditionenfindung unter Wettbewerbsbedingungen im Tenderverfahren gemacht wurden, entschieden sich der Bund und die Deutsche Bundesbank jedoch, das Bundesanleihekonsortium aufzulösen und generell das Tenderverfahren einzusetzen.[115] Infolgedessen werden unverzinsliche Schatzanweisungen, Bundesschatzanweisungen und Bundesanleihen nunmehr nach einheitlichem Verfahren versteigert. Lediglich Marktpflegebeträge werden, mit Ausnahme der unverzinslichen Schatzanweisungen, für die freihändige Plazierung über die Börse zurückgehalten. Die Möglichkeit, daß private Anleger Bundesanleihen zum festen Kurs ex Emission erwerben können, ist damit entfallen. Die teilnahmeberechtigten Institute bilden die sog.

---

[113] Vgl. Deutsche Bundesbank: Die Geldpolitik der Bundesbank, a.a.O., S. 32 ff.

[114] Vgl. Deutsche Bundesbank: Die Geldpolitik der Bundesbank, a.a.O., S. 35 ff.

[115] Vgl. Deutsche Bundesbank: Änderung des Emissionsverfahrens bei Bundeswertpapieren, in: Deutsche Bundesbank : Auszüge aus Presseartikeln, Nr. 71, 8. Dezember 1997, S. 17.

„Bietergruppe Bundesemissionen“, der überwiegend Mitglieder des ehemaligen Bundesanleihekonsortiums angehören. Andere in Deutschland ansässige Kreditinstitute, Wertpapierhandelsunternehmen und -handelsbanken sowie inländische Niederlassungen ausländischer Institute mit LZB-Girokonto und Konto bei der Deutsche Börse Clearing AG können sich um eine Aufnahme in die Bietergruppe bewerben. Voraussetzung für eine Mitgliedschaft ist allerdings eine ausreichende Plazierungskraft, die angenommen wird, wenn im Durchschnitt mindestens 0,05 % des gesamten zugeteilten Emissionsvolumens ersteigert worden sind. Die Kurspflege für Bundesanleihen obliegt nach wie vor der Deutschen Bundesbank.

d) Funktion als Verwalterin der Währungsreserven

Die Deutsche Bundesbank hält und verwaltet die offiziellen Gold- und Währungsreserven zur Sicherung der internationalen Liquidität Deutschlands. Der überwiegende Anteil der Gold- und Währungsreserven, die sich Ende 1996 ohne die auf das EWI übertragenen Dollarreserven auf über 86 Milliarden DM beliefen, entfällt auf US-Dollar. Daneben haben aber auch die Goldbestände, die zu Anschaffungskosten bewertet Ende 1996 mit rund 13,7 Milliarden DM zu Buche standen, erhebliches Gewicht. Aufgrund der Mitgliedschaft Deutschlands beim Internationalen Währungsfonds hält die Deutsche Bundesbank außerdem Reservepositionen im Währungsfonds - einschließlich der Sonderziehungsrechte - sowie Forderungen gegenüber dem Europäischen Fonds für Währungspolitische Zusammenarbeit, auf den im Rahmen des Europäischen Währungssystems je 20 % der Gold- und Dollarreserven revolvierend (und vorläufig) übertragen worden sind.[116]

Im Zuge der dritten Stufe der Europäischen Währungsintegration wurde in Erfüllung europarechtlicher Verpflichtungen ein Teil der Währungsreserven Deutschlands auf die Europäische Zentralbank übertragen, über die die Europäische Zentralbank frei verfügen kann. Die danach noch in deutscher Hand verbliebenen Währungsreserven werden auch weiterhin durch die Deutsche Bundesbank verwaltet, jedoch bedürfen sämtliche Währungsgeschäfte, die eine bestimmte Größenordnung übersteigen, der Zustimmung der Europäischen Zentralbank. Diese Regelung dient dazu, zu verhindern, daß Währungstransaktionen der nationalen Zentralbanken der Geldpolitik der Europäischen Zentralbank entgegenwirken.

e) Sonstige Funktionen der Deutschen Bundesbank

Im Bundesbankgesetz ist festgelegt, daß die Bundesbank Geschäfte, wie z. B. die Annahme von unverzinslichen Giroeinlagen, die Verwahrung und Verwaltung von Wertgegenständen, die Annahme von Schecks und Wechseln zum Einzug oder Bankgeschäfte im Verkehr mit dem Ausland, auch mit anderen als den bisher genannten natürlichen und juristischen Personen im In- und Ausland betreiben kann (§ 22 BBankG). Des weiteren darf sie Schecks, die auf sie gezogen sind und deren Deckung gesichert ist, bestätigen (§ 23 BBankG). Eine Beleihung und ein Ankauf von Ausgleichsforderungen gegen-

---

116 Vgl. Deutsche Bundesbank: Die Geldpolitik der Bundesbank, a.a.O., S. 37 ff.

über Banken, Versicherungsunternehmen und Bausparkassen kann ungeachtet der im § 19 Abs. 1 Nr. 3 BBankG genannten Beschränkungen vorgenommen werden (§ 24 BBankG). Eine Ausdehnung der im Gesetz geregelten Geschäftstätigkeit kann erfolgen, sofern es zur Durchführung und Abwicklung der genannten Geschäfte oder für den eigenen Betrieb oder für die Betriebsangehörigen notwendig ist (§ 25 BBankG).

Eine enge Zusammenarbeit mit dem Bundesaufsichtsamt für das Kreditwesen gehört ebenfalls zum Aufgabenkreis der Deutschen Bundesbank. Da das Bundesaufsichtsamt für das Kreditwesen keine Außenstellen unterhält, ist es zum einen auf die Ortsnähe — durch die Landeszentralbanken und die ihnen unterstellten Zweiganstalten an den Bankplätzen — und die Kenntnisse der Bundesbank angewiesen, die diese durch die laufende Kontrolle der Banken anhand von Meldungen, Monatsausweisen und Jahresabschlußunterlagen erhält. Zum anderen ist bei Verordnungen von seiten des Bundesaufsichtsamtes für das Kreditwesen, die z. B. den Erlaß oder die Änderung von Grundsätzen über das Eigenkapital und die Liquidität der Kreditinstitute betreffen, das Einvernehmen mit der Deutschen Bundesbank notwendig.

VI. Neuordnung der deutschen Geld- und Notenbankordnung im Rahmen der Europäischen Währungsintegration

Anfang Dezember 1991 billigten die Staats- und Regierungschefs der Mitgliedstaaten der Europäischen Gemeinschaften den Entwurf eines „Vertrages über die Europäische Union“ (EU-Vertrag). Der Vertrag selbst, häufig auch als „Maastrichter Vertrag“ bezeichnet, wurde am 7. Februar 1992 unterzeichnet und ist am 1. November 1993 nach Ratifizierung in allen Mitgliedsstaaten — zehn Monate später als ursprünglich vorgesehen — in Kraft getreten. Seine vertraglichen Bestimmungen lassen sich in drei grundlegende Bereiche gliedern: Neben einer Überarbeitung und Erweiterung der drei Gründungsverträge (EWG-, EGKS- und Euratom-Vertrag) enthält der EU-Vertrag außerdem Bestimmungen über eine gemeinsame Außen- und Sicherheitspolitik sowie über eine Zusammenarbeit in den Bereichen Justiz und Inneres. Von besonderer Bedeutung innerhalb des ersten Bereiches sind die Regelungen über die Weiterentwicklung der Europäischen Gemeinschaften zu einer Wirtschafts- und Währungsunion, in deren Folge sich auch einschneidende Veränderungen der deutschen Geld- und Notenbankverfassung abzeichnen. In systemtheoretischer Betrachtungsweise manifestieren sich diese Veränderungen insbesondere darin, daß das Bankensystem um zusätzliche Systemelemente, zunächst das Europäische Währungsinstitut, später die Europäische Zentralbank, erweitert wurde. Außerdem verändern sich teilweise auch die Beziehungen, die zwischen verschiedenen Systemelementen, Geschäftsbanken und Deutsche Bundesbank, bisher bestanden haben. Beide Aspekte sind gleichbedeutend mit einem, in bezug auf die Geld-

und Notenbankordnung voraussichtlich in vielen Punkten jedoch nur formellen, Wandel der Rahmenbedingungen der Geschäftstätigkeit deutscher Banken.

1. Verfahrensschritte der europäischen Währungsintegration

In Anlehnung an den Delors-Bericht[117] sieht der EU-Vertrag ein dreistufiges Vorgehen für die Realisation eines einheitlichen europäischen Währungsraumes vor. Die erste Phase dieses Prozesses begann am 1. Juli 1990. Ihr Ziel bestand darin, die nationale Wirtschafts- und Währungspolitik der einzelnen Mitgliedsstaaten der Europäischen Gemeinschaft stärker auf die Erfordernisse der Geldwertstabilität und der Haushaltsdisziplin auszurichten und die Gemeinschaft zu einer Stabilitätsgemeinschaft zu entwickeln. Insbesondere sollte während dieser Periode der Europäische Binnenmarkt vollendet werden und die Währungen sämtlicher Mitgliedsländer mit der Schwankungsbreite von 2,25 % in das EWS eingebunden werden.

Am 1. Januar 1994 trat der Währungsintegrationsprozeß in seine zweite Phase (gemäß Art. 109 e Abs. 1 EGV). Während dieses Abschnitts sollte die wirtschaftliche, fiskalische und monetäre Konvergenz der Mitgliedsstaaten unter Berücksichtigung des Kriteriums der Preisstabilität und der Prinzipien einer offenen Marktwirtschaft mit freiem Wettbewerb weiter gefestigt bzw. gefördert werden, um so schließlich die Voraussetzungen für einen reibungslosen Eintritt in die Dritte Integrationsstufe zu schaffen. Eine wesentliche institutionelle Neuerung in diesem Stadium war die Gründung des Europäischen Währungsinstituts (EWI) mit Sitz in Frankfurt im Januar 1994, das mit der technischen und organisatorischen Vorbereitung der Währungsunion betraut ist. Die Verantwortung für die Währungs- und Geldpolitik bleibt auch in dieser Stufe nach wie vor auf nationaler Ebene.

Den Start der dritten Stufe vorbereitend, entschied der Rat in der Zusammensetzung der Staats- und Regierungschefs im Frühjahr 1998 auf der Basis der volkswirtschaftlichen Ist-Daten des Jahres 1997 darüber, welche Mitgliedsstaaten die erforderlichen Voraussetzungen — insbesondere die im EG-Vertrag genannten Konvergenzkriterien — erfüllen, um an der Währungsunion teilzunehmen. Im Anschluß daran wurden das Europäische System der Zentralbanken (ESZB) und die Europäische Zentralbank (EZB) errichtet, das EWI gleichzeitig aufgelöst. Mit der endgültigen Festlegung der Umrechnungskurse der jeweiligen nationalen Währungen im Verhältnis zum Euro am 01. Januar 1999 begann schließlich die dritte und zugleich abschließende Phase des europäischen Währungsintegrationsprozesses. Die bis dahin noch in nationaler Verantwortung liegende geldpolitische Souveränität ging zu diesem Zeitpunkt unwiderruflich auf das ESZB

[117] Der Delors-Bericht ist ein Dreistufenplan zur Errichtung einer Wirtschafts- und Währungsunion in Europa. Er wurde während der Jahre 1988/1989 von einer Expertengruppe unter dem Vorsitz des zu dieser Zeit amtierenden Kommissionspräsidenten Jacques Delors erarbeitet und diente als Leitfaden für die Ausgestaltung der Wirtschafts- und Währungsunion.

über. Bis spätestens Mitte des Jahres 2002 sollen schließlich die nationalen Währungen in einem zweistufigen Verfahren vollständig durch die neue einheitliche Währung, den Euro, ersetzt und die europäische Währungsintegration damit abgeschlossen werden.

2. Merkmale, Aufgaben und Organisation des Europäischen Währungsinstituts (EWI)

Das Europäische Währungsinstitut, das am 1. Januar 1994 gegründet wurde, ist Nachfolger des Ausschusses der Präsidenten der Zentralbanken der Mitgliedsstaaten der Europäischen Wirtschaftsgemeinschaft und des Europäischen Fonds für währungspolitische Zusammenarbeit, die beide zum 31. 12. 1993 aufgelöst und deren Aufgabenbereiche auf das EWI übertragen wurden.[118] Im Gegensatz zu den früheren Institutionen ist das EWI jedoch mit eigener Rechtspersönlichkeit ausgestattet und besitzt infolgedessen in jedem Mitgliedsstaat die weitestgehende Rechts- und Geschäftsfähigkeit, die juristischen Personen nach dessen Rechtsvorschriften zuerkannt ist. Der Sitz des EWI, Frankfurt am Main, wurde durch den Europäischen Rat der Staats- und Regierungschefs 1993 festgelegt; diese Sitzentscheidung zugunsten Frankfurts galt zugleich auch für die Europäische Zentralbank.

Die *Aufgabenschwerpunkte des EWI* erstrecken sich einerseits auf die Förderung der Konvergenz zwischen den einzelnen Mitgliedsstaaten, um die notwendigen Voraussetzungen für den Beginn der dritten Integrationsstufe zu schaffen, sowie andererseits auf die Vorbereitung des notwendigen regulatorischen, organisatorischen und logistischen Handlungsrahmens des zukünftigen ESZB. Innerhalb des erstgenannten Kompetenzbereichs des EWI sind speziell die Berichtsbefugnisse darüber, ob die einzelnen Mitgliedsstaaten ihren vertraglichen Verpflichtungen nachgekommen sind und welche von ihnen einen hohen Grad an dauerhafter wirtschaftlicher Konvergenz erreicht haben, besonders hervorzuheben, da diese Berichte die Grundlage der Entscheidung über die Teilnehmer der Währungsunion bilden. Darüber hinaus obliegt es dem EWI, zu einer intensiveren und erleichterten Zusammenarbeit zwischen den einzelnen nationalen Zentralbanken und zu einer Harmonisierung der nationalen Geld- und Währungspolitiken beizutragen. Das Institut führt jedoch selbst weder geld- und währungspolitische Operationen durch, noch kann es den nationalen Zentralbanken einzelne Maßnahmen vorschreiben, da die Geld und Währungspolitik in der zweiten Integrationsstufe nach wie vor in nationaler Verantwortung liegt. Gleichzeitig fällt dem EWI die Aufgabe zu, die Funktionsfähigkeit des EWS und die Entwicklung der ECU zu überwachen. Innerhalb des zweiten Aufgabenbereichs, der Vorbereitung der dritten Integrationsstufe, ist das EWI außerdem zuständig für die Entwicklung der Verfahren und Instrumente zur Durchführung einer ein-

---

118 Vgl. hierzu und nachfolgend insbesondere Art. 109 f EGV i. V. m. dem „Protokoll über die Satzung des Europäischen Währungsinstituts" sowie EWI: Rolle und Funktionen des Europäischen Währungsinstituts, Frankfurt a. M. 1996 und Deutsche Bundesbank: Informationsbrief zur WWU Nr. 1, September 1996, S. 7 ff.

heitlichen Geld- und Währungspolitik in der dritten Stufe, die Ausarbeitung von Regeln für die Geschäfte der nationalen Zentralbanken im Rahmen des ESZB, eine Harmonisierung der nationalen Statistiken, die Erleichterung des grenzenüberschreitenden Zahlungsverkehrs, sowie für die Überwachung der technischen Vorarbeiten für die europäischen Banknoten. Im Zusammenhang der beschriebenen Aufgabenstellungen kann das EWI Stellungnahmen und Empfehlungen zur allgemeinen Orientierung abgeben, an die nationalen Zentralbanken gerichtete Leitlinien verabschieden und Entscheidungen erlassen sowie beratend tätig werden. Diese Rechtsakte haben jedoch meist unverbindlicher Charakter. Speziell gegenüber den nationalen Zentralbanken ist auch der Rechtsakt der verbindlichen Entscheidung vorgesehen, der allerdings in einem gewissen Spannungsverhältnis zur nationalen geldpolitischen Souveränität steht.

Einziges *Entscheidungsgremium des EWI* ist der *EWI-Rat*, dem die Leitung und die Verwaltung des Instituts obliegen. Er setzt sich zusammen aus dem Präsidenten des EWI, der die Sitzungen des EWI-Rates vorbereitet, das EWI in der Öffentlichkeit repräsentiert und die Verantwortung für die laufende Verwaltung des EWI trägt, sowie den Präsidenten der nationalen Zentralbanken, aus deren Mitte ein Vizepräsident gewählt wird. Die Mitglieder des Rates handeln im Rahmen der Wahrnehmung ihrer Aufgaben eigenverantwortlich und sind insbesondere unabhängig von Weisungen anderer Organe oder Einrichtungen der EU und den Regierungen der Mitgliedsstaaten. Der Präsident des Rates der EU und ein Mitglied der Europäischen Kommission dürfen an den Sitzungen des EWI-Rates teilnehmen; sie besitzen jedoch kein Stimmrecht.

Der *organisatorisch nachgeordnete Arbeitsbereich* ist der *EWI-Stab*, der sich in vier Direktionen, nämlich „Informations- und Kommunikationssysteme“, „Währung, Wirtschaft und Statistik“, „Verwaltung“ und „Generalsekretariat“, gliedert. Außerdem sind zur Erfüllung der vielfältigen Aufgaben des EWI eine Reihe von Ausschüssen, Unterausschüssen und Arbeitsgruppen gebildet worden, die durch Experten der nationalen Zentralbanken und Mitarbeiter des EWI besetzt sind. Hierzu zählen:

- Der Haushaltsausschuß, der die den Haushaltsplan, den Jahresabschluß und die regelmäßigen Berichte zur Ausgabenentwicklung während des Haushaltsjahres prüft,
- der Unterausschuß Geldpolitik, der den EWI-Rat in Fragen der Koordination der nationalen Geldpolitiken berät, die Entwicklung der öffentlichen Haushalte verfolgt und methodische und organisatorische Aspekte geldpolitischer Instrumente und Strategien für eine einheitliche Geldpolitik in der dritten Stufe untersucht,
- der Unterausschuß Devisenpolitik, dessen Aufgaben die Beobachtung der Wechselkursentwicklung, die Arbeitsweise des EWS und Fragen der Devisenpolitik der zukünftigen EZB umfaßt,
- der Unterausschuß Bankenaufsicht, der Fragen zur Stabilität der Finanzmärkte und -institute erörtert sowie
- jeweils eine Arbeitsgruppe für Fragen des EU-Zahlungsverkehr, der Ausgabe europäischer Banknoten, der Statistik, der Rechnungslegung, erforderlicher Informationssysteme und rechtlicher Probleme.

Die Arbeitsergebnisse dieser Gremien werden dem Rat zur Entscheidung vorgelegt. Das EWI wurde planmäßig im Verlauf des Jahres 1998 aufgelöst und seine Aufgaben an die zuvor gegründete EZB übergeben.

3. Das Europäische System der Zentralbanken (ESZB)

1998 hat das Europäische System der Zentralbanken seine Geschäftstätigkeit aufgenommen und das EWI abgelöst. Diejenigen Mitgliedsstaaten, die sich aufgrund der Erfüllung der im EU-Vertrag festgelegten ökonomischen und rechtliche Kriterien für eine Teilnahme an der WWU qualifiziert hatten, haben wenig später zu Beginn der dritten Stufe des Integrationsprozesses, d. h. zum 1. Januar 1999, ihre geldpolitische Souveränität verloren; sie ist auf das ESZB übergegangen. Weitere Aufgaben des ESZB liegen darüber hinaus in den Bereichen Währungspolitik, Notenwesen, Zahlungsverkehr, Banken- und Finanzmarktaufsicht sowie Statistik.[119]

a) Rechtsform und Rechtsstellung

Die rechtliche Grundlage des ESZB bilden die Art. 4 a und 105 bis 109 b EGV sowie, den EG-Vertrag ergänzend, das „Protokoll über die Satzung des Europäischen Systems der Zentralbanken und der Europäischen Zentralbank“ (nachfolgend als ESZB-Statut bezeichnet).

Art. 4 a EGV verfügt die Gründung eines Europäischen Systems der Zentralbanken und einer Europäischen Zentralbank, die nach Maßgabe der Befugnisse handeln, die ihnen im EG-Vertrag (Art. 105 ff.) und der Satzung des ESZB und der EZB zugewiesen werden. Obwohl weder das ESZB noch die EZB in der Aufzählung der EU-Organe in Art. 4 Abs. 1 EGV aufgeführt werden, nimmt das ESZB eine den EU-Organen vergleichbare Stellung ein. Aufgrund der Art. 108 u. 108 a EGV i. V. m. Art. 34 ESZB-Statut übt es durch die Beschlußorgane der EZB sowohl rechtsetzende als auch rechtvollziehende Gewalt aus.

Die EZB ist, wie auch schon das EWI vor ihr, mit eigener Rechtspersönlichkeit ausgestattet (Art. 106 Abs. 2 EGV) und besitzt gemäß Art. 9.1. ESZB-Statut in jedem Mitgliedsstaat die weitestgehende Rechts- und Geschäftsfähigkeit, die juristischen Personen nach dessen Rechtsvorschriften zuerkannt ist. Darüber hinaus verfügt die EZB gemäß Art. 23 ESZB-Statut auch über völkerrechtliche Rechts- und Handlungsfähigkeit im Verhältnis zu Zentralbanken und Finanzinstituten in dritten Ländern, zu den dritten Län-

---

[119] Vgl. hierzu und nachfolgend die Art. 105 – 109a EGV i. V. m. dem „Protokoll über die Satzung des Europäischen Systems der Zentralbanken und der Europäischen Zentralbank“ (ESZB-Statut); Galahn, G.: Deutsche Bundesbank im Prozeß der europäischen Währungsintegration, Berlin 1996, S. 195 ff. sowie Walter, C.: Das Federal Reserve System, die Deutsche Bundesbank und das Europäische System der Zentralbanken / die Europäische Zentralbank im Vergleich, Starnberg 1994, S. 186 ff.

dern selbst und zu internationalen Organisationen, mit denen sie in Geschäftsbeziehung steht.

Hervorzuheben ist in diesem Zusammenhang besonders die *institutionelle Unabhängigkeit der EZB* als ein wesentliches Charakteristikum der Europäischen Notenbankverfassung: Im Rahmen der Wahrnehmung der ihr übertragenen Aufgaben dürfen weder die EZB, noch eine nationale Zentralbank oder ein Mitglied ihrer Organe Weisungen von Organen oder Einrichtungen der Gemeinschaft, Regierungen der Mitgliedsstaaten oder anderen Stellen einholen oder entgegennehmen. Gleichzeitig ist es den genannten Institutionen ausdrücklich untersagt, Versuche zu unternehmen, die Mitglieder der Beschlußorgane der EZB oder der NZB bei der Wahrnehmung ihrer Aufgaben zu beeinflussen.[120]

b) Kapital, Gewinnverteilung und Reserven

Das Kapital der EZB beträgt fünf Milliarden ECU. Alleinige Zeichner und Inhaber des Kapitals sind ausschließlich die nationalen Zentralbanken.[121] Die Anteile der einzelnen Zentralbanken bemessen sich jeweils zur Hälfte aus dem Anteil des jeweiligen Mitgliedsstaates an der Gesamtbevölkerung der EU sowie aus seinem Anteil am Bruttoinlandsprodukt der Gemeinschaft zu Marktpreisen. Basis der Ermittlung des Bevölkerungsanteils ist das vorletzte Jahr vor Errichtung des ESZB, Basis der Ermittlung des Bruttoinlandsproduktes der Gemeinschaft sind die fünf Jahre, die vor dem vorletzten Jahr vor Errichtung des ESZB liegen. In welcher Form und Höhe das Kapital eingezahlt werden muß, wird durch den EZB-Rat mit Zweidrittelmehrheit festgelegt. Auch die Verteilung der monetären Einkünfte der nationalen Zentralbanken und der Nettogewinne der EZB (nach Dotierung eines Reservenfonds) erfolgt nach o. g. Maßstab. Eine Anpassung des Schlüssels an die aktuellen Daten erfolgt jeweils im Abstand von fünf Jahren.

Unabhängig davon müssen die nationalen Zentralbanken die EZB mit Währungsreserven (bis zu einem Gegenwert in Höhe von 50 Milliarden ECU) ausstatten; im Gegenzug schreibt die EZB jeder nationalen Zentralbank eine ihrem Beitrag entsprechende Forderung gut. Die Höhe der von den einzelnen nationalen Zentralbanken zu leistenden Beiträge bestimmt sich entsprechend ihres Kapitalanteils. Die Reserven dürfen nicht aus Währungen der EU-Mitgliedstaaten, ECU, IWF-Reservepositionen oder Sonderziehungsrechten gebildet werden. Der Rat der EZB entscheidet einerseits darüber, welcher Anteil der Reserve bereits zum Zeitpunkt der Errichtung der EZB bereitgestellt werden muß oder zu einem späteren Zeitpunkt bereitgestellt werden kann und andererseits, ob und in welcher Höhe die Forderungen der nationalen Zentralbanken gegenüber der EZB verzinst werden. Die Währungsreserven können ohne Einschränkung von der EZB zur Erfüllung ihrer Aufgaben verwendet werden. Um zu verhindern, daß Währungsgeschäfte der nationalen Zentralbanken der Geldpolitik der EZB entgegenwirken, bedürfen sämtliche Geschäfte der nationalen Zentralbanken mit den ihnen verbleibenden Wäh-

---

[120] Vgl. Art. 107 EGV und Art. 7 ESZB Statut.

[121] Bzgl. der Regelungen über das Kapital, die Gewinnverwendung und die Reserven des ESZB bzw. der EZB vgl. die Art. 28 bis 34 des ESZB-Statut.

rungsreserven von einer bestimmten (noch nicht festgelegten) Höhe an der Zustimmung der EZB.

c) Organisation

Das Europäische System der Zentralbanken umfaßt

- die Europäischen Zentralbank (EZB) mit den Beschlußorganen EZB-Rat, Direktorium der EZB und dem erweiterten EZB-Rat sowie
- die nationalen Zentralbanken der Mitgliedsstaaten.[122]

Es wird von den Beschlußorganen der EZB geleitet.

Der *EZB-Rat* ist das wichtigste beschlußfassende Organ („Legislativorgan") des ESZB bzw. der EZB. Er setzt sich aus den Mitgliedern des Direktoriums der EZB und den Präsidenten der nationalen Zentralbanken zusammen.[123] Der EZB-Rat übt sowohl rechtsetzende als auch exekutive Befugnisse aus. Unter anderem

- legt er die Geldpolitik der Gemeinschaft fest (dies schließt auch Entscheidungen über geldpolitische Zwischenziele, Leitzinsen, die Bereitstellung von Zentralbankgeld oder die Berechnung und Bestimmung des Mindestreserve-Solls ein),
- bestimmt die Leitlinien für die Ausführung der Geldpolitik,
- erläßt die Leitlinien und trifft die Entscheidungen, die notwendig sind, um die Erfüllung der dem ESZB übertragenen Aufgaben zu gewährleisten,
- beschließt eine Geschäftsordnung, die die interne Organisation der EZB und ihrer Beschlußorgane regelt,
- trifft die notwendigen Maßnahmen, um die Einhaltung der Leitlinien und Weisungen der EZB (insbesondere im Verhältnis zu den nationalen Zentralbanken) sicherzustellen (zu diesem Zweck kann er verlangen, daß ihm die hierzu notwendigen Informationen bereitgestellt werden),
- stellt den Jahresabschluß der EZB fest,
- nimmt die beratende Funktion der EZB gemäß Art. 4 ESZB Statut wahr (Rechtsakte der Gemeinschaft und Entwürfe für nationale Rechtsvorschriften, die den Zuständigkeitsbereich der EZB berühren) und
- trifft Entscheidungen im Rahmen der internationalen Zusammenarbeit der EZB.

---

[122] Dabei ist anzumerken, daß die nationalen Zentralbanken der EU-Mitgliedstaaten, die die einheitliche Währung (noch) nicht gemäß EG-Vertrag eingeführt haben, ihre geld- und währungspolitischen Befugnisse weiterhin nach innerstaatlichem Recht behalten und insofern nicht in die Durchführung der einheitlichen Geldpolitik einbezogen sind.

[123] Zur Organisation des ESZB sowie den Aufgaben seiner Organe und der Beschlußfassung vgl. die entsprechenden Artikel des EG-Vertrages (106 und 109a) und der Satzung des ESZB (8, 10 – 14, 16, 19, 20 ,26 und 45 – 47).

Der EZB-Rat faßt seine Beschlüsse grundsätzlich mit einfacher Mehrheit der abgegebenen Stimmen.[124] Dabei hat i. d. R. jedes Mitglied eine Stimme. Bei Stimmengleichheit und bei Beschlüssen über die Kapital- und Reserveeinbringung sowie die Gewinnverteilung wird jedoch von dieser Regel abgewichen: Im ersten Fall gibt die Stimme des Präsidenten den Ausschlag, im zweiten Fall ist eine Stimmgewichtung nach den Anteilen der nationalen Zentralbanken am gezeichneten Kapital der EZB vorgesehen; die Stimmen der Mitglieder des Direktoriums haben dabei keine Gewichtung.

Exekutivorgan der EZB ist das *Direktorium*, das sich aus dem Präsidenten und dem Vizepräsidenten der EZB sowie vier weiteren Mitgliedern zusammensetzt, die erstens Staatsangehörige der Mitgliedsstaaten sein und zweitens über besondere Kompetenz und Erfahrung in Währungs- und Bankfragen verfügen müssen. Die Mitglieder des Direktoriums werden einvernehmlich von den Staats- und Regierungschefs der Mitgliedsstaaten unter Beteiligung des Rates der EU, des EZB-Rates sowie des europäischen Parlamentes ausgewählt und ernannt. Ihre Amtszeit beträgt acht Jahre, eine Wiederwahl ist nicht zulässig. Das Direktorium ist verantwortlich für die Ausführung der geldpolitischen Beschlüsse des EZB-Rates und ist gegenüber den nationalen Notenbanken weisungsbefugt. Außerdem führt es die laufenden Geschäfte der EZB und bereitet die Sitzungen des EZB-Rates vor. Nach Maßgabe des Art. 12.1 Abs. 2 Satz 3 ESZB-Statut können dem Direktorium darüber hinaus weitere Befugnisse durch Beschluß des EZB-Rates übertragen werden. Die Beschlüsse des Direktoriums werden mit einfacher Mehrheit der abgegebenen Stimmen gefällt, jedes Mitglied hat eine Stimme, bei Stimmengleichheit gibt die Stimme des Präsidenten den Ausschlag.

Zur Erfüllung der ihr zugewiesenen Aufgaben nimmt die EZB *die nationalen Zentralbanken der Mitgliedsstaaten* — laut ESZB-Statut integraler Bestandteil des ESZB — in Anspruch, die dazu verpflichtet sind, gemäß den Leitlinien und Weisungen der EZB zu handeln.[125] Insbesondere die laufenden geldmarktpolitischen Geschäfte unterliegen dem Grundsatz der dezentralen Abwicklung über die nationalen Zentralbanken nach dem Subsidiaritätsprinzip. Darüber hinaus können die nationalen Zentralbanken aber auch noch andere Aufgaben wahrnehmen, sofern diese nicht den Zielen und Aufgaben des ESZB entgegenstehen. Ob und wann das der Fall ist, muß durch den EZB-Rat mit Zweidrittelmehrheit festgestellt werden. Derartige eigenständige Aufgaben werden von den nationalen Zentralbanken in eigener Verantwortung und auf eigene Rechnung wahrgenommen und gelten nicht als Aufgaben des ESZB. Gemäß Art. 24 ESZB-Statut sind die nationalen Zentralbanken befugt, außerhalb ihres Aufgabenbereichs Geschäfte für ihren eigenen Betrieb und für ihre Bediensteten zu tätigen. Die Ausgestaltung des rechtlichen

---

[124] Eine qualifizierte Mehrheit ist u. a. erforderlich bei Beschlüssen über Kapitalerhöhungen, Entscheidungen über Höhe und Form der Kapitaleinbringung und der Verteilung der monetären Einkünfte der nationalen Zentralbanken nach einem anderen Schlüssel, als dem im Gesetz vorgesehenen.

[125] Diese Verpflichtung besteht gemäß Art. 43.1. ESZB-Statut jedoch nicht für diejenigen Zentralbanken der Mitgliedsstaaten, für die eine Ausnahmeregelung besteht.

Rahmens der nationalen Zentralbanken verbleibt auch in der dritten Stufe, vorbehaltlich bestimmter Mindestanforderungen, ausschließlich in nationaler Kompetenz.[126]

Für den Fall, daß zu Beginn der dritten Stufe des Währungsintegrationsprozesses nicht sämtliche Mitgliedsstaaten die Konvergenzkriterien erfüllen, dient der *Erweiterte Rat* der EZB als Verbindungsglied zwischen der EZB und den Zentralbanken der Mitgliedsstaaten, für die eine Ausnahmeregelung gilt.[127] Er besteht aus dem Präsidenten und dem Vizepräsidenten der EZB und den Präsidenten der Zentralbanken aller — nicht nur der an der WWU teilnehmenden — Mitgliedsstaaten. Die weiteren Mitglieder des Direktoriums, der Präsident des Rates und ein Mitglied der Kommission können an den Sitzungen des erweiterten EZB-Rates teilnehmen, besitzen jedoch kein Stimmrecht. Aufgrund seiner eigenständigen Entscheidungskompetenz ist der erweiterte EZB-Rat als eigenständiges Beschlußorgan des ESZB anzusehen. Er nimmt Aufgaben wahr, die infolge der für die nicht teilnehmenden Staaten geltenden Ausnahmeregelungen entstehen. Da diese Staaten ihre Geldpolitik noch selbst bestimmen, verfügt der erweiterte Rat nicht über geldpolitische Kompetenzen. Er wirkt u. a. an folgenden Entscheidungen und Aufgaben mit:

- Geldpolitische Koordination zwischen der EZB und den Zentralbanken der Mitgliedsstaaten, für die Sonderregelungen bestehen,
- Wechselkurskooperation zwischen Mitgliedsstaaten und Staaten für die eine Ausnahmeregelung gilt,
- Erfüllung der Beratungsfunktion der EZB nach Art. 4 und 25.1 ESZB-Statut (Rechtsakte der Gemeinschaft oder Gesetzesvorlagen nationaler Behörden im Zuständigkeitsbereich der EZB, Fragen der Banken- und Kapitalmarktaufsicht),
- Erhebung statistischer Daten,
- Festlegung erforderlicher Regeln zur Erstellung der Jahresabschlüsse,
- Maßnahmen zur Anwendung des im Statut festgelegten Schlüssels für die Kapitalzeichnung.

Die Übergangsregelungen des ESZB-Statuts über den erweiterten Rat sind so lange anwendbar, wie es Mitgliedsstaaten gibt, für die eine Ausnahmeregelung gilt.

d) Ziele und Aufgaben des ESZB

Gemäß Art. 105 Abs. 1 EGV i. V. m. Artikel 2 des Status besteht das *oberste (End-)Ziel des ESZB* darin, die Preisstabilität zu gewährleisten. Allerdings werden weder eine hiermit in Einklang stehende quantitativ formulierte Zielgröße, etwa in Form einer akzeptablen numerischen Steigerungsrate des Preisniveaus, noch eine geeignete Zwischen-

---

[126] Die Mindestanforderungen sind in den Art. 108 EGV und 14.1. und 14.2. ESZB-Statut festgelegt. Sie verpflichten die Mitgliedstaaten insbesondere dazu, ihre innerstaatlichen Rechtsvorschriften und Zentralbanksatzungen spätestens bis zum Zeitpunkt der Errichtung des ESZB mit den Vorschriften des EG-Vertrages uns dem ESZB-Statut in Einklang zu bringen. Besondere Anforderungen werden dabei an die Unabhängigkeit der Zentralbanken und die persönliche Unabhängigkeit der im EZB-Rat vertretenen Zentralbankpräsidenten gestellt.

[127] Zum erweiterten Rat der EZB vgl. die Artikel 45 bis 47 des ESZB-Statut.

zielgröße vorgegeben. Eine nähere Definition dessen, was genau unter „Preisniveaustabilität“ zu verstehen ist, bleibt damit letztlich dem europäischen Zentralbankrat vorbehalten, woraus sich die Problematik ergibt, daß durch die Geldpolitik prinzipiell auch eine „relativ“ hohe oder eine im Zeitverlauf schwankende Inflationsrate realisiert werden könnte, um anderweitige wirtschaftliche Ziele zu erreichen.[128] Darüber hinaus soll das ESZB, soweit dies ohne Beeinträchtigung des Zieles der Preisstabilität möglich ist, die allgemeine Wirtschaftspolitik der Gemeinschaft unterstützen. Hierdurch soll erreicht werden, daß die Tätigkeit des ESZB neben der Gewährleistung der Preisstabilität auch einen Beitrag zur Realisation der übergeordneten, in Art. 2 des EG-Vertrages aufgeführten Ziele der Gemeinschaft leistet. Diese sind: eine harmonische und ausgewogene Entwicklung des Wirtschaftslebens innerhalb der Gemeinschaft, ein beständiges, nicht inflationäres und umweltverträgliches Wachstum, ein hoher Grad an Konvergenz der Wirtschaftsleistungen, ein hohes Beschäftigungsniveau, ein hohes Maß an sozialem Schutz, die Hebung der Lebenshaltung und der Lebensqualität sowie wirtschaftlicher und sozialer Zusammenhalt und Solidarität zwischen den Mitgliedsstaaten. Die Handlungen des ESZB sollen schließlich in Einklang mit dem Grundsatz einer offenen Marktwirtschaft mit freiem Wettbewerb stehen, um so einen effizienten Ressourceneinsatz zu fördern. Dabei ist das ESZB an die in Art. 3a EGV (Wirtschaftspolitik, Währungspolitik) genannten Grundsätze gebunden.

Die grundlegenden *Aufgaben des ESZB* sind in Art. 105 EGV und Art. 3 des ESZB-Statuts festgelegt. Sie umfassen

- die Festlegung und Ausführung der Geldpolitik der Gemeinschaft,
- die Durchführung von Devisengeschäften im Einklang mit den Bestimmungen des Art. 109 EGV (Wechselkursfestlegung nach außen),
- die Haltung und Verwaltung der Währungsreserven der Mitgliedsstaaten,
- die Förderung der Funktionsfähigkeit der Zahlungssysteme,
- die Durchführung von den zuständigen Behörden beschlossener Maßnahmen und ggf. auch eigenständiger Aufgaben im Bereich der Bankenaufsicht und der Sicherung der Stabilität der Finanzmärkte.

Hinzu kommen beratende Funktionen bei Rechtsakten der Gemeinschaft oder Gesetzesvorlagen nationaler Behörden, die in den Zuständigkeitsbereich der EZB eingreifen, sowie bei Fragen der Banken- und Kapitalmarktaufsicht.

Gemäß Art 106 EGV hat die EZB darüber hinaus das alleinige Recht, die Ausgabe von Banknoten innerhalb der Gemeinschaft zu genehmigen. Die Notenausgabe geschieht durch die EZB und die nationalen Zentralbanken. Das Recht zur Münzausgabe (Münzregal) verbleibt auch zukünftig in nationaler Verantwortung. Der volumenmäßige Rahmen muß dabei allerdings von der EZB genehmigt werden.

---

[128] Vgl. hierzu Siebke, J.: Zum geldpolitischen Instrumentarium der Europäischen Zentralbank, in Duwendag, D. (Hrsg.): Szenarien der Europäischen Währungsunion und der Bankenregulierung, Schriften des Vereins für Socialpolitik Nr. 248, Berlin 1997, S. 71.

e) Die Geldpolitik der EZB

Die *geldpolitische Strategie* und das *geldpolitische Instrumentarium* des ESZB bzw. der EZB sind im EG-Vertrag nicht spezifiziert. Seiner vertraglich und satzungsmäßig festgeschriebenen Aufgabenstellung entsprechend, den Handlungsrahmen des ESZB in regulatorischer, organisatorischer und logistischer Hinsicht festzulegen sowie die Instrumente und Verfahren zu entwickeln, die zur Durchführung einer einheitlichen Geld- und Währungspolitik erforderlich sind, hat das EWI jedoch eine Rahmenkonzeption erarbeitet, die mögliche Strategieelemente und Instrumente umreißt. Die endgültige Entscheidung über die Konzeption der Strategie sowie die Abstimmung des Instrumentariums hierauf ist dem Rat der EZB vorbehalten, der allerdings nicht an die Vorschläge des EWI gebunden ist. Der Beschluß des Rates der EZB hierüber wird in der zweiten Hälfte des Jahres 1998 gefaßt. Da jedoch sämtliche Zentralbankpräsidenten der EU-Mitgliedstaaten im Rat des EWI dem ausgearbeiteten Handlungsrahmen zugestimmt haben, ist anzunehmen, daß sich die endgültige strategische Konzeption und die eingesetzten Verfahren und Instrumente nicht mehr wesentlich von den Vorschlägen des EWI unterscheiden werden. Nachfolgend wird der vom EWI erarbeitete Handlungsrahmen im Anschluß an einige Bemerkungen zur Bedeutung der Geldpolitik für das Bankensystem in seinen Grundzügen dargestellt.

(1) Die Bedeutung der Geldpolitik für das Bankensystem

Aufgrund ihrer geldpolitischen Impulse setzt eine Zentralbank gleichzeitig wesentliche Rahmenbedingungen für die Geschäftstätigkeit der Banken. Sie kann dabei einerseits die Kreditvergabemöglichkeiten der Banken und deren Liquidität sowie andererseits die Kreditnachfrage beeinflussen.[129]

Die *Einflußmöglichkeit der Zentralbank auf das Kreditvergabepotential der Geschäftsbanken* hängt damit zusammen, daß Geschäftsbanken in einem Zahlungsmittel zahlungsfähig sein müssen, daß sie selbst nicht schaffen können. In Volkswirtschaften, die sich dadurch auszeichnen, daß sich der Güteraustausch als Tausch von Ware gegen Geld vollzieht, lassen sich im allgemeinen zwei Arten von „Geldproduzenten“[130] ausmachen: Einerseits die Zentralnotenbank und andererseits die Geschäftsbanken (Kreditinstitute). Dementsprechend lassen sich auch zwei Arten von Geld unterscheiden:

- Zentralbankgeld
- Giralgeld (Kredit- oder Geschäftsbankengeld).

Zentralbankgeld kann ausschließlich durch die Zentralbank aufgrund ihrer gesetzlich verankerten Monopolstellung geschaffen und in Umlauf gebracht werden. Es setzt sich

---

129 Vgl. hierzu ausführlich Issing, O.: Einführung in die Geldtheorie, 10. Auflage, München 1995, S. 52 ff.; Issing, O.: Einführung in die Geldpolitik, 6. Auflage, München 1996, S. 71 ff. sowie Duwendag, D. et. al.: Geldtheorie und Geldpolitik, 4. Auflage, Köln 1993, S. 154 ff., S. 233 ff. und S. 279 ff.

130 Produktion ist hierbei nicht im herkömmlichen, technischen Sinne (Druck von Banknoten oder Münzprägung) zu verstehen, sondern als Bereitstellung von Geldeinheiten an Geldnachfrager.

aus den Sichtguthaben (von Banken und Nichtbanken) bei der Zentralnotenbank und aus Bargeld in Form umlaufender Banknoten oder Münzen zusammen. Vor allem in rechtlicher Hinsicht unterscheidet es sich dadurch von Geschäftsbankengeld, daß es das einzige gesetzlich anerkannte Zahlungsmittel darstellt. Zentralbankgeld wird geschaffen, indem die Zentralbank von Banken oder Nichtbanken bestimmte Aktiva (z. B. Gold oder Devisen) ankauft oder Kredite (gegen zentralbankfähige Sicherheiten) an Geschäftsbanken gewährt.

Geschäftsbankengeld umfaßt dagegen sämtlich Guthaben von Nichtbanken bei Geschäftsbanken (Forderungen von Nichtbanken gegen Geschäftsbanken). Es entsteht auf zweierlei Weise: Einerseits, wenn Geschäftsbanken Aktiva (z. B. Finanzierungstitel) von Nichtbanken erwerben und mit Forderungen gegen sich selbst bezahlen oder wenn sie Kredite an Nichtbanken gewähren (der Kreditnehmer erwirbt in diesem Fall einen Zahlungsanspruch gegen Geschäftsbanken); in beiden Fällen spricht man von *aktiver Giralgeldschöpfung*. Andererseits entsteht Giralgeld auch, wenn eine Geschäftsbank Bargeld von Nichtbanken annimmt und als Einlage verbucht oder wenn Überweisungen von Konten der Zentralbank auf Konten bei Geschäftsbanken vorgenommen werden; in diesen Fällen spricht man von *passiver Giralgeldschöpfung*. Bei der passiven Giralgeldschöpfung ändert sich die umlaufende Gesamtgeldmenge nicht, da lediglich eine Umwandlung einer Geldart in eine andere vorgenommen wird.

Geschäftsbanken können die ihnen überlassenen Einlagen im Zuge der aktiven Giralgeldschöpfung mehrfach als Basis für herausgelegte Kredite verwenden (multiple Giralgeldschöpfung). Das Ausmaß, in dem Geschäftsbanken auf diese Weise Giralgeld „produzieren" und der Volkswirtschaft zur Verfügung stellen können, d. h. der Kreditschöpfungsspielraum des Geschäftsbankensystems, entspricht zwar einem Vielfachen der Menge des Zentralbankgeldes, ist allerdings auch nicht unbegrenzt. Dies liegt daran, daß die Geschäftsbanken dem Umstand Rechnung tragen müssen, daß die Forderungen gegen sie (Geschäftsbankengeld) auch in der Form von Zentralbankgeld, daß sie selbst nicht schaffen können, abgerufen werden können. Daher ist es erforderlich, stets eine angemessene Reserve an Zentralbankgeld zu halten, um die entstehenden Abflüsse an Zentralbankgeld auszugleichen. Das Kreditschöpfungspotential der Geschäftsbanken kann daher durch die Zentralbank über die Beeinflussung des Volumens des bereitgestellten Zentralbankgeldes beeinflußt werden. Für die Relation zwischen der Geldmenge M, die das Geschäftsbankengeld einschließt und der Geldmenge B, die ausschließlich Zentralbankgeld umfaßt, läßt sich unter bestimmten, sehr restriktiven Annahmen (u. a. Existenz von Mindestreserveverpflichtungen für die Geschäftsbanken mit einheitlichem Reservesatz für verschiedenen Arten von Einlagen, gegebene und im Zeitverlauf konstante (Bar-) Zahlungssitten der Nichtbanken, Banken halten keine Überschußreserven, Kreditangebot und -nachfrage stimmen überein) folgender (theoretischer) Zusammenhang ableiten:

$$M = \frac{1}{c + r \cdot (1 - c)} \cdot B$$

Dabei bezeichnen:

M Geldmenge in der Abgrenzung Bargeldbestand der Nichtbanken und Guthaben der Nichtbanken bei Geschäftsbanken

B Geldbasis (Summe der Zentralbankgeldbestände der Geschäftsbanken und Bargeldbestand der Nichtbanken)

r Mindestreservesatz in %

c das von Nichtbanken gewünschte und im Zeitverlauf konstante Verhältnis zwischen Bargeldbestand der Nichtbanken und Geschäftsbankengeld (Zahlungssitten, Kassenhaltungskoeffizient)

Die Höhe der Geldmenge M und damit der mögliche Kreditschöpfungsspielraum des Bankensystems hängen nach diesem vereinfachten Konzept einerseits von den Zahlungsgewohnheiten der Nichtbanken und andererseits von der Geldbasis sowie den durch die Zentralbank über die Mindestreserve gebundenen Zentralbankgeldbeständen der Geschäftsbanken ab. Es zeigt sich also, daß die Notenbank die Kreditvergabemöglichkeiten der Geschäftsbanken durch Maßnahmen, die verknappend auf die Geldbasis oder den frei verfügbaren Bestand des Geschäftsbankensystems an Zentralbankgeld wirken, einschränken kann.

Auch der *Einfluß der Zentralbank auf die Liquidität der Geschäftsbanken* ist wiederum darauf zurückzuführen, daß Geschäftsbanken jederzeit in der Lage sein müssen, ihre Verbindlichkeiten in Zentralbankgeld zu erfüllen. Dazu können sie prinzipiell auf zwei Arten von Liquiditätsreserven zurückgreifen. Die *primären Liquiditätsreserven* der Geschäftsbanken umfassen denjenigen Teil des Zentralbankgeldbestandes, über den die Geschäftsbanken frei verfügen können, d. h. die Differenz zwischen den zur Erfüllung ihrer Mindestreservepflicht notwendigen und ihren tatsächlichen Guthaben auf Konten der Zentralbank. Hierauf kann die Zentralbank, wie oben erläutert, Einfluß nehmen, indem sie Mindestreservesätze festlegt. Die *sekundären Liquiditätsreserven* setzen sich dagegen zusammen aus Aktiva, die jederzeit und ohne großes Kursrisiko bei der Notenbank in Zentralbankgeld umgewandelt werden können sowie aus dem Verschuldungspotential der Geschäftsbanken bei der Zentralbank. Dadurch, daß die Zentralbank im Rahmen der qualitativen Refinanzierungspolitik die Anforderungen an solche Aktiva festlegt, die sie im Zuge der Ausstattung der Geschäftsbanken mit Zentralbankgeld ankauft oder im Rahmen der quantitativen Refinanzierungspolitik Verschuldungsgrenzen der Geschäftsbanken fixiert, kann sie die Sekundärliquidität der Kreditbanken unmittelbar beeinflussen.

Schließlich nimmt die Zentralbank über die Variation der Preise für die Nutzung geldpolitischer Instrumente (Pensions-, Diskont- und Lombardsatz*) Einfluß auf die Refinanzierungskosten der Geschäftsbanken* (Kapitalkosten). Außerdem schlagen diese Maßnahmen auf die Geld- und Kapitalmarktzinsen und damit letztlich auf die Geld- und Kreditnachfrage durch. Hierzu ist allerdings anzumerken, daß sich die Zinssätze prinzipiell aufgrund von Angebot und Nachfrage an den Finanzmärkten bilden; ein Einfluß geldpolitischer Impulse auf die Preispolitik der Geschäftsbanken kann aber dennoch nicht abgestritten werden.

(2) Die Geldpolitische Strategie der EZB

Die geldpolitische Strategie einer Zentralbank läßt sich als (möglichst konsistentes) System aus gesamtwirtschaftlichen Zielen und geldpolitischen Maßnahmen charakterisieren.[131] Sie kennzeichnet die Art und Weise, in der eine Zentralbank grundsätzlich vorgehen will, um vor dem Hintergrund der laufenden Entwicklungen des Umfeldes der Geld- und Wirtschaftspolitik den vorgegebenen Zielkatalog (z. B. Geldwert-, Beschäftigungs-, Wachstums- und Außenwirtschaftsziele) zu erreichen. Im Rahmen der Strategieentscheidung sind dabei insbesondere die beiden folgenden grundsätzlichen Fragen zu beantworten:

- Welche Verfahren erscheinen zu einer bestmöglichen Zielerreichung am zweckmäßigsten? (Verfahrensentscheidung)
- Welche Ziele kann bzw. soll die Geldpolitik verfolgen? (Zielentscheidung)

Hinter der ersten Frage verbirgt sich die Problematik, ob einer Zentralbank ein (starrer) Katalog von Verfahrensregeln als Handlungsrahmen vorgegeben werden sollte (regelgebundenes Handeln), oder ob sie auf der Basis der ihr vorliegenden Informationen jeweils selbständig einzelfallbezogene, d. h. fallweise Entscheidungen treffen sollte (diskretionäres Handeln). Allerdings sind beide Standpunkte lediglich als (hypothetische und geldpolitisch suboptimale) Extrema anzusehen. Es ist durchaus sinnvoll, den Regelbegriff weiter auszulegen und dahingehend zu verstehen, daß eine Notenbank ex ante spezifiziert und publiziert, wie sie zukünftig auf bestimmte, interpersonell identisch beobachtbare Ereignisse reagieren wird (Selbstbindung). Damit verbunden ist unmittelbar auch die Frage wie viele und welche Informationen der geldpolitischen Entscheidungsfindung zugrunde gelegt werden sollen. Die zweite Frage bezieht sich darauf, wie eine Zentralbank (unvermeidliche) Konflikte innerhalb eines ihr vorgegebenen gesamtwirtschaftlichen Zielsystems handhaben und welches Ziel sie dabei als Leitlinie ihrer Entscheidungen priorisieren sollte (Zielgewichtung).

Hinsichtlich der *Verfahrenswahl* ist vorgesehen, daß die EZB quantitativ formulierte und interpersonell nachvollziehbare Vorgaben für das Endziel sowie die Zwischenziele öffentlich ankündigt. Auf diese Weise sollen Transparenz und Glaubwürdigkeit der geldpolitischen Strategie des ESZB gesteigert und die Verantwortlichkeit des ESZB erhöht werden. Die Entscheidungsfindung soll auf eine breite Informationsbasis gestützt werden, in die sowohl finanzielle Variablen (etwa die Zinsstrukturkurve am Geldmarkt, Geld- und Kreditaggregate, Kreditmarktkonditionen, Wechselkurse etc.) als auch nicht finanzielle Variablen (Preis- und Kostenstruktur, Indikatoren der Gesamtnachfrage und des Gesamtangebots, die Produktionslücke, die Zahlungsbilanz und Erwartungshaltungen usw.) Eingang finden.

---

[131] Zu den folgenden Ausführungen vgl. allgemein Duwendag, D. et. al.: Geldtheorie und Geldpolitik, 4. Auflage, Köln 1993, S. 373 ff., sowie Issing, O.: Einführung in die Geldpolitik, 6. Auflage, München 1996, S. 254 ff. Bezüglich der geldpolitischen Strategie der EZB vgl. EWI: Die einheitliche Geldpolitik in Stufe 3, Frankfurt 1997, S. 7 ff., und Deutsche Bundesbank: Informationsbrief zur WWU, Nr. 4, Februar 1997, S. 9 ff.

Gemäß Art. 105 Abs. 1 und Art. 2 der Satzung des ESZB besteht das oberste *Ziel der Geldpolitik des ESZB*, wie bereits erwähnt, darin, die Preisstabilität zu gewährleisten. Darüber hinaus soll das ESZB auch die Wirtschaftspolitik der Gemeinschaft unterstützen, soweit dies ohne Beeinträchtigung des Zieles der Preisstabilität möglich ist. Da eine Zentralbank jedoch gesamtwirtschaftliche Größen wie etwa das Preisniveau, die Beschäftigung oder das Wirtschaftswachstum als Endzielvariablen nicht unmittelbar beeinflussen kann, sondern nur monetäre Variablen und außerdem geldpolitische Impulse mitunter erst mit erheblicher Verzögerung auf die Endzielvariablen wirken, ist eine Selektion geeigneter geldpolitischer Zwischenziele bzw. Wirkungsindikatoren notwendig. Diese Steuerungs- bzw. Kontrollgrößen sollten durch geldpolitische Instrumente unmittelbar beeinflußbar sein und möglichst unverzüglich auf den Instrumenteneinsatz reagieren, in einem (theoretisch) fundierten Zusammenhang mit den Endzielen stehen, sich komplementär zu diesen verhalten und ausreichend operationalisierbar (quantifizierbar) sein. Im Rahmen der Strategiediskussion wurden vor allem die beiden folgenden Konzepte geprüft: Die Ansteuerung eines direkten Inflationsziels oder eines Geldmengenziels.

Für ein *direktes Inflationsziel* sprechen der unmittelbare Bezug zur Preisentwicklung, die klare Verbindung zwischen Zielentwicklung und Instrumenteneinsatz sowie die geringe Empfindlichkeit gegen Störungen in der Geldnachfrage. Kritisch wird dagegen die Tatsache beurteilt, daß Preisprognosen grundsätzlich (und insbesondere bei längerem Prognosehorizont) mit (erheblicher) Unsicherheit behaftet sind sowie die Tatsache, daß der Zusammenhang zwischen Instrumenteneinsatz und Preisentwicklung Imponderabilien und Zeitverzögerungen unterliegt. Die Argumentation zugunsten eines *Geldmengenziels* stützt sich auf den als eindeutig beurteilten Zusammenhang zwischen Geldmengenentwicklung und Preisanstieg sowie die Verantwortlichkeit des ESZB für Entwicklungen, die leicht beobachtbar sind und der direkten Kontrolle des ESZB unterliegen und die damit verbundene öffentliche Transparenz. Außerdem wird angeführt, daß eine an der Geldmengenentwicklung orientierte Strategie von der Zentralbank des Ankerlandes (Deutschland) erfolgreich ausgeführt wird und das ESZB auf diese Weise von der dadurch aufgebauten Kontinuität und der Reputation profitieren könnte. Als Hauptargument gegen die Geldmengensteuerung wird eingewendet, daß die als Erfolgskriterium erforderliche Stabilität der Geldnachfrage gegenwärtig zwar durch empirische Untersuchungen für die EU nachgewiesen sei, die Ergebnisse der Studien jedoch für die Bedingungen in Stufe drei der WWU nicht unbedingt repräsentativ seien. Daher könnten Schwankungen in der Geldnachfrage die Geldpolitik konterkarieren und auf diese Weise die Glaubwürdigkeit des ESZB in Frage stellen.

Die Entscheidung über die geldpolitische Strategie des ESZB wird allerdings durch eine Reihe von Problemen erschwert. Dazu gehört, daß es bisher kaum Anhaltspunkte dafür gibt, wie die zukünftigen geldpolitischen Impulse der EZB auf den realen Sektor der europäischen Volkswirtschaft und das Preisniveau wirken (Transmissionsmechanismus). Auch die fortschreitende Integration der Güter-, Arbeits- und Finanzmärkte verändert das Umfeld der Geldpolitik in noch nicht abzuschätzender Weise. Schließlich stellt sich auch die Frage, ob und wie infolge der Währungsintegration möglicherweise entwickelte Finanzinnovationen die Wirkungen der Geldpolitik beeinträchtigen. Die Erfahrungen, die in den Mitgliedsstaaten der EU hinsichtlich der geldpolitischen Strategie bisher gemacht wurden, deuten jedoch darauf hin, daß die Strategie des ESZB letztlich Elemente beider Ansätze vereinigen wird.

(3) Geldpolitisches Instrumentarium der EZB

Auch die Entscheidung über die geldpolitischen Instrumente, derer sich die EZB zur Erfüllung ihrer Aufgaben bedient, ist dem Rat der EZB vorbehalten. In Vorbereitung dieser Entscheidung wurden vom EWI die nachfolgend dargestellten geldpolitischen Instrumente als Handlungsrahmen des ESZB ausgearbeitet.[132] Die Geldpolitik innerhalb der Europäischen Währungsunion stützt sich hiernach in instrumenteller Hinsicht auf drei Säulen. Die laufende Geldmarktsteuerung durch die EZB erfolgt primär auf der Basis von *Offenmarktgeschäften*. Offenmarktgeschäfte sind geldpolitische Transaktionen einer Zentralbank an den Finanzmärkten, die An- und Verkäufe von Wertpapieren (mit oder ohne Rückkaufvereinbarung) sowie die Kreditaufnahme oder -gewährung gegen Sicherheiten umfassen. Käufe haben dabei eine liquiditätserhöhende Wirkung, Verkäufe eine liquiditätsverknappende. Offenmarktgeschäfte zeichnen sich durch ein hohes Maß an Flexibilität aus, da sie durch die Zentralbank initiiert werden, gut dosierbar sind und im Falle von Fehlentscheidungen vergleichsweise leicht revidiert werden können. Darüber hinaus werden von der EZB zwei *ständige Fazilitäten*, nämlich eine Spitzenrefinanzierungsfazilität und eine Einlagenfazilität, eingesetzt. Diese sollen dazu dienen, Banken einen kurzfristigen (über Nacht) und flexiblen Liquiditätsausgleich zu ermöglichen. Schließlich ist im EG-Vertrag auch das Instrument der *Mindestreserve* vorgesehen. Über den Einsatz anderer, zusätzlicher Instrumente kann der Rat der EZB mit Zweidrittelmehrheit entscheiden.

Bezüglich der Instrumente der *Refinanzierungs- und Offenmarktpolitik* sind im einzelnen die folgenden fünf Instrumentkategorien vorgesehen (vgl. auch Abbildung 7):

1. Das *Hauptrefinanzierungsinstrument* bilden befristete liquiditätsbereitstellende Transaktionen, die als Wertpapierpensionsgeschäfte oder Pfandkredite ausgestaltet werden können. Die Hauptrefinanzierungsgeschäfte werden wöchentlich mit einer Laufzeit von jeweils zwei Wochen abgeschlossen. Voraussichtlich wird der überwiegende Teil des Refinanzierungsvolumens auf diese Transaktionen entfallen. Der Zinssatz dieses Instruments signalisiert die geldpolitische Grundausrichtung der EZB und weist insofern Leitzinscharakter auf.
2. Als weiteres Refinanzierungsinstrument werden darüber hinaus *längerfristige Refinanzierungsgeschäfte* mit einer Laufzeit von bis zu drei Monaten eingesetzt, die wichtige Merkmale des nur noch in Deutschland und Österreich gebräuchlichen und im Rahmen des ESZB nicht mehr vorgesehenen Diskontkredits aufgreifen. Sie werden den Geschäftspartnern auf Initiative der EZB monatlich im Tenderverfahren

[132] Vgl. hierzu und nachfolgend EWI: Die einheitliche Geldpolitik in Stufe 3, Frankfurt 1997, S. 14 ff.; Deutsche Bundesbank: Informationsbrief zur WWU, Nr. 4, Februar 1997, S. 9 ff., EWI: Die einheitliche Geldpolitik in Stufe 3, Allgemeine Regelungen für die geldpolitischen Instrumente und Verfahren des ESZB, Frankfurt a. M. 1997, S. 4 ff., und Deutsche Bundesbank: Informationsbrief zur WWU, Nr. 9, September 1997, S. 3 ff.

(i. d. R. voraussichtlich Zinstender) angeboten. Eine Kontingentierung bezogen auf die einzelne Bank gibt es im Gegensatz zum Diskontkredit der Bundesbank allerdings nicht. Ziel dieser Maßnahmen ist eine Verstetigung des Geldmarktes und die Gewährleistung von Dispositionssicherheit. Dem Markt sollen hierdurch allerdings keine eigenständigen zinspolitischen Signale vermittelt werden.

3. Ergänzend kann die EZB auf ein Spektrum von *Feinsteuerungsmaßnahmen* zurückgreifen, das primär befristete Transaktionen (Geschäfte, bei denen die EZB bzw. die nationalen Zentralbanken Vermögenswerte mit gleichzeitiger Rückkaufvereinbarung an- oder verkaufen oder Kredite gegen Verpfändung von Sicherheiten gewähren), aber auch die Hereinnahme befristeter Gelder (Termineinlagen) zur kurzfristigen Liquiditätsabsorption, Devisenswaps sowie definitive Transaktionen (Geschäfte, bei denen die nationalen Zentralbanken oder die EZB zentralbankfähige Wertpapiere endgültig am Markt kaufen oder verkaufen, d. h. bei denen das Eigentum an den Papieren an die nationalen Zentralbanken bzw. die EZB übergeht) umfaßt. Die Feinsteuerungsoperationen der EZB werden nur fallweise durchgeführt; sie dienen der Steuerung der Marktliquidität und der Zinssätze, um die Zinswirkungen unerwarteter Liquiditätsschwankungen auszugleichen.
4. Außerdem bestehen Möglichkeiten zur Beeinflussung der fundamentalen Liquiditätssituation des Bankensystems, sog. *strukturelle Operationen*, in Form der Emission von Schuldverschreibungen oder befristeter und definitiver Transaktionen geschaffen werden. Diese Operationen, die in regelmäßigen oder unregelmäßigen Abständen durchgeführt werden können, zielen darauf, die Refinanzierungsabhängigkeit innerhalb des Bankensystems wiederherzustellen oder zu erhöhen.
5. Schließlich wird von der EZB eine permanente *Spitzenrefinanzierungsfazilität* eingesetzt. Die Spitzenrefinanzierungsfazilität ist zur Deckung eines vorübergehenden Liquiditätsbedarfs der Geschäftspartner des ESZB gedacht. Sie soll ihnen die Möglichkeit bieten, sich (auf eigene Initiative) von den nationalen Zentralbanken über Nacht zu einem vorgegebenen Zinssatz kurzfristig Liquidität zu verschaffen. Abgesehen von der Notwendigkeit, in ausreichender Menge refinanzierungsfähige Sicherheiten zu stellen, unterliegt die Inanspruchnahme dieser Fazilität keinerlei Beschränkungen. Aus diesem Grund ist davon auszugehen, daß ihr Zinssatz die Obergrenze des Tagesgeldsatzes bildet. Die technische Ausgestaltung, entweder als Pensionsgeschäft oder als (durch Pfand) besichertes Darlehen, kann von den nationalen Zentralbanken in Abhängigkeit von den jeweiligen nationalen Rahmenbedingungen festgelegt werden.

Im Vergleich zum bisherigen geldpolitischen Instrumentkatalog der Deutschen Bundesbank stellt die *Einlagefazilität* ein Novum dar. Sie soll den Geschäftspartnern des ESZB die Möglichkeit bieten, (auf eigene Initiative) bis zum folgenden Geschäftstag unbesicherte finanzielle Mittel bei der EZB zu einem festgelegten Zinssatz einzulegen. Auch im Rahmen dieser Fazilität werden weder Zugangs- noch Volumensbeschränkungen bestehen. Daher dürfte der Zinssatz dieser Fazilität die Untergrenze für den kurzfristigen Tagesgeldsatz bilden.

Schließlich sieht das EZB-Statut in Art. 19 die *Mindestreserve* als geldpolitisches Instrument vor. Mindestreserven sind unverzinsliche Guthaben, die von den hierzu gesetzlich verpflichteten Geschäftspartnern einer Zentralbank auf Konten der Zentralbank unterhalten werden müssen. Die Wirkung von Mindestreserven besteht grundsätzlich darin, Zentralbankgeldbestände der Banken zu binden und auf diese Weise den Kreditschöpfungsspielraum innerhalb des Bankensystems zu beschränken. Mindestreserven werden als Prozentsatz (Mindestreservesätze) bestimmter Bilanzpositionen (in der Regel Verbindlichkeiten) als Bemessungsgrundlage (Reservebasis) ermittelt. Mittelpunkt der Mindestreservepolitik ist dementsprechend die Festlegung der Mindestreservesätze, der Bemessungsgrundlage und des Kreises der reservepflichtigen Institute.

Die Gruppe der reservepflichtigen Institute innerhalb der Währungsunion schließt gegenwärtig Kreditinstitute im Sinne der 2. EG-Bankrechtskoordinierungsrichtlinie ein, die im Euro-Währungsraum niedergelassen sind.[133] Allerdings wird noch diskutiert, den Kreis der potentiell reservepflichtigen Institute auszuweiten. In Frage kämen dabei etwa die sogenannten Monetären Finanziellen Institute und hier speziell Geldmarktfonds. Außerdem ist vorgesehen, daß die EZB bestimmte Gruppen von Instituten von der Reservepflicht freistellen kann. Die Reservebasis bilden die bilanziellen Verbindlichkeiten eines Instituts aus der Annahme von Geldern. Ausgenommen davon sind Verbindlichkeiten gegenüber selbst reservepflichtigen Instituten und der EZB. Die Erfüllungsperiode für die Mindestreserve beträgt einen Monat. Einzelheiten bezüglich der Ausgestaltung dieses Instruments, beispielsweise die Berechnungsmethodik oder die Festlegung der Höhe des Reservesatzes, können durch die EZB in Form von Verordnungen festgelegt werden.

Verstöße gegen die Mindestreservevorschriften kann die EZB einerseits mit Geldbußen ahnden. Diese bemessen sich aus dem Betrag der Reserveunterschreitung sowie einem Strafzins, der bis zu einer bestimmten Höchstmarge oberhalb des Spitzenrefinanzierungszinssatzes liegen kann oder auch ein Vielfaches dieses Satzes betragen kann. Alternativ besteht andererseits auch die Möglichkeit, zuwiderhandelnde Institute zu einer erhöhten Reservehaltung zu verpflichten. Schließlich können auch nicht monetäre Sanktionen verhängt werden, die bis hin zu einem Ausschluß des betreffenden Instituts von den geldpolitischen Operationen des ESZB reichen.

---

[133] Die Befugnisse der EZB in bezug auf die Mindestreserve sind im EG-Vertrag nicht in allen Punkten abschließend geregelt. Der primärrechtlich vorgesehene Handlungsrahmen muß daher durch entsprechende Rechtsakte der Organe der Gemeinschaft konkretisiert werden. Hierzu wurde ein Entwurf durch das EWI ausgearbeitet. Vgl. dazu Deutsche Bundesbank: Informationsbrief zur WWU Nr. 8, Juli 1997, S. 11 u. S. 14 ff.

Geldpolitische Operationen des ESZB

Geldpolitische Geschäfte	Transaktionsart: Liquiditätsbereitstellung	Transaktionsart: Liquiditätsabschöpfung	Laufzeit	Rhythmus	Verfahren
Offenmarktgeschäfte					
Hauptrefinanzierungsinstrument	befristete Transaktionen	---	2 Wochen	wöchentlich	Standardtender
Längerfristige Refinanzierungsgeschäfte	befristete Transaktionen	---	3 Monate	monatlich	Standardtender
Feinsteuerungsoperationen	befristete Transaktionen Devisenswaps	Devisenswaps Termineinlagen befristete Transaktionen	nicht standardisiert	unregelmäßig	Schnelltender bilaterale Geschäfte
	definitive Käufe	definitive Verkäufe	---	unregelmäßig	bilaterale Geschäfte
Strukturelle Operationen	befristete Transaktionen	Emission von Schuldverschreibungen	standardisiert/ nicht standardisiert	regelmäßig / unregelmäßig	Standardtender
	definitive Käufe	definitive Verkäufe	---	unregelmäßig	bilaterale Geschäfte
Ständige Fazilitäten					
Spitzenrefinanzierungsfazilität	befristete Transaktionen	---	über Nacht	Inanspruchnahme auf Initiative der Geschäftspartner	
Einlagenfazilität	---	Annahme von Einlagen	über Nacht	Inanspruchnahme auf Initiative der Geschäftspartner	

Abb. 7: Geldpolitische Operationen des ESZB; Quelle: EWI: Die einheitliche Geldpolitik in Stufe 3 - Allgemeine Regelungen für die geldpolitischen Instrumente und Verfahren des ESZB, Frankfurt a. M. 1997, S. 8.

(4) Sicherheitenstellung

Gemäß Art. 18.1 des ESZB-Statuts sind für sämtliche Kreditgeschäfte, d. h. liquiditätszuführende Geschäfte, des ESZB in ausreichendem Maße Sicherheiten durch die Geschäftspartner zu stellen. Im Rahmen der *refinanzierungsfähigen Sicherheiten* werden dabei zwei Klassen unterschieden: *Sicherheiten der Kategorie 1* umfassen marktfähige Schuldtitel von Emittenten einwandfreier Bonität, die von der EZB für den gesamten Euro-Währungsraum einheitlich festgelegte Zulassungskriterien (u. a. Denominierung in Euro, Emission oder Garantie durch Stellen innerhalb des Europäischen Wirtschaftsraumes, Einführung zumindest an einem geregelten Markt im Sinne der Wertpapierdienstleistungsrichtlinie, Hinterlegung bei einer NZB oder Wertpapierverwahrstelle innerhalb des Euro-Währungsraumes) erfüllen. In Frage kommen hierbei neben Emissionen der öffentlichen Hand und supranationaler Organisationen, gedeckte Bankschuldverschreibungen, Emissionen von Nichtbankunternehmen mit erstklassigem rating oder auch ungedeckte Bankschuldverschreibungen, sofern sie bestimmten Anforderungen genügen. *Kategorie-2-Sicherheiten* sind zusätzlich dazu ebenfalls bonitätsmäßig einwandfreie, marktfähige oder nicht marktfähige Sicherheiten, denen besondere Bedeutung für einen nationalen Finanzmarkt zukommt und für die die jeweilige NZB die Zulassungskriterien auf der Basis der Leitlinien der EZB festlegt. Für Deutschland kommt hier vor allem der Handelswechsel in Frage, zukünftig allerdings mit abgeschwächtem Qualitätsprofil, da das Instrument der Rediskontpolitik nicht im Instrumentarium des ESZB enthalten ist. Jedoch werden seitens der Bundesbank auch Überlegungen angestellt, weitere private Sicherheiten — z. B. Kreditforderungen von Banken gegenüber Wirtschaftsunternehmen — mit einzubeziehen, um so die Basis für die Notenbankrefinanzierung deutscher Banken zu verbreitern und einem unter Umständen möglichen Übergewicht öffentlicher Titel, was eine indirekte Erleichterung der Staatsfinanzierung bedeuten würde, entgegenzuwirken.

Beide Klassen von Sicherheiten können grenzenüberschreitend für sämtliche möglichen, also auch längerfristige, Refinanzierungsgeschäfte gestellt werden. Dies kann prinzipiell gemäß Art. 18 ESZB-Statut entweder, im Falle einer Ausgestaltung der betreffenden geldpolitischen Instrumente als Pensionsgeschäfte, auf der Basis zweier entgegengesetzter Kaufgeschäfte (Ankauf der Sicherheiten bei gleichzeitiger Rückkaufvereinbarung), oder im Wege der Verpfändung geschehen (Ausgestaltung der betreffenden Instrumente als Kreditgeschäfte gegen Verpfändung refinanzierungsfähiger Sicherheiten). Im Gegensatz zu ihrer bisherigen Praxis, dem Bankensystem aufgrund der Vorgaben des Bundesbankgesetzes, nach denen Offenmarktgeschäfte auf Eigentumsübertragung basieren müssen, Liquidität in Form von Pensionsgeschäften bereitzustellen, sieht die Deutsche Bundesbank nunmehr eine Verpfändungslösung (Einrichtung eines Pfandkontos für jede an den Refinanzierungsgeschäften teilnehmende Bank) vor.

(5) Zugelassene Geschäftspartner

Die Möglichkeit, auf die geldpolitischen Fazilitäten des ESZB zurückzugreifen, wird — um Wettbewerbsverzerrungen auszuschalten — grundsätzlich einem möglichst breiten Kreis von *Geschäftspartnern* gegeben. Ungeachtet dessen wurden allerdings bestimmte Kriterien, die einheitlich für den gesamten Euro-Währungsraum gelten, als Zugangsvoraussetzung festgelegt, um die ständigen Fazilitäten des ESZB in Anspruch nehmen und an den Offenmarktgeschäften teilnehmen zu können: Sollte sich der Rat der EZB für eine Mindestreservepflicht entscheiden, werden nur Institute, die gemäß Art. 19.1 des ESZB-Statuts der Mindestreservepflicht unterliegen, als Geschäftspartner zugelassen. Sollte dagegen keine Mindestreservepflicht bestehen, wird der Kreis der Geschäftspartner des ESZB Kreditinstitute umfassen, die innerhalb des Euro-Währungsraumes niedergelassen sind. Außerdem muß es sich bei den Geschäftspartnern des ESZB um „finanziell solide Institute" handeln, die einer auf EU- oder EWR-Ebene harmonisierten Bankenaufsicht durch nationale Behörden unterliegen. Wirtschaftlich solide Institute, die nicht einer solchen Aufsicht unterliegen (z. B. im Euro-Währungsbereich ansässige Zweigniederlassungen von Instituten mit Sitz außerhalb des europäischen Wirtschaftsraumes) können ebenfalls als Geschäftspartner des ESZB zugelassen werden. Schließlich müssen die Geschäftspartner des ESZB auch die operationalen Anforderungen der jeweiligen nationalen Zentralbanken zur Gewährleistung einer reibungslosen Abwicklung der geldpolitischen Geschäfte erfüllen. Bei dauerhafter Nichterfüllung von Verpflichtungen oder aus Risikoerwägungen kann die EZB auch einzelnen Geschäftspartnern den Zugang zu ihren geldpolitischen Instrumenten verweigern.

Im Rahmen der Feinsteuerungsmaßnahmen gibt es zudem aus technischen Erwägungen heraus (kurze Vorlaufzeit, vergleichsweise geringes Volumen) weitere Einschränkungen. So wird der Teilnehmerkreis bei Geschäften, die im Schnelltenderverfahren (Abwicklungszeit ca. eine Stunde) abgewickelt werden, durch die jeweiligen nationalen Zentralbanken anhand einheitlicher Kriterien festgelegt. In Frage kommen dabei ausschließlich geldmarktaktive Banken, die im Sitzland der jeweiligen nationalen Zentralbank niedergelassen sind. Als zusätzliche Auswahlkriterien können außerdem die Leistungsfähigkeit der Handelsabteilung der Geschäftspartner oder ihr Bietungspotential in Betracht gezogen werden. Bei Devisenswapgeschäften müssen die Geschäftspartner darüber hinaus in der Lage sein, großvolumige Geschäfte jederzeit effektiv abwickeln können.

f) Konsequenzen der europäischen Währungsintegration für die Deutsche Bundesbank und die deutsche Notenbankverfassung

Abschließend stellt sich die Frage, welche Implikationen aus dem europäischen Währungsintegrationsprozeß für die deutsche Geld- und Notenbankordnung, speziell für die Deutsche Bundesbank als zentrales Element des Bankensystems Deutschlands, resultieren (könnten). Da die Geschäftstätigkeit der Deutschen Bundesbank — primär durch das Bundesbankgesetz — gesetzlich geregelt ist, müssen sich zumindest die wesentlichen Auswirkungen der europäischen Währungsintegration auf die Deutsche Bundesbank in entsprechenden Änderungen dieses Gesetzes niederschlagen. Dies ist im Rahmen der zweiten Stufe des Währungsintegrationsprozesses in Form des fünften und sechsten Gesetzes zur Änderung des Bundesbankgesetzes (5. und 6. BBankGÄndG) erfolgt.

Mit dem *5. BBankGÄndG* wurde bereits im Juli 1994 eine erste Angleichung des Bundesbankgesetzes an das vorrangig anzuwendende europäische Recht, speziell an die Regelungen des Maastrichter Vertrages, vorgenommen. Im Gegensatz zum Bundesbankgesetz in der Fassung von 1992 untersagt der EG-Vertrag der EZB und den nationalen Zentralbanken eine Kreditgewährung an öffentliche Einrichtungen. Aus diesem Grunde wurde § 20 Abs. 1 BBankG alter Fassung, der die kurzfristige Kreditvergabe der Deutschen Bundesbank an den Bund, die Länder und die Sondervermögen des Bundes zur Finanzierung kurzfristiger Haushaltsdefizite (sogenannte *Kassenkredite*) regelte, ersatzlos gestrichen. Ebenfalls im Zuge dieser Gesetzesnovellierung wurde auch § 17 BBankG aufgehoben (*Einlagenpolitik*), der den Bund, bestimmte Sondervermögen des Bundes und die Länder dazu verpflichtete, ihre liquiden Mittel auf Girokonten bei der Deutschen Bundesbank einzulegen. Dieser Schritt ergab sich zwar nicht zwingend aus dem vorrangig anzuwendendem EG-Recht, wurde jedoch konsequenterweise mit der Begründung unternommen, daß den öffentlichen Haushalten nicht das Privileg der Inanspruchnahme von Kassenkrediten genommen werden könne, ohne sie gleichzeitig von der Einlagepflicht zu befreien. Insofern zielte diese Maßnahme auf eine Gleichstellung der genannten Institutionen mit den übrigen Marktteilnehmern.[134] Die bis dato eingelegten liquiden Mittel des Bundes, der Sondervermögen und der Länder wurden auf eine größere Anzahl privater und öffentlich-rechtlicher Banken verteilt, um Wettbewerbsverzerrungen und die Bevorzugung einzelner Kreditinstitute zu vermeiden.[135] Aufgrund dieser Neufassung des Bundesbankgesetzes hat die Deutsche Bundesbank einerseits zwar an Bedeutung in ihrer Funktion als Hausbank des Staates verloren. Anderseits hatten die Kassenkredite der Deutschen Bundesbank seit jeher nur eine untergeordnete Rolle gespielt und dienten stärker der technischen Erleichterung von Zahlungstransaktionen als der Finanzierung staatlicher Ausgaben. So ist festzustellen, daß die tatsächliche Ausnutzung des ohnehin restriktiven gesetzlichen Finanzierungsrahmens seit 1957 mit zwei Ausnahmen, Mitte der siebziger Jahre und im Verlauf der achtziger Jahre, vergleichsweise gering blieb.[136]

Auch die Einlagepflicht liquider öffentlicher Mittel bestand vor ihrer Aufhebung nur noch in eingeschränktem Maße. Teilweise schon lange vor Inkrafttreten des Gesetzes, zuletzt dem Bund im Januar 1994, hatte die Bundesbank den betreffenden öffentlichen Institutionen Globalkontingente zur anderweitigen Anlage ihre Mittel eingeräumt, so daß zuletzt kaum nach Einlagen unterhalten werden mußten.[137] Dennoch wurde der Bundesbank mit der Einlagenpolitik ein wichtiges Instrument der geldpolitischen Feinsteuerung entzogen. Ausgelöst durch den Übergang der Bundesbank zu einer flexibleren Geldmarktsteuerung Mitte der achtziger Jahre wurden in den Folgejahren verstärkt kurzfristige Ausgleichsoperationen eingesetzt, die es ermöglichten, den Geldmarkt auch nur tageweise zu beeinflussen. Hierzu zählte auch die Verlagerung öffentlicher Guthaben in den Geldmarkt (§ 17 BBankG), wobei aus Gründen der Praktikabilität stets nur auf die Einlagen des Bundes zurückgegriffen wurde. Aufgrund der außerordentlich hohen Flexibilität dieses Instruments avancierte es im Lauf der Zeit zu einem wichtigen und häufig eingesetzten Steuerungsmedium. Hingegen reduziert sich mit Aufhebung der Einlagepflicht öffentlicher Mittel gleichzeitig auch der Feinsteuerungsbedarf. Die Schwankungen der öffentlichen Nettoguthaben bei der Bundesbank schlugen immer auch in erheblichem Maße auf die Zentralbankguthaben der Banken durch. Dies manifestierte sich in charakteristischen Schwankungen des Mindestreserve-Ist der Banken, die der Mittelbereitstellung der Bundesbank zugrundegelegt werden mußten und entsprechende Steuerungseingriff erforderten. Dieses Mindestreserve-Erfüllungsprofil egalisiert sich, indem die Einlagepflicht entfällt. Gravierender dürfte sich daher noch die Tatsache auswirken, daß sich infolge der Verlagerung öffentlicher liquider Mittel in das Bankensystem der Refinanzierungsbedarf der Banken bei der Zentralbank dauerhaft in erheblichem Umfang reduziert hat.

---

134 Vgl. o.V.: Keine Kassenkredite mehr für öffentliche Haushalte; in: Deutsche Bundesbank, Auszüge aus Presseartikeln, Nr. 88 v. 10. 12. 1993, S. 9, und Deutsche Bundesbank: Monatsberichte, Januar 1994, S. 37 ff.

135 Vgl. Deutsche Bundesbank: Monatsberichte, Januar 1994, S. 41.

136 Vgl. Deutsche Bundesbank: Monatsberichte, Januar 1994, S. 35 ff.

137 Vgl. hierzu im nachfolgenden Deutsche Bundesbank: Monatsberichte, Januar 1994, S. 37 ff.

Weitergehende Konsequenzen für die Deutsche Bundesbank ergaben sich aufgrund der Anpassung des Bundesbankgesetzes an die Erfordernisse des Art. 108 des EG-Vertrages. Art. 108 EGV verpflichtete die Mitgliedstaaten der EU dazu, in Vorbereitung der dritten Integrationsstufe sicherzustellen, daß ihre innerstaatlichen Rechtsvorschriften und ihre Zentralbanksatzung spätestens zum Zeitpunkt der Errichtung des ESZB und der EZB, d. h. spätestens im Frühjahr 1998, mit dem EG-Vertrag und der Satzung des ESZB in Einklang stehen. Nationale Rechtsvorschriften, die vorrangigen, unmittelbar geltenden europäischen Rechtsnormen widersprechen, waren bzw. sind von diesem Zeitpunkt an nicht mehr anwendbar. Die entsprechende Anpassung des nationalen Rechtsrahmens der Bundesbank erfolgte 1997 durch das *6. Bundesbankgesetz-Änderungsgesetz.*[138] Dieses Gesetz nahm zunächst eine Neufassung des § 3 BBankG vor, der die *Aufgaben der Deutschen Bundesbank* regelt. Mit § 3 BBankG wird nunmehr deutlich herausgestellt, daß die Deutsche Bundesbank als Zentralbank Deutschlands integraler Bestandteil des ESZB ist. Als solcher wirkt sie mit dem vorrangigen Ziel der Gewährleistung der Preisstabilität an der Erfüllung der Aufgaben des ESZB mit. Eine weitere Aufgabe der Bundesbank besteht nach wie vor darin, den Zahlungsverkehr im Inland und mit dem Ausland abzuwickeln. Auch die Aufgaben der Bundesbank innerhalb der Bereiche Bankenaufsicht und Außenwirtschaft bestehen weiter. Schließlich übernimmt die Bundesbank weitere Aufgaben, die ihr nach dem Bundesbankgesetz oder anderen Rechtsvorschriften übertragen werden.

Mit Beginn der dritten Stufe der europäischen Währungsintegration 1999 ging die Entscheidungsbefugnis über die Geld- und Währungspolitik von der Bundesbank auf die EZB über. Der Verlust der nationalen geldpolitischen Souveränität schließt u. a. ein, daß der Zentralbankrat der Deutschen Bundesbank keine geld- und währungspolitische Entscheidungsbefugnis mehr besitzt. Zwar kann die Bundesbank auch weiterhin durch die Teilnahme des Bundesbankpräsidenten an den Sitzungen des EZB-Rates und durch die Besetzung von Stellen innerhalb der EZB-Organisation Einfluß auf die Geldpolitik innerhalb des neugeschaffenen europäischen Währungsraumes nehmen, dies jedoch bei weitem nicht mehr mit dem Gewicht, das ihr innerhalb des DMark-Währungsraumes zukam. Während die Deutsche Bundesbank bis zum Beginn der dritten Stufe des europäischen Währungsintegrationsprozesses die alleinige Verantwortung für die Geld- und Währungspolitik in Deutschland trug, ist sie im Rat der EZB nur noch mit einer Stimme vertreten und muß sich letztendlich, auch entgegen anderer eigener Auffassung, den Weisungen der EZB unterordnen. Das 6. BBankGÄndG trägt diesem Umstand durch eine Neuformulierung des § 6 Abs. 1 des BBankG (Aufgaben des Zentralbankrates) Rechnung. Demnach bestehen die *Aufgaben des Zentralbankrates* der Bundesbank darin, die Geschäftspolitik der Bundesbank zu bestimmen sowie die Auswirkungen der Geld- und Währungspolitik der EZB zu erörtern. Somit obliegt es dem Zentralbankrat nunmehr u. a. im Rahmen der gesetzlich festgelegten Zuständigkeiten durch allgemeine Richtlinien für die Geschäftsführung und die Verwaltung sowie durch Weisungen zu bestimmen, wie die Deutsche Bundesbank die währungspolitischen Beschlüsse der EZB umsetzt. Besondere Bedeutung erlangt die neu gefaßte Regelung über die Aufgaben des Zentralbankrates, in Fällen, in denen der Europäische Zentralbankrat Leitlinien erläßt,

---

[138] Vgl. hierzu Deutsche Bundesbank: Monatsberichte, Januar 1998, S. 25 ff.

die zu ihrer Umsetzung einer gestaltenden Ausfüllung durch die nationalen Zentralbanken bedürfen. In diesem Zusammenhang wurde ferner in das Gesetz aufgenommen, daß der Zentralbankrat bei der Erfüllung der Aufgaben des ESZB den Leitlinien und Weisungen der EZB unterworfen ist. Nach wie vor in seinen Aufgabenbereich fällt es, allgemeine Richtlinien für die Geschäftsführung und Verwaltung aufzustellen und die Zuständigkeiten des Direktoriums und der Vorstände der Landeszentralbanken im Rahmen des BBankG abzugrenzen. Im Zusammenhang der geld- und währungspolitischen Entscheidungsbefugnis der Bundesbank wurden mit der 6. Novellierung des BBankG auch die *Bestimmungen über die geldpolitischen Instrumente der Bundesbank* (Diskont-, Kredit- und Offenmarktpolitik sowie Mindestreservepolitik, §§ 15 u. 16 BBankG) aufgehoben, da die Bestimmungen des EG-Vertrages keinen Raum für eine spezielle nationale Geldpolitik lassen. Ebenso wurde § 12 BBankG europarechtlichen Erfordernissen angepaßt: Die Bundesbank ist zwar nach wie vor verpflichtet, die allgemeine Wirtschaftspolitik der Bundesregierung zu unterstützen, allerdings unter der Einschränkenden Bedingung, daß Aufgaben als Bestandteil des ESZB gewahrt bleiben. Fraglich dabei ist jedoch, ob bzw. inwieweit diese Formulierung in einem Widerspruch zu Art. 2 des ESZB-Statuts steht, in dem festgeschrieben ist, daß das ESZB die allgemeine Wirtschaftspolitik der Gemeinschaft unterstützen soll.

Darüber hinaus wurde auch das *aufschiebende Vetorecht der Bundesregierung* aufgehoben. Gemäß § 13 BBankG mußten Beschlüsse des Zentralbankrates bisher auf Verlangen der Bundesregierung bis zu zwei Wochen ausgesetzt werden. Da diese Regelung in klarem Widerspruch zu den Vorschriften des Art. 107 des EG-Vertrages bezüglich der Unabhängigkeit der nationalen Zentralbanken stand, ist durch das 6. BBankGÄndG veranlaßt worden, daß sie zukünftig entfällt. Allerdings verfügen die Mitglieder der Bundesregiereung auch weiterhin über das Recht, an den Beratungen des Zentralbankrates Teilzunehmen.

Um der tatsächlichen Finanzkraft der Deutschen Bundesbank Rechnung zu tragen, wurde ihr Kapital von ursprünglich 290 Millionen DM auf 5 Milliarden DM erhöht. Die hierzu eingesetzten Mittel stammen aus der gesetzlichen Reserve, die von 13,3 Milliarden DM auf 5 Milliarden DM reduziert wurde. Die restlichen Mittel der Reserve flossen in den Bundesbankgewinn. Korrespondierend damit wurden die Regelungen über die Gewinnverwendung bzw. Rücklagendotierung entsprechend angepaßt.

Schließlich beinhaltet das 6. Gesetz zur Änderung des Bundesbankgesetzes noch einige Änderungen zur Angleichung des Bundesbankgesetzes an das Europarecht mit eher technischem Charakter. So ist etwa die *Mindestamtszeit des Präsidenten*, der Mitglieder des Direktorium sowie der Vorstände der Landeszentralbanken von zwei auf fünf Jahre erhöht worden. Ferner wird klargestellt, daß die Bundesbank auch in der Übergangsphase bis zur endgültigen Substitution der nationalen Währungen durch den Euro das alleinige *Recht zur Ausgabe von auf DMark lautenden Banknoten* hat. Die Berechtigung der EZB zur Ausgabe von Banknoten gemäß Art. 105a EGV bleibt davon jedoch unberührt. Außerdem erfolgen keine Veröffentlichung über die geld- und währungspolitischen Aktivitäten der Bundesbank (*Wochenausweis*) mehr, da entsprechende Angaben in den Berichten des ESZB enthalten sind. Schließlich wurden die Vorschriften über die Rechnungslegung der Deutschen Bundesbank in der Weise angepaßt, daß es möglich ist, das für das ESZB geltende Rechnungslegungssystem zu übernehmen.

Welche organisatorischen Konsequenzen für die Deutsche Bundesbank aus der europäischen Währungsintegration resultieren werden, ist noch weitgehend unklar. Das 6. BBankGÄndG sieht diesbezüglich in seiner Begründung vor, daß *die Organisation der Bundesbank* unverändert bleibt. Ob und inwieweit die gegenwärtige Organisationsstruktur nach Art und Umfang auch langfristig beibehalten werden kann, erscheint allerdings fraglich. Die Deutsche Bundesbank beschäftigte 1997 ca. 16.000 Mitarbeiter und betrieb rund 160 regionale Zweigstellen[139]. Das ESZB beschäftigte bei Aufnahme seiner Geschäftstätigkeit insgesamt rund sechzigtausend Mitarbeiter, eine Kapazität, die im Vergleich zum amerikanischen Federal Reserve System auf den ersten Blick sehr hoch bemessen erscheint. Aus diesem Grund könnte man mit Maßnahmen zur Personalreduzierungen bei den nationalen Zentralbanken rechnen. Andererseits bedingt die Tatsache, daß die Geldpolitik der EZB soweit möglich und sachgerecht über die nationalen Zentralbanken umgesetzt wird, nach wie vor eine Reihe von Aufgabengebieten im operativen Bereich für die Bundesbank, so z. B. die technisch-logistische Geldversorgung, die Abwicklung des Kreditgeschäfts, der Zahlungsverkehr mit nicht EU-Ländern, das Devisenmanagement sowie in zunehmendem Maße auch Aufgaben im Rahmen der Bankenaufsicht. Verwaltung, Personal und Controlling verbleiben ohnehin vollständig in nationaler Kompetenz. Abgesehen davon besteht durchaus auch die Möglichkeit, daß die Bundesbank auf mittlere bis lange Sicht neue Aufgaben übernimmt, die ihre aktuelle Kapazität auslasten, wie etwa die Durchführung von Banken-Ratings oder Schuldnerberatungen.

Hinsichtlich der *Refinanzierung der Geschäftsbanken* ergeben sich, neben technischen Verfahrensänderungen, voraussichtlich nur wenige grundlegende Änderungen. Dies läßt sich erstens damit begründen, daß die europäische Notenbankverfassung starke Ähnlichkeit mit der deutschen Notenbankverfassung aufweist. Zweitens wird die Geldpolitik der EZB nach dem Prinzip der dezentralen Abwicklung durchgeführt. So bleibt die Deutsche Bundesbank auch weiterhin unmittelbarer Geschäftspartner der deutschen Kreditinstitute. Als problematisch könnte sich in diesem Zusammenhang allerdings die Zukunft des in Deutschland gebräuchlichen *Diskontkredits* erweisen. Zwar zählt der Handelswechsel zu den Kategorie-2-Sicherheiten, und mit den längerfristigen Refinanzierungsgeschäften steht ein dem Diskontkredit vergleichbares, jedoch nicht kontingentiertes Refinanzierungsinstrument zur Verfügung, das gerade auch kleineren und mittleren Banken eine längerfristige Refinanzierung ermöglicht und Kalkulationssicherheit bietet. Aufgrund der Ausgestaltung dieser Geschäfte als Zinstender ergibt sich jedoch, daß diese Geschäfte zu Marktzinssätzen (Zins für Dreimonatsgeld) abgewickelt werden und die Bereitstellung von Liquidität nicht wie bisher im Rahmen der Rediskontpolitik zu unterhalb des Marktniveaus liegenden Sätzen erfolgt. Das neue Verfahren erhöht also nicht nur die Anforderungen an das Liquiditätsmanagement der Banken, sondern verteu-

---

[139] Vgl. hierzu und nachfolgend o.V.: Der Euro verändert auch die Gestalt der Bundesbank, in: FAZ, Nr. 214 v. 9.8.1997, S. 11 f., und Kral, F.: Künftig Bankratings und Schuldnertips, in: HB, Nr. 144 v. 30.7.1997, S. 6.

ert, verglichen mit dem Diskontkredit, auch ihre Refinanzierungskosten. Ob und inwieweit der Wechsel damit faktisch noch weiterhin als Refinanzierungsmittel fungiert, erscheint damit zumindest fraglich.[140]

VII. Wettbewerbliche Beziehungsstruktur des nationalen Bankensystems

1. Historische Entwicklung

Eine historische Betrachtung[141] zeigt, daß an den Bankleistungsmärkten in Deutschland der Wettbewerb durch private Vereinbarungen bereits seit den Anfängen des modernen Bankwesens in der zweiten Hälfte des 19. Jahrhunderts weitgehend beschränkt war. Den Schwerpunkt dieser privaten Wettbewerbsbeschränkungen — die mit der unterstellten „Sonderstellung“ des Bankensektors in der Volkswirtschaft begründet wurden — bildeten (regionale) Zinskartelle, deren Ursprünge auf ein Zinskartell der Berliner Stempelvereinigung im Jahre 1894 zurückgehen. Unter maßgeblichem Einfluß der Berliner Filialgroßbanken folgten weitere regionale Vereinbarungen. In Anbetracht der differierenden Geschäftsstruktur der Banken und der zahlreichen Bankleistungsteilmärkte waren überregionale, das gesamte Reichsgebiet umfassende Konditionenkartelle nicht durchsetzbar.

Den entscheidenden Anstoß hierzu gab erst die Reichsbank in der Krise von 1907: Durch ein rentabilitätserhöhendes Konditionenkartell wollte sie den Rückgriff der Geschäftsbanken auf die Gold- und Devisenreserven abschwächen. Diese Reichsbankinitiative führte zu den „Allgemeinen Abmachungen der Vereinigungen von Banken und Bankiers“ von 1913. Im Vordergrund dieser Abmachung stand die Rentabilitätssicherung durch Wettbewerbsbeschränkung. Neben Regelungen über die Hereinnahme von Ultimogeld, die Höhe der Akzept- und Kreditprovisionen und die Beleihungsgrenze für Effekten dienten vor allem Zinsvereinbarungen dazu, dieses Ziel zu realisieren. Ständige Ausweitung der sachlichen Regelungsgegenstände (z. B. Absprachen über Mindesteffektenprovisionen und Höchstbonifikationen), begleitet von einer räumlichen Ausdehnung des Kartells auf immer zahlreichere regionale und lokale Bankenvereinigungen, kennzeichnete die Entwicklung der Folgezeit.

Außerhalb dieser privaten Kartellierungsbemühungen im Bankgewerbe standen im wesentlichen der Genossenschafts- und der Sparkassensektor. Erst an dem „Wettbewerbsabkommen“ von 1928 beteiligten sich die Spitzenverbände der Privat- und der Genos-

---

140 Vgl. dazu Kubista, B.: Das geldpolitische Instrumentarium des Europäischen Systems der Zentralbanken, in BI/GF, Heft 11 1997, S. 33.

141 Vgl. hierzu ausführlich Möschel, W.: Das Wirtschaftsrecht der Banken, Frankfurt a. M. 1972, S. 328 ff.

senschaftsbanken sowie der Deutsche Sparkassen- und Giroverband. Dieses „Wettbewerbsabkommen“, das in der Hauptsache Fragen der Bankenwerbung regelte, kann als Vorläufer der späteren bis zum Jahre 1967 als staatliche Anordnung gültigen Wettbewerbsabkommen angesehen werden.

Zusammenfassend bleibt festzuhalten, daß der Bankenwettbewerb in Deutschland schon lange vor den gesetzlichen Regelungen im Gefolge der Bankenkrise von 1931 für wichtige Handlungsparameter wesentlich beschränkt war.

Die erste gesetzliche Regelung im Jahre 1931 war eine unmittelbare Folge der Bankenkrise aus dem Juli des gleichen Jahres; sie basierte auf dem Notverordnungsrecht der Regierung Brüning. Als Organe einer staatlichen Bankenaufsicht[142] wurden das Kuratorium für das Bankgewerbe und der Reichskommissar für das Bankgewerbe bestellt. Dem Kommissar oblagen umfassende Informations- und Kontrollbefugnisse, wobei seine Einflußnahme auf die Konditionen im Bankgewerbe am folgenreichsten waren. So initiierte er im Jahre 1932 den sog. Mantelvertrag zwischen den Spitzenverbänden des Bankgewerbes mit einem Habenzins-, Sollzins- und Wettbewerbsabkommen. Der Mantelvertrag wurde nach Erlaß des Kreditwesengesetzes von 1934 neu gefaßt und mit Wirkung im Dezember 1935 durch den Reichskommissar für allgemein verbindlich erklärt. Dieses gesetzliche Zwangskartell bestand — sieht man von peripheren Änderungen der rechtlichen Gestalt ab — im Kern bis zum Jahre 1967 fort (seit 1965 als Zinsverordnung gemäß § 23 Abs. 1 KWG 1961).

Durch das Kreditwesengesetz von 1934 — eine Kodifizierung und Weiterentwicklung des Notverordnungsrechts aus dem Jahre 1931 — wurden erstmals alle Banken einer Erlaubnispflicht und einer besonderen staatlichen Aufsicht unterworfen. In seinen Grundzügen — als wesentliche Unterschiede sind eine Zulassungssperre zum Bankgewerbe, die sog. Bedürfnisprüfung, und fehlende Rahmenbedingungen für das Kreditgeschäft und die Liquidität der Banken anzuführen — stimmt es mit dem Kreditwesengesetz von 1961 überein. 1939 wurde das Gesetz neu gefaßt. Nach dem Kriege galt das Kreditwesengesetz von 1934 — von wenigen Vorschriften abgesehen — als Bundesrecht fort. Insbesondere die als allgemein verbindlich erklärten Zins- und Wettbewerbsabkommen galten als Anordnungen der Länder-Bankenaufsichtsbehörden fort.

Einen weiteren Abschnitt staatlicher Einflußnahme auf den Bankenwettbewerb markierte das Gesetz über das Kreditwesen vom 10. Juli 1961: Den wohl einschneidendsten Eingriff in die Geschäftspolitik der Banken sah § 23 KWG vor, durch den im Wege der Rechtsverordnung für die Banken Anordnungen über die Bedingungen erlassen werden konnten, zu denen Kredite gewährt und Einlagen entgegengenommen werden durften. Diese Anordnungen konnten für Kredit- und/oder Einlagenzinsen und Provisionen Höchst-, Mindest- oder Festsätze festlegen. Die Bemessung solcher Konditionen mußte nach dem Gesetz

[142] Vgl. zur historischen Entwicklung der staatlichen Bankenaufsicht nach KWG insbesondere Möschel, W.: Das Wirtschaftsrecht der Banken, a.a.O., S. 200 ff., S. 215 ff. und S. 223 ff.

- die kreditpolitischen Ziele der Deutschen Bundesbank unterstützen,
- die Funktionsfähigkeit des Bankgewerbes wahren,
- eine der gesamtwirtschaftlichen Entwicklung angemessene Kreditversorgung sichern und
- die Spartätigkeit fördern.

Auf dieser Basis kam es 1965 zu einer „Zinsverordnung", die die Konditionenanordnung der Länder-Bankenaufsichtsbehörden ersetzte und Höchstsätze für Kredit- und Einlagenzinsen sowie für Provisionen vorsah. Unter dem wachsenden Einfluß liberalen Wettbewerbsdenkens auch im Bankgewerbe wurde diese Zinsverordnung 1967 ersatzlos aufgehoben, so daß seitdem staatliche Konditionenreglementierungen nicht mehr bestehen. Durch die KWG-Novelle 1984 schließlich wurde die Rechtsverordnungsermächtigung des § 23 KWG, Anordnungen über Zinsen und Provisionen der Banken zu erlassen, ebenfalls ersatzlos aufgehoben.

2. Rechtliche Grundlagen

Neben den bereits angesprochenen wettbewerbsrelevanten KWG-Normen unterliegen Banken auch kartellrechtlichen Bestimmungen. Angesichts jahrzehntelanger Kartellierung privater und hoheitlicher Natur ist die Frage der adäquaten Einordnung des Bankensektors in das Recht gegen Wettbewerbsbeschränkungen von jeher kontrovers beurteilt worden. Einerseits wird der Wunsch nach völliger Freistellung der Banken vom Kartellgesetz insbesondere mit dem Hinweis auf die Existenz einer Fachaufsicht vorgebracht; andererseits wird der Standpunkt vertreten, daß die Vorschriften des Gesetzes gegen Wettbewerbsbeschränkungen (GWB) von 1957 uneingeschränkt auch auf Banken angewendet werden sollten.

Die 1957 in das Gesetz gegen Wettbewerbsbeschränkungen aufgenommene Regelung des § 102 muß als Kompromiß zwischen diesen extremen Ansichten gewertet werden.[143] Danach stellt die Bankwirtschaft neben anderen Branchen (z. B. Versicherungen) eine „Bereichsausnahme" vom grundsätzlichen Kartellverbot des GWB dar, da es auch gesamtwirtschaftlich als begründet angesehen wird, Banken - als sehr vertrauensempfindliche und bei Krisen andere Unternehmen u.U. mitbeeinflussende Branche - auch über Preiskartelle die begrenzte Möglichkeit zur Erhaltung ihrer Funktionsfähigkeit zu gewähren.[144]

---

[143] Zur Entstehungsgeschichte des § 102 GWB vgl. Möschel, W.: Das Wirtschaftsrecht der Banken, a.a.O., S. 333 ff.

[144] Vgl. Klaue, S.: Die Ausnahmeregelung für Banken im Gesetz gegen Wettbewerbsbeschränkungen (GWB), in: FLF, 34. Jg. (1987), Nr. 2, S. 39 ff; Kupitz, R.: Die Kreditwirtschaft als wettbewerbspoltischer Ausnahmebereich, Frankfurt a. M. 1983, S. 9 ff.

Nach § 102 Abs. 1 Satz 1 GWB[145] gelten die §§ 1 (Unwirksamkeit wettbewerbsbeschränkender Vereinbarungen), 15 (Nichtigkeit von Verträgen über Preisgestaltung oder Geschäftsbedingungen) und 38 Abs. 1 Nr. 11 GWB (als Ordnungswidrigkeit wird angesehen, Empfehlungen auszusprechen, die durch gleichförmiges Verhalten eine Umgehung der Verbote der Kartellbehörde auslösen) nicht für Wettbewerbsbeschränkungen im Zusammenhang mit Tatbeständen, die der Genehmigung oder Überwachung nach dem Gesetz über das Kreditwesen unterliegen (§ 102 Abs. 1 Satz 1 Nr. 1 GWB). Die Bereichsausnahme des § 102 GWB gilt sowohl für Verträge und Empfehlungen von einzelnen Banken wie auch für Beschlüsse und Empfehlungen von Bankengruppen und -verbänden (§ 102 Abs. 1 Satz 1 GWB). Die Verträge, Beschlüsse und Empfehlungen werden nur dann wirksam, wenn sie im Zusammenhang mit einem Gesetz, einer Genehmigung oder der Überwachung durch das Aufsichtsorgan stehen bzw. dazu geeignet sind, die individuelle wie auch die branchenbezogene Leistungsfähigkeit zum Vorteil der Gesamtwirtschaft zu erhöhen. Für Verträge, Beschlüsse und Empfehlungen im Sinne des Kartellrechts ist jedoch eine Meldepflicht an die Kartellbehörde vorgesehen, die diese Meldung an das Bundesaufsichtsamt für das Kreditwesen weiterzuleiten hat (§ 102 Abs. 1 Satz 2 GWB); darüber hinaus ist bei der Anmeldung eine Begründung für die Anwendung der Bereichsausnahme vorzulegen. Zulässig und wirksam sind meldepflichtige Absprachen erst dann, wenn die Kartellbehörde der Anmeldung innerhalb von drei Monaten nicht widerspricht oder vor Ablauf der Frist schriftlich auf ihr Widerspruchsrecht verzichtet (§ 102 Abs. 1 Satz 4 GWB). Innerhalb der dreimonatigen Frist hat die Kartellbehörde den betroffenen Wirtschaftskreisen Gelegenheit zur Stellungnahme zu geben (§ 102 Abs. 1 Satz 5 GWB). Explizit werden Vereinbarungen im Rahmen des Konsortialgeschäfts der Banken aus dem Geltungsbereich des Kartellrechts ausgeschlossen (§ 102 Abs. 2 Satz 1 GWB).

Die Kartellbehörde untersagt im Einvernehmen mit der zuständigen Aufsichtsbehörde indessen Maßnahmen und erklärt Verträge und Beschlüsse im Sinne von § 1 GWB als unwirksam, wenn sie einen Mißbrauch der durch Freistellung von den §§ 1 und 15 GWB erlangten Marktstellung darstellen. Insofern wird das generelle Verbotsprinzip durch eine Mißbrauchsaufsicht ersetzt. Darüber hinaus hat das Bundeskartellamt den Banken-Spitzenverbänden 1974 ausdrücklich mitgeteilt, daß auch Banken unter das in § 25 GWB ausgesprochene Verbot abgestimmter Verhaltensweisen fallen: Danach ist ein untereinander abgestimmtes Verhalten von Unternehmen oder Vereinigungen von Unternehmen, das nach dem GWB nicht zum Gegenstand einer vertraglichen Bindung gemacht werden darf, untersagt. Dazu gehört eine Reihe von im GWB genannten Verträgen, Beschlüssen und Zusammenschlüssen, die nicht realisiert werden dürfen, um den Wettbewerb zu beschränken oder sich im Markt „konform" zu verhalten. Insbesondere in den Fällen eines auffallend gleichmäßigen Verhaltens marktführender Banken sowie im Rahmen der Beurteilung der Allgemeinen Geschäftsbedingungen der Banken handhabt das Bundeskartellamt die Mißbrauchsaufsicht heute schärfer als früher. Es darf aber nicht übersehen werden, daß in einzelnen Fällen Maßnahmen staatlicher Organe Auslöser für das faktische Parallelverhalten von Banken sein können: z. B. durch Bundes- oder Landesbehörden erlassene Emissions- und Konsortialvereinbarungen für öffentli-

[145] In der Fassung der Bekanntmachung vom 20. 2. 1990, BGBl. I S. 235 (5. Novellierung).

che Anleihen oder die Politik der „moral suasion" von Deutscher Bundesbank und Bundesregierung. Neben der gesetzlich vorgesehenen Zusammenarbeit zwischen dem Bundesaufsichtsamt für das Kreditwesen und dem Bundeskartellamt muß jedoch beachtet werden, daß einzelne bankpolitische Fragen aufgrund der andersartigen Aufgabenstellung dieser Behörden z. T. kontrovers beurteilt werden. So beinhaltet die Aufgabenstellung des Bundeskartellamtes, den Wettbewerb aufrecht zu erhalten und zu fördern, Konfliktbereiche mit der Zielsetzung des Bundesaufsichtsamts für das Kreditwesen, das insbesondere die Stabilität des Bankensektors sichern und Bankkonkurse möglichst vermeiden soll. Gerade ein funktionsfähiger Wettbewerb kann aber dazu führen, daß unrentable Banken aus dem Markt ausscheiden müssen.

3. Marktmäßige Wettbewerbsaspekte

a) Das Problem der Marktabgrenzung sowie die Determinanten des Bankenwettbewerbs und der Marktstruktur

Das Phänomen „Wettbewerb" kennzeichnet gemeinhin ein Beziehungsgefüge zwischen Marktteilnehmern derselben Marktseite (z. B. Anbieterseite), die hinsichtlich der Erreichung eines bestimmten Zwecks durch wirtschaftliche Aktivitäten miteinander konkurrieren. Durch den Wettbewerbsprozeß sollen nach wettbewerbstheoretischer Auffassung folgende gesamtwirtschaftliche Ziele erreicht werden: Zuteilung der Gewinne entsprechend der Marktleistung, kostenoptimale und nachfrageorientierte Leistungserstellung, ständiger Antrieb zur Leistungsverbesserung und letztlich die Kontrolle ökonomischer Macht. Im Rahmen dieser Betrachtung wird unter „Wettbewerb" ein dynamischer, marktmäßiger Prozeß verstanden, in dem rivalisierende Banken versuchen, durch Einsatz marktpolitischer Instrumente den eigenen Leistungsabsatz zu sichern und, i. d. R. zu Lasten der Mitbewerber, zu vergrößern. Dabei hängt das Ergebnis, zu dem man bei einer Beurteilung des Ausmaßes der Rivalität (Wettbewerbsintensität) gelangt, nicht nur entscheidend davon ab, wie der betrachtete Markt abgegrenzt wird, sondern auch davon, wie der Begriff „Bank" interpretiert wird. Der den nachfolgenden Ausführungen zugrundegelegte Bankbegriff entspricht in dieser Hinsicht der formaljuristischen Abgrenzung des KWG, d. h., Banken werden als Unternehmen aufgefaßt, die die im Gesetz aufgeführten Bankgeschäfte betreiben.[146] Eine weitere Auslegung des Bankbegriffes, z. B. betriebswirtschaftlich oder volkswirtschaftlich, kann insofern natürlich dazu führen, daß man nicht nur zu einer höheren (oder niedrigeren) Einschätzung der Wettbewerbsintensität gelangt, sondern auch dazu, daß der betrachtete Markt grundsätzlich anders abgegrenzt werden muß.

Ein globales Urteil über die Wettbewerbsintensität im deutschen Bankgewerbe kann indes kaum formuliert werden, weil sich die Marktbeziehungen vor allem der Universalbanken über eine große Zahl von Leistungsarten und Kundengruppen in einem räumlich mehr oder weniger ausgedehnten Bereich erstrecken. Daher sind Aussagen, der Markt

---

146 Siehe hierzu Abschnitt A.1. im zweiten Kapitel des Ersten Teils.

für Bankleistungen habe sich von einem Verkäufer- zu einem Käufermarkt gewandelt, unter wettbewerbsanalytischen Gesichtspunkten wenig hilfreich: Denn *der* Markt für Bankleistungen bzw. *der* Bankenmarkt existiert nicht, vielmehr muß für eine aussagefähige Wettbewerbsanalyse dieser vermeintliche Gesamtbankenmarkt nach dem Modell des relevanten Marktes gedanklich in verschiedene Teilmärkte aufgegliedert werden.[147]

Ausschlaggebendes Merkmal zur Abgrenzung rivalisierender Angebotsalternativen ist deren Substituierbarkeit sowohl im funktionalen Sinne als auch in der Einschätzung durch die Kunden. Es zeigt sich jedoch, daß das Modell des relevanten Marktes als gedankliche Abstraktion aus den realen marktmäßigen Austauschbeziehungen Interpretationsspielräume zur Unterstützung der jeweiligen Auffassung und Interessenlage beläßt. Im konkreten Fall muß deshalb ein pragmatischer Abgrenzungskompromiß gefunden werden. Dabei sollte zur Abgrenzung des relevanten Marktes die Eignung der Leistungen zur Bedarfsdeckung der Bankkunden das ausschlaggebende Kriterium sein. Dieses aus bankbetriebswirtschaftlicher Sicht zweckmäßige Konzept des *Bedarfsmarktes* ordnet solche Bankleistungen einem bestimmten Markt zu, die hinsichtlich der Befriedigung spezifischer Kundenbedürfnisse substituierbar sind. Das Bedarfsmarktkonzept erlangt vor allem Bedeutung für Teilmärkte, für die das Modell des „Bündelangebots“ und der „Bündelnachfrage“ zutreffend ist. Auf solchen Märkten konkurrieren Banken nicht mit Einzelleistungen, und die Nachfrage ist nicht isoliert auf Einzelleistungen gerichtet; Marktobjekt ist in solchen Fällen vielmehr eine Leistungskombination, deren Einzelelemente nicht unbedingt bei der jeweils „günstigsten“ Bank nachgefragt werden, sondern es werden alternative, zur Befriedigung spezifischer Kundenbedürfnisse geeignete Leistungsbündel verglichen und bewertet, um als Grundlage der Nachfrageentscheidung zu dienen.

In Bereichen des Mengengeschäfts dürfte dieses Modell der *Bank als „Problemlöser“ für den finanziellen Bedarfsbereich des Kunden* marktpolitisch wie marktanalytisch noch leistungsfähig sein. Allerdings ist in den vergangenen Jahren eine zunehmende Emanzipation der Kunden gegenüber der Banken festzustellen, die ihren Ausdruck unter anderem generell in abnehmender Bankloyalität findet und damit in zunehmender Bereitschaft, Einzelleistungen, z. B. aus Preisgründen, bei unterschiedlichen Instituten nachzufragen. So ist es z. B. vorstellbar, daß einzelne Kunden zwar ein kostenlos angebotenes Lohn- und Gehaltskonto bei einer Bank in Anspruch nehmen, ihr Vermögen jedoch bei anderen Instituten, z. B. ihrer „angestammten“ Bank, anlegen. Die Überlegung, die Quersubventionierung des kostenlosen Girokontos durch den Absatz anderer Bankleistungen, etwa Kapitalanlagefazilitäten, ausgleichen zu können, würde in einem solchen Fall nicht aufgehen. Aus diesem Grunde sollte bei der Abgrenzung des relevanten Marktes nicht vernachlässigt werden, daß Banken unter Umständen auch im Mengengeschäft durchaus mit Einzelleistungen konkurrieren können. Für Unternehmen ist das

---

[147] Vgl. hierzu und nachfolgend auch Kottmann, G.: Die Bewertung der Konzentration in der Kreditwirtschaft, Frankfurt a. M. und Zürich 1974, S. 281 ff., und Griesel, H.: Funktionsweise und charakteristische Merkmale des Bankenwettbewerbs als Gegenstand wissenschaftlicher Bankbetriebslehre, in: Bankbetriebliches Lesebuch, hrsg. v. Deppe, H.-D., Stuttgart 1978, S. 581 ff.

Hausbankprinzip zwar ein analoges Konzept, wobei jedoch festzustellen ist, daß Unternehmen schon seit längerer Zeit in verstärktem Maße Einzelleistungen bei verschiedenen Wettbewerbern als Alternativen ansehen und bewerten („transactional banking").

Bei der Abgrenzung des relevanten Marktes gilt es darüber hinaus zu beachten, daß sich der Wettbewerb auch auf Kundengruppen richtet, die sich hinsichtlich ihrer Fähigkeit oder Bereitschaft zur Nachfragemobilität unterscheiden. Zudem ist die Leistungsabgabefähigkeit von Banken bezüglich der dabei erforderlichen Überbrückung geographischer Entfernungen unterschiedlich (z. B. Filialbanken versus Direktbanken). Eine Abgrenzung des relevanten Marktes ist deshalb nicht nur nach sachlichen, sondern auch nach räumlichen Dimensionen notwendig; außerhalb des regional relevanten Marktes angebotene Bedarfsdeckungsalternativen können unter Umständen nicht als konkurrierend eingestuft werden. Vor allem im Kontext des Firmenkundengeschäfts sind dabei die zunehmende Internationalisierung vieler Unternehmen und die Globalisierung der Realgüter- und Finanzmärkte zu berücksichtigen, Entwicklungen, die in der Vergangenheit zu einer zunehmenden Ausweitung des Konkurrenzumfeldes vieler Banken führten und auch heute noch führen.

Dabei ist die regionale Marktabgrenzung zum einen vom Kundentypus abhängig. So nimmt grundsätzlich die Größe des relevanten Marktgebietes mit der Nachfragefähigkeit, die etwa durch das Einkommen, das Vermögen oder die Betriebsgröße eines Kunden bestimmt wird, und der tatsächlichen Leistungsinanspruchnahme der Kunden zu. In der Vergangenheit ging man in diesem Zusammenhang z. B. davon aus, daß sich der Wettbewerb im Mengengeschäft primär auf lokaler Ebene abspiele, während die Banken im Firmenkundengeschäft meist überregional (bei Großkunden sogar weltweit) miteinander im Wettbewerb stünden. Bezüglich des Mengengeschäfts trifft diese These inzwischen jedoch nicht mehr zu. Durch die verstärkten Nutzung von Vertriebswegen, die die räumliche Distanz zum Kunden durch den Einsatz elektronischer Kommunikationsmedien überbrücken (direct banking) bzw. durch die wachsende Zahl der Direktbanken spielt sich auch hier der Wettbewerb zunehmend auf überregionaler Ebene ab. Zum anderen hängt die räumliche Ausdehnung des Bankleistungsmarktes von der Art der jeweils betrachteten Bankleistung ab. Beispielsweise sind Kreditnehmer, die Zahlungsmittel benötigen, mitunter zu größeren Wegen und Unbequemlichkeiten bereit sind als Einleger, wobei dies allerdings stärker auf das kommerzielle als auf das Kleinkreditgeschäft zutrifft.

Die bisherigen Überlegungen zur Marktabgrenzung scheinen in einem gewissen Gegensatz zu dem Konzept des sog. *Gruppenwettbewerbs* zu stehen, wonach Wettbewerbsbeziehungen nicht zwischen einzelnen Banken, sondern zwischen Institutsgruppen des deutschen Bankensektors bestehen. Der Gruppenwettbewerb stellt aber dennoch ein wesentliches Element des Wettbewerbs im deutschen Bankgewerbe dar. Gruppenspezifische und gruppeneinheitliche Marktpolitik durch zentral gesteuerten Einsatz marktpolitischer Instrumente lassen — so die Vorstellung — die Gesamtheit der zu einer Gruppe gehörenden Institute als einen Wettbewerber am Markt erscheinen. Diese Vorstellung gründet sich u. a. darauf, daß Sparkassen und Kreditgenossenschaften, ausgestattet mit hohem Gruppenzugehörigkeitsbewußtsein, auf lokal abgegrenzten Märkten tätig sind (sog. Regionalprinzip); Wettbewerb zwischen Sparkassen bzw. Genossenschaftsbanken findet nicht oder nur in Einzelfällen statt. Als weniger einheitliche Gruppierung sind die privaten Banken einzustufen, zwischen denen vermehrt gruppeninterne Wettbewerbsbeziehungen existieren, obwohl auch hier gruppenbezogene Marktaktivitäten beobachtbar sind.[148]

Zur Erklärung einzelner Phänomene des Wettbewerbs im Mengengeschäft erscheint das Modell durchaus leistungsfähig. Für eine Widerlegung der These, daß sich Bankenwettbewerb in wesentlichen Bereichen auf lokaler Ebene und zwischen den einzelnen Banken vollzieht, reicht die für das Modell des Gruppenwettbewerbs zu fordernde Zentralisierung und Einheitlichkeit marktpolitischer Entscheidungen jedoch nicht aus. Dem scheinen der marktpolitische Handlungsspielraum sowie die autonome Geschäftspolitik der einzelnen Banken entgegenzustehen. Das Modell des Gruppenwettbewerbs vernachlässigt die erkennbare marktpolitische Emanzipation der Einzelinstitute im Prozeß zunehmender Wettbewerblichkeit des Bankenmarktes. Bedeutsam für den Wettbewerb ist allerdings, daß durch gruppenbezogene Kooperation im internen Leistungsbereich, durch marktpolitische und allgemein betriebswirtschaftliche Beratung, durch Leistungsverbund zwischen Einzel- und Zentralinstituten die Wettbewerbsfähigkeit einzelner Gruppenmitglieder auf lokalen Märkten gefördert, z. T. erst hergestellt wird.

Bedeutsam sind in diesem Kontext bankengruppenspezifische Zielsetzungen. Sie wirken sich grundsätzlich für die Gruppe vereinheitlichend, zwischen den einzelnen Bankengruppen differenzierend in der Marktpolitik aus. Die für Sparkassen und Genossenschaftsbanken in der Gründungsphase formulierten Grundaufträge fanden ihre Konkretisierung in Restriktionen des geschäftspolitischen Freiraums. Ihre sukzessive Liberalisierung war verknüpft mit einer erkennbaren Änderung geschäftspolitischer Grundziele und konkreter Geschäftspolitik in Richtung konkurrenzwirtschaftlich arbeitender Universalbanken. Durch Ausweitung der Leistungsprogramme und der angesprochenen Kundengruppen über die durch das ursprüngliche Selbstverständnis gesetzten Grenzen hinaus, überschnitten sich zunehmend die ursprünglich eng abgegrenzten Marktgebiete, zumal vergleichbare, wenn auch nicht so ausgeprägte Ausweitungen auch bei den privaten Banken zu verzeichnen waren.

Diese Angleichung hat den wettbewerblichen Bereich zwischen den Gruppen ausgeweitet und den Wettbewerb damit erheblich verstärkt. Eine Zunahme der Wettbewerbsintensität ist jedoch nicht nur zwischen den Bankengruppen beobachtbar, sondern generell innerhalb der Bankenbranche. Hierzu haben insbesondere folgende, teilweise an anderer Stelle bereits angesprochene, Tatbestände beigetragen:

---

148 Vgl. Kaven, J.-P.: Alte und neue Dimensionen des Bankenwettbewerbs, in: ZfgK, 40. Jg. (1987), H. 2, S. 55 ff.

- Die Aufhebung der Zinsverordnung im Jahre 1967,
- die Ungültigkeit eines Wettbewerbsabkommens,
- die Aufhebung der sog. Bedürfnisprüfung bei Bank- und Zweigstellengründungen,
- der europäische Integrationsprozeß, insbesondere die Schaffung eines Europäischen Binnenmarktes und einer Europäischen Währungsunion und damit verbunden die Liberalisierung des Marktzugangs europäischer Banken und Finanzinstitute (Niederlassungsfreiheit) und
- die allgemeine Angleichung der Leistungsprogramme der verschiedenen Universalbankengruppen.

Unter marktmorphologischen Aspekten interessiert im folgenden vor allem die Zahl der Bankinstitute sowie deren Veränderung und die Marktanteile und Marktanteilsverschiebungen im Zeitablauf. Abbildung 8 veranschaulicht zunächst die Entwicklung des inländischen Zweigstellennetzes in den vergangenen Jahrzehnten:

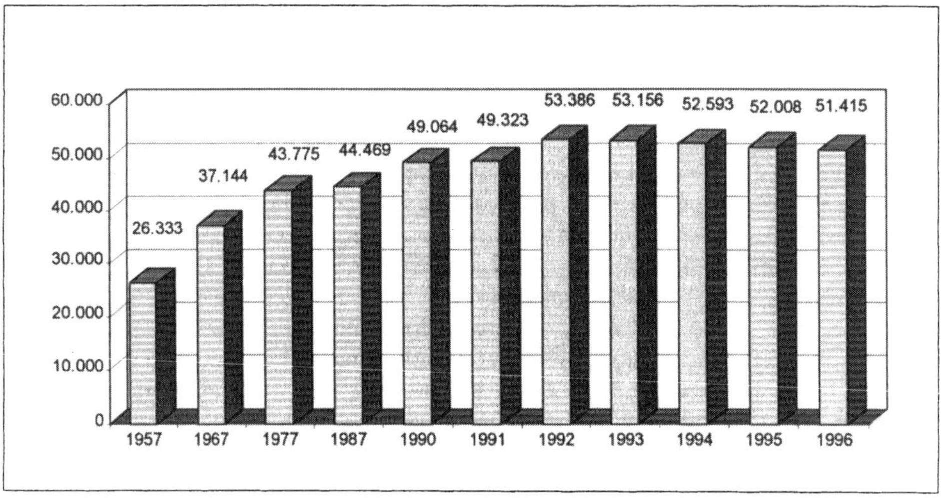

Abb. 8: Entwicklung der Bankstellen in Deutschland zwischen 1957 und 1996 (ohne Zweigstellen ausländischer Kreditinstitute und Zweigstellen der Deutsche Postbank AG; ab 1991 incl. neue Bundesländer). Quelle: Deutsche Bundesbank: Bankenstatistik, September 1997.

So ist — nicht zuletzt auch forciert durch die Aufhebung der Bedürfnisprüfung — eine im Zeitverlauf zunehmende Dichte des *Bankstellennetzes* (Banken und Bankzweigstellen) zu konstatieren, ein Trend, der sich erst in den letzen Jahren abzuschwächen scheint: Die Zahl der inländischen Bankstellen hat sich gemäß der Statistik der Deutschen Bundesbank von 26.333 im Jahre 1957 auf 51.415 bis Ende 1996 erhöht. Auf den Kreditbankenbereich entfallen davon insgesamt rund 7.600 (14,6 %), den Sparkassensektor rund 19.900 (39,0 %) und den Genossenschaftssektor rund 19.500 (38,2 %) Bankstellen (Abbildung 9).

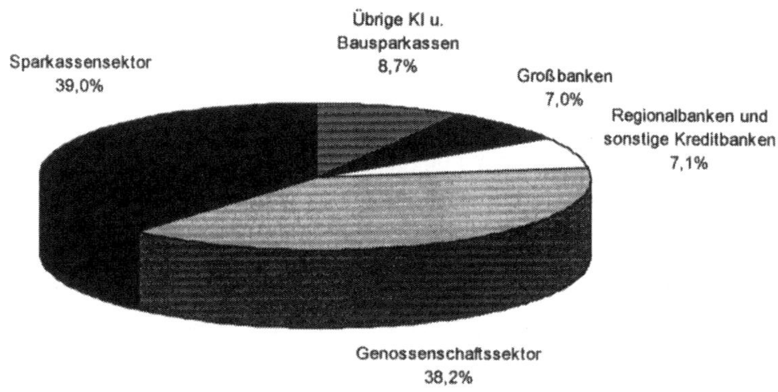

Abb. 9: Verteilung der Bankstellen in Deutschland nach Bankengruppen (ohne Zweigstellen ausländischer Banken und Postbank); Quelle: Deutsche Bundesbank: Bankenstatistik, September 1997.

Unter Berücksichtigung der Postämter und Poststellen als „Zweigstellen" der Postbank umfaßte das inländische Bankstellennetz Ende 1996 sogar mehr als 70.000 Bankstellen; damit werden im Durchschnitt rund 1.200 Einwohner von einer Bankstelle betreut (ohne Postbank 1.600). Aufgrund dieser Situation wird Deutschland manchmal auch als „overbanked" bezeichnet. Neben dem Anwachsen der Bankstellenzahl ist auch das verstärkte Auftreten konkurrierender Niederlassungen ausländischer Bankinstitute ein Indiz für den an Intensität zunehmenden Wettbewerb in der Bankwirtschaft. So betrug Ende 1996 die Zahl der Bankstellen im Mehrheitsbesitz ausländischer Kreditinstitute 787.

Eine weitere Verschärfung des Wettbewerbs resultiert aus dem angesprochenen Universalisierungsprozeß aller Geschäftsbankengruppen, der in der Vergangenheit vorhandene Unterschiede in der Geschäftsstruktur zunehmend nivellierte und Jahren zu einer weitgehenden Angleichung des Leistungsangebots der drei Universalbankengruppen führte. Dabei war die Hauptzielgruppe aller Banken vor allem die sog. Privatkundschaft.[149] Die Großsparkassen und die Girozentralen widmeten sich wie die genossenschaftlichen Zentralkassen zudem dem Großkreditgeschäft. Das Einlagen- und das Spargeschäft in allen seinen Variationen einerseits sowie das langfristige Kreditgeschäft zu Festsatzkonditionen andererseits gehören heute zum Leistungsprogrammangebot jeder Universalbank. Durch das Bemühen aller Banken um ein umfassendes Leistungsangebot, die

149 Vgl. etwa zum „Einstieg" der Großbanken in das Privatkundengeschäft und zum verschärften Wettbewerb in diesem Geschäftsbereich Pohl, M.: Entstehung und Entwicklung des Universalbankensystems, Konzentration und Krise als wichtige Faktoren, Frankfurt a. M. 1986, S. 118 ff.

Identität der Zielgruppen und den damit einhergehenden Schwund an „Marktnischen" hat sich die Wettbewerbsintensität im deutschen Bankensektor erheblich verschärft. Die bisher zwischen den einzelnen Bankengruppen bei bestimmten Kundengruppen bestehende „klassische" Arbeitsteilung existiert in dieser Form nicht mehr. An die Stelle des Intragruppenwettbewerbs und teilweise zusätzlich zu diesem ist verstärkt der Intergruppenwettbewerb getreten.

Zweifellos scheinen jedoch auch gegenwärtig noch gewisse Geschäftsschwerpunkte hinsichtlich Leistungsprogramm und Kundengruppen sowie individuelle Stärken und Schwächen der Bankengruppen in einzelnen Marktbereichen erkennbar. Nennenswerte geschäftspolitische Einschränkungen als Konkretisierung der Grundaufträge sind allerdings nicht mehr ableitbar. Die marktpolitischen Aktivitäten werden vielmehr gruppenübergreifend durch liquiditäts- und risikopolitische Restriktionen sowie durch nicht gruppenspezifisch formulierte Anspruchsniveaus für das Gewinnziel gesteuert. Hinzu kommt, daß Ziele wie „öffentlicher Auftrag" oder „Förderungsauftrag" kaum hinreichend operationalisierbar, also ausreichend quantifizierbar sind, um an diesen Zielgrößen bestimmte Geschäfte kontrollieren oder um auf ihrer Basis konkrete marktpolitische Ziele und Handlungsprogramme formulieren zu können.

Betrachtet man die Geschäftsentwicklung und die Marktanteile der verschiedenen Bankengruppen in ausgewählten Geschäftsbereichen, so ergibt sich daraus für Juni 1997 folgendes Bild (Abbildung 10):

	Einlagen von Nichtbanken		Kredite an Nichtbanken		Summe	
	in Mrd. DM	in %	in Mrd. DM	in %	in Mrd. DM	in %
1. Alle Bankengruppen	**3.530,0**	**100,0**	**5.327,5**	**100,0**	**8.857,5**	**100,0**
2. Kreditbanken	**758,8**	**21,5**	**1.390,9**	**26,1**	**2.149,7**	**24,3**
Großbanken	364,8	10,3	547,3	10,3	912,1	10,3
Regionalbanken u. Sonstige	353,4	10,0	762,2	14,3	1.115,6	12,6
Zweigstellen ausl. Banken	10,1	0,3	51,8	1,0	61,9	0,7
Privatbankiers	30,5	0,9	29,6	0,6	60,1	0,7
3. Sparkassensektor	**1.426,1**	**40,4**	**1.936,9**	**36,4**	**3.363,0**	**38,0**
Girozentralen	343,1	9,7	792,0	14,9	1.135,1	12,8
Sparkassen	1.083,0	30,7	1.144,9	21,5	2.227,9	25,2
4. Genossenschaftssektor	**722,7**	**20,5**	**741,6**	**13,9**	**1.464,3**	**16,5**
Genoss. Zentralbanken	29,7	0,8	89,4	1,7	119,1	1,3
Kreditgenossenschaften	693,0	19,6	652,2	12,2	1.345,2	15,2
5. Realkreditinstitute	**298,4**	**8,5**	**915,4**	**17,2**	**1.213,8**	**13,7**
6. KI mit Sonderaufgaben und Postbank	**324,0**	**9,2**	**342,7**	**6,4**	**666,7**	**7,5**

Abb. 10: Verteilung der Marktanteile in Deutschland im Juni 1997. Quelle: Deutsche Bundesbank, Monatsberichte, August 1997.

Führend im Bereich der Gesamteinlagen von Nichtbanken ist der Sparkassensektor mit einem Marktanteil von über 40 %, gefolgt von den Kreditgenossenschaften (20,5 %) und den Großbanken (10,3 %). Noch deutlicher verschieben sich die Marktanteilsstrukturen, wenn man als „klassische" Einlagenart die Spareinlagen heranzieht. In diesem Sektor erreichen die Sparkassen sogar einen Marktanteil von 53,7 %, die Kreditgenossenschaften von 29,2 % und die Großbanken nur von 6,7 %, sicherlich ein Indiz dafür, daß sich vornehmlich die Sparkassen, aber auch die Genossenschaftsbanken traditionell um die breite Masse privater Sparer bemühen. Hinsichtlich der Zuwächse im eigentlichen Spargeschäft hat sich auch Mitte der achtziger Jahre damit der schon seit längerem zu beobachtende Trend fortgesetzt, daß — bei einer Beibehaltung des Marktanteils der Sparkassen — die Genossenschaftsbanken vornehmlich zu Lasten der Kreditbanken erhebliche Marktanteilsgewinne im Spargeschäft erzielen konnten. Auch im Bereich des Kreditgeschäfts verzeichnen Sparkassen und Kreditgenossenschaften deutlich höhere Zuwächse als die Großbanken. Legt man die Kredite an Nichtbanken zugrunde, so erzielen die Großbanken einen Marktanteil von 10,3 %, die Sparkassen von 36,4 % und die Kreditgenossenschaften von 13,9 %. Insgesamt zeigt sich damit, daß sowohl die Sparkassen als auch der genossenschaftliche Bankensektor trotz einer Vielzahl von Instituten mit vergleichsweise geringen Betriebsgrößen auf zusammengefaßter Basis durchaus mit den Großbanken und sonstigen Kreditbanken im Wettbewerb bestehen können, in traditionellen Geschäftssparten sogar Wettbewerbsvorteile genießen. Umgekehrt verfügen gerade die Großbanken traditionellerweise im Bereich des Firmenkundengeschäfts sowie in allen Sparten des Auslandsgeschäftes über wettbewerbsmäßige Stärken.

Die Geschäftstätigkeit der vergleichsweise geringen und in den letzten Jahren stark abnehmenden Zahl von Privatbankiers (1957 existierten 245, im Juni 1997 nur noch 61 Privatbankiers) ist vornehmlich durch ein starkes Engagement in vielen Sparten des nicht bilanzwirksamen Geschäftes sowie im Bereich der Zielgruppe „vermögende Privatkundschaft" charakterisiert. Ihre Wettbewerbsstellung verteidigen sie, i. d. R. mit Erfolg, durch eine vom Prinzip der flexiblen Ausnutzung von „Marktnischen" determinierte Geschäftspolitik.

b) Konsequenzen marktstruktureller Gegebenheiten

Der verschärfte Wettbewerb in der deutschen Bankwirtschaft führte zu verstärkten Konzentrationstendenzen. Eine systematische Untersuchung dieser Konzentrationstendenzen kann marktmorphologisch vorgehen derart, daß neben der Zahl der Banken und deren Veränderung die Größen „Marktanteil" und „Marktanteilsverschiebung" im Zeitablauf untersucht werden.[150] Im Ergebnis erhält man dadurch Aussagen über Konzentrationsgrad und Konzentrationsprozesse, die für wettbewerbspolitische Urteile ausgewertet werden können. Es ist einsichtig, daß Konzentrationsprozesse über die Veränderung von Zahl und Marktmachtverteilung der Anbieter wettbewerbswirksam werden können. Keinesfalls kann jedoch behauptet werden, daß Konzentration[151] stets wettbewerbsschädlich ist. So zeigen betriebswirtschaftliche Konzentrationsziele, daß Konzentration nicht

---

[150] Vgl. hierzu ausführlich Franck, H.: Die Entwicklung der Marktanteile der Bankengruppen in den letzten 25 Jahren, in: Sparkasse, 105. Jg., 1988, H. 9, S. 409 – 417.

[151] Vgl. zum Begriff der Konzentration Kottmann, G.: Die Bewertung der Konzentration, a.a.O., S. 20 ff.

selten als ein marktpolitisches Instrument angesehen wird, mit dem die Wettbewerbsfähigkeit einzelner Anbieter erst hergestellt oder einer Gefährdung der Wettbewerbsfähigkeit entgegen gewirkt wird. Konzentration kann so Möglichkeiten zur Intensivierung des Wettbewerbs schaffen.[152] Allerdings ist auch nicht zu verkennen, daß mit einer Verminderung der Anbieterzahl die Gefahr wettbewerbshemmenden Verhaltens wächst.

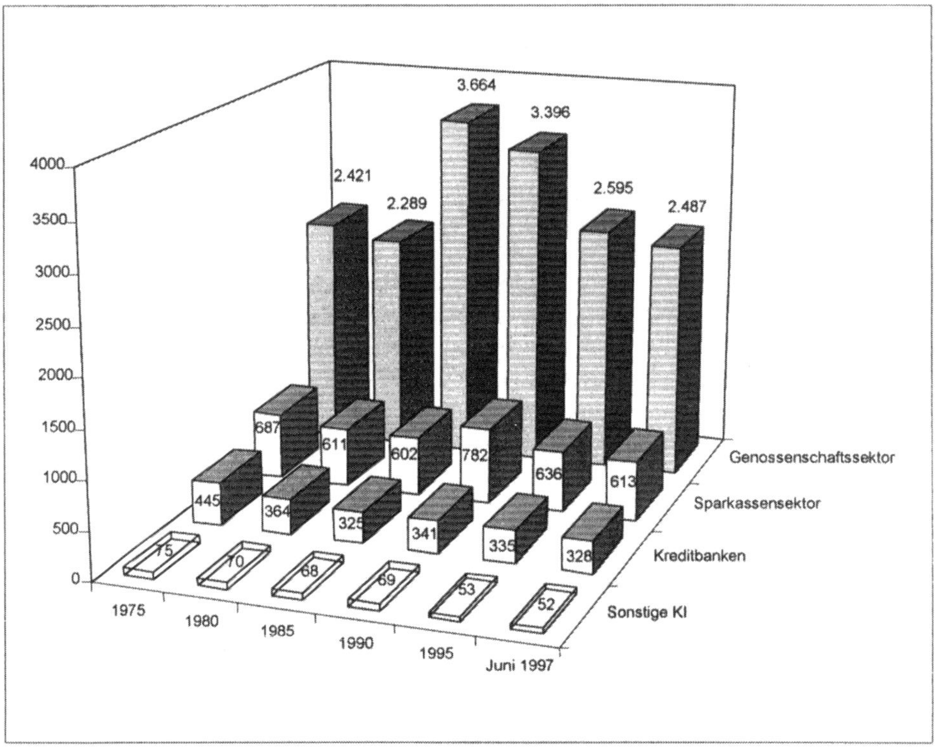

Abb. 11: Entwicklung der Bankenzahlen in Deutschland. Quelle: Deutsche Bundesbank, Bankenstatistik, September 1997.

Eine Betrachtung der Entwicklung der *Zahl der Banken* zeigt mit einem Rückgang von 13.359 im Jahre 1957 auf 3.480 im Juni 1997 einen starken Konzentrationsprozeß im deutschen Bankgewerbe an (vgl. Abbildung 11). Dabei entwickelten sich nach der Statistik der Deutschen Bundesbank die institutsgruppenbezogenen Zahlen wie folgt: Von 1957 bis Juni 1997 reduzierte sich die Zahl der Kreditbanken von 364 auf 328, die der Sparkassen und Girozentralen von 885 auf 613 sowie die der Institute des genossenschaftlichen Sektors von 11.795 auf 2.487, womit auf letztere Institutsgruppe der relativ

[152] Vgl. zu dieser Beurteilung der Wettbewerbswirkungen von Konzentrationsvorgängen Griesel, H.: Funktionsweise und charakteristische Merkmale des Bankenwettbewerbs, a.a.O., S. 590 f.

größte Anteil am Konzentrationsprozeß entfällt.[153] Eine qualitative Analyse des Konzentrationsprozesses in der deutschen Kreditwirtschaft läßt neben einer Vielzahl von Fusionen von Instituten überwiegend kleiner und mittlerer Betriebsgrößen in jüngster Vergangenheit auch Tendenzen zur Bildung sehr großer Einheiten erkennen. Beispielhaft hierfür ist etwa die Fusion der Bayerischen Vereinsbank AG und der Bayerischen Hypotheken- und Wechselbank AG — das aus dieser Mega-Fusion hervorgegangene Institut verdrängte die Dresdner Bank AG von ihrem Rang als zweitgrößte deutsche Universalbank (gemessen am Geschäftsvolumen). Weitere Beispiele sind die Fusion der Norddeutschen Landesbank und der Bankgesellschaft Berlin sowie die Fusion der Südwestdeutschen Landesbank, der Landeskreditbank Baden-Württemberg (L-Bank) und der Landesgirokasse Stuttgart. Aus der Verschmelzung der drei letztgenannten Banken entsteht ein Institut, das mit einer Bilanzsumme von rund 430 Milliarden DM nahezu die Größenordnung der Commerzbank AG (Bilanzsumme 1997: 512 Milliarden DM) erreicht und innerhalb des öffentlich-rechtlichen Bankensektors gemessen an der Bilanzsumme Rang zwei, gemessen am Ertrag sogar Rang eins einnimmt. Als Gründe für die Konzentrationsbewegungen sind prinzipiell verschiedene Faktoren denkbar. Hierzu gehören die mögliche Kostendegression im internen Leistungsbereich, die Verbesserung des Liquiditätsausgleichs im finanziellen Bereich, die mögliche Steigerung der Managementqualität und die Verbesserung der Verhandlungsposition der Banken gegenüber ihren Kunden.[154] Ein zentrales Motiv ist oft auch die Erzielung einer Marktanteilserweiterung einer Bank oder einer Institutsgruppe, indem entweder ein bestehender Leistungsrückstand aufgeholt (defensives Verhalten) oder ein Wettbewerbsvorsprung erzielt werden soll (offensive Strategie). Zur Begründung von Mega-Fusionen wird einerseits auf Kostendegressionseffekte (economies of scale), andererseits auf Synergieeffekte verwiesen. Auch wenn Synergieeffekte in einzelnen Teilbereichen durchaus Relevanz besitzen können, erscheinen sie jedoch nur bedingt geeignet, Fusionen zwischen Banken zu erklären, die in ihrer geschäftspolitischen Struktur weitgehend kongruent sind. Auch das Argument, Kostensenkungen aufgrund von Skaleneffekten zu erzielen, ist kritisch zu beurteilen. Kostensenkungen können im Rahmen von Bankenfusionen zwar z. B. durch eine Zusammenlegung des inländischen Zweigstellennetzes erzielt werden.[155] Andererseits besteht jedoch auch die Möglichkeit, daß die im Rahmen der Fusion erzielten economies of scale durch die mit zunehmender Betriebsgröße steigenden Komplexitätskosten überkompensiert werden. Über solche Effekte liegen bisher für den Bankenbereich kaum Erfahrungen und empirische Untersuchungen vor. Insofern scheinen die aktuellen Konzentrationsbewegungen vielmehr aus dem Trend einer Globalisierung der Finanzmärkte zu resultieren, der gerade Institute, die im internationalen investment banking

---

[153] Vgl. zu der Vielzahl von Gründen für den vergleichsweise wesentlich stärker ausgeprägten Konzentrationsprozeß im genossenschaftlichen Bankensektor ausführlich Pohl, M.: Entstehung und Entwicklung des Universalbankensystems, a.a.O., S. 133 – 145, sowie derselbe: Konzentration im deutschen Bankwesen, Frankfurt a. M. 1982, S. 478 – 483.

[154] Vgl. etwa zu den positiven Liquiditäts- und Verhandlungsmachtwirkungen der Konzentration Kottmann, G.: Die Bewertung der Konzentration ..., a.a.O.. S. 444 ff., S. 332 ff., insbesondere S. 355 f.

[155] Vgl. Börner, C. J.: Bankenfusionen, in: WISU, o. Jg. (1998), H. 1, S. 47.

wettbewerbsfähig bleiben wollen vor neue strategische Herausforderungen stellt. Eine Vielzahl von Geschäften kann in diesem Geschäftsfeld nur von einer bestimmten qualitativen und quantitativen Kapazität an erfolgreich abgewickelt werden. Die hierzu erforderliche Betriebsgröße läßt sich am schnellsten durch Akquisition bzw. Fusion erreichen. Insofern erscheint vor dem Hintergrund eines zunehmenden weltweiten Wettbewerbs zwischen den Banken eine Fortsetzung der Konzentrationswelle möglich. Der Konzentrationsgrad im Finanzdienstleistungssektor verstärkte sich aber auch durch den Erwerb von Beteiligungen im Finanz- sowie banknahen Bereich im Rahmen von *Allfinanzstrategien.* [156] Die großen Institute aller Bankengruppen haben in der Vergangenheit verschiedene Beteiligungspositionen, insbesondere an Realkreditinstituten[157], Versicherungsunternehmen sowie Leasing- und Factoringgesellschaften begründet.

Die beschriebenen Konzentrationsbewegungen lassen tendenziell zunächst auf eine Verringerung der Wettbewerbsintensität auf dem nationlen Bankenmarkt schließen, eine Entwicklung, die realiter jedoch nicht zu beobachten ist. Der Grund hierfür dürfte u. a. auch darin liegen, daß zunehmend Wettbewerber, deren Kernkompetenzen ursprünglich nicht im klassischen Bankgeschäft liegen, als Konkurrenten in den angestammten Geschäftsfeldern deutscher Banken auftreten. So gründeten beispielsweise in der Vergangenheit eine Reihe von Automobilherstellern Banken als Konzerntochtergesellschaften, um über diese Institute den Absatz ihrer Kernprodukte zu fördern (z. B. die Volkswagenbank oder die Renault-Bank). Ebenso waren auch im Bereich großer Handelsunternehmen Gründungen von Banken zur Absatzfinanzierung zu verzeichnen (z.B. Quelle Bank). Im Zeitverlauf weiteten einige dieser Institute ihr Leistungsangebot sukzessive aus, so daß sie mittlerweile auch in anderen Geschäftsfeldern als der Konsumfinanzierung als Konkurrenten der Banken anzusehen sind. Darüber hinaus ergeben sich auch aufgrund verstärkter Aktivitäten von Versicherungsunternehmen (z. B. das Engagement der Allianz AG im Geschäftsfeld asset management) in den angestammten Marktsegmenten der Banken im Rahmen von Allfinanzstrategien erhebliche Veränderungen der Wettbewerbsstruktur. Wurden vormals Finanzdienstleistungen von eindeutig identifizierbaren Anbietern in separierten Teilmärkten angeboten, verschwimmen im Zuge der beschriebenen Entwicklungen zunehmend die Grenzen zwischen den Stammärkten für Leistungen von Banken, Versicherungen und anderen Unternehmen. Die einzelnen Teilmärkte verschmelzen zunehmend zu einem einheitlichen „Markt für Finanzdienstleistungen", wodurch sich auch erhebliche Veränderungen der Wettbewerbsregeln und des Wettbewerbsverhaltens ergeben. Beispielsweise haben die — teilweise wettbewerbsinduzierten — Entwicklungen der jüngeren Vergangenheit (Margenverfall, Risikoausweitung, zunehmende Kreditausfälle) die Banken zu einer Neuorientierung ihrer Geschäftspolitik weg vom reinen Wachstumsstreben und hin zu einer verstärkten Rentabilitätsorientierung veranlaßt. Dieses verstärkte Rentabilitätsdenken im Bankgewerbe zeigt sich besonders deutlich in marktpolitischen Respezialisierungsstrategien. So

---

[156] Zur Problematik von Allfinanz-Strategien vgl. ausführlich im zweiten Teil drittes Kapitel Abschnitt C.III.3.

[157] Vgl. etwa zu der weitreichenden vertikalen Konzentrationsbewegung nach 1957 durch Beteiligung der Großbanken an privaten deutschen Hypothekenbanken Pohl, M.: Entstehung und Entwicklung des Universalbankensystems, a.a.O., S. 115 – 117.

verlagern einzelne Banken[158] gezielt ihren geschäftspolitischen Schwerpunkt, indem sie wenig ertragreiche und unrentable Geschäfte und Geschäftsbereiche aufgeben und im Rahmen eines zielgruppenorientierten Marketingkonzepts stärker ertragreiche Marktsegmente besetzen.

4. Konkurrenzbeziehungen zwischen Banken und Nichtbanken

Neben den bereits dargestellten Konkurrenzbeziehungen zwischen einzelnen Banken bzw. Bankengruppen ist die Bankwirtschaft in zunehmendem Maße der Konkurrenz mit Nichtbankunternehmen ausgesetzt. Derartige Tendenzen werden auch dem Schlagwort „an den Banken vorbei" subsumiert. Bei einer diesbezüglichen Einordnung ist jedoch eine exakte Abgrenzung des Begriffs „Bank" bedeutsam, da mit zunehmender Einengung des Bankbegriffs auch gleichzeitig die Möglichkeiten des „an den Banken vorbei" steigen. So führt z. B. die enge Fassung des Begriffs „Bank" in den USA dazu, daß dort eine Reihe von Sachverhalten als „an den Banken vorbei" eingeordnet wird, die bei der weiteren Fassung des Begriffs „Kreditinstitut", wie sie im § 1 KWG zu finden ist, als für das Bankensystem in Deutschland branchenintern aufzufassen sind. Hinzu kommt, daß das in Deutschland vorherrschende Universalbankensystem seine Leistungen traditionell bereits im Zusammenwirken mit einer Vielzahl spezialisierter Banken sowie banknaher Institutionen des finanziellen Sektors (sog. near-banks) erbringt. Zudem lassen die nachgewiesene Leistungsfähigkeit und Flexibilität des deutschen Universalbankensystems nennenswerte Entwicklungen im finanziellen Bereich „an den Banken vorbei" auf den ersten Blick zumindest als wenig vorstellbar erscheinen. Denn „an den Banken vorbei" kann in diesem Zusammenhang nur bedeuten, daß entweder Nichtbankunternehmen traditionelle Marktleistungen der Bankwirtschaft in kommerzieller Weise erbringen oder daß Finanzströme an den Bankbilanzen vorbei, z. B. unmittelbar vom Sparer zum Investor, fließen.

Im Rahmen der Betrachtung von Wettbewerbsbeziehungen zwischen Banken und Nichtbanken steht im folgenden die erstgenannte Alternative im Vordergrund. Als ein zu dieser Gruppe zählendes Beispiel könnte die Versicherungswirtschaft[159] anzusehen sein: Versicherungen bieten in großem Umfang Finanzierungsfazilitäten an, besonders in Form von Schuldscheindarlehen und Hypothekarkrediten. Darüber hinaus gehört zu ih-

158 Vgl. hierzu etwa die Grundsatzentscheidung der BHF-Bank 1981, das Mengengeschäft aufzugeben und sich stärker als zuvor auf die vermögende Privatkundschaft zu konzentrieren. Im einzelnen Remsperger, H.: Folgen der Verbriefung für das Bankgeschäft, in: Die Bank, o. Jg., 1987, H. 8, S. 414 – 420, hier S. 416.

159 Zum Verhältnis zwischen Banken und Versicherungen vgl. u. a. Koch, P.: Kooperation und Konkurrenz, in: Bankkaufmann, o. Jg. (1987), H. 11, S. 18 – 24, sowie Gessner, P.: Banken und Versicherungen als Wettbewerber, in: Wettbewerb am Markt für Finanzdienstleistungen, hrsg. v. Engels, W., Frankfurt a. M. 1987, S. 67 – 93.

rer Leistungspalette auch das Angebot von Anlagemöglichkeiten, ganz offensichtlich z. B. bei Lebensversicherungen. Bei genauerem Hinsehen zeigt sich jedoch, daß die These des „an den Banken vorbei“ schon hier nicht voll zutrifft.

Analysiert man z. B. die Entwicklung des Schuldscheindarlehensgeschäfts, so zeigt sich jedoch, daß die Darlehensvergabe immer weniger unter Ausschluß der Banken stattfindet. Vielmehr ist eher noch eine zunehmende Kooperation zwischen Versicherungen und — zudem oft kapitalmäßig beteiligten — Banken zu konstatieren. Letztere treten nämlich oft als Darlehensvermittler auf: Im Rahmen der sog. anonymen Schuldscheindarlehensvergabe treten sie unter Übernahme des Obligos, gewissermaßen als Bonitätspuffer, zwischen Darlehensnehmer und Versicherung. Auch im Bereich des Privatkundengeschäfts sind im Rahmen von Allfinanzstrategien Kooperationen zwischen Banken und Versicherungsunternehmen eingegangen worden (z. B. Deutsche Bank AG und Deutscher Herold). Im übrigen sind Versicherungen ohnehin nach dem Verständnis des KWG als Kreditinstitute zu qualifizieren, da sie auch Bankgeschäfte nach § 1 KWG betreiben; sie werden lediglich — begründet im Hinblick auf die spezielle Versicherungsaufsicht — vom Kreis der dem KWG unterliegenden Institute ausgenommen (§ 2 Abs. 1 Nr. 4 KWG). Schließlich trifft dieses Beispiel auch dann nicht genau, da angenommen werden kann, daß die Problemstellung primär auf jüngere Entwicklungen „an den Banken vorbei“ abzielt, denn Versicherungen sind traditionell schon seit langem neben den Banken im finanziellen Sektor der Wirtschaft tätig. Dennoch haben gerade Entwicklungen der letzten Zeit (Allfinanz) durch eine weitere Angleichung der offerierten Anlagefazilitäten zwischen Bank- und Versicherungswirtschaft dazu geführt, daß sich dieses traditionell von Kooperations- sowie auch von Wettbewerbsbeziehungen gekennzeichnete Bild zumindest tendenziell in Richtung Verschärfung des Wettbewerbs — zwischen Allfinanzkonzernen, aber auch zwischen einzelnen Banken und Versicherungen — verschoben hat.

In der Erkenntnis, daß die Geldvermögensbildung der privaten Haushalte in Deutschland eine abnehmende Tendenz bei Banken und gleichzeitig eine Zunahme bei Versicherungen (sowie in Wertpapieren) signalisiert, sind die Banken dazu übergegangen, durch eine Erweiterung ihrer Angebotspalette im Bereich der Kapitalanlagealternativen eine zumindest tendenzielle Angleichung der Leistungsarten zu vollziehen. Mittlerweile bieten sämtliche Universalbankengruppen z. B. den „Sparplan mit Versicherungsschutz“ an, der in gewisser Weise als Substitut der „klassischen“ Kapitallebensversicherung zu qualifizieren ist. Sparpläne mit Versicherungsschutz werden zwar bankindividuell ausgestattet; grundsätzlich wird jedoch ein normaler Ratensparvertrag mit einer Laufzeit von 8 bis 12 Jahren, der zusätzlich zur Verzinsung mit einem Bonus bei Fälligkeit ausgestattet wird, zusammen mit einer Risikolebensversicherung angeboten, die ein mit der jeweiligen Bank bzw. Bankengruppe kooperierendes Versicherungsunternehmen übernimmt. Aufgrund der unterschiedlichen steuerlichen Behandlung von Kapitallebensversicherungen und Sparplänen mit Versicherungsschutz ist ein direkter Vergleich beider Anlagealternativen problematisch, dürfte letztlich aber — rentabilitätsmäßig gesehen — aufgrund der steuerlichen Bevorzugung zugunsten der Kapitallebensversicherung ausfallen.[160] Als in die gleiche Richtung zielende Maßnahme kann im übrigen auch der „Einstieg" einiger Banken in das Versicherungsgeschäft durch Gründung eigener Tochtergesellschaften gewertet werden. Insofern müssen die geschäftspolitischen Reaktionen der Bankwirtschaft als Indiz dafür angesehen werden, daß die nur mit degressivem Anteil prognostizierte Partizipation der Banken an der stetig zunehmenden Geldvermögensbildung privater Haushalte[161] erkannt und entsprechende Konzeptionen zur Auswahl geeigneter konkurrenzfähiger Instrumente bereits erstellt werden. Vor dem Hintergrund veränderter Rahmenbedingungen des deutschen Finanzdienstleistungsmarktes — so etwa dem enormen Zuwachs des Geldvermögens der privaten Haushalte in den vergangenen Jahren, den gestiegenden Ansprüchen der Anleger bei tendenziell abnehmender Kundenbindung und der aus Verschiebungen der Altersstruktur resultierenden zunehmenden Bedeutung der privaten Altersvorsorge — haben jedoch auch viele Versicherungsunternehmen sukzessive ihr Leistungsprogramm erweitert. Um beispielsweise ihren Kunden die (Wieder-)Anlage fälliger Lebensversicherungen im eigenen Haus zu ermöglichen, wurden von einzelnen Versicherungen Investmentgesellschaften gegründet. Als konsequente Weiterentwicklung dieses Gedankens ist auch der Einstieg der Allianz AG in das Geschäftsfeld „asset management" zu werten.

Ein anderer Problembereich kann in diesem Zusammenhang — und hier sei auf die Entwicklung in den USA verwiesen[162]— das Eindringen branchenfremder Unternehmen (sog. non-banks), z. B. von großen Warenhäusern, in den Bankenmarkt bilden. Diese non-banks bzw. nonfinancial institutions nutzten die Umbruchstimmung im amerikanischen Finanzsystem, um neben traditionellen Geschäftsbereichen auch die Sparte „financial services" abzudecken.[163] So erweiterte beispielsweise der Warenhauskonzern Sears Roebuck sein Leistungsprogramm nicht nur um Konsumentenkredite; zur Refinanzierung seiner Aktivitäten wurden auch in großem Umfang commercial paper selbständig bei institutionellen Anlegern des Nichtbankenbereichs abgesetzt. Darüber hinaus wurden auch Geldmarktfonds in Konkurrernz mit den Banken um das Anlagepotential der privaten Sparer aufgelegt. Sollten diese und andere Finanzdienstleistungsarten bei vielen Unternehmen ursprünglich nur als Absatzinstrumente für das eigentliche Nichtbank-Sortiment dienen, haben sie sich tatsächlich schnell zu einer eigenständigen, rentabilitätsmäßig positiven Geschäftssparte entwickelt. Die Aktivitäten der US-

160 Vgl. zu einer Gegenüberstellung von Sparplan mit Versicherungsschutz und gemischter Lebensversicherung Gessner, P.: Banken und Versicherungen als Wettbewerber, a.a.O., S. 81 – 84.

161 Vgl. ausführlicher Büschgen, H. E.: Entwicklungslinien und Zukunftsperspektiven der Geldvermögensbildung aus Bankensicht, in: Die Bank, o. Jg. (1984), H. 3, S. 104 – 113; Zügel, W.: Entwicklungstendenzen am Finanz-Dienstleistungsmarkt, in: Wettbewerb am Markt für Finanzdienstleistungen, hrsg. von W. Engels, Frankfurt a. M. 1987, S. 11 – 33, hier: S. 24 ff., sowie Gessner, P.: Banken und Versicherungen als Wettbewerber, a.a.O., S. 78 und S. 80.

162 Vgl. hierzu insbesondere Stammer, K.: Nichtbanken als Substitutionskonkurrenten auf dem Bankleistungsmarkt, Frankfurt a. M. 1987, S. 17 ff.

163 Zur Entwicklung von „financial services" in Deutschland vgl. ausführlicher Stracke, G.; Pohl, M.: Financial Services in Deutschland (I), (II) und (III), in: Die Bank, o. Jg. (1987), H. 5, S. 231 – 247, H. 8, S. 421 – 439 u. H. 10, S. 539 – 551.

amerikanischen Nichtbanken in traditionellen Geschäftsbereichen der Banken liegen aber u. a. darin begründet, daß, anders als in Deutschland, den amerikanischen Banken (commercial banks) nur das Einlagengeschäft als bankinstitutsbegründende Tätigkeit gesetzlich vorbehalten ist. Letztendlich „erfanden" Nichtbankunternehmen auch in dieser Sparte Instrumente, die sie zur Offerierung des Einlagengeschäfts befähigten. Im Rahmen der Deregulierungsdebatte in den USA wird allerdings darüber nachgedacht, inwiefern ein zu massives Eindringen von Nichtbankunternehmen in traditionelle Bankmarktleistungsbereiche auch unter Aufsichtsgesichtspunkten verhindert werden kann. In Deutschland dürfen Industrie- oder Handelsunternehmen selbst keine Bankgeschäfte betreiben. Aus diesem Grund werden Finanzierungsfazilitäten entweder durch bestimmte Abteilungen vermittelt oder über rechtlich selbständige Tochtergesellschaften (Banken) angeboten. Eine den USA vergleichbare Entwicklung ist insofern in Deutschland nicht nachzuvollziehen. Im Vergleich mit in anderen Ländern konzipierten Finanzsystemen ist es prima vista in Deutschland aufgrund rechtlicher Rahmenbedingungen demnach kaum möglich, daß Nichtbankunternehmen (gemessen am Gesamtleistungsangebot der Banken) als nennenswerte Konkurrenten der Bankwirtschaft auftreten. In Frage kommen hierbei im wesentlichen nur, wie schon dargestellt, Versicherungsunternehmen, die seit langem als traditionelle Finanzintermediäre neben den Banken fungieren. Gleichwohl sind aber auch in Deutschland in den vergangenen Jahren Entwicklungslinien zu erkennen, die darin bestehen, daß sich Nichtbankunternehmen — beispielsweise durch Gründung konzerneigener Banken, teilweise aber auch ohne primäre Verfolgung banktypischer Sachziele — verstärkt in den angestammten Märkten der Banken engagieren. Verwiesen sei in diesem Zusammenhang insbesondere auf die Gründung von Banken durch Automobilhersteller und Handelsunternehmen oder auch auf den Trend des „corporate banking", d. h. der Eigenerstellung (insourcing) bestimmter Bankleistungen durch die Finanzabteilungen großer Unternehmen oder die Bedarfsdeckung durch konzerneigene Banken. Daneben avanciert auch die technologische Kompetenz — ehemals lediglich eine unterstützende Funktion für neuere Entwicklungen im Finanzsektor — zunehmend zum bestimmenden Faktor einer veränderten Wettbewerbssituation für die Banken. Ihre Kernkompetenzen beim Einsatz von Informationstechnologien nutzend treten neue Wettbewerber aus dem „technischen Sektor" auf, non- und near-banks, die sich neue Marktanteile am lukrativen Bankgeschäft versprechen. Die Ausweitung technologiebasierter Finanzdienstleistungen im Bankensektor erleichtert den Markteintritt für newcomers aus dem Nichtbankenbereich. Ferner wird sie die bisher stark durch örtliche Präferenzen geprägte Kunde-Bank-Beziehung für bestimmte Kundensegmente in Richtung auf Präferenzen durch anwenderfreundliche Technik, Beratungsservice und stärkere Preisorientierung verändern. Nimmt der Kunde am Ende dieser Entwicklung die Qualität des Service primär als Qualität des Zugangsmediums zu der Bankleistung wahr, ist zu vernachlässigen, ob als Betreiber eine Bank oder ein Technologieunternehmen fungiert. Maßgeblich für den Markterfolg wird dabei das Setzen eines akzeptierten Standards, der dem Anbieter als Plattform für das Angebot weiterer elektronischer Bankleistungen dient. Die Kompetenz weltweit operierender Software-Unternehmen auf diesem Gebiet ist hinlänglich bekannt und zwingt die Banken, neben ihrem bankspezifischen know-how technologischen Sachverstand zu gewinnen, wollen sie im veränderten Wettbewerb weiterhin erfolgreich bleiben.

Drittes Kapitel

Finanzmärkte

A. Abgrenzungskriterien für Finanzmärkte

Der Leistungserstellungsprozeß der Banken erfolgt an Finanz- oder Finanzierungsmittelmärkten, die nach unterschiedlichen Kriterien in Teilmärkte differenziert werden können. Als Gliederungskriterien dienen die Fristen- bzw. Laufzeitstrukturen, der Organisationsgrad, die Marktteilnehmer, die Marktobjekte sowie — bei der Abgrenzung internationaler Märkte — zusätzlich Währungen oder Regionen.

Eine alleinige Unterteilung der Märkte in einen Geldmarkt für kurzfristige und einen Kapitalmarkt für langfristige Finanzmittel — jeweils in nationaler und internationaler Sicht — erweist sich als unzureichend; für die Analyse der monetären Prozesse in und zwischen den Marktsegmenten bedarf es neben der Systematisierung nach Fristigkeiten auch der Berücksichtigung anderer Kriterien (vgl. Abbildung 12). Die Unzweckmäßigkeit einer rein laufzeitorientierten Zweiteilung der Finanzmärkte zeigt sich z. B. bei der Zuordnung solcher Transaktionen, die dem mittelfristigen Bereich zuzurechnen sind (konventionell bedeutet im Bankgewerbe „kurzfristig“: bis unter 12 Monate, „mittelfristig“: 12 Monate bis unter 4 Jahre, „langfristig“: über 4 Jahre). Des weiteren gibt es Handelsobjekte, die sich aus ökonomischer Sicht nicht eindeutig dem Geld- oder Kapitalmarkt zuordnen lassen, wie Kassenobligationen, inkongruent refinanzierte Finanzierungsinstrumente, etwa Commercial-paper-Programme, u.a.m. Schließlich finden zwischen beiden Teilmärkten Finanzoperationen statt, die kurz- und langfristige Elemente miteinander verbinden, wie z. B. die Aufnahme kurzfristiger Kredite zur Vor- und Zwischenfinanzierung langfristiger Darlehen oder vorübergehend bis zur endgültigen Inanspruchnahme am Geldmarkt angelegte langfristige Finanzierungsmittel. Die einstmals starren Grenzen zwischen den Märkten haben sich insbesondere im internationalen Geschäft durch das verstärkte Aufkommen neuartiger Finanzierungsinstrumente zunehmend aufgelöst. Diesen Fazilitäten, die unter Bezeichnungen wie „revolving underwriting facilities“ (RUFs), „note issuance facilities“ (NIFs) und „euronote stand-by facilities“ bekannt geworden sind, ist gemeinsam, daß sie langfristigen Finanzierungsmittelbedarf durch revolvierende Aufnahmen kurzfristiger Mittel am Geldmarkt decken, wobei deren langfristige Verfügbarkeit für den Schuldner durch Kreditlinien (Back-up-Fazilitäten) von Banken sichergestellt wird. Zwischenzeitlich haben diese Finanzierungsinstrumente aber bereits wieder an Bedeutung verloren aufgrund der damit einhergehenden Verpflichtung der Banken zur Unterlegung mit Eigenkapital.

Trotz zunehmender integrativer Tendenzen durch Finanzinnovationen und Liberalisierungsmaßnahmen an den Geld- und Kapitalmärkten bietet sich aus Gründen einer übersichtlichen Darstellung der wichtigsten Merkmale der Finanzmärkte eine entsprechende Untergliederung an, die weitere der angesprochenen Kriterien einbezieht.

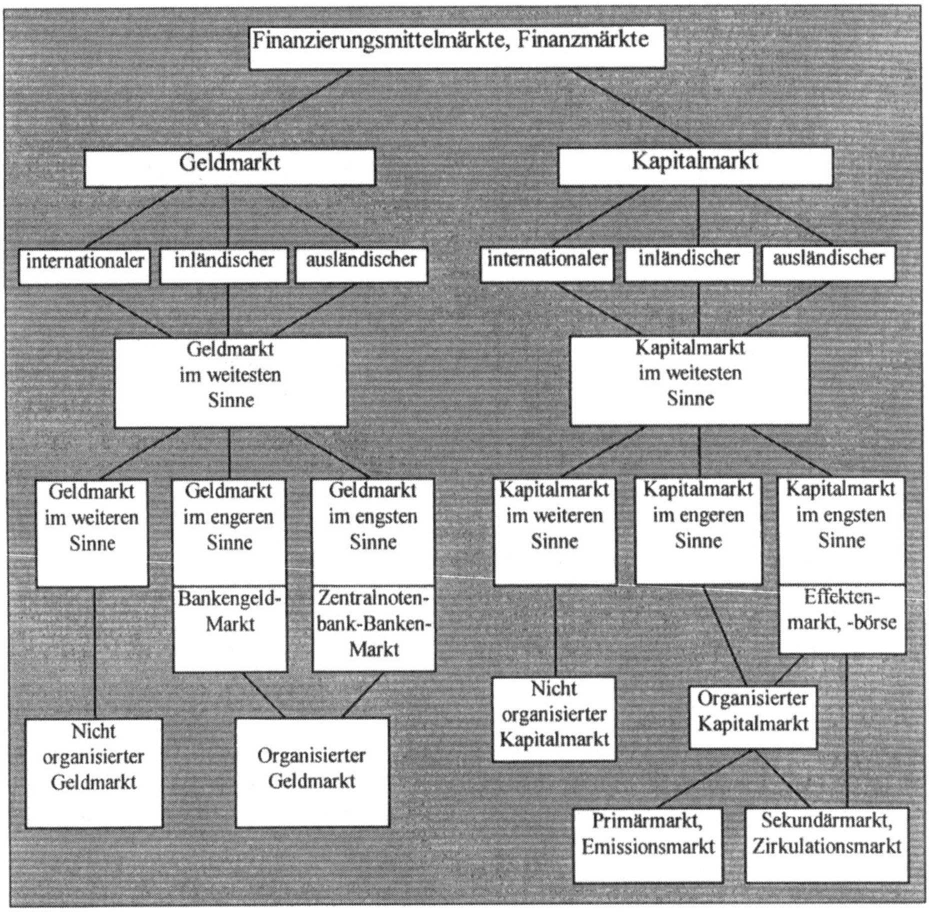

Abb. 12: Struktur der Geld- und Kapitalmärkte

B. Nationaler Geldmarkt

I. Strukturelle Ausgestaltung

Der inländische Geldmarkt läßt sich in drei Teilmärkte untergliedern:

1. Geldmarkt im weiteren Sinne

Als „Geldmarkt im weiteren Sinne" wird der Handel in kurzfristigen Finanzmitteln bezeichnet, an dem neben Banken und sonstigen Finanzintermediären oder Kapitalsammelstellen auch gewerbliche und private Nichtbanken teilnehmen. Dieses nicht organisierte und kaum festen Usancen unterliegende Marktsegment wird allerdings teilweise aufgrund der Heterogenität der Marktteilnehmer als nicht zum eigentlichen Geldmarkt gehörend angesehen.

2. Geldmarkt im engeren Sinne

In einer stringenten und gebräuchlicheren Definition versteht man unter dem Geldmarkt den Handel in Zentral-(noten-)bankgeld (Zentral-(noten-)bankguthaben) und in Geldmarktpapieren, also praktisch jederzeit in Zentral-(noten-)bankgeld wandelbaren Wertpapieren. Die An- und Verkäufe werden zwischen Banken und großen sonstigen Finanzinstitutionen getätigt, wobei es sich primär jedoch um einen Interbankenmarkt handelt, der dem Liquiditätsausgleich und der Refinanzierung der Banken dient. Dieser Bankengeldmarkt zeichnet sich durch einen hohen Organisationsgrad aus, der sich in fixierten Geschäftsformen und streng beachteten Usancen äußert.

3. Geldmarkt im engsten Sinne

In diese Abgrenzung des Geldmarktes werden ausschließlich Transaktionen zwischen den Banken und der Deutschen Bundesbank bzw. ab 1999 der Europäischen Zentralbank einbezogen. Teil dieser geldpolitisch motivierten Transaktionen der Deutschen Bundesbank waren vorwiegend kurzfristige Rediskont- und Lombardkredite sowie An- und Verkäufe von im Rahmen der Offenmarktpolitik der Zentralnotenbank in die Marktregulierung einbezogenen Geldmarktpapieren. Wesentlicher Bestandteil der Geldpolitik der EZB sind Wertpapierpensionsgeschäfte,[164] die bereits im Rahmen der Offenmarktpolitik der Bundesbank fortlaufend an Bedeutung gewonnen haben: Hierbei erwirbt die Zentralbank ihr angebotene Wechsel oder lombardfähige Wertpapiere (ggf. auch Devisen) unter der gleichzeitigen Verpflichtung der abgebenden Bank, diese Wechsel bzw. Rentenwerte — unter Verrechnung einer von der Zentralbank festgesetzten Verzinsung — per Termin zurückzukaufen. Durch derartige — sog. reversible — Offenmarktgeschäfte verfügt die Notenbank über ein flexibel einsetzbares Instrument zur Beeinflussung der Bankenliquidität.[165]

II. Handelsobjekte

1. Geldmarktkredite

Die gegenseitige Einräumung kurzfristiger Buchkredite — also die verzinsliche Ausleihung von Zentralbankgeld unter Banken — wird in der Bankpraxis als „Geldhandel" bezeichnet. Da Geldmarktkredite in standardisierten Fristen vergeben werden, läßt sich nach den Haupttypen eine Unterscheidung in Tagesgeld, tägliches Geld und Termingeld vornehmen. Tagesgeld wird der geldnehmenden Bank von einem Tag auf den nächsten zur Verfügung gestellt. Die Rückzahlung bedarf keiner vorherigen Kündigung und hat regelmäßig spätestens bis zur letzten Abrechnung bei der Landeszentralbank zu erfolgen. Eine Bank wird dann als Tagesgeldnehmer auftreten, wenn ihre Gelddisposition eine Unterdeckung mit liquiden Mitteln nur für einen Tag ausweist. Unter täglichem Geld („call money") wird ein laufender Geldmarktkredit ohne festen Rückzahlungstermin, aber mit eintägiger Kündigungsfrist verstanden. Die Kündigung kann sowohl seitens der geldgebenden als auch der geldnehmenden Bank erfolgen, jedoch frühestens einen Tag nach Abschluß des Geschäftes, woraus sich eine Mindestlaufzeit von zwei Tagen ergibt.

In der Praxis des Geldhandels haben das Tagesgeld und das tägliche Geld in den letzten Jahren an Bedeutung zugunsten einer bequemer zu handhabenden Handelsform, dem „Tagesgeld bis auf weiteres" oder auch „täglichem Geld auf Abruf" („day-to-day money", „over-night money") verloren. Diese Variante der Geldmarktkredite wird wie tägliches Geld bis auf weiteres vergeben. Jedoch haben beide Seiten das Recht, in den ersten Handelsstunden eines Tages (bis ca. 10.30 Uhr) den Betrag mit Wirkung für den gleichen Tag zu kündigen, was eine weitaus schnellere Reaktion auf geänderte Liquiditätsbedingungen einer Bank zuläßt.

---

164 Siehe hierzu in diesem Teil zweites Kapitel Abschnitt C. VI. 3. e) (2).

165 Vgl. Büschgen, H. E.: Bankbetriebslehre, a.a.O., S. 108 ff.; Köhler, C.: Geldwirtschaft, Erster Band, Geldversorgung und Kreditpolitik, 2. Aufl., Berlin 1977, S. 133 ff.; Lipfert, H.: Der Geldmarkt, 8. Aufl., Frankfurt a. M. 1979, S. 11.

Den Termingeldern werden Geldmarktkredite mit beim Abschluß vereinbarter fester Laufzeit (Festgelder) oder bestimmter Kündigungsfrist (Kündigungsgelder) subsumiert. Die Überlassungsfristen streuen zwischen einem und maximal zwölf Monaten. Je nach Fristigkeit spricht man von Monats-, Dreimonats-, Halbjahres- oder Jahresgeldern. Während Festgelder automatisch zu den am Transaktionstag festgesetzten Terminen fällig werden, bedarf es bei Kündigungsgeldern hierzu einer gesonderten Kündigung, ggf. nach Ablauf einer vereinbarten Kündigungssperrfrist. Termingelder werden von Banken aufgenommen, um Liquiditätsvorsorge für ausstehende Zahlungstermine zu betreiben, einem längerfristigen Liquiditätsengpaß zu begegnen oder auch, um einen Teil des Kreditgeschäfts mit Nichtbanken zu refinanzieren. Insbesondere zu Terminen mit besonderer Liquiditätsbelastung — wie Monats- oder Jahresende, Steuertermine, Feiertage usw. — besteht eine rege Nachfrage nach Termingeldern. So werden an Monatsenden die liquiden Mittel der Banken — z. B. durch Lohn- und Gehaltszahlungen, verbunden mit einer hohen Barabzugsquote von den Girokonten der Arbeitnehmer — belastet. Vor Feiertagen und zu Beginn der Ferien- und Reisezeit besteht erfahrungsgemäß ebenfalls ein hoher Bargeldbedarf der privaten Kunden, was die Zentralbankguthaben der Banken zusätzlich schmälert. Am Jahresende kommen in gewissen Grenzen zum Zwecke der Bilanzpolitik („window dressing") vorgenommene Geldmarktoperationen von Banken hinzu. Die unter diesen Aspekten aufgenommenen Geldmarktkredite werden demgemäß als Monatsultimo- und Jahresultimogelder bezeichnet.

2. Geldmarktpapiere

Außer durch Kreditvergabe kann eine Bank mit Überschüssen an liquiden Mitteln einem Institut in angespannter Liquiditätslage auch durch den Kauf von Geldmarktpapieren (-titeln) Zentralbankguthaben überlassen. Erwerb und Veräußerung von Geldmarktpapieren sind organisatorisch ebenfalls beim Geldhandel bzw. bei der Gelddisposition angesiedelt. Die Entscheidung zwischen Geldleihe oder Handel in Geldmarktpapieren ist abhängig vom standing der Kontrahenten und den aktuellen Marktbedingungen.

Als Geldmarktpapiere (im eigentlichen Sinne) gelten Wertpapiere, die mittels Diskontierung bei der Zentralbank jederzeit und uneingeschränkt — ggf. ohne Anrechnung auf die Refinanzierungskontingente der betreffenden Bank — in Zentralbankgeld transformierbar sind. Bei der Bundesbank können zur Diskontierung eingereicht werden insbesondere Schatzwechsel, unverzinsliche Schatzanweisungen und bis 1992 Privatdiskonten. Schatzwechsel sind Solawechsel des Bundes, der Bundesländer und der Sondervermögen des Bundes (Bundespost, Bundesbahn), die eine Laufzeit von bis zu 90 Tagen haben und von der Deutschen Bundesbank unter Abzug eines Diskonts an interessierte Banken veräußert werden. Neben diesen Abgabesätzen legt die Zentralnotenbank autonom Rücknahmesätze im Rahmen ihrer Offenmarktpolitik fest, unter deren Anwendung sie die Schuldtitel vor Fälligkeit wieder ankauft. Ähnlich verfährt sie mit den sog. unverzinslichen Schatzanweisungen („U-Schätze"), die von den gleichen Körperschaften emittiert werden. Sie haben eine Laufzeit von bis zu zwei Jahren und sind wie die Schatzwechsel Diskontpapiere.

Im Rahmen der Geldpolitik der europäischen Zentralbank existieren zwei Gruppen diskontierungsfähiger Aktiva, zum einen marktfähige Schuldtitel von Emittenten einwandfreier Bonität, die von der EZB für den gesamten Euro-Währungsraum einheitlich festgelegte Zulassungskriterien erfüllen (Kategorie-1-Sicherheiten), zum anderen marktfähige oder nicht marktfähige Sicherheiten von Emittenten mit ebenfalls einwandfreier Bonität, denen insbesondere Bedeutung für einen nationalen Finanzmarkt zukommt (Kategorie-2-Sicherheiten).[166]

Mit der Aufhebung des Genehmigungsverfahrens für die Emission von Schuldverschreibungen gemäß §§ 795, 808a BGB durch das Gesetz zur Vereinfachung der Ausgabe von Schuldverschreibungen von 1991 sowie der ersatzlosen Streichung der Börsenumsatzsteuer durch das 1. Finanzmarktförderungsgesetz konnte sich auch im kurzfristigen Finanzmarktsegment eine neue Wertpapierart etablieren. Im deutschen Geldmarkt haben die DM-commercial-paper (DM-CP) zwischenzeitlich eine Position erreicht, die als Alternative zu den Geldmarktpapieren klassischer Prägung zu zählen ist. DM-CP sind in DMark denominierte kurzfristige Schuldverschreibungen mit Laufzeiten von sieben Tagen bis zu zwei Jahren minus einen Tag, die im Rahmen eines zeitlich nicht begrenzten Emissionsprogramms von in der Regel bonitätsmäßig einwandfreien Unternehmen im Inland revolvierend emittiert werden. Besondere Merkmale dieser Inhaberschuldverschreibungen sind, daß keine Zinszahlungen erfolgen — der Zins wird bei der Emission im Diskontverfahren von der Emissionssumme abgezogen — und daß im Regelfall keine Börsennotierung vorgesehen ist, d.h., für die Anleger besteht während der Laufzeit der Papiere keine Möglichkeit eines vorzeitigen Verkaufs an einem organisierten Sekundärmarkt. Aus Sicht der Banken können DM-CP in zweifacher Hinsicht unter Geldmarktgesichtspunkten relevant sein: Zum einen können emittierte DM-CP als Instrument kurzfristiger Anlage von Liquiditätsüberschüssen dienen; zum anderen können mittels eigener Emission von DM-CP im Rahmen eines Commercial-paper-Programms Fazilitäten zur kurzfristigen Kreditaufnahme am Geldmarkt erschlossen werden.

In einer weiten Abgrenzung können dem Geldmarkt auch medium term notes (MTN) subsumiert werden, deren Laufzeitenspektrum mit gewöhnlich 1 bis 5 Jahren überwiegend kurz- bis mittelfristig ist — Laufzeiten bis zu 10 Jahren sind seltener zu beobachten. MTN-Programme ähneln in ihrer Konstruktion den Commercial-paper-Programmen, unterscheiden sich aber durch die zumeist vorgenommene Börsenzulassung sowie durch geringere Mindestemissionsvolumina.[167]

---

[166] Siehe hierzu in diesem Teil zweites Kapitel Abschnitt C. VI. 3. e) (3).

[167] Siehe hierzu in ausführlicher Form in diesem Kapitel Abschnitt D. V. 4.

III. Marktteilnehmer

Neben der Teilnahme der angesprochenen sonstigen Geldmarktakteure wie der großen Industrieunternehmen und Kapitalsammelstellen — insbesondere Versicherungen — handelt es sich beim Geldmarkt vorwiegend um einen Interbankenmarkt, der alle Gruppen der Bankwirtschaft einbezieht.

Als potentielle Gläubiger von Geldmarktkrediten kommen Banken in Betracht, die aufgrund ihrer Kundenstruktur und ihrer spezifischen Geschäftstätigkeit regelmäßig Liquiditätsüberschüsse aufweisen. So sind der Sparkassenbereich und der Genossenschaftssektor aufgrund ihres traditionell stark ausgeprägten Einlagengeschäfts mit ihren Zentralinstituten ebenso typische Geldmarktgläubiger wie auch die Realkreditinstitute und bestimmte Sonderkreditinstitute, deren Passivgeschäft besonders ausgeprägt ist. Diesen stehen als „klassische" Schuldner am Geldmarkt Privatbankiers, Ratenkredit- und Regionalbanken gegenüber, die durch ihr dominantes Kreditgeschäft bei z. T. fehlendem Einlagengeschäft laufenden Liquiditätsbedarf haben. Die Großbanken sind in ihrer Geldmarktstellung durch den ausgeprägt universellen Charakter ihrer Geschäftsstruktur nicht eindeutig zu klassifizieren; vielmehr ist ein jeweils bedarfsorientierter Wechsel von der per Saldo Geldgeber- zur Geldnehmerseite et vice versa zu konstatieren.[168]

Dem Geldmarkt zu subsumieren und der Vollständigkeit halber hier aufzuführen sind auch kurzfristige Finanztransaktionen zwischen Nichtbanken ohne Einschaltung von Banken (Desintermediation): Zum einen rechnet hierzu das Industrie-clearing, worunter Krediteinräumungen zwischen Industrieunternehmen verstanden werden, zum anderen das Konzern-clearing, das Kompensation und Saldierung von Forderungen und Verbindlichkeiten zwischen einzelnen Unternehmen eines Konzerns zum Gegenstand hat. Ist die Bedeutung des Industrie-clearing aufgrund des scharfen Zinswettbewerbes der Banken rückläufig, so ist für das Konzern-clearing — insbesondere bei internationalen Großkonzernen — durch die „cash management"-Techniken eher das Gegenteil zu konstatieren.

IV. Funktionsweise des Handels

Der deutsche Geldmarkt ist nicht an bestimmten Plätzen institutionalisiert; er findet vielmehr auf telefonischem oder fernschriftlichem Wege zwischen den Geldhändlern der beteiligten Banken statt. Das settlement der Geldmarkttransaktionen wird elektronisch durchgeführt. Da am Geldmarkt ein reibungsloser und unkomplizierter Handel sowie eine hohe Markttransparenz gewährleistet sein müssen, werden nur bonitätsmäßig einwandfreie und bekannte Banken in den Teilnehmerkreis aufgenommen. Dies ist umso

---

[168] Vgl. Büschgen, H. E.: Der deutsche Geldmarkt, a.a.O., S. 10 ff.

notwendiger, als die teilweise über beachtliche Beträge getätigten Abschlüsse ohne Sicherheitsleistung und verbindlich am Telefon oder Fernschreiber vollzogen werden. Anschließend ausgetauschte Belege dienen nur der buchungsmäßigen Bestätigung der Transaktion.

Mit der Etablierung der Europäischen Währungsunion und der damit einhergehenden Einführung des europaweiten Echtzeit-Brutto-Zahlungssystems TARGET (Trans-European Automated Real Time Gross Settlement Express Transfer System) wurden die Voraussetzungen für eine deutliche Erweiterung des bisher auf Deutschland beschränkten nationalen Geldmarktes geschaffen. Alle Notenbanken der EU-Länder sowie die Kreditinstitute, die ein Konto bei einer EU-Zentralbank unterhalten, können an TARGET teilnehmen, so daß die technische und institutionelle Infrastruktur für den Geldhandel zwischen Geschäftsbanken oder Geschäftsbanken und nationalen Zentralbanken in unterschiedlichen EU-Staaten gegeben ist.[169]

V. Zinsbildung am Geldmarkt

Die Zinssätze am Geldmarkt bilden sich zwischen den Kontrahenten auf Grund von Angebot und Nachfrage. Orientierungsdaten sind der geltende Diskont- und Lombardsatz und die Konditionen der Pensionsgeschäfte der Zentralbank, d. h., bis einschließlich 1998 der Bundesbank, dann der EZB sowie — unter Berücksichtigung entsprechender Kurssicherungskosten im Falle von Nicht-Eurowährungen — die Zinssätze für Geldexporte bzw. -importe. Da Geldmarktkredite individuell ausgehandelt werden und die Konditionen jedes Geschäftes nur den beiden kontrahierenden Banken bekannt werden, gibt es keine einheitlichen Geldmarktsätze, sieht man von der seit 1985 als Referenzzinssatz für inländische „floating rate notes“ täglich ermittelten „Frankfurt interbank offered rate“ („FIBOR“) ab. Neben diesen in der unvollkommenen Markttransparenz begründeten Zinssatzdivergenzen gibt es außerdem bonitätsmäßig erklärbare Unterschiede in der Preisbildung am Geldmarkt. Da zum einen die Anzahl der Geldhandelsbanken jedoch vergleichsweise gering ist und zum anderen täglich zahlreiche Arbitragegeschäfte getätigt werden, können diese in der Einzelanalyse durchaus ableitbaren Gegebenheiten bei einer makroökonomischen Betrachtung des Gesamtmarktes vernachlässigt werden.

Ohne hier umfassend auf die komplexe Problematik einer Preisbildungstheorie für den nationalen Geldmarkt eingehen zu können, seien exemplarisch einige die Geldmarktsituation beeinflussende Determinanten angeführt:[170]

---

[169] Siehe hierzu in ausführlicher Form in diesem Teil fünftes Kapitel Abschnitt C. V. 5. d).

[170] Vgl. Bockelmann, H.: Die Zinsbildung am Geldmarkt, in: KuK, 13. Jg. 1980, H. 3, S. 339-348; Büschgen, H. E.: Der deutsche Geldmarkt, a.a.O., S. 38 ff.: Köhler, C.: Geldwirtschaft, Erster Band, a.a.O., S. 164 ff.

- Änderungen der Mindestreservesätze;
- Änderungen der Konditionen von Pensionsgeschäften durch die EZB;
- Änderungen in der Ausnutzung der Lombardkontingente bei der EZB;
- Änderungen bei den grenzenüberschreitenden kurzfristigen Finanzströmen;
- Änderungen in der Bankenliquidität durch strukturelle Verschiebungen im Kundengeschäft;
- Änderungen des Bargeldumlaufs;
- Änderungen im Volumen oder in der Fristigkeit des „float“, der Valutadifferenz im laufenden Zahlungsverkehr zwischen den Banken und der EZB;
- Änderungen in der Kassenhaltung der öffentlichen Hand (insbesondere die saisonalen Effekte der Steuertermine).

Die durch die aufgeführten und andere Determinanten induzierten Angebots- und Nachfrageveränderungen führen am Geldmarkt zu Zinsbewegungen. Aufgrund bestimmter administrativer und institutioneller Beschränkungen sind hierbei gewisse Zinsober- und Zinsuntergrenzen beobachtbar. Eine Obergrenze des Zinsniveaus wurde im Rahmen der Geldpolitik der Deutschen Bundesbank durch den Diskont- und den Lombardsatz fixiert, bei der EZB wird sie dagegen durch eine von ihr offerierte Spitzenrefinanzierungsfazilität gebildet, die den Geschäftsbanken die Möglichkeit bietet, sich über Nacht bei den nationalen Zentralbanken kurzfristige Liquidität zu einem vorgegebenen Zinssatz zu verschaffen. Läge dieser Zinssatz unterhalb des Zinsniveaus auf dem Geldmarkt, würden sich die Geschäftsbanken bis zur Ausschöpfung der ihnen zugestandenen Volumina zunächst ausschließlich Liquidität bei der Zentralbank verschaffen, so daß der Geldmarktzins i.d.R. unterhalb des von der Zentralbank vorgegebenen Zinsatzes liegen wird. Andererseits hat der Geldmarktzins auch eine Untergrenze, die früher durch die Konditionen der Offenmarktgeschäfte der Deutschen Bundesbank bestimmt wurde und ab 1999 durch ein neues geldpolitisches Instrument der EZB bestimmt wird: die Einlagefazilität, die für die Geschäftsbanken die Möglichkeit darstellt, bis zum folgenden Geschäftstag finanzielle Mittel bei der EZB festzulegen. Diese ohne Zugangs- oder Volumensbeschränkung angebotene Fazilität wird von den Geschäftsbanken genutzt, wenn keine anderweitige Möglichkeit der Anlage überschüssiger Liquidität existiert und stellt somit die Untergrenze für den kurzfristigen Tagesgeldsatz dar.

C. Nationaler Kapitalmarkt

I. Strukturelle Ausgestaltung

Der inländische Kapitalmarkt umfaßt den Handel mit langfristigen Finanzierungsmitteln, die in wertpapierrechtlich verbriefter oder in unverbriefter Form auftreten und schuld- oder beteiligungsrechtlichen Charakter annehmen können. Ähnlich dem Geldmarkt bietet sich eine Untergliederung in mehrere Teilmärkte nach dem Organisationsgrad und den jeweiligen Handelsobjekten an.

1. Kapitalmarkt im weiteren Sinne

Zum Kapitalmarkt im weiteren Sinne, der auch als „nicht organisierter" oder „freier Kapitalmarkt" bezeichnet wird, zählen alle Kredit- und Beteiligungstransaktionen, die nicht über Banken oder Börsen abgewickelt werden. Hierzu rechnen alle längerfristigen Kredit- und Beteiligungsbeziehungen außerhalb des organisierten Kapitalmarktes zwischen Privaten und sonstigen Nichtbanken. Sie werden häufig z. B. durch Zeitungsanzeigen und/oder Makler eingeleitet.

2. Kapitalmarkt im engeren Sinne

Der Kapitalmarkt im engeren Sinne ist ein organisierter Markt, der von Institutionen des finanziellen Sektors — z. B. Banken, Versicherungen, Investmentgesellschaften und sonstigen Kapitalsammelstellen — getragen wird. Diese Marktteilnehmer treten ausschließlich oder abwechselnd als Kapitalnehmer, als Kapitalgeber, aber auch als Kapitalvermittler auf. Marktobjekte sind Beteiligungsrechte und Kredite, beide entweder in verbriefter oder in unverbriefter Form. Hierzu zählen einerseits Aktien, Genußrechte (-scheine), GmbH-Anteile u.ä. sowie andererseits Wertpapiere mit festem oder variablem Zinssatz (z. B. Industrieobligationen, Pfandbriefe, Kommunalobligationen sowie öffentliche Anleihen der Gebietskörperschaften oder der Sondervermögen des Bundes) und verschiedene Formen langfristiger Kredite.

Als langfristig werden alle Bankgeschäfte angesehen, bei denen Darlehen mit einer Laufzeit bzw. Kündigungsfrist von mindestens 4 Jahren gewährt werden. Hierzu gehören z. B. Hypothekarkredite zur Finanzierung des privaten und gewerblichen Wohnungsbaus, Kommunaldarlehen an öffentlich-rechtliche Körperschaften, Industriekredite in erster Linie zur Finanzierung des Anlagevermögens, landwirtschaftliche Darlehen, Schiffskredite, Exportkredite u.v.a. Das Wesen langfristiger Kredite kann also neben der Fristigkeit des Darlehens durch den spezifisch langfristig orientierten Verwendungszweck charakterisiert werden. Neben den Geschäftsbanken, Sparkassen und Kreditgenossenschaften — jeweils mit unterschiedlichen Schwerpunkten — betätigen sich auf diesem Segment des Kapitalmarktes verschiedene Spezialinstitute wie private Hypothekenbanken, öffentlich-rechtliche Grundkreditanstalten, Schiffspfandbriefbanken sowie bei der Versorgung der Wirtschaft mit langfristigen Finanzierungsmitteln die IKB Deutsche Industriebank AG, die Kreditanstalt für Wiederaufbau, die DSL Deutsche Siedlungs- und Landesrentenbank, die Deutsche Ausgleichsbank u.a.m. Eine große Bedeutung am Kapitalmarkt hat das Finanzierungsinstrument des Schuldscheindarlehens (auch: Industriedarlehen), das heute die klassische festverzinsliche Industrieobligation bei der inländischen Unternehmensfinanzierung stark verdrängt hat. Neben Industrieunternehmen bedienen sich auch Bund, Länder und Gemeinden dieser Großdarlehen (Mindestbetrag: 100.000 DM; im Regelfall wesentlich höhere Beträge), die von Kapitalsammelstellen gegen Ausstellung eines die Darlehenskonditionen beurkundenden Schuldscheins gewährt werden. Die Schuldscheine sind keine Wertpapiere und daher auch nicht börsennotiert; jedoch können sie i.d.R. durch Zession — auch in Teilbeträgen — übertragen werden. Als Vorteile des Schuldscheindarlehens für die Gläubiger sind neben der einfachen Abwicklung die nicht bestehenden Abschreibungsnotwendigkeiten bei steigenden Kapitalmarktzinsen zu nennen. Den Darlehensschuldnern eröffnet dieses Instrument den Zugang zum Kapitalmarkt auch bei fehlender Emissionsfähigkeit, zudem entstehen geringere Kosten als bei einer alternativen Wertpapieremission. Das Schuldscheindarlehen ist zudem ein individuelleres Schuldverhältnis als die Industrieobligation und somit ein sehr flexibles Finanzierungsinstrument.

3. Kapitalmarkt im engsten Sinne

Wie der Kapitalmarkt im engeren Sinne ist dieses Marktsegment Teil des institutionalisierten, durch hohe Publizität und dauerhafte Aufbaustruktur gekennzeichneten organisierten Marktes. Eine mögliche Unterteilung ist die in den Primärmarkt als Markt für die Erstausgabe von Effekten (auch: Emissionsmarkt) und den Sekundärmarkt als Markt für bereits im Umlauf befindliche Wertpapiere (auch: Zirkulations-, Umlaufmarkt).

Die Erstausgabe von Aktien oder Renten wird als „Emission“ bezeichnet, die mit der Ausgabe und dem Absatz der Effekten verbundene Geschäftstätigkeit der Banken als „Emissionsgeschäft“. Hierzu zählen der Abschluß eines Übernahmevertrages zwischen dem Emissionskonsortium und dem Emittenten, die kommissionsweise oder — im Regelfall — feste Übernahme der Wertpapiere durch die Banken sowie abschließend die Plazierung der Effekten beim anlagesuchenden Publikum. Aktienemissionen kommen bei Neugründungen, Umwandlungen, Grundkapitalerhöhungen oder erstmaligem „going public“ („initial public offering“, IPO) in Betracht. Volumenmäßig weitaus größere Bedeutung hat das Rentenemissionsgeschäft, da — nahezu ausschließlich — die öffentliche Hand fortlaufend neue Anleihen ausgibt.

Nach der Plazierung einer Emission erfolgt i.d.R. die Börseneinführung, womit der am stärksten organisierte Teilmarkt des Sekundärmarktes angesprochen ist. Im Rahmen des Primärmarktes spielte die Effektenbörse über längere Zeit nur noch eine untergeordnete Rolle und wurde lediglich genutzt, um nicht direkt plazierte Stücke von den Emissionsbanken nach erfolgter Zulassung zum Börsenhandel sukzessive über den Zirkulationsmarkt zu verkaufen.[171] In jüngerer Zeit werden Wertpapiere aus Neuemissionen auch wieder direkt an der Börse eingeführt durch ein freibleibendes Angebot zum Erwerb, auf das Anleger reagieren können durch Kaufaufträge an ihre Bank, die durch diese auf

[171] Vgl. Büschgen, H. E.: Bankbetriebslehre, a.a.O., S. 112 f.; Köhler, C.: Geldwirtschaft, Erster Band, a.a.O., S. 139 ff.

elektronischem Wege an die Börse geleitet werden, wo eine Zuteilung i. d. R. durch den Emittenten zusammen mit dem emissionsbegleitenden Institut erfolgt.

II. Börse und Börsengeschäfte

1. Begriff der Wertpapierbörse

Das Börsengesetz definiert Wertpapierbörsen als Börsen, an denen bestimmte im Wertpapierhandelsgesetz bezeichnete Wertpapiere und Derivate gehandelt werden. Dies sind im einzelnen Aktien, Zertifikate, die Aktien vertreten, Schuldverschreibungen, Genußscheine, Optionsscheine, andere Wertpapiere, die mit Aktien oder Schuldverschreibungen vergleichbar sind, Investmentzertifikate, als Festgeschäft oder Optionsgeschäft ausgestaltete Termingeschäfte, deren Börsen- und Marktpreis abhängt von dem Börsen- oder Marktpreis von Wertpapieren, Geldmarktinstrumenten, Zinssätzen oder anderen Erträgen, Devisentermingeschäfte, die an einem organisierten Markt gehandelt werden, Devisenoptionsgeschäfte, Devisenswapgeschäfte, Devisenswapoptionsgeschäfte und Devisenfuturesoptionsgeschäfte. Da die Deutsche Terminbörse nach dieser Vorschrift eine Wertpapierbörse ist, erstreckt sich der Anwendungsbereich des Börsengesetzes auch auf sie.

In einer ökonomisch orientierten Begriffsfassung ist unter einer Wertpapierbörse im weiteren ein hochorganisierter Handelsplatz für fungible Wertpapiere (und Derivate) zu verstehen, an dem regelmäßig zu einer bestimmten Zeit Abschlüsse von Kauf- und Verkaufsgeschäften — Börsengeschäfte — getätigt werden. Je nach Gattung der Handelsobjekte wird von der Aktien-, Renten- oder Terminbörse bzw. vom Aktienmarkt (Markt der Dividendenwerte), Rentenmarkt (Festverzinslichenmarkt, Anleihemarkt) oder Terminmarkt (Termingeschäfte, derivative Instrumente) gesprochen.

Da der Effektenhandel auf der Grundlage standardisierter Geschäfte und nach genau festgelegten Usancen von eigens hierzu ermächtigten Personen in räumlicher bzw. informationstechnischer und zeitlicher Konzentration ausgeführt wird, erfüllt die Wertpapierbörse am ehesten die Bedingungen eines vollkommenen Marktes, die dann gegeben sind, wenn Markttransparenz besteht und keine sachlichen, personellen, räumlichen oder zeitlichen Präferenzen vorliegen.

2. Funktionen der Börse

Als Hauptfunktionen der Börsen lassen sich nennen:

- die *Marktfunktion*, d. h. das Zusammenbringen von Angebot und Nachfrage für ein Wertpapier zu einem Zeitpunkt und an einem Ort;

- die *Mobilisationsfunktion*, d. h. die Verfügbarmachung von Geldkapital aufgrund der Einführung neu emittierter Wertpapiere in den Börsenhandel;
- die *Substitutionsfunktion*, d. h. die einem Wertpapierinhaber offenstehende praktisch jederzeitige Verkaufsmöglichkeit von Wertpapieren und deren Übertragung auf einen neuen Inhaber, ohne daß die finanzierte Unternehmung davon berührt wird;
- die *Bewertungsfunktion*, d. h. die Feststellung des aktuellen Marktpreises für das einzelne Wertpapier und damit des Marktwertes der betreffenden Unternehmung.[172]

3. Börsenorganisation

a) Entwicklungen in der rechtlichen Sphäre

Entsprechend der föderativen Verfassung der Bundesrepublik Deutschland ist auch ein föderativer Aufbau kennzeichnend für das Börsensystem, d. h., jede Börse ist unabhängig; mit einem entsprechenden Selbstverwaltungsrecht ausgestattet, untersteht sie der behördlichen Aufsicht des jeweiligen Bundeslandes. Aufsichtsfunktionen werden überdies auch auf Börsenorgane übertragen. Rechtsgrundlage ist das Börsengesetz von 1896, das — zwischenzeitlich mehrfach novelliert — im wesentlichen allgemeine Rahmenbedingungen enthält, die vom jeweiligen Börsenrat durch eine Börsenordnung näher konkretisiert werden. In der Börsenordnung werden der Geschäftsbetrieb der Börse geregelt, die Kompetenzen der Börsenleitung und ihrer Organe abgegrenzt, die Geschäftszweige der Börse bezeichnet, die Zulassungsbedingungen für Börsenbesucher angeben und die Modalitäten der Kursnotierung und -veröffentlichung niedergelegt.

In den vergangenen Jahren trug eine Reihe von Gesetzesinitiativen zu einer Dynamisierung der Entwicklung der Börsenorganisation bei. Mit dem Börsenzulassungsgesetz von 1986 wurde zum einen die Transformation der drei das Börsenrecht betreffenden EU-Richtlinien zur Koordination der Börsenzulassungsbedingungen, der Börsenzulassungsprospekte und der Zwischenberichterstattung börsennotierter Aktiengesellschaften vollzogen, zum anderen wurde mit dem Gesetz der rechtliche Rahmen für ein neues Börsensegment geschaffen: den Geregelten Markt.

Wesentliche Bereiche, die durch die Börsengesetznovelle von 1989 geändert wurden, waren neben der Regelung der gegenseitigen Anerkennung der Börsenzulassungsprospekte an den europäischen Börsen und der Verbesserung des Makleraufsichtsrechts insbesondere die Zulassung elektronischer Handelssysteme (Computerbörse) in Ergänzung zu den klassischen Formen der Präsenzbörse (§ 7 Abs.1 und 2 BörsG n. F.) sowie die Neuordnung der terminrechtlichen Bestimmungen, mit der die Voraussetzung für die Einführung der Deutschen Terminbörse geschaffen wurde.

Unterlagen gem. BörsG alter Fassung Termingeschäfte mit Privatpersonen dem Termin- bzw. Differenzeinwand, was eine Einforderung der Abdeckung von Verlusten aus derartigen Geschäften für Banken rechtlich unmöglich machte und damit einen Abschluß

[172] Vgl. Büschgen, H. E.: Bankbetriebslehre, 3. Auflage, Stuttgart, Jena 1994, S. 190 f.

vollverbindlicher Termingeschäfte mit inländischen Privatpersonen so gut wie ausschloß[173], so sieht nun der § 53 BörsG neuer Fassung eine Termingeschäftsfähigkeit von Privatpersonen kraft Information vor. Banken haben Privatpersonen unabhängig von speziellen Informationen über die spezifische Leistungsart sowie unabhängig von der generellen Anlageberatung schriftlich über die Risiken — insbesondere die Verlustrisiken — der Termingeschäfte zu informieren (§ 53 Abs. 2 BörsG neue Fassung). Mit dieser Änderung der Rechtslage wurden alle banküblichen Termingeschäfte — mit Ausnahme der Warentermingeschäfte, die erst zu einem späteren Zeitpunkt in die entsprechenden Regelungen eingeschlossen wurden — auch für Privatkunden eröffnet.

Weitere wesentliche Änderungen der Börsenorganisation ergeben sich aus dem Ersten Finanzmarktförderungsgesetz (1990), dem Zweiten Finanzmarktförderungsgesetz (1994) und dem Dritten Finanzmarktförderungsgesetz (1998), die in summa vor allem auf eine Erhöhung der Attraktivität des Finanzplatzes Deutschland vor dem Hintergrund einer zunehmenden Intensivierung des internationalen Wettbewerbs zielen und deren zentrales Anliegen die Stärkung des Vertrauens der Anleger in die Integrität des deutschen Kapitalmarktes und die Erhöhung der Leistungsfähigkeit des Kapitalmarktes und seiner Institutionen ist. Überdies kommt der Gesetzgeber mit diesen Gesetzen der Verpflichtung zur Umsetzung EU-rechtlicher Bestimmungen nach. Während das Erste Finanzmarktförderungsgesetz u. a. zu der Abschaffung der Börsenumsatzsteuer führte, wurde mit dem Zweiten Finanzmarktförderungsgesetz durch eine umfassende Novellierung des Börsenrechts und dem Erlaß eines neuen Wertpapierhandelsgesetzes eine fundamentale Änderung der Kapitalmarktaufsicht und insbesondere auch der Börsenaufsicht bewirkt. Erfaßt wird durch das Wertpapierhandelsgesetz dabei nicht nur der börsliche, sondern auch der außerbörsliche Handel mit Wertpapieren und Derivaten. Wesentliche Regelungsinhalte des Wertpapierhandelsgesetzes sind neben (1) Bestimmungen zum Verbot, zur Überwachung sowie zur strafrechtlichen Sanktionierung von Insiderhandlungen, (2) der Meldepflicht für alle börslichen und außerbörslichen Geschäfte mit Wertpapieren und Derivaten, (3) der Pflicht zur Veröffentlichung und Mitteilung kursbeeinflussender Tatsachen bei börsennotierten Unternehmen (Ad-hoc-Publizität), (4) Mitteilungs- und Veröffentlichungspflichten bei Veränderungen der Stimmrechtsanteile bei börsennotierten Gesellschaften sowie (5) Verhaltensregeln für die Erbringung von Wertpapierdienstleistungen insbesondere (6) die Schaffung einer neuen Aufsichtsinstanz im Bereich des Wertpapier- und Börsenwesens, des Bundesaufsichtsamtes für den Wertpapierhandel (BAWe).[174] Wesentliche Aufgaben des BAWe bestehen in der Verfolgung und Bekämpfung von Insidergeschäften, der Überwachung der Meldepflichten

---

[173] Ein Abschluß eines Termingeschäfts mit Privatpersonen konnte nur durch Hereinnahme von Geld oder kursnotierten Wertpapieren in Verbindung mit einer schwierigen und rechtlich wie auch formal nicht sicheren Freigabeerklärung gem. § 54 BörsG a. F. zur Sicherung vorgenommen werden. § 54 BörsG a. F. ist durch die Novellierung des Börsengesetzes ersatzlos gestrichen worden.

[174] Vgl. Assmann, H.-D.; Schneider, U. H.: Wertpapierhandelsgesetz, Köln 1995. Kümpel, S.: Wertpapierhandelgesetz — Eine systematische Darstellung, Berlin 1996. Weisgerber, T.; Jütten, H.: Das Zweite Finanzmarktförderungsgesetz: Erläuterungen — Gesetzestexte — Materialien — Leitfaden zum Insiderrecht, Köln 1995.

für Wertpapier- und Derivatetransaktionen, der Überwachung der Ad-hoc-Publizität, der Überprüfung der Einhaltung der Meldepflichten bei Veränderungen der Stimmrechtsanteile, der Kontrolle der Einhaltung der Verhaltensregeln für Wertpapierdienstleistungsunternehmen sowie der Zusammenarbeit mit nationalen und internationalen Behörden.

Weitere auf die Aufsichtsstruktur bezogene Änderungen durch das Zweite Finanzmarktförderungsgesetz führten im Bereich des Börsengesetzes zum einen zu einer Erweiterung der Aufsichtsbefugnisse der Börsenaufsichtsbehörden der Länder von einer reinen Rechtsaufsicht hin zu einer umfassenden Marktaufsicht mit entsprechenden Kontrollmöglichkeiten, die sich im wesentlichen auf die ordnungsgemäße Durchführung des Handels an der Börse und die Geschäftsabwicklung beziehen. Zum anderen führte die Novellierung des Börsengesetzes zu der Einführung eines neuen Börsenorgans, der Handelsüberwachungsstelle, die jede Börse nach Maßgabe der Börsenaufsichtsbehörde als eigenständiges Börsenorgan zu schaffen hat.[175] Dieses neue Börsenorgan, das im Rahmen der Marktaufsicht das Element der Börsenselbstverwaltung repräsentiert, hat in enger Zusammenarbeit mit den Landesbehörden das Handelsgeschehen an der Börse sowie die Geschäftsabwicklung zu überwachen. Neben der Schaffung der Handelsüberwachungsstelle sieht die Novellierung des Börsengesetzes durch das Zweite Finanzmarktförderungsgesetz weitere tiefgreifende Änderungen in der inneren Organisationsstruktur der Börsen vor. Mit der Zielsetzung, die Wettbewerbsfähigkeit der Börsen zu verbessern, wurden die Leitungsfunktionen von dem ehrenamtlich tätigen Börsenvorstand auf eine professionelle Börsengeschäftsführung übertragen. Kontrolliert wird die Börsengeschäftsführung in Anlehnung an das aktienrechtliche Modell von einem ehrenamtlichen Börsenrat, der in der neuen Organisationsstruktur die Institution des Börsenvorstands substituiert und teilweise dessen Aufgaben übernimmt. Neben der Schaffung der rechtlichen Voraussetzungen für eine Warenterminbörse sowie diversen sonstigen Änderungen wie z. B. bezüglich der Teilnahme am Börsenhandel enthält die Börsengesetznovelle von 1994 im weiteren Neuregelungen bezüglich der Ausführung von Kundenkommissionsaufträgen. Danach sieht das Börsengesetz eine grundsätzliche Entscheidungsfreiheit des Kunden hinsichtlich Ausführungsplatz und Handelssystem vor. Enthält der Auftrag des Kunden keine andere Weisung, sind die orders grundsätzlich über die Börse auszuführen und bei fehlender Bestimmung des Handelssystems seitens des Kunden grundsätzlich im Präsenzhandel auszuführen, wenn das Interesse des Kunden keine andere Ausführungsart gebietet.

Das Dritte Finanzmarktförderungsgesetz von 1998 beinhaltet für den Bereich des Börsen- und Wertpapierhandelsrechts[176] insbesondere solche Änderungen, die auf eine Erleichterung des Zugangs von Wertpapieremittenten zur Börse resp. zum Kapitalmarkt und eine Steigerung der Wettbewerbsfähigkeit der Börsen zielen.[177] Aus der Vielzahl der sich hieraus für börsenrechtliche Regelungen ergebenden Änderungen seien bei-

---

175 Vgl. Kümpel, S.: Börsenrecht — Eine systematische Darstellung, Berlin 1996, S. 56 ff.

176 Wesentliche Neuerungen werden durch das Dritte Finanzmarktförderungsgesetz im weiteren vorgenommen im Bereich des Investmentgesetzes.

177 Vgl. Pötzsch, T.: Der Diskussionsentwurf des Dritten Finanzmarktförderungsgesetzes, in: Die Aktiengesellschaft, 42. Jg. (1997), Nr. 5, S. 193–206.

spielhaft angeführt der Verzicht auf ein Mindestalter im Rahmen der Zulassungsvoraussetzungen zum Geregelten Markt, die Erleichterung der Mehrfachzulassung bereits im amtlichen Handel oder Geregelten Markt notierter Wertpapiere, die Erleichterung einer gleichzeitigen Mehrfachzulassung von Wertpapieren zum amtlichen Handel oder Geregelten Markt verschiedener Börsen, indem die Überprüfung des Zulassungsprospektes künftig nur durch eine vom Emittenten zu bestimmende Zulassungsstelle resp. einen Zulassungsausschuß erfolgt, sowie die Verringerung der erforderlichen Zahl- und Hinterlegungsstellen auf eine inländische Stelle. Eine weitere wesentliche Neuerung betrifft die Möglichkeit des teilweisen oder vollständigen Rückzugs eines Emittenten von der Börse (sog. delisting). Vorgesehen ist in dem Dritten Finanzmarktförderungsgesetz, daß die Zulassungsstelle bzw. der Zulassungsausschuß die Zulassung zur amtlichen Notierung bzw. zum Geregelten Markt auf Antrag des Emittenten widerrufen kann, wenn Anlegerschutzinteressen diesem nicht entgegenstehen. Ziel einer dementsprechenden Regelung ist die Erhöhung der Planungsicherheit für emissionswillige Unternehmen bezüglich eines möglichen späteren Rückzugs von der Börse.

Auswirkungen auf den Bereich der börslichen Organisation gehen ferner aus von dem Gesetz zur Umsetzung von EU-Richtlinien zur Harmonisierung bank- und wertpapieraufsichtsrechtlicher Vorschriften, das zusammen mit einem Begleitgesetz neben Änderungen im Wertpapierhandelsgesetz, Börsengesetz sowie diversen anderen Gesetzen insbesondere zur sechsten Novellierung des Kreditwesengesetzes führte.[178] Im wesentlichen dient dieses Gesetz der (abschließenden) Umsetzung von Wertpapierdienstleistungsrichtlinie und Kapitaladäquanzrichtlinie und trat mit dem überwiegenden Teil der Regelungen zum 1.1.1998 in Kraft. Eine der bedeutendsten Regelungsinhalte besteht darin, daß im Rahmen der sechsten KWG-Novelle Wertpapierfirmen mit Finanzdienstleistungsinstitutseigenschaft — in einer Angleichung an die für Kreditinstitute bestehenden Regelungen — einer Zulassungspflicht unterworfen und in die Solvenzaufsicht des BAKred einbezogen werden. Hieraus ergeben sich verschiedene Konsequenzen für den börsenrechtlichen Bereich. Da Finanzdienstleistungsinstitute zur Erfüllung einer Mindestanfangskapitalausstattung sowie bestimmter Eigenkapitalanforderungen verpflichtet sind, entfällt für sie wie schon zuvor für Kreditinstitute der im Rahmen der Zulassungsbedingungen zum Börsenhandel erforderliche Nachweis eines Eigenkapitals von 100 000 DM. Abgesehen wird ferner von der vorher gesetzlich vorgeschriebenen Leistung einer Sicherheit, deren Einforderung nunmehr in das Ermessen der jeweiligen Börse gestellt wird. Modifikationen ergeben sich im weiteren im speziellen für Kursmakler. Zum einen ist Voraussetzung für die Bestellung zum Kursmakler die vorherige Zulassung durch das BAKred; zum anderen ändert sich die vorherige Aufsichtsstruktur über die Makler. Nachdem das BAKred nunmehr die allgemeine Solvenzaufsicht über die Makler ausübt, ist eine umfassende Aufsicht über die Makler durch die Börsenaufsichtsbehörde, wie sie früher gesetzlich vorgesehen war, nicht mehr erforderlich. Die Börsenaufsichtsbehörde nimmt lediglich für Kursmakler und andere preisfeststellende Makler eine Aufsichtsfunktion in bezug auf die Einhaltung börsenrechtlicher Vorschrif-

[178] Vgl. Karg, M.; Lindemann, J.-H.: Regierungsentwurf der 6. KWG-Novelle, in: Sparkasse, 114. Jg. (1997), Nr. 3, S. 123–140, und Boos, K.-H.: Entwurf einer sechsten KWG-Novelle, in: Die Bank, o. Jg. (1997), Nr. 2, S. 119–125.

ten und Anordnungen wahr und überprüft ausschließlich im Hinblick auf die preisfeststellende Funktion an der Börse die wirtschaftliche Leistungsfähigkeit. Eine weitere Änderung bezieht sich darauf, daß sowohl bei der Zulassung zum amtlichen Handel als auch zum Geregelten Markt der Zulassungsantrag von dem Emittenten nicht nur wie bisher zusammen mit einem Kreditinstitut, sondern nunmehr auch zusammen mit einem Finanzdienstleistungsinstitut gestellt werden kann.

b) Entwicklungen in der wettbewerblichen und technischen Sphäre

Neben den rechtlichen Änderungen haben wettbewerblich induzierte Strukturüberlegungen wie auch technologische Innovationen entscheidenden Einfluß auf die Entwicklung der Börsenstruktur Deutschlands genommen. Insbesondere die Bemühungen zur Stärkung des Finanzplatzes Deutschland im internationalen Wettbewerb der Börsen zeitigten zu Beginn der neunziger Jahre einen bedeutenden Strukturwandel. Zum 1. Januar 1991 hatte die Frankfurter Wertpapierbörse AG als neuer Träger der Frankfurter Wertpapierbörse ihre Tätigkeit aufgenommen. Investitionen in Marktunterstützungstechnik sowie eine strategische Neuausrichtung auf einen internationalen Wettbewerb hatten die finanzielle Leistungsfähigkeit der klassischen Trägerschaft durch die Industrie- und Handelskammer ausgeschöpft, so daß mittels eines neuen unternehmerisch ausgerichteten Konzeptes die Investitionen in moderne Informations- und Kommunikationssysteme im Rahmen einer neuen Unternehmensstruktur realisiert werden sollten. Kapitaleigner, die die neu ausgegebenen vinkulierten Namensaktien zeichneten, wurden zu 79 % Inlandsbanken, zu 10 % Auslandsbanken, Kursmakler zu 5 % und Freimakler zu 6 %.

Bereits im Dezember 1992 wurde im Rahmen einer Vorstufe einer grundlegenden Neuordnung der Strukturen des deutschen Kapitalmarktes die Frankfurter Wertpapierbörse AG in die Deutsche Börse AG umfirmiert, die weiterhin Träger der öffentlich-rechtlichen Frankfurter Wertpapierbörse blieb. Die Deutsche Börse AG erwarb 100 % der Anteile der DTB Deutsche Terminbörse GmbH, die 1994 auf sie fusioniert wurde, sowie 100 % der Anteile der Deutscher Kassenverein AG (inzwischen umbenannt in Deutsche Börse Clearing AG), auf die 1996 die Deutscher Auslandskassenverein AG fusioniert wurde. Die im Vorfeld dieser Reform geplante Eingliederung der Regionalbörsen — was im Ergebnis einer Aufhebung der föderalen Struktur des deutschen Börsenwesens entsprochen hätte — scheiterte am entschiedenen Widerstand der Regionalbörsen; die Regionalbörsen erhielten vielmehr die Möglichkeit, über die Deutsche Börsen-Beteiligungsgesellschaft 10 % des Aktienkapitals der Deutsche Börse AG zu erwerben. Abbildung 13 gibt die Eigentümer- und Beteiligungsstruktur der Deutsche Börse AG wider.

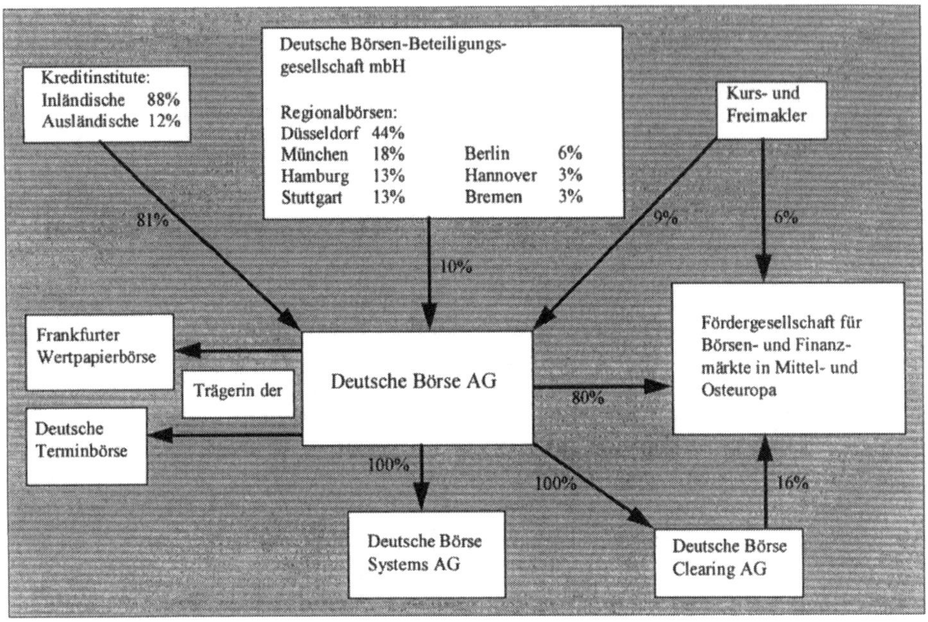

Abb. 13: Eigentümer- und Beteiligungsstruktur der Deutsche Börse AG

Die nach unternehmerischen Grundsätzen gestaltete Deutsche Börse AG soll langfristig eine integrative Weiterentwicklung des Handels auf Parkett und Bildschirm sowie für alle Marktsegmente (Kassa- und Terminhandel) gewährleisten. Zudem ist durch die Zentralisation der Entscheidungskompetenzen in der Deutsche Börse AG auch eine Vereinheitlichung der EDV-Infrastruktur sowohl hinsichtlich der Geschäftsabwicklung wie auch der Wertpapierverwaltung sicherzustellen. Entscheidenden Einfluß erwartet man sich durch die zentrale Koordinationsinstanz der Deutsche Börse AG aber auch bei der Repräsentation des Finanzplatzes Deutschland im internationalen Wettbewerb und der Vertretung in internationalen Wertpapiergremien.

Neben der Neugestaltung der organisatorischen Strukturen wurden zu Beginn der neunziger Jahre wesentliche Fortschritte hinsichtlich der Einbindung moderner Informations- und Kommunikationstechnologien in die Infrastruktur des deutschen Börsenwesens sowohl für Kassa- und Terminmärkte wie auch für die Abwicklung und Verwahrung der Wertpapiere erzielt. So wurde das zunächst als Informationssystem ausgelegte Inter-Banken-Informationssystem IBIS[179] zu einem Handelssystem (IBIS = Integriertes Börsenhandels- und Informationssystem) ausgebaut, das die elektronische Ordererteilung am Kassamarkt ermöglichte. Somit konnten Aktien (Stamm- und Vorzugsaktien der DAX-Werte), Optionsscheine und Rentenwerte ganztägig und standortunabhängig an dezentralen Bildschirmen gehandelt werden.

[179] Das als Konkurrenz zu IBIS von den Börsenmaklern aufgebaute Informations- und Handelssystem MATIS konnte sich nicht durchsetzen und wurde 1992 wieder eingestellt.

Nachdem das von Beginn an nur für 120 Werte konzipierte IBIS in jüngster Vergangenheit an seine Kapazitätsgrenzen gestoßen ist, wurde von der Deutsche Börse AG das neue elektronische Handelssystem Xetra (Abk. f. Exchange Electronic Trading) für den Kassamarkt entwickelt, das in vier Stufen — beginnend im Herbst 1997 — eingeführt wird und IBIS Ende November 1997 ablöste.[180] Nach Erreichen der letzten Ausbaustufe in 1998 sind alle an der FWB notierten Wertpapiere des Kassamarktes in dem System vollelektronisch handelbar. Zentrale Merkmale des neuen Handelssystems sind die Konzentration des Handels in einem Orderbuch pro Wertpapier mit dem Ziel der Erhöhung von börslicher Liquidität und Markttransparenz, die Schaffung eines gleichberechtigten, vom Standort unabhängigen Marktzugangs für alle Marktteilnehmer sowie die Schaffung von zusätzlicher Liquidität für weniger liquide Werte durch spezifische Intermediäre. Grundsätzlich wird Xetra wie der bisherige Parketthandel und IBIS ein ordergesteuerter Handel sein, bei dem auf der Basis des Auktionsprinzips die Aufträge der Anleger unmittelbar miteinander konkurrieren. Für weniger liquide Werte, insbesondere small cap und mid cap, wird das Handelssystem um die Komponente des market making ergänzt, indem besondere Marktintermediäre, sog. Betreuer, im fortlaufenden Handel und in der Auktion freiwillig Geld-Brief-Kurse stellen. Diesen kommt die Aufgabe zu, eine gewisse Mindestliquidität zur Verfügung zu stellen und zwischenzeitliche Ungleichgewichte zwischen Angebot und Nachfrage auszugleichen. Damit ist das Handelssystem, dem internationalen Trend folgend, zu einem sog. hybriden Handelssystem ausgebaut. Anders als das auf die Bedürfnisse institutioneller Investoren zugeschnittene IBIS sieht die Konzeption von Xetra auch die Abwicklung kleinvolumiger orders vor und integriert damit die Abwicklung von Retail- und Wholesale-Transaktionen in einem System. Innerhalb der neuen Handelsplattform wird eine weitergehende Segmentierung des Aktien-, Optionsschein- und Rentenmarkts vorgenommen. In Abhängigkeit von der Liquidität der einzelnen Titel — bei Aktien gemessen anhand solcher Indikatoren wie Marktkapitalisierung, Streubesitzanteil oder Handelsumsatz, bei Rententiteln anhand des Emissionsvolumens — gibt es verschiedene Handelsformen in teils kombinierter Form. Für alle Titel wird pro Börsentag mindestens eine Auktion zur Feststellung des Börsenpreises durchgeführt, möglich sind auch mehrere. Für liquidere Aktien besteht zusätzlich die Option zu einem fortlaufenden Handel mit kontinuierlicher Preisbildung. Die Preisfeststellung im Auktionshandel vollzieht sich nach dem Meistausführungsprinzip, wobei für Renten ein offenes Orderbuch und für Aktien sowie börslich gehandelte Optionsscheine ein (teilweise) geschlossenes Orderbuch existiert.

Auch der Parketthandel erfuhr durch die technologische Unterstützung erhebliche Veränderungen. Insbesondere die Orderabwicklung (Order-Routing), die bis in die jüngste Zeit primär manuell vorgenommen wurde, indem der Makler von den Börsenbüros die Aufträge auf handgeschriebenen Orderzetteln erhielt, wurde Ende 1992 auf das elektronische System BOSS-CUBE (Börsen-Order und Service-System — Computer unter-

[180] Vgl. Francioni, R.: Das Börsenhandelssystem Xetra — Ein Meilenstein für den Wertpapierhandel, in: Bankmagazin, o. Jg. (1997), Nr. 7, S. 41–43, und Braue, C.; Hille, L.: Xetra — Elektronisches Handelssystem am Finanzplatz Frankfurt, in: Die Bank, o. Jg. (1997), Nr. 3, S. 140–145.

stütztes Börsenhandels- und Entscheidungssystem) umgestellt.[181] Mittels des BOSS-CUBE-Order-Routing werden die auf Bankenseite vorliegenden orders in das elektronische Skontro des Maklers übertragen. Zudem erfolgt in diesem System die Kursfeststellung sowie die Übertragung der Ausführungsbestätigungen. Die Wertpapierabwicklung wird durch ein On-line-Börsengeschäftsabwicklungsprogramm (BÖGA) unterstützt, mit dessen Hilfe eine Abwicklung am Handelstag erfolgen kann (same day settlement).

Weitere Veränderungen für den Parketthandel bestehen im weiteren in der Einführung zentraler Orderbücher zur Feststellung einheitlich gerechneter Kurse, sog. Dachskontren, 1997. Die Idee zentraler Orderbücher wurde ursprünglich von den Kursmaklern vorgetragen und später in einer 1996 geschlossenen Kooperationsvereinbarung zwischen der Frankfurter Wertpapierbörse, der Bayerischen Börse, der Berliner Wertpapierbörse und der Rheinisch-Westfälischen Börse zu Düsseldorf manifestiert. Neben den vier Kooperationsbörsen partizipieren an dem Dachskontro die Hanseatische Wertpapierbörse Hamburg sowie die Niedersächsische Börse Hannover und damit mit Ausnahme der Bremer Wertpapierbörse und der Baden-Württembergischen Wertpapierbörse zu Stuttgart alle Regionalbörsen. Die primäre, mit der Einführung des Dachskontros verbundene Zielsetzungen wird von den Beteiligten in der Verbesserung der Preisbildungsqualität durch die Ermittlung einheitlichen Eröffnungs-, Einheits- und Schlußkurse gesehen, indem eine mehrfache Kursfeststellung für den betreffenden Titel durch die verschiedenen Regionalbörsen entfällt und somit Kursdifferenzen zwischen den verschiedenen Börsenplätzen vermieden werden. Eingeführt wurden Dachskontren für die DAX-100-Werte, wobei die zentralen Orderbücher für die DAX-30-Werte an der Frankfurter Wertpapierbörse angesiedelt sind, und für die MDAX-Werte. Nicht tangiert wird durch die Einführung des Dachskontros der fortlaufende Handel. Ausgenommen aus den Regelungen bezüglich des Dachskontros sind im weiteren aus rechtlichen Gründen die DAX-100-Werte, die an einer der partizipierenden Börsen lediglich im Geregelten Markt oder im Freiverkehr gehandelt werden.

Weitere Inhalte des in 1996 zwischen den vier Börsen geschlossenen Kooperationsabkommens richten sich vor dem Hintergrund eines zunehmenden Börsenwettbewerbs u. a. auf die Gründung einer gemeinsamen Geschäftsstelle für die Zulassung von Wertpapieren, eine einheitliche Handelsüberwachungsstelle, die Beseitigung von Unterschieden in den Börsenordnungen und Usancen der kooperierenden Börsen, die Vereinheitlichung von Zentralfunktionen bei den Trägern der Börsen und die — mit der Implementierung von Xetra bereits realisierte — Einführung eines neuen elektronischen Handelssystems. Ein weiterer Punkt des Kooperationsabkommens, der mit der Entwicklung und Vermarktung von neuen Handelssegmenten für Neben- und Wachstumswerte eine Expansion des Bereichs „Domestic Products" vorsieht, hat mit der Etablierung des „Neuen Markts"[182] seine Umsetzung gefunden.

---

[181] Vgl. Hopt, K. J.; Rudolph, B.; Baum, H. (Hrsg.): Börsenreform — Eine ökonomische, rechtsvergleichende und rechtspolitische Untersuchung, Stuttgart 1997, S. 341.

[182] Siehe hierzu in diesem Kapitel Abschnitt A. III. 1. d).

4. Börsenorgane

Zu den gesetzlich vorgeschriebenen eingerichteten Börsenorganen zählen[183]:

- *Börsengeschäftsführung* (§§ 3 c u. a. BörsG, §§ 9 ff. BörsO), die als Leitungsorgan mit der Wahrnehmung der der Börse übertragenen öffentlich-rechtlichen Aufgaben betraut ist;
- *Börsenrat* (§§ 3, 3a und 4 BörsG, §§ 4 ff. BörsO), dem als ehrenamtlichem Gremium Überwachungs- und Rechtsetzungsaufgaben obliegen;
- *Handelsüberwachungsstelle* (§ 1 b BörsG, §§ 12 f. BörsO), deren Aufgabe in der Überwachung des Börsenhandels und der Börsengeschäftsabwicklung besteht;
- *Zulassungsstelle* (§ 37 BörsG, §§ 50 ff. BörsO), die über die Zulassung von Effekten zum amtlichen Börsenhandel entscheidet;
- *Zulassungsausschuß* (§ 71 Abs. 3 BörsG, § 56 BörsO), der über die Zulassung von Effekten zum Geregelten Markt entscheidet; in der Besetzung von Zulassungsstelle und -ausschuß besteht realiter Identität bei den diesen Gremien angehörenden Personen;
- *Sanktionsausschuß* (§ 9 BörsG), der Sanktionen für Verhaltensweisen verhängt, die gegen die börsenrechtlichen Vorschriften und Anordnungen verstoßen oder vertrauens- und ehrverletzend sind;
- *Schiedsgericht* (§ 28 BörsG, § 48 BörsO), das Streitigkeiten schlichtet, die sich zwischen Börsenbesuchern aus Börsengeschäften ergeben;
- *Maklerkammer* (§ 30 Abs. 6 BörsG), die die Aufgaben der Makler regelt und die amtliche Kursfeststellung überwacht und
- *Gutachterausschuß* (§ 49 BörsO), der in Zweifelsfällen über die Lieferbarkeit von Wertpapieren entscheidet.

5. Börsenteilnehmer

Bei den Personen, die eine Zulassung zum Börsenbesuch besitzen, sind Besucher mit und ohne Handelsbefugnis zu unterscheiden. Erstere haben bestimmte im Börsengesetz und der Börsenordnung niedergelegte Zulassungsvoraussetzungen zu erfüllen, die sich einerseits auf das Unternehmen, andererseits auf die in seinem Namen handelnden Personen beziehen. So müssen die Unternehmen, die keine Kreditinstitute, Finanzdienstleistungsinstitute oder Unternehmen aus anderen EU-Staaten mit der Erlaubnis zur Durchführung des Kommissionsgeschäfts oder Eigenhandels sind, ein Eigenkapital von mindestens 100 000 DM sowie ihre wirtschaftliche Leistungsfähigkeit nachweisen. Überdies kann die Börsenordnung die Stellung einer Sicherheit vorsehen. Die Inhaber oder gesetzlichen Vertreter müssen zuverlässig sein und die erforderliche berufliche Eignung aufweisen. Sichergestellt sein muß überdies die ordnungsgemäße Abwicklung der Geschäfte am Börsenplatz. Im weiteren müssen die Personen, die berechtigt sein

---

183 Vgl. Kümpel, S.: Börsenrecht — Eine systematische Darstellung, a.a.O., S. 50 ff.

sollen, für das zugelassene Unternehmen an der Börse zu handeln, zuverlässig sein und die notwendige berufliche Eignung haben. Die Zulassung von Personen ohne Handelsberechtigung ist in der Börsenordnung geregelt.

Im einzelnen werden folgende Gruppen von Börsenbesuchern unterschieden:

- Die amtlichen Makler (Kursmakler) werden von der Börsenaufsichtsbehörde in Einvernehmen mit der Kursmaklerkammer und der Börsengeschäftsführung bestellt, vereidigt und entlassen. Aufgrund ihrer Eigenschaft als Finanzdienstleistungsinstitut bedürfen sie überdies der vorherigen Zulassung durch das BAKred. Ihre Aufgabe besteht in der Kursfeststellung für amtlich notierte Wertpapiere. Während des Präsenzhandels dürfen Kursmakler nur in denen ihnen zugewiesenen Werten handeln. Eigengeschäfte dürfen Kursmakler tätigen, soweit dies zur Erfüllung der ihnen erteilten Aufträge erforderlich ist und wenn marktnah limitierte Aufträge fehlen, die Marktlage nicht ausgeglichen ist oder unlimitierte Aufträge vorliegen, die nur zu nicht marktgerechten Preisen vermittelt werden können. Die von dem Kursmakler vorgenommenen Käufe und Verkäufe dürfen allerdings nicht tendenzverstärkend wirken. Kursmakler dürfen ihre börslichen und außerbörslichen Geschäfte unter Einhaltung bestimmter Voraussetzungen außer als Einzelkaufmann auch als Geschäftsleiter eines Finanzdienstleistungsinstituts oder Kreditinstituts in der Rechtsform der Aktiengesellschaft oder der Gesellschaft mit beschränkter Haftung betreiben.
- Die Preisfeststellung für Wertpapierumsätze im Geregelten Markt erfolgt durch von der Börsengeschäftsführung bestimmte Makler. Auch sie müssen die Vorschriften für Finanzdienstleistungsinstitute erfüllen und unterliegen insofern der Solvenzaufsicht des BAKred. Im Hinblick auf ihre preisfeststellenden Funktionen unterliegen sie wie die Kursmakler überdies der Aufsicht der Börsenaufsichtsbehörde. Grundsätzlich können sie auch Geschäfte in anderen Werten tätigen. Weiter ist es ihnen erlaubt, Transaktionen im eigenen Namen und für eigene Rechnung vorzunehmen.
- Weiterhin gehören zu den Börsenbesuchern Mitarbeiter von Kreditinstituten und Finanzdienstleistungsinstituten, die Eigengeschäfte oder im Auftrag Dritter Effektenkommissionsgeschäfte abwickeln. Die für die Institute tätigen Personen müssen zuverlässig sein und die erforderliche berufliche Eignung aufweisen.
- Letztlich sind auf dem „Börsenparkett" Personen ohne Handelsbefugnis wie Boten, Hilfskräfte und Pressevertreter zugelassen.

6. Handelsobjekte

Objekte des Handels an Wertpapierbörsen sind entsprechend des Börsengesetzes:

- schuldrechtliche Wertpapiere (Renten, Schuldverschreibungen, Anleihen, Obligationen), die nach Art des Ausstellers systematisiert werden können, z. B. Anleihen des Bundes, der Länder und der Kommunen, der Industrie, der verschiedenen Gruppen von Banken, vor allem von privaten und öffentlichen Emittenten begebene Pfandbriefe;

- beteiligungsrechtliche Wertpapiere (Aktien), die nach dem verbrieften Recht gegliedert werden können, z. B. in Stammaktien und Vorzugsaktien sowie
- Mischformen, die sowohl schuldrechtliche als auch beteiligungsrechtliche Ansprüche verbriefen, z. B. Wandelobligationen, Optionsanleihen, Gewinnschuldverschreibungen, Genußscheine.[184]
- Da in der Definition des Börsengesetzes Wertpapierbörsen als Börsen bezeichnet werden, an denen Wertpapiere und Derivate gehandelt werden, sind als weitere Handelsobjekte von Wertpapierbörsen hinzuzufügen als Festgeschäft oder Optionsgeschäft ausgestaltete Termingeschäfte, deren Börsen- und Marktpreis abhängt von dem Börsen- und Marktpreis von Wertpapieren, Geldmarktinstrumenten, Zinssätzen oder anderen Erträgen, Devisentermingeschäfte, die an einem organisierten Markt gehandelt werden, Devisenoptionsgeschäfte, Devisenswapgeschäfte, Devisenswapoptionsgeschäfte und Devisenfuturesoptionsgeschäfte. Grundsätzlich stellen Derivate im Verständnis dieses Buches allerdings keine Wertpapiere dar.

III. Funktionsweise und Formen des Wertpapier- und Derivatehandels

Der Wertpapier- und Derivatehandel in Deutschland ist nach der Form der Kursermittlung sowie den Handelsusancen und Zulassungsbedingungen für neu aufzunehmende Wertpapiere in Marktsegmente differenzierbar, deren Struktur in Abbildung 14 dargestellt ist.

[184] Vgl. Büschgen, H. E.: Bankbetriebslehre, a.a.O., S. 193 ff.; Röller, W.: Neuorganisation des deutschen Börsenwesens, in: Die Bank, o. Jg. (1986), H. 8, S. 392–395.

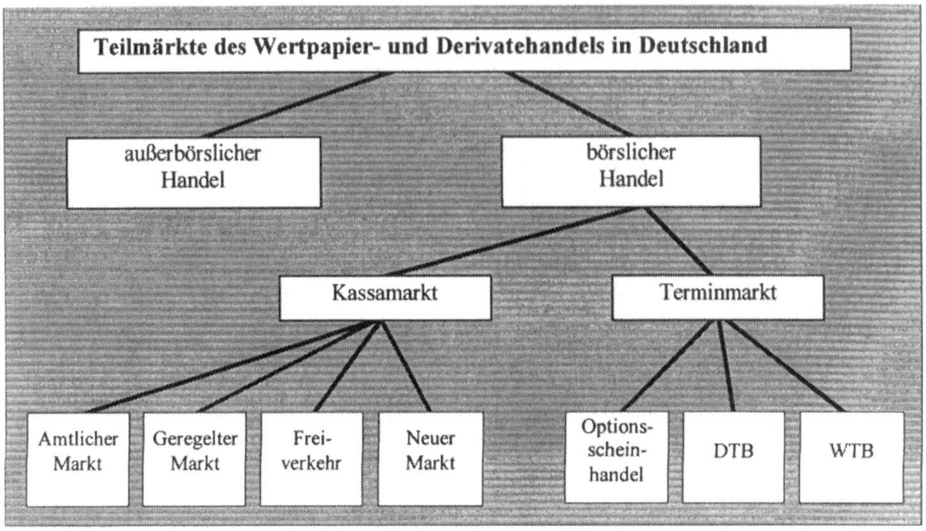

Abb. 14: Teilmärkte des Wertpapier- und Derivatehandels in Deutschland

1. Kassamarkt

a) Amtlicher Handel

Der amtliche Handel (amtlicher Markt, amtlicher Verkehr) erstreckt sich auf die von der Börsenzulassungsstelle dafür besonders zugelassenen Wertpapiere.[185] Von dieser Zulassungspflicht sind Schuldverschreibungen des Bundes, seiner Sondervermögen oder eines Bundeslandes, auch soweit sie in das Bundesschuldbuch oder in die Schuldbücher der Bundesländer eingetragen sind, sowie Schuldverschreibungen, die von einem Mitgliedstaat der EU ausgegeben werden, ausgenommen; sie sind an jeder inländischen Börse zur amtlichen Notierung zugelassen (§ 41 BörsG). Die Vermittlung der Geschäfte und die amtliche Kursfeststellung und -notierung obliegen den amtlichen Maklern (Kursmaklern). Als Börsenpreis ist derjenige Preis amtlich festzustellen, welcher der wirklichen Geschäftslage des Handels an der Börse entspricht. Der Kursmakler hat alle zum Zeitpunkt der Feststellung vorliegenden Aufträge bei ihrer Ausführung unter Berücksichtigung der an der Börse bestehenden Regelungen gleichzubehandeln. Bankkunden, die Effektenkauf- oder -verkaufsaufträge erteilen, haben, falls ihr Auftrag ausgeführt werden konnte, Anspruch auf den amtlichen Kurs. Die Börsenkurse werden entweder börsentäglich nur einmal festgesetzt (Einheitsmarkt) oder für Wertpapiere mit größeren Umsatzvolumina fortlaufend mehrmals während der Börsenzeit notiert (variabler Markt,

[185] Vgl. Keßler, J.-R.; Appel, K.: Das Wertpapiergeschäft in Recht und Praxis, Frankfurt a. M. 1996, S. 58 ff.

Schwankungsmarkt, Markt der fortlaufenden Notierungen). Im variablen Handel werden jedoch nur Geschäfte in sog. Schlüssen getätigt: Dies sind bestimmte festgesetzte Mindestumsatzmengen oder deren Vielfaches; bei Aktien betragen sie 100 Stück bei einem Nennwert von 5 DM, sonst in der Regel 50 Stück. Seit 1988 umfaßt der variable Handel auch eine Reihe von Rentenwerten (öffentliche DM-Anleihen), wobei ein Mindestschluß 1 Million DM beträgt. Seit 1997 sind an der Bremer und der Stuttgarter Börse bestimmte Werte als Einzelstücke handelbar, d. h. für diese Werte entfällt an den entsprechenden Börsen ein Mindestschluß. Die im amtlichen Handel ermittelten Kurse werden im — von jeder Börse börsentäglich publizierten — amtlichen Kursblatt veröffentlicht.

Die Zulassung der Wertpapiere zum amtlichen Handel ist vom Emittenten zusammen mit einem Kreditinstitut, Finanzdienstleistungsinstitut oder einem Unternehmen nach § 53 Abs. 1 S. 1 KWG oder § 53 b Abs. 1 KWG, das an einer inländischen Börse mit dem Recht zur Teilnahme am Handel zugelassen ist und ein haftendes Eigenkapital von mindestens 730 000 ECU nachweist, zu beantragen. Voraussetzung für die Zulassung der Wertpapiere zum amtlichen Handel ist gem. BörsG, daß der Emittent und die Wertpapiere besonderen, zum Schutz des Publikums und zur Sicherstellung eines ordnungsmäßigen Börsenhandels erlassenen Bestimmungen entsprechen und keine Umstände bekannt sind, die bei Zulassung der Wertpapiere zu einer Übervorteilung des Publikums oder zu einer Schädigung erheblicher allgemeiner Interessen führen.

Weitere in der Börsenzulassungsverordnung manifestierte Voraussetzungen für die amtliche Notierung sind, daß

- das emittierende Unternehmen mindestens drei Jahre bestehen muß,
- für die letzten drei Geschäftsjahre Jahresabschlüsse vorgelegt und veröffentlicht werden,
- die einzuführenden Aktien einen Mindestkurswert von 2,5 Millionen DM, Anleihen einen Mindestnennbetrag von 500 000 DM haben — wobei andere Regelungen gelten, wenn bereits Aktien derselben Gattung an dieser Börse amtlich notiert sind — und
- mindestens 25 % der neuen Aktien von einem breiten Anlegerkreis erworben werden, um eine ausreichende Marktgängigkeit zu erreichen.

Hinzuzufügen ist dem Antrag ein Prospekt, der die Bildung eines zutreffenden Urteils über den Emittenten und die Wertpapiere zuläßt. Trotz Erfüllung dieser gesetzlich vorgeschriebenen Voraussetzungen kann ein Antrag auf Zulassung von Wertpapieren zum Börsenhandel mit amtlicher Notierung seitens der Zulassungsstelle abgelehnt werden, sofern der Emittent seine Pflichten aus der Zulassung zur amtlichen Notierung an einer anderen inländischen Börse oder an einer Börse in einem anderen Mitgliedstaat der EU nicht erfüllt (§ 36 Abs. 5 BörsG). Vollzogen wird die Zulassung mit der ersten amtlichen Notierung. Solange das Wertpapier im amtlichen Handel notiert ist, hat der Emittent weitere Publizitätspflichten zu erfüllen, die u. a. umfassen die Veröffentlichung mindestens eines Zwischenberichts während des Geschäftsjahres. Weiterhin hat der Emittent im Rahmen der Ad-hoc-Publizitätspflicht unverzüglich eine neue Tatsache zu veröffentlichen, die in seinem Tätigkeitsbereich eingetreten und nicht öffentlich bekannt ist, wenn sie wegen der Auswirkungen auf die Vermögens- und Finanzlage oder auf den allgemeinen Geschäftsverlauf des Emittenten geeignet ist, die Börsenpreise der Wertpapiere erheblich zu beeinflussen.

Im Rahmen des Zulassungsverfahrens spielt der Börsenprospekt eine besondere Rolle. Er muß Angaben enthalten über die Art der Wertpapiere, den Emittenten, das Kapital des Emittenten, seine Geschäftstätigkeit, die Geschäftsführungs- und Aufsichtsorgane sowie den Prüfer der Geschäftsabschlüsse, die Vermögens-, Finanz- und Ertragslage, die Rechnungslegung, Beteiligungsunternehmen, die Entwicklung im laufenden Jahr sowie die Geschäftsaussichten. Die besondere Relevanz des Prospekts dokumentiert sich auch in der Prospekthaftung. Hierbei handelt es sich um die gesetzlich verankerte Haftung von Emittent und Konsortialbanken aus absichtlich oder fahrlässig unrichtig erteilten Angaben in einem Börsenprospekt, auf Grund dessen Wertpapiere zum Börsenhandel zugelassen sind, als Gesamtschuldner gegenüber jedem Besitzer eines solchen Wertpapiers für den Schaden, der demselben aus der von den gemachten Angaben abweichenden Sachlage erwächst. Sachliche Voraussetzungen der Prospekthaftung sind, daß in einem Prospekt, aufgrund dessen Wertpapiere zum Börsenhandel zugelassen sind, für die Beurteilung des Wertes der Wertpapiere erhebliche Angaben unrichtig sind oder der Prospekt wegen Fortlassens wesentlicher Tatsachen unvollständig ist. Dabei haften die Personen, die den Prospekt erlassen haben, und die, von denen der Erlaß des Prospekts ausgeht, wenn sie die Unrichtigkeit gekannt haben oder ohne grobes Verschulden hätten kennen müssen oder wenn die Unvollständigkeit auf böswilligem Verschweigen oder auf böswilliger Unterlassung einer ausreichenden Prüfung beruht. Die Haftung wird nicht dadurch ausgeschlossen, daß in dem Prospekt ein Dritter als Quelle der Angaben bezeichnet wird.

b) Geregelter Markt

Das 1986 ergangene „Gesetz zur Einführung eines neuen Marktsegments an den Wertpapierbörsen und zur Durchführung der Richtlinien des Rates der Europäischen Gemeinschaften zur Koordinierung börsenrechtlicher Vorschriften" — kurz Börsenzulassungsgesetz — fügte einen neuen Abschnitt V (§§ 71 -78) in das Börsengesetz ein, der die Rahmenbedingungen für einen neuen Teilmarkt an den bundesdeutschen Wertpapierbörsen festlegt: den Geregelten Markt.[186]

Dieses neue Marktsegment wurde 1987 eröffnet. Er ist gewissermaßen zwischen dem amtlichen Markt und dem Freiverkehr angesiedelt. Seine Schaffung wurde insbesondere mit der Notwendigkeit begründet, mittelständischen Unternehmen, für die eine Zulassung zum amtlichen Markt nicht in Frage kommt, durch erleichterte Zugangsbestimmungen und niedrigere Zulassungsgebühren die Möglichkeit der börsenmäßigen Eigenkapitalbeschaffung zu eröffnen. Im Vergleich zum amtlichen Markt weist der Geregelte Markt für potentielle Emittenten folgende Zugangs- und Kostenvorteile auf:

---

186 Vgl. zum folgenden Mülhausen, D.: Ein Jahr Geregelter Markt, in: Die Bank, o. Jg., (1988), H. 6, S. 342–345; sowie Schmutz, J.: Der geregelte Markt, in: WISU, 17. Jg. (1988), H. 6, S. 329–330.

- Die Anforderung an das zeitliche Mindestbestehen des emissionswilligen Unternehmens betrug im Geregelten Markt bislang 1 Jahr (gegenüber 3 Jahren im amtlichen Handel). Im Rahmen der Novellierung des Börsengesetzes durch das Dritte Finanzmarktförderungsgesetz wurde gänzlich auf eine bestimmte Mindestdauer des Bestehens des Unternehmens verzichtet.
- Der Mindestnennbetrag bei Erstemissionen beträgt im Geregelten Markt 0,5 Millionen DM.
- Die Zulassungsgebühren zum Geregelten Markt wurden auf die Hälfte der Gebühren des amtlichen Marktes festgesetzt.
- Im Gegensatz zum amtlichen Handel bestehen für den Geregelten Markt keine Vorschriften darüber, daß sich ein bestimmter Anteil der emittierten Aktien in Streubesitz befinden muß.

Der Emittent hat dem Antrag auf Zulassung einen Unternehmensbericht beizufügen, der die Funktion des Börsenzulassungspropekts wahrnimmt. Mit dem Dritten Finanzmarktförderungsgesetz wurden die Anforderungen an den Unternehmensbericht an die für einen Verkaufsprospekt nach der Verordnung über Wertpapier-Verkaufsprospekte (Verkaufsprospekt-Verordnung) angeglichen; wie bei dem Börsenzulassungsprospekt sind auch hier Angaben über die Wertpapiere , den Emittenten, das Kapital des Emittenten, seine Geschäftstätigkeit, Vermögens-, Finanz- und Ertragslage, Geschäftsdurchführungs- und Aufsichtsorgane und Prüfung des Jahresabschlusses erforderlich.

Die Entscheidung über die Zulassung eines Wertpapiers zum Geregelten Markt erfolgt durch den Zulassungsausschuß der jeweiligen Börse (§ 72 Abs. 2 Satz 2 BörsG). Der Zulassungsausschuß prüft den Zulassungsantrag und die eingereichten Unterlagen ausschließlich nach formalen Gesichtspunkten. Aufnahme am Geregelten Markt können grundsätzlich alle Wertpapiere finden, die nicht an derselben Börse zum amtlichen Handel zugelassen sind; ein (vorheriger) Handel im Freiverkehr ist zulässig. Auch ist eine Notierung in unterschiedlichen Marktsegmenten an verschiedenen Börsen möglich.

Die Effekten müssen zum Geregelten Markt zugelassen werden, wenn

- keine formalen Mängel festgestellt werden konnten,
- keine Hinweise auf Übervorteilung des Publikums oder die Schädigung erheblicher allgemeiner Interessen hindeuten,
- ein ordnungsgemäßer Handel gewährleistet ist.

Ist die Zulassung[187] zum Geregelten Markt erfolgt, nehmen Freimakler die nichtamtliche, aber gesetzlich geregelte Kursfeststellung vor. Die Kurs- bzw. Preisfeststellung erfolgt nach den gleichen Grundsätzen wie die Feststellung des Börsenpreises im amtlichen Markt; es sind also z. B. die gleichen Kurszusätze und Hinweise zu verwenden.

Im Hinblick auf das Problem des Anlegerschutzes ist festzustellen, daß sich der Gesetzgeber beim Interessengegensatz, der zwischen dem erleichterten Zugang zur Börse und dem Schutz des Anlegers durch umfassende Informationen besteht, bewußt zugunsten eines erleichterten Börsenzugangs entschieden hat. Allerdings gelten auch für den Gere-

---

[187] Vgl. hierzu im einzelnen Mülhausen, D.: Ein Jahr Geregelter Markt, a.a.O., S. 343 f.

gelten Markt einige der Pflichten, denen Emittenten am amtlichen Markt unterliegen. So besteht vor allem auch im Geregelten Markt die Prospekthaftung (§§ 77, 45 ff. BörsG). Ferner gilt der gleiche Anlegerschutz zwischen amtlichem und Geregeltem Markt hinsichtlich des Insiderhandels. Insiderpapiere sind nach den gesetzlichen Insider-Bestimmungen auch Wertpapiere, die zum Handel am Geregelten Markt zugelassen sind.

Eine Zwischenberichterstattung war für den Geregelten Markt zunächst nicht erforderlich; allerdings sieht das Dritte Finanzmarktförderungsgesetz vor, daß die Börsen in einem bestimmten Teilbereich des Geregelten Markts Zwischenberichte verbindlich vorschreiben können. Überdies unterliegen auch die Emittenten des Geregelten Markts der Verpflichtung zur Ad-hoc-Publizität. Im Rahmen des Dritten Finanzmarktförderungsgesetzes erfolgte eine Erleichterung der Börsenzulassungsbedingungen für den Geregelten Markt und den amlichen Handel dergestalt, daß bei bereits seit zwei Jahren zum Geregelten Markt zugelassenen Aktien bei einer beabsichtigten Zulassung im amtlichen Handel auf eine Verpflichtung zur Erstellung des Börsenzulassungsprospekts verzichtet wird.[188] Außerdem soll bei bereits zum amtlichen Handel oder Geregelten Markt zugelassenen Wertpapieren eine nachträgliche Mehrfachzulassung im gleichen Marktsegment an anderen Börsen durch Verzicht auf ein verwaltungsintensives Zulassungsverfahren erleichtert werden sowie bei einer gleichzeitigen Mehrfachzulassung nur noch die Überprüfung des jeweiligen Zulassungsprospekts durch eine zu bestimmende Zulassungsstelle bzw. einen Zulassungsausschuß erfolgen.

Am Geregelten Markt wurden Ende 1996 163 inländische und 28 ausländische Aktien sowie 404 Optionsscheine und ca. 7000 festverzinsliche Titel notiert.

c) Freiverkehr

1988 erfolgte eine Neuordnung der Marktsegmente der deutschen Wertpapierbörsen. Nachdem die meisten Gesellschaften inzwischen aus dem Geregelten Freiverkehr in den Geregelten Markt übergewechselt waren, wurden die Segmente Geregelter und Ungeregelter Freiverkehr — letztere nur soweit die betroffenen Geschäfte börslich abgewickelt wurden — zu einem einheitlichen Markt „Freiverkehr“ zusammengefaßt. Der Antrag auf Einbeziehung in den Freiverkehr kann von jedem an der Börse zum Handel zugelassenen Unternehmen gestellt werden. Über die Einbeziehung von Wertpapieren in den Freiverkehr entscheidet ein besonderer Ausschuß an der jeweiligen Börse. Es erfolgt keine förmliche Zulassung zum Handel. Im Gegensatz zum Geregelten Markt und amtlichen Handel erfolgt die Aufnahme in den Freiverkehr i.d.R. nicht auf Antrag des emissionswilligen Unternehmens, sondern aufgrund eines seitens der Freimakler vermuteten Handelsbedarfs. Der Freiverkehr stellt somit ein Marktsegment dar, in das ein Unternehmen nicht eintritt, sondern durch einen Dritten einbezogen wird. Der Emittent kann allerdings der Einbeziehung widersprechen. Der Freiverkehr wurde durch eine Novellierung des Börsengesetzes durch das Zweite Finanzmarktförderungsgesetz auf eine neue

188 Vgl. Pötzsch, T.: Der Diskussionsentwurf des Dritten Finanzmarktförderungsgesetzes, a.a.O., S. 193–206.

rechtliche Grundlage gestellt.[189] Nach der vorherigen Regelung bestand Unsicherheit darüber, ob es sich beim Freiverkehr um einen Markt handelt, der von staatlicher Seite reglementiert wird. Dies erwies sich im Hinblick auf die im Zusammenhang mit den Insidervorschriften formulierte Ad-hoc-Publizitätspflicht für Insiderpapiere als wesentlich, bei denen es sich um solche Papiere handelt, die an einem staatlich reglementierten Markt gehandelt werden. Eine entsprechende Berichtspflicht hätte zu einer Austrocknung des Marktes geführt. Mit der im Börsengesetz getroffenen Neuregelung ist nunmehr klargestellt, daß der Freiverkehr kein staatlich reglementiertes Marktsegment ist, womit die Ad-hoc-Publizitätspflicht entfällt. Vielmehr sind die Durchführung des Handels und die Geschäftsabwicklung durch sog. Handelsrichtlinien zu regeln, die von dem privatrechtlichen Träger des Freiverkehrs festgelegt werden. Das Börsengesetz sieht nunmehr vor, daß für Wertpapiere, die weder zum amtlichen Markt noch zum Geregelten Markt zugelassen sind, ein organisierter Handel stattfinden kann, wenn die Börse einen Freiverkehr zuläßt. Voraussetzung hierfür ist, daß die jeweils zuständigen Gremien durch die Veröffentlichung von Richtlinien für den Freiverkehr die ordnungsgemäße Durchführung des Handels und der Geschäftsabwicklung gewährleisten. Die im Freiverkehr ermittelten Preise stellen Börsenpreise dar; sie werden von den skontroführenden Maklern ermittelt. Die Ausklammerung der Freiverkehrswerte aus den Insiderregelungen beschränkt sich im weiteren lediglich auf die Ad-hoc-Publizität.

d) Neuer Markt

Mit dem Ziel, die börsenmäßigen Eigenkapitalbeschaffungsmöglichkeiten für kleine und mittlere Unternehmen zu verbessern, wurde von der Deutsche Börse AG im März 1997 der „Neue Markt“ als ein neues, privatrechtlich geregeltes Handelssegment an der Frankfurter Wertpapierbörse eröffnet.[190] Zielgruppe des Neuen Marktes stellen kleine und mittlere innovative Wachstumsunternehmen dar, die in Branchen von zukunftsweisender Bedeutung tätig sind, aber auch Unternehmen in traditionellen Branchen mit Produkt-, Prozeß- und Dienstleistungsinnovationen. Intendiert wird mit der privatrechtlichen Konzeption die Schaffung höherer Freiheitsgrade bei der inhaltlichen Ausgestaltung des Handels. Zielsetzungen bei der Entwicklung des Neuen Marktes waren die Schaffung einer hohen Informationstransparenz sowie die Gewährleistung einer hinreichenden Marktliquidität, die in der konzeptionellen Ausgestaltung ihren Ausdruck finden in im Vergleich zum Geregelten Markt erhöhten Informationsanforderungen und der Etablierung der Institution des „Betreuers“.[191] Die Publizitätspflichten umfassen die Veröffentlichung der Jahresabschlüsse nach IAS, US-GAAP oder GoB mit Überleitung innerhalb von vier Monaten nach Ende des Geschäftsjahres, die Veröffentlichung von Quartalsberichten mit Angaben zum Geschäftsverlauf und zu wichtigen Kennzahlen innerhalb von zwei Monaten nach Ende des Geschäftsjahres, die Veranstaltung mindestens

---

[189] Vgl. Kümpel, S.: Bank- und Kapitalmarktrecht, Köln 1995, S. 755 ff.

[190] Vgl. zum Neuen Markt Büschgen, H. E.: Börsenmäßiges Eigenkapital für kleine und mittlere Unternehmen, in: Österreichisches Bankarchiv, 45. Jg. (1997), Nr. 2/3, S. 94–104.

[191] Vgl. Francioni, R.: Der Betreuer im Neuen Markt, in: Die Bank, o. Jg. (1997), Nr. 2, S. 68–71.

eines Analystentreffens pro Jahr und die Veröffentlichung eines Unternehmenskalenders mit Angaben zu Dividenden- und Hauptversammlungsterminen usw. Überdies ist ein internationalen Standards entsprechender Emissionsprospekt zu erstellen. Hinsichtlich aller Unternehmenspublikationen besteht für den Emittenten die Verpflichtung, diese sowohl in englischer als auch deutscher Sprache zu verfassen. Als Zulassungsvoraussetzungen sind im weiteren zu erfüllen, daß (1) das Unternehmen mindestens 1 Jahr bestehen muß und möglichst seit mindestens 3 Jahren bestehen sollte, (2) bei der erstmaligen Zulasssung eine Emission von Stammaktien zu erfolgen hat (bei nachfolgenden Kapitalerhöhungen besteht die Option der Zulassung von Vorzugsaktien) und (3) ein voraussichtlicher Kurswert der Emission von mindestens 10 Millionen DM und ein Gesamtnennwert von 500 000 DM realisiert wird, wobei mindestens 100 000 Aktien zu emittieren sind. Ferner soll das Emissionsvolumen zu mindestens 50 % aus einer Kapitalerhöhung resultieren, und es sollten sich mindestens 15 %, möglichst 25 % des Grundkapitals in Streubesitz befinden. Weitere Aufnahmekriterien bestehen in der Benennung mindestens eines Betreuers zur Liquiditätsförderung, der die in den Handelsbedingungen für den Neuen Markt bestimmten Voraussetzungen erfüllt, der Anerkennung des Übernahmekodex sowie in der Einhaltung der im Wertpapierhandelsgesetz normierten Publizitätspflichten. Grundsätzlich können im Neuen Markt Aktien von Unternehmen, die im Rahmen eines going public neu an die Börse gehen, und Aktien solcher Unternehmen, die bereits an der Börse notiert sind, gelistet werden; Voraussetzung für die Einführung der Wertpapiere zum privatrechtlich geregelten Neuen Markt ist, daß die Papiere das Zulassungsverfahren zum öffentlich-rechtlichen Geregelten Markt durchlaufen. Während über den Zulassungsantrag der Aktien zum Geregelten Markt der Zulassungsausschuß der Frankfurter Wertpapierbörse entscheidet, obliegt die Zulassung der Aktien zum Neuen Markt dem Vorstand der Deutsche Börse AG. Der Emittent verzichtet mit der Antragstellung auf die Zulassung zum Neuen Markt auf die Notierung im Geregelten Markt, so daß eine Parallelnotierung an beiden Märkten nicht möglich ist. Der Antrag auf Zulassung ist von dem Emittenten gemeinsam mit einem an einer inländischen Börse zugelassenen Kreditinstitut in schriftlicher Form zu stellen. Der Handel mit Aktien des Neuen Marktes ist als eigenständiges Handelssegment in die bestehende Infrastruktur der Frankfurter Wertpapierbörse integriert, wobei nach einer anfänglichen Aufnahme in den computergestützten Präsenzhandel 1998 die Überführung in das neue elektronische Handelssystem Xetra der Deutsche Börse AG erfolgt. Die im Rahmen der Marktkonzeption vorgesehene Institution des Betreuers soll für zusätzliche Marktliquidität sorgen. Die Hauptfunktion des Betreuers besteht in der Sicherung einer ausreichenden Liquidität des Marktes resp. dem begrenzten Ausgleich von zwischenzeitlichen Marktungleichgewichten, indem er für die von ihm betreuten Titel verbindliche Geld- und Brief-Kurse für eine Mindeststückzahl von 500 Aktien stellt bzw. unter bestimmten Voraussetzungen zu stellen verpflichtet ist. Seine orders stehen dabei grundsätzlich in Konkurrenz zu den Angeboten der restlichen Marktteilnehmer.

Einen weiteren Markt, der sich speziell an den Bedürfnissen mittlerer Unternehmen orientiert, hat die Bayerische Börse mit dem „Prädikatsmarkt“ (auch „P-Markt“) 1997 etabliert. Der P-Markt richtet sich als ein im Bereich des Freiverkehrs eingerichtetes Marktsegment anders als der Neue Markt nicht speziell an junge und innovative Unternehmen, sondern generell an mittelständische Unternehmen aller Branchen.

2. Terminmarkt

a) Optionsgeschäfte an Präsenzbörsen

Erst seit 1970 war in der Bundesrepublik Deutschland ein börsenmäßiger Terminhandel in eingeschränkter Form grundsätzlich wieder möglich.[192] Einzig das Optionsgeschäft wurde in diesem Jahr als börsengehandeltes Termingeschäft zugelassen, konnte sich aber infolge der rechtlichen Rahmenbedingungen für Temingeschäfte (Differenz- und Termineinwand gem. § 764 BGB) und organisatorischer Mängel nicht mit großem Geschäftsvolumen am Markt durchsetzen. Im Rahmen der traditionellen Optionsmärkte wurden bis 1997 an deutschen Präsenzbörsen noch Aktienoptionen angeboten; ein Optionshandel in Renten, der ebenfalls in den achtziger Jahren eingeführt worden war, konnte kein nennenswertes Marktvolumen erreichen und wurde faktisch Ende der achtziger Jahre eingestellt. Der traditionelle Optionsmarkt fristete insbesondere seit Einführung der DTB ein Schattendasein. Nachdem die an der Präsenzbörse noch gehandelten Aktienoptionen teilweise auf die DTB überführt worden waren, ist der Handel in Aktien- und Rentenoptionen 1997 offiziell eingestellt worden.

Seit Ende der 80er Jahre hat sich an den deutschen Börsen ein lebhafter Handel mit Optionsscheinen (warrants) entwickelt, die Wertpapiereigenschaft haben und für ihren Erwerber das Recht verbriefen, zu einem bestimmten Zeitpunkt oder innerhalb eines bestimmten Zeitraums ein finanzielles Aktivum wie Devisen, Aktien oder Anleihen zu erwerben oder abzunehmen bzw. Differenzzahlungen zu fordern. Gehandelt werden diese Optionsscheine am Kassamarkt. Zu unterscheiden ist zwischen Optionsscheinen auf konkreter Basis, die auf eine tatsächliche Lieferung oder Leistung (bspw. Bezug oder Verkauf von Aktien, Zinstitel oder Devisen) gerichtet sind, und Optionsscheinen auf abstrakter Basis, die in jüngerer Vergangenheit zunehmend an Bedeutung gewonnen haben und bei denen Ausgleichszahlungen auf Zinsdifferenzen, Devisenkursdifferenzen oder Aktienindexentwicklungen vorgenommen werden. Letztere Instrumente werden zumeist von in- oder ausländischen Banken emittiert, die die Position des Stillhalters einnehmen. Nicht eindeutig ist im weiteren die Termingeschäftseigenschaft von Optionsscheingeschäften. So stellt laut einem Urteil des Bundesgerichtshofs der Erwerb von Optionsscheinen, die zusammen mit einer Optionsanleihe begeben und später abgetrennt wurden, nicht ein Börsentermingeschäft, sondern ein Kassageschäft dar, während es sich bei dem Erwerb von Aktienindexoptionsscheinen in jedem Fall um ein Termingeschäft handelt. Gegenüber den an der DTB gehandelten Termingeschäften bieten Optionsscheine den Vorteil einer größeren Auswahl hinsichtlich des underlying, der Laufzeit, des strike price und einer geringeren volumensmäßigen Stückelung, wobei sich letzterer Aspekt insbesondere aus Perspektive des privaten Anlegers als attraktiv erweist. Die Beliebtheit von Optionsscheinen als Anlageinstrument auch bei privaten Investoren — die u. a. im Widerspruch zu der ansonsten behaupteten Risikoaversion der Deutschen steht — do-

[192] Vgl. hierzu und zum folgenden Hoffmann, P.; Ramke, R.: Finanzinnovationen an der Deutschen Terminbörse (DTB), Berlin 1990.

kumentiert sich in der großen Anzahl der in Deutschland gehandelten Optionsscheine (über 5.300 in 1996) sowie den hohen Umsatzvolumina.

b) Deutsche Terminbörse DTB

Die Deutsche Terminbörse ist in ihrer Gesamtheit nicht als Teilmarkt des Effektenmarktes zu sehen, da hinsichtlich ihres Leistungsprogramms Leistungen erbracht werden, die nur indirekt dem Effektenmarkt zuzurechnen sind. Werden unter Effekten vertretbare und fungible Wertpapiere verstanden, die allein Gegenstand des börsenmäßigen Handels sein können, so ist in diesem Sinne ein Terminmarkt kein Effektenmarkt, da auf ihm Rechte gehandelt werden, die Bezug auf die an einer Börse gehandelten originären Rechte nehmen. Aus diesem Grunde werden die Instrumente, die an einer Terminbörse gehandelt werden und keine Effekten im eigentlichen Sinne sind, auch derivative Instrumente genannt. Sie sind nicht wertpapiermäßig verbrieft. Definiert das Börsengesetz allerdings solche Börsen als Wertpapierbörsen, an denen im Gesetz näher bestimmte Wertpapiere und Derivate gehandelt werden, so ist die Deutsche Terminbörse eine Wertpapierbörse im Sinne des Börsengesetzes.[193]

(1) Aufbau und Organisation der DTB

Die Änderungen des Börsengesetzes 1989, durch die u. a. auch die Termingeschäftsfähigkeit von Privatpersonen kraft Information — d. h. die Kunden müssen vor Geschäftsabschluß schriftlich über Risiken des Termingeschäfts informiert worden sein — eingeführt wurde, schufen die Basis, einen breiteren Akzeptanzgrad für börsengehandelte Termingeschäfte zu erzielen.[194] Die bereits an anderen internationalen Börsen erkennbare Entwicklung zum Ausbau von Aktien- und Anleiheterminmärkten hatte auch in der Bundesrepublik Deutschland zu Überlegungen hinsichtlich einer institutionalisierten Terminbörse geführt. Neben der Stärkung des Finanzplatzes Deutschland sollten durch eine derartige Terminbörse DM-Terminmärkte, die sich bereits im Ausland etabliert hatten (so z. B. der Handel von Bund-futures an der LIFFE in London), nach Deutschland zurückverlagert werden und so das Instrumentarium des Terminhandels auch in der Bundesrepublik Deutschland eingeführt werden.

Durch die Gründung der DTB Deutsche Terminbörse GmbH, Frankfurt a. M., 1988 wurde die institutionelle Grundlage für eine Terminbörse geschaffen. Anteilseigner der DTB Deutsche Terminbörse GmbH waren zunächst deutsche Banken; seit 1993 ist alleiniger Anteilseigner die Deutsche Börse AG, auf die die Deutsche Terminbörse GmbH 1994 fusioniert wurde. Die Trägergesellschaft der DTB, die Deutsche Börse AG, bildet den organisatorischen Überbau zur Ausführung der Handels- und Clearingfunktion der Terminbörse, wobei die Handelsfunktion im Rahmen der vom Börsengesetz vorge-

---

[193] Siehe zu der börsenrechtlichen Definition der Wertpapierbörse Abschnitt A. II. 1 in diesem Kapitel.

[194] Vgl. Häuser, K.; Rosenstock, A.: Börse und Kapitalmarkt, 5. Auflage, Frankfurt a. M. 1997, S. 169 ff.

schriebenen öffentlich-rechtlichen Struktur ausgeführt wird; die Clearingfunktion wird über die Trägergesellschaft privatrechtlich abgewickelt.

Die Organisation der Terminbörse entspricht der der Effektenbörse. Neben einer Börsengeschäftsführung, der die Leitung der Börse obliegt, und einem Börsenrat gibt es u. a. ein Schiedsgericht und eine Handelsüberwachungsstelle. Genehmigungs- und Aufsichtsbehörde für den Handel an der Terminbörse ist das Hessische Ministerium für Wirtschaft und Recht, da der Sitz der Börse Frankfurt a.M. ist.

Konstituierende und systembeschreibende Strukturelemente der Deutschen Terminbörse sind zum einen ihre Struktur als Computerbörse und zum anderen das Market-maker-Prinzip im Bereich der Optionen.[195] Bei der Computerbörse werden — im Gegensatz zur Präsenzbörse — Kauf- und Verkaufsaufträge von den Börsenteilnehmern dezentral an Bildschirmen eingegeben und im Zentralrechner der DTB zusammengeführt, ohne daß ein an ein Börsenparkett gebundener Handel stattfindet. Bei Übereinstimmung von Kauf- und Verkaufsaufträgen bzw. Preisstellung der market makers (quotes) werden die Geschäfte automatisch durch den Börsencomputer abgeschlossen (matching).

Das im Optionshandel vorherrschende Market-maker-Prinzip gibt an, daß market makers (in der Regel Banken) verpflichtet sind, für den jeweils betreuten Titel verbindliche Geld- und Briefkurse zu stellen und angebotene oder angeforderte orders stets zu erfüllen, wenn sonst kein Kontrahent im Markt ist. Zielsetzung des Market-maker-Systems ist es, eine jederzeitige Liquidität des Marktes zu sichern und somit einen permanenten Markt für Kontrakte zu schaffen. Als Teilnehmer am Börsengeschäft sind neben der Gruppe der market makers, die auch Kunden- und Eigengeschäfte tätigen, noch eine zweite Gruppe von Börsenteilnehmern, die Kunden- und Eigengeschäfte durchführen, aber keine Market-maker-Funktion übernehmen, anzuführen.

Der Handel an der DTB wird vollelektronisch abgewickelt (Auftragsausführung, matching). Dabei werden vier Handelsphasen unterschieden, die jeweils die weitere Behandlung der Aufträge oder der quotes der market makers vorgeben. In der Pre-trading-Periode, der vorbörslichen Phase, findet noch kein Handel statt; es können aber orders und quotes eingegeben werden. Auf der Basis der vorliegenden Aufträge werden nach dem Meistausführungsprinzip in der Opening-Periode Eröffnungskurse ermittelt. Während der eigentlichen Handelszeit, der Trading-Periode, werden weitere Aufträge nach dem Prinzip der fortlaufenden Notierung gehandelt. Im Anschluß an die Trading-Periode können für eine bestimmte Zeit im Rahmen einer Post-trading-Periode weitere Aufträge und quotes in das System eingegeben werden, die aber erst in Verbindung mit den Aufträgen der Pre-trading-Periode bei der Börseneröffnung (Opening-Periode) des folgenden Börsentages gehandelt werden. Alle Aufträge der Post-trading- und der Pre-trading-Periode werden, nach den Kriterien Preis und Zeit geordnet, in das elektronische Orderbuch aufgenommen. Unlimitierte Aufträge werden vorrangig abgewickelt, limitierte Aufträge werden so geordnet, daß die höchsten Nachfragekurse (Geldkurse) und die niedrigsten Angebotskurse (Briefkurse) Priorität haben; das zeitliche Ordnungskriterium gelangt bei identischen Preisen zur Anwendung. Aufträge, die sich

[195] Vgl. Keßler, J.-R.; Appel, K.: Das Wertpapiergeschäft in Recht und Praxis, a.a.O., S. 68 ff.

gegenüberstehen, werden vom System automatisch zum Geschäftsabschluß gebracht („gematched"). Nach erfolgten Geschäftsabschlüssen tritt das Clearing-House als jeweiliger Kontrahent zwischen die Vertragsparteien und garantiert damit die Erfüllung der börsenmäßig gehandelten Geschäfte. Induziert wird durch eine derartige Konstruktion eine Senkung von Transaktions- und Risikokosten; die Teilnehmer an einem derartig organisierten Terminmarkt werden u. a. von Kosten, die sich aus der Unsicherheit über die Bonität der Kontrahenten ergeben, entlastet.

Die Struktur der Deutschen Terminbörse entspricht weitgehend den internationalen Standards für Terminbörsen. Nach ersten Probeläufen ist die Deutsche Terminbörse am 26. Januar 1990 zunächst für den Handel mit Optionen auf 14 deutsche, umsatzstarke Standardwerte eröffnet worden. Seit dem 23. November 1990 werden auch financial futures an der Deutschen Terminbörse gehandelt.

(2) Leistungsprogramm der DTB

Das Leistungsprogramm der DTB umfaßt Optionen und financial futures über verschiedene Basisobjekte („underlyings"). Wesentliches und für eine Terminbörse konstitutives Merkmal der Leistungen der DTB sind die Standardisierung der Geschäfte hinsichtlich der zugrundeliegenden Instrumente, der jeweiligen Kontraktgröße und -laufzeit. Zusätzlich ist durch den Eintritt der DTB als Kontraktpartner in zustandegekommene Kontrakte auch jeweils der Kontraktpartner eindeutig bestimmbar. Motive zum Einsatz der derivativen Instrumente der DTB können die Absicherung von vorhandenen Portefeuilles (hedging), die Spekulation auf Kursschwankungen durch Ausnutzung der Hebelwirkung (Leverage-Effekt) der Instrumente sowie die Ausnutzung von Kursunterschieden zwischen Kassa- und Terminmärkten (Arbitrage) sein. Einen Überblick über die Leistungsarten („Produkte") der DTB gibt die Abbildung 15:

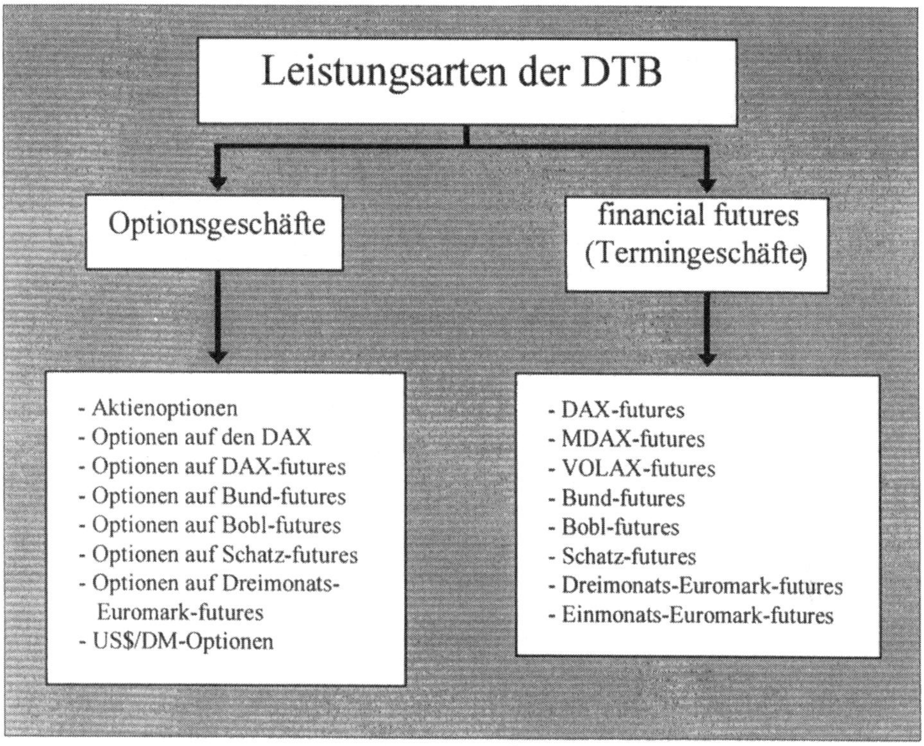

Abb. 15: Das Leistungsprogramm der DTB im Überblick

Financial futures (feste Termingeschäfte) an der DTB

Bei financial futures liegt eine vertragliche Vereinbarung darüber zugrunde, eine standardisierte Menge eines bestimmten Finanzinstruments (Basiswert) zu einem im voraus bestimmten Preis (Futures-Preis), zu einem bestimmten in der Zukunft liegenden Termin (Liefertag) zu liefern (Verkäufer von financial futures) oder abzunehmen (Käufer von financial futures). Der Futures-Markt ist insbesondere durch das Kriterium der Standardisierung vom klassischen Terminmarkt, dem Forward-Markt, abzugrenzen. Im Gegensatz zum Optionsgeschäft handelt es sich bei financial futures um unbedingte Termingeschäfte (Fixgeschäft), da sie von beiden Vertragspartnern zu erfüllen sind, d. h., kein Vertragspartner hat ein Optionsrecht resp. Wahlrecht. Bei Optionsgeschäften als bedingten Termingeschäften hat der Käufer ein Ausübungs- bzw. Erfüllungsrecht, aber keine -verpflichtung.

- DAX-futures
  Diese Index-futures sind Terminkontrakte auf den Deutschen Aktienindex DAX (Basiswert), wobei der Wert eines Kontraktes 100 DM je Indexpunkt entspricht. Der Verkäufer eines DAX-futures-Kontraktes ist verpflichtet, die Differenz zwischen dem vereinbarten Preis und dem höheren Schlußabrechnungspreis in bar auszugleichen. Dagegen ist der Käufer verpflichtet, die Differenz zwischen dem vereinbarten

Preis und dem niedrigeren Schlußabrechnungspreis in bar auszugleichen. Der Schlußabrechnungspreis wird von der DTB nach Handelsschluß eines Kontraktes gemäß der Notierung des DAX an der Frankfurter Wertpapierbörse festgelegt. Bei DAX-futures beträgt die längste mögliche Laufzeit 9 Monate; der letzte Handelstag ist der Börsentag vor dem Schlußabrechnungstag (dritter Freitag eines jeweiligen Quartalsmonats: März, Juni, September, Dezember). Der Futures-Preis wird in DM pro 100 DM Kontraktwert mit einer Nachkommastelle notiert; die kleinste Einheit beträgt 0,5 = 1 tick. Dem Handel stehen jeweils drei Liefermonate und damit drei Kontrakte zur Verfügung, jeweils die nächstfolgenden Monate des Quartalszyklus März, Juni, September, Dezember.

- MDAX-futures
  MDAX-futures sind Terminkontrakte auf den 1996 von der Deutsche Börse AG eingeführten Midcap DAX, den MDAX, der die Wertentwicklung von 70 variabel gehandelten Titeln abbildet, die in bezug auf Marktkapitalisierung und Börsenumsatz unmittelbar den 30 DAX-Werten folgen. Dabei entspricht der Wert eines Kontraktes 10 DM pro Indexpunkt des MDAX. Die Liefermonate sind die nächsten drei Quartalsmonate aus dem Zyklus März, Juni, September und Dezember.

- Futures auf eine langfristige Bundesanleihe
  „Bund-futures“ sind Terminkontrakte (Nominalwert eines Kontraktes 250 000 DM) auf eine idealtypische langfristige Schuldverschreibung des Bundes oder der früheren Treuhandanstalt mit einer Restlaufzeit von achteinhalb bis zehn Jahren und einem Zinssatz von 6 % (Basiswert). Der Verkäufer von Bund-futures ist zum vereinbarten Termin verpflichtet, Anleihen des Bundes oder der Treuhandanstalt im Nominalwert des Kontraktes zu liefern; der Käufer ist verpflichtet, die Anleihen abzunehmen. Zur Berücksichtigung der differierenden Restlaufzeiten und der unterschiedlichen Nominalzinsen wird von der DTB ein Umrechnungsfaktor ermittelt, der die effektiven Anleihen mit der idealtypischen Anleihe der futures vergleichbar macht. Die längste mögliche Laufzeit eines Kontraktes beträgt 9 Monate; dem Handel stehen jeweils drei Liefermonate und damit drei Kontrakte zur Verfügung, jeweils die nächstfolgenden drei Monate des Quartalszyklus März, Juni, September, Dezember. Der Preis der futures wird in % je 100 DM Nominalwert auf 2 Dezimalstellen ermittelt. Die kleinste Preisveränderung beträgt 0,01 = 1 tick.

- Futures auf eine mittelfristige Bundesobligation
  Unter der Bezeichnung „Bobl-futures“ werden an der DTB Terminkontrakte auf eine fiktive mittelfristige Schuldverschreibung des Bundes oder der früheren Treuhandanstalt mit einer Restlaufzeit von dreieinhalb bis fünf Jahren und einem Zinssatz von 6 % (Basiswert) gehandelt. Der Nominalwert eines Kontraktes beträgt 250 000 DM. Die Handelsbedingungen sowie die weiteren Ausstattungsmerkmale entsprechen denen der langfristigen Bund-futures.

- Schatz-futures
  Schatz-futures sind Terminkontrakte (Nominalwert eines Kontraktes 250 000 DM) auf eine fiktive kurzfristige Schuldverschreibung des Bundes oder der früheren Treuhandanstalt mit einer Laufzeit von eindreiviertel bis zweidreiviertel Jahren und

einem Zinssatz von 6 % (Basiswert). Ausstattungsmerkmale und Handelsbedingungen entsprechen wiederum denen der Bund-futures.

- Euromark-futures
  Angeboten werden von der DTB Ein- und Dreimonats-Euromark-futures. Einmonats-Euromark-futures sind Terminkontrakte auf den Angebotszinssatz von einmonatigen DM-Eurotermineinlagen, wobei das Kontraktvolumen 3 000 000 DM beträgt. Basiswert der Dreimonats-Euromark-futures, die einen Kontraktwert von 1 000 000 DM aufweisen, ist der Zinssatz für Dreimonatseurotermingelder in DM. Zugrundegelegt wird die jeweilige von der British Bankers Association ermittelte London Interbank Offered Rate (LIBOR). Die Verfallmonate der Einmonats-Euromark-futures sind die nächsten 6 aufeinanderfolgenden Kalendermonate, womit sich eine maximale Laufzeit von 6 Monaten ergibt; die Verfallmonate der Dreimonats-Euromark-futures sind die nächsten drei aufeinanderfolgenden Kalendermonate sowie die nächsten 11 Quartalsmonate. Die Erfüllung erfolgt in bar und ist fällig am ersten Börsentag nach dem letzten Handelstag.

- VOLAX-futures
  Eingeführt wurden von der DTB in 1998 unter der Bezeichnung VOLAX-futures Terminkontrakte, die sich auf die implizite Drei-Monats-Volatilität von DAX-Optionen beziehen. Basiswert ist die implizite Drei-Monats-Volatilität des DAX am At-the-money-Punkt; der Kontraktwert beträgt 100 DM pro Prozentpunkt der Volatilität. Anwendungsmöglichkeiten von futures auf die implizite Volatilität von DAX-Optionen bestehen in der Absicherung von Portfolios von DAX-Optionen gegen durch Volatilitätsänderungen in dem Basiswert hervorgerufene negative Wertveränderungen der Optionswerte.

Optionen an der DTB

Gegenstand des Vertrages bei Optionsgeschäften ist das Optionsrecht, das als Optionskontrakt gehandelt wird. Der Käufer einer Kaufoption (Call-Option) hat das Recht, innerhalb der Laufzeit der Option die Lieferung des dem Kontrakt zugrundeliegenden Wertes (Basiswert, underlying) zu dem vereinbarten Basispreis (Ausübungspreis, strike price) vom Stillhalter (Verkäufer der Kaufoption, Aussteller, Schreiber, Stillhalter in Wertpapieren) zu verlangen. Der Käufer einer Verkaufsoption (Put-Option) hat das Recht, innerhalb der Laufzeit der Option die dem Kontrakt zugrundeliegenden Werte zu dem vereinbarten Basispreis an den Kontraktpartner (Stillhalter in Geld) zu liefern. Für dieses Recht hat der Käufer des put an den jeweiligen Stillhalter eine Prämie (Optionspreis, Optionsprämie) zu zahlen. Zusätzlich zu den vier Grundpositionen, die ein Marktteilnehmer beim Optionsgeschäft übernehmen kann und womit unterschiedliche Gewinn- und Verlustprofile verbunden sind, nämlich

- Käufer einer Kaufoption (long call),
- Verkäufer einer Kaufoption (short call),
- Käufer einer Verkaufsoption (long put),
- Verkäufer einer Verkaufsoption (short put),

können verschiedene standardisierte Kombinationen aus jeweils zwei Grundpositionen auf denselben Basiswert abgeschlossen werden. Bei einem straddle werden jeweils eine Kaufoption und eine Verkaufsoption gleichzeitig auf denselben Basiswert, zum selben Basispreis und zum gleichen Fälligkeitstermin abgeschlossen (Kaufoption: long straddle; Verkaufsoption: short straddle). Beim strangle wird eine Kaufoption mit einer Verkaufsoption auf den gleichen Basiswert zum identischen Fälligkeitstermin verbunden; jedoch unterscheiden sich die Basispreise. Ein spread ist dann gegeben, wenn gleichzeitig eine Verkaufsoption gekauft und eine verkauft wird. Unterscheiden sich die beiden Verkaufsoptionen in ihrem Basispreis, liegt ein vertical spread vor; unterscheiden sie sich in der Laufzeit, liegt ein horizontal spread vor.

- Aktienoptionen:
  An der DTB werden Optionen auf diverse deutsche Aktien angeboten. Ein Aktienkontrakt umfaßt 10 Aktien, für im Nennwert von 5 DM notierte Aktien 100 Aktien, (die Kontrakte auf Aktien der Münchener Rückversicherung beziehen sich auf 1 Aktie). Standardisiert sind neben den Fälligkeitsterminen (März, Juni, September, Dezember) auch die Laufzeiten (es bestehen Laufzeiten von 1, 2, 3, maximal 6 und maximal 9 Monaten; für Aktienoptionen mit verpflichtendem market making wurde 1997 die Laufzeit von 9 auf 12 Monate verlängert; überdies sind für die fünf liquidesten Aktienoptionen Laufzeiten von 18 und 24 Monaten eingeführt worden) sowie die Basispreise (3 Basispreise), wobei einer im Geld (in the money), einer am Geld (at the money) und einer aus dem Geld (out of the money) ist. Überschreitet der Schlußkurs des Basiswertes an den beiden vorangegangenen Börsentagen das Mittel zwischen den beiden höchsten bzw. niedrigsten bestehenden Basispreisen, so wird für einen bestehenden Verfalltermin eine neue Optionsserie mit jeweils drei Basispreisen aufgelegt. Die Erfüllung der Option erfolgt durch Lieferung effektiver Stücke (bei Aktien der Allianz und der Münchner Rückversicherung erfolgt ein Barausgleich). Ausgestattet sind die Aktienoptionen als amerikanische Optionen, d. h., sie können jederzeit während der Optionszeit ausgeübt werden.

- Optionen auf den Deutschen Aktienindex (DAX)
  Bei den Optionen auf den DAX (Basiswert) beträgt der Kontraktwert 10 DM je DAX-Index-Punkt. Die DAX-Optionen gehören zu den Indexoptionen und sind als europäische Optionen ausgestaltet, d. h., sie können nur zu dem vereinbarten Endfälligkeitstermin ausgeübt werden. Sie verkörpern das Recht auf Barausgleich, da der DAX einen synthetischen Basiswert darstellt. Mit dem Kauf einer DAX-Kaufoption wird das Recht erworben, sich den Differenzbetrag, um den der DAX den Basispreis übersteigt, multipliziert mit 10 DM bei Fälligkeit der Option in bar auszahlen zu lassen. Der Optionspreis wird in Punkten mit einer Nachkommastelle notiert; ein Punkt entspricht einem DAX-Punkt und damit 10 DM Kontraktwert. Die kleinste mögliche Preisveränderung entspricht 0,1 Punkte, was als „tick" bezeichnet wird. Verfallmonate sind die nächsten drei aufeinanderfolgenden Monate sowie die drei aufeinanderfolgenden Monate aus dem Zyklus März, Juni, September, Dezember sowie die beiden darauffolgenden Monate des Zyklus Juni und Dezember; damit stehen Laufzeiten von 1, 2, 3, maximal 6, maximal 9, maximal 12, maximal 18 und 24 Monaten zur Verfügung. Für jeden Verfallmonat stehen fünf Basispreise zur Verfügung,

wobei die Basispreise im Vergleich zum aktuellen Indexstand so ausgewählt werden, daß zwei im Geld, einer am Geld und zwei aus dem Geld sind.

- Optionen auf DAX-futures
  Die Option auf DAX-futures hat als Basiswert futures auf den Deutschen Aktienindex DAX; der Kontraktwert der Option entspricht dem Wert der DAX-futures und damit 10 DM je DAX-Indexpunkt. Die Option ist als amerikanische Option ausgestaltet. Der Optionspreis wird in Punkten mit einer Nachkommastelle notiert; ein Punkt entspricht einem DAX-Punkt und damit 10 DM Kontraktwert. Die kleinste mögliche Preisveränderung entspricht 0,1 Punkte (= 1 tick). Je Verfallmonat (die nächsten drei aufeinanderfolgenden Monate sowie die beiden darauffolgenden Monate aus dem Zyklus März, Juni, September und Dezember) stehen fünf Basispreise zur Verfügung, wobei die Basispreise im Vergleich zum aktuellen Indexstand so ausgewählt werden, daß zwei im Geld, einer am Geld und zwei aus dem Geld sind. Die Erfüllung erfolgt in DAX-futures.

- Optionen auf langfristige Bund-futures
  Bei den Optionen auf langfristige Bund-futures stellen den Basiswert futures auf eine idealtypische Schuldverschreibung des Bundes oder der früheren Treuhandanstalt mit einer Nominalverzinsung von 6 % und einer Restlaufzeit von achteinhalb bis zehn Jahren dar. Der Nominalwert eines Futures-Kontraktes beträgt 250 000 DM (Kontraktwert der Option). Die Option auf langfristige Bund-futures ist als amerikanische Option gestaltet, so daß während der Laufzeit die Option ausgeübt werden kann. Wie bei der Option auf den DAX wird der Optionspreis in ticks bemessen, jedoch notiert der Optionspreis in Punkten mit zwei Nachkommastellen; die kleinste Preisveränderung beträgt damit 0,01 Punkte (= 1 tick). Die Laufzeiten der Optionsserien entsprechen immer den nächsten drei aufeinanderfolgenden Monaten sowie der darauffolgende Monat aus dem Zyklus März, Juni, September, Dezember. Für jede Laufzeit werden neun Basispreise notiert, die im Vergleich zum jeweils aktuellen Futures-Preis so ausgewählt sind, daß jeweils vier im Geld, einer am Geld und vier aus dem Geld liegen. Die Erfüllung der Option erfolgt bei Ausübung in futures.

- Optionen auf Bobl-futures
  Bei den Optionen auf den mittelfristigen Bobl-futures-Kontrakt ist der Basiswert der Futures-Kontrakt auf eine idealtypische Schuldverschreibung des Bundes oder der früheren Treuhandanstalt mit einer Nominalverzinsung von 6 % und einer Laufzeit von dreieinhalb bis fünf Jahren (Bobl-futures). Die Konstruktion der Option auf Bobl-futures entspricht im wesentlichen der der Option auf Bund-futures.

- Optionen auf Schatz-futures
  Der Handel in Optionen auf Schatz-futures an der DTB wurde in 1998 aufgenommen. Basiswert ist der Futures-Kontrakt auf eine fiktive kurzfristige Schuldverschreibung des Bundes oder der ehemaligen Treuhandanstalt mit eindreiviertel- bis zweieinvierteljähriger Laufzeit und einem Zinssatz von 6 % (Schatz-futures). Ebenso wie bei den Optionen auf Bobl-futures entspricht die Konstruktion der Optionen auf Schatz-futures denen der Optionen auf Bund-futures.

- Optionen auf Dreimonats-Euromark-futures
  Der Handel in Optionen auf Dreimonats-Euromark-futures an der DTB wurde in 1998 aufgenommen. Basiswert sind Dreimonats-Euromark-futures. Der Kontraktwert besteht in einem Dreimonats-Euromark-futures-Kontrakt mit einem Nominalwert von DM 1.000.000. Die Preisermittlung erfolgt in Punkten und auf 3 Dezimalstellen. Die minimale Preisveränderung beträgt 0,005 Punkte, was einem Wert von DM 12,50 entspricht. Verfallmonate sind die nächsten 4 Monate aus dem Zyklus März, Juni, September und Dezember, d. h., es sind Laufzeiten von 3, 6, 9 und max. 12 Monaten verfügbar. Jeder Kontraktmonat wird mit 21 Basispreisen eingeführt. Die Basispreise haben feste Preisabstufungen von 0,10 Punkten.

- US$/DM-Option
  Mit der Einführung des US$/DM-Option 1997 ist in Deutschland erstmalig eine börsengehandelte Devisenoption verfügbar. Der Kontraktwert dieser Devisenoption, die als Option europäischer Art ausgestaltet ist, beträgt US$ 50 000. Die Preisnotierung erfolgt in DM pro US$ 100 mit zwei Nachkommastellen, die minimale Preisveränderung beträgt 0,01 Punkte (entsprechend 5 DM). Mögliche Laufzeiten sind 1, 2, 3, 6, 9 und 12 Monate. Für jede Laufzeit werden mindestens 5 Basispreise notiert. Die Erfüllung erfolgt mittels Barausgleich (in DM).

(3) Clearing- und Marginkonzept der DTB

Die Funktionen der Clearing-Stelle umfassen die Verwaltung der von den Börsenmitgliedern eingegangenen Positionen, die Abwicklung der Optionsausübungen sowie die Ermittlung, Verbuchung, Verrechnung und Verwaltung der zu hinterlegenden Sicherheitsleistungen (margins). Da die Clearingstelle in alle abgeschlossenen Geschäfte als Kontraktpartner eintritt und damit die volle Haftung für die Erfüllung der Geschäfte übernimmt, sieht die Organisation des Clearing umfangreiche Sicherheitsbestimmungen vor. So können nur Clearing-Mitglieder Geschäfte an der DTB tätigen. Weiterhin werden bestimmte Bedingungen an die Clearing-Mitgliedschaft gestellt; so ist ein Mindestkapital nachzuweisen, das Mitglied muß eine Garantie einer anderen Bank zugunsten der DTB beibringen, und es muß ein Nachweis über eine adäquate technische und personelle Kapazität geführt werden, die auch die Sicherstellung der ordnungsgemäßen Verbuchung und Abwicklung umfaßt. Darüber hinaus müssen Clearing-Mitglieder Sicherheitsleistungen beibringen, die entweder durch Hinterlegung von Wertpapieren in einem Depot der Deutsche Börse Clearing AG oder durch Barleistungen auf ein Konto bei der Landeszentralbank Hessen zu erfüllen sind. Die Höhe der Sicherheitsleistungen ist direkt abhängig von den täglichen Engagements und wird daher täglich neu bestimmt („mark to market").

Die Teilnehmer an der DTB unterscheiden sich in zwei Gruppen: zum einen reine Börsenteilnehmer, zum anderen Mitglieder der Clearing-Stelle der DTB. Die Mitglieder der Clearing-Stelle werden — je nach Umfang der gestatteten Geschäftstätigkeit — in zwei Gruppen aufgeteilt:

- General-clearing-Mitglieder: können Eigen- und Kundengeschäfte sowie Geschäfte für sonstige Börsenteilnehmer, die nicht Mitglied der Clearing-Stelle sind, abwickeln;
- Direct-clearing-Mitglieder: dürfen grundsätzlich nur Eigen- und Kundengeschäfte abwickeln. Seit 1997 können sie auch das Clearing der Geschäfte konzernverbundener Nicht-Clearing-Mitglieder übernehmen, wenn eine unmittelbare oder mittelbare hundertprozentige Kapitalbeteiligung zwischen den beiden Unternehmen besteht.

Börsenteilnehmer, die nicht Mitglieder der Clearing-Stelle sind, und deren Geschäfte nicht durch ein konzernverbundenes Direct-clearing-Mitglied abgewickelt werden können, müssen sich eines General-clearing-Mitgliedes bedienen, um ihre Handelsaktivitäten abwickeln zu können. Sie stehen in keiner vertraglichen Beziehung zur Clearing-Stelle der DTB, die für alle zustandegekommenen Geschäfte die Gegenpartei ist. Gegenüber der Clearing-Stelle der DTB sind die Mitglieder der Clearing-Stelle für alle Verpflichtungen aus den Kontrakten verantwortlich, für die sie das Clearing übernommen haben.

Die Sicherheitsleistungen, die von jedem Clearing-Mitglied zur Besicherung des gesamten Kontraktvolumens gegenüber der DTB bereitzustellen sind, werden von der DTB börsentäglich auf der Basis eines Risk-based-margining-Systems festgelegt. Dabei werden alle Options- und Futures-Positionen eines Clearing-Mitglieds, die auf einen Basiswert bzw. auf korrelierende Basiswerte bezogen sind, zusammengefaßt, um die Netto-Risikoposition des Clearing-Mitglieds zu erfassen, die dann gewichtet mit einem von der DTB festgelegten Preisfaktor die zu hinterlegende Sicherheitsleistung (spread margin) ergibt. Bei futures, die nicht zu kompensieren sind, wird eine erhöhte margin berechnet, die sog. additional margin, die variabel ist und von der Volatilität des zugrundeliegenden Wertes abhängt.

Durch die täglich ermittelten Abrechnungspreise für futures und Optionen werden Wertveränderungen der Kontrakte gegenüber dem Vortag ermittelt, entstandene Gewinne oder Verluste werden mit den Sicherheitsleistungen verrechnet. Das Verfahren der direkten Verrechnung von Gewinnen und Verlusten aus Wertveränderungen der Kontrakte wird als „mark to market"-Prinzip bezeichnet. Wird dabei die geforderte Höhe der zu hinterlegenden Sicherheitsleistung unterschritten, entsteht eine Nachschußpflicht seitens des Clearing-Mitgliedes. Da die margin in der Regel nur wenige Prozentpunkte des Kontraktwertes ausmacht, ist durch die Höhe des Bareinschusses ein Leverage-Effekt zu erzielen, der auch bei relativ geringen Kursveränderungen der zugrundeliegenden Kassaposition relativ hohe Kursveränderungen der Terminposition induziert, was wiederum zu großen Gewinnchancen, aber auch zu erheblichen Verlustrisiken führt. Clearing-Mitglieder sind durch die Clearing-Bedingungen verpflichtet, von ihren Kunden mindestens die von der DTB geforderten Sicherheitsleistungen ebenfalls einzufordern.

(4) Kooperationen

Vereinbart wurde von der DTB in 1997 eine Kooperation mit der SOFFEX; ab Mitte 1998 betreiben die Deutsche Börse AG (DBAG) und die Schweizer Börse (SWX) für ihre Terminmärkte DTB und SOFFEX (Swiss Options and Financial Futures Exchange) unter dem Namen Eurex (Abk. für European Exchange) eine gemeinsame Plattform für Handel und Clearing mit einheitlicher technologischer Basis und harmonisiertem Regelwerk. Zu diesem Zweck wurde von der DBAG und der SWX die Eurex AG gegründet, an der die Kooperationspartner zu je 50 % beteiligt sind. Hintergrund dieser erstmaligen grenzenüberschreitenden Zusammenlegung von elektronischen Handels- und Clearingfunktionen zweier Börsen ist die Einführung des Euro, die Intensivierung des Wettbewerbs unter den Börsen, die sinkende Relevanz national orientierter Märkte und das zunehmende Bedürfnis der Marktteilnehmer nach einem einheitlichen Markt auf europäischer Ebene. Von den Initiatoren wird der Nutzen des gemeinsamen Marktes daneben gesehen in einem vergleichsweise großen Produktangebot und einer höheren Liquidität. Vorgesehen ist eine kombinierte Teilnehmerschaft an DTB und SOFFEX, woraus sich aus Perspektive der Marktteilnehmer der Vorteil eines einmaligen Marktzugangs mit einmaligen Gebühren ergibt. Weitere Kostenersparnisse resultieren aus den einheitlichen technlogischen und regulatorischen Standards sowie dem geplanten cross-margining zwischen beiden Märkten. In diesem Sinne soll auch anderen Terminbörsen die Möglichkeit zur Partizipation an Eurex gegeben werden. Technologische Basis des gemeinsamen Marktes ist das Handels- und Clearingsystem der DTB, das seinen Ursprung im SOFFEX-System hat und das ergänzt wurde um Funktionen, die bislang nur an der SOFFEX bestanden. Bestehen bleiben unter Eurex die aufsichtsrechtlichen Zuständigkeiten der Behörden in Deutschland und der Schweiz. Verfügbar sind mit der Aufnahme des gemeinsamen Handels folgende Produkte: Einmonats-Euromark-futures, Dreimonats-Euromark-futures/Option, Bobl-futures/Option, Bund-futures/Option, Comi-futures, Conf-futures/Option, Schatz-futures/Option, Aktien-Lepo (low exercise price options auf Aktien), Aktien-LTO (long term options auf Aktien), Aktienoptionen auf deutsche Aktien, Aktienoptionen auf Schweizer Aktien, DAX-futures, DAX-Option, MDAX-futures, SMI[196]-LTO, SMI-futures, SMI-Option und US$/DM-Option.

c) Warenterminbörse (WTB)

Wenngleich die Warenterminbörse Hannover entsprechend der börsengesetzlichen Definition nicht zu den Wertpapierbörsen gehört, sondern vielmehr eine Warenbörse ist, wird sie im Hinblick auf eine vollständige Darstellung des Terminhandels in Deutschland dargestellt. Nachdem Warentermingeschäfte von dem mit der Börsengesetznovelle von 1989 eingeführten sog. Informationsmodell, wonach Nicht-Kaufleute Börsentermingeschäfte wirksam bei Erhalt einer bestimmten Erfordernissen entsprechenden Aufklärungsschrift abschließen können, zunächst ausgeschlossen waren, wurden die rechtlichen Voraussetzungen für die Schaffung einer Warenterminbörse erst durch das Zweite Finanzmarktförderungsgesetz geschaffen, das eine Streichung der das Warentermingeschäft betreffenden Ausnahmeregelung vorsieht. Ökonomischer Hintergrund der Einführung einer Warenterminbörse sind die steigenden Preisschwankungen für viele Agrarprodukte in der Europäischen Union, die einen Absicherungsbedarf für die hieraus resultierenden Preisrisiken induzieren. Nach der Gründung eines „Förderverein Warenterminbörse" 1993 wurde die Idee einer deutschen Warenterminbörse insoweit umge-

[196] SMI ist die Abkürzung für Swiss Market Index.

setzt, als 1996 die Trägergesellschaft für die in Hannover geplante Warenterminbörse gegründet wurde.[197] Anteilseigner der Trägergesellschaft „Warenterminbörse Hannover AG" sind die Europäische Warenterminbörse Beteiligungs AG (57%), die die Interessen der Agrarindustrie repräsentiert, die Niedersächsische Börse zu Hannover (28%), die Hanseatische Börse Hamburg (11%) sowie der Deutsche Terminhandelsverband (4%). Wie die DTB ist auch die Terminbörse Hannover eine vollelektronische Börse. Der Handel an der WTB, der im ersten Quartal 1998 aufgenommen wurde, ist order-driven. Die Aufträge werden von den Handelsteilnehmern in das elektronische System eingestellt und in einem elektronischen von allen Handelsteilnehmern einsehbares Orderbuch erfaßt. Die orders, deren Herkunft anonym bleibt, werden innerhalb des Systems automatisch in Abhängigkeit von Orderart, Preis und Eingabezeit geordnet. Unlimitierte Aufträge haben Priorität vor allen anderen Aufträgen, limitierte orders werden so geordnet, daß die höchsten Nachfragekurse und die niedrigsten Angebotskurse zuerst ausgeführt werden. Bei Preisgleichheit, hat die zuerst eingegebene order Vorrang. Nicht oder nicht vollständig ausgeführte Aufträge bleiben weiterhin gespeichert. Die Clearinghaus-Funktionen an der WTB werden von der Clearingbank Hannover wahrgenommen, die bei einem Vertragsabschluß als Kontrahent beider Vertragspartner zwischen Käufer und Verkäufer tritt und somit die Vertragserfüllung garantiert. Zugleich übernimmt sie die Aufgaben eines General-clearing-Mitglieds. Von den sonstigen Direct- oder General-clearing-Mitgliedern sind wie an der DTB Sicherheitsleistungen zu erbringen. Gehandelt werden bislang drei Kontrakte, ein Weizenfutures-Kontrakt, ein Schweinefutures-Kontrakt und ein Kartoffelfutures-Kontrakt. Weitere Planungen bestehen u. a. für einen futures-Kontrakt auf Altpapier. Konkurrenten der WTB sind auf europäischer Ebene der Agrarische Termijnmarkt Amsterdam (ATA), die London International Financial Futures and Options Exchange (LIFFE) sowie der Marché à Terme Internationale de Paris (MATIF).

3. Außerbörslicher Handel

Der außerbörsliche Handel als Teilbereich des Effektenhandels in der Bundesrepublik Deutschland umfaßt sowohl den Handel in Wertpapieren, die nicht in den Handel in einem der zuvor angesprochenen Börsenmärkte einbezogen sind, als auch den Handel in zum Börsenhandel zugelassenen Wertpapieren.

Hinsichtlich der Durchführung des Effektenhandels lassen sich verschiedene Formen des außerbörslichen Handels unterscheiden:

[197] Vgl. Hartmann, B.; Meyer-Bullerdieck, F.: Deutsche Warenterminbörse vor dem Start, in: Die Bank, o. Jg. (1996), Nr. 12, S. 724–729.

- vor- oder nachbörslicher Handel: Hierbei handelt es sich um einen außerhalb der regulären Börsenzeiten stattfindenden Handel in solchen Wertpapieren, die zum Börsenhandel zugelassen sind,
- Telefonhandel,
- Tafelgeschäfte, d. h. Handel von Wertpapieren „über den Bankschalter".

Mit der Einführung des Wertpapierhandelsgesetzes durch das Zweite Finanzmarktförderungsgesetz 1994 erfuhr auch der außerbörsliche Wertpapierhandel eine staatliche Regulierung. Er unterliegt der Kontrolle des Bundesaufsichtamts für den Wertpapierhandel und den Vorschriften des Wertpapierhandelsgesetzes bezüglich der Wohlverhaltensregeln sowie des Insiderhandelsverbots.

4. Wertpapierleihe

Der Ausbau der Options- und Futures-Märkte in Deutschland durch die DTB hat auch zum Aufbau eines Wertpapierleihesystems geführt, um die Liquidität und damit die Funktionsfähigkeit der Terminmärkte zu sichern. Insbesondere von ausländischen Marktteilnehmern wurde die Einführung eines Wertpapierleihesystems erwartet. Seit 1990 unterhält die Deutsche Börse Clearing AG (vormals als Deutscher Kassenverein AG firmierend) ein funktionsfähiges Wertpapierleihesystem für den deutschen Markt.

Unter dem Begriff „Wertpapierleihe" wird eine kurzfristige, entgeltliche Überlassung von bestimmten Wertpapieren verstanden. Rechtliche Basis für die Überlassung von Wertpapieren ist in der Regel ein schriftlicher Wertpapierleihevertrag.[198] Gegenstand des Vertrages ist das Recht, daß der Verleiher dem Entleiher die volle wirtschaftliche Verfügungsgewalt über die betreffenden Wertpapiere einräumt. Der Begriff Wertpapierleihe ist insofern mißverständlich, als der Verleiher nur einen Anspruch auf Rückübertragung von Wertpapieren gleicher Art erhält. Es handelt sich damit zivilrechtlich nicht um eine Leihe im Sinne von § 598 BGB, bei der dieselbe Sache zurückgegeben werden muß (§ 604 BGB), sondern um ein Sachdarlehen im Sinne der §§ 607 ff. BGB. Da der Darlehensnehmer im Rahmen seiner Verfügungsberechtigung auch eine Weiterveräußerung der Wertpapiere intendiert, stände eine Leihe von Wertpapieren im zivilrechtlichen Sinne dem wirtschaftlichen Zweck der Wertpapierleihe entgegen.

In der zivilrechtlichen Konstruktion als Darlehen liegt auch der entscheidende Unterschied zu den in Deutschland üblichen Wertpapierpensionsgeschäften begründet. Bei Wertpapierpensionsgeschäften (Repo-Geschäfte, Abkürzung für repurchase agreement) kauft der Pensionsnehmer die Wertpapiere an, verbunden mit der Verpflichtung, sie zu einem im voraus bestimmten Termin gegen Zahlung eines bestimmten Betrages zurückzuübertragen (echte Wertpapierpensionsgeschäfte gem. § 340 b Abs. 2 HGB). Bei unechten Pensionsgeschäften entsprechend § 340 b Abs. 3 HGB ist der Pensionsnehmer

[198] Vgl. zur Definition des Begriffs Wertpapierleihe sowie zum folgenden Acker, G.: Die Wertpapierleihe, Wiesbaden 1991, S. 2 f.; Beer, A.: Die Wertpapierleihe, ein innovatives Marktsegment, Stuttgart 1992, S. 11 f.

lediglich berechtigt, nicht aber verpflichtet, die Wertpapiere zu dem bestimmten Termin zurückzuübertragen. Zudem liegt den Wertpapierpensionsgeschäften die rechtliche Verpflichtung zugrunde, die gleichen Stücke zu übertragen. Bei der Wertpapierleihe werden dagegen keine Kaufverträge, sondern nur Darlehensverträge abgeschlossen; die zurückzuübertragenden Wertpapiere müssen nur von gleicher Art sein.

Die Motivstruktur für die Teilnahme am Wertpapierleihegeschäft ist je nach Stellung, Verleiher oder Entleiher, unterschiedlich. Für den Darlehensgeber im Rahmen der Wertpapierleihe liegt das Interesse zum einen in der Renditesteigerung seines Wertpapierportefeuilles, da zusätzlich zu den weiterhin dem Darlehensgeber zustehenden Zinserträgen (Stückzinsen bzw. Ausgleich für entgangene Stückzinserträge) Gebühren für das Wertpapierdarlehen erhoben werden. Zum anderen kann eine Kostenreduzierung der Depotverwaltung erwirkt werden, da Wertpapiere, wenn sie über einen für die Depotgebührenberechnung relevanten Stichtag ausgeliehen werden, nicht in die Gebührenberechnung einbezogen werden. Die Motivstruktur der Darlehensnehmer eines Wertpapierleihegeschäfts ist weit vielfältiger als die des Darlehensgebers. Der traditionelle Ansatzpunkt für Wertpapierleihegeschäfte war die Erfüllung von Lieferverpflichtungen aus Wertpapiergeschäften, die zu liefernden Wertpapiere aber aus organisatorischen Gründen nicht zur Verfügung standen. Insbesondere im grenzenüberschreitenden Effektengeschäft können Fehlbestände bei Banken dadurch entstehen, daß weiterveräußerte Wertpapiere aufgrund von zeitlichen Verzögerungen bei der Lieferung nach einem Kauf beim Verkauf nicht übertragen werden können.

Wesentliches Einsatzfeld der Wertpapierleihe ist jedoch die Ausnutzung von Arbitragemöglichkeiten insbesondere zwischen Kassa- und Terminmärkten. Ein möglicher Fall ist der, daß per Kasse Wertpapiere verkauft und per Termin zurückgekauft werden, mit dem Ergebnis eines Arbitragegewinns. Die Lieferverpflichtung aus dem Kassageschäft wird durch ein Wertpapierleihegeschäft erfüllt. Eine weitere Möglichkeit der Arbitrage besteht im grenzenüberschreitenden Wertpapierhandel in der Ausnutzung von unterschiedlichen Abwicklungsusancen, insbesondere Unterschieden in den Erfüllungsterminen. Darüber hinaus kann die Wertpapierleihe ihre Anwendung bei verschiedenen Besicherungszwecken finden. Gerade zur Erlangung eines Lombardkredits können „geliehene“ Wertpapiere verpfändet werden. Schließlich können „geliehene“ Wertpapiere aus spekulativen Gründen verkauft werden, wenn damit gerechnet wird, daß eine Eindeckung bei Fälligkeit des Wertpapierleihegeschäfts zu günstigeren Kursen erfolgen kann. Diese Variante wird als Leerverkauf (short sale) im Rahmen der Wertpapierleihe bezeichnet.

Die Deutsche Börse Clearing AG (vormals Deutscher Kassenverein AG) tritt im Rahmen von Wertpapierleihegeschäften als Vermittler zwischen Darlehensnehmer und Darlehensgeber auf. Darlehensgeber sind in der Regel Banken mit traditionell großen Wertpapierbeständen sowie Großdepotkunden der Banken. Auf der anderen Seite treten als Darlehensnehmer neben Banken auch in- und ausländische Handelshäuser auf. In jüngster Zeit haben große deutsche Banken die Wertpapierleihe als eigenes Geschäftsfeld aufgebaut, indem sie eigene Wertpapierleihesysteme neben dem der Deutsche Börse Clearing AG installiert haben. Im europäischen Raum bieten Euro-Clear und CEDEL Wertpapierleihesysteme an.

D. Internationale Finanzmärkte

I. Terminologische Grundlagen

1. Begriff und Systematisierung internationaler Finanzmärkte

Analog zum deutschen Geld- und Kapitalmarkt existieren auch in anderen Ländern entsprechende nationale oder Binnenfinanzmärkte. Von diesen — hier nicht weiter zu betrachtenden — Auslandsfinanzmärkten sind die internationalen Finanzmärkte zu unterscheiden.[199]

Während internationale Finanzbeziehungen allgemein bereits bei jeder grenzüberschreitenden Finanztransaktion vorliegen, spricht man erst dann von der Zugehörigkeit zum internationalen Finanzmarkt, wenn Finanzströme in einer bestimmten Währung aus dem Hoheits- und Kontrollbereich des jeweiligen nationalen Währungsbereichs ausgelagert werden und damit dessen (direkter) Steuerung und Kontrolle nicht unterliegen. Internationale Finanzmärkte sind nicht an nationale Grenzen gebunden; ihnen fehlt die eindeutige geographische Zuordnung. Ihren Ursprung finden internationale Finanzmärkte im US-Dollarhandel zwischen europäischen Banken. Dieser Handel wurde als Euro-Dollarmarkt bezeichnet. Trotz der rasanten Entwicklung internationaler Finanzmärkte hat sich der Begriff des Euromarktes als Synonym für internationale Finanzmärkte gehalten, so daß auch dann von Euromarkt gesprochen werden kann, wenn Geschäfte am internationalen Finanzmarkt zustande kommen, an denen keine europäische Bank beteiligt ist. Begrifflich herrscht bei der Differenzierung zwischen Euromarkt und internationalem Finanzmarkt keine einheitliche Meinung vor. Vielfach wird auch der Euromarkt als Teilmarkt des internationalen Finanzmarktes angesehen. Allerdings kann diese Terminologie nach der Einführung des Euro als Währungseinheit der EWU zu begrifflichen Unklarheiten führen, ist doch grundsätzlich unter dem Euromarkt nun auch der „nationale“ Finanzmarkt innerhalb der EWU zu verstehen, so daß kontextbezogen deutlich gemacht werden muß, welcher Markt angesprochen ist. Im weiteren ist der Euromarkt ausschließlich als internationaler Finanzmarkt bzw. als Teilmarkt des internationalen Finanzmarktes zu verstehen.

Kriterium für die Zuordnung von Bankgeschäften zu den Euromärkten — auch als Xenomärkte oder Währungsaußenmärkte (konvertibler Währungen) bezeichnet — ist regelmäßig die Geschäftsabwicklung durch eine außerhalb des Währungsheimatlandes domizilierende Bank. Als Euro-DM-Markt wird danach der Markt für DM-Einlagen bei Banken bzw. DM-Krediten von Banken außerhalb Deutschlands aufgefaßt. Unerheblich

---

[199] Vgl. zum folgenden u.a. Büschgen, H. E.: Internationales Finanzmanagement, 3. Aufl., Frankfurt a. M. 1997, S. 89 ff.

ist dabei, ob die Euro-DM-Geschäfte tätigende Bank ausländischer Herkunft ist oder ob es sich um eine Auslandstochter oder -filiale einer deutschen Bank handelt.

Neben dieser gängigen Abgrenzung gibt es weitere Definitionsmerkmale, nach denen internationale Finanzmärkte in Teilmärkte gegliedert werden können. Analog der Betrachtung nationaler Märkte kann nach Marktteilnehmern in internationale Finanzmärkte im engsten Sinne (nur Banken), im engeren Sinne (Banken und andere institutionelle Teilnehmer) sowie im weiteren Sinne (zusätzlich sonstige Nichtbanken) unterschieden werden. Auch ist als Gliederungskriterium die Fristigkeit der Transaktionen denkbar, nach denen in Euro-Geldmarkt (kurzfristig), Euro-Kreditmarkt (mittel- bis langfristig) und Euro-Kapitalmarkt (langfristig) segmentiert wird.[200]

2. Begriff des offshore banking

Unter „offshore banking" versteht man — einem weiten Begriffsverständnis folgend — solche Geschäfte zwischen Banken, die den Inlandsmarkt nicht berühren und somit „offshore" bleiben. Die gängige Charakterisierung nach speziellen internationalen Finanzplätzen mit besonders günstigen Standorteigenschaften („Offshore-Plätzen") ist nach der Einführung von „Bankenfreihandelszonen" an tradionellen Finanzplätzen (z. B. New York, Tokyo) nicht mehr ausreichend. Vielmehr ist ein grundlegendes Charakteristikum des offshore banking darin zu sehen, daß die Banken als Schaltstellen für solche Finanzströme fungieren, die den jeweiligen Inlandsmarkt der Kontraktwährung nicht berühren und daß somit grundsätzlich Einleger und Kreditnehmer aus Perspektive des Landes, in dem die kontrahierende Bank domiziliert, nicht gebietsansässig sind. Weiteres Spezifikum der Offshore-Geschäfte ist insbesondere deren Freistellung von notenbankpolitischen Steuerungsmaßnahmen, vor allem von Mindestreserveverpflichtungen, ggf. auch ihre steuerliche Begünstigung.[201]

---

200 Vgl. Büschgen, H. E.: Bankbetriebslehre, a.a.O., S. 111 ff.; Gerhardt, W.: Der Euro-DM-Markt, Hamburg 1984, S. 27 ff.

201 Zur unterschiedlichen Interpretation des Begriffs „offshore banking" vgl. u.a. Brützel, C.: Offshore-Banking deutscher Banken unter besonderer Berücksichtigung des Euro-DM-Marktes und der Möglichkeiten einer Repatriierung, Frankfurt a. M. 1986, S.19 ff.

II. Entwicklung internationaler Finanzmärkte

Die Entwicklung des Euromarktes,[202] der ursprünglich ausschließlich ein Euro-Dollar-Markt war,[203] begann Mitte der fünfziger Jahre, als von Ostblockstaaten kontrollierte Banken dazu übergingen, ihre Dollarguthaben bei westeuropäischen anstatt bei US-amerikanischen Banken zu halten. Ein weiterer Anstoß ergab sich 1957, als Großbritannien die Verwendung von Sterling-Akzeptkrediten auf die Finanzierung des englischen Außenhandels begrenzte. Zur Finanzierung des übrigen Außenhandels gingen die englischen Overseas- und Auslandsbanken sowie die Akzepthäuser daraufhin zur US-Dollar-Aufnahme auf dem europäischen Kontinent über. Eine der wesentlichsten Voraussetzungen für die Entstehung und den Aufschwung der Außengeldmärkte war allerdings die Einführung der Ausländerkonvertibilität der Währungen der wichtigsten westeuropäischen Industrieländer 1957. Damit war zumindest für Gebietsfremde die freie Austauschbarkeit von Währungen ohne staatliche Genehmigung gegeben.

Aber auch in den USA sind Ursachen des Euromarktwachstums zu finden. Seit 1937 bestand in den USA zur Stabilisierung des Bankensystems und zur Minderung des Wettbewerbs unter den Banken die „Regulation Q"[204], nach der es den amerikanischen Banken verboten war, Sichteinlagen von Nichtbanken (Einlagen mit einer Laufzeit bis zu 30 Tagen) zu verzinsen. Für die Verzinsung von Termineinlagen mit Laufzeiten von über 30 Tagen bis zu einem Jahr wurden vom US-Notenbanksystem Maximalzinssätze vorgeschrieben, die nicht überschritten werden durften. Dadurch entstand für amerikanische Banken eine Sicherung der Zinsmarge, die um so höher wurde, je stärker die (Soll-) Zinsen in den USA anstiegen. Bei Erreichen der Höchstzinssätze wurde es für Großeinleger im amerikanischen Bankensystem interessant, ihre Einlagen an den Euromarkt zu transferieren, wo solche Höchstgrenzen nicht bestehen. Es war deshalb sowohl für Einleger zinsgünstiger, ihre Dollar am Euromarkt zu deponieren, als auch für Kreditnehmer, dort ihren Kreditbedarf zu befriedigen, weil aufgrund der Zinsstruktur und der Markteigenschaften die Sollzinsen unter denen in den USA lagen. Damit trug die US-amerikanische Regulation Q wesentlich zu der starken Expansion des Euro-Dollar-Marktes bei. Die Aufhebung der Regulation Q ist nach dem „Depository Institutions Deregulation Act of 1980" in verschiedenen Abschnitten bis zum Jahre 1986 erfolgt, indem sowohl die

[202] Zu den Gründen für die Entstehung des Euromarktes vgl. u.a. Cramer, M.: Das internationale Kreditgeschäft der Banken. Struktur, Risiken und Kreditentscheidungsprozeß, Wiesbaden 1981, S. 7 ff.; Endres, W.: Euro-Märkte: Entstehung — Funktion — Bedeutung, in: Konjunkturpolitik, 30. Jg. (1984), H. 2/3, S. 119 ff.; Gerhardt, W.: Euromarktzentren und Bankenfreizonen, in: WiSt, 15. Jg. (1986), H. 4, S. 205 f.; Käsmeier, J. H.: Euromärkte und nationale Finanzmärkte: Eine Analyse ihrer Interdependenz, Berlin 1984, S. 15 ff.

[203] Zur Entstehung des Euro-Dollar-Marktes vgl. ausführlicher Büschgen, H. E.: Der Euro-Dollar-Markt als internationaler Geldmarkt, in: ZfB, 37. Jg. (1967), H. 1, S. 97-125, hier: S. 98 ff.; Fertig, P.: Der Euro-Dollar-Markt, Entstehung, Funktion und Funktionsweise, Frankfurt a. M. 1981, S. 13 ff.

[204] Vgl. zum folgenden u.a. Büschgen, H. E.: Der Euro-Dollar-Markt, a.a.O., S. 104 f. u. S. 114.

Nichtverzinsung von Sichteinlagen der Nichtbanken als auch die Zinsobergrenzen für Termin- und Spareinlagen aufgehoben worden sind.

III. Zentren des Euromarktes

Bei einer Betrachtung der verschiedenen Zentren internationaler Finanztransaktionen ist die Benennung einer eindeutigen Rangfolge in bezug auf die abgewickelten Volumina nur schwer möglich, wenn man berücksichtigt, daß sich der Euromarkt aus verschiedenen Marktsegmenten — insbesondere aus dem Eurogeld-, Eurokredit- sowie Eurokapitalmarkt — zusammensetzt und Schwerpunkte dieser Märkte an unterschiedlichen Plätzen zu lokalisieren sind. In einem generellen Überblick ist in Europa insbesondere London als Euromarktzentrum zu erkennen, daneben vor allem Deutschland, Luxemburg, Frankreich und die Schweiz. In einer weiten Abgrenzung der Euromärkte haben außerhalb Europas große Bedeutung vor allem die USA sowie asiatische Finanzplätze wie Tokyo, Singapur und Hong Kong.[205]

Eine herausragende Bedeutung im weltweiten Maßstab kommt London als führendem Finanzplatz für unterschiedliche Arten von Euromarktgeschäften zu. So konzentriert sich ein bedeutender Anteil des Primär- sowie des Sekundärmarktgeschäftes in Euro-Anleihen, außerdem des Euro-Kreditgeschäftes und des Handels mit Auslandsaktien in London. Außer vom — eher aus historischer Sicht — als positiven Wettbewerbsfaktor zu sehenden liberalen Banken- und Finanzmarktrechts- und -aufsichtsrahmen profitiert dieser Finanzplatz insbesondere von der Konzentration und Internationalität von Anbietern und Nachfragern in der City. Die besondere Bedeutung Londons als Euromarktzentrum wird auch durch die Tatsache deutlich, daß die Londoner Interbanken-Zinssätze die gebräuchlichsten Referenzzinssätze am Euromarkt sind. Insbesondere der LIBOR (London Interbank Offered Rate), der für verschiedene Währungen und Laufzeiten ermittelt wird, ist dabei von großer Bedeutung. Die Entstehung der EWU, an der Großbritannien nach Bekunden der britischen Regierung erst zu einem späteren Zeitpunkt teilnehmen wird, wird Londons Stellung auf dem Euromarkt wohl kaum beeinträchtigen, beruht die Wettbewerbsstärke dieses Finanzplatzes mittlerweile doch vorwiegend auf der existierenden Infrastruktur und weniger auf divergierenden Regelungen etwa bezüglich der Mindestreservepflicht, die ohnehin zwischenzeitlich weitgehend angeglichen worden sind.

Ein weiteres Zentrum des Euromarktes bildet Luxemburg, dem es gelungen ist, durch attraktive rechtliche Rahmenbedingungen — erwähnt seien hier insbesondere der Verzicht auf die Erhebung einer Mindestreserve sowie die Nichtexistenz von Spekulations- und Quellensteuer — ein bedeutendes Volumen des Eurokredit- sowie des Euroanleihenmarktes zu attrahieren. Wenn auch die Harmonisierung von steuerlichen und anderen rechtlichen Bestimmungen in der EU erwartet werden kann, ist doch damit zu rechnen,

---

205 Vgl. Büschgen, H. E.: Internationales Finanzmanagement, a.a.O., S. 229 ff.

daß Luxemburg die Eigendynamik der für den Erfolg eines Finanzplatzes relevanten Faktoren nutzen wird, um im Wettbewerb auf dem Euromarkt weiterhin zu bestehen.

Schon vor Luxemburg konnte sich Paris im Euromarktgeschäft etablieren vor allem durch seine besondere Rolle als Euromarkt für US-Dollar-Guthaben aus Ostblockstaaten, die aufgrund politischer Befürchtungen außerhalb der USA angelegt werden sollten und in deren Gefolge sich eine Reihe von osteuropäischen Banken in Paris ansiedelten. Daneben verhalf Paris auch die Tatsache, daß der Geld- und Kapitalverkehr in Fremdwährung vollkommen frei und von Mindestreservepflichten ausgenommen war, zu seiner bedeutsamen Stellung am Euromarkt, die es bis in die Gegenwart bewahren konnte.

Nachdem die starken Reglementierungen des US-Bankensystems — so die Mindestreservevorschriften und die früher geltenden Höchstzinssätze für Einlagen — mit zur Etablierung des Euromarktes insbesondere in London beitrugen, wurden 1981 in New York City die „international banking facilities" (IBF) eingeführt, eine Art monetärer Freihandelszone für Eurogeschäfte mit Gebietsfremden („Out-out-Geschäfte"). New York eignete sich besonders zur Schaffung dieses Freihandelszentrums, da neben seiner Bedeutung als größtem inneramerikanischen Finanzplatz etwa die Hälfte aller Vertretungen ausländischer Banken in den USA in New York ansässig sind. Die IBF wurden für einen bestimmten, genau abgegrenzten Zahlungsstrombereich des US-amerikanischen grenzenüberschreitenden Finanzgeschäfts eingeführt, für den eine Befreiung von Mindestreserve- und Verzinsungsvorschriften gewährt wird. Für die Marktteilnehmer der IBF bietet sich neben der Befreiung der Einlagen von Mindestreserveverpflichtungen und Zinsobergrenzen als Vorteil die Ersparnis von Stadt- und Staatssteuern. Diese Vorteile verteilen sich auf Banken, Einleger und Kreditnehmer. Das Einlagen- und Kreditgeschäft ist allerdings beschränkt auf Nicht-US-Gebietsansässige und andere IBF bzw. IBF-Mutterbanken.

Einige der südostasiatischen Finanzmärkte — Tokyo, Singapur und Hong Kong — konnten ebenfalls einen wesentlichen Anteil am Euromarkt erlangen, der in dieser Region auch als Asien-Dollar-Markt bezeichnet wird, durch ihre gute Infrastrukur, traditionelle internationale Handelsbeziehungen und vor allem die Schaffung liberaler rechtlicher Rahmenbedingungen, in Singapur und Tokyo in concreto etwa durch Einrichtungen, die den New Yorker IBF vergleichbar sind. Die an den asiatischen Euromärkten zum Einsatz kommenden Finanzinstrumente sowie die Usancen entsprechen weitgehend den in Europa und den USA vorherrschenden.

IV. Funktionsweise und Usancen des internationalen Finanzgeschäfts

1. Grundlagen des Euromarktes

Es ist wesentlich festzuhalten, daß am Euromarkt Sichtguthaben bei Geschäftsbanken gehandelt werden, die im Land der betreffenden Eurowährung domizilieren. Diese Sichtguthaben stellen somit gleichsam das Zahlungsmittel des Euromarktes dar. Die Geschäftsbanken, bei denen sie unterhalten werden, fungieren als Clearing-Stellen des Euromarktes. Da diese Clearing-Funktion zwischen den Geschäftsbanken eines Währungsgebietes stattfindet, müssen diese in inländischem Zentralnotenbankgeld miteinander verrechnen. Damit bleibt das gesetzliche Zahlungsmittel des Heimatlandes einer Eurowährung Voraussetzung für die Entstehung und Expansion des Euromarktes. Nur solange die Zahlungsfähigkeit mit Geschäftsbankengeld und daher mit Zentralnotenbankgeld gesichert ist, ist auch die Liquidität des Euromarktes gesichert. So kann der Euromarkt als dritte Stufe eines Systems verstanden werden, dessen Basis die Zentralnotenbank des jeweiligen Währungsteilmarktes und dessen mittlere Stufe die Geschäftsbanken des Währungsheimatlandes bilden.

2. Marktteilnehmer

Die Teilnehmer am Euromarkt sind internationale Banken und Institutionen, nationale Währungsbehörden und Regierungen sowie multinationale Unternehmen. Je nach Teilmarkt ergibt sich eine andere Zusammensetzung und Schwerpunktbildung, jedoch kann generell festgestellt werden, daß die internationalen Banken die eigentlichen Träger der Märkte sind.

Die Geschäftsbanken können entweder als Händlerbanken, die ständig Eurogelder anbieten und nachfragen und so den Markt maßgeblich beeinflussen, oder als sonstige Banken klassifiziert werden, die in geringem Umfang je nach Kundenstruktur vornehmlich Gelder anlegen oder nachfragen. Durch die Existenz der Händlerbanken („market makers"), die ständig gewillt sind, Geldmarktkontrakte abzuschließen, wird es den anderen Marktteilnehmern ermöglicht, ohne größere und zeitraubende Suche Liquiditätsüberschüsse anzulegen oder Kredite zu refinanzieren. Angaben zum Umfang der Beteiligung von Zentralnotenbanken und sonstigen Währungsbehörden am Euromarkt können nicht gemacht werden. Wenngleich es unbestritten ist, daß auch Zentralnotenbanken der Industriestaaten Teile ihrer Währungsreserven am Euromarkt anlegen, sind Volumina und Häufigkeit nicht bekannt. Da Zentralnotenbanken i.d.R. nicht direkt am Markt in Erscheinung treten wollen, agieren sie meist indirekt über Geschäftsbanken oder sonstige internationale Finanzinstitutionen. Als internationale bzw. supranationale Finanzinstitutionen sind z. B. die Bank für Internationalen Zahlungsausgleich (BIZ), die

Europäische Investitionsbank (EIB), die Organisationen der Europäischen Gemeinschaften und die Weltbank zu nennen.

Große Unternehmen mit gutem standing haben direkten Marktzutritt, kleinere Unternehmen nur indirekten über ihre inländische Hausbankverbindung. Privatpersonen können nicht Marktteilnehmer sein. Eine typische Erscheinung am Euromarkt sind die brokers, die dort eine wesentlich größere Bedeutung haben als an nationalen Geldmärkten. Sie beschränken sich auf die Vermittlung von Geldhandelsgeschäften, ohne eigene Mittel einzusetzen und ohne ein Bonitätsrisiko einzugehen. Als Entgelt für ihre Vermittlungstätigkeit wird eine — je nach Marktposition der Bank unterschiedlich hohe — Provision gezahlt, die im Schnitt bei 1/32 % p.a. liegen dürfte. Für die anderen Marktteilnehmer erfüllen brokers verschiedene Funktionen: So können sich kleinere Banken, die nur vereinzelt Geschäfte abschließen, dort zunächst einen Marktüberblick verschaffen; größere Banken können in der Höhe marktbeeinflussende Geldbeträge zunächst anonym im Markt plazieren oder aufnehmen, ohne daß die angesprochenen Banken Geschäftsvolumen und Namen der Geschäftspartner erfahren.

3. Handelsusancen

Wie die einzelnen Geschäfte am Euromarkt abgeschlossen werden, hängt wesentlich von der Art des zugrundeliegenden Geschäfts und der Art der Marktteilnehmer ab. Von seiner Konstruktion her ist der Euromarkt ein Finanzmarkt für Großhandelsgeschäfte („wholesale banking"), auf dem nur größere Geldbeträge, die auf runde Summen lauten, gehandelt werden. Gewöhnlich werden Euro-Abschlüsse zwischen 250.000 und mehreren Millionen Währungseinheiten getätigt; da dies bei einigen Währungen, z. B. Yen oder Lira, u.U. recht geringe Beträge sein könnten, richtet sich das Zustandekommen eines solchen Geschäfts zumeist nach der US-Dollar-Größenordnung in den betreffenden Währungen.

Der Handel zwischen den Marktteilnehmern findet vor allem telefonisch und fernschriftlich statt. Telefonische Abschlüsse werden umgehend schriftlich bestätigt. Diese Bestätigungen dienen als Buchungsunterlagen und für Kontrollzwecke, um Übertragungsfehler schnellstmöglich aufzudecken. Gleichzeitig werden damit die wesentlichen Vereinbarungen des Geschäfts bestätigt, zu denen Währung und Währungsbetrag, Name der Bank und Ort der Anschaffung des Geschäftsvolumens, Wertstellung, Laufzeit und Zinssatz gehören. Zahlreiche Eurobanken, die als Währungshändler permanent auf beiden Seiten des Marktes aktiv sind, nennen ähnlich wie im Devisenhandel auf Anfrage Geld- und Briefkurse für verschiedene Laufzeiten der Eurowährungen (market makers). Gemäß ihrer eigenen geschäftspolitischen Zielsetzung und der Antizipation der Marktentwicklung passen sie ihre Quotierungen laufend dem Marktgeschehen an.

4. Determinanten der Zinsbildung

Wie schon bei den Abgrenzungskriterien aufgeführt, handelt es sich beim Euromarkt um einen freien Markt, auf den kaum administrativer Einfluß ausgeübt wird (bzw. werden kann). Daher vollzieht sich die Zinsbildung hier in weitaus freierer Form, als dies auf den durch geldpolitische Maßnahmen der Zentralnotenbanken beeinflußten nationalen Geldmärkten der Fall ist. Weil für die potentiellen Einleger und Kreditnachfrager des Euromarktes im Heimatland der Währung alternative Geldanlage- bzw. Kreditfazilitäten bestehen, sind in normalen Zeiten die Einlagenzinssätze im Heimatland der Währung die Zinsuntergrenze des Euromarktes und die nationalen Kreditzinsen die Zinsobergrenze. Da in einigen Ländern, deren Währungen am Euromarkt gehandelt werden, Mindestreservevorschriften für die Einlagen entgegennehmenden Banken bestehen, wird die Mindestreserveersparnis am Euromarkt oft in den Geldmarktsätzen weitergegeben. Für Eurokredite wird der Zinssatz neben dem Heimatzinssatz der Währung bestimmt durch die geringeren Betriebskosten der Eurobanken — bedingt durch den Großhandelscharakter des Eurobankengeschäfts —, durch die Einschätzung der Risikokosten der Kreditnehmer, durch die hohe Transparenz des Marktes und durch den Wettbewerb unter den Eurobanken.

Da auf dem Euromarkt aber nicht nur eine, sondern verschiedene Währungen gehandelt werden, spielen auch die Zinssätze der anderen Währungen sowie Wechselkurserwartungen eine entscheidende Rolle. Weil keine festen Wechselkurse zwischen den Währungen des Euromarktes bestehen, müssen zur Vermeidung von Wechselkursverlusten Devisentermingeschäfte für die Kredit- und Einlagenpositionen abgeschlossen werden, wenn eine kalkulatorische Sicherheit erreicht werden soll. Für einen Anleger ist es dann empfehlenswert, in einer fremden Währung zu investieren, wenn der Zinsertrag abzüglich der Kurssicherungskosten günstiger ist als in der eigenen Währung. Solange diese Konstellation gegeben ist, werden Arbitrageprozesse stattfinden, die diesen Vorteil verringern. Nach der Zinsparitätentheorie wird der Swap-Satz zwischen den Währungen, d. h. der Kursunterschied am Devisenmarkt zwischen dem Termin- und dem Kassakurs einer Währung, der Differenz zwischen den Zinssätzen an den jeweiligen nationalen Finanzmärkten entsprechen, die wiederum Ausdruck der erwarteten Wechselkursänderungen sein kann. Nach der Festlegung der Wechselkursparitäten für die am Euro teilnehmenden Währungen sind die aufgezeigten Zusammenhänge zwischen Zinssätzen und Wechselkursen für diese Währungen untereinander nicht mehr von Relevanz. An ihre Stelle tritt der Euro, für den im Verhältnis zu Währungen außerhalb der EWU die genannten Beziehungen von Zinssätzen und Wechselkursen wiederum gelten.

Die Zinsbildung am Euromarkt bzw. dem internationalen Finanzmarkt hängt somit nicht nur von den Inlandszinsen der jeweiligen Währungen, sondern auch von den aktuellen Wechselkursen, den Devisenterminkursen sowie von den erwarteten Zins- und Wechselkursentwicklungen ab. Da der Geldhandel am Euromarkt sehr viel freier und ohne die teilweise beachtlichen inländischen Restriktionen der Geld- und Währungspolitik erfolgt, repräsentieren die Zins- und swap-Sätze an den Euromärkten in viel stärkerem

Maße ein Arbitragegleichgewicht zwischen den verschiedenen Währungen als dies an den nationalen Geld- und Devisenmärkten beobachtbar ist.[206]

V. Segmente internationaler Finanzmärkte und Marktobjekte

In der deutschen Literatur wird der Euromarkt häufig in Eurogeld-, Eurokapital- und Eurokreditmarkt unterteilt, weil auf diesen Märkten unterschiedliche Marktobjekte gehandelt werden und die Teilnehmer verschiedene Zielrichtungen verfolgen.

1. Eurogeldmarkt

In Anlehnung an das traditionelle Verständnis des Geldmarktes wird hier unter Eurogeldmarkt der Ort des Handels mit Eurogeld (Eurodevisen) und Eurogeldmarktpapieren verstanden. Die Teilnehmer des Eurogeldmarktes in dieser engen Abgrenzung sind vor allem Geschäftsbanken, aber auch einige Zentralnotenbanken. Die Zahl der teilnehmenden Geschäftsbanken ist für die einzelnen Währungsteilmärkte unterschiedlich, dürfte insgesamt aber über 1.000 betragen. Die Einbeziehung bonitätsmäßig erstklassiger multinationaler Unternehmen als Nichtbanken zum Eurogeldmarkt wird als Eurogeldmarkt i.w.S. bezeichnet.

Die Zinsen auf dem Eurogeldmarkt bilden sich innerhalb bestimmter Grenzen frei nach Angebot und Nachfrage. Die Stellung von Sicherheiten zwischen den Marktteilnehmern ist unüblich, was ein starkes Vertrauen unter den weltweit beheimateten Akteuren voraussetzt.

Beim reinen Geldhandel unter Banken, der ein größeres Volumen als der Handel in Geldmarktpapieren hat, lassen sich wie auf den nationalen Finanzmärkten Termin- und Kündigungsgelder unterscheiden. Die Standardlaufzeiten der Termingelder reichen vom Tagesgeld (day-to-day money, over-night money) über Laufzeiten von zwei und sieben Tagen bis zu einem, drei, sechs oder z.T. bis zu zwölf Monaten. Kündigungsgelder (call money) werden meist nur mit kurzen Fristen von einigen Tagen gehandelt. Der gesamte kurzfristige Liquiditätsausgleich am Euromarkt erfolgt mittels call money oder overnight money. Bis auf die Tagesgelder werden alle übrigen Euromarktgeschäfte jeweils am zweiten Geschäftstag nach Vertragsabschluß erfüllt. Die meisten Umsätze am Eurogeldmarkt erfolgen mit Laufzeiten von einem bis zu sechs Monaten, wobei wiederum ein Schwerpunkt bei drei Monaten liegt. Diese Gelder dienen vor allem der Refinanzierung kurzfristiger Festzinskredite oder zur Gewährung und Prolongation von Roll-over-

[206] Vgl. Büschgen, H. E.: Internationales Finanzmanagement, a.a.O., S. 89 ff.

Eurokrediten. Durch eine betrags-, währungs- und laufzeitkongruente Refinanzierung von Kreditgeschäften am Eurogeldmarkt versuchen die Banken, die Währungs- und Zinsänderungsrisiken für sich auszuschalten. Der Eurogeldmarkt dient daher vor allem dem Liqiditätsausgleich unter den Eurobanken und der Refinanzierung ihrer Kreditgeschäfte.[207]

Zu den wesentlichen Papieren des Handels am Eurogeldmarkt zählen certificates of deposit und commercial paper. Certificates of deposit (CDs) sind handelbare, nur von Banken zu emittierende Zertifikate, die ein Bankguthaben (z. B. Festgeld) zu einem bestimmten Zinssatz repräsentieren. Am Euromarkt wurden diese CDs 1966 von US-Banken in London nach dem Vorbild der US-amerikanischen CDs eingeführt und als London dollar certificates of deposit bezeichnet. Durch diese Euro-CDs werden Bankeinlagen handelbar. Der Erwerber von CDs kann so bei vorzeitigem Geldbedarf durch Verkauf der Zertifikate die angelegten Gelder ohne Zahlung einer Vorfälligkeitsprämie liquidieren. Die Laufzeit der CDs liegt i.d.R. zwischen 30 und 120 Tagen. Da mit den Euro-CDs auch Nichtbankunternehmen als Euro-Dollar-Einleger angesprochen werden, ist hier die Grenze vom Eurogeldmarkt i.e.S. und i.w.S. verschwommen. Gegen die Emission von DM-CDs inländischer Schuldner hat die Deutsche Bundesbank seit 1986 keine Einwände mehr.[208]

Commercial papers (CPs), die am nationalen Geldmarkt der USA eine große Rolle spielen, waren am Eurogeldmarkt bis vor einigen Jahren kaum vertreten. Seit 1985 hat die Ausgabe von euro-commercial papers (Euro-CPs) jedoch zunehmende Bedeutung gewonnen und zu einer expansiven Marktentwicklung geführt. Dieses vergleichsweise preiswerte und flexible Finanzierungsinstrument steht jedoch nur Emittenten mit erstklassiger Bonität offen, da die plazierenden Banken keine Absatzgarantie für die euro-commerical paper übernehmen. Derartige Inhaberschuldscheine mit einer Laufzeit von 30 bis 180 Tagen werden von Staaten und von renommierten international tätigen Unternehmen ausgestellt und emittiert.[209]

2. Eurokreditmarkt

Der Eurokreditmarkt ist das Segment des Finanzmarktes, an dem das Angebot an und die Nachfrage nach Eurokrediten zusammentreffen. Ein Eurokredit zeichnet sich dadurch aus, daß das Darlehen in einer Währung ausgelegt wird, die von der Währung des Landes abweicht, in dem der Kreditgeber domiziliert. Kreditnehmer sind vor allem Unternehmen, autonome Staaten und internationale Organisationen. Nach Art der Bege-

---

207 Vgl. u.a. Cramer, M.: Das internationale..., a.a.O., S. 10 f.

208 Vgl. u.a. Büschgen, H. E.: Finanzinnovationen, Neuerungen und Entwicklungen an nationalen und internationalen Finanzmärkten, in: ZfB, 56. Jg. (1986), H. 4/5, S. 301-336, hier. S. 316 ff.; Simmert, D. B.: Einlagenzertifikate (Certificates of Deposit, CDs), in: B.Bl., 36. Jg. (1987), H. 1. S. 16 f.

209 Vgl. u.a. Simmert, D. B.: Commercial Paper, in: B.Bl., 36. Jg. (1987), H. 1, S. 12.

bungstechnik und der Vertragsgestaltung lassen sich zahlreiche Formen von Eurokrediten unterscheiden.

Hinsichtlich der Vergabe von Eurokrediten wird differenziert zwischen Einzel- und Konsortial- oder syndizierten Krediten. Bei einem Einzelkredit ist eine Bank alleiniger Kreditgeber. Je nach Bonität des Kreditnehmers, Laufzeit des Kredits und Größe der Bank können Einzelkredite ein Volumen von umgerechnet mehreren 100 Millionen DM erreichen; i.d.R. werden diese Kredite in US-$ denominiert. Typisch am Euromarkt sind jedoch syndizierte Kredite, die üblicherweise als Roll-over-Kredite ausgestaltet sind. Bei diesen Konsortialkrediten werden die mit der Kreditvergabe verbundenen Währungs-, Bonitäts- und Liquiditätsrisiken auf zahlreiche Banken verteilt.

Bezüglich der Zinsgestaltung kann zwischen Krediten mit festem und variablem Zinssatz unterschieden werden. Um auch bei Festzinskrediten das Zinsänderungsrisiko zu vermeiden, refinanzieren sich die Kreditgeber laufzeitkongruent am Eurogeldmarkt. Da an diesem Markt das Angebot an längeren Laufzeiten begrenzt ist, werden Festzinskredite meist mit Laufzeiten von einem Monat bis zu einem Jahr vergeben. Häufigste Laufzeiten sind drei und sechs Monate; vereinzelt finden sich bei entsprechenden Refinanzierungsmöglichkeiten auch Laufzeiten bis zu fünf Jahren.

Von den traditionellen Kreditarten unterscheidet sich der Roll-over-Kredit dadurch, daß die tatsächliche Laufzeit des Kredits aufgrund wiederholter Prolongation die Refinanzierungsperiode übersteigt. Zudem erfolgt eine sich periodisch wiederholende und von den Kosten der Refinanzierungsmittel abhängige Zinsanpassung. Wesentliches Kennzeichen der Fristentransformation bei zinsvariablen Roll-over-Krediten ist somit, daß der Kreditnehmer das Zinsänderungsrisiko und der Kreditgeber das Beschaffungsrisiko für die Refinanzierungsmittel trägt. Das Transformationsrisiko wird damit in die beiden Bestandteile Ertrags- und Liquiditätsrisiko aufgeteilt und von verschiedenen Vertragspartnern getragen. Die Technik des „Überrollens“ mit variablem Zinssatz (floating rate) wirkt somit als verbindendes Element zwischen dem Geld- und dem Kapitalmarkt und ermöglicht dadurch eine Fristenverlängerung. Der Roll-over-Eurokredit kommt je nach rechtlicher oder technischer Ausgestaltung in verschiedenen Ausprägungen vor:[210] dem Roll-over-Eurodarlehen, dem revolvierenden Roll-over-Eurokredit („revolver“) und dem Stand-by-roll-over-Kredit. Die gängigste Form ist das roll-over-Eurodarlehen, bei dem ein fester Betrag einmalig oder in Tranchen in Anspruch genommen wird und in festen Raten zurückzuzahlen ist. Der revolvierende Eurokredit stellt dagegen eine Kreditlinie dar, die in variabler Höhe genutzt und ebenso flexibel getilgt werden kann. Ein Stand-by-roll-over-Kredit stellt schließlich eine Rückgriffsmöglichkeit für marktbedingte Liquiditätsengpässe dar, die insbesondere im Interbankenverkehr als Instrument der Liquiditätssicherung Anwendung findet.

Der Kreditvergabezinssatz für Eurokredite besteht aus dem Refinanzierungssatz der Banken und einer Marge, die die Risiko-, Eigenkapital- und Verwaltungskosten der Kreditvergabe abdecken soll. Der wesentliche Preisbestandteil dabei ist der Refinanzie-

[210] Vgl. zum folgenden auch Preisig, K. W.: Roll-Over-Eurokredit. Analyse der Elemente, Technik und Probleme eines neuen Bankgeschäfts, Bern - Stuttgart 1976, S. 48 ff.

rungssatz, der die Kosten der Banken, die bei der Geldaufnahme am Eurogeldmarkt entstehen, widerspiegelt. Der bekannteste Referenzzinssatz ist hierbei LIBOR (London interbank offered rate). Dieser Zinssatz entspricht dem Geldhandelssatz unter Banken in London. Die Marge (spread, premium) wird meist für die gesamte Laufzeit des Kredits fixiert. Gleitende Zinszuschläge in beide Richtungen konnten sich nicht durchsetzen.

3. Eurokapitalmarkt

Der Eurokapitalmarkt ist der Markt, auf dem Euro-Anleihen angeboten und nachgefragt werden. Er ist frei von staatlichen und ähnlichen Zugangsbeschränkungen und Reglementierungen, und auf ihm werden langfristige Finanzierungstitel in verschiedenen Währungen gehandelt. Das Handelsobjekt „Euro-Anleihe" unterscheidet sich wesentlich von der „klassischen" Auslandsanleihe. Letztere wird am Kapitalmarkt eines bestimmten Emissionslandes aufgelegt, lautet auf die Währung dieses Landes und wird im wesentlichen nur dort plaziert, gehandelt und börsennotiert. Demgegenüber sind die Euro-Anleihen auf Währungen ausgestellt, die nicht an die Emissionsländer gebunden sind. Sie werden durch international zusammengestellte Bankenkonsortien in einem anderen Land als dem des Schuldners emittiert. Zudem gibt es keinen eigentlichen zentralen Heimatmarkt für Handel und Börsennotierung. Besondere Sicherheiten werden für Euro-Anleihen nicht gestellt; gelegentlich finden sich jedoch Negativklauseln. Emittenten am internationalen Kapitalmarkt können nur erstklassige, bonitätsmäßig einwandfreie, große und internationale Unternehmen (einschließlich Banken) sein, dazu Staaten und bestimmte öffentlich-rechtliche Körperschaften sowie supranationale Institutionen, so z. B. die Weltbank und die Europäische Investitionsbank.

Zur Begebung einer Euro-Anleihe durch deutsche Unternehmen erfolgt in jüngerer Zeit zunehmend die Einschaltung, zum Teil auch die Gründung einer ausländischen Finanzierungsgesellschaft. Die Ausgliederung der Kapitalbeschaffung aus der Unternehmung und die Übertragung dieser Aufgabe auf eine eigens dafür zu gründende 100%ige Tochtergesellschaft erklärt sich dadurch, daß derartige Finanzierungsgesellschaften in Ländern domizilieren, in denen privatrechtliche, devisenrechtliche, vor allem jedoch steuerrechtliche Rahmenbedingungen herrschen, die den Vorgang der Kapitalaufnahme erleichtern und verbilligen. So wird bei der Wahl des Sitzes dieser Gesellschaft z. B. darauf geachtet, daß der Emittent in der Lage ist, die Anleihezinsen an die Anleihegläubiger ohne Abzug von Quellensteuer zu zahlen. Für die Gründung einer ausländischen Finanzierungsgesellschaft spricht zudem, daß Zinsen und Kapitalschuld bei der Bemessung der Gewerbesteuer dem Gewerbeertrag bzw. -kapital zugeschlagen werden, sofern eine Bilanzierung der Anleihe bei der inländischen Muttergesellschaft erfolgt. Bei der Kreditaufnahme durch eine ausländische Tochtergesellschaft kann das vermieden werden.[211] Wurden in der Vergangenheit als Sitzstaaten für solche Finanzierungsgesellschaften besonders Luxemburg, die Niederländischen Antillen und die Bahamas bevor-

---

[211] Vgl. Schlesinger, H.: Kapitalmarkt, Kapitalbildung, Kapitalallokation, in: Kapitalmarkt und Finanzierung, hrsg. von Dieter Schneider, Berlin 1987, S. 17-47, hier S. 28.

zugt, werden in jüngerer Zeit vor allen Dingen die Niederlande favorisiert; die Kosten für die Gründung sind hier gering, und die laufende Steuerbelastung beträgt ca. 0,1 % des Anleihebetrages.

Die Euro-Anleihe tritt in verschiedenen Ausgestaltungen auf. Die klassische Form ist die festverzinsliche und planmäßig zu tilgende Schuldverschreibung (straight bond), die vom Inland in ihrer Grundstruktur bekannt ist. Außerdem werden Wandel- und Optionsanleihen (convertible bonds, bonds with warrants attached) emittiert, die ein Umtausch- oder ein Bezugsrecht auf Aktien der emittierenden Unternehmung oder auch einer zu dem betreffenden Konzern gehörenden Unternehmung beinhalten. Ein wesentliches Ausstattungsmerkmal der Euro-Anleihen ist die Währung, in der die Anleihe denominiert ist. Die Wahl der Anleihewährung bestimmt Höhe und vor allem Anfall des Währungsrisikos beim Emittenten oder beim Gläubiger oder bei beiden. Dieses Währungsrisiko ist ein Wechselkursrisiko, das sich auf die Zinszahlungen und Tilgungsleistungen bezieht.

Im Unterschied zu den festverzinslichen und planmäßig zu tilgenden Schuldverschreibungen stellen Null-Kupon-Anleihen oder zero bonds Schuldtitel dar, bei denen die Verzinsung nicht in einem regelmäßig zu vergütenden Normalzins besteht, sondern bei denen die Zinsen und Zinseszinsen thesauriert werden und erst bei Endfälligkeit zusammen mit dem ursprünglich eingezahlten Kapitalbetrag an den Anleger zurückgezahlt werden. Bei der Ausgestaltung von Null-Kupon-Anleihen bestehen zwei grundlegende Ausgestaltungsformen: Während bei Null-Kupon-Anleihen in Form von Kapitalzuwachsanleihen die Ausgabe zu 100% und die Rückzahlung zu einem deutlich darüber liegenden Kurs erfolgt, liegt bei den als Abzinsungspapiere konzipierten Null-Kupon-Anleihen der Emissionskurs erheblich unter 100% und der Rückzahlungskurs bei 100%.

Unabhängig von der zugrundeliegenden Währung gewährt die Konstruktion der Null-Kupon-Anleihe Anlegern, die nicht an laufenden Zinszahlungen interessiert sind, eine Reduktion von Zinsänderungsrisiken. Während bei normal verzinslichen Anleihen die Reinvestition der Zinserträge durch Zinsschwankungen mit einem Wiederanlagerisiko behaftet ist, werden bei den zero bonds die kumulierten Zinserträge mit der ursprünglich festgelegten Emissionsrendite — d. h. implizit mit den forward rates — weiterverzinst, was zur Folge hat, daß sie von Zinsschwankungen am Kapitalmarkt unberührt bleiben. Somit bietet die Zero-bond-Anlage, sofern sie bis zur Endfälligkeit gehalten wird, dem risikoaversen Anleger große Sicherheit, da Emissions- und Rückzahlungskurs fest vereinbart sind. Darüber hinaus stellt sie aufgrund der in ihr enthaltenen Zins- und Zinseszinskomponente für risikofreudige Anleger eine gute Spekulationsmöglichkeit dar, wenn durch einen vorzeitigen Verkauf der Anleihe positive Zinsentwicklungen ausgenutzt werden. Zwar induzieren — analog zu Papieren mit regelmäßiger Verzinsung — Bewegungen des Marktzinses auch bei den zero bonds gegenläufige Änderungen ihrer Kurse, da bei diesen jedoch nicht nur der Kapitalbetrag, sondern auch die zukünftigen Zinsen bei Zinsänderungen mit einem vom Marktzinsniveau abweichenden Zins weiterverzinst werden, wird sich auch der Kurs des zero bond im Vergleich zur normal verzinslichen Anleihe überproportional ändern. Durch diese Hebelwirkung können zero bonds für Zinsspekulationen ein interessantes Instrument darstellen, um mit vergleichsweise geringem Kapitaleinsatz hohe Kursgewinne zu realisieren. Allerdings resultiert aus der

Abhängigkeit der Kursveränderungen von der Größe der Zins- und Zinseszinskomponente, daß sich diese Hebelwirkung zum Ende der Laufzeit der Anleihe hin verringert.

Obwohl zero bonds somit für den Anleger eine interessante Anlagealternative darstellen, dürfen die diesem Instrument inhärenten Risiken nicht übersehen werden. Als wesentlicher Risikofaktor gilt die dauerhafte Bonität des Schuldners und die Beurteilung dieses Risikos. So ist vor der Anlageentscheidung zu prognostizieren, ob der Schuldner in der Lage ist, bei Fälligkeit sowohl Kapitalschuld als auch aufgelaufene Zinsen zu begleichen. Eine Prognose dieser Leistungsfähigkeit wird jedoch mit zunehmendem Prognosehorizont immer schwieriger, zumal laufende Zinszahlungen als Indikator der Bonitätsbeurteilung fehlen. Durch das Fehlen der laufenden Zinszahlungen ist im Vergleich zu normal verzinslichen Anleihen auch das Inflationsrisiko höher einzustufen. Die realen Rückflüsse aus einer Kapitalanlage mit periodischen Zinszahlungen können sich bei steigender Inflationsrate wesentlich vom tatsächlichen Rückzahlungswert eines zero bond unterscheiden.

Sonderformen von Euro-Anleihedenominationen sind Währungsklauseln und künstliche Währungseinheiten: Erstere, vor allem Währungsoptionen, ermöglichen dem Anleihegläubiger die Wahl der Währung — aus zwei oder mehreren Optionswährungen —, in denen er Zins- und Tilgungsleistungen erhalten will; bei letzteren wird ein „Währungskorb" definiert, der — da er aus zahlreichen Währungseinheiten zusammengesetzt ist — einen Risikostreuungseffekt realisiert und das Währungsrisiko je nach der Zusammensetzung des Währungskorbes auf Schuldner und Gläubiger verteilt. Überwiegend werden hierbei standardisierte Währungskörbe — wie z. B. die Sonderziehungsrechte (SZR) des IWF oder die ECU des EWS — herangezogen.

Charakteristikum von Doppelwährungsanleihen (dual-currency issues) ist, daß die Einzahlung der Anleger beim Kauf der Anleihe sowie die laufenden Zinszahlungen des Emittenten in anderer Währung erfolgen als die Rückzahlung des Anleihebetrages bei Fälligkeit. Hierdurch besteht für den Emittenten die Möglichkeit der Senkung der Finanzierungskosten, wenn der Zinssatz einer ausländischen Währung deutlich unter dem Zinssatz im Sitzland der emittierenden Unternehmung liegt. Des weiteren entstehen ihr keine Kosten zur Absicherung des Währungsrisikos für den Rückzahlungsbetrag, da dieser in für sie inländischer Währung zu leisten ist. Das Währungsrisiko, das den jährlichen Zinszahlungen anhaftet, kann der Emittent bezogen auf den Gesamtemissionsbetrag vergleichsweise günstig am Devisenterminmarkt absichern. Somit besteht neben einer günstigen Finanzierungsbasis für den Emittenten die Möglichkeit, das Währungsrisiko weitgehend auf den Anleger abzuwälzen.[212]

Eine interessante Entwicklung am internationalen Kapitalmarkt verzeichnet die Euro-Anleihe in Form der floating rate note (FRN): 1970 wurde die erste Emission einer solchen Anleihe begeben. Floating rate notes sind variabel verzinsliche Anleihen, die genaue Höhe der laufenden Verzinsung ist bei der Begebung der Anleihe nicht bekannt, sondern erst zu Anfang der Gültigkeitsdauer eines jeden Coupons wird der Marktzins — üblicherweise LIBOR — ermittelt, der zuzüglich einer Marge die Verzinsung der

212 Vgl. Büschgen, H. E.: Finanzinnovationen, a.a.O., S. 315 f.

floating rate note in der betreffenden Periode darstellt. Eine Besonderheit vieler floating rate notes ist deren garantierte Mindestverzinsung durch einen minimum coupon („floor rate"). Floating rate notes werden fast ausschließlich öffentlich und in Stückelungen ab 1.000 US-Dollar begeben. Sie werden an internationalen Wertpapierbörsen — überwiegend Luxemburg, London und/oder Singapur — eingeführt und gehandelt. Seit der sogenannten Restliberalisierung des Kapitalmarktes können auch in Deutschland DM-FRNs begeben werden.

Es existiert eine Vielzahl von Sonderformen und Ausstattungsvarianten von floating rate notes, die den unterschiedlichen Interessen von Emittenten und Anlegern Rechnung tragen. So gibt es bspw. die drop-lock FRNs und die convertible FRNs, die unter bestimmten, vorab festgelegten Umständen eine Zinsfestschreibung oder ein Wandlungsrecht in einen straight bond beinhalten. Weiterhin können FRNs mit einem Höchstzinssatz („cap") vereinbart werden. Hierbei besteht die Möglichkeit, das Recht auf eine festgelegte Maximalverzinsung von der floating rate note abzutrennen, d. h., caps werden separat gehandelt. Eine „gekappte" floating rate note ist demnach eine variabel — auf der Basis von Geldmarktsätzen als Referenzzinssatz — zu verzinsende Anleihe, bei der ein Höchstzinssatz festgelegt wird, über den hinaus der Anleihezins auch bei einem Anstieg des Referenzzinssatzes nicht steigt. Dieses Optionsrecht des Emittenten, an darüber hinaus steigenden Zinsen nicht zu partizipieren, bedeutet für den Anleger einen Nachteil im Vergleich zu Anleihen herkömmlichen Typs und wird ihm meist durch eine gegenüber einer Standard-FRN höhere Marge kompensiert. Ist in den Emissionsbedingungen einer FRN sowohl ein Mindest- als auch ein Höchstzinssatz fixiert, spricht man von einer „Mini-Max-FRN". Die Kombination einer Zinsober- und -untergrenze wird auch als „collar" oder „Zylinder" bezeichnet. Neben diesen bekanntesten Sonderformen gibt es eine Reihe weiterer Modifikationen, wobei die spezifischen Besonderheiten häufig nur marginale Differenzierungen der Grundformen darstellen.[213]

Um dem Bedürfnis von Emittenten und Anlegern nach größerer Flexibilität in ihren Anlage- und Finanzierungsentscheidungen Rechnung zu tragen, werden traditionelle Anleiheformen auch mit einer Reihe von unterschiedlichen Zusatzrechten (Optionen) kombiniert. Der Vorteil für den Emittenten liegt darin, daß diese Anleihekonstruktionen zu günstigeren Finanzierungskosten führen, da Optionsanleihen als Ausgleich für das Optionsrecht mit einem unter dem Marktzinsniveau liegenden Zins ausgestattet sind. Für den Anleihegläubiger kann ein Engagement in Optionsanleihen interessant sein, da er durch die Ausübung der mit der Anleihe verbundenen Option an für ihn günstigen Marktentwicklungen — je nach Art der Option z. B. an Kurssteigerungen bei Aktien, Preissteigerungen bei Rohstoffen (Gold, Öl u.a.) — partizipieren und hierdurch den Zinsnachteil aus der eigentlichen Anleihe möglicherweise überkompensieren kann. Die für Anleger wie für Emittenten gleichermaßen interessante Möglichkeit der Ausstattung von Anleihen mit Optionsrechten hat dazu geführt, daß eine kaum noch zu überschauende Vielfalt unterschiedlich ausgestatteter Optionsanleihen am internationalen Kapitalmarkt emittiert wurde.

---

[213] Vgl. Büschgen, H. E.: Finanzinnovationen, a.a.O., S. 303 ff.; Simmert, D. B.: Variabel verzinsliche Anleihen (Floating Rate Notes), in. B.Bl., 36. Jg (1987), H. 1, S. 4 f.

Die traditionellen, seit vielen Jahren an den Märkten bekannten Optionsanleihen beinhalten i.d.R. das Recht, Aktien des Emittenten während einer bestimmten Laufzeit zu festgesetzten Konditionen zu erwerben. Im Gegensatz zu Wandelanleihen (convertible bonds) wird bei Optionsanleihen die Anleihe jedoch nicht in eine Aktie umgetauscht, sondern der Inhaber der Optionsanleihe behält nach Abtrennung des Optionsscheines, der zum Bezug der Aktie berechtigt und getrennt gehandelt werden kann, seine Anleihe „ex warrant". Neben diesen herkömmlichen Optionsrechten werden auch Anleihen mit anderen Wahlrechten unterschiedlichster Art emittiert. Diese unterscheiden sich von den herkömmlichen Optionsanleihen häufig dadurch, daß die Option von der Anleihe nicht zu trennen ist.

Von der Vielfalt der heute am Markt existierenden Optionsanleihen werden nachfolgend die wesentlichen Typen kurz skizziert:

- Anleihen mit dem Recht zum Bezug von Aktien (traditionelle Optionsanleihe, equity warrant): Der Anleihegläubiger erwirbt hierbei das Recht, zu einem späteren Zeitpunkt bestimmte Aktien zu im voraus festgelegten Konditionen zu erwerben.
- Anleihen mit dem Recht zum Bezug weiterer Anleihen des gleichen Emittenten; bei diesen sog. debt warrants können verschiedene Varianten unterschieden werden: zum einen das Recht zum Bezug der gleichen Anleihe zu einem festgelegten Kurs, zum anderen das Recht zum Bezug einer Anleihe des gleichen Emittenten, die jedoch in einer anderen Währung denominiert und/oder mit anderen Zinszahlungsmodalitäten ausgestattet ist;
- Anleihen mit dem Recht, die eigentliche, kündbare Anleihe gegen eine gleich ausgestattete, jedoch unkündbare Anleihe einzutauschen (harmless warrant).
- Eine Kombination des equity warrant und des debt warrant stellt der option warrant dar: Der Inhaber einer Anleihe mit option warrant hat bei Ausübung der Option alternativ die Bezugsmöglichkeit von Aktien oder Schuldverschreibungen.
- Im Gegensatz zu den bisher genannten Optionen, die immer direkt mit einer Anleihe verbunden sind — unabhängig, ob das Optionsrecht später separat handelbar ist oder nicht — stellen die sog. naked warrants Optionsrechte dar, die separat emittiert und direkt gehandelt werden. Sie gewähren dem Inhaber das Recht zum Bezug einer schon begebenen oder erst noch zu emittierenden Anleihe zu festen Konditionen.

Charakteristisch für den internationalen Kapitalmarkt ist das Emissionsverfahren, das angelsächsischem Vorbild folgt und von dem in Deutschland bekannten stark abweicht. Zwar dominiert auch im angelsächsischen Raum die Fremdemission; jedoch ist das für Deutschland typische kombinierte Übernahme- und Begebungskonsortium nicht gebräuchlich. Dem angelsächsischen Vorbild folgend werden am internationalen Kapitalmarkt die Teilfunktionen des Konsortialverfahrens auf verschiedene Funktionsträger aufgeteilt. Neben einem Übernahmekonsortium wird ein Begebungskonsortium gebildet, das nicht unbedingt aus den Banken bestehen muß, die das Übernahmekonsortium bilden. Zudem werden meist noch in einem weiteren Konsortium Banken eingeladen, die im Falle der Nichtplazierung der Anleihe diese in ihren Eigenbestand übernehmen. Weil am Euromarkt offizielle Zugangsbeschränkungen fehlen, ist das entscheidende Kriterium für die Emissionsfähigkeit an diesem Markt die Bonitätsanforderung und -einstufung der Emittenten. Genügt diese den — nirgendwo allgemein niedergelegten —

Mindestanforderungen nicht, werden die Banken die Emission nicht übernehmen. Obwohl die Emissionsrenditen — und damit die Kapitalkosten der verschiedenen Emittenten — nach der Bonitätseinstufung variieren, kann nicht davon ausgegangen werden, daß eine Unterschreitung banküblicher Mindestanforderungen durch eine entsprechend erhöhte Rendite kompensierbar ist. Hier — wie auch bei anderen Risikoelementen — mag allerdings der hohe Wettbewerbsgrad am Eurokapitalmarkt in den letzten Jahren zu gewissen „Aufweichungstendenzen" geführt haben.

Der in den Anfangsjahren problematische Sekundärhandel mit Euro-Anleihen wird heute problemlos über die Notierungsbörsen oder den telefonisch bzw. fernschriftlich sich vollziehenden over the counter market abgewickelt.

Die für einen leistungsfähigen Zirkulationsmarkt notwendige Abrechnungsfunktion erfüllen die beiden Verrechnungssysteme CEDEL und Euroclear. Die 1970 gegründete CEDEL hat ihren Sitz in Luxemburg und wird von zahlreichen international tätigen Banken getragen. Die Aufgabenstellung und die Funktionsweise ähneln denen des Konkurrenzsystems Euroclear — ebenfalls im Besitz internationaler Banken und Finanzinstitutionen — mit Sitz in Brüssel. Beide Systeme fungieren als Clearing-Stellen des internationalen Wertpapierhandels, was neben der Abrechnung von Euro-Geschäften das Geld-clearing sowie die Verwahrung und die Verwaltung von Effekten umfaßt.[214]

Anfang der 80er Jahre praktisch noch bedeutungslos, verzeichnet der Markt für internationale Aktien, d.h, Aktien, die außerhalb des Heimatmarktes des Emittenten ausgegeben werden, in den letzten Jahren ein stetiges Wachstum. Während es einen Sekundärmarkt für internationale Aktien schon lange gibt — seit den 20er Jahren werden ausländische Aktien in New York in Form von American Depository Receipts gehandelt —, bietet sich für Emittenten und Investoren im Aktienmarkt erst in jüngerer Zeit in internationalen Märkten eine Alternative und Ergänzung zu den heimischen Primärmärkten.

Von internationalen Aktienemissionen wird dann gesprochen, wenn Aktien oder aktienähnliche Beteiligungspapiere eines Unternehmens unter Einschaltung eines internationalen, Banken verschiedenster Nationalitäten umfassenden Konsortiums ausschließlich an mehreren ausländischen Kapitalmärkten oder dort parallel zum Heimatmarkt plaziert werden. Charakteristische Unterschiede zu nationalen Aktienemissionen bestehen zum einen darin, daß das Bezugsrecht zugunsten der bisherigen Aktionäre für den Bezug der jungen Aktien ausgeschlossen wird und die Emission zum oder nahe am Marktwert erfolgt, von den bei nationalen Emissionen üblichen Kursabschlägen also abgesehen wird. Ebenso erfolgt die Bildung des Emissionskonsortiums nach dem angelsächsischen Modell, d.h. unter formaler Trennung der Übernahme- und der Plazierungsfunktion. Ferner richten sich internationale Aktienemissionen an ein internationales Anlegerpublikum. International emittierte Aktien werden grundsätzlich als Inhaberpapiere gestaltet und sind in konvertiblen Währungen denominiert. Bei internationalen Aktienemissionen kann jedoch nicht von einem globalen oder einem Euromarkt gesprochen werden, weil

214 Vgl. Büschgen, H. E.: Finanzierung am internationalen Kapitalmarkt, in: Wisu, 11. Jg. (1982), H. 3, S. 48-51.

die aktienrechtlichen Bestimmungen sowohl des Heimatlandes als auch die der Länder, in denen die Aktien plaziert und gehandelt werden sollen, Gültigkeit behalten.

Internationale Aktienemissionen stehen nur Unternehmen offen, deren standing erstklassig ist, deren Aktien am Heimatmarkt mit hohen Umsätzen gehandelt werden und die so hohe Emissionsvolumina plazieren wollen, daß eine internationale Emission sowohl möglich als auch — wegen der erhöhten Kosten — rentabel ist. Nur die Aktien solcher Unternehmen werden in ausreichendem Umfang im Ausland nachgefragt. Anleger sind typischerweise Banken und institutionelle Anleger, die jedoch häufig nationalen quantitativen Restriktionen bezüglich des Erwerbs ausländischer Titel unterliegen. Hinzu kommen vermögende private Anleger. Vorteile für die Erwerber internationaler Aktien liegen vornehmlich in der internationalen Streuung seines Portefeuilles.

Der Aufschwung dieses Finanzinstruments wird zum einen erklärt aus dem wachsenden Interesse institutioneller Anleger an ausländischen Aktien in Verbindung mit der Existenz von rechtlichen Restringierungen der Anlage in Aktien, die nicht an einer der Heimatbörsen der institutionellen Anleger notiert sind. Zum anderen erweist sich der Heimatmarkt häufig als zu klein, um den Kapitalbedarf schnell wachsender Gesellschaften zu decken. Aufgrund der immer noch sehr unterschiedlichen Bewertung vergleichbarer Gesellschaften auf den verschiedenen nationalen Märkten kann der Emittent durch den Primärverkauf in anderen Ländern u.U. bedeutend höhere Preise oder durch Hinzufügung einer ausländischen Tranche eine Verbesserung des Preises erzielen. Als Vorteil für den Emittenten wird darüber hinaus angeführt, daß eine breitere und mehr diversifizierte Aktionärsbasis zu einem stabileren Aktienkurs führe.[215] Die Vorteile für die Emittenten — dies sind in erster Linie Unternehmen aus dem angelsächsischen Raum, in bisher noch geringerer Zahl aber auch deutsche Unternehmen — bei der internationalen Plazierung ihrer Aktien liegen in erster Linie im erhöhten Plazierungspotential durch die Nutzung mehrerer Märkte. Daneben sind die Publikumswirkungen eines internationalen Handels der Aktien zu beachten. Auch ist das Verständnis für bestimmte Branchen und die Bereitschaft zur Risikokapitalbereitstellung in bestimmten Märkten ausgeprägter. Als Nachteil kann sich aber gerade auch die möglicherweise fehlende Akzeptanz der Aktien in den Auslandsmärkten erweisen, die in der sogenannten flow-back-Problematik zum Ausdruck kommt. Als „flow back" wird hierbei der Rückfluß der international emittierten Aktien an den Heimatmarkt bezeichnet, der — begünstigt durch Identität der neuen mit dort bereits gehandelten Aktien — vor allem aus der höheren Liquidität des Heimatmarktes resultiert.[216]

---

[215] Vgl. u.a. Ermgassen, O.: Internationale Tranchen sorgen für weltweite Plazierungsmöglichkeiten, in: HB, Nr. 228 v. 27. 11. 1986, Beilage „Euromärkte", S. B 7.

[216] Vgl. zum internationalen Aktienmarkt Schulte, S.: Internationaler Aktienemissionsmarkt, Diss. Köln 1991.

4. Hybrider Eurokredit- bzw. Eurokapitalmarkt

Eine weitere der Form nach der Kreditfinanzierung zuzurechnende Finanzierungsart sind Back-up-Linien, also Kreditlinien außerhalb der Bilanz der Eurobanken, die sich konkretisieren in Finanzierungsinstrumenten wie „revolving underwriting facilities" („RUFs"), „note issuance facilities" („NIFs"), „short term note issuance facilities" („SNIFs"), „transferable revolving underwriting facilities" („TRUFs") u.a.m. Diesen, dem Oberbegriff der euronote facilities zu subsumierenden Finanzkonstruktionen ist als Charakteristikum gemeinsam, daß die Banken nicht mehr als direkter Kreditgeber fungieren, sondern durch langfristige Kreditlinien in Form von stand-by arrangements die Emission von euronotes des Schuldners absichern. Eine Unternehmung erhält gegen Zahlung einer entsprechenden Provision von einem Bankenkonsortium eine langfristige Refinanzierungsgarantie. Innerhalb dieser Back-up-Linie beschafft sich die Unternehmung die benötigten Finanzierungsmittel durch revolvierende Emission kurzfristiger notes am Eurogeldmarkt. Für den Fall, daß die notes temporär nicht am Markt plazierbar sind, greift die Verpflichtung des Bankenkonsortiums, die notes ihrerseits zu einem vorher festgelegten Höchstsatz anzukaufen bzw. der Unternehmung einen Überbrückungskredit in Höhe des nicht absetzbaren Emissionsbetrages zur Verfügung zu stellen. Dieses Procedere bietet der Unternehmung den Vorteil, sich trotz der langfristig gesicherten Finanzierungs- und Kalkulationsgrundlage die benötigten Mittel kurzfristig, flexibel und zu geldmarktnahen Konditionen zu beschaffen. Durch diese Verbindung von Elementen der Kredit- und Anleihefinanzierung ist eine eindeutige Zuordnung des Finanzierungsinstruments zum Eurokredit- oder Eurokapitalmarkt nicht mehr möglich.

Die starke Ausweitung des Volumens der euronote facilities Mitte der achtziger Jahre wurde 1986 beendet dadurch, daß die Aufsichtsbehörden an wichtigen Finanzplätzen zeitgleich die für die underwriters aus der Stand-by-Verpflichtung möglicherweise resultierenden Gewährleistungen in die Anforderungen an die Eigenkapitalausstattung der Banken einbezogen haben, d. h. die Absicherungsfazilitäten seitdem mit Eigenkapital unterlegt werden müssen. Da parallel zu dieser Entwicklung jedoch auch deutlich wurde, daß die Unternehmen die ihnen im Rahmen der euronote facilities zugesagten Finanzierungslinien bisher nur zu einem Viertel ausgenutzt hatten, kam es zu einer Verschiebung der Neugeschäftsabschlüsse zugunsten von Plazierungsvereinbarungen, die nicht bzw. nicht mehr in vollem Umfang durch Übernahmegarantien der Banken gesichert werden. Dem amerikanischen Commercial-paper-Markt nachempfunden, werden diese Vereinbarungen als Euro-commercial-paper-Programme bezeichnet.

Die konsequente Weiterentwicklung des Gedankens, Finanzierungsprogramme unterschiedlicher Laufzeiten bzw. unterschiedlicher Art miteinander zu kombinieren, stellen die multi-component facilities dar. Hierbei handelt es sich um individuell zu vereinbarende „Paketfinanzierungen", bestehend aus unterschiedlichen, an den Euromärkten gebräuchlichen Finanzierungsfazilitäten. Der Schuldner kann im Rahmen einer multicomponent facility wählen zwischen einer Mittelbereitstellung über die Plazierung von notes oder durch commercial paper sowie einer Inanspruchnahme kurzfristiger Überbrückungskredite. Häufig beinhalten diese Fazilitäten auch eine Optionsmöglichkeit auf traditionelle Eurokredite. Mit dieser Paketfinanzierung hat der Schuldner die Möglichkeit, entsprechend seinen aktuellen Finanzierungsbedürfnissen die jeweiligen Vorteile der verschiedenen Finanzierungsalternativen und Marktsegmente zu nutzen. Als Teil dieser Programm- bzw. Paketfinanzierungen ist seit dem Ende der achtziger Jahre eine mittelfristige Fazilität etabliert, die die Laufzeitlücke zwischen Commercial-paper-Programmen und Anleihefinanzierungen schließt. Diese mittelfristige Finanzierungsform wurde bereits im Jahre 1972 im amerikanischen Kapitalmarkt entwickelt und gegen Ende der achtziger Jahre vom Euromarkt übernommen. Die als medium term notes (MTNs) bezeichnete Finanzierungsform ist ebenfalls ein verbrieftes Finanzierungsinstrument. Am deutschen Finanzmarkt sind in DMark denominierte Begebungen erst seit 1989 zugelassen.

MTNs sind Inhaberschuldverschreibungen mit Laufzeiten zwischen 1 und 5 Jahren, die im Rahmen eines zeitlich nicht limitierten Programms (Daueremission) durch die Plazierung von Papieren (notes) revolvierend emittiert werden können. In ihrer Konstruktion ähneln sie Euro-commercial-paper-Programmen, wenngleich die Laufzeiten der medium term notes mit gewöhnlich 1 bis 5 Jahren deutlich länger sind und für medium term notes meist auch die Börsenzulassung beantragt wird. Von klassischen Anleiheemissionen unterscheiden sich Medium-term-note-Emissionen vor allem dadurch, daß letztere auch zur Aufbringung kleinerer Finanzierungsbeträge — das Mindestvolumen je Emission beträgt etwa 5 Millionen. DM — geeignet sind und medium term notes i.d.R. kürzere Laufzeiten aufweisen. Des weiteren entstehen bei Medium-term-note-Emissionen geringere Emissionskosten als bei Anleiheemissionen, da Banken keine feste Übernahmeverpflichtung für die zu plazierenden Tranchen eingehen. Im Wege einer Privatplazierung auf „best effort"-Basis (d.h. ohne Übernahmeverpflichtung der plazierenden Händlerbanken) werden die notes institutionellen Anlegern offeriert.

Neben dem angesprochenen Mindestvolumen je Tranche und Laufzeitenspektrum werden in der zwischen Emittent und die Medium-term-note-Plazierung federführend betreuenden Bank zu treffenden Rahmenvereinbarung des weiteren die Mindeststückelung der medium term notes (üblich sind 10.000 DM), die Mindestordergröße der Kapitalanleger (z.B. 100.000 DM), die Emissionswährung bzw. die zulässigen Optionsmöglichkeiten und die Zinsbasis der medium term notes (fest oder variabel) festgelegt. Ein weiterer Vertrag regelt emissionstechnische Aspekte. Durch die Variation von Laufzeit, Betrag und Zinssatz lassen sich MTNs maßgeschneidert den Finanzierungsbedürfnissen in Abhängigkeit von den cash flows sowohl des Emittenten als auch der Geldanleger anpassen. Es wird damit nicht nur eine betrags- und fristenkongruente Refinanzierung der Aktiva ermöglicht, sondern auch eine rasche Reaktion auf günstige Marktverhältnisse gewährleistet. So kann z.B. in der Phase sinkender Zinsen die sukzessive Plazierung der Tranchen Kostenreduzierungen induzieren. Da der Daueremissionsaspekt hohe Anforderungen an das Emissions-standing stellt, bleibt dieses Instrument nur erstklassigen Schuldnern vorbehalten.

Medium-term-note-Programme sind bislang überwiegend in US-Dollar, vereinzelt auch in ECU, Pfund, kanadischen und australischen Dollar sowie in DM aufgelegt worden. Die Emission von DM-denominierten medium term notes ist nur zulässig, sofern die als Arrangeur und Plazeur fungierende Bank ihren Sitz in Deutschland hat. Bis 1992 war auch die Vereinbarung deutschen Rechts Voraussetzung. Wenn auch eine rechtliche Abgrenzung der Begriffe der commercial paper sowie der medium term notes nicht existiert, sind doch die Banken in Deutschland übereingekommen, ausschließlich Titel mit einer Laufzeit von mindestens zwei Jahren als MTNs zu bezeichnen. In der Praxis haben sich zwei Varianten der Medium-term-note-Programme herausgebildet: Im Rahmen von Multi-tranche-tap-note-Programmen können Unternehmen notes nur zu bestimmten, in der Rahmenvereinbarung festgelegten Terminen emittieren. Aus Sicht der Emittenten wie auch der Kapitalanleger ist die zweite Variante — laufzeitflexible Medium-term-note-Programme — interessanter. Diese erlauben Unternehmen, zu jedem beliebigen Zeitpunkt Papiere in einem vereinbarten Mindestvolumen zu emittieren. Die Ausstattung der Papiere obliegt dem Emittenten.

Eine weitere Entwicklung der internationalen Finanzmärkten sind die „transferable loan facilities" („TLFs"). Diese stellen eine Modifikation der rechtlichen Ausgestaltung der Kreditbeziehungen dar, die dazu führt, daß die Eurokredite handelbar werden. Dies hatte zur Folge, daß erstmalig ein transparenter, rechtlich weitgehend standardisierter Sekundärmarkt für Eurokredite bzw. Eurokreditanteile entstand.[217]

Ein genereller Trend auf den Euromärkten wie auch auf den nationalen Finanzmärkten ist die Desintermediation, die die Banken in ihrer klassischen Rolle als Intermediär mit Selbsteintritt zurückdrängt und die von den Banken bereitgestellten Transformationsleistungen zunehmend ersetzt durch die Transformationsleistungen des Kapitalmarktes. Um im Wettbewerb mit der Alternative der direkten Finanzierung über den Kapitalmarkt bestehen zu können, erhöhen die Banken das Angebot komplexer Finanzierungsleistungen, die verschiedene Finanzierungsinstrumente miteinander kombinieren, um den Finanzierungsbedürfnissen der Kunden möglichst umfassend zu entsprechen und eine Leistung zu erstellen, die so von den Kunden nicht selbst erstellt bzw. nicht direkt am Kapitalmarkt nachgefragt werden kann. Solche Finanzierungsleistungen werden als strukturierte Finanzierungen („structured finance") oder financial engineering bezeichnet und sind dadurch gekennzeichnet, daß der Finanzbedarf des Kunden möglichst komplett durch ein maßgeschneidertes finanzwirtschaftliches Gesamtkonzept gedeckt wird, das aus einem Bündel an Leistungen besteht, zu denen die Beratung und Betreuung bei Kapital- und Bilanzstrukturproblemen, bei der Finanz- und Liquiditätsplanung sowie bei der Beurteilung und Finanzierung von Investitionsprojekten gehört. Teil dieser finanzwirtschaftlichen Lösungen sind innovative Finanzinstrumente, die durch Auseinanderbrechen („unbundling") oder Kombination („bundling") bestehender Finanzinstrumente geschaffen werden, wie etwa Anleihen, die dem Emittenten die Option einräumen, die Tilgung durch Zahlung eines Geldbetrages oder durch Ausgabe von Aktien durchzuführen, oder bei der Tilgung zwischen zwei Währungen zu wählen.

---

[217] Vgl. Büschgen, H. E.: Finanzinnovationen, a.a.O., S. 329 ff.; Ribe, H.; Schneider, F.: Finanzinnovationen an den Euromärkten, in: KuK, 20. Jg. (1987), H. 1, S. 116-139, hier: S. 119 f.; Simmert, D. B.: Mischformen zwischen Wertpapier- und Kreditgeschäft, in: B.Bl., 36. Jg. (1987), H.1, S. 36, ders.: Transferable Loan Facilities, in: B.Bl., 36. Jg. (1987), H.1, S. 39 f.; Storck, E.: Innovative Instrumente des Euro-Kreditmarktes, in: ZfB, 57 Jg. (1987), H. 2, S. 176-188.

Viertes Kapitel

Bankenaufsicht

A. Historische Entwicklungslinien der Bankenaufsicht

Der Finanzdienstleistungssektor muß aus heutiger Sicht — neben der Versicherungswirtschaft — in Deutschland als die am stärksten staatlich reglementierte Branche angesehen werden. Die außerordentlich starke Einflußnahme des Staates hat sich jedoch erst allmählich entwickelt[218]: Die Gewerbeordnung von 1869 kannte zwar einige allgemeine Einschränkungen der Gewerbefreiheit, gewährte de facto jedoch „Bankfreiheit". Die staatliche Einflußnahme auf das deutsche Bankwesen begann mit der Aufsicht über die früheren Privatbanken mit Banknotenprivileg und über die öffentlich-rechtlichen Banken. Die Aufsicht über die Privatnotenbanken geht auf das Jahr 1619 zurück (Banco-Mandat der Hamburger Bank); Staatsaufsicht über öffentlich-rechtliche Institute existiert für Staatsbanken seit 1765 und für Landschaften seit 1796. Weiterhin besteht seit 1838 eine Sparkassenaufsicht. Eine allgemeinere Bankenaufsicht wurde zuerst 1874 im Rahmen der Beratungen des Bankgesetzes von 1875 erörtert, doch konnte sich der Gedanke einer allgemeinen Bankenaufsicht unter Hinweis auf die Gewerbeordnung von 1869 — mit der darin verankerten grundsätzlichen Gewerbefreiheit — nicht durchsetzen. Lediglich die Hypothekenbanken wurden 1899 staatlicher Aufsicht unterstellt, des weiteren kam es mit dem Börsengesetz von 1896 zu größeren Kodifikationen für die Gebiete des Wertpapierhandels sowie der Verwahrung und Verwaltung von Effekten.

Im letzten Jahrzehnt des vorigen Jahrhundert gab es — insbesondere nach dem Zusammenbruch zahlreicher Privatbanken — mehrere Versuche zur Institutionalisierung einer *allgemeinen* Bankenaufsicht, die aber letztlich nicht realisiert wurden. Den Banken wurde z. B. lediglich die Auflage gemacht, ihren debitorischen Kunden am Schluß des jeweiligen Geschäftsjahres einen Kontoauszug und eine Zinsberechnung innerhalb von drei Monaten zukommen zu lassen.

---

[218] Vgl. zum folgenden u.a. Nirk, R.: Das Kreditwesengesetz, a.a.O., S. 17 ff.; Schneider, M.: Praxis der Bankenaufsicht, Frankfurt a. M. 1978, S. 7 ff.

Die Bankenkrisen von 1901 und 1906/7 ließen die Diskussion um die Effizienz der bis dato vorherrschenden Aufsichtspraxis, die offensichtlich unzureichend war, jedoch erneut aufleben. So führte die Bankenenquete von 1908/9 auch zu Erweiterungen der Bankenpublizität sowie zu weitergehenden Regelungen (Geschäftsbetriebszulassungszwang, Geschäftsbeschränkungen). Nach dem ersten Weltkrieg wurden die Vorschriften schrittweise wieder aufgehoben, jedoch 1925 ein „Gesetz über Depot- und Depositengeschäfte" erlassen, das regelte, wer diese Geschäfte betreiben durfte. Außerdem wurden die betroffenen Unternehmen dem Zulassungszwang unterworfen.

Die Bankenkrise von 1931 führte schließlich zu einer *allgemeinen* Bankenaufsicht, und zwar zunächst im Wege des Notverordnungsrechts, dann in Gestalt des ersten Gesetzes über das Kreditwesen von 1934, dem ein Sachverständigen-Untersuchungsbericht (Bankenenquete) zugrunde lag. Die aufgekommene Forderung nach Verstaatlichung der Banken lehnte der Ausschuß zugunsten einer intensiven Kontrolle des deutschen Bankwesens auf gesetzlicher Basis ab. In dem Bemühen um einen Kompromiß zwischen den privaten und den öffentlichen Interessen brachte dieses Gesetz die allgemeine Erlaubnispflicht für das Betreiben von Bankgeschäften sowie die laufende Aufsicht über die Banken (mit bestimmten Ausnahmen), weiter die Gründung eines Aufsichtsamtes für das Kreditwesen bei der Reichsbank und die Berufung eines Reichskommissars für das Kreditwesen. Durch verschiedene nachfolgende Änderungsgesetze wurden der Umfang der Beaufsichtigung und damit der Einfluß des jeweiligen Aufsichtsträgers auf die Banken vergrößert. Während der nationalsozialistischen Zeit wurde das Gesetz über das Kreditwesen im Jahre 1939 novelliert; das Aufsichtsamt wurde aufgelöst und seine Aufgaben dem Reichswirtschaftsminister übertragen. Die Funktionen des Reichskommissars gingen auf das dem Reichswirtschaftsminister nachgeordnete Reichsaufsichtsamt für das Kreditwesen über, das wiederum 1944 aufgelöst wurde. Außerdem erhielt der Minister weitgehende Eingriffsrechte.

Nach dem 2. Weltkrieg galt das Gesetz über das Kreditwesen zunächst in den westlichen Besatzungszonen fort, wobei die Militärregierungen die Bankenaufsicht den Finanzministern unterstellten. In den Ostgebieten erübrigte sich mit dem zügigen Aufbau eines dem Sozialismus entsprechenden staatlichen Bankensystems eine besondere Bankenaufsichtsregelung. Zur Koordinierung der Bankenaufsicht in Westdeutschland wurde ein „Sonderausschuß Bankenaufsicht" gebildet.

Der sich später fortsetzende Dezentralismus in der westdeutschen Bankenaufsicht, der von den Bundesländern lange Zeit zäh verteidigt wurde, hat das Entstehen einer zweckmäßigen — rezentralisierten — Bankenaufsicht in Deutschland verzögert und zu Verfassungsstreitigkeiten zwischen Bund und Ländern geführt. Kommentatoren sind der Ansicht, daß hinter dem Streit z. B. um ein *Bundes*aufsichtsamt wichtige materielle Bereiche des KWG von 1961 in teilweise bedenklichem Maße zurückgetreten seien.

Das jetzige „Gesetz über das Kreditwesen" (KWG) ist seit dem 1. Januar 1962 in Kraft und seitdem durch Verordnungen, Mitteilungen, Anordnungen usw. der Bankenaufsichtsbehörden ergänzt und präzisiert worden; wesentliche Novellierungen des KWG sind 1976, 1984, 1992, 1995 und 1997 vorgenommen worden.[219] Diese Novellierungen des KWG enthielten jedoch keine grundlegende Neukonzipierung der bankenaufsichtlichen Praxis, sondern müssen zum einen als Reaktion auf akute Schwachstellen des jeweils vorher gültigen Bankenaufsichtsrechts gewertet sowie zum anderen als Reaktion auf die Bestrebungen der Schaffung einer Harmonsierung des europäischen Bankenmarktes gesehen werden. So stand die KWG-Novelle von 1976 noch unter dem Eindruck des Zusammenbruchs des Kölner Bankhauses I.D. Herstatt 1974. Zur künftigen Vermeidung derartig spektakulärer Fallissements wurden bestimmte materielle Vorschriften verschärft (z. B. Einschränkungen und Streuungsvorschriften für Großkredite, Einführung des Vieraugenprinzips bei der Geschäftsleitung, erweiterte Meldepflicht der Banken, Limitierung offener Devisenpositionen usw.) sowie die Eingriffsbefugnisse der Bankenaufsicht erweitert.

Schwerpunkt der KWG-Novellierung von 1984 war zunächst die bankenaufsichtliche Konsolidierung als Antwort auf die mit der fortschreitenden Internationalisierung deutscher Banken einhergehenden Risiken, die aufgrund des Haftungsverbundes zwischen Mutter- und Tochterbanken erhebliche aufsichtsrechtliche Relevanz aufweisen, bis zur Novelle von 1984 aber aufgrund der bestehenden Einzelinstitutsbetrachtung keine adäquate Berücksichtigung fanden. Das Interesse der deutschen Bankenaufsicht gilt dabei vornehmlich den Aktivitäten der im Ausland domizilierenden Tochterinstitute deutscher Banken sowie dem Phänomen der „Mehrfachbelegung“ des haftenden Eigenkapitals im Bankkonzern. Ziel einer konsolidierten Aufsicht ist demnach eine Erhöhung der Transparenz über die von den einzelnen Konzernmitgliedern eingegangenen Risiken, die Gewährleistung einer angemessenen Eigenkapitalausstattung für den Gesamtkonzern sowie die konzernweite Einhaltung relevanter Kreditstreuungsvorschriften.

Über die grundsätzliche Berechtigung der Aufsicht auf konsolidierter Basis hat es bei den Banken grundsätzlich keine Zweifel gegeben; Kritikpunkte wurden höchstens in Teilbereichen — Konsolidierungsschwelle, Konsolidierungsverfahren sowie Einbeziehung der Hypothekenbanken — laut, insbesondere auch deshalb, weil die Banken bereits vor Inkrafttreten der Novelle mit dem BAK freiwillige Vereinbarungen über die laufende Berichterstattung auf konsolidierter Basis getroffen hatten, die sich bewährt hatten, dennoch nur als Überbrückung bis zum Inkrafttreten der gesetzlichen Neuregelung fungierten.

Neben der Frage einer Bankenaufsicht auf konsolidierter Basis ist die Eigenkapitaldiskussion — insbesondere durch politisch kontrovers vorgetragene Stellungnahmen geprägt — zum Hauptproblem der KWG-Novellierung geworden. So forderten Vertreter des Sparkassensektors einen (fiktiven) Zuschlag zum regulären haftenden Eigenkapital, der der Anstaltslast und der Gewährträgerhaftung Rechnung tragen sollte. Begründet wurde diese Forderung mit den beeinträchtigten Möglichkeiten der Eigenkapitalbildung bei Sparkassen, die damit verbundene potentielle Gefährdung ihres öffentlichen Auftra-

219 Vgl. zum folgenden u.a. Kuntze, W.: Zur Entwicklung des Kreditwesengesetzes aus der Sicht der Bankenaufsicht, in: Bankpolitik nach der KWG-Novelle, hrsg. von B. Rudolph, Frankfurt a. M. 1986, S. 11-25.

ges sowie dem „Haftsummenzuschlag" der Genossenschaftsbanken, der die Sparkassen im Wettbewerb mit dem genossenschaftlichen Bankensektor benachteilige.

Die Sparkassen konnten ihren Standpunkt gegenüber der Deutschen Bundesbank, dem BAK sowie fast sämtlichen übrigen Gruppen des deutschen Bankgewerbes jedoch nicht durchsetzen. Während die Institute des privaten Bankgewerbes sowie die Genossenschaftsbanken ihrerseits eine wettbewerbliche Benachteiligung für eine diesbezügliche Berücksichtigung im Rahmen der Bestimmungen über das haftende Eigenkapital befürchteten, wehrten sich die Vertreter der Aufsichtsbehörden insbesondere gegen eine damit verbundene Aushöhlung der effektiven Risikobegrenzungsfunktion des haftenden Eigenkapitals.

Schließlich entschied der Gesetzgeber gegen eine Anerkennung des Haftungszuschlags für Sparkassen und folgte damit letztlich einem solchen Eigenkapitalbegriff, der vorsah, daß das haftende Eigenkapital vollständig eingezahlt, der Bank dauerhaft zur Verfügung stehen und am laufenden Verlust teilnehmen muß. Eine Kompromißlösung hat der Gesetzgeber mit der KWG-Novelle von 1984 aber dennoch geschaffen, da seitdem allen Bankengruppen — neben stillen Einlagen in genau umrissener Form — die Verwendung von Genußrechtskapital offensteht, wobei letzteres ebenfalls genau definierte qualitative Anforderungen erfüllen muß und der Höchstbetrag des anerkennungsfähigen Genußrechtskapitals 1984 auf 25 % des sonstigen haftenden Eigenkapitals beschränkt war. Außerdem war bis zum Jahre 1995 die Höchstgrenze für den Haftsummenzuschlag der Genossenschaftsbanken sukzessive von 50 % auf 25 % des eingezahlten Geschäftguthabens und Rücklagen reduziert worden.

Einen bedeutenden Einschnitt in die Bankgesetzgebung erfuhr das Kreditwesengesetz durch die Novellierung im Jahre 1992. Die als vierte Novelle bezeichnete Änderung des KWG war durch Vorgaben der EG-Bankrechtsharmonisierung veranlaßt worden, und sie führte zu einigen auch grundlegenden Änderungen des deutschen Bankenaufsichtsrechts. Neben der Umsetzung der zweiten EG-Bankrechtskoordinierungsrichtlinie sowie der EG-Eigenmittelrichtlinie wurden zudem die Vorschriften über den Sparverkehr reformiert bzw. im Kern aufgehoben. Die Art und Weise des Aufbaus von nationalen und internationalen Bankkonzernen ist zum aufsichtsrechtlichen Prüfungsgegenstand geworden, nach dem nun das Aufsichtsamt eine Bankerlaubnis versagen oder entziehen kann, wenn der Aufbau eines Kreditinstitutskonzerns dessen wirksame Aufsicht nicht ermöglicht (§ 33 Abs. 1 Satz 2 KWG). Darüber hinaus wurde eine Anzeigepflicht für Kreditinstitute über relevante Veränderungen in der Eigentümerstruktur festgeschrieben, wodurch die Bankenaufsichtsinstanzen (BAK und Deutsche Bundesbank) in die Lage versetzt werden, sich aus der Neuordnung der Zusammensetzung des Eigentümerkreises eines Kreditinstituts ergebenden Gefahren für die Funktionsfähigkeit des Kreditinstituts sowie für den Gläubigerschutz abzuschätzen. Diese für das deutsche Aufsichtsrecht neuartige Regelung des § 2b KWG schließt auch eine Meldepflicht für Erwerber von Beteiligungen von mindestens 10 % an Kreditinstituten ein. Das BAK hat damit das Recht, die Zuverlässigkeit der Eigentümer bedeutender Beteiligungen zu überprüfen und kann aufgrund der Prüfung den Erwerb einer Beteiligung bzw. die Aufstockung einer bestehenden Beteiligung untersagen. Schließlich wurde im Rahmen der vierten KWG-Novelle der Neugliederung der Deutschen Bundespost dahingehend Rechnung getragen, daß die selbständig gewordene Postbank zum 1.1.1995 voll dem KWG unterworfen wurde.

Ein weiterer bedeutsamer Schritt zu einem einheitlichen europäischen Bankenmarkt war die fünfte Novelle des Kreditwesengesetzes, die am 31.12.1995 in Kraft getreten ist. Auch die fünfte Novellierung des Kreditwesengesetzes diente somit primär der Umsetzung von Richtlinien der Europäischen Gemeinschaft; transformiert wurden die Konsolidierungsrichtlinie[220] und die Großkreditrichtlinie.[221] Die Umsetzung der Großkreditrichtlinie erforderte für das Kreditwesengesetz nicht nur neue Obergrenzen für Großkredite, sondern führte auch zu einer Erweiterung des Kreditbegriffs.

Gegenüber dem bisherigen Kreditbegriff des KWG, der insbesondere Gelddarlehen, Bürgschaften und Garantien erfaßte, wurde der Begriff der Risikoaktiva der Solvabilitätsrichtlinie zugrundegelegt, so daß nunmehr alle bilanziellen und außerbilanziellen Risikoaktiva als Kredite gelten. Erheblich erweitert wurde nicht nur der Kreditbegriff gemäß § 19 Abs. 1 KWG, sondern auch der Begriff der Kreditnehmereinheit gemäß § 19 Abs. 2 KWG. [222] Bis dahin galten als Kreditnehmer alle Unternehmen, die demselben Konzern angehören oder durch Gewinnabführungsverträge verbunden sind sowie in Mehrheitsbesitz stehende Unternehmen mit den an ihnen mit Mehrheit beteiligten Unternehmen und Personen. Außerdem galten Personenhandelsgesellschaften und ihre persönlich haftenden Gesellschafter als ein Kreditnehmer. Seit der fünften KWG-Novelle werden zusätzlich nun auch solche Risikoeinheiten als Kreditnehmer behandelt, bei denen es die zwischen mehreren Kreditnehmern bestehenden Abhängigkeiten als wahrscheinlich erscheinen lassen, daß aus finanziellen Schwierigkeiten eines Kreditnehmers Zahlungsschwierigkeiten der anderen Kreditnehmer resultieren.

Erweitert wurden ebenfalls die betraglichen Obergrenzen für Großkredite. Ein Großkredit liegt gemäß § 13 KWG nun dann vor, wenn die Kredite an einen Kreditnehmer insgesamt 10 % des haftenden Eigenkapitals eines Kreditinstituts betragen oder übersteigen. Die Obergrenze für den einzelnen Großkredit beträgt 25 % des haftenden Eigenkapitals einer Bank und alle Großkredite zusammen dürfen nicht mehr als das Achtfache des haftenden Eigenkapitals betragen.

Der erweiterte Kreditbegriff ist ebenfalls bei den Anzeigepflichten für Millionenkredite (§ 14 KWG) anzuwenden; damit wurde dem Wunsch der Bankenaufsicht Rechnung getragen, einen besseren Einblick insbesondere in das Geschäft mit Derivaten zu erhalten. Modifiziert wurde im Rahmen der fünften KWG-Novelle ebenfalls der § 18 KWG, der die Offenlegung der wirtschaftlichen Verhältnisse der Kreditnehmer regelt. Während

---

220 Richtlinie des Europäischen Parlaments und des Rates der Europäischen Gemeinschaft über die Beaufsichtigung von Kreditinstituten auf konsolidierter Basis vom 6.4.1992, ABl. L. 280/54 vom 24.9.1992.

221 Richtlinie des Europäischen Parlaments und des Rates der Europäischen Gemeinschaft über die Überwachung und Kontrolle der Großkredite von Kreditinstituten vom 21.12.1992, ABl. L.29/ 1 vom 5.2.1993.

222 Vgl. Dürselen, K.: Kredite im Rahmen der Großkreditnormen des § 13 KWG, in: Zeitschrift für Bankrecht und Bankwirtschaft, H1/1996, S. 24-47.

zuvor die Offenlegung bei Krediten ab 100 000 DM gefordert wurde, ist nunmehr eine Offenlegung der wirtschaftlichen Verhältnisse erst bei Krediten ab 250 000 DM notwendig.

Im Rahmen der fünften KWG-Novelle wurde auch die EG-Konsolidierungsrichtlinie in deutsches Recht transformiert. Hierdurch wurde der Konsolidierungskreis, der bislang nur Kreditinstitute umfaßte, erheblich erweitert.[223] Das Ziel der Vergrößerung des Konsolidierungskreises bestand darin, einen Einblick der Bankenaufsicht in die finanzielle Situation und Risikolage derjenigen Gruppen zu ermöglichen, an deren Spitze nicht nur ein Kreditinstitut, sondern auch eine Finanzholdinggesellschaft steht. Ursächlich hierfür war die in den vergangenen Jahren stark gestiegene Zahl derartiger Finanzgruppen.[224]

Im Rahmen der sechsten KWG-Novelle, die zum 1.1.1998 in Kraft getreten ist, wurden die EG-Wertpapierdienstleistungsrichtlinie[225], die EG-Kapitaladäquanzrichtlinie[226] und die EG-BCCI-Richtlinie[227] in deutsches Recht transformiert. Die Umsetzung dieser Richtlinien erfolgte im wesentlichen durch Novellierungen des KWG und des Wertpapierhandelsgesetzes.

Die Umsetzung der Wertpapierdienstleistungsrichtlinie führte zum einen zu einer Erweiterung der Bankgeschäfte gemäß § 1 KWG sowie zum anderen zu einem neuen Typus von Unternehmen, dem Finanzdienstleistungsinstitut, das nun auch der Aufsicht durch das BAK unterstellt wird. Finanzdienstleistungsunternehmen sind Unternehmen, die Finanzdienstleistungen für andere gewerbsmäßig oder in einem Umfang erbringen, der einen in kaufmännischer Weise eingerichteten Geschäftsbetrieb erfordert. Bei diesen Instituten handelt es sich in erster Linie um die in der Wertpapierdienstleistungsrichtlinie

---

[223] Vgl. ausführlich zum folgenden Dürselen, K.: Die Konsolidierung von Kreditinsituts- und Finanzholdinggruppen im Rahmen des § 10 a KWG, in: Zeitschrift für Bankrecht und Bankwirtschaft, H. 4/1997, S. 45-97.

[224] Im Rahmen der sechsten KWG-Novelle wurde die Definition einer Finanzholdinggesellschaft erweitert um die Einbeziehung von Wertpapierhandelsunternehmen.

[225] Richtlinie des Europäischen Parlaments und des Rates der Europäischen Gemeinschaft über Wertpapierdienstleistungen vom 10.5.1993, ABl. L. 141/27 vom 11.6.1993.

[226] Richtlinie des Europäischen Parlaments und des Rates der Europäischen Gemeinschaft über die angemessene Eigenkapitalausstattung von Wertpapierfirmen und Kreditinstituten vom 15.3.1993, ABl. L. 141/1 vom 11.6.1993.

[227] Richtlinie des Europäischen Parlaments und des Rates der Europäischen Gemeinschaft vom 29.6.1995, ABl. L. 168/7 vom 18.7.1995. Die BCCI- Richtlinie enthält Vorschriften, durch die bei der Schließung der Bank of Credit and Commerce International zutage getretene Mängel bei der Beaufsichtigung des Finanzdienstleistungssektors beseitigt werden sollen. Um die Aufsicht von Finanzunternehmen wirkungsvoller zu gestalten enthält die Richtlinie Vorschriften über die Zulassungsverweigerung oder -rücknahme, zur Transparenz der Struktur einer Gruppe, der Finanzunternehmen angehören, zum Informationsaustausch zwischen Aufsichtsbehörden und anderen Stellen und zu den Informationspflichten externer Prüfer.

definierten Wertpapierfirmen.[228] Als zusätzliche Bankgeschäfte wurden definiert das Emissionsgeschäft, das Geldkartengeschäft und das Netzgeldgeschäft.

In engem Zusammenhang mit der Wertpapierdienstleistungsrichtlinie steht die Kapitaladäquanzrichtlinie, die über die Vorschriften der Wertpapierdienstleistungsrichtlinie hinaus weitere Regelungen zur Beaufsichtigung von Risiken, die bei der Durchführung von Geschäften mit Finanzinstrumenten gemäß § 1 Abs. 11 KWG entstehen, enthält. Eine wesentliche sich aus der Transformation der EG-Kapitaladäquanzrichtlinie in deutsches Recht ergebende Neuregelung für Kreditinstitute und Finanzdienstleistungsinstitute ist die Notwendigkeit der Unterlegung von Marktrisiken aus dem Handelsbuch und von Fremdwährungsrisiken mit Eigenmitteln. Das Handelsbuch bildet den Ansatzpunkt für die Ermittlung und Bemessung der Handelsbuchrisikopositionen in Zusammenhang mit der Eigenmittelunterlegungspflicht der Marktpreisrisiken. Das Handelsbuch (trading book) einer Bank umfaßt im weitesten Sinne das Eigenhandelsgeschäft der Banken mit Wertpapieren und derivativen Instrumenten.[229] Im Gegensatz hierzu beinhaltet das Anlagebuch alle Geschäfte eines Kreditinstituts oder Finanzdienstleistungsinstituts, die nicht dem Handelsbuch zuzurechnen sind. Die Zielsetzung „Erzielung eines Eigenhandelserfolgs" bildet damit den zentralen Anknüpfungspunkt für die Zuordnung zum Handelsbuch.

Aus der Umsetzung der Richtlinie resultierte für die deutschen Banken nicht nur eine erhebliche Erweiterung der zu erfassenden Risikobereiche, sondern auch eine Erweiterung der zu ihrer Unterlegung zur Verfügung stehenden Eigenmittel. So wurde neben dem haftenden Eigenkapital, das sich wie bisher aus Kern- und Ergänzungskapital zusammensetzt, eine neue Eigenmittelkategorie, die sogenannten Drittrangmittel, eingeführt. Drittrangmittel sind ausschließlich für die Unterlegung der Handelsbuchrisiken einschließlich Optionsrisiken sowie der Fremdwährungs- und Rohwarenrisiken zuge-

---

228 Innerhalb der Wertpapierdienstleistungsrichtlinie werden auch Geschäfte definiert, die im KWG als Bankgeschäfte definiert sind. Zu den damit verbundenen Abgrenzungsproblemen und der Notwendigkeit der Einführung weiterer neuer Begriffe innerhalb des § 1 KWG vgl. ausführlich Kap. 2.A.I.

229 Die Risikopositionen, die dem Handelsbuch zuzuordnen sind, werden in § 1 Abs. 12 KWG definiert. Im wesentlichen handelt es sich um die vier folgenden Bereiche: Finanzinstrumente gemäß § 1 Abs. 11 KWG, handelbare Forderungen und Anteile, die das Institut zum Zweck des Wiederverkaufs im Eigenbestand hält oder vom Institut übernommen werden, um bestehende oder erwartete Unterschiede zwischen den Kauf- und Verkaufspreisen oder Preis- und Zinsschwankungen kurzfristig zu nutzen, um einen Eigenhandelserfolg zu erzielen, Bestände und Geschäfte zur Absicherung von Marktrisiken des Handelsbuches und damit im Zusammenhang stehende Refinanzierungsgeschäfte, Aufgabegeschäfte, Forderungen in Form von Gebühren, Provisionen, Zinsen, Dividenden und Einschüssen, die mit den Positionen des Handelsbuches unmittelbar verknüpft sind. Zudem sind ihm Pensions-, Darlehens- sowie vergleichbare Geschäfte auf Positionen des Handelsbuches zuzurechnen. Ausdrücklich aus der Handelsabgrenzung herausgenommen sind Devisen, Rechnungseinheiten oder Derivate, deren Wert von Waren oder Edelmetallen abhängt. Ursächlich für diese Ausnahmeregelung ist, daß das Fremdwährungsrisiko und das Rohwarenrisiko auf das Gesamt- und nicht ausschließlich auf das Handelsbuch bezogen zu ermitteln sind.

lassen. Als Drittrangmittel gelten die Nettogewinne des Handelsbuches und kurzfristige nachrangige Verbindlichkeiten. Die Drittrangmittel sind zusammen mit dem freien Ergänzungskapital auf 250 % des freien Kernkapitals begrenzt, wobei der Begriff „frei" sich darauf bezieht, inwieweit diese Mittel nicht schon zur Unterlegung von Risiken des Anlagebuches verwendet worden sind.

Bankenaufsichtlich neu ist in diesem Zusammenhang die Aufgabe des statischen haftenden Eigenkapitalkonzepts durch die weitgehende Dynamisierung der Eigenmittelbestandteile. Bislang war für die Bemessung des haftenden Eigenkapitals die letzte für ein Geschäftsjahr festgestellte Bilanz ausschlaggebend. Zwischenzeitliche Änderungen konnten mit Ausnahme der Herabsetzungsautomatik für stille Einlagen und nachrangige Verbindlichkeiten nur durch ein förmliches Festsetzungsverfahren des haftenden Eigenkapitals aufgehoben werden. Nunmehr ist es den Instituten gestattet, Kapitalbestandteile bereits zum Zeitpunkt ihres Mittelzuflusses als Eigenmittel jeweils sofort und ohne Einschaltung des Aufsichtsamts zu berücksichtigen bzw. im Umkehrschluß dürfen sie Eigenmittelbestandteile zum Zeitpunkt ihres Abflusses nicht mehr als Eigenmittel gelten lassen. Da die Zu- und Abflüsse in Form auslaufender befristeter Eigenkapitalkomponenten ohne Einschaltung des Aufsichtsamts berücksichtigt werden, müssen die Institute das haftende Eigenkapital jeweils selbst täglich zum Geschäftsschluß auf einer einheitlichen Fortschreibungsbasis berechnen. Durch das Zufluß- und das Abflußprinzip werden einige der Eigenmittel zu einer dynamischen Größe, während einige Positionen weiterhin statischen Charakter haben. Zu den letztgenannte Positionen gehören diejenigen, die sich unmittelbar aus dem Jahresabschluß ergeben, z. B. die offenen Rücklagen, der Sonderposten für allgemeine Bankrisiken sowie die Vorsorgereserven nach § 340 f HGB, während z. B zu den dynamischen Eigenmitteln nachgewiesene Zwischengewinne sowie kumulative Vorzugsaktien gehören. Für Eigenkapitalveränderungen, die sich aus Bewertungsveränderungen oder Gewinn- oder Verlustfeststellungen ergeben, bleibt es bei der Anerkennung durch das BAK. Das BAK kann sich durch Stichprobenprüfungen davon überzeugen, ob die Eigenkapitalermittlung korrekt vorgenommen worden ist. Das Prinzip der Dynamisierung der Eigenmittel manifestiert sich in § 10 Abs. 1 KWG, der festlegt, daß Eigenkapitalkomponenten nur dann anerkannt werden, wenn die jeweiligen Vermögenswerte dem Institut auch tatsächlich zugeflossen sind. Aus diesem Grund entfallen auch die bisherigen Vorschriften zum Abzug bestimmter Positionen, wie z. B. dem Abzug eigener Aktien oder der Abzug der eigenen Marktpflegepositionen in verbrieften eigenen Genußrechten.

Des weiteren ist im Rahmen der sechsten KWG-Novelle der Eigenkapitalgrundsatz I erheblich modifiziert worden; zudem wurde der vorherige Eigenkapitalgrundsatz Ia in Grundsatz I eingearbeitet. Mit der Neufassung des Grundsatzes I wurde eine Vielzahl von Regelungen für die Eigenkapitalunterlegungspflicht von Adressenausfall- und Preisrisiken in das deutsche Bankenaufsichtsrecht aufgenommen.

In Grundsatz I sind Marktpreisrisiken aus Zins- und Aktienpositionen und bestimmte Adressenausfallrisiken des Handelsbuches sowie Fremdwährungs- und Rohstoffrisikopositionen,[230] die sowohl das Anlage- als auch das Handelsbuch der Banken betreffen, integriert. Diese Risikopositionen werden damit — wie bisher schon die Adressenausfallrisiken aus bilanziellen und außerbilanziellen Geschäften — einer Eigenmittelunterlegung unterworfen. Die bisherige Limitierung von Marktrisiken nach Grundsatz Ia ist gestrichen worden bzw. in den neuen Grundsatz I integriert worden. Eine Beaufsichtigung des Derivategeschäfts der Institute, die unter die Bagatellregelung der Handelsbuchpositionen fallen, erfolgt durch das BAK jedoch insofern, als für diese Institute eine Meldepflicht für Derivatepositionen besteht.

In dem neuen Grundsatz I finden sich nunmehr Bestimmungen, die sich auf die Eigenmittelunterlegung von Risikoaktiva einerseits und Marktrisikopositionen andererseits beziehen.

Bezüglich der Kapitalunterlegung von Risikoaktiva ist in Abschnitt 1 des Grundsatzes I im Vergleich zu dem vorherigen Grundsatz I keine Änderung vorgenommen worden; so darf das Verhältnis des haftenden Eigenkapitals eines Instituts zu seinen gewichteten Risikoaktiva 8 % nicht unterschreiten. Neu ist Abschnitt 2 des Grundsatzes I, der — zunächst allgemein ausdrückt — festlegt, daß die Summe der risikobehafteten offenen Marktrisikopositionen täglich zum Geschäftsschluß nicht größer sein darf als die Summe aus frei verfügbarem haftenden Eigenmitteln — das heißt der Teil des haftenden Eigenkapitals, der noch nicht mit Adressenausfallrisiken belegt ist — und den Drittrangmitteln.

Gemäß Abschnitt 3 des Grundsatzes I ist eine Gesamtkennziffer zu ermitteln, mittels derer die Eigenkapitalbelegung eines Instituts durch Adressenausfall- und Marktpreisrisiken in einer einzigen Größe abgebildet wird. Die Gesamtkennziffer ist definiert als das in Vomhundert ausgedrückte Verhältnis zwischen den im Grundsatz I anrechenbaren Eigenmitteln und den gewichteten Risikoaktiva zuzüglich der mit dem Faktor 12,5 multiplizierten Anrechnungsbeträge für die Marktrisikopositionen und die Optionsgeschäfte. Die Gesamtkennziffer fungiert jedoch lediglich zu darstellenden Zwecken; die Einleitung bankenaufsichtlicher Maßnahmen bei unzureichender Eigenmittelausstattung ist an die fortgesetzte Nichteinhaltung der Anforderungen aus den Abschnitten 1 und 2 geknüpft.

Seit der Modifizierung des Grundsatzes I läßt die Bankenaufsicht neben den standardisierten Risikoerfassungs- und -meßmethoden alternativ auch die bankintern verwendeten Risikosteuerungsmodelle zur Berechnung der haftenden Eigenmittel bei der Unterlegung von Marktrisiken vor. Dieser Sachverhalt stellt einen Tatbestand dar, die als Novum in der Geschichte der Bankenaufsicht zu werten ist. Die Risikosteuerungsmodelle müssen neben qualitativen Standards auch quantitative Anforderungen erfüllen, so daß eine hinreichend konservative Risikoberechnung der Banken sichergestellt ist. Die

[230] Diese Risikoposition beinhaltet Geschäfte, die einem Verlustrisiko aus einer unvorteilhaften Preisänderung von Rohwaren unterliegen. Rohwaren umfassen Produkte der Urproduktion (Bergbau und Landwirtschaft) sowie daraus erzeugte Halbfabrikate (z. B. Metalle, Raffinerieprodukte) und Fertigprodukte (z B. Zucker). Das für Banken seit 1974 geltende Verbot zum Betreiben von Warentermingeschäften wurde mit dem novellierten Grundsatz I aufgehoben.

Einhaltung dieser Vorgaben wird von Zulassungs-teams aus Vertretern des BAK und der Landeszentralbanken überprüft.

Durch die Zulassung bankindividueller Risikosteuerungsmodelle ergeben sich neue qualitative Anforderungen an die Bankenaufsicht. Zwar war die Bankenaufsicht auch schon bisher zu einem gewissen Grad Qualitätsaufsicht, z. B. bei der Bewertung der Geschäftsleiterqualifikation sowie bei der Überwachung der Geschäftsführung unter dem Aspekt der Ordnungsmäßigkeit. Grundsätzlich bestand jedoch bislang der Schwerpunkt der Aufsicht in der Überwachung der Einhaltung der quantitativen bankenaufsichtlichen Eigenmittel- und Liquiditätsgrundsätze. Um jedoch die von den Banken eingesetzten Modelle zur Berechnung des unterlegungspflichtigen Eigenkapitals kontrollieren zu können, muß die Bankenaufsicht sich intensiver als bisher mit den Risikostrukturen und internen Steuerungsmechanismen zur Beherrschung dieser Risiken, also dem Risikomanagement der einzelnen Institute, befassen.[231]

Weitere wesentliche Änderungen im Rahmen der sechsten KWG-Novelle ergeben sich für die Konsolidierungsvorschriften gemäß § 10a KWG, den Großkreditvorschriften gemäß § 13 KWG, den Anzeigen bei Millionenkrediten § 14 KWG sowie den Einleger- und Anlegerentschädigungseinrichtungen gemäß § 23a KWG.

Bezüglich der Änderungen bei den Konsolidierungsvorschriften sind die Aufhebung der Pflichtkonsolidierung bei erheblichen Beteiligungen (40 %), die Einbeziehung von Marktpreisrisken in die Konsolidierung sowie die Einbeziehung von Finanzdienstleistungsinstituten als übergeordnete und/oder nachgeordnete Institute in den Konsolidierungskreis anzuführen. Die Aufhebung der Pflichtkonsolidierung führt dazu, daß künftig nur noch Tochterunternehmen und qualifizierte Minderheitsbeteiligungen eines Instituts, die Kreditinstitute, Finanzdienstleistungsinstitute, Finanzunternehmen oder Unternehmen mit bankbezogenen Hilfsdiensten sind, in den Konsolidierungskreis einzubeziehen sind.

Die Modifizierung der Großkreditvorschriften beinhalten keine wesentlichen materiellen Änderungen, sondern enthalten Änderungen, die eine flexiblere Gestaltung der notwendigen Großkreditanzeigen ermöglichen sowie zum anderen eine Differenzierung der Institute in Nichthandels- und Handelsbuchinstitute.[232]

---

231 Hierzu bedarf es der Aneignung eines umfassenden know-how, das z. B. dann gewährleistet wird, wenn ehemalige Mitarbeiter aus den Risikocontrollingabteilungen der Banken bereit sind, zum BAK zu wechseln. Einer solchen Bereitschaft steht jedoch das Tarifgefüge des BAK als einer öffentlichen Behörde entgegen, die nicht die Möglichkeit hat, Gehälter zu zahlen, deren Höhe vergleichbar ist mit denen der privaten Bankwirtschaft.

232 Ein Nichthandelsbuchinstitut gemäß § 2 Abs. 11 KWG liegt dann vor, wenn der Anteil des Handelsbuches in der Regel unter 5 % und nie über 6 % der Gesamtsumme der bilanziellen und außerbilanziellen Geschäfte liegt und die Gesamtsumme der einzelnen Positionen des Handelsbuches in der Regel unter 15 Mio. ECU und nie über 20 Mio. ECU in einzelnen Positionen beträgt. Als Handelsbuchinstitute gelten Kreditinstitute, wenn von diesen die zuvor genannten Bagatellgrenzen überschritten werden.

Bezüglich der Flexibilisierung der Großkreditvorschriften erfolgte eine Beschränkung der Anzeigepflicht für die Großkreditbeschlußfassung auf die Fälle, in denen die vorgeschriebene einstimmige Beschlußfassung aller Geschäftsleiter nicht innerhalb eines Monats nachgeholt worden ist. Neu ist die Bestimmung, die das Überschreiten der Einzelkreditobergrenzen regelt. Bislang hatte das Kreditinstitut den die Grenze überschreitenden Betrag mit Eigenkapital zu unterlegen, nunmehr ist es von der Eigenkapitalunterlegungspflicht befreit, wenn die Gründe für die Überschreitung der Grenze die Verschmelzung der Kreditnehmer oder vergleichbare Ereignisse sind, die für das Kreditinstitut nicht vorhersehbar waren.

Regelungen über Bemessungsgrundlagen, Berechnungsmethoden und Gewichtungsfaktoren der Kredite erfolgen gemäß § 22 KWG in einer neu erlassenen Kreditbestimmungsverordnung. Ausnahmen von der Anzeigepflicht, von der Anrechnung auf die Auslastung der Großkreditobergrenzen sowie von den Beschlußfassungspflichten sind in § 20 KWG und der Kreditbestimmungsverordnung geregelt.

In die Anzeigepflichten gemäß § 14 KWG sind nunmehr auch die als Eigenhändler tätigen Finanzdienstleistungsinstitute sowie Factoring- und Leasingunternehmen einbezogen. Aufgrund der Meldepflichten erhält das BAK nun ebenfalls einen detaillierteren Einblick in die Risikosituation dieser Unternehmen, wodurch die Aussagekraft der Millionenkreditevidenz erhöht wird.

Ersatzlos weggefallen sind neben einer Reihe von Anzeigepflichten die Vorschriften, die eine Begrenzung der langfristigen Anlagen in Abhängigkeit vom Eigenkapital vorsahen (§ 12 Abs. 1-4 KWG) sowie die Pflicht einer gesonderten Depotprüfung gemäß § 30 KWG bei Kreditinstituten, die das Depotgeschäft betreiben. Diesbezüglich notwendige Prüfungsmaßnahmen sind nun in die Jahresabschlußprüfung integriert.

Gemäß § 23 a KWG hat ein Institut, das aus dem Einlagensicherungsfonds ausscheidet, künftig nicht nur die eigenen Kunden zu informieren, sondern auch das BAK und die Deutsche Bundesbank. Ebenfalls besteht auf seiten des Instituts eine Informationspflicht gegenüber ihren eigenen Kunden über Art und Umfang möglicher Anlageentschädigungseinrichtungen.

Bereits absehbar ist die siebente KWG-Novelle, mit der die Einlagensicherungsrichtlinie der EU umgesetzt werden soll.[233] Die Einlagensicherungsrichtlinie ersetzt eine von einigen Ländern nicht umgesetzte Empfehlung über Einlagensicherungssysteme aus dem Jahr 1986. Der Richtlinie liegen zwei Vorschriften zugrunde: Zum einen müssen sich alle in der EU zugelassenen Kreditinstitute verbindlich einem Einlagensicherungssystem anschließen; zum anderen gilt das Prinzip der Deckung der Einlagen der Zweigniederlassungen durch das Sicherungssystem des Herkunftmitgliedstaates. Die Richtlinie sieht vor, daß bei einer Finanzkrise des Kreditinstitutes der Einleger einen gesetzlichen Anspruch auf Rückzahlung seiner Einlagen bis zu einem Betrag in Höhe von 20.000 ECU (ca. 38.000 DM) hat. Die Einlagensicherungsrichtlinie ist sowohl bei der deutschen Bankwirtschaft als auch beim BAK auf erhebliche Kritik gestoßen, da mit der vorgese-

233 Richtlinie des Europäischen Parlaments und des Rats der Europäischen Union über Einlagensicherungssysteme vom 30.05.1994, ABl.L. 135/5 vom 31.5.1994.

henen Mindestsicherung von 20.000 ECU je Einleger ein für deutsche Verhältnisse vergleichsweise niedriges Absicherungsniveau realisiert wurde. In Deutschland sind Einlagen bei den privaten Banken bis zu einer Obergrenze von 30 % des letzten veröffentlichten Eigenkapitals voll abgesichert; bei den Sparkassen und Genossenschaften existiert aufgrund der Institutssicherung sogar ein faktisch unbegrenzter Schutz.

B. Rechtliche Grundlagen

I. Gesetz über das Kreditwesen (KWG)

Das KWG hat — nach amtlicher Begründung — folgende drei Zielsetzungen:[234]

- die Gewährleistung allgemeiner Ordnung im deutschen Bankwesen,
- die Erhaltung der Funktionsfähigkeit des deutschen Kreditapparates und — soweit wie möglich —
- den Schutz der Gläubiger der Banken vor Vermögensverlusten.

Es gilt für den Gesetzgeber, einerseits diese Hauptziele möglichst vollständig zu erreichen, andererseits aber den Banken eigene Entscheidungsfreiräume für ihre Geschäftspolitik zu belassen, die der Wirtschaftsordnung in Deutschland adäquat sind. Zur Realisierung dessen sieht das KWG grundsätzlich vor: laufende Überwachung der Institute sowie Eingriffsmöglichkeiten der Bankenaufsichtsinstanzen von Fall zu Fall, sei es bei einzelnen Instituten, bei Institutsguppen oder hinsichtlich des gesamten Finanz- und auch des Börsenwesens.

Als Schwäche des KWG-Aufsichtssystems wurde insbesondere vor der Novellierung von 1976 angesehen, daß sich die Aufsichtsbehörden trotz aller Anzeige-, Melde- und Auskunftspflichten der Banken letztlich doch nur einen beschränkten Einblick in die Lage der einzelnen Banken verschaffen und somit oft nur zu spät eingreifen konnten, da gerade in den Fällen, in denen ein Eingreifen der Aufsichtsbehörde erforderlich gewesen wäre, dieses dadurch verhindert wurde, daß die Behörden von den bedrohlichen Tatsachen keine Kenntnis erhielten. Konnte das Bundesaufsichtsamt für das Kreditwesen bis 1975 gemäß § 44 Abs. 1 Nr. 1 KWG nur „erforderliche“ Prüfungen vornehmen — wobei von ihm der Nachweis der Erforderlichkeit zu erbringen war —, wurde mit der KWG-Novelle 1976 eine Erweiterung des Prüfungsrechts dergestalt vorgenommen, daß es nunmehr „auch ohne besonderen Anlaß“ Prüfungen vornehmen kann — eine Möglichkeit, von der das BAK bereits verschiedentlich Gebrauch gemacht hat.

Wesentliche prophylaktische Maßnahmen, die generalpräventiv wirken würden, stehen dem BAK nicht zur Verfügung. Gleichwohl kann nicht bestritten werden, daß — trotz

---

234 Vgl. zum folgenden u.a. Szagunn, V.; Wohlschieß, K.: Kommentar zum, a.a.O., S. 74 f.

einiger „spektakulärer Fälle“ — die Bankenaufsicht seit 1962 zufriedenstellend funktioniert hat, zumal die Behörde in der bestehenden wirtschaftsordnungsadäquaten Form durchaus auf die Bereitschaft der Banken zur Kooperation vertrauen kann, wobei die Ergänzung durch die gut konzipierte Einlagensicherung die Effizienz der Bankenaufsicht erhöht.

Das KWG als „bankenaufsichtliches Grundgesetz“ ist in sechs Abschnitte unterteilt. Es umreißt in seinem ersten Abschnitt („Allgemeine Vorschriften“, §§ 1 bis 9 KWG) die Objekte der Bankenaufsicht, indem es die zu beaufsichtigenden Kreditinstitute, Finanzdienstleistungsinstitute, Finanzholdinggesellschaften und Finanzunternehmen definiert, Ausnahmen nennt und den Begriff „Geschäftsleiter“ konkretisiert. Angeführt werden auch die grundsätzlich verbotenen Geschäfte. Schließlich enthält dieser Abschnitt Aufgaben, Organisation u.a. des BAK sowie dessen Zusammenarbeit mit anderen Stellen.

Der zweite Abschnitt des KWG enthält die „Vorschriften für die Institute“ (§§ 10 bis 31 KWG): Hierunter werden neben den Vorschriften zur Eigenkapitalausstattung einzelner Institute sowie von Institutsgruppen Vorschriften zur Liquiditätshaltung, über das Kreditgeschäft (Beschlußfassungs-, Begrenzungs-, Anzeigepflichten über Millionen-, Groß- und Organkredite), Anforderungspflichten für Kreditunterlagen, Ausnahmen, Vorschriften zum Spareinlagengeschäft, Pflichten der Banken bezüglich Meldungen und Anzeigen, Monatsausweisen, Jahresabschlüssen, abweichende Bilanzbewertungsvorschriften gegenüber dem Aktiengesetz, Vorschriften zur Jahresabschlußprüfung sowie Befreiungsvorschriften gefaßt.

Der dritte Abschnitt umfaßt die eigentlichen „Vorschriften über die Beaufsichtigung der Institute“ (§§ 32 bis 52 KWG). Dazu gehören die Bestimmungen zur Geschäftsbetriebserlaubnis, Geschäftsleiterabberufung und Einschreitensmöglichkeiten gegen ungesetzliche Geschäfte, zum Bezeichnungsschutz, zu Auskunfts- und Prüfungsmöglichkeiten der Bankenaufsicht sowie zu „Maßnahmen in besonderen Fällen“ (bei unzureichender Eigenkapitalausstattung oder Liquiditätsvorsorge, bei Gefahren für die Bankengläubiger, bei staatlich dekretierten Moratorien bzw. Einstellungen des Bank- und Börsenverkehrs), ferner Angaben zur Vollziehbarkeit von Aufsichtsmaßnahmen, zu Zwangsmitteln des BAK, zu Kosten und Gebühren.

Die weiteren Abschnitte des KWG beinhalten Spezialvorschriften, die u.a. die Sonderaufsicht, Zweigstellen ausländischer Banken sowie Straf- und Bußgeldvorschriften zum Gegenstand haben. Das eigentliche KWG wird durch eine Reihe von Verordnungen, Bekanntmachungen u.a. ergänzt und präzisiert.

II. Das Gesetz über den Wertpapierhandel (WpHG)

Das Gesetz über den Wertpapierhandel (WpHG), kurz: Wertpapierhandelsgesetz, wurde als Bestandteil des Zweiten Finanzmarktförderungsgesetzes 1994 verabschiedet und trat vollständig am 1.1.1995 in Kraft.

Das WpHG dient der Transformation der EG-Insiderrichtlinie, der EG-Transparenzrichtlinie sowie der Umsetzung der EG-Wertpapierdienstleistungsrichtlinie in nationales Recht. Wesentliche Inhalte des Gesetzes bilden dementsprechend die Regelung des Insiderhandels und die Mitteilungs- und Veröffentlichungspflichten bei Veränderungen des Stimmrechtsanteils bei börsennotierten Gesellschaften. Ein weiterer Komplex beinhaltet Verhaltensregeln für Wertpapierdienstleistungsunternehmen. Mit dem WpHG wurden ferner die rechtlichen Grundlagen für eine neue staatliche Marktaufsicht, das Bundesaufsichtsamt für den Wertpapierhandel (BAWe), geschaffen, womit erstmalig eine Bundesbehörde kapitalmarktbezogene Aufsichtsbefugnisse erhielt.

Das WpHG ist in sieben Abschnitte unterteilt. Im ersten Abschnitt „Anwendungsbereich, Begriffsbestimmungen, Ausnahmen" (§§ 1 bis 2a WpHG) werden die Objekte der Wertpapieraufsicht erläutert, indem Wertpapiere, Geldmarktinstrumente, Derivate, Wertpapierdienstleistungen und Wertpapiernebendienstleistungen sowie die Wertpapierdienstleistungsunternehmen und der organisierte Markt definiert werden. Des weiteren sind Ausnahmeregelungen für diejenigen Unternehmen formuliert, die im Rahmen dieses Gesetzes nicht als Wertpapierdienstleistungsunternehmen gelten

Der zweite Abschnitt „Bundesaufsichtsamt für den Wertpapierhandel" (§§ 3 bis 11 WpHG) enthält sowohl institutionelle als auch funktionelle Vorgaben für das BAWe. Geregelt werden die Organisation und die Aufgaben des BAWe, die im wesentlichen bestehen in der präventiven Bekämpfung und Verfolgung von Insidervorfällen, der Überwachung der Ad-hoc-Publizität börsennotierter Unternehmen, der Überwachung der Publizität bei Veränderungen der Stimmrechtsanteile bei amtlich notierten Unternehmen sowie der Überwachung der Verhaltensregeln bei Wertpapierdienstleistungsunternehmen.

Weitere Vorschriften betreffen die Bildung eines Wertpapierrates, der das BAWe unterstützt, sowie die Zusammenarbeit des BAWe mit Aufsichtsbehörden im Inland und mit zuständigen Stellen im Ausland. Des weiteren enthält dieser Abschnitt Vorschriften über die Verschwiegenheitspflicht für die beim Bundesaufsichtsamt Beschäftigten, über den Kreis der meldepflichtigen Unternehmen sowie über die einzuhaltenden Meldefristen. Erstmalig müssen Banken, Finanzdienstleistungsinstitute mit der Erlaubnis zum Betreiben von Eigenhandelsgeschäften sowie andere Unternehmen, die ihren Sitz im Inland haben und an einer inländischen Börse zum Handel zugelassen sind, dem BAWe jedes Geschäft in Wertpapieren oder Derivaten, die zum Handel an einem organisierten Markt in einem Mitgliedstaat der Europäischen Union oder in einem anderen Vertragsstaat des Abkommens über den Europäischen Wirtschaftsraum zugelassen sind oder in den Freiverkehr einer inländischen Börse einbezogen sind, unverzüglich mitteilen, wenn sie das jeweilige Geschäft in Zusammenhang mit einer Wertpapierdienstleistung oder als Eigengeschäft abschließen.

Dies gilt auch für den Erwerb oder die Veräußerung von Zeichnungsrechten auf Wertpapiere, wenn diese Wertpapiere an einem organisierten Markt gehandelt werden sollen, sowie für Aktien und Optionsscheine, bei denen eine Zulassung zum Handel an einem organisierten Markt oder die Einbeziehung in den Freiverkehr beantragt ist. Die Mitteilung hat auf Datenträgern oder im Wege der elektronischen Datenfernübertragung zu erfolgen. Sie muß Aufschluß geben über die Bezeichnung des Wertpapiers oder Derivats und seine Wertpapierkennummer, Datum und Uhrzeit des Abschlusses, Kurs, Stückzahl und Nennbetrag, die am Geschäft beteiligten Unternehmen, die Börse bzw. das elektronische Handelssystem sowie Kennzeichen zur Identifikation des Geschäfts. Das Bundesfinanzministerium kann weitere Angaben sowie Details der Meldung festlegen. Explizit ausgenommen von der Meldepflicht sind die weitgehend von den KWG-Vorschriften befreiten Institutionen, sofern diese nicht an einer inländischen Börse zum Handel zugelassen sind, sowie Wohnungsgenossenschaften und Spareinrichtungen. Weiterhin gelten die Meldepflichten nicht für Geschäfte in Anteilscheinen einer Kapitalanlagegesellschaft oder ausländischen Investmentgesellschaft, für die eine Rücknahmeverpflichtung besteht, sowie für Derivategeschäfte, die Geldmarktinstrumente sowie Waren oder Edelmetalle zum Gegenstand haben. Abschließend werden in diesem Abschnitt die Art und die Höhe der Zwangsmittel, mit denen das BAWe seine gesetzlichen Befugnisse durchsetzen kann, sowie die Aufteilung der an den Bund zu erstattenden Kosten des BAWe geregelt.

Im dritten Abschnitt ist die „Insiderüberwachung" (§§ 12 bis 20 WpHG) geregelt.[235] Dazu gehören die Definition des Insider und von Insiderpapieren, das Verbot von Insidergeschäften, die Veröffentlichung und Mitteilung kursbeeinflussender Tatsachen sowie die laufende Überwachung des börslichen und außerbörslichen Geschäfts in Insiderpapieren. Nach dem Gesetz ist Insider, wer (a) als Mitglied der Geschäftsführung oder des Aufsichtsorgans oder als persönlich haftender Gesellschafter des Emittenten oder eines mit dem Emittenten verbundenen Unternehmens, (b) aufgrund seiner Beteiligung am Kapital des Emittenten oder eines mit ihm verbundenen Unternehmens oder (c) aufgrund seines Berufs oder Tätigkeit oder seiner Aufgabe bestimmungsgemäß Kenntnis von einer Insidertatsache hat. Diese Personen werden auch als Primärinsider bezeichnet. Ihnen ist es verboten, unter Ausnutzung ihrer Kenntnisse von einer Insidertatsache Insiderpapiere für eigene oder fremde Rechnung zu erwerben oder zu veräußern (Erwerbs- und Veräußerungsverbot). Des weiteren dürfen sie nicht einem anderen eine Insidertatsache unbefugt mitteilen oder zugänglich machen (Weitergabeverbot) sowie auf der Grundlage ihrer Kenntnis von einer Insidertatsache den Erwerb oder die Veräußerung von Insiderpapieren empfehlen (Empfehlungsverbot). Für Dritte — die Kenntnis von einer Insidertatsache haben — auch als Sekundärinsider bezeichnet, gilt nur das Erwerbs- und Veräußerungsverbot.

---

[235] Mit der Verabschiedung des Zweiten Finanzmarktförderungsgesetzes wurde der Insiderhandel in Deutschland, der seit Anfang der siebziger Jahre auf einem System der Selbstregulierung basierte, erstmalig einer gesetzlichen Regelung unterworfen.

Zu den Begriffsmerkmalen der Insidertatsache gehört, daß es sich um eine noch nicht öffentlich bekannte Tatsache handelt, die sich auf einen oder mehrere Emittenten von Insiderpapieren bezieht und im Falle ihres öffentlichen Bekanntwerdens zu einer erheblichen Kursbeeinflussung geeignet ist. Zu den Insiderpapieren zählen Wertpapiere, die (a) an einer inländischen Börse zum amtlichen Handel oder zum Geregelten Markt zugelassen oder in den Freiverkehr einbezogen sind, oder (b) in einem anderen EU-Land oder einem anderen Vertragsstaat des Abkommens über den Europäischen Wirtschaftsraum zum amtlichen Handel oder zum Handel an einem organisierten Markt zugelassen sind. Als Insiderpapiere gelten auch — sofern diese Instrumente in einem Mitgliedstaat der EU oder einem Vertragsstaat des Abkommens über den Europäischen Wirtschaftsraum zum Handel an einem organisierten Markt zugelassen sind oder in den Freiverkehr einbezogen sind — (1) Rechte auf Zeichnung, Erwerb oder Veräußerung von Wertpapieren, (2) Rechte auf Zahlung eines Differenzbetrages, der sich an der Wertentwicklung von Wertpapieren bemißt, (3) Terminkontrakte auf einen Aktien- oder Rentenindex oder Zinsterminkontrakte (Finanzterminkontrakte) sowie Rechte auf Zeichnung, Erwerb oder Veräußerung von Finanzterminkontrakten, sofern die Finanzterminkontrakte Wertpapiere zum Gegenstand haben oder sich auf einen Index beziehen, in den Wertpapiere einbezogen sind, sowie (4) sonstige Terminkontrakte, die zum Kauf oder zum Verkauf von Wertpapieren verpflichten.

Insiderinformationen sind Kenntnisse von noch nicht bekanntgegebenen oder noch nicht bekanntgewordenen Umständen, die von Einfluß auf die Bewertung der Insiderpapiere sein können. Als Informationen dieser Art werden z. B. Kenntnisse von einer Änderung des Dividendensatzes, von wesentlichen Ertrags- und Liquiditätsveränderungen oder von wesentlichen Umständen angesehen, die hierauf von Einfluß sind oder sein könnten.

Dem Mißbrauch von Insiderkenntnissen präventiv entgegenwirken soll die bis zum Inkrafttreten des WpHG in § 44 a Börsengesetz geregelte Ad-hoc-Publizität, die die Pflicht der unverzüglichen Veröffentlichung kursbeeinflussender Tatsachen beinhaltet. Gemäß § 15 WpHG besteht eine Pflicht zur Ad-hoc-Publizität für Emittenten von Wertpapieren, die zum Handel am amtlichen oder Geregelten Markt einer inländischen Börse zugelassen sind, wenn eine in ihrem Tätigkeitsbereich eingetretene und nicht öffentlich bekannte Tatsache aufgrund der Auswirkungen auf die Vermögens- oder Finanzlage oder auf den allgemeinen Geschäftsverlauf der Emittenten geeignet ist, die Börsenpreise der Wertpapiere erheblich zu beeinflussen. Nicht erfaßt werden von der Pflicht zur Ad-hoc-Publizität alle Freiverkehrswerte. Das BAWe kann die Emittenten auf Antrag von den Veröffentlichungspflichten im Rahmen der Ad-hoc-Publizität befreien, wenn die Veröffentlichung der Tatsache geeignet ist, den berechtigten Interessen der Emittenten zu schaden.

Des weiteren enthält der Abschnitt Regelungen, die die Verarbeitung und Nutzung personenbezogener Daten betreffen, die dem BAWe mitgeteilt wurden, sowie die Strafverfahren bei Insidervergehen. Das BAWe hat im Rahmen seiner Überwachungsfunktion das Recht, von inländischen Banken und Unternehmen, die an einer inländischen Börse zum Handel zugelassen sind, Auskünfte über Geschäfte in Insiderpapieren zu verlangen. Die Auskunftspflicht erstreckt sich auf den Bestand, die Zusammensetzung und die Veränderung ihrer Wertpapierdepots. Verstöße gegen das Insiderhandelsverbot bzw. gegen die gesetzlich manifestierten Verbotstatbestände werden mit einer Freiheitstrafe von bis zu 5 Jahren oder einer Geldstrafe, deren Bemessung sich an den Vorschriften des Strafgesetzbuches orientiert, geahndet. Zu einer wirksamen Bekämpfung des Insiderhandels bedarf es der internationalen Zusammenarbeit mit den zuständigen Stellen anderer Mitgliedstaaten der Europäischen Union. Die grenzenüberschreitende Zusammenarbeit zwischen dem BAWe und den zuständigen Behörden anderer Mitgliedstaaten der EU sowie Ausnahmen der von der Insiderregelung betroffenen Geschäfte und Institutionen sind ebenfalls Gegenstand dieses Abschnittes.

Der vierte Abschnitt enthält „Mitteilungs- und Veröffentlichungspflichten bei Veränderungen des Stimmrechtsanteils an börsennotierten Gesellschaften" (§§ 21 bis 30 WpHG). Danach ist das Erreichen, Über- oder Unterschreiten von 5, 10, 25, 50 und 75 % der Stimmrechte an einer börsennotierten Gesellschaft der betroffenen Gesellschaft selbst und dem BAWe zu melden. Sodann hat die Gesellschaft die Meldung zur Unterrichtung des Publikums zu veröffentlichen. Im übrigen werden in diesem Abschnitt im einzelnen die Voraussetzungen dieser Mitteilungs-und Veröffentlichungspflichten, deren Modalitäten sowie ihre Durchsetzbarkeit geregelt. Weitere Ausführungen beziehen sich auf eine Reihe von Befreiungstatbeständen sowohl hinsichtlich der Mitteilungs- als auch der Veröffentlichungspflichten.

Der fünfte Abschnitt enthält „Verhaltensregeln für Wertpapierdienstleistungsunternehmen" (§§ 31 bis 37 WpHG). Dieser regelt die allgemeinen und besonderen Verhaltensregeln, die Organisationspflichten sowie Aufzeichnungs- und Aufbewahrungspflichten der Wertpapierdienstleistungsunternehmen. Hinzu kommen Vorschriften hinsichtlich der Überwachung der Verhaltensregeln, der Prüfung der Meldepflichten und der Verhaltensregeln sowie geltende Ausnahmen hinsichtlich der Aufzeichnungs- und Aufbewahrungspflichten.

Im Rahmen der *allgemeinen* Verhaltensregeln sind Wertpapierdienstleistungsunternehmen dazu verpflichtet, ihre Tätigkeit mit der erforderlichen Sachkenntnis, Sorgfalt und Gewissenhaftigkeit im Interesse ihrer Kunden auszuüben. Sie sind ferner verpflichtet, sich um die Vermeidung von Interessenskonflikten zu bemühen oder dafür zu sorgen, daß bei unvermeidbaren Interessenkonflikten der Kundenauftrag unter der gebotenen Wahrung des Kundeninteresses ausgeführt wird. Gemäß der *besonderen* Verhaltensregeln ist es Wertpapierdienstleistungsunternehmen unter anderem verboten, Kunden den Ankauf oder Verkauf von Wertpapieren, Geldmarktinstrumenten oder Derivaten zu empfehlen, wenn diese nicht mit den Interessen des Kunden übereinstimmen oder dadurch vorrangig Eigeninteressen der Wertpapierdienstleistungsunternehmen verfolgt werden. Insbesondere soll in diesem Zusammenhang verhindert werden, daß durch Kauf- oder Verkaufsempfehlungen des Wertpapierdienstleistungsunternehmens die Preise von Wertpapieren, Geldmarktinstrumenten oder Derivaten für Eigengeschäfte desselben oder eines verbundenen Unternehmens in eine bestimmte Richtung gelenkt werden.

Die Organisationspflichten der Wertpapierdienstleistungsunternehmen bestehen darin, (1) die für eine ordnungsmäßige Durchführung der Wertpapierdienstleistung und Wertpapiernebendienstleistung notwendigen Mittel und Voraussetzungen vorzuhalten und wirksam einzusetzen, (2) die Organisation so zu gestalten, daß bei der Erbringung von

Wertpapierdienstleistungen und Wertpapiernebendienstleistungen Interessenkonflikte zwischen dem Wertpapierdienstleistungsunternehmen und den Kunden oder Interessenkonflikte zwischen den Kunden möglichst gering gehalten werden und (3) angemessene interne Kontrollverfahren zur Einhaltung dieser Vorschrift zu institutionalisieren. Die vom Gesetz verlangten umfangreichen Dokumentationspflichten bei der Erbringung von Wertpapierdienstleistungen sollen eine nachträgliche Überprüfung der ordnungsgemäßen Auftragsausführung ermöglichen. Die Dokumentationspflichten beinhalten die Aufzeichnung des Auftrags, die hierzu erteilten Anweisungen des Kunden, die Ausführung des Auftrags, den Namen des Angestellten, der den Auftrag angenommen hat, sowie Uhrzeit der Erteilung und Ausführung des Auftrags, die dem Kunden in Rechnung gestellten Provisionen und Spesen. Bei der Überwachung der Einhaltung der Verhaltensregeln hat das BAWe das Recht, die Vorlage von Unterlagen zu verlangen oder außerordentliche Prüfungen vornehmen. Zuwiderhandlungen gegen die Verhaltensregeln werden in unterschiedlicher Art und Weise geahndet.

III. Gesetz über die Deutsche Bundesbank (BBankG)

Das Gesetz über die Deutsche Bundesbank (BBankG) enthält auch die rechtliche Grundlage für die Tätigkeit dieser Institution als Organ der Bankenaufsicht. So ist die Deutsche Bundesbank gemäß § 18 BBankG berechtigt, zur Erfüllung ihrer Aufgaben Statistiken auf dem Gebiet des Bank- und Geldwesens bei allen Banken anzuordnen und durchzuführen. Neben daraus abgeleiteten Erkenntnissen für die Geld- und Währungspolitik dienen diese Erhebungen auch Bankenaufsichtszwecken: Gemäß § 7 KWG haben die Deutsche Bundesbank und das BAK einander Beobachtungen und Feststellungen mitzuteilen, die für die Erfüllung der beiderseitigen Aufgaben von Bedeutung sein können. Für die Deutsche Bundesbank bedeutet dies, daß sie dem BAK die Angaben zur Verfügung zu stellen hat, die sie aufgrund statistischer Erhebungen nach § 18 BBankG erlangt. Die Zusammenarbeit schließt die Übermittlung personenbezogener Daten ein; des weiteren darf das BAK bei der Deutschen Bundesbank die zur Erfüllung seiner Aufgaben nach diesem Gesetz gespeicherten Daten im automatisierten Verfahren abrufen (§ 7 Abs. 2 KWG). Darüber hinaus schreibt § 25 Abs. 3 KWG vor, daß die der Deutschen Bundesbank einzureichenden Monatsausweise von dieser — ergänzt um ihre Stellungnahme — an das BAK weiterzuleiten sind; dieses kann auf die Weiterleitung bestimmter Monatsausweise verzichten.

Eine Zusammenarbeit findet auch zwischen der Deutschen Bundesbank und dem BAWe statt. Gemäß § 6 WpHG Abs. 4 und 5 hat die Deutsche Bundesbank auf Anfrage des BAWe diesem Auskünfte über die ihr auf Grund des § 14 KWG mitgeteilten Daten zu erteilen, soweit dies zur Verfolgung von verbotenen Insidergeschäften erforderlich ist. Des weiteren darf das BAWe zur Erfüllung seiner Aufgaben die gespeicherten Daten entsprechend §§ 2 b, 14 Abs. 3 KWG in Verbindung mit § 19 Abs. 2, § 24 Abs. 1 Nr. 1 bis 3 und 11, Abs. 3 im automatisierten Verfahren abrufen.

Neben laufenden statistischen Erhebungen ist die Deutsche Bundesbank gemäß § 18 BBankG auch dazu befugt, Sondererhebungen anzuordnen und durchzuführen, wovon sie in verschiedenen Bereichen Gebrauch gemacht hat (z. B. Sondererhebungen über Schuldscheingeschäfte, Konsumentenkredite, Derivategeschäfte, Pensionsgeschäfte, Wertpapierdepots). Derartige Sondererhebungen liefern neben geld- und währungspolitisch interessanten Erkenntnissen auch bzw. gerade für Bankenaufsichtszwecke relevante Daten.

IV. Sonstige

Neben dem Gesetz über das Kreditwesen sowie dem Gesetz über die Deutsche Bundesbank kommt für Banken eine Reihe weiterer Gesetze in Betracht, die als Sondergesetze rechtsform- und/oder geschäftsspezifische Vorschriften enthalten: z. B. das Hypothekenbankgesetz, das Gesetz über Kapitalanlagegesellschaften, das Bausparkassengesetz, die für Sparkassen und Girozentralen erlassenen Landesgesetze, das Genossenschaftsgesetz. Diese Sondergesetze enthalten z.T. über die allgemeinen Vorschriften des KWG hinausgehende Normen aufsichtlichen Charakters.

C. Begründung und Ziele der Bankenaufsicht

Die Banken in Deutschland sind — wie oben erläutert — zahlreichen gesetzlichen Bestimmungen unterworfen, die damit begründet werden, daß dem Bankensektor innerhalb der Volkswirtschaft eine besondere Stellung zuzuschreiben sei. Diese Sonderstellung ist zum einen das Resultat der besonderen strukturellen Gegebenheiten bankgeschäftlicher Aktivitäten wie z. B. der nahezu ausschließlichen Refinanzierung mit Fremdkapital und den spezifischen Liquiditätsdispositionsproblemen; zum anderen ist der Tatsache Rechnung zu tragen, daß von Banken aufgrund ihrer engen Einbindung in die Volkswirtschaft Effekte auf andere Wirtschaftsbereiche ausgehen. Hinzu kommt, daß den Banken wesentliche Teile des Volksvermögens anvertraut sind. Hierbei müssen auch die besonderen Präferenzen der breiten Masse von Bankgläubigern Berücksichtigung finden, die sich aufgrund der Funktion der Bankeinlagen als Existenzreserven i.d.R. extrem risikoavers verhalten und bei Gerüchten um die Zahlungsfähigkeit eines Instituts sehr schnell mit massiven Einlagenabzügen reagieren (können).[236] Die mit dieser dem Gros der Bankkunden unterstellten Verhaltensweise assoziierte „run"-Situation erstreckt sich jedoch nicht nur auf das jeweilige in Solvenzschwierigkeiten geratene Institut, sondern kann zu einem allgemeinen Banken-„run" als Folge eines generellen Vertrauensverlustes gegenüber dem gesamten Bankensektor führen, der dann die Funktionsfähigkeit der gesamten Volkswirtschaft beeinträchtigen würde[237], dies insbesondere aufgrund der vielfältigen Verflechtungen der Bankwirtschaft mit den übrigen Wirtschaftsbereichen im Rahmen des Einlagen-, Zahlungsverkehrs- und Kreditgeschäftes mit der Folge, daß Schwierigkeiten im Bankensektor eine weitaus höhere Breitenwirkung zeitigen als vergleichbare Tatbestände in anderen Branchen.

Um derartigen Mißständen und daraus resultierenden gesamtwirtschaftlichen Auswirkungen entgegentreten zu können, wird neben einem höchstmöglichen Schutz der Einleger vor Vermögensverlusten explizit auch die Aufrechterhaltung der Funktionsfähigkeit des Bankwesens als dominierende Zielsetzung der Bankenaufsicht genannt. Insofern ist ein „free banking"— als dem Liberalismus immanentes Prinzip — abzulehnen und eine im Vergleich zu anderen Wirtschaftsbereichen strengere und umfassendere Reglementierung durchaus legitim. Hinzu kommt die mangelnde empirische Überprüfbarkeit der Hypothese von der Effizienz der „Free-banking-Position", da es heutzutage kein Land gibt, das nicht über eine staatliche Bankenaufsicht verfügt.

Während die traditionelle Erklärung der Bankenaufsicht an das KWG anknüpft und die Notwendigkeit bankenaufsichtsrechtlicher Maßnahmen mit der Sicherung der Funktionsfähigkeit des Kreditwesens und des Gläubigerschutzes erklärt, basieren modernere Begründungen der Bankenaufsicht nicht auf einzelnen Schutzzielen, sondern stellen als Regulierungsmotiv das Marktversagen in den Vordergrund (market failure).[238] Mit dem Komplex des Marktversagens wird die ökonomische Theorie der Regulierung angesprochen. Dabei bezeichnet Marktversagen den Sachverhalt, daß ein Markt seine Funktionen nur unzureichend oder gar nicht erfüllen kann mit der Konsequenz, daß die Effizienz des Marktprozesses beeinträchtigt wird. Wenn der Marktprozeß somit zu einem wohlfahrtsökonomisch nicht erwünschtem Ergebnis führt, dann erscheint ein staatliches Eingreifen in den Marktprozeß gerechtfertigt. Die Ursachen für das Vorliegen von Marktversagen sind vielfältig; als diesbezügliche typische Gründe werden die Existenz natürlicher Monopole, das Auftreten externer Effekte sowie asymmetrische Informationsverteilung zwischen den Marktpartnern angeführt. Aus den zuvor genannten Gründen wird als Ursache für den Regulierungsbedarf von Banken in erster Linie Marktver-

---

236 Vgl. z. B. Krümmel, H.: Bankpolitische Normen und ihre Wirkungen auf das Bankgeschäft, in: KuK, 8. Jg. (1985), H. 4, S. 524 -548, hier: S. 528.

237 Vgl. Müller, W.: Bankenaufsicht und Gläubigerschutz, Baden-Baden 1981, S. 30; Schäffer, Heinz: Bankenaufsicht — Möglichkeiten und Grenzen ihrer Organisation aus rechtlicher Sicht, in: ÖBA, 40. Jg. (1990), H. 6, S. 199-219, hier: S. 200.

238 Vgl. hierzu ausführlich, Burghof, H.-P.; Rudolph, B.: Bankenaufsicht, Theorie und Praxis der Regulierung, Wiesbaden 1996.

sagen durch asymmetrische Informationsverteilung abgeleitet.[239] Dieses wird damit begründet, daß in einer realen Welt mit Unsicherheit der „kleine“ Bankgläubiger mangels Sachkompetenz und Verhandlungsmacht nicht hinreichend in der Lage ist, die Qualität des Bankmanagement und die verfolgte Geschäftspolitik wirksam zu kontrollieren. In engem Zusammenhang hiermit steht die Run-Hypothese, die darauf basiert, daß die Bankgläubiger nicht zwischen riskanten und weniger riskanten Instituten unterscheiden können, so daß bei Bekanntwerden wirtschaftlicher Schwierigkeiten einer Bank die Gläubiger nicht zwingend den Wahrheitsgehalt überprüfen, sondern aus Sicherheitsgründen sofort ihre Einlagen abziehen. Die mit einem run verbundenen negativen Auswirkungen rechtfertigen den Einsatz bankenaufsichtsrechtlicher Maßnahmen bzw. unterstützen eine staatliche Regulierung des Bankenaufsichtsrechts.

Wenngleich sowohl in der Theorie als auch in der Praxis kein Zweifel an der Notwendigkeit einer staatlichen Bankenaufsicht besteht, wird insbesondere im Zusammenhang mit den Harmonisierungsbestrebungen der EU auf Seiten der Bankwirtschaft gegenüber dem BAK der Vorwurf einer Überregulierung des Bankensektors erhoben.

Im Anschluß an die fünfte und sechste KWG-Novelle und bereits absehbaren weiteren Novellierungen des KWG sollen kurz die diesbezüglich existierenden kontroversen Meinungen zwischen der Bankwirtschaft und dem BAK angesprochen werden. So wird auf Seiten der Bankwirtschaft der Vorwurf gegenüber dem BAK erhoben, daß das Bankenaufsichtsrecht ein zunehmend regulierter Bereich wird.[240] Wenngleich es die Aufgabe des BAK ist, die Funktionsfähigkeit des Finanzsystems sicherzustellen, kann es nicht Aufgabe der Bankenaufsicht sein, durch zu umfangreiche Vorschriften das Fallissement einer einzelnen Bank in jedem Fall auszuschließen, da letztendlich hierdurch die Auslesefunktion des Wettbewerbs eine erhebliche Einschränkung erfahren würde. Bezüglich der Regelungsdichte des Bankenaufsichtsrechts werden auf Seiten der Banken primär kritisiert das umfangreiche Meldewesen bei Großkrediten sowie die Nichtberücksichtigung der unterschiedlichen Gegebenheiten einzelner Gruppen der Bankwirtschaft. Bezüglich letztgenanntem Aspekt forderten insbesondere die öffentlich-rechtlichen und genossenschaftlichen Banken mehr Bagatell- und Ausnahmeregelungen, die den spezifischen Eigenheiten dieser Institute Rechnung tragen.

Grundsätzlich signalisiert auch das BAK Bereitschaft, für die Zukunft nach alternativen Aufsichtsmethoden zu suchen, die weniger regelungsintensiv, aber ebenso effizient sind wie die heute bestehenden Maßnahmen. Zugleich wurde auf die Erleichterungen hingewiesen, die im Rahmen der sechsten KWG-Novelle geschaffen wurden. So ist für die Banken schon eine Reihe von Anzeigepflichten entfallen, die z. B. bei Satzungsänderungen und bei Änderungen des Gesellschaftsvertrages, bei der Kündigung von Genußrechten und nachrangigen Verbindlichkeiten an das BAK hätten erfolgen müssen. Eine weitere Deregulierungsmaßnahme besteht im Wegfall der Anzeigepflicht bei Or-

239 Vgl. Wolf-Wacker, E.: Zur Begründung und Ausgestaltung von Bankenaufsicht, Krefeld 1987.

240 So werfen Vorstände einzelner Banken dem BAK geradezu eine „Regulierungswut“ vor, o. V., Banken und Sparkassen fordern Deregulierung, in: Börsen-Zeitung vom 8. November 1997, Nr. 215, S. 6.

gankrediten gemäß § 16 KWG an Geschäftsleiter, leitende Mitarbeiter oder nahestehende Unternehmen.

Spielräume für eine Deregulierung werden auf Seiten des BAK nur in den Fällen gesehen, in denen die Beseitigung bzw. der Abbau von Vorschriften die Sicherstellung der Funktionsfähigkeit des Bankgewerbes nicht gefährdet. Angedacht werden Ansätze einer flexibleren marktorientierten Bankenaufsicht, die zu einer stärkeren Selbstverantwortung der Institute führt. Eine zunehmend marktorientierte Aufsicht wird auch auf Seiten der Bankwirtschaft positiv bewertet. Eine marktorientierte Aufsicht beinhaltet z. B. die Setzung von Anreizsystemen, erhöhte Publizitätspflichten der Banken sowie einen wechselseitigen Know-how-Transfer zwischen der Aufsichtbehörde und den Instituten. Letztgenannter Aspekt könnte umgesetzt werden durch eine kontinuierliche Personalrotation zwischen der Aufsichtsbehörde und den zu beaufsichtigenden Instituten.

D. Träger der Bankenaufsicht

Die Beaufsichtigung der Banken in Deutschland kann als im wesentlichen zentralisiert angesehen werden, wenngleich sie auf mehrere, eng zusammenarbeitende dezentrale Aufsichtsträger verteilt ist. Während die materielle Durchführung der Bankenaufsicht vorwiegend dem Bundesaufsichtsamt für das Kreditwesen (BAK) als zentraler Kontroll- und Überwachungsinstanz obliegt, sind weitere Behörden kooperativ in das Aufsichtssystem eingeschaltet. In diesem Zusammenhang ist insbesondere die enge Zusammenarbeit mit dem Bundesaufsichtsamt für den Wertpapierhandel (BAWe) in Frankfurt am Main anzuführen. Seit Inkrafttreten des Gesetzes über den Wertpapierhandel überwacht dieses u. a. das Wertpapierdienstleistungsgeschäft der Banken, das heißt deren Handels- und Vermittlungsgeschäft mit Kunden, das sich auf Wertpapiere und Derivate bezieht, die Einhaltung der allgemeinen und besonderen Verhaltensregeln, die Bekämpfung von Insidergeschäften sowie die Ad-hoc-Publizität. Die Beaufsichtigung der Wertpapierfirmen sowie der Institute und Finanzdienstleistungsinstitute, soweit sie Wertpapierdienstleistungen erbringen, fallen somit in die Zuständigkeit zweier Bundesoberbehörden.

Während das BAK für die Zulassung und Solvenzaufsicht der Institute zuständig ist, führt das BAWe die Marktaufsicht über die Wertpapierdienstleistungen durch. Der Arbeitsteilung der Behörden liegt somit ein funktionaler Ansatz zugrunde. Entsprechend der funktionalen Aufgabenteilung zwischen ihnen werden Regelungen, die in den Zuständigkeitsbereich des BAK fallen, im KWG, und Regelungen, die in den Zuständigkeitsbereich des BAWe fallen, im Wertpapierhandelsgesetz umgesetzt. Die enge Zusammenarbeit zwischen BAWe und BAK manifestiert sich u. a. in § 35 Abs. 1 KWG, nach dem einem Kredit- oder Finanzdienstleistungsinstitut die Geschäftserlaubnis entzogen werden kann, wenn es gegen die Vorschriften des Wertpapierhandelsgesetzes verstößt.

I. Bundesaufsichtsamt für das Kreditwesen (BAK)

In institutioneller Hinsicht ist das BAK mit Sitz in Berlin die wichtigste Aufsichtsinstanz. Das BAK ist eine selbständige Bundesbehörde, die der Dienstaufsicht und den fachlichen Weisungen des Bundesministers der Finanzen (seit 1972, vorher Bundesminister für Wirtschaft) untersteht (desgleichen: Bundesaufsichtsamt für das Versicherungswesen und Bundesaufsichtsamt für den Wertpapierhandel). An der Spitze des BAK steht ein Präsident, der vom Bundespräsidenten auf Vorschlag der Bundesregierung ernannt wird, wobei letztere die Deutsche Bundesbank anzuhören hat (Gelegenheit zur Stellungnahme, jedoch keine Ablehnungsmöglichkeit). Die Hauptaufgabe des BAK umreißt § 6 KWG: Es hat danach die Aufsicht über die Banken nach den KWG-Vorschriften auszuüben, es hat „Mißständen im Kredit- und Finanzdienstleistungswesen entgegenzuwirken, die die Sicherheit der den Instituten anvertrauten Vermögenswerte gefährden, die ordnungsmäßige Durchführung der Bankgeschäfte oder Finanzdienstleistungen beeinträchtigen oder erhebliche Nachteile für die Gesamtwirtschaft herbeiführen können, soweit nicht das Bundesaufsichtsamt für den Wertpapierhandel nach dem Wertpapierhandelsgesetz zuständig ist."

Zu diesem Zweck gibt das KWG dem BAK in der materiellen Bankenaufsicht drei Gruppen von Befugnissen:

- organisatorische Befugnisse,
- Befugnisse zur laufenden Überwachung und
- Eingriffs- und Anordnungsbefugnisse in besonderen Fällen.

Diese Befugnisse hat das BAK ganz oder teilweise auch gegenüber Kredit- und Finanzdienstleistungsinstitute, die einer anderen staatlichen Aufsicht unterstehen.

Das BAK hat zur Durchsetzung der ihm zur Verfügung stehenden Maßnahmen nach pflichtgemäßem Ermessen unter Beachtung des Grundsatzes der Verhältnismäßigkeit vorzugehen. Gegen Maßnahmen des BAK, dessen Entscheidungen in Zweifelsfällen die Verwaltungsbehörden, nicht jedoch die Gerichte binden, ist ein Rechtsmittelverfahren möglich (Widerspruch, Anfechtungsklage, Verpflichtungsklage, Berufung an das Oberverwaltungsgericht bzw. den Verwaltungsgerichtshof, Revision an das Bundesverwaltungsgericht, letztere jedoch nur begrenzt zulässig.)

Widerspruch und Anfechtungsklage haben grundsätzlich aufschiebende Wirkung, doch kann das BAK die sofortige Vollziehung anordnen, sofern diese im öffentlichen Interesse liegt; dies ist schriftlich zu begründen. Keine aufschiebende Wirkung haben gemäß § 49 KWG Widerspruch und Anfechtungsklage in den Fällen:

- Untersagung des Erwerbs bzw. der Erhöhung von bedeutenden Beteiligungen (§ 2b Abs. 1 KWG);
- Untersagung der Ausübung von Stimmrechten bei bedeutenden Beteiligungen (§ 2b Abs. 2 KWG);
- Untersagung der Fortführung einer Beteiligung oder einer Unternehmensbeziehung, wenn das übergeordnete Institut nicht die geforderten Informationen zur Verfügung stellt (§ 12a Abs. 2 KWG);
- Aufhebung der Erlaubnis zum Betreiben von Bankgeschäften gemäß § 35 KWG, wenn von der Erlaubnis nicht innerhalb eines Jahres seit ihrer Erteilung Gebrauch gemacht wird, wenn der Geschäftsbetrieb, auf den sich die Erlaubnis bezieht, seit mehr als sechs Monaten nicht mehr ausgeübt worden ist, wenn das Institut in der Rechtsform des Einzelkaufmanns betrieben wird, wenn kein ausreichendes Eigenkapital zur Verfügung steht, wenn nicht mindestens zwei Geschäftsführer bestellt wurden oder Unzuverlässigkeit der Geschäftsführer gegeben ist, oder wenn Gefahr für die Erfüllung der Verpflichtungen eines Instituts gegenüber seinen Gläubigern besteht, wenn die Eigenmittel eines Wertpapierhandelsunternehmen nicht mindestens einem Viertel seiner Kosten gemäß § 10 Abs. 9 entsprechen, das Institut nachhaltig gegen Bestimmungen des Kreditwesengesetzes, des Wertpapierhandelsgesetzes oder die zur Durchführung dieser Gesetze erlassenen Verordnungen oder Anordnungen verstoßen hat ;
- Verlangen nach Abberufung von Geschäftsleitern (§ 36 KWG);
- bei einer Prüfung von Instituten, Unternehmen mit bankbezogenen Hilfsdiensten, Finanzholdinggesellschaften oder der Mitglieder von den Organen der Institute und der Anforderung von Auskünften über Geschäftsangelegtenheiten und nach Vorlage der Bücher (§ 44 KWG);
- Beschränkung oder Untersagung von Gewinnausschüttungen oder -entnahmen bzw. der Gewährung von Krediten bei unzureichenden Eigenmitteln oder unzureichender Liquidität (§ 45 KWG);
- wenn Anweisungen des BAK im Falle der Gefährdung der Erfüllung von Verpflichtungen des Instituts gegenüber seinen Gläubigern ergangen sind, Anweisungen bei Konkursgefahr erfolgen sowie wenn ein Konkursverfahren durch das BAK eingeleitet wurde (§ 46 KWG).

Das BAK kann die von ihm getroffenen Verfügungen mit Zwangsmitteln gemäß Verwaltungsvollstreckungsgesetz durchsetzen, auch gegen Banken in öffentlich-rechtlichen Rechtsformen (Zwangsgeld). Wird bei einer Bank oder einem Finanzdienstleistungsinstitut eine nach dem KWG mit Strafe bedrohte Handlung (z. B. Betreiben verbotener Bankgeschäfte oder Finanzdienstleistungen) oder eine mit Geldbuße zu belegende Handlung begangen (z. B. nicht, nicht rechtzeitiges, nicht vollständiges, nicht richtiges Erteilen von Auskünften, Vorlage von Geschäftsbüchern, Monatsausweis-, Jahresabschlußeinreichung an das BAK und andere fahrlässige oder vorsätzliche Zuwiderhandlungen), so kann das BAK Zwangsmittel gemäß § 50 KWG gegen Kreditinstitute oder Finanzdienstleistungsinstitute einsetzen.

Zwischen dem BAK und der Deutschen Bundesbank besteht eine Pflicht zur Zusammenarbeit, die in § 7 KWG geregelt ist. Die Zusammenarbeit zwischen den beiden

Behörden schließt neben den Mitteilungspflichten auch die Übermittlung personenbezogener Daten ein. Das BAK darf bei der Deutschen Bundesbank die zur Erfüllung seiner Aufgaben nach diesem Gesetz gespeicherten Daten im automatisierten Verfahren abrufen. Des weiteren besteht eine gesetzlich fixierte Zusammenarbeit des BAK mit anderen Stellen. Gemäß § 8 KWG darf sich das BAK bei der Durchführung seiner Aufgaben auch anderer Personen und Einrichtungen bedienen; in erster Linie handelt es sich hierbei um Wirtschaftsprüfer sowie die Prüfungsverbände der Bankwirtschaft. Im Rahmen der sechsten KWG-Novelle wurde die Zuständigkeit des BAK ebenfalls auf die Beaufsichtigung gemischter Gruppen aus Finanzdienstleistungsunternehmen und Kreditinstituten sowie auf reine Finanzdienstleistungsgruppen ausgeweitet (§ 8 a KWG).

II. Bundesaufsichtsamt für den Wertpapierhandel (BAWe)

Mit der Verabschiedung des Wertpapierhandelsgesetzes wurden die gesetzlichen Grundlagen zur Errichtung des Bundesaufsichtsamtes für den Wertpapierhandel (BAWe) geschaffen. Das BAWe nahm seine Aufsichtstätigkeit zum 1.1.1995 auf.

Dem BAWe wurden insbesondere solche Befugnisse zugewiesen, die sich aus der Umsetzung wertpapier- und börsenbezogener EG-Richtlinien ergaben. Während die Kontrolle des Handelsgeschehens an den deutschen Börsen bis dahin unmittelbar den Börsen im Rahmen ihrer Selbstverwaltung oblag und sich staatliche Kontrollen auf die Wahrnehmung einer Rechtsaufsicht durch die jeweils zuständige Landesbehörde beschränkten, übernimmt mit der Errichtung des BAWe erstmalig eine Bundesbehörde zentrale Aufsichtsfunktionen auf dem Gebiet des börslichen und außerbörslichen Wertpapierhandels. Das BAWe ist als Bundesoberbehörde dem Geschäftsbereich des Bundesministeriums der Finanzen zugeordnet (§ 3 Abs. 1 WpHG) und hat seinen Sitz in Frankfurt am Main. Das BAWe wird von einem Präsidenten geführt, dessen Ernennung durch den Bundespräsidenten auf Vorschlag der Bundesregierung erfolgt. Die Bundesregierung hat bei ihrem Vorschlag die für das Börsenwesen zuständigen Länderministerien anzuhören.

Das BAWe hat im Rahmen der ihm zugewiesenen Aufgaben Mißständen entgegenzuwirken, die die ordnungsgemäße Durchführung des Wertpapierhandels, von Wertpapierdienstleistungen oder Wertpapiernebendienstleistungen beeinträchtigen oder erhebliche Nachteile für den Wertpapiermarkt bewirken können (§ 4 Abs. 1 WpHG). Es kann Anordnungen treffen, die geeignet sind, diese Mißstände zu beseitigen oder zu verhindern. Die Aufsichtstätigkeit des BAWe erfolgt ausschließlich zum Schutz der Funktionsfähigkeit der Wertpapiermärkte in Deutschland. Das BAWe nimmt die ihm zugewiesenen Aufgaben und Befugnisse wie das BAK nur im öffentlichen Interesse wahr (§§ 4

Abs. 2 WpHG, 6 Abs. 3 KWG). Der individuelle unmittelbare Schutz des Anlegers wird hiermit nicht begründet.[241]

Zu den zentralen Aufsichtsfunktionen des BAWe gehören insbesondere die präventive Bekämpfung und Verfolgung von Insidergeschäften, die Kontrolle der Ad-hoc-Publizität börsennotierter Unternehmen, die Überwachung der Publizität bei Veränderungen der Stimmrechtsanteile bei amtlich notierten Unternehmen, die Kontrolle der Einhaltung von Verhaltensregeln für Wertpapierdienstleistungsunternehmen sowie die nationale und internationale Zusammenarbeit bei Fragen der Beaufsichtigung des Wertpapierhandels.

Bei der Wahrnehmung seiner Aufsichtstätigkeiten wird das BAWe unterstützt durch einen Wertpapierrat (§ 5 WpHG), der sich aus Vertretern aller Bundesländer zusammensetzt. Die Mitwirkung des Wertpapierrats bei der Aufsichtstätigkeit des BAWe ist beratender Natur, da eine weitergehende Mitwirkung bei der eigentlichen Aufsicht eine mit Art. 87 Abs. 3 Grundgesetz nicht zu vereinbarende Form der Mischverwaltung darstellen würde. Der Wertpapierrat berät das BAWe insbesondere beim Erlaß von Rechtsverordnungen und der Aufstellung von Richtlinien für die Aufsichtstätigkeit des BAWe, hinsichtlich der Auswirkungen von Aufsichtsfragen auf die Börsen- und Marktstrukturen sowie den Wettbewerb im Wertpapierhandel und bei der Abgrenzung von Zuständigkeiten zwischen dem Bundesaufsichtsamt und den Börsenaufsichtsbehörden sowie in Fragen der Zusammenarbeit. Durch ein institutionalisiertes Zusammenwirken von Bund und Ländern sollen die Erfahrungen und der Sachverstand der Länder für die Aufsichtstätigkeit des BAWe nutzbar gemacht werden.

Der Wertpapierrat wird mindestens einmal jährlich vom Präsidenten des BAWe einberufen. Auf Verlangen eines Drittels seiner Mitglieder kann der Wertpapierrat zu weiteren Sitzungen einberufen werden. An den Sitzungen des Wertpapierrats können Vertreter des dem BAWe übergeordneten Bundesministeriums der Finanzen sowie Vertreter der Bundesminsterien Justiz und Wirtschaft als Gäste teilnehmen. Ferner besteht ein Gastrecht der Deutschen Bundesbank und des BAK wegen bankenaufsichtsrechtlicher Fragestellungen. Das BAWe erstattet dem Wertpapierrat mindestens einmal jährlich über die Aufsichtstätigkeit, über die Weiterentwicklung der Aufsichtspraxis sowie über die internationale Zusammenarbeit Bericht. Bei Bedarf kann der Wertpapierrat Sachverständige insbesondere aus dem Bereich der Börsen, der Wirtschaft und der Wissenschaft heranziehen.

Die Befugnisse des BAWe, die diesem zur Erfüllung seiner Aufgaben eingeräumt werden, entsprechen denen des BAK; unterschieden werden organisatorische Befugnisse, Befugnisse zur laufenden Überwachung und Eingriffs- und Anordnungsbefugnisse in besonderen Fällen. Das BAWe hat ebenfalls wie das BAK bei der Ausübung seiner Aufgaben unter Beachtung des Grundsatzes der Verhältnismäßigkeit vorzugehen. Das BAWe kann Anordnungen treffen, die geeignet sind, Mißständen entgegenzuwirken, die die ordnungsgemäße Durchführung des Wertpapierhandels beeinträchtigen. Hiermit ist dem BAWe zugleich die erforderliche Rechtsgrundlage für ein entsprechendes Verwaltungshandeln gegeben. Diese allgemeine Ermächtigung tritt neben die besonderen

241 Vgl. Weisgerber, T., Jütten, H.: Das Zweite Finanzmarktförderungsgesetz, Köln 1995.

Eingriffsbefugnisse in den Einzelbstimmungen des Wertpapierhandelsgesetzes. Das BAWe ist ermächtigt, Richtlinien zu erlassen, die die teilweise sehr allgemein formulierten Regeln inhaltlich konkretisieren. Als Beispiel hierfür ist die vom BAWe 1997 veröffentlichte Wohlverhaltensrichtlinie anzuführen, die die allgemeinen und besonderen Verhaltensregeln der Wertpapierdienstleistungsunternehmen (§§ 31 bis 37 WpHG) spezifiziert. Vor dem Erlaß der Richtlinien sind die Deutsche Bundesbank, das BAK und die Spitzenverbände der betreffenden Wirtschaftskreise, insbesondere der Bankwirtschaft, anzuhören. Dem BAWe sind auch umfangreiche Überwachungs- und Ermittlungsbefugnisse eingeräumt worden.[242] Dies betrifft insbesondere die Auskunftspflichten von Wertpapierdienstleistungsunternehmen sowie von Unternehmen mit Sitz im Inland, die an einer inländischen Börse zur Teilnahme am Handel zugelassen sind, über ihre Geschäfte in Insiderpapieren für eigene oder fremde Rechnung (§ 16 WpHG). Das BAWe kann von Kredit- und Finanzdienstleistungsinstituten Auskunft über Bestandsveränderungen in sämtlichen Insiderpapieren der Auftraggeber verlangen. Bei Vermutungen über Insiderverstöße muß auf Verlangen des BAWe die Identität der Auftraggeber offengelegt werden. Konkretisieren sich die Indizien auf einen strafbaren Insiderverstoß, gibt das BAWe den Vorgang an die zuständige Staatsanwaltschaft ab. Diese entscheidet dann über eine Anklageerhebung (§ 18 WpHG). Für die Verfolgung und Ahndung von Ordnungswidrigkeiten ist dagegen das BAWe zuständig (§ 40 WpHG). Analoge Ermittlungsbefugnisse des BAWe bestehen auch bei Verdacht auf Verstöße gegen die Ad-hoc-Publizität.

Die Zusammenarbeit des BAWe mit inländischen Behörden wird in § 6 WpHG geregelt. Explizit genannt wird in § 6 Abs. 3 WpHG die Zusammenarbeit mit dem BAK, dem Bundesaufsichtsamt für das Versicherungswesen, der Deutschen Bundesbank und den Börsenaufsichtsbehörden der Länder. Das BAWe tauscht mit den vorgenannten Behörden Beobachtungen und Feststellungen einschließlich personenbezogener Daten aus, die für die Erfüllung ihrer Aufgaben von Bedeutung sein können. Ferner hat das BAWe im Rahmen der Verfolgung von Insidervergehen Auskunftsrechte bzw. das Recht zu einer automatischen Abrufung von Daten, die der Deutschen Bundesbank entsprechend der Regelungen des Kreditwesengesetzes zu melden sind. Die Börsenaufsichtsbehörden werden im Wege der Organleihe z. B. bei eilbedürftigen Maßnahmen für die Überwachung der Insidergeschäfte tätig. Des weiteren kann das BAWe — wie das BAK gemäß § 8 Abs. 1 KWG — zur Durchführung und Erfüllung seiner Aufgaben andere Personen und Einrichtungen heranziehen. Hierunter fällt neben der Inanspruchnahme anderer öffentlicher Stellen auch die Einschaltung von privaten Dritten, wie z. B. Wirtschaftsprüfern.

§ 7 Abs. 1 WpHG regelt die Zusammenarbeit des BAWe mit ausländischen Wertpapier- und Börsenaufsichtsstellen. Die Internationalisierung der Wertpapiermärkte infolge der Liberalisierung des Kapitalverkehrs, moderner Kommunikationsmittel und zahlreicher Finanzinnovationen erfordern eine intensive Zusammenarbeit der nationalen Aufsichtsbehörden, um die Integrität der Finanzmärkte und den Schutz der Anleger sicherzustellen. Dem BAWe obliegt in diesem Zusammenhang die Zusammenarbeit mit den für die

242 Vgl. zum folgenden Kümpel, S.: Wertpapierhandelsgesetz, Berlin 1996.

Aufsicht über Wertpapier- und Derivatemärkte und den Handel in Wertpapieren, Geldmarktinstrumenten, Derivaten und Devisen zuständigen Stellen anderer Staaten. Im Rahmen dieser Zusammenarbeit dürfen Tatsachen an die zuständigen Stellen übermittelt werden bzw. von diesen Stellen an das BAWe übermittelte Tatsachen an die Börsenaufsichtsbehörden und die Handelsüberwachungsstellen der Börsen mitgeteilt werden. Das BAWe soll die Zusammenarbeit mit ausländischen Stellen nicht nur in Fragen der Wertpapieraufsicht, sondern auch in Angelegenheiten, die der Börsenaufsicht der Länder unterliegen, wahrnehmen. Die umfassende Zuständigkeit des BAWe ist notwendig, da nur über eine zentrale Stelle die internationalen Kooperationen effizient abgewickelt werden können und den ausländischen Behörden auch in Börsenaufsichtsangelegenheiten ein geeigneter Ansprechpartner zur Verfügung stehen muß. Hinzu kommt, daß bei der internationalen Zusammenarbeit eine klare Trennung zwischen Wertpapier- und Börsenaufsichtsfragen in vielen Fällen nicht möglich ist, da im Ausland oftmals die Zuständigkeiten für die Wertpapier- und Börsenaufsicht in einer Behörde vereinigt sind. Die Wahrnehmung der internationalen Zusammenarbeit durch das BAWe beinhaltet darüber hinaus den Vorteil, daß die Interessen des deutschen Finanzplatzes insgesamt gegenüber ausländischen Stellen und in internationalen Gremien wirksamer vertreten werden können.

III. Deutsche Bundesbank

Organ der materiellen Bankenaufsicht ist, soweit nicht hoheitliche Maßnahmen erforderlich sind, auch die Deutsche Bundesbank. In dieser Funktion nimmt sie zahlreiche Aufgaben wahr: Sie überwacht in erster Linie durch die ihr einzureichenden vielfältigen Anzeigen laufend das gesamte Bankensystem, sie ist bei Rechtsverordnungen anzuhören, in manchen Fällen ist für Aufsichtsverordnungen ihr Einvernehmen erforderlich, schließlich ist noch auf die im KWG fixierte generelle Zusammenarbeitspflicht zwischen dem Bundesaufsichtsamt für das Kreditwesen und der Deutschen Bundesbank hinzuweisen. Im Rahmen der sechsten KWG-Novelle ist die Zusammenarbeit erweitert worden, indem die Übermittlung personenbezogener Daten zwischen der Deutschen Bundesbank und dem BAK eingeschlossen wurde. Gemäß § 7 Abs. 2 KWG darf das BAK bei der Deutschen Bundesbank die zur Erfüllung seiner Aufgaben nach diesem Gesetz gespeicherten daten im automatisierten Verfahren abberufen. Werden bei der Deutschen Bundesbank vom BAK Daten abberufen, wird jeder zehnte Abruf für Zwecke der Datenschutzkontrolle protokolliert. Die protokollierten Daten sind am Ende des auf die Speicherung folgenden Kalenderjahres zu löschen. Der Präsident des BAK kann an den Sitzungen des Zentralbankrates, des obersten beschlußfassenden Organs der Deutschen Bundesbank, teilnehmen, wenn Gegenstände, die seinen Aufgabenbereich betreffen, behandelt werden. Hierbei kommt ihm jedoch kein Stimmrecht zu.

Neben der laufenden Bankenaufsicht nach dem KWG wird die Deutsche Bundesbank bei zahlreichen, sich von Fall zu Fall ergebenden Aufsichtsaufgaben tätig: z. B. bei der

Neufassung von Gesetzen und Rechtsverordnungen oder von Bilanzformblättern, beim Erstellen von Eigenkapital- und Liquiditätsnormen, bei Fragen der Einlagensicherung, bei Beschränkungen von Devisentermingeschäften, im Falle von Bankschließungen durch das BAK.

IV. Bundesregierung

An der Durchführung der im Gesetz über das Kreditwesen vorgesehenen Maßnahmen sind des weiteren die Bundesregierung im allgemeinen und der Bundesminister der Finanzen im besonderen beteiligt.

Der Bundesregierung obliegt der Erlaß von Rechtsverordnungen, wenn durch wirtschaftliche Schwierigkeiten bei den Instituten schwerwiegende Gefahren für die Gesamtwirtschaft eintreten, insbesondere ein geordneter Ablauf des allgemeinen Zahlungsverkehrs nicht mehr gewährleistet erscheint. Da diese Maßnahmen zu erheblichen Eingriffen führen (Aufschub der Erfüllung von Verbindlichkeiten, Ausschluß von Vergleichsverfahren, Konkursen, Zwangsvollstreckungen, Arresten und einstweiligen Verfügungen gegen die Banken, Schließung von Banken und Wertpapierbörsen bis zu drei Monaten nebst Bestimmung der Rechtsfolgen daraus für Fristen und Termine, Anordnungen von Auszahlungsbeschränkungen nach Wiedereröffnung der Banken) und von erheblicher, auch politischer Bedeutung sind, sind solche Maßnahmen der höchsten Instanz vorbehalten.

In den Aufgabenbereich des Bundesministers der Finanzen fällt der Erlaß von Rechtsverordnungen, die der allgemeinen Ordnung im Kredit- und Finanzdienstleistungswesen dienen. Im einzelnen handelt es sich um folgende Vorschriften:

- Bezeichnung weiterer Unternehmen als Finanzunternehmen (§1 Abs. 3 KWG);
- Berücksichtigung des Haftsummenszuschlages bei Kreditgenossenschaften (§10 Abs. 2 Nr. 8 KWG);
- Bestimmungen über ergänzende Vorschriften zur Konsolidierung (§ 10 a Abs. 6 KWG);
- nähere Bestimmungen über Anzeigen und Vorlage von Unterlagen (§ 24 Abs. 5 KWG);
- Bestimmung über Meldungen bzgl. Zweigstellengründung in Drittländern und Anwendung von EU-Recht (§ 24a Abs. 5 KWG);
- Erlaß von Rechtsverordnungen über Art und Umfang von Monatsausweisen von Banken (§ 25 Abs. 3 KWG);
- Bestimmungen über Inhalt und Gegenstand der Prüfungsberichte (§ 29 Abs. 4 KWG);
- Freistellung von Vorschriften über bestimmte Anzeigen (§ 31 Abs. 1 KWG);
- Bestimmungen über eine Umlage zur Deckung der Kosten des BAK (§ 51 Abs. 1 KWG).

V. Sonderaufsichtsinstanzen

Während die früher getrennt ausgeübten Aufsichts- und Zulassungsrechte bei Hypothekenbanken, Schiffspfandbriefbanken und Bausparkassen heute vom BAK wahrgenommen werden, bleibt eine eventuelle (Sonder-) Aufsicht staatlicher Stellen neben der Aufsicht durch das BAK für bestimmte Institute bestehen.

Solcher Sonderaufsicht — als Anstalts- oder Körperschaftsaufsicht — unterliegen öffentlich-rechtliche Banken. Dies gilt zunächst für die öffentlich-rechtlichen Kreditinstitute mit Sonderaufgaben (z. B. Kreditanstalt für Wiederaufbau, DSL Bank Deutsche Siedlungs- und Landesrentenbank, Deutsche Ausgleichsbank), weiter für bestimmte Zentralinstitute (Deutsche Girozentrale — Deutsche Kommunalbank, Deutsche Genossenschaftsbank, Deutsche Pfandbriefanstalt), die der (Sonder-)Aufsicht der Bundesregierung bzw. bestimmter Bundesministerien unterliegen, die ihrerseits zur unmittelbaren Aufsicht Staatskommissare bestellt haben; dies gilt weiterhin für die Landesbanken (Girozentralen) und die öffentlich-rechtlichen Sparkassen, die der Sonderaufsicht der betreffenden Bundesländer, ausgeübt durch die zuständigen Ministerien, unterliegen. Die Aufsichtsinstanzen haben Informations-, Anordnungs-, Ersatzvornahme-, Genehmigungs- sowie Aufhebungsrechte.[243]

Aus der Sicht des BAK muß auch die staatliche Beaufsichtigung anderer Institutionen des finanziellen Sektors als eine Art Sonderaufsicht betrachtet werden, wie etwa die des Bundesaufsichtsamtes für das Versicherungswesen über die privaten Versicherungsunternehmen, die Aufsicht der zuständigen Bundesministerien über öffentlich-rechtliche Versicherungsunternehmen, über die Organe der staatlichen Wohnungspolitik und gemeinnützige Wohnungsunternehmen (die alle in begrenztem Umfang Bankgeschäfte betreiben), die Aufsicht über Unternehmen des Pfandleihgewerbes, die Aufsicht der zuständigen Landesministerien über die Wertpapierbörsen.

[243] Vgl. Nirk, R.: Das Kreditwesengesetz, a.a.O., S. 32 f.; Schneider, Manfred: Praxis der Bankenaufsicht, a.a.O., S. 22 ff.; Szagunn, Volkhard; Wohlschieß, Karl: Kommentar zum, 4. Aufl., a.a.O., S. 490 ff.

E. Inhalt und Instrumente der Bankenaufsicht

I. Geschäftsbetriebserlaubnis als Institutserrichtungsvoraussetzung

Die unternehmerische Entscheidung, im Bankgewerbe und Finanzdienstleistungswesen selbständig tätig zu werden, ist gesetzlich eingeschränkt. Aufgrund fehlender Gewerbefreiheit in diesem Sektor bedarf die Errichtung eines Instituts einer besonderen Konzession in Form vorheriger schriftlicher Genehmigung gemäß § 32 KWG durch das BAK. Die Erlaubnis muß vor dem erstmaligen Betreiben von Bankgeschäften oder bestimmten Finanzdienstleistungen eingeholt werden. Vor Erteilung der Geschäftsbetriebserlaubnis hat das BAK im Falle des Betreibens von Einlagengeschäften den für das Institut zuständigen Träger anzuhören, dem die Einlagensicherungseinrichtung zugeordnet ist.

Für die Antragstellung sind explizit genaue Vorschriften aufgeführt (§ 32 KWG), welche Informationen dem Bundesaufsichtsamt bereitgestellt werden müssen und welche Bedingungen erfüllt sein müssen: Neben dem Nachweis ausreichender Mittel für den Geschäftsbetrieb müssen mindestens zwei Geschäftsleiter benannt werden, deren persönliche und fachliche Eignung nachgewiesen werden muß. Zudem ist ein Geschäftsplan vorzulegen, der die Art der bezeichneten Geschäfte, den organisatorischen Aufbau und die geplanten internen Kontrollverfahren des Instituts ausweist. Darüber hinaus sind dem BAK die Beteiligungsverhältnisse offenzulegen, sofern an dem beantragenden Institut bedeutende Beteiligungen gehalten werden.

Die Vorschriften über die Genehmigung einer Errichtung eines Einlagenkreditinstituts oder eines Wertpapierhandelsunternehmens in Deutschland gelten nicht für Unternehmen mit Sitz in einem Mitgliedstaat des Europäischen Währungsraums, die eine vergleichbare Genehmigung von den im Sitzland zuständigen Aufsichtsbehörden erhalten haben (§ 53b Abs. 1 KWG). Diese Regelung ist das Ergebnis der Umsetzung der zweiten Bankrechtskoordinierungsrichtlinie in deutsches Recht im Rahmen der vierten KWG-Novelle von 1992 und der darin festgelegten Anerkennung der Aufsichtssysteme anderer EU-Mitgliedstaaten sowie die Einräumung der Niederlassungs- und Dienstleistungsfreiheit. Durch die Anerkennung der Dienstleistungsfreiheit ist es Unternehmen mit Sitz in einem EU-Mitgliedsland, die als Kreditinstitute in ihrem Sitzland zugelassen sind, auch möglich, Dienstleistungen ohne explizite Genehmigung durch das BAK und ohne eine Niederlassung im Geltungsbereich des KWG in Deutschland anzubieten. Voraussetzung ist jedoch, daß diese Unternehmen in ihren Herkunftsländern von den Behörden des Herkunftslandes zugelassen worden sind und von diesen beaufsichtigt werden, daß die Geschäfte, die die Unternehmen in Deutschland anbieten, durch die

Zulassung abgedeckt werden und die Unternehmen die Anforderungen der zweiten Bankrechtskoordinierungsrichtlinie sowie der Solvabilitätsrichtlinie erfüllen. Es ist für derartige Unternehmen also nicht möglich, Dienstleistungen in Deutschland anzubieten, für die sie in ihrem Herkunftsland keine Genehmigung haben bzw. die sie in ihrem Herkunftsland nicht anbieten.

Die Anerkennung der Genehmigung zum Betreiben von Bankgeschäften oder bestimmten Finanzdienstleistungen in Deutschland durch eine Bankaufsichtsbehörde eines Mitgliedslandes der Europäischen Union erstreckt sich auch auf Zweigstellen von Instituten, sofern das Institut für die durch das Tochterunternehmen angebotene Leistung eine Genehmigung der Aufsichtsbehörde des Heimatlandes hat, das oder die Mutterunternehmen der anbietenden Tochterunternehmung mindestens 90 % der Stimmrechte des Tochterunternehmens hält/halten, das Tochterunternehmen in die Beaufsichtigung auf konsolidierter Basis einbezogen ist und sofern das oder die Mutterunternehmen sich für die Verpflichtungen des Tochterunternehmens gegebenenfalls gesamtschuldnerisch verbürgt hat/haben. Das Bundesaufsichtsamt hat diese Unternehmen, sofern sie eine Zweigstelle in Deutschland eröffnen wollen, innerhalb von zwei Monaten nach Eingang der von den zuständigen Behörden des Herkunftsmitgliedstaates über die beabsichtigte Errichtung der Zweigstelle übermittelten Unterlagen auf die für seine Tätigkeit vorgeschriebenen Meldungen an das Bundesaufsichtsamt und die Deutsche Bundesbank hinzuweisen und die Bedingungen anzugeben, die die Zweigstelle aus Gründen des Allgemeininteresses zu erfüllen hat. Darüber hinaus hat das BAK zwar Aufsichtsrechte; Eingriffsrechte werden ihm aber nur subsidiär zugestanden, d.h. im Auftrag der zuständigen Aufsichtsbehörde des Heimatlandes des Unternehmens oder im Falle des Nichttätigwerdens dieser Aufsichtsbehörde bei Information über Fehlentwicklungen. Den zuständigen Aufsichtsbehörden ist ein Prüfungsrecht für die Zweigstellen in Deutschland eingeräumt worden; dies gilt ebenso für Tochterunternehmen.

Die besonderen Regelungen für Unternehmen mit Sitz in einem Mitgliedstaat der Europäischen Union können per Rechtsverordnung des Bundesministers der Finanzen auch auf Unternehmen mit Sitz außerhalb der Europäischen Union angewendet werden, sofern Abkommen der EU mit Drittstaaten dies vorsehen, Reziprozität gewahrt und zusätzlich sichergestellt ist, daß ein Mindestniveau aufsichtsrechtlicher Regeln eingehalten wird.

Bei ausländischen Unternehmen bedarf, anders als bei inländischen, nicht nur die erstmalige Bankgeschäftsbetriebsaufnahme im Bereich des KWG der vorherigen Erlaubnis, sondern auch die Tätigkeitsaufnahme jeder weiteren inländischen Zweigstelle, es sei denn, internationale Verträge stehen dem entgegen. Eine Geschäftsbetriebserlaubnis müssen beim BAK auch solche Unternehmen beantragen, die Bankgeschäfte nur als Hilfsgeschäfte betreiben, und zwar als Erlaubnis für ihren bankmäßigen Geschäftsbetrieb (z. B. große Reiseveranstalter, die Reisen mit der jeweiligen Finanzierung anbieten, Industrieunternehmen, die in einer Abteilung auch Bankgeschäfte betreiben, sowie Kaufhäuser mit eigener Kreditabteilung).

Die Gründe, die das BAK zur Ablehnung eines Antrages auf Erteilung einer Geschäftsbetriebserlaubnis berechtigen, sind in § 33 KWG abschließend fixiert. Als Ablehnungsgründe kommen demnach in Betracht:

- Unzureichende finanzielle Mittel, insbesondere das Fehlen von ausreichendem haftenden Eigenkapital. Was als „ausreichend" gilt, kann nur im Einzelfall entsprechend dem vorgesehenen Geschäftsvolumen beurteilt werden, doch hat das BAK als flexible Entscheidungskriterien von Art und Umfang der beantragten Geschäftsbetriebserlaubnis abhängige Mindestwerte für das haftende Eigenkapital festgelegt. Gemäß § 33 KWG ist ein Mindestwert für das Eigenkapital vorgegeben, nach dem Anlagevermittler, Abschlußvermittler und Finanzportfolioverwalter mindestens über Eigenmittel im Gegenwert von 50.000 ECU, andere Finanzdienstleistungsinstitute, die nicht auf eigene Rechnung mit Finanzinstrumenten handeln über Eigenmittel im Gegenwert von mindestens 125.000 ECU, Finanzdienstleistungsinstitute, die auf eigene Rechnung mit Finanzinstrumenten handeln sowie Wertpapierhandelsbanken über Eigenmittel von mindestens 730.000 ECU sowie Einlagenkreditinstitute über Eigenmittel von mindestens 5 Mio. ECU verfügen müssen.
- Mangelnde persönliche Zuverlässigkeit des Antragstellers auf Geschäftsbetriebserlaubnis oder eines der vorgesehenen Geschäftsleiter sowie des Inhabers einer bedeutenden Beteiligung an dem Institut. Unzuverlässigkeit dürfte regelmäßig dann unterstellt werden, wenn jene Personen Vermögensdelikte begangen, gegen gesetzliche Ordnungsvorschriften für die Führung von Unternehmen nachhaltig verstoßen oder ihrem geschäftlichen (eventuell auch privaten) Verhalten gezeigt haben, daß von ihnen eine solide Bankgeschäftsführung nicht erwartet werden kann. Derartige Merkmale lassen sich jeweils nur für den Einzelfall feststellen, müssen zudem auf effektiv vorliegenden Tatsachen, nicht bloßen Vermutungen gründen. Da juristische Personen als Antragsteller nicht persönlich unzuverlässig sein können, bezieht sich bei ihnen die Vorschrift auf die (potentiellen) Geschäftsleiter.
- Mangelnde fachliche Eignung des potentiellen Inhabers eines Institutes oder eines Geschäftsleiters, sofern nicht nach § 1 Abs. 2 Satz 2 oder 3 KWG eine andere geeignete Person als Geschäftsleiter bezeichnet wird. Fachliche Eignung für die Leitung eines Instiuts setzt in ausreichendem Maße vorhandene theoretische und praktische Kenntnisse im Bankgeschäft sowie Leitungserfahrung voraus und wird regelmäßig dann vom BAK unterstellt, wenn eine wenigstens dreijährige leitende Tätigkeit bei einem Institut von vergleichbarer Größe und Geschäftsart nachgewiesen wird. Auch hier kann nur im Einzelfall und auf Grund von Tatsachen entschieden werden. Die Anforderungen dürften auch unterschiedlich angesetzt werden, je nachdem, ob ein größeres Geschäftsleitergremium (z. B. ein aus zwölf Personen bestehender Vorstand) mit unterschiedlichen Ressortausrichtungen für die Einzelpersonen vorgesehen ist oder die Bank von nur zwei Personen mit allumfassender Zuständigkeit geleitet werden soll.
- Nichtvorlage von mindestens zwei (nicht nur ehrenamtlich tätigen) Geschäftsleitern. Hierdurch soll das „Vieraugenprinzip" gesichert werden. Eine Ausnahme des Vieraugenprinzips gilt für Finanzdienstleistungsinstitute (z. B. Anlage- und Abschlußvermittler), da diesen nicht erlaubt ist, sich Eigentum oder Besitz an Geldern oder

Wertpapieren von Kunden zu verschaffen. Die Lockerung der gegenseitigen Kontrolle, die das Vieraugenprinzip impliziert, ist hier sachlich gerechtfertigt.

- Nichtbeifügung eines Geschäftsplanes, aus dem die Art der geplanten Geschäfte und der organisatorische Aufbau der Bank hervorgehen sowie eine nicht vorhandene Bereitschaft des Instituts, die erforderlichen organisatorischen Vorkehrungen für das ordnungsgemäße Betreiben der anvisierten Geschäfte zu schaffen.

Ein im Rahmen der sechsten KWG-Novelle kodifizierter Erlaubnisversagungsgrund knüpft an eine unzureichende oder unkooperative Aufsicht von Bankkonzernen im Sitzstaat des Mutterunternehmens an. Ist zwar die Struktur des Konglomerats transparent und grundsätzlich einer wirksamen Aufsicht zugänglich, scheitert eine effiziente Aufsicht aber an dem rechtlichen Umfeld oder der Einstellung der Mutterunternehmen, hat das BAK die Möglichkeit, dem Bankkonzern die Geschäftstätigkeit zu verbieten.

Das BAK kann die Geschäftsbetriebserlaubnis unter Auflagen erteilen, die sich aber im Rahmen des mit dem KWG verfolgten Zwecks halten müssen, z. B. Auflagen zur Beschaffung weiteren Eigenkapitals, zur Einstellung eines weiteren sachkundigen Geschäftsleiters. Die Erlaubnis kann auch gegenüber dem Antrag eingeschränkt — auf einzelne Bankgeschäftsarten — erteilt werden, z. B., wenn das verfügbare haftende Eigenkapital nicht für die — erhöhte Sicherheitsforderungen stellende — Einlagenannahme aller Art, vor allem Spareinlagen, ausreicht, oder wenn bei zwei vorgesehenen Geschäftsleitern diese nur in bestimmten Geschäftszweigen fachlich geeignet erscheinen.

Die frühere Bestimmung, nach der bei der Errichtung von Banken auch vor Erlaubniserteilung zu prüfen war, ob für die neue Bank überhaupt ein örtlicher Bedarf bestand oder sie unter gesamtwirtschaftlichen Aspekten (z. B. Gefahr eines „over banking") gerechtfertigt war (Bedürfnisprüfung), ist nach entsprechenden Urteilen des Bundesverfassungsgerichts im Jahre 1958 für inländische Antragsteller als grundgesetzwidrig (dem Verfassungsgrundsatz der freien Berufswahl widersprechend) entfallen. Mit Inkrafttreten der 3. Novelle des KWG wurde die Bedürfnisprüfung auch für ausländische Banken, die in Deutschland Zweigstellen errichten wollen, gestrichen. In § 53 KWG ist festgeschrieben, daß die Erlaubnis neben den in § 33 Abs. 1 KWG angegebenen Gründen auch versagt werden kann, wenn die Gegenseitigkeit nicht aufgrund zwischenstaatlicher Vereinbarungen gewährleistet ist. Die ausländische Bank muß mindestens zwei natürliche, im Geltungsbereich des KWG wohnende Personen bestellen, die zur Geschäftsführung und Vertretung der Bank befugt sind (Geschäftsleiter); schließlich gelten besondere Vorschriften zur Eigenkapitalermittlung der in Deutschland domizilierenden Niederlassungen ausländischer Banken (u.a. muß das Kapital im Inland verfügbar sein).

Die Errichtung von Banken kann neben dem KWG Sonderbestimmungen unterliegen, so z. B. für Sparkassen nach den jeweiligen Sparkassengesetzen der Länder, für Investmentgesellschaften nach dem Gesetz über Kapitalanlagegesellschaften (KAGG), für Hypothekenbanken nach dem Hypothekenbankgesetz.

Wenn das BAK einen Antrag auf Geschäftsbetriebserlaubnis ablehnt oder den beantragten Geschäftsumfang einschränkt, kann der Antragsteller auf dem ordentlichen Rechtsweg gegen das BAK vorgehen (Verpflichtungsklage beim Verwaltungsgericht, das BAK zur entsprechenden Erlaubniserteilung zu verurteilen). Ohne Erlaubnis des BAK können Bankgeschäfte nur in Ausnahmefällen betrieben werden, nämlich bei Betreiben in einem Umfang, der einen kaufmännisch eingerichteten Geschäftsbetrieb nicht voraussetzt, bei Befreiung durch das BAK, bei der (zeitlich begrenzten) Fortführung des Betreibens von Bankgeschäften nach dem Tode des Inhabers durch zwei persönlich zuverlässige und fachlich geeignete Stellvertreter, bei der Abwicklung von Bankgeschäften nach Erlaubnisentziehung.

II. Instrumente der laufenden Aufsicht

Im Interesse der Bankgläubiger hat das Bundesaufsichtsamt eine Überprüfung der gesamten Geschäftstätigkeit zum Gegenstand und beschränkt sich nicht allein auf die nach § 1 KWG erlaubnispflichtigen Bankgeschäfte und Finanzdienstleistungen. In diesem Kontext ist insbesondere auf den in § 19 Abs. 1 KWG gesetzlich fixierten Kreditbegriff, ebenso zu verweisen wie auf die gemäß § 24 Abs. 1 Nr. 9 KWG bestehende Verpflichtungen der Institute zur unverzüglichen Meldung der Aufnahme und Einstellung solcher Geschäfte, die nicht Bankgeschäfte oder bestimmte Finanzdienstleistungen sind.

Die laufende Überwachung der Institute bezieht sich nicht nur auf die Einhaltung der den Instituten nach dem KWG auferlegten Pflichten, sondern das BAK hat weiterhin Mißständen im Kredit- und Finanzdienstleistungswesen entgegenzuwirken, die die Sicherheit der den Instituten anvertrauten Vermögenswerte gefährden, die ordnungsmäßige Durchführung der Bank- oder Finanzdienstleistungsgeschäfte beeinträchtigen oder erhebliche Nachteile für die Gesamtwirtschaft herbeiführen können, soweit nicht das Bundesaufsichtsamt für den Wertpapierhandel nach dem Wertpapierhandelsgesetz zuständig ist (§ 6 KWG).

Im Rahmen der laufenden Beaufsichtigung der Institute steht den Bankenaufsichtsträgern — insbesondere dem BAK, dem BAWe und der Deutschen Bundesbank — ein vielfältiges Instrumentarium zur Verfügung. Im Mittelpunkt stehen hierbei Vorschriften über die Eigenmittel und die Liquidität (§§ 10 bis 12 KWG), das Kreditgeschäft (§§ 13 bis 20 KWG) sowie bestimmte Anzeige-, Melde- und Unterlageneinreichungspflichten der Geschäftsleiter (§§ 25 bis 26 KWG). Flankierend hierzu existiert eine Reihe von Vorschriften über besondere Modalitäten bei der Bestellung von Prüfern und deren Pflichten (§§ 28, 29 KWG). Schließlich ist das BAK im Rahmen der laufenden Beaufsichtigung befugt, von den Instituten jederzeit bestimmte Auskünfte zu verlangen sowie Prüfungen auch ohne besonderen Anlaß vorzunehmen (§ 44 KWG).

Da die Refinanzierungsmittel der Institute fast ausschließlich den Charakter von Fremdkapital besitzen, ein großer Teil der Fremdkapitalien von privaten Einlegern stammt und sich die Institute zudem oft Liquiditätsabflüssen z.T. schlecht prognostizierbaren Ausmaßes ausgesetzt sehen, stellt der Gesetzgeber an die Eigenkapital- und Liquiditätsausstattung der Institute besonders strenge Anforderungen. In diesem Kontext kommt den haftenden Eigenmitteln der Institute eine zentrale Bedeutung zu, da diese die Bezugsgröße für eine Reihe von Vorschriften des Kreditwesengesetzes und für die damit in engem Zusammenhang stehenden besonderen bankenaufsichtsrechtlichen Vorschriften bezüglich der Eigenmittel- und Liquiditätsausstattung von Instituten darstellen.

Anknüpfend an die Abgrenzung der Eigenmittel gem. § 10 KWG, wonach die Eigenmittel aus dem haftenden Eigenkapital und den Drittrangmitteln bestehen, hat das BAK Grundsätze formuliert, die als Beurteilungsmaßstab für die Entscheidung fungieren, ob die haftenden Eigenmittel eines Instituts oder einer Gruppe (Kreditinstituts-, Finanzdienstleistungsinstituts- und Finanzholdinggruppe) als angemessen und die Liquidität als ausreichend zu beurteilen ist. Wesentliche Geschäftsbegrenzungsnorm ist dabei der Grundsatz I, der im Rahmen der sechsten KWG-Novelle erheblich modifiziert worden ist. Mit der Neufassung des Grundsatzes I wurden ein Vielzahl von Regelungen für Adressenausfall- und Preisrisiken in das deutsche Bankenaufsichtsrecht eingeführt.

Die Vorschrift des Grundsatzes I zielt auf eine Begrenzung der risikobehafteten Positionen, und zwar in der Weise, daß mit wachsendem Volumen an risikobehafteten Geschäften auch die Eigenkapitalausstattung steigen muß, um potentiell höhere Verluste aus diesen Geschäften besser auffangen zu können. Wenngleich die Institute dem Erfordernis einer Kapitalerhöhung kurzfristig ausweichen können, indem sie bei einer Annäherung an die durch Grundsatz I vorgegebene Eigenkapitalausstattung verstärkt z. B. solche Kredite vergeben, die aus Sicht des BAK als besonders sicher gelten und die daher entweder überhaupt nicht oder aber nur mit vergleichsweise niedrigen Prozentsätzen auf das Eigenkapitalvolumen angerechnet werden, so kann diese Strategie keine dauerhafte Lösung darstellen. Vielmehr ist eine Erhöhung des haftenden Eigenkapitals als notwendige Voraussetzung für ein erweitertes Wachstum im Geschäft mit den durch Grundsatz I erfaßten risikobehafteten Geschäften und damit letztlich für den Erhalt der Wettbewerbsfähigkeit am Bankenmarkt anzusehen.

Aufgrund der Konsolidierungspflicht muß der Grundsatz I auch von Kreditinstituts-, Finanzinstituts- und Finanzholdinggruppen eingehalten werden. Dieser Regelung liegt die Überlegung zugrunde, daß es den Instituten nicht mehr möglich sein soll, durch Gründung von Tochtergesellschaften sowohl im Inland als auch im Ausland eine „Mehrfachnutzung“ haftenden Eigenkapitals zu praktizieren mit der Folge, daß Risikobegrenzungsnormen unterlaufen werden. Angesichts der bankenaufsichtlichen Notwendigkeit einer Vermeidung der „Mehrfachnutzung“ haftenden Eigenkapitals sowie der Beobachtung und Limitierung des Gesamtrisikos einer Institutsgruppe, die als Haftungsverbund angesehen werden muß, hat der Gesetzgeber neben der Einzelinstitutsaufsicht eine Gesamtkonzernrisikobetrachtung eingeführt.

Inwieweit die Liquiditätsausstattung der Institute als ausreichend einzustufen ist, wird anhand einer Gegenüberstellung langfristiger Finanzierungsmittel und langfristiger Anlagen (Grundsatz II) bzw. kurz- und mittelfristiger Finanzierungsmittel und laufzeitadäquater Aktiva (Grundsatz III) beurteilt. Die Liquiditätsausstattung der Banken wird demnach mittelbar durch Limitierung wenig liquider Anlagen geregelt.[244]

Neben dem Eigenkapital und der Liquidität ist insbesondere das Kreditgeschäft erheblichen bankenaufsichtlichen Regelungen unterworfen. So müssen Kredite von Handelsbuch- und Nichthandelsbuchinstituten an eine Kreditnehmereinheit, die insgesamt 10 % des haftenden Eigenkapitals eines Instituts übersteigen (sogenannte Großkredite nach §§ 13, 13a) unverzüglich der Deutschen Bundesbank angezeigt werden. Neben der Anzeigepflicht bestehen für Großkredite von Nichthandels- und Handelsbuchinstituten zudem rechtlich exakt fixierte Streuungsvorschriften: Der einzelne Großkredit darf 25 % und alle Großkredite zusammen dürfen das Achtfache des haftenden Eigenkapitals der Institute nicht übersteigen.[245] Die Großkreditvorschriften der §§ 13, 13a KWG gelten auch für Institutsgruppen und Finanzholdinggesellschaften, wobei hier eine Beteiligungsquote von 50% ausschlaggebend ist. Die Frage, ob gruppenangehörige Institute insgesamt einen Großkredit gewährt haben und die Streuungsvorschriften einhalten, ist anhand einer quotalen Zusammenfassung des haftenden Eigenkapitals und der Kredite an einen Kreditnehmer festzustellen, wenn für eines der gruppenangehörigen Unternehmen die kreditnehmerbezogene Position 5 % seines haftenden Eigenkapitals beträgt oder überschreitet. Dem übergeordneten Institut obliegen die Anzeigepflichten sowie die Pflicht zur Einreichung von Sammelaufstellungen für die von gruppenangehörigen Instituten insgesamt gewährten Großkredite.

Unabhängig vom Verhältnis der Kredithöhe zum haftenden Eigenkapital haben die Kreditinstitute und Finanzdienstleistungsinstitute jeweils vierteljährlich zu bestimmten Terminen der Deutschen Bundesbank diejenigen Kreditnehmer anzuzeigen, deren Verschuldung zu irgendeinem Zeitpunkt während der dem Meldetermin vorhergehenden drei Kalendermonate 3 Million DM oder mehr betragen hat (§ 14 KWG). Dies gilt bei Gemeinschaftskrediten von 3 Million DM und mehr auch dann, wenn der Anteil der einzelnen Unternehmen 3 Million DM nicht erreicht. Entsprechend ihrer Funktion als nationale Evidenzzentrale benachrichtigt die Deutsche Bundesbank die beteiligten Unternehmen, wenn einem Kreditnehmer von mehreren Instituten Millionenkredite gewährt worden sind. Die Benachrichtigung darf jedoch nur Angaben über die Gesamtverschuldung des jeweiligen Kreditnehmers und die Anzahl der beteiligten Institute umfassen. Soweit einem Kreditnehmer ein Kredit von mehr als 500.000 DM gewährt wird, muß sich das Institut dessen wirtschaftliche Verhältnisse, insbesondere durch Vorlage der Jahresabschlüsse, offenlegen lassen (§ 18 KWG). Damit soll sichergestellt werden,

---

[244] Auch die Liquiditätsgrundsätze werden im Rahmen der Harmonisierungsbestrebungen zur Schaffung eines einheitlichen europäischen Bankenmarktes eine Modifizierung erfahren. Die Harmonisierung der bankenaufsichtsrechtlichen Liquiditätsanforderungen wird in Zusammenhang mit der Errichtung eines europäischen Zentralbanksystems erfolgen. Die Modifizierung der Liquiditätskoeffizienten wird dann voraussichtlich im Rahmen der achten KWG-Novelle erfolgen.

[245] Grundsätzlich gelten die Großkreditobergrenzen für Handels- und Nichthandelsbuch-Institute in analoger Weise; Unterschiede ergeben sich bei den Handelsbuchinstituten in den in § 13a Abs. 5 KWG geregelten handelsbereichsspezifischen Großkreditobergrenzen.

daß die Banken die Kreditwürdigkeit ihrer Kreditnehmer in ausreichendem Maße an Hand notwendiger Unterlagen prüfen und eine zu großzügige Handhabung bei der Kreditvergabe vermeiden.

Schließlich präzisiert das KWG in einem umfassenden Katalog diejenigen Rechtsbeziehungen zwischen Kunde und Bank, die als Kreditverhältnisse anzusehen sind, wobei nicht nur Darlehensgeschäfte im Sinne des BGB in Frage kommen, sondern jegliche Transaktionen, die bankwirtschaftlich als Kredite i.w.S. gelten, wie z. B., die Übernahme von Bürgschaften und Garantien oder Beteiligungen an Unternehmen der Kreditnehmer (§ 19 KWG).[246]

Schließlich haben die Institute — sofern nicht nach anderen gesetzlichen Vorschriften eine kürzere Frist vorgesehen ist — in den ersten drei Monaten des Geschäftsjahres für das vergangene Geschäftsjahr den Jahresabschluß — bestehend aus Bilanz, Gewinn- und Verlustrechnung und Anhang — aufzustellen sowie den aufgestellten und später den festgestellten Jahresabschluß und den Lagebericht dem BAK und der Deutschen Bundesbank jeweils unverzüglich einzureichen. Außerdem ist der Jahresabschluß in einer Anlage zu erläutern (§ 26 KWG). Ebenfalls sind Konzernabschlüsse und Konzerngeschäftsberichte unverzüglich vorzulegen.

Zu den besonderen Pflichten der Prüfer gehört neben der Prüfung des Jahresabschlusses sowie der wirtschaftlichen Verhältnisse des Instituts die Feststellung, ob das Institut die zahlreichen Anzeigepflichten erfüllt hat (§ 29 KWG). Außerdem obliegt dem Prüfer eine Mitteilungspflicht an die Bankenaufsichtsbehörden, wenn ihm Tatsachen bekannt werden, die die Einschränkung bzw. die Versagung des Bestätigungsvermerks rechtfertigen, den Bestand bzw. die Entwicklung des Instituts wesentlich beeinträchtigen können oder schwerwiegende Verstöße der Geschäftsleiter gegen Gesetz, Satzung oder Gesellschaftsvertrag erkennen lassen.

Um die Aufgabe, der Herstellung einer ordnungsgemäßen Organisation des Geschäftsbetriebs in Teilbereichen der Kreditinstitute zu erfüllen, hat das BAK im Herbst 1995 die „Mindestanforderungen an das Betreiben von Handelsgeschäften der Kreditinstitute" veröffentlicht.[247] Die Mindestanforderungen gelten für alle Kreditinstitute in Deutschland einschließlich ihrer rechtlich unselbständigen Niederlassungen im Ausland und fassen die schon seit Jahren bestehenden Vorschriften für das Devisen- und Wertpapiergeschäft zusammen. Sie wurden nun auf alle Handelsgeschäfte der Kreditinstitute erweitert, gelten also insbesondere auch für Geschäfte mit Derivaten. Die Verlautbarung enthält in erster Linie allgemeine Regelungen zum Risikocontrolling und -management, zur Organisation der Handelstätigkeit, zu Revisionen und besondere Vorschriften für einzelne Geschäftsarten. Die Vereinbarung ist auf Handelsgeschäfte anzuwenden, die Kontrakte zum Gegenstand haben, denen ein Geldmarktgeschäft, Wertpapiergeschäft (einschließlich des Handels in Schuldscheinen und Namensschuld-

---

[246] Vgl. Dürselen, K.: Die Großkreditnormen des § 13 KWG nach der Fünften Novelle des Kreditwesengesetzes, in: Zeitschrift für Bankrecht und Bankwirtschaft, H. 1/1996, S. 46-57.

[247] Bundesaufsichtsamt für das Kreditwesen, Verlautbarungen über Mindestanforderungen an das Betreiben von Handelsgeschäften der Kreditinstitute, Berlin 1995.

vereinbarungen sowie der Wertpapierleihe, ohne Emissionsgeschäft), Devisengeschäft, Edelmetallgeschäft oder Geschäft in Derivaten zugrunde liegt und die im eigenen Namen und für eigene oder fremde Rechnung abgeschlossen werden. Bei der Umsetzung der Verlautbarung und der darin enthaltenen Anforderungen an das Risikocontrolling und -management orientiert sich das BAK an Umfang, Komplexität und Risikogehalt der Handelsgeschäfte bzw. an der Betriebsgröße der jeweiligen Bank, um den unterschiedlichen Umfang der Handelsaktivitäten der verschiedenen Kreditinstitute Rechnung zu tragen.

F. Ansatzpunkte und Probleme internationaler Bankenaufsicht

I. Internationale Bankenaufsicht aufgrund nationaler Aufsichtsnormen

Das Erfordernis einer international orientierten Bankenaufsicht spielte bereits im Rahmen der Novellierung des KWG im Jahre 1984 eine dominierende Rolle. So sah das KWG von 1984 ein bankenaufsichtliches Konsolidierungsverfahren vor, das zur Vermeidung der „Mehrfachnutzung“ haftenden Eigenkapitals über Tochterbanken, die ihren Sitz im Ausland haben, diente. Die damit vollzogene Umsetzung einer Richtlinie des Rates der Europäischen Gemeinschaft über die Beaufsichtigung der Kreditinstitute auf konsolidierter Basis von 1983[248] sollte gewährleisten, daß neben den einzelnen Banken auch Bankengruppen sowie die von ihnen aufgebauten Gesamtkreditrisiken auf konsolidierter Basis überwacht werden. Gleichwohl bestanden für die Banken trotz der Konsolidierungspflicht auch weiterhin Möglichkeiten zur Umgehung der bankenaufsichtlichen Normen. Die Konsolidierungspflicht einer Kreditinstitutsgruppe konnte beispielsweise durch den Aufbau von Holdingstrukturen umgangen werden; so wurde an die Spitze einer Gruppe von Kreditinstituten nicht ein Kreditinstitut, sondern eine Holdinggesellschaft gestellt, der alle anderen Kreditinstitute nachgeordnet wurden. Da die Finanzholdinggruppe jedoch ein mit Institutsgruppen vergleichbares Risikoprofil aufweisen konnte, bestand aus bankenaufsichtsrechtlicher Sicht die Notwendigkeit, die Risikokonzentration bei Finanzholdinggruppen auch auf konsolidierter Basis zu kontrollieren.[249]

---

[248] Richtline des Rates über die Beaufsichtigung der Kreditinstitute auf konsolidierter Basis (83/350/EWG).

[249] Vgl. zu der damit verbundenen Problematik ausführlich Amely, T.: Allfinanz-Konzerne als Problem der Bank- und Versicherungsaufsicht. Vorschläge zu einer integrativen Behandlung der Erfolgsrisiken, Köln 1994.

Eine weitere Möglichkeit der Umgehung der Konsolidierungspflicht bestand für Kreditinstitutsgruppen darin, mit Eigenkapital zu unterlegende Grundsatz-I-pflichtige Risikoaktiva an nicht zu konsolidierende Finanzinstitute und andere Nichtbankbeteiligungen auszugliedern.

Vor dem Hintergrund gravierender Veränderungen auf den Finanzmärkten — beispielhaft hierzu können das Wachstum und die Globalisierung der Finanzmärkte sowie der verstärkte Einsatz von Derivaten angeführt werden —, die maßgeblichen Einfluß auf die Risikosituation der Kreditinstitute haben, erschien es den Bankenaufsichtsbehörden um so dringlicher, die bestehende Lücke innerhalb der Konsolidierungsvorschriften zu schließen. Aus diesem Grund erließ die EU-Kommission einen Richtlinienvorschlag zur Änderung der Konsolidierungsrichtlinie von 1983, der eine erhebliche Ausweitung der Konsolidierungspflichten der Banken induzierte. Gemäß der Konsolidierungsrichtlinie[250] von 1993 werden neben Kreditinstitutsgruppen nun auch zusätzlich Finanzholdinggruppen bankenaufsichtlich überwacht; des weiteren wurde der Konsolidierungskreis sehr erweitert, indem neben Kreditinstituten nun auch alle Finanzdienstleistungsinstitute, Finanzunternehmen und Unternehmen mit bankbezogenen Hilfsdiensten konsolidiert werden.

Zu diesem Zweck hat der Gesetzgeber in Deutschland in den §§ 10a und 13b KWG in Verbindung mit Grundsatz I ein bankenaufsichtliches Konsolidierungsverfahren vorgeschrieben, das sich zum einen auf die Angemessenheit der Eigenmittelausstattung von Instituts- und Finanzholdinggruppen, zum anderen auf die größtenteils analoge Anwendung der Großkreditvorschriften für diese Gruppen bezieht.

Gem. § 10a Abs. 2 KWG besteht eine Institutsgruppe aus einem übergeordneten Unternehmen mit Sitz im Inland und mindestens einem nachgeordneten Unternehmen, das ein Kreditinstitut, ein Finanzdienstleistungsinstitut oder ein Unternehmen mit bankbezogenen Hilfsdiensten ist. Das übergeordnete Unternehmen der Gruppe ist das Institut, das keinem anderen Institut mit Sitz im Inland nachgeordnet ist. Die Beteiligungshöhe oder spezifische Beteiligungsvoraussetzungen begründen die Existenz einer Instituts- und Finanzholdinggruppe. Eine Institutsgruppe liegt dann vor, wenn das übergeordnete Institut nachgeordnete Unternehmen als Tochterunternehmen hält oder am nachgeordneten Unternehmen eine qualifizierte Minderheitsbeteiligung hält. Eine Finanzholdinggruppe liegt dann vor, wenn an der Spitze einer Gruppe mindestens ein Einlagenkreditinstitut[251] oder ein Wertpapierhandelsunternehmen[252] als Tochterunternehmen nachgeordnet ist. Im Vergleich zu einer Institutsgruppe ist die grundlegende Voraussetzung für die Exi-

---

[250] Richtlinie des Europäischen Parlaments und des Rates der Europäischen Union über die Beaufsichtigung von Kreditinstituten auf konsolidierter Basis vom 6.4.1992, ABl. L. 280/54 vom 24.9.1992.

[251] Gem. § 3d KWG ist für ein Einlagenkreditinstitut die Gewährung von Krediten auf der Aktivseite für eigene Rechnung sowie eine Refinanzierung des Instituts über Einlagen oder andere rückzahlbare Gelder des Publikums charakteristisch.

[252] Gemäß § 1 Abs. 3d KWG sind Wertpapierhandelsunternehmen Institute, die keine Einlagenkreditinstitute sind und die Bankgeschäfte im Sinne des § 1 Abs. 1 Nr. 4 betreiben oder Finanzdienstleistungen im Sinne des § 1 Abs. 1a Nr. 1-4 KWG erbringen.

stenz einer Finanzholdinggruppe, daß der Finanzholdinggesellschaft mindestens ein Einlagenkreditinstitut oder ein Wertpapierunternehmen nachgeordnet ist. Da die Finanzholdinggesellschaft selbst kein Kreditinstitut ist, übernimmt das Einlagenkreditinstitut die Funktion des übergeordneten Kreditinstituts und nimmt die bankenaufsichtlichen Konsolidierungsvorschriften für die Gruppe wahr.

Grundsätzlich ist gemäß § 10a Abs. 8 KWG das übergeordnete Unternehmen für eine angemessene Eigenkapitalausstattung der Instituts- und Finanzholdinggruppe verantwortlich. Grundsätzlich sind die nachgeordneten Unternehmen verpflichtet, durch die Weiterleitung entsprechender Informationen dem übergeordneten Unternehmen alle für die bankenaufsichtliche Konsolidierung erforderlichen Angaben zur Verfügung zu stellen. Unter bestimmten Voraussetzungen kann das BAK das übergeordnete Institut von den Konsolidierungsvorschriften des KWG freistellen. Diese sind in § 31 Abs. 2 KWG geregelt, eine Freistellung von der Konsolidierungspflicht kann z. B. bei nachgeordneten Unternehmen, deren Bilanzsumme weniger als 10 Mio. ECU oder weniger als 1 % der Bilanzsumme des übergeordneten Instituts oder der Finanzholdinggesellschaft beträgt.

Um die Angemessenheit der Eigenmittelausstattung von Instituts- oder Finanzholdinggruppen beurteilen zu können, wird das zusammengefaßte Gesamtvolumen an risikotragenden Aktiva nach Maßgabe des Eigenmittelgrundsatzes I den zusammengefaßten haftenden Eigenmitteln der jeweiligen Gruppe gegenübergestellt. Diese Zusammenfassung des haftenden Eigenkapitals und der gewichteten Risikoaktiva erfolgt in Abhängigkeit von der zugrundeliegenden Beteiligungshöhe alternativ nach der Methode der Voll- oder der Quotenkonsolidierung. Diese Konsolidierungsverfahren gelten sowohl für Instituts- als auch für Finanzholdinggruppen.

Die Vollkonsolidierung ist für alle nachgeordneten Unternehmen, die im Mehrheitsbesitz stehen oder auf die beherrschender Einfluß ausgeübt werden kann, also für alle Tochterunternehmen, anzuwenden. Das Verfahren der Quotenkonsolidierung ist bei qualifizierten Minderheitsbeteiligungen vorgesehen. Im Rahmen der Quotenkonsolidierung hat das übergeordnete Institut bei der Berechnung des konsolidierten Eigenkapitals und der konsolidierten gewichteten Risikoaktiva der Gruppe alle Positionen nur in der Höhe ihres Kapitalanteils zu berücksichtigen. Gegenüber der Vollkonsolidierung ergibt sich bei der Quotenkonsolidierung ein geringeres haftendes Eigenkapital. Zu berücksichtigen ist jedoch, daß dem geringeren haftenden Eigenkapital gleichwohl ein geringeres Risikovolumen gegenübersteht. Dennoch kann als kritisch gewertet werden, daß oftmals das übergeordnete Institut im Rahmen seiner faktischen Haftung für die Verbindlichkeiten des nachgeordneten Unternehmens zu einem höheren Anteil als seinem gehaltenen Kapitalanteil einzustehen hat. Das Quotenkonsolidierungsverfahren erfaßt bei einer faktischen Haftung somit die Risikopotentiale einer Gruppe nicht angemessen.

Konsolidierungspflichtig sind nach § 13b KWG die Großkredite bei Instituts- und Finanzholdinggruppen. Gegenstand des Konsolidierungsverfahrens bilden einzelne Kredite gruppenangehöriger Institute sowie Finanzholdinggruppen an jeweils denselben Kreditnehmer, wobei die Kredite nachgeordneter Unternehmen nach Maßgabe der jeweiligen Beteiligungsquote des übergeordneten Instituts in die Konsolidierung einzubeziehen sind. Grundsätzlich basieren die Vorschriften des § 13b KWG wesentlich auf den Vorschriften des § 10a KWG. So legt § 13b KWG für die Berechnung des haftenden Eigenkapitals einer Gruppe die Voll- und die Quotenkonsolidierung zugrunde und verweist hierzu auf die Ausführungen in § 10a KWG.

Im Rahmen der sechsten KWG-Novelle wurde auch eine bankenaufsichtliche Überwachung der Marktpreisrisiken auf konsolidierter Basis gesetzlich geregelt. Die Einbeziehung der selbständigen Wertpapierhandelsfirmen in die bankenaufsichtliche Konsolidierung wurde besonders von der deutschen Bankenaufsicht gefordert, um die Mehrfachbelegung des nur einmal vorhandenen Eigenkapitals und den Aufbau von Risikopyramiden bei Tochterunternehmen zu verhindern. Eine Ausnahme von der bankenaufsichtlichen Konsolidierungspflicht der Marktpreisrisiken besteht für reine Wertpapierfirmengruppen, das heißt, wenn Mutter- und Tochtergesellschaften sind Wertpapierfirmen sind. In einem solchen Fall kann anstelle des Konsolidierungsverfahrens auch ein direkter Abzug der Beteiligungen vom Eigenkapital der Mutter erfolgen.

Schließlich sind übergeordnete Institute dazu verpflichtet, der Deutschen Bundesbank neben den Monatsausweisen für das eigene Institut konsolidierte Monatsausweise für die Institutsgruppe vorzulegen. Dadurch soll die Bankenaufsicht in die Lage versetzt werden, einen umfassenden und stets aktualisierten Einblick in die Risikoposition der Instituts- oder Finanzholdinggruppe zu nehmen.

Des weiteren sieht das KWG eine Reihe von Regelungen zur Verbesserung der internationalen Zusammenarbeit der Bankenaufsichtsbehörden vor. So wird z. B. klargestellt, daß keine Verletzung der Schweigepflicht vorliegt, wenn das BAK geheim zu haltende Tatsachen an andere Bankenaufsichtsbehörden weiterleitet, zumal weiter geregelt ist, daß Informationen von Bankenaufsichtsbehörden anderer Staaten nur für Bankenaufsichtszwecke verwendet werden dürfen. Schließlich sieht das KWG vor, daß auf Ersuchen von Bankenaufsichtsbehörden anderer Mitgliedstaaten der EU Prüfungen bei Banken durchgeführt werden können, an denen Institute in anderen Staaten beteiligt sind. Maßgeblich für derartige gesetzliche Regelungen war die Erkenntnis, daß rein national konzipierte Bankenaufsichtssysteme aufgrund der zunehmenden Internationalisierung der Bankaktivitäten sowie zunehmender Bonitäts- und Liquiditätsrisiken an Effizienzgrenzen stoßen und eine verstärkte Internationalisierung der Bankenaufsicht notwendig ist.[253]

[253] Vgl. u.a. Bester, D.: Aufsichtsrechtliche Kontrolle internationaler Bankkonzerne. Möglichkeiten und Grenzen aus Sicht der deutschen Bankenaufsicht. Bergisch Gladbach — Köln 1986, S. 104 ff.

II. Harmonisierung und Internationalisierung der Bankenaufsicht auf EU-Ebene

Die europaweite Harmonisierung auf der Ebene der Bankenaufsicht und die zunehmende Zusammenarbeit der Aufsichtsbehörden sind die Konsequenzen der Bemühungen der EU-Länder zur Schaffung gemeinsamer (weitgehend einheitlicher) Rahmenbedingungen für die Banken vor dem Hintergrund der Europäischen Wirtschafts- und Währungsunion.

Im Rahmen derartiger Überlegungen waren zunächst Bemühungen erkennbar, die Niederlassungsfreiheit für Banken und den freien Dienstleistungsverkehr innerhalb der EU zu verwirklichen. So wurde gemeinhin auch die sogenannte EG-Niederlassungsrichtlinie als erster Schritt zur Harmonisierung des Bankrechts in der EU angesehen. Als problematisch im Hinblick auf eine völlige Niederlassungsfreiheit erwiesen sich jedoch die bestehenden Divergenzen in nationalen Vorschriften des Bankrechts und Einlegerschutzes. Angesichts dieser elementaren Divergenzen wurde alsbald eine Koordinierung grundlegender Rechtsvorschriften angestrebt. So enthielt der 1972 fertiggestellte Richtlinienvorschlag derart weitreichende Koordinierungsabsichten, daß man in ihm die Konzipierung eines „europäischen Kreditwesengesetzes" verwirklicht sah. Vorgesehen war dabei insbesondere eine umfassende Regelung des Bankenaufsichtsrechts mit entsprechenden Bestimmungen über die Rechtsformen der Banken, einheitliche Zulassungsvoraussetzungen, ein einheitliches Bilanzierungswesen, die Einlagensicherung sowie exakte Liquiditäts-, Eigenkapital- und Solvabilitätsvorschriften. Neben einem europaweiten Verbund der einzelnen Evidenzzentralen sollte die nationale Aufsichtsbehörde jeder Bank auch die Möglichkeit erhalten, ihre Aufsichtstätigkeit entsprechend der Geschäftstätigkeit der von ihr zu beaufsichtigenden Banken über die nationalen Grenzen hinaus auszudehnen.

Angesichts der Komplexität und Reichweite dieser Regelungen sowie der Erweiterung der EU hatte dieser umfassende Entwurf jedoch keine Aussicht auf Realisierung. Der Gedanke einer allgemeingültigen europäischen Bankengesetzgebung war damit vorerst aufgegeben und wurde durch die nun folgende „Methode der kleinen Schritte" abgelöst. So kam es 1977 zur Verabschiedung der „Ersten Richtlinie zur Koordinierung der Rechts- und Verwaltungsvorschriften über die Aufnahme und Ausübung der Tätigkeit der Kreditinstitute (Erste Bankrechtskoordinierungsrichtlinie)". Mit dieser sowie nachfolgenden Richtlinien sollten die unterschiedlichen Zulassungs- und Aufsichtsbedingungen für Banken im Bereich der EU beseitigt und eine zieladäquate Beaufsichtigung erreicht werden. Da die Rechtslage in Deutschland den geforderten Änderungen bereits entsprach, entfielen somit nationale Anpassungsmaßnahmen.

Erste Ansätze zu einer Internationalisierung der Bankenaufsicht auf EU-Ebene wurden durch die Einrichtung des sogenannten Beratenden Ausschusses erkennbar, dem bestimmte Sonderaufgaben sowie eine — jedoch nicht näher definierte — Mitarbeit bei der weiteren Koordinierung von Bankrechtsbestimmungen übertragen wurde. Zu seinem Arbeitsbereich gehörten z. B. die Definition von Beobachtungskoeffizienten, Fragen der

Aufsicht auf konsolidierter Basis sowie die Harmonisierung des bankenaufsichtlichen Meldeverfahrens und die Gründung einer europäischen Evidenzzentrale. 1983 wurde schließlich die „Richtlinie über die Beaufsichtigung der Kreditinstitute auf konsolidierter Basis" angenommen, die bis 1985 in nationales Recht zu transformieren war. Dies geschah in Deutschland durch die 1984 vorgenommene Novellierung des Kreditwesengesetzes.[254]

Einen wichtigen Schritt in diese Richtung vollzog der EG-Ministerrat 1988 mit der Verabschiedung der EG-Eigenmittelrichtlinie. Gemeinsame Standards für die Eigenmittel der Banken sind für einen europäischen Bankenbinnenmarkt von großer Bedeutung, weil durch eine in qualitativer und quantitativer Hinsicht zulängliche Eigenmittelausstattung nicht nur eine kontinuierliche Bankgeschäftstätigkeit gesichert und ein effektiver Einlegerschutz ermöglicht wird, sondern auch, weil zahlreiche bankenaufsichtsrechtliche Bestimmungen am Eigenkapital der Banken anknüpfen. Dabei kam es dem EG-Ministerrat darauf an, die Definitionen und Standards für die Eigenmittel der Banken gleichwertig zu gestalten, um Wettbewerbsverzerrungen zu vermeiden. Im einzelnen enthielt die in der Eigenmittelrichtlinie festgelegte Definition eine Höchstzahl von Eigenkapitalbestandteilen und in Frage kommenden Beträgen, wobei es den einzelnen Mitgliedstaaten überlassen blieb, alle oder nur einige dieser Eigenkapitalbestandteile zu verwenden oder niedrigere Obergrenzen für die als zulässig angesehenen Beträge festzulegen. Insoweit gab die Eigenmittelrichtlinie nur Mindestanforderungen vor und überließ es den Mitgliedstaaten, gegebenenfalls strengere Bestimmungen anzuwenden. Nach der Qualität der Bestandteile der Eigenmittel unterschied die Richtlinie Bestandteile, die die Basiseigenmittel bilden und solche, die zu den ergänzenden Eigenmitteln zählen.

Sowohl die EG-Eigenmittelrichtlinie als auch die EG-Solvabilitätsrichtlinie folgten weitgehend der Eigenmittelempfehlung des Ausschusses für Bankenaufsicht in Basel.[255] Dieser Ausschuß hatte 1988 mit Zustimmung der Zentralbankgouverneure der Zehnergruppe[256] eine Empfehlung für die Eigenkapitalausstattung internationaler Banken vorgelegt.[257] Danach sollten die eigenen Mittel der Banken mindestens 8 % der nach ihrem Risikogehalt gewichteten Aktivpositionen — einschließlich der außerbilanziellen Positionen — erreichen. Ziel der Empfehlung war es, insbesondere die Eigenkapitalausstattung international tätiger Banken zu erhöhen und damit indirekt die Stabilität des internationalen Finanzsystems zu erhöhen. Im Zusammenhang mit der Verabschiedung

254 Vgl. Kluge, M.: Die Mindestharmonisierung des Bankenrechts, in: Zeitschrift für das gesamte Kreditwesen, 1990, S. 182 ff.

255 Synonym hierzu wurde früher auch die Bezeichnung „Cooke-Ausschuß" verwandt (nach dem damaligen Vorsitzenden des Ausschusses Peter Cooke).

256 Hierzu gehören Belgien, Deutschland, Frankreich, Großbritannien, Italien, Japan, Kanada, Niederlande, Schweden, Schweiz und die Vereinigten Staaten von Amerika.

257 Vgl. hierzu im einzelnen Ausschuß für Bankenbestimmungen und -überwachung bei der Bank für Internationalen Zahlungsausgleich (BIZ): Vorschläge zu einer internationalen Konvergenz der Eigenkapitalmessung und Eigenkapitalanforderung, Konsultationspapier (deutsche Übersetzung), Basel, Dezember 1987.

der Eigenmittel- und der Solvabilitätsrichtlinie stand auch die „Zweite Richtlinie des Rates zur Koordinierung der Rechts- und Verwaltungsvorschriften über die Aufnahme und Ausübung der Tätigkeit der Kreditinstitute“. Diese zweite Bankrechtskoordinierungsrichtlinie legte endgültig die Grundlagen für eine Harmonisierung des europäischen Bankaufsichtsrechts und regelte abschließend den rechtlichen Rahmen für Banken in einem europäischen Binnenmarkt. Zentrales Anliegen der zweiten Bankrechtskoordinierungsrichtlinie war die Festlegung der freien Niederlassung und des freien Dienstleistungsverkehrs innerhalb der Europäischen Gemeinschaft, sofern eine Bank die Zulassung in einem Mitgliedstaat der Gemeinschaft erwirkt hat. Hinsichtlich dieser Bestimmungen durchbrach die Bankrechtskoordinierungsrichtlinie jedoch die von der Kommission gewählte enge Eingrenzung des Kreditinstitutsbegriffs der ersten Bankrechtskoordinierungsrichtlinie. Durch eine Enumeration von Tätigkeiten im Anhang der zweiten Bankrechtskoordinierungsrichtlinie, für die die gegenseitige Anerkennung und damit die Dienstleistungsfreiheit gilt, wurde auch der Bereich des Wertpapiergeschäfts berücksichtigt, der infolge der engen Definition des Kreditinstitutsbegriffs nicht den in dieser Richtlinie aufgeführten aufsichtsrechtlichen Regelungen unterworfen war.[258]

Reine investment banks — in der Terminologie der Richtlinien werden diese als Wertpapierfirmen bezeichnet — wurden durch die enge Fassung des Kreditinstitutsbegriffs weitgehend von den Richtlinien der EU ausgeschlossen, da sie Dienstleistungen anbieten, die nicht den Bankrechtskoordinierungsrichtlinien unterworfen waren. Die Richtlinie des Rates für Wertpapierdienstleistungen (Wertpapierdienstleistungsrichtlinie) gab diese Regelungen für Wertpapierfirmen (investment banks) in analoger Weise zu den Regelungen der Bankrechtskoordinierungsrichtlinien vor.

Wertpapierdienstleistungen im Sinne der Wertpapierdienstleistungsrichtlinie sind Finanzdienstleistungen, die von einer Wertpapierfirma für andere Personen erbracht werden. Was im einzelnen als Wertpapierdienstleistung verstanden wird, wird abschließend enumerativ in der Richtlinie aufgeführt, wobei sowohl Dienstleistungen im engeren Sinne wie auch Instrumente, die im Rahmen der Dienstleistungserbringung Verwendung finden. Von der Wertpapierdienstleistungsrichtlinie werden folgende Instrumente erfaßt: übertragbare Wertpapiere sowie Investmentzertifikate (Anteile an Organismen für gemeinsame Anlagen), Geldmarktinstrumente, Finanzterminkontrakte (financial futures) einschließlich gleichwertiger Instrumente mit Barzahlungstransaktionen, Zinsterminkontrakte, Zins- und Devisenswaps sowie swaps auf Aktienindexbasis (equity swaps), alle Arten von Kauf- und Verkaufsoptionen. Die unter die Bestimmungen der Richtlinie fallenden Dienstleistungen sind die kommissionsmäßige Annahme und Übermittlung von Aufträgen über die aufgeführten Instrumente sowie die Ausführung derartiger Aufträge für fremde Rechnung, der Handel in den Instrumenten für eigene Rechnung, die Verwaltung von Portefeuilles für Anleger, die Übernahme und Plazierung von Emissionen der aufgeführten Instrumente. Als weitere, für Wertpapierfirmen typische Dienstleistungen, die, auch wenn sie ausschließlich betrieben werden, konstituierend für Wertpa-

---

[258] Richtlinie des Europäischen Parlaments und des Rates der Europäischen Gemeinschaft über Wertpapierdienstleistungen vom 10.5.1993, ABl. L. 141/27 vom 11.6.1993.

pierfirmen sind, werden angesehen und den Regelungen der Wertpapierdienstleistungsrichtlinie unterworfen: die Verwahrung und Verwaltung der aufgeführten Instrumente, Schließfachvermietung, Kreditgewährung zur Finanzierung der Engagements in derartigen Instrumenten, Unternehmensberatung und mergers & acquisitions, das underwriting, Anlageberatung, Devisengeschäfte, die im direkten Zusammenhang mit der Erbringung der oben angeführten Dienstleistungen stehen.

Die EG-Wertpapierdienstleistungsrichtlinie stellt die selbständigen Wertpapierhäuser hinsichtlich der Dienstleistungs- und Niederlassungsfreiheit den Kreditinstituten gleich. Die Wertpapierfirmen erhalten damit wie Kreditinstitute den sogenannten Europäischen Paß, mit dem die unter die Richtlinie fallenden Wertpapierdienstleistungen im gemeinsamen Europäischen Wirtschaftsraum erbracht werden können. Eine derartige Gleichstellung verlangt aber gleichzeitig, daß auch für die selbständigen Wertpapierfirmen wie für die Kreditinstitute eine angemessene Eigenmittelausstattung sichergestellt wird. Dies ist Ziel der EG-Kapitaladäquanzrichtlinie, mittels derer gleichwertige aufsichtsrechtliche Rahmenbedingungen für Wertpapier- und Kreditinstitute geschaffen wird (level playing field).[259]

Kreditinstitute, die als Universalbanken neben dem Einlagen- und dem Kreditgeschäft auch das Wertpapiergeschäft betreiben, stehen auf diesem Gebiet in direkter Konkurrenz zu den Wertpapierfirmen. Gleiche Geschäfte bedeuten aber auch gleiche Risiken. Daher erfolgt eine Einbeziehung der Kreditinstitute in den Anwendungsbereich der Kapitaladäquanzrichtlinie, denn die Solvabilitätsrichtlinie verlangte ausschließlich eine Eigenmittelunterlegungspflicht von Kreditrisiken, nicht aber von Marktrisiken. Allerdings sieht die Kapitaladäquanzrichtlinie eine Ausnahmeregelung für Kreditinstitute mit nur geringfügigem Handelsbuch vor. Nach Art. 4 der Richtlinie unterliegen Institute, bei denen in der Regel der Anteil des Handelsbuches 5 % ihrer gesamten Geschäftstätigkeit und die Handelsbuchpositionen den Betrag von 15 Mio. ECU nicht übersteigen, oder Institute, bei denen zu keiner Zeit der Anteil des Handelsbuches 6 % ihrer gesamten Geschäftstätigkeit und die Gesamtsumme der Handelsbuchpositionen 20 Mio. ECU überschreiten, nicht den Vorschriften der Kapitaladäquanzrichtlinie, sondern nach wie vor der Solvabilitätsrichtlinie. Insbesondere für kleine Institute stellen die Ausnahmeregelungen eine Erleichterung dar, da die mit der Berechnung der Eigenkapitalanforderungen erhebliche technische Aufwendungen, die u. a. durch die täglichen umfangreichen Berechnungen entstehen, entfallen.

Regelungsgegenstände der Kapitaladäquanzrichtlinie sind im wesentlichen die Definition des Wertpapierhandels, das erforderliche Anfangseigenkapital, die Eigenmitteldefinition sowie die Eigenmittelanforderungen für Markt-, Adressenausfall-, Abwicklungs-, Fremdwährungs-, Lieferrisiken und Großrisikopositionen.

Wertpapierfirmen, die nicht zugleich Kreditinstitute sind, müssen ein Anfangskapital zwischen 50.000 ECU und 730.000 ECU je nach Art ihrer Tätigkeit aufweisen. Im Ge-

---

[259] Richtlinie des Europäischen Parlaments und des Rates der Europäischen Gemeinschaft über die angemessene Eigenkapitalausstattung von Wertpapierfirmen und Kreditinstituten vom 15.3.1993, ABl. L. 141/1 vom 11.6.1993.

gensatz zu Kreditinstituten müssen Wertpapierhäuser noch eine zusätzliche Kapitalanforderung für sonstige Risiken in Höhe von 25 % der fixen Gemeinkosten des vorangegangenen Geschäftsjahres erfüllen. Bezüglich der Eigenmitteldefinitionen enthält die Richtlinie zwei Alternativen: Die Institute können die Marktrisiken entweder mit Eigenmitteln gemäß der Eigenmittelrichtlinie unterlegen; zusätzlich können die jeweiligen Aufsichtsbehörden als weitere Eigenmittel kurzfristige nachrangige Verbindlichkeiten bis maximal 250 % des Kernkapitals sowie die bereinigten Nettogewinne aus dem Wertpapierhandel anerkennen. Die kurzfristigen nachrangigen Verbindlichkeiten müssen dabei eine Ursprungslaufzeit von mindestens zwei Jahren aufweisen, ohne Genehmigung der Aufsichtsbehörden nicht vorzeitig rückzahlbar sein und nicht getilgt oder mit Zinsen bedient werden, sofern dies ein Absinken der Eigenmittel unter die Eigenkapitalanforderungen zur Folge hätte (Lock-in-Klausel).

Das Handelsbuch (trading book) umfaßt Finanzinstrumente (Finanzterminkontrakte Optionen, Zins- und Devisenswaps) sowie Geldmarktinstrumente, die ein Institut für Zwekke des Handels hält und die Marktrisiken beinhalten.

Die Ermittlung der Eigenmittelanforderungen für Marktrisiken im Bereich der Aktien- und Zinstitel folgt dem Baukastenprinzip (building block approach), wobei die Eigenmittelerfordernisse getrennt nach dem emittentenspezifischen und dem allgemeinen Marktrisiko der jeweiligen offenen Position ermittelt werden. Im Gegensatz zur Solvabilitätsrichtlinie gibt es jedoch keinen festgelegten Unterlegungssatz mehr, sondern die Höhe der Kapitalunterlegung in den einzelnen Risikobereichen ist abhängig von den zugrundegelegten standardisierten Schwankungsbreiten der jeweils betrachteten Preisveränderungen, die auf statistischen Erhebungen des Baseler Bankenausschusses basieren. Der Eigenkapitalunterlegungsfaktor ergibt sich dann als ein Vielfaches der aus den historischen Daten ermittelten Volatilität. Dies führt dazu, daß es keinen einheitlichen Unterlegungssatz entsprechend der Solvabilitätsrichtlinie gibt, sondern unterschiedliche Unterlegungsbeiträge je nach dem Risiko des betrachteten Geschäfts. So besteht z. B. für eine zwanzig Jahre laufende Nullkouponanleihe eine höhere Eigenkapitalunterlegungspflicht als für eine zehn Jahre laufende Nullkouponanleihe.[260]

Die Kapitaladäquanzrichtlinie deckt sich weitgehend mit den Empfehlungen des „Marktrisikopapiers" des Ausschusses für Bankenaufsicht, das Eigenkapitalanforderungen zur Abdeckung von Marktpreisrisiken, insbesondere aus den Handelsgeschäften international tätiger Banken, fordert.[261] Dabei ist das Marktrisiko definiert als das Risiko von Verlusten aus bilanzwirksamen und außerbilanziellen Positionen aufgrund von Veränderungen der Marktpreise. Zu berücksichtigen sind dabei Risiken aus Zinsinstrumenten und Aktien im Handelsbestand, Fremdwährungs- und Rohstoffrisiken in der gesamten Bank. Dieses auch als „Baseler Marktrisikoregelung" bezeichnete Kompendium wurde Anfang 1996 nach Zustimmung der Notenbankgouverneure abgeschlossen und ist als Änderung und als Ergänzung der Baseler Eigenkapitalübereinkunft

---

260 Vgl. ausführlich hierzu Schulte-Mattler, H., Traber, U.: Marktrisiko und Eigenkapital, 2. Aufl., Wiesbaden 1997.

261 Vgl. Baseler Ausschuß für Bankenaufsicht, Änderung der Eigenkapitalvereinbarung zur Einbeziehung der Marktrisiken, Basel 1996.

von Juli 1988 zu sehen. Mit der verabschiedeten Regelung werden Zins- und Aktienpositionsrisiken des Handelsbuches sowie Fremdwährungs- und Rohstoffrisiken des Gesamtbuches einer Eigenkapitalunterlegung unterworfen. Der daraus entstehende Eigenkapitalbedarf kann außer durch Kern- und Ergänzungskapital teilweise auch durch kurzfristige nachrangige Verbindlichkeiten (sogenanntes Tier 3-Capital) gedeckt werden.

Zur Ermittlung der Eigenkapitalanforderungen sind zwei Anrechnungsmethoden vorgesehen: eine Standardmethode und eine alternative Methode, die auf den bankinternen Risikomeß- und -steuerungsmethoden (auch als Value-at-risk-Modelle bezeichnet) aufbaut. Die Banken können die alternative Methode anwenden, sofern bestimmte quantitative und qualitative Vorgaben der Bankenaufsicht eingehalten werden.

Wurde in den Ausführungen zuvor zwar die weitgehende Übereinstimmung zwischen dem Baseler Marktrisikopapier und der Kapitaladäquanzrichtlinie angemerkt, sind im folgenden dennoch kurz einige wesentliche Unterschiede anzuführen.[262] Im Unterschied zum Baseler Marktrisikopapier beschränkte sich die Kapitaladäquanzrichtlinie nur auf den Bereich des Fremdwährungsrisikos; eine Einbeziehung der Edelmetalle erfolgte nicht. Ein weiterer wesentlicher Unterschied der Kapitaladäquanzrichtlinie im Vergleich zum Baseler Marktrisikopapier ergab sich durch die Nichtzulassung interner Risikosteuerungsmodelle zur Berechnung des haftenden Eigenkapitals. Um diese Unterschiede zu beheben, deren Folgen, insbesondere für international tätige Banken, die gleichzeitig in einem EU-Staat domizilieren, gravierend sind, da sie einen erheblichen Mehraufwand bei der Umsetzung der bankenaufsichtlichen Empfehlungen und Vorschriften verursachen, hat im Frühjahr 1996 die EU-Kommission die Arbeiten zur Anpassung der EG-Kapitaladäqanzrichtlinie (CAD II) an die Baseler Marktrisikoregelungen aufgenommen. Im Vorgriff auf die Anpassung der Kapitaladäquanzrichtlinie an das Baseler Marktrisikopapier hat das BAK bei der Modifizierung des Grundsatzes I bereits alternativ zu den Standardverfahren der Risikomessung bankeigene Risikosteuerungsmodelle zur Berechnung der haftenden Eigenmittel zugelassen.

Die folgende Zusammenstellung bietet einen chronologischen Überblick über die wesentlichen bankrelevanten Richtlinien und Empfehlungen des Rates der Europäischen Union. Zusammenfassend können die Richtlinien und Empfehlungen der EU-Bankengesetzgebung für den Einheitlichen Europäischen Binnenmarkt drei Bereichen untergeordnet werden. Zunächst umfaßt das Bankrecht im engeren Sinne die speziellen Bankrichtlinien (z. B. Bankrechtskoordinierungsrichtlinien), die Bankpublizitätsrichtlinien (Bankbilanzrichtlinie) und die Richtlinien, die das bankaufsichtsrechtliche Instrumentarium spezifizieren (z. B.: Einlagensicherungsrichtlinie, BCCI-Richtlinie). Der zweite Bereich umfaßt das Börsen- und Wertpapierrecht, der auch die Richtlinien zum Wertpapiergeschäft einschließt.[263]

---

[262] Vgl. Gruner-Schenk, P.: Harmonisierung des Bankaufsichtsrechts, S. 273 ff, Berlin 1996.

[263] Vgl. Mütsch, B., Schoppmann, B.: Kreditwirtschaftlich wichtige Vorhaben der EU, Bonn 1997.

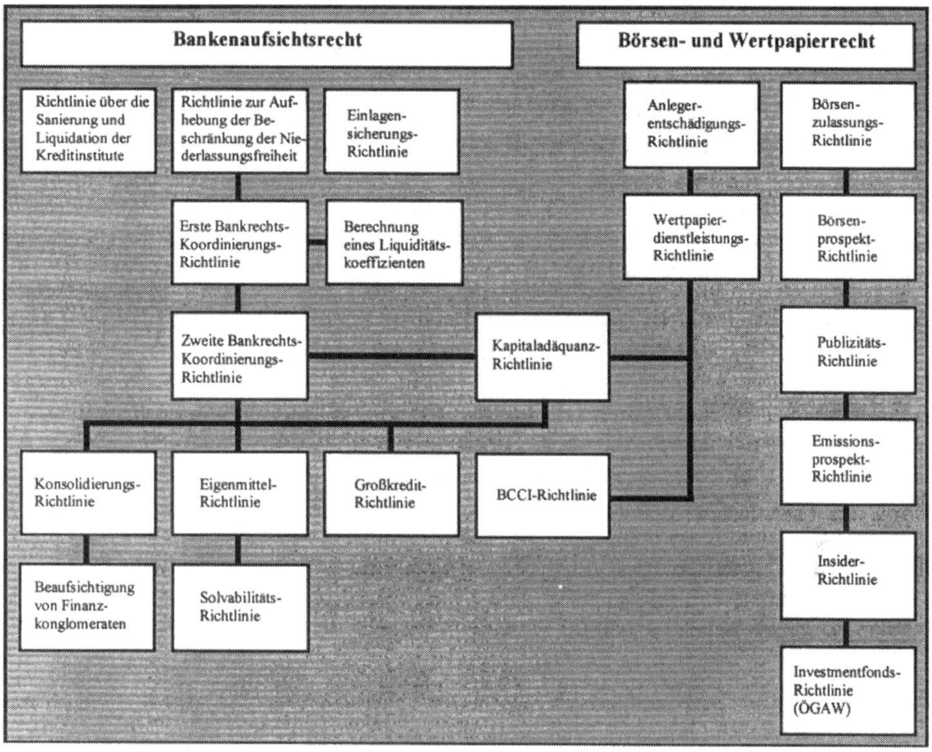

Abb. 16:Überblick über die Richtlinien der EU

III. Kooperation der Aufsichtsbehörden im Rahmen internationaler Ausschüsse

Neben den angesprochenen rechtsverbindlichen Vorgaben der Internationalisierung der Bankenaufsicht auf EU-Ebene sind weitergehende Ansatzpunkte einer verstärkten internationalen Aufsichtspraxis zumindest auf informationeller Basis erkennbar. Als wohl wichtigstes Gremium ist in diesem Zusammenhang der Ausschuß für Bankenaufsicht, der regelmäßig bei der Bank für Internationalen Zahlungsausgleich in Basel zusammentrifft, anzusehen. Dieses Gremium ist kurz nach dem Zusammenbruch des Bankhauses I. D. Herstatt sowie dem Bekanntwerden größerer Verluste im Devisengeschäft bei anderen Banken 1974 gegründet worden. Der Ausschuß setzt sich aus den jeweiligen Zentralbankgouverneuren sowie Vertretern der Bankenaufsichtsbehörden aus den Ländern der Zehnergruppe einschließlich der Schweiz zusammen. Die Zehnergruppe (auch als G 10-Länder bezeichnet) ist 1962 als ein informeller Zusammenschluß der zehn wichtigsten Industrieländer entstanden. Zu den Gründungsländern gehörten die USA, Deutschland, Japan, Frankreich, Großbritannien, Italien, Kanada, die Niederlande, Belgien und Schweden. Die Schweiz wurde 1984 Mitglied, so daß im Hinblick auf die numerische Bezeichnung Zehnergruppe korrekterweise eigentlich von einer „Elfergruppe" gesprochen werden müßte. Die Zehnergruppe tagt regelmäßig auf Ebene der Finanzminister und Zentralbankpräsidenten, in der Regel halbjährlich. Neben diesen regelmäßigen Treffen finden ebenfalls halbjährliche Treffen zwischen den Zentralbankvertretern sowie den Aufsichtsbehörden statt, wobei in diesen Zusammenkünften spezielle Währungs-, Finanzmarkt- und Notenbankfragen erörtert werden. Darüber hinaus arbeiten die G 10-Notenbanken und Aufsichtsbehörden in zahlreichen Expertengruppen zusammen.

Schwerpunkt der Tätigkeit des Baseler Ausschusses für Bankenaufsicht ist der umfassende Informations- und Erfahrungsaustausch über die Entwicklung der Bankengesetzgebung und der Bankenpraxis in den beteiligten Ländern. Besondere Aufmerksamkeit gilt hierbei den internationalen Bankaktivitäten einschließlich des Devisengeschäfts und den daraus resultierenden Problembereichen. Hauptanliegen des Ausschusses ist es jedoch, Lücken in der Überwachung des internationalen Bankensystems aufzudecken sowie Vorschläge zu dessen besserer Beaufsichtigung auch durch Änderungsempfehlungen nationaler Aufsichtsbestimmungen zu unterbreiten. Der Ausschuß faßt bei Problembereichen besonderer Relevanz die Ergebnisse seiner Erörterungen in konkreten Empfehlungen zusammen, um eine intensivere Zusammenarbeit der nationalen Bankenaufsichtsbehörden zu gewährleisten.

Um der gestiegenen Bedeutung des Zinsänderungsrisikos für Banken Rechnung zu tragen, hat der Baseler Ausschuß z. B. 1997 ein Konsultationspapier, das auf dem 1993 veröffentlichten Papier über die „Messung des Zinsänderungsrisikos der Banken " basiert, herausgegeben, das Grundsätze für das Management von Zinsänderungsrisiken bei Banken beinhaltet. Von den letzteren wird ein Risikomanagement gefordert, das eine effiziente Beobachtung, Messung und Kontrolle der eingegangenen Zinsrisiken sicherstellen soll. Des weiteren sollen die Aufsichtsbehörden über die zinstragenden Positionen einer Bank entsprechende Informationen erhalten, die ihnen auch eine quantitative Analyse der eingegangenen Zinsänderungsrisiken einer Bank erlauben. Die Anforderungen an die Ausgestaltung des Risikomanagement sind in Grundzügen mit den vom Ausschuß im Juli 1994 vorgegebenen „Richtlinien für das Risikomanagment im Derivategeschäft" vergleichbar, die im Oktober 1995 vom BAK als Teil der „Mindestanforderungen an das Betreiben von Handelsgeschäften" umgesetzt wurden.

Des weiteren hat der Baseler Ausschuß 1997 zum Zweck der effizienten Aufsicht grenzenüberschreitender Bankgeschäfte ein Papier mit 25 Empfehlungen veröffentlicht, das dazu beitragen soll, Hindernisse auf dem Weg zur Einführungen einer wirksamen konsolidierten Beaufsichtigung zu beseitigen.[264] Die Grundsätze beinhalten u. a. Vorschriften über die Zulassung von Bankinstituten und ihre laufende Beaufsichtigung, die Befugnis zur Ergreifung von Maßnahmen zugunsten der Einhaltung des geltenden Rechts sowie zur Behandlung von Sicherheits- und Stabilitätsfragen für die Aufsichtsbehörde und ihre Mitarbeiter. Ferner müssen Vorkehrungen für den Informations-

264 Baseler Bankenausschuß: 25 Kernprinzipien für die Bankenaufsicht, in: Börsen-Zeitung vom 25.9.1997, S. 6.

austausch zwischen verschiedenen Aufsichtsbehörden und für die Wahrung der Vertraulichkeit dieser Informationen getroffen sein.

Neben einer exakten Festlegung der Zuständigkeiten der Aufsichtsbehörden des Gastgeber- und des Mutterlandes empfiehlt das Konkordat eine Aufsichtspraxis auf der Basis konsolidierten Zahlenmaterials. Ausdrücklich wird auch darauf hingewiesen, daß das Konkordat lediglich rechtlich unverbindliche Empfehlungen über die Verteilung bankenaufsichtlicher Zuständigkeiten behandelt und keinerlei Aussagen über die Verantwortlichkeit der Notenbanken als „lender of last resort" enthält. Obwohl die durch das Baseler Konkordat aufgestellten Leitlinien der informellen Zusammenarbeit von Bankenaufsichtsbehörden als positiv einzustufen sind, ergeben sich in der Praxis jedoch einige Probleme. Diese resultieren vornehmlich aus der mangelnden rechtlichen Durchsetzbarkeit dieser Empfehlungen und mithin fehlenden Sanktionsmechanismen bei deren Nichteinhaltung. Hinzu kommt, daß die recht komplexe und zum Teil kaum durchschaubare Festlegung von Zuständigkeitsbereichen Ineffizienzen und Interessenkonflikte hervorrufen kann.

Neben dem Baseler Ausschuß als wichtigster Instanz nehmen noch andere Institutionen Aufgaben im Zusammenhang mit der internationalen Kooperation in Bankenaufsichtsfragen wahr. Grundlage der ständigen Kontakte ist ein Geflecht von bilateralen, inhaltlich weitgehend übereinstimmenden Verwaltungsabkommen, mittels derer ein umfassender Informationsaustausch sichergestellt werden soll. Als Beispiel hierfür ist der 1995 gegründete Ausschuß „Joint Forum" [265] anzuführen, der im Auftrag des Baseler Ausschusses, der International Organization of Securities Commission (IOSCO) und der International Association of Insurance Supervisors die Aufgabe hat, den Informationsaustausch zwischen den Aufsichtsbehörden zu fördern sowie Hemmnisse zu identifizieren, die den Informationsaustausch beeinträchtigen könnte. Das „Joint Forum" ist die offizielle Nachfolgegruppe der informellen „Triparty Group", einer Zusammenkunft von Vertretern der Banken-, Börsen- und Versicherungsaufsichtsbehörden, die sich mit der Überwachung von Finanzkonglomeraten befaßt.[266] Die zunehmende Entwicklung der Bildung internationaler Finanzkonglomerate stellt für die Aufsichtsbehörden ein gravierendes Problem dar, da bislang keine Aufsichtsbehörde über einen umfassenden Überblick über die Gesamtrisiko- und Eigenkapitalsituation solcher Konglomerate, die sich aus Banken, Wertpapierhäusern und Versicherungen zusammensetzen, verfügt. Ursächlich hierfür ist unter anderem das Fehlen einheitlicher Kriterien mit deren Hilfe gemessen werden kann, ob den Risiken, die die verschiedenen Einzelunternehmen eingegangen sind, ein angemessenes haftendes Eigenkapital der Gesamtgruppe gegenübersteht.

Zur Erfüllung dieser Aufgaben wurden die zwei Arbeitsgruppen „Capital Adequacy" und „Mapping" eingerichtet. Während die Arbeitsgruppe „Capital Adequacy" Techniken

[265] Vgl. Deutsche Bundesbank: Geschäftsbericht 1996, S. 152.

[266] Auf EU-Ebene wird über einen Richtlinienvorschlag zur Beaufsichtigung von Finanzkonglomeraten beraten. Der Richtlinienvorschlag sieht vor, die Aufsichtssysteme für Finanzgruppen, in denen Kreditinstitute einschließlich Wertpapierhäuser und Versicherungen in einem Konzern zusammengefaßt sind, einander anzugleichen.

zur Berechnung des konzernweiten haftenden Eigenkapitals von Finanzkonglomeraten und entsprechende Aufsichtsstandards entwickelt, bemüht sich die Arbeitsgruppe „Mapping", Lösungsvorschläge aufzuzeigen, wie die Aufsichtsbehörden der einzelnen Länder die komplizierten Konglomeratsstrukturen künftig besser überwachen können bzw. wie die Kommunikation zwischen den Aufsichtsbehörden verbessert werden kann.

Besondere Bedeutung für internationale bankenaufsichtsrechtliche Fragestellungen erlangten in den letzten Jahren weitere Expertenausschüsse der Zehnergruppe.[267] Hierzu gehören u. a. der Ständige Ausschuß für Euromarktangelegenheiten, der Ausschuß für Zahlungsverkehr und Abrechnungssysteme sowie der Ausschuß „Financial Fragility".

Der 1971 gegründete Ständige Ausschuß für Euromarktangelegenheiten, der sich zu Beginn seiner Gründung mit der Bedeutung des Eurodollarmarktes für die Währungs- und Geldpolitik auseinandergesetzt hatte, befaßt sich seit Anfang der neunziger Jahre insbesondere mit dem Wachstum der Märkte für Kreditderivate sowie den Auswirkungen der strukturellen Veränderungen an den Finanzmärkten auf das Systemrisiko. Hierzu wurden zwei Arbeitsgruppen eingesetzt, die die Verteilung der Risiken im Finanzsystem, das Ansteckungspotential zwischen verschiedenen Finanzinstituten und Märkten sowie die wechselseitigen Beziehungen zwischen der Störungsanfälligkeit des Finanzsektors und der Gesamtwirtschaft analysieren sollen.

Der Ausschuß für Zahlungsverkehr und Abrechnungssysteme befaßt sich mit Fragen der Effizienz und der Risiken im Zahlungsverkehr. Die damit verbundene Problematik hat angesichts des zunehmenden grenzenüberschreitenden Zahlungsverkehrs und im Zusammenhang mit den forcierten Bemühungen um eine Stärkung des internationalen Finanzsystems wachsende Bedeutung erlangt. Seit 1997 befaßt sich der Ausschuß intensiv mit den Konsequenzen und Problemen der Ausbreitung elektronischer Zahlungsmittel. Hierzu wurden verschiedene Berichte veröffentlicht, die sich mit der Problematik Sicherheit der elektronischen Zahlungsmittel, Konsequenzen für die Geldpolitik sowie Aufsichtsansätzen gegenüber den Emittenten von elektronischen Zahlungsmitteln befaßen.

Der Sachverständigenausschuß „Financial Fragility" hat die Aufgabe, mögliche Ursachen für Krisen im Finanzsystem und den Einfluß der gesamtwirtschaftlichen Entwicklung auf die Stabilität des Finanzsystems und der einzelnen Institute zu analysieren. Des weiteren erfolgt hier mit den anderen nationalen Bankenaufsichtsbehörden ein Erfahrungsaustausch über den Einsatz bankenaufsichtlicher Früherkennungsysteme sowie über die Praktiken bei der Vorsorge für notleidende Kredite.

Wenngleich zunehmende Bestrebungen der internationalen Zusammenarbeit von Aufsichtsbehörden und der informellen Ausschüsse zur Reduzierung bestehender Aufsichtsdefizite zu verzeichnen sind, gibt es gleichwohl noch einige Länder, deren Aufsichtsbehörden noch nicht die Notwendigkeit eingesehen haben, daß es zur Entwicklung und Erhaltung funktionsfähiger Bankensysteme einer wirksamen Bankenaufsicht be-

---

[267] Vgl. ausführlich zu den einzelnen Gremien Deutsche Bundesbank: Weltweite Organisationen und Gremien in Bereich von Währung und Wirtschaft, Frankfurt a. M. 1997.

darf.[268] Zur Erfüllung des Postulats des Baseler Ausschusses, wonach keine Bank, in welchem Land und an welchem Ort sie auch immer niedergelassen ist, einer effektiven Beaufsichtigung entgehen darf, sind somit weiterhin Bestrebungen der genannten Gremien erforderlich, um die Zusammenarbeit insbesondere mit solchen Ländern zu intensivieren, deren Aufsichtsbehörden bislang noch nicht ein ausreichendes Maß an Bereitschaft gezeigt haben, sich mit länderübergreifenden aufsichtsrechtlichen Problemstellungen zu befassen.[269]

268 Vgl. Krumnow, J.: Es darf auf Dauer keinen Bestandsschutz für einzelne Banken geben, in: ZfgK, H. 23, S. 1160-1166.

269 Vgl. Artopoeus, W.: Eine Deregulierung, die auf eine Abrüstung der Aufsicht hinausliefe, kann es nicht geben, in: ZfgK, H. 23, S. 1152-1159.

Fünftes Kapitel

Bankleistungen und Bankleistungserstellung

A. Zum Begriff „Bankleistung“

In der Betriebswirtschaftslehre findet sich keine einheitliche Abgrenzung des Begriffs „Leistung“. Der Leistungsinhalt erstreckt sich je nach Definition und Wahl des Untersuchungsziels auf den innerbetrieblichen Leistungserstellungsprozeß, verbunden mit korrespondierenden Teilleistungen und Hauptleistungen (betriebsbezogene Perspektive), oder er knüpft an den marktmäßigen Absatz betrieblicher Leistungsergebnisse an (markt- oder kundenbezogene Perspektive).[270]

Die betriebsbezogene Sichtweise wendet sich vornehmlich dem Produktions- und Kostenbereich zu. Im Mittelpunkt stehen Faktoreinsatz- und Outputüberlegungen, die von den Grundannahmen her eher typisch für industrielle Herstellungsprozesse sind. Wechselt man den Beobachtungsstandpunkt und betrachtet den Leistungsaspekt einer Unternehmung nicht aus Sicht des Anbieters, sondern aus Sicht der tatsächlichen oder potentiellen Leistungsnachfrager, wobei Analysen der Marktbeziehungen und möglicher Marktpolitiken interessieren, so werden Aspekte der *Marktleistung* angesprochen. Der Marktleistungsansatz eignet sich besonders, Leistungserstellungsprozesse und Leistungsergebnisse von Dienstleistungsunternehmen zu erfassen und wird im Gegensatz zur rein betriebsbezogenen Sicht den Anforderungen einer marktorientierten Unternehmungsführung gerecht. Die Bankmarktleistung resultiert aus dem Zusammenfügen innerbetrieblicher Teilleistungen, wobei Zahl und Art dieser Komponenten der Bankmarktleistung durch die vom Markt geforderte bzw. von der Bank am Markt durchsetzbare Leistungsgestaltung bestimmt werden. Dabei ist es durchaus möglich, daß eine Bankmarktleistung in einem Fall selbständig, in anderen Fällen jedoch nur als Element einer komplexeren Bankmarktleistung absetzbar ist.

---

[270] Vgl. zum folgenden auch Böhner, W.: Bankbetriebslehre, in: ZfB, 52. Jg. (1982), H. 9, S. 871-892, hier S. 874 ff.

Der Tatbestand der *innerbetrieblichen Teilleistung*[271] ist auch bei Banken lediglich Ausdruck eines arbeitsteiligen Prozesses, bei dem eine Gesamtaufgabe in Teilaufgaben zerlegt wird, und ferner Folge des Sachverhaltes, daß für die Erstellung von Bankmarktleistungen mehrere Faktoren in einem Kombinationsprozeß mitwirken müssen.

In diesem Kontext erscheint die Unterscheidung von Wert- und Stückleistung[272] erörterungsbedürftig, basierend auf der zur Kosten- und Erlösrechnung bei Banken vertretenen Auffassung von zwei „Sphären“: der Betriebs- und der Geschäfts- oder Wertsphäre. Der Bildung dieses Begriffspaares liegt die Vorstellung zugrunde, daß bei der Erstellung von Bankleistungen innerbetriebliche Teilleistungen in finanzieller Dimension (Wertleistungen) und solche personeller und sachlich-technischer Dimension (Stückleistung, Betriebsleistung) verknüpft werden. *Stückleistungen* sprechen die betriebliche Abwicklung finanzieller Transaktionen an; z. B. sind ihnen erbrachte Dienstleistungen bei der Abwicklung des Zahlungsverkehrs oder der Abwicklung des Kreditgeschäftes zu subsumieren. Als Meßgröße kommt i. d. R. die Anzahl — nicht das wertmäßige Volumen — der Geschäftsvorfälle in Betracht. *Wertleistungen* stellen hingegen grundsätzlich auf das finanzielle Volumen der Leistungserstellung ab; sie resultieren aus Akten der Kapitaldisposition. Als Wertgröße lassen sich z. B.das Kreditvolumen, das Spargeldaufkommen oder der wertmäßige Umfang des Effektengeschäftes ausdrücken.

Die Beziehung zwischen Stück- und Wertleistungen ist dadurch gekennzeichnet, daß Stückleistungen isoliert absatzfähig sind, während Wertleistungen untrennbar mit Stückleistungen verbunden sind. So kann etwa die Marktleistung bei der Ausführung eines Überweisungsauftrages, bei der Gelder eines Kunden von einem auf ein anderes Konto bewegt werden, unter bestimmten Modellannahmen als reine Stückleistung angesprochen werden. Betrachtet man hingegen die Inanspruchnahme eines Kontokorrentkredits, so sind Wert- und Stückleistungen gekoppelt. Der Umfang der geschaffenen finanziellen Dispositionsmöglichkeiten oder der tatsächlich vorgenommenen Zahlungsverfügungen stellt sich als Wertleistung dar. Die hiermit zwangsläufig verbundenen bankbetrieblichen Arbeitsvorgänge (Prüfen, Sortieren, Verbuchen usw.) sind als Stückleistungen bestimmbar. Ähnliches gilt für Projekttransaktionen, bei denen sich die für diese Transaktion vom Kunden zu entrichtende Provision am Volumen der dahinterstehenden Finanztransaktion (beispielsweise im Bereich des investment banking) orientiert.

Die Kopplung von Wert- mit Stückleistungen ist jedoch keineswegs starr; z. B. könnte der gleiche Kontokorrentkredit durch betragsmäßig variierende Zahlungsverfügungen abgerufen werden. Ferner legen wirtschaftliche Überlegungen die Betrachtung von im Einzelfall zu analysierenden Verbundleistungen nahe, da Wert- und Stückleistungen unterschiedliche Ausprägungen annehmen können. Im gewähltem Beispiel ließe sich der aufgenommene Kontokorrentkredit z. B. für Transaktionen im Wertpapiergeschäft einsetzen.

---

271 Vgl. Deppe, H.-D.: Bankbetriebliches Wachstum, Stuttgart 1969, S. 25.

272 Vgl. hierzu insbesondere Kaminsky, S.: Die Kosten- und Erfolgsrechnung der Kreditinstitute, Meisenheim/Glan 1955, S. 22 ff.

Die Bankdienstleistung läßt sich des weiteren näher durch die *Zeitdimension* bestimmen.[4] Während die Bank bei *„Bestandshalteleistungen"* über einen Zeitraum Bestände an Kreditforderungen oder Einlagen hält, sind *„Strömungs- oder Verkehrsleistungen"* durch Bestandsübertragungen gekennzeichnet. Die Substanz der Strömungsleistungen ist von der Höhe der bewegten Werte weitgehend unabhängig. Die von der Bank zu erbringende Leistung besteht hier im Einsatz ihres personellen und technischen Apparates für die Transaktionsabwicklung, nicht aber in der Verfügbarmachung eines Wertebestandes für eine bestimmte Zeit. Die Übertragung eines Überweisungsbetrages z. B. bedeutet nicht eine Bereitstellung dieses Betrages durch die Bank. Zwar werden durch Überweisungsvorgänge die Bestände der Bank, damit ihre Bestandshalteleistungen und die zu erbringenden Wertleistungen verändert — z. B. werden beim Zahlungserbringer der Kredit erhöht bzw. eine Einlage vermindert und beim Zahlungsempfänger ein Kredit vermindert oder eine Einlage erhöht —, jedoch sind diese Veränderungen der Bestandshalteleistung Ergebnis einer Strömungsleistung.

Während die Erstellung von Strömungsleistungen somit nur durch die Erbringung von Stück-(Betriebs-)leistungen erfolgt, kann für Bestandshalteleistungen eine Kombination aus Wert- und Stückleistung angenommen werden.

Dessen ungeachtet können bei der Preisberechnung für Strömungsleistungen auch Wertgrößen als Preisbezugsbasis zugrunde gelegt werden, z. B. Umsatz, Volumen im Wertpapierkommissionsgeschäft, Dokumentengeschäft. Auch erfolgt die Preisberechnung z. B. im Zahlungsverkehr für ein und dieselben Leistungskategorien wert-, aber auch stückbezogen (Umsatz oder Posten).

Die angesprochene Systematisierung von Bankleistungen in Wert- und Stückleistungen einerseits sowie Bestandshalte- und Strömungsleistungen andererseits basiert im Grundsatz auf traditionellen Vorstellungen über die Inhalte und Ausprägungen bankbetrieblicher Leistungen, die vorrangig auf die Transaktions- und Finanzintermediationsleistungen der Banken abstellen. Den vielfältigen in praxi zu beobachtenden Geschäften, die mittlerweile durch Banken betrieben werden, wird eine derartige Einteilung nur noch bedingt gerecht. Neben den diesen Begriffspaaren kaum zuzuordnenden *Verwahrleistungen*, die sich in der Aufbewahrung von Vermögensgegenständen in Räumen oder Safes der Bank konkretisiert, gehören seit jeher beispielsweise der *Beratungsservice* zu den originären Bankleistungen, bei denen es sich je nach Intensität und Umfang mittlerweile auch um Marktleistungen handelt, für die der Kunde einen spezifischen Preis entrichten muß. Wenn auch die Banken in der Vergangenheit Probleme hatten, für Beratungsleistungen, die im Zusammenhang mit dem Verkauf klassischer Angebote stehen, ein ausgewiesenes Entgelt zu erheben, zeichnet sich gegenwärtig dennoch eine entsprechende Entwicklung ab.

Während z. B. bisher größtenteils die Beratungsleistungen im Rahmen des Effektengeschäfts der Banken nicht explizit entlohnt wurden, wird — bedingt durch das Aufkommen sogenannter discount brokers, die im durch sie vermittelten bzw. abgeschlossenen Wertpapiergeschäft die Kundenaufträge lediglich abwickeln, ohne zusätzlich Bera-

273 Vgl. z. B. Siegert, T.: Eigenarten bankbetrieblicher Leistungen, Köln 1975, S. 25 f.

tungsleistungen zu erbringen — der Weg für eine Vergütung der Beratung geebnet. Institutionalisiert ist mittlerweile auch eine gesonderte Entlohnung für Beratungsleistungen der Banken bei hochkomplexen Geschäften, etwa im Rahmen von Unternehmensübernahmen. Die dynamische Entwicklung auf dem Markt für Finanzdienstleistungen und die damit einhergehende Ausweitung der bankgeschäftlichen Handlungsfelder, verhindert, wie diese Beispiele zeigen, sämtliche Bankleistungen den oben genannten Begriffspaaren zu subsumieren.

Zu trennen sind derartige originäre Bankleistungen von „*Leistungsbündeln*“, die neben dem eigentlichen Produkt zusätzlich spezifische Sekundärleistungen enthalten, die mit dem klassischen Bankgeschäft wenig gemeinsam haben. Derartige nachrangige Bestandteile von Leistungsbündeln sind primär Folge der relativ ausgeprägten Homogenität der Bankleistungen sowie der wachsenden Markttransparenz und dienen der synthetischen Leistungsabgrenzung zwischen den Angeboten verschiedener Banken.[274] Da solche Leistungen lediglich den Zweck haben, den Absatz der primären Bankleistung zu unterstützen, kann nicht von einem eigenständigen, bankspezifischen Leistungsangebot gesprochen werden.

B. Bankleistungserstellung

I. Eigenarten von Bankleistungen

Wenn im folgenden die für die Gestaltung des bankbetrieblichen Leistungsprozesses relevanten Eigenschaften von Bankleistungen angesprochen werden, so wird damit nicht gleichzeitig postuliert, daß es sich dabei um ausschließlich bankbetriebliche Sachverhalte handelt. Vielmehr können diese Tatbestände in gleicher oder ähnlicher Weise im gesamten Bereich der Dienstleistungserbringung gegeben sein; nicht ausgeschlossen ist auch, daß vergleichbare Phänomene bei Sachgütern beobachtet werden können. Häufig sind aber zumindest auf einer niedrigen Abstraktionsebene bestimmte spezifische Merkmale von Bankleistungen zu konstatieren, die vor allem mit Blick auf ihre Akkumulation und Kombination bei einer Vielzahl von Leistungen als Abrenzungskriterien grundsätzlich herangezogen werden können.

---

274 Häufig wird in diesem Zusammenhang von sogenannten value-added services gesprochen. Vgl. Meffert, H./Brumann, C.: Value-Added-Services im Bankbereich, in: bum, 25. Jg. (1996), S. 26 ff.

1. Immaterialität von Bankleistungen

Als einer betriebswirtschaftlichen Analyse zugängliche Eigenarten der Bankleistungen werden vorrangig ihre Stofflosigkeit und ihre mangelnde Speicherbarkeit genannt.[6] Diese Merkmale charakterisieren Dienstleistungen indes generell und sind nicht bankleistungsspezifisch. Bankleistungen werden zwar unter Einsatz materieller Faktoren (Ausstattung des technisch-organisatorischen Bereichs, Formulare usw.) erstellt, jedoch anders als im Sachgüterbereich ohne Verwendung materieller Roh- und Hilfsstoffe, also ohne materielle Faktoren, die in den output eingehen und bei Sachgütern die materielle Substanz bilden. Insofern bezieht sich die Immaterialität lediglich auf das Leistungsergebnis, nicht aber auf den Leistungserstellungsprozeß.

Betriebswirtschaftlich bedeutsam darüber hinaus ist die aus der Immaterialität zwangsläufig resultierende *mangelnde Lagerfähigkeit.* Die Speicherbarkeit der Produkte vor der Distributionsphase ermöglicht in der Sachgüterproduktion in gewissen Grenzen eine Emanzipation der Fertigungsprozesse von den Distributionsprozessen. Daraus resultieren autonome Gestaltungsspielräume in der Fertigungsplanung (Terminierung, Losgröße usw.) sowie bei stark schwankendem Absatz mit Hilfe der Ausgleichsfunktion des Fertigungslagers auch Vorteile für die Dimensionierung der Fertigungskapazität.

Die mangelnde Lagerfähigkeit von Bankmarktleistungen impliziert dagegen, daß diese mit ihrer Entstehung abgesetzt werden müssen. Betriebspolitische Konsequenz ist das Erfordernis, die Leistungsbereitschaft der technisch-organisatorischen Faktoren so zu dimensionieren, daß unter Berücksichtigung des „Prinzips der Tagfertigkeit“ die negativen Wirkungen einer unzureichenden Kapazität bei Nachfragespitzen niedriger bleiben als diejenigen der Unterbeschäftigung bei geringer Bankleistungsnachfrage. Mit Rücksicht auf negative marktliche Reaktionen bei verzögerter Auftragsausführung wird die Leistungsbereitschaft der Bank nahe bei der erwarteten Spitzennachfrage liegen müssen. Banken sind demnach im Vergleich zu sachgüterproduzierenden Unternehmen, die Marktunregelmäßigkeiten durch die Pufferfunktion des Lagers zumindest teilweise ausgleichen können, erheblich sensitiver gegenüber Schwankungen am Absatzmarkt. Dieser Sachverhalt wird darüber hinaus besonders akzentuiert, weil die Leistungsinanspruchnahme durch den Kunden zumindest teilweise von außergewöhnlich transparenten und durchaus volatilen Marktparametern wie Zinsen, Wechsel- und Aktienkurse determiniert wird, die von der Bank nicht zu beeinflussen sind, aber erheblichen Einfluß auf die Kapazitätsauslastung besitzen können.

Es ist häufig nur bedingt möglich, eine Phasentrennung in Fertigung und Distribution bei der Leistungserstellung von Banken vorzunehmen, wie dies üblicherweise für die Sachgüterproduktion geschieht. Zwar lassen sich etwa beim Kredit (Kreditwürdigkeitsprüfung, Bestellung von Sicherheiten usw.) oder bei einer Wertpapieremission auf die individuelle Leistung bezogene betriebliche Teilleistungen abgrenzen, die vor der Distributionsphase liegen und als „Fertigung des Kredits“ usw. bezeichnet werden könnten. Es läßt sich u. U. gedanklich die Leistungserstellung in die Phasen Auftragser-

---

[275] Vgl. zum folgenden insbesondere Siegert, T.: Eigenarten, a. a. O.. S. 33 ff.

teilung, Auftragsbearbeitung und Distribution gliedern, letztere — als Übernahme der Leistung durch den Kunden – erfolgt in dem Moment, in dem die Bearbeitung beendet ist. Beim Kredit könnte konkret abgrenzbar eine selbständige Distributionsphase noch in der Inanspruchnahme durch den Kunden gesehen werden; bei der Durchführung eines Überweisungsauftrages ist dies jedoch nicht möglich. Generell ist festzuhalten: Ergebnis betrieblicher Teilleistungen vor der Distributionsphase ist im Bankbetrieb nicht ein distributionsfähiges materielles Objekt, wie es z. B. ein Auto am Ende der Fertigungsphase einer Automobilfabrik ist.

Die leistungsartenabhängig nur eingeschränkte phasenmaßige Trennungsmöglichkeit zwischen Fertigung und Distribution erfährt aus funktionalen Gesichtspunkten infolge der raschen Entwicklung auf dem Sektor der Kommunikations- und Informationstechnologie eine zunehmende Relativierung. So impliziert der technologische Fortschritt, das insbesondere innerhalb des Prozesses, der zur Vorhaltung der Leistungsbereitschaft notwendig ist, Banken die erforderlichen Komponenten zur Herstellung der Leistungsbereitschaft nicht länger vollständig autark erstellen, sondern vielmehr Teilleistungen am Markt von auf die Produktion deratiger Elemente spezialisierten Unternehmen einkaufen. Typisches Beispiel dieser Entwicklung stellen die Direktbanken dar, die häufig mit mehreren hundert Lieferanten zusammenarbeiten, die jeweils spezifische Komponenten, die zur Herstellung der Leistungsbereitschaft notwendig werden, zur Verfügung stellen.

Typisch, wenngleich nicht nur bankspezifisch, ist, wie schon angedeutet, daß der Auftrag, d. h. der kontraktmäßige Absatz, der Erstellung der Bankleistung vorangeht. Dieses auch bei Sachleistungsbetrieben als Auftragsfertigung gegebene Verfahren resultiert bei Bankleistungen aus ihrer Eigenschaft, nicht lagerfähig zu sein sowie gleichermaßen auch aus der Individualität der Bankleistung.

Aus vertragstheoretischer Sicht handelt es sich bei Bankleistungen regelmäßig um *vertragliche Vereinbarungen* über die temporär begrenzte Delegation von Verfügungsrechten und Pflichten zwischen den betroffenen Transaktionsparteien Bank und Kunde. Häufig kann zwischen den Vereinbarungen und deren faktischer Umsetzung, während der ein Kunde die Konsequenzen und Wirkungen der vertraglichen Absprachen erfährt, zeitlich separiert werden, weil entweder die Bank oder der Kunde eine Vorleistung erbringt. Solche vertraglichen Angebote sind ohne großen zeitlichen Aufwand und ohne umfangreiche produktionstechnische Anforderungen reif für die Markteinführung, da zum Anbieten einer neuen Leistung lediglich vorherige Überlegungen zur effizienten Vertragsgestaltung notwendig sind. Entsprechend rasch sind Wettbewerber in der Lage, vergleichbare Verträge am Markt anzubieten, weshalb sich typische Bankmarktleistungen durch einen geringen produkteigenen Imitationsschutz auszeichnen. Bestehende oder potentielle innovationsinduzierte Wettbewerbsvorteile erodieren unter solchen wettbewerblichen Bedingungen besonders schnell, was durch die mangelnde Patentierbarkeit von Bankleistungen noch unterstützt wird. Die nahezu identische Leistungsprogrammstruktur deutscher Banken speziell im Privatkundengeschäft ist sachlogische Folge dieser unproblematischen Imitierbarkeit.

Trotz des Umstands, daß im Grundsatz auch hoch komplexe innovative Marktleistungen von Wettbewerbern relativ schnell imitiert und adaptiert werden können, darf indes nicht übersehen werden, daß Neuentwicklungen mit zunehmender Anforderungskomplexität durchaus nachhaltige Wettbewerbsvorteile generieren können. Ursächlich für solche Vorsprünge sind einerseits Differenzierungen im Herstellungsprozeß spezifischer Leistungen, die Mitbewerbern häufig verborgen bleiben und nicht ohne weiteres kopiert werden können, andererseits Reputationseffekte, die aus langjähriger Erfahrung oder stetiger Forschungs- und Entwicklungsbereitschaft in bestimmten Leistungsbereichen mit entsprechend qualitativ ansprechenden Leistungsergebnissen resultieren können. Exemplarisch kann in diesem Zusammenhang auf das besondere Ansehen angelsächsischer Banken verwiesen werden, denen seitens des Marktes in spezifischen Fragen etwa des Corporate-finance-Geschäfts — z. B. das Risikomanagement für Firmenkunden oder das Fusions- und Akquisitionsgeschäft — eine hohe Expertise zugesprochen wird.

2. Abstraktheit von Bankleistungen

Neben der Immaterialität von Bankmarktleistungen sind weitere Attribute kennzeichnend, die dem Terminus der *Abstraktheit* subsumiert werden können. Inhaltlich umfaßt die Abstraktheit Komponenten, die sich weniger als die oben thematisierten Aspekte der Unstofflichkeit auf die aus marktlicher Perspektive zu konstatierenden innerbetrieblichen Konsequenzen im Rahmen der Leistungserstellung beziehen, sondern vielmehr die Wirkungen und Folgen von Bankleistungen auf der Seite der Kunden in den Mittelpunkt der Betrachtung stellen.

Zunächst bringt die abstrakte Natur der Bankleistung aus Kundenperspektive lediglich eine mittelbare Bedürfnisbefriedigung mit sich. Maßgeblich ist der derivative Nutzen einer durch eine Bank offerierten Leistung, der beispielsweise bei einem Kredit durch die anschließende Investition in Konsum- oder Produktivgüter verwirklicht wird.

Zwar ist die Nutzenstiftung des Sachgutes häufig ebenfalls abhängig von dem Zweck bzw. der Wirkung, die man sich von einer Inanspruchnahme des Gutes erhofft — der Selbstzweck eines Kraftwagens ist als gering einzuschätzen, wesentlich ist wohl die Nutzung als Gebrauchsgegenstand in Form eines Verkehrs- und Transportmittels —; die Zweck-Mittel-Relation, die die Bankleistung in ihrem marktfähigen Kontext stellt, wirkt indes zeitlich und materiell vorgelagert. Im Grundsatz wird mittels Nutzung einer Bankmarktleistung (Kreditinanspruchnahme und Zahlung, Überweisung) die Erlangung des Eigentums an Realgütern begründet wird, mit deren Hilfe in einem anschließenden Schritt die einem Sachgut innewohnenden originären Wirkungen spürbar und nutzbar werden.

Des weiteren manifestiert sich die Abstraktheit der Bankmarktleistung, zumindest ab einer bestimmten Produktkomplexität — angesprochen sind hier insbesondere innovative Finanzinstrumente —, in einem überdurchschnittlich hohen Erklärungsaufwand. Diese Erklärungsabhängigkeit impliziert im Zusammenhang mit dem spezifischen Medium

Geld, auf das sich Bankleistungen beziehen, ein hohes Maß an Vertrauensempfindlichkeit. Charakteristisch ist für Bankgeschäfte, daß die Vertrauensdimension weniger auf eine spezielle Bankleistung an sich, sondern meist auf das gesamte Institut bezogen wird. Einzelgeschäftsspezifische Faktoren der Qualitäts- und Verhaltensunsicherheit können auf diese Weise den gesamten Bankerfolg über ihren montären Ergebnisbeitrag hinaus beeinflussen.

II. Faktoren der Leistungserstellung

Die Leistungserstellung in der Bank ist grundsätzlich ebenso eine Kombination von *produktiven Faktoren* wie die Leistungserstellung in anderen Dienstleistungs- und Sachleistungsbetrieben.

Die produktiven Faktoren, ohne die eine betriebliche Leistungserstellung nicht möglich ist, werden in der Allgemeinen Betriebswirtschaftslehre in elementare und dispositive Faktoren gruppiert, wobei die Zuordnung zu den einzelnen Kategorien aus dem folgenden Schaubild ersichtlich ist:[6]

Produktive Faktoren		
Elementare Faktoren	Dispositive Faktoren	
- Objektbezogene-menschliche Arbeit	- Betriebs- und Geschäftsleitung	= Originärer Faktor
- Arbeits- und Betriebsmittel	- Planung	= Derivative (delegierbare) Faktoren
- Werkstoffe	- Organisation	
	- Kontrolle	

Abb. 17: Die produktiven Faktoren

Trotz gewisser Erweiterungen dieser Systematik in der betriebswirtschaftlichen Literatur — wie z. B. um den weiter unten thematisierten Faktor Information — die sich teilweise problemlos auf die Bank übertragen lassen, erweist sich die obige Betrachtungsweise für Banken als nicht operational,

- da in Banken finanzielle Dienstleistungen als immaterielle Güter angeboten werden und die für Sachleistungsbetriebe charakteristische Trennung von realwirtschaftlicher und finanzieller Sphäre nicht möglich ist;

---

[276] Vgl. Gutenberg, E.: Grundlagen der Betriebswirtschaftslehre, Erster Band: Die Produktion, 21. Aufl., Berlin-Heidelberg-New York 1975, S. 3 f.

- da in Banken, wie bereits erwähnt, Leistungsofferten bereitgestellt werden, die erst unter Mitwirkung der Nachfrager zu „abgesetzten" Leistungsergebnissen werden. Diesem externen Faktor der Leistungserstellung muß dementsprechend Bedeutung beigemessen werden;
- da in Banken eine enger betriebswirtschaftlicher Terminologie entsprechende „Produktion" als eine Phase des Kombinationsprozesses zwischen Beschaffung und Distribution nicht stattfindet, denn es kommt i.d.R. zu keinem Faktor"verzehr";
- da in Banken eine Unterscheidung zwischen Absatz- und Beschaffungsfunktion häufig nicht möglich ist, weil bestimmte Vorgänge — z. B. die des gesamten Passivgeschäfts — dualen Charakter aufweisen und sowohl dem Absatz von Bankleistungen — Angebot von Geld- und Kapitalanlagefazilitäten, von Zahlungsverkehrsfazilitäten — als auch der Beschaffung von Leistungsfaktoren dienen.

Daß bei Banken ein anders zusammengesetztes — und vor allem anders zu gewichtendes — Faktorsystem als in Betrieben der Realgüterproduktion vorliegt, zeigt sich besonders deutlich an dem *„monetären Faktor"*, der als Leistungsfaktor bankspezifischer Ausprägung und Relevanz einzustufen ist.[7] Er stellt sich in zwei Varianten dar: als „Zahlungsmittel" (liquiditätsmäßiges Potential) und als „haftendes Eigenkapital" (finanzielles Haftungspotential).

Zentralbankgeld benötigen Banken zunächst für die Beschaffung personeller und sachlicher Produktionsfaktoren. Hier liegt kein Unterschied zu den Sachleistungsbetrieben vor; als Produktionsfaktoren werden die mit Geld erworbenen Einsatzgüter angesehen. Zentralbankgeld benötigen Banken jedoch auch für die Erstellung direkter Finanzierungsleistungen. Hier erfolgt ein Abfluß an Zentralbankgeld unmittelbar bei Inanspruchnahme der Kreditleistung, und zwar als Bargeld oder im Verrechnungsverkehr mit anderen Banken. Sofern man den Abfluß an Zentralbankgeld im Zusammenhang mit der Kreditgewährung als „Verzehr" bezeichnen wollte, läge hier ein Produktionsfaktor vor. Die Fähigkeit der Bank, weitere Kredite zu gewähren, wird begrenzt durch ihren Bestand an aktuellem und potentiellem Zentralbankgeld *(Liquiditätssaldo)*, der über den unter Aspekten der Liquiditätssicherung für erforderlich erachteten Bestand hinausgeht. Zentralbankgeld hat schließlich als Liquiditätsreserve, als geplanter Liquiditätssaldo Bedeutung für die Aufrechterhaltung des bankbetrieblichen Leistungserstellungsprozesses, denn wird das Postulat der Liquiditätssicherung verfehlt, führen die hierfür vorgesehenen Sanktionen zum Abbruch der Banktätigkeit.

Ob beim Zentralbankgeld noch Produktionsfaktoreigenschaft vorliegt, erscheint zweifelhaft. Faktorverzehr findet nicht statt, ist vielmehr ausdrücklich nicht vorgesehen. Die Aufrechterhaltung der Liquidität und damit die Bereitstellung einer Liquiditätsreserve sind für Banken wie für andere Unternehmen strikte Nebenbedingung.

Analogen Charakter hat die zweite Ausprägung des monetären Faktors: das haftende Eigenkapital. Seine Funktion besteht darin, Verluste durch die mit ihm finanzierten Vermögensgegenstände und Forderungen aufzufangen, um Überschuldung, Gefährdung der Gläubigeransprüche und schließlich Existenzvernichtung zu vermeiden. Auch hier findet

---

[277] Vgl. Deppe, H.-D.: Bankbetriebliches Wachstum, a. a. O., S. 17 ff.

ein Verzehr in Abhängigkeit von der Leistungserstellung nicht statt; die Aufrechterhaltung eines angemessenen Eigenkapitals kann als strikte Nebenbedingung, als Zielbedingung des bankbetrieblichen Handelns bezeichnet werden.

Liquiditätsreserve und haftendes Eigenkapital könnten als produktive Faktoren interpretiert werden, wenn ihre Mindesthöhe durch eine feste Relation zum Volumen der Leistungserstellung der Bank normiert wäre. Das Ausmaß der maximal möglichen Leistungserstellung würde dann durch die Norm sowie durch den gegebenen Bestand des monetären Faktors limitiert. „Verzehr an monetärem Faktor" hieße dann: Ausnutzen noch nicht ausgeschöpfter Potentiale der Leistungserstellung in Relation zum vorhandenen Bestand des monetären Faktors; dadurch Verlust an Potential für weitere Geschäfte.

Die feste Relation zwischen Bestand an monetärem Faktor und Geschäftsvolumen könnte entweder als Verhaltensparameter der Bankleistung (erforderliche Liqudditätsreserve, risikopolitisch für notwendig erachtete Eigenkapitalquote) oder als externe Norm gegeben sein. In beiden Fällen verlangt eine Geschäftsausweitung bei Überschreiten der vorgegebenen Relation eine Vermehrung des monetären Faktors. Limitierungen der Geschäftstätigkeit in Relation zur Ausstattung mit dem monetären Faktor ergeben sich für Banken aus bankenaufsichtsrechtlichen Normen (§§ 10, 10a, 11, 12, 13 und 13a KWG, Eigenkapital- und Liquiditätsgrundsätze I, II und III).

Die Beziehungen zwischen den übrigen Einsatzfaktoren werden dadurch charakterisiert, daß der *dispositive Faktor* im Bereich menschlicher Arbeitsleistungen dominierend ist. Hierzu gehören nicht nur die Mitglieder der Geschäftsleitung, sondern auch die — gemessen an der Zahl der Beschäftigten — stark repräsentierte Gruppe der sowohl anweisungsempfangenden als auch anweisungsberechtigten Personen. Um den Kreis der im dispositiven Bereich tätigen Funktionsträger besser zu strukturieren, empfiehlt es sich, eine noch weitergehende Untergliederung in die derivativen Faktoren Planung, Organisation und Kontrolle vorzunehmen. Außerdem könnte eine besondere Kategorie für die in Stabsfunktion angestellten Personen geschaffen werden, da diese weder unmittelbar dispositiv tätig sind — es fehlen Anweisungsbefugnisse — noch dem elementaren Arbeitsfaktor zugerechnet werden können.

Die *objektbezogene* menschliche Arbeitsleistung hat für Banken vergleichsweise geringe Bedeutung. Obwohl die Zahl der Geschäftsvorfälle wegen der starken Expansion des Mengengeschäftes kontinuierlich angestiegen ist, konnte durch die Einführung rationeller Arbeitsmethoden, vor allem durch die konsequente Anwendung der elektronischen Datenverarbeitung, eine ausgeprägte Zunahme des Einsatzes weniger qualifizierter Arbeitskräfte vermieden werden, so daß sich der Personalbestand in diesem Bereich unterproportional entwickelt hat. Folgerichtig muß die Erstellung von Bankleistungen als ausgesprochen personalintensiv charakterisiert werden, wobei vorrangig der Einsatz psychisch-intellektueller Inputfaktoren relevant ist.

Betriebsmittel und *Werkstoffe* spielen in Banken eine nur untergeordnete Rolle. Zu den Werkstoffen — den Repetierfaktoren — sind die Trägermedien des internen Leistungsbereichs zu rechnen, die im allgemeinen eine Belegfunktion erfüllen. Wegen ihres relativ geringen Wertes können sie volumenmäßig vernachlässigt werden. Desgleichen nehmen die Betriebsmittel, also die Potentialfaktoren, zu denen die Betriebsgrundstücke, die Gebäude sowie die Betriebs- und Geschäftsausstattung gehören, im Verhältnis zu den entsprechenden Faktoren eines Sachleistungsbetriebes einen geringeren Stellenwert ein. Erheblich gewachsen ist im Zuge der stark zunehmenden Technologisierung und Automatisierung der Banken allerdings die Bedeutung von elektronischen Datenverarbeitungs-Anlagen.[8]

Insbesondere im Hinblick auf die Gesamtbanksteuerung, auf die Erforschung und Entwicklung innovativer, hochkomplexer Bankmarktleistungen sowie auf die Erschließung alternativer Vertriebswege erscheint die computergestützte Informations- und Kommunikationstechnologie als Potentialfaktor mit erheblicher wettbewerbsstategischer Bedeutung. Die Banken sehen sich aufgrund des zunehmenden Gewichtes der Informationstechnologie mit einer Vielzahl von Umfeldänderungen konfrontiert, von denen exemplarisch auf einzelwirtschaftlicher Ebene nur die fortschreitende Entpersonalisierung der Beziehung zwischen Bank und Kunde und daraus resultierend eine abnehmende Bankloyalität und auf marktstruktureller Ebene auf den Eintritt neuer Wettbewerber aus dem Bereich der Computertechnologie, Sofwarehersteller und Netzwerkbetreiber genannt seien.

Mindestens zwei Modifikationen im Vergleich zum grundlegenden Faktorsystem von Sachleistungsbetrieben müssen darüber hinaus erläutert werden. Zum einen gehört hierzu der Faktor Information, zum anderen der für Bankmarktleistungen typische externe Produktionsfaktor.

Information, verstanden als zweckorientiertes Wissen zur Vorbereitung und Disposition von Handlungen,[279] repräsentiert ein wirtschaftliches Gut, daß als Produktionsfaktor im Leistungserstellungsprozeß eingesetzt wird und grundsätzlich nicht verzehrt wird. Information im Rahmen der Bereitstellung von Bankmarktleistungen ist gekennzeichnet durch seine immaterielle Natur, die zur Repräsentation und Dokumentation an einen materiellen Träger gebunden ist. Typische Vertreter des auf diese Weise definierten Inputfaktors Information sind Kenntnisse und mentale oder erfahrungsbedingte Fähigkeiten, ohne die eine Leistungserstellung in der Bank nicht möglich wäre. Derartiges Wissen kann beispielsweise in Form von technischem know-how, produkt- oder kundenspezifischen Spezialkenntnissen oder notwendigen Informationen zur Banksteuerung in personell oder sachlich gebundener Art in der Bank vorhanden sein. Insbesondere die zahlreichen in Banken anzutreffenden EDV-Systeme, von denen hier lediglich auf Kommunikations-, Handels- und Expertensysteme verwiesen sei, dienen der Vorbereitung und Durchführung operativer und strategischer Entscheidungen und machen EDV-Systeme zu bedeutsamen Trägermedien für den Potentialfaktor Information. Die Eigenschaft der Information stets nur in Verbindung mit einem materiellen Speichermedium verfügbar zu sein, macht einerseits den Verbundcharakter dieses wirtschaftlichen Gutes deutlich, gibt andererseits einen Hinweis darauf, daß bestimmte andere Potentialfaktoren

---

278 Vgl. Büschgen, H.-E.: Bankbetriebslehre, a .a. O., S. 8.

279 In Ermangelung einer allgemein anerkannten begrifflichen Abgrenzung wird hier der Definition Wittmanns gefolgt. Vgl. Wittmann, W.: Information, in: HWO, 2. Auflage, Stuttgart 1980, Sp. 894-904, hier Sp. 894.

vorrangig aufgrund der in ihnen gebündelten Informationen in der Bankleistungserstellung Verwendung finden.

Informationen in Banken sind gekennzeichnet durch ihren dualen Charakter. Neben ihrer Eigenschaft als Potentialfaktoren zeichnen sie sich dadurch aus, daß sie selbst Ergebnis eines Leistungserstellungsprozesses sein und eine eigenständige Vermarktung erfahren können respektive beim Absatz der originären Bankmarktleistung als integratives Element notwendig und hilfreich sind. Im Bankensektor, in dem die Leistungen und das Preisgefüge relativ homogen sind, kann über die Sammlung, Auswertung und das Anbieten aggregierter und aufbereiteter Daten eine Möglichkeit zur nachhaltigen Profilierung und Abgrenzung gegenüber Wettbewerbern gesehen werden.

Frühe Ansätze über die Bedeutung von Banken im Rahmen der Informationsproduktion finden sich speziell in der angelsächsischen Literatur, die auf komparative Vorteile der Banken im Zusammenhang mit der Reduktion von Transaktionskosten bei Kreditgeschäften hinweist.[280] Weitere Bespiele der Informationsproduktion in Banken stellen das auf der Beschaffung und Auswertung von Unternehmens- und Konjunkturdaten basierende Wertpapier-research ebenso dar wie Datenbanksysteme, die den Kunden gebündelte Informationen über Güter- und Finanzmärkte, Branchen und Unternehmen eröffnen, oder die generelle Vermittlung von Geschäftskontakten, bei denen die Banken aus Sicht der Kunden transaktionskostenmindernd Geschäftspartner zusammenführen oder als Intermediär selbst temporär begrenzt in Geschäfte eintreten. Insofern erscheint es zweckmäßig, zumindest einen erheblichen Teil der Bankmarktleistungen als Produkte zu interpretieren, deren konstituierendes Element in der Auswahl und Neustrukturierung von Daten zum Zwecke der Generierung vermarktungsfähiger Informationen gesehen werden kann.

Ein weitere wesentliche Besonderheit der Dienstleistungsproduktion im allgemeinen und der Erstellung von Bankleistungen im besonderen ist die unabdingbar notwendige Einbeziehung eines *externen Faktors*. Da Banken infolge der Potentialorientierung lediglich die Leistungsbereitschaft anbieten, die Komplettierung der Leistung hingegen nicht selbständig, sondern nur unter Mithilfe der Inanspruchnahme der Leistung durch den Kunden realisieren können, sind sie auf externe Faktoren bei der Leistungsherstellung angewiesen. Externe Faktoren, worunter solche Produktionsfaktoren zu verstehen sind, die vom Abnehmer der Dienstleistung in den Leistungserstellungsprozeß eingebracht werden,[281] können in materieller, immaterieller oder personaler Form im Leistungserstellungprozeß in Erscheinung treten. So sind beispielsweise die von Banken offerierten Verwahrungsleistungen abhängig von Vermögensgegenständen, die Kunden in angemieteten Depots oder Schließfächern aufbewahren möchten oder von den kundenseitig eingebrachten Nominalgrößen, die Gegenstand der Transaktionsleistungen von Banken sind.

---

280 Vgl. Diamond, D. W.: Financial Intermediation and Delegated Monitoring, in: Journal of Political Economy, Vol. 91, S. 401-419.

281 Vgl. Corsten, H.: Betriebswirtschaftslehre der Dienstleistungsunternehmungen, 2. Auflage, München 1990, S. 91.

Wird der Leistungsabnehmer selbst in den Erstellungsprozeß einbezogen, handelt es sich regelmäßig um eine aktive Teilnahme, weil es zunächst zu einem Austausch von Informationen zwischen Leistungsanbieter und -nachfrager kommt — insofern kann auch der oben angesprochene Potentialfaktor Information ein externer sein —, bevor im weiteren Verlauf einer Geschäftsbeziehung weitere Leistungen durch den ursprünglichen Nachfrager erbracht werden müssen, um den friktionslosen Ablauf der Transaktion zu gewährleisten. Problematisch ist für Banken der Sachverhalt, daß sich externe Faktoren der unabhängigen Disposition durch den Leistungsbereitsteller entziehen, die Faktoren aber einen erheblichen Einfluß auf Güte der Leistung besitzen. Denn nur wenn ein möglichst präziser und umfassender Informationstransfer vom Kunde zur Bank erfolgt ist, wird die Leistung mit Qualitäts- und Konditionenmerkmalen (z. B. Zinssatz, Ratenhöhe, Laufzeit eines Kredits) ausgestattet sein, die die Bedürfnisse des Kunden befriedigen.

III. Gestaltung des Leistungserstellungsprozesses

Der Tatbestand der schon angesprochenen innerbetrieblichen Teilleistung ist Ausdruck eines arbeitsteiligen Prozesses, bei dem eine Gesamtaufgabe in Teilaufgaben zerlegt wird, sowie Folge des ebenfalls bereits erörterten Sachverhaltes, daß für die Erstellung von Bankmarktleistungen mehrere Faktoren in einem Kombinationsprozeß mitwirken müssen.

In einer phasenorientierten Betrachtung kann der Prozeß der Leistungserstellung in eine Phase der Vorkombination und eine Phase der Endkombination von Produktionsfaktoren untergliedert werden.[282] Während der Vorkombinationsphase der Aufbau und die Strukturierung des Leistungspotentials zukommt, wird in der Stufe der Endkombination durch Hinzufügung weiterer Produktionsfaktoren und der Eingliederung insbesondere des externen Produktionsfaktors die komplette marktfähige Leistung erstellt. Wie bereits erwähnt, müssen im Rahmen der Vorproduktionsphase sowohl das generelle Leistungserstellungspotential, mithin die Gesamtkapazität, bestimmt als auch die unmittelbar verfügbare situative Leistungsbereitschaft definiert werden. Kostentheoretisch wird in diesem Zusammenhang die Höhe der beschäftigungsunabhängigen Fixkosten determiniert, die in Situationen geringer Nachfrage eine Transformation in Leerkosten erfahren. Derartige Entscheidungen müssen unter Berücksichtigung absatzpolitischer Überlegungen getroffen werden, weil der Inkaufnahme von Leerkosten ein akquisitorischen Potential gegenübersteht, das durch die jederzeitige, qualitativ weitgehend konstante Leistungsbereitschaft der Bank auf Seiten der Kunden spezifischen Nutzen schaffen kann, die sich ceteris paribus in nachhaltig geringen Kundenfluktuationen niederschlagen kann.

Ein Charakteristikum des Leistungserstellungsprozesses bei Banken ist, daß die komplette Leistungsgestaltung und damit der Inhalt der Bankmarktleistung nicht allein durch die Bank bestimmt werden, sondern entsprechend den Kundenbedürfnissen und der

[282] Vgl. Corsten, H.: Betriebswirtschaftslehre der Dienstleistungsunternehmen, a. a. O., S. 103 ff.

marktlichen Verhandlungsmacht der Kunden sowie der unterschiedlichen Integrationsarten und -intensitäten des externen Faktors auch durch den Abnehmer der Leistung mitgeprägt wird (im Retail-banking-Geschäft mit den privaten Haushalten ist die Einflußnahme der Banken auf die Leistungsgestaltung erheblich höher als im stark individualisierten Geschäft mit Unternehmen und öffentlichen Haushalten). Durch diese Einbeziehung der Kunden läßt sich die Endkombinationsphase abgrenzen. Die dadurch bedingte starke Differenzierung erschwert allerdings die zulängliche Beschreibung und Systematisierung des Leistungserstellungsprozesses einer Bank.

Um den Leistungserstellungsprozeß bei Banken transparenter zu machen, empfiehlt es sich, die an der Leistungserstellung beteiligten (Geschäfts-)Bereiche einer Bank zu untersuchen. Im allgemeinen wird in diesem Zusammenhang zwischen einem internen (technisch-organisatorischer, Betriebs- oder Stückbereich) und einem externen Leistungsbereich (liquiditätsmäßig-finanzieller, Geschäfts- oder Wertbereich) differenziert.[283]

1. Interner Leistungsbereich

Die Aufgabe des internen Leistungsbereichs besteht primär in der Herstellung und Aufrechterhaltung der Leistungsbereitschaft der Bank. Hiermit wird der technisch-organisatorische Apparat, der zur Bearbeitung und Abwicklung finanzieller Transaktionen erforderlich ist, angesprochen. Die in diesem Sektor zu treffenden Dispositionen erstrecken sich auf den qualitativen, quantitativen, zeitlichen und räumlichen Faktoreinsatz und Faktorkombinationsprozeß. Die Aktivitäten orientieren sich am absatzmarktbezogenen, externen Leistungsbereich. Sie sind somit Voraussetzung für die Marktleistung, werden aber ihrerseits in ihren Ausprägungen durch diese bestimmt. Ihnen kann also ein derivativer Charakter bzw. die Funktion eines notwendigen Hilfsbereichs zugesprochen werden. Die Steuerung des innerbetrieblichen Leistungsbereichs bestimmt sich in jeder Bank unter Berücksichtigung der spezifischen Aufgaben- und Problemfelder individuell. Der Gestaltungsspielraum wird jedoch durch folgende Prinzipien abgesteckt:[284]

- *Prinzip der Sicherheit:* Alle Geschäftsvorfälle sollen nachvollziehbar, kontrollierbar und letztlich fehlerfrei abgewickelt werden.
- *Prinzip der Wirtschaftlichkeit:* Die extern determinierten Aufgaben sollen mit geringstmöglichem Aufwand erledigt werden (ökonomisches Prinzip). Dem externen Bereich können Steuerimpulse vermittelt werden, die die bedingt erweiterungsfähigen oder bedingt reversiblen Kapazitäten optimal ausnutzen.
- *Prinzip der Tagfertigkeit:* Dieser für die Bankbuchhaltung geprägte Begriff ist besonders im Zusammenhang mit der Kapazitätsbemessung von Bedeutung. Viele

283 Vgl. insbesondere Deppe, H.-D.: Eine Konzeption wissenschaftlicher Bankbetriebslehre in drei Doppelstunden, in: Bankbetriebliches Lesebuch, Ludwig Mülhaupt zum 65. Geburtstag, hrsg. von Deppe, H.-D., Stuttgart 1978, S. 3-98, hier S. 47 ff.

284 Vgl. Hagenmüller, K. F..: Bankbetrieb und Bankpolitik, Wiesbaden 1959, S. 18.

Bankleistungen müssen noch am Tag der Auftragserteilung erbracht werden. Um dazu jederzeit in der Lage zu sein, ist nicht die durchschnittlich anfallende Arbeitsmenge, sondern der dem Spitzenanfall angenäherte Leistungsumfang für die Kapazitätsbemessung in Banken maßgebend. Da aber ungenutzte Kapazitäten die Wirtschaftlichkeit der Bank in nicht vertretbarem Maße belasten, ist man bemüht, z. B. die Personalkosten durch den Einsatz von „Springern" zu Stoßzeiten oder von Ultimokräften zum Jahresschluß und zu Steuerzahlungsterminen in vertretbarem Rahmen zu halten. Für den Potentialfaktor gilt in diesem Zusammenhang, daß er einerseits zu einer Optimierung der Kapazitätsauslastung führen kann, weil die Mehrkosten für eine größere Bearbeitungskapazität im EDV-Bereich häufig geringer sind als bei anderen Produktionsfaktoren und er gleichzeitig andere Produktionsfaktoren zumindest in Teilen substituieren kann, andererseits die ungestörte Auftragsabwicklung auch dann gewährleistet sein muß, wenn besondere Ereignisse (z. B. Crash-Situationen an den Börsen) eine außergewöhnliche Belastung für das Kommunikations- und Informationssystem der Bank induzieren.

Kennzeichnend für die Herstellung insbesondere neuer Leistungspotentiale ist infolge der Eigenarten der Bankleistung die im Vergleich zur Sachgüterproduktion kurze Entwicklungsphase. So gelangen Bankleistungen aufgrund des – sofern überhaupt anfallenden – relativ geringen Forschungs-, Entwicklungs und Produktionsaufwandes insbesondere bei einfachen, standardisierbaren Leistungen typischerweise schnell zur Marktreife, verschwinden allerdings im Falle des Mißerfolges ebenso rasch wieder vom Markt.

Vor dem Hintergrund der raschen technologischen Entwicklung und dem verstärkten Einsatz elektronischer und computergestützter Medien in Banken können sich insbesondere im internen Leistungsbereich Substitutionsvorgänge ergeben, die sich auf das Produktionsfaktorverhältnis Mensch-Maschine beziehen. Diesem Austauschvorgang sind indes hinsichtlich der Erbringung der eigentlichen Bankmarktleistung, die, wie erläutert, vielfach als vertrauenssensibel und erklärungsbedürftig interpretiert werden müssen, leistungsmerkmalinduzierte Grenzen gesetzt sind. Ausgelöst werden die Substitutionsprozesse nicht ausschließlich durch Kostengesichtspunkte — einerseits handelt es sich hier vorrangig um eine Art Fixkostentausch, und andererseits ist die Aufrechterhaltung der technologischen Standards infolge der erheblichen Entwicklungsdynamik im Soft- und Hardwarebereich als durchaus kostenintensiv zu bezeichnen —, sondern gleichsam auch durch wettbewerblich bedingte Entwicklungen, da im Standardgeschäft sichere und schnelle Abwicklungen von Bankleistungen und im individuellen Bereich darüber hinaus immer komplexere und anspruchsvollere Bankleistungen gefordert sind.

2. Externer Leistungsbereich

Die Funktionen der Annahme, Eröffnung und Weitergabe monetärer Dispositionsmöglichkeiten umreißen den externen Leistungsbereich einer Bank. Die im internen Leistungsbereich hervorzubringende Leistungsbereitschaft konkretisiert sich hier im Rahmen der Bank-Kunde-Beziehung als bestimmbare Absatzleistung. Das Leistungsergebnis wird dabei nicht von der Bank autonom bestimmt; vielmehr erfordert der externe Leistungsbereich die bereits einleitend angesprochene Mitwirkung des Kunden. Diese ist insbesondere davon abhängig, inwieweit es dem Kunden gelingt, seine Problemlage und Bedürfnisstruktur zu artikulieren sowie quantitative und qualitative Problemlösungsbeiträge der Bankdienstleistung zu erkennen und in Anspruch zu nehmen. Für den externen Bankleistungsbereich gilt die Mitwirkung des Kunden als konstitutives Wesensmerkmal. Geschäftspolitische Überlegungen haben daher unverzichtbar kundenorientierte Überlegungen in den Vordergrund zu stellen und bei der Leistungsartengestaltung entsprechend zu berücksichtigen.

Neue Formen des Dialogs zwischen Bank und Bankkunde eröffnen die neuen Techniken: Geldausgabeautomaten, Kontoauszugsdrucker und andere Selbstbedienungsterminals haben in zunehmendem Maße Einzug in den Banken gehalten. An einem weiteren Element kundenbedienter Datenstationen, Bildschirmtext (BTX) respektive Datex-J und T-Online bzw. darauf aufbauenden oder alternativen Onlinediensten, lassen sich Auswirkungen der Automatisierungsmöglichkeiten auf die Vertriebspolitik besonders deutlich aufzeigen. Während es sich bei Geldausgabeautomaten um eine Angebotsergänzung zum bisherigen Zweigstellennetz handelt, implizieren T-Online und das Internet nicht nur Veränderungen der Vertriebsform – von der Bedienung zur Selbstbedienung —, sondern vor allem auch eine Verlagerung der Verkaufszeit und des Verkaufsortes: Eine Vielzahl bankbetrieblicher Routineleistungen kann kundennäher und unabhängig von den Öffnungszeiten der Bank erbracht werden: So ermöglichen die netzgebundenen Online-Dienste dem Kunden neben dem Abrufen von Bankkonditionen oder dem Abfragen von Kontoständen auch die Erteilung von Zahlungsaufträgen oder die Inanspruchnahme standardisierter Bank- und Beratungsleistungen.

Das Internet bzw. „World Wide Web“ (WWW) als weltumspannendes elektronisches Kommunikations- und Informationsnetzwerk kann als gegenwärtig höchste Stufe der dezentralen und flexiblen Vertriebs- und Kommunikationsmöglichkeiten interpretiert werden, ermöglicht es doch jedem Bankkunden, von nahezu allen Orten unter der Voraussetzung des Internetzugangs mit einer Bank zu kommunizieren und Geschäfte zu tätigen. Neben diesen Vorteilen resultieren aus den neuen Techniken aus Bankensicht auch wesentliche Problemfelder, die zunächst in einem Sicherheitsrisiko dieser innovativen Medien zum Ausdruck kommen. Eine solche Gefahr leitet sich vorrangig aus dem Systemrisiko ab, welches zum einen die grundsätzliche und qualitative Stabilität der Systeme anspricht und dem zum anderen zu subsumieren ist, daß die Informationen, die über elektronische Netze verbreitet werden, vor Unbefugten geschützt werden respektive Dritte keinen nicht erwünschten Zugang zu Konten oder Depots der Bankkunden haben. Prospektiv ist zu konstatieren, daß das Internet auch erhebliche Gefahrenpotentiale für die Marktstellung der Banken in ihren bisher originären Geschäftsbereichen beinhaltet. Reine Transaktionsleistungen der Banken, werden zunehmend durch Netzwerkdienste übernommen, die z. B. durch die Einführung und Anwendung elektronischer Zahlungs- und Werteinheiten (virtuelles Geld) ursprünglich den Bankleistungen zurechenbare Zahlungsverkehrsaufgaben erbringen.

Die technische Entwicklung beinhaltet jedoch nicht nur die teilweise Verlagerung der Kunde-Bank-Beziehung[16] — neben den bisher erwähnten Instrumenten seien noch point of sale terminals (POS)[285] und automated teller machines (ATM) genannt — und damit eine Abwicklung des normierten Mengengeschäftes über Automaten, sondern der Einsatz der EDV bietet noch weitere Applikationsmöglichkeiten, die die Abwicklung von Bankgeschäften und den Arbeitsablauf und damit die Leistungserstellung berühren. Die Intensivierung jeglicher Art von aktueller Information und Kommunikation ermöglicht nicht nur eine schnellere und gezieltere Versorgung des Außendienstes mit Informationen, sondern eröffnet auch Möglichkeiten zur stärkeren Ausnutzung der Flexibilität dezentraler Organisationsformen.

Mit der Forcierung des Mengengeschäfts ging eine Erhöhung der anfallenden Geschäftsvorfälle in einem Maße einher, die aus Wirtschaftlichkeitsüberlegungen und aus Gründen der Effizienz den Einsatz der EDV unverzichtbar erscheinen ließen. Aufgrund des hohen Stückumsatzes steht die Automation des Zahlungsverkehrs im Vordergrund. Der gewünschte Rationalisierungseffekt kann jedoch nur dann voll erreicht werden, wenn durch entsprechende Normen instituts- und netzübergreifend EDV-technische Kompatibilität soweit hergestellt ist, daß die direkte Weiterverarbeitung der in beleggebundener oder in belegloser Form erfaßten Daten möglich ist. Dies impliziert die Forderung nach weitgehender Angleichung des technischen Standards der verschiedenen Banken(-gruppen).[286]

Die Erbringung von Bankleistungen beschränkt sich nicht ausschließlich auf nationale Märkte. Eine Vielzahl der Bankmarktleistungen wird von Banken auch im internationalen Geschäft erbracht. International bedeutet dabei grundsätzlich zwischenstaatlich oder auch nicht national begrenzt.[287] Dementsprechend können Bankleistungen als „international" bezeichnet werden, die grenzenüberschreitend sind oder grenzenüberschreitenden Einflüssen unterliegen.

Die originären Eigenschaften von Bankmarktleistungen, die, wie oben dargestellt, vorrangig in der Immaterialität und Abstraktheit begründet liegen, werden durch die Berührungspunkte mehrerer Rechts-, Währungs- und Gesellschaftsordnungen durch ein einziges Geschäft bzw. durch ein Bündel von Geschäften nicht modifiziert. Es erscheint sinnvoll, internationale Bankleistungen nach folgenden Kriterien abzugrenzen:[288]

- Die bankgeschäftliche Transaktion wird nicht nur innerhalb eines Staatsgebildes abgewickelt.
- Die Erstellung der internationalen Bankleistung erfordert aus Sicht mindestens eines Beteiligten eine Fremdwährung.

---

[285] Vgl. als wichtigen Teilaspekt Gerke, W./Oehler, A.: Die Einstellung der Konsumenten zu POS-Banking, in: Die Bank, o.Jg. (1988), H. 2, S. 62-67.

[286] Vgl. u. a. Büschgen, H.-E.: Zukunftsaufgaben der Banken und Automation, in: Mitteilungen und Berichte, hrsg. vom Institut für Bankwirtschaft und Bankrecht an der Universität zu Köln, 12. Jg. (1981), Nr. 35, S. 51- 80.

[287] Vgl. Büschgen, H.-E.: Internationales Finanzmanagement, a. a. O., S. 3.

[288] Vgl. in diesem Sinne Pöhler, A.: Das internationale Konsortialgeschäft der Banken, Frankfurt a. M. 1988, S. 21.

- Einer der Geschäftspartner der Bank ist Devisenausländer, bei dem es sich nach der Terminologie des Außenwirtschaftsgesetzes um einen „Gebietsfremden“ handelt.

Hierzu ist einschränkend zu bemerken, daß auch im Gebiet der Europäischen Währungsunion internationale Bankgeschäfte getätigt werden, ohne daß einer der Transaktionsbeteiligten auf eine Fremdwährung zurückgreifen muß bzw. es sich um einen Devisenausländer handelt. Demnach weist eine Bankmarktleistung dann internationalen Charakter auf, wenn mindestens eines der obigen Abgrenzungskriterien erfüllt ist. Dies verdeutlicht, daß nahezu zwangsläufig gewisse Unterschiede zum „nationalen“ Leistungsangebot bestehen und folglich eine differenzierende Betrachtung naheliegt.

Für das internationale Bankgeschäft gilt wie auch für nationale Transaktionen, daß die Leistungsinhalte und Leistungserstellungsvorgänge eng an die spezifischen Bedürfnisse der Absatzmärkte geknüpft sind. Allerdings führen häufig die besonderen Marktstrukturen im internationalen Bankgeschäft zu einer Verschiebung der Bedeutungsinhalte. Insbesondere der für die Erstellung von Bankmarktleistungen notwendige externe Faktor läßt sich durch spezifische Merkmale kennzeichnen. Die auftrendenden Kundenkreise verfügen im Normalfall über gute Marktkenntnisse, sind in der Lage, ihre Bedürfnisse präzise zu artikulieren, bestimmen ihre Bankenverbindung primär aus Kosten- bzw. Konditionenüberlegungen und fragen relativ bedeutende Volumina an Bankmarktleistungen nach, die häufig aus risikopolitischen Gesichtspunkten nicht von einer einzelnen Bank bewältigt werden können. Entsprechend schärfer gestalten sich im internationalen Bankgeschäft die Wettbewerbsbedingungen, die ihre Konsequenzen auf einem Kontinuum von Konkurrenzgebaren bis hin zu intensiven Kooperationsbestrebungen finden.

C. Bankleistungsarten

I. Systematisierungsansätze

Es ist oft versucht worden, die vielfältigen bankbetrieblichen Leistungen auf wenige Grundformen zurückzuführen. Die bekannteste — besonders in der Bankpraxis noch zu findende — Kategorisierung ist die Dreiteilung in Aktiv-, Passiv- und (sonstige) Dienstleistungsgeschäfte. Hinter dieser traditionellen Einteilung der Bankaktivitäten steht das Ordnungsprinzip einer an der Bilanzwirksamkeit orientierten Gliederung. Mittels einer derartigen, ausschließlich innerbetriebliche Gesichtspunkte zugrunde legenden Systematisierung läßt sich das heutige bankbetriebliche Leistungsspektrum jedoch nur sehr unvollständig erfassen. Während sich Aktiv- und Passivgeschäfte bilanziell niederschlagen — ersteres führt zu Beständen an Forderungs- und Beteiligungsrechten, letzteres zu Beständen an Verbindlichkeiten —, tritt das Dienstleistungsgeschäft im engeren Sinne bilanzmäßig nicht in Erscheinung. Mit dem Vordringen einer verstärkten Marktorientierung im Bankwesen, aber auch dem gewaltigen Anstieg des nichtbilanziellen Geschäfts geht eine allmähliche Abkehr vom Prinzip der vorrangigen Betrachtung der Bilanzwirksamkeit einher. Vor allem wegen des besonderen Marktleistungsbegriffs erscheint es zur Darstellung des Bankleistungsprogramms zweckmäßiger, dieses in solche Komponenten aufzuspalten, die sich ergeben, wenn man den wirtschaftlichen Standpunkt des Bankkunden, d. h. dessen Erwartungen und Wünsche hinsichtlich der angebotenen Leistungsarten, zum Ausgangspunkt nimmt. Diese Vorgehensweise führt zu den folgenden marktorientierten Funktionsbereichen:

- Anbieten und Eröffnen von Finanzierungsfazilitäten und zugehörige Aktivitäten,
- Anbieten und Eröffnen von Geld- und Kapitalanlagefazilitäten und zugehörige Aktivitäten,
- Anbieten und Eröffnen von Zahlungs- und Verrechnungsverkehrsfazilitäten und zugehörige Aktivitäten,
- Anbieten von derivativen Finanzinstrumenten,
- Anbieten sonstiger Finanzdienstleistungen.

Bei dieser Systematisierung ist zu berücksichtigen, daß derivative Finanzinstrumente in Abhängigkeit vom Zweck ihres Einsatzes durchaus auch den Finanzierungsfazilitäten oder den Anlagefazilitäten zugerechnet werden können. So ist der Erwerb eines Derivates aus spekulativen Gründen eine besondere Form der Anlage, bei der der Spekulant über die Wertentwicklung des underlying hinaus die Hebelwirkung des derivativen Finanzinstruments auszunutzen gedenkt. Dagegen kann der Erwerb eines derivativen Finanzinstrumentes aus Gründen des hedging dazu dienen, eine bestehende oder zukünftige Finanzierung gegen unerwünschte Zinsentwicklungen abzusichern. Trotz der dargestellten Möglichkeit, Derivate den Anlage- oder Finanzierungsfazilitäten zu subsumieren, ist ihnen ein eigenes Kapitel gewidmet aufgrund der mittlerweile großen — und noch weiter wachsenden — Bedeutung der derivativen Finanzinstrumente im Spektrum der Bankleistungsarten.

Offenbar lassen sich alle bekannten Banktätigkeiten den oben genannten finanziellen Grundfunktionen subsumieren; sie werden daher für die nachfolgende Darstellung zugrunde gelegt. Lediglich der Eigenhandel bildet eine Ausnahme, da nur der Derivate-Eigenhandel, nicht aber der Eigenhandel in anderen assets durch die gewählte Systematik abgedeckt ist.

II. Rahmenbedingungen

Die Aktivitäten der Banken unterliegen einer Reihe von Rahmenbedingungen, die z.T. von außen, z.T. aber auch aus der Bank selbst heraus bestimmt sind.

Intern bestimmte Rahmenbedingungen werden zwar in der Bank selbst festgelegt, da dies jedoch in Form von Grundsatzentscheidungen erfolgt, die über längere Zeit Gültigkeit behalten sollen, haben sie für Entscheidungen im täglichen Geschäftsablauf den Charakter von Daten. Hierzu gehören vor allem die Unternehmungsziele (geschäftpolitische Linie, Sicherheitsstreben u.ä.) sowie Grundsätze der Standortwahl und der Aufbauorganisation.

Zu den Rahmenbedingungen im engeren Sinne zählen nur jene exogen determinierten Faktoren, die sich einer unmittelbaren bankautonomen Steuerung entziehen. Da sie fremdbestimmt sind, gehen auch sie grundsätzlich als Daten in die Entscheidungen der Bank ein. Als wesentliche Komponenten des globalen Umsystems sind zum einen wirtschaftliche Faktoren, zum anderen rechtliche Regelungen zu nennen.

Die ökonomische Komponente umfaßt ökonomische Abhängigkeiten, die aus dem Kundenverhalten, dem Verhalten konkurrierender Institute, der allgemeinen wirtschaftlichen Entwicklung sowie Maßnahmen staatlicher Wirtschaftspolitik resultieren können. Schwankungen der Nachfrage nach Leistungen sind für die Banken im Hinblick auf ihre wert- und ihre stückmäßige Komponente von Bedeutung. Veränderungen der wertmäßigen Komponente beeinflussen nicht nur die Liquidität der Bank, sondern bestimmen auch nachhaltig ihre Ertragslage. Veränderungen der stückmäßigen Komponente bilden den entscheidenden Bestimmungsfaktor für Veränderungen der Kapazität im internen Leistungsbereich. Von Schwankungen der Nachfrage sind die sich längerfristig vollziehenden Strukturveränderungen der Nachfrage zu unterscheiden, z. B. der wachsende Anteil bargeldloser Zahlungsverkehrsabwicklung, Verschiebungen zwischen alternativen Sparformen, höhere Zinsempfindlichkeit von Geldanlegern. Auch Auf- und Abwärtsbewegungen der allgemeinen Wirtschaftslage bleiben nicht ohne Auswirkungen auf das Geschäft der Banken. Da Konjunkturschwankungen ihren Niederschlag in der Bilanz der Bank finden, wird die Bankbilanz bisweilen als „Spiegelbild der Konjunktur" bezeichnet. Doch sind die konjunkturellen Einflüsse auf die Bankbilanz nicht immer zu isolieren; sie lassen sich vor allem nicht von den Auswirkungen wirtschaftspolitischer — insbesondere zentralbankpolitischer — Maßnahmen trennen. Instrumente zur Steuerung der gesamtwirtschaftlichen Entwicklung sind neben der staatlichen Ausgabenpolitik die Steuer- sowie die Außenwirtschaftspolitik. Im Rahmen der Steuerpolitik läßt sich über eine Veränderung der Steuern u.a. die Ertragslage von Unternehmen und/oder die Einkommenssituation der Privatpersonen beeinflussen, was (indirekte) Wirkungen auf das Kredit- und Sparvolumen zur Folge haben kann. Zur ökonomischen Komponente der extern bestimmten Rahmenbedingungen zählen auch die geld- und währungspolitischen Maßnahmen seitens der Zentralnotenbank, die der Geldversorgung der Wirtschaft unter Berücksichtigung allgemeiner wirtschaftspolitischer Ziele dienen.

Bedeutsam für die Tätigkeit der Banken ist des weiteren die rechtliche Komponente. Angesprochen sind neben allgemeinen Rechtsnormen (Bankprivatrecht) somit vor allem die solvenz- und bonitätssichernden Normen des KWG sowie die besonderen Vorschriften, aufgrund derer öffentlich-rechtliche Kreditinstitute einer besonderen staatlichen Aufsicht unterliegen (öffentliches Bankrecht).

III. Anbieten und Eröffnen von Finanzierungsfazilitäten und zugehörige Aktivitäten

Das Anbieten und Eröffnen von Finanzierungsfazilitäten bildet den Hauptbestandteil des bilanziell erkennbaren Aktivgeschäfts der Banken; die zugehörigen Aktivitäten hingegen — z. B. die Abwicklung des Zahlungsverkehrs — sind i.d.R. nicht unmittelbar aus der Bilanz ersichtlich. Während die Inanspruchnahme von Finanzierungsfazilitäten von seiten der Nachfrager einen Vorgang der Kapitalbeschaffung darstellt, rechnet sie bei den Banken zum Bereich der Finanzinvestitionen, der gegenüber den Realinvestitionen bei weitem überwiegt.

Die Vielfalt von Finanzierungsfazilitäten und die Verschiedenartigkeit der Möglichkeiten ihrer Einteilung erschweren die Systematisierung, die z. B. nach Laufzeiten bzw. Kündigungsfristen, Sicherheiten, Kreditnehmern oder Kreditverwendung vorgenommen werden kann. Fast allen Kriterien ist gemeinsam, daß sich Abgrenzungsschwierigkeiten ergeben; besonders auffällig wird dies beim Kriterium der Fristigkeit.

Auch für den hier gewählten Systematisierungsansatz — es wird eine Unterscheidung nach Anbietern (Universalbanken, Spezialbanken, banknahe Finanzinstitute und Deutsche Bundesbank) vorgenommen — muß eingeräumt werden, daß es sich nur um eine schwerpunktmäßige Zuordnung der einzelnen Leistungen handelt und sich einige Überschneidungen nicht vermeiden lassen.[289]

1. Das Angebot von Universalbanken

a) Geldleihgeschäfte

Als Geldleihe werden solche Kredit- bzw. Darlehensgewährungen bezeichnet, bei denen die eröffnende Bank dem Kreditnehmer de facto Zahlungsmittel — in Form von Buch- und/oder Bargeld — zur Verfügung stellt. Die wichtigsten Geldleihfazilitäten sind:

(1) Kontokorrent- und Überziehungskredit

Die sowohl dem Volumen als auch den Verwendungsmöglichkeiten nach bedeutendste unter den kurzfristigen Finanzierungsformen und die verbreitetste Bankkreditart stellt der Kontokorrentkredit dar. Die rechtlichen Merkmale des Kontokorrents enhält § 355 HGB, nämlich:

---

[289] Vgl. zum folgenden Büschgen, H. E.: Bankbetriebslehre, a.a.O., S. 118 ff.; ders.: Einführung in die Bankbetriebslehre, Teil II, Frankfurt a. M. 1977, S. 4 ff.

- die Kaufmannseigenschaft mindestens eines Partners (eine Bank ist stets Vollkaufmann),
- gegenseitige Verrechnung beiderseitiger Ansprüche und Leistungen,
- die Maßgeblichkeit des Saldos für die Abrechnung des Kontokorrentkontos,
- die Feststellung des sich ergebenden Überschusses (Saldos) in regelmäßigen Abständen.

Der Kontokorrentkredit wird dem Kreditnehmer als Buchkredit bis zu einem festgelegten Limit (Kreditlinie) eingeräumt. Da der Kunde den Zeitpunkt und die Höhe der einzelnen Verfügungen frei bestimmen kann und der Kontokorrentkredit über ein laufendes Konto abgewickelt wird, wird er i.d.R. in wechselndem Umfang in Anspruch genommen. Soweit Bankkunden dabei das festgelegte Kreditlimit überschreiten, können sie (stillschweigend zugelassen oder ausdrücklich vereinbart) einen Überziehungskredit in Anspruch nehmen. Kontokorrentkredite an Unternehmen und Selbständige stellen Betriebskredite mit i.d.R. individuell festgelegten Bedingungen dar und dienen vor allem der Finanzierung von laufender Produktion, Warenumschlag, Lagerbewegungen u.v.m.; sie sind insofern Betriebsmittel-, Umsatz-, Zwischenfinanzierungs-, Überbrückungs- und Saisonkredite. Ihre Besicherung erfolgt durch Verpfändung, Abtretung von Forderungen, Sicherungsübereignung von Waren, Bürgschaften und (seltener) Grundschulden. Obwohl der Kontokorrentkredit formal kurzfristigen Charakter hat, läuft er infolge ständiger Prolongation meist über viele Jahre, wenn nicht die Bank wegen einer nachhaltigen Verschlechterung in der wirtschaftlichen Situation ihres Kunden den Kredit kündigt. Dem Kontokorrentkredit zugehörige Aktivität ist die Abwicklung von Zahlungsverkehrstransaktionen. Der Bankkunde leitet alle oder die meisten Zahlungen über sein Kontokorrentkonto; an Auszahlungstransaktionen sind u.a. zu nennen: Ausführen von Überweisungsaufträgen für Lohn- und Gehaltszahlungen, Scheckeinlösungen für Lieferantenrechnungen, Wechseleinlösungen; an Einzahlungstransaktionen: Bareinzahlung aus Verkäufen, Eingang von Überweisungen, Scheckgutschriften usw. Alle diese Transaktionen erfolgen mittels der üblichen Instrumente und Wege der baren und unbaren Zahlungsverkehrsabwicklung.

(2) Wechseldiskontkredit

Geht eine Bank die Verpflichtung ein, von ihrem Bankkunden eingereichte Waren- oder Handelswechsel bis zu einem festgesetzten Kredit- oder Diskontlimit (Einreicherlimit) unter Abzug von Diskont und Spesen anzukaufen, liegt ein Wechseldiskontkredit vor. Somit bevorschußt die Bank die Forderung ihres Kunden (Wechselinhaber bzw. Diskontkreditnehmer) gegenüber dem Bezogenen (Wechselverpflichteten) vom Zeitpunkt der Diskontierung bis zur Fälligkeit. Aus der Sicht des Kreditnehmers dient der Diskontkredit zur kurzfristigen Waren- und Umsatzfinanzierung; durch Mobilisierung von Forderungen kann er seine Außenstände reduzieren und seine Liquidität erhöhen. Allerdings entsteht aus der Weitergabe des Wechsels eine Eventualverbindlichkeit, denn der Kreditnehmer muß mit einem Rückgriff rechnen, falls der eingereichte Wechsel vom primären Wechselschuldner, dem Bezogenen (Akzeptanten) nicht eingelöst wird („zu Protest geht").

Sowohl in materieller als auch in formeller Hinsicht besitzen die Vorschriften des Wechselgesetzes für das Diskontgeschäft besondere Bedeutung. Wegen der Haftung aller Wechselverpflichteten (Bezogener, Indossanten), der besonderen Wechselstrenge und der schnellen Durchsetzbarkeit von Ansprüchen im Wechselprozeß gilt der Wechseldiskontkredit für die Bank als nur mit geringem Risiko behaftet. Zudem handelt es sich um einen Kredit, der sich durch die Einlösung des Wechsels bei Fälligkeit — meist nach drei Monaten — selbst liquidiert (self-liquidating credit). Dabei ist es charakteristisch, daß er i.d.R. nicht durch den Bankkreditnehmer selbst, sondern durch den Bezogenen zurückgezahlt wird, der z. B. die von ihm erworbenen, mittels des Wechsels finanzierten Waren inzwischen weiterveräußert hat. Schließlich bieten die dem Diskontkredit zugrundeliegenden (Handels-) Wechsel den Vorteil, daß sie zum Zwecke der Refinanzierung entweder bei anderen Banken oder bei der Deutschen Bundesbank rediskontiert werden können (sie weisen „shiftability", Übertragbarkeit auf Dritte auf), so daß sie zur Liquiditätsreserve der Bank zu rechnen sind. Allerdings ist die Refinanzierung bei der Zentralnotenbank an bestimmte Voraussetzungen geknüpft: So muß es sich — abgesehen von der formalen Ordnungsmäßigkeit — um Wechsel handeln, denen ein Warengeschäft zugrunde liegt, die mindestens drei „gute" Unterschriften tragen, deren Restlaufzeit maximal 90 Tage beträgt und die an einem Bankplatz (Ort, an dem die Deutsche Bundesbank durch eine Landeszentralbank vertreten ist) zahlbar gestellt sind; ferner muß noch offener Spielraum im Rahmen des für die einzelne Bank geltenden Rediskontkontingents vorhanden sein. Sog. Finanzwechsel, denen ein Warengeschäft nicht zugrunde liegt und die ausschließlich der Beschaffung von Finanzmitteln dienen, werden von Banken nur in Ausnahmefällen angekauft, von der Deutschen Bundesbank grundsätzlich nicht rediskontiert.

Zugehörige Aktivität ist auch hier vor allem die Abwicklung von Zahlungsverkehrstransaktionen.

(3) Lombardkredit

Beim Lombardkredit handelt es sich um einen festterminierten, kurzfristigen Einzelkredit, der gegen Verpfändung bzw. Beleihung bestimmter Objekte gewährt und in einem Betrag in Anspruch genommen sowie zurückgezahlt wird. Im allgemeinen werden nur marktgängige, leicht realisierbare, einfach zu bewertende und wertbeständige Vermögensteile lombardiert, wobei die Banken vorsichtig disponieren und von Beleihungshöchstgrenzen ausgehen. Am bedeutendsten ist der Effektenlombard, bei dem (börsengängige) Wertpapiere beliehen werden. Gebräuchliche Obergrenzen, die allerdings bei den verschiedenen Banken voneinander abweichend fixiert werden können, sind: Aktien bis max. 70 % des Börsenkurses, festverzinsliche Wertpapiere bis max. 80 % des Börsenkurses und Investmentzertifikate bis max. 70 % des Rückkaufwertes. Für den Warenlombard, der im allgemeinen nur für an einer Warenbörse notierte Welthandelswaren (Kaffee, Zucker, Baumwolle, Getreide, Metalle usw.) gewährt wird, gelten im allgemeinen niedrigere Beleihungsgrenzen (max. bis 65 %), wobei der Beleihungswert oft von einem Sachverständigen ermittelt wird. Seltener werden Edelmetallombard- und Forderungslombardkredite vergeben.

Der Lombardkredit dient zumeist — außer bei Effektenkrediten — als Betriebsmittelkredit; er ist besonders als Saisonkredit oder temporärer Überziehungskredit bei kurzfristigen Liquiditätsanspannungen geeignet, da sich seine Inanspruchnahme von seiten des Kreditnehmers zeit- und betragsmäßig abstimmen läßt.

In der heutigen Praxis kommt der (reine) Lombardkredit nur noch selten vor; gebräuchlicher ist der gegen Verpfändung der oben genannten Objekte gewährte kontokorrentmäßige Kredit (unechter Lombardkredit).

(4) Industriekredit

Das Industriekreditgeschäft, das lange Zeit speziell von den privaten Banken gepflegt wurde, findet sich heute auch im Leistungsprogramm anderer Universalbanken. Es handelt sich um typische Produktiv-, Produktionsmittel- oder Investitionskredite, die auf der Grundlage einer sorgfältigen Kreditwürdigkeitsprüfung sowie einer Offenlegung des Verwendungszweckes gewährt werden. Ihre Abwicklung basiert auf eigens zu entwickelnden Finanz- und Tilgungsplänen, wobei die Tilgung als Einmaltilgung am Ende der Laufzeit oder als Annuitäten- oder Ratentilgung während der Laufzeit erfolgen kann. Aus der Sicht des Kreditgebers errechnet sich die effektive Verzinsung aus Nominalzins, Nominalbetrag abzüglich des Disagios und Laufzeit. Als Sicherheiten werden zumeist Grundpfandrechte bestellt oder Teile des Betriebsvermögens bis zu einer bestimmten Höhe des in der Bilanz ausgewiesenen Buchwertes belastet.

(5) Hypothekar- und Grundschuldkredit

Hypothekar- und Grundschuldkredite sind langfristige Kredite, die durch Hypotheken oder — in der Regel — Grundschulden gesichert sind und meist der Finanzierung von Grund- und Wohnungseigentum, privaten und gewerblichen Bauvorhaben dienen. Als „Allzweckhypotheken" werden jene persönlichen Hypothekendarlehen bezeichnet, die nicht an einen bestimmten Verwendungszweck gebunden sind. Hypothekarkredite können mit einem festen Zinssatz über die gesamte Laufzeit ausgestattet oder mit einem variablen, den jeweiligen Kapitalmarktverhältnissen anzupassenden Nominalzins ausgereicht werden. Die Rückzahlung erfolgt zumeist in Form gleichbleibender Jahresraten (Annuitäten) während der gesamten Laufzeit, wobei allerdings zu Beginn einige tilgungsfreie Jahre vereinbart werden können. Hypothekarkredite werden vorwiegend von Sparkassen und Realkreditinstituten vergeben, die strenge Sicherheitsvorschriften zu beachten haben. Private Universalbanken engagieren sich in diesem Bereich weniger; sie treten jedoch oftmals als Vermittler für Hypothekenbanken auf, die meist Tochterinstitute der privaten Banken sind.

(6) Finanzierungsfazilitäten im Außenhandel

Die von den Banken angebotenen Leistungen im Außenhandel erstrecken sich zum einen auf reine Finanzierungsfazilitäten, zum anderen auf das Devisenhandelsgeschäft (An- und Verkauf von Devisen im Kundenauftrag), das Export-Factoring und die Forfaitierung (Ankauf offener Buchforderungen aus Exportgeschäften) sowie die Durchführung von Kurssicherungsgeschäften.

(a) Außenhandelskredite

Der Finanzierung von Außenhandelsgeschäften — Export-, Import-, Transit- und grenzenüberschreitende Lohnveredelungsgeschäfte — dienen der Bar-, der Rembours- sowie der Negoziationskredit.

Ein meist vom Importeur benötigter Kredit ist der *Barkredit*, der auch in Fremdwährungseinheiten gewährt werden kann. Wird er auf Veranlassung der inländischen Bank des Importeurs bei einer ausländischen Bank zur Verfügung gestellt, spricht man auch von „Von der Kundschaft bei Dritten benutzte Kredite", die in der Bilanz der inländischen Banken als Passivposition gesondert auszuweisen sind.

Beim *Rembourskredit* gewährt eine Bank einem Exporteur unter dem Obligo der Hausbank des Importeurs oder einer dritten Bank (Remboursbank) zur Finanzierung eines Exportgeschäftes einen Akzeptkredit gegen Übergabe bestimmter Dokumente, die die exportierte Ware repräsentieren, genau bezeichnen und den Herausgabeanspruch verbriefen. Dabei wird vom Exporteur ein Wechsel auf die Remboursbank — nicht aber auf den Importeur — gezogen, den die Remboursbank akzeptiert und der anschließend bei der Remboursbank oder einer anderen Bank diskontiert werden kann. Wird die Tratte des Exporteurs von der Hausbank des Importeurs akzeptiert, so liegt ein direkter Rembourskredit vor; wird sie hingegen von einer dritten Bank akzeptiert, so spricht man von einem indirekten oder vermittelten Rembourskredit.

Eine dem Rembourskredit ähnliche Kreditform stellt der *Negoziationskredit* dar; hierbei zieht der Exporteur auf den Importeur eine Tratte, zu deren Diskontierung sich die Bank des Importeurs verpflichtet hat, so daß die Bank des Exporteurs die Tratte bei Übergabe der Dokumente zu Lasten der Bank des Importeurs bevorschussen kann. In der Bankpraxis häufig anzutreffen ist die Kopplung eines Rembourskredites mit der Stellung eines Dokumentenakkreditivs. Unter einem *Dokumentenakkreditiv* ist eine vertragliche Verpflichtung einer Bank zu verstehen, im Auftrag, für Rechnung und nach Weisungen eines Kunden gegen Übergabe bestimmter Dokumente und bei Erfüllung bestimmter Bedingungen eine bestimmte Geldzahlung oder eine andere finanzielle Leistung zu erbringen.

Zur Verdeutlichung der klassischen Form der Abwicklung eines Rembourskredits zur Finanzierung eines Importgeschäfts (ohne Einschaltung einer — dritten — Remboursbank) dienen die folgenden Erläuterungen: Ein in Deutschland ansässiger Importeur hat mit einer neuseeländischen Bauunternehmung einen Kaufvertrag abgeschlossen mit der Zahlungsbedingung „Drei-Monats-Bankakzept gegen Verladungsdokumente" im Rahmen eines Akkreditivs. Gute Bonität vorausgesetzt, eröffnet die Bank des Importeurs auf Antrag ihres Kunden zugunsten der neuseeländischen Unternehmung ein unwiderrufliches (bestätigtes) Akkreditiv und erklärt gleichzeitig ihre Bereitschaft, gegen Vorlage der Versanddokumente eine vom Exporteur über den Rechnungsbetrag ausgestellte Drei-Monats-Tratte zu akzeptieren. Die Genehmigung des Kreditantrages des Importeurs wird der Bank des Exporteurs in Form eines Akkreditiveröffnungsschreibens mitgeteilt, in dem diese gleichzeitig mit der Aufnahme der Dokumente beauftragt wird. Die Bank des Exporteurs setzt diesen von der Akkreditiveröffnung in Kenntnis, woraufhin dieser die Versendung der Ware veranlaßt und die Transportdokumente sowie eine auf die Bank des deutschen Importeurs gezogene Drei-Monats-Tratte seiner Bank zur Weiterleitung und Akzepteinholung bei der Bank des Importeurs einreicht. Unter Umständen wird die Tratte von der Bank des Exporteurs schon zum Zeitpunkt der Einreichung diskontiert oder bevorschußt, so daß dieser bereits bei Übergabe der Dokumente in den Besitz des Exporterlöses kommen kann. Hieran schließen sich der Versand der Tratte und der Dokumente an die Bank des Importeurs an. Nach Rücksendung des Akzepts an die Bank des Exporteurs diskontiert diese nunmehr — sofern nicht bereits bei Dokumentenaufnahme geschehen — die Tratte und schreibt dem Exporteur den Erlös gut. Nach Eintreffen der Ware erhält der Importeur die Versanddokumente von seiner Bank ausgehändigt und kann die Ware in Empfang nehmen. Das Akzept der deutschen Bank wird ihr bei Verfall von der Bank des Exporteurs (oder einer anderen ausländischen Bank) zur Zahlung vorgelegt; bereits ein oder zwei Tage vorher hat der Importeur den Gegenwert bereitgestellt.

(b) Kurssicherungsgeschäfte

Von den den Außenhandelsfinanzierungsfazilitäten zugehörigen Aktivitäten hat die Durchführung von Kurssicherungsgeschäften[290], die in Form von Termingeschäften erfolgt, besondere Bedeutung. Hierbei verkauft (kauft) ein Exporteur (Importeur) bereits heute seine in der Zukunft zu erhaltende (erfüllende) Devisenforderung (Devisenverpflichtung) an (von) seine(r) Bank, so daß — unabhängig von zwischenzeitlichen Kursschwankungen — der erlöste (aufzuwendende) Gegenwert in Inlandswährung bekannt ist und somit eine feste Kalkulationsgrundlage besteht. Sofern die Bank für angekaufte (verkaufte) Termindevisen kein Gegengeschäft in gleicher Höhe vornimmt, trägt sie das Kursrisiko der offenen Position, denn im Erfüllungszeitpunkt muß sie den betreffenden Devisenbetrag zum vorher vereinbarten Kurs abnehmen (liefern), so daß sie — falls der Wechselkurs für die Auslandswährung fällt (steigt) — beim Ankauf (Verkauf) von Termindevisen einen Verlust erleidet, denn der reale Gegenwert liegt unterhalb (oberhalb) des im Verpflichtungszeitpunkt zugesagten Kurses, so daß die Bank die erworbenen (veräußerten) Devisen nur zu einem niedrigeren (höheren) Kurs veräußern (beschaffen) kann. Aus diesem Grund wird die Bank — soweit sie sich nicht spekulativ verhalten will — stets bemüht sein, die eingegangenen Abnahme- oder Lieferverpflichtungen aus dem Termingeschäft durch entgegengesetzte Transaktionen glattzustellen (Minimierung offener Positionen), so daß Verluste auf der einen Seite mit Gewinnen auf der anderen kompensiert werden können.

(7) Kredite an private Haushalte

Persönliche Darlehen umfassen sämtliche Kreditgewährungen an private Personen und Haushalte, die der Konsumgüter- und Immobilienfinanzierung dienen und nicht zu den bereits genannten Kreditarten, die vorwiegend unter dem Aspekt der Unternehmensfinanzierung dargestellt wurden, zu rechnen sind. Unterscheidungsmerkmal ist somit der Verwendungszweck des zur Verfügung gestellten Kredites, während die technische Abwicklung weitgehend mit der bei Kontokorrent- und Lombardkrediten üblichen Form

290 Vgl. Büschgen, H. E.: Internationales Finanzmanagement, a. a. O., S. 103 ff.

übereinstimmt. Bis Ende der 50er Jahre fast ausschließlich von Spezialbanken gewährt, zählen die persönlichen Darlehen heute auch zum Leistungsangebot der meisten Universalbanken. Ausschlaggebend für diese Programmerweiterung waren neben steigenden Masseneinkommen die zunehmende Verbreitung der bargeldlosen Lohn- und Gehaltszahlung und der — falls dieser Entwicklung nicht Rechnung getragen würde — drohende Marktanteilsverlust im Privatkundengeschäft.

In Reaktion auf die hohe Akzeptanz persönlicher Darlehen bei der Privatkundschaft der Banken wie auch aus der Notwendigkeit und dem Selbstverständnis der Europäischen Kommission zur Sicherung des Verbraucherschutzes in der EU heraus ist im Jahre 1987 die „Richtlinie des Rates der Europäischen Gemeinschaft zur Angleichung der Rechts- und Verwaltungsvorschriften der Mitgliedstaaten über den Verbraucherkredit" (87/102/EWG) verabschiedet worden, die damit zwingend in deutsches Recht transformiert werden mußte. 1991 trat das Gesetz über Verbraucherkredite in Kraft, das die Verbraucherkreditrichtlinie in deutsches Recht transformiert und an die Stelle der Bestimmungen des Abzahlungsgesetzes getreten ist.

Das Gesetz erfaßt die gewerbliche Kreditvergabe an Verbraucher und gilt nur für Kredite zwischen 400 DM und 100.000 DM. Wesentliche Bestimmung des Verbraucherkreditgesetzes ist die Vorgabe der Schriftform als einzige verbindliche Form für einen Kreditvertrag. Dieser muß genaue Angaben über den Gesamtbetrag aller vom Verbraucher zu entrichtenden Teilzahlungen einschließlich Zinsen und sonstiger Kosten, die Art und Weise der Rückzahlung und den effektiven Jahreszins als Mindestangaben enthalten. Beim Überziehungs- oder Dispositionskredit sind mindestens Angaben über die Höhe des Limits, den Jahreszins und die Modalitäten der Änderung des Zinssatzes anzugeben. Der Verbraucher hat binnen einer Woche nach Abschluß des Kreditvertrages die Möglichkeit, diesen schriftlich zu widerrufen.

Kommt der private Kreditnehmer mit der Rückzahlung in Verzug, so ist der geschuldete Betrag mit fünf Prozent über dem Diskontsatz zu verzinsen, sofern nicht im Einzelfall konkret vom Kreditgeber ein höherer bzw. vom Kreditnehmer ein niedrigerer Schaden nachgewiesen wird. Die nach Eintritt des Verzugs anfallenden Zinsen sind gesondert auszuweisen; für diese kann der Kreditgeber nur Schadenersatz bis zur Höhe des gesetzlichen Zinssatzes von vier Prozent verlangen. Teilrückzahlungen durch den Kreditnehmer dürfen vom Kreditgeber nicht zurückgewiesen werden; der Kreditnehmer hat Anspruch auf Erstattung der ersparten Zinsen und Kosten. Teilrückzahlungen im Verzugsfall werden zunächst auf die Kosten der Rechtsverfolgung, dann auf den geschuldeten Betrag und zuletzt auf die Zinsen angerechnet. Auf diese Weise wird eine sogenannte Verschuldungsspirale infolge von Zinseszinseffekten vermieden. Der Kreditgeber kann Ratenkredite nur kündigen, wenn der private Kreditnehmer mit mindestens zwei aufeinanderfolgenden Teilzahlungen ganz oder teilweise in Verzug ist und diese 10 % des Nennbetrages des Kredites überschreiten. Bei einer Laufzeit des Kredites von mehr als drei Jahren reduziert sich diese Grenze auf 5 % des Nennbetrages des Kredites.

Betrachtet man die gegenwärtig dem Konsumentenkreditgeschäft[291] zu subsumierenden Kreditleistungsarten der verschiedenen bankmäßig organisierten Konsumentenkreditanbieter, so erscheint es aufgrund der Vielfalt der offerierten Leistungsvarianten notwendig, diese im Hinblick auf eine vereinheitlichende Begriffsbasis und Terminologie in Gruppen weitgehend homogener Leistungen zusammenzufassen. Die in Literatur und Praxis gebräuchliche Unterteilung in Raten- und Nichtratenkredit erscheint unzureichend; sie entbehrt mangels einer inhaltlich hinreichenden Präzision und Konkretisierung des Terminus „Nichtratenkredit" einer nach ökonomischen Gesichtspunkten sinnvollen methodischen Grundlage für die Beurteilung von Kreditformen. Andere Ansätze explizieren den Nichtratenkredit im wesentlichen als Dispositionskredit und unterscheiden mithin vor allem Raten- und Dispositionskredit als Leistungskategorien im bankmäßigen Konsumentenkreditgeschäft. Angesichts der im Konsumentenkreditgeschäft in den letzten Jahren zu beobachtenden Generierung und Einführung neuer Marktleistungen, die ihrem Wesen nach zwischen den bislang üblichen Formen von Raten- und Dispositionskredit anzusiedeln sind, soll zunächst eine Darlegung der Wesensmerkmale der etablierten Leistungsarten in ihren typischen Grundformen erfolgen, über die sich dann die neuen Kreditvarianten erschließen lassen.

(a) Ratenkredit

Als historisch erste Variante im Konsumentenkredit ist der Ratenkredit herauszustellen, dessen jahrzehntelang dominierende Bedeutung in Literatur und Praxis die synonyme Verwendung der Begriffe „Konsumentenkredit", „Teilzahlungskredit" und „Ratenkredit" implizierte. Grundsätzlich kennzeichnendes Wesensmerkmal des Ratenkredits ist die Festlegung der Rückzahlungsmodalität, die entgegen der üblichen Form des Darlehens die Rückzahlung nicht in einer Gesamtsumme, sondern in mehreren im voraus fixierten Teilbeträgen vorsieht. Weiterhin kann der Ratenkredit durch das Verhältnis gekennzeichnet werden, in dem die Kreditgewährung zum Verwendungszweck des Kreditbetrages steht. In traditioneller Ausprägung wurde der Ratenkredit typischerweise als ein kauf- bzw. verwendungsgebundener Kredit gewährt. Heute findet sich die explizite Zweck- und Kaufbindung der Kreditgewährung vor allem als Form des sog. bankfinanzierten Abzahlungskaufs bzw. der Abzahlungsfinanzierung.

Von dominierender Marktstellung sind heute indessen die verschiedenen Varianten des kaufungebundenen Ratenkredits, die in den Prototypen des persönlichen Kleinkredits und des Anschaffungsdarlehens zum Standardprogramm fast aller das Konsumentenkreditgeschäft betreibenden Banken zählen. Der persönliche Kleinkredit — synonym finden sich in der bankwirtschaftlichen Praxis vor allem die Begriffe „Schalterkredit" oder „Privatkredit" — wird bei Kreditbeträgen von bis zu 6.000 DM und Laufzeiten bis zu 36 Monaten als echter Barkredit ohne jegliche Objektbindung nur aufgrund der persönlichen Kreditwürdigkeit gewährt; der Kreditgeber nimmt also keinen Einfluß auf die Verwendung des kreditierten Betrages. Hingegen wird beim Anschaffungsdarlehen — mit einer Regelkredithöhe von 2.500 DM bis 50.000 DM und Laufzeiten zwischen 6 und

---

291 Vgl. zum folgenden auch Wojtanowsky, S.; Judt, E.; Wagner, M.: Marketing der Konsumentenkredite, Frankfurt a. M. 1982, S. 3 ff.

72 Monaten — häufig die freie Disponierfähigkeit über den Kreditbetrag dahingehend eingeschränkt, daß zur Sicherung des Kreditengagements die finanzierte Kaufsache sicherungsübereignet wird, insbesondere dann, wenn die ansonsten übliche Sicherung über die Abtretung von Lohn- und Gehaltsansprüchen nicht ausreichend erscheint. Aufgrund dieser inhärenten Zweckbindung erscheint im Einzelfall eine verläßliche Abgrenzung des Anschaffungsdarlehens zum bankfinanzierten Abzahlungskauf kaum möglich, zumal letztlich eindeutige Maßstäbe für das Vorliegen einer wirtschaftlichen Einheit von Kredit- und Kaufvertrag als Voraussetzung des finanzierten Abzahlungskaufs fehlen. Im Rahmen der aufgezeigten Prototypen weist die Ratenkreditpraxis eine kaum überschaubare Vielfalt in den technischen Gestaltungsvarianten auf, wobei als Kombinations- und Gestaltungselemente Merkmale wie Laufzeit, Tilgung, Stundungsmöglichkeiten, Möglichkeiten vorzeitiger Rückzahlung, Besicherungsanforderungen u.ä. anzusehen sind.

Rechtliche Grundlage des Ratenkreditgeschäfts bildet seit 1991 das Verbraucherkreditgesetz für Ratenkredite mit Nennbeträgen zwischen 400 DM und 100.000 DM. Ratenkredite bedürfen danach ausdrücklich der Schriftform und den Kreditnehmern wird ein Widerrufsrecht für die Kreditaufnahme binnen einer Woche eingeräumt; der Widerruf bedarf ebenfalls der Schriftform. Darüber hinaus sind wesentliche Inhalte des Kreditvertrages explizit vorgegeben, wodurch die Art des Kredites, die Höhe der Kosten und Zinsen sowie aller Nebenleistungen für den Verbraucher exakt bestimmbar sein sollen. Zusätzlich ist aus Gründen der Vergleichbarkeit der Ratenkredite eine Angabe des effektiven Jahreszinssatzes vorgeschrieben. Wesentliche Bestimmung des Verbraucherkreditgesetzes ist jedoch die Regelung des Verfahrens im Falle des Verzugs der Rückzahlung des Ratenkredites durch den Kreditnehmer.

(b) Dispositionskredit

Wesentlich einheitlicher und überschaubarer erscheint dagegen als weiteres inzwischen etabliertes Standardangebot im Konsumentenkreditgeschäft der Banken die Gewährung von Dispositionskrediten. Der Form nach ein Kontokorrentkredit im Sinne einer Überziehungsfazilität auf dem Lohn- und Gehalts- bzw. Zahlungsverkehrskonto des privaten Bankkunden, wird der Dispositionskredit überwiegend auf Initiative der Bank — also ohne Stellung eines Kreditantrages — und ohne besondere Sicherheiten eingeräumt; als Voraussetzung für die Bereitstellung werden das Bestehen der Kontoverbindung über mehrere Monate, einwandfreie Bonität und Stabilität des Einkommens oder sonstiger Einkünfte angesehen. Die eingeräumten Fazilitäten dürften zwischen mindestens 1.000 DM und maximal 20.000 DM liegen; im Einzelfall erfolgt die Bemessung in Relation zum Nettoeinkommen und beträgt dann i.d.R. das Ein- bis Vierfache desselben. Der Dispositionskredit wird in der Regel kurzfristig gewährt, allerdings bei ordnungsgemäßer Kontoführung kontinuierlich prolongiert, so daß aus dem formal kurzfristigen ein wirtschaftlich mittel- oder langfristiger Kredit werden kann. Die Rückführung des Dispositionskredits erfolgt — in wesentlicher Unterscheidung zum Ratenkredit — in freier und flexibler Weise ohne vorherige Festlegung oder Absprache zumeist aus der disponiblen Spitze des verfügbaren Einkommens.

Die Dispositions- oder Kontokorrentkredite für private Bankkunden unterliegen ebenfalls den Bestimmungen des Verbraucherkreditgesetzes, jedoch weichen die spezifischen

Vorschriften von denen für Ratenkredite ab. Auch wenn durch die Überziehung des Kontokorrentkontos ein Kreditvertrag zustande kommt, bedarf die einzelne Kreditinanspruchnahme nicht der Schriftform. Die Bank hat lediglich im Vorfeld der Einräumung eines Dispositionskredits schriftlich den Kontoinhaber über die Höchstgrenze des Kredites, den zum Zeitpunkt der Unterrichtung geltenden Jahreszins, die Bedingungen, unter denen der Zinsatz geändert werden kann, und über die Regelungen der Vertragsbeendigung zu informieren. Diese Information hat spätestens nach der ersten Inanspruchnahme des Dispositionskredits schriftlich zu erfolgen. Änderungen des Zinsatzes sind den Kontoinhabern mitzuteilen, was auch über einen Aufdruck im Kontoauszug erfolgen kann.

(c) Dispositive Konsumentenkredite

Aus dem Verständnis der Gestaltung und der wirtschaftlichen Funktion der inzwischen althergebrachten und weitgehend etablierten Leistungsarten im bankmäßigen Konsumentenkredit lassen sich im folgenden die neuartigeren Leistungsarten ableiten. Der Innovationscharakter dieser Leistungen beschränkte sich bei ihrer Etablierung darauf, als Leistungsvariationen die synthetische Verknüpfung von Leistungselementen der schon bekannten und bewährten Leistungskategorien Raten- und Dispositionskredit vorzunehmen; sie unterscheiden sich mithin von diesen eher graduell denn grundsätzlich konzeptionell.

In Abstraktion von institutsindividuellen Ausprägungen lassen sich die neuartigen Leistungsvarianten durch folgende Merkmale charakterisieren:

- Die Kreditgewährung basiert auf der einmaligen vertraglichen Vereinbarung eines Kreditrahmens, der — von der Bank einmal eingeräumt — über die gesamte Laufzeit flexibel und ohne neuerliche Kreditverhandlungen genutzt werden kann.
- In der betraglichen Dimensionierung übersteigen die Kreditvereinbarungen mit Höchstkreditgrenzen von bis zu 50.000 DM erheblich den Rahmen, in dem üblicherweise Raten- und Dispositionskredite gewährt werden.
- Der vereinbarte Kreditbetrag kann alternativ in seiner vollen Höhe oder in Teilbeträgen in Anspruch genommen werden; getilgte Teilbeträge können bei Bedarf erneut genutzt werden.
- Die Vereinbarung des Entgelts wird auf der Basis variabler Zinssätze getroffen, die während der Laufzeit an das jeweilige Zinsniveau angepaßt werden können.
- Die Laufzeit der Kreditvereinbarung ist vertraglich auf 72 bis 144 Monate festgelegt; sie reicht damit weit über die übliche Laufzeitenregelung beim Raten- und Dispositionskredit hinaus.
- Wegen der hohen Betrags- und Laufzeitdimensionierung wird die Kreditgewährung häufig mit dem Abschluß einer Risikolebensversicherung gekoppelt bzw. der komplementäre Abschluß einer Risikolebensversicherung nahegelegt.

Lassen die genannten Merkmale in der Mehrzahl eine starke Affinität zum Dispositionskredit erkennen und eine methodische Zuordnung zu den Dispositionskrediten a priori rechtfertigen, so ist dies um die Betrachtung der Rückzahlungsmodalitäten — als Ratenkrediteigenschaft — zu relativieren. Diese sind bei den verschiedenen institutsspezifischen Varianten recht unterschiedlich geregelt. Es lassen sich dennoch zwei Prototypen erkennen:

- Bei einem ersten Prototyp werden die Rückzahlungsmodalitäten recht strikt gehandhabt; dieser Typus nähert sich somit dem Ratenkredit an. Es werden gleichbleibende monatliche Raten in Abhängigkeit von der jeweiligen Kreditnutzung festgelegt, die zudem in ihrer individuellen Gestaltbarkeit restringierenden Anforderungen unterliegen (Mindestrate, Tilgung in runden Beträgen).
- Bei einem zweiten Prototyp hingegen ist zwar auch grundsätzlich die ratenmäßige Tilgung des Kredits vorgesehen. In der Ratengestaltung werden jedoch erheblich größere Gestaltungsspielräume eingeräumt; es bestehen vereinbarungsgemäß Sondertilgungsmöglichkeiten sowie vorzeitige Rückzahlungsmöglichkeiten.

Auch wenn ihr Neuartigkeitscharakter in Teilen eher marginal erscheint, sollten die neuen Varianten als eigenständige Leistungskategorie aufgefaßt werden und unter dem Rubrum „dispositive Konsumentenkredite" den Raten- und den Dispositionskrediten gegenübergestellt werden.

Gleichzeitig ist jedoch anzumerken, daß letztlich mit dem Erscheinen und der Etablierung neuer Leistungskategorien die bis dato gezogenen Grenzen zwischen den herkömmlichen Leistungsgruppen aufgebrochen und die Übergänge zwischen den Kategorien fließend geworden sind.

(8) Kredite an öffentliche Haushalte

Im Kommunalkreditgeschäft lassen sich zwei Formen unterscheiden: Die Kreditgewährung kann zum einen an eine öffentlich-rechtliche Gebietskörperschaft erfolgen und verschafft somit in erster Linie kleineren Städten und Gemeinden, die nicht über einen für den Kapitalmarkt ausreichenden Emissionskredit verfügen, durch öffentliche Pfandbriefe Zugang zum Kapitalmarkt. Zum anderen zählen jene Darlehen zum Kommunalkreditgeschäft, bei denen die Auszahlung an private Darlehensnehmer erfolgt, aber von öffentlich-rechtlichen Körperschaften verbürgt oder garantiert wird. Sie dienen insbesondere der nachrangigen Finanzierung von Objekten des sozialen Wohnungsbaus.

Kreditgeber sind die Institute der Sparkassenorganisation sowie die öffentlich-rechtlichen Realkreditinstitute. Die Vergabe- und Abwicklungsmodalitäten weisen prinzipiell keine Besonderheiten gegenüber den Hypothekarkrediten auf. Als Sicherheit kommen Steuerkraft und Vermögen der jeweiligen öffentlichen Haushalte in Betracht. Zu berücksichtigen ist, daß die Kreditaufnahme der Kommunen grundsätzlich von der Genehmigung der Aufsichtsbehörde abhängt. Diese übernimmt zwar selbst keine Garantie für die Sicherheit des Kredits, doch ist die Kreditgewährung insofern unproblematisch, als kraft Gesetzes die nächst höhere Institution ggf. für Verbindlichkeiten niedrigerer Instanzen aufkommt, mithin ein Kreditrisiko nahezu ausgeschlossen werden kann. Von den Kommunalkrediten zu unterscheiden sind kurzfristige Kredite an öffentliche Haushalte, die zur Überbrückung von Finanzierungslücken zwischen Mittelverausgabung und Mitteleingang aus Steuern und Abgaben dienen (Überbrückungskredite, Kassenkredite). Soweit diese bei Universalbanken gedeckt werden, handelt es sich um Überziehungskreditlinien von Länderhaushalten bei ihren Landesbanken bzw. von Gemeindehaushalten bei ihren Sparkassen. Kurz- und mittelfristige Finanzierungsfazilitäten gewähren auch die Geschäftsbanken über den Ankauf von Schatzwechseln und Unverzinslichen Schatzanweisungen des Bundes, seiner Sondervermögen und der Länder.

(9) Konsortialkredite

Konsortialkredite — auch: syndizierte Kredite — sind solche Kreditgewährungen, die von mehreren Banken — die sich zu diesem Zweck zu einer BGB-Gesellschaft zusammenschließen — gemeinsam herausgelegt werden. Die zur „klassischen" Definition des Wesens von Konsortium und Konsortialgeschäft gehörende Befristung des Zusammenschlusses entspricht heute überwiegend nur noch rein juristischer Diktion; in ökonomischer und bankpraktischer Sicht wird das Konsortium als eine – infolge bestimmter traditioneller Bindungen und Interdependenzen – relativ konstant bleibende Bankengemeinschaft verstanden. Das Konsortialgeschäft ist keine eigenständige spezielle Bankleistung, sondern eine komplexe hochentwickelte Verfahrenstechnik und erfährt neben dem Wertpapiergeschäft seine dominierende Anwendung vor allem im internationalen Kreditgeschäft.

Die Vergabe von Konsortialkrediten ist zum einen motiviert durch die Möglichkeit der Teilnahme an diversen unterschiedlichen Kreditvorhaben; zum anderen übersteigen bestimmte Geschäfte — insbesondere Großkredite — die finanzielle Leistungsfähigkeit oder KWG-rechtliche Zulässigkeit bei der einzelnen Bank. Der entscheidende Zweck bei der Bildung von Konsortien bleibt jedoch stets die Verteilung des Gesamtrisikos (Bonitäts-, Absatz-, Kapitalbindungsrisiko) auf mehrere Banken.

Jedes Bankenkonsortium steht unter der Leitung einer oder mehrerer konsortialführender Banken. Bei gemeinsamer Führung fungiert eine Bank als federführendes Institut. Ist — insbesondere bei Dauerkonsortien — alternierende Leitung vereinbart, spricht man auch von wechselnder Federführung. Die Teilnahme an internationalen Emissions- und Kreditkonsortien ist ein wichtiger Indikator für die Bedeutung einer Bank im Auslandsgeschäft. Bei deutschen Banken ist eine zunehmende Teilnahme an internationalen Konsortien ab Mitte der 60er Jahre zu beobachten.

In Form von Konsortialkrediten werden speziell Euromarktfinanzierungen[292] dann bereitgestellt, wenn die Kredithöhe und/oder das Kreditrisiko einer einzelnen Bank zu groß erscheinen. Für den Fall der gemeinschaftlichen Vergabe eines internationalen Kredits

[292] Vgl. Hinsch, C.: Der Eurokonsortialkredit im System des internationalen Kreditgeschäfts, in: Das Vertragsrecht der internationalen Konsortialkredite und Projektfinanzierungen, hrsg. von C. L. Hinsch und N. Horn, Berlin – New York 1985, S. 3 ff.; Kaul, H. P.: Die Risikopolitik der Eurobanken, Diss., Saarbrücken 1982; McDonald, R. P.: International Syndicated Loans, London 1983; Storck, E.: Das Konsortialgeschäft der Eurobanken, in: Die Bank, o.Jg. (1979), H. 11, S. 529–532.

— i.d.R. auf Roll-over-Basis[293] — durch eine Gruppe von Banken haben sich spezifische Usancen und Techniken zur Bildung des Kreditkonsortiums herausgebildet, so vor allem das „lead managing"-Prinzip: Eine vom Schuldner mit dem Kreditmandat ausgestattete Bank fungiert als Konsortialführer. Aufgabe der „lead bank" ist die Zusammenstellung des Kreditkonsortiums und die Verhandlungsführung mit dem Kreditnehmer. Eine lead bank muß über die notwendige Erfahrung im Eurosyndizierungsgeschäft und über das Vertrauen der Mitkonsorten verfügen.

Ein Syndikat kann aber nicht nur durch eine einzelne Bank, sondern auch durch eine Führungsgruppe — „managing group" — geleitet werden. Bei einer gemeinsamen Konsortialführung stehen der lead bank die Federführung und die Koordination der Arbeit der co-manager zu. Die Teilnahme an einer Führungsgruppe ist wegen der attraktiven Führungsprovision, der besonderen Publizität der herausgehobenen Führungsbanken und der Möglichkeiten zur Anknüpfung neuer oder der Intensivierung bestehender Geschäftsverbindungen besonders begehrt. Dabei ist für die co-manager mit dieser Funktion häufig keine Übernahme aktiver Führungsaufgaben verbunden, sondern ihre Einstufung gründet sich lediglich auf die übernommene Konsortialquote und hat daher primär Signalcharakter für die standingbewußten internationalen Finanzmärkte.

Neben den Führungsbanken gibt es zahlreiche Banken — „participants" oder „member banks" —, die ohne weitere Aufgaben lediglich eine Quote des Konsortialkredits zeichnen und in ihr Portefeuille nehmen. Typisch für die Struktur internationaler Bankkonsortien ist die Existenz einer weiteren speziellen Bankfunktion: die des „agent". Während die lead bank für das Finanzierungskonzept und die Syndizierung verantwortlich ist, erfüllt der agent die Aufgaben einer Zahl- und Verwaltungsstelle während der Finanzierungslaufzeit. Beide Funktionen sind rechtlich exakt zu trennen; jedoch fungiert üblicherweise als agent die lead bank selbst oder eine ihrer Tochterbanken.

Bei der internationalen Konsortiumsbildung werden drei Ansätze unterschieden: „programmed approach", „ad hoc approach" und „broadcast approach". Während sich beim programmed approach das Konsortium nur aus den wichtigsten Bankverbindungen des Kreditnehmers zusammensetzt, werden beim — weitaus häufiger anzutreffenden — ad hoc approach zu diesen noch weitere interessierte Banken vom Konsortialführer eingeladen. Die weiteste Ansprache beinhaltet der broadcast approach, bei dem Hunderte international tätiger Banken um Teilnahme kontaktiert werden.

Die Vergabetechnik internationaler konsortialer Kredite durch die Geschäftsbanken kennt mehrere Varianten. Bei einer „straight syndication" kommt das Kreditgeschäft

293 Bei einem Roll-over-Kredit in seiner typischen Ausprägung nehmen Banken bewußt eine Inkongruenz zwischen der Laufzeit der von ihnen gewährten Kredite einerseits und der Befristung der von ihnen aufgenommenen Refinanzierungsmittel andererseits in Kauf. Während sie Kredite längerfristig gewähren, refinanzieren sie sich in kürzeren Intervallen auf der Basis variabler Zinssätze (die Zinssätze orientieren sich am Geldmarktzins, wobei LIBOR = London Interbank Offered Rate am gebräuchlichsten ist). Bei dieser Konstruktion tragen Banken nur das Risiko des (rechtzeitigen) Geldanschlusses — also ein Liquiditätsrisiko —, während sie das Zinsänderungsrisiko auf den Kreditnehmer abwälzen. Vgl. im einzelnen zum Roll-over-Kredit Preisig, K. W.: Roll-Over-Eurokredit, a.a.O. 1976.

prinzipiell nur bei voller Unterbringung des Kreditbetrags zustande. Die konsortialführende Bank gibt daher ein unverbindliches Angebot ab und ist bemüht, eine ausreichend große Zahl von Banken zusammenzubringen. Bei nicht ausreichenden Zusagen muß der Kreditsuchende entweder auf eine Finanzierung verzichten oder sich mit einem gekürzten Betrag zufrieden geben. Diese Syndizierung auf „best effort"-Basis ermöglicht der Führungsbank relativ risikoarmes Agieren. In manchen Situationen muß oder soll auf eine breite Syndizierung verzichtet werden, etwa wegen fehlender Markttransparenz oder wegen Präferierung eines bestimmten Bankenkreises bzw. einer diskreten Abwicklung durch den Kreditnehmer. Bei den so entstehenden „club deals" bildet eine weitaus kleinere Gruppe von Banken als üblich das Konsortium. Die Konsortialbanken übernehmen meist gleich hohe Quoten, die i.d.R. nicht weiter syndiziert werden.

Im Rahmen der „participation method" wird der Gesamtkreditbetrag von der konsortialführenden Bank bzw. Bankengruppe fest zugesagt und ausgereicht. Dieses „full underwriting" erfolgt im Hinblick auf die sich anschließende Syndizierung durch Teilbetragsabtretungen an eine Vielzahl weiterer Banken. Dieses Verfahren bietet sich an, wenn die Bonität des Kreditnehmers ohne Zweifel und damit eine weitere Syndizierung problemlos ist. Eine gewisse Variante dieser Festzusage besteht darin, die Offerte nur mit dem Vorbehalt einer nachträglichen Konditionenanpassung abzugeben.

Der Vorgang der Syndizierung — oder „sell-down" — trägt also je nach Größe und Merkmalen des Kredits individuelle Züge. Die von den Banken der Führungsgruppe mittels „underwriting commitment" garantierten Kreditquoten werden durch Werbung weiterer Banken als participants auf das gewünschte Maß — „final take" — reduziert. Sollte der zu syndizierende Kreditbetrag überzeichnet sein, wird der Konsortialführer bei der endgültigen Quotenfestsetzung — sofern der Kreditbetrag nicht entsprechend erhöht werden soll — die final takes der Führungsbanken kürzen; bei nicht ausreichenden Geboten der angesprochenen Banken wird er sie erhöhen, bzw. der Kreditnehmer muß einen geringeren Darlehensbetrag in Kauf nehmen.

Im internationalen Konsortialkreditgeschäft sind gelegentliche Weiterplazierungen von Kreditquoten in stiller Form — „loan sub-participations" — an kleinere Banken ohne direkten Marktzugang durchaus üblich. Insbesondere zur Entlastung der internen Länderlimite von stark engagierten Banken können derartige Transaktionen von großem Vorteil sein, da sie eine — eigentlich risikopolitisch nicht vertretbare, aber geschäftspolitisch wünschenswerte — Teilnahme an neuen Konsortialkrediten ermöglichen.

b) Kreditleihgeschäfte

Als Kreditleihe wird die Übernahme von bestimmten bedingten oder unbedingten Zahlungsverpflichtungen (Haftungen) gegenüber Dritten durch eine Bank (Kreditgeber) bezeichnet, die gegen Provisionsberechnung im Auftrag eines Kunden (Kreditnehmer) erfolgt. Im Innenverhältnis verpflichtet sich der Kreditnehmer, die Leistungen zu ersetzen, welche der Kreditgeber aufgrund seiner Haftung Dritten gegenüber erbringen muß. Folglich gewährt die Bank keinen Kredit in Form liquider Mittel, sondern stellt dem Kunden ihre Kreditwürdigkeit zur Verfügung. Nachfolgend sind die wichtigsten Kreditleihgeschäfte aufgeführt.

(1) Akzeptkredit

Um eine relativ kostengünstige und wohlrenommierte Kreditart, die deshalb i.a. nur Kunden von zweifelsfreier Bonität gewährt wird, handelt es sich beim Akzeptkredit, bei dem der Bankkunde einen Wechsel auf seine Bank zieht, den diese akzeptiert.

Zugleich mit dem Akzeptkreditvertrag verpflichtet sich der Bankkunde, den Gegenwert des Wechsels vor dessen Fälligkeit — i.d.R. nach drei Monaten — anzuschaffen, so daß die Bank zwar wechselrechtlich als Hauptschuldner aus dem Wechsel anzusehen ist; wirtschaftlich betrachtet liegt jedoch nur eine Eventualverbindlichkeit vor, da die Bank nur dann zur Zahlung herangezogen wird, wenn der Kunde seiner Verpflichtung aus dem Kreditvertrag nicht rechtzeitig nachkommt. Die Akzeptkreditgewährung erfolgt in der Regel ohne (dingliche) Absicherung in Form eines Blankokredits.

Die entstandenen Bankakzepte können vom Kreditnehmer auf verschiedene Weise verwertet werden: Dem Regelfall entspricht die direkte Diskontierung bei der Akzeptbank, so daß sich an das Kreditleih- unmittelbar ein Geldleihgeschäft anschließt. Ferner können sie bei einer anderen Bank zum Diskont eingereicht werden, oder sie können — da der Akzeptkredit zumeist der Umsatz- und Warenfinanzierung dient — einem Lieferanten des Akzeptkreditnehmers in Zahlung gegeben werden.

(2) Avalkredit

Übernimmt eine Bank für bestimmte Verbindlichkeiten ihres Kunden die Haftung in Form einer — in der Regel selbstschuldnerischen — Bürgschaft gegenüber einem Gläubiger des Kunden oder in Form einer Garantie für eine Leistungs- oder Lieferungspflicht des Kunden, liegt ein Avalkredit vor. Bei dieser Form der Kreditgewährung wird dem Kunden nicht ein bestimmter Geldbetrag zur Verfügung gestellt, die Bank gibt vielmehr ein bedingtes Zahlungsversprechen ab. Aus der Eventualverbindlichkeit wird für die Bank nur dann eine „echte" Verbindlichkeit, wenn der Hauptschuldner dem Gläubiger die vereinbarte Leistung zur Erfüllung seiner Verpflichtung nicht erbringt. Hieraus erklärt sich, daß Avalkredite grundsätzlich nur „ersten Adressen", d. h. Kunden von unzweifelhafter Bonität und Solvenz gewährt werden; der Bank oftmals aus einer langjährigen Geschäftsverbindung bekannt, entfällt zumeist das Erfordernis einer besonderen Sicherung dinglicher Art, da das Risiko einer effektiven Zahlungsleistung für die Bank gering ist.

Avalkredite finden vor allem für Zoll- und Frachtstundungen Verwendung. Sie verbessern für den Bankkunden die Wirtschaftlichkeit, weil er die gestundeten Frachtgelder und die Zahlungen gegenüber der Zollbehörde nicht sofort begleichen muß, sondern die Abrechnung in bestimmten größeren Zeiträumen erfolgen kann, wodurch zudem seine Finanzplanung erleichtert wird. Ferner übernehmen Banken auch Prozeßbürgschaften sowohl im Auftrag eines Beklagten als auch eines Klägers. Der Beklagte kann damit die Zwangsvollstreckung aufgrund eines vorläufigen vollstreckbaren Urteils abwenden, der Kläger einen vorläufig vollstreckbaren Titel durchsetzen.

(3) Garantiegeschäft

Bankgarantien werden vor allem als Anzahlungs-, Bietungs-, Gewährleistungs- sowie Lieferungs- und Leistungsgarantien gewährt:

Die Übernahme von Anzahlungsgarantien findet sich vor allem im Auslandsgeschäft und bietet dem ausländischen Besteller die Sicherheit, daß der von ihm vorausbezahlte Betrag zurückerstattet wird, falls der Lieferant seine vertraglichen Verpflichtungen nicht rechtzeitig erfüllt.

Die Beibringung von Bietungsgarantien wird bei Ausschreibungen — insbesondere öffentlicher, aber auch privater Art — verlangt; diese Ausschreibungsgarantien beinhalten die Gewährübernahme, daß der Bewerber ein ernsthaftes Angebot macht und nicht vor dem möglichen Abschluß des Vertrages zurücktritt. Die Garantie der Bank erstreckt sich auf einen Geldbetrag, im allgemeinen in Höhe der der ausschreibenden Stelle entstandenen Kosten und Nachteile.

Gewährleistungsgarantien ermöglichen dem Garantienehmer, sich im Falle von Qualitätsabweichungen oder fehlenden qualitativen Eigenschaften der ihm gelieferten Ware bzw. bei Unvollständigkeit der die Ware „verkörpernden" Urkunden an den Garanten zu halten; so kommt z. B. bei Vorliegen des letzteren Falles eine von der Bank übernommene Konnossementgarantie zum Tragen.

Bei der Liefer- bzw. Leistungsgarantie, die besonders bei längerfristigen Aufträgen — sowohl im Inlands- wie auch im Auslandsgeschäft — von Bedeutung ist, übernimmt die Bank die Gewährleistung, daß eine nach Form, Menge, Qualität und Fristigkeit vertragsgerechte Lieferung bzw. Leistung erfolgt. Für den Fall der Nicht- bzw. Schlechterfüllung verpflichtet sich die Bank, für die Vertragsstrafe aufzukommen.[294]

c) Finanzierungsfazilitäten für andere Banken und zugehörige Aktivitäten

Als Angebot an Finanzierungsfazilitäten können auch die Interbankbeziehungen interpretiert werden, die aus monetären Verflechtungen zwischen einzelnen Banken resultieren, also im wesentlichen Geldmarktgeschäfte sind.

(1) Liquiditäts- und Refinanzierungskredite

Abgesehen vom Zustandekommen debitorischer bzw. kreditorischer Konten bei (Korrespondenz-)Banken, die der Abwicklung des Zahlungsverkehrs dienen und daher technisch bedingt sind, erhalten die Interbankbeziehungen dann einen „echten" Finanzierungscharakter, wenn kurzfristig bzw. festterminiert zur Disposition stehende Überschüsse einer Bank an liquiden Mitteln anderen Instituten zinstragend auf dem Geldmarkt zur Überbrückung von Liquiditätsengpässen in Form von Tagesgeld, täglichem Geld oder Termingeld angeboten werden. Infolge der Strukturunterschiede im Bankensektor sind bestimmte Institute überwiegend Geldnachfrager (z. B. Privatban-

294 Vgl. Büschgen, H. E.: Einführung in die Bankbetriebslehre, Teil II, a.a.O., S. 19 ff.

kiers, denen eine umfangreiche Refinanzierung über das Spareinlagengeschäft nicht möglich ist), andere vermehrt Geldanbieter (z. B. Girozentralen und genossenschaftliche Zentralbanken, bei denen fast ständig hohe Liquiditätsüberschüsse bestehen).

Auch der Handel mit Geldmarktpapieren, Kassenobligationen, sonstigen Finanzierungstiteln sowie das In-Pension-Geben von Vermögensgegenständen dienen aus der Sicht der veräußernden Bank der Liquiditätsbeschaffung bzw. Refinanzierung; für die Marktgegenseite stellen diese Transaktionen Geld- und Kapitalanlagen dar.

Banken, deren Finanzierungsmöglichkeiten durch geschäftsstrukturelle Besonderheiten gewissen Einschränkungen unterliegen, treten auch häufig als Nachfrager für längerfristige Interbankkredite auf (z. B. Realkreditinstitute, die sich normalerweise jedoch über die Emission von Pfandbriefen refinanzieren).

(2) Devisenhandelsgeschäfte

Als ergänzende Aktivität der Banken im Rahmen der Gewährung von Finanzierungsfazilitäten in Fremdwährungen sind Devisenhandelstransaktionen, d. h. der Austausch von auf ausländische Währung lautenden Bankguthaben, bedeutsam.[295] Eine strenge Unterscheidung zwischen Eigen- und Fremdgeschäften (Dienstleistungsgeschäfte für Kunden) ist bei den Devisenhandelsgeschäften kaum zu treffen.

Nach der Art der Erfüllung der Forderungen und Verbindlichkeiten in ausländischen Währungen lassen sich zwei Grundformen unterscheiden:[296] Während bei den Devisenkassageschäften zwischen Geschäftsabschluß und Lieferung der ge- oder verkauften Devisen nur eine sehr kurze Zeitspanne liegt — die Anschaffung der Devisen erfolgt am zweiten Werktag nach dem Geschäftsabschluß —, wird bei Devisentermingeschäften beim Geschäftsabschluß die Erfüllung für einen späteren Zeitpunkt festgelegt; per Termin werden Währungen vor allem auf 30, 60 und 90 Tage gehandelt. Abschlüsse mit längeren Laufzeiten — etwa bis 3 Jahre — sind in Ausnahmefällen möglich. Der Kurs, der dem Kauf bzw. Verkauf zugrunde liegt, wird schon am Abschlußtag vereinbart. Liegt der Preis für diese Kontrakte, der Devisenterminkurs, bei einer Währung über ihrem Kassakurs, so spricht man von einem Report, ist der Kassakurs höher als der Terminkurs, von einem Deport. Report und Deport werden auch als Swap-Satz bezeichnet und in Prozent des Kassakurses ausgedrückt. Wenn der Terminkurs einer Währung dem Kassakurs entspricht, nennt man den Terminkurs pari Kassa oder pari.

Die wirtschaftliche Funktion von Kassageschäften ist im wesentlichen in der Sicherstellung einer reibungslosen Abwicklung des grenzenüberschreitenden Zahlungsverkehrs in Fremdwährungen zu sehen, der von den Banken sowohl für Kundengeschäfte als auch für Eigengeschäfte in Form von Auszahlungen oder Scheckinkassi durchgeführt wird. Devisentermingeschäfte dienen der Absicherung von Kurs- und Währungsrisiken bei der Finanzierung von Außenhandelsgeschäften: Der Importeur sichert auf diese Weise seine

---

[295] Vgl. zum folgenden insbesondere Fischer-Erlach, P.: Handel und Kursbildung am Devisenmarkt, a.a.O., S. 11 ff.

[296] Vgl. Büschgen, H. E.: Internationales Finanzmanagement, a.a.O., S. 89 ff.

in einer bestimmten Frist zu bezahlende Fremdwährungsverbindlichkeit ab, der Exporteur die später eingehende Bezahlung seiner Forderung in Fremdwährung. Darüber hinaus werden durch den Abschluß von Devisentermingeschäften sowohl für den Exporteur als auch für den Importeur feste Kalkulationsgrundlagen geschaffen.

Devisentermingeschäfte treten in zwei Varianten auf: als Swap- sowie als Outright-Geschäft. Beim Swap-Geschäft handelt es sich um eine Kombination aus einem Verkauf von Devisen am Kassamarkt und gleichzeitigem Rückkauf dieser Devisen zu einem festen Termin. Dadurch kann der Besitzer einer Währungsposition, der diese zum Zeitpunkt des Swap-Geschäfts nicht benötigt, später jedoch Verbindlichkeiten in dieser Währung zu erfüllen hat, den DM-Betrag bis zur Erfüllung des Termingeschäfts anders verwenden, z. B. zur Rückführung von Kontokorrentkrediten in heimischer Währung. Diese Kombination eines Kassageschäftes mit einem Termingeschäft findet vor allem zur Kurssicherung von Finanzierungskrediten Verwendung.

Outright-Geschäfte werden vor allem zur Sicherung von Währungsforderungen und Währungsverbindlichkeiten aus Waren- und Dienstleistungsgeschäften, zum Schutz von Devisenguthaben und über fremde Währung lautenden Wertpapieren mit kurzen und mittleren Laufzeiten gegenüber Wechselkursveränderungen abgeschlossen. Im Unterschied zum Swap-Geschäft wird hierbei ein Devisenbetrag zu einem bestimmten Erfüllungstag entweder nur ge- oder nur verkauft. Bei diesem Solo-Geschäft erfolgt also nur der Abschluß eines Devisentermingeschäftes ohne Kassagegengeschäft.

Beim Devisenoptionsgeschäft[297] hat der Optionsinhaber das Recht — nicht aber die Verpflichtung —, einen bestimmten Währungsbetrag zu einem im voraus bestimmten Preis (Basispreis) bis zu bzw. an einem festgelegten Auslauftag zu kaufen (call option) bzw. zu verkaufen (put option). Der Käufer einer Devisenkaufoption erwirbt also das Recht, einen bestimmten Devisenbetrag bis zum bzw. am Verfalltag zu dem vereinbarten Basispreis zu beziehen; dafür bezahlt er eine Optionsprämie an den Stillhalter, deren Höhe sich am Markt nach Angebot und Nachfrage ergibt. Steigt der Marktkurs der Devise über den vereinbarten Basispreis, wird der Käufer bei Fälligkeit die Option ausüben; fällt der Kurs hingegen unter den Basispreis, wird er die Option verfallen lassen und sich am Kassamarkt zu dem dann billigeren Marktkurs eindecken. Einen Gewinn realisiert der Käufer einer call option aber erst dann, wenn der Marktkurs der Devise über den Basispreis zuzüglich der Optionsprämie hinaus angestiegen ist.

Das Recht des Käufers einer Devisenverkaufsoption besteht darin, einen bestimmten Devisenbetrag zu einem im voraus festgelegten Preis bei Fälligkeit zu verkaufen. Für dieses Andienungsrecht muß er eine Optionsprämie an den Stillhalter zahlen. Der Optionsinhaber wird seine put option ausüben, wenn der Marktkurs unter den vereinbarten Basispreis sinkt. Bei über den Basispreis ansteigenden Kursen wird er hingegen die put option verfallen lassen, um seine Fremdwährung am Kassamarkt zu einem höheren Kurs zu verkaufen. Einen Gewinn realisiert der Inhaber einer put option allerdings erst, wenn der Marktkurs der Devise unter den Basispreis abzüglich Optionsprämie gesunken ist.

297 Vgl. hierzu vor allem Fischer-Erlach, P.: Handel und Kursbildung..., a.a.O., S. 95 ff.

Der Vorteil eines Devisenoptionsgeschäftes[298] im Vergleich zu einem Devisentermingeschäft besteht darin, daß es ebenso das Risiko einer ungünstigen Devisenkursentwicklung begrenzt, aber gleichzeitig die Gewinnchance aus einer für den Optionsinhaber günstigen Kursentwicklung aufrechterhält.

Devisen- oder Währungsfutures[299] (currency futures) sind standardisierte, ausschließlich an Börsen (financial futures markets) gehandelte Terminkontrakte, die die Verpflichtung enthalten, eine bestimmte Menge an Devisen zu einem bestimmten Termin zu dem vereinbarten Preis zu kaufen bzw. zu verkaufen.

(3) Wertpapierleihgeschäfte

Bei der Wertpapierleihe handelt es sich um ein Sachdarlehen nach § 607 BGB, in dessen Rahmen dem Darlehensnehmer vom Darlehensgeber Wertpapiere für einen Zeitraum von einem Tag bis zu sechs Monaten überlassen werden, während dessen der Darlehensnehmer die volle wirtschaftliche Verfügungsgewalt über die überlassenen Wertpapiere hat und diese somit auch weiterveräußern kann. Insofern ist der Begriff der Wertpapierleihe mißverständlich, da es sich bei dem Geschäft nicht um ein Leihgeschäft handelt, bei dem der „Entleiher" nach Ende der Überlassungsfrist die selben Wertpapiere zurückgeben muß, sondern um ein Darlehen, das durch Rückübertragung von Wertpapieren lediglich der gleichen Art getilgt wird. Als Darlehensgeber wie auch als Darlehensnehmer treten neben Banken auch institutionelle Anleger auf.

Als Motive für die Wertpapierleihe lassen sich für die Darlehensgeber zum einen die Renditesteigerung ihres Wertpapierportfeuilles und zum anderen eine Kostenreduzierung der Depotverwaltung nennen. Die Renditesteigerung wird durch die vom Darlehensnehmer zu entrichtenden Gebühren für die Überlassung der Wertpapiere erzielt, die dem Darlehensgeber neben den laufenden Erträgen aus den Wertpapieren (Stückzinsen und Dividenden bzw. ein Ausgleich für die entgangenen Zins- oder Dividendenerträge) zustehen. Eine Kostenreduzierung kann durch ein Wertpapierleihgeschäft erzielt werden, dadurch daß über einen für die Berechnung der Depotverwaltungsgebühren relevanten Stichtag hinweg Wertpapiere aus dem Portefeuille verliehen werden und so die Berechnungsbasis verringert wird. Für den Darlehensnehmer können einerseits organisatorische bzw. dispositive Gründe für die Wertpapierleihe bestehen. So kann es bei der Erfüllung von Lieferverpflichtungen aus Wertpapiergeschäften insbesondere bei grenzüberschreitenden Transaktionen zu Fehlbeständen bei Banken kommen, die dadurch entstehen, daß weiterveräußerte Wertpapiere aufgrund von zeitlichen Verzögerungen bei der Lieferung nach einem Kauf beim Verkauf nicht übertragen werden können. Andererseits kann das Wertpapierleihgeschäft Teil von Arbitragetransaktionen zwischen Kassa- und Terminmarkt sein, in deren Rahmen Wertpapiere zur Kasse verkauft und per Termin gekauft werden. Die Lieferverpflichtung aus dem Kassageschäft wird durch die im Rahmen eines Wertpapierleihgeschäfts geliehenen Wertpapiere erfüllt. Schließlich

[298] Zu unterscheiden sind börsenmäßig gehandelte Optionen und Devisenoptionen der Banken. Vgl. hierzu im einzelnen Fischer-Erlach, P.: Handel und Kursbildung..., a.a.O., S. 97 ff.

[299] Vgl. im einzelnen Fischer-Erlach, P.: Handel und Kursbildung..., a.a.O., S. 89 ff.

kann die Wertpapierleihe aus Sicht des Darlehensnehmers auch einer spekulativen Strategie dienen, wenn Wertpapiere leerverkauft werden (short sale), die Lieferverpflichtung wiederum durch ein Wertpapierleihgeschäft erfüllt wird und zum Zeitpunkt der Fälligkeit des Wertpapierleihgeschäfts eine Eindeckung am Kassamarkt erfolgt.

d) Vermittlung von Finanzierungsfazilitäten und sonstige Dienstleistungen

Vermittlungen von Finanzierungsfazilitäten durch Banken kommen im nationalen und internationalen Emissionsgeschäft, im Schuldscheindarlehensgeschäft, im Treuhandkreditgeschäft sowie im Beteiligungsvermittlungsgeschäft in Frage.

(1) Emissionsgeschäft

(a) Emissionsarten, Emissionskonsortien und Plazierung der Effekten

Im Effektenemissionsgeschäft treten Banken als Vermittler langfristiger Eigen- und/oder Fremdfinanzierungsfazilitäten für ihre Kunden auf.[300] Selbstemissionen kommen heute im wesentlichen nur im Bankensektor vor — z. B. die Emissionen von Hypothekenpfandbriefen und öffentlichen Pfandbriefen durch Realkreditinstitute und die Emission von eigenen Schuldverschreibungen der Geschäftsbanken —; Nichtbankunternehmen wenden sich demgegenüber zur Begebung und Plazierung von Effekten an eine oder mehrere Banken (Fremdemission), die sich zu einem Emissionskonsortium — auch „Syndikat" genannt — zusammenschließen.

Nach der Plazierungsart unterscheidet man heute *öffentliche Emissionen* und *Privatplazierungen*. Da mittels Privatplazierungen größere Emissionsabschnitte bei wenigen Großanlegern untergebracht werden sollen, erübrigt sich eine breite Syndizierung; vielmehr werden derartige Plazierungen nur von einer oder wenigen Banken vorgenommen. Dem Nachteil der geringeren Publizität steht der Vorteil niedriger Emissionskosten gegenüber, letzteres insbesondere auch deshalb, da aufgrund der geringen Streuung und der somit zu erwartenden niedrigen Sekundärmarktliquidität privatplazierter Effekten selten eine Börseneinführung vorgenommen wird.

Neben den in Deutschland fast bedeutungslosen Garantie- und Optionskonsortien sind als Grundformen für Emissionskonsortien das reine Übernahme- und das reine Begebungskonsortium zu nennen. Die Kombination aus diesen beiden Typen stellt die heute gebräuchlichste inländische Konsortiumvariante dar. Beim *kombinierten Übernahme- und Begebungskonsortium* stellen die Banken dem Emittenten aufgrund eines Übernahmevertrages sofort den gesamten Gegenwert der Emission zur Verfügung und plazieren anschließend die übernommenen Effekten sukzessive — bei Grundkapitalerhöhungen unter Beachtung des gesetzlichen Bezugsrechtes der Altaktionäre — im Publikum. Das Begebungs- oder Plazierungsrisiko geht somit vom Emittenten auf die Konsortialbanken über; dies impliziert, daß nicht abgesetzte Teile der Emission zur — unfreiwilligen —

[300] Vgl. zum folgenden u.a. Christians, F. W.: Emissionsgeschäft der Banken, in: HdF, hrsg. von H. E. Büschgen, Stuttgart 1976, Sp. 297–311.

Eigenanlage der Banken werden können. Dieses Verfahren hat somit für den Emittenten eine Reihe von Vorteilen: In der Vorbereitungsphase unterstützen und beraten die Banken den Emittenten hinsichtlich der Wahl des Emissionszeitpunktes sowie der Emissionsbedingungen; hierbei kommt es zustatten, daß den Konsortialbanken die saisonal und konjunkturell bedingte Lage auf den Finanzmärkten, die Anlagegewohnheiten des Publikums sowie spezifische Bedürfnisse des Emittenten besonders gut bekannt sind, so daß eine möglichst marktgerechte Abstimmung zwischen Kapitalangebot und -nachfrage unter quantitativen, qualitativen und zeitlichen Aspekten vorgenommen und das Emissionsrisiko verringert werden kann. In der Durchführungsphase profitiert der Emittent von der Kapitalkraft der Banken, d. h., infolge der Festübernahme fließen ihm sofort liquide Mittel zu; er braucht eine — erfolgreiche — Plazierung der Effekten, bei der sich die Banken ihres weitverzweigten Zweigstellennetzes bedienen, nicht abzuwarten. Auch stellen die Banken ihren Emissionskredit zur Verfügung, d. h., aus Sicht des Publikums trägt das standing der eingeschalteten Banken wesentlich zum Vertrauen in die Qualität der Effekten, ihrer ordnungsgemäßen Verwaltung und Kurspflege bei.[301]

Das wohl bekannteste Konsortium in Deutschland war bis zu seiner Auflösung 1997 das Bundesanleihekonsortium. Es wurde 1952 als Nachfolgeinstitution des Reichsanleihekonsortiums gebildet und stellte das größte Dauerkonsortium dar. Unter Führung der Deutschen Bundesbank hat dieses Konsortium Anleihen des Bundes und seiner Sondervermögen begeben. Mit der Einschaltung eines — aus möglichst vielen Banken zusammengesetzten — Bundesanleihekonsortiums beabsichtigte die Zentralnotenbank, eine breite Streuung der emittierten Anleihen im privaten Anlegerpublikum zu erreichen.

Seit 1998 ist das Bundesanleihekonsortium ersetzt durch eine sogenannte „Bietergruppe Bundesemissionen", der der überwiegende Teil der Mitglieder des ehemaligen Bundesanleihekonsortiums angehört. In diesem Rahmen werden unverzinsliche Schatzanweisungen, Bundesschatzanweisungen, Bundesobligationen sowie Bundesanleihen im Tenderverfahren versteigert, bei dem die zu emittierenden Wertpapiere nach Ausschreibung im Kreise der Bietergruppe an den Meistbietenden abgegeben werden. Um Aufnahme in die „Bietergruppe Bundesemissionen" können sich alle gebietsansässigen Kreditinstitute, Wertpapierhandelsunternehmen und Wertpapierhandelsbanken sowie inländische Niederlassungen ausländischer Institute mit LZB-Girokonto und Konto bei der Deutsche Börse Clearing AG bewerben, sofern sie eine ausreichende Plazierungskraft aufweisen. Können die Institute die erforderliche Plazierungskraft nicht mehr aufbringen, müssen sie aus der Bietergruppe ausscheiden, wobei eine Wiederaufnahme zu einem späteren Zeitpunkt möglich ist.

Bei der Plazierung von Schuldverschreibungen ist zu unterscheiden zwischen der Auflegung zur öffentlichen Zeichnung (Subskription) und dem freihändigen Verkauf: Die *Auflegung zur öffentlichen Zeichnung* wird gewählt, wenn die gesamte Emission binnen sehr kurzer Frist untergebracht werden soll. Die federführenden Banken versenden zunächst ausführliche Richtlinien an die Konsorten und veröffentlichen dann mit diesen gemeinsam in den Tages- und Wirtschaftszeitungen Zeichnungsprospekte, durch die das

[301] Vgl. auch Immenga, U.: Die Stellung der Emissionskonsortien in der Rechts- und Wirtschaftsordnung, Bielefeld 1981.

Publikum auf die Emission und die entsprechenden Emissionsbedingungen aufmerksam gemacht werden soll. Nach Ablauf der Zeichnungsfrist bzw. nach Zeichnung der gesamten Emission werden die Effekten — ggf. bei Überzeichnung repartiert — zugeteilt. Beim *freihändigen Verkauf* zieht sich der Verkauf über einen längeren Zeitraum hinweg. Er wird gewählt, wenn der Emittent die Mittel nicht zu einem bestimmten Termin braucht, sondern eher eine sukzessive Mittelaufbringung — wie typischerweise bei Pfandbriefen und Öffentliche Pfandbriefe der Fall — wünscht. Im Verkaufsangebot — ähnlich einem Zeichnungsprospekt — wird der entsprechende Titel zu einem bestimmten Kurs „freibleibend", d. h. unter Vorbehalt von Kursschwankungen, zum Verkauf gestellt. Bei der Plazierung von Aktien werden zunächst die Altaktionäre aufgefordert, das ihnen gemäß § 186 AktG zustehende Bezugsrecht — sofern nicht durch Dreiviertelmehrheit der Hauptversammlung ausgeschlossen — wahrzunehmen. Die Banken übernehmen dann im weiteren den über die Börse erfolgenden Handel von nicht von Altaktionären ausgeübten Bezugsrechten.

Von nationalen Aktienemissionen zu unterscheiden sind internationale Aktienemissionen, in deren Rahmen *„Euroaktien"* plaziert werden. Dies sind Aktien bekannter Gesellschaften, die an mehreren internationalen Börsen notiert werden und deren Primärmarkt nicht auf das Heimatland des Emittenten begrenzt ist. Der so verstandene Euro-Aktienmarkt hat eine vergleichsweise junge Tradition. Wenn auch einzelne Plazierungen schon seit längerer Zeit stattfinden, ist dieser Markt aber erst seit 1986 durch bemerkenswertere Volumina und spektakuläre Plazierungen nachhaltig in Erscheinung getreten.

Die Anforderungen an die konsortialführenden Arrangeure — investment banks und große europäische Universalbanken — sind größer und vielfältiger als bei nationalen Aktienemissionen. So gilt es, innerhalb kürzester Frist zur Gewährleistung einer optimalen Emission die Nachfrage der Banken und Anleger nach der neuen Aktie richtig zu prognostizieren, die Zuteilung für die verschiedenen Marktsegmente unter Beachtung länderspezifischer Besonderheiten zu optimieren und im Verteilungsprocedere flexibel zu agieren. Die entscheidenden Kriterien für die Qualität einer Aktienemissionsbank sind ein untadeliges standing aufgrund erfolgreich abgewickelter Transaktionen in der Vergangenheit — da den eingeladenen Banken kaum Zeit für Prüfungen der Emissionskonditionen bleibt — und eine hohe eigene Plazierungskraft, was in diesem Markt gleichzusetzen ist mit weltweit guten Verbindungen zu institutionellen Anlegern. Neben diesen intensiv zu pflegenden Kontakten — „relationship banking" — muß die Konsortialbank zur Ermöglichung einer Veräußerung der erworbenen Stücke imstande sein, für einen liquiden Sekundärhandel der Aktie zu sorgen.

Internationale Aktienplazierungen können bereits bei geringsten Fehlern des Konsortialführers scheitern: Neben einer falschen Einschätzung des Interesses der internationalen Anleger oder einer unflexiblen Zuteilungspraxis stellt insbesondere das richtige „pricing" der Emission das Kardinalproblem dar. Ist der Verkaufspreis zu niedrig gewählt, kommt es zu einem „flow-back" der Stücke an die Heimatbörsen, da die garantierenden Banken so einen höheren Gewinn als bei einer Weiterplazierung an Daueranleger erzielen. Ein zu hoch angesetzter Verkaufskurs läßt die neuen Aktien tendenziell unplazierbar werden, so daß die beteiligten Banken auf ihren übernommenen Quoten „sitzenbleiben". Um die Wahrscheinlichkeit eines mispricing zu verhindern, wird mittlerweile auch bei Aktienemissionen in Deutschland neben dem Festpreisverfahren — wie im angelsächsischen Raum — das Bookbuilding-Verfahren zum Einsatz gebracht, um eine marktgerechtere Preisfindung zu ermöglichen. Während beim Festpreisverfahren der Emissionspreis zwischen dem Emittenten und dem Emissionskonsortium ausgehandelt wird und somit von der Verhandlungsposition bzw. -stärke der Vertragspartner mitbestimmt wird, gehen beim bookbuilding auch die Einschätzungen der Anleger in die Preisfindung ein. In der Pre-marketing-Phase des bookbuilding werden institutionelle Anleger von den Konsortialbanken über die Emission informiert und zu ihren — fundamentalanalytisch ermittelten — Preisvorstellungen befragt, auf deren Grundlage eine Preisspanne festgelegt wird. Im Anschluß daran leiten die Anleger Gebote mit dem von ihnen gewünschten Anlagevolumen sowie einem Preislimit an die Konsortialbanken, die zusammen mit dem Emittenten — und in Abhängigkeit von der durch die Gebote der Anleger bestimmten Marktlage — entscheiden, zu welchem Kurs die Emission begeben wird. Dabei wird neben dem Emissionserlös auch die angestrebten Aktionärsstruktur in die Überlegungen mit einbezogen.

Grundsätzlich ist für die Emission aller Effektenarten durch internationale Bankenkonsortien die Anwendung eines Emissionsverfahrens charakteristisch, das angelsächsischem Muster folgt und von dem in Deutschland sowie von den in anderen kontinentaleuropäischen Ländern bekannten Muster abweicht. Zwar dominiert auch hier die Fremdemission, jedoch ist das in Deutschland typische kombinierte Übernahme- und Begebungskonsortium nicht gebräuchlich, da die — diesen Markt beherrschenden — japanischen und amerikanischen investment banks und Wertpapierhandelshäuser meist nicht über ein Absatzsystem von der Leistungsfähigkeit kontinentaleuropäischer Universalbanken verfügen. Daher dominiert am Euro-Emissionsmarkt traditionell das *„firm-commitment underwriting"* mit dreistufigem Aufbau:[302] Neben einer Führungsgruppe, die aus dem Konsortialführer und einem oder mehreren co-managers bestehen kann, wird in Form des underwriting ein Garantiekonsortium aus weiteren Banken gebildet, von dem dann wiederum andere Institute als Mitglieder einer Verkaufsgruppe — der „selling group" — eingeladen werden. Das typische Prinzip dieser Konsortialtechnik liegt in der Trennung der Funktionen Absatzrisikoübernahme und Distribution.

In einem „underwriting agreement" mit dem Emittenten einer Anleihe erklärt die Konsortialführung die Festübernahme der Emission und verpflichtet sich zur Zahlung des Anleihebetrages, der dem festgelegten Emissionskurs abzüglich einer Bankenkommission entspricht („Primär-underwriting"). Zur Streuung des Absatzrisikos werden als underwriters Banken mit bekanntem Plazierungspotential in das Konsortium eingeladen, die jeweils die Übernahme einer bestimmten Quote des Anleihevolumens für den Fall nicht vollständiger Endplazierung garantieren („Sekundär-underwriting"). Durch ein „agreement among underwriters" werden die quotalen Anteile am Gesamtvolumen festgeschrieben und die Unterbringung der Emission vorbereitet.

Zur eigentlichen Plazierung im Publikum bedient man sich der Mitglieder der selling group, der neben Banken mit einem leistungsfähigen Absatzsystem auch spezialisierte

---

302 Vgl. u.a. Büschgen, H. E.: Finanzierung am..., a.a.O., S. 49 f.

Wertpapierhandelshäuser angehören können. Die selling banks teilen der lead bank den gewünschten Betrag mit, den sie bei ihren Anlegern oder gegebenenfalls bei Zwischenhändlern plazieren wollen, um mit Hilfe dieser Informationen der Führungsbank eine Überprüfung und eventuelle Korrektur der Emissionskonditionen sowie die endgültige Quotenzuteilung zu ermöglichen. Aus ökonomischer Sicht kann eine Bank durchaus beide — rechtlich getrennte — Funktionen als underwriter und seller ausüben.

Bemerkenswert erscheint, daß es auch im internationalen Bankgeschäft Konsortien besonderer „Güteklasse" gibt, deren Mitgliedschaft von den Banken als besonderes Privileg angesehen wird. Zu nennen sind hier z. B. die Emissionskonsortien für supranationale Institutionen wie die Weltbank. In neuerer Zeit werden auch vermehrt Emissionskonsortien für die Plazierung von Titeln an Offshore-Plätzen domizilierender Finanzierungsgesellschaften, internationaler Banken oder Unternehmen gebildet. Derartige Emissionen stehen unter der uneingeschränkten Garantie der Muttergesellschaft des Emittenten. Die Qualität und die Erfahrung einer Konsortialbank zeigen sich in der Marktnähe ihrer Konditionen für emissionswillige Kunden. Hierzu bedarf es neben profunder Kenntnisse der Märkte der schnellen Entscheidungsfindung, da sich die Bedingungen der Geld- und Kapitalmärkte oft in sehr kurzer Frist nachhaltig verändern können.

Die Struktur eines internationalen Bankenkonsortiums ist auch abhängig von der vorgesehenen Plazierungsart. So muß im internationalen Emissionsgeschäft auch — wie im nationalen Bereich — zwischen *Privatplazierungen* („private placements") und *öffentlich aufgelegten Emissionen* („public placements") unterschieden werden: Im Gegensatz zur öffentlichen Plazierung wird bei einer Privatplazierung häufig auf underwriters und selling banks verzichtet. Teilweise werden jedoch auch Konsortien, die zwar keine underwriting, aber eine selling group aufweisen, bereits als Privatplazierung bezeichnet. Identisch garantieren die wenigen Banken der management group in beiden Fällen die Übernahme des gesamten Anleihe- oder Aktienbetrags, den sie — ohne öffentliche Ankündigung — bei wenigen ausgewählten, meist institutionellen Anlegern plazieren. Angesichts der begrenzten Zahl involvierter Banken wird diese Konsortialmethodik — in Analogie zum Konsortialkredit — auch als „club deal" bezeichnet.

Eine Analyse des Ertrages von Konsortialgeschäften für die Banken muß insbesondere auf die Provisionsertragsmöglichkeiten für die Konsortialbanken abstellen. Allgemein läßt sich bei allen Konsortialgeschäften eine Grundstruktur von drei Provisionsformen ableiten: eine Vergütung für die Risikoübernahme durch die Konsortialbanken pro rata — gemeinhin „Konsortialnutzen" oder „participation fee" bzw. „underwriting fee" genannt —, eine Gebühr für die Verkaufsleistung — „Schalterprovision" bzw. „selling commission" — sowie schließlich die Provision für die Konsortialführung — „Führungsprovision" bzw. „management fee" —; weitere Provisionsarten sind denkbar und je nach Einzelfall üblich.

Sind die erzielbaren Provisionen, die in der GuV-Rechnung in starkem Maße an die Stelle der Zinserträge getreten sind, für die einzelne Bank durchaus lukrativ, wenn auch wettbewerbsbedingt inzwischen stark erodiert — lukrativ insbesondere, wenn sie in den Vorzug der Führungsprovision kommt —, so bleibt doch auch festzuhalten, daß der

Aufwand, der zunehmend für den Aufbau einer konkurrenzfähigen Konsortialabteilung erforderlich ist, nicht unbeträchtlich ist und zudem in der Anlaufphase kaum durch zulängliche Erträge kompensiert wird. Marktstrukturelle Untersuchungen der letzten Jahre zeigen außerdem, daß kleinere Banken praktisch keine autonome Preispolitik betreiben können, sondern sich bei ihrer Konditionengestaltung an der Preisführerschaft einiger weniger internationaler Großbanken orientieren. Innerhalb dieses heute zu konstatierenden Oligopols der marktbeherrschenden Konsortialbanken ist jedoch eine erhebliche Wettbewerbsintensität um Führungsmandate gegeben, die durch hohe Markttransparenz und verhandlungsstarke Emittenten eine zusätzliche Belebung erfährt.

Neben quantitativ meßbaren Ertragsaspekten kann dem Konsortialnutzen auch eine — nicht minder wichtige — immaterielle Komponente zuerkannt werden, wenn man an den akquisitionsförderlichen Image- und Standing-Gewinn denkt, den die Teilnahme oder gar die Führung eines Konsortiums für eine Bank erbringt. Dieser Effekt schlägt sich nieder im sog. Emissionskredit, der das Vertrauen potentieller Kunden in eine Bank aufgrund erfolgreich abgewickelter Transaktionen in der Vergangenheit widerspiegelt. So lassen sich sowohl Emittenten als auch Kapitalanleger bei ihren Finanzierungs- bzw. Anlageüberlegungen stark von dem standing der in Betracht kommenden Banken leiten, da ein hoher Emissionskredit am ehesten ein Garant für eine erfolgreiche Kapitalaufnahme bzw. -anlage ist, insbesondere auch aufgrund der durch die Internationalisierung der Märkte verstärkten Anonymität der beteiligten Adressen für potentielle Anleger.[303]

(b) Börseneinführung und Kurspflege

Für den Handel und die amtliche Notierung von Wertpapieren an der deutschen Börse ist die Beantragung eines Börsenzulassungsverfahrens Voraussetzung. Der Antrag auf Zulassung muß bei der Zulassungsstelle der Börse schriftlich von mindestens einer Bank oder einem Finanzdienstleistungsinstitut gestellt werden, die an der entsprechenden Börse vertreten sind. Die Aufgaben der Zulassungsstelle umfassen:

- Prüfung der Urkunden, die Grundlage für die einzuführenden Wertpapiere sind;
- Prüfung der Zulassungsunterlagen auf Vollständigkeit, damit die Anleger über alle zur Beurteilung der Wertpapiere notwendigen tatsächlichen und rechtlichen Verhältnisse soweit wie möglich informiert werden; bei Unvollständigkeit der Angaben ist dem Antrag auf Zulassung nicht stattzugeben;
- Ablehnung des Zulassungsantrages für solche Wertpapiere, die allgemeine Interessen schädigen oder zur Übervorteilung der Anleger führen;
- Veröffentlichung der Antragsstellung im Bundesanzeiger, mindestens einem Pflichtblatt der Börse sowie im „Amtlichen Kursblatt", in dem auch der Zulassungsbeschluß veröffentlicht wird.

303 Vgl. Reimnitz, J.: Neuere Entwicklungen im internationalen Emissions- und Konsortialgeschäft, in: Kapitalmarktanalyse, hrsg. von B. Rudolph, Frankfurt a. M. 1987, S. 11–27; Rudolph, B.: Funktionen und Konditionen der Kreditinstitute im Emissionsgeschäft, in: WiSt, 10. Jg. (1981), H. 2, S. 60–64; Scholze, H.: Das Konsortialgeschäft der deutschen Banken, 1. Halbband, Berlin 1973.

Zu den dem Zulassungsantrag nach dem Börsengesetz beizufügenden Unterlagen gehört u.a. der Entwurf eines Börsenzulassungsprospektes, der alle notwendigen Angaben für die Beurteilung des einzuführenden Papiers und der emittierenden Unternehmung enthalten muß. Hierzu zählen u.a. Nennbetrag und Ausstattung des zuzulassenden Wertpapiers, der für den Erlös der Emission vorgesehene Verwendungszweck, Geschäftsergebnisse der letzten fünf Jahre sowie Angaben über Geschäftsentwicklung und voraussichtliches Geschäftsergebnis.

Mit der Veröffentlichung des Börseneinführungsprospektes ist die Prospekthaftung von Emittent und Konsortialbanken verbunden, d. h., diejenigen, deren Namen unter dem Prospekt erscheinen, haften gemäß der §§ 45 ff. BörsG als Gesamtschuldner für Schäden, die Anlegern aufgrund von im Prospekt absichtlich oder fahrlässig unrichtig erteilten Angaben entstehen. Die amtliche Notierung wird i.d.R. innerhalb von drei Monaten nach Veröffentlichung des Prospektes aufgenommen. Die Zulassung von Wertpapieren zum amtlichen Börsenhandel ist mit zahlreichen Kosten und Gebühren verbunden. So fallen als einmalige Kosten die Zulassungsgebühr, die Kosten der Veröffentlichung des Zulassungsantrages und des Prospektes, die Druckkosten für den Prospekt und die an die Banken zu zahlende Börseneinführungsprovision an. Hinzu kommen laufende Kosten für die Veröffentlichung der Jahresabschlüsse, der Einladung zur Hauptversammlung und der Dividendenbekanntmachung.

Die Entscheidung über die Zulassung eines Wertpapiers zum Geregelten Markt[304] erfolgt durch den Zulassungsausschuß. Für die Zulassungsverfahren gelten in formeller Hinsicht die Vorschriften für die Amtliche Notierung sinngemäß, so daß in dieser Hinsicht zwischen beiden Marktsegmenten keine Unterschiede existieren. Die Dauer des Verfahrens entspricht der des Amtlichen Marktes; in der Regel liegt bei Aktien zwischen dem Eingang des Zulassungsantrages und dem Zulassungsbeschluß ein Zeitraum von ca. drei bis vier Wochen. Im Geregelten wie im Amtlichen Markt kann eine Zulassung nicht vom Emittenten alleine beantragt werden. Eine Ausnahmeregelung besteht allerdings für solche Banken, die an einer inländischen Börse mit dem Recht zur Teilnahme am Handel zugelassen sind, da sie den Zulassungsantrag ohne Mitwirkung einer anderen Bank bzw. eines Finanzdienstleistungsinstituts stellen können.

Neben den öffentlich-rechtlich fundierten Börsensegmenten *Amtlicher Handel* und *Geregelter Markt* existiert seit 1997 das von der Deutsche Börse AG auf privatrechtlicher Basis errichtete Börsensegment *Neuer Markt*. Die Zulassungsbedingungen dieses speziell für kleine und mittlere, innovative Unternehmen errichteten Börsensegments stellen besondere Anforderungen an die Emittenten, die die Transparenz und die Liquidität des Marktes sicherstellen sollen. Voraussetzung für die Zulassung zum Neuen Markt, über die der Vorstand der Deutsche Börse AG entscheidet, ist die vorherige Zulassung zum Geregelten Markt, wobei der Zulassungsantrag für beide Börsensegmente gleichzeitg gestellt werden kann. Der Antrag auf Zulassung kann ausschließich zusammen mit einem Kreditinstitut gestellt werden. In diesem Rahmen muß ein Betreuer benannt werden, dessen Funktion nach erfolgter Emission häufig von dem emissionsbegleitenden Kreditinstitut ausgefüllt wird. Der Betreuer hat im Rahmen des Börsenhandels die Auf-

[304] Siehe hierzu in diesem Teil Drittes Kapitel Abschnitt C. III. 1. b).

gabe, auf Anfrage des Skontroführers verbindliche Geld-/Brief-Limite zu stellen und sorgt so als market maker für zusätzliche Liquidität im Sekundärmarkt. Auch der Mindestkurswert der zuzulassenden Aktien von 10 Millionen DM und ein Mindeststreubesitz von 15 % vom Gesamtnennbetrag sollen eine ausreichende Liquidität sicherstellen. Während für die Zulassung zum Geregelten Markt lediglich ein Unternehmensbericht zu veröffentlichten ist, sieht das Regelwerk des Neuen Markts die Veröffentlichung eines Emissionsprospektes vor, der u. a. allgemeine Angaben zum Emittenten, Angaben zur Geschäftstätigkeit, Vermögens-, Finanz- und Ertragslage, zum aktuellen Geschäftsgang und zu den Geschäftsaussichten des Emittenten sowie zu möglichen Risikofaktoren enthalten muß. Auch nach erfolgter Emission werden an die Emittenten vergleichsweise hohe Publizitätsanforderungen gestellt, die sich in Quartalsberichten und in der Pflicht zur Erstellung des Jahresabschlusses nach den International Accounting Standards (IAS) oder den US-amerikanischen Rechnungslegungsvorschriften (US-GAAP) widerspiegeln.

Um eine reibungslose Plazierung zu gewährleisten sowie Enttäuschungen der Kapitalanleger und damit auch einen Verlust an Emissionsstanding zu vermeiden, greifen Banken im Rahmen ihrer Kurspflege meist stabilisierend und regulierend in den Markt ein, ohne damit aber Kursschwankungen zu unterbinden. Zu diesem Zweck können auch spezielle Kursstützungs-, Kursregulierungs- oder Interventionskonsortien gebildet werden, die solange kaufend bzw. verkaufend agieren, bis sich ein selbsttragender Markt etabliert hat und die Emission als endgültig erfolgreich abgeschlossen betrachtet werden kann. In aller Regel übernimmt aber der Konsortialführer einer Emission diese Aufgabe.

(c) Das Effektengeschäft ergänzende Dienstleistungen

Die *Anleihetreuhänderschaft* beinhaltet die vertragliche Wahrnehmung der Interessen der Gläubiger einer Anleihe durch eine Bank, meist die Emissionsbank. In Deutschland wird bei durch Hypotheken gesicherten Obligationen meist eine Bank für die Gläubiger als Grundbuchvertreter bestellt und eingetragen. Diese ist dann auch Gläubigervertreter i.S.d. Gesetzes betreffend die gemeinsamen Rechte der Besitzer von Schuldverschreibungen. In dieser Funktion nimmt die Treuhänderbank — gegen Entrichtung einer Treuhändergebühr — für die Vielzahl der Anleihegläubiger gemeinsam die Wahrung und Überwachung aller ihrer schuldrechtlichen Ansprüche gegenüber den Emittenten wahr.

Das *Zahlstellengeschäft* umfaßt die Einlösung fälliger Zins- und Dividendenscheine im Auftrag des Emittenten der betreffenden Effekten durch eine oder — meist — mehrere Banken, wofür diese eine Zahlstellenprovision erheben. Ferner wickelt die Bank auch die Einlösung fälliger, ausgeloster oder gekündigter Wertpapiere ab. Für den Wertpapieremittenten spielen bei der Übertragung dieser Funktionen auf darauf spezialisierte Institute nicht nur betriebswirtschaftliche Überlegungen eine Rolle; vielmehr ist jeder Wertpapieremittent, dessen Effekten börsenmäßig gehandelt werden, verpflichtet, an den Börsenplätzen mindestens eine Zahlstelle bekanntzugeben.

(2) Schuldscheindarlehen

Bei einem Schuldscheindarlehen (Industriedarlehen) handelt es sich um ein Großdarlehen mit einer Laufzeit bis zu 15 Jahren und anleiheähnlicher Ausstattung. Dabei ist im wörtlichen Sinne unter Schuldscheindarlehen eine darlehensweise Überlassung von Geld in der Weise zu verstehen, daß bei Darlehensaufnahme vom Darlehensnehmer der Erhalt des Geldes in Form eines Schuldscheins bestätigt wird. Der Schuldschein hat damit den Charakter eines Beweismittels; er ist kein Wertpapier. Dies hat zur Folge, daß — im Gegensatz zur Inhaberschuldverschreibung — die Rückforderung der Darlehensschuld, die nicht durch die Schuldscheinausstellung, sondern durch die Auszahlung der Darlehenssumme begründet wird, auch ohne den Besitz bzw. Vorlage des Schuldscheins durch den Gläubiger erfolgen kann. Durch den Schuldschein wird ausschließlich die Beweislast umgekehrt: Gewöhnlich hat der Gläubiger die Beweislast für den Bestand und die Höhe der Forderung; durch den Schuldschein wird die Beweislast auf den Schuldner übertragen. Des weiteren erfolgt bei Schuldscheindarlehen die Übertragung der Rechte mittels Zession, die meist auch an die Zustimmung des Schuldners gebunden ist; dagegen werden bei als Inhaberpapiere ausgestalteten Industrieanleihen die Rechte mittels Einigung und Übergabe der Papiere übertragen. Da keine explizite Ausstellungspflicht eines Schuldscheins bei Schuldscheindarlehen besteht, werden in der Regel nur Darlehensverträge abgeschlossen. In der Praxis werden heute Kredite unter dem Begriff Schuldscheindarlehen von Kapitalsammelstellen (Versicherungen, Sozialversicherungsträgern, selten Banken) an Großunternehmen und öffentliche Stellen sowie Kreditinstitute mit Sonderaufgaben gewährt. Banken treten in diesem Bereich in der Regel als Vermittler auf.

Die Rolle der Banken als Vermittler im Schuldscheindarlehensgeschäft ist dadurch stark gestiegen, daß Schuldscheindarlehen oft als Konsortialkredite vergeben werden. Die Aufgabe der Banken besteht darin, Anlagewünsche der Kapitalsammelstellen und Kreditbedürfnisse der kapitalsuchenden Unternehmen zeitlich und volumenmäßig abzustimmen. Bei der Plazierungstechnik wird zwischen direkter und indirekter Plazierung unterschieden. Bei der *direkten Plazierung* eines Schuldscheindarlehens erfolgt ein Vertragsabschluß direkt zwischen Kapitalgeber und Darlehensnehmer; der Finanzmakler (Bank) übernimmt dabei die Aufgaben der Bonitätsprüfung des potentiellen Darlehensnehmers, die Festlegung der Darlehenskonditionen in Zusammenarbeit mit dem Darlehensnehmer sowie bei konsortialer Schuldscheindarlehensgewährung die Zusammenstellung des Konsortiums, indem er Offerten zur Zeichnung von Darlehensteilbeträgen an anlagesuchende Kapitalsammelstellen richtet. Bei der *indirekten Plazierung* reicht dagegen zunächst die vermittelnde Bank das Darlehen für eigene Rechnung und in eigenem Namen aus, und versucht anschließend, Teilbeträge des Darlehens bei anderen Kapitalsammelstellen zu plazieren. Die als Intermediär fungierende Bank übernimmt dabei sowohl das Kreditausfallrisiko, wie auch das Risiko einer nicht vollständigen Plazierung des Darlehens.

Von einer *kongruenten Refinanzierung* bzw. einer *laufzeitkonformen Plazierung* ist dann auszugehen, wenn von den Kapitalsammelstellen das Schuldscheindarlehen für die gesamten Laufzeit ausgereicht wird. *Inkongruent refinanzierte* bzw. *laufzeitinkonform plazierte Schuldscheindarlehen*, die auf der Basis der indirekten Plazierung begeben werden, sind selten und treten heute praktisch nur noch im Rahmen des Pensionsgeschäfts der Banken auf. Dabei werden einzelne Teilforderungen des von der Bank gewährten Schuldscheindarlehens an verschiedene Kapitalgeber mit der Maßgabe zediert, daß nach Ablauf einer vereinbarten Frist auf Verlangen der Geldgeber die betreffenden Teilforderungen zurückerworben werden. Da die In-Pensiongabe der Teilforderungen bezüglich ihrer Fristen von der Frist des originären Schuldscheindarlehens abweicht, trägt die Bank das aus der Fristentransformation resultierende Anschlußrisiko.

Da überwiegend Versicherungen als Darlehensgeber von Schuldscheindarlehen auftreten, sind an die Besicherung von Schuldscheindarlehen besondere Anforderungen gestellt. Insbesondere die Deckungsstockfähigkeit der Schuldscheindarlehen — Deckungsstock ist das Sondervermögen einer Versicherung zur Deckung zukünftiger Verpflichtungen aus dem Versicherungsgeschäft — erfordert eine spezifische Regelung der Besicherung. Schuldscheindarlehen sind daher in der Regel durch erststellige Grundpfandrechte oder durch Verpflichtungserklärungen des Darlehensnehmers gegenüber dem Darlehensgeber (Negativerklärung) gesichert, wobei insbesondere bei Negativerklärungen gegenüber Versicherungen besondere Regelungen hinsichtlich der Deckungsstockfähigkeit zu beachten sind.

Aus den Anforderungen der Deckungsstockfähigkeit ist auch die maximale Laufzeit der Schuldscheindarlehen mit 15 Jahren ableitbar, da vom Bundesaufsichtsamt für das Versicherungswesen (BAV) länger laufenden Schuldscheindarlehen die Anerkennung für den Deckungsstock verwehrt wird. Die Ausgestaltung der Tilgungsbedingungen ist durch die individuelle Gestaltbarkeit der Darlehensverträge weitgehend frei, jedoch haben sich Vereinbarungen mit regelmäßigen, planmäßigen Tilgungsbeträgen sowie Gewährung von tilgungsfreien Jahren zu Beginn der Laufzeit durchgesetzt.

Banken können neben ihrer Rolle als Vermittler oder Intermediär im Rahmen indirekter Plazierung auch selber als Schuldner von Schuldscheindarlehen zur Refinanzierung ihrer Aktiva auftreten. In diesem Falle wird von einem passiven Schuldscheindarlehensgeschäft der Banken gesprochen.

(3) Treuhandkredite und Durchleitung von Geldern aus staatlichen Förderungsprogrammen

Beim Treuhandkreditgeschäft leiten Banken als Treuhänder die Kredite eines dritten Kapitalgebers (Treugeber) an einen bestimmten Kapitalnehmer weiter, tragen also selbst kein Kreditrisiko, sondern sind lediglich für die ordnungsgemäße Verwaltung der Kredite, ihre Vermittlung und Abwicklung zuständig. Dies kommt auch in der Bilanz zum Ausdruck, in der Treuhandkredite sowohl auf der Aktiv- als auch auf der Passivseite in gleicher Höhe aufgeführt werden („Durchlaufende Kredite").

Als Treuhandkredite werden überwiegend öffentliche Gelder weitergeleitet, mit denen der Staat bestimmte Personenkreise, Wirtschaftszweige oder Regionen fördern will. Oftmals werden die Mittel des Treugebers — z. B. Bund bzw. Lastenausgleichsamt, ERP-Sondervermögen — über ein zentrales öffentlich-rechtliches Bankinstitut — z. B. Kreditanstalt für Wiederaufbau, Deutsche Ausgleichsbank — und von dort zum eigentlichen Treuhänder — der Hausbank des Begünstigten — geleitet. Aufgrund der staatlichen Subventionen sind die Zinskonditionen für diese Mittel — verglichen mit denen des allgemeinen Kapitalmarktes — für den Kreditnehmer relativ günstig. I.d.R. werden die Kredite in Raten über die Laufzeit zurückgeführt, außerplanmäßige Rückzahlungen sind jedoch möglich.

(4) Vermittlung von Unternehmen und Beteiligungen

Vormals überwiegend ein Aufgabengebiet von Finanzmaklern, haben seit wenigen Jahren die Banken ihre Dienste für Firmenkunden im Bereich der Beteiligungsvermittlung[305] zum Komplex „mergers and acquisitions" ausgeweitet. Mergers and acquisitions umfaßt — der deutschen Übersetzung entsprechend — sowohl Aktivitäten im Bereich Fusion (mergers) als auch Erwerb (acquisitions) von Unternehmen. Die Bankleistung M & A ist Teil des „financial engineering", d. h. des Angebotes spezifischer betriebswirtschaftlicher Beratungsleistungen der Bank, und beinhaltet alle Leistungen, die zu strategischen unternehmerischen Vorhaben mit finanzieller und gesellschaftsrechtlicher Verflechtung führen.[306] Dazu zählen neben dem Kauf und Verkauf von Unternehmen die Vermittlung von Beteiligungen, Gemeinschaftsgründungen, Kooperationen und Fusionen.

Im Rahmen des M&A-Geschäfts haben sich in den achtziger Jahren insbesondere LBO- und MBO-Finanzierungen als besondere Leistungsarten herausgebildet.[307] Bei Leveraged-buy-out-Geschäften (LBO) handelt es sich um die Finanzierung eines Unternehmenskaufs durch einen oder mehrere Investoren, bei dem der Erwerb der Unternehmung ganz oder überwiegend durch Fremdkapital finanziert wird. Die Tilgung des Fremdkapitals sowie die Zinszahlungen erfolgen aus den Erträgen des erworbenen Unternehmens. Kernelement einer LBO-Finanzierung ist die Übertragung und Ausnutzung des Leverage-Effektes bei fremdfinanzierten Investitionen auf ein ganzes Unternehmen. Die Besicherung erfolgt durch den cash-flow des zu erwerbenden Unternehmens sowie durch dessen Aktiva und nicht bzw. nur nachrangig durch die Bonität der Erwerber.

Während bei LBO's die Finanzierungstechnik charakteristisches Merkmal ist, sind bei management buy outs (MBO's) die Initiatoren leistungscharakterisierendes Merkmal. Bei einem MBO erwirbt mindestens eine Führungskraft aus dem zu erwerbenden Unternehmen zumindest eine maßgebliche Beteiligung oder maßgebliche Stimmrechte. Die Führungskraft intendiert damit die Übernahme unternehmerischer Eigenständigkeit durch Übernahme der sie beschäftigenden Unternehmung. Bei der Gestaltung der Finanzierung der Übernahme finden i.d.R. die Finanzierungstechniken Anwendung, die auf dem Leverage-Effekt aufbauen. Eine Sonderform des management buy out ist dann ge-

---

305 Vgl. bereits Juncker, K.: Die Vermittlung von Kapitalbeteiligungen – eine komplementäre Bankdienstleistung, in: Die Kapitalbeteiligungsgesellschaften in Theorie und Praxis, hrsg. von Klaus Juncker und Klaus Schlegelmilch, Frankfurt a. M. 1976, S. 93–102.

306 Vgl. Dahm, H.: »Mergers and Acquisitions« über die Grenzen hinweg, in: BZ v. 12.10.1985, S. 12 f.

307 Vgl. hierzu und zum folgenden Luippold, T. L.: Management Buy-Outs, Bern-Stuttgart 1991, insbesondere S. 7–17.

geben, wenn sich der überwiegende Teil der Belegschaft an der Übernahme der Unternehmung beteiligt, es wird dann von einem employee buy out (EBO) gesprochen.

Wollen Führungskräfte von außen eine Unternehmung ganz oder teilweise übernehmen, handelt es sich bei der Art der Übernahme um einen management buy in (MBI), der meist hinsichtlich der Finanzierungstechnik analog zu gestalten ist wie bei einem leveraged buy out. Im Rahmen des M&A-Geschäfts werden zudem sogenannte spin offs beratend und finanzierend begleitet. Bei einem spin off handelt es sich um eine Abspaltung oder Verselbständigung von Teilen einer Unternehmung, wobei i.d.R. hochspezialisierte Fachkräfte diese Abspaltung betreiben und als Eigentümerunternehmer die Unternehmung übernehmen.

Sowohl bei MBO, beim MBI wie auch bei spin offs spielen andere Gründe als beim LBO für den Übernahmewillen die entscheidende Rolle. Beim MBO, beim MBI und beim spin off sind meist die Sachaufgabe der Unternehmung und das Interesse des Managements, diese auszubauen, der Grund für das Finanzierungsbegehren. Beim LBO sind dagegen finanzwirtschaftliche Gründe fast ausschließlich der Grund für die Übernahmeentscheidung. Die Käufer sind i.d.R. davon überzeugt, daß die Aktiva der zu übernehmenden Unternehmung beim isolierten Verkauf einen Mehrerlös erbringen, der über den Finanzierungskosten liegt. Durch derartige Zerschlagungen von Unternehmen infolge einer LBO-Finanzierung ist diese Finanzierungsart in den ausgehenden achtziger Jahren trotz ihrer innovativen und progressiven Art in die Kritik geraten.

Die länderübergreifende Ausrichtung des Mergers-and-acquisitions-Geschäfts stellt die deutschen Banken zudem besonders in Konkurrenz zu den amerikanischen investment banks, die bereits über eine lange Tradition und ein großes Maß an Erfahrung in diesem Geschäftszweig verfügen. Während aber in den USA besonders die Vermittlung von „mega-deals" das breite Interesse der Öffentlichkeit findet, ist man in Deutschland eher auf Diskretion bei der Abwicklung von Unternehmenstransaktionen bedacht.

Als Hemmnis für Großfusionen werden für Deutschland — neben Beschränkungen durch das Gesetz gegen Wettbewerbeschränkungen — zudem die ohnehin hohe Verflechtung in der deutschen Wirtschaft und die relativ geringe Zahl börsennotierter Aktiengesellschaften, die aufgrund ihrer Größe und des ausstehenden Streubesitzes in Frage kommen, genannt. Dies erklärt, warum auf dem deutschen Markt besonders in der mittelständischen Firmenkundschaft ein Potential für diese Bankleistung gesehen wird.[308] So können Banken die Entwicklung der kleinen und mittleren Firmenkundschaft durch ihre Erfahrungen und Kontakte mitsteuern, um über die ursprüngliche Finanzierungsleistung hinaus einen Unternehmens- und Beteiligungshandel zu fördern, der eine Grundlage für die spätere Vergabe weiterer Finanzierungsmittel sein kann. Gerade von dieser Kundengruppe, der der Zugang zu den organisierten Kapitalmärkten verschlossen ist, wird die Beteiligungsvermittlung als Instrument externer Eigenfinanzierung geschätzt. Zunehmende Bedeutung erlangen diese Aktivitäten der Banken jedoch nicht nur im

[308] Vgl. Christians, F. W.: Erfolgreiche Tradition der Universalbank, in: HB, Nr. 75 v. 16.4.1987, S. S1.

Rahmen der Innovationsfinanzierung, sondern auch im Rahmen der Sanierungshilfe durch Banken.[309]

e) Exkurs: Sanierungskredite, Sanierungsbeteiligungen und begleitende Aktivitäten

In Verbindung mit drohenden oder eingetretenen Insolvenzen treten Banken, i.d.R. die Hausbanken, häufig als Sanierungshelfer gefährdeter Unternehmen in Erscheinung, wobei es ihr primäres Ziel ist, bestehende Kreditengagements zu retten bzw. Ausfälle zu begrenzen.[310]

Im Vorfeld etwaiger Sanierungshilfen muß im Rahmen von Sanierungsfähigkeits- und Sanierungswürdigkeitsprüfungen geklärt werden, ob und wie gefährdete Unternehmen zu retten sind. Für Banken stellt sich die Frage, welche Leistungen sie im Rahmen von Unternehmenssanierungen erbringen können. Die Überlegungen erstrecken sich vor allem auf finanzwirtschaftliche Hilfestellungen, da Eingriffe in die Geschäftsführung und leistungswirtschaftliche Maßnahmen regelmäßig meist wegen haftungsrechtlicher und personalbedingter Aspekte abgelehnt werden. Hierbei umfassen bankbetriebliche Sanierungshilfen in erster Linie die Vergabe direkter und indirekter Sanierungskredite (Fremdkapitalhilfen) und, wie die Vergangenheit gezeigt hat, auch die Übernahme von Gesellschaftsanteilen (Eigenkapitalhilfen).

Im Rahmen bestehender Kreditengagements ist zu prüfen, inwieweit bestehende oder zugesagte Kredite bzw. Kreditlinien aufrechterhalten oder sogar erweitert werden sollen. Oft bedingt dies Modifikationen der Kreditqualität, da beispielsweise zweifelhafte Kreditsicherheiten akzeptiert oder Rangrücktritte vereinbart werden. Gerade zur Beseitigung regelmäßig auftretender Liquiditätsengpässe und zur Durchführung etwaiger Vergleichs- oder sogar auch Konkursverfahren kann die Neugewährung von Sanierungskrediten erwogen werden, die in haftungsrechtlicher Sicht als sehr problematisch zu beurteilen sind. Überschuldungstatbestände lassen sich letztlich nur durch Reduzierung bestehender Verbindlichkeiten bzw. durch Verbesserung der Eigenkapitalbasis beseitigen. Während ersterem Forderungsverzichte dienen, die sich z. B. auf den Bestand der (Teil-) Forderung selbst oder auf aufgelaufene oder noch eintretende Zinsverbindlichkeiten erstrecken können, ermöglicht eine Umwandlung von bestehenden Krediten in (haftendes) Eigenkapital eine buchungsmäßige Erhöhung der Eigenkapitalbasis, um eine drohende Überschuldung abzuwenden. Diesem Ziel dient auch die (ungewollte) Übernahme von Gesellschaftsanteilen. Die Sanierungsbeteiligungen verbleiben entweder (langfristig) im Eigenbestand der Bank, bedingen also gemäß Kreditwesengesetz die Unterlegung mit Eigenmitteln der Bank, oder aber sie werden nur kurzfristig „geparkt", um sie möglichst rasch wieder an geeignete Kapitalgeber abzustoßen.

Entscheidend für den Sanierungserfolg sind die Akkordierung aller Gläubigergruppen und die Sanierung begleitende, weitere Dienstleistungen der zentralen Gläubigerbanken.

---

309 Vgl. Glogowsky, E.; Münch, M.: Neue Finanzdienstleistungen, Wiesbaden 1986, S. 179 ff.

310 Vgl. zum folgenden insbesondere Flosbach, H.-J.: Sanierungsentscheidungen der Banken, Bergisch-Gladbach - Köln 1987.

Sie können z. B. bei der Sanierungsprüfung geeignete Berater oder Wirtschaftsprüfer vorschlagen. Ferner stehen Vermittlungsversuche zwischen Schuldnern und Altgläubigern einerseits sowie Schuldnern und neu hinzutretenden Kapitalgebern andererseits im Vordergrund. Die Bank könnte hier z. B. bei der Akquisition potentieller Fusions- oder Kooperationspartner oder bei der Mittelbeschaffung durch öffentliche Stellen Hilfestellung geben.

2. Das Angebot der Spezialbanken

Es gibt eine Reihe von Finanzierungsfazilitäten, deren Anbieten besondere Aufgabe von Spezialbanken ist. Ihre Leistungspalette umfaßt Dienstleistungen, die meistens auch von universalisierten Geschäftsbanken angeboten werden, hier jedoch lediglich Programmergänzungen und nicht zentrale Geschäftsinhalte darstellen.

a) Kreditinstitute mit spezialisiertem Leistungsprogramm

(1) Ratenkreditbanken

Die Finanzierung von Privatpersonen und Privathaushalten als Teilzahlungs-, Raten- oder Konsumentenkreditgeschäft ist Schwerpunkt der Geschäftstätigkeit der Ratenkreditbanken, die auch dann hier genannt werden sollen, wenn sie eine Zulassung zu allen oder zu den meisten Bankgeschäften des § 1 Abs. 1 KWG erhalten haben. Doch selbst solche Institute, die — dem Trend der Universalisierung der Bankgeschäftstätigkeit folgend — den ursprünglich auferlegten Geschäftsbeschränkungen via Erwirkung einer Vollbankenkonzession enthoben wurden, sehen sich nach wie vor einer wettbewerblich benachteiligenden Refinanzierungs- und Risikostruktur gegenüber, die einerseits bedingt ist durch weiterhin existente, wenn zum Teil auch selbst auferlegte Geschäftsbeschränkungen, andererseits geprägt ist durch das traditionelle Selbstverständnis einer Spezialbank. Diese strukturellen Schwächen dokumentieren sich in einer kontinuierlich schwindenden Marktstellung der Ratenkreditbanken, verknüpft mit einer historisch gewachsenen, aus heutiger Sicht jedoch in Teilen veraltet anmutenden Leistungsstruktur, was insbesondere auf die Varianten der dispositiven Kreditgewährung bezogen gilt.

Gegenstand der Finanzierung sind Gebrauchsgüter (z. B. Kraftfahrzeuge, Unterhaltungselektronik, Möbel) oder Dienstleistungen (Reisen, Ausbildung). Der Kredit wird heute üblicherweise als kurz- bis mittelfristiger Barkredit eingeräumt oder im Rahmen einer regelmäßigen Kontoverbindung, vergleichbar einem Kontokorrentkredit, bis zu einer bestimmten Höhe automatisch zugesagt und kann bei Bedarf durch Überziehung des Kontos in Anspruch genommen werden.

Dem Kreditgeschäft der Ratenkreditbanken liegen vielfach standardisierte Kreditangebote zugrunde, die hinsichtlich Zinskosten, Rückzahlungsmodalitäten und Besicherung weitgehend normiert sind. Das Geschäft impliziert aber im Vergleich zum gewerblichen Kredit relativ hohe Kostenbelastungen, da mit einem höheren Risiko, relativ kleinen

Kreditbeträgen und entsprechend hoher Anzahl von Kreditwürdigkeits- nebst Besicherungsprüfungen gerechnet werden muß. Als Sicherungsmittel genügen bei Ratenkrediten und Anschaffungsdarlehen häufig Einkommensnachweise, ggf. auch Lohn- und Gehaltsabtretungen, die Mithaftung des Ehegatten, der Abschluß einer Restschuldversicherung oder die Sicherungsübereignung des finanzierten Objekts. Rechtliche Grundlage für die Ratenkredite der Ratenkreditbanken ist seit 1991 das Verbraucherkreditgesetz, das das Gesetz über Abzahlungsgeschäfte ablöste und wesentliche rechtliche Änderungen für Ratenkredite bewirkte. Die Möglichkeit, durch verschiedene zusätzliche Kostengrößen (z.B. verschiedene Bearbeitungsgebühren, Versicherungen) optisch den zu zahlenden Zinssatz niedrig zu halten, wurden dadurch beschnitten, daß durch die verpflichtende Angabe eines Effektivzinssatzes inklusive aller Nebenkosten ein Preis anzugeben ist, der die Vergleichbarkeit der Angebote verschiedener Banken ermöglicht. Zusätzlich wurde ein Widerrufsrecht bei Abschluß eines Ratenkreditvertrages für den Kreditnehmer eingeführt. Schließlich wird im Verbraucherkreditgesetz das Verfahren im Falle des Zahlungsverzuges des Kreditnehmers geregelt, um die Gefahren einer Verschuldungsspirale für den Kreditnehmer zu reduzieren. Im Falle des Verzuges und Gesamtfälligstellung des Kredits werden damit Teilzahlungen auf die Kreditschuld zunächst auf die Kosten der Rechtsverfolgung und dann auf den geschuldeten Kreditbetrag angerechnet. Erst bei Rückzahlung des Kreditbetrages werden dann die aufgelaufenen Zinsen getilgt. Durch diese Regelung ist sichergestellt, daß Zahlungen des Kreditnehmers zunächst die Restschuld mindern und damit Zinseszinseffekte, die die Restschuld weiter steigern, vermieden werden.

Seit 1983 hat das Ratenkreditgeschäft seine dominante Stellung zugunsten der Nichtratenkredite nachhaltig verloren, ist aber nach wie vor von marktmitbestimmender und -beeinflussender Bedeutung. Da das Ratenkreditgeschäft der Ratenkreditbanken mittelfristig ausgelegt ist, wirkt sich das zunehmende Begehren der Kreditnutzer nach längeren Kreditfristen negativ aus — eine Präferenzverlagerung, der die universalisierten Banken insbesondere durch die langfristigen Vereinbarungen der dispositiven Kreditformen entgegenkommen.

(2) Realkreditinstitute

Das Geschäftsfeld der Realkreditinstitute konzentriert sich vornehmlich auf die Gewährung von Hypothekar- und Kommunalkrediten[311] sowie — als Refinanzierungsbasis — auf die Emission von deckungsstockfähigen und mündelsicheren Hypothekenpfandbriefen bzw. öffentlichen Pfandbriefen.

(a) Hypothekarkredit

Der Hypothekarkredit ist eine langfristige Form der Kreditgewährung, bei der Hypotheken oder Grundschulden (Grundpfandrechte) und bei Schiffsbanken Schiffe sowie

311 Vgl. zum folgenden insbesondere Pleyer, C. et al.: Das Recht der Hypothekenbanken in Europa, München 1981, S. 57 ff.

Schiffsbauwerke (Schiffspfandrechte) als Sicherheit dienen.[312] Als Kreditnehmer kommen vornehmlich Private, Wohnungsbauunternehmen und Schiffahrtsunternehmen in Frage. Hypothekarkredite werden entweder mit festem Zinssatz über die gesamte Laufzeit oder mit veränderlichem, nach einer bestimmten Festzinsperiode an die jeweilige Kapitalmarktlage anzupassendem Zins ausgestattet. Die Effektivverzinsung ergibt sich aus Nominalzins, Auszahlungsdamnum und Laufzeit.

Als wesentliches Unterscheidungskriterium dient der vereinbarte Rückzahlungsmodus. Bei der Tilgungshypothek ist abzugrenzen zwischen der in der Praxis dominierenden Annuitätenhypothek, bei der jährlich gleichbleibende Leistungen des Schuldners erbracht werden — degressiver Zinsanteil bei progressivem Tilgungsanteil —, und Abzahlungs- oder Ratenhypotheken, bei denen der Schuldner in gleichbleibenden Tilgungsbeträgen, damit degressiver Jahresleistung leistet. Des weiteren sind Kündigungshypotheken, die erst nach fristgerechter Kündigung fällig werden, und Festhypotheken, bei denen das geschuldete Kapital zu einem ex ante festgelegten Termin (Fälligkeitshypothek) zurückgezahlt wird, zu unterscheiden.

Wird bei Hypothekarkrediten ein zusätzliches Darlehen in Höhe des Auszahlungsdamnums gewährt, der Kredit also in voller Höhe ausgezahlt, so spricht man von einem Streckungsdarlehen (Tilgungsstreckung). Die vereinbarten Rückzahlungsraten werden zunächst zur Rückführung des Streckungsdarlehens verwendet, so daß die Tilgung des eigentlichen, grundbuchlich gesicherten Hypothekarkredites zu einem entsprechend späteren Termin beginnt.

Hinsichtlich der Sicherheiten dürfen die Ausleihungen, sofern sie nicht öffentlich verbürgt sind, 60 % des vorsichtig ermittelten, nachhaltigen Beleihungswertes nicht übersteigen. Die Sicherheiten werden zu einer — bei privaten Hypothekenbanken unter der Aufsicht eines staatlich bestellten Treuhänders stehenden — Deckungsmasse zusammengefaßt, d. h. in einem Hypothekenregister aufgeführt. Handelt es sich bei den gewährten Ausleihungen um eine Gesamthypothek, so haften mehrere Grundstücke und jedes einzelne für die gleiche Forderung; der Hypothekarkreditgeber kann nach Belieben aus jedem Grundpfandrecht bzw. Schiffspfandrecht Befriedigung suchen.

(b) Kommunalkredit

Kommunalkredite[313] weisen hinsichtlich der Verwendung für Grund- und Bauinvestitionen Gemeinsamkeiten zum bereits skizzierten Hypothekarkredit auf. Als Kreditnehmer treten hier öffentliche Haushalte (Städte, Gemeinden, Gemeindeverbände u.ä. Körperschaften) in Erscheinung. Die Kreditbewilligung ist jedoch an die Zustimmung der kommunalen Aufsichtsbehörde gebunden, deren Genehmigung die realkreditgewährende Bank nicht von einer Kreditwürdigkeitsprüfung des Trägerhaushaltes entbindet. Auch werden i.d.R. keine grundbuchrechtlichen Sicherheiten bestellt, sondern als Sicherheit dient die finanzielle Leistungsfähigkeit des Schuldners, z. B. ablesbar am Steuerauf-

---

312 Zur Entwicklung und wirtschaftlichen Bedeutung von Schiffsbanken vgl. besonders Bohnhoff, R.: Die deutschen Schiffspfandbriefbanken, a.a.O.

313 Siehe hierzu in diesem Kapitel unter C. III. 1. a) (8).

kommen und an den frei verfügbaren Mitteln, dessen Zusage im Deckungsregister als Instrument der Deckung öffentlicher Pfandbriefe erfaßt wird. Die Kredite werden entweder dem kommunalen Kreditgeber direkt gewährt oder von diesem für Dritte, meist für Zwecke des sozialen Wohnungsbaus, verbürgt.

(3) Bausparkassen

Bausparkassen sind Zwecksparunternehmen, deren Sparer regelmäßig Beiträge in einen Fonds einzahlen, aus dem nach einem bestimmten Zuteilungsplan vornehmlich Hypothekarkredite zur Finanzierung von Wohneigentum bzw. zur Erhaltung und Verbesserung von Immobiliarsubstanz bereitgestellt werden.

Bis zum Ende der 70er Jahre beschränkte sich das Angebot der Bausparkassen auf einen Standardtarif. Zu Beginn der 80er Jahre sahen sich die deutschen Bausparkassen mit erschwerten Marktbedingungen konfrontiert. Ursache hierfür war die nachhaltige Verschlechterung einiger für das Bauspargeschäft entscheidender Bestimmungsfaktoren. Verwiesen sei neben den verschlechterten gesamtwirtschaftlichen Rahmenbedingungen auf den Abbau der staatlichen Förderung und die kundenbezogenen Verhaltensänderungen, die gravierende Auswirkungen auf das Bauspargeschäft hatten. Um ihren Platz in der Wohnungsbaufinanzierung halten zu können und dem wachsenden Kostendruck auf dem enger gewordenen Markt entgegenzuwirken, waren die Bausparkassen gezwungen, eine Neuorientierung ihrer Geschäftspolitik vorzunehmen, die in vielen Fällen zu einer Weiterentwicklung der Leistungsart Bausparen führte — vor allem erkennbar in der zielgruppengerechten Auffächerung der Bauspartarife.

Die erste Neuerung, die sich primär an Bausparer richtete, die Steuern sparen wollten, wurde 1980 mit dem sog. Disagiotarif eingeführt.[314] Bei diesem Tarif wird abweichend von den bis dahin üblichen Usancen das Baudarlehen nicht zu 100 %, sondern mit einem Abschlag in bestimmter Höhe (meist 5 %) ausgezahlt. Im Herbst 1981 wurde die Angebotspalette der Bausparkassen um einen weiteren Tarif, den sog. Hochzins-Langtarif erweitert. Dieser Tarif ist durch eine relativ hohe Verzinsung der Guthaben besonders für jenen Personenkreis interessant, der den Bausparvertrag langfristig besparen will; hierbei handelt es sich neben vermögenswirksam sparenden Arbeitnehmern vorwiegend um junge Leute, denen angesichts sinkenden Alters von Haushaltsgründern und insgesamt verringertem Kundenpotential eine nicht zu unterschätzende Bedeutung zukommt.[315] Zielgruppe des Schnellspartarifs der Bausparkassen sind vor allem die Kunden, die kurzfristig kleinere Bausparsummen für Modernisierungs- und Energieeinsparungsmaßnahmen benötigen.[316] Wenn sich Bausparer dieses Tarifs bedienen, müssen sie für die relativ rasche Zuteilung ihres Bauspardarlehens erhöhte Sparleistungen in Gestalt höherer Regelsparbeiträge und höhere Mindestsparguthaben erbringen, damit die Kollektivge-

---

314 Vgl. Laux, H.: Disagiovarianten beim Bauspardarlehen, in: bankkaufmann, 1982, S, 259.

315 Vgl. Laux, H.: Neuerungen bei den Bauspartarifen, in: Die Bank, o.Jg. (1982), H. 1, S. 4–7.

316 Vgl. Wilderer, H.: Aus dem Universaltarif entwickelte sich ein Angebot nach dem Baukastensystem, in: HB, Beilage Bausparen, Nr. 176 v. 14.9. 1982, S. 22.

rechtigkeit gewahrt bleibt. Charakteristisch für die Schnellspartarife ist auch die kurze Tilgungsphase, die im Bereich von 6 bis 7 Jahren liegt.[317]

Die zeitlich gesehen jüngste Leistung der Bausparkassen stellt der Optionstarif dar, eine Weiterentwicklung des Hochzins-Langtarifs. Neben den Renditesparern wird hier auch die Gruppe derer angesprochen, die noch keine konkrete Verwendung für den Bausparvertrag haben, da ihnen bei diesen Tarifen die Möglichkeit geboten wird, zwischen verschiedenen Alternativen bis zur Zuteilung zu wählen.[318] Das Wahlrecht des Bausparers erstreckt sich dabei auf das Zinsniveau und die Darlehenslaufzeit. Die technische Ausgestaltung der Zinsoptionen ist unterschiedlich: Einerseits weisen die Tarife die Guthabenzinssätze direkt aus und erlauben rückwirkend auf den Vertragsbeginn den Wechsel von der niedrigen zur höheren Guthabenverzinsung;[319] andererseits bedienen sich insbesondere die öffentlich-rechtlichen Bausparkassen der sog. Bonuslösungen, die den höheren Guthabenzins durch einen i.d.R. 1,5 %igen Zinsbonus ermöglichen.[320]

Der Verstärkung von „cross selling"-Aktivitäten dient die von den Verbundbausparkassen[321] angebotene „Finanzierung aus einer Hand". Bestand diese ursprünglich nur aus einem erststelligen Darlehen der Sparkassen und dem Bauspardarlehen der Landesbausparkassen, wurde sie im Laufe der Jahre jedoch den gewandelten Kundenbedürfnissen angepaßt und sukzessiv durch weitere Finanzierungsbausteine ergänzt, so daß sich heute für jeden Baufinanzierungskunden ein individuelles Maßprogramm erstellen läßt.

b) Kreditinstitute mit Sonderaufgaben

Das bisher vorgestellte Angebot an Finanzierungsfazilitäten wird durch das Leistungsprogramm sogenannter Kreditinstitute mit Sonderaufgaben ergänzt, die den besonderen Auftrag haben, solche Kreditnehmer aus Industrie, Handel, Landwirtschaft usw. mit Krediten zu versorgen, die bei den auf „normale" Sicherheiten angewiesenen Geschäftsbanken derartige Kredite nicht oder nur in beschränktem Umfang erhalten. Aus dem Leistungsprogramm dieser Kreditinstitute[322] werden nachfolgend die Schwerpunkte der bedeutendsten Institute skizziert.

---

317 Vgl. Wiechers, R.: Maßgeschneiderte Angebote der Bausparkassen sind auf dem Vormarsch, in: HB, Nr. 207 v. 27.10. 1982, S. 31.

318 Vgl. Wiechers, R.: Das Tarifsystem der Bausparkassen: Finanzierungsbausteine für das Eigenheim, in: DLK, 35.Jg. (1984), H. 10, S. 298–301, hier: S. 298.

319 Vgl. Laux, H.: Tarifauffächerung: Reaktion auf veränderte Bedingungen, in: Blick durch die Wirtschaft, 29. Jg. (1986), Nr. 155 v. 15. 8. 1986, S. 3.

320 Vgl. Laux, H.: Wahltarife im Neugeschäft der Bausparkassen, in: Die Bank, o.Jg. (1986), H. 4, S. 204– 207.

321 Verbundbausparkassen sind Bausparkassen, die zu einem Bankenverbundsystem gehören, wie z.B. die Landes-Bausparkasse (LBS), die zum Sparkassensektor zählt.

322 Siehe hierzu auch die Darstellung der Institute in diesem Teil zweites Kapitel Abschnitt C. II. 2.

(1) IKB – Deutsche Industriebank AG

Das Leistungsprogramm des größten privatrechtlichen Kreditinstitutes mit Sonderaufgaben — der IKB – Deutsche Industriebank — ist vornehmlich an der Hauptaufgabe, der Förderung der gewerblichen mittelständischen Wirtschaft, ausgerichtet; hierbei steht die Gewährung mittel- bis langfristiger Kredite im Vordergrund. Neben die langfristige Kreditvergabe zur Finanzierung inländischer Investitionsvorhaben (Modernisierungs-, Rationalisierungsvorhaben u.ä.) trat Mitte der 70er Jahre als weiterer Schwerpunkt die langfristige Exportfinanzierung überwiegend zur Finanzierung von Investitionsexporten auf Hermes-gedeckter Basis.

Die beim Kreditengagement der IKB zu konstatierende breite Streuung nach Wirtschaftszweigen und Unternehmensgrößen spiegelt sich im Finanzierungsprogramm wider: Um auch den Kreditbedürfnissen kleiner und mittlerer Unternehmen Rechnung tragen zu können, bietet die IKB ihren Kunden ein breites Spektrum mittel- und langfristiger Kredite mit vielen Variationen hinsichtlich der Laufzeit (bis zu 20 Jahren) und der Rückzahlungsmodalitäten. Auch ist die IKB bereit, den Wünschen ihrer Kunden nach Prolongations- oder Vorschaltkrediten zu entsprechen; für den IKB-Kredit ist im allgemeinen eine feste Zinsbindung über die gesamte Laufzeit charakteristisch.

Seit jeher hat sich die IKB auch aktiv an der Weiterleitung öffentlicher Kredite im Rahmen der ERP-, KfW- und Länderprogramme beteiligt.[323]

Zusätzlich zu den traditionellen Finanzierungsformen bietet die IKB über Tochterunternehmen auch einen umfassenden Katalog von Leasing-Finanzierungen an, die das gesamte Spektrum von Leasing-Leistungen umfaßt (Immobilien-, Mobilien- sowie Export-Leasing).

Entsprechend der zunehmenden Nachfrage auch kleiner und mittlerer Unternehmen nach Kapitalmarktfinanzierungen offeriert die IKB in verstärktem Maße auch Leistungen der Beratung und Begleitung dieser Unternehmen bei verschiedenen Formen der Eigenkapitalfinanzierung, die von der Suche nach Partnern für Venture-capital-Finanzierungen sowie eigener Beteiligungen über eine Beteiligungstochtergesellschaft bis zu Leistungen des Going-public- sowie des M & A-Geschäfts reichen.

(2) AKA Ausfuhrkredit-Gesellschaft mbH

Kredite zur mittel- und langfristigen Finanzierung von Exportgeschäften werden auch von der 1952 von einem deutschen Bankenkonsortium als AG gegründeten und 1966 umgewandelten AKA Ausfuhrkredit-Gesellschaft mbH im Rahmen der sogenannten Kreditplafonds A, B, C und D vergeben. Bei der Ausgestaltung der Kreditgewährung sind als die beiden Hauptformen Lieferanten- (Exporteur-) sowie Bestellerkredite zu unterscheiden.

Plafonds A ist eine Kreditlinie der AKA bei ihren Konsorten, die diese nach einem bestimmten Schlüssel unter sich aufteilen und die der Refinanzierung der Aufwendungen

323 Vgl. Kann, G.: Die Industriekreditbank AG - Deutsche Industriebank, a.a.O., S. 483 f.

des Exporteurs während der Produktionszeit und der Zahlungszielgewährung dient, wobei 10 bis 15 % des Gesamtvolumens durch den Exporteur selbst zu finanzieren sind. Die Laufzeit beträgt mindestens 12 Monate und maximal 36 Monate für den Produktionszeitraum bzw. 60 Monate für die Zielgewährung. Bis 1996 wurde der AKA bei der Deutschen Bundesbank eine Rediskontlinie eingeräumt, die im Rahmen von Plafonds B dazu diente, die von der AKA von Exporteuren angekauften Solawechsel zu rediskontieren. Die Selbstfinanzierungsquote der Exporteure hat dabei 30 % betragen, die Kreditlaufzeiten 12 bis 48 Monate. Die bis 1996 auf der Grundlage des Plafonds B zugesagten Kredite werden entsprechend ihrer vereinbarten Laufzeit getilgt, so daß in 2000 die letzten Kredite dieser Art auslaufen. Die Plafonds C und D stehen zur Finanzierung liefergebundener Finanzkredite an ausländische Importeure oder deren Banken sowie zum Ankauf von Forderungen zur Verfügung (Bestellerkredite). Der Höchstbetrag der Kredite entspricht i.d.R. dem um An- und Zwischenzahlungen — international üblich sind mindestens 15 % — reduzierten Auftragswert. Die Laufzeit des Kredites wird durch die dafür notwendige Hermes-Bürgschaft begrenzt und beträgt üblicherweise fünf Jahre. Plafonds D unterscheidet sich von Plafonds C hauptsächlich durch seine variable Verzinsung, die durch Bezug auf einen Referenzzinssatz wie FIBOR oder LIBOR und Addition einer Marge ermittelt wird.

(3) Kreditanstalt für Wiederaufbau (KfW)

Beispiel für ein Kreditinstitut mit Sonderaufgaben aus dem öffentlich-rechtlichen Bereich ist die Kreditanstalt für Wiederaufbau (KfW). Ensprechend der ihr im Gründungsgesetz von 1948 übertragenen Aufgaben lag der Schwerpunkt der Aktivitäten der KfW zunächst darin, die „Versorgung aller Zweige der Wirtschaft mit mittel- und langfristigen Darlehen" zur „Durchführung von Wiederaufbauvorhaben insoweit zu ermöglichen, als andere Kreditinstitute nicht in der Lage sind, die erforderlichen Mittel aufzubringen". Ein weiterer seit der Gründung bestehender Aufgabenschwerpunkt ist entsprechend der in Artikel 91a GG verankerten Gemeinschaftsaufgabe „Verbesserung der regionalen Wirtschaftsstruktur" die Regionalförderung, d. h. die Kreditgewährung zur Förderung wirtschaftlich benachteiligter Gebiete.

Im Rahmen der Förderung der deutschen Wirtschaft, die sich heute auf die inländische Investitionsförderung zur Erreichung strukturpolitischer Ziele und die Exportfinanzierung erstreckt, werden in speziell aufgelegten Programmen in den letzten Jahren besonders Kredite an kleine und mittlere Unternehmen vergeben sowie Kredite für Maßnahmen des Umweltschutzes und zur Finanzierung von Großinvestitionen im Energiebereich. Die seit Mitte der 50er Jahre zum Leistungsprogramm zählende langfristige Exportförderung umfaßt neben der (allgemeinen) Exportfinanzierung — deren Ausgestaltung heute in erster Linie nicht Lieferanten-, sondern Bestellerkredite vorsieht — Kredite für Auslandsinvestitionen deutscher Unternehmen und ungebundene Finanzkredite an ausländische Darlehensnehmer, um z. B. die Erschließung von Rohstoffbezugsquellen für die deutsche Wirtschaft zu sichern.

Darüber hinaus ist die KfW als Entwicklungsbank mit weltweiten Aufgaben im Bereich der Entwicklungshilfe tätig. Dieser Aufgabenbereich konkretisiert sich zum einen in den im Rahmen der Projekthilfe gewährten Kredite für förderungswürdige Investitionsvorhaben im Bereich der Landwirtschaft, der wirtschaftlichen und sozialen Infrastruktur, der gewerblichen Wirtschaft sowie in Refinanzierungskrediten an lokale und regionale Entwicklungsbanken, zum anderen im Rahmen der allgemeinen Warenhilfe, die projektungebunden gewährt wird. Um den gewandelten Bedürfnissen der Kreditnehmer entsprechen zu können, ist die Palette der Leistungen der KfW in den letzten Jahren durch eine Fülle von Sonderprogrammen ergänzt worden; beispielhaft seien hier die im Rahmen des Technologie- oder des Niederlassungsprogrammes gewährten Finanzierungsfazilitäten genannt.[324]

(4) DSL Bank – Deutsche Siedlungs- und Landesrentenbank

Ein weiteres öffentlich-rechtliches Institut, das sein Leistungsprogramm wiederholt den wechselnden Anforderungen angepaßt hat, ist die Deutsche Siedlungs- und Landesrentenbank (DSL Bank). Wenngleich der traditionell enge Bezug der Bank zum ländlichen Raum — in den Jahren nach der Gründung galt das Hauptaugenmerk der Finanzierung unterschiedlicher Vorhaben in der Landwirtschaft, so u.a. zur Eingliederung der aus den ehemaligen Ostgebieten des deutschen Reichs vertriebenen und geflüchteten bäuerlichen Bevölkerung sowie zur Agrarstrukturverbesserung — auch nach der 1981 in Kraft getretenen Änderung des entsprechenden Gesetzes weiterhin dort verankert bleibt, liegt der Schwerpunkt des Kreditengagements der DSL Bank heute in anderen Bereichen. So bietet die Bank heute Kredite in unterschiedlichen Größenordnungen mit festen Zinsbindungsfristen für mittlere und lange Laufzeiten im Bereich der Baufinanzierung sowie für öffentliche Haushalte, und sie hat mit den Exportfinanzierungen, internationalen Finanzierungen, Leasingfinanzierungen sowie der Refinanzierung von Banken und Bausparkassen ihr Kreditprogramm stetig um neue Finanzierungsformen erweitert. Daneben ist die DSL Bank auch im Swapgeschäft aktiv.

Wegen des nicht betriebenen Einlagengeschäfts im Mengengeschäft findet sich das kurzfristige Kreditgeschäft zu variablen Zinsen nicht im Leistungsprogramm der DSL Bank. Von zunehmender Bedeutung sind die in Zusammenarbeit mit anderen Banken gewährten Kredite, sei es in Form von Konsortialkrediten, Durchleitungskrediten, Vermittlung von Krediten oder von direkten Refinanzierungskrediten.[325]

3. Das Angebot von banknahen Finanzunternehmen

a) Leasing

Ungeachtet der Existenz mannigfaltiger Definitionen des Leasing, die vornehmlich aus der Tatsache einer fehlenden Legaldefinition resultieren, wird im folgenden Leasing allgemein definiert als die vertraglich geregelte, zeitlich begrenzte, gegen Entgelt gewährte

---

[324] Vgl. Bäkow, H.: Kreditanstalt für Wiederaufbau, a.a.O., S. 413 ff.

[325] Vgl. Jütte, S.: Deutsche Siedlungs- und Landesrentenbank, a.a.O., S. 537 ff.

Nutzungsüberlassung beweglicher und unbeweglicher Investitions- und Gebrauchsgüter.[326]

Wenngleich diese Leistungsart auch nicht den klassischen Bankleistungen zu subsumieren ist, so herrscht zwischen den zur Abwicklung von Leasing-Geschäften gegründeten Leasing-Gesellschaften und Banken oftmals ein enges Verhältnis. Neben herstellerabhängigen Leasing-Gesellschaften, die als Tochtergesellschaften produzierender Unternehmen agieren und mit Banken vornehmlich im Rahmen umfangreicher Refinanzierungskontingente kooperieren, existieren zudem Leasing-Gesellschaften im herstellerunabhängigen Bereich, die zu einem Großteil im Besitz von Banken sind.[327]

Die vielfältigen Erscheinungsformen des Leasing lassen sich nach verschiedenen Kriterien ordnen, die jeweils an unterschiedliche Vertragscharakteristika anknüpfen, so daß im folgenden Überschneidungen auftreten können. Grundlegend ist die Unterscheidung in Finanzierungs-Leasing und Operate-Leasing, die in erster Linie an die *Verteilung des Investitionsrisikos* zwischen Leasing-Geber und Leasing-Nehmer sowie an die Vertragslaufzeit anknüpft.

Operate-Leasing-Verträge, denen im Inlands-Leasing vornehmlich in eng umgrenzten Objektbereichen nennenswerte Bedeutung zukommt, stellen dem Leasing-Nehmer ein Leasing-Objekt auf unbestimmte Dauer zur Verfügung. Diese Verträge können vom Leasing-Nehmer jederzeit — teils unter Einhaltung einer vorher vereinbarten kurzen Frist — gekündigt werden, ohne daß der Leasing-Nehmer eine gesonderte Abschlußzahlung zu leisten hat. Da diese Vertragsart nicht auf die volle Amortisation der dem Leasing-Geber entstandenen Kosten zuzüglich einer entsprechenden Gewinnmarge abzielt, verbleibt das mit dem Leasing-Objekt verbundene Investitionsrisiko somit beim Leasing-Geber. Dieser ist i.d.R. zur Vollamortisation seiner Kosten darauf angewiesen, das Leasing-Objekt in zeitlicher Sequenz an mehrere Leasing-Nehmer zu vermieten. In rechtlicher Hinsicht handelt es sich bei Operate-Leasing-Verträgen um Mietverträge gemäß §§ 535 ff. BGB; der Leasing-Geber fungiert hier als Investor, der Leasing-Nehmer als Nutzer der Investition. Für Banken vornehmlich interessant ist eine Beteiligung an Operate-Leasing- oder Operate-Leasing-ähnlichen Transaktionen, wie sie im grenzenüberschreitenden Big-ticket-Leasing von Flugzeugen und Schiffen vorzufinden sind. Im folgenden sei mit „Leasing" — soweit nicht explizit Gegenteiliges vermerkt ist — stets Finanzierungs-Leasing bezeichnet.

Kennzeichen von *Finanzierungs-Leasing-Verträgen* ist, daß das mit dem Leasing-Objekt verbundene Investitionsrisiko auf den Leasing-Nehmer übertragen wird, da dieser die volle Amortisation aller vom Leasing-Geber getätigten Aufwendungen sicherzustellen hat. In rechtlicher Hinsicht handelt es sich bei Finanzierungs-Leasing-Verträgen um aty-

---

326 Vgl. hierzu und zum folgenden ausführlich bspw. Tacke, H. R.: Leasing, Stuttgart 1993; Büschgen, H. E.: Praxishandbuch Leasing, München 1998; Hagenmüller, K. und Eckstein, W.: Leasing-Handbuch für die betriebliche Praxis, Frankfurt 1992 sowie Feinen, K.: Das Leasinggeschäft, Frankfurt 1990.

327 Vgl. zu den Gesellschafterverhältnissen von Leasing-Gesellschaften detailliert Wassermann, H.: Leasinggesellschaften in Deutschland 1995, in: FLF, 1996, Nr. 3, S. 92-99.

pische Mietverträge, auf die zwar ebenfalls in erster Linie die Bestimmungen der §§ 535 ff. BGB Anwendung finden; in bedeutendem Umfang werden jedoch regelmäßig durch entsprechende Vertragsgestaltung typische mietvertragliche Regelungen durch solche nach kaufrechtlichem Vorbild ersetzt. Der Bundesgerichtshof hat dieser Praxis in einer Reihe von Grundsatzurteilen Rechnung getragen, die für die gesamte Rechtsprechung zum sogenannten erlaßkonformen Finanzierungs-Leasing von maßgeblicher Bedeutung sind.[328] Nicht erlaßkonforme Finanzierungs-Leasing-Verträge sind im Inlands-Leasing allenfalls im Spezial-Leasing anzutreffen, dem jedoch keine nennenswerte Bedeutung zukommt. Das Leasing-Objekt ist hier auf die Bedürfnisse des jeweiligen Leasing-Nehmers speziell zugeschnitten, so daß keine Drittverwendungsfähigkeit — die Möglichkeit, das Leasing-Objekt nach Ablauf des Leasing-Vertrages an eine Dritte Person zu veräußern oder erneut zu verleasen — gegeben ist.

Im Rahmen des erlaßkonformen Finanzierungs-Leasing, das auf Leasing-Erlasse der Finanzverwaltung aus den Jahren 1971, 1972 und 1975 zurückgeht und wegen seiner dominierenden Bedeutung häufig mit Leasing schlechthin gleichgesetzt wird, beschafft und erwirbt der Leasing-Geber das Leasing-Objekt und „vermietet" es an den Leasing-Nehmer, dem die Objektnutzungsrechte auf bestimmte Dauer („Grundmietzeit") eingeräumt werden. Entgegen einer Kreditfinanzierung, die ein Schuldverhältnis zwischen Kreditgeber und dem Kreditnehmer begründet und dessen Funktion sich in der Zurverfügungstellung von Kapital durch einen Finanzier für die Investition des Kreditnehmers erschöpft, begründet das Finanzierungs-Leasinggeschäft eine Art Mietverhältnis zwischen Leasing-Nehmer und Leasing-Geber. Letzteres basiert auf einer Kombination von Finanzierungs- und Nutzungsverschaffungsfunktion an einer Investition des Leasing-Gebers, die dieser dem Leasing-Nehmer einzuräumen hat. Der Leasing-Geber ist hierbei wirtschaftlicher und juristischer Eigentümer des Leasing-Objektes und hat es daher bilanziell zu erfassen und abzuschreiben. In der Bilanz des Leasing-Nehmers ist das Leasing-Objekt als solches nicht auszuweisen — die sogenannte „Off-balance-sheet"-Funktion —, die Leasing-Raten aber sind für den Leasing-Nehmer als Nutzungsentgelt zum Zeitpunkt ihrer Fälligkeit Aufwand. Im Unterschied zu „traditionellen" Vermietungsformen werden Eigentümerpflichten und -risiken — so z. B. die Pflicht zur Unterhaltung des Leasing-Objektes oder das Risiko seines Untergangs — auf den Leasing-Nehmer übertragen, dessen Stellung in risikomäßiger Hinsicht mithin derjenigen eines Käufers nahekommt.

Gemeinsames Merkmal aller erlaßkonformen Finanzierungs-Leasing-Verträge ist, daß die zwischen Leasing-Geber und Leasing-Nehmer vereinbarte Grundmietzeit zwischen 40 % und 90 % der anhand der amtlichen AfA-Tabelle berechneten, betriebsgewöhnlichen Nutzungsdauer des Leasing-Objektes beträgt. Bei *Vollamortisationsverträgen* werden die Leasing-Raten so bemessen, daß sie während der Grundmietzeit alle beim Leasing-Geber anfallenden Kosten — am bedeutendsten sind die Kosten der Objektbeschaffung sowie Vertragsabschlußkosten — und eine angemessene Gewinnspanne abdecken. Auch für die Zeit nach Ablauf der Grundmietzeit können dem Lea-

---

[328] Zur rechtlichen Qualifizierung von Finanzierungs-Leasing-Verträgen vgl. Westphalen, F. Graf von: Der Leasingvertrag, 4. Aufl., Köln 1992, S. 22–50.

sing-Nehmer verbindlich Nutzungsrechte zugesichert werden, indem eine Kauf- oder eine Mietverlängerungsoption vereinbart wird. Ist dies nicht der Fall oder werden eingeräumte Optionen nicht ausgeübt, so ist das Leasing-Objekt mit Ende der Vertragslaufzeit an den Leasing-Geber zurückzugeben.

Bei *Teilamortisationsverträgen* erfolgt durch die während der Grundmietzeit zu erbringenden Leasing-Raten nur eine teilweise Refundierung der vom Leasing-Geber eingesetzten Mittel. Jedoch wird vom Leasing-Nehmer auch die notwendige Restamortisation vertraglich garantiert, so daß auch hier die Leasing-Gesellschaften kein Investitionsrisiko eingehen. Auf Basis des Leasing-Erlasses von 1975 sind drei Formen von Teilamortisationsverträgen zu unterscheiden:

- *Teilamortisationsverträge mit Andienungsrecht des Leasing-Gebers* räumen dem Leasing-Geber das Recht ein, das Leasing-Objekt zu einem bereits bei Vertragsbeginn fixierten Preis an den Leasing-Nehmer zu veräußern. Letzterer hat die Pflicht, nicht aber das Recht, das Leasing-Objekt zu erwerben. Der Leasing-Gesellschaft steht es vielmehr frei, dieses auch an Dritte zu veräußern, um hierdurch einen höheren Verwertungserlös zu erzielen, der dann voll vereinnahmt werden kann.
- Im Rahmen von *Teilamortisationsverträgen mit Aufteilung des Mehrerlöses* wird das Leasing-Objekt in jedem Fall vom Leasing-Geber auf dem Second-hand-Markt veräußert. Ist der erzielte Erlös niedriger als die Differenz zwischen den Gesamtkosten des Leasing-Gebers und den in der Grundmietzeit entrichteten Leasing-Raten, muß der Leasing-Nehmer in entsprechender Höhe eine Abschlußzahlung leisten. Ist demgegenüber ein Mehrerlös zu verzeichnen, so wird dieser regelmäßig zwischen Leasing-Geber und Leasing-Nehmer aufgeteilt, wobei aus steuerlichen Gründen die Beteiligung des Leasing-Nehmers am Mehrerlös 75 % nicht übersteigen darf. Teilamortisationsverträge mit Aufteilung des Mehrerlöses werden vor allem in solchen Objektbereichen angewandt, in denen der Leasing-Nehmer auf den nach Ablauf der Grundmietzeit noch erzielbaren Marktwert des Leasing-Objektes maßgeblichen Einfluß hat.
- Im Rahmen *kündbarer Teilamortisationsverträge* hat der Leasing-Nehmer (frühestens) nach Ablauf von 40 % der betriebsgewöhnlichen Nutzungsdauer des Leasing-Objektes das Recht, den Leasing-Vertrag zu kündigen. Für ihn fallen dann jedoch Abschlußzahlungen an, die für den Leasing-Geber die volle Amortisation des Mitteleinsatzes sicherstellen.

Voraussetzung für den Abschluß eines Leasing-Vertrages ist die Leasing-Fähigkeit des Objektes — charakterisiert durch Fungibilität, Wertkonstanz und Drittverwendungsfähigkeit — sowie eine ausreichende Leasing-Nehmer-Bonität. Da im Rahmen des Operate-Leasing aus Sicht des Leasing-Gebers objektbezogene Risiken die Bonitätsrisiken dominieren, sind hier strengere Anforderungen an die Leasing-Fähigkeit von Objekten zu stellen als im Finanzierungs-Leasing. Im Finanzierungs-Leasing kommt zudem der Leasing-Nehmer-Bonität herausragende Bedeutung als Voraussetzung für Leasing-Vertragsabschlüsse zu; zu stellende Bonitätsanforderungen entsprechen weitgehend denjenigen von Banken bei der Gewährung von Investitionskrediten.

Neben der Differenzierung von Leasingverträgen entsprechend der Verteilung des Investitionsrisikos sind zudem eine Reihe weiterer unterschiedlicher Vertragscharakteristika existent, die als Anknüpfungspunkte für eine weitere Unterteilung von Leasingverträgen herangezogen werden können. Als klassisch kann diesbzüglich die *rechtliche Qualifizierung des Leasing-Objektes* angeführt werden, derzufolge die weitgehend selbsterklärenden Kategorien des Mobilien-Leasing und des Immobilien-Leasing unterteilt werden können. Nach *Einsatz und Verwendung der Leasing-Objekte* differenziert man weiter in Investitions- und Konsumgüter-Leasing, nach der *Art der Leasing-Nehmer* in gewerbliches, Kommunal- und Privat-Leasing, wobei letzteres gegenwärtig vornehmlich im Kfz-Bereich von tragender Bedeutung ist. Zu finden ist teilweise auch eine Unterscheidung nach dem *Erhaltungszustand der Leasing-Objekte* in First-hand- und Second-hand-Leasing. Gegenstand des letzteren sind Wirtschaftsgüter, die bereits in vorherigen Leasing-Geschäften Verwendung fanden und nach Ablauf dieser Nutzungsperioden weitervermietet werden. In nennenswertem Umfang wird Second-hand-Leasing lediglich im EDV-Bereich betrieben.

Stetig wachsende Bedeutung haben in den letzten Jahren Serviceleistungen beinhaltende Leasingverträge erlangt, so daß entsprechend der *offerierten Serviceleistungen* zu differenzieren ist in Full-Service-, Teil-Service- und Net-Service-Leasing. Während sich letztere Kategorie ausschließlich auf die als Grundfunktionen des Leasing zu charakterisierende Finanzierungs- und Nutzungsüberlassungsfunktion konzentriert, erfolgt im Rahmen von Service-Leasing-Verträgen eine Verlagerung betriebswirtschaftlicher Teilfunktionen vom Leasing-Nehmer auf den Leasing-Geber bzw. (mittelbar) auf den Hersteller, wenn Leasing-Gesellschaften Serviceleistungen nicht selbst erbringen, sondern mit dem Hersteller des Leasing-Objektes kooperieren. Grundsätzlich erscheint es denkbar, daß im Zuge einer derartigen Aufgabenumverteilung nicht lediglich Leasing-Nehmer positive Rentabilitätseffekte erzielen, sondern darüber hinaus auch gesamtwirtschaftliche Wohlfahrtseffekte durch Spezialisierung entstehen.

Entsprechend des offerierten Serviceumfangs wird zwischen Full-Service- und Teil-Service-Leasing unterschieden. Trends im Mobilien-Leasing gehen eindeutig hin zum Full-Service-Leasing. So werden in praxi in zunehmendem Maße unterschiedlichste Serviceleistungen in Form sogenannter All-in-Verträge derart erbracht, daß im Rahmen des gleichen Vertrages, der die eigentliche Nutzungsüberlassung regelt, das gesamte Service- und Leasing-Leistungen umfassende Dienstleistungsbündel mit einer einzigen Leasing-Rate abgegolten wird. Solche Full-Service-Angebote sind in praxi vornehmlich zu beobachten im Bereich des Kfz-Leasing. Im Rahmen eines sogenannten „fleet management“ werden hier neben der Finanzierungs- und Nutzungsüberlassungsfunktion zudem Komponenten wie bspw. die Übernahme von Reparatur- und Wartungskosten, Reifenersatz, Versicherungen, Kfz-Steuern, Verfügbarkeitsgarantien bzw. Ersatzfahrzeugstellung, Kraftstoffabrechnung, GEZ-Abrechnungen etc. berücksichtigt und somit alle wesentlichen Folgekosten mittels der Full-Service-Leasingraten abgedeckt.

Auch sind leasing-immanente Serviceleistungen Bestandteil des Immobilien-Leasing. Hier übernehmen bzw. kontrollieren Leasing-Gesellschaften in ihrer Eigenschaft als Bauherr das gesamte Baumanagement, wozu sie in besonderer Weise in der Lage sind, da sie — anders als die Mehrzahl ihrer Kunden — kontinuierlich und nicht lediglich in jahre- oder gar jahrzehntelangen Abständen mit der Abwicklung von Bauprojekten befaßt sind.

Als Abgrenzungskriterium unterschiedlicher Leasing-Vertragsformen können weiterhin der *räumliche Sitz* von Leasing-Geber und Leasing-Nehmer sowie das Herkunftsland der *Leasing-Objekte* herangezogen werden. Von grenzenüberschreitendem Leasing wird im Gegensatz zum nationalen Leasing immer dann gesprochen, wenn Leasing-Geber und Leasing-Nehmer in unterschiedlichen Ländern domizilieren und/oder dem Leasing-Vertrag ein grenzenüberschreitender Warenverkehr zugrunde liegt. Unter anderem sind dies Leasing-Transaktionen, die der Finanzierung deutscher Exporte dienen und bei denen deutsche Leasing-Gesellschaften unmittelbar mit Leasing-Nehmern im Ausland kontrahieren („cross border"-Leasing oder grenzenüberschreitendes Leasing i.e.S.). Bei derartigen Transaktionen werden mehrere Rechts-, Wirtschafts- und Währungsordnungen berührt, woraus für den Leasing-Geber im Vergleich zum nationalen Leasing besondere Risiken resultieren. Zur vereinfachten Abwicklung der Exportförderung dienender grenzenüberschreitender Leasing-Transaktionen wurden von Leasing-Gesellschaften verschiedener Länder sogenannte Lease-Clubs gegründet; Leasing-Gesellschaften im Land des Exporteurs vermitteln hierbei Leasing-Transaktionen an Korrespondenz-Leasing-Gesellschaften im Land des jeweiligen Importeurs, wobei letztere dann als eigentlicher Leasing-Geber fungieren. Derart zustande gekommene Leasing-Verträge sind für diese weitgehend nationalen Verträgen gleichzusetzen.

Eine dynamische Entwicklung des internationalen Leasing-Marktes geht insbesondere von den USA, Großbritannien und Japan aus. Hier anzusprechende Leasing-Objekte sind zu einem Großteil im Big-ticket-Bereich angesiedelt (Flugzeuge, Schiffe, Satelliten, Bohrinseln usw.); in Form von Leveraged-Leasing-Transaktionen erfolgt eine Objektfinanzierung durch Zusammenwirken von im Regelfall mehreren Leasing-Gesellschaften („equity participants") und institutionellen Kreditgebern („debt participants") wie z. B. Banken, Versicherungen oder Pensionskassen. Letztere gewähren in Höhe von üblicherweise 60 % bis 80 % des Gesamtfinanzierungsvolumens Kredite ohne Rückgriffsmöglichkeit („non recourse") auf die das Projekt initiierende(n) Leasing-Gesellschaft(en). Auch sei in diesem Kontext auf eine dem Fondsgedanken folgende Objektfinanzierung derart verwiesen, daß Anleger im Rahmen eines Kaufs von Anteilsscheinen an einer für ein spezifisches Leasing-Objekt eigens gegründeten Objektgesellschaft der Leasing-Gesellschaft Geld überlassen, welches diese neben weiteren Finanzierungsmitteln — vornehmlich Bankdarlehen — zur Finanzierung eines ihrer Leasing-Objekte nutzt. Diese in jüngerer Zeit einen stetigen Bedeutungszuwachs verzeichnenden Leasingfonds werden vornehmlich im Bereich mobiler Big-ticket-Transaktionen sowie in der Immobilienfinanzierung eingesetzt und ermöglichen den Leasing-Gesellschaften oftmals einen refinanzierungsbedingten Zinsvorteil, der weitgehend auf die Kapitalgeber begünstigenden steuerlichen Regelungen beruht und diesen somit eine attraktive Nachsteuer-Rendite offeriert.

Eine letzte wesentliche Unterscheidung von Leasing-Vertragsformen knüpft an die *Stellung des Leasing-Gebers* als Abgrenzungsmerkmal an. Von direktem Leasing wird gesprochen, wenn Hersteller bei eigenen Produkten selbst als Leasing-Geber fungieren, von indirektem Leasing demgegenüber, wenn Leasing-Transaktionen auf einer Dreiecksbeziehung zwischen Hersteller, Leasing-Geber und Leasing-Nehmer beruhen. Eng einher hiermit geht auch die Unterteilung in herstellerabhängige und herstellerunabhängige Leasing-Gesellschaften, wobei jedoch ersterer Gruppe neben dem direkten Leasing, bei dem der Hersteller gleichzeitig als Leasing-Geber fungiert, zudem solche Leasing-Angebotsformen zu subsumieren sind, bei denen Hersteller und Leasing-Geber zwar im juristischen Sinne nicht identisch sind, beide aus der Sicht des Leasing-Nehmers jedoch eine wirtschaftliche Einheit bilden und dem Leasing-Vertrag ein sach- bzw. produktbezogenes Absatzinteresse zugrunde liegt; so bspw. auf der Basis von — vertraglich geregelten — Kooperationsabkommen. Die Zielsetzung einer solchen — auch als Vertriebs-Leasing bezeichneten — Absatzfinanzierung besteht für den Produzenten überwiegend darin, den Absatz der eigenen Produkte zu fördern. Es erfolgt hierzu mitunter eine Subventionierung des Leasing, was Leasing-Konditionen zur Folge haben kann, mit denen herstellerunabhängige Leasing-Gesellschaften nicht oder nur schwer konkurrieren können. Es erscheint denkbar, daß die wachsende Bedeutung des Vertriebs-Leasing und damit die Vorverlagerung der Absatzfunktion durch den Leasing-Geber eine tendenzielle Zunahme der Marktpenetration von Leasingfazilitäten bewirkt, da hierdurch — betrachtet aus Leasing-Nehmersicht — die Zahl der Leasing-"Anbieter" anwächst; es findet eine Verwischung der Grenzen zwischen herstellerabhängigem und herstellerunabhängigem Leasing statt.

Eine Leasing-Sonderform stellen *„sale and lease back"*-Verträge dar, bei denen der Leasing-Geber das Leasing-Objekt vom Leasing-Nehmer/(vormaligen) Eigentümer erwirbt, um es diesem dann wieder mietweise zur weiteren Nutzung zu überlassen. „Sale and lease back"-Verträge können zwar grundsätzlich bei allen zuvor geschilderten Leasing-Vertragsformen Anwendung finden. In praxi von Bedeutung sind sie jedoch vornehmlich im Immobilien-Leasing, da sie beim Leasing-Nehmer/(vormaligen) Eigentümer einen unmittelbaren Liquiditätsgewinn bewirken, der jedoch häufig mit einer Auflösung stiller Reserven verbunden ist. Ferner tritt diese Vertragsgestaltung auch bei der Refinanzierung von im Rahmen des herstellerabhängigen Leasing abgeschlossenen Leasing-Verträgen auf. Hier verkaufen Hersteller erstellte Güter an institutionelle Leasing-Gesellschaften und schließen mit diesen gleichzeitig einen („sale and lease back"-) Vertrag mit dem Recht auf Untervermietung ab, auf dessen Basis eine Weitervermietung der Güter an eigene Kunden erfolgt.

Mit Blick auf eine *betriebswirtschaftliche Beurteilung des Leasing* im Vergleich zu anderen Finanzierungsformen ist grundsätzlich zu konstatieren, daß dies letztlich immer nur im praktischen Einzelfall erfolgen kann; gleichwohl lassen sich jedoch allgemeingültig Überlegungen zu den Determinanten der Leasing-Vorteilhaftigkeit bzw. zu Leasing-Vorteilhaftigkeitspotentialen anstellen.

Operate-Leasing ist in erster Linie als Investitionsalternative anzusehen; eine Beurteilung hat mithin von der Frage auszugehen, ob eine mittel- bzw. längerfristige investive Mittelbindung — bspw. im Wege des Finanzierungs-Leasing — oder aber lediglich eine kurzfristige, mietweise Objektnutzung erfolgen soll. Maßgeblich hierfür ist in erster Linie die Fristigkeit, mit der der Bedarf einer Objektnutzung abgeschätzt werden kann

(Prognosehorizont) — Operate-Leasing-Verträge bieten hier sehr kurzfristige Dispositionsmöglichkeiten — sowie die voraussichtliche Nutzungsdauer.

Finanzierungs-Leasing ist dagegen (primär) nicht als Investitions-, sondern als Finanzierungsalternative anzusehen, da hier eine investive Mittelbindung ähnlich wie im Falle der Eigeninvestition erfolgt. Die Beurteilung, ob eine Investitionsrealisierung als solche vorteilhaft ist, ist somit einer Analyse der Vorteilhaftigkeit des Finanzierungs-Leasing vorgelagert und nicht mehr in dieser enthalten. Letztere ist auf Basis eines Vergleiches mit alternativen Möglichkeiten einer Eigeninvestition vorzunehmen, wobei regelmäßig ein ganzes Spektrum sich alternativ anbietender Finanzierungsmöglichkeiten zu betrachten ist, das von den — im Regelfall wenig realistischen — Möglichkeiten einer vollständigen Eigen- oder aber Fremdfinanzierung begrenzt wird.[329]

Unter Rentabilitätsaspekten ist Finanzierungs-Leasing vor dem Hintergrund vertragsspezifischer Kostenbe- bzw. -entlastungen sowie geänderter Steuerbemessungsgrundlagen zu sehen; als Folge letzterer können rentabilitätswirksame Steuerstundungen oder sogar Steuereinsparungen eintreten. Zunächst werden mit Leasingtransaktionen meist höhere Kostenbelastungen in Verbindung gebracht, da der Leasing-Nehmer im Vergleich zum Käufer nicht oder nur eingeschränkt am Verwertungserlös des Investitionsobjektes partizipiert bzw. bei Ausübung eingeräumter Optionen Kaufpreis- oder Mietzahlungen für beim Leasing-Geber bereits voll amortisierte Objekte leisten muß und darüber hinaus zur Deckung der Verwaltungskosten, Risikokosten und Gewinnmarge des Leasing-Gebers herangezogen wird. Diesen gegenüber der Alternative Eigeninvestition kostensteigernden Effekten sind jedoch potentielle Kostenentlastungen gegenüberzustellen, die bei Inanspruchnahme der Dienstleistung Leasing auftreten können. So ist denkbar, daß Leasing-Gesellschaften aufgrund ihres know-how und ihrer Stellung auf den Beschaffungs- und Absatzmärkten dort günstigere Konditionen als die Leasing-Nehmer selbst erzielen können, und diese dann via Leasing-Ratenkalkulation weitergeben; zu denken ist z. B. an mögliche Rabatte bei der Objektbeschaffung, Sonderkonditionen bei von Dritten in Anspruch genommenen Service-, Wartungs- und Versicherungsleistungen, verbesserte Gewährleistungszusagen, günstigere Zugangsmöglichkeiten zu nationalen wie internationalen Finanzmärkten im Zuge der notwendigen Leasing-Vertragsrefinanzierung oder aber problemlosere und raschere Verwertungsmöglichkeiten auf den Sekundärmärkten. Darüber hinaus können sich für Leasing-Nehmer durch die Inanspruchnahme von Service-Leistungen Entlastungs- sowie Rationalisierungseffekte ergeben, deren quantitative Fassung zwar häufig nicht möglich ist, die das Rentabilitätskalkül „Leasing oder Kauf" jedoch maßgeblich beeinflussen können.

Von Bedeutung ist nicht zuletzt die Erfassung leasing-bedingter Steuereffekte. So stellen Leasing-Raten bei erlaßkonformer Leasing-Vertragsgestaltung zum Zeitpunkt ihrer Fälligkeit beim Leasing-Nehmer abzugsfähige Betriebsausgaben dar und vermindern so bei

---

329 Zu Leasing-Vorteilhaftigkeitsanalysen liegen zahlreiche Veröffentlichungen vor. Vgl. z.B. Degener, T.: Die Leasingentscheidung bei beweglichen Anlagegütern, Frankfurt a.M. 1986; Holz, D.: Die Optimumbestimmung bei Kauf-Leasing-Entscheidungen, Frankfurt a.M.–Zürich 1973; Schröder, J.: Die Stichhaltigkeit von Argumenten für und wider Leasing, Thun – Frankfurt a.M. 1985.

diesem ebenso wie Abschreibungen und Zinszahlungen im Falle der Eigeninvestition die ertragsteuerlichen Bemessungsgrundlagen bei der Einkommens- bzw. Körperschaftssteuer. Eine Investitionsrealisierung via Leasing kann — wie häufig im Rahmen von Leasing-Vorteilhaftigkeitskalkülen betont — für den Leasing-Nehmer mit Steuerstundungs- oder unter bestimmten Bedingungen auch Steuerspareffekten verbunden sein, wenn Aufwandspositionen zeitlich vorverlagert werden. Dies ist insbesondere bei Vollamortisationsverträgen denkbar, da hier die volle Amortisation des Leasing-Objektes in einem Zeitraum erfolgt, der kürzer als dessen betriebsgewöhnliche Nutzungsdauer ist. Zu berücksichtigen ist jedoch, daß Leasing-Raten beim Leasing-Geber als Betriebseinnahmen der Einkommens- bzw. Körperschaftssteuer unterworfen sind, was sich in der Leasing-Ratenkalkulation entsprechend niederschlägt. Mangels Zurechnung der Leasing-Objekte fällt beim Leasing-Nehmer keine Gewerbesteuer an, es sei denn, es wurde ein Teilbetrieb gemietet. Anders als im Falle der Einkommens- bzw. Körperschaftssteuer können hier auch Leasing-Gesellschaften ein Anfallen entsprechender Steuern vermeiden, wenn sie eine Refinanzierung durch Forderungsverkauf á forfait vornehmen.

Über Rentabilitätseffekte hinaus können auch positive Liquiditätseffekte mit einer Investitionsrealisierung via Leasing verbunden sein. Festzustellen ist zwar, daß Leasing gegenüber der Alternative Eigeninvestition mit keinen generellen Liquiditätsvorteilen verbunden ist, wie mit dem Argument einer „pay as you earn"-Finanzierung mitunter suggeriert wird. Liquiditätsvorteile einer Leasing-Finanzierung können jedoch im Einzelfall darin begründet liegen, daß Leasing-Anbieter eine flexiblere Konditionenpolitik als kreditgewährende Banken verfolgen. So wird die Konditionenflexibilität nachgeordneter Bankgeschäftsstellen mitunter von relativ starr vorgegebenen Rahmenbedingungen standardisierter Kreditprogramme eingeschränkt. Nicht zuletzt können auch aus Kostenvorteilen des Leasing Liquiditätsvorteile für Leasing-Nehmer resultieren.

Eine Ausweitung des Finanzierungsspielraums von Unternehmen — als Liquidität i.w.S. anzusprechen — ist durch Leasing insbesondere insoweit realisierbar, als Leasing-Gesellschaften Investitionsobjekten höhere Beleihungsgrenzen beimessen als Banken. Eine solche Verfahrensweise kann häufig auf bessere Verwertungsmöglichkeiten von Leasing-Gesellschaften abgestellt werden, so z. B. aufgrund besserer Kenntnis der Second-hand-Märkte sowie der Möglichkeit, im Insolvenzfall des Leasing-Nehmers Aussonderungs-, nicht lediglich Absonderungsrechte geltend zu machen. Nicht denkbar erscheint demgegenüber, daß im Rahmen von Kreditwürdigkeitsprüfungen potentielle Kreditgeber bestehende Leasing-Verbindlichkeiten anders bewerten als solche aus Kreditbeziehungen, was eine Ausweitung des Finanzierungspotentials durch Leasing zur Folge hätte. Kredit- und Leasing-Verbindlichkeiten beinhalten für Schuldner den gleichen Verpflichtungscharakter; auch werden (Neu-)Kreditgeber sich über bestehende Leasing-Verbindlichkeiten stets vollständig informieren lassen, soweit diese nicht gemäß § 285 Nr. 3 HGB unter den sonstigen Verbindlichkeiten, deren Angabe für die Beurteilung der Unternehmung von Bedeutung ist, im Anhang anzugeben sind.

Zwischen Leasing und Kredit besteht ein komplexes Beziehungsgeflecht. Allgemein kann Leasing als betriebswirtschaftlich sinnvolle, eigenständige Investitions- und Finanzierungsalternative charakterisiert werden, die gewisse Substitutionsbeziehungen zur

Kreditfinanzierung aufweist, de facto jedoch zudem komplementäre Einsatzmöglichkeiten eröffnet.

b) Factoring

Das Factoring-Geschäft ist — ebenso wie das Leasing — ein relativ junges Finanzierungsinstrument, das in der Bundesrepublik Deutschland seit Anfang der sechziger Jahre vornehmlich von spezialisierten Factoring-Gesellschaften angeboten wird. Begrifflich ist unter „Factoring" der laufende Ankauf und die Verwaltung von kurzfristigen Forderungen aus Warenlieferungen und Dienstleistungen aufgrund längerfristiger Rahmenvereinbarungen durch einen „Factor" zu verstehen. Dieser Forderungskäufer trägt hierbei i.d.R. das Delkredere-Risiko („echtes Factoring"). Übernimmt er das Ausfall-Risiko nicht, spricht man von „unechtem Factoring".

Hinsichtlich der Offenlegung der Forderungsabtretung wird zwischen dem stillen (nicht-notifizierten) und dem offenen (notifizierten) Factoring unterschieden. Bei ersterem wird der Gläubigerwechsel nach außen hin nicht angezeigt. Der Drittschuldner zahlt hierbei mit befreiender Wirkung an den Zedenten, der seinerseits die Zahlungen an den Forderungskäufer weiterleitet. Beim notifizierten Factoring wird dagegen der Drittschuldner über die Forderungsabtretung mit dem Hinweis informiert, daß dieser mit befreiender Wirkung nur an den Factor zahlen kann. Dieses Verfahren wird jedoch zunehmend durch Regelungen in den Allgemeinen Geschäftsbedingungen von Großunternehmen und der öffentlichen Hand erschwert, die die Wirksamkeit offener Zessionen ihnen gegenüber ausschließen. Ferner können beim unechten Factoring Schwierigkeiten im Zusammenhang mit dem verlängerten Eigentumsvorbehalt von Warenlieferanten auftreten. Problematisch sind auch mögliche Rückschlüsse auf die Bonität des Zedenten in seinem Kunden- und Lieferantenkreis, da offene Zessionen gelegentlich als Indiz für geschäftliche Probleme gewertet werden.

Eine betriebswirtschaftliche Beurteilung muß sich im wesentlichen auf die durch den Factor angebotenen Finanzierungs- und Risikoübernahme-Funktionen sowie die vereinbarten sonstigen Dienstleistungen — unter Beachtung der jeweils entstehenden Kosten — konzentrieren. Der wesentliche Vorteil für den Factor-Kunden liegt vor allem in einer raschen Liquidisierung rechtskräftig entstandener Forderungen, wenngleich aus dem Erfordernis der offenen bzw. stillen Zession gewisse Probleme erwachsen können. Ferner kann echtes Factoring als risikopolitisches Instrument zum Schutz vor Zahlungsunfähigkeit bzw. Zahlungsunwilligkeit im Kundenkreis eingesetzt werden. Entscheidungsrelevant sind ferner die — gegen besondere Gebühr — erbrachten sonstigen Dienstleistungen des Factors, so bei der Rechnungsausfertigung, der Debitorenbuchhaltung, dem Einzug der Forderungen (ggf. im Mahn- und Klagewesen) sowie der Anfertigung von Umsatzstatistiken, Umsatzsteuerabrechnungen und Vertreterprovisionsabrechnungen.

c) Forfaitierung

Im Rahmen des Exportgeschäfts wurde in den sechziger und siebziger Jahren infolge der wachsenden Verhandlungsmacht der Importeure der zunehmende Bedarf an Lieferantenkrediten virulent. Aus der Notwendigkeit der Refinanzierung derartiger Lieferantenkredite hat sich die Forfaitierung entwickelt, die als regreßloser Ankauf von einzelnen, genau spezifizierten, i.d.R. mittel- bis langfristigen Forderungen aus Exportgeschäften definiert wird. Etymologischer Ursprung des Wortes Forfaitierung ist das französische à forfait (in Bausch und Bogen), da mit Ausnahme der Gewährleistungshaftung alle Risiken vom Exporteur und damit Forderungsverkäufer (Forfaitist) auf den Forderungsankäufer (Forfaiteur) übergehen. Im Zeitpunkt des Verkaufs beschränkt sich die Haftung des Verkäufers der Forderung gegenüber dem Forfaiteur lediglich auf den rechtlichen Bestand der Forderung (Veritätshaftung), womit alle Risiken von möglichen Einreden aus dem zu forfaitierenden Vertrag ebenfalls auf den Forfaiteur übertragen werden. Für die Zahlungsfähigkeit des Importeurs haftet der Forfaitist dagegen nicht. Der Forfaiteur übernimmt damit sämtliche politischen und wirtschaftlichen Risiken, die mit dem Exportgeschäft verbunden sind und verzichtet auf jegliche Regreßmöglichkeiten. Als Forfaiteure treten überwiegend spezialisierte Tochterunternehmen von Banken sowie Banken selber auf; sie kaufen die Forderungen für eigene Rechnung und in eigenem Namen.

Der zwischen Forfaitist und Forfaiteur geschlossene Vertrag ist in seinem Rechtscharakter ein Kaufvertrag und kein Kreditvertrag über dokumentierte Kapital- und/oder Zinsforderungen. Aus Gründen des besseren handling hat sich der Verkauf von abstrakten Forderungen, also Forderungen, die unabhängig vom Grundgeschäft bestehen, durchgesetzt, wobei der Ankauf von Wechseln (Solawechsel, Tratten) international überwiegt; möglich ist jedoch auch der Forderungsverkauf fast jeder Form von Schuldanerkenntnissen. Sollen Buchforderungen forfaitiert werden, ist eine Bestätigung des Schuldners über Bestand und Fälligkeit der Forderung erforderlich. Um bei Solawechseln den durch das Indossament prinzipiell gegebenen Rückgriff auf den Wechselverkäufer (Forfaitisten) auszuschließen, wird der Solawechsel mit einem „Angstindossament" des Forfaitisten versehen (ohne Obligo, ohne Gewähr, ohne Rückgriff, ohne Regreß). Sofern in einem Land der Rückgriffsausschluß über ein Angstindossament auf einem Solawechsel nicht möglich ist, wird der Rückgriff mittels einer vom Forfaiteur dem Forfaitisten ausgestellten Freistellungserklärung ausgeschlossen. Besichert werden die forfaitierten Forderungen i.d.R. durch Zahlungsverpflichtungen einer Bank des Importeurs (Indossamente, Avale, Garantien, Akkreditive). Die Laufzeiten der Forderungen bei einer Forfaitierung kann zwischen drei Monaten und acht Jahren liegen, wobei bei mittleren und langen Laufzeiten gestaffelte Fälligkeiten überwiegen. Der Ankauf der Forderungen erfolgt normalerweise zum Nominalwert der Forderung abzüglich eines die Refinanzierung sowie die spezifischen Risiken der Forderung (Bonität des Schuldners, Währungsrisiko, Länderrisiko) repräsentierenden Diskonts.

Die wesentlichen Vorteile der Forfaitierung für den Forfaitisten liegen in der generellen Risikoüberwälzung auf den Forfaiteur sowie in der durch die im voraus bekannten Kosten der Forfaitierung, d.h. der festen Kalkulationsgrundlage. Zudem ist durch die Forfaitierung eine Bilanzentlastung sowie eine Liquiditätsverbesserung für den Forfaitisten zu erzielen. Mittels der Forfaitierung ist eine hundertprozentige Refinanzierung des Lieferantenkredits incl. Abnehmerzinsen und ohne Selbstbehalt oder Selbstfinanzierungsanteil möglich. Schließlich enthebt sich der Forfaitist jeglicher Kreditüberwachungs- und Inkassoarbeiten, -kosten und -risiken, da diese vom Forderungsankäufer ebenfalls übernommen werden.

4. Die Angebote der Deutschen Bundesbank und der Europäischen Zentralbank

Aus den bereits skizzierten Funktions- und Tätigkeitsbereichen der Deutschen Bundesbank[330] wird deutlich, daß sie den Banken Finanzierungsfazilitäten offeriert — nicht jedoch den übrigen Sektoren der Wirtschaft —, die überwiegend kurzfristiger Natur sind, d. h, ihrem Charakter nach den Geldmarkttransaktionen zuzurechnen sind. Dieses kurzfristige Kreditgeschäft der Bundesbank mit den Geschäftsbanken hat aus Sicht der Banken (re-)finanzierungs- und liquiditätspolitsche Bedeutung.

Bei Gewährung eines Rediskontkredites erwirbt die Deutsche Bundesbank von den Banken eingereichte Handelswechsel, die gewisse — in den kreditpolitischen Richtlinien in Ergänzung zu den im Gesetz über die Deutsche Bundesbank festgelegten Mindestanforderungen — qualitative Anforderungen erfüllen müssen. Daneben werden auch Schatzwechsel des Bundes, der Länder und der Sondervermögen des Bundes unter Abzug des von der Deutschen Bundesbank festgelegten Diskontsatzes und unter Anrechnung auf die jeweils geltenden Rediskontkontingente erworben.

Die gegen Verpfändung von bestimmten Wertpapieren und Schuldbuchforderungen gewährten Lombardkredite stellen die zweite Form der Refinanzierungsmöglichkeiten der Banken bei der Deutschen Bundesbank dar. Auch diese Kreditgewährung ist auf drei Monate befristet und soll sich zudem zumindest monatlich umschlagen. Die Beleihungsgrenze der Objekte ist je nach Beleihungstyp unterschiedlich. Grundsätzlich kann die Lombardkreditgewährung erfolgen gegen

- Wechsel (einschl. Schatzwechsel), die den Bedingungen für den Ankauf im Diskontgeschäft entsprechen,
- unverzinsliche Schatzanweisungen (U-Schätze), die innerhalb eines Jahres fällig werden,
- Anleihen und Schuldbuchforderungen, deren Schuldner der Bund, die Länder oder ein Sondervermögen des Bundes sein müssen,
- andere von der Bank bestimmte Schuldverschreibungen und Schuldbuchforderungen sowie
- ins Schuldbuch eingetragene Ausgleichsforderungen.

Ausdruck des Ausnahmecharakters des Lombardkredits — er soll nur kontokorrentmäßig in Anspruch genommen werden und wird zeitweise durch die Bundesbank ganz ausgesetzt oder kontingentiert — ist die Tatsache, daß der Zinssatz für Lombardkredite stets über dem Diskontsatz liegt. Hieraus erklärt sich auch, daß Lombardkredite von Banken nur dann in Anspruch genommen werden, wenn die Rediskontkontingente weitgehend ausgeschöpft sind.

Seit 1973 bzw. 1979 betreibt die Deutsche Bundesbank über Wechsel bzw. lombardfähige festverzinsliche Wertpapiere Offenmarktgeschäfte auf Zeit, d. h., bei Annahme die-

---

[330] Siehe hierzu in diesem Teil Zweites Kapitel Abschnitt C.V.3..

ser Papiere durch die Deutsche Bundesbank besteht eine Rückkaufverpflichtung für die Banken. Eigenart dieser Pensionsgeschäfte ist also, daß den Banken Zentralbankgeld nur für einen befristeten Zeitraum zur Verfügung gestellt wird. Bei der Ausgestaltung dieser Geschäfte bedient sich die Deutsche Bundesbank zum einen des Mengentenders (= Ausschreibung mit vorgegebenem Zinssatz), zum anderen des Zinstenders (= Ausschreibung mit Festlegung lediglich eines Mindestgebotssatzes) oder auch einer Kombination aus beidem.

Zentralbankgeld kann den Banken für bestimmte Zeit auch durch Devisenswapgeschäfte zur Verfügung gestellt, aber auch entzogen werden. Hierbei werden von der Deutschen Bundesbank Devisen per Kasse ge- bzw. verkauft und gleichzeitig per Termin ver- bzw. gekauft. Die Abwicklung dieser Transaktionen erfolgt zu Marktsätzen. Zum selben Ergebnis wie ein Swap-Geschäft führt hinsichtlich der Liquiditätswirkung ein „Devisenpensionsgeschäft", bei dem den Banken für befristete Zeit der „Herausgabeanspruch" auf Auslandsaktiva der Deutschen Bundesbank übertragen wird.

Kassenkredite in Form von kurzfristigen Direktkrediten an die öffentliche Hand darf die Bundesbank seit dem 1. 1. 1994 aufgrund der — im Rahmen der europäischen Harmonisierung — vorgenommenen fünften Änderung des Bundesbankgesetztes nicht mehr vergeben. Zugelassen sind aber untertägige Kontoüberziehungen der öffentlichen Verwaltung bei der Bundesbank.

Seit Beginn des Jahres 1998 ist das Bundesanleihekonsortium, das die Anleiheemissionen des Bundes und der Sondervermögen des Bundes abgewickelt hat, abgeschafft. An seine Stelle ist eine sogenannte „Bietergruppe Bundesemissionen" getreten, die zu Beginn aus dem größte Teil der Mitglieder des abgelösten Bundesanleihekonsortiums bestanden hat. Die Anleihen des Bundes und seiner Sondervermögen werden innerhalb dieser Gruppe im Tenderverfahren versteigert. Aus- und inländische Institute oder ihre Niederlassungen können sich um eine Aufnahme in die Bietergruppe bewerben, sofern sie eine ausreichende Plazierungskraft besitzen. Können sie die geforderte Plazierungskraft nicht bzw. nicht mehr aufbringen, scheiden die Institute aus der Bietergruppe aus, können sich aber zu einem späteren Zeitpunkt um Wiederaufnahme bemühen.

Die Empfehlungen des EWI bezüglich der Refinanzierungs- und Offenmarktpolitik der EZB sehen ein Hauptrefinanzierungsinstrument vor, das wöchentlich mit einer Laufzeit von zwei Wochen angeboten wird und in den meisten Ländern der EU als Wertpapierpensionsgeschäft ausgestaltet werden dürfte. Daneben wird es jeweils monatlich längerfristige Refinanzierungsgeschäfte geben mit Laufzeiten von bis zu drei Monaten. Die Entscheidung über die Aktiva, die im Rahmen der Offenmarktpolitik der Europäischen Zentralbank diskontierungsfähig sein werden, bleibt dem Rat der 1998 errichteten EZB (Kategorie-1-Sicherheiten) sowie den nationalen Zentralbanken (Kategorie-2-Sicherheiten) vorbehalten.[331]

[331] Siehe hierzu in diesem Teil Zweites Kapitel Abschnitt D. VI. 3. d) (2).

IV. Anbieten und Eröffnen von Geld- und Kapitalanlagefazilitäten und zugehörige Aktivitäten

In traditioneller, bilanzorientierter Gliederung sind dem Spektrum der Geld- und Kapitalanlagefazilitäten jene Leistungsarten zuzurechnen, die ihren Niederschlag in passiven Bilanzpositionen finden. Hierzu zählen sämtliche Bankleistungen im Rahmen der Übernahme von Geld- und Kapitalnutzungen mit unterschiedlichen Fristigkeiten, die Banken zum Zwecke der Finanzmittelbeschaffung von ihren Kunden in Anspruch nehmen. Darüber hinaus müssen aber auch solche Aktivitäten einbezogen werden, die aus bankbetrieblicher Perspektive Dienstleistungscharakter im engen Sinne aufweisen und sich in der Bilanz nicht widerspiegeln. Hierzu gehört die (entgeltliche) Vermittlung von Geld- und Kapitalanlagemöglichkeiten bei anderen Banken und Unternehmen für die Bankkundschaft. Während im ersten Fall die Bank selbst zum Schuldner gegenüber den Anlegern wird, tritt sie im zweiten Fall lediglich als Vermittler auf.[332]

1. Das Angebot der Universalbanken

a) Einlagengeschäft

Die Entgegennahme von Kundeneinlagen (Depositen) läßt sich entsprechend der jeweiligen Fristigkeit der Gelder in mehrere Kategorien einteilen.[333]

(1) Sichteinlagen

Sichteinlagen sind täglich fällige Einlagen, die von Nichtbanken oder anderen Banken (Interbankguthaben) bei Banken unterhalten werden und vor allem der Abwicklung des (bargeldlosen) Zahlungsverkehrs über Kontokorrent-, Giro-, Scheckkonten usw. dienen; genau genommen sind sie somit nicht Geldanlagen, werden jedoch aus systematischen Gründen an dieser Stelle erwähnt.

Obgleich Sichteinlagen de jure jederzeit abrufbar sind, ist ein Teil dieser Mittel für die aufnehmenden Banken längerfristig disponibel, da sich infolge von Prolongation und Substitution ein bestimmter *Bodensatz*[334] bildet. Dieser Bodensatz wächst mit zunehmender Größe und Filialisierung einer Bank tendenziell an, da der interne Verrechnungsfaktor, d. h. der Prozentsatz der unbaren Auszahlungsverfügungen der Bankkundschaft, der ohne Inanspruchnahme von Zentralbankgeld, also ausschließlich durch

---

332 Vgl. Büschgen, H. E.: Bankbetriebslehre, a.a.O., S. 242. Vgl. zu dieser Systematik auch Eilenberger, G.: Bankbetriebswirtschaftslehre, 6. Aufl., München – Wien 1996, S. 259 ff.

333 Vgl. zum folgenden Büschgen, H. E.: Einführung in die Bankbetriebslehre, Teil II, a.a.O., S. 99 ff.

334 Vgl. zur Bodensatztheorie im Zweiten Teil Fünftes Kapitel Abschnitt D. I. 4. a) (2) (b) (bb).

Umbuchung (interne Verrechnung) in den Büchern der Bank abgewickelt werden kann, ansteigt, ein bei den in manchen Banken in jüngerer Zeit angestellten Überlegungen oder bereits eingeschlagener Weg zur Reduzierung der Zahl der Filialen nicht zu unterschätzender Faktor. Auf dem Bodensatzeffekt beruht letztlich auch die Transformation formell kurzfristiger Einlagen in formell und materiell längerfristige Anlagen im Aktivgeschäft (Fristentransformation).[335]

Sichteinlagen, die von Nichtbanken unterhalten werden, verursachen hohe Personal- und Sachkosten, rechnet man ihnen auch die mit dem Angebot von Zahlungsverkehrsfazilitäten verbundenen Kosten zu, die nach Bankenangaben von den im Zahlungsverkehr vereinnahmten Gebühren und Provisionen nicht abgedeckt werden. Diesen Kosten ist jedoch nicht nur die zentrale Bedeutung gegenüberzustellen, die der Abwicklung des Zahlungsverkehrs im Rahmen der Pflege von Kundenverbindungen zukommt (Akquisitions- und Informationsfunktion im Rahmen des „cross-selling", Instrument der Kundenbindung) und die einer exakten Quantifizierung kaum zugänglich ist, sondern basierend auf dem Bodensatzeffekt und die allenfalls geringfügige Verzinsung von Sichteinlagen stellen diese — bezogen auf die Zinsmarge — eine günstige Refinanzierungsquelle dar. Dies gilt insbesondere nach der schrittweisen Senkung der Mindestreservesätze für Sichteinlagen (maximal 30 %) auf zunächst 5 % 1993 — bei gleichzeitigem Wegfall der Anrechenbarkeit der Kassenbestände bei der Mindestreserveerfüllung — und schließlich 2 % 1995, wodurch sich die Kosten der Sichteinlagen als Refinanzierungskosten für die Banken erheblich reduzierten.

(2) Termineinlagen

Termineinlagen sind Gelder, die grundsätzlich keine Zahlungsverkehrsfunktion erfüllen, sondern vorübergehend zinsbringend angelegt werden; sie kommen in zwei Formen vor

- als *Festgeld:* Die Festlegung erfolgt für eine von vornherein vereinbarte Frist, nach deren Ablauf die Einlage ohne besondere Kündigung fällig wird;
- als *Kündigungsgeld:* Der Kunde kann erst unter Einhaltung einer besonderen Kündigungsfrist über seine Einlage verfügen.

Termineinlagen sind für den Geldanleger dann von Bedeutung, wenn diesem vorübergehend liquide Mittel zur Verfügung stehen, für die sich keine anderweitige Verwendungsmöglichkeit bietet. Besonders attraktiv werden Termineinlagen in solchen Phasen, in denen die Zentralnotenbank eine restriktive Geldpolitik verfolgt, so daß die von den Banken für Mittel zur kurzfristigen Refinanzierung angebotenen Zinssätze die Renditen anderer Geldanlagen übertreffen können. Sowohl für die Banken als auch für den Anleger haben befristete Einlagen den Vorzug, daß sie infolge ihrer genauen Terminierung und ihres ex ante bekannten Ertrages beiden Marktparteien genauere Dispositionen ermöglichen als Sichteinlagen.

Durch Beschluß der Deutschen Bundesbank 1985 ist den in Deutschland zugelassenen Banken die Ausgabe von auf DMark lautenden Schuldverschreibungen, die den Charakter von *Einlagenzertifikaten* haben, gestattet worden. Bei Einlagenzertifikaten, die in

335 Vgl. in diesem Teil Zweites Kapitel Abschnitt A. III.

gewisser Weise ein Surrogat für Termineinlagen darstellen, handelt es sich um festverzinsliche Geldmarktpapiere, die aufgrund ihres Rechtscharakters als Inhaberpapiere sowie wegen ihrer laufzeit- und betragsmäßigen Standardisierung hohe Flexibilität aufweisen. Sie werden in hohen Nennbeträgen mit verschiedenen kurzen und mittleren Laufzeiten vor allem von Banken emittiert und im Fälligkeitszeitpunkt zum Nennwert eingelöst. Ihre Laufzeiten liegen zwischen 30 Tagen und etwa fünf Jahren mit Schwerpunktlaufzeit von 30 bis 180 Tagen. Sie können mit einem Festzinssatz als auch mit einem variablem Zinssatz ausgestattet sein. Da für diese Titel ein Sekundärmarkt besteht, der von darauf spezialisierten Händlern getragen wird, handelt es sich wirtschaftlich um handelbare Termineinlagen, die im Gegensatz zu denen auf einem Konto unterhaltenen somit auch vor Fälligkeit liquidisiert werden können. Während an ausländischen Finanzplätzen, insbesondere in den USA, Einlagenzertifikate (certificates of deposit, CDs) stark verbreitet sind, steht einer stärkeren Verbreitung von Einlagenzertifikaten in Deutschland die Mindestreserveregelung für befristete Verbindlichkeiten (Mindestreservesatz 2 %) hemmend entgegen, die CDs mit Laufzeiten bis zu zwei Jahren erfaßt.[336]

(3) Spareinlagen

Spareinlagen sind Einlagen, die durch Ausfertigung einer Urkunde als solche gekennzeichnet sind und der Ansammlung bzw. Anlage von Geldvermögen dienen, d. h., sie dürfen nicht zu Zahlungszwecken verwendet werden, und es galt für sie eine gesetzliche (drei Monate) oder längere (mindestens sechs Monate) Kündigungsfrist.

Mit der vierten KWG-Novelle wurden die die Spareinlagen definierenden §§ 21 und 22 KWG 1993 ersatzlos gestrichen, so daß es von dem Zeitpunkt an keine gesetzlich geregelten Spareinlagen mehr gab. Gleichwohl wurden ähnlich lautende Bestimmungen in die Rechnungslegungsverordnung aufgenommen, die zum Zwecke der Rechnungslegung den Begriff der Spareinlage definieren und damit im übertragenen Sinne auch für die Leistungsbeschreibung der Spareinlage konstituierend wirken. Die Aufhebung der Vorschriften für den Sparverkehr schienen aufgrund der Entwicklungen neuer Spar- und Einlagenformen sowie des veränderten Anlageverhaltens der Kapitalanleger, die durch Ertragsorientierung und Diversifizierung ihrer Einlagen das Institut der gesetzlich geschützten Spareinlage hatten hinfällig werden lassen, überholt. Zudem entsprach eine gesetzliche Normierung von Spareinlagen nicht mehr der Wettbewerbssituation im Rahmen der Europäischen Union, da mittels der im Europäischen Binnenmarkt festgelegten Dienstleistungsfreiheit zur Spareinlage substitutiv wirkende Anlageformen in Deutschland vom europäischen Ausland aus angeboten werden können. Den deutschen Banken wäre durch die dann restriktiv wirkenden Vorschriften über die Spareinlage ein Wettbewerbsnachteil entstanden, dem vom Gesetzgeber im Rahmen der Deregulierungsmaßnahmen begegnet werden mußte.

Trotz der Aufhebung der gesetzlichen Sparverkehrsvorschriften ist nicht zu erwarten, daß das Institut der Spareinlage grundsätzlich untergehen wird. Vielmehr werden auf der Basis der gesellschaftlich akzeptierten Anlageform der Spareinlage aufgrund privatrechtlicher Verträge Sparformen von Banken entwickelt, die dem Gedanken der Spar-

[336] Vgl. Deutsche Bundesbank: Monatsberichte, Januar 1986, S. 16.

einlage verbunden sind, jedoch hinsichtlich ihrer Ausgestaltung flexibler und facettenreicher dem Anlagebedarf der Kunden Rechnung tragen. So ist insbesondere die in der Vergangenheit oft als Hindernis empfundene betragsmäßige Begrenzung der kündigungsfreien Verfügung durch die Aufhebung der gesetzlichen Sparverkehrsvorschriften entfallen, was neben der nunmehr gesetzlich nicht mehr geforderten Erhebung von Vorschußzinsen bei höheren Abhebungen auch eine zusätzliche Freiheit in der Verfügungsmöglichkeit von Spareinlagen erlaubt. Zudem wurde den Sparern in jüngster Vergangenheit die Möglichkeit geboten, ihr Sparkonto mittels einer speziellen Chip-Karte und persönlicher Identifikationsnummer (PIN) flexibler über Geldautomaten, Kontoauszugsdrucker und Selbstbedienungs-Teminals zu führen.

Spareinlagen sind ein besonders günstiges Refinanzierungsmedium der Banken, da die Einlagen in der Regel langfristig zu vergleichsweise niedrigen Zinssätzen zur Verfügung stehen und nur mit einem geringen Mindestreservesatz (maximal 10 %; zur Zeit 1,5 %) belastet sind. Spareinlagen werden in maßgeblichem Umfang nicht nur von Sparkassen und Genossenschaftsbanken entgegengenommen und geführt, sondern ebenfalls von den Instituten des privaten Bankgewerbes, hier insbesondere von den Großbanken. Aufgrund der sozialpolitischen Bedeutung des Sparens hat der Staat in der Vergangenheit mehrere Programme zur Sparförderung initiiert, die die private Vermögensbildung durch zusätzliche Anreize in Form von Sparprämien, Sparzulagen oder Steuervorteilen begünstigten. Mit dem Subventionsabbaugesetz von 1981 wurde die staatliche Sparförderung jedoch in erheblichem Umfang eingeschränkt und im folgenden vor allem auf die Förderung von Aktien- und Beteiligungsanlagen zur Bildung von Investivkapital und zur Stärkung des heimischen Aktien- bzw. Finanzmarktes konzentriert.[337] Infolge dessen und vor dem Hintergrund des verschärften Wettbewerbs zwischen Banken und Versicherungen im Vermögensanlagebereich und des gestiegenen Zinsbewußtseins der privaten Haushalte, das eine Veränderung ihrer Anlagegewohnheiten zur Folge hatte, sind seit Beginn der siebziger Jahre Verschiebungen in der privaten Geldvermögensbildung zu beobachten, die zu einem nur noch unterproportionalen Wachstum der Spareinlagen bei Banken führten. Um der auch für die Zukunft mit nur degressivem Anteil prognostizierten Partizipation der Banken an der stetig zunehmenden Geldvermögensbildung privater Haushalte[338] mit geeigneten konkurrenzfähigen Anlageinstrumenten entgegenzuwirken, wurden von den Banken zahlreiche Spar-Sonderformen entwickelt, von denen in der folgenden Aufstellung einige wichtige Formen aufgelistet sind:

---

[337] Mit dem Fünften Vermögensbildungsgesetz in der Fassung der Bekanntmachung vom 4.3.1994 (BGBl I 406) wird die Sparförderung für vermögenswirksame Leistungen, die der Arbeitgeber für den Arbeitnehmer in bestimmter Form und Höhe anlegt, eingegrenzt.

[338] Vgl. hierzu ausführlich Büschgen, H. E.: Entwicklungslinien..., a.a.O., S. 104 ff.

- *Sparbriefe*[339] in der Form nicht börsengehandelter Namenspapiere, bei denen sich die Bank durch Ausgabe einer Urkunde verpflichtet, nach Ablauf einer vereinbarten Frist einen festgelegten Geldbetrag an den Erwerber des Sparbriefs zurückzuzahlen. Sparbriefe gibt es zum einen als normalverzinsliche Papiere, die zum Nennwert erworben und zurückgezahlt und bei denen die vereinbarten Zinsen halbjährlich oder jährlich vergütet werden, zum anderen als auf- oder abgezinste Papiere, die zum Kaufpreis zuzüglich aller angesammelten Zinsen und Zinseszinsen zurückgezahlt werden, wobei die Ausgabe zum Nennwert und die Ausgabe zu einem um die gesamten Zinsen verminderten (abgezinsten) Betrag unterschieden werden muß.
- Unter der Bezeichnung *Zuwachs-* oder *Wachstumssparen* werden von Banken mittel- bis langfristige Sparverträge für eine Einmal-Anlage angeboten, bei denen — ähnlich wie bei Bundesschatzbriefen — für jedes Jahr der Anlage des Spargeldes ein höherer Zinssatz vergütet wird. Die Vertragsgestaltung sieht in der Regel eine Kündigungssperrfrist von zwölf Monaten und anschließend eine kürzere Kündigungsfrist vor.
- Das *Prämien-* oder *Bonussparen* spricht diejenigen Sparer an, die regelmäßig ansparen wollen. Die Vertragsgestaltung sieht normalerweise eine Ansparzeit von sechs Jahren und eine „Ruhezeit" nach Leistung der letzten Sparrate von einem Jahr vor. Die Verzinsung erfolgt zum Spareckzins. Am Ende des Vertragszeitraums gewähren die Banken zusätzlich eine Prämie bzw. einen Bonus.
- Mit dem *Vermögenssparen* versuchen vor allem Sparkassen Sparer zu gewinnen, die eine längerfristige Kapitalanlage auf Sparkonten bevorzugen. Der Zinssatz für die Vermögensspareinlagen orientiert sich an der Durchschnittsrendite des Kapitalmarktes für Wertpapiere mit einer Restlaufzeit von vier oder fünf Jahren, wobei allerdings ein Abschlag erfolgt, weil die Sparer weder ein Kursrisiko noch Kosten für Erwerb, Veräußerung und Verwahrung tragen.
- Der *Sparvertrag (Sparplan) mit Lebensversicherungsschutz* ist eine Kombination von normalem Kontensparen in Form eines Ratensparvertrags und einer Risiko-Lebensversicherung, durch die das Sparziel abgesichert wird. Die Sparpläne können im einzelnen unterschiedlich im Hinblick auf Laufzeit, Sparraten oder etwaigen Bonusvereinbarungen ausgestattet sein. Der monatliche Mindestsparbetrag ist vergleichsweise niedrig angesetzt; die Laufzeiten können zwischen acht und 25 Jahren variieren. Dem Einleger wird normalerweise der Zinssatz für Spareinlagen mit vierjähriger Kündigungsfrist zuzüglich eines Bonus am Ende der Vertragslaufzeit vergütet. Die Höhe der zusätzlich zu zahlenden Versicherungsprämie hängt vom Lebensalter des Sparers ab.

Die Vielfalt angebotener Sparformen — von denen hier nur einige Typen exemplarisch aufgeführt wurden — verursachte aber auch Akzeptanzprobleme bei den privaten Kunden, die einerseits eine Transparenz im Leistungsprogramm bemängelten und andererseits die Möglichkeit des individuellen Zuschnitts („tailor made") der Anlageform auf ihre persönliche Anlagesituation wünschten. Dies veranlaßte die Banken in jüngster Zeit, ihre Angebotspalette auszudünnen — unter Verzicht auf weniger genutzte Sparformen

339 Sparbriefe bzw. Sparkassenbriefe sind keine Spareinlagen im Sinne des KWG, sie werden den befristeten Einlagen subsumiert. Aus systematischen Gründen werden sie jedoch an dieser Stelle behandelt.

— und gleichzeitig das Leistungsprogramm im Spargeschäft modular aufzubauen, um den Kunden entsprechend ihrer situativen Anlagebedürfnisse adäquat bedienen zu können und ihm auch im standardisierten Mengengeschäft die Möglichkeit zur Individualisierung der Leistungsinanspruchnahme zu bieten.

(4) Einlagensicherung als ergänzende Leistung

Um dem (auch öffentlichen) Interesse an einer wirksamen Sicherung der Bankeinlagen und der Einleger Rechnung zu tragen, haben die einzelnen Universalbankengruppen — über die indirekte Einlagensicherung aufgrund der existierenden Bestimmungen des Kreditwesengesetzes hinaus — kollektive Einlagensicherungssysteme eingerichtet. Bei diesen Einlagensicherungssystemen handelt es sich um freiwillige Einrichtungen der Bankengruppen in Form von Selbsthilfeeinrichtungen, die in ihrer heutigen Ausprägung und ihrem Sicherungsumfang seit 1975, im Anschluß an das Fallissement des Bankhauses Herstatt, existieren. Grundsätzlich besteht zwischen dem Einlagensicherungssystem des privaten Bankgewerbes auf der einen und dem der öffentlich-rechtlichen Banken und der Genossenschaftsbanken auf der anderen Seite ein konzeptioneller Unterschied dahingehend, als das Einlagensicherungssystem der privaten Banken direkt der Sicherung der Einlagen dient, dagegen bei Sparkassen und Genossenschaftsbanken die Institutssicherung und damit die indirekte Einlagensicherung Zielsetzung der Einlagensicherungssysteme ist.[340]

Der *Einlagensicherungsfonds des privaten Bankgewerbes* ist eine direkte, gruppenspezifische und solidarische Einlagensicherungseinrichtung des Bundesverbandes deutscher Banken e. V., wobei aufgrund der Heterogenität der Gruppe der — untereinander im Wettbewerb stehenden — privaten Banken in erster Linie die reine Einlagensicherung (*Gläubigersicherung*) und nicht die Sicherung eines illiquide gewordenen Instituts (Institutssicherung) bezweckt wird. Dem Einlagensicherungsfonds, der ein unselbständiges Sondervermögen des Bundesverbandes deutscher Banken e. V. darstellt, sind alle den Mitgliedsverbänden des Bundesverbandes angehörenden Banken angeschlossen, sofern sie Mitglieder im Prüfungsverband deutscher Banken e. V. sind.

Die *Sparkassen* unterliegen neben den allgemeinen Bestimmungen des Kreditwesengesetzes weiteren Sondervorschriften wie Sparkassengesetzen, -verordnungen und -satzungen, die den Zweck verfolgen, durch Geschäftsbeschränkungen, Anlagevorschriften und intensive Sonderaufsicht die Solvenz der öffentlich-rechtlichen Institute präventiv zu sichern, um damit auch die Realisierung ihres „öffentlichen Auftrages" zu gewährleisten. Die Einlagensicherung im engeren Sinne besteht aus zwei Komponenten: der rechtsformbedingten Mittelzuführung im Bedarfsfall auf der Basis von Anstaltslast und Gewährträgerhaftung und der materiellen Hilfeleistung auf freiwilliger Basis durch die gruppenspezifischen Sicherungseinrichtungen beim Deutschen Sparkassen- und Giroverband e. V. Aufgrund der *Anstaltslast* sind die Träger der öffentlich-rechtlichen Banken verpflichtet, diese Institute jederzeit mit den zur Funktionsfähigkeit notwendigen Mitteln auszustatten, wodurch die Gläubiger indirekt geschützt werden, und zum

340 Hinsichtlich einer ausführlicheren Darstellung der Einlagensicherungssysteme siehe Zweiter Teil Fünftes Kapitel Abschnitt D.I.5.

anderen haften aufgrund der *Gewährträgerhaftung* die Träger der Sparkassen und Landesbanken unbeschränkt für alle gegenwärtigen und zukünftigen Verbindlichkeiten dieser Institute. Trotz dieses strukturellen Wettbewerbsvorteils hinsichtlich des Gläubigerschutzes hat sich auch der Sparkassensektor aus Gründen der Wettbewerbsneutralität für die Schaffung eines gruppenspezifischen Sicherungssystems entschieden. Im Gegensatz zum Sicherungssystem des privaten Bankgewerbes steht nicht der Schutz der Einlagengläubiger im Vordergrund, sondern dieser wird indirekt durch die Anwendung des Prinzips der *Institutssicherung* erreicht. Ihre Begründung findet diese Konzeption in dem Gruppenbewußtsein und der Solidarität des Sparkassensektors sowie dem faktischen Wettbewerbsausschluß (Regionalprinzip) innerhalb dieser Bankengruppe. Die einzelnen Komponenten des Sicherungssystems sind regionale Stützungsfonds, die über jährliche Beiträge der Mitgliedssparkassen finanziert werden, des weiteren eine Sicherungsreserve der Landesbanken/Girozentralen sowie ein Haftungsverbund für den überregionalen Ausgleich zwischen diesen Fonds.

Über die im Genossenschaftsgesetz verankerte Nachschußpflicht der Genossenschaftsmitglieder im Konkursfall hinaus besteht im *genossenschaftlichen Sektor* ein freiwilliges, gruppenspezifisches Sicherungssystem beim Bundesverband der Deutschen Volksbanken und Raiffeisenbanken e. V. (BVR). Ihm sind grundsätzlich alle dem Genossenschaftssektor angehörenden Banken angeschlossen. Die Sicherungseinrichtung des Genossenschaftssektors besteht aus dem *Garantiefonds*, der in wirtschaftliche Schwierigkeiten geratene Kreditgenossenschaften unterstützt und dadurch indirekt die Sicherheit der Kundeneinlagen gewährleistet, und dem in subsidiärer Funktion stehenden *Garantieverbund*, einer kurzfristigen Bilanzierungshilfe für Mitgliedsinstitute. Das Sicherungssystem der Genossenschaftsbanken ist also analog der Konzeption des Sparkassensektors *primär auf die Institutssicherung ausgerichtet* und gewährleistet damit die Sicherheit der Einlagen indirekt.

Zudem erfolgt mit der siebten KWG-Novelle die Umsetzung der EU-Richtlinie über Einlagensicherungssysteme von 1994 in deutsches Recht, die einen Mindeststandard für einen Individualschutz des Einlegers und die Stabilität des Bankensystems EU-weit vorschreibt. Die Richtlinie verpflichtet die EU-Mitgliedstaaten, in ihren Hoheitsgebieten für die Errichtung und die amtliche Anerkennung eines oder mehrerer Sicherungssysteme Sorge zu tragen. Dabei dürfen Einlagen nur dann von einer Bank angenommen werden, wenn diese Mitglied in einem dieser Einlagensicherungssysteme ist, das darüber hinaus eine Mindestsicherungsgrenze von 20 000 ECU pro Anleger vorsehen muß. Damit wird die in Deutschland in privater Rechtsform realisierte Form der Einlagensicherung qua Richtlinie von der EU anerkannt, darüber hinaus um die gesetzlich vorgeschriebene Banken-Pflichtmitgliedschaft und die Anlegermindestsicherung ergänzt.

b) Effektengeschäft

Im Rahmen der Bankgeschäfte nimmt das Effektengeschäft vor allem bei den Kreditbanken eine bedeutende Stellung ein. Dies gilt sowohl für Geschäfte mit Aktien als auch besonders für solche mit festverzinslichen Wertpapieren. Unter dem Rubrum „Effektengeschäft" läßt sich neben der Emission von Wertpapieren[341] der Handel (Ankauf und Verkauf) von Wertpapieren sowie die Verwahrung und Verwaltung von Effekten zusammenfassen. Diese dem Effektengeschäft subsumierten Tätigkeiten — Finanzkommissionsgeschäft, Emissionsgeschäft und Depotgeschäft — sind Bankgeschäfte im Sinne des § 1 Abs. 1 Satz 2 KWG.

(1) Emission bankeigener Wertpapiere als originäre Anlagefazilität

Mit der Emission und dem Verkauf eigener Wertpapiere bieten die Banken dem anlagesuchenden Publikum — vergleichbar mit den Einlagen — eine originäre Anlageleistung in wertpapiermäßig verbriefter Form.

(a) Emission von Bankaktien

Über die Begebung von Aktien beschafft sich eine Bank langfristig verfügbare Finanzierungs- und vor allem Haftungsmittel. Zwar besteht bei dieser Form der Kapitalbeschaffung für die Bank keine Pflicht zur Rückzahlung und zur wiederkehrenden Leistung eines Entgelts in bestimmter Höhe (z. B. Zinsen) für die Überlassung der Kapitalnutzungspotentiale, doch müssen Banken — um auch in der Zukunft das benötigte Eigenkapital von außen zuführen zu können — faktisch eine möglichst konstante Verzinsung in einer Höhe bieten, die eine Anlage in Aktien der betreffenden Banken für das anlagesuchende Publikum attraktiv macht.

Während die Kosten der Finanzierung über Gläubigerpapiere für Banken in steuerlicher Sicht gewinn- und damit steuermindernde Betriebsausgaben darstellen, unterliegen die Dividendenausschüttungen einer Ausschüttungsbelastung in Höhe von 30 % Körperschaftsteuer. Aber auch für den Fall, daß sich die Eigentümer einer Bank aus Großaktionären zusammensetzen, die weniger an einer Ausschüttung der erwirtschafteten Gewinne, sondern vielmehr an einer Erhöhung des Vermögenswertes ihrer Anlage interessiert sind, ist die Finanzierung der Bank durch Eigenkapitalaufnahme unter Kostengesichtspunkten gegenüber der Fremdfinanzierung vergleichsweise weniger attraktiv. Zwar können Banken die erzielten Gewinne thesaurieren und so ihre Gewinnrücklagen nach § 272 Abs. 3 Satz 1 HGB erhöhen, doch unterliegen diese Beträge dem vollen Körperschaftsteuersatz von 45 %.

Des weiteren besteht für Banken bei der Emission von Aktien das Problem, die Höhe des Emissionskurses und damit die Höhe des Emissionsagios festzulegen (pricing). Die durch Kapitalerhöhungen aufgebrachten Eigenmittel müssen zwar nicht in vollem Umfang mit Dividende bedient werden, sondern nur in Höhe des Nennwertes der Aktien; das Agio in Höhe der Differenz zwischen (höherem) Emissionskurs und (niedrigerem) Nennwert ist nach § 272 Abs. 2 Nr. 1 HGB in die Kapitalrücklagen einzustellen und bleibt dividendenfrei. Eine Bank muß also bestrebt sein, ein möglichst hohes Emissionsagio zu erzielen, um die Dividendenbelastung des aufgenommenen Eigenkapitals insgesamt zu verringern. Dem steht jedoch das Erfordernis gegenüber, den Aktionären günstige Emissionskurse zu bieten, da ansonsten die angestrebte Kapitalerhöhung zu ei-

[341] Siehe hierzu auch in diesem Kapitel Abschnitt C. III. 1. d) (1).

nem Mißerfolg geraten kann. Denn erst durch den Absatz der Bankaktien an das anlagesuchende Publikum kommt eine Bankmarktleistung zustande, die aus der Sicht der Bank der langfristigen Finanzierung im Einklang mit bestimmten Vorschriften über die notwendige Eigenmittelausstattung dient, während die Anleger an einer möglichst sicheren und lukrativen Möglichkeit der Kapitalanlage interessiert sind.

Für Eigenkapitalgeber ist ein Unternehmen dann interessant, wenn sein ökonomischer Gewinn ihre Renditeerwartung befriedigt. Als Zielgröße einer wertorientierten Unternehmensführung wird daher das *shareholder value* — das Aktionärsvermögen — postuliert, das es qua unternehmerischer Strategie und Handlungen zu maximieren gilt. Als shareholder value eines Unternehmens oder Unternehmensteils gilt dabei der Preis, für den man den aus dem Unternehmensbesitz erzielbaren zukünftigen Zahlungsstrom bzw. einen Anteil daran kaufen kann. Das Shareholder-value-Konzept fordert, über die Verwendung des um die Zinszahlungen für Fremdkapital reduzierten cash flow ausschließlich unter Maßgabe der Aktionärsinteressen zu entscheiden. Insbesondere muß bei der Entscheidung zwischen Gewinnausschüttung und -thesaurierung beachtet werden, daß Thesaurierungen aus Aktionärssicht nur dann sinnvoll sind, wenn die im Unternehmen getätigten Investitionen einen Zahlungsstrom induzieren, dessen Barwert über dem von im Ausschüttungsfall für die Aktionäre möglichen Finanzanlagen liegt.

(b) Emission börsengängiger Bankschuldverschreibungen

Als börsengängige Schuldverschreibungen von Universalbanken allgemein können Inhaberschuldverschreibungen (Teilschuldverschreibungen) sowie Wandel- und Optionsanleihen unterschieden werden; Landesbanken emittieren speziell Pfandbriefe.

Für die Anleger besteht bei börsengängigen Bankschuldverschreibungen — wie auch bei Bankaktien — die Möglichkeit der jederzeitigen Lösung des Engagements durch Verkauf der betreffenden Effekten über die Börse. Für die Bank als Schuldner bleiben derartige Verkäufe — im Gegensatz zu Rückforderungen von Einlagen und dadurch induzierter Geldabflüsse — ohne direkten Einfluß auf ihre Finanzmittelausstattung. Hinsichtlich der Kosten der (Fremd-)Kapitalnutzung nimmt die Finanzierung durch die Emission von Bankschuldverschreibungen einerseits eine Mittelstellung zwischen den höheren Kosten einer Finanzierung mittels Aktien und den niedrigeren Kosten der Finanzierung durch Einlagen ein; andererseits vereinigt sie die Vorteile der höheren Dispositionssicherheit im Vergleich zu originären Anlagefazilitäten in Form von Einlagen und der Freistellung von der Mindestreservepflicht,[342] so daß die Bank über die aufgebrachten Netto-Finanzmittel auch in vollem Umfang verfügen kann. Zur Bankmarktleistung werden börsengängige Bankschuldverschreibungen, die ebenso wie Bankaktien oft über Konsortien oder andere Banken abgesetzt werden, zum Zeitpunkt des (erstmaligen) Verkaufs an die Anleger.

---

[342] Dies gilt allerdings nicht für Verbindlichkeiten aus Schuldverschreibungen, die auf den Inhaber oder, wenn sie Teile einer Gesamtemission sind, an Order lauten, mit einer Befristung von weniger als zwei Jahren. Vgl. Deutsche Bundesbank, Geschäftsbericht für das Jahr 1987, S. 97.

Zu berücksichtigen sind in diesem Zusammenhang auch die Fremdkapitalbeschaffungsmaßnahmen der Banken auf den internationalen Kapitalmärkten in Form „normaler" Anleihen (straight bonds), Null-Kupon-Anleihen (zerobonds), Doppelwährungsanleihen (dual-currency issues), variabel verzinslicher Anleihen (floating rate bonds), Wandel- und Optionsanleihen (convertible bonds und bonds with warrants attached)[343] oder stripped bonds, bei denen der Zinskupon getrennt vom eigentlichen Kapital gehandelt werden kann und festverzinsliche Anleihen (vor allem Staatsanleihen) in Null-Kupon-Anleihen umwandelbar werden. Durch bond stripping — der Separation der Zinsscheine vom Mantel einer Anleihe — entstehen so aus einer zehnjährigen Anleihe mit jährlicher Zinszahlung elf eigenständige Null-Kupon-Anleihen mit einer Laufzeit von einem bis zehn Jahren: ein Kapital-strip (Anleihe ex) und zehn Zins-strips.[344]

Eine gewisse Sonderstellung nimmt auch die Emission von Wandel- und Optionsanleihen ein, weil im Umfang des Emissionsvolumens eine bedingte Kapitalerhöhung vorzunehmen ist. Dabei hängt es von der Entscheidung des Obligationärs ab, ob im Fall der Wandelanleihe eine Bankmarktleistung in Form einer originären Anlagefazilität als Bankaktie entsteht oder ob es bei der Bankschuldverschreibung bleibt bzw. im Fall der Optionsschuldverschreibung zusätzlich eine Bankmarktleistung in Form der angebotenen Bankaktie vom Obligationär in Anspruch genommen wird.

Mit den Pfandbriefen emittieren die Landesbanken eine spezielle Form von Schuldverschreibungen. Als öffentliche Pfandbriefe waren die früher so bezeichneten Kommunalobligationen mit einer festen Verzinsung in Form von straight bonds ausgestaltet. Um die Attraktivität als Anlageinstrument für Kapitalanleger zu erhöhen, wurden Pfandbriefe in der jüngeren Vergangenheit dagegen mit neuen Verzinsungsmodalitäten ausgestattet (z. B. als zerobonds). Als Emissionen öffentlich-rechtlicher Banken, vor allem Landesbanken/Girozentralen, aber auch privater Hypothekenbanken sind sie mündelsicher. Die Emissionserlöse werden als Darlehen an inländische Körperschaften des öffentlichen Rechts (Länder, Gemeinden, Gemeindeverbände usw.) oder als kommunalverbürgte Kredite an andere Darlehensnehmer weitergegeben und dienen der Finanzierung öffentlicher Investitionen. Die Sicherung (Deckung) dieser öffentlichen Pfandbriefe ist nicht wie bei den Hypothekenpfandbriefen durch Eintragung von Rechten auf Grundstücken gewährleistet, sondern durch die allgemeine Steuerkraft der darlehensnehmenden bzw. -verbürgenden öffentlichen Körperschaft.

Bis Ende 1990 bestand für die Emission von Inhaberschuldverschreibungen sowie für Orderschuldverschreibungen, die Teile einer Gesamtemission sind, eine Genehmigungs-

343 Siehe hierzu im einzelnen in diesem Teil Drittes Kapitel Abschnitt D. V. 3.

344 Seit Juli 1997 besteht nach Entscheidung des Bundesministeriums der Finanzen für zehnjährige und dreißigjährige Bundesanleihen die Möglichkeit des bond stripping. Zinsscheine und Mantel erhalten eine eigene Wertpapierkennnummer und können anschließend getrennt gehandelt werden; ein entsprechendes System wurde von der Deutsche Börse Clearing AG entwickelt.

pflicht, die das Bundesfinanzministerium im Einvernehmen mit der zuständigen Landesbehörde erteilte.[345]

(c) Emission von Bank-Genußscheinen

Nachdem die KWG-Novelle von 1984 die Möglichkeit eröffnet hat, haftendes Eigenkapital unter den in § 10 Abs. 5 KWG genannten Bedingungen über die Ausgabe von Bank-Genußscheinen zu schaffen, haben Banken in zunehmendem Maße von dieser Variante der Eigenkapitalaufbringung Gebrauch gemacht. Genußscheine sind Urkunden, die dem Inhaber ein Recht auf Beteiligung am Reingewinn und/oder am Liquidationserlös einer Unternehmung verbriefen. Überwiegend sind die Genußscheine als Gläubigerpapiere ausgestaltet, so daß der Inhaber gegenüber dem Emittenten schuldrechtliche Ansprüche besitzt. Genußscheine können aber auch je nach Ausgestaltung Vermögensrechte in Form der Teilhabe am Periodengewinn, am Liquidationserlös und gegebenenfalls Bezugsrechte umfassen. Die Frage der Haftung des Genußrechtskapitals hängt ab von den Zielsetzungen des Emittenten, der es grundsätzlich wirtschaftlich als Eigenkapital oder aber als nachrangiges Haftkapital und damit wirtschaftlich als Fremdkapital einsetzen kann. Im letztgenannten Fall ergeben sich unter steuerlichen Gesichtspunkten Vorteile insoweit, als die Leistungen an die Gläubiger Betriebsausgaben darstellen, die bei der Gewinnermittlung steuermindernd wirken. Aus diesem Grund werden Genußrechte in der Weise gestaltet, daß sie ein Recht auf Beteiligung am Liquidationserlös ausschließen und nur das Recht auf Gewinnbeteiligung einräumen, um damit die Anforderungen an die Qualifikation als steuerliches Fremdkapital zu erfüllen.

(d) Emission sonstiger Wertpapiere

Zu den sonstigen Wertpapieren zählen alle nicht börsennotierten Schuldverschreibungen von Banken, die im wesentlichen unter den Bezeichnungen „Sparbrief" und „Sparschuldverschreibung" in Erscheinung treten. *Sparbriefe*[346] sind im Regelfall als Namensschuldverschreibungen ausgestattet und verbriefen dem Eigentümer eine — zu einem bestimmten Termin fällige — Forderung. *Sparschuldverschreibungen* sind als Inhaber- oder als Orderpapiere ausgestaltet und werden von Banken als Schuldverschreibungen bilanziert. Da Sparbriefe und Sparschuldverschreibungen nicht börsennotiert sind, unterliegen sie einerseits keinen Kursschwankungen, können aber andererseits vom Anleger nicht ohne weiteres vor Fälligkeit zurückgegeben oder verkauft werden. Nach der Art der Zinszahlung lassen sich aus der Vielzahl ähnlich lautender Leistungsartenbezeichnungen für Sparbriefe und Sparschuldverschreibungen, die von allen Universalbanken ausgegeben werden, folgende Typen beispielhaft unterscheiden:

---

[345] Das Gesetz zur Vereinfachung der Ausgabe von Schuldverschreibungen von 1990 hob die die Genehmigungspflicht festschreibenden §§ 795 und 808a BGB sowie das Gesetz über die staatliche Genehmigung der Ausgabe von Inhaber- und Orderschuldverschreibungen auf.

[346] Vgl. hierzu auch in diesem Kapitel Abschnitt C. IV. 1. a) (3).

- *normalverzinsliche Sparbriefe* mit konstanter halbjährlicher oder jährlicher Zinszahlung, die zum Nennwert zurückgezahlt werden;
- *aufgezinste Sparbriefe*, bei denen die Zinsen während der Laufzeit angesammelt und bei Fälligkeit einschließlich der Zinseszinsen zusammen mit dem Anlagebetrag dem Eigentümer (zurück-)gezahlt werden;
- *dynamische Sparbriefe*, bei denen der Zinssatz — ähnlich den Bundesschatzbriefen — während der Anlagezeit ansteigt, so daß der Gesamtdurchschnittszins mit zunehmender Laufzeit wächst. Darüber hinaus ist meist nach Ablauf einer bestimmten Sperrfrist eine Rückgabe möglich;
- *Sparobligationen*, die vor allem im Genossenschaftsbankensektor vorkommen und grundsätzlich börsenfähige Inhaberschuldverschreibungen darstellen. Ihre Börseneinführung hängt jedoch von der Entscheidung der emittierenden genossenschaftlichen Zentralbank ab;
- *Sparkassenobligationen* in Form nicht börsenfähiger Orderschuldverschreibungen, die von Sparkassen zu festen Zinssätzen mit einer Laufzeit von vier bis zwölf Jahren ausgegeben werden; ihre Rücknahme erfolgt zum Nennwert oder bei aufgezinsten Sparkassenobligationen zum Nennwert einschließlich der aufgelaufenen Zinsen und Zinseszinsen.

(2) Effektenhandel als zugehörige Aktivität

Unter *Effektenhandel* versteht man den An- und Verkauf von Effekten entweder auf eigene Rechnung als Effekteneigengeschäft oder auf fremde Rechnung als Effektenkommissionsgeschäft. Während das Effektenkommissionsgeschäft stets in Zusammenhang mit einem Kundengeschäft steht, können Effekteneigengeschäfte sowohl bei der Abwicklung von Kundengeschäften als auch von Eigengeschäften auftreten.

So handelt es sich bei Effekteneigengeschäften in Form des An- und Verkaufs im eigenen Namen und auf eigene Rechnung ohne Kundenauftrag zum Zwecke der Ausnutzung von Kursschwankungen, zur Kursregulierung, zur Geld- und Kapitalanlage sowie zum Erwerb von Beteiligungen um reine Eigengeschäfte nach § 1 Abs. 3 Satz 1 Nr. 5 KWG (als Kennzeichen eines Finanzunternehmens) und nicht um ein Bankgeschäft nach § 1 Abs. 1 Satz 2 Nr. 4 KWG (Finanzkommissionsgeschäft) oder eine Finanzdienstleistung im Sinne des § 1 Abs. 1a Satz 2 Nr. 2 KWG (Abschlußvermittlung) bzw. im Sinne des § 1 Abs. 1a Satz 2 Nr. 4 KWG (Eigenhandel im Kundenauftrag).[347]

Effekteneigengeschäfte zur Abwicklung von Kundenaufträgen — Finanzdienstleistung im Sinne des § 1 Abs. 1a Satz 2 Nr. 4 KWG — kommen vor allem bei solchen Wertpapieren vor, die nicht zum amtlichen Handel zugelassen sind. Hierbei treten sich Kunde und Bank direkt als Käufer und Verkäufer gegenüber. Der Kunde erhält im Gegensatz zum Kommissionsgeschäft eine Nettoabrechnung, d. h., das Ausführungs- bzw. Dekkungsgeschäft, mit dem sich die Bank gegebenenfalls die gewünschten Wertpapiere besorgt, ist losgelöst vom Kundengeschäft. Die Bank hat hierbei die Möglichkeit, die Spanne zwischen dem Kurs, zu dem sie dem Kunden die von ihm gewünschten Wertpapiere anbietet, dem Briefkurs, und dem Kurs, zu dem sie als Nachfrager nach den glei-

---

347 Vgl. in diesem Teil Zweites Kapitel Abschnitt A. I.

chen Papieren am Markt auftritt, dem Geldkurs, für sich auszunutzen. Eine besondere Form des Effekteneigengeschäfts zur Abwicklung von Kundenaufträgen ist das *Tafelgeschäft*, bei dem der Kunde am Schalter Effekten zu einem festen Preis — meist gegen Barzahlung — kauft oder verkauft. Leistung und Gegenleistung erfolgen hierbei Zug um Zug.

Im Rahmen des *Effektenkommissionsgeschäfts* führt die Bank Kauf- und Verkaufaufträge ihrer Kunden in solchen Wertpapieren aus, die zum amtlichen Handel an der Börse zugelassen sind. Sie tritt hierbei als Kommissionär im Sinne der §§ 383 ff. HGB im eigenen Namen, aber für fremde Rechnung auf. Diese verdeckte Stellvertretung klassifiziert das KWG als Bankgeschäft im Sinne des § 1 Abs. 1 Satz 2 Nr. 4 (Finanzkommissionsgeschäft) im Unterschied zur offenen Stellvertretung, dem Handel im fremden Namen für fremde Rechnung, die Finanzdienstleistung im Sinne des § 1 Abs. 1a Satz 2 Nr. 2 KWG (Abschlußvermittlung) ist und damit kein Bankgeschäft begründet.[348]

Früher war ein *Kommissionsgeschäft mit Selbsteintritt* möglich und auch üblich: Die Banken behielten sich aufgrund ihrer Allgemeinen Geschäftsbedingungen für das Effekten- und Depotgeschäft im Wertpapierkommissionsgeschäft mit amtlich gehandelten Wertpapieren das Recht des Selbsteintritts vor, ohne daß es einer ausdrücklichen Anzeige gemäß § 405 HGB bedurfte. Beim Selbsteintritt nach den §§ 400 ff. HGB war es der Bank gestattet, bei einem Kaufauftrag selbst als Verkäufer aufzutreten, d. h. die Wertpapiere aus ihrem eigenen Bestand zu liefern, und bei einem Verkaufauftrag die Wertpapiere selbst zu kaufen, also in den eigenen Bestand zu nehmen. Schloß die selbsteintretende Bank aufgrund des ihr erteilten Effektenauftrags ein marktmäßiges Deckungsgeschäft ab, mußte sie den Dritten, mit dem das Geschäft abgeschlossen wurde, nicht namhaft machen. Dabei war die Bank als Kommissionär verpflichtet, bei der Ausführung des Auftrags den amtlichen Kurs zugrunde zu legen. Nach der Neufassung der Sonderbedingungen für den Wertpapierhandel Anfang 1995 führt die Bank das Kommissionsgeschäft nur noch *ohne Selbsteintritt* aus, womit das am Markt getätigte Ausführungsgeschäft anders als das Deckungsgeschäft im Rahmen des kommissionsrechtlichen Selbsteintritts für Rechnung des Kunden erfolgt. Wird das Ausführungsgeschäft im Namen des Kunden getätigt, bezieht sich der auftragsrechtliche Herausgabeanspruch des Kunden mithin auf ein konkretes, am Markt vollzogenes Effektengeschäft mit der Konsequenz, daß nunmehr jedem Effektengeschäft ein marktmäßig ausgeführtes Effektengeschäft in nachprüfbarer Weise zugeordnet werden kann.

Die Effektenkommissionsgeschäfte werden an den Börsen über die amtlichen (Kursmakler) und die freien Makler abgewickelt. Die Transaktionen der Kunden können sich auf Geschäfte am Kassamarkt oder am Terminmarkt beziehen. Werden keine besonderen Angaben erteilt, so gelten alle Orders als Tagesorders mit unlimitiertem Kurs. Von Banken entgegengenommen werden auch Aufträge zur Abwicklung an bedeutenderen ausländischen Börsen, die dann im Regelfall über Korrespondenzbanken weitergeleitet werden. Zudem wurden auch — insbesondere von den Großbanken bzw. deren Auslandstochterinstituten — selbst Sitze an international führenden Auslandsbörsen oder Beteiligungen an lokalen Banken mit Börsensitz erworben, so daß ein unmittelbarer

[348] Vgl. in diesem Teil Zweites Kapitel Abschnitt A. I. 1.

Börsenzugang besteht. Als Clearingstellen für internationale Wertpapiertransaktionen fungieren die ursprünglich lediglich für den Eurobondhandel gegründeten Gemeinschaftsinstitute Euroclear mit Sitz in Brüssel und Cedel (Centrale de Livraison de Valeurs Mobiliers) mit Sitz in Luxemburg, die einen Abwicklungs- und Verwahrdienst anbieten. Grenzenüberschreitender Effektengiroverkehr wird auch durch Kontoverbindungen der deutschen Wertpapiersammelbank ermöglicht, die als *Deutsche Börse Clearing AG* 1997 aus der ehemaligen Deutsche Kassenverein AG hervorging, die 1996 mit dem Deutschen Auslandskassenverein fusioniert worden war. Dieser Deutsche Auslandskassenverein ermöglichte einen Treuhandgiroverkehr in solchen ausländischen Aktien, die keine amtliche Notiz in Deutschland haben und bei denen daher nur die Ansprüche auf Auslieferung der im Ausland lagernden Wertpapiere Gegenstand des Handels sind.

Von seiten der Banken werden als Vergütung beim Effektenkommissionsgeschäft die Effektenprovision und die Makler-Courtage berechnet. Die Makler-Courtage ist aus Sicht der Banken allerdings nur ein durchlaufender Posten.

(3) Depotgeschäft

Mit dem Effektenkommissionsgeschäft eng verbunden ist das Depotgeschäft, bei dem die Banken die Verwahrung und Verwaltung der Wertpapiere ihrer Kunden übernehmen. Der Regelfall ist hierbei die *(Giro-)Sammelverwahrung*, bei der die von den Kunden hinterlegten Wertpapiere ungetrennt, jedoch gesondert nach Effekten gleicher Gattung, aufbewahrt werden. Die Sammelverwahrung erfolgt entweder durch die Banken selbst oder — im Regelfall — durch die an den Börsenplätzen domizilierenden Zweigstellen der Deutsche Börse Clearing AG (vormals Deutsche Kassenverein AG). Der einzelne Kunde besitzt Bruchteilseigentum am Sammeldepotbestand der Stücke gleicher Gattung. Entsprechend erfolgt bei Depotumschichtungen einzelner Kunden eine Umbuchung im Rahmen des Effektengiroverkehrs. Nur in Ausnahmefällen erfolgt eine *Sonderverwahrung*, die die Bank verpflichtet, die von den Kunden deponierten Effekten unter äußerlich erkennbarer Bezeichnung jedes Hinterlegers getrennt vom eigenen Effektenbestand und dem anderer Deponenten aufzubewahren.

Die in der Praxis seit langem dominierende Girosammelverwahrung als kostensparende Form der bankmäßigen Verwahrung wurde im Zuge des Zweiten Finanzmarktförderungsgesetzes durch Novellierung des Depotgesetzes zur gesetzlichen Regelverwahrung. Durch Umkehrung des *Regel-Ausnahme-Verhältnisses* zwischen Sonderverwahrung und Girosammelverwahrung adaptierte der Gesetzgeber die Gesetzeslage an die realen ökonomischen Begebenheiten, so daß sich die Verpflichtung des Verwahrers, Wertpapiere in Sonderverwahrung zu nehmen, auf die Fälle reduziert, in denen Wertpapiere nicht zur Sammelverwahrung durch eine Wertpapiersammelbank zugelassen sind oder der Hinterleger explizit eine Sonderverwahrung verlangt.

Als spezielle Dienstleistungen im Zusammenhang mit der Effektenverwaltung sind zu nennen:

- Einzug sowie Gutschrift oder Auszahlung von Zinsen und Gewinnanteilen (Dividenden), Abrechnung der Zinsertragsteuer sowie die Abrechnung der nach dem Körperschaftsteuergesetz anfallenden „Steuerguthaben"[349];
- Bezug neuer Zins- oder Dividendenscheinbögen (Couponbögen);
- Mitteilungen an Aktionäre über Hauptversammlungen und deren Tagesordnungspunkte, Versendung von Teilnahmekarten an Aktionäre, die ihr Stimmrecht in der Hauptversammlung selbst ausüben wollen;
- Wahrnehmung des Stimmrechtes der Aktionäre in den Hauptversammlungen, soweit sie von diesen dazu bevollmächtigt wurden und unter Berücksichtigung ggf. von den Kunden erteilter Abstimmungsaufträge (Depot-, Vollmacht-, Auftragsstimmrecht).

(4) Vermögensverwaltung und Anlageberatung

Im Bereich der *Vermögensverwaltung* betreuen Banken die ihnen von Kunden anvertrauten Geld- und Sachwerte, wobei dieses Geschäft erst ab gewissen, bei den einzelnen Banken unterschiedlich hohen Mindestanlagesummen betrieben wird. Hierzu gehören auch Nachlaßverwaltungen, Verwaltung von Stiftungsvermögen und Pensionsfondsmitteln. Im Rahmen des Vollmachtdepots legt die Bank nach eigenem besten und das Interesse des Kunden wahrenden Ermessen das ihr vom Kunden zur Verfügung gestellte Vermögen an und nimmt — unter Ertrags- und Risikoaspekten — auch ohne besonderen Kundenauftrag Umschichtungen vor. Die *Anlageberatung* der Banken hat mit zunehmender Vielfalt an Anlageformen — auch für mittlere und kleinere Vermögen — stetig an Bedeutung gewonnen. Hierbei gilt es vor allem, eine den individuellen Ertrags- und Risikoneigungen des Kunden entsprechende Beratung zu erteilen, die vom Sparplan über die Aktienanlage bis zu steuerbegünstigten Kapitalanlagen und Gesellschaftsanteilen reichen kann.[350]

Die anlegergerechte Beratung wurde mit den im Wertpapierhandelsgesetz normierten *Verhaltensregeln* auf eine gesetzliche Grundlage gestellt, um dem Verbraucherschutz bei der Anlageberatung im Hinblick auf die bedeutsame Vertrauenssicherung der Anleger in die Funktionsfähigkeit der Wertpapiermärkte gerecht zu werden. So sieht das Wertpapierhandelsgesetz zur Vermeidung von Interessenkonflikten in Beziehung zu den Kunden und der Kunden untereinander für den Anlageberatungs-, den Vermögensverwaltungs-, den Wertpapierhandels- und den Emissionsbereich eine adäquate Organisationsstruktur vor, die sog. *compliance*, die das Handeln in Übereinstimmung mit dem gelten-

[349] Steuerlich induziert ist auch das Dividenden-stripping: Durch die Umwandlung von steuerpflichtigen Kapitalerträgen in Form von Dividenden in steuerfreie Kursgewinne vereinbaren Marktteilnehmer den kurz aufeinanderfolgenden An- und Rückkauf von Aktien zum Zeitpunkt der Dividendenzahlungen. Insbesondere für Ausländer und Privatpersonen ist es vorteilhaft, kurz vor Ausschüttung der Dividende Aktien zu verkaufen und nach dem Tag des Dividendenabschlags zurückzukaufen, um so statt steuerpflichtiger Dividende einen steuerfreien Kursgewinn zu vereinnahmen. Umgekehrt vereinnahmen gewerbliche Anleger auf der Gegenseite durch Kauf der Aktien vor dem Dividendentermin die Bruttodividende, um den nach dem Tag der Dividendenausschüttung in der Regel anfallenden Kursverlust steuerlich gegenzurechnen.

[350] Vgl. z. B. Roll, H.-A.: Vermögensverwaltung durch Kreditinstitute, Berlin 1983, S. 33 ff.

den Recht gewährleisten kann. Durch Kontrollinstrumente wie Beobachtungslisten (watch lists), die Wertpapiere auflistet, zu denen der Bank kursrelevante Informationen vorliegen, Sperrlisten (restricted lists), die Mitarbeiter- und Eigengeschäfte in den betroffenen Titeln verbietet, und die Errichtung von Vertraulichkeitsbereichen (chinese walls) soll der *Insider-Problematik* im Wertpapiergeschäft der Banken, d. h. dem unerlaubten Ausnutzen von positionsbedingten Insiderinformationen zum eigenen Vorteil, begegnet werden.

Des weiteren formuliert das Wertpapierhandelsgesetz Aufklärungs- und Beratungspflichten für Wertpapierdienstleistungsunternehmen. So sind die Erfahrungen und der Wissensstand des Kunden, seine Anlageziele und seine Risikobereitschaft sowie seine Vermögensverhältnisse vor Erbringung der eigentlichen Wertpapierdienstleistung zu erkunden; ohne daß der Anleger allerdings zu der Erbringung der persönlichen Angaben verpflichtet werden kann. Zudem ist der Kunde in die Lage zu versetzen, die Tragweite und Risiken seiner Anlageentscheidung adäquat einschätzen zu können, um die wirtschaftlichen Folgen eigenverantwortlich zu tragen. Dazu bedarf es der Weitergabe anlagebezogener Informationen, soweit diese zur Wahrung der Kundeninteressen und im Hinblick auf die Art und den Umfang der beabsichtigten Geschäfte erforderlich sind. Entsprechend ist es untersagt, dem Kunden den Ankauf oder Verkauf von Wertpapieren, Geldmarktinstrumenten oder Derivaten zu empfehlen, die dem Anlageinteresse des Kunden zuwiderlaufen respektive vorrangig dem Eigeninteresse des Wertpapierdienstleisters folgen. Die Einhaltung dieser Verhaltensregeln obliegt dem Bundesaufsichtsamt für den Wertpapierhandel, das durch den Erlaß einer Wohlverhaltensrichtlinie 1997 die Verhaltenspflichten weiter konkretisiert hat.

c) Angebot von Genossenschaftsanteilen und Genußscheinen als originäre Anlagefazilitäten der Kreditgenossenschaften

Entsprechend den Möglichkeiten der Banken in der Rechtsform der AG und der KGaA zur Beteiligungsfinanzierung durch Ausgabe von Aktien, bietet sich den Kreditgenossenschaften die Möglichkeit, ihren Kunden den Erwerb von Genossenschaftsanteilen als besondere Anlagefazilität zu offerieren. Unter geschäftspolitischen Aspekten kommt dieser Anlagefazilität eine besondere Bedeutung zu, da der Erwerb von Genossenschaftsanteilen durch Bankkunden aus Sicht der Kreditgenossenschaft eine Beteiligungsfinanzierung, also eine Kapitalbeschaffung durch Aufnahme von Eigenkapital darstellt und damit eine Expansion der durch bankenaufsichtsrechtliche Strukturnormen an die Höhe des haftenden Eigenkapitals gebundenen Aktivgeschäfte gestattet. Für den Beteiligungscharakter der von den Genossenschaftsmitgliedern aufgebrachten Mittel spricht die Haftung der Mitglieder, die (effektive) Dauer der Hingabe der Mittel, das grundsätzliche Verbot der Verzinsung der von den Mitgliedern eingezahlten Beträge (Geschäftsguthaben) und die Abhängigkeit von Mitgliedschaft, Mitverwaltung und Kapitalbeteiligung, aus der die Absicht der Einflußnahme auf die Genossenschaft als Merkmal einer echten Beteiligung abzuleiten ist. Im Unterschied zu der Beteiligungsfinanzierung durch Ausgabe von Aktien, bei der der „Austritt" eines Aktionärs sich außerhalb der Gesellschaft und ohne Einfluß auf die Kapitalausstattung vollzieht, stellt sich allerdings das Problem, daß die Genossenschaftsmitglieder mit der sehr kurzen oder einer satzungsmäßig fixierten längeren Frist ausscheiden und damit die Auszahlung ihrer Geschäftsguthaben verlangen können.

Aus Sicht der Bankkunden stellt der Erwerb von Genossenschaftsanteilen eine Anlagefazilität dar, die neben dem Stimmrecht in der Generalversammlung auch eine Beteiligung am Gewinn der Kreditgenossenschaft einräumt.

Seit der Novellierung des KWG 1984 ist es den Genossenschaftsbanken auch erlaubt, zur Stärkung ihrer Eigenkapitalbasis Genußscheine zu emittieren. Von dieser Möglichkeit machen zunehmend Genossenschaftsbanken (wie auch andere Banken) Gebrauch. Ebenso wie bei dem Erwerb von Genossenschaftsanteilen stellen von Genossenschaftsbanken emittierte Genußscheine aus der Sicht der Kunden der Genossenschaftsbanken Anlagefazilitäten dar, die ihnen je nach Ausgestaltung des Genußscheins eine Beteiligung am Gewinn der Genossenschaft oder aber eine regelmäßige Verzinsung, die unter Umständen gewinnabhängig gestaltet ist, des eingelegten Kapitals einräumen.

d) Pensionsgeschäfte und Wertpapierleihgeschäfte

Bei den *Pensionsgeschäften* der Banken handelt es sich um eine Sonderform der Refinanzierungsmittelbeschaffung. Die zu diesem Zweck geschlossenen Vereinbarungen sehen vor, daß Vermögensgegenstände — vor allem Wertpapiere und Wechsel, gegebenenfalls auch Darlehensforderungen — von einer Bank als Pensionsgeber gegen Zahlung eines bestimmten Betrages auf einen anderen, den Pensionsnehmer (andere Banken, Versicherungsunternehmen usw.), mit der Maßgabe übertragen werden, daß sie zu einem im voraus bestimmten oder von dem Pensionsnehmer (unechtes Pensionsgeschäft) bzw. von dem Pensionsgeber (echtes Pensionsgeschäft) zu bestimmenden Zeitpunkt gegen Entrichtung des empfangenen oder eines im voraus vereinbarten anderen Betrages zurückerworben werden müssen (§ 340b HGB). Man kann hierbei drei Grundformen unterscheiden:

- Die Abtretung erfolgt fiduziarisch zur Sicherung eines Geldleihgeschäfts zwischen Zedent und Zessionar. Der Sicherungseigentümer der Forderung darf die Rechte aus der Forderung nur zur Sicherung seiner Ansprüche aus dem Geldleihgeschäft geltend machen. Diese Form ist sehr selten, da das gewollte Verschwinden der Forderung aus der Bilanz der zedierenden Bank nicht erreicht wird.
- Die Abtretung (Regelfall) ist Eigentumsübertragung. Die Forderung wird (mit Rückkaufszusage) verkauft. Wird in der Rückkaufverpflichtung kein „Preis" vereinbart, so erfolgt der Rückkauf zu dem Wert, der der Forderung im Rückkaufzeitpunkt beizulegen ist. Zwischenzeitliche Wertminderungen infolge Minderverzinslichkeit gegenüber dem kapitalmarktüblichen Zins gehen zu Lasten des Käufers.
- Die Rückkaufverpflichtung enthält Angaben darüber, zu welchem „Preis" die Forderung zurückgekauft wird. Wird eine Rücknahme zu 100 % vereinbart, trägt der Verkäufer auch während der Zeit, in der sich die Forderung „in Pension" befindet, das Wertminderungsrisiko.[351]

---

351 Vgl. u. a. Ferber, M.: Pensionsgeschäfte der Kreditinstitute, Frankfurt a. M. 1969, S. 14 ff.

Vom echten Pensionsgeschäft abzugrenzen ist das *Wertpapierleihgeschäft*, bei dem der Entleiher Wertpapiere mit der Verpflichtung übereignet, Papiere gleicher Art und Güte nach Ablauf der vereinbarten Frist zurückzuübereignen. Für die Dauer der Überlassung entrichtet er eine Leihprovision, während beim Pensionsgeschäft der Pensionsgeber vom Pensionsnehmer den Gegenwert der Wertpapiere und damit Liquidität erhält. Der Entleiher kann mit geliehenen Wertpapieren Lieferverzögerungen überbrücken sowie Arbitragegeschäfte und Risikoabsicherung zwischen Kassamarkt und Terminmarkt betreiben. Erst seit 1990 im Zuge des weiteren Ausbaus des Finanzplatzes Deutschland wird das Wertpapierleihgeschäft von inländischen Banken aktiv betrieben.[352]

e) Angebot und Vermittlung sonstiger Anlagefazilitäten

(1) Edelmetallhandel

Der Handel mit Edelmetallen zählt zu den ältesten Bankgeschäften überhaupt. Wichtigstes Objekt des Handels mit Edelmetallen ist Gold, daneben werden auch Geschäfte in Silber und Platin vermittelt. Während Münzen und Barren marktgängig sind, werden Medaillen von der Bank in der Regel nicht zurückgekauft. Da Edelmetalle keine regelmäßigen Kapitalerträge abwerfen, ist der Ertrag für den Käufer in erster Linie in der erwarteten Wertsteigerung der Objekte, gegebenenfalls auch in deren Wertaufbewahrungsfunktion zu sehen.

Neben den Banken sind vor allem auch Zentralnotenbanken im internationalen Edelmetallhandel tätig. Die bekanntesten internationalen Goldhandelsplätze sind vor allem London und Zürich sowie daneben auch Paris und Frankfurt. Im Gegensatz zum physischen Handel mit Gold vermitteln Geschäfte über Ansprüche auf Gold lediglich Eigentumsrechte ohne (direkten) Zugriff auf die Goldbestände. Diese Goldzertifikate stellen eine auf eine bestimmte Menge Feingold lautende Anweisung einer im Goldhandel aktiven Bank dar, die an Goldanleger verkauft wird. Der Eigentümer kann sie gegen Barrengold bei der Bank einlösen oder weiterverkaufen, womit er u. a. Aufbewahrungskosten und -risiken des originären Goldhandels vermeidet. Die Deutsche Bundesbank beurteilte die Ausgabe von Goldzertifikaten seinerzeit negativ als Verstoß gegen ihr Banknotenmonopol und verursachte eine Verlagerung der Ausgabe durch deutsche Banken in das benachbarte Ausland — vor allem nach Luxemburg.

(2) Vermittlung von Beteiligungen

Auf den Doppelcharakter dieser Leistung sowohl als Kapitalanlage- wie auch als Finanzierungsfazilität wurde bereits oben hingewiesen. Die als *Anlagefazilitäten* offerierten Objekte setzen in vielen Fällen bei den Nachfragern dieser Bankleistung ein überdurchschnittliches Maß an Risikobereitschaft voraus, handelt es sich doch vielfach um innovative Projekte, bei denen zwar ein überdurchschnittliches Wachstumspotential vermutet wird, Aussagen über das Erfolgspotential aufgrund des Neuigkeitsgrades aber nur sehr begrenzt möglich sind. Häufig wird die —zeitlich befristete — Bereitstellung von haf-

[352] Vgl. Kümpel, S.: Bank- und Kapitalmarktrecht, Köln 1995, S. 477 ff.

tendem Kapital auch mit unternehmerischem Engagement kombiniert, indem die Beteiligungskapitalgeber die finanzierte Unternehmung in geschäftspolitischen Fragen unterstützen. Mit ihrem unternehmerischen Engagement beugen sie einem Scheitern der häufig allein technisch versierten Kapitalnehmer vor und tragen zu einem schnelleren Wachstum der Unternehmung und damit des Wertes ihrer Beteiligung bei.

Des weiteren ist die *Going-public-Unterstützung* durch Banken zu nennen, eine Bankdienstleistung, die ebenfalls Finanzierungs- und Anlagecharakter gleichermaßen aufweist. Die Rückbesinnung auf die Aktie als Finanzierungsinstrument zur Verbesserung der schlechten Eigenkapitalsituation vieler Unternehmen führte zu einer großen Aufnahmebereitschaft in breiten Anlegerkreisen. Galt es von seiten der Banken, Publizitäts-, Überfremdungs- und ähnliche Bedenken bei möglichen Börsenkandidaten auszuräumen, mußten sie ihr Kapitalanlagemöglichkeiten suchendes Publikum von der Vorteilhaftigkeit eines Aktienengagements überzeugen.

Ein zusätzlicher Impuls für ein verstärktes going public ergab sich durch den 1987 an den deutschen Börsen eingerichteten *Geregelten Markt*. Zwar sieht der Gesetzgeber in § 71 des Börsengesetzes die Möglichkeit vor, daß die Antragstellung auf Zulassung zum Geregelten Markt durch Beschluß des Börsenvorstandes auch anderen Unternehmen als Banken gestattet werden kann, doch dürfte auch in Zukunft die Mitantragstellung durch eine Bank die Regel sein. Obliegt der Bank im Vorfeld die Prüfung der Unternehmung im Hinblick auf die entsprechende „Marktreife", ist sie im Rahmen der Antragstellung auf Zulassung in die Konzipierung des zu veröffentlichenden Unternehmungsberichts involviert. Dieser muß unter anderem Angaben über den Emittenten, die Entwicklung der Unternehmung sowie die Geschäftslage und Geschäftsaussichten enthalten. Die Haftung bezüglich der Richtigkeit der Angaben im Unternehmungsbericht entspricht der Prospekthaftung bei der amtlichen Notierung, d. h., für absichtlich oder fahrlässig unrichtig erteilte Angaben kann neben dem Emittenten auch die Bank haftbar gemacht werden. Das Dritte Finanzmarktförderungsgesetz 1998 erleichterte zudem mittels Angleichung der Anforderungen an den Unternehmensbericht — dessen Billigung durch den Zulassungsausschuß und Veröffentlichung — an die Vorschriften des Verkaufsprospektgesetzes den Marktzutritt durch Senkung der Eintrittskosten und damit der Marktzutrittsbarriere.[353]

Der ebenfalls zur Going-public-Förderung institutionalisierte — von der Deutschen Börse AG 1997 eröffnete — *Neue Markt* folgt den Zielen einer hohen Informationstransparenz und Liquidität für den Markt kleiner und mittlerer innovativer Wachstumsunternehmen in zukunftsträchtigen Branchen respektive für Unternehmen mit Produkt-, Prozeß- und Dienstleistungsinnovationen in traditionellen Branchen zur Verbesserung ihrer börsenmäßigen Eigenkapitalbeschaffungsmöglichkeiten.[354]

---

[353] Siehe hierzu auch in diesem Teil Drittes Kapitel Abschnitt C. III. 1. b).

[354] Siehe hierzu auch in diesem Teil Drittes Kapitel Abschnitt C. III. 1. d).

2. Das Angebot von Spezialbanken und banknahen Finanzierungsinstituten

a) Investmentgeschäft

Investmentgesellschaften sind nach § 1 Abs. 1 des Gesetzes über Kapitalanlagegesellschaften (KAGG) „Kreditinstitute, deren Geschäftsbereich darauf gerichtet ist, bei ihnen eingelegtes Geld im eigenen Namen für gemeinschaftliche Rechnung der Einleger (Anteilinhaber) nach dem Grundsatz der Risikomischung in den nach diesem Gesetz zugelassenen Vermögensgegenständen gesondert vom eigenen Vermögen in Form von Geldmarkt-, Wertpapier-, Beteiligungs-, Investmentfondsanteil-, Grundstücks-, Gemischten Wertpapier- und Grundstücks- oder Pensions-Sondervermögen anzulegen und über die hieraus sich ergebenden Rechte der Anteilinhaber Urkunden (Anteilscheine) auszustellen." *Kapitalanlagegesellschaften* sind mithin Kreditinstitute (gemäß § 1 Abs. 1 KAGG und gemäß § 1 Abs. 1 Nr. 6 KWG) und unterliegen damit den entsprechenden gesetzlichen Normen und der Aufsicht durch das Bundesaufsichtsamt für das Kreditwesen (gemäß § 1 Abs. 2 KAGG). Einschränkend bezüglich der Rechtsformwahl erlaubt das KAGG einen Betrieb der Kapitalanlagegesellschaft nur in der Rechtsform der GmbH oder der Aktiengesellschaft, deren Aktien vinkulierte Namensaktien sein müssen.

Das von den Anlegern gegen Kauf von Anteilscheinen der Kapitalanlagegesellschaft überlassene Geld bildet ein vom Vermögen der Gesellschaft getrennt zu haltendes *Sondervermögen*, wobei die Gesellschaft mehrere Sondervermögen, die durch unterschiedliche Bezeichnungen kenntlich zu machen sind, halten kann (§ 6 KAGG). Die Einlagen der Anteilinhaber werden nach dem Grundsatz der Risikomischung[355] entsprechend der in den Vertragsbedingungen vorgesehenen Anlagespezifikationen im Namen der Kapitalanlagegesellschaft für Rechnung der Anleger investiert, wobei das KAGG sowohl die Konstruktion des Miteigentums der Anleger am Sondervermögen kennt, wie auch die Möglichkeit zuläßt, daß die Vermögensgegenstände aus dem Sondervermögen Eigentum der Kapitalanlagegesellschaft werden (gem. § 6 Abs. 1 Satz 2 KAGG). Die *Anteilscheine* sind nennwertlos, Inhaber- oder Namenspapiere (gem. § 18 Abs. 1 Satz 2 KAGG) und verbriefen einen Bruchteil des Sondervermögens. Ihr Wert, der börsentäglich von der Depotbank, die die Depots der Kapitalanlagegesellschaft für die Anlagen des Sondervermögens führt, unter Mitwirkung der Kapitalanlagegesellschaft zu ermitteln ist (gem. § 21 Abs. 2, Satz 3 KAGG), errechnet sich aus dem Wert des Sondervermögens im Verhältnis zu der Zahl der ausgegebenen Anteile. Neue Anteile dürfen nur gegen Bareinlage herausgegeben werden; bei der Ausgabe ist es der Kapitalanlagegesellschaft jedoch erlaubt, einen Aufschlag zur Abgeltung der Emissionskosten zu erheben („Ausgabeaufschlag"). Den Anteilinhabern ist vom Gesetzgeber das Recht der jederzeitigen Rückgabe der Anteile eingeräumt worden. Der Rücknahmepreis entspricht dem ermittelten Wert des Anteils am Sondervermögen.

---

[355] Vgl. hierzu im einzelnen Büschgen, H. E.: Rentabilität und Risiko der Investmentanlage, a.a.O., S. 3 ff. und S. 10 ff.

Eine Form des Sondervermögens stellen die offenen Investmentfonds (*open-end funds*) dar, bei denen eine laufende Kapitalbeschaffung möglich und damit ein variables Kapital des Sondervermögens, auch bedingt durch die Verpflichtung der Kapitalanlagegesellschaft zur Rücknahme der ausgegebenen Anteile, gegeben ist. Dagegen ist bei geschlossenen Fonds (*closed-end funds*) eine einmalige Kapitalbeschaffung und damit ein festes Kapital charakteristisch; die speziell aus steuerlichen Gründen entwickelten Formen geschlossener Immobilienfonds und Immobilien-Leasingfonds werden im Rechtsrahmen des HGB bzw. BGB abgewickelt. Bei den geschlossenen Fonds ist hinsichtlich der Rücknahme von Anteilen meist eine Sperr- oder Kündigungsfrist vereinbart.

Die dem KAGG unterliegenden Investmentfonds bieten als Alternative zur Anlage auf Sparkonten vor allem für Kleinanleger die Möglichkeit, an Aktien-, Renten-, Beteiligungsanlagen und Immobilieninvestitionen zu partizipieren, ohne durch ein direktes Engagement in eine einzelne originäre Anlageform den diesen immanenten Risiken vollständig zu unterliegen. Die Struktur der Investmentfonds wie auch die rechtlichen Rahmenbedingungen durch das KAGG ermöglichen dem Anleger, sich auch mit kleineren Beträgen[356] an einem großen und breit gestreuten Wertpapier- oder Immobilienvermögen zu beteiligen. Die Diversifizierung der Anlagewerte des Sondervermögens läßt darüber hinaus auch eine relativ konstante Ertragsentwicklung bei einem reduzierten Gesamtrisiko erwarten. Neben Ertrags- und Risikoaspekten sind die Reduzierung von Informationskosten und die Übernahme von Depotverwaltungsaufgaben durch die Kapitalanlagegesellschaft die wesentlichen Entscheidungsparameter für die Anlage in Investmentzertifikaten.

Zusätzlich zu den vorrangig für die breite Privatkundschaft angebotenen Publikumsfonds werden von Kapitalanlagegesellschaften für institutionelle Investoren *Spezialfonds* aufgelegt, deren Anteile nicht öffentlich angeboten werden. Nach § 1 Abs. 2 KAGG sind Spezialfonds Sondervermögen, „deren Anteilscheine aufgrund schriftlicher Vereinbarungen mit der Kapitalanlagegesellschaft jeweils von nicht mehr als zehn Anteilinhabern, die nicht natürliche Personen sind, gehalten werden". Die Übertragung der Anteilscheine von den Anteilinhabern ist nur mit Zustimmung der Kapitalanlagegesellschaft möglich.

Die Aufgaben der Depotbank sind ebenfalls dezidiert geregelt, da ihr neben der Verwaltung der Sondervermögen hinsichtlich der Wertpapierverwahrung und Verwaltung (Depotführung) auch Kontrollaufgaben auferlegt werden. Diese Kontrollfunktion unterscheidet sich bei den einzelnen Fondsarten; die höchste Kontrollintensität durch die Depotbank ist bei den Immobilienfonds festzustellen. Auch bei den Beteiligungsfonds übernimmt die Depotbank wichtige Überwachungsfunktionen im Hinblick auf die Bestandsveränderungen der zum Sondervermögen gehörenden stillen Beteiligungen. Bei den Wertpapierfonds dagegen werden die Kontrollfunktionen erheblich stärker vom

---

356 § 21 Abs. 7 KAGG schreibt vor, daß jedes Sondervermögen bei Ausgabe der ersten Anteilscheine in so viele Anteile zerlegt werden muß, daß der Wert des einzelnen Anteilscheins 100 DM nicht übersteigt. Darüber hinaus kann durch einfaches splitting der ausgegebenen Anteile der Wert des einzelnen Anteilscheins reduziert werden.

Bundesaufsichtsamt für das Kreditwesen und der Deutschen Bundesbank als Evidenzzentrale übernommen.

In der Regel übernehmen die Gesellschafterbanken der Kapitalanlagegesellschaften die Funktion der Depotbanken, die von der Kapitalanlagegesellschaft mit der Depotführung beauftragt werden müssen (§ 12 Abs. 1 KAGG). Eine Depotbank muß ihre Aufgaben im Interesse der Anteilinhaber erfüllen, was auch durch die explizite Trennung verdeutlicht wird, die hinsichtlich der Geschäftsleitung der Kapitalanlagegesellschaft vorgeschrieben ist: Deren Mitglieder dürfen nicht gleichzeitig Angestellte der Depotbank sein (§ 12 Abs. 1 KAGG).

Obgleich mögliche Interessenkonflikte zwischen dem durch Investmenttochtergesellschaften betriebenen Investmentgeschäft auf der einen und insbesondere dem Einlagengeschäft der (Gesellschafter-)Banken auf der anderen Seite nicht zu leugnen sind, können sich für beide durchaus Vorteile ergeben. Den (Gesellschafter-)Banken ist eine bessere Ansprache bestimmter Anlegerkreise möglich, wobei sich regelmäßig auch Cross-selling-Effekte ableiten lassen. Darüber hinaus ergeben sich lukrative Provisionen aus dem Dienstleistungsgeschäft für die Investmenttochtergesellschaften sowie Dividendenzahlungen aus dem Gesellschafterverhältnis. Aus Sicht der Investmentgesellschaft erleichtert die Beziehung zu Gesellschafterbanken vertriebs- und akquisitionspolitische Maßnahmen. Auch dürften standing und Image der Gesellschafterbanken vertrauensfördernde Effekte im Hinblick auf die Anlagebereitschaft des Publikums zeitigen. Ferner können ein reger Informationsaustausch über Anlegerbedürfnisse und ein ausführliches Erläutern der Anlagepolitik und Attraktivität von Investmentfonds von den (Gesellschafter-)Banken erwartet werden.[357]

Dem Gedanken der Einlagensicherung sowie dem Verbraucherschutz wird im KAGG durch Diversifizierungs- und Anlagevorschriften Rechnung getragen. Diese Vorschriften erfuhren durch die Novellen des KAGG 1987 (sog. „kleine" Novelle) und 1990 (sog. „große" Novelle) erhebliche Änderungen, die zum einen durch die EG-Richtlinien[358], die gerade die Liberalisierung und den Verbraucherschutz zum Gegenstand hatten und in deutsches Recht transformiert werden mußten, zum anderen durch neue Instrumente, die sich an den internationalen Finanzmärkten entwickelt hatten, bedingt waren. Bereits die Novellierung des KAGG durch das Zweite Finanzmarktförderungsgesetz 1994 erweiterte die gesetzlich zulässige Fondspalette der Wertpapier-, Beteiligungs- und Immobilienfonds um die „reinen" Geldmarktfonds; die Zulassung weiterer Fondskonstruktionen ermöglichte 1998 das Dritte Finanzmarktförderungsgesetz mit den Dachfonds, den gemischten Wertpapier- und Grundstücksfonds, den Altersvorsorge-Sondervermögen und den Investmentaktiengesellschaften. Im Zuge der Finanzmarktförderungsgesetze wurden zudem die Anlagemöglichkeiten im Derivate-Geschäfte sukzessive von der Absicherung einzelner Vermögenspositionen bis hin zu spekulativen Engagements an Terminmärkten in bestimmten Grenzen ausgebaut.

---

[357] Vgl. Büschgen, H. E.: Bankbetriebslehre, a.a.O., S. 255.

[358] Sog. Liberalisierungsrichtlinie (Nr. 85/583/EWG) und die Richtlinie des Rates zur Koordinierung der Rechts- und Verwaltungsvorschriften betreffend bestimmte Organismen für gemeinsame Anlagen in Wertpapieren (OGAW) (Nr. 85/611/EWG und 88/220/EWG).

(1) Geldmarktfonds

Geldmarktfonds investieren teilweise oder vollständig in Bankguthaben mit einer Laufzeit von maximal zwölf Monaten oder Geldmarktinstrumente, d. h. variabel oder fest verzinsliche, abgezinste Wertpapiere oder Schuldscheindarlehen, die eine Restlaufzeit von weniger als zwölf Monaten aufweisen oder deren Verzinsung in ihrer gesamten Laufzeit regelmäßig, mindestens aber einmal in zwölf Monaten, marktgerecht angepaßt wird. Erst im Zuge der Änderung des KAGG im Jahre 1994 durch das Zweite Finanzmarktförderungsgesetz durften Kapitalanlagegesellschaften in Deutschland reine Geldmarktfonds, d. h. 100 % des Fondsvermögens in kurzfristige Geldmarkttitel und Bankeinlagen investieren. Zuvor konnten nur bis zu 49 % des Wertes eines Sondervermögens in Bankguthaben, Einlagezertifikaten von Kreditinstituten, unverzinslichen Schatzanweisungen und Schatzwechsel des Bundes sowie vergleichbarer Titel anderer OECD-Staaten gehalten werden. Während Geldmarktfonds in den USA bereits in den siebziger Jahren auftraten, wurden sie in Deutschland lange Zeit — insbesondere aufgrund geldpolitischer Bedenken der Deutschen Bundesbank — kontrovers diskutiert und verhindert; mittlerweile zählen sie in Deutschland — wie in den meisten Ländern der Europäischen Union — zur etablierten Fondsart im kurzfristigen Marktsegment.

Um das Risiko aus Anlegerschutzgründen weiter zu vermindern, begrenzt das KAGG den zulässigen Emittentenkreis der Geldmarktpapiere auf:

- bestimmte inländische und ausländische Gebietskörperschaften sowie Körperschaften des öffentlichen Rechts,
- Kreditinstitute,
- Unternehmen, deren Wertpapiere an einer inländischen oder ausländischen Börse zum amtlichen Handel zugelassen sind,
- Unternehmen, deren Eigenkapital mindestens 100 Mio. DMark beträgt,
- Unternehmen, bei denen ein Konzernunternehmen die oben genannten Voraussetzungen erfüllt,
- Unternehmen, für die bestimmte Gebietskörperschaften und Körperschaften des öffentlichen Rechts die Gewährleistung für Verzinsung und Kapitalrückzahlung übernommen haben.

Das Sondervermögen darf maximal bis zu 10 % in Unternehmen investiert sein, die amtlich notierte Wertpapiere emittiert haben; Insgesamt darf das *Anlagevolumen* nicht amtlich notierter Unternehmen maximal 15 % ausmachen. Einschränkungen für zulässige Geldmarktpapiere im Sondervermögen bestehen für Schuldscheindarlehen, die nach dem Erwerb für das Sondervermögen mindestens zweimal abtretbar sein müssen, sowie grundsätzlich für Wechsel, die wegen ihrer Regreßhaftung unzulässig sind.

Geldmarktfonds besitzen für Anleger den Charakter von Tagesgeld, da die Investmentgesellschaften nach dem Open-end-Prinzip verpflichtet sind, Anteile jederzeit zurückzukaufen. Ein höchstmöglicher Grad an Liquidität und die attraktive Geldmarkt-Verzinsung sowie die — aus dem hohen Grad an Diversifikation — resultierende Risikoverringerung lassen diese Fondsart besonders attraktiv für kleinere Geldanleger erscheinen, die de facto keinen direkten Zugang zum Geldmarkt haben (z. B. hohe Mindestbeträge für eine Direktanlage am Geldmarkt). Aber auch für professionelle —

institutionelle — Anleger sind die professionell gemanagten Geldmarktfonds oft zinsertragreicher als selbst verwaltete Geldmarkt-Portfolios.

(2) Wertpapierfonds

Grundsätzlich ist den Wertpapierfonds eine Anlage in Wertpapieren — Aktien und Renten — erlaubt (Aktien- oder Rentenfonds bzw. gemischte Fonds), wenn diese Papiere an einem organisierten Markt (Börse) oder in einem Mitgliedstaat der Europäischen Union amtlich notiert werden. Darüber hinaus können Wertpapiere erworben werden, die ausschließlich an außereuropäischen Börsen gehandelt werden, oder deren Zulassung bevorsteht, sofern dies die Vertragsbedingungen des Fonds vorsehen. Aktien aus Kapitalerhöhungen, aus der Ausübung von Bezugsrechten wie auch die Bezugsrechte selber können ebenfalls Vermögenspositionen des Fonds sein. Neben der Bestimmung der Wertpapierarten und der Zusammensetzung des Sondervermögens sind weitere Gestaltungsoptionen, deren Ausprägung in den Vertragsbedingungen festgelegt werden müssen und die die Anlagepolitik der Fondsmanager bestimmen: Branchenbindung, regionale Ausrichtung, Laufzeit der Anlageobjekte (speziell bei Rentenfonds), Risikogehalt der Anlagen und die Möglichkeiten zur Nutzung derivativer Finanzinstrumente.

Grenzen von 10 % des Wertes des Sondervermögens sind vorgesehen für Wertpapiere, die nicht in den amtlichen Handel einer Börse oder eines sonstigen organisierten Handels einbezogen sind, Aktien, deren Einführung an der Börse oder einen organisierten Markt binnen Jahresfrist vorgesehen ist, sowie für Schuldscheindarlehen der öffentlichen Hand und von börsennotierten Unternehmen. Bis zu 49 % des Sondervermögens können in liquiden Mitteln oder quasi-liquiden Mitteln (Geldmarktpapiere mit höchstens zwölf Monaten Restlaufzeit) gehalten werden. Mithin sind mindestens 51 % des Wertpapier-Sondervermögens in Wertpapieren und vergleichbaren Titeln anzulegen. Explizit ausgeschlossen werden Anlagen in Edelmetallen und in Edelmetallzertifikaten. Wertpapiere und Schuldscheindarlehen eines Ausstellers dürfen nur bis zu 5 % des Wertes des Sondervermögens umfassen. Diese Grenze kann jedoch qua Vertragsbedingungen auf 10 % erhöht werden, es sei denn, der Gesamtwert der Wertpapiere und Schuldscheindarlehen dieser Schuldner übersteigt 40 % des Sondervermögenswertes. Emissionen öffentlicher Schuldner fallen nicht unter diese Regelung.

Neben der Grenze, die sich am Volumen des Sondervermögens orientiert, sieht das KAGG mithin auch Grenzen für die Anlage vor, deren Basis das Volumen der emittierten Titel ist. So existieren neben der Maximal-Investitionsgrenze von 10 % eines Schuldtitels für ein Sondervermögen noch weitergehende Bestimmungen hinsichtlich der Anlage in stimmberechtigte Aktien. Eine Kapitalanlagegesellschaft darf für alle von ihr verwalteten Sondervermögen maximal 10 % der stimmberechtigten Anteile eines Ausstellers erwerben. Ebenso dürfen maximal 10 % der ausgegebenen stimmrechtslosen Aktien (Vorzugsaktien) erworben werden. Des weiteren dürfen bis zu 5 % des Sondervermögens in Zertifikate inländischer und ausländischer Publikumsfonds angelegt werden; diese Regelung ist jedoch an einschränkende Bedingungen speziell hinsichtlich einer Beteiligung eines Fonds an einem anderen Fonds ein und derselben Kapitalanlagegesellschaft gebunden.

Eine Erweiterung der Anlagemöglichkeiten erhielten die Kapitalanlagegesellschaften im Rahmen der großen Investmentgesetznovelle von 1990 — qua Erstes Finanzmarktförderungsgesetz — durch die Erlaubnis zur Teilnahme an allen vier Möglichkeiten des Optionsgeschäfts und zur Absicherung von Vermögenspositionen über den Verkauf von Finanzterminkontrakten (futures auf Aktienindizes oder auf Zinstitel) an einer inländischen oder ausländischen Terminbörse. Auch das Zweite Finanzmarktförderungsgesetz 1994 und das Dritte Finanzmarktförderungsgesetz 1998 bewirkten weitreichende Änderungen der diesbezüglichen Handlungsmöglichkeiten einer Kapitalanlagegesellschaft. Demnach sind ihr Börsentermingeschäfte zur Absicherung von Vermögenspositionen und den aus verzinslichen Vermögenspositionen resultierenden Zinsansprüchen erlaubt. Grundsätzlich sind auch spekulative Engagements an Terminmärkten zulässig — mit der Einschränkung, daß die Summe der unter Hedging-Motiven und Spekulationsüberlegungen abgeschlossenen Kontraktwerte 20 % des Fondsvermögens nicht übersteigen darf. Zudem darf das Fondsvermögen — als sog. Staatsanleihefonds — zu 100 % in Schuldverschreibungen bestimmter öffentlicher Schuldner investiert sein. Auch wurden Wertpapierleihgeschäfte mit Titeln aus dem Fondsvermögen zur Erwirtschaftung zusätzlicher Erträge im Rahmen der im KAGG formulierten Bedingungen zugelassen. Die im Rahmen der 49-Prozent-Grenze unter bestimmten Bedingungen zulässige Anlage in flüssigen Mitteln bezieht auch Anteile an Geldmarktfonds ein und akzeptiert neben den in Bankguthaben angelegten finanziellen Mitteln auf Sperrkonten einer Depotbank auch Einlagen auf Sperrkonten anderer Banken mit adäquaten Sicherungseinrichtungen.

Explizit erlaubt sind sog. *Laufzeit-Fonds*, d. h. Aktienfonds, die von Beginn an eine begrenzte Laufzeit haben und dementsprechend zu einem bestimmten Termin fällig werden. Durch die Möglichkeit zur laufzeitkongruenten Absicherung gegen Kursverluste bei Endfälligkeit werden vor allem risikoscheue und unerfahrene Investoren angesprochen. Weiter besteht die Möglichkeit zur Kreierung sog. *Index-Fonds*. Die für die Abbildung eines Aktienindex, der Gegenstand von Termingeschäften ist, die an Terminbörsen gehandelt werden und als Festgeschäfte oder Optionsgeschäfte ausgestaltet sind (wie der DAX) erforderliche Überschreitung der emittentenspezifischen Begrenzung im KAGG ist möglich unter der Bedingung, daß in den Vertragsbedingungen darauf explizit verwiesen wird, wie auch darauf, daß der Grundsatz der Risikomischung nur eingeschränkt gilt, wenn er auch grundsätzlich gewahrt werden muß. Erhebliche Veränderungen für das KAGG ergaben sich auch im Bereich der Derivate und Optionsscheine, so daß in der Verwaltung eines Wertpapier-Sondervermögen insgesamt die folgenden Instrumente eingesetzt werden können: Wertpapieroptionsrechte, Wertpapierindexoptionen, Finanzterminkontrakte auf Wertpapiere, Indizes oder Zinsen, Optionsrechte auf Finanzterminkontrakte, Optionen auf Wertpapierindizes, Devisenterminkontrakte, Optionsrechte zum Erwerb oder zur Veräußerung von Devisen oder eines Devisenkontraktes, Zins- und Währungsswaps. Auch können in weitaus größerem Umfang Derivate für das Fondsvermögen over the counter gehandelt werden; verbriefte und unverbriefte Optionsgeschäfte wurden gleichgestellt; auch marktgegenläufige Positionen über den Absicherungszweck hinaus sind in bestimmten Maße zulässig; der — insbesondere für die Einhaltung der Anlagegrenzen wichtige — Bewertungsansatz für Optionsrechte erfolgt deltagenau,[359] um Anlagegrenzen durch Überschätzung der eingegangenen Risiken nicht vorzeitig auszuschöpfen. Unter bestimmten Voraussetzungen besteht die Möglichkeit, für Rechnung des Wertpapier-Sondervermögens echte Wertpapier-Pensionsgeschäfte einzugehen, bei der die Kapitalanlagegesellschaft als Pensionsgeber und Pensionsnehmer auftritt und ihr counterpart ein inländisches oder ausländisches Institut (Kreditinstitut oder Finanzdienstleistungsinstitut) ist.

(3) Beteiligungsfonds

Sondervermögen können von Kapitalanlagegesellschaften auch für Anlagen in Wertpapieren und Beteiligungen als stille Gesellschafter im Sinne des § 230 HGB gebildet werden. Für diese Beteiligungsfonds sind jedoch Begrenzungen hinsichtlich der stillen Beteiligungen vorgeschrieben, so daß eine solche an einer einzelnen Unternehmung oder an einer Konzernunternehmung höchstens 5 % des Wertes des Sondervermögens umfassen darf; alle stillen Beteiligungen zusammen dürfen 30 % des Wertes des Sondervermögens nicht überschreiten; ein Erwerb ist nur dann zulässig, wenn Aktien des Beteiligungsunternehmens an einem organisierten Markt gehandelt werden, während sonstige Finanztitel des Beteiligungsunternehmens im In- und Ausland zum amtlichen Handel oder an einem anderen organisierten Markt gehandelt werden können. Damit wurden — qua Neuregelung des Dritten Finanzmarktförderungsgesetzes — vor allem kleinere Emittenten von Schuldverschreibungen — aber ohne Aktienfinanzierung — zu potentiellen Beteiligungsunternehmen. Um die Attraktivität dieses Fondstyps — der bis dato in praxi nicht aufgelegt worden ist — zu steigern, entfiel auch die Regelung, daß der Wert stiller Beteiligungen spätestens acht Jahre nach Bildung des Fonds mindestens 10 % des Sondervermögenswertes ausmachen muß. Eine Obergrenze von 30 % des Wertes des Sondervermögens besteht dagegen auch für Schuldverschreibungen und Schuldscheindarlehen.

Neben einer laufenden Bewertung der stillen Beteiligungen schreibt das KAGG auch Bestandteile vor, die der Gesellschaftsvertrag zwischen der Kapitalanlagegesellschaft und der Unternehmung, die eine stille Beteiligung aufnehmen will, enthalten muß. So werden unter anderem explizit eine Festlegung des Zeitraums der Beteiligung, die Fälligkeit der der Kapitalanlagegesellschaft zustehenden Erträge und die ihr zustehenden Informations-, Kontroll- und Zustimmungsrechte als Bestandteile des Vertrages gefordert.

(4) Immobilienfonds

Analoge Strukturen gelten auch für Immobilienfonds, die das Sondervermögen in bebaute und unbebaute Grundstücke, Mietwohngrundstücke und Erbbaurechte unter bestimmten Bedingungen investieren. So dürfen Mietwohngrundstücke, Geschäftsgrundstücke und gemischt genutzte Grundstücke nur dann erworben werden, wenn ihr Wert zusammen mit den bereits im Sondervermögen befindlichen investments gleicher Art 10 % des Wertes des Sondervermögens nicht überschreitet. Unbebaute Grundstücke dür-

359 Siehe hierzu auch in diesem Kapitel Abschnitt C VI.

fen nur zu 20 % im Wert des Sondervermögens enthalten sein. Zudem müssen mindestens zehn Grundstücke im Sondervermögen enthalten sein, wobei keines der Grundstücke einen höheren Wert zum Zeitpunkt des Erwerbs haben darf als 15 % des Sondervermögens. Für die Bewertung der Anlagen in Grundvermögen muß ein unabhängiger Sachverständigenausschuß gebildet werden, dessen Bestellung der Aufsichtsbehörde bekanntzumachen ist. Im Gegensatz zu den Wertpapier- und Beteiligungsfonds, denen eine kurzfristige Kreditaufnahme nur bis zu 10 % des Sondervermögenswertes gestattet ist, ist den Immobilienfonds eine Beleihung der Immobilien bis zur Höhe von 50 % des Verkehrswertes der Immobilien gestattet, sofern die Depotbank der Belastung zustimmt.

Weitere Handlungsoptionen für Grundstücks-Sondervermögen bieten Erbbaurechte und Grundstücksgesellschaften: Zum einen können Erbbaurechte vergeben werden, um die wirtschaftlichen Nutzungsmöglichkeiten unbebauter Grundstücke zu erweitern und eine mit Verlusten verbundene Veräußerung wegen einer unvorhergesehenen Wertänderung des Grundstücks bzw. einer Modifizierung der Bebauungsvorschriften zu vermeiden. Zum anderen kann unter bestimmten Voraussetzungen die Beteiligung an einer Grundstücksgesellschaft erworben werden, um die Handlungsmöglichkeiten für das Management des Immobilienfonds weiter aufzufächern. Dabei dürfen pro Grundstücksgesellschaft maximal drei Grundstücke gehalten werden und der Gesamtwert aller Grundstücks-Gesellschaften ist auf 20 % des Wertes des Sondervermögens zu beschränken.

(5) Dachfonds

Dachfonds legen als standardisierte Form der Vermögensanlage ihr Sondervermögen teilweise oder vollständig in Anteilen anderer Investmentfonds an. Diese Fondskonstruktion wurde erst mit dem Dritten Finanzmarktförderungsgesetz 1998 in Deutschland zugelassen. Um die Risiken aus der intransparenten Vermögensanlagestruktur und die Mehrfachkostenbelastung für den Anleger zu vermeiden, wurden neben den grundsätzlichen Vorschriften für Wertpapier-Sondervermögen spezielle Regelungen für diese *Investmentfondsanteil-Sondervermögen* im KAGG implementiert: Als Anlageinstrumente dienen Anteile an Geldmarktfonds, Wertpapierfonds, Beteiligungsfonds, Grundstücksfonds, gemischten Wertpapier- und Grundstücksfonds sowie an Altersvorsorge-Sondervermögen in der Konzeption als Publikumsfonds. Auch Anteile an ausländischen — in Deutschland vertriebener — Investmentfonds dürfen erworben werden. Dagegen darf sich ein Dachfonds nicht an einem anderen Inverstmentfondsanteil-Sondervermögen beteiligen, damit keine sog. *Kaskadenfonds* entstehen. Beteiligungen an einem einzelnen Sondervermögen sind auf maximal 10 % von dessen Wert begrenzt, um eine beherrschende Stellung zu vermeiden, und maximal 20 % des Wertes eines Investmentfondsanteil-Sondervermögens darf aus Anteilen eines anderen Fonds bestehen, um eine ausreichende Risikostreuung zu gewährleisten. Weitere Regelungen sollen eine angemessene Transparenz für den Anleger in bezug auf die besondere Kostenstruktur eines Dachfonds herstellen: Einerseits erhebt der Dachfonds selbst für sein Management Provisionen und andererseits entstehen Verwaltungsgebühren für die im Sondervermögen gehaltenen Anteile anderer Fonds.

(6) Gemischte Wertpapier- und Grundstücksfonds

Der gemischte Wertpapier- und Grundstücksfonds kann Wertpapiere, Schuldscheine und alle für den reinen Immobilienfonds zulässigen Grundstückskategorien erwerben, d. h. Mietwohngrundstücke, Geschäftsgrundstücke, gemischt genutzte Grundstücke, in Bebauung befindliche Grundstücke, Erbbaurechte, Wohnungseigentumsrechte und Beteiligungen an Grundstücksgesellschaften. Dabei darf der Wert eines einzelnen Grundstücks bis zu 15 % des Sondervermögens ausmachen. Eine Obergrenze von 30 % des Sondervermögens gilt für Grundstücke und Beteiligungen an Grundstücksgesellschaften sowie für Anteile an Grundstücks-Sondervermögen, die anstelle von Grundstücken und Beteiligungen an Grundstücksgesellschaften — vor allem im Interesse kleinerer und mittlerer Kapitalanlagegesellschaften — gehalten werden können. Unabhängig davon, wie die Struktur des Fonds gestaltet wird, muß in jedem Fall nach einer bestimmten Anlaufzeit ein Zehntel des Sondervermögens in grundstücksbezogenen Werten (Grundstücke, Beteiligungen an Grundstücksgesellschaften, Immobilienfondsanteile) investiert sein.

(7) Altersvorsorge-Sondervermögen

Als Vorsorgefonds fokussieren die Altersvorsorge-Sondervermögen[360] nicht ein spezifisches Anlageobjekt, sondern investieren entsprechend ihrer Zwecksetzung als Altersvorsorgeinstrumente in verschiedenartige Substanzwerte wie Wertpapiere, Schuldscheindarlehen, Grundstückswerte wie beim Immobilienfonds und unter bestimmten Bedingungen auch stille Beteiligungen. Auf 30 % des Sondervermögens sind Anteile von Immobilienfondsanteilen limitiert, gegebenenfalls vermindert um den Wert der bereits gehaltenen Grundstücke und Beteiligungen an Grundstücksgesellschaften. Maximal 10 % des Fonds können in stillen Beteiligungen angelegt sein; 75 % dürfen in Risikokapitalaktiva (Aktien plus stille Beteiligungen) gehalten werden, um den Substanzwertcharakter des Fonds zu betonen. Generell sind mindestens 51 % des Sondervermögenswertes in Aktien, Grundstücken, Beteiligungen an Grundstücksgesellschaften und Anteilen an Grundstücks-Sondervermögen anzulegen und maximal 49 % in Bankguthaben, Geldmarktpapieren, Geldmarktfondsanteilen und ausländischen Spezial-Geldmarktfonds als Liquiditätsreserve zu halten. Derivative Geschäfte sind nur zu Absicherungszwecken zulässig und mit einem Währungsrisiko belastete Vermögenspositionen dürfen nur bis zu 30 % des Sondervermögenswertes einnehmen. Als Altersvorsorgeinstrument mit langfristigem Anlagehorizont werden Erträge des Sondervermögens grundsätzlich thesauriert und der fondsbetreibenden Kapitalanlagegesellschaft ist vorgeschrieben, dem Kunden grundsätzlich einen Pensions-Sparplan und einen Auszahlungsplan anzubieten.

(8) Investmentaktiengesellschaft

Einen grundsätzlich andersartigen Fondstyp — im Vergleich zu allen anderen Fonds im KAGG — institutionalisierte das Dritte Finanzmarktförderungsgesetz 1998 mit der In-

360 Zu unterscheiden von den angelsächsischen pension funds, die neben der mit dem Altersvorsorge-Sondervermögen in Deutschland intendierten Vermögensansparung zusätzliche Leistungen wie Hinterbliebenenversorgung und Berufsunfähigkeit abdecken.

vestmentaktiengesellschaft. Als geschlossener Fonds mit der Rechtsform einer Aktiengesellschaft konzipiert, werden ihre Anteile als Inhaberpapiere ohne Rücknahmeverpflichtung für die Kapitalanlagegesellschaft an der Börse gehandelt. Auch wenn Investmentaktiengesellschaften keine der im § 1 Abs. 1a KWG enumerierten Finanzdienstleistungen erbringen, wird ihnen kraft gesetzlicher Fiktion der Charakter eines Finanzdienstleistungsinstituts attestiert und der Aufsichtsrahmen des KWG für diese Institutsart — mit bestimmten Ausnahmeregelungen — oktroyiert. Die Erlaubnis zum Geschäftsbetrieb erfordert ein eingezahltes Grundkapital von mindestens 2 Mio. DMark, Sitz und Geschäftsleitung im Inland, fachliche Eignung und Zuverlässigkeit der Geschäftsleiter, eine die für Investmentgesellschaften zulässige Geschäftstätigkeit festschreibende Satzung und eine Depotbank. Binnen eines Jahres nach Erteilung der Erlaubnis durch das BAK müssen sich mindestens 75 % der Aktien im Streubesitz befinden. Das Gesellschaftsvermögen ist allein in Wertpapieren oder gemischt in Wertpapieren und Beteiligungen als stiller Gesellschafter anzulegen mit der alleinigen Zielvorgabe, die Anteilseigner am erwirtschafteten Gewinn aus der Verwaltung des Gesellschaftsvermögens zu beteiligen. Weitere detaillierte Regelungen erfährt die Anlagetätigkeit in Anlehnung an die Vorschriften für Wertpapier-Sondervermögen und Beteiligungssondervermögen. Einschränkungen gelten unter anderem hinsichtlich der Kreditgewährung, während die Investmentgesellschaft selbst kurzfristige und langfristige Kredite bis zu einer Höhe von 10 % des Eigenkapitals aufnehmen kann. Bis zu einer Höhe von 50 % des Eigenkapitals kann sie für den Erwerb stiller Beteiligungen disponieren und bis zu 20 % ihres Eigenkapitals kann sie in Aktien von nicht zum amtlichen Handel zugelassenen oder in an einem anderen organisierten Markt involvierten Unternehmen anlegen. Des weiteren wird die Investmentaktiengesellschaft verpflichtet, im ersten Halbjahr nach Zulassung durch das BAK ein öffentliches Angebot zum Erwerb von neun Zehntel ihrer Aktien zu stellen. Liegt der Börsenpreis der Aktiengesellschaft an einem Börsentag unter 90 % des anteiligen Inventarwerts der Aktien, ist es der Investmentaktiengesellschaft erlaubt, eigene Aktien zu erwerben, um die Differenz zwischen Inventarwert und Börsenwert zu reduzieren. Weitere Vorschriften regeln erhöhte Anforderungen, die an die Rechnungslegung der Investmentaktiengesellschaft gestellt werden.

Einen Überblick über die Fondstypen nach deutschem Recht gibt die folgende Übersicht:

Fondstyp	Anlageform	Anlagegrenzen
Geldmarkt-Sondervermögen	Verzinsliche Wertpapiere sowie Schuldscheindarlehen (Laufzeit bis zu 12 Monaten bzw. Zinsanpassung)	Keine Anlagegrenzen in bezug auf das Sondervermögen
Wertpapier-Sondervermögen	Aktien, Renten, Genußscheine, verzinsliche Schuldverschreibungen Bankguthaben, Geldmarktpapiere, Geldmarktfonds Schuldscheindarlehen sowie Aktien im nicht organisierten Handel	Mindestens 51 % des Sondervermögens Maximal 49 % des Sondervermögens Maximal 10 % des Sondervermögens
Beteiligungs-Sondervermögen	Stille Beteiligungen, Schuldscheindarlehen und Schuldverschreibungen	Maximal 30 % des Sondervermögens
Grundstücks-Sondervermögen	Mindestens 10 Grundstücke: Grundstücke in Bebauung sowie unbebaute Grundstücke	Einzelne Grundstücke maximal 15 % des Sondervermögens Maximal 10 % Maximal 20 %
Investment-fondsanteil-Sondervermögen	Beteiligungen an Sondervermögen	Einzelne Beteiligungen maximal 20 % des Sondervermögens
Gemischte Wertpapier- und Grundstücks-Sondervermögen	Grundstücke und Beteiligungen an Grundstücks-Gesellschaften	Maximal 30 % des Sondervermögens
Altersvorsorge-Sondervermögen	Substanzwerte (Aktien, Renten, Grundstücke) mit: Grundstücke oder Beteiligungen an Grundstücks-Gesellschaften Risikokapital (Aktien und stille Beteiligungen) mit: stillen Beteiligungen, Währungsrisiken, liquiden Mitteln.	Mindestens 51 % des Sondervermögens Maximal 30 % des Sondervermögens Maximal 75 % des Sondervermögens maximal 10 % maximal 30 % maximal 49 %
Investmentaktiengesellschaften	Aktien, Renten, Genußscheine, verzinsliche Schuldverschreibungen Bankguthaben, Geldmarktpapiere, Geldmarktfonds	Mindestens 51 % des Fondsvermögens Maximal 49 % des Fondsvermögens

Abb. 18: Fondstypen und ihre Ausgestaltung nach deutschem Recht

b) Bausparen

Entsprechend § 3 Abs. 2 KWG betreiben Bausparkassen die in Deutschland einzige zulässige Form des Zwecksparens. In § 1 Abs. 1 Satz 1 des Gesetzes über Bausparkassen wird ausgeführt, daß Bausparkassen Kreditinstitute sind, „deren Geschäftsbetrieb darauf gerichtet ist, Einlagen von Bausparern (Bauspareinlagen) entgegenzunehmen und aus den angesammelten Beträgen den Bausparern für wohnungswirtschaftliche Maßnahmen Gelddarlehen (Bauspardarlehen) zu gewähren (Bauspargeschäft)." Kennzeichnend für das Bauspargeschäft ist somit die Identität von Sparer und Darlehensnehmer (Kollektivprinzip). Nach Abschluß eines Bausparvertrags und nach Leistung von Bauspareinlagen hat der Bausparer einen Rechtsanspruch auf Gewährung eines unkündbaren, zinsgünstigen Bauspardarlehens mit über die gesamte Laufzeit konstantem Zinssatz.

Durch ungünstige gesamtwirtschaftliche Rahmenbedingungen und Veränderungen in den Verwendungsschwerpunkten der Bausparmittel sahen sich die Bausparkassen Ende der siebziger und Anfang der achtziger Jahre zu einer Ausweitung in ihrem Leistungsprogramm gezwungen. So bieten die Bausparkassen neben einem Standardtarif — Guthabenzins: 3 %, Darlehenszins: 5 %, Mindestsparguthaben: 40 %, monatlicher Regelsparbeitrag: 4 bis 5 ‰ der Bausparsumme, monatlicher Tilgungsbeitrag: 5 bis 6 ‰ der Bausparsumme — heute zahlreiche weitere Tarife. Ausdruck der zielgruppenbezogenen Differenzierung sind neben dem Disagio-Tarif und dem Hochzins-Langzeittarif der Schnellspartarif und der Optionstarif. Mit dieser breiten Tarifauffächerung sind die Bausparkassen verstärkt zu Konkurrenten der Banken im Einlagengeschäft geworden. So bietet der Optionstarif die Möglichkeit, innerhalb der Sparphase monatlich bis zu 2 000 DMark abzuheben, bei sechsmonatiger Kündigung auch mehr. Darüber hinaus wird die für einen Bausparvertrag typische Abschlußgebühr als verzinsliche Einlage geführt. Zudem bietet dieser Tarif die Möglichkeit einer vorzeitigen Realisierung von erworbenen Darlehensansprüchen mit Teilbausparsummen. Innovative Zusatzleistungen wie die Garantie für einen bestimmten Zeitpunkt der Zuteilung und der Verfügbarkeit des Bauspardarlehens vor dem Hintergrund verlängerter Zuteilungsfristen durch das rückläufige Neugeschäft Anfang der achtziger Jahre sind ein weiteres Indiz für die gestiegene Wettbewerbsintensität auf dem Markt für Bausparleistungen. Gleiches gilt für die Konzeption von Niedrigzinsvarianten für Bausparer mit zu versteuernden Einkommen aus Kapitalvermögen, die mit einem Zinsverzicht in der Sparphase zwecks niedriger Zinsen in der Tilgungsphase operieren. Neben der Bauspartätigkeit ermöglicht das Gesetz über Bausparkassen in begrenztem Umfang auch das Betreiben außerkollektiver Geschäfte, wie auf der Passivseite die Gewährung von Darlehen zur Vor- und Zwischenfinanzierung und auf der Aktivseite die Kreditaufnahme zur Gewährung von Bauspardarlehen oder die Emission von bis zu fünfjährigen Schuldverschreibungen.[361]

[361] Vgl. ausführlicher Degner, J.; Räher, A.: Die Bausparkassen, 6. Aufl., Frankfurt a. M. 1986, S. 17 ff. Vgl. auch Wielens, H.: Bausparen ohne Zinsabschlag, in: Die Bank, o. Jg. (1994), H. 5, S. 280 — 284. Vgl. hierzu auch in diesem Kapitel Abschnitt C. III. 2. a) (3).

c) Versicherungssparen

Als Versicherungssparen im engeren Sinne oder als traditionelles Versicherungssparen gelten Kapitalanlagen bei Lebensversicherungen in Form eines Ratensparvertrages. Der Versicherungsnehmer kann Steuervorteile durch Sonderausgabenabzug geltend machen, sofern die Mindestvertragsdauer von 12 Jahren, die zugleich Sperrfrist ist, beachtet wird. Als versicherungstechnische Vertragstypen bzw. als Anlagefazilitäten werden angeboten:

- gemischte Lebensversicherungen (auf Todes- oder Erlebensfall),
- gemischte Lebensversicherungen für zwei verbundene Leben (Ehegattenversicherung, gemischte Lebensversicherung) mit Teilauszahlung,
- terminfixe Versicherung (unabhängig von Tod oder Erleben zu festen Terminen auszahlbar),
- Aussteuerversicherung und
- Ausbildungsversicherung.

Hiervon zu unterscheiden sind Sparpläne mit Versicherungsschutz, die von Banken angeboten werden. Diese gelegentlich auch (fälschlich) als Versicherungssparen bezeichnete Sparform ist als Antwort der Banken zu verstehen, den zunehmenden Anteil der Versicherungswirtschaft an der Geldvermögensbildung zu stoppen und verlorene Positionen im Einlagengeschäft zurückzugewinnen.[362] Ursächlich für diese Entwicklung dürften der Abbau staatlicher Förderungsmaßnahmen für Spareinlagen, Alters- und Vermögensstrukturverschiebungen bei den potentiellen Anlegern und gravierende Veränderungen des Sparverhaltens sein. Der Sparer fordert heute eher kürzere Laufzeiten und kurzfristigere Verfügbarkeit, Sicherheit und gute, möglichst garantierte Zinsen. Diese Anforderungen erfüllen traditionelle Sparformen nur unzureichend. Entsprechend werden die Eigenschaftsstellen des Sparens mit Versicherungsschutz gestaltet. Dem Anleger werden z. B. Sparverträge mit verschiedenen Fristigkeiten (acht bis 25 Jahre), Kündigungsmöglichkeiten, bessere Zinsen und preisgünstige Risikoversicherungen auf die Restsparsumme angeboten.

Eine Mischform stellt die fondsgebunde Lebensversicherung dar, die als sachwertgesicherte Lebensversicherung teilweise oder ganz auf Anteilen eines Sondervermögens, speziell eines Investmentfonds, basiert. Sie bietet anders als die konventionelle Lebensversicherung mit garantierter Versicherungssumme die Chance eines Wertzuwachses (Kurssteigerungen), aber auch das Risiko der Werteinbuße und ist damit nur für den geeignet, der schon über eine sichere Altersversorgung verfügt. Bei einer Ausprägungsvariante mit festem Beitrag wird der Sparbeitrag zum Erwerb von Fondsanteilen verwendet, die in ihrer Summe einschließlich der Kapitalerträge die Erlebensfalleistung ergeben. Der Sparvorgang wird durch eine Risikolebensversicherung mit fallender Versicherungssumme ergänzt, die im Falle vorzeitigen Todes eine Mindestsicherheit geben soll. Für diese Zusatzleistung wird der Risikobeitrag verbraucht. Je nach Vereinbarung leistet der Versicherer im Todesfalle entweder eine feste Versicherungssumme oder den

[362] Zu den Strukturverschiebungen im Bereich der Geldvermögensbildung vgl. u. a. Büschgen, H. E.: Entwicklungslinien und..., a.a.O., S. 104 ff.

höheren Tageswert der Fondsanteile (Deckungsrückstellung) oder den Tageswert der Deckungsrückstellung und zusätzlich das riskierte Kapital einer vergleichbaren konventionellen gemischten Lebensversicherung. Bei einer zweiten Ausprägungsvariante wird die Sachwertbindung, d. h. die Technik der Versicherung, nicht auf Geldeinheiten, sondern auf Fondsanteilseinheiten angewendet, so daß Sparvorgang und Risikodeckung vollständig über Fondsanteile abgewickelt werden. Im Versicherungsfall leistet der Versicherer eine feststehende Anzahl von Fondsanteilen, während die Beitragsverpflichtung des Versicherungsnehmers in einer bestimmten Anzahl Fondsanteile pro Jahr liegt und der zu zahlende Beitrag mit dem Kurswert der Anteile schwankt.

d) Broker-Geschäfte

Brokers sind vor allem in den USA und in Großbritannien etablierte Wertpapierspezialinstitute, die primär den Effektenhandel und das Effektenkommissionsgeschäft betreiben. In der Vergangenheit erklärte sich die Nachfrage nach ihren Leistungen insbesondere aus den in jenen Ländern für commercial banks geltenden Einschränkungen im Effektengeschäft; letzteren war bis Anfang der achtziger Jahre die Börsenmitgliedschaft und damit der (direkte) Börsenhandel untersagt. Effekteneigen- und Effektenkommissionsgeschäfte waren ihnen zwar erlaubt, doch mußten diese über zugelassene brokers geleitet werden. Heute finden sich diese strikten Aufgaben- und Funktionenteilungen weniger ausgeprägt, da rechtliche Einschränkungen ab Beginn der achtziger Jahre zunehmend aufgehoben worden sind. In der Folge drangen commercial banks via Fusionen mit brokers oder über eigene Zulassungen zum Börsenhandel verstärkt ins „klassische" Broker-Geschäft ein. Broker-Firmen ihrerseits stießen ins traditionelle Bankgeschäft vor respektive spezialisierten sich im Effektenhandelsgeschäft vornehmlich auf die vermögenden Anlegerkreise. In Deutschland wird das Broker-Geschäft seit Mitte der sechziger Jahre von Repräsentanten angelsächsischer und auch verstärkt von japanischen Unternehmen (securities companies) getragen. Die Broker-Firmen sprechen finanzstarke Anleger im gewerblichen und privaten Bereich an. Ihre Dienstleistungspalette konzentriert sich insbesondere auf das Anbieten von im Ausland gehandelten Titeln und zugehörige Aktivitäten. Neben Aktien und Renten als „klassische" Kapitalmarkttitel werden zunehmend auch Termingeschäfte angeboten. Insgesamt wird das Effektengeschäft der Broker-Firmen als „aggressiv" im Vergleich zum „klassischen" Effektengeschäft der Banken bezeichnet.[363]

Als *discount brokers* treten US-amerikanische brokers auf, die bei den durch sie vermittelten bzw. abgeschlossenen Wertpapiergeschäften keine Beratungsleistung erbringen, sondern sich allein auf die reine Abwicklungsleistung konzentrieren, um die dadurch ermöglichte Transaktionskostenersparnis an Kunden, die keine Beratung wünschen, bedürfnisadäquat weiterzugeben. In Deutschland hat das Konzept discount brokerage mit der Trennung von Beratung und Abwicklung im Wertpapiergeschäft der Banken seit Anfang der neunziger Jahre zunehmende Verbreitung gefunden. Die institutionelle Umsetzung erfolgt entweder in Form der Gründung eines rechtlich eigenständigen Kreditin-

[363] Vgl. ausführlicher u. a. Stammer, K. Nichtbanken als..., a.a.O., S. 140 ff.

stituts oder als In-house-Lösung, bei der den Kunden die Führung eines discount depots angeboten wird.[364]

3. Das Angebot der Deutschen Bundesbank und der Europäischen Zentralbank

Bei den von der Deutschen Bundesbank entgegengenommenen Einlagen handelt es sich um Guthaben auf Girokonten, die hauptsächlich zur Durchführung des Zahlungsverkehrs der Einleger dienen. Besonderheiten des von ihr (de jure mit jedermann, de facto auf bestimmte Gruppen beschränkt) betriebenen Girogeschäfts sind zum einen, daß die Konten nicht debitorisch geführt werden dürfen, zum anderen, daß keine Verzinsung der Guthaben erfolgt, die Kontoführung — außer Gebühren für Sonderleistungen — aber auch kostenfrei ist. Andere Einlagenarten als Sichteinlagen werden von der Deutschen Bundesbank nicht angenommen.

Die Europäischen Wirtschafts- und Währungsunion (EWWU) bindet mit der Konstituierung der Europäischen Zentralbank (EZB) und des Europäischen Systems der Zentralbanken (ESZB) die Deutsche Bundesbank in eine europäische Geldpolitik ein. Wenngleich die Deutsche Bundesbank integraler Bestandteil des ESZB ist, obliegt der EZB im Hinblick auf eine — für die in die EWWU einbezogenen Mitgliedstaaten — einheitliche Geldpolitik die Entscheidungsbefugnis über den Einsatz des geldpolitischen Instrumentariums, einschließlich der Offenmarkt-, der Kredit- und der Mindestreservepolitik. Daneben besitzt keine spezielle nationale Geldpolitik eine Existenzberechtigung. Gleichwohl erfolgt die Refinanzierung der Banken operational nach wie vor durch die nationalen Zentralbanken. Dabei verbleibt in bestimmten Bereichen ein gewisser Ermessensspielraum bzw. die Möglichkeit zur Berücksichtigung nationaler Besonderheiten, soweit hierdurch die Einheitlichkeit der Geldpolitik nicht beeinträchtigt wird.[365]

Die Refinanzierungsleistungen der Zentralnotenbank für die Geschäftsbanken bestimmen sich nach den eingesetzten zins- und liquiditätswirksamen Instrumenten der Geldpolitik. Während die Mindestreservepolitik und die Kontingentierung der Refinanzierungsmöglichkeiten unmittelbar die Liquiditätssituation der Geschäftsbanken und der anderen Wirtschaftssubjekte beeinflussen, erzeugen zinspolitische Maßnahmen durch Festsetzung verschiedener Refinanzierungssätze mittelbar über die Zinsen Liquiditätseffekte. Dabei zielen Grobsteuerungsinstrumente wie die Leitzinsänderung im Rahmen einer Diskont-, Lombard- oder Offenmarktpolitik am Kapitalmarkt auf eine längerfristige Liquiditätsversorgung der Geschäftsbanken mit Zentralbankgeld und eine nachhaltige Änderung des Zinsniveaus. Dagegen signalisieren Feinsteuerungsinstrumente keine grundsätzliche Änderung der geldpolitischen Strategie, vielmehr intendieren die am

[364] Vgl. hierzu auch zum direct banking im Zweiten Teil Drittes Kapitel Abschnitt D III. 2. und zum Direktbank-Konzept im Zweiten Teil Drittes Kapitel Abschnitt C III. 4.

[365] Vgl. Deutsche Bundesbank: Monatsberichte, Januar 1998, S. 25 ff. und in diesem Teil Zweites Kapitel Abschnitt C VI. 3.

Geldmarkt durchgeführten Offenmarktgeschäfte und die Offenmarktgeschäfte mit Rückkaufsvereinbarung (Pensionsgeschäfte) eine flexible Anpassung der Zentralbankgeldversorgung an zeitliche Schwankungen in der Geldnachfrage.[366]

Bei den *Offenmarktgeschäften* der Deutschen Bundesbank am Geldmarkt stand bis Anfang der siebziger Jahre das Bestreben im Vordergrund, den Banken verzinsliche Anlagemöglichkeiten für ihre überwiegend aus den zeitweilig sehr umfangreichen Geldzuflüssen aus dem Ausland resultierenden Liquiditätsüberschüsse zu bieten. Seit 1975 erfolgt aber keine Abgabe mehr von in die Geldmarktregulierung einbezogenen Mobilisierungs- und Liquiditätspapieren. Seit die Deutsche Bundesbank 1971 dazu überging, auch Nichtbanken in die Offenmarktoperationen mit Geldmarktpapieren einzubeziehen, konnten auch andere Kapitalsammelstellen Offenmarktpapiere der Deutschen Bundesbank erwerben.[367] Mit dem verstärkten Einsatz neuer Verfahren und Instrumente in der Offenmarktpolitik durch die Deutsche Bundesbank seit den siebziger Jahren wurden auch die sog. Offenmarktgeschäfte mit Rückkaufvereinbarung (*Pensionsgeschäfte*) — zunächst über inländische Wechsel, seit 1979 auch über festverzinsliche Wertpapiere — entwickelt. Diese Wertpapierpensiongeschäfte avancierten als Kombinationen zeitlich versetzter Kauf- und Verkaufgeschäfte seit ihrem erstmaligen Einsatz im Juni 1979 zum wichtigsten Refinanzierungsinstrument der Deutschen Bundesbank zur Versorgung des deutschen Bankensystems mit Zentralbankgeld.[368]

V. Anbieten und Eröffnen von Zahlungs- und Verrechnungsverkehrsfazilitäten und zugehörige Aktivitäten

Der *Zahlungsverkehr* der Banken umfaßt die Gesamtheit aller Zahlungen, die diese — sei es durch eigene Geschäfte, sei es durch Kundenaufträge induziert — ausführen.[369]

Objekte des Zahlungsverkehrs sind *Bargeld* (Banknoten, Scheidemünzen) und *Buch-(Giral-)geld* (Sichtguthaben bei den Banken und der Deutschen Bundesbank). Als *Geldsurrogate* werden Hilfszahlungsmittel bezeichnet, die zwar kein eigentliches Bargeld oder Buchgeld darstellen, dieses aber ersetzen können, wenn sie sich im Umlauf befinden (z. B. Wechsel, Schecks). Technische Grundlage der bankmäßigen Abwicklung des Zahlungsverkehrs ist das *Konto* in seinen unterschiedlichen Ausprägungen. Neben den

---

366 Vgl. in diesem Teil Zweites Kapitel Abschnitt C V. 4.

367 Vgl. Deutsche Bundesbank: Die Deutsche Bundesbank, Geldpolitische Aufgaben..., a.a.O., S. 63 f.

368 Vgl. in diesem Teil Zweites Kapitel Abschnitt C V. 4. b) (2).

369 Vgl. allgemein Lipfert, H.: Nationaler und internationaler Zahlungsverkehr, 2. Aufl., Wiesbaden 1970.

üblichen laufenden Zahlungsverkehrskonten (z. B. Girokonto, Kontokorrentkonto) mit unterschiedlicher Verfügungsberechtigung (z. B. Oderkonten als Gemeinschaftskonten von mindestens zwei jeweils separat verfügungsberechtigten Kontoinhabern, Undkonten für nur gemeinschaftliche Verfügungen) bestehen Sonderformen, so etwa Anderkonten für treuhänderisch verwaltete Gelder sowie Sperrkonten, über die der Kontoinhaber nur mit Genehmigung eines Dritten verfügen darf.

1. Formen des Zahlungsverkehrs

Der *Barzahlungsverkehr* umfaßt Einzahlungen und Auszahlungen in Bargeld (Banknoten, Scheidemünzen) auf bzw. von Konten. Neben dem Barzahlungsverkehr zugunsten oder zu Lasten von Girokonten finden auch Zahlungsvorgänge statt, die über Zwischenkonten abgewickelt werden. So erfolgen z. B. beim An- und Verkauf von Wertpapieren, Sorten und Gold Barzahlungsvorgänge, die häufig über das „Konto pro Diverse" (CpD) abgewickelt werden.

Dem *bargeldsparenden Zahlungsverkehr* sind solche Zahlungsvorgänge zuzurechnen, bei denen nur einer der beiden Partner, die Zahlungen leisten bzw. erhalten, ein Bankkonto unterhält, der andere den betreffenden Betrag also in bar zahlt oder entgegennimmt. Der bargeldsparende Zahlungsverkehr bildet somit eine Zwischenstufe vom Barzahlungsverkehr zum vollständig bargeldlosen Zahlungsverkehr. Beim *bargeldlosen Zahlungsverkehr* werden Buch- bzw. Giralgelder von einem Bankkonto auf ein anderes transferiert. Voraussetzung ist demnach, daß sowohl Zahlungsempfänger als auch Zahlungspflichtiger Bankkonten unterhalten. Die Abwicklung des bargeldlosen Zahlungsverkehrs, der wegen seines stetig wachsenden Volumens auch heute noch — wenngleich nicht in solcher Intensität wie Ende der siebziger und Anfang der achtziger Jahre — Gegenstand permanenter Rationalisierungsbemühungen im internen Leistungsbereich der Banken ist, erfolgt zwischen den einzelnen Instituten über hierfür geschaffene Gironetze, die nebeneinander und miteinander arbeiten. In Deutschland bestehen nebeneinander: das Gironetz der Deutschen Bundesbank und der Landeszentralbanken, die Gironetze der Großbanken, das Spar-Gironetz der Sparkassen und Girozentralen, das Genossenschaftsringnetz der Kreditgenossenschaften und genossenschaftlichen Zentralbanken sowie das Gironetz der Postbank.

2. Entwicklungslinien im Zahlungsverkehr

Durch die rasante Entwicklung der Informations- und Kommunikationstechnologien entstehen neue elektronische Medien — wie das globale Computer-Netzwerk Internet und die neue leistungsfähige Chip-Technologie —, die den Zahlungsverkehr in den letzten Jahren grundlegend verändern. Wenngleich der Zahlungsverkehr als weitgehend standardisiertes Geschäftsfeld der Banken schon seit langem Gegenstand der Automation im Zuge weitreichender Rationalisierungs- und Kostensekungsbemühungen ist, unterliegt er in jüngster Zeit einem dynamischen Wandel, der zu einer zunehmenden Anzahl Systeminnovationen geführt hat und noch weiterhin führen wird. In den achtziger Jahren ergänzte die Kreditkarte als Produktinnovation den Zahlungsmittel-Mix in Deutschland, in den Neunzigern generierte die Electronic-cash-Verwendung der ec-Karte eine Verfahrensinnovation durch elektronisches Bezahlen am point of sale (POS). Parallel verhalf das PC-homebanking als entscheidender Attrahierungsfaktor dem zunächst enttäuschend gestarteten BTX im neu konzipierten T-Online-Dienst der Deutschen Telekom zum Durchbruch. Wurden diese Entwicklungen noch originär von Banken forciert, treten mit der elektronischen Geldbörse — offline als Chip-Karte, online über Computernetze wie Internet — non- und near-banks als neue Wettbewerber auf, deren Kernkompetenzen im Bereich der Informations- und Kommunikationstechnologien bzw. Kartentechnologien Wettbewerbsvorteile gegenüber den Banken implizieren.

Für einen inhaltlichen Konsens über „Innovationen im elektronischen Zahlungsverkehr" empfiehlt es sich, die Entstehung der elektronischen Geldbörse im Internet und auf der Chip-Karte an wesentlichen Entwicklungsstufen im Zahlungsverkehr aufzuzeigen. Durch Reduktion der zahlreichen Merkmale des Geldes auf drei — erfaßt durch die Dichotomien „Bargeld und Buchgeld als Transaktionsform", „elektronisches und papiergebundenes Trägermedium" sowie „Banken und non- und near-banks als Zahlungsintermediäre" — wird die Entwicklung in drei Dimensionen systematisiert (vgl. Abbildung 19).

Eine erste Differenzierung in Bar- und Buchgeld eignet sich als gedanklicher Reflex der ersten Entwicklungsdimension des hier betrachteten Geld-Zahlungsverkehrs. Aussagen zur Bedeutung der Zahlungsverkehrsformen erfordern eine über diese statische Differenzierung hinausgehende dynamische Betrachtung der Gewichtsverschiebungen im Zahlungsverkehr über einen längeren Zeithorizont. Bei einer Betrachtung der Geldmenge M1 über die letzten 48 Jahre in ihren Bestandteilen ist die Bedeutungszunahme des Buchgeldes zu Lasten des Bargeldes evident. Von einem in etwa gleich großen Volumen nach der Währungsreform 1948 ausgehend divergierte der Umfang der Sichteinlagen im Verhältnis zum Bargeldumlauf vom Verhältnis 2:1 1984 bis zum Verhältnis 4:1 1996, womit die exponentiell gewachsene Bedeutung des Buchgeldes signifikant wird.[370] Qualitativ begründet sich dies durch den Wandel in der Bedeutung der Funktionen des Bargeldes: weg von der Aufbewahrungsfunktion hin zur Kassenhaltungsfunktion, während Buchgeld in Form der Sichteinlagen — auch im Verbund mit Termineinlagen (Geldmenge M2) und Spareinlagen (M3) — die Wertaufbewahrungsfunktion des Bargeldes weitgehend substituierte.

370 Vgl. Deutsche Bundesbank: Monatsberichte, November 1996, S. 10* und Dezember 1992, S. 4* und Statistische Beihefte.

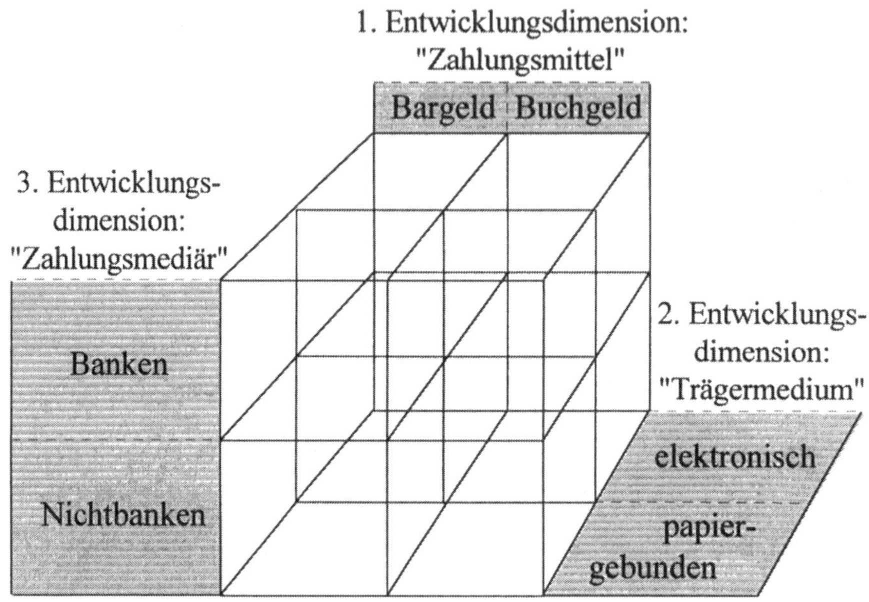

Abb. 19: Entwicklungsdimensionen des Zahlungsverkehrs

Diese Fortentwicklung des Zahlungsverkehrs wurde insbesondere begründet durch das Angebotsverhalten der Bankwirtschaft. Ausgehend von der Einführung bargeldloser Gehaltszahlungen und der — zunächst überwiegend gebührenfreien — Führung von Gehaltskonten wurde auch der Mengenkundschaft die Teilnahme am halb- und unbaren Zahlungsverkehr ermöglicht. Abgesehen von der Rationalisierung der Lohn- und Gehaltszahlungen zielte die Förderung der Kontoführung vor allem ab auf Erweiterung bzw. Sicherung der Marktanteile bei der breiten Privatkundschaft. Der Absatz von Zahlungsverkehrsleistungen, dessen Basis das Girokonto ist, wurde und wird als Schlüssel für den Absatz weiterer Bankleistungen gesehen („cross-selling"). Diese Entwicklungsstrategie hatte zur Folge, daß heute circa 95 % der Haushalte in Deutschland ein Girokonto haben, mithin eine hohe Marktdurchdringung erreicht wurde. Bei der vermögenden Privatkundschaft sowie der Firmenkundschaft ist zudem ein Trend zu mehreren Kontoverbindungen zu verzeichnen. Folgerichtig avancierten die bargeldlosen Zahlungstransaktionen zur Hauptform des Zahlungsverkehrs mit auch heute noch stetig wachsenden Volumina. Wurde diese Entwicklung hauptsächlich geprägt durch die Bankwirtschaft, wird diese nunmehr umgekehrt selbst mit Umwälzungen im Zahlungsverkehrssystem konfrontiert.

So sieht die Weiterentwicklung des Zahlungsverkehrs die Banken in einem Spannungsfeld: Einerseits wurde der Zahlungsverkehr zur Kostenreduzierung Gegenstand permanenter Rationalisierungsbemühungen im internen Leistungsbereich (back office) wie seit Mitte der achtziger Jahre auch im externen Leistungsbereich (front office). Logische Konsequenz war zum einen die Forcierung der unbaren Zahlungsabwicklung mittels der Entwicklung neuer Zahlungssysteme seitens der Banken und zum anderen — in der zweiten Entwicklungsdimension des Zahlungsverkehrs — die sukzessive Substitution der papiergebundenen Medien durch elektronische Zahlungsübertragungsmedien und -verfahren. Diese Entwicklungen wurden aber andererseits zugleich zur Plattform für den Markteintritt technisch spezialisierter non- und near-banks, womit den Banken neue Konkurrenz und damit neuer Kostendruck für ihre elektronischen Zahlungsverkehrsleistungen erwuchs. Dies bezeichnet die zweite wesentliche Entwicklungsdimension (vgl. Abbildung 19).

Wenn man alle Verfahren, bei denen unbare Zahlungen auf elektronischen Medien oder per Datenfernübertragung weitergeleitet werden, dem elektronischen Zahlungsverkehr subsumiert, stellen sich die in der Praxis dominierenden Zahlungssysteme als elektronische Systeme dar: vor allem Eurocheque-System, Geldausgabeautomaten, Point-of-sale-System bzw. electronic cash, Kreditkarten und Kundenkarten der Banken und Handelsunternehmen. Die traditionellen — nicht-elektronischen — Zahlungssysteme werden seit Beginn der fünfziger Jahre im Rahmen der Rationalisierungsbemühungen der Banken zusammen mit dem Engagement der Bundesbank mittels zahlreicher Konventionen zu einzelnen Instrumenten und zur Automation substituiert durch elektronische Verfahren. Einen vorläufigen Abschluß bildet die neueste Fassung des „Abkommens über die Umwandlung beleghaft erteilter Überweisungsaufträge in Datensätze und deren Bearbeitung" — EZÜ-Abkommen — mit der seit 1997 vollständigen Substitution des beleggebundenen Überweisungsverkehrs — als letzte Domäne nicht-automatisierter Zahlungsabwicklung — durch direkten Austausch von Datensätzen zwischen Banken.

Wurde die sog. „elektronische Öffnung" der Bundesbank Ende 1991[371] mit der Ausrichtung auf eine durchgehend elektronische Verarbeitung der Zahlungsverkehrsdaten ordnungspolitisch virulent durch nationale Automatisierungsbemühungen und internationale Integrationserfordernisse differierender nationaler Zahlungssysteme im Hinblick auf die Europäische Wirtschafts- und Währungsunion, so gewinnt die aktuelle Entwicklung innovativer elektronischer Zahlungssysteme eine marktliche Eigendynamik von neuer Qualität. Software-Unternehmen und Kreditkartenorganisationen dienen den Banken in einem für sie traditionell und — als Basis für den Vertrieb von Finanzdienstleistungen — strategisch bedeutenden Geschäftsfeld einen innovativen Prozeß an. Dies ist die dritte wesentliche Entwicklungsdimension des Zahlungsverkehrs: Als Intermediär beim Zahlungsvorgang zwischen Zahlungspflichtigen und Zahlungsempfänger treten neben den Banken non- und near-banks auf, innovative Zahlungssysteme offerierend (vgl. Abbildung 19).[372]

---

371 Vgl. Deutsche Bundesbank: Monatsberichte, August 1994, S. 47 ff.

372 Vgl. Büschgen, H. E.: Entwicklungen im elektronischen Zahlungsverkehr — Innovative elektronische Zahlungssysteme, in: Mitteilungen und Berichte des Instituts für Bankwirtschaft und Bankrecht an der Universität zu Köln, Abteilung Bankwirtschaft, 28. Jg. (1997) Nr. 77, S. 41 ff.

3. Das Angebot der Geschäftsbanken

a) Barer und bargeldsparender Zahlungsverkehr im nationalen und internationalen Bereich

Im *Barzahlungsverkehr* der Banken ist die Fortführung ihrer ursprünglichen Aufgabe als Geldwechsel- und Geldaufbewahrungsstellen zu sehen. Heute übernimmt eine Bank für den Kunden im Rahmen des Barzahlungsverkehrs jedoch im wesentlichen nur noch eine Kassenhaltungsfunktion. Die Bedeutung des Barzahlungsverkehrs im allgemeinen ist rückläufig, nicht nur — wie bereits dargestellt[373] — im nationalen Bereich, sondern auch international. Nur der Reisezahlungsverkehr, der sich in gewissem Maße der Sorten — ausländische Banknoten und Münzen — bedient, ist von dieser Entwicklung bislang nur in begrenztem Umfang berührt.

Im Rahmen des *bargeldsparenden Zahlungsverkehrs* nimmt eine Bank Bareinzahlungen Dritter entgegen, die entweder zugunsten eines Zahlungsempfängers erfolgen, der bei ihr ein Konto unterhält, oder zugunsten von Zahlungsempfängern, die Konten bei anderen Banken unterhalten. Ebenso zählt die Einlösung eines Barschecks durch eine andere Person als den Kontoinhaber zum bargeldsparenden Zahlungsverkehr. In diesem Fall läßt sich ein Dritter den im Scheck genannten Betrag zu Lasten eines Kundenkontos an der Kasse bar auszahlen. Der Kontoinhaber demgegenüber hat den Scheck zur bargeldlosen Zahlung außerhalb der Bank benutzt.

b) Bargeldloser Zahlungsverkehr im nationalen Bereich

Nicht nur durch ihre Bemühungen um die bargeldlose Lohn- und Gehaltszahlungsabwicklung, sondern auch durch die Entwicklung neuer Zahlungsformen haben die Banken die unbare Zahlungsabwicklung forciert.

(1) Scheckverkehr

Zu den verbreitetsten Instrumenten bargeldloser Zahlung gehört der Scheck, der eine Anweisung des Scheckausstellers an die bezogene Bank darstellt, aus seinem dort vorhandenen Guthaben oder einem eingeräumten Kredit die Schecksumme an einen Dritten zu zahlen. Nach der Art der Einlösung durch die bezogene Bank wird zwischen Verrechnungsscheck und Barscheck unterschieden. Der *Verrechnungsscheck* darf nicht — wie der Barscheck — in bar ausgezahlt werden, sondern ist dem Konto des Zahlungsempfängers gutzuschreiben. Nach Art und Möglichkeit der Weitergabe des Schecks ist zwischen Inhaber-, Order- und Rektascheck zu unterscheiden. Der *Inhaber-* oder *Überbringerscheck* ist durch Einigung und Übergabe übertragbar, während der *Orderscheck* zusätzlich indossiert werden muß. *Rektaschecks* enthalten eine negative Orderklausel („nicht an Order"); aus diesem Grund sind sie nicht übertragbar und im bankbetrieblichen Zahlungsverkehr nicht verwendbar. Schecks sind grundsätzlich bei Sicht, d. h. zum Zeitpunkt der Vorlage beim Bezogenen, zahlbar und werden von den Banken in der Re-

---

[373] Vgl. in diesem Kapitel Abschnitt C. V. 2.

gel vorbehaltlich des Eingangs ihres Gegenwertes („E. v.“) gutgeschrieben, mit einer Wertstellung, die sich nach dem voraussichtlichen Eingang des Scheckbetrages richtet. Für *eurocheques* (die seit 1972 bei allen deutschen Banken nach Form und Inhalt zum Zwecke der Computer-Verarbeitung standardisiert sind), die unter gleichzeitiger Vorlage einer Eurocheque-Karte (ec-Karte) ausgestellt werden, übernimmt die bezogene Bank eine Einlösungsgarantie bis zu 400 DMark je Scheck und stärkt somit das Vertrauen in die Sicherheit dieses Zahlungsmediums.[374]

(2) Überweisungsverkehr

Neben dem Scheck ist die Überweisung das Zahlungsverkehrsinstrument, das für nicht regelmäßig anfallende Zahlungen am häufigsten Verwendung findet. Rechtlich handelt es sich bei der Überweisung nach herrschender Auffassung um einen Geschäftsbesorgungsvertrag gemäß § 675 BGB. Hierbei erteilt ein Zahlungspflichtiger seiner Bank den Auftrag, zu Lasten seines Kontos eine bestimmte Geldsumme an den Zahlungsempfänger bargeldlos zu überweisen. Hat der Zahlungsempfänger nicht ebenfalls ein Konto bei der beauftragten Bank, muß die Gutschriftanzeige des Überweisungsträgers über ein oder mehrere Gironetze geleitet werden; befindet sich dessen Konto bei einer anderen Niederlassung desselben Instituts, so spricht man auch von „Hausgiro”, das vor allem für die Großbanken besondere Bedeutung hat.

(3) Dauerauftrag und Lastschriftverfahren

Für regelmäßig wiederkehrende Zahlungen haben sich als gebräuchlichste Varianten die beiden Grundformen Dauerauftrag und Lastschrift herausgebildet. Während beim *Dauerauftrag* der Zahlungspflichtige seine Bank beauftragt, die regelmäßig zu leistenden Zahlungen über konstante Beträge (z. B. Miete, Versicherungsprämien, Beiträge) zugunsten des Zahlungsempfängers auszuführen, ermächtigt er beim *Lastschriftverfahren* den Zahlungsempfänger (bzw. dessen Bank), von seinem Konto zu bestimmten Zeitpunkten den jeweils in der Lastschrift genannten Betrag einzuziehen. Der Zahlungsvorgang wird also vom Zahlungsempfänger ausgelöst. Neben der damit verbundenen Steuerung seiner Geldeingänge hat dies für ihn als Gläubiger den Vorteil, daß er seine Außenstände verringern und seine Debitorenbuchhaltung besser kontrollieren und rationalisieren kann.[375]

(4) Inkassoverkehr

Das Inkassogeschäft der Banken umfaßt Zahlungsverkehrsleistungen, bei denen die Banken im Auftrag ihrer Kunden den Einzug fälliger und durch Papiere verbriefter Forderungen übernehmen (Scheck-, Wechsel-, Lastschrifteninkasso, Inkasso von Zins- und Dividendenscheinen sowie Dokumenten-Inkasso im Zusammenhang mit Warenlieferungen, die durch sog. Traditionspapiere repräsentiert werden).

---

374 Zur Entwicklung des Scheckkartenverfahrens vgl. z.B. Wentzel, K.: Das Scheckkartenverfahren der deutschen Kreditinstitute, Köln – Berlin – Bonn – München 1974, S. 17 ff.

375 Vgl. Büschgen, H. E.: Bankbetriebslehre, a.a.O., S. 263.

Beispielhaft sei das Verfahren beim *Scheckinkasso* skizziert: Eingereichte Schecks werden dem Kunden „Eingang vorbehalten" („E. v.") auf seinem Konto gutgeschrieben. Im engeren Sinne liegt Scheckinkasso jedoch nur dann vor, wenn eine Bank vor Gutschrift des Betrages den Scheck zunächst zur Einlösung an die bezogene Bank versendet und erst nach Eingang des Gegenwertes den Betrag vergütet. Wird der Scheck nicht bezahlt, gibt die Bank ihn an den Einreicher zurück. Schecks, die mangels Deckung nicht bezahlt werden, werden ansonsten sofort mit „Vorlegungsvermerk" (Scheckprotest) zurückgegeben. Der Einzug des Gegenwertes von Schecks erfolgt in unterschiedlicher Weise: Auf Kunden derselben Bankstelle gezogene Schecks werden „im Hause" selbst verrechnet, Schecks auf Banken am selben Ort werden entweder über die örtliche LZB-Abrechnung eingezogen oder direkt über wechselseitig geführte Zahlungsverkehrskonten der Banken untereinander verrechnet. Schecks auf andere Stellen des gleichen Instituts oder auf verbundene Banken werden bei diesen direkt oder über Zentralstellen eingezogen. Bei Schecks auf andere Banken an anderen Orten bedienen sich die Banken in der Regel des „Vereinfachten Scheck- und Lastschrifteinzugsverkehrs" der Landeszentralbanken.[376]

c) Bargeldloser Zahlungsverkehr im internationalen Bereich

Die Notwendigkeit zur Abwicklung des Zahlungsverkehrs mit dem Ausland ergibt sich aus dem zunehmenden Internationalisierungsprozeß in Handel, Industrie und Dienstleistungsgewerbe. Er basiert auf Import- und Exportgeschäften, auf den kurzfristigen Geldanlagen im Ausland zur Ausnutzung von Zins- und Kursdifferenzen, auf Wertpapiergeschäften, auf langfristigen Kapitalinvestitionen im Ausland sowie auf dem Reiseverkehr.

Voraussetzung für die technische Abwicklung des internationalen Zahlungsverkehrs ist ein internationales Zahlungsverkehrsnetz zwischen den nationalen Zahlungsverkehrsteilnehmern in den einzelnen Ländern. Zu diesem Zweck haben international tätige Banken schon frühzeitig ein weltweites *Korrespondenzbankensystem* aufgebaut, über das sie den internationalen Zahlungsverkehr abwickeln können. Durch die direkte Auslandsexpansion der Banken in der jüngsten Vergangenheit hat das Korrespondenzbankensystem jedoch an Bedeutung eingebüßt. Mit ihren Filialen, Niederlassungen respektive Tochtergesellschaften in zahlreichen Ländern können internationale Banken einen Großteil des internationalen Zahlungsverkehrs innerhalb ihrer eigenen Organisation abwickeln. Sie müssen sich dann lediglich der jeweiligen nationalen Zahlungsverkehrsnetze bedienen.[377]

Als wichtigste Neuerung im internationalen Zahlungsverkehr wird (immer noch) die bereits 1973 erfolgte Gründung der „Society of World-wide Interbank Financial Telecommunication" (SWIFT)[378] angesehen. Das *SWIFT-System* wurde mit dem Ziel in Betrieb genommen, ein computergesteuertes Leitungsnetz zur Informationsübermittlung, Ab-

---

[376] Vgl. Büschgen, H. E.: Einführung..., Teil II, a.a.O., S. 141.

[377] Vgl. Büschgen, H. E.: Internationales Finanzmanagement, a.a.O., S. 19.

[378] Vgl. ausführlicher Loh, W. W.: Das S.W.I.F.T.-System, Frankfurt a. M. 1983, sowie Büschgen, H. E.: Internationales Finanzmanagement, a.a.O., S. 21 ff.

wicklung von internationalen Zahlungsströmen und von Geld- und Devisengeschäften aufzubauen und zu betreiben. Zählte das SWIFT-System ursprünglich 239 Gründungsbanken, so hat sich die Zahl der angeschlossenen Banken zwischenzeitlich auf etwa 3800, die der partizipierenden Länder auf über 70 erhöht. Das neue SWIFT-II-System adaptiert die Fortentwicklung der Datenverarbeitungstechnik und die zunehmende Komplexität grenzenüberschreitender Transaktionen. Die Leistungsgeschwindigkeit konnte durch Unterstützung digitaler Kommunikationsmedien gesteigert werden bei gleichzeitiger Erhöhung der Sicherheit durch verbesserte Übertragungsprotokolle. Ferner sind zusätzliche Zeichen übertragbar und Textkommunikation bzw. Textverarbeitung verfügbar. Darüber hinaus wurde das neue System flexibler konzipiert in bezug auf weitere Teilnehmer, Geschäftsvorfälle bzw. Volumina. Weiter dient das SWIFT-System der reinen Abwicklung, wobei die Verrechnung der Gegenwerte (Clearing) entsprechend über Korrespondenzbanken erfolgt.

Für Echtzeit-Großbetragszahlungen existiert zudem mit dem neuen *TARGET-System* als „Trans European Automated Real-Time-Gross-Settlement-Express-Transfer-System" eine umfassende Zahlungssystem-Innovation für die Abwicklung des internationalen Zahlungsverkehr zwischen Banken in der Europäischen Union.[379]

(1) Scheckverkehr

Zahlungsaufträge an ausländische Banken werden unter anderem mittels Versendung von *(Banken-) Orderschecks* ausgeführt, die eine inländische Bank zu Lasten ihres Kontos ausstellt, das sie bei einer Korrespondenzbank im Land des Zahlungsempfängers (eventuell auch in einem Drittland) unterhält. Deutsche Exporteure erhalten umgekehrt als Zahlung Orderschecks ausländischer Banken, deren Gegenwert von deutschen Banken, denen sie zur Gutschrift eingereicht werden, eingezogen wird oder die auf das Währungskonto des inländischen Zahlungsempfängers gutgeschrieben werden. Die Zahlungsverkehrsdurchführung mittels Banken-Orderscheck ist vor allem im Verkehr mit den angelsächsischen Ländern üblich. Im Gegensatz zu den Banken-Orderschecks als Bank-auf-Bank-Ziehungen sind von inländischen Zahlungsverkehrsteilnehmern ausgestellte *Inhaber-Verrechnungsschecks*, die auf DMark- oder Währungskonten bei ihren inländischen Banken gezogen sind und die von den Zahlungsleistenden direkt an die ausländischen Zahlungsempfänger versandt werden, eine nur selten vorzufindende Form der Scheckverwendung.[380]

(2) Überweisungsverkehr

Im kontinentaleuropäischen Zahlungsverkehr wird die *Überweisung* für internationale Zahlungen bevorzugt verwendet. Banktechnisch entspricht sie im wesentlichen der Abwicklung inländischer Überweisungen. Man spricht auch von einem internationalen Zahlungsauftrag, weil es sich bei der Abwicklung der Zahlung um den Auftrag einer inländischen an eine ausländische Bank handelt, an den aus der Überweisung bzw. dem

379 Vgl. hierzu ausführlich in diesem Teil Kapitel Abschnitt V. 5. d).

380 Vgl. Büschgen, H. E.: Internationales Finanzmanagement, a.a.O., S. 31.

Zahlungsauftrag Begünstigten (z. B. ausländischer Exporteur) die betreffende Zahlung zu leisten, wobei die inländische Bank im Auftrag ihres Kunden handelt. Die Verrechnung zwischen den Banken erfolgt über wechselseitig unterhaltene Konten.[381]

(3) Akkreditiv- und Dokumentenverkehr

Das *Akkreditiv* als Instrument des Zahlungsverkehrs ist ein abstraktes Zahlungsversprechen einer Bank, in dem diese sich verpflichtet, im Auftrag ihres Kunden einem Dritten innerhalb einer bestimmten Frist einen bestimmten Geldbetrag zur Verfügung zu stellen. Zur Abwicklung dieses Auftrages bedient sich die beauftragte Bank in der Regel einer (Korrespondenz-)Bank. Häufig ist die Akkreditivabwicklung an die Bedingung geknüpft, daß der Akkreditivbegünstigte bestimmte Urkunden vorlegt; das *Dokumentenakkreditiv*[382] wird nur gegen Einreichung dieser Dokumente ausgezahlt. Wichtige in Frage kommende Papiere sind im Seeverkehr das Konnossement, im Luftverkehr der Luftfrachtbrief, ferner Rechnungen, Ursprungszeugnisse, Transportversicherungspolicen usw.

(4) Reisezahlungsmittel

Während der — in der Vergangenheit als Reisezahlungsmittel gebräuchliche — *Reisekreditbrief* (Urkunde, die es dem Reisenden erlaubt, bis zu einem Höchstbetrag bei bestimmten Banken in einem anderen Land nach Legitimation Bargeld abzuheben) heute kaum noch Verwendung findet, ist der Reisescheck im internationalen Reiseverkehr üblich. *Reiseschecks* („traveller checks") können von deutschen Banken ausgestellt werden

- auf DMark lautend (runde Beträge), die bei ausländischen Banken durch Umtausch in Fremdwährung eingelöst werden;
- auf die gewünschte Reiselandwährung oder eine dritte ausländische Währung lautend; diese werden von den deutschen Banken zu Lasten ihrer Korrespondenzbanken ausgestellt und können im Ausland — nicht nur bei Banken — in Zahlung gegeben werden.

Reiseschecks können auch von ausländischen Banken ausgestellt und bei inländischen Banken deponiert und an Reisende verkauft werden; umgekehrt werden auf DMark lautende Reiseschecks von ausländischen Korrespondenzbanken an ausländische Reisende, die nach Deutschland reisen, ausgegeben. DMark-Reiseschecks werden in Deutschland von praktisch allen Geschäftsbanken eingelöst; die Schecks sind auch zum „Vereinfachten Scheckeinzug" durch die Deutsche Bundesbank zugelassen.

In einer großen Zahl von Ländern können auch *eurocheques* zur Zahlung in der jeweiligen Landeswährung verwendet werden.

Als ein — zunehmend an Bedeutung gewinnendes — weltweites Zahlungsmittel sind die ab 1950 entstandenen T&E-*Kreditkarten* (Travel and Entertainment Cards) zu nen-

---

[381] Vgl. Büschgen, H. E.: Internationales Finanzmanagement, a.a.O., S. 30 f.

[382] Siehe hierzu die Ausführungen zum Rembourskredit in diesem Kapitel Abschnitt C. III. 1.a) (6) (a).

nen, die auf die Bedürfnisse der geschäftlich und privat Reisenden ausgerichtet sind. Sie sollen es ermöglichen, weltweit bargeldlos zu zahlen. Typisch für diese Art von Kreditkarten ist daher die internationale Verbreitung der Vertragsunternehmen, deren Schwerpunkt in der Reisebranche (Hotels, Restaurants, Mietwagengesellschaften, Fluglinien usw.) liegt.[383]

d) Innovationen im elektronischen Zahlungsverkehr mit Nichtbanken: electronic banking

Electronic banking bezeichnet das Betreiben von Bankgeschäften mit Unterstützung der elektronischen Datenverarbeitung im unmittelbaren Kundenkontakt im Zusammenhang mit der Nutzung dieser Unterstützung durch den Kunden ohne Involvierung von Bankpersonal an der Kunde-Bank-Schnittstelle. Diese elektronische Bankdienstleistung wird damit von der internen Anwendung der elektronischen Datenverarbeitung in der Bank (elektronische Bürokommunikations- und Informationssysteme) sowie von der computerunterstützten Sachbearbeitung und Beratung am Bankschalter abgegrenzt. Dabei werden zum einen die Dimensionen der Kundenselbstbedienung bei Banken mit Hilfe von Selbstbedienungsautomaten und zum anderen die technologischen Instrumente, die im Rahmen des electronic banking zum Einsatz kommen, zur Grundlage des Begriffs gemacht. Neben Leistungen im Privatkundengeschäft, die vornehmlich durch Selbstbedienungselemente, BTX-banking und POS repräsentiert werden und in jüngster Zeit durch die Geldkarte und Internet-banking ergänzt werden, gehören hierzu auch Leistungen im Firmenkundengeschäft, deren Grundlage der elektronische Datenaustausch, die Informationsvermittlung auf elektronischen Medien sowie die ablauforganisatorische Unterstützung des Finanzwesens der Firmenkunden durch Bereitstellung von finanzwirtschaftlicher Software ist. Hierzu werden insbesondere Cash-management-Systeme, die Bereitstellung und Vermittlung von Datenbankzugriffen sowie Finanz- und Erfolgsplanungs- und -analyseprogramme gezählt.

Das electronic banking beschreibt damit sowohl Leistungsarten- wie auch Verfahrensinnovationen, deren Grundlage die Integration der Informations- und Kommunikationstechnologien ist. Insbesondere software-basierte Bankleistungen, wie das Cash-management und Programme zur Erfolgs- und Bilanzanalyse sowie Planungs- und Kalkulationsprogramme können als Leistungsarteninnovationen betrachtet werden. Die Substitution von Bargeldauszahlungen an einer Kasse durch Geldausgabeautomaten ist ein Beispiel für eine bereits etablierte Verfahrens-"Innovation" durch electronic banking, während die elektronische Geldbörse offline als Chip-Karte (primär Leistungsarteninnovation) bzw. online als software-basiertes Zahlungssystem in Computernetzen wie dem Internet (primär Verfahrensinnovation) grundlegend neuartige — innovative — Zahlungsstrukturen generieren. Sie sollen daher im folgenden unter dem Rubrum „Electronic-money-Systeme" als „echte" Innovationen vornehmlich für das Privatkundengeschäft neben den „Cash-management-Systemen" im Firmenkundengeschäft eingehender

---

[383] Vgl. im einzelnen Judt, E.: Kreditkarten — weltweites Zahlungsmittel, in: WiSt, 14. Jg. (1985), H. 1, S. 39 – 42. Vgl. zu den Kreditkartenorganisationen auch in diesem Kapitel Abschnitt C. V. 4. b)

betrachtet werden. Wesentliche Problembereiche dieser neuen Zahlungssysteme — wie des electronic banking allgemein — sind dabei neben der Identifikation des berechtigten Nutzers die Systemsicherheit und damit auch die Sicherheit der autorisierten Transaktionen. Für die Identifikation haben sich Verfahren herausgebildet, die zum einen ein password oder eine personal identification number (PIN) nutzen; zum anderen werden biometrische Verfahren entwickelt, die eine zweifelsfreie Identifikation des berechtigten Benutzers erlauben sollen. Die Sicherheit der Transaktionen basiert zum Teil noch auf einer transaction number (TAN), welche aber mittels kryptographischer Verschlüsselungsverfahren zunehmend substituiert werden.

(1) Cash-management-Systeme

Bereits bevor Banken Cash-management-Systeme als spezielle Bankleistungen anboten, wurde der Begriff cash management in der betrieblichen Finanzpraxis benutzt und synonym für Kassenhaltung, Kassendisposition, kurzfristige Finanzdisposition und Liquiditätsdisposition des Unternehmens verwendet.[384] „cash" bezeichnet dabei die (aktuellen und potentiellen) liquiden Mittel[385] eines Unternehmens, während der Begriff „management" funktionell zu verstehen ist und die Planung, Disposition sowie die Kontrolle der Unternehmensliquidität umfaßt.

Die Zielsetzung des internationalen cash management als Bankdienstleistung für die Unternehmenskundschaft besteht folglich darin, eine rasche und einfache Disposition und Steuerung inländischer und ausländischer Zahlungsströme im Hinblick auf Höhe, Zeitpunkt und Ort der Zahlungen sowie eine „Optimierung" von kurzfristigen Geldanlagen und Geldaufnahmen zu ermöglichen. Darüber hinaus umfaßt das cash management bei internationaler Ausrichtung vor allem die Eingrenzung des Währungsrisikos durch die Wahl geeigneter Absicherungsinstrumente und -maßnahmen.[386]

Die Grundstruktur eines internationalen Cash-management-Systems ergibt sich aus Abbildung 20.[387]

---

384 Vgl. Jetter, T.: Cash-Management-Systeme, Wiesbaden 1988, S. 31 f., sowie Tüchter, U.: Cash Management. Eine elektronische Bankdienstleistung für die Unternehmung, Köln 1985, S. 11 f.

385 Hierzu zählt nicht nur der Kassenbestand, sondern die gesamte Primärliquidität (Bargeld, Sichtguthaben) und die Sekundärliquidität (nicht ausgenutzte Kreditlinien, kurzfristig verfügbare Termingelder und kurzfristig monetisierbare bzw. diskontierbare Wertpapiere). Vgl. Büschgen, H. E.: Grundlagen betrieblicher Finanzwirtschaft, 2. Aufl., Frankfurt a. M. 1979, S. 20 f. Vgl. auch Westphal, J. W.: Cash Management in Unternehmungen, in: Revolution des Zahlungsverkehrs durch Automation, hrsg. v. L. Schuster, Stuttgart o. Jg., S. 93-112. Westphal stellt fest: „Das Cash Management umfaßt die Verwaltung der flüssigen Mittel und der Liquiditätsreserven..."; ebenda, S. 93.

386 Vgl. Tüchter, U.: Cash Management..., a.a.O., S. 13. Vgl. des weiteren Glogowski, E.; Münch, M.: Neue Finanzdienstleistungen, a.a.O., S. 146.

387 Quelle: Abolins, K. I.: Cash-Management-Systeme für Unternehmen, in: Der Betrieb, 38. Jg. (1985), H. 2, S. 64 f.

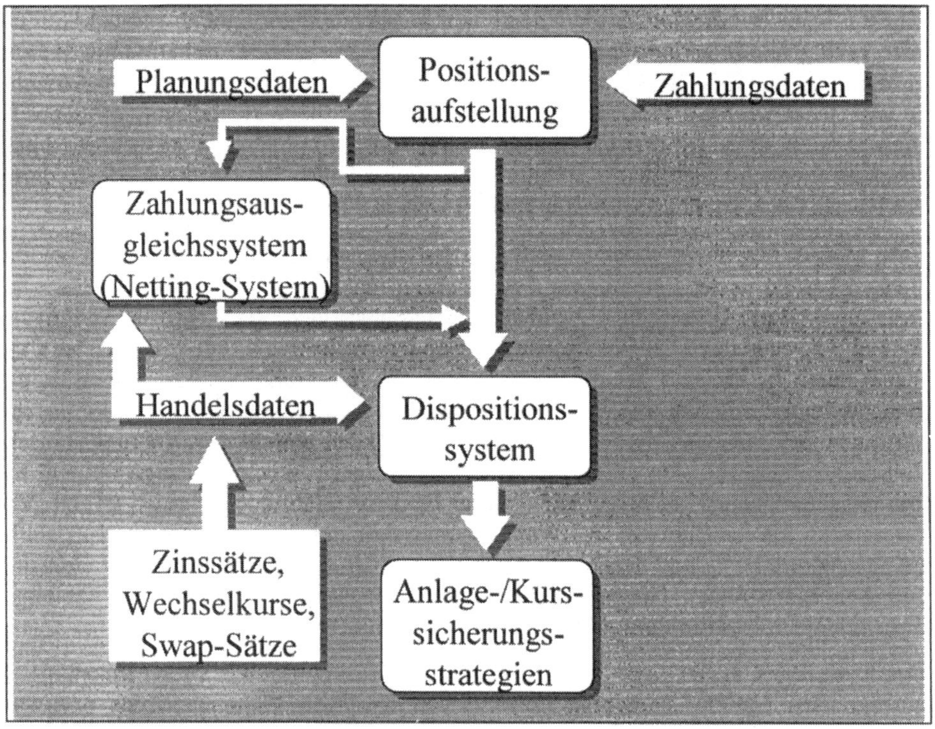

Abb. 20: Grundstruktur eines internationalen Cash-management-Systems

Cash management ermöglicht es dem Firmenkunden ferner, direkt über das unternehmenseigene Terminal aus dem Computer der Bank die aktuellen Informationen über Kontenstände und Marktdaten — etwa Zinssätze und Wechselkurse — abzurufen. Zwei Grundtypen[388] von Cash-management-Systemen sind hierbei zu unterscheiden.

- Einfache dialogfähige Informationssysteme, die dem Firmenkunden (abzufragende) Informationen und speziell aufbereitete Daten anbieten, es ihm aber nicht ermöglichen, durch Dateneingabe an seinem Terminal Finanztransaktionen vorzunehmen.
- Im Gegensatz dazu stehen Bank und Kunde im zweiten Grundsystem in (ständiger) Kommunikationsbeziehung miteinander. Diese Online-Systeme verarbeiten die Finanztransaktionen zwischen Unternehmen und Bank real-time.

Neben der bereits angesprochenen Unterstützung bei der Planung und Steuerung der nationalen und vor allem internationalen Zahlungsströme des Unternehmens besteht eine weitere Aufgabe der Bank im Rahmen des Cash Management in der „Optimierung" des Zinssaldos. Dies betrifft zum einen die — im Hinblick auf die anlagepolitischen Kriterien Sicherheit, Liquidität und Rentabilität — optimale Anlage zeitweiliger Kassenüber-

[388] Vgl. zum folgenden Glogowski, E.; Münch, M.: Neue Finanzdienstleistungen..., a.a.O., S. 147. Vgl. auch Tüchter, U.: Cash Management,.., a.a.O., S. 64-70.

schüsse. Voraussetzungen für die Anlage von überschüssigen liquiden Mitteln sind rasche Verfügbarkeit, geringe Transaktionskosten, gute Zinserträge, breite Märkte und ein kalkulierbares Risiko. Dem genügen neben Termineinlagen am ehesten Geldmarktpapiere wie Schatzwechsel, Bankakzepte und Einlagenzertifikate (certificates of deposit). Zum anderen ist es erforderlich, liquide Mittel zum Ausgleich von Auszahlungsüberschüssen möglichst zinsgünstig aufzunehmen. Dabei sollen Rentabilitätsverluste durch das Halten von Liquiditätsreserven minimiert werden.[389]

Eine weitere besonders wichtige Aufgabe des internationalen Cash management der Banken besteht in der Eingrenzung des Währungsrisikos.[390] Die Liquiditätsströme international tätiger Unternehmen beinhalten Währungsrisiken, die wegen der möglichen starken Schwankungen der Wechselkurse besonders verlustreich sein können. Das Cash management befaßt sich bei der Eingrenzung des Wechselkursrisikos jedoch in der Hauptsache nur mit dem sog. Währungstransaktionsrisiko[391], womit das Risiko aus zukünftigen Devisenkonvertierungen erfaßt wird.[392] Dabei umfaßt das Währungstransaktionsrisiko sämtliche Auswirkungen von (zukünftigen) Wechselkursänderungen auf Zahlungsbewegungen, an deren Anfang oder Ende ein Währungsumtausch erfolgt. Voraussetzung für das Eintreten des Währungstransaktionsrisikos (transaction risk) als liquiditätswirksame — und damit dem Aufgabenbereich des Cash management eindeutig zurechenbare — Wechselkursrisikokomponente ist somit die Aufnahme von Zahlungsbeziehungen in Fremdwährung.[393]

Damit die Bank in der Lage ist, das Währungstransaktionsrisiko ihres Firmenkunden einzugrenzen, benötigt sie genaue Kenntnis von den in der Planungsperiode zu erwartenden Zahlungsströmen in den verschiedenen Währungen. Die notwendigen Informationen erhält sie aus dem Rechnungswesen und speziell aus dem Finanzplan ihres Kunden. Sämtliche auf fremde Währung lautende Forderungen und Verbindlichkeiten eines Unternehmens unterliegen einem Transaktionsrisiko, wobei die aus den Wechselkursschwankungen resultierenden Währungsverluste bzw. -gewinne nicht von der Höhe der einzelnen Forderungen oder Verbindlichkeiten abhängen, sondern vom Saldo, d. h. von der Höhe der Differenz von Fremdwährungsaktiva und Fremdwährungspassiva. In den verschiedenen Währungen können somit offene Positionen in Form positiver Salden (long position) entstehen, d. h. Währungen, die bei Abwicklung der Transaktion verkauft werden, und negative Salden (short position), d. h. Währungen, die gekauft werden müssen. Beim Ausgleich der vom Transaktionsrisiko betroffenen (offenen) Positionen muß das Cash management neben dem Betrag auch die jeweiligen Fälligkeitszeitpunkte der verschiedenen Währungsengagements berücksichtigen. Eine vollständig ausgegli-

---

389 Vgl. Westphal, J. W.: Cash Management..., a.a.O., S. 99 f.

390 Vgl. allgemein zum Währungsrisiko und zur Währungsrisikopolitik bei Banken Abschnitt C. III. 5. im sechsten Kapitel des zweiten Teils.

391 Vgl. zu den Arten des Währungsrisikos im zweiten Teil Fünftes Kapitel Abschnitt D. II. 4. c) (2). Vgl. auch Büschgen, H. E.: Internationales Finanzmanagement, a.a.O., S. 310 –316.

392 Vgl. Jetter, T.: Cash-Management-Systeme, a.a.O.. S. 250.

393 Vgl. Wentz, R.-C.: Unternehmerische Devisenkurssicherung, Frankfurt a. M. 1979, S. 72 f.

chene Währungsgesamtposition liegt nur dann vor, wenn auch jede darin enthaltene (einzelne) Währungsposition ausgeglichen ist.[394]

Zur Verbesserung der Steuerung des Währungstransaktionsrisikos muß das Cash management jedoch schon früher einsetzen. So beinhalten Cash-management-Systeme auch die folgenden — das Währungstransaktionsrisiko frühzeitig eingrenzenden — Maßnahmen:

- Mittels *netting* können gegenläufige Zahlungen in derselben Währung zwischen Konzernunternehmen gegenseitig aufgerechnet werden, wodurch Kurssicherungskosten eingespart werden. Darüber hinaus trägt das netting dazu bei, die teilweise erheblichen Transaktionskosten von Geldübertragungen zu senken.
- Mittels *pooling* werden in der Regel alle Liquiditätspositionen eines Konzerns in einer Währung an einem Ort zentral zusammengefaßt. Dadurch können die vorausschaubaren Über- und Unterdeckungen auf Konten in einer Währung ermittelt und ein erheblich besserer Überblick über die Devisenpositionen und die konzernweiten Steuerungsmöglichkeiten gegeben werden. Zudem können erhebliche Konditionenverbesserungen erzielt werden, wenn über Gesamtbeträge mit einer Bank verhandelt wird.

Zur Erfüllung der gestellten Aufgaben ist eine enge Kunde-Bank-Beziehung Voraussetzung, die sich nicht nur in der Schaffung dialogfähiger Kommunikationssysteme ausdrückt, sondern auch den Austausch wichtiger vertraulicher Geschäftsinformationen beinhaltet. In einer weiteren Begriffsauffassung können Cash-management-Systeme daher auch verstanden werden als elektronische Verbindung zwischen dem Finanzsystem einer Unternehmung und dem Finanz- bzw. Zahlungsverkehrssystem einer Bank, die der Übertragung und Weiterverarbeitung „kritischer“ Daten dient.

Aus Sicht der Banken sprechen insbesondere Wettbewerbsgründe für das Anbieten von Cash-management-Dienstleistungen. Mit dieser Strategie einer Leistungsarteninnovation versuchen Banken, ihre Marktposition in einem sich verändernden Umfeld zu erhalten respektive auszubauen.[395] International ausgerichtete deutsche Geschäftsbanken stehen hierbei in starker Konkurrenz zu US-amerikanischen Banken sowie zunehmend auch zu Anbietern aus dem Nichtbankenbereich. Aus diesem Grund ist die Intensivierung der Kunde-Bank-Beziehung ein wichtiges Motiv für die Entwicklung von Cash-management-Systemen bzw. deren Erwerb unter Lizenzvertrag. Denn aus dem Angebot von Cash-management-Dienstleistungen können sich eine engere Bindung des Kunden an die Bank (Erhaltung von Präferenzen), Möglichkeiten eines cross selling sowie eine bessere Ansprachemöglichkeit bei der Neukundenakquisition ergeben (Präferenzgewinnung). Nicht zuletzt sprechen Rationalisierungsüberlegungen bei Routinetransaktionen zwischen Bank und Firmenkunde sowie die durch das Anbieten neuer Servicedienstleistungen (Informationsfunktionen, Transaktionsfunktionen) entstehenden Ertragspotentiale für die Einführung von Cash-management-Systemen.

---

394 Vgl. Westphal, J. W.: Cash Management . . ., a.a.O., S. 100 f.

395 Vgl. im einzelnen Büschgen, H. E.: Banken im sich verändernden Umfeld, in: ZfB, 52. Jg. (1982), S. 3 – 26, hier: S. 17.

Erfolgsüberlegungen machen gleichzeitig aber einen wesentlichen Zielkonflikt bzw. Substitutionsbeziehungen zum traditionellen Bankmarktleistungsangebot deutlich. Zwar werden mit der elektronischen Bankdienstleistung des Cash management Erträge in Form von Gebühren erzielt, aber der Verlust des Float-Nutzens sowie der Wegfall nicht oder nur gering verzinslicher Einlagen auf Zahlungsverkehrskonten (Bodensatz) können die Rentabilität der Bank beeinträchtigen. Dem stehen jedoch bei Nichtanbietern möglicherweise Einlagenverluste oder sogar Kundenabwanderungen gegenüber, sofern Cash-management-Leistungen als Auswahlkriterium einer Bankverbindung herangezogen werden und Konkurrenzinstitute den Kundenbedürfnissen besser entsprechen. Ferner sei auf die notwendigen Kapitalinvestitionen und die relativ hohen Entwicklungskosten zielgruppenausgerichteter oder sogar individualisierter Cash-management-Systeme hingewiesen, die einer raschen Verbreitung — aber auch einer leichten Nachahmbarkeit — entgegenstehen.[396]

(2) Electronic-money-Systeme

Als Zahlungssysteme, die auf elektronischem Geld basieren, können (Wert-) Kartengeld- und Netzgeld-Systeme identifiziert werden, legt man die Definition des „electronic money" der Bank für Internationalen Zahlungsausgleich (BIZ) zugrunde: Demnach sind dem elektronischen Geld gespeicherte bzw. vorausbezahlte Werteinheiten auf elektronischen Medien, die sich im Besitz von Konsumenten befinden, dann zu subsumieren, wenn sich der elektronisch gespeicherte Wert beim Einsatz der Zahlungsmedien zum Kauf von Waren oder Dienstleistungen um den Gegenwert reduziert. Hierzu werden gezählt vorausbezahlte Karten — mithin das Kartengeld — und Software-Produkte in der Anwendung von Computernetzwerken wie dem Internet — mithin das Netzgeld. Diese Definition grenzt elektronisches Geld eindeutig von „access products" ab, die es den Konsumenten erlauben, auf Basis elektronischer Kommunikationsmedien konventionelle Zahlungsträger einzusetzen, also kreditkartenbasierte Internet-Zahlungssysteme.[397]

Die von der BIZ identifizierten Varianten elektronischen Geldes — Kartengeld und Netzgeld — ermöglichen insbesondere den nationalen Behörden, ihre Aufsichts-, Fiskal- bzw. Geldpolitik der Entwicklung entsprechend zu formulieren. Um der Gefahr von Aufsichtslücken durch die Entwicklung elektronischen Geldes zu begegnen, sprachen die EU-Zentralbanken bereit im Jahr 1994 die Empfehlung aus, den Kreis der Emittenten von prepaid cards auf Banken und in Ausnahmefällen auf solche Unternehmen zu begrenzen, die nur einheimische Zahlungssysteme betreiben, gesonderten Sicherheitsvorschriften unterliegen — insbesondere Bonitäts- und Liquiditätsvorschriften — und von derjenigen Aufsichtsbehörde kontrolliert werden, die auch die Banken beaufsichtigt. Als Gründe für solche Reglementierung führt die Arbeitsgruppe für EU-Zahlungssysteme an:

---

[396] Vgl. hierzu Tüchter, U.: Cash Management..., a.a.O., S. 46 – 48.

[397] Vgl. Bank for International Settlements (BIS): Implications for Central Banks of the Development of Electronic Money, Basle October 1996, S. 1.

- Schutz der Bezugsbasis des bestehenden geldpolitischen Instrumentariums;
- Schutz der Verbraucher vor Insolvenz des Emittenten;
- Schutz des öffentlichen Vertrauens in das allgemeine Zahlungssystem und dessen Zahlungsmittel;
- Sicherung des fairen Wettbewerbs unter den Emittenten.[398]

Diese Implikationen ergeben sich analog für das in Computernetzen wie dem Internet emittierte Netzgeld.

Geldpolitisch wird das Instrumentarium der Notenbank erst beeinflußt, wenn Karten- und Netzgeld das Bar- und Buchgeld nennenswert substituieren, da dann die an die herkömmlichen Zahlungsmittel anknüpfenden Steuerungskonzepte der Notenbanken ins Leere greifen und ihre für die Effizienz der traditionellen Geldpolitik unabdingbare Monopolstellung ausgehöhlt wird. Mithin drängten die Zentralbanken darauf, als Anbieter elektronischer Zahlungssysteme lediglich die von ihnen kontrollierten Banken zuzulassen. Entsprechende einheitliche Regelungen in der EU werden derzeit vorbereitet. In Deutschland wurden diese Anforderungen bereits qua Sechste KWG-Novelle 1998 berücksichtigt. Der Katalog der erlaubnispflichtigen Bankgeschäfte des § 1 Abs. 1 KWG wurde erweitert um Geldkarten- und Netzgeldgeschäfte, um die Funktionsfähigkeit des Zahlungsverkehrs sicherzustellen. Aufsichtsrechtlich erfaßt werden damit im Geldkartengeschäft die dreiseitigen Systeme, bei denen Kartenemittenten und -akzeptanten zwei voneinander getrennte Parteien sind, nicht hingegen geschlossene Systeme, wo Kartenemittenten und -akzeptanten in Personalunion auftreten, so daß z. B. Kaufhaus- und Telefonkarten nicht dem neuen Tatbestand zu subsumieren sind. Entsprechend wurde das Betreiben von Netzgeldsystemen, die wie beim Kartengeld vorausbezahlte elektronische Zahlungseinheiten memorieren und anstelle von Bar- oder Buchgeld als Zahlungsmittel verwendet werden können, zum „Bankgeschäft" gemäß § 1 Abs. 1 KWG erklärt.[399]

Handelt es sich beim Netzgeld wie beim Kartengeld um vorausbezahlte elektronische Zahlungseinheiten, muß ständige Zahlungsbereitschaft der Einlösungsstelle für elektronisches Geld gewährleistet sein. Dies gilt insbesondere im Hinblick auf die fehlende Einbeziehung in die Einlagensicherung, stellen doch elektronische Geldeinheiten keine Einlagen im Rechtssinne dar. Der Emittent muß mithin von unzweifelhafter Bonität und Liquidität sein, da Zahlungsunfähigkeit eines bedeutenden Emittenten oder massive Fälschungen im Zahlungssystem zu einer Vertrauenskrise führen könnten, die die Funktionsfähigkeit des Zahlungsverkehrs insgesamt gefährden würde. Folgerichtig müssen Aufsichtsbehörden Sorge tragen, daß die Sicherheit neuer Zahlungssysteme dem technischen Stand entsprechend gewährleistet wird. Da es keine absolute Systemsicherheit geben kann, müssen zumindest dolose Eingriffe schnell erkennbar und regulierbar sein. In diesem Zusammenhang ist auch die Frage der Haftung im Rahmen von Systemfehlern, Datenmanipulationen und nicht ordnungsgemäßer Datenübermittlung zu klären. Not-

---

[398] Vgl. Working Group on EU Payment Systems: Report to the Council of the European Monetary Institute on Prepaid Cards, hrsg. von European Monetary Institute, Frankfurt a. M. May 1994, S. 1 ff.

[399] Siehe hierzu auch in diesem Teil Zweites Kapitel Abschnitt A. I. 1. und auch Deutsche Bundesbank: Monatsberichte, März 1997, S. 33 ff.

wendig ist ausreichende Transparenz über Umfang und adäquate Verteilung der Systemrisiken, die fehlenden Einblick und Einfluß des Kunden auf die technische Ausgestaltung der elektronischen Zahlungssysteme berücksichtigt.[400]

(a) Kartengeld-Systeme

Am deutschen Markt kartengestützten Zahlungsverkehrs verdient die „prepaid card" Beachtung: eine vorausbezahlte, kontenunabhängige Wertkarte.[401] Ihr Innovationscharakter ist zu differenzieren: Während die einfunktionale Wertkarte als Telefonkarte längst zum etablierten Karten-Portfolio der Nachfrager gehört, kann die multifunktionale — zur universellen Nutzung bei mehreren Akzeptanten einsetzbare — Wertkarte, bekannt als „elektronische Geldbörse", am deutschen Markt den Innovationen zugeordnet werden, macht sie doch im Kanon der Zahlungskarten ein neues Marktsegment bzw. Innovationsfeld zugänglich (vgl. hierzu auch Abbildung 21).

Die Wertkarte erschließt als Novum den Zahlungszeitpunkt vor Erhalt der Ware oder Dienstleistung. Während die Kontobelastung bei Bezahlung mit Debit-Karte — in Deutschland als ec-Karte von großer Bedeutung — (nahezu) zeitgleich im Electronic-cash-Verfahren mit dem Erhalt der Leistung erfolgt, wird die Zahlung bei der Wertkarte schon vor der Gegenleistung budgetwirksam. Digitale Geldeinheiten werden zu Lasten des Girokontos bzw. Bargelds elektronisch ex ante als Kaufkraft auf der Chip-Karte gespeichert. Die spätere Entladung bei Erhalt der Gegenleistung soll bei der elektronischen Geldbörse wegen der angestrebten hohen Fungibilität dieser „multi-purpose prepaid card" in einem weiten Akzeptanzstellennetz möglich sein und sich nicht — wie die Telefonkarte der Deutschen Telekom — auf eine einfunktionale Nutzung beschränken. Die elektronische Geldbörse kann aber auch in Kombination mit der ec-Karte oder einer Kreditkarte konzipiert werden, die das Kartenzahlungsspektrum abrunden von der reinen Zahlungs- über die Debit- bis zur Kreditfunktion. Im Unterschied zur reinen Charge-Karte, die den Betrag lediglich bis zur monatlichen Sammelabbuchung stundet, sieht die Kreditkarte dabei echte Ratenzahlung vor.[402]

Bestimmt durch die teilnehmenden Akteure funktioniert eine Wertkarte in einem geschlossenen oder offenen Abwicklungssystem. Ein geschlossenes System basiert auf drei wesentlichen Prozessen: Zunächst muß die Karte vom Kartenbesitzer beim Kartenbetreiber aufgeladen werden — die elektronischen Geldeinheiten werden auf dem chip gespeichert. Des weiteren zahlt der Kartenbesitzer als Käufer offline, anstelle der aufwendigen — bei electronic cash notwendigen — Online-Autorisierung beim Kartenakzeptanten, dem Verkäufer, zum Zeitpunkt des Kaufabschlusses. Schließlich er-

400 Vgl. Dickertmann, D.; Feucht, R.: Zahlungskarten: Eine Bewertung aus gesamtwirtschaftlicher Sicht, in: WISU, 26. Jg. (1997), H. 3, S. 242 - 250.

401 Vgl. zum folgenden auch Büschgen, H. E.: Entwicklungen im elektronischen Zahlungsverkehr — Innovative elektronische Zahlungssysteme, in: Mitteilungen und Berichte des Instituts für Bankwirtschaft und Bankrecht an der Universität zu Köln, Abteilung Bankwirtschaft, 28. Jg. (1997) Nr. 77, S. 51 ff.

402 Vgl. Dickertmann, D.; Feucht, R.: Zahlungskarten: Erscheinungsformen, Funktionen und Bewertung aus einzelwirtschaftlicher Sicht, in: WISU, 26. Jg. (1997), H. 1, S. 65 ff.

faßt der Kartenbetreiber die Ladetransaktionen und Zählerstände aus den POS-Terminals des Händlers und schreibt ihm den Gegenwert gut. Beschränkt sich im geschlossenen System der Kreis der Beteiligten auf drei — z. B. mit der Bank als Kartenbetreiber und Bereitsteller der Ladeinfrastruktur, wodurch ein clearing entfällt, da Karteninhaber und -akzeptant Kunden der gleichen Bank sind —, werden im offenen System weit komplexere Systemkonfigurationen mit weitgehender Arbeitsteilung möglich, so daß die einzelnen Funktionen innerhalb des Systems von verschiedenen Akteuren wahrgenommen werden können. Der höchste Komplexitätsgrad wird erreicht, wenn auf einem Trägermedium die Zahlungsfunktionen des „pay before“ der Wertkarte, des „pay now“ der Debit-Karte und des „pay later“ der Kreditkarte auf einer Chip-Karte verdichtet werden, oder durch Kombination eines Speicher-chip und eines Magnetstreifens eine sog. Hybridkarte entsteht. Darüber hinaus ist neben dem Merkmal „Zahlungsfunktion“ mit seinen im wesentlichen drei Ausprägungen aber auch das Merkmal „Zusatzfunktion“ einer Chip-Karte zur Generierung eines Zusatznutzens von besonderer Relevanz im Hinblick auf die Substitutionskonkurrenz zum Bargeld durch eine so bezeichnete „smart card“ sowie die anderen elektronischen — auf dem Buchgeld basierenden — Zahlungssysteme.[403]

Aus der nachfragerorientierten Innovationsperspektive macht es mithin Sinn, das Chance-Risiko-Profil eines idealisierten Wertkartensystems in einer Kosten-Nutzen-Analyse zunächst aus Sicht des Zahlungserbringers darzustellen, der den Markterfolg eines innovativen Zahlungssystems primär bestimmt. Die Kosten des Wertkartensystems werden erfaßt mit Transaktionskosten und Opportunitätskosten im Vergleich zu alternativen Zahlungssystemen, wogegen der Nutzen — rekurrierend auf die Zweiteilung in Zahlungsleistungs- und Zusatzleistungsfunktion — neben dem Basisnutzen den auf das innovative Element zurückzuführenden Zusatznutzen abbildet.

Aus Sicht des Wertkarteninhabers sind verschiedene Transaktionskostenarten unmittelbar evident:

- Transformationskosten für die Umwandlung monetärer Aktiva in elektronische Impulse auf dem Speicher-chip der Wertkarte beim Auf- und Entladevorgang;
- Sicherheitskosten zur Vermeidung unbefugter Verwendung oder des Verlustes der gespeicherten Werteinheiten;
- Suchkosten für den Aufwand, Akzeptanten für das Zahlungsmittel zu finden.

Darüber hinaus resultieren Kosten aus dem Zeitpunkt der Budgetwirksamkeit der Zahlung beim Zahlungserbringer im Vergleich zu den Liquiditätseffekten alternativ wählbarer Zahlungssysteme. Diese Opportunitätskosten werden induziert durch entgangene Zinsen gegenüber dem pay now und eventuell durch die nicht in Anspruch genommenen Kreditierungsmöglichkeiten des pay later, wie die Liquiditätseffekte der Zahlungsinstrumente veranschaulichen (vgl. Abbildung 21)[404]:

---

403 Vgl. Wilfert, A.; Mörsdorf, T.: Elektronische Geldbörse als Bargeldersatz? (Teil 1), in: FLF, 43. Jg. (1996), H. 1, S. 18 ff.

404 Vgl. Dickertmann, D.; Feucht, R.: Zahlungskarten: Erscheinungsformen, ..., a.a.O., S. 67.

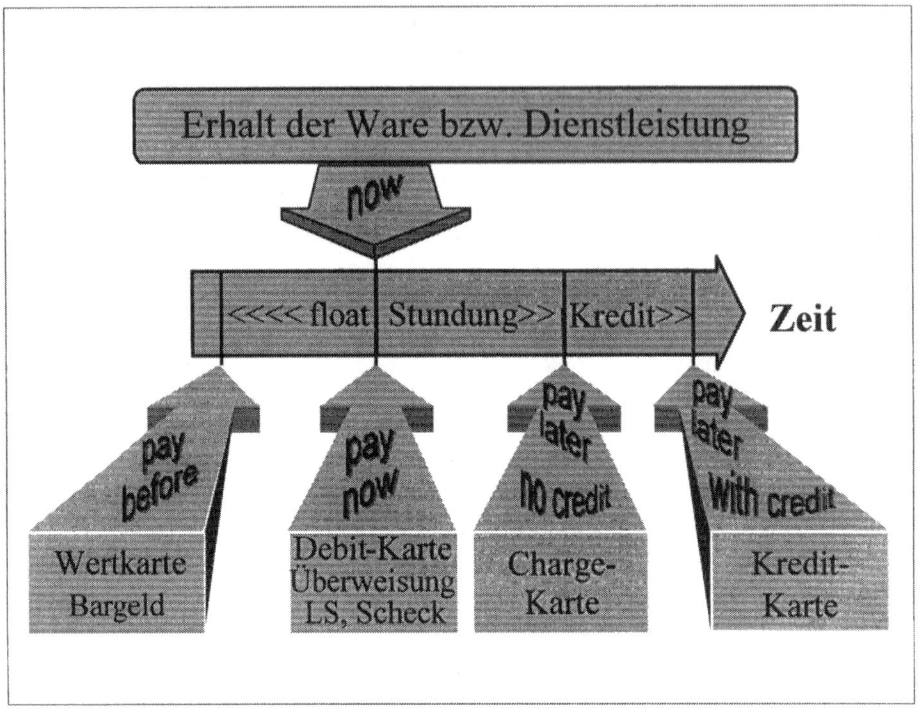

Abb. 21: Liquiditätseffekte verschiedener Zahlungsinstrumente

Während der Wertkarteninhaber wie der Bargeldhalter Opportunitätskosten durch Zinsentgang realisiert, kann bei Überweisungen für den Zahlungserbringer ein solches Manko dadurch entstehen, daß — durch Abwicklung im Giroverkehr der Banken — die Abbuchung von dessen Konto bereits vor dem Zeitpunkt veranlaßt werden muß, an dem die Mittel beim Empfänger sein sollen. Demgegenüber vollziehen sich bei electronic cash per Debit-Karte Erwerb der Ware oder Dienstleistung und Liquiditätswirkung des Zahlungsvorgangs (nahezu) uno actu. Den gleichen Budgeteffekt beim Zahlungserbringer hat das Lastschrift-System, wogegen beim Scheck — abhängig von der Bearbeitungsdauer bei der Bank — geringe Valutierungsvorteile möglich sind. Darüber hinaus realisiert die Charge-Karte einen liquiditätswirksamen Stundungseffekt — bis zu vier Wochen durch Verzögerung der Kontobelastung bis zur monatlichen Sammelabbuchung —, der noch ergänzt werden kann um den — die Opportunitätskosten bei Nichtinanspruchnahme weiter erhöhenden — Kreditierungseffekt der Kreditkarte.

Solchen Kosten sind im Chance-Risiko-Profil der Wertkarte der Basisnutzen und der innovationsinduzierte Zusatznutzen aus Sicht des Karteninhabers gegenüberzustellen. Der Basisnutzen fokussiert die reine Zahlungsleistungsfähigkeit der Wertkarte oder — in concreto — ob das chipkartenbasierte Zahlungssystem die Anforderung erfüllt, im Hinblick auf die Basiskriterien „Anonymität“ und „Fungibilität“ in das Instrumentarium bestehender Zahlungsverkehrssysteme aufgenommen zu werden. Bargeld markiert hier als

„legal tender" — gesetzliches, mit Annahmezwang versehenes Zahlungsmittel — eine benchmark, indem es durch höchste Fungibilität seinem Inhaber erspart die bei Kartensystemen von der Dichte des Akzeptanzstellennetzes abhängenden Suchkosten und beim Bezahlvorgang vollständige Anonymität gewährleistet, wo Bezahlung per Chip-Karte bis zur vollständigen Abwicklung noch „elektronische Spuren" hinterläßt. Anonymität und Fungibilität wie beim Bargeldsystem kann die Wertkarte nur erreichen, wenn sie durch technische Lösungen uneingeschränkte Anonymität generiert und allgemeine Akzeptanz und Abwicklungsmöglichkeiten auch zwischen nicht-gewerblichen Zahlungserbringern schafft.

Kartenbasierte Zahlungssysteme — wie die Wertkarte — kompensieren etwaige Nachteile bei der Zahlungsleistungsfähigkeit gegenüber dem Bargeld durch Zusatznutzen, der auf ihrer technisch möglichen Funktionalität basiert. So erlaubt die Partitionierbarkeit des chip das Speichern mehrerer Währungen auf einem Trägermedium und die Dokumentation eines bestimmten Kontingents an Transaktionsvorgängen, die dem Zahlungserbringer auf Abruf Auskunft geben über die zuletzt getätigten Ausgaben. Auch der Vorteil, die gespeicherten Werteinheiten beim Einsatz an Automaten flexibel — adäquat zum Zahlungsbetrag — stückeln zu können, charakterisiert das — Zusatznutzen erzeugende — innovative handling im Vergleich zum etablierten Zahlungsmittel Bargeld. Die mit chip ausgestattete Wertkarte kann mithin aus Sicht des Zahlungserbringers klassifiziert werden als — Komponenten bekannter Zahlungssysteme kombinierende und ergänzende — Variationsinnovation.

Die Kosten-Nutzen-Relation des Zahlungserbringers ist aber nicht allein maßgeblich für den Markteintritt der innovativen Wertkarte und die Ergänzung des kartenbasierten Zahlungsverkehrsspektrums um das Innovationsfeld „pay before". Kosten und Nutzen der Anbieter als Wertkarten-Emittenten und der Handels- und Dienstleistungsunternehmen als potentielle Akzeptanten der Wertkarte komplettieren die Kosten-Nutzen-Analyse.[405]

Im Gegensatz zur monopolisierten Ausgabe von Bargeld durch die Bundesbank unterliegt die Emission von Wertkarten durch private Anbieter einem einzelwirtschaftlichen Kosten-Nutzen-Kalkül: Dem Nutzen, quantitativ bestimmbar durch den von den Emittenten vereinnahmten liquiditäts- und zinswirksamen „float" — aus der Zeitspanne zwischen Verkauf der digitalen Werteinheiten und Einsatz der Karte — und den Nutzungsgebühren sowie den nur qualitativ zu erfassenden Kundenbindungseffekt des Trägermediums „Wertkarte" für Cross-selling-Aktivitäten des Emittenten steht gegenüber ein Kostenblock aus Transaktions- und Opportunitätskosten, dessen Rationalisierungspotential sich ergibt aus dem generellen Trend zum bargeldlosen elektronischen Zahlungsverkehr.

Sind Kosten- und Nutzenaspekte der Nachfrager und Anbieter neuer Zahlungssysteme notwendige Voraussetzung für deren Markterfolg, sehen sich Handels- und Dienstleistungsunternehmen aus Wettbewerbsgründen oft gezwungen, den Nachfragerinteressen

[405] Vgl. zum folgenden Dickertmann, D.; Feucht, R.: Zahlungskarten: Erscheinungsformen, ..., a. a. O., S. 67 ff.

für bestimmte Zahlungsmittel zu entsprechen. So wird die Akzeptanz — auch von vergleichsweise kostenintensiven Zahlungskarten — seitens der *Zahlungsempfänger* häufig begründet mit höheren Umsatzerwartungen oder zumindest mit zu vermeidenden Umsatzverlusten durch Abwanderung von Kunden zu anderen Akzeptanzunternehmen. Dem kann gegengesteuert werden durch Akzeptanz fremder oder Ausgabe eigener Wertkarten, um Kunden mit einem auf dem Kartenmedium gespeicherten Service- und Konditionenpaket langfristig zu binden und so den Umsatz zu verstetigen. Der positive Kostenaspekt vorausbezahlter Karten für den Handel liegt darin, daß sie kostenintensiver Autorisierung nicht bedürfen und das transaktionskostenträchtige Bargeld-handling zum Teil substituieren. Dagegen sind die Kosten der Anschaffung, Installation und Wartung von hard- und software sowie Schulung des Kassenpersonals hoch. Daß die Kosten-Nutzen-Situation der Akzeptanten dabei sowohl für den die Leistung bezahlenden Karteninhaber als auch für den die Abwicklungsgebühr aushandelnden Kartenemittenten wesentlich ist und ein Zahlungssystem in Frage stellen kann, gewinnt Evidenz am Beispiel der „GeldKarte", eines von mehreren aktuell in Deutschland lancierten Wertkartensystemen, die die elektronische Geldbörse propagieren. Gleichwohl scheint der Erfolg der GeldKarte — trotz der Kosteneinwände des Handels — auf lange Sicht vorgezeichnet durch die Schlüsselposition der Banken in der Triade Kunde-Handel-Bank.

Im Unterschied zu rein nationalen Wertkarten-Lösungen exponiert sich das britische „MONDEX"-System zum einen durch seine internationale Marktstrategie, zum anderen kommt es einem Bargeldäquivalent am nächsten. MONDEX offeriert durch technisch ermöglichte direkte Übertragung elektronischen Geldes von Karte zu Karte erstmals einen ununterbrochenen elektronischen Zahlungsverkehr, der ein clearing durch einen Intermediär erst notwendig macht, wenn ein Karteninhaber seinen elektronischen Geldbestand auf der Karte in Bar- oder Buchgeld transferieren will. Technische Anforderungen und damit verbundene Sicherheitserfordernisse sind komplex, der return on investment aus den hohen Entwicklungsinvestitionen unsicher, bedenkt man auch Ressentiments der Notenbanken gegen ein solches Pendant zum Bargeld, das sich direkter geldpolitischer Erfassung gesteigert entzieht.

In den letzten Jahren wurde vor allem in Europa eine Vielzahl Feldversuche mit elektronischen Geldbörsen auf dem Trägermedium Chip-Karte lanciert, die sich in Ausprägungsformen und Anwendungsmöglichkeiten unterscheiden, mithin die Bedürfnisstrukturen der Marktteilnehmer in einem Geflecht unterschiedlicher nationaler Umfeldbedingungen abbilden. Gleichwohl bestätigen alle den Trend zum elektronischen Geldtransfer auch unter Einschaltung von non- und near-banks als Zahlungsintermediären. Sie versuchen, in den lukrativen Finanzdienstleistungsmarkt einzudringen durch das Setzen proprietärer Standards, die den späteren Markteintritt von Wettbewerbern erschweren und den Innovatoren Vorsprungsgewinne sichern.

(b) Netzgeld-Systeme

Der elektronische Zahlungsverkehr im Internet — auf Basis sog. Netzgeld-Systeme — befindet sich im Vergleich zum (wert-) kartenbasierten Zahlungsverkehr in einem noch früheren Entwicklungsstadium. So besitzen einige Netzgeld-Systeme alle Charakteristika einer Basisinnovation, die Zahlungsverkehrsstrukturen generiert, die durch Kombination bestehender Zahlungssysteme nicht abbildbar sind, während andere netzgeldbasierte Zahlungssysteme auf bereits etablierten Zahlungsverkehrs-Infrastrukturen — wie das Kreditkarten-Processing — aufbauen (Verfahrensinnovationen).[406]

Maßgeblich für diesen Innovationsgrad des Netzgeldes war die Entwicklung der elektronischen Plattform „Internet" zum globalen Trägermedium kommerzieller Transaktionen. Dabei waren die ersten Bankleistungsangebote im kommerziell genutzten Internet zunächst noch einseitig auf passiven Informationskonsum ausgerichtet, in einer zweiten Stufe erlaubten dann Wertpapierorders bereits eine einseitig transaktionsorientierte Nutzung, ohne damit allerdings das Potential des elektronischen Mediums annähernd auszuschöpfen, ermöglichen sie doch nur, Wertpapiere ausschließlich zugunsten und zu Lasten eines festgelegten Referenzkontos in einem geschlossenen System zu handeln. In der dritten Evolutionsstufe des Internet wird daher der Schritt zum offenen Zahlungssystem als integraler Bestandteil eines interaktiven „online commerce" notwendig. Das Spektrum der Lösungsansätze weltweiter Zahlungssysteme reicht von reinen Software-Lösungen bis zu Soft- und Hardware-Kombinationen, die in den letzten zwei Jahren initiiert wurden von Banken, Kreditkartenorganisationen als near-banks und Anbietern von Informations- und Kommunikationstechnologien als non-banks: Wert-, Debit- und Kredit-chip-Karten mit Internet-Anschluß, Kreditkartenlösungen und Lastschriftverfahren mit persönlicher Identifikationsnummer (Internet-PIN), software-basierte Electronic-cash-Lösungen sowie auf das Medium „Internet" abgestimmte Homebanking-Lösungen traditioneller Prägung.

Diese Entwicklungen lassen sich aus Nachfragersicht strukurieren nach Basis- und Variationsinnovationen (vgl. Abbildung 22). Die Kombination des etablierten Zahlungssystems „Kreditkarte" unter Verwendung der auf ihr memorierten Bestandsdaten des Zahlungserbringers mit dem basisinnovativen Zahlungsmedium „Internet" generiert eine Variationsinnovation im Unterschied zur Basisinnovation „Digitales Bargeld" in Form vorausbezahlter, auf einem Computer gespeicherter elektronischer Werteinheiten — die „elektronische Geldbörse online". Dabei reichen die kreditkartenbasierten Zahlungssysteme von der ungesicherten Kreditkartenzahlung über die gesicherte Form des verschlüsselten Kreditkarten-Datentransfers bis zur Umwandlung der per Telefon übertragenen Kreditkartendaten in eine Internet-PIN durch einen Vermittler, das sog. trust center.

406 Vgl. zum folgenden auch Büschgen, H. E.: Entwicklungen im elektronischen Zahlungsverkehr..., a.a.O., S. 59 ff.

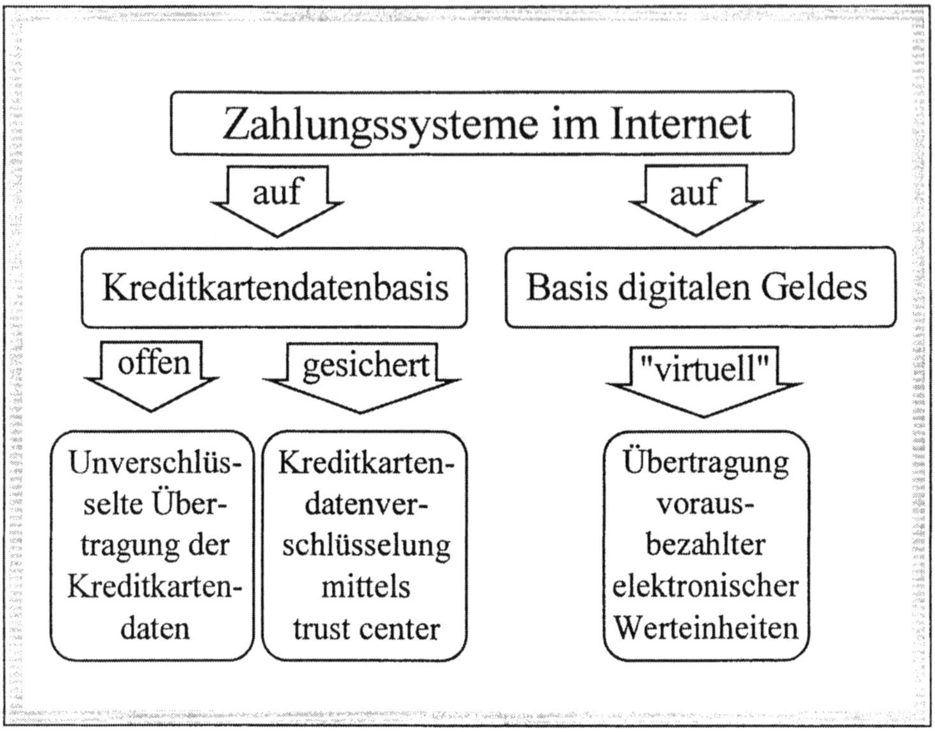

Abb. 22: Internet-basierter Zahlungsverkehr

Offene Übermittlung der Kreditkartendaten zu Zahlungszwecken im Internet impliziert einerseits die Chance, bereits implementierte und weltweit anerkannte technische Infrastrukturen zur Abwicklung der Transaktionen zu nutzen (Kreditkarten-processing); sie birgt andererseits Risiken:

- das Vertragsabschlußrisiko für Händler und Kunden, da keine rechtsverbindliche Unterschrift geleistet wird;
- das Datenschutzrisiko in bezug auf die Kreditkartendaten einschließlich Identität des Kunden;
- das Erfüllungsrisiko des Kunden, für seine Vorauskasse die Gegenleistung vom Händler real oder virtuell zu erhalten.

Durch Einsatz von Verschlüsselungstechniken wie der „elektronischen Signatur" versucht man, diese Risiken einzuschränken, indem man dafür Sorge trägt, daß ein potentieller Eindringling die mißbräuchlich verwendbaren Informationen des Zahlungssystems nicht zu angemessenen Kosten erhalten kann. Eine derartige kryptographische Technik ist das asymmetrische Public-private-key-Verfahren „RSA“[407], das sichere Daten über offene Netze übertragen helfen soll.

Im Gegensatz zu symmetrischen Kryptosystemen, die für die Codierung der Nachricht durch den Sender und für die Decodierung durch den Empfänger den gleichen Schlüssel — „secret key“ — vorsehen, verwenden asymmetrische („Public-private-key-“) Kryptosysteme ein Schlüsselpaar aus einem öffentlichen und einem privaten Schlüssel, die durch einen mathematischen Algorithmus wie den RSA-Standard zwar einander eindeutig zuzuordnen sind, aber keinen Rückschluß des Benutzers vom öffentlichen auf den geheimen Schlüssel zulassen (vgl. Abbildung 23). In praxi verschlüsselt der Sender eine Nachricht für den Empfänger mit dem vorher ausgetauschten public key, den nur der Empfänger mit seinem secret key entschlüsseln kann. Darüber hinaus kann der Sender die Nachricht, die er bereits mit dem public key des Empfängers verschlüsselt hat, mit seinem secret key verschlüsseln. Da nur der Sender den geheimen Schlüssel kennt, sind alle derart verschlüsselten Nachrichten dem Sender eindeutig zuzuordnen; er hat die Nachricht versehen mit seiner nicht zu fälschenden „digitalen Unterschrift“.

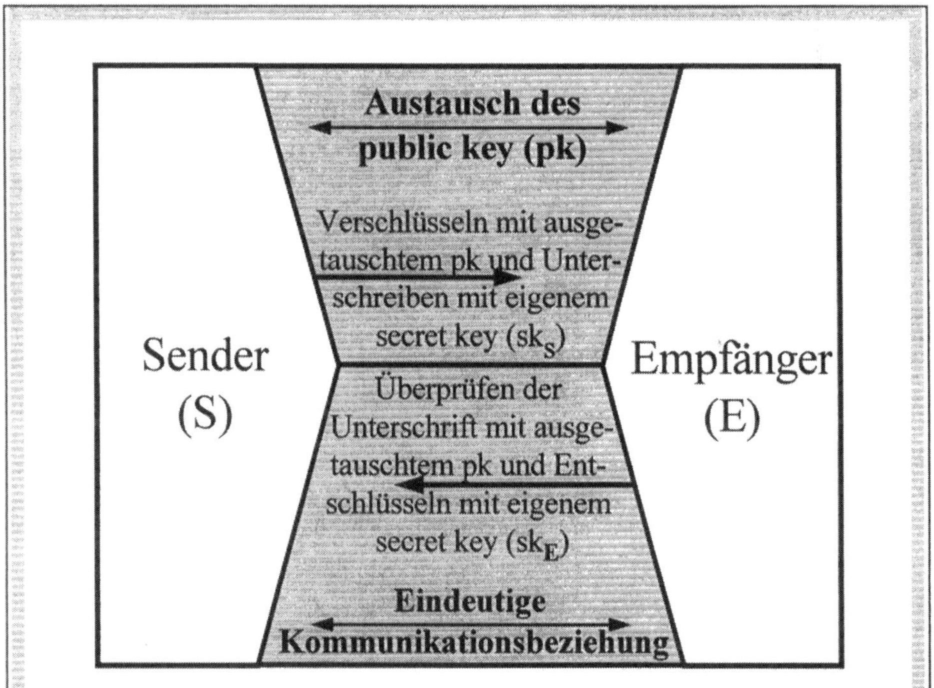

Abb. 23: Public-private-key-Verfahren

407 Verschlüsselungssystem, das nach seinen Erfindern Ronald L. Rivest, Adi Shamir und Leonard Adleman benannt ist.

Auch alle bis dato entwickelten asymmetrischen Verschlüsselungsalgorithmen sind anfällig gegen sog. shortcut attacks, die derartige Kryptosysteme mit einer Routine decodieren, ohne alle Verschlüsselungsmöglichkeiten ausprobieren zu müssen. Asymmetrische Algorithmen benötigen für eine adäquate Sicherheit bedeutend längere Schlüssel als symmetrische Verfahren und damit auch eine längere Rechenzeit. Adäquate Sicherheit heißt nicht hundertprozentige, aber anderen Zahlungssystemen entsprechende Sicherheit: So entspricht einem 512-Bit-Code beim asymmetrischen System ein 64-Bit-Code beim symmetrischen Verschlüsselungsverfahren. In dieser Risikosituation gilt es ceteris paribus — bei theoretisch unverändertem Technologiestandard — heute als sicher, eine Schlüssellänge von 1024-Bit anzuwenden. Da aber in der Realität technologische Standards regelmäßig neu gesetzt werden, müssen neue Verfahren mit 2048-Bit-Schlüsseln und mehr stets erneut für adäquate Sicherheit sorgen.

Im Internet bietet sich zur Abwicklung finanzieller Transaktionen mit einer größeren Anwenderzahl die Verwendung asymmetrischer Schlüssel an, indem den anfragenden Kunden zur Verschlüsselung der Kreditkartenzahlungen ein öffentlicher Schlüssel direkt vom Händler übermittelt wird. Die virtuelle „Bezahlung" reduziert sich auf eine verschlüsselte Übermittlung der Kreditkartendaten, die eigentliche Zahlung wird außerhalb des Internet real per Kreditkarten-processing abgewickelt.

Die wohl bekanntesten Varianten kreditkartenbasierter Zahlungssysteme im Internet offerieren die US-Unternehmen CyberCash und First Virtual Holding. Beide Systeme operieren mit zwischengeschaltetem trust center, das die Aufgabe der Ver- und Entschlüsselung auf jeweils unterschiedliche Weise löst. First Virtual setzt auf die Vorteile der Nutzung konventioneller — einen gewissen Sicherheitsstandard garantierender — Infrastrukturen wie die des Kreditkarten-processing und der Datenübermittlung per Telefon, die aufwendige Verschlüsselungstechniken obsolet machen: Durch Übermittlung der sensiblen Kreditkartendaten konventionell über Telefon nach der virtuellen — über das Internet vorgenommenen — Registrierung des Kunden beim trust center erhält dieser eine „Virtual-PIN", die ihn bei jeder kommerziellen Internet-Transaktion eindeutig identifiziert und per E-mail-Bestätigung zur Zahlung autorisiert. Neben dieser Vermittlung leitet das trust center von First Virtual auch das clearing mittels Kreditkarten-processing ein. Im Unterschied dazu stützt sich das trust center von CyberCash auf ein Kryptosystem mit 1024-Bit-RSA-Schlüssel, der den Kreditkarten-Datentransfer direkt über das Internet adäquat absichert und Entschlüsselungsmöglichkeit seitens des Händlers ausschließt.

Allgemeingültige Sicherheitsstandards für das Internet sind aktuell nicht vorhanden, lediglich ein Katalog von Anforderungen an die Transaktionssicherheit. Für einzelne Transaktionsformen kristallisieren sich aber bestimmte Standards heraus: So kann der von Mastercard/Visa und einigen anderen Unternehmen in Kooperation entwickelte SET-Standard „secure electronic transaction protocols" für Kreditkartentransaktionen im Internet schon als etabliert gelten und wird in Deutschland noch ergänzt um den HBCI-Standard des Zentralen Kreditausschusses, ein „homebanking computer interface" für multibankfähiges „online banking". SET ermöglicht dem Anwender, unter Einsatz der RSA-Technologie zu verifizieren, ob ein Anbieter im Internet autorisiert ist, Kreditkartentransaktionen anzubieten sowie die Kreditkartendaten des Anbieters geschützt zu empfangen und vice versa. Schränkt dieser Standard auch das Datenschutzrisiko einer ungesicherten Kreditkartentransaktion ein, bleiben weiter ungelöst die Probleme fehlender Anonymität, des Abschlußrisikos und des Erfüllungsrisikos.

Neben der Verwendung verschlüsselter oder auch unverschlüsselter Kreditkartenzahlungen gewinnen daher zunehmend Bedeutung Zahlungs-Server, die mit virtuellem Geld operieren — einem nur in Computernetzwerken existierenden software-basierten Zahlungsmittel.[408] Das Unternehmen CyberCash ergänzt auf diese Weise ihr für größere Beträge konzipiertes Kreditkartensystem mit dem sog. CyberCoin-Dienst. Er ermöglicht Bezahlung von Kleinbeträgen im Internet durch Übertragung vorausbezahlter Werteinheiten, die in digitaler Form auf den Kunden-PC geladen und zur Bezahlung für kommerzielle Internetleistungen gespeichert werden. Als erstes rein software-basiertes Zahlungsverkehrssystem dieser Art führte das Unternehmen DigiCash sein „Ecash"-Verfahren ein. Der wesentliche Unterschied zu den kreditkartenbasierten Zahlungssystemen besteht in der Nutzung virtueller — mit realer DMark zu erwerbender — Geldeinheiten, deren Übertragung im Internet zwischen Bank, Kunde und Händler gleichwohl wieder einer adäquaten Absicherung mittels kryptographischer Systeme wie dem RSA-Schlüssel bedarf. Das Verlustrisiko beschränkt sich aber auf die kursierenden digitalen Geldeinheiten und ermöglicht nicht wie bei den sensitiven Kreditkartendaten eine darüber hinausgehende mißbräuchliche Verwendung.

4. Das Angebot von Spezialbanken und banknahen Finanzierungsinstituten

a) Zahlungsverkehr der Postbank

Im Kontrast zu den elektronischen — bargeldlosen — Zahlungssysteminnovationen ist der bargeldsparende Zahlungsverkehr besonders zweckmäßig im Zahlungsverkehr der Postbank organisiert: durch Zahlschein — gebührenfrei für Bareinzahlungen zugunsten des eigenen oder gebührenpflichtig zugunsten des Postgirokontos eines dritten Zahlungsempfängers —, durch Scheck — für Barauszahlungen bei einem bestimmten Postamt nach Wahl und unter Vorlage einer Ausweiskarte —, durch Postanweisung — zur Verbindung von Bareinzahlung am Schalter und Barauszahlung an den Empfänger —, durch Zahlungsanweisung — zur Verbindung von bargeldloser Übertragung im Postbank-Gironetz und Barauszahlung an den Empfänger – und durch Überweisung für bargeldlose Übertragung auf ein anderes (Postbank-)Girokonto. Zusätzlich zu den aus der klassischen Aufgabe im Zahlungsverkehr der Post übernommenen Zahlungsverkehrsleistungen bietet die Postbank im Rahmen ihres Ausbaus zu einer Spezialbank für den Zahlungsverkehr alle banküblichen Leistungen einer Vollbank im Zahlungsverkehr an, zu denen auch ein umfangreiches Leistungspaket im electronic banking zählt.

---

408 Vgl. auch Bachem, A.; Heesen, R.; Pfenning, J.-T.: Digitales Geld für das Internet, in ZfB, 66. Jg. (1996), S. 697 – 713.

Auch im internationalen Zahlungsverkehr können die Bankdienste der Postbank eingeschaltet werden: Im Überweisungsdienst der Postbank werden Beträge an ausländische Zahlungsempfänger mit eigener Postgiroverbindung in ihrem Heimatland überwiesen. Besitzt der Zahlungsempfänger kein Postgirokonto, wickelt die Postbank die Zahlung per Scheck oder als Barauszahlung ab, wobei der Kunde unbedingt die vollständige Anschrift des ausländischen Zahlungsempfängers anzugeben hat. Die Gutschrift oder Barauszahlung an den Empfänger erfolgt dabei in der Währung des jeweiligen Bestimmungslandes.

b) Kreditkartenorganisationen

Die Kreditkarte ist ein Zahlungsinstrument, mit dessen Hilfe der Kreditkarteninhaber bei bestimmten Vertragsunternehmen Güter kaufen oder Dienstleistungen in Anspruch nehmen kann, ohne sofort den Gegenwert in bar zahlen zu müssen. Die Rechnungen werden durch das Kreditkarteninstitut unter Abzug einer Provision beglichen. Der Karteninhaber wird auf seinem Bankkonto in der Regel monatlich mit dem vollen Betrag weiterbelastet. Die Kreditkarte wird natürlichen und juristischen Personen nach Bonitätsprüfung für eine begrenzte Zeit (meist ein Jahr), aber normalerweise wiederholt von der Kreditkartengesellschaft gegen Zahlung eines festen Jahresbeitrages zur Verfügung gestellt.

Da die in einem von Kreditkarten gestützten Zahlungsverkehr verbleibenden Zahlungsströme meist über Buchgeld abgewickelt werden, fördert die Kreditkarte den bargeldlosen Zahlungsverkehr. Im Vergleich zur Scheckkarte ist die Kreditkarte nicht nur ein Garantieinstrument im Zahlungsverkehr, sondern darüber hinaus auch ein Kreditinstrument: Der Karteninhaber erhält von der Kreditkartenunternehmung (dem Aussteller) eine Art Bürgschaftskredit, von der Vertragsunternehmung einen Stundungskredit.

In Abhängigkeit vom jeweiligen Aussteller lassen sich zwei Formen dieses weltweit verbreiteten Zahlungsinstruments unterscheiden:

- Beim Zweiparteiensystem offerieren Handels- oder Dienstleistungsunternehmen ihren Kunden eine firmeneigene Kreditkarte.
- Beim Dreiparteiensystem schließen sich Handels- oder Dienstleistungsunternehmen einer spezialisierten Kreditkartenorganisation als Vertragsunternehmung an.

Die Kreditkartensysteme sind in den USA entstanden und fortentwickelt worden; das älteste wurde 1894 vom US-amerikanischen Hotelier-Verband gegründet. Neben solchen Kreditkarten von Selbsthilfeeinrichtungen ist als weitere Variante des Zweiparteiensystems eine Vielfalt von Spezialkreditkarten, z. B. von Warenhäusern, Fluggesellschaften, Autoverleihern usw., im Umlauf. Von Unternehmen, die sich allein auf die Ausgabe von Kreditkarten spezialisiert haben, wird die Universalkarte angeboten.

5. Das Angebot der Deutschen Bundesbank und der Europäischen Zentralbank

Gemäß den in § 3 BBankG festgelegten Aufgaben hat die Deutsche Bundesbank unter anderem „für die bankmäßige Abwicklung des Zahlungsverkehrs im Inland und mit dem Ausland" Sorge zu tragen. Dies betrifft insbesondere die Bereitstellung von Einrichtungen für den (zwischenbetrieblichen) Giro- und Abrechnungsverkehr sowie für die sonstigen Arten des unbaren Zahlungsverkehrs. Indem die Deutsche Bundesbank den konkurrierenden Banken der verschiedenen Gruppen ein wettbewerbsneutrales Gironetz zur Verfügung stellt, leistet sie mit ihrer Beteiligung am unbaren Zahlungsverkehr auch einen ordnungspolitischen Beitrag.

a) Inlandszahlungsverkehr

Das Gironetz der Deutschen Bundesbank, das sämtliche Niederlassungen der Bundesbank umfaßt, fungiert als Bindeglied zwischen den Gironetzen der Geschäftsbanken. Zur rationellen Abwicklung des Zahlungsverkehrs wurden unterschiedliche Verfahren für instituts- und netzüberschreitende Zahlungen in Zusammenarbeit mit den Bankenverbänden entwickelt. Platzüberweisungen, Schecks, Lastschriften und andere Forderungspapiere werden im örtlichen Abrechnungsverkehr der Landeszentralbanken noch am selben Tag über die LZB-Girokonten der beteiligten Banken verrechnet. Im Fernüberweisungsverfahren werden beleggebundene und beleglose Zahlungen von der empfangenden Landeszentralbank unmittelbar an den Empfangsort weitergeleitet und der empfangenden Bank gutgeschrieben bzw. der leistenden belastet. Die Verrechnung erfolgt über die Bundesbankzentrale in Frankfurt am Main. Daneben werden von den Landeszentralbanken auch telegrafischen Überweisungen durchgeführt.

Die bei den Landeszentralbanken gebührenfrei (von Sonderleistungen abgesehen) unterhaltenen Girokonten der Banken dürfen nicht debitorisch werden. Da auch keine Verzinsung erfolgt, ist eine Wertstellung nicht erforderlich. Über die Girokonten kann durch Scheckziehung, Überweisungsaufträge usw. verfügt werden, wie auch alle anderen Zahlungen im Verkehr zwischen Deutscher Bundesbank und Kontoinhaber darüber verbucht werden können. Der bargeldlose und multilaterale Ausgleich gegenseitiger Forderungen und Verbindlichkeiten der am Clearingsystem der Bundesbank teilnehmenden Banken untereinander und im Verhältnis zur ersteren erfolgt über die Landeszentralbanken; nur der jeweilige Saldo wird über das Girokonto der einzelnen Bank abgerechnet.

Eine wertvolle Ergänzung des Giro- und Abrechnungsverkehrs der Deutschen Bundesbank für die Banken ist ihr „Vereinfachtes Scheck- und Lastschrifteinzugsverfahren". Mittels ihres Filialnetzes zieht sie die bei ihr zum Inkasso eingereichten Schecks und Lastschriften auf alle Orte des Bundesgebietes gebühren- und kostenfrei ein. Die Teilnahme an diesem Verfahren ist den Banken freigestellt. Da es ihnen jedoch erhebliche Vorteile bietet, wird sich jede Bank, wenn es ihr technisch möglich ist, daran beteiligen. So ist vor allem die günstige Wertstellung hervorzuheben: Einreichende Banken erhalten den Gegenwert bereits zum nächsten Werktag gutgeschrieben, während der Gegenwert der Bundesbank häufig erst später zur Verfügung steht. Zur Teilnahme an diesem Verfahren sind nur solche Banken zugelassen, die bei der Bundesbank ein Girokonto unterhalten.

Des weiteren betreibt die Deutsche Bundesbank nach § 22 BBankG mit natürlichen und juristischen Personen im In- und Ausland die in § 19 Nr. 4 bis 9 BBankG bezeichneten Geschäfte (neben der bereits behandelten Annahme unverzinslicher Giroeinlagen sind dies die Verwahrung und Verwaltung von Wertpapieren, Inkasso von Schecks, Wechseln, Anweisungen, Wertpapieren und Zinsscheinen, An- und Verkauf von Devisen, auf ausländische Währung lautende Schecks, Wechsel und Wertpapiere sowie Gold, Silber und Platin, Auslandsgeschäfte).

b) Auslandszahlungsverkehr

Im grenzenüberschreitenden Zahlungsverkehr wird die Deutsche Bundesbank tätig, indem sie zu amtlichen Devisenkursen Beträge konvertibler Währungen der wichtigsten westlichen Länder an- und verkauft: Die Bundesbank handelt mit Banken Devisen in von ihr zum laufenden Devisenhandel zugelassenen Währungen; daneben betreibt sie auch andere Devisenhandelsgeschäfte. In diesem Zusammenhang ist die Führung von Währungskonten für Banken und öffentliche Verwaltungen zu nennen, welche auch als Deckungskonten für Akkreditive, Bürgschaften und Garantien dienen können. An jeden Kontoinhaber verkauft sie nach Deckung Schecks auf ausländische Plätze, und sie führt nach Deckung Zahlungsaufträge ins Ausland sowie solche aus dem Ausland aus. Die Deutsche Bundesbank eröffnet Einfuhrakkreditive im Auftrag von Banken nur, soweit diese dazu andere Möglichkeiten nicht haben (selten), und nur nach Deckung. Ausfuhrakkreditive eröffnet die Deutsche Bundesbank nicht, sondern leitet ihr zugegangene Aufträge lediglich weiter, ohne eine eigene Verbindlichkeit zu begründen.[409]

c) Zahlungsverkehrsabwicklung bei der Deutschen Bundesbank und Automation

Die starke Beanspruchung ihres Gironetzes für Fernzahlungen — insbesondere für den Einzug von Schecks und Lastschriften — hat die Deutsche Bundesbank bereits Mitte der sechziger Jahre veranlaßt, zusammen mit den Spitzenverbänden der deutschen Bankwirtschaft und (damals noch) der Bundespost nach Wegen zu suchen, den ständig wachsende Zahlungsverkehr rationeller — insbesondere mittels Einsatzes der elektronischen Datenverarbeitung — abzuwickeln, um ihrer in § 3 BBankG verankerten Aufgabe, „für die bankmäßige Abwicklung des Zahlungsverkehrs im Inland und mit dem Ausland zu sorgen", gerecht zu werden. 1982 bildete sich unter Leitung der Deutschen Bundesbank ein Informationskreis „Zahlungsverkehr" mit Vertretern der Bankenverbände und der Postbank. Ergebnis der Beratungen zur Förderung des elektronischen (beleglosen) Zahlungsverkehrs sind unter anderem die zwischen den Spitzenverbänden des Bankgewerbes, der Deutschen Bundespost und der Deutschen Bundesbank geschlossenen Abkommen über

[409] Vgl. Büschgen, H. E.: Einführung..., Teil II, a.a.O., S. 150 ff.

- elektronischen Zahlungsverkehr für Individualüberweisungen (EZÜ) und
- beleglosen Scheckeinzug (BSE).[410]

Das beleglose Scheckeinzugsverfahren (BSE) wird seit Inkrafttreten des entsprechenden Abkommens im Juli 1985 von zahlreichen Banken genutzt, wozu nicht zuletzt die konditionenpolitischen Beschlüsse der Deutschen Bundesbank 1984 beigetragen haben, beleglose Scheckeinreichungen durch taggleiche Gutschriften für BSE-fähige Schecks deutlich zu begünstigen. In dieses Verfahren sind zunächst im wesentlichen nur auf DMark ausgestellte Inhaber- und Orderschecks, die auf Banken im Inland gezogen sind, bis zu einem Betrag von 1 000 DMark und damit circa 75 % aller deutschen Schecks einbezogen worden.

Das 1984 abgeschlossene „Abkommen über die Umwandlung beleghaft erteilter Überweisungsaufträge in Datensätze und deren Bearbeitung" (EZÜ-Abkommen) verpflichtet die Banken, sämtliche Überweisungsbelege an der erstmöglichen Stelle der Clearing-Kette in Datensätze umzuwandeln und beleglos weiterzuleiten. In seiner neuesten Fassung bildet das EZÜ-Abkommen mit der seit 1997 vollständigen Substitution des beleggebundenen Überweisungsverkehrs — als letzte Domäne nicht-automatisierter Zahlungsabwicklung — durch direkten Austausch von Datensätzen zwischen Banken einen vorläufigen Abschluß der sukzessiven Substitution des traditionellen — nicht-automatisierten — Zahlungsverkehrs durch elektronische Zahlungssysteme.

Mit der elektronischen Öffnung bietet die Bundesbank zudem ein universelles Zugangsverfahren in zwei Stufen an:[411]

- Mit der ersten Stufe der elektronischen Öffnung offerierte die Bundesbank die „Elektronische Abrechnung in Frankfurt" (EAF) zur vollautomatischen Abwicklung von Großbetragsüberweisungen, die mittlerweile zur „liquiditätssparenden" EAF-2 modernisiert worden ist.[412]

- Mit der zweiten Stufe implementiert die Bundesbank den „Elektronischen Schalter" (ELS), der Geschäftsbanken und anderen Großkunden die elektronische Abwicklung von Großbetragsüberweisungen als sog. „Eiligen Zahlungsverkehr" (EIL-ZV) per Datenfernübertragung und Diskette bietet.[413]

Mit der dritten Stufe der Europäischen Wirtschafts- und Währungsunion (EWWU) ist die Deutsche Bundesbank als Zentralbank Deutschlands integraler Bestandteil des Euro-

---

410 Vgl. Deutsche Bundesbank: Stand und weitere Entwicklung der Automation des unbaren Zahlungsverkehrs bei der Deutschen Bundesbank, in: Monatsberichte der Deutschen Bundesbank, August 1985, S. 47 ff. Vgl. Büschgen, H. E.: Bankbetriebslehre, a.a.O., S. 269 ff.

411 Vgl. zum folgenden auch Eilenberger, G.: Bankbetriebswirtschaftslehre, a.a.O., S. 76 f.

412 Vgl. Deutsche Bundesbank: Monatsberichte, August 1994, S. 47 ff. und Fabritius, H. G.: Elektronische Abrechnung Frankfurt (EAF-2) im Zahlungsverkehr der Bundesbank, in: ZfgK, 50. J.g. (1997), H. 13, S. 606 ff.

413 Jochimsen, R.: Das EIL-System der Deutschen Bundesbank — ein neues technisches Konzept für den Großbetragszahlungsverkehr in Deutschland, in: ZfgK, 50. J.g. (1997), H. 2, S. 66 ff.

päischen Systems der Zentralbanken (ESZB). Die zu dem Zeitpunkt in Kraft gesetzte sechste Novelle des Gesetzes über die Deutsche Bundesbank (BBankG) beinhaltet entsprechend eine Neuformulierung des § 3 BBankG: Danach ist es Aufgabe Bundesbank als Teilnehmer am ESZB, die Preisstabilität zu gewährleisten und für die bankmäßige Abwicklung des Zahlungsverkehrs im Inland und mit dem Ausland zu sorgen. Mithin tritt in der Sache der Förderung des friktionslosen Funktionierens der Zahlungssysteme durch die Bundesbank keine Änderung ein, bietet doch bereits das bestehende Gemeinschaftsrecht eine Grundlage für die Fortführung der bisherigen Aktivitäten der Bundesbank im Bereich des Zahlungsverkehrs.

d) Innovation für den elektronischen Zahlungsverkehr zwischen Banken: TARGET

Für die friktionslose Abwicklung des Zahlungsverkehrs in der Europäischen Wirtschafts- und Währungsunion (EWWU) entwickelte die Deutsche Bundesbank und die anderen Zentralbanken der Europäischen Union zusammen mit dem Europäischen Währungsinstitut eine Verfahrensinnovation im Interbanken-Zahlungsverkehr — das Echtzeit-Brutto-Zahlungssystem TARGET (Trans European Automated Real-Time Gross Settlement Express Transfer). Als Zahlungsverkehrssystem für Großbeträge in der Europäischen Union basiert TARGET auf der Verknüpfung der Echtzeit-Bruttosysteme nationaler Zentralbanken. Seine vernetzte Infrastruktur gewährleistet die für eine einheitliche Geldpolitik auf Basis des Euro notwendige schnelle Verrechnung der resultierenden Geldbeträge zwischen den nationalen Zentralbanken unter Einbeziehung der Europäischen Zentralbank. TARGET ist für die Unterstützung der einheitlichen Geldpolitik in der Europäischen Währungsunion unverzichtbar und dient darüber hinaus als benchmark für die Entwicklung effizient funktionierender „privater" Zahlungsverkehrssysteme zur Reduktion des Systemrisikos im Großbetragszahlungsverkehr.[414]

Mithin wurde TARGET frühzeitig entwickelt, um dem zeitintensiven Abstimmungsbedarf zur Vernetzung der nationalen Echtzeit-Bruttozahlungssysteme, den sog. RTGS-Systemen (Real-Time-Gross-Settlement-Systems), im Vorfeld der Europäischen Währungsunion gerecht werden zu können. Die nationalen Systeme wurden dabei über eine als Interlinking-System bezeichnete Verbindungskomponente grenzenüberschreitend verknüpft. Als Kommunikationsnetz für das Interlinking-System wurde zunächst das SWIFT-System vorgesehen. Voraussetzung für die Spezifikationen des Systems war daher zu Beginn die Aufnahme der Anwenderbedingungen für das Interlinking-Projekt 1995, die die Entwicklungsphase 1996 wesentlich bestimmten. Entsprechend waren Ende 1996 in Belgien, Dänemark, Deutschland, Finnland, Portugal, Schweden und in Großbritannien bereits RTGS-Systeme im Einsatz. In allen anderen Mitgliedsländern der EU mußten sie im Laufe des Jahres 1997 den Betrieb aufnehmen. Die einjährige Test-

---

414 Vgl. zum folgenden Büschgen, H. E.: Banken im Wandel, in: Mitteilungen und Berichte des Instituts für Bankwirtschaft und Bankrecht an der Universität zu Köln, Abteilung Bankwirtschaft, 29. Jg. (1998) Nr. 79, S. 21 ff.

phase mündete ab Juli 1998 in eine Simulationsphase, um den pünktlichen Betriebsbeginn am 1. Januar 1999 sicherstellen zu können.[415]

TARGET ist dezentral als „correspondent central banking modell“ organisiert: Per interlinking der nationalen RTGS-Systeme werden zeitkritische Großbetragszahlungen in Euro bei unmittelbarer Belastung des Zentralbankkontos der Auftraggeberbank in Land A garantiert taggleich und unwiderruflich dem Zentralbankkonto der Empfängerbank im Land B gutgeschrieben. Die Zahlungen müssen grundsätzlich in Euro und aus Guthaben oder gesicherten Linien bei der Zentralbank erfolgen. Die Banken der EWWU verfügen jedoch für Abrechnungszwecke über eine Intraday-Kreditlinie der Europäischen Zentralbank, die täglich bei Geschäftsschluß wieder ausgeglichen sein muß. Unter optimalen Bedingungen beträgt die Abwicklungszeit nicht mehr als wenige Sekunden — maximal 30 Minuten —; ermöglicht durch bilaterale Kontoverbindungen der beteiligten Notenbanken und eine homogene technische Infrastruktur in bezug auf Datenformate und Kommunikation.

So ist für jede nationale Zentralbank eine Schnittstelle implementiert zwischen ihrem RTGS-System und dem Interlinking-System, das aus der Summe dieser nationalen Interlinking-Schnittstellen besteht. In Deutschland existiert die Interlinking-Komponente mit dem „Elektronischen Schalter“ (ELS) der Deutschen Bundesbank seit mehr als fünf Jahren: Mit seinen Komponenten, dem „Eiligen Zahlungsverkehr“ (EIL-ZV-System) und der „Elektronische Abrechnung in Frankfurt“ (EAF-2), sind bereits ein Brutto-Zahlungssystem sowie ein Netto-Zahlungssystem mit starken Bruttoelementen im Einsatz, die darüber hinaus bereits die für TARGET geplanten SWIFT-Formate verwenden. Für deutsche Teilnehmer ergab sich mithin — aufgrund der offenen technischen Ausrichtung des Elektronischen Schalters — kein weiterer Anpassungsbedarf. Allerdings werden die SWIFT-Formate zur zahlungsinduzierten Nachrichtenübermittlung, um den zukünftigen Informationsanforderungen gerecht zu werden durch den Einsatz modernerer Lösung — wie EDIFACT[416] — ergänzt werden. Darüber hinaus sehen die Zentralbanken die Verschlüsselung aller Zahlungsverkehrsnachrichten, die in den RTGS-Systemen verarbeitet werden, vor.

Die Europäische Zentralbank selbst führt Zahlungen über TARGET aus, insbesondere aus ihren eigenen Mitteln und Währungsreserven, aber auch zum eigenen Zahlungsaustausch mit nationalen Zentralbanken. Außerdem kann sie Konten für öffentliche Einrichtungen, Finanzinstitute „anderer Länder“ und internationale Institutionen eröffnen. Während die Europäische Zentralbank im Laufe des Tages keine Informationen über Zahlungen zwischen den nationalen Notenbanken erhält, übernimmt sie die Tagesabschlußarbeiten und sorgt damit für endgültig unwiderrufbare Positionen vor Beginn des

---

[415] Vgl. zum folgenden auch Niehoff, W.; Westerhaus, C.: TARGET: Zahlungsverkehrssystem für die Europäische Währungsunion in: Die Bank, o. Jg. (1997), (Teil I) H. 3, S. 162 ff. und (Teil II) H. 4, S. 240 ff.

[416] EDIFACT — Electronic Data Interchange For Administration, Commerce and Transport — ist ein vor allem für international operierende Konzerne im Zahlungsverkehr geeigneter branchenübergreifender Standard für den Austausch von Geschäftsdokumenten, den auch Banken in ihr Electronic-banking-Angebot implementieren.

nächsten Geschäftstages. Im Ergebnis übt sie nur wenige — zentralisierte — Funktionen aus.

Grundzahlungsform in TARGET ist die Überweisung; eine Betragsbeschränkung gibt es nicht. Nur die Zahlungen, die einen Bezug zur Durchführung der einheitlichen europäischen Geldpolitik haben, müssen via TARGET abgewickelt werden, um das Zusammenwachsen der nationalen Geldmärkte zu fördern und einer einheitlichen europäischen Geldpolitik einen Anknüpfungspunkt zu bieten. Jede Notenbank ist auf ein sicheres und effizientes Zahlungsverkehrssystem angewiesen für die friktionslose Übertragung geldpolitischer Impulse und die Stabilität des Transmissionsprozesses. Ein leistungsfähiges Großbetragszahlungssystem muß daher in der Lage sein, in kurzer Zeit hohe Beträge zu verarbeiten und unter den Banken wettbewerbsneutral zu verteilen. Will man etwa ein Wertpapierpensionsgeschäft[417] taggleich abwickeln, müssen die damit einhergehenden Gutschriften und Belastungen schnell erfolgen, um den Banken unverzüglich ihre Ausgleichsoperationen am Geldmarkt zu ermöglichen.

Entsprechend sind TARGET-pflichtig:

- Zahlungen zwischen den einzelnen Zentralbanken,
- Zahlungen zwischen nationalen Zentralbanken und der Europäischen Zentralbank,
- Zahlungen zwischen Banken und Zentralbanken mit einem geldpolitischen Bezug.

Für alle anderen Transaktionen aus dem Interbanken-Bereich und dem Kunde-Bank-Bereich besteht — aus Sicht der Banken — die Option, alternative Zahlungssysteme zu nutzen. Neben seiner ordnungspolitischen — geldpolitischen — Funktion ist dem TARGET-System mithin auch eine Konkurrenzfunktion im Wettbewerb mit privatwirtschaftlichen Systemalternativen für die Abwicklung grenzenüberschreitender Zahlungsströme zuzuschreiben. Es soll durch Setzen einer benchmark in puncto „Schnelligkeit der Abwicklung“ und „Preis“ die Entwicklung effizienter Systeme am Markt anregen. Das Portfolio an Problemlösungen setzt sich für die Banken daher aus tradierten, aber modifizierten Systemen, dem TARGET-System selbst und durch TARGET angeregten Innovationen zusammen. Folgender System-Pool steht zur Verfügung[418]:

- Optimiertes correspondent banking,
- Outsourcing des grenzenüberschreitenden Zahlungsverkehrs,
- Inhouse-Systeme und strategische Kooperationen,
- remote access zu den Clearing-Systemen im EU-Ausland,
- Modifikation des ECU-clearing-Systems der ECU Banking Association als Euroclearing (Euro-Nettosystem) und
- TARGET.

TARGET ist insbesondere für Banken ohne Korrespondenzbankverbindungen und remote access, die ferner auch nicht Mitglied der ECU Banking Association sind, eine wichtige Innovation. Sie haben vier Möglichkeiten, ihre Zahlungen über TARGET und

[417] Siehe hierzu in diesem Teil Zweites Kapitel Abschnitt C. V. und VI.

[418] Vgl. zum folgenden auch Niehoff, W.; Westerhaus, C.: TARGET: ... (Teil II), a.a.O., S. 243 ff.

den daran angeschlossenen Zentralbanken unabhängig von anderen Dienstleistern in einem „neutralen Netz“ abzuwickeln (vgl. Abbildung 24):

1. Die Senderbank beauftragt über das hiesige RTGS-System ihre Zentralbank in Land A, die Zahlung über das TARGET-interlinking zur Zentralbank in Land B weiterzuleiten, die den Betrag über das dortige RTGS-System der Empfängerbank gutschreibt.
2. Eine ausländische Niederlassung der Senderbank in Land C ermöglicht eine direkte nationale Verrechnung mit einer lokalen Korrespondenzbank (vgl. a) oder via TARGET an das RTGS in Land B, das die Verbindung zur dortigen Empfängerbank herstellt (vgl. b).
3. Option 2 läßt sich auch ohne eigene Auslandsniederlassung in Land C direkt über eine Korrespondenzbank darstellen.
4. Die Rolle der Korrepondenzbank bei Option 3 kann auch durch den sog. direct remote access — den direkten Fernzugang — zur Zentralbank in Land C substituiert werden; auch hier sind die Varianten a und b möglich.

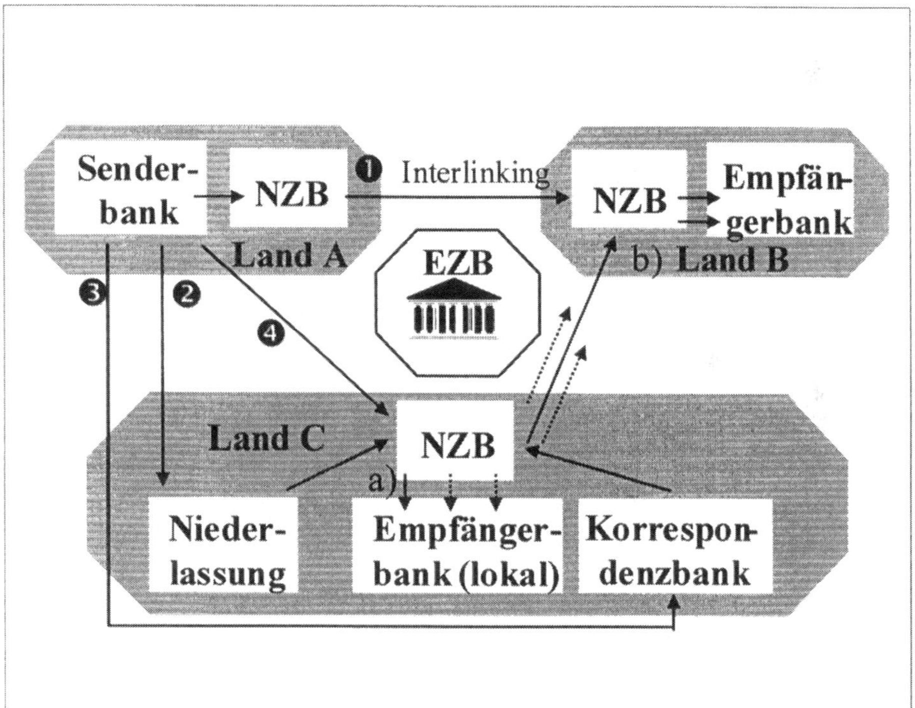

Abb. 24: Abwicklungsmöglichkeiten über TARGET

Diese vier Abwicklungsalternativen über das TARGET-System mit den daran angeschlossenen Zentralbanken werfen unmittelbar zwei Fragestellungen auf: erstens, welche Zentralbanken den Systemzugang innehaben (sog. Ins- und outs-Problematik), und zweitens, welche Bedingungen an die Zugangslegitimation für die jeweiligen RTGS-Systeme (subsidiäre Zuständigkeit der nationalen RTGS-Systembetreiber, aber prinzipiell neben Zentralbanken nur Banken und öffentliche Institutionen) geknüpft sind. Beide Problembereiche mit ihren weitreichenden Konsequenzen für das Funktionieren des Zahlungsverkehrs, die Wirksamkeit der einheitlichen Geldpolitik und die Stabilität des Finanzsystems insgesamt sind Gegenstand geldpolitischer Überlegungen.[419]

TARGET erfüllt wie kein anderes — bisher entwickeltes — Zahlungssystem das Innovationskriterium des übergangslosen abrupten Eintritts einer Neuerung. Mit dem 1. Januar 1999 stehen für die „ins" — den an der EWWU teilnehmenden Volkswirtschaften — vollkommen neue Zahlungsstrukturen, die nicht auf der Kombination alter Verfahren basieren. In diesem Sinne trägt TARGET die Züge einer echten prozessualen Basisinnovation mit einem Zusatznutzen — zusätzlich zum Basisnutzen der Unterstützung einer europäischen Geldpolitik —, der im wesentlichen auf drei Aspekten basiert:

1. An erster Stelle zu nennen, ist die — bereits erwähnte — Beschleunigung bei der Abwicklung der Großbetragszahlungen über Grenzen hinweg. Laufzeiten von wenigen Sekunden bis maximal 30 Minuten für die zeitkritischen Großbeträge sind innovativ. Diese Nutzensteigerung wird ergänzt um die Ausweitung der Betriebszeiten von bis dato sieben Stunden im ELS-Verfahren der Deutschen Bundesbank auf einheitliche elf Stunden für alle am TARGET-System beteiligten RTGS-Systeme. Die identischen Betriebszeiten für den grenzenüberschreitenden Zahlungsverkehr verhindern mögliche Friktionen bei der Ausübung der einheitlichen Geldpolitik. Darüber hinaus mindern lange „Öffnungszeiten" Zahlungsrisiken durch ein sicheres settlement z. B. von Nettosalden aus anderen Zahlungsverkehrs- und Wertpapierabwicklungssystemen. Auch haben sie den zusätzlichen Vorteil, die Geldhandelszeiten auszudehnen durch größere Überschneidungen mit den Finanzmärkten in den USA und in Asien.
2. Die durch die Technik ermöglichte Beschleunigung der Transaktionen führt in Verbindung mit der Zunahme der Volumina zu einer tendenziell gesteigerten Störanfälligkeit des gesamtwirtschaftlichen Zahlungsverkehrssystems. 1996 wurden laut Bundesbankbericht im unbaren Zahlungsverkehr je Geschäftstag ein durchschnittliches Volumen von rund 780 Mrd. DMark bewegt. Dies erklärt den angestrebten Übergang von den sog. Netto-Verfahren, bei denen es zu einem multilateralen Saldenausgleich zumeist erst bei Buchungsschluß kommt, zu Bruttozahlungssystemen, wie dem RTGS, bei denen Zahlungen laufend und auf Deckungsbasis rechtlich endgültig ausgeführt werden. Die unmittelbare Rechtsgültigkeit verringert das Risiko, daß die Zahlungsunfähigkeit eines Marktteilnehmers — aufgrund ungedeckter Salden — Liquiditätsprobleme bei anderen Instituten oder gar dem Gesamtsystem verursacht. Für die Reduktion dieses Systemrisikos zahlt man allerdings den Preis einer größeren Innertagesliquidität.
3. Neben diesen zwei ursprünglich angestrebten Zielen von TARGET, die Grundlage für eine einheitliche Geldpolitik in der EWWU zu gewährleisten und ein friktionslos funktionierendes und effizientes Zahlungssystem zur Reduktion des Systemrisikos

---

419 Siehe hierzu im Zweiten Teil Zweites Kapitel Abschnitt E. IV.

im Großbetragszahlungsverkehr zu unterhalten, zeigen sich noch weitere Implikationen für die Geschäfte der Banken und für die Finanzplätze. Die durch die Zentralbanken über geldpolitische Aktivitäten hinaus für Banken- und Nichtbankenkundschaft erbrachten Dienstleistungen stehen im Wettbewerb mit privatwirtschaftlichen Systemen. TARGET setzt mit seinem Leistungsspektrum und auch mit seiner Preisgestaltung einen Referenzpunkt und bewirkt die Modifikation alter respektive die Entwicklung neuer Zahlungssysteme.

VI. Derivative Finanzinstrumente

1. Grundlagen und Systematisierung

Unter derivativen Finanzinstrumenten (synonym: Derivate, Derivative, derivate Finanzinstrumente) versteht man solche Kontrakte, deren Preis bzw. Wert von einem anderen Preis bzw. Wert bestimmt wird, d. h. von diesem abgeleitet wird, wobei diese Definition noch keine ausreichende Trennschärfe besitzt, da die Preise aller wirtschaftlichen Güter von anderen Preisen — etwa Faktorpreisen oder den Preisen von Substitutionsgütern — mitbestimmt werden. Entscheidend für die Abgrenzung von Derivaten ist der enge Zusammenhang zwischen dem Preis bzw. Wert des Derivats und dem Preis bzw. Wert ökonomischer Größen, die als Preis- oder Wertbezugsbasis für das Derivat dienen (underlyings oder Basiswert). Die dem Wert des derivativen Finanzinstruments zugrunde liegenden wirtschaftlichen Größen können in solche aus dem finanzwirtschaftlichen Bereich (Zinsen bzw. zinsbringende Aktiva, Wechselkurse bzw. Fremdwährungsbeträge, Aktien sowie Indizes) sowie in solche aus dem güterwirtschaftlichen Bereich (insbesondere landwirtschaftliche Produkte, Rohstoffe sowie Edelmetalle) unterteilt werden; entsprechend existieren Finanz- sowie Waren- oder Commodity-Derivate. Eine weitere Möglichkeit der Abgrenzung von Derivaten ergibt sich aus einer Enumeration solcher Finanzkontrakte, die sowohl in der ökonomischen Praxis wie in der wirtschaftswissenschaftlichen Literatur als Derivate bezeichnet werden — futures, forwards, Optionen, swaps, caps, floors usw. — und über ein in die Zukunft gerichtetes Vertragselement verfügen. Insofern sind Derivate mit den Termingeschäften i. w. S. identisch, wobei die Begrifflichkeit des Derivats eine deutlichere Abgrenzung ermöglicht, weil dem Begriff des Termingeschäftes häufig lediglich speziellere Vertragsformen vom Forward-Typ, d. h. unbedingte Kontrakte, subsumiert werden.

Eine Systematisierung von Derivaten kann aufgrund des Typs des underlying, außerdem entsprechend der Bedingtheit des Geschäfts und des Organisationsgrads des Handels vorgenommen werden. Derivative Finanzkontrakte können in unbedingte und bedingte Geschäfte unterteilt werden, wobei sich erstere dadurch auszeichnen, daß beide Kontraktpartner verpflichtet werden (forwards, futures), während bei bedingten Geschäften lediglich der Stillhalter, d. h. der Verkäufer, verpflichtet ist (Optionen), den vertraglichen Vereinbarungen zu entsprechen, sofern der Kontrahent dies wünscht, während letzterer, der Käufer der Option, dementsprechend wählen kann, ob er die ihm vertraglich zugesicherten Rechte ausüben möchte. Eine weitere Möglichkeit der Unterteilung bezieht sich auf den Organisationsgrad bzw. die Art des Handels von Derivaten, der zum einen börslich und zum anderen außerbörslich, auch „over the counter" (OTC) genannt, durchgeführt werden kann. Die unbedingten börsennotierten Kontrakte, die futures, sowie die bedingten börsennotierten Kontrakte, die traded options, zeichnen sich durch standardisierte Vertragsspezifikationen aus, während die bedingten, außerbörslichen Kontrakte, die forwards, sowie die unbedingten außerbörslichen Kontrakte, die OTC-options (over the counter options) üblicherweise individuell ausgestaltet sind. Für den Einsatz von standardisierten, börsengehandelten Kontrakten spricht die meist hohe Liquidität des Marktes, die niedrigere Transationskosten zur Folge hat und eine jederzeitige Weiterveräußerung des Derivats bzw. ein „Glattstellen" des Kontrakts ermöglicht. Andererseits erfüllen standardisierte Derivate die Zwecke der Kontrahenten nicht immer genau, etwa bei der Absicherung einer offenen Fremdwährungsposition, deren Volumen nicht mit den standardisierten Volumina der gehandelten Kontrakte übereinstimmt und somit nicht exakt gehedgt werden kann. Dieses Problem kann bei nicht-börsennotierten Kontrakten, deren Spezifikationen individuell auf die Bedürfnisse der Vertragspartner abgestimmt werden können, ausgeschlossen werden. Dafür sind außerbörsliche Kontrakte mit höheren Transaktionskosten für die aufwendigere individuelle Vertragsanbahnung und -gestaltung sowie mit einem höheren Bonitätsrisiko verbunden als börsennotierte Kontrakte, in die ein Clearinghaus von hoher Bonität eintritt.

Die in Deutschland börsengehandelten unbedingten Kontrakte, die futures, lassen sich entsprechend des underlying in Zins- und Aktienindexfutures unterscheiden, die börsengehandelten bedingten Kontrakte in Spot- sowie Futures-Optionen, wobei die auf Kassapositionen basierenden Spot-Optionen wiederum in Abhängigkeit von ihrem Basiswert in Zins-, Aktienindex-, Aktien-, Volatilitäts- sowie Fremdwährungsoptionen unterschieden werden können.[420] Daneben existiert ein Typ von bedingten, ebenfalls in den Börsenhandel einbezogenen Termingeschäften, die sich von den anderen Derivaten durch ihre Wertpapiereigenschaft unterscheiden. Diese Optionsscheine genannten Instrumente können wiederum in Abhängigkeit von ihren Emittenten unterschieden werden in gedeckte Optionsscheine, covered warrants, die zumeist von Banken auf eine Vielzahl von Basiswerten ausgegeben werden, sowie in Optionsscheine, die von Unternehmen als Teil einer Optionsanleihe ausgegeben werden und nach der Emission vom Anleihebestandteil getrennt gehandelt werden.

420 Siehe hierzu in diesem Teil Drittes Kapitel Abschnitt C. III. 2. b) (2).

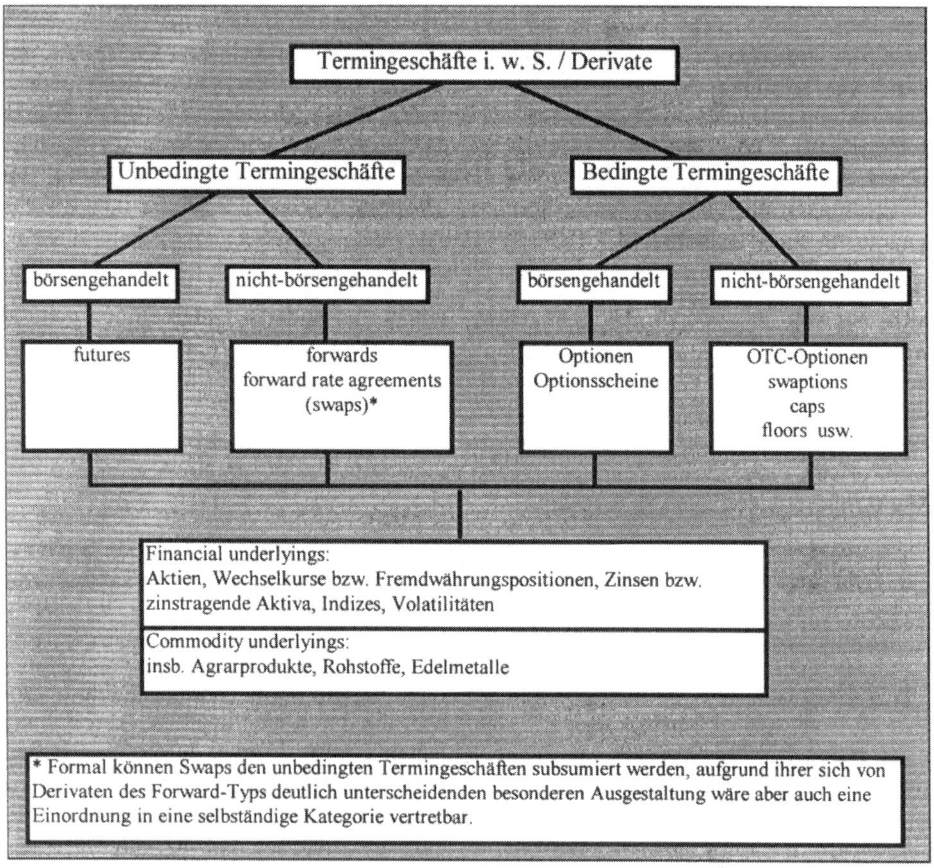

Abb. 25: Systematisierung von Derivaten

Dem breiten Spektrum der derivativen Finanzinstrumenten kommt seit Beginn der 80er Jahre ein Bedeutungszuwachs zu, der den Banken neue Geschäftsfelder mit zusätzlichen Ertragspotentialen, aber auch gestiegenen Risiken eröffnet, und durch eine Vielzahl von Veränderungen von Rahmenbedingungen ausgelöst wurde, von denen hier einige wesentliche exemplarisch genannt seien. Der Zusammenbruch des im Abkommen von Bretton Woods installierten Systems fester Wechselkurse sowie die zunehmende Deregulierung vieler Finanzmärkte mit der damit einhergehenden stärkeren Verflechtung der nationalen Finanzmärkte führte seit Mitte der 70er Jahre zu einer erhöhten Volatilität von Zinsen, Wechsel- sowie Aktienkursen und zu der Notwendigkeit von Maßnahmen zur Beherrschung der daraus erwachsenden Risiken. Die Deregulierung war aber gleichzeitig auch Katalysator für die Entwicklung von Finanzinnovationen als Instrumente zur Beherrschung der erhöhten Risiken. Auf Seiten der Wissenschaft legten die Arbeiten zur

Optionspreistheorie das Fundament zur fairen Bewertung von Derivaten,[421] verringerten damit die Unsicherheit ihrer Nutzer bezüglich der Angemessenheit ihrer Preise und unterstützten so die Entwicklung des Marktes für derivative Finanzinstrumente. Diese Entwicklung spiegelt sich im Volumen der weltweit börsengehandelten financial futures nieder, das sich von 1991 bis 1996 mehr als verdoppelt hat, sowie im Volumen der börsengehandelten Optionen, die im selben Zeitraum um über 80 % gewachsen sind. Bei vielen Banken übertrifft das Nominalvolumen ihrer derivativen Geschäfte ihre Bilanzsumme um ein Mehrfaches.

Bei einer Analyse der Anwenderkreise von Derivaten ist festzustellen, daß Derivate nicht nur von Institutionen des finanziellen Sektors und anderen Unternehmen genutzt werden, sondern in Deutschland auch ein Derivatemarkt großen Volumens im Bereich der Optionsscheine existiert, der fast ausschließlich von privaten Anlegern genutzt wird, die entgegen der allgemeinen Einschätzungen bezüglich der Risikoaversion deutscher Privatanleger diese Instrumente überwiegend zu spekulativen Zwecken nutzen, also bewußt offene, einem hohen Marktpreisrisiko ausgesetzte Positionen einnehmen, um von Marktpreisveränderungen zu profitieren.

2. Funktionen und Anwendungsbereiche

Die zentrale ökonomische Funktion von Derivaten besteht darin, Marktpreisrisiken isoliert zu bewerten, zu bündeln und weiterzugeben, die durch eine negative Abweichung einer realisierten Erfolgsgröße von einer geplanten Größe — etwa durch nicht antizipierte Veränderungen von Zinssätzen, Wechsel- und Aktienkursen, Volatilitäten sowie Edelmetall-, Rostoff- und sonstigen Preisen — zu charakterisieren sind. Zwar ist ein Risikotransfer auch mit anderen Finanzinstrumenten möglich; der Einsatz von Derivaten verringert aber den notwendigen Kapitaleinsatz dadurch, daß nicht die risikobehaftete Position des underlying selbst Grundlage finanzwirtschaftlicher Transaktionen ist, sondern lediglich als rechnerische Bezugsbasis für den abgeleiteten Kontrakt dient, für dessen Abschluß bzw. Handel im Vergleich zu den Nominalbeträgen des underlying wesentlich geringere finanzielle Mittel notwendig sind. Dadurch wird eine Hebelwirkung (leverage) erzielt, die dazu führt, daß im Verhältnis zum Mitteleinsatz eine größere Risikoposition aufgebaut werden kann, die zu einer stärkeren Ergebniswirkung führt oder umgekehrt bei gegebenem Mitteleinsatz mit einem Derivat eine größere Risikoposition abgesichert werden kann, als mit einem der originären Position vergleichbaren, aber gegenläufigen Geschäft.

Neben der grundlegenden Funktion der getrennten Handhabung von Preisrisiken können den Derivaten weitere Funktionen zugeordnet werden, die etwa darin bestehen, daß Derivate das Spektrum der Trading-Möglichkeiten erweitern, indem auf ein bestimmtes underlying bezogene Marktoperationen nicht mehr auf den Bestand dieses Basiswertes

---

421 Vgl. Black, F.; Scholes, M.: The Pricing of Options and Corporate Liabilities, in: Journal of Political Economy, Vol. 81 (1973), S. 637-654.

begrenzt sind, sondern um Transaktionen in dem entsprechenden Derivat erweitert werden können, ohne daß die Kontraktpartner das underlying besitzen oder beabsichtigen müssen, dieses auszutauschen bzw. zu erwerben. Die damit einhergehende höhere Liquidität der Gesamtposition aus originären und derivativen Positionen senkt die Kosten der Einbeziehung neuer Informationen in die Preise und erhöht damit tendentiell die Markteffizienz. Darüber hinaus kann der Handel von Derivaten dazu genutzt werden die aus Sicht der Anleger eventuell ungünstigeren Handelsbedingungen und Transaktionskosten an den Kassamärkten durch den Handel an den Terminmärkten zu umgehen. Die aufgrund der Unvollkommenheit des Kapitalmarkts begrenzte Möglichkeit der Bildung von Risikopositionen und Zahlungsströmen kann durch den Einsatz von Derivaten erweitert werden (Spanning-Funktion). Schließlich wird durch die Abtrennung bestimmter Risiken von der originären Position der Handel mit diesen ermöglicht und die gesamtwirtschaftliche Risikoallokation verbessert.[422]

Vereinfachend und zusammenfassend lassen sich als Grundmotive für den Einsatz von Derivaten drei Ansatzpunkte ableiten:

- Bei der Verwendung von Derivaten zur *Spekulation* werden erwartete Veränderungen des Preises bzw. Wertes des underlying dazu genutzt, durch den Aufbau einer offenen Position in dem Derivat Erträge zu erzielen, indem der Preis bzw. Wert des Derivats bei Eintritt der erwarteten Preisveränderung des underlying steigt. Dabei ist zu berücksichtigen, daß auch der Verzicht auf den Einsatz von Derivaten spekulative Motive haben kann, wenn eine offene Position in einem originären oder Basisgeschäft besteht, die bewußt nicht durch ein derivatives Geschäft, dessen Wertentwicklung negativ mit dem originären Geschäft korreliert ist, gehedgt wird.
- Beim *hedging* bzw. der *Absicherung* dienen Derivate der Immunisierung einer offenen Position gegen Preisrisiken. Dazu wird eine derivative Position aufgebaut, deren Wert sich beim Eintreten von Umfeldereignissen, die den Wert der abzusichernden Position negativ beeinflussen, in möglichst genau entgegengesetzter Richtung verhält, so daß eine Kompensation der Wirkungen eintritt.
- Eine weitere Nutzungsmöglichkeit von Derivaten liegt in der *Arbitrage*, bei der ein Gut bzw. ein Zahlungsstrom zu einem bestimmten Preis von einem Kontrahenten gekauft wird und im selben Moment zu einem höheren Preis an einen anderen verkauft wird; die Differenz ist der Arbitragegewinn. Typische Beispiele im Zusammenhang mit der Nutzung von Derivaten sind die Cash-and-carry-Arbitrage, bei der ein future verkauft wird und das entsprechende underlying gleichzeitig am Kassamarkt gekauft wird, sowie die Reverse-cash-and-carry-Arbitrage, in deren Rahmen das underlying leerverkauft und der Futures-Kontrakt gekauft wird.

[422] Vgl. Müller-Möhl, E. (Hrsg.): Optionen - Grundlagen für das Optionsgeschäft in der Schweiz und in Deutschland, Stuttgart 1989.

3. Aufgaben der Banken im Geschäft mit Derivaten

Bei einer Systematisierung der Aufgaben von Banken im Geschäft mit Derivaten können zunächst — sofern die Derivate dem nichtbörslichen Bereich zuzuordnen sind — die Kreierung sowie die Offerierung von Derivaten genannt werden, desweiteren die Vermittlung von Kauf- oder Verkaufsaufträgen (brokerage), die Signalisierung der permanenten Bereitschaft zum Handel durch Stellung von Kursen im Rahmen des market making sowie der Eigenhandel. Als Nebenbedingungen für die Erfüllung dieser Aufgaben müssen Banken über das entsprechende know-how für ein angemessenes Pricing sowie ein effizientes Risikocontrolling verfügen.

Grundvoraussetzung für die Schaffung von und den Handel mit Derivaten ist die finanzierungstheoretische Fundierung, die etwa durch Optionspreismodelle seit Beginn der 70er Jahre ermöglicht wurde.[423] Erst nachdem eine solche theoretische Grundlage zur fairen und nachvollziehbaren Bewertung derivativer Finanzinstrumente geschaffen war, entwickelte sich die Nachfrage der potentiellen Investoren bzw. Nutzer nach diesen Instrumenten, und der Markt gewann an Liquidität.

Neben dem know-how für die Schaffung und Bewertung von Derivaten benötigen Banken die Fähigkeit, die Bedürfnisse der Kunden im Rahmen von deren Absicherungs- oder Spekulationsstrategien zu eruieren und darauf abgestimmte derivative Finanzinstrumente anzubieten.[424] Während insbesondere für institutionelle Kunden mit entsprechendem Nachfragevolumen auch individuell auf deren Bedarf zugeschnittene Derivate kreiert werden, werden im Segment der Privatkunden standardisierte Instrumente offeriert. Dabei ist zu berücksichtigen, daß die Entscheidung über den Grad der Standardisierung bzw. Individualisierung immer einen trade-off zwischen der Sekundärmarktliquidität des Titels und der individuellen Ausgestaltung des Titels beinhaltet. Je größer die Individualität der Vertragsgestaltung, desto geringer ist die potentielle Liquidität des Finanzinstruments.[425] Insbesondere bei der individuellen Ausgestaltung derivativer Finanzinstrumente — daneben aber auch bei der Beratung von Kunden über die Auswahl von standardisierten Derivaten — muß zunächst der Spekulations- bzw. der Absicherungsbedarf des Kunden bezüglich des Basiswertes, des Zeithorizonts, des Volumens sowie seiner Risikopräferenzen ermittelt werden. Bei der Beratung institutioneller Kunden mit einem Nachfragepotential für eine Vielzahl komplexer derivativer Finanzinstrumente, aber zunächst noch begrenztem know-how bezüglich dieser Art von Finanzinstrumenten schließt sich daran meist eine Unterrichtung des Kunden im Umgang mit den Derivaten an, worauf eine Phase folgt, während der die Kunden mit kleinvolumigen Transaktionen den Umgang mit Derivaten erproben können, um dann in einem dritten

---

[423] Vgl. Kaserer, C.: Optionsmärkte und Risikoallokation - Eine computergestützte Analyse, Heidelberg 1993, S. 1.

[424] Vgl. Büschgen, H. E.: Bankmarketing, Düsseldorf 1995.

[425] Vgl. Rudolph, B.: Derivative Finanzinstrumente: Entwicklung, Risikomanagement und bankaufsichtsrechtliche Regulierung, S. 6 f., in: Rudolph, B. (Hrsg.): Derivative Finanzinstrumente, Stuttgart 1995.

Schritt eine entsprechende Spekulations- oder Absicherungsstrategie zu entwickeln und zu implementieren.[426] Als weitere Dienstleistung im Rahmen der Anwendung von Derivaten können den Kunden Research-Berichte mit Einschätzungen über die zukünftige Entwicklung der die Preise der Derivate beeinflussenden Faktoren zur Verfügung gestellt werden.

Um den Markterfolg eines neu entwickelten derivativen Finanzinstrumentes zu sichern, muß nicht nur die Nachfrage der potentiellen Nutzer angemessen eingeschätzt und bedient werden, sondern auch dem Wettbewerb durch potentielle Imitatoren begegnet werden. Da die vertraglichen Spezifika von Derivaten ohne besonderen Aufwand kopiert werden können und ein Patentschutz für Finanzinstrumente nicht existiert, ist es sowohl für andere Banken als auch für Börsen problemlos, die von einer Bank entwikkelten und den Kunden erfolgreich angebotenen Derivate zu imitieren und selber zu offerieren. Bei standardisierten Kontrakten eröffnet sich für den zuerst in den Markt für eine bestimmtes Derivat eintretenden Anbieter die Möglichkeit, frühzeitiger Nachfrage auf seine derivativen Kontrakte zu vereinigen, die ihm zu einem Vorsprung bei der Schaffung von Sekundärmarktliquidität verhilft und so tendenziell zu sinkenden Transaktionskosten führt. Bei individuell ausgestalteten Kontrakten kann eine Differenzierung auf genaueren Kenntnissen der Kundenbedürfnisse bei Absicherung und Spekulation basieren und darauf aufbauend zur Schaffung von adäquateren derivativen Finanzinstrumenten führen, die noch durch den Transfer von spezifischem know-how zum Kunden ergänzt werden können.

Neben der Entwicklung von Derivaten und ihrer Offerierung an Kunden (Primärmarkt) sind Banken auch im Sekundärmarkt derivativer Finanzinstrumente tätig, wobei sich diese Aktivitäten in drei Entwicklungsphasen einteilen lassen,[427] beginnend mit der Phase, in der Banken lediglich Vertragsabschlüsse in Derivaten zwischen zwei Parteien mit unterschiedlichen Interessen oder Markterwartungen vermitteln (brokerage). In der darauffolgenden Phase werden bei der Zusammenführung von Angebot und Nachfrage von Banken offene Risikopositionen eingegangen, wobei dies meist nur geschieht, wenn die Bank bereits ein entgegengesetztes Geschäft in Aussicht hat, um die Risikoposition bald wieder schließen zu können. In einer dritten Phase werden schließlich offene Positionen eingegangen, ohne daß ein konkretes Gegengeschäft möglich sein muß (market making und Eigenhandel). Erträge erzielen Banken im brokerage durch zum Transaktionsvolumen proportionale — bei großen Volumina auch degressive — Gebühren. Beim Eingehen offener Positionen, die unmittelbar geschlossen werden, sowie beim market making erzielt die Bank durch die Geld-Brief-Spanne, die Differenz zwischen Kauf- und Verkaufskurs, Erträge. Außerdem kann sie beim market making und daneben auch beim Eigenhandel durch Preisschwankungen zwischen An- und Verkaufszeitpunkt Erträge erzielen. Dabei ist zu berücksichtigen, daß lediglich kurzfristige — meist intra-

[426] Vgl. Abel, O.: Financial Risk Management, in: Kuhn, R. L. (Hrsg.): Investing and Risk Management - Volume I of the Library of Investment Banking, Homewood, Illinois 1990, S. 591 f.

[427] Vgl. KPMG (Hrsg.): Financial Instruments, 2. Auflage, Frankfurt a.M. 1995, S. 26.

tägliche — Positionen zum Eigenhandel gezählt werden, während mittel- und langfristige offene Positionen den strategischen Investments zugerechnet werden.

4. Typen von Derivaten

a) Bedingte derivative Finanzinstrumente

(1) Optionen

Optionen sind bedingte Terminkontrakte, d. h. der Käufer hat das Recht — nicht aber die Pflicht —, einen bestimmten Basiswert (underlying) zu einem bestimmten Ausübungspreis (strike price) und in einer bestimmten Menge zu einem zukünftigen Zeitpunkt (europäische Option) oder während eines zukünftigen Zeitraums (amerikanische Option) vom Verkäufer bzw. Schreiber, auch Stillhalter genannt, zu kaufen (Call-Option) oder ihm zu verkaufen (Put-Option). Europäische Optionen — mit einem fixen Ausübungszeitpunkt — werden eher außerbörslich, im Over-the-counter-Markt, gehandelt, während amerikanische Optionen, die während eines bestimmten Zeitraums ausgeübt werden können, überwiegend an Börsen gehandelt werden. Als Basiswerte von börsengehandelten Optionen dienen in Deutschland Zinstitel, Aktien, Aktienindizes, Fremdwährungspositionen, Volatilitäten sowie futures auf Aktienindizes und Zinstitel.[428] Bei börsengehandelten Optionen werden für einen bestimmten Basiswert und eine bestimmte Laufzeit bzw. einen bestimmten Verfallzeitpunkt regelmäßig eine Serie von Optionen mit unterschiedlichem strike price aufgelegt. Liegt bei einer Call-Option (Put-Option) dieser Ausübungspreis unterhalb (oberhalb) des aktuellen Kassakurses des Basiswertes so ist die Option „in the money", d. h., sie besitzt einen positiven inneren Wert. Befindet sich der Ausübungpreis einer Call-Option (Put-Option) dagegen oberhalb des aktuellen Kassakurses, so ist die Option „out of the money" und eine Put- oder Call-Option mit einem strike price nahe dem aktuellen Kassakurs ist „at the money". In den letzten beiden Fällen ist der innere Wert der Option nahe oder gleich null, sinkt aber nicht unter null, da der Käufer einer Option, die aus dem Geld ist, von seinem Recht keinen Gebrauch machen wird.

Neben dem inneren Wert bestimmt zusätzlich der Zeitwert den Wert einer Option respektive die Optionsprämie. Daß sich der faire Preis der Option nicht ausschließlich als Differenz aus dem Ausübungs- und dem aktuellen Kassakurs, also dem inneren Wert errechnet, erklärt sich daraus, daß die Option für den Käufer die Chance beinhaltet, daß sich der Basiswert während der Laufzeit der Option aus seiner Sicht vorteilhaft entwikkelt, ohne daß er von entgegengesetzten Entwicklungen in gleichem Maße negativ betroffen wäre. Beeinfußt wird der Zeitwert grundsätzlich von mehreren Faktoren:[429] von der Restlaufzeit der Option, von der Volatilität des Basiswertes, vom risikofreien Zinssatz sowie eventuell von Dividendenausschüttungen, wenn der Basiswert von einer Ak-

---

[428] Siehe hierzu in diesem Teil Drittes Kapitel Abschnitt C. III. 2. b) (2).

[429] Vgl. Steiner, M.; Bruns, C.: Wertpapiermanagement, 5. Auflage, Stuttgart 1996, S. 286 ff.

tie oder einem Aktienindex repräsentiert wird, der kein Performance-Index ist. Mit abnehmender Restlaufzeit sinkt die Wahrscheinlichkeit einer für den Optionskäufer positiven Wertentwicklung des underlying, so daß auch der Zeitwert sinkt. Je größer die Volatilität als Gradmesser für Preisschwankungen ist, desto größer ist der Zeitwert der Option, da starke Kursveränderungen des Basiswertes die Wahrscheinlichkeit für den Optionsinhaber erhöhen, daß der Kursverlauf eine für ihn vorteilhafte Entwicklung nimmt. Da die tatsächliche zukünftige Volatilität nur schwer vorherbestimmt werden kann, behilft man sich mit Hilfsgrößen wie der historischen Volatilität, die man in die Zukunft fortschreibt oder der impliziten Volatilität, die mit Hilfe von Optionspreisformeln aus dem aktuellen Optionspreis ermittelt wird, und die Erwartungen des Marktes bezüglich der zukünftigen Volatilität widerspiegeln. Die Höhe des Zinssatzes wirkt sich insofern auf den Zeitwert einer Option aus, als der Verkäufer einer Call-Option zur Absicherung dieser Position den Basiswert kaufen und durch einen Kredit finanzieren muß, der bei steigenden Zinsen teurer wird, so daß auch der Wert, genauer der Zeitwert, der Option steigt. Beim Verkauf einer Put-Option kann sich der Verkäufer durch einen Leerverkauf des underlying absichern und den erhaltenen Betrag anlegen, sodaß er von steigenden Zinsen profitiert und die Put-Option dann zu einem niedrigeren Preis abzugeben bereit sein wird. Würden die Verkäufer der Optionen den Optionspreis nicht den Zinsänderungen anpassen, wären Arbitragegeschäfte möglich, die den Preis der Optionen in der beschriebenen Weise beeinflussen würden. Daneben wird die Höhe des Zeitwertes einer Option auch davon bestimmt, ob die Option in, at oder out of the money ist. Je weiter eine Option in oder aus dem Geld ist, desto geringer ist der Zeitwert; je näher sie dagegen an den Bereich at the money heranrückt, desto höher steigt er, da in diesem letztgenannten Bereich die Wahrscheinlichkeit am höchsten ist, daß der Preis des underlying auf ein Niveau ansteigt, von dem der Optionsinhaber profitiert, während eine Ausübung einer Option, die weit aus dem Geld ist, unwahrscheinlich ist, und bei einer Option, die weit im Geld ist, die positive Entwicklung bereits eingetreten ist.

Die konkrete Bestimmung des fair value einer Option kann theoretisch mit Hilfe des 1973 erstmals vorgestellten Modells von Black und Scholes erfolgen, das wohl das am weitesten verbreitete Optionspreismodell ist.[430] Es stellt ein Grundmodell dar, das lediglich zum pricing bestimmter Optionskontrakte eingesetzt werden kann, während mit Weiterentwicklungen dieses Modells auch andere Optionstypen bewertet werden können. In der Ursprungsform wurde das Black-Scholes-Modell zur Bewertung von europäischen Optionen auf Aktien ohne Dividendendenausschüttung entwickelt und gilt nur unter bestimmten Prämissen, etwa der Nichtexistenz von Transaktionskosten, der Konstanz von Volatilität und Zins während der Optionslaufzeit, der Normalverteilung der erwarteten Aktienkurse, der beliebigen Teilbarkeit von Aktien und Optionen sowie der Möglichkeit von Leerverkäufen.

Letztlich wird der Optionspreis nach der Black-Scholes-Formel vom Ausübungspreis, vom aktuellen Kurs des Basiswertes, von der Volatilität des Basiswertes, von der Restlaufzeit der Option sowie vom risikolosen Zinssatz bestimmt, wobei mit Hilfe dieser

430 Vgl. Black, F.; Scholes, M.: The Pricing of Options and Corporate Liabilities, in: Journal of Political Economy, Vol. 81 (1973), S. 637-654.

Formel Sensitivitätskennzahlen bestimmt werden können, die angeben, welche Wertveränderung der Option zu erwarten ist, wenn sich ceteris paribus einer dieser Faktoren verändert.[431] Die Sensitivitätsmaßgröße Delta gibt an, um welchen absoluten Wert sich der Optionspreis verändert, wenn sich der Preis des Basiswertes um eine Einheit verändert, und wird mathematisch ermittelt durch die erste Ableitung der Optionspreisfunktion nach dem Basiswert. Eine Call-Option kann Delta-Werte von 0 bis 1 annehmen, während das Delta einer Put-Option zwischen 0 und -1 liegt. Je weiter eine Option im Geld liegt, desto näher liegt ihr Deltawert betragsmäßig bei 1, während eine weit aus dem Geld liegende Option ein Delta nahe 0 besitzt, wobei bei letztgenannten Optionen der Deltawert um so niedriger ist, je kürzer die Restlaufzeit der Option ist. Der Gammawert einer Option, mathematisch die zweite Ableitung der Optionspreisfunktion nach dem Preis des Basiswertes, gibt die Sensitivität des Delta auf Preisveränderungen des Basiswertes an, d. h., wie stark sich das Delta bei einer Preisänderung des Basiswertes verändert. Je stärker eine Option im oder aus dem Geld ist, desto kleiner ist Gamma, während eine Option at the money die höchsten Gammawerte aufweist. Der Thetawert einer Option gibt die Wertentwicklung einer Option in Abhängigkeit von ihrer Restlaufzeit an und wird errechnet als erste partielle Ableitung des Optionswertes nach der Restlaufzeit. Das Sensitivitätsmaß Vega stellt die Veränderung des Optionspreises in Abhängigkeit von der Volatilität des Basiswertes dar. Je größer das Vega, desto stärker verändert sich der Optionspreis bei einer Änderung der Volatilität des Basiswertes. Die Maßzahl Rho mißt den Grad der Sensitivität des Optionspreises auf Veränderungen des risikolosen Zinssatzes, die sowohl bei Put- wie auch bei Call-Optionen mit längerer Laufzeit zunimmt. Eine weitere wesentliche Kennzahl einer Option ist ihr „leverage" bzw. ihr „Hebel", auch Omega genannt, der die prozentuale Veränderung des Optionspreises der prozentualen Änderung des Wertes des Basiswertes gegenüberstellt.

Der börsliche Optionshandel in Deutschland ist bezüglich der Handelsteilnehmer, des Clearing-Systems sowie der Verpflichtung zu Margin-Zahlungen mit dem Futures-Handel vergleichbar,[432] wobei die Käufer von Optionen über die Leistung der Optionsprämie beim Kauf einer Option keine weiteren Verpflichtungen eingehen und somit auch keine margins leisten müssen. Außerdem besteht an der DTB ein obligatorisches market making nur für den Optionshandel.

(2) Caps, floors und collars

Caps, floors und collars sind over the counter, also außerbörslich gehandelte derivative Finanzinstrumente, die in ihrer Ausgestaltung Optionen ähneln, allerdings Laufzeiten von bis zu 10 Jahren aufweisen. Von herkömmlichen Optionen unterscheiden sie sich auch dadurch, daß sie ausschließlich Zinssätze als Basiswerte besitzen. Der Käufer eines cap zahlt eine Prämie und erhält dafür vom Verkäufer im Falle des Überschreitens einer Zinsobergrenze durch einen Referenzzins, etwa durch den LIBOR, zu bestimmten Zinsfestlegungszeitpunkten, die in der Regel im Abstand von drei bis sechs Monaten aufein-

431 Vgl. Schäfer, K.: Einsatz und Bewertung von Optionen und Futures, in: Rudolph, B. (Hrsg.): Derivative Finanzinstrumente, Stuttgart 1995, S. 112 ff.

432 Siehe hierzu in diesem Teil Drittes Kapitel Abschnitt C. III. 2. b) (2).

ander folgen, den Differenzbetrag zwischen den beiden Zinssätzen multipliziert mit dem vereinbarten Volumen. Der Käufer eines floor erhält beim Unterschreiten einer Zinsuntergrenze durch den vereinbarten Referenzzinssatz an den jeweiligen Zinsfestlegungszeitpunkten den Differenzbetrag vom Verkäufer des floor erstattet. Somit kann der Kauf (Verkauf) von caps bzw. floors auch als der Kauf (Verkauf) einer Serie von europäischen Call- bzw. Put-Optionen mit unterschiedlichen Fälligkeiten interpretiert werden und die Bewertung entsprechend der theoretischen Grundlagen der Optionsbewertung vorgenommen werden. Bei der Zahlung der Prämien kann sich im Vergleich zu herkömmlichen Optionen insofern ein Unterschied ergeben, als die Gesamtprämie für einen cap bzw. für einen floor eine bedeutende Höhe erreichen kann aufgrund der langen Laufzeiten dieser Instrumente und der Akkumulation einer Vielzahl von Optionsrechten (unterschiedlicher Laufzeit) in einem einzigen Kontrakt, so daß auch zeitlich gestaffelte Teilprämienzahlungen vereinbart werden. Eine weitere Möglichkeit, die Belastung durch Prämienzahlungen zu begrenzen, besteht im gleichzeitigen Kauf und Verkauf von Zinsbegrenzungskontrakten, dem collar, der eine Kombination aus Kauf (Verkauf) eines cap und Verkauf (Kauf) eines floor darstellt. Als Käufer eines cap ist man verpflichtet, eine Prämie zu zahlen, während man gleichzeitig als Verkäufer eines floor eine Prämie erhält.

b) Unbedingte derivative Finanzinstrumente

(1) Futures

Futures zählen zu den börsengehandelten unbedingten Terminkontrakten, d. h., es werden beide Vertragsparteien verpflichtet, den vereinbarten Basiswert (underlying) — an der DTB etwa Aktienindizes sowie Zinstitel[433] — in einem zukünftigen Zeitpunkt zu einem bei Vertragsschluß vereinbarten Preis und in einer bestimmten Menge zu liefern bzw. abzunehmen oder — falls eine physische Lieferung nicht möglich oder nicht gewollt ist — einen Barausgleich vorzunehmen, wobei aber etwa an der DTB der weit überwiegende Teil der Kontrakte vor Ende der Laufzeit glattgestellt wird, d. h., der Inhaber einer Futures-Position geht ein zur zu schließenden Position genau gegenläufiges Geschäft ein und teilt der Clearing-Stelle mit, daß die Transaktion dem Zweck des Schließens einer offenen Position dient (closing transaction).

Konstituierendes Element von futures in Abgrenzung zu forwards, die ebenfalls den unbedingten Termingeschäften zugeordnet werden können, ist deren Standardisierung hinsichtlich der bereits genannten Vertragselemente sowie die Einschaltung einer Clearing-Stelle im Rahmen des Börsenhandels. Während die Standardisierung Voraussetzung für die Fungibilität der Kontrakte ist und einen liquiden Handel zu niedrigen Transaktionskosten ermöglicht, vermindert die mit einer hohen Bonität ausgestattete Clearing-Stelle das Adressenausfallrisiko der Kontrahenten, indem sie in jeden an der Börse abgeschlossenen Futures-Kontrakt eintritt, so daß das Bonitätsrisiko jedes Vertragspartners unabhängig von der Bonität des Kontrahenten wird.[434]

---

[433] Siehe hierzu in diesem Teil Drittes Kapitel Abschnitt C. III. 2. b) (2).

[434] Vgl. Börner, C. J.: Risiken beim Einsatz von Derivaten, in: Wisu, 26. Jg (1997), H. 1, S. 33 f.

Das Clearing- und Margin-System stellt ein wesentliches Element des börslichen Futures-Handels dar. Sobald zwei Kontraktpartner Einigkeit über eine Futures-Transaktion erzielt haben, tritt die Clearing-Stelle zum Zeitpunkt des Vertragsabschlusses in den Kontrakt ein, wird damit Vertragspartner beider Kontrahenten und übernimmt für beide das Bonitätsrisiko. Damit vermindern sich die Transaktionskosten, insbesondere in Gestalt von Prüf- bzw. Kontrollkosten, da die Bonität der am Handel teilnehmenden Banken und Brokerhäuser, die alle Clearing-Mitglieder sein müssen, zentral von der Clearing-Stelle geprüft wird. Die Clearing-Stelle selbst wiederum sichert sich ab durch die Verpflichtung der Mitglieder zu Margin-Zahlungen, d. h. Sicherheiten in Form von Kapitaleinschüssen. Die Clearing-Mitglieder verlangen von ihren Kunden, für die sie Terminkontrakte abschließen, vergleichbare Margin-Zahlungen. Sobald eine offene Positionen eingegangen wird, muß eine initial margin geleistet werden, die auf der Grundlage der erwarteten Volatilität der eingegangenen Position berechnet wird. Börsentäglich wird die offene Position nach dem Mark-to-market-Prinzip zu Marktpreisen bewertet und die gegenüber dem Vortag entstandenen Wertveränderungen dem Konto des Handelsteilnehmers bzw. seines Kunden, dem margin account, gutgeschrieben bzw. belastet. Sobald ein unmittelbar nach Eingehen der Position festgelegter Kontostand, die maintenance margin, unterschritten wird, ist der Investor verpflichtet, eine Nachschußzahlung, die variation margin, zu leisten, um den Kontostand wieder bis zur Höhe der initial margin auszugleichen. Ist er dazu nicht innerhalb kürzester Frist in der Lage, wird seine offene Position vom Clearing-Mitglied glattgestellt. Im Rahmen des risk based margening an der DTB muß darüberhinaus auch eine additional margin geleistet werden, die ausgehend vom aktuellen Preis der gehaltenen Kontrakte die möglichen Glattstellungskosten abdecken soll, die anfallen würden, wenn der gehaltene Kontrakt die ungünstigste mögliche Preisentwicklung bis zum nächsten Tag nehmen würde. Das Szenario dieser möglichen Preisveränderung wird anhand historischer Volatilitäten des Basiswertes und des Binomial-Optionspreismodells von Cox, Ross und Rubinstein berechnet.

Bei der Analyse der Bewertung von futures ist zu berücksichtigen, daß es zwar möglich ist, auf der Grundlage mathematischer Methoden und bestimmter Annahmen einen fairen Preis für ein solches Derivat zu errechnen; der tatsächliche Marktpreis kann aber — ebenso wie bei anderen Finanzinstrumenten auch — aufgrund der Marktlage bei Angebot und Nachfrage und dem Einfluß subjektiver Bewertungsfaktoren davon abweichen; diese Differenz wird als value basis bezeichnet. Der theoretisch hergeleitete faire Preis des Futures-Kontraktes wiederum weicht während seiner Laufzeit üblicherweise vom Kassakurs des zugrunde liegenden underlying ab, wobei die Differenz zwischen Futures- und Kassakurs als (carry) Basis bezeichnet wird,[435] die mit abnehmender Restlaufzeit des Futures-Kontraktes betragsmäßig kleiner wird und am Ende der Laufzeit gleich null ist. Der vom Kassakurs abweichende Futures-Kurs erklärt sich durch die Existenz der cost of carry, die dadurch entstehen, daß die Erträge — und die bei Waren eventuell anfallenden Lagerkosten — des underlying von den bei seinem Kauf anfallenden Finanzierungskosten abweichen. Somit weichen Nettoertrag bzw. -kosten von Kassa- und Futures-Position und damit auch ihr Wert während der Laufzeit des future von-

[435] Vgl. Büschgen, H. E.: Zinstermingeschäfte - Instrumente und Verfahren zur Risikoabsicherung an Finanzmärkten, Frankfurt a.M. 1988.

einander ab, da für den Aufbau der Futures-Position zunächst kein Kapitaleinsatz — abgesehen von den in Relation zur Kassaposition geringen Marginzahlungen — notwendig ist. Beim Aufbau einer Kassaposition hingegen muß der Investor für die Investitionsdauer Kapital aufnehmen, für das er Zinszahlungen zu leisten hat, oder Eigenkapital einsetzen, für das Opportunitätskosten anzusetzen sind. Aus dieser Sicht ist die nur einen vergleichsweise geringen Mitteleinsatz erfordernde Futures-Position vorteilhaft, wohingegen sie insofern Nachteile birgt als die Kassaposition auch Erträge erbringt in Form von Zinszahlungen bei Zinstiteln und in Form von Erträgen aus der Wertpapierleihe bei Aktien(index)titeln und aus Dividenden, falls es sich beim Index nicht um einen Performance-Index handelt. Der Futures-Kurs errechnet sich somit als Summe von Kassakurs und dem Saldo von Finanzierungskosten und -erträgen der Kassaposition, der die cost of carry bzw. die Basis darstellt:[436]

Futures-Kurs = Kassakurs + (Finanzierungskosten — Finanzierungserträge)

Futures-Kurs = Kassakurs + cost of carry

Basis = Futures-Kurs – Kassakurs

Daraus wird deutlich, daß die Basis am Ende der Laufzeit des Futures-Kontraktes gleich null sein muß, da für eine Periode von Null weder Finanzierungskosten noch Finanzierungserträge anfallen. Solange sich die Finanzierungskosten während der Laufzeit von den Finanzierungserträgen unterscheiden, ist die Basis kleiner bzw. größer als null. Dies sei am Beispiel eines mittel- oder langfristigen Zinstitels verdeutlicht, der als Kassaposition während der Laufzeit des Futures-Kontraktes Zinserträge in Höhe der mittel- bzw. langfristigen Zinsen erbringt, die bei einer normalen Zinsstrukturkurve höher sind als die kurzfristigen Zinsen, die die Refinanzierungskosten bestimmen. Somit sind die cost of carry negativ und der faire Preis des Futures niedriger als der des Kassainstruments.

(2) Forward forwards

Forward forwards gehören ebenfalls der Gruppe der unbedingten Terminkontrakte an, sind aber im Gegensatz zu den börsengehandelten futures individuell ausgehandelte und ausgestaltete Kontrakte, die überdies ausschließlich zinsbezogene underlyings haben. Wenn sie auch nicht börsennotiert sind, so werden sie doch in den wesentlichen Welthandelswährungen regelmäßig außerbörslich gehandelt. Die für beide Vertragspartner verpflichtenden Forward-forward-Kontrakte sind Vereinbarungen über eine laufzeitinkongruente Mittelaufnahme und -anlage, wobei bei Vertragsschluß die jeweiligen Kassazinssätze entsprechend der unterschiedlichen Laufzeit von Anlage- und Kreditgeschäft vereinbart werden, so daß für die per Saldo vereinbarte zukünftige Mittelaufnahme oder -anlage der im Vertragszeitpunkt geltende Terminzinssatz festgelegt ist. So wird etwa mit einem Kontrakt über eine Mittelaufnahme für zwei Jahre zu einem Zinssatz von 6 % und einer gleichzeitigen Vereinbarung über eine Anlage mit zwölf Monaten Laufzeit zu einem Zinssatz von 5,5 % per Saldo eine Mittelaufnahme in zwölf Monaten für einen Zeitraum von einem Jahr vereinbart, wobei die Vertragspartner den bei Abschluß des Geschäfts bestehenden Terminzinssatz von 6,53 % fixieren. In Abweichung von der ge-

436 Vgl. Steiner, M.; Bruns, C.: Wertpapiermanagement, 5. Auflage, Stuttgart 1996, S. 391 ff.

rade beschriebenen Vertragskonstruktion wird häufig auch lediglich eine zukünftige Mittelaufnahme bzw. -anlage vereinbart, so daß bei Vertragsabschluß noch keine Zahlungen geleistet werden müssen.

Als Nachteile erweisen sich bei forward forwards im Vergleich zu anderen Terminkontrakten ihre Bilanzwirksamkeit sowie ihre meist geringe Reversibilität, die aber kompensiert werden durch eine individuellere Vertragsgestaltung und der in diesem Rahmen bestehenden Möglichkeit wesentlich längerer Laufzeiten.

(3) Forward rate agreements

In ihren vertraglichen Regelungen ähneln die ebenfalls den unbedingten, nichtstandardisierten Termingeschäften zuzurechnenden forward rate agreements (FRA) den forward forwards, aus denen ihre Konstruktion hervorging. Auch sie beziehen sich ausschließlich auf zinsbezogene Geschäfte; allerdings erfolgen bei FRAs keine effektiven Kapitalbewegungen, d. h., es werden lediglich Zinsdifferenzzahlungen geleistet. Ebenso wie forward forwards sind auch FRAs individuell ausgehandelte, außerbörsliche Terminkontrakte, deren Inhalt darin besteht, eine fiktive Geldanlage zu einem zukünftigen Zeitpunkt zu liefern (Verkauf eines FRA) bzw. zu übernehmen (Kauf eines FRA), d. h., im Rahmen dieses Vertrages erfolgen keine effektiven Zahlungen. Stattdessen wird am vereinbarten zukünftigen Stichtag (settlement day) der im Kontrakt vereinbarte Zinssatz mit dem ebenfalls vertraglich festgelegten Referenzzinssatz, etwa dem LIBOR oder FIBOR, verglichen und die Differenz multipliziert mit dem Kontraktvolumen dem Käufer des FRA durch den Verkäufer vergütet, wenn der Referenzzinssatz über dem vereinbarten Zinssatz liegt; bei einem unter dem vereinbarten Zinssatz liegenden Referenzzinssatz erhält dagegen der Verkäufer die Zinsdifferenzzahlung,[437] wobei diese Ausgleichszahlung bereits zu Beginn der Laufzeit der vereinbarten fiktiven Einlage erfolgt und dementsprechend diskontiert wird. Für die Berechnung der Abzinsungsfaktoren sowie die Ausgleichszahlungen von FRAs hat die British Bankers Association einheitliche Richtlinien entwickelt, die FRABBA-Terms, die generelle Verbreitung gefunden haben.

Die meist für Laufzeiten bis zu einem Jahr, gelegentlich aber auch länger quotierten FRAs bieten gegenüber den forward forwards den Vorteil, daß sie weder bilanzwirksam noch liquiditätsbelastend sind, da weder eine tatsächliche Einlage noch die an Terminbörsen in Form von margins geforderten Einschuß- oder Nachschußzahlungen zu leisten sind. Wie alle außerbörslichen Termingeschäfte zeichnen sich auch die FRAs aufgrund ihrer individuellen Vertragsgestaltung durch eine hohe Flexibilität im Einsatz aus. Dafür müssen die Vertragspartner aber eine weniger einfache Reversibilität in Kauf nehmen, wenn auch grundsätzlich Klauseln zur vorzeitigen Auflösung des Vertrags vereinbart werden oder — eventuell mit höheren Suchkosten verbundene — entgegengesetzt wirkende Terminkontrakte abgeschlossen werden können. Außerdem ist grundsätzlich mit einer höheren Ausfallwahrscheinlichkeit aufgrund des höheren Bonitätsrisikos als bei börsengehandelten Kontrakten zu rechnen.

---

[437] Vgl. bezüglich eines Beispiels: Büschgen, H. E.: Internationales Finanzmanagement, a. a. O., S. 370.

(4) Swaps

Swap-Transaktionen werden ebenfalls den individuell ausgestalteten, over the counter gehandelten derivativen Finanzinstrumenten subsumiert, bilden häufig aber neben den bedingten sowie den unbedingten derivativen Geschäften eine eigenständige Kategorie von Derivaten, wenn auch formal beide Vertragspartner — wie bei einem unbedingten derivativen Kontrakt — durch den Swap-Vertrag verpflichtet werden. Diesem Argument schließt sich die hier gewählte Einteilung an und subsumiert die swaps den unbedingten Termingeschäften. Grundlegendes Charakteristikum von swaps ist die Vereinbarung über den Austausch von Zahlungsströmen zwischen den Vertragspartnern zu bestimmten Zeitpunkten, wobei als Bezugsbasis sowohl Forderungen (asset swap) als auch Verbindlichkeiten (liability swap) mit fester oder variabler Verzinsung dienen können, die in der gleichen Währung (interest rate swap) oder in zwei unterschiedlichen Währungen (currency swap) denominiert sind. Daneben existieren auch Kombinationen aus Zins- und Währungs-swaps (cross currency interest rate swaps). Ziel von Swap-Transaktionen ist die Reduzierung der Finanzierungskosten der Kontraktpartner durch Ausnutzung von absoluten bzw. komparativen Kostenvorteilen.

In einer grundlegenden Form des swap, dem den Zins-swaps zuzurechnenden coupon swap bzw. dem plain vanilla swap, tauschen die Partner die Zinsverpflichtungen, nicht aber die zugrundeliegenden Kapitalbeträge selbst, aus zwei Passivpositionen aus, die hinsichtlich des Volumens, der Währung sowie der Laufzeit übereinstimmen, sich aber durch ihre Zinsbindungsfristen — zum einen festverzinslich, zum anderen variabel verzinslich — unterscheiden. Voraussetzung dafür ist zum einen ein — allerdings nicht zu großer — Bonitätsunterschied zwischen den Partnern, der sich in unterschiedlichen Zinsniveaus für beide Swap-Partner manifestiert, sowie eine unterschiedliche Differenz der Zinskonditionen bei den festverzinslichen Positionen zum einen sowie bei den variabel verzinslichen Positionen zum anderen. In praxi zeigt sich, daß die bonitätsinduzierte Zinsdifferenz bei Festzinsverbindlichkeiten zumeist größer ist als bei variabel verzinslichen Verbindlichkeiten, etwa weil das Zinsänderungsrisiko bei festen Zinsverpflichtung zusätzliche negative Wirkungen auf die Bonität entfalten kann.[438] In diesem Falle muß das Interesse des bonitätsmäßig schlechteren Partners darauf gerichtet sein, variable gegen feste Zinszahlungen zu tauschen, während der zweite Partner — wie bei allen Swap-Transaktionen — eine entgegengesetzte Zielsetzung verfolgen muß. Als Beispiel seien ein Unternehmen A angenommen, das sich festverzinslich zu 10 % und variabel zu LIBOR + 0,5 % verschulden kann, und ein Unternehmen B, das Festzinsen von 12 % sowie variable Zinsen von LIBOR + 1,5 % zahlen muß. Um komparative Kostenvorteile ausnutzen zu können, wird sich Unternehmen B variabel verschulden, da hier die Zinsdifferenz mit 1 % geringer ist als bei den Festzinsen, und diese Zinszahlungen mit Unternehmen A gegen feste Zinszahlungen tauschen. Unternehmen A zahlt dann variable Zinsen in Höhe von LIBOR + 1,5 %, also 1 % mehr, als es hätte zahlen müssen, wenn es sich selber variabel verschuldet hätte und erhält dafür von Unternehmen B feste Zinszahlungen z. B. in Höhe von 11,75 %, während es an seine Gläubiger lediglich 10 % zu zahlen hat, so daß die Differenz von 1,75 % die um 1 % höheren variablen

438 Vgl. Büschgen, H. E.: Internationales Finanzmanagement, a. a. O., S. 477.

Zinszahlungen überkompensiert. Auch Unternehmen B profitiert von dem swap, indem es einen Festzins von 11,75 % statt 12 % zu zahlen hat. Neben dieser Grundform des Swap-Geschäfts können auch jeweils variable Zinszahlungen mit unterschiedlicher Bezugsbasis, also etwa LIBOR und FIBOR, getauscht werden sowie Währungspositionen, bei denen sowohl der zugrundeliegende Kapitalbetrag als auch die Zinszahlungen in den swap einbezogen werden. Voraussetzung dafür sind absolute oder komparative Kostenvorteile eines der beiden Swap-Partner beim Zugang zu den Kapitalmärkten bestimmter Währungsräume, die bedingt sein können etwa durch rechtliche oder wirtschaftliche Zugangshemmnisse zu den einzelnen Märkten oder Unterschiede im standing der Swap-Partner. Diese Kostenvorteile können zum einen daraus begründet sein, daß jeder Partner in seinem Währungsraum für eine Verschuldung einen geringeren Zinssatz entrichten muß als der Swap-Partner (absolute Kostenvorteile), zum anderen daraus, daß der Nachteil eines Partners zumindest in seinem Währungsraum geringer ist als im jeweils anderen Währungsbereich (relative Kostenvorteile); desweiteren sind entgegengesetzte Bedürfnisse hinsichtlich der Verschuldungsvaluta, aber übereinstimmende Finanzierungsinteressen hinsichtlich der Laufzeit und des Kapitalbetrags notwendige Bedingung. Bei Existenz absoluter Kostenvorteilen verschulden sich die Swap-Partner im Rahmen des Währungs-swap dann im jeweiligen Heimatmarkt in Inlandswährung, tauschen die aufgenommenen Mittel zum aktuellen Kassakurs, begleichen jährlich die jeweiligen Zinsverpflichtungen der Gegenseite und tauschen am Ende der Laufzeit die Kapitalbeträge zum ursprünglichen Kassakurs zurück. Bei der Nutzung von komparativen Kostenvorteilen müssen sie darüberhinaus — wie bei Zins-swaps — über die Aufteilung der Kostenersparnis auf die beiden Partner verhandeln. Schließlich ist als weitere Swap-Variante auch ein integrierter Zins- und Währungs-swap möglich, bei dem die Partner Festzinsverbindlichkeiten in einer Währung in variabel verzinsliche Verbindlichkeiten in einer anderen Währung inklusive der damit verbundenen Zinszahlungen tauschen.

Vorteile des Einsatzes von swaps etwa zur Absicherung gegen das Zinsänderungsrisiko liegen zum einen in ihrer individuellen Ausgestaltung, die ein flexibles Eingehen auf die spezifischen Absicherungsbedürfnisse ermöglicht, und zum anderen in der Möglichkeit, auch langfristige Strategien zu verfolgen. Die wenig standardisierte Gestaltung der Swap-Verträge erschwert auf der anderen Seite die einfache Reversibilität, wenn auch insbesondere im US-Dollar-Bereich ein enger, aber grundsätzlich liquider Sekundärmarkt entstanden ist, der zumindest das Glattstellen von Verträgen gängiger Laufzeit und üblichen Volumens zuläßt. Daneben existieren verschiedene Risiken, die beim Einsatz von swaps zu berücksichtigen sind, so das Terminrisiko, das darin besteht, daß der Swap-Partner seinen Zahlungsverpflichtungen nicht termingerecht nachkommt, das Ausfallrisiko sowie das Transferrisiko, das auf das mögliche Entstehen von Zahlungstransferrestriktionen über Landesgrenzen hinweg zurückzuführen ist.

Die Preisfindung von swaps orientiert sich wie auch die Ermittlung der Preise anderer Derivate am Grundgedanken der Arbitragefreiheit unter Berücksichtigung der den Swap-Verträgen inhärenten Risiken. So kann ein Devisen-swap als eine Serie von Devisentermingeschäften aufgefaßt werden, da für jeden Zahlungszeitpunkt während der Laufzeit — etwa die Zinszahlungstermine — implizit ein Terminkontrakt abgeschlossen wird.[439] Durch die aggregierte Betrachtung der Preisentwicklung dieser Termingeschäfte und der Annahme der Arbitragefreiheit zwischen Swap- und Terminmarkt kann der Preis des swap ermittelt werden. In Analogie dazu können Zins-swaps mit Zinstermingeschäften verglichen werden, wobei jeweils zu berücksichtigen ist, daß die so ermittelten Preise lediglich als Untergrenzen dienen können, da darüber hinaus auch die spezifischen Ausfall- und Preisrisiken der swaps in die Preisfindung integriert werden müssen. Insbesondere ein Bonitätsrisiko mit der Gefahr des Ausfalls des Kontrahenten durch Insolvenz besteht bei Swap-Transaktionen und kann bei seinem Eintreten den Vertragspartner dazu zwingen, die offene Position zu ungünstigeren Konditionen zu schließen.

Erwähnt sei hier noch, daß die Fortentwicklung des Swap-Marktes zu einer Vielzahl von weiteren Finanzinnovationen geführt hat: so etwa zu swaptions, d. h. Optionen auf swaps, die dem Käufer gegen die Zahlung einer Optionsprämie das Recht einräumen, zu einem bestimmten zukünftigen Zeitpunkt bzw. während eines bestimmten Zeitraums in einen swap mit dem Stillhalter einzutreten, dessen Konditionen bereits beim Abschluß des Optionsgeschäfts festgelegt werden; desweiteren callable swaps, die einem Vertragspartner das Recht einräumen, den swap vorzeitig zu beenden, forward swaps, in deren Rahmen der Austausch der Zahlungsströme erst in einem im Vertrag bestimmten zukünftigen Zeitpunkt beginnt, sowie zero coupon swaps, die den Austausch von variablen Zinszahlungen gegen nichtverzinsliche Positionen, die erst am Ende der Swap-Laufzeit verzinst werden, vorsehen.

5. Grundlegende Strategien des Einsatzes von Derivaten

Unterschieden wird bei der Nutzung von Derivaten zwischen dem hedging, der Spekulation und der Arbitrage. Beim hedging, d. h. der Absicherung, werden zu bestehenden offenen Vermögenspositionen Gegenpositionen aufgebaut, deren Wertentwicklung möglichst weitgehend negativ mit den abzusichernden Positionen korreliert sind, so daß der negative Einfluß von Marktparametern auf die schon bestehende Position durch eine positive Wertentwicklung der Hedge-Positionen kompensiert wird. Bei der Spekulation, auch trading genannt, werden offene Positionen aufgebaut, um von positiven Wertentwicklungen dieser Positionen zu profitieren. Ziel der Arbitrage ist die Generierung risikoloser Gewinne durch die Ausnutzung von Preisdifferenzen an verschiedenen Märkten — im Zusammenhang mit Derivaten insbesondere zwischen dem Kassa- und dem Terminmarkt —, indem gleichzeitig eine Position gekauft und die Gegenposition verkauft wird, wobei diese Positionen die gleichen erwarteten Zahlungsströme generieren und damit theoretisch den gleichen Preis aufweisen müßten.

439 Vgl. Büschgen, H. E.: Internationales Finanzmanagement, a. a. O., S. 159.

a) Hedging-Strategien

Soll eine bestimmte offene Position gegen Preisänderungsrisiken abgesichert werden, also gegen die Gefahr einer negativen Abweichung einer tatsächlichen von einer geplanten Erfolgsgröße durch die nicht antizipierte Veränderung von Zinssätzen, Aktien-, und Wechselkursen sowie von Rohstoff-, Edelmetall- und sonstigen Warenpreisen, so muß eine der abzusichernden Position gegenläufige Position aufgebaut werden, deren Wertentwicklung möglichst weitgehend negativ mit der offenen Position korreliert ist, so daß die bei einer negativen Entwicklung der der offenen Position zugrundeliegenden Marktpreise entstehenden Verluste durch Gewinne bei der Hedge- bzw. absichernden Position kompensiert werden.

Grundlage einer effektiven Absicherung ist eine präzise Analyse der abzusichernden Positionen, in deren Rahmen zunächst das Marktpreisrisiko bzw. die Marktpreisrisiken identifiziert werden müssen, denen die Position ausgesetzt ist. Formal kann die abzusichernde Position in finanzwirtschaftlich sowie realwirtschaftlich motivierte Geschäfte unterschieden werden, wobei letztere insbesondere gegen das Wechselkurs- sowie das Warenpreisrisiko abgesichert werden, eventuell auch gegen das Zinsänderungsrisiko, während das Spektrum der finanzwirtschaftlichen Positionen allen, wenn auch je nach Position unterschiedlichen Preisänderungsrisiken ausgesetzt sein kann. In einem weiteren Schritt muß überprüft werden, ob die abzusichernde Position bereits besteht oder zukünftig aufgebaut werden soll und ob es sich um Positionen mit Forderungs- oder Verbindlichkeitscharakter handelt. Von dieser Differenzierung hängt ab, inwiefern die offene Position von Veränderungen der sie beeinflussenden Marktpreise betroffen ist. Beispielhaft seien hierfür Zinspositionen angeführt, deren Wertentwicklung bei Veränderungen der Marktzinsen von ihrer zeitlichen und bilanziellen Dimension sowie ihrer Zinsanpassungselastizität abhängen. Eine bestehende Festzinsforderung steigt (sinkt) bei einem Sinken (Steigen) der Marktzinsen im Wert, während eine zukünftige festverzinsliche Forderung bei steigenden (fallenden) Marktzinsen einen Opportunitätsgewinn (Opportunitätsverlust) zu verzeichnen hat, d. h. mit einem geringeren (höheren) Mitteleinsatz aufzubauen ist. Eine bestehende festverzinsliche Position mit Verbindlichkeitscharakter erfährt bei steigenden (fallenden) Zinsen einen Wertzuwachs bzw. Opportunitätsgewinn (Wertverfall bzw. Opportunitätsverlust), während bei einer zukünftigen Verbindlichkeit bei steigenden Zinsen ein Rückgang (Anstieg) ihres Wertes respektive ein Opportunitätsverlust (Opportunitätsgewinn) zu verzeichnen ist. Bei variabel verzinslichen Positionen hingegen tritt keine Veränderung ihres Wertes ein, wenn ihre Zinsanpassungselastizität gleich 1 ist, d. h., wenn ihre Verzinsung bei Veränderungen des Marktzinses unmittelbar angepaßt wird. Schließlich muß bei der Analyse des Absicherungsbedarfs auch geklärt werden, ob einzelne Positionen (micro hedge) oder ein ganzes Portefeuille (macro hedge) bzw. die nach Aggregation aller das Portefeuille bildenden Positionen noch verbleibende offene Position — z. B. ein passivischer Festzinsüberhang — abgesichert werden sollen.[440]

---

[440] Vgl. Scharf, P.; Epperlein, J. K.: Rechnungslegung und interne Kontrolle von derivativen Finanzinstrumenten, in: Rudolph, B. (Hrsg.): Derivative Finanzinstrumente, Stuttgart 1995, S. 140 ff.

Auch muß sich der hedger Klarheit darüber verschaffen, mit welcher Wahrscheinlichkeit eine zukünftige abzusichernde Position aufgebaut wird, desweiteren über die von ihm erwartete Entwicklung der für seine Position maßgeblichen Marktpreise und schließlich über seine Risikopräferenzen bzw. Risikoübernahmekapazitäten, um darauf gründend zu entscheiden, ob und in welchem Ausmaß er eine Absicherung für notwendig erachtet und welchen Charakters die zum hedging eingesetzten derivativen Instrumente sein sollen. Ist der Aufbau einer zukünftigen Position nicht vollkommen sicher, etwa weil sich ein Unternehmen an einer Ausschreibung beteiligt und eine Zusage sowie die Generierung der damit einhergehenden cash flows nicht mit Sicherheit vorhergesagt werden können, so wird ein bedingtes Termingeschäft gewählt, das nicht ausgeübt werden muß, wenn die zukünftige Position gar nicht aufgebaut wird. Würde in diesem Falle ein unbedingtes Termingeschäft eingegangen werden, bestände die Gefahr, daß aus der absichernden Position eine offene Position wird. Wird im Zuge der Einschätzung der zukünftigen Marktpreisentwicklungen eher mit einer für die offene Position positiven Wertentwicklung gerechnet oder liegen keine in eine eindeutige Richtung weisenden Erwartungen vor, wird eine Absicherung mit bedingten Derivaten erfolgen, bei der der Käufer dieser Instrumente vom Optionstyp in Abhängigkeit von der zukünftigen Marktentwicklung entscheiden kann, ob er sein Wahlrecht ausüben möchte. Tritt eine den Wert der abzusichernden Position positiv beeinflussende Situation ein, wird der hedger auf die Ausübung der Option verzichten und vom Wertzuwachs seiner ursprünglichen Position profitieren; für diese Wahlmöglichkeit hat er aber die Optionsprämie zu entrichten. Wird hingegen mit hoher Wahrscheinlichkeit eine negative Entwicklung des für die offene Position maßgeblichen Marktpreises erwartet, so ist eher der Abschluß eines unbedingten derivativen Kontrakts zu wählen, der ein — im Gegensatz zu bedingten Termingeschäften — für beide Partner symmetrisches Chance-Risiko-Profil beinhaltet, so daß die Zahlung einer Optionsprämie entfällt; dafür verzichtet der hedger auf die Möglichkeit der Partizipation an einer wider Erwarten positiven Marktpreisentwicklung, da ein Wertzuwachs seiner Basisposition von einer negativen Wertentwicklung seiner Hedge-Position kompensiert wird. Nicht zuletzt wird die Entscheidung zur Absicherung auch von den individuellen Risikopräferenzen bzw. den Risikoübernahmekapazitäten bestimmt. Besteht unter Berücksichtigung realitätsnaher Schätzungen zukünftiger Marktpreisschwankungen — etwa durch die Methoden des „value at risk" — die mögliche Gefahr einer Existenzbedrohung durch bewußt nicht geschlossene Positionen, so sind Maßnahmen zu ergreifen, die diese möglichen negativen Wertentwicklungen kompensieren. Darüber hinaus werden auch Positionen geschlossen, wenn der Halter der Positionen nicht bereit ist, den trade-off zwischen Chance und Risiko von positiver und negativer Wertentwicklung zu tragen. Andererseits können dem Marktpreisrisiko ausgesetzte Positionen auch bewußt nicht oder nur zum Teil gehedgt werden, da man die Möglichkeit zur Generierung von Erträgen durch positive Marktpreisentwicklungen nicht zur Gänze eliminieren möchte.

Als weitere Parameter der Absicherungsstrategie müssen das Volumen der abzusichernden Position sowie der Zeitraum, für den die Absicherung vorgenommen werden soll, berücksichtigt werden. Beim Einsatz börsengehandelter derivativer Instrumente besteht die Problematik, daß sowohl die Volumina wie auch die Laufzeit standardisiert sind, so daß eine exakte Absicherung (perfect hedge) dergestalt, daß die Wertentwicklung der offenen Position vollständig negativ korreliert ist mit der der Absicherungsposition, nicht möglich ist. Diese Gefahr besteht im übrigen auch deshalb, weil die Palette der Basiswerte von börsengehandelten Derivaten begrenzt ist, so daß oft nur ein Termininstrument gewählt werden kann, dessen Korrelation mit der abzusichernden Position zwar hoch, aber kleiner als eins ist (cross hedge).[441] So werden etwa offene Positionen in östereichischen Schilling meist durch DM-futures oder DM-Optionen abgesichert, da der Wechselkurs des östereichischen Schillings an die DM gekoppelt ist und sich ihre Wechselkurse somit gegenüber anderen Währungen sehr ähnlich entwickeln. Um die mit der Standardisierung börsengehandelter Derivate verbundenen Probleme zu umgehen, können zwischen zwei Kontrahenten auch individuelle Verträge außerhalb der Börse, also over the counter (OTC), abgeschlossen werden. Zwar können dann die spezifischen Absicherungsbedürfnisse Berücksichtigung finden, dafür müssen die Vertragspartner aber die geringe Handelbarkeit der OTC-Instrumente in Kauf nehmen, die insbesondere das Schließen offener Hedge-Positionen — etwa weil der Absicherungsgrund entfallen ist — erschwert und sich in höheren Transaktionskosten dieser Geschäfte im Vergleich zu börsengehandelten Kontrakten niederschlägt. Darüber hinaus sind OTC-Termingeschäfte mit größeren Bonitätsrisiken behaftet, da hier — im Gegensatz zu börslichen Geschäften — keine Clearing-Stelle von hoher Bonität in jeden Vertrag eintritt, so daß bei außerhalb der Börse getätigten Geschäften die Prüfung der Bonität des Kontrahenten jedem Marktteilnehmer zukommt und auch dadurch höhere Transaktionskosten verursacht werden.

Bei der Wahl zwischen unbedingten und bedingten derivativen Instrumenten zur Absicherung offener Positionen gegen Marktpreisrisiken muß berücksichtigt werden, daß der Aufwand zur Anpassung der Absicherungsposition während der Absicherungsperiode unterschiedlich hoch ist. Während bei einer Absicherung mit Hilfe von unbedingten Kontrakten lediglich zu Beginn der Laufzeit das adäquate Volumen der Hedge-Position errechnet werden muß („hedge and forget"), müssen bei der Absicherung mit Optionen auch während der Laufzeit Anpassungen des Volumens vorgenommen werden (dynamisches hedging), da Veränderungen des Preises und der Volatilität des Basiswertes zu einer veränderten Preiselastizität des Optionspreises führen, sodaß sich bei Beibehaltung der ursprünglichen Hedge-Position während der Laufzeit die negative Korrelation zwischen abzusichernder und abgesicherter Position betragsmäßig verringern kann.[442]

Um ein adäquates hedging mit Hilfe von Optionen zu gewährleisten, muß das Delta der zum Einsatz kommenden Optionen sowie dessen Veränderungen im Zeitablauf berücksichtigt werden. Hat eine Option etwa ein Delta von -0,5, so steigt ihr Wert lediglich um eine halbe Geldeinheit, wenn der Basiswert eine Wertminderung um eine Geldeinheit erfährt, so daß zwei Optionen gekauft werden müssen, um den Wertverlust des Basiswertes zu kompensieren. Wenn lediglich zu Beginn der Absicherungsperiode ermittelt wird, wieviele Optionen für die Absicherung der bestehenden Position notwendig sind, ohne während der Laufzeit eine Anpassung der Optionszahl vorzunehmen, sobald sich

441 Vgl. Büschgen, H. E.: Internationales Finanzmanagement, 3. Auflage, Franfurt a.M. 1997, S. 329.

442 Vgl. Steiner, M.; Bruns, C.: Wertpapiermanagement, a. a. O., S. 469 ff.

das Delta verändert, verfolgt man eine Strategie des fixed hedging, die aber bei einer Änderung des Deltawertes zu einer Über- oder Untersicherung führt. Zur Verhinderung dieses Effektes geht man zu einem dynamischen hedging über, dem Delta-hedging, bei dem die Zahl der Optionen variiert wird, sobald sich die Höhe des Delta in Abhängigkeit von der Relation zwischen Ausübungskurs der Option und dem Kassakurs des Basiswertes verändert. Optionen at the money, d. h. mit einem Delta von etwa 0,5 bzw. -0,5, erfahren bei Veränderungen des Preises des Basiswertes die stärksten Veränderungen des Delta, so daß gerade beim hedging mit solchen Optionen der zwischenzeitliche Verkauf oder Kauf von Optionen notwendig ist, um die zu Beginn der Absicherung bestehende Korrelation zwischen dem Wert der Option und dem der Basiswertposition aufrecht zu erhalten. Soll etwa eine bestehende Position von 200 VW-Aktien mit dem Kauf einer Put-Option mit einem Delta von -0,5 gegen Kursverluste abgesichert werden, müssen 400 Optionen gekauft werden, sofern das Umtauschverhältnis — d. h. die Zahl der Aktien, die pro Optionskontrakt verkauft werden können — 1:1 beträgt. Steigt nun der Kurs der VW-Aktie, so daß die Put-Option aus dem Geld gerät und ihr Delta etwa auf -0,25 sinkt, so müssen 400 Optionen hinzu gekauft werden, um weiterhin eine vollständige Kompensation der Aktienkursveränderungen durch die Optionen zu sichern. Als problematisch erweist sich bei einer solchen Strategie der dynamischen Anpassung der absichernden Position an Veränderungen des Marktpreises des Basiswertes und damit des Delta der Option aber die beim Kauf und Verkauf auftretenden Transaktionskosten, die es in einigen Fällen, in denen der Anpassungsbedarf eine bestimmte Grenze nicht überschreitet, nicht sinnvoll erscheinen lassen, eine Veränderung des Umfangs der Optionsposition vorzunehmen. Wie bereits bei der Erörterung der Vorteilhaftigkeit börsengehandelter standardisierter und nicht-börsengehandelter individuell ausgestalteter Terminkontrakte angedeutet, ergibt sich beim Delta-hedging überdies das Problem, daß eine exakte Anpassung der Zahl der Optionskontrakte entsprechend der Veränderung des Delta nicht immer möglich ist, wenn die Kontrakte eine bestimmte Kontraktgröße — an der DTB i. d. R. 50 Aktien pro Optionskontrakt — haben und eine kleinere Zahl der Titel des Basiswertes somit nicht abgesichert werden kann. Schließlich muß der hedger auch den Zeitwertverlust tragen.

Das Problem der wiederholten Anpassung der Optionskontraktzahl bei einer Veränderung des Delta durch die Kombination zweier Optionspositionen kann eliminiert werden, deren Delta in Summation bei jeder Veränderung des Basiswertes stets den Wert 1 annimmt und somit jeweils ein Gamma von Null aufweist. Bei dieser als Gamma-hedging bezeichneten Absicherungsstrategie wird die bestehende Position, etwa eine Aktienposition, durch den Kauf von Put-Optionen auf diese Aktie sowie durch den gleichzeitigen Verkauf von Call-Optionen auf die Aktie gegen Marktpreisschwankungen immunisiert, ohne daß während der Absicherungsperiode eine Anpassung der Optionskontraktzahl notwendig ist, wobei die gekaufte Put-Option und die geschriebene Call-Option den gleichen Basispreis sowie die gleiche Laufzeit aufweisen müssen.

Neben dem Delta- und dem Gammarisiko können auch die anderen Optionsrisiken — Theta-, Vega- und Rho-Risiko — neutralisiert werden, die auf der Laufzeit, der Volatilität bzw. der Zinssensitivität beruhen, indem für jede Kennzahl eine Gleichung aufgestellt wird mit einer Zahl von Variablen, die der Zahl der Risikoarten entspricht, die bei der Berechnung der Optionsposition neutralisiert werden sollen. Durch Lösen dieses Gleichungssystems kann die Zahl der benötigten Optionen errechnet werden.[443]

Die Struktur des hedging mit unbedingten Terminkontrakten umfaßt grundsätzlich weniger zu berücksichtigende Parameter als das hedging mit Optionen. Soll etwa ein Aktienportefeuille, bestehend aus Aktien großer deutscher Aktiengesellschaften, gegen das Marktpreisrisiko abgesichert werden, so kann dies durch Verkauf eines DAX-futures-Kontraktes geschehen (short hedge), wobei aber berücksichtigt werden muß, inwiefern sich die Zusammensetzung des individuellen Portefeuilles von der des DAX unterscheidet. Bei einem abzusichernden Portefeuille, das in seiner Struktur dem DAX entspricht, muß lediglich der Portefeuille-Wert durch den Wert des Index, der noch multipliziert wird mit der Anzahl der Indizes pro Futures-Kontrakt — also multipliziert mit 100 beim Einsatz von an der DTB gehandelten DAX-futures —, dividiert werden. Dabei kann sich aber das Problem ergeben, daß die errechnete Kontraktzahl nicht ganzzahlig ist, so daß sich der hedger entscheiden muß, ob er seine Aktienposition über- oder untersichern möchte. Darüber hinaus hat er während der Laufzeit des Futures-Kontraktes das Basisrisiko zu tragen, da sich in dieser Zeitspanne Futures- und Kassakurs — die Basis — nicht entsprechend der Erwartungen entwickeln müssen. Ist darüber hinaus das abzusichernde Portefeuille nicht identisch mit dem DAX, so muß bei der Berechnung der zur Absicherung notwendigen Kontraktzahl auch die spezifische Struktur des Portefeuilles einbezogen werden, indem der Beta-Faktor des Portefeuilles mit der auf die oben beschriebene Art errechneten Futures-Kontraktzahl multipliziert wird, wobei sich der Portefeuille-Beta-Faktor aus der Summation der Beta-Faktoren der Einzelpositionen des Portefeuilles gewichtet mit deren Anteil am Portefeuille errechnet.[444] Ein Portefeuille mit einem Beta-Faktor kleiner als 1 muß dementsprechend mit weniger Kontrakten abgesichert werden als ein genau dem Index entsprechendes Portefeuille.

Beim hedging von Zinspositionen mittels futures muß zunächst die Zahl der für eine Absicherung notwendigen Futures-Kontrakte ermittelt werden, wobei hierfür unterschiedliche Methoden existieren, von denen exemplarisch zwei Typen vorgestellt werden. Zum einen kann zur Ermittlung der hedge ratio ein Konversionsfaktor eingesetzt werden, der die stärkeren Kursausschläge von Anleihen mit niedrigeren Coupons und längerer Laufzeit, also deren höhere Preisempfindlichkeit, ausgleicht. Die Zahl der zur Absicherung einzusetzenden futures errechnet sich dann aus der Division des Nominalwertes der abzusichernden Kassaposition und des Nominalwertes der Futures-Position und Multiplikation mit dem Konversionsfaktor der Kassaposition, d. h., preisempfindlichere Anleihen müssen mit einer größeren Zahl von Kontrakten abgesichert werden. Allerdings verursacht diese Methode Ungenauigkeiten, wenn sich der dabei der Zinsstrukturkurve unterstellte flache Verlauf verändert. Diese Schwäche wird von der Durationsmethode ausgeglichen, die die Duration der bei der Berechnung der hedge ratio zu berücksichtigenden Positionen — der abzusichernden Kassaposition sowie der Kassaposition, die der Futures-Position zugrunde liegt („Cheapest-to-deliver-Anleihe") — in Relation zueinander setzt, um die bei unterschiedlicher Duration verschiedenen Preissensitivitäten

443 Vgl. Müller-Möhl, E.: Optionen und Futures, a. a. O.

444 Vgl. Steiner, M.; Bruns, C.: Wertpapiermanagement, a. a. O., S. 412.

zu berücksichtigen. Der so ermittelte Quotient, multipliziert mit dem Konversionsfaktor sowie dem Quotienten aus dem Nominalwert der Kassa- sowie der Futures-Position, ergibt die hedge ratio.

Beim hedging mit futures ist zu beachten, daß der Erfolg der Absicherung auch vom Basisrisiko beeinflußt werden kann, das darin besteht, daß sich die Basis anders entwickelt als vom hedger prognostiziert. Solange die Absicherungsperiode mit der Laufzeit des Futures-Kontraktes übereinstimmt, besteht kein Basisrisiko, da der Wert von Null für die Basis am Ende der Futures-Laufzeit mit Sicherheit vorhergesagt werden kann. Aufgrund der Standardisierung der Ausstattungmerkmale von futures weichen deren Laufzeiten und der vom hedger intendierte Absicherungszeitraum meist voneinander ab, so daß das Basisrisiko schlagend wird, wenn die Entwicklungen der die Höhe der Basis beeinflussenden Parameter, insbesondere die kurz- und mittel- bzw. langfristigen Zinssätze, einen anderen als den erwarteten Verlauf nehmen.

b) Spekulationsstrategien

Unter Spekulation bzw. trading wird das bewußte Eingehen offener Positionen verstanden, um von Marktpreisveränderungen zu profitieren und dadurch Gewinne zu erzielen. Diese Form des Einsatzes von Derivaten ist sowohl mit unbedingten wie auch mit bedingten Termingeschäften möglich in der Form von OTC-Geschäften ebenso wie durch börsliche Geschäfte, wobei aber letzterer Typ für Zwecke der Spekulation grundsätzlich vorteilhaft erscheint, da die börslich organisierten Märkte für die überwiegende Zahl der in ihrem Rahmen gehandelten Derivate eine hohe Liquidität aufweisen und somit die Möglichkeit zur flexiblen und schnellen Reaktion auf Veränderungen der Marktlage eröffnen, die für den Erfolg spekulativer Strategien von eminenter Wichtigkeit ist.

Ein Grund für den Einsatz von derivativen Finanzinstrumenten anstelle der ihnen zugrunde liegenden Basisinstrumente im Rahmen des trading liegt in dem wesentlich geringeren Kapitaleinsatz, der notwendig ist, um Gewinn- bzw. Verlustpotentiale aufzubauen, die denen des underlying vergleichbar sind (Leverage-Effekt). In diesem Zusammenhang können sie auch dazu genutzt werden, die Risikoexposition eines bestehendes Portefeuilles und damit auch die Ertragschancen dieses Portefeuilles zu erhöhen. Darüber hinaus besteht in vielen Terminmärkten eine höhere Liquidität als in den entsprechenden Kassamärkten, so daß die Transaktionskosten für Termingeschäfte häufig niedriger liegen und technische Kursreaktionen aufgrund großer Handelsvolumina unwahrscheinlicher sind.

Spekulationsstrategien werden charakterisiert durch den Typ der zum Einsatz kommenden Derivate — unbedingte oder bedingte Terminkontrakte — sowie durch die Wahl zwischen einzelnen Instrumenten (singuläre Strategien) bzw. einer Zusammenstellung verschiedener Instrumente (Kombinationsstrategien).[445] Graphisch können sie durch die

---

[445] Vgl. Schäfer, K.: Einsatz und Bewertung von Optionen und Futures, in: Rudolph, B. (Hrsg.): Derivative Finanzinstrumente, a. a. O., S. 66 f., und Bruns, C.; Meyer-Bullerdiek, F.: Professionelles Portfoliomanagement - Aufbau, Umsetzung und Erfolgskontrolle strukturierter Anlagestrategien, Stuttgart 1996, S. 211 ff.

mit ihnen verbundenen Gewinn- und Verlustprofile (Pay-off-Diagramme) dargestellt werden. Bei der Verfolgung singulärer Spekulationsstrategien mit bedingten Terminkontrakten kommt ein einziger Typ von Optionen zum Einsatz, wobei vier Positionen unterschieden werden, je nachdem, ob der Spekulant als Käufer oder Verkäufer auftritt und ob er auf steigende oder fallende Kursen spekuliert. Welche Position eingenommen wird, hängt von der erwarteten Entwicklung des zugrundeliegenden Marktpreises und seiner Volatilität ab. Werden große Kursbewegungen erwartet, so werden Optionen gekauft. Bei Erwartung steigender Kurse wird eine Call-Option erworben (long call), während bei erwarteten fallenden Kursen eine Put-Option gekauft wird (long put). Dafür muß der Käufer die Optionsprämie an den Verkäufer der Option — auch Optionsschreiber genannt — entrichten und ist dann von weiteren Verpflichtungen befreit, so daß sein maximaler Verlust auf die Höhe der Optionsprämie begrenzt ist. Steigt der Marktpreis des underlying aber entsprechend den Erwartungen, so existiert ein theoretisch unbegrenztes Gewinnpotential. Erwartet der Spekulant hingegen eine geringe Volatilität der den Optionen zugrundeliegenden Marktpreise oder hat er Erwartungen, die denen des Optionskäufers entgegengesetzt sind, kann er als Stillhalter bzw. Verkäufer der Optionen auftreten und vereinnahmt die Optionsprämie, auf die sich sein maximaler Gewinn beschränkt, wenn seine Erwartungen eintreten, während er bei einer anderen Marktpreisentwicklung einem theoretisch unbegrenzten Verlustpotential ausgesetzt ist. Wird eine geringe Volatilität vorhergesagt, erscheint für den Spekulanten sowohl der Verkauf von Call- wie auch von Put-Optionen sinnvoll, während er bei erwarteten steigenden Kursen als Verkäufer von Put-Optionen (short put), bei der Erwartung fallender Kursen als Verkäufer von Call-Optionen (short call) auftreten wird.

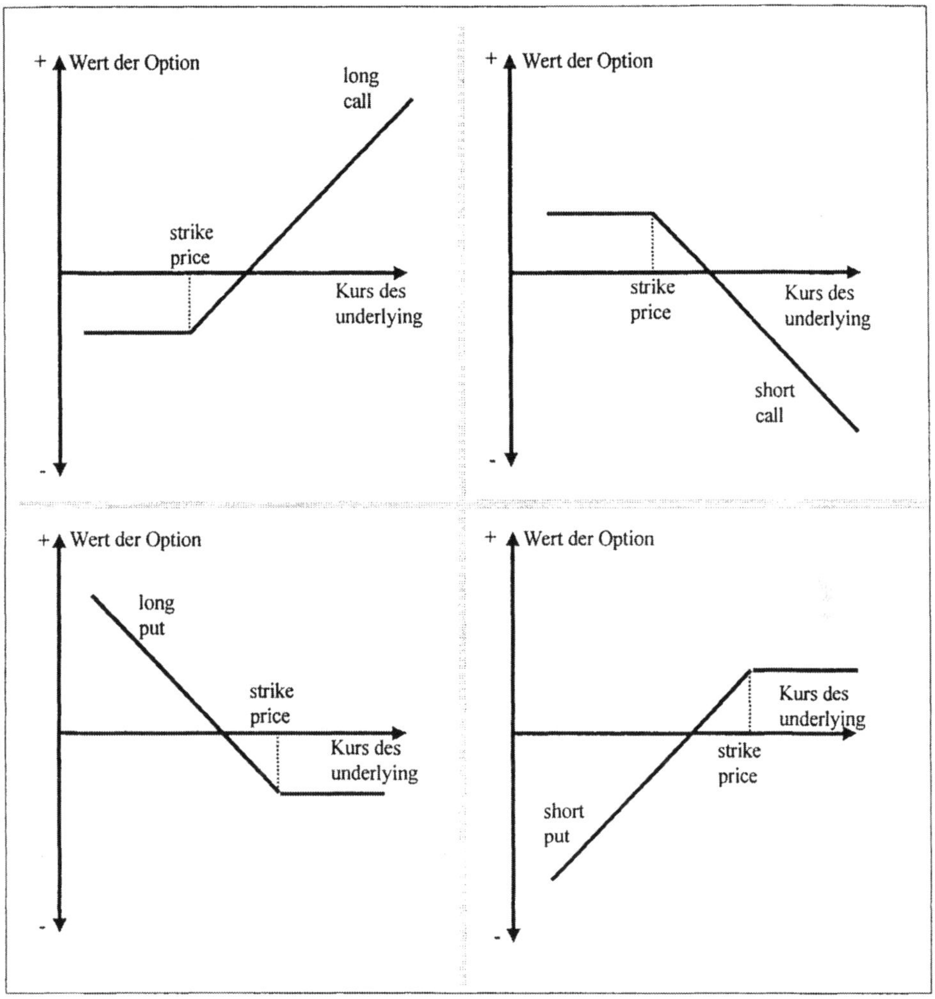

Abb. 26: Pay-off-Diagramme von Optionen

Kombinationsstrategien im Rahmen der Spekulation mit Optionen können eine Vielzahl von Ausgestaltungen annehmen, über die hier nur ein Überblick gegeben werden kann.[446] Durch die Kombination einer Call- sowie einer Put-Option mit jeweils gleichem Basispreis und gleicher Laufzeit können futures respektive deren Gewinn- und Verlustprofile nachgebildet werden. Bei einem synthetischen long future wird ein call gekauft und ein put verkauft, während bei einem synthetischen short future ein call verkauft und ein put gekauft wird. Häufig werden Spread-Kombinationen im Rahmen des

446 Vgl. zu einer ausführlichen Darstellung von Kombinationsstrategien Müller-Möhl, E.: Optionen und Futures, a. a. O., S. 155 ff., sowie Steiner, M.; Bruns, C.: Wertpapiermanagement, a. a. O., S. 439 ff.

trading mit Optionen eingesetzt, die sich dadurch auszeichnen, daß entweder nur calls oder ausschließlich puts miteinander kombiniert werden durch den gleichzeitigen Kauf und Verkauf von zwei oder mehr calls bzw. puts. Bei vertical- bzw. price-spreads unterscheidet sich lediglich der Basispreis, wobei bei einem bull-price-spread ein put (call) gekauft wird und ein put (call) mit einem höheren Basispreis verkauft wird, sodaß der Inhaber dieser Spread-Position von steigenden Kursen des Basiswertes profitiert, während bei einem bear-price-spread an fallenden Kursen positiv partizipiert wird durch den Kauf eines put (call) und den Verkauf eines put (call) mit niedrigerem Basispreis. Weitere price-spreads sind die butterflies, die durch die Kombination dreier puts (calls) mit jeweils unterschiedlichen Basispreisen geschaffen werden oder die condors, die gebildet werden durch die Kombination von vier puts (calls) mit ebenfalls unterschiedlichen Basispreisen. Bei allen vorgenannten price-spreads sind die Verlust- und Gewinnpotentiale begrenzt, während bei ratio-spreads, die ebenfalls durch die Kombination mehrerer puts (calls) mit unterschiedlichen Basispreisen und zusätzlich unterschiedlicher Anzahl konstruiert werden, jeweils entweder das Verlust- oder das Gewinnpotential unbegrenzt ist. Neben den price- existieren auch time- bzw. horizontal-spreads, die dadurch gekennzeichnet sind, daß die Laufzeiten der kombinierten puts (calls) von unterschiedlicher Länge sind, sowie diagonal-spreads, die time- und price-spreads miteinander kombinieren.

Während bei der Spekulation mit price-spreads intendiert wird, an Marktpreisveränderungen zu partizipieren, und bei time-spreads durch die unterschiedliche Entwicklung des Zeitwertes von Optionen mit differierender Laufzeit Gewinne zu erzielen, ist das Ziel des Einsatzes eines dritten Typs von Optionskombinationen, zu dem straddles, strangles, straps und strips gehören, die Generierung von Gewinnen durch Bildung von Positionen, deren Wertentwicklung von der Veränderung bzw. Konstanz der Volatilität der zugrundeliegenden Basiswerte abhängt. Straddles werden durch den gleichzeitigen Kauf (Verkauf) eines calls sowie eines puts mit gleichem Basispreis gebildet, wobei ein long straddle durch Kauf der beiden Optionen gebildet wird und bei großer Volatilität des Basiswertes einen positiven Wert und theoretisch unbegrenzte Gewinnchancen aufweist, während ein short straddle durch den Verkauf der Optionen entsteht und bei einer geringen Volatilität einen positiven Wert, aber ein begrenztes Gewinnpotential aufweist. Bei geringer Volatilität besteht bei einem long straddle ein — begrenztes — Verlustpotential, während bei einem short straddle bei hoher Volatilität ein theoretisch unbegrenztes Verlustpotential existiert. Ein strangle ist einem straddle weitgehend vergleichbar, wobei aber beim strangle der Basispreis der beiden gleichzeitig erworbenen oder verkauften Optionen differiert, so daß das Verlustpotential des long strangle sowie das Gewinnpotential des short strangle kleiner sind als bei den entsprechenden straddles. Bei straps und strips sind die Mengenverhältnisse der puts und calls unterschiedlich, so daß das Gewinnpotential (Verlustpotential) beim long (short) strap sowie strip zwar ebenfalls unbegrenzt, aber asymmetrisch ist.

Spekulationsstrategien unter Einsatz von futures stellen sich weniger vielgestaltig als die Spekulation mit Optionen dar. Zu unterscheiden ist wiederum in singuläre Stratgien, in deren Rahmen lediglich ein future ge- oder verkauft wird, sowie in Kombinationsstrategien, bei denen mehrere futures gleichzeitig erworben oder veräußert werden, wodurch sogenannte Spreads entstehen. Der Käufer eines future (long position) profitiert vom Steigen des Preises des underlying, der Verkäufer eines future (short position) vom Sinken dieses Preises durch einen Anstieg des Wertes seiner Futures-Position. Die Bildung von spreads kann zum einen durch den Kauf eines future auf ein bestimmtes underlying und den gleichzeitigen Verkauf eines future auf das gleiche underlying mit anderer Laufzeit erfolgen (intra-spread), zum anderen durch den Kauf oder Verkauf zweier futures mit gleicher Laufzeit aber unterschiedlichem Basiswert (inter-spread). Ziel dieser Strategie ist die Ausnutzung von erwarteten Veränderungen des spread zwischen den beiden Futures-Positionen, bei denen es sich sowohl um Aktienindex- als auch um Zinspositionen handeln kann, etwa futures auf mittelfristige und langfristige Bundesanleihen oder auf den DAX oder den MDax.

c) Arbitragestrategien

Unter Arbitrage versteht man das bewußte Ausnutzen von Preisunterschieden an verschiedenen Märkten bei mindestens zwei Positionen, die den gleichen cash flow generieren und daher theoretisch den gleichen Wert aufweisen, etwa durch den gleichzeitigen Kauf und Verkauf desselben Finanzinstruments an unterschiedlichen Börsenplätzen oder eines Kassa- und eines Termininstrumentes, um dadurch einen risikolosen Gewinn zu erzielen, wobei diese Strategie aber durch die Gegebenheiten unvollkommener Märkte, insbesondere die Existenz von Transaktionskosten und von Erfüllungsrisiken, begrenzt wird, so daß Arbitrage i. d. R. nur beim Einsatz großer Kapitalvolumina und überwiegend nur für institutionelle Marktteilnehmer durchführbar ist. Neben der Erfüllung der einzelwirtschaftlichen Funktion der Generierung von Gewinnen sorgen Arbitragetransaktionen für die Wiederherstellung des Marktgleichgewichts auf den betreffenden Märkten.

Die Möglichkeit der Arbitrage zwischen futures und den ihnen zugrunde liegenden Kassainstrumenten hängt von der tatsächlichen Höhe der Basis und ihrem theoretischen Wert ab, der sich aus dem Verlauf der Zinsstrukturkurve ableiten läßt. Sofern zwischen beiden Werten eine Differenz besteht, die größer ist als die Transaktionskosten, die getragen werden müssen, um die Transaktionen durchzuführen, die zu einer Arbitrage führen, kann durch die Kombination von Futures- und Kassatransaktion ein risikoloser Gewinn erzielt werden. Ist der future aus theoretischer Sicht überbewertet, ist eine Arbitrage durch Verkauf des future und gleichzeitigen Kauf der Kassaposition möglich (Cash-and-carry-Arbitrage), bei einer Unterbewertung des future wird dieser dementsprechend gekauft und zeitgleich die Kassaposition leerverkauft (Reverse-cash-and-carry-Arbitrage).

Auch Über- oder Unterbewertungen von Optionen lassen sich mit Hilfe von Arbitragetransaktionen durch Kauf und Verkauf der Optionen sowie ihrer underlyings oder ausschließlich durch Käufe oder Verkäufe der Optionen ausnutzen. Ist ein Basiswert im Verhältnis zur Option überbewertet (unterbewertet), wird dieser am Kassamarkt leerverkauft (gekauft) und gleichzeitig ein synthetischer future auf dieses underlying gekauft (verkauft), indem ein call (put) gekauft sowie gleichzeitig ein put (call) mit gleichem Basispreis verkauft wird, was als reversal (conversion) bezeichnet wird. Marktungleichgewichte innerhalb des Terminmarktes, d. h. zwischen Optionen, können durch den Aufbau einer sogenannten box, der Kombination eines reversal und einer conversion, genutzt werden.

Zweiter Teil

Bankmanagement

Erstes Kapitel

Die Bankunternehmung als offenes sozio-technisches System

Einer systemtheoretischen Betrachtungsweise folgend, werden zur Charakterisierung des Systems „Bank“ zunächst kurz die Besonderheiten der Systemelemente sowie die Interdependenzen zwischen den Systemelementen und zwischen dem System und der Umwelt skizziert. Die Elemente eines sozialen Systems sind die interagierenden Individuen. In der Regel gehören Menschen mehreren Systemen an; in ihrer Eigenschaft als Bankmitarbeiter sind sie Mitglieder des Systems „Bankunternehmung“. Angesichts der fortwährenden Implementierung neuer Technologien im Bankgewerbe — auch in Dienstleistungsunternehmen werden Arbeiten mit zunehmendem Maße von Maschinen übernommen — erfährt das Zusammenwirken von sozialen und technischen Elementen für die Bankunternehmungsführung eine wachsende Bedeutung. Die Überlagerung von sozialen und technischen Systemen führt zu einer Erweiterung des sozialen Systems zu einem sozio-technischen System. Die Besonderheit dieses Systems liegt in der Heterogenität seiner Elemente, wie sie sich z.B. in der für das System charakteristischen Mensch-Maschine-Kommunikation zeigt, und stellt besondere Anforderungen an die Unternehmungsführung. Da das bankbetriebliche System einerseits aufgrund von Impulsen, die es aus dem steten „feedback“ mit einer durch zunehmende Komplexität und Änderungsdynamik gekennzeichneten Umwelt erhält und in Form von Informationen verarbeitet sowie andererseits aufgrund seiner wirtschaftlichen Austauschbeziehungen mit der Umwelt sowohl nach innen wie auch nach außen offen ist, läßt sich das System „Bank“ als offenes sozio-technisches System charakterisieren.[447]

---

447 Vgl. allgemein z.B. Kirsch, W.: Die Unternehmungsziele in organisationstheoretischer Sicht, in: Unternehmenspolitik. Von der Zielforschung zum strategischen Management, hrsg. von W. Kirsch, München 1981, S. 63–81, hier S. 63; Neidhardt, F.: Soziale und sozio-technische Systeme, in: Handwörterbuch der Organisation, hrsg. v. E. Grochla, 2. Aufl., Stuttgart 1980, Sp. 2077–2087.

A. Dimensionen des Begriffs „Bankmanagement“

Der Begriff „Bankmanagement“ ist in mehrfacher Weise definierbar.[448] Im allgemeinen Sprachgebrauch inhaltlich unterschiedlich verwendet, erstreckt sich der Begriff „Management“ auf mehrere Bedeutungsinhalte, hinsichtlich derer zunächst grundlegend zwischen einer institutionalen und funktionalen Dimension des Management unterschieden werden kann. Die *institutionale* Dimension rückt einerseits das Bankmanagement als betriebswirtschaftlich und rechtlich determiniertes Leitungsorgan sowie andererseits den einzelnen Bankmanager als Individualinstitution des Bankunternehmungsführung in den Mittelpunkt ihrer Betrachtung. Demgegenüber fokussiert die *funktionale* Dimension des Bankmanagement das von der „Institution“ Bankmanagement zu verrichtende Aufgabenfeld, welches sich seinerseits wiederum anhand verschiedener, interdependenter Dimensionen betrachten läßt. Im folgenden wird ein Ansatz gewählt, der das funktionale Aufgabenspektrum des Bankmanagement als Systemgebilde versteht, welches sich aus einer strukturalen, einer prozessualen und einer personalen Dimension zusammensetzt.

Wurde mit Management im Sinne einer Institution im deutschsprachigen Raum lange Zeit nur die oberste Instanz einer Unternehmung bezeichnet, die für die Determinierung der unternehmungsindividuellen Ziele und Aufgaben sowie die Willensbildung auf höchster Ebene verantwortlich ist und die in diesem Zusammenhang anfallenden Entscheidungen treffen muß, hat sich in jüngerer Zeit die in der amerikanischen Managementlehre gebräuchliche Auffassung durchgesetzt, wonach das Management alle anordnungsberechtigten Stellen in einer Unternehmung umfaßt. In der Praxis erweist sich vielfach jedoch auch die Beschränkung auf Stellen mit Weisungsbefugnis (Instanzen) als zu eng, werden dort doch vielfach schon Stellen mit Beratungsfunktion (Stäbe) zum Management als Institution gerechnet. Entsprechend der verschiedenen Führungsebenen in einer Unternehmung sollen dem Begriff „Management“ in institutioneller Sicht somit neben dem Top-Management auch das Middle-Management (vertreten z.B. durch Filialdirektoren oder stellvertretende Direktoren) und das Lower-Management (z.B. Abteilungs- oder Referatsleiter) subsumiert werden.

Den Funktionsbereich betrachtend läßt sich die strukturale Dimension des Bankmanagement als Aufgabenfeld umschreiben, das seine Konkretisierung vorwiegend in der Gestaltung der Aufbauorganisation findet und dem aufgrund seiner somit längerfristigen Ausrichtung gewissermaßen ein rahmengebender Charakter im Hinblick auf die übrigen Managementdimensionen zukommt. Während strukturale Aspekte des Managementbegriffs somit eher statischer Natur sind, kommt in der prozessualen Dimension das dynamische Element des Management zum Ausdruck. Wesentliche Anknüpfungspunkte ei-

[448] Vgl. zum folgenden Büschgen, H.E.: Bank-Unternehmungsführung, Frankfurt a.M. 1981, S. 13 ff.

ner prozeßbezogenen Sichtweise des Begriffs „Bankmanagement" liegen vornehmlich im Bereich der Zielbildung und allgemeinen Entscheidungsfindung sowie im Bereich der bankbetrieblichen Planung und Kontrolle. Die personale Dimension des Management umfaßt letztlich die Aufgabenbereiche der Bankunternehmungsführung, die sich auf die Führung und Motivation der Bankmitarbeiter richten.

B. Bankmanagement als Institution

Betrachtet man die Bankunternehmungsführung als Institution im Rahmen des Systems „Bankunternehmung", so zeigt sich, daß schon ihre statische Ausgestaltung — im Gegensatz zur zielorientierten dynamischen — in vielfältiger Weise determiniert ist. Bei diesen Determinanten handelt es sich einerseits um rechtliche Vorschriften; andererseits handelt es sich um betriebswirtschaftliche Einflußfaktoren, die aus der Ausrichtung des Systems „Bankunternehmung" resultieren, wie z.B. aus der bestehenden „Bankunternehmungsphilosophie" oder den jeweiligen Hauptgeschäftsbereichen einer Bank.

I. Rechtliche Normen als rahmengebende Bestimmungsfaktoren

Im Gegensatz zu Unternehmen anderer Branchen, die lediglich den Gesetzen der jeweils von ihnen gewählten Rechtsform unterliegen, wodurch u.a. die institutionelle Ausgestaltung der Unternehmungsführung zwingend vorgeschrieben ist, ergibt sich für die Unternehmen der Bankwirtschaft eine wesentliche zusätzliche Determinierung durch die Normen des Kreditwesengesetzes (KWG).

1. Der Begriff „Geschäftsleiter" nach dem KWG — Pflichten und Aufgaben der Bankunternehmungsführung

Durch das Kreditwesengesetz wird die Bankunternehmungsleitung definitorisch genauer bestimmt und reglementiert. In § 1 Abs. 2 KWG wird das Bankmanagement mit dem

Begriff „Geschäftsleiter“ versehen.[449] Hierunter werden Personen verstanden, die nach Gesetz, Satzung oder Gesellschaftsvertrag für die Geschäftstätigkeit eines in der Rechtsform einer juristischen Person oder einer Personenhandelsgesellschaft betriebenen Bank verantwortlich sind. Dieser Definition liegt somit der Managementbegriff i.e.S. zugrunde, da er sich auf eine bestimmte Gruppe von Handelnden — das Top-Management — beschränkt. Dabei wird zwischen „geborenen“ und „gekorenen“ Geschäftsleitern unterschieden. Zu ersteren sind sämtliche Gesellschafter einer Bank in der Rechtsform der offenen Handelsgesellschaft und die persönlich haftenden Gesellschafter einer Bank-Kommanditgesellschaft sowie der KGaA zu zählen, soweit sie nicht von der Geschäftsführung oder Vertretung gesellschaftsvertraglich ausgeschlossen sind; beispielsweise können Kommanditisten nicht „geborene“ Geschäftsleiter sein. Zudem sind den „geborenen“ Geschäftsleitern die Geschäftsführer einer GmbH-Bank, die Vorstandsmitglieder einer Aktienbank, die Vorstandsmitglieder einer Genossenschaftsbank sowie die Vorstandsmitglieder von Sparkassen zuzurechnen. Stellvertreter des jeweiligen Geschäftsführungsorgans werden ebenfalls als „geborene“ Geschäftsleiter betrachtet, wenn sie nicht nur vorübergehend, sondern dauerhaft mit Geschäftsführungs- und Vertretungsaufgaben befaßt sind. Fehlt ihnen das letztgenannte Merkmal der ständigen Vertretung, gelten sie lediglich für den Zeitraum der tatsächlichen Vertretungstätigkeit als Geschäftsleiter.

Der Einzelkaufmann, der die Geschäfte einer Bank ohne Gesellschafter oder lediglich mit stillen Gesellschaftern betreibt (§§ 18 Abs. 1, 230 HGB), gilt rechtlich nicht als Geschäftsleiter, sondern als Inhaber. Auch bei der von dem Inhaber mit der Führung der Geschäfte betrauten und zur Vertretung ermächtigten Person handelt es sich nicht um einen „geborenen“, sondern allenfalls um einen „gekorenen“ Geschäftsleiter, sofern das Bundesaufsichtsamt für das Kreditwesen (BAK) ihn hierzu durch einen Verwaltungsakt bestimmt. Geschäftsleiter werden „gekoren“, wenn das BAK in Ausnahmefällen (z.B. im Falle einer Abberufung von Geschäftsleitern durch das BAK) eine Person, die nicht ohnehin bereits „geborener“ Geschäftsleiter ist, mit der Führung der Geschäfte betraut und zur Vertretung der Bank ermächtigt.

Die Bestimmungen zum Einzelkaufmann haben besondere Bedeutung seit der Einführung des sog. Vieraugenprinzips erlangt, nach dem jede Bank mindestens zwei — nicht nur, wie früher vor allem bei kleineren Genossenschaftsbanken gelegentlich üblich, ehrenamtliche — Geschäftsleiter haben muß (§ 33 Abs. 1 Nr. 5 KWG). Gemäß dem durch das Zweite KWG-Änderungsgesetz 1976 eingefügten § 2a KWG dürfen Banken nicht mehr in der Form eines Einzelkaufmanns betrieben werden.

Die Anforderungen, die sich aus dem KWG an die Geschäftsleiter stellen, ergeben sich im wesentlichen aus § 1 Abs. 2 KWG i.V.m. § 33 Abs. 1 Nr. 2, 4 und Abs. 2 KWG: Danach muß der Geschäftsleiter persönlich zuverlässig sein und die für die Leitung einer

---

[449] Vgl. zum folgenden Szagunn, V.; Wohlschies, K.: Kommentar zum Gesetz über das Kreditwesen in der Fassung vom 11.07.85, 5. Aufl., Stuttgart, Berlin, Köln 1990, S. 88 ff., sowie Karg, M.; Lindemann, J.-H.: Regierungsentwurf der 6. KWG-Novelle, in: Sparkasse, 114. Jg. (1997), Nr. 3, S. 123–140, Boos, K.-H.: Entwurf einer sechsten KWG-Novelle, in: Die Bank, o. Jg. (1997), Nr. 2, S. 119–125.

Bank erforderliche fachliche Eignung haben. Eine solche fachliche Eignung wird regelmäßig dann angenommen, wenn eine dreijährige leitende Tätigkeit bei einer Bank von vergleichbarer Größe und Geschäftsart nachgewiesen wird (§ 33 Abs. 2 KWG). Das BAK kann die Abberufung eines Geschäftsleiters verlangen, wenn dieser vorsätzlich oder leichtfertig gegen die KWG-Bestimmungen, Durchführungsverordnungen oder gegen Anordnungen des BAK verstoßen hat und trotz Abmahnung durch das BAK dieses Verhalten fortsetzt (§ 36 Abs. 2 KWG). Darüber hinaus kann das BAK gemäß § 36 Abs. 1 KWG — statt die Geschäftsbetriebserlaubnis einer Bank zurückzunehmen — die Abberufung eines Geschäftsleiters verlangen, auf dessen Person sich Tatsachen beziehen, die die Versagung der Konzession nach § 33 Abs. 1 Nr. 2 und 4 KWG rechtfertigen.

Für Niederlassungen ausländischer Banken in Deutschland, die hier als Kreditinstitute nach § 1 KWG gelten, sind mindestens zwei natürliche Personen mit Wohnsitz im Geltungsbereich des KWG zu bestellen, die für den Geschäftsbereich der Bank zur Geschäftsführung und zur Vertretung des ausländischen Instituts befugt sind; sie gelten als Geschäftsleiter (§ 53 Abs. 2 Nr. 1 KWG).

Das KWG legt den Banken eine Reihe von Pflichten und Aufgaben auf, die überwiegend spezifisch für diese gelten, teilweise jene aus anderen gesetzlichen Normen für Banken erweitern oder präzisieren. Zwar erlegt das Gesetz formal diese Aufgaben den Instituten auf, doch ergibt sich die Verantwortung für die Durchführung bei der einzelnen Bank eindeutig als Funktion der Geschäftsleiter, die somit die Verpflichtungen und Aufgaben nach dem KWG letztlich treffen; die wichtigsten, deren Erfüllung die Geschäftsleitungen der Banken zu verantworten haben, sind:

- die Pflicht zur angemessenen Ausstattung der Bank/Bankengruppe mit Eigenkapital bzw. Eigenmitteln (§§ 10, 10a KWG);
- die Pflicht zur Gewährleistung ausreichender Zahlungsbereitschaft der Bank (§ 11 KWG);
- die Pflicht zur Einhaltung der Begrenzung von bedeutenden Beteiligungen der Bank (§ 12 KWG);
- die Pflicht, dafür Sorge zu tragen, daß die Unternehmungsleitung der übergeordneten Bank bei Erwerb einer Auslandsbeteiligung oder bei Begründung einer Unternehmensbeziehung die zur Erfüllung ihrer Pflichten nach §§ 10a, 13b und 25 Abs. 2 KWG notwendigen Informationen erhält (§ 12a KWG);
- die Pflichten zur Meldung, (einstimmigen) Beschlußfassung und Begrenzung im Bereich der Großkredite (§§ 13 bis 13b KWG);
- die Pflicht zur Meldung von Millionenkrediten (§ 14 KWG);
- die Pflichten zur (einstimmigen) Beschlußfassung, ggfs. Anzeige und Haftung im Bereich der Organkredite (§§ 15, 17 KWG);
- die Pflicht zur ausreichenden Informationsbeschaffung im Kreditgeschäft (§ 18 KWG);
- die besonderen Anzeigepflichten gegenüber dem BAK und der Deutschen Bundesbank (§§ 24, 24a KWG);
- die Pflicht zur Einreichung von Monatsausweisen bei der Bundesbank (§ 25 KWG);
- die Pflichten zur Vorlage von Jahresabschlüssen, Lageberichten und Prüfungsberichten an das BAK und die Deutsche Bundesbank (§ 26 KWG);

- die Pflicht, die Jahresabschlüsse prüfen zu lassen, sowie die Prüfungsanzeigepflicht (§§ 27, 28 KWG);
- die Pflichten zur Erteilung von Auskünften an das BAK und zur Zulassung von Prüfungen (§ 44 KWG); das BAK, z.T. auch die Bundesbank, sind befugt:
  - von den Banken und den Mitgliedern ihrer Organe Auskünfte über alle Geschäftsangelegenheiten sowie die Vorlegung der Bücher und Schriften zu verlangen und auch ohne besonderen Anlaß Prüfungen vorzunehmen; die Bediensteten des BAK können hierzu die Geschäftsräume der Bank betreten;
  - bei Banken in der Rechtsform einer juristischen Person zu den Haupt-, General- oder Gesellschafterversammlungen sowie zu den Sitzungen der Aufsichtsorgane Vertreter zu entsenden, die dort auch das Wort ergreifen können;
  - von Banken in der Rechtsform einer juristischen Person die Einberufung der oben bezeichneten Versammlungen, die Anberaumung von Sitzungen der Verwaltungs- und Aufsichtsorgane sowie die Ankündigung von Gegenständen zur Beschlußfassung zu verlangen — in diesem Fall stehen die oben angeführten Befugnisse auch für die Sitzungen der Verwaltungsorgane zu;
- die Pflicht, dafür zu sorgen, daß bei grenzenüberschreitenden Auskünften und Prüfungen den Anweisungen des BAK (ggf. auch auf Unterlassung der Datenübermittlung) Folge geleistet wird (§ 44a KWG);
- die Pflicht, Gewinnausschüttungen, Kreditgewährungen und bestimmte Mittelanlagen auf Veranlassung des BAK bei unzureichenden Eigenmitteln und/oder liquiden Mitteln zu unterlassen bzw. einzuschränken (§ 45 KWG);
- die besonderen Pflichten bei Gefahren (§ 46 KWG): Besteht Gefahr für die Erfüllung der Verpflichtungen einer Bank gegenüber ihren Gläubigern, insbesondere für die Sicherheit der ihr anvertrauten Vermögenswerte, so kann das BAK zur Abwendung dieser Gefahr einstweilige Maßnahmen treffen. Es kann insbesondere Anweisungen für die Geschäftsführung der Bank erlassen, die Annahme von Einlagen und die Gewährung von Krediten (§ 19 Abs. 1 KWG) verbieten oder begrenzen, Inhabern und Geschäftsleitern die Ausübung ihrer Tätigkeit untersagen oder beschränken und Aufsichtspersonen bestellen. Bei Banken, die in anderer Rechtsform als der eines Einzelkaufmanns betrieben werden, sind Geschäftsleiter, denen die Ausübung ihrer Tätigkeit untersagt worden ist, für die Dauer der Untersagung von der Geschäftsführung und Vertretung der Bank ausgeschlossen. Darüber hinaus besteht für das BAK das Recht, bei dem Gericht des Sitzes des Instituts die Bestellung der geschäftsführungs- und vertretungsbefugten Personen zu beantragen, wenn infolge der Untersagung zur Geschäftsführung und Vertretung des Instituts befugte Personen nicht mehr in der erforderlichen Anzahl vorhanden sind.
- die besonderen Pflichten bei Konkursgefahr (§ 46a KWG): Das BAK kann zur Vermeidung des Konkurses vorübergehend
  - ein Veräußerungs- und Zahlungsverbot an die Bank erlassen;
  - die Schließung der Bank für den Verkehr mit der Kundschaft anordnen;
  - die Entgegennahme von Zahlungen, die nicht zur Tilgung von Schulden gegenüber der Bank bestimmt sind, verbieten, es sei denn, die zuständige Einlagensi-

cherungseinrichtung eines Verbandes der Institute übernimmt es, die Berechtigten in vollem Umfang zu befriedigen;

- die Pflichten zur Anzeige von Illiquidität oder Überschuldung (§ 46b KWG): Wird eine Bank zahlungsunfähig oder tritt Überschuldung ein, so ist dies dem BAK unverzüglich anzuzeigen. Soweit die hierfür verantwortlichen Personen nach anderen Rechtsvorschriften verpflichtet sind, bei Zahlungsunfähigkeit oder Überschuldung die Konkurseröffnung zu beantragen, tritt an die Stelle dieser Antragspflicht die Anzeigepflicht. Der Antrag auf Konkurseröffnung über das Vermögen einer Bank kann nur vom BAK gestellt werden. Das Konkursgericht hat dem Antrag des BAK zu entsprechen; der Eröffnungsbeschluß ist unanfechtbar.

Neben diese durch das Kreditwesengesetz fixierten gesetzlichen Aufgaben und Pflichten der Bankgeschäftsleiter tritt eine große Anzahl von Einzelanweisungen, die sich aus Verordnungen, Bekanntmachungen, Verlautbarungen, Mitteilungen, Stellungnahmen usw. des BAK ergeben und deren Beachtung von den Bankgeschäftsleitern ebenfalls — auch bei entsprechender Delegation in der Bank — letztlich zu verantworten ist. Exemplarisch verwiesen sei hierbei auf die „Verlautbarung über Mindestanforderungen an das Betreiben von Handelsgeschäften der Kreditinstitute" von 1995, mit der das BAK auf die anhaltende internationale Diskussion über erhöhte Reglementierungserfordernisse im Handelsgeschäft reagiert hat[450]. Im Rahmen der Verlautbarung explizit hervorgehoben wird dabei die Gesamtverantwortung der Geschäftsleiter für die ordnungsgemäße Umsetzung und Gestaltung der Handelsaktivitäten im Sinne der aufgeführten Anforderungen, die neben allgemeinen Reglementierungsbereichen das Risiko-Controlling und -Management, die Organisation der Handelstätigkeit, Revisionserfordernisse sowie Regelungen für spezielle Geschäftsarten fokussieren.

Erweiterte rechtlich determinierte Anforderungen an das Bankmanagement resultieren darüber hinaus auch aus dem Gesetz über den Wertpapierhandel (WpHG), das als Bestandteil des Zweiten Finanzmarktförderungsgesetzes 1994 verabschiedet wurde und am 1. Januar 1995 vollständig in Kraft getreten ist. Das WpHG legt Banken, die nach Maßgabe des Gesetzes als Wertpapierdienstleistungsunternehmen gelten, eine Reihe weiterer Pflichten und Aufgaben auf, deren Erfüllung ungeachtet innerbetrieblicher Delegationsvereinbarungen vom Bankmanagement zu verantworten ist. Hervorzuheben sind hier insbesondere die Vorschriften zur „Insiderüberwachung" (§§ 12 bis 20), die „Mitteilungs- und Veröffentlichungspflichten bei Veränderungen des Stimmrechtsanteils an börsennotierten Gesellschaften" (§§ 21 bis 30) sowie die „Verhaltensregeln für Wertpapierdienstleistungsunternehmen" (§§ 31 bis 37).[451]

---

[450] Vgl. hierzu ausführlich im Ersten Teil Viertes Kapitel Abschnitt E. III.

[451] Vgl. hierzu ausführlich im Ersten Teil Viertes Kapitel Abschnitt B. II.

2. Leitungsstrukturen bei Banken

Aufgrund der rechtsformabhängigen Ausgestaltung ihrer Geschäftsleitungen unterscheiden sich Banken in ihren Leitungsstrukturen nicht von denen in entsprechender Rechtsform geführten Unternehmen anderer Branchen[452].

Bei Banken in der Rechtsform der *Aktiengesellschaft* ist der *Vorstand* mit den Leitungsfunktionen betraut. Er leitet die Bank in eigener Verantwortung und ist im Außenverhältnis weder Weisungen des Aufsichtsrates (als überwachendem Organ) noch der Hauptversammlung (als Organ zur Interessenvertretung der Aktionäre) unterworfen. Den bei den Großbanken, inzwischen aber auch bei vielen anderen Banken einschließlich Sparkassen und Genossenschaftsbanken eingerichteten Beiräten kommt — neben der Förderung der Wirtschaftsnähe der Geschäftspolitik — „nur" beratende Funktion zu. Da der Vorstand von Aktienbanken in jedem Fall aus mehreren Mitgliedern besteht, sind sämtliche Vorstandsmitglieder nur gemeinschaftlich zur Geschäftsführung befugt. Zwar können die Satzung der Bank oder die Geschäftsordnung des Vorstandes davon Abweichendes bestimmen, jedoch nicht derart, daß ein oder mehrere Vorstandsmitglieder Beschlüsse gegen die Mehrheit des Vorstandes fassen können. Im Außenverhältnis werden jedoch i.d.R. — aufgrund von Satzungen — Vorstände zur Gesamtvertretung bzw. ein Vorstandsmitglied mit einem Prokuristen zur Vertretung ermächtigt, so daß einzelne von ihnen für bestimmte Geschäfte oder einzelne Arten von Geschäften zuständig sein können, was sich aus Gründen der Spezialisierung und Ressortverantwortlichkeit empfiehlt. Die Vertretungsbefugnis des Vorstandes kann insgesamt jedoch nicht beschränkt werden. Im Verhältnis zur Bank als Aktiengesellschaft sind Vorstandsmitglieder verpflichtet, diejenigen Beschränkungen einzuhalten, die durch die Satzung, den Aufsichtsrat, die Hauptversammlung der Aktionäre und die Geschäftsordnungen von Vorstand und Aufsichtsrat für die Befugnis zur Geschäftsführung getroffen worden sind.

Vorstandsmitglieder werden vom Aufsichtsrat auf höchstens fünf Jahre — bei erneuter Wählbarkeit — bestellt. Dies hat nach dem Mitbestimmungsgesetz von 1976 bei den ihm unterliegenden Banken mit mindestens Zweidrittel-Mehrheit zu erfolgen. Kommt eine Bestellung auf diese Weise nicht zustande, genügt in einem zweiten Durchgang nach Einschaltung eines paritätisch besetzten Vermittlungsausschusses die Mehrheit der Stimmen der Aufsichtsratsmitglieder. Kommt eine solche Bestellung ebenfalls nicht zustande, hat bei einer erneuten Abstimmung der Aufsichtsratsvorsitzende zwei Stimmen. Dieses Verfahren gilt entsprechend für den Widerruf der Bestellung eines Mitglieds des Vorstandes. Wenn, wie bei den Banken, mehrere Personen zu Vorstandsmitgliedern bestellt werden, kann der Aufsichtsrat ein Mitglied zum Vorsitzenden des Vorstandes ernennen. Bei vielen Banken werden die Funktionen eines Vorstandsvorsitzenden von sog. Sprechern des Vorstandes wahrgenommen. Nach dem Mitbestimmungsgesetz von 1976 gehört bei den davon betroffenen Banken dem Vorstand als gleichberechtigtes Mitglied ein Arbeitsdirektor an (dies gilt nicht für Kommanditgesellschaften auf Aktien), der wie

---

452 Vgl. zum folgenden u.a. Büschgen, H.E.: Bank-Unternehmungsführung, a.a.O., S. 19 ff.

die übrigen Mitglieder des Vorstandes seine Aufgaben im engsten Einvernehmen mit dem Gesamtorgan auszuüben hat.

Neben der Aufgabe der Bestellung des Vorstandes besteht die wichtigste Aufgabe des *Aufsichtsrates*, dessen auf vier Jahre gewählte Mitglieder nicht zugleich Mitglieder des Vorstandes bei der betreffenden Bank sein dürfen, in der Überwachung des Vorstandes. Diese Pflichten dürfen vom Aufsichtsrat nicht auf andere Personen übertragen werden. Nach dem Aktiengesetz setzt sich der Aufsichtsrat von Aktienbanken aus drei, satzungsgemäß auch aus mehr Mitgliedern zusammen; neben weiteren Bestimmungen müssen jedoch Modifizierungen bei seiner Zusammensetzung durch das Betriebsverfassungsgesetz und ggf. durch die Mitbestimmungsgesetzgebung, die bei Kapitalgesellschaften mit mehr als 2 000 Mitarbeitern eine paritätische Mitbestimmung im Aufsichtsrat vorsieht, beachtet werden. Der Aufsichtsrat wählt aus seiner Mitte einen Vorsitzenden und (mindestens) einen Stellvertreter. Zwar können dem Aufsichtsrat Maßnahmen der Geschäftsführung nicht übertragen werden, doch obliegen ihm — teilweise durch das KWG, teilweise durch entsprechende Satzungen vorgeschrieben — z.B. bestimmte Zustimmungspflichten im Kredit- und Beteiligungsgeschäft. So verlangt das KWG beispielsweise die Zustimmung des Aufsichtsrates bei der Gewährung von Organkrediten; auch dürfen Beteiligungskäufe und -verkäufe häufig nur mit seiner Zustimmung vorgenommen werden. Zudem sind das BAK und die Deutsche Bundesbank befugt:

- von den Mitgliedern des Aufsichtsrates (wie auch der anderen Organe) Auskünfte über alle Geschäftsangelegenheiten zu verlangen,
- zu den Sitzungen der Aufsichtsorgane Vertreter zu entsenden, die dort auch das Wort ergreifen können,
- die Anberaumung von Sitzungen der Aufsichtsorgane sowie die Ankündigung von Gegenständen zur Beschlußfassung zu verlangen.

Beschlüsse des Aufsichtsrates bedürfen der Mehrheit der abgegebenen Stimmen, soweit im Gesetz nicht etwas anderes bestimmt ist. Ergibt eine Abstimmung im Aufsichtsrat Stimmengleichheit, so hat bei einer erneuten Abstimmung über denselben Gegenstand, wenn auch sie Stimmengleichheit ergibt, bei den dem Mitbestimmungsgesetz unterliegenden Banken der Aufsichtsratsvorsitzende zwei Stimmen.

Die *Kommanditgesellschaft auf Aktien (KGaA)* kennt drei Organe: persönlich haftende Gesellschafter (als Vorstand), Aufsichtsrat und Hauptversammlung der Kommanditaktionäre. Besonderheiten ergeben sich aus dem Kreditwesengesetz und den §§ 278 ff. des Aktiengesetzes, wodurch insbesondere die Rechtsverhältnisse der persönlich haftenden Gesellschafter untereinander, gegenüber der Gesamtheit der Kommanditaktionäre und gegenüber Dritten bestimmt werden. Wichtig ist, daß Beschlüsse der Hauptversammlung, in der die persönlich haftenden Gesellschafter nur ein Stimmrecht in Höhe ihres eventuellen Aktienbesitzes haben, der Zustimmung dieser persönlich haftenden Gesellschafter bedürfen, soweit Angelegenheiten angesprochen sind, für die bei einer Kommanditgesellschaft das Einverständnis der persönlich haftenden Gesellschafter und der Kommanditisten erforderlich ist.

Banken in der Rechtsform einer *Gesellschaft mit beschränkter Haftung (GmbH)* werden gerichtlich und außergerichtlich durch ihre Geschäftsführer vertreten, denen nur im Innenverhältnis Beschränkungen auferlegt werden können. Das oberste Organ einer GmbH-Bank ist die Gesellschafterversammlung, deren Zuständigkeit wesentlich über diejenige der Hauptversammlung nach dem Aktiengesetz hinausgeht. Die von den Gesellschaftern in den Angelegenheiten der Gesellschaft zu treffenden Entscheidungen erfolgen durch Beschlußfassung mit Stimmenmehrheit, wobei die Stimmenzahl des Einzelnen von der Höhe des Gesellschaftsanteils — je 100 DM eines Gesellschaftsanteils gewähren eine Stimme — abhängt. Bei GmbH-Banken mit mehr als 500 Mitarbeitern ist darüber hinaus durch das Betriebsverfassungsgesetz ein Aufsichtsrat zwingend vorgeschrieben. Unter den Voraussetzungen der Geltung des Mitbestimmungsgesetzes unterliegt seine Zusammensetzung den entsprechenden Vorschriften, wie sie oben für die AG angeführt wurden.

Organe einer Bank in der Rechtsform der *Genossenschaft (Kreditgenossenschaften)* sind der Vorstand, der Aufsichtsrat und die Mitgliederversammlung (Generalversammlung) bzw. — bei entsprechender Größe — die Vertreterversammlung. Dabei hat der Vorstand ebenfalls wie bei Aktienbanken die Bank gerichtlich und außergerichtlich zu vertreten. Er besteht i.d.R. aus zwei von der Generalversammlung gewählten Mitgliedern, die Mitglieder der betreffenden Genossenschaft („Genossen“) sein müssen. Das Genossenschaftsstatut kann jedoch eine größere Zahl an Vorstandsmitgliedern festlegen. Gegenüber der Bank ist der Vorstand verpflichtet, die Beschränkungen im Innenverhältnis einzuhalten, die durch Statut oder Beschlüsse der Generalversammlung festgelegt sind. Der Aufsichtsrat wird von der Generalversammlung der Genossenschaftsmitglieder gewählt und besteht, sofern im Statut nichts anderes festgelegt ist, aus drei Personen, die ebenfalls Mitglieder sein müssen. Er hat die Genossenschaft gegenüber dem Vorstand zu vertreten und ist demgemäß verpflichtet, die Geschäftsführung des Vorstandes zu überwachen. Beschließendes Organ der Genossenschaftsbanken ist vom Gesetz her die Generalversammlung, in der die Mitglieder ihre Rechte ausüben können wie die Aktionäre in der Hauptversammlung. Die Beschlußfassung der Generalversammlung erfolgt — sofern das Statut nichts anderes vorsieht — mit einfacher Stimmenmehrheit, wobei jedes Mitglied ohne Rücksicht auf Umfang und Zahl seiner Geschäftsanteile i.d.R. nur eine Stimme hat, d.h., die Abstimmung erfolgt nach Köpfen. Hat eine Genossenschaftsbank mehr als 3 000 Mitglieder, muß die Generalversammlung durch eine mindestens 50 Mitglieder zählende sog. Vertreterversammlung, die die Rechte der Mitglieder ausübt, ersetzt werden; auf freiwilliger Basis kann die Bildung der Vertreterversammlung bereits ab einer Zahl von 1 500 Mitgliedern erfolgen.

Nach dem Vorbild der Aktienbanken besteht die Leitung *kommunaler Sparkassen* ebenfalls aus zwei Organen: dem Verwaltungs- oder Sparkassenrat sowie dem Sparkassenvorstand oder -direktorium. Der Vorstand ist das eigentliche Leitungsgremium und setzt sich aus sach- und fachkundigen Personen, die den vom Kreditwesengesetz geforderten Qualifikationen entsprechen, zusammen. Seine Mitgliederzahl richtet sich nach den Bedürfnissen der einzelnen Sparkasse, so z.B. auch nach ihrer Größe. Er wird auf Vorschlag des Verwaltungsrates von der Vertretungskörperschaft des Gewährträgers bestellt, z.B. von der Stadt oder dem Kreis; die Anstellung der Vorstandsmitglieder erfolgt in manchen Bundesländern durch den Gewährträger, in anderen durch die Sparkasse selbst. Der Verwaltungsrat ist das Aufsichts- und Kontrollgremium der Sparkassen; er erörtert nach dem Gesetz aber auch geschäftspolitische Richtlinien und gibt dem Vorstand Geschäftsanweisungen. Der Verwaltungsrat setzt sich aus vier bis zwölf ehrenamtlichen Mitgliedern unter dem Vorsitz des Leiters der Verwaltung des Gewährträgers oder des Vorsitzenden der Vertretungskörperschaft zusammen. Seit Einführung einer Mitbestimmungsregelung gehören dem Verwaltungsrat auch Mitarbeiter der Sparkassen an. Die Ländersparkassengesetze sehen Kreditausschüsse bei den Instituten vor, die über Kredite bestimmter Größenordnungen zu entscheiden haben. Diese Kreditausschüsse setzen sich aus Vorstands- und Verwaltungsratsmitgliedern zusammen. In manchen Bundesländern sind diese Ausschüsse direktes Sparkassenorgan.

Verwandte Leitungsstrukturen finden sich bei den *Landesbanken/Girozentralen.* Auch hier werden die Geschäfte durch den Vorstand geführt, der die Bank gerichtlich und außergerichtlich zu vertreten hat. Gegenüber dem Verwaltungsrat, dem Verwaltungsratsvorsitzenden und seinem Stellvertreter ist der Vorstand zur Auskunftserteilung verpflichtet. Der Verwaltungsrat überwacht als Kontrollorgan der Landesbank/Girozentrale die Geschäftsführung. Darüber hinaus ist der Verwaltungsrat u.a. berechtigt, für einzelne Tätigkeitsbereiche Richtlinien zu erlassen. Außerdem bedürfen einzelne geschäftspolitische Aktionen der Zustimmung des Verwaltungsrates. Weiterhin hat der Verwaltungsrat das Recht, einen besonderen Prüfungsausschuß zu errichten, der die Geschäftsvorgänge bei der Girozentrale überprüfen kann. Als drittes Organ der Landesbanken/Girozentralen ist die Gewährträgerversammlung anzuführen, die ebenfalls relativ weitgehende Rechte und Aufgaben innehat.

Auch bei den *öffentlich-rechtlichen Banken mit Sonderaufgaben* wie der Kreditanstalt für Wiederaufbau (KfW), der Deutschen Ausgleichsbank (DtA) oder der Deutschen Siedlungs- und Landesrentenbank (DSL) wird der Vorstand als Geschäftsführungs- und Vertretungsorgan durch einen Verwaltungsrat als Kontrollorgan überwacht, wobei dieser zur Wahrnehmung seiner Funktionen verschiedene Ausschüsse bilden kann. Als beschließendes Organ fungieren auch hier Versammlungen der Anteilseigner (bspw. die Hauptversammlung bei der DSL oder die Anstaltsversammlung bei der DtA).

II. Das Bankmanagement als betriebswirtschaftlich determiniertes Leitungsorgan

Wie bei der rechtlich determinierten Struktur des Bankmanagement bereits herausgestellt setzt sich das Geschäftsleitungsorgan einer Bank stets aus mehreren Personen zusammen. Eine derartige Leitungsebene läßt sich als Pluralinstanz bezeichnen; in Abgrenzung zur für Banken aufgrund gesetzlicher Restriktionen nicht möglichen Singularinstanz. Eine solche — zumal auf das Top-Management beschränkte — rechtlich determinierte Konstruktion der Führungsinstanz sagt jedoch nichts über die betriebswirtschaftlich orientierten Anforderungen und Gestaltungskriterien innerhalb dieser Pluralinstanz aus. Im folgenden sind daher die ökonomisch bestimmten Aspekte der formalen Ordnungsstruktur des Bankmanagement wie auch die Charakteristika des Bankmanager als Individualinstitution der Bankunternehmungsführung zu thematisieren.

1. Die formale Ordnungsstruktur des Bankmanagement

a) Die vertikale Ordnung nach Hierarchiestufen

Während sich der Managementbegriff des KWG im Sinne der „Geschäftsleiter"-Definition lediglich auf das Top-Management als in der Managementhierarchie oberstes Leitungsorgan bezieht, umfaßt die Institution Bankmanagement im betriebswirtschaftlichen Sinne darüber hinaus auch die hierarchisch nachgeordneten Führungsebenen des Middle- und Lower-Management. Das unterhalb des Top-Management angesiedelte Middle-Management, das im Bankbetrieb beispielsweise durch stellvertretende Direktoren, Filialdirektoren oder Abteilungsdirektoren repräsentiert wird, zeichnet sich dabei im wesentlichen durch seine koordinierende Tätigkeit zur Umsetzung der in der Unternehmensspitze gefaßten Beschlüsse aus. In Abhängigkeit von den internen Gegebenheiten und der spezifischen Geschäftspolitik des einzelnen Instituts ist vornehmlich dem Middle-Management eine zum Teil recht komplexe Untergliederung in weitere Hierarchiestufen immanent, so daß sich die Verantwortung und Weisungsbefugnis der mittleren Führungsebene nicht ausschließlich auf das Lower-Management, sondern vornehmlich auch auf nachgelagerte, aber ebenfalls dem Middle-Management zugehörige Leitungsstufen erstreckt. Den Abschluß der Managementhierarchie bildet das im Bankbetrieb vornehmlich durch Abteilungs- und Gruppenleiter repräsentierte Lower-Management, das unmittelbar für die Arbeit der nicht im Management tätigen Mitarbeiter verantwortlich ist. Organisatorisch stellt sich insbesondere für die Hierarchiestufe des Middle-Management die Frage nach der Zahl der als Entscheidungsdurchsetzungsebenen zu schaffenden Leitungsebenen, eine Frage, die sicherlich nur für den Einzelfall zu beantworten ist, da zahlreiche Faktoren — u.a. die Unternehmungsgröße — zu berücksichtigen sind. Gleichwohl erscheint — insbesondere für Banken mit geringerer Unternehmungsgröße — eine große Anzahl von Leitungsebenen nicht empfehlenswert, da durch eine Vielzahl beteiligter Instanzen und langer Kommunikationswege die Schnelligkeit der Entscheidungsfindung und -durchsetzung in hohem Maße beeinträchtigt wird; ein Umstand, der sich besonders in dem auf „Tagfertigkeit" im weitesten Sinne eingestellten Bankbetrieb als Nachteil erweisen kann. Dieser Auffassung folgend ist für das deutsche Bankgewerbe seit Beginn der neunziger Jahre eine zum Teil deutliche Reduktion der Middle-Management-Ebenen zu konstatieren. Fragen nach der optimalen Anzahl von Leitungsebenen zur bestmöglichen Entscheidungsdurchsetzung sind dabei in engem Zusammenhang mit der optimalen Leitungsspanne zu sehen, eine Größe, die nicht zuletzt von einer Vielzahl von Fähigkeiten und Eigenschaften wie Initiative, Erfahrung, fachliche Kenntnisse, pädagogisches Geschick, Kooperationsbereitschaft u.a.m. des jeweiligen Stelleninhabers determiniert wird.[453]

b) Die horizontale Ordnung nach Verantwortungsbereichen

Neben der vertikalen Einteilung in einzelne Hierarchiestufen folgt die formale Struktur des Bankmanagement auch einer horizontalen Ordnung, die sich in unterschiedlichen Verantwortungsbereichen manifestiert. Die Abgrenzung des Verantwortungsbereichs kann dabei anhand von Zuständigkeitem für bestimmte Bankleistungen, Kundengruppen, Regionen oder Projekte erfolgen. In Anlehnung an die amerikanische Managementlehre kann vornehmlich zwischen den Zuständigkeitsbereichen von General-, Funktions- und Projektmanagers differenziert werden. Als General-Manager sollen dabei solche Mitglieder der Geschäftsleitung verstanden werden, deren Verantwortungsbereich die gesamte Bankunternehmung oder zumindest einen umfassenden Bereich des Instituts mit mehreren Funktions- und Geschäftsbereichen umfaßt. Entsprechend der zur Wahrnehmung dieses weitreichenden Aufgabenfeldes erforderlichen Weisungsbefugnisse wie auch der oben behandelten gesetzlichen Bestimmungen ist die Position des Generalmanager damit vornehmlich im Bereich des Top-Management anzusiedeln. Im Gegensatz dazu deckt sich das Aufgabengebiet von Funktionsmanagers, das lediglich einen Ausschnitt der Gesamtbank in Form bestimmter interner Funktionsbereiche oder Geschäftsfelder fokussiert, vornehmlich mit der vertikalen Hierarchiestufe des Middle-Management. Projektmanagers tragen die Verantwortung für die Koordination aller an einem bestimmten Projekt beteiligten Unternehmenseinheiten und Mitarbeiter und finden sich in Abhängigkeit von der Bedeutsamkeit des Projektvorhabens sowohl auf der Hierarchiestufe des Middle-Management wie auch auf der des Lower-Management.

Mit der Aufteilung einzelner Verantwortungsbereiche auf verschiedene Managementeinheiten stellt sich die Frage nach der formalen Gestaltung des Willensbildungsprozesses hinsichtlich der Koordination ressortgebundener Bereichsentscheidungen zum Zwecke einer aufeinander abgestimmten, einheitlichen Willensbildung. Vornehmlich im Bereich des Top-Management muß in Abhängigkeit von den speziellen, internen Gegebenheiten des einzelnen Instituts eine Entscheidung darüber getroffen werden, welche Aufgaben vom Management gemeinsam zu lösen sind und welche Aufgaben einzelnen Geschäftsleitungsmitgliedern im Sinne einer ressortgebundenen Singularinstanz zur alleinigen Verantwortung überlassen werden.

Heute sind, nicht zuletzt aufgrund der oben behandelten gesetzlichen Bestimmungen, alle Vorstandsgremien der in Form der Aktiengesellschaft geführten Universalbanken nach dem Kollegialprinzip als Pluralinstanz organisiert. Hierbei herrscht jedoch Gestaltungsfreiheit darüber, ob Entscheidungen nach dem Einstimmigkeits- oder Mehrheitsprinzip getroffen werden sollen; im Bankgewerbe wird häufig das erstgenannte Prinzip praktiziert. Bei Anwendung des Mehrheitsgrundsatzes ist zur Beschlußfassung die einfache oder qualifizierte Mehrheit erforderlich. Durch Geschäftsordnung kann bestimmt werden, daß bei Stimmengleichheit die Stimme eines bestimmten Vorstandsmitgliedes

[453] Vgl. Büschgen, H.E.: Bank-Unternehmungsführung, a.a.O., S. 48 ff.

den Ausschlag gibt. Doch werden auch bei Anwendung des Kollegialprinzips in einer Universalbank i.d.R. nicht sämtliche Managementaufgaben einem gemeinsamen Willensbildungsprozeß unterworfen. Vielmehr werden die Geschäftsbereiche auf die einzelnen Geschäftsleitungsmitglieder aufgeteilt, so daß der zuständige Manager für seinen Aufgabenbereich gegenüber den anderen mit umfangreichen Anordnungs- und Entscheidungskompetenzen ausgestattet ist. Dies ist jedoch nur in einem durch entsprechende gesetzliche Vorschriften vorgegebenen Rahmen möglich. So bedürfen z.B. Großkredite nach §§ 13-13b KWG ebenso eines einstimmigen Beschlusses sämtlicher Geschäftsleiter wie die in § 15 KWG geregelten Organkredite.

Die Ressortaufteilung innerhalb der Geschäftsleitung wird recht kontrovers diskutiert. So wird darauf hingewiesen, daß sich bei einer Bankgeschäftsleitung ohne Ressortaufteilung deren Mitglieder ausschließlich auf Gesamtleitungsbelange und Koordination der Unternehmensbereiche konzentrieren könnten und so der Gefahr des Ressortegoismus auf oberster Unternehmungsebene entgangen werden könne. Als Positiva der ressortgebundenen Bankgeschäftsleitung wird hervorgehoben, daß die Ressortleiter über größere Fachkenntnisse verfügen, einen besseren Überblick über ihr Ressort haben und der Entscheidungsprozeß verkürzt werde. Es dürfte in der Tat bei der Bank eine Ressortaufteilung zu befürworten sein, sofern sichergestellt ist, daß „einsame Beschlüsse" der Ressortleiter ausgeschlossen sind, vielmehr das Geschäftsleiterkollegium durch fachliche Argumentation überzeugt wird. Schließlich ist zu beachten, daß bei der Ressortaufteilung eine eindeutige Zuordnung und Abgrenzung der Verantwortungsbereiche der einzelnen Ressortleiter erfolgt. Um die Geschäftsleitung ungeachtet der Ressortaufteilung von einer direkten operativen Verantwortung zugunsten strategischer Gesamtleitungsbelange weitgehend zu entlasten, findet in jüngerer Zeit nach dem Vorbild der Industrie auch im Bankbereich der Einsatz sogenannter *„Bereichsvorstände"* Anwendung. Hierbei handelt es sich um Leitungsgremien der operativen Einheiten, deren Mitglieder aus den Hierarchieebenen unterhalb des Vorstandes stammen. Wenngleich die vorgeschriebene Gesamtverantwortung des aktienrechtlichen Vorstandes durch die Bildung von Bereichsvorständen unberührt bleibt, obliegt letzteren dennoch de facto die Ergebnisverantwortung für den jeweiligen Unternehmensbereich. Im Gegensatz zu den aktienrechtlichen Vorstandsmitgliedern bleiben die Mitglieder der Bereichsvorstände weiterhin Prokuristen oder Generallbevollmächtigte und dürfen somit als Angestellte des Unternehmens im Außenverhältnis nicht als vertretungsberechtigte Vorstandsmitglieder auftreten. Einzelne Mitglieder der Bereichsvorstände können jedoch durchaus Mitglieder des aktienrechtlichen Vorstandes sein. So gehören den Bereichsvorständen des Deutsche-Bank-Konzerns beispielsweise je zwei Mitglieder des Konzernvorstands als Sprecher an, ohne daß diese allerdings — zur Aufrechterhaltung der Trennung zwischen operativer und strategischer Konzernführung — selbst operative Aufgabenfelder im Bereichsvorstand übernehmen.

2. Der Bankmanager als Individualinstitution des Bankmanagement

a) Qualifikationsanforderungen

Um die Aufgaben und Funktionen der Bankunternehmungsführung auf den oben behandelten unterschiedlichen Hierarchie- und Verantwortungsebenen des Management sachgerecht wahrnehmen zu können, muß der einzelne Bankmanager über gewisse Fähigkeiten und Fertigkeiten verfügen, die sich im allgemeinen wie folgt zusammenfassen lassen[454]:

- *Problemlösungsorientierte Fähigkeiten:*
  Hierunter fallen Sach- und Methodenkompetenz, die es dem Bankmanager ermöglichen, zu erkennen, welche Maßnahmen in welcher Form zu ergreifen sind, um Lösungen der der einzelnen Führungskraft gestellten Aufgaben erfolgreich zu realisieren. Problemlösungsorientierte Fähigkeiten stellen damit die Frage nach der im weitesten Sinne richtigen Methodenwahl und –umsetzung bei unterschiedlichen Problemstellungen auf der Basis hinreichender Fachkenntnis.
- *Konzeptionelle Fähigkeiten:*
  Hierbei kommt es auf die Fähigkeiten der einzelnen Führungskraft an, die Bank als Unternehmung ganzheitlich, d.h. als System zu sehen, das aus einer Vielzahl von interdependenten Subsystemen besteht, die wiederum in ihrer Beziehung zum Gesamtsystem zu erfassen sind. Dazu gehört weiter die Befähigung des Bankmanager, zu erkennen, daß die einzelne Bank ihrerseits einen Teil größerer Systeme (Umsystem, Mega-System) darstellt, nämlich — gerade bei Banken in besonderem Maße — der nationalen Volkswirtschaft, der Gesellschaft, der internationalen Wirtschaftsbeziehungen usw. Des weiteren muß der Bankmanager in der Lage sein, aus derartigen Bedingungen und Beziehungen resultierende Chancen, Risiken und Grenzen zu erkennen, aus verschiedenen Blickwinkeln zu betrachten, abzuschätzen und in seine Entscheidungen zu integrieren. Schließlich gehört als alles umfassende Fähigkeit die Koordinationsbegabung und Kreativität dazu, unter Beachtung der angeführten Elemente und unter Berücksichtigung der unterschiedlichen Sichtweisen einzelner Unternehmensbereiche eine eindeutige, klare, der Fortentwicklung der Bank dienliche Führungskonzeption entwickeln zu können.
- *Humanorientierte Fähigkeiten:*
  Die hier gestellten Anforderungen an die soziale Kompetenz des Bankmanager beziehen sich zunächst auf seine Befähigung zur Zusammenarbeit mit anderen Menschen innerhalb der Bank. Dieser Anspruch betrifft dabei gleichermaßen das gemeinsame Wirken der Führungskräfte im Kreise hierarchisch gleichgestellter Kollegen wie auch das Interaktionsverhalten gegenüber Vorgesetzten sowie das Führungsverhalten gegenüber hierarchisch nachgeordneten Mitarbeitern. Die Mitglieder der - Bankunternehmungsführung sollten dabei insbesondere die Fähigkeit besitzen, bei Menschen, mit denen sie zusammenarbeiten, den Willen zu vereinten Anstrengun-

[454] Vgl. Büschgen, H.E.: Bank-Unternehmungsführung, a.a.O., S. 58 f.

gen, die zur Realisierung der geschäftspolitischen Ziele erforderlich sind, hervorzurufen und zu erhalten (Motivationsfunktion). Darüber hinaus sind humanorientierte Fähigkeiten des Managers — nicht zuletzt aufgrund der besonderen Exponiertheit von Banken — auch für den zieladäquaten Umgang mit Vertretern unternehmensexterner Bezugsgruppen erforderlich.

Während eine entsprechende fachliche Ausbildung die Vermittlung problemlösungsorientierter Fähigkeiten weitgehend unproblematisch erscheinen läßt, stellen sich die humanorientierten und konzeptionellen Anforderungen an den Bankmanager aufgrund ihrer begrenzten Erlernbarkeit und starken Eigenschaftsbindung an die Persönlichkeit der potentiellen Führungskräfte als Engpaß der Managementqualifikation dar. Dabei ist allerdings zu berücksichtigen, daß den einzelnen Fähigkeitsarten auf den verschiedenen Ebenen der Managementhierarchie eine unterschiedlich starke Bedeutung zukommt. Während den problemlösungsorientierten Fähigkeiten mit zunehmender Hierarchiestufe eine zumindest tendenziell abnehmende Bedeutung zufällt, erfahren die konzeptionellen Fähigkeiten mit steigendem Hierarchielevel eine wachsende Bedeutsamkeit. So dürfte die konzeptionelle Begabung eines Bankvorstandes für sein Betätigungsfeld ungleich bedeutsamer sein als die Kenntnis fachlicher Details in einem bestimmten Unternehmensbereich. Hinsichtlich der humanorientierten Fähigkeiten ist demgegenüber zu konstatieren, daß diese angesichts der hohen Personenbezogenheit bankbetrieblicher Leistungserstellung auf allen Managementebenen gleichermaßen von Relevanz sind.

b) Rollen des Bankmanager

Die Aufgabenwahrnehmung des Bankmanager als Ausdruck eines Rollenverhaltens interpretierend lassen sich verschiedene Einzelrollen als Bündel normativer Erwartungen, die auf den Inhaber der Leitungsfunktion gerichtet sind, identifizieren.[455] Unter Berücksichtigung der Wechselbeziehung zwischen den Rollenerwartungen der relevanten Umwelt und dem eigenen Rollenverhalten muß der Inhaber einer Führungsposition im wesentlichen darum bemüht sein, folgende Rollenbilder effizient auszufüllen:[456]

- *Interpersonelle* Rollen des Bankmanager
  - Der Bankmanager als *Repräsentant*
    Bei der Rolle des Repräsentanten steht die *symbolische* Vertretung des Unternehmens oder — je nach hierarchischer Stellung — des Unternehmensbereichs im Außen- wie auch im Innenverhältnis durch den Bankmanager im Vordergrund. Ungleich bedeutsamer als die eigentliche, konkrete Aufgabenwahrnehmung ist hierbei die Präsenz des Managers als solche. (Beispiel: Der Filialdirektor nimmt sich der Beschwerde eines Kunden persönlich an, oder der Vorstand bedankt sich bei seinen Mitarbeitern für die erbrachte Leistung mit einem von allen Vorstandsmitgliedern unterschriebenen Dankschreiben zum Jahresende.)

[455] Vgl. hierzu und zum folgenden: Mintzberg, H.: The nature of managerial work, 2. Aufl., New York 1980, S. 33 ff.

[456] Vgl. Steinmann, H.; Schreyögg, G.: Management, 4. Aufl., Wiesbaden 1997, S. 16 ff.

  - Der Bankmanager als *Vorgesetzter*
    Kern dieser Rolle ist die Auswahl, Unterweisung, Betreuung, Motivation und Beurteilung der unterstellten Mitarbeiter. Zwischenmenschliches Sozialverhalten ist hierfür gleichermaßen bedeutsam wie fachliches Koordinationsgeschick. (Beispiel: Der Abteilungsleiter führt ein Beurteilungsgespräch mit einem Mitarbeiter, oder der Vorstand bittet die Unternehmensbereichsleiter um Erörterung der Quartalsergebnisse.)
  - Der Bankmanager als *Kontaktpfleger*
    Im Zentrum dieser Rolle stehen der Aufbau und die Aufrechterhaltung eines funktionsfähigen Beziehungsgeflechts zu unternehmeninternen wie –externen Kontaktpersonen. Die Pflege eines solchen, teilweise informellen Kommunikationsnetzwerkes dient dabei sowohl der Informationsgewinnung als auch der gezielten Einflußnahme auf das Meinungsbild in- und externer Gruppen. (Beispiel: Das Vorstandsmitglied einer Großbank übernimmt eine beratende Funktion als Sachverständiger der Bundesregierung, oder der Abteilungsleiter des Firmenkundengeschäfts tritt einem Diskussionskreis der Industrie- und Handelskammer bei.)
- *Informationelle* Rollen des Bankmanager
  - Der Bankmanager als *Informationssammler*
    Zu dieser Rolle gehört die fortlaufende Aufnahme und Sammlung unternehmensrelevanter Informationen formeller und informeller Art zur Ergänzung der institutionalisierten Informationsbeschaffungsverfahren der Marktforschung und Unternehmensanalyse[457], zu deren Zweck insbesondere auch auf das oben erläuterte Beziehungsnetzwerk zurückgegriffen werden kann. (Beispiel: Der Filialdirektor erfährt von einem befreundeten Unternehmer, daß sich ein ausländisches Handelsunternehmen im Einzugsbereich der Bank zu positionieren beabsichtigt.)
  - Der Bankmanager als *Informationsmittler*
    Im Mittelpunkt dieser Rolle steht die zielgerichtete Übermittlung und Allokation aufgenommener und interpretierter Informationen an die betroffenen Unternehmensbereiche und Mitarbeiter. (Beispiel: Der Filialdirektor unterrichtet die Firmenkundenabteilung von der zu erwartetenden Ansiedlung des Handelsunternehmens zur Erarbeitung einer Akquisitionsstrategie.)
  - Der Bankmanager als *Sprecher*
    Die Rolle des Sprechers fokussiert die *faktische* Vertretung der Bank gegenüber externen Gruppen und die damit verbundene Informationsabgabe an das Umsystem der Bankunternehmung. (Beispiel: Der Vorstand erläutert den Jahresabschluß im Rahmen einer Bilanzpressekonferenz.)
- *Entscheidungsorientierte* Rollen des Bankmanager
  - Der Bankmanager als *Unternehmer*
    Die unternehmerische Rolle des Bankmanager umfaßt die Initiierung und Realisation von Wandel und Innovation. Die Gestaltung von Veränderungsprozessen zur Nutzung sich bietender Chancen und Abwendung aufkommender Bedrohungen für die Bank beziehen sich dabei auf *geplante* Veränderungen, deren Vorge-

457 Vgl. hierzu ausführlich in diesem Teil drittes Kapitel Abschnitte B. II. und III.

hensweise auf einem längerfristigen, sorgfältig durchdachten Entscheidungsprozeß beruht. (Beispiel: Der Vorstand richtet ein Projektteam zur Vorbereitung auf die Europäische Währungsunion ein.)

- Der Bankmanager als *Problemlöser*
  Im Mittelpunkt dieser Rolle steht die Initiierung und Realisation *reaktiver* Veränderungen, als kurzfristige Reaktion auf *unmittelbar* anstehende Probleme, Bedrohungen und Gelegenheiten. (Beispiel: Der Leiter einer Kreditabteilung koordiniert die Erarbeitung eines Sanierungskonzeptes für einen insolvenz-bedrohten institutionellen Kreditnehmer.)
- Der Bankmanager als *Ressourcenzuweiser*
  Die Allokation von Ressourcen bezieht sich sowohl auf die eigenen zeitlichen Kapazitäten des Bankmanager im Sinne einer Entscheidung darüber, welchen Aufgabenstellungen sich die Führungskraft mit welcher Intensität widmet als auch auf die Zuweisung von Aufgaben und Kompetenzen an die Mitarbeiter sowie auf die selektive Zuteilung personeller, finanzieller und sachlicher Ressourcen auf die einzelne Unternehmensbereiche. (Beispiel: Der Vorstand beschließt einen deutliche Erhöhung des Personalbestandes im Bereich Risikomanagement.)
- Der Bankmanager als *Verhandlungsführer*
  Kern dieser Rolle ist die Vertretung der Bankunternehmung bei bedeutsamen Verhandlungen. (Beispiel: Der Vorstand verhandelt über die Übernahme einer ausländischen Bank.)

Wenngleich die aufgeführten Rollen grundsätzlich für alle Mitglieder der Bankunternehmungsführung Geltung erlangen, ist zu konstatieren, daß die einzelnen Handlungsmuster in Abhängigkeit von Hierarchieebene, Ressort und Persönlichkeit eine durchaus unterschiedliche Akzentuierung erfahren. So scheint das Betätigungsfeld eines Vorstandsmitgliedes augenscheinlich mit einer stärkeren Affinität zur Rolle des Repräsentanten einherzugehen als im Falle eines Projektmanagers, dessen Aktivitätsbereich seinerseits bereits ex definitione eine enge Anlehnung an die Rolle des Problemlösers erfährt. Darüber hinaus ist zu berücksichtigen, daß die individuelle Rollenwahrnehmung maßgeblich durch das Zusammenwirken von *Handlungszwängen, Restriktionen* und Möglichkeiten zur *Eigengestaltung* determiniert wird.[458] Während unter Handlungszwängen dabei solche Betätigungsfelder der Führungskraft zu verstehen sind, die zu den festverankerten Pflichtaufgaben des jeweiligen Stelleninhabers gehören, resultieren Restriktionen, die den Handlungsspielraum des Bankmanager begrenzen, überwiegend aus Formalvereinbarungen wie Satzungen, Betriebsvereinbarungen, Richtlinien usw. sowie aus Budgetbeschränkungen personeller, finanzieller und technisch-organisatorischer wie auch zeitlicher Art. Vor dem Hintergrund der angeführten Handlungszwänge und Restriktionen fokussiert der Terminus „Eigengestaltung" gewissermaßen als Residualgröße den zur freien Gestaltung durch den Bankmanager verbleibenden Aktivitätsraum. Durch die unterschiedliche Gewichtung und Variation dieser drei tätigkeitsbestimmenden

[458] Vgl. Steward, R.: A Model for Understanding Managerial Jobs and Behavior, in: Academy of Management Review, 1982, H. 7, S. 7–13, hier: S. 7 ff., sowie Steinmann, H.; Schreyögg, G.: Management, a.a.O., S. 15.

Komponenten findet die Rollenwahrnehmung des Bankmanager somit bereits in ihrer Rahmengebung eine individuelle Ausprägung.

C. Die strukturale Funktion des Bankmanagement

Die strukturale Dimension des Bankmanagement fokussiert die mit der „Organisation" der Bankunternehmung verbundenen Aufgabenbereiche. Ähnlich wie der Begriff „Management" wird auch der Begriff „Organisation" im deutschen Sprachraum recht unterschiedlich verwendet; zumeist wird zwischen einem funktionalen (*Tätigkeit des Organisierens*) und einem institutionellen (*Ergebnis der Tätigkeit*) Organisationsbegriff unterschieden[459]. Bezeichnet man — einem instrumentalen Organisationsbegriff folgend — die Gesamtheit der personen- und der maschinenbezogenen organisatorischen Regeln eines sozio-technischen Systems als Organisation, dann läßt sich das Verhältnis von Management und Organisation zunächst in der Form umschreiben, daß die Organisation den Rahmen bildet, innerhalb dessen das Management (Management als Institution) seine Aufgaben (Management als Funktion) durchführt. Wurde dieser Zusammenhang jedoch in der Vergangenheit im Sinne einer statischen Betrachtung vornehmlich so interpretiert, daß die organisatorische Struktur lediglich ein fixes, rahmengebendes Datum für die Bankunternehmung darstellt, ist diese Sichtweise nach heutigem Verständnis um die dynamische Komponente einer aktiven und kontinuierlichen Strukturgestaltung im Zeitablauf zu ergänzen.

I. Bestimmungsfaktoren der Aufbauorganisation von Banken

Die aus Gründen einer systematischen Vorgehensweise im allgemeinen vorgenommene (gedankliche) Trennung zwischen der Aufbau- und der Ablauforganisation basiert auf der Zweiteilung in „Beziehungslehre" zum einen und „Ablauflehre" zum anderen[460]. Befaßt sich die Ablauforganisation mit der Gestaltung von Arbeits- und Bewegungsvorgängen unter Einbeziehung der Dimensionen Zeit und Raum, so konzentriert sich die

---

[459] Vgl. u.a. Grochla, E.: Einführung in die Organisationstheorie, Stuttgart 1978, S. 12 ff.; Staehle, W.H.: Management, 2. Aufl., München 1985, S. 108 ff.

[460] Vgl. zu dieser Einteilung Nordsieck, F.: Grundlagen der Organisationslehre, Stuttgart 1934.

Aufbauorganisation auf institutionelle Probleme, wobei besonderes Schwergewicht auf die Gliederung der Unternehmung in systembildende Aufgabenträgereinheiten und deren Koordination gelegt wird. Dabei soll eine sinnvolle arbeitsteilige Gliederung und Ordnung der Handlungsprozesse in der Unternehmung durch Bildung und Verteilung von Aufgaben erreicht werden. Die der Ablauforganisation zuzurechnenden organisationstechnischen Methoden und Verfahren bleiben im folgenden weitgehend ausgeklammert; den Schwerpunkt bildet die Aufbauorganisation. Als Ausgangsbasis und Gestaltungsparameter, aber auch als einschränkende Nebenbedingung für zukünftiges zielgerichtetes Handeln anzusehen, stellt die Strukturierung der Aufbauorganisation ein entscheidendes Aufgabenfeld der Bankunternehmungsführung dar.

Angesichts der Unzulänglichkeit der früher üblichen monokausalen Erklärungsansätze zu Ausgestaltung und Erscheinungsform von Aufbaustrukturen innerhalb von Unternehmen überwiegen heute multikausale Erklärungsansätze[461]: Mit der Interpretation der Unternehmung als sozio-technisches System hat man auch erkannt, daß nicht ein Faktor allein maßgeblich ist. Vielmehr gilt es, sämtliche Faktoren, wie z.B. die Größe der Unternehmung, das Leistungsprogramm, die im Einsatz befindlichen Technologien, das Umsystem der Unternehmung, die Bedürfnisstruktur der Unternehmungsmitglieder ebenso wie die der Kunden sowie die oben behandelten rechtlichen Einflußfaktoren zur Erklärung heranzuziehen. Gerade der Bankbetrieb in seiner Funktion als Teil der „Geldseite“ einer Volkswirtschaft sieht sich einer Vielzahl von zielbestimmenden Ansprüchen aus dem In- und Umsystem gegenüber, die über ihre Auswirkungen auf sein Zielsystem nicht ohne Konsequenzen für seine Aufbauorganisation und damit auch auf seine Führungsstruktur bleiben. Als wesentliche Zielgrößen lassen sich neben einer hinreichenden Marktorientierung vornehmlich Kostengesichtspunkte, Koordinationsaspekte sowie personalbezogene Fragen der Motivation und Arbeitszufriedenheit hervorheben. Unter Berücksichtigung sich wandelnder Umfeldbedingungen spielen darüber hinaus auch die Anpassungsfähigkeit und Flexibilität der Strukturgestaltung eine übergeordnete Rolle.

II. Gestaltungsprinzipien der Aufbauorganisation

Die Klassifizierung der verschiedenen Formen der Arbeitsteilung, d.h. der Zerlegung von größeren Aufgabenkomplexen in Teilaufgaben und die Übertragung dieser Teilaufgaben auf bestimmte strukturelle Teileinheiten, erfolgt anhand bestimmter Kriterien[462]:

---

461 Vgl. z.B. Grochla, E.: Unternehmungsorganisation, Reinbek bei Hamburg 1972, S. 13 f.; Hill, W.; Fehlbaum, R.; Ulrich, P.: Organisationslehre 1, 2. Aufl., Bern, Stuttgart 1976, S. 333 ff.; Kieser, A.; Kubicek, H.: Organisation, 2, Aufl., Berlin, New York 1983, S. 216 ff.

462 Vgl. zum folgenden allgemein z.B. Grochla, E.: Unternehmungsorganisation, a.a.O., S. 178 ff.; speziell für Banken Büschgen, H.E.: Organisation der Kreditinstitute, in: Handwörterbuch der Organisation, hrsg. von E. Frese, 3. Aufl., Stuttgart 1992, Sp. 1189–1209 hier: Sp. 1197 ff.; Eich, D.: Die zielorientierte Organisation einer Universalbank aus systemtheoretischer Sicht unter besonderer Berücksichtigung ihres Managements, Köln o.J., S. 117 ff.

Als grundlegende Gliederungsprinzipien bieten sich einerseits das *Verrichtungsprinzip* und andererseits das *Objektprinzip* an.

1. Die funktionale Organisation nach dem Verrichtungsprinzip

Bei Anwendung des Verrichtungsprinzips erfolgt die Strukturierung der Aufbauorganisation auf der zweiten Hierarchieebene nach *Funktionen* oder *Tätigkeiten*. Während sich eine solche funktionale Organisationsform für Industrieunternehmen in Form der geradezu klassischen Differenzierung zwischen den Bereichen Forschung und Entwicklung, Beschaffung, Produktion, Absatz und Verwaltung anbietet, läßt sich das Verrichtungsprinzip aufgrund der besonderen Spezifika bankbetrieblicher Leistungen und deren Erstellung nur eingeschränkt auf den Bankbetrieb übertragen. So reduziert sich die in der Industrie übliche fünfgliedrige Aufschlüsselung der Funktionsbereiche für den Bankbetrieb aufgrund des aus den Eigenarten der Bankleistung resultierenden mangelnden Erfordernisses einer eigenständig institutionalisierten Forschungs- und Entwicklungsabteilung wie auch aufgrund der im Vergleich zur Industrie ungleich schwereren Separierbarkeit von Produktion und Distribution einerseits und Beschaffung und Absatz andererseits auf eine Zweiteilung zwischen dem Marktleistungs- und Verwaltungsbereich. Während sich eine weitere Aufgliederung nach dem Verrichtungsprinzip für den Verwaltungsbereich, der sowohl die Stabsabteilungen Recht, Personal, Revision, Volkswirtschaft oder EDV sowie die Hilfsbereiche Registratur, Geschäftsbuchhaltung, Expedition und Hausverwaltung umfaßt, zur Realisierung von Größen- und Spezialisierungsvorteilen als zweckmäßig und weitgehend unproblematisch erweist, gestaltet sich die weitere Strukturierung des Marktbereichs anhand funktionaler Kriterien schwierig. So haben sich denn auch in der Bankpraxis überwiegend Organisationsformen durchgesetzt, die den Marktbereich anhand des Objektprinzips untergliedern.

2. Die divisionale Organisation nach dem Objektprinzip

Bei der Strukturierung der Aufbauorganisation nach dem *Objektprinzip*, der sogenannten *divisionalen* Organisation, erfolgt die Aufgliederung der Unternehmensbereiche anhand der Objektbereiche bankbetrieblicher Tätigkeit. Als unterschiedliche Ausprägungsformen kommen dabei die Organisation nach *Leistungsarten*, die Organisation nach *Kundengruppen* und die Organisation nach *Regionen* in Betracht.

a) Organisation nach Leistungsarten

Die in der Bankpraxis lange Zeit vorherrschende Organisation des Marktbereichs nach Leistungsarten („Produkten"), die sogenannte „Geschäftsspartenorganisation", kann dergestalt erfolgen, daß innerhalb des Marktbereichs organisatorisch weiter in verschiedene Bereiche für Anlage- bzw. Finanzierungs- sowie Einlagenfazilitäten gegliedert wird. Für ein derartiges Vorgehen spricht, daß die Ansprüche an die Kenntnisse und Erfahrungen der Mitarbeiter einer Bank in Abhängigkeit von den abgesetzten Leistungen mitunter stark differieren. Der Vorteil einer Organisation nach Leistungsarten besteht demgemäß darin, daß die Mitarbeiter als Leistungsspezialisten über Lerneffekte ein Qualifikationsniveau erreichen, was sie den Kunden gegenüber als Experten für Finanzierungs- oder Geldanlageprobleme ausweist. Darüber hinaus wird bei dieser Organisationsstruktur ähnlich dem Verwaltungsbereich eine Form der Massen„fertigung" ermöglicht, die eine Kostendegression bewirkt. Derartige leistungsartenorientierte Konzeptionen vermögen jedoch insbesondere unter Marketinggesichtspunkten nicht voll zu überzeugen. Dies beruht zum einen darauf, daß Bankkunden in der Regel nicht eine isolierte Leistung, sondern gewöhnlich ein Leistungsbündel nachfragen, wobei nicht primär die Einzelleistung, sondern vielmehr das individuell auf die Kundenbelange zugeschnittene Leistungsbündel zur Kundenzufriedenheit führt. Finanzielle Fragen des Vermögensaufbaus oder der Alterssicherung sowie steuerliche Aspekte etwa können nur dann beantwortet werden, wenn umfassende Kenntnisse der finanziellen Situation des Kunden vorhanden sind. Zum anderen ist es bei einer an Leistungsarten ausgerichteten Organisationsform aber auch aus Bankensicht kaum möglich, zusätzliche Bedürfnisse des Kunden im Sinne eines cross-selling zu eruieren und entsprechende Leistungen des eigenen Hauses oder von Kooperationspartnern anzubieten. Wenngleich letztere Argumente eher für eine kunden- als eine leistungsartenorientierte Bankorganisation sprechen, so ist gleichwohl nicht zu verkennen, daß insbesondere spezielle Leistungen wie etwa solche im Immobilienbereich besondere Kenntnisse erfordern, die von einem mit allen Geschäften befaßten Kundenbetreuer gewöhnlich nicht erbracht werden können. In diesem Fall ist eine an Leistungsarten orientierte Organisationsform, die allerdings von einer an Kundengruppen ausgerichteten überlagert werden sollte, durchaus sinnvoll.

b) Organisation nach Kundengruppen

Gerade in jüngerer Zeit hat sich als marktorientiertes Organisationskonzept verstärkt eine Aufteilung der Aufgabenbereiche nach Kundengruppen herausgebildet, die unmittelbar an die im Rahmen der Marktpolitik durch die Marktsegmentierung generierte Zielgruppenbildung ansetzt[463]. Entsprechend können selbständige organisatorische Bereiche für gewerbliche und private Kunden gebildet werden. Darüber hinaus ist eine weitere Untergliederung dieser Gruppen nach der Art der von ihnen abgenommenen Leistungsbündel erwägenswert; dies entspricht etwa einer Untergliederung in organisatorische Bereiche für das breite Privatkundengeschäft, für die vermögende Privatkundschaft, für nicht emissionsfähige Unternehmen sowie für Großunternehmen. Die gezielte Ausrichtung der geschäftspolitischen Aktivitäten an den Bedürfnissen der anvisierten Zielgruppen durch Implementierung entsprechender organisatorischer Einheiten ermöglicht es, deren Bedürfnisse besser zu erkennen und „maßgeschneiderte" Problemlösungen anzubieten. Da der Kunde seine Finanzprobleme nicht mehr mit mehre-

[463] Vgl. hierzu in diesem Teil drittes Kapitel Abschnitt C. III. 1.

ren Spezialisten, sondern nur noch mit einem ihm zugewiesenen Betreuer erörtert, der ihn im Finanzierungs- und Anlagebereich umfassend kennt und entsprechend berät, kann darüber hinaus im Laufe der Zeit ein Vertrauensverhältnis aufgebaut werden, das angesichts der Abstraktheit und Erklärungsbedürftigkeit der Bankleistung von besonderer Bedeutung ist. Die Konditionenempfindlichkeit des Kunden könnte herabgesetzt werden, und er ist unter Umständen auch weniger bereit, Leistungen alternativ bei Mitwettbewerbern nachzufragen oder sogar die Bank zu wechseln. Des weiteren sind bei einer Organisationsform nach Kundengruppen ein Abbau von Zielkonflikten sowie bessere Leistungsanreize für die Entscheidungsträger zu erwarten, wenn die gesamte Kundenverbindung als Einheit betrachtet wird. Auch können Zeitverluste bei der Informationsweitergabe vermieden werden, weil eine kundenorientierte Organisationsform gewöhnlich eine kleinere Zahl von Entscheidungsträgern erfordert als etwa eine Organisation nach Leistungsarten. Voraussetzung für eine kundenorientierte Organisationsform ist allerdings, daß die Beziehung des Kunden zum Bankmitarbeiter über längere Zeit Bestand hat. Eine starke Mitarbeiterfluktuation ist entsprechend zu vermeiden oder durch die frühzeitige Einbeziehung eines Kollegen des Betreuers als Vertretungsinstanz zumindest abzumildern. Aufgrund ihrer begrenzten Spezialkenntnisse in sämtlichen Leistungsbereichen sollten die Kundenbetreuer darüber hinaus bei diffizilen Anliegen des Kunden, auf die Unterstützung von Leistungsartenspezialisten zurückgreifen können, um auch bei komplexeren Fragestellungen in der Lage zu sein, qualitativ hochwertige Problemlösungen anzubieten.

c) Organisation nach Regionen

Neben der divisionalen Organisation nach Leistungsarten und Kundengruppen sprechen auch Argumente für eine Organisation nach regionalen Kriterien. Grundsätzlich ist eine derartige organisatorische Gliederung dann sinnvoll, wenn regionale Besonderheiten stark oder sogar stärker wiegen als die Vorteile vorher behandelter Oganisationsformen. Unmittelbar einsichtig ist dies im Fall des Auslandsgeschäfts. Insbesondere bei Entwicklungs- und Staatshandelsländern sind die Unterschiede im politischen System wie auch im Wirtschafts- und Rechtssystem sowie in der Mentalität und Sprache der Bevölkerung derart gravierend, daß auf den verschiedenen hierarchischen Ebenen Spezialisten benötigt werden, die sich in den jeweiligen Regionen auskennen. Dies bedeutet auch, daß der Auslandsbereich mit den Filialen, Tochtergesellschaften und Beteiligungen mit mindestens einem Vertreter im Vorstand repräsentiert ist. Aber auch im Inland ist die Schaffung regionaler Zuständigkeiten in der Regel unerläßlich. Beispielsweise müssen Entscheidungen über den Einsatz von personellen Ressourcen und Sachmitteln in bestimmten Regionen, die dem Vertrieb verschiedener Arten von Bankleistungen bzw. der Betreuung unterschiedlicher Kundengruppen dienen (z.B. Zweigstellengründungen) organisatorisch geregelt werden. Andernfalls dürfte es aufgrund fehlender regionaler Zuständigkeiten keine für unterschiedliche Kundengruppen zuständige Filialen mehr geben, sondern nur noch Zielgruppenstützpunkte, die jeweils direkt dem regionalen und zentralen Zielgruppen-Manager unterstellt sind. Zielgruppenstützpunkte im letztgenannten Sinne gewinnen in jüngerer Vergangenheit zunehmend an Bedeutung. So gibt es Zweigstellen, die sich nahezu allein dem Geschäft mit vermögenden Privatkunden widmen, während andere vornehmlich das breite Privatkundengeschäft abwickeln.[464] Des weiteren rechtfertigt sich eine an Regionen ausgerichtete Organisation aber auch aufgrund divergierender regionaler Rahmen- bzw. Marktbedingungen wie etwa einer unterschiedlichen Wirtschaftskraft oder Branchenschwerpunkten in einzelnen Regionen. Insgesamt sollten die regionalen Zuständigkeiten jedoch gegenüber denen für bestimmte Leistungen bzw. Kundengruppen zurücktreten und primär nur dann zum Tragen kommen, wenn übergreifende Entscheidungen zu treffen bzw. Aufgaben zu erfüllen sind.

3. Die Erweiterung der divisionalen Organisation zum Profit-center-Konzept

Neben dem Problem einer nach unterschiedlichen Kriterien des Objektbereichs möglichen divisionalen Zuordnung von Aufgaben auf bestimmte Unternehmensbereiche stellt sich des weiteren die Frage, inwieweit sich die einzelnen Unternehmenseinheiten als eigenverantwortliche profit centers führen lassen.[465] Bei profit centers handelt es sich um eine Konzeption, bei der die jeweiligen Bereichsleiter — primär Kundengruppen- oder Leistungsgruppenmanager — mit weitgehender Entscheidungskompetenz und zugleich grundsätzlicher Ergebnisverantwortung für den zugeordneten Bereich ausgestattet sind. Profit centers stellen somit quasi selbständig agierende „Teilbanken" innerhalb der Gesamtbank dar.

Als Vorzüge einer bankspezifischen Profit-center-Organisation werden angeführt, daß Initiative, Erfolgsbewußtsein und Verantwortlichkeitsempfinden der Bereichsleiter gesteigert, die Aktivitäten der Bank unmittelbarer auf die Marktleistung der Teilbank konzentriert, auf Grund der größeren Kompetenzen der Profit-center-Leiter die Bankgeschäftsleitung mehr von Detailentscheidungen entlastet, durch kürzere Kommunikationswege die Reaktionsgeschwindigkeit von Anpassungsmaßnahmen zum Nutzen der Gesamtbank gefördert sowie die Heranbildung der Mitarbeiter von Angestellten zu solchen mit quasi Unternehmerqualitäten zum Nutzen der Gesamtbank gefördert werden. Für die Marktbereiche der Bank sind diese Vorzüge von Profit-center-Konzepten weithin akzeptiert. Insbesondere bei einer kundenorientierten Organisationsform und dem Einsatz der modernen Marktzinsmethode zur Kalkulation des Werterfolgs ist auch die grundlegende Voraussetzung von profit centers, daß nämlich Verantwortungsbereiche mit selbständigen Erfolgseinheiten kongruent sein müssen, weitgehend erfüllt.

Ein Problem beim Einsatz von Profit-center-Konzepten in Marktbereichen stellt allerdings die übliche Umlage der Verwaltungskosten bzw. der Kosten der Hilfsbereiche dar; das heißt die Belastung der profit centers mit Kosten, auf die sie unmittelbar kei-

---

464 Vgl. Slevogt, H.: Nach Kundengruppen divisionalisierte Absatzorganisation für Universalbanken, in: ÖBA, 1982, H. 1, S. 25.

465 Vgl. zum folgenden Büschgen, H.E.: Theorie und Praxis der Profit-center-Organisation, in: bank und markt, H. 2, 1975, S. 19 f.

nen Einfluß ausüben können. Unwirtschaftlichkeiten in den Verwaltungsbereichen etwa, die auch bei einer prozeßorientierten Standard-Einzelkostenrechnung nicht auszuschließen sind, werden somit auf die Marktbereiche „umgelegt". Um derartige Fehlsteuerungen zu vermeiden, wäre es grundsätzlich möglich, den profit centers die Entscheidung zu überlassen, Leistungen der eigenen EDV-Abteilung, volkswirtschaftlichen Abteilung oder Personalabteilung in Anspruch zu nehmen oder diese frei am Markt — von externen Anbietern — zu beschaffen. Letzteres Vorgehen führt jedoch im Extremfall zu einer Auslagerung von zentralen Verwaltungbereichen, also einem outsourcing.[466] Eine wirtschaftliche Eigenfertigung und eine Vermeidung von Fehlbelastungen der Marktbereiche kann jedoch auch dann gewährleistet werden, wenn die Marktabteilungen benötigte Verwaltungsleistungen zwar nicht am Markt frei beziehen können, für interne Verwaltungsleistungen allerdings höchstens die Marktpreise externer Anbieter und keine Standardkosten angesetzt werden. In diesem Fall können auch die Verwaltungsbereiche als profit centers geführt werden.

D. Die prozessuale Funktion des Bankmanagement

I. Ziele und Zielsysteme in Bankunternehmen

1. Zielformulierung als Entscheidungsprozeß

Ziele sind normative Aussagen eines Entscheidungsträgers, die einen gewünschten, von ihm oder anderen Personen anzustrebenden zukünftigen Zustand der Realität beschreiben.[467] Aus dem Wissen über Ziele und ihrer Akzeptierung resultiert für das Individuum die Aufforderung, sie als subjektives Soll zu erfüllen. Für eine Gemeinschaft bzw. betriebliche Organisationsform „Bankunternehmung" wird das gemeinsam Angestrebte zum objektiven Sollen und kann bei institutionalisierter Fixierung, so z.B. in Satzungen oder Direktiven, den Rang des objektivierten Sollens erreichen. Sinnverwandt zum Zielbegriff werden gelegentlich auch Begriffe wie Maxime, Vorschrift, Grundidee, Leitgedanke oder auch Prinzip verwendet.

Da Ziele ein Soll ausdrücken, an dem ein zukünftiges Verhalten gemessen wird, sind sie als „Werturteile" bzw. präskriptive Sätze zu begreifen. Sie können durch empirische Beobachtungen nicht verifiziert oder falsifiziert, sondern nur bejaht oder abgelehnt bzw.

---

466 Vgl. z.B. Bühner, R.; Tuschke, A.: Outsourcing, in: DBW, 57. Jg. (1997), S. 20–30.

467 Vgl. zum folgenden Andrä, B.O.: Die Zielhierarchie des Betriebes, Bern, Frankfurt a.M. 1975, S. 17 ff.

auch in ihrer situationsspezifischen Bedeutung abgeschätzt werden. Doch ändert die Tatsache, daß bestimmte Bankzielsetzungen katalogmäßig aufzählbar sind, nichts daran, daß als Ziele formulierte Sollvorstellungen stets entscheidungsabhängige Plangrößen darstellen, die ständige Anpassungen an veränderte inner- und außerbetriebliche Daten erfordern. Es kann daher auch nicht von real existierenden, einmal vorgegebenen, allgemeingültigen Handlungsanweisungen ausgegangen werden, sondern vielmehr ist von einem permanent andauernden Zielbildungsprozeß auszugehen, an dem zahlreiche Entscheidungsträger beteiligt sind. Da diese aber sehr unterschiedliche, nicht von vornherein miteinander harmonierende Zielvorstellungen verfolgen, sind die widerstrebenden Interessen zu einem Ausgleich zu bringen. Der Zielbildungsprozeß einer Bank wird somit fast immer einen steten, auf Kompromißlösungen abstellenden „Verhandlungsprozeß“ darstellen, bei dem die Interessen Einzelner bzw. diejenigen von Gruppen in sehr unterschiedlichem Maße Berücksichtigung finden.

Beschränkt man die Betrachtungen auf erwerbswirtschaftlich ausgerichtete Banken, so stehen die Kapitaleigner im Zentrum unternehmerischer Willensbildung. Ihr Streben nach (angemessener) Verzinsung des eingesetzten Kapitals ist im Regelfall von ausschlaggebender Bedeutung für die Formulierung übergeordneter Ziele. Den Zentren der Willensbildung sind ferner Organe der Geschäftsleitung sowie diese im Auftrag der Eigentümer oder anderer Interessengruppen überwachende Aufsichts- und Kontrollorgane zuzurechnen. Daneben treten verstärkt Arbeitnehmer und deren Vertreter als Beteiligte unternehmerischer Zielformulierung auf.

Ohne damit den Kreis potentiell am Zielbildungsprozeß Beteiligter vollständig erfaßt zu haben, sollte festgehalten werden, daß eine Vielzahl von Individuen bzw. Gruppen mit sehr unterschiedlicher Handlungsmacht und Handlungsintention den Zielbildungsprozeß innerhalb einer Bank prägt und daß ungeachtet der Zielkompromisse, die ihren Niederschlag in unternehmungsindividuell geprägten Zielsystemen finden, Gruppen- und Individualziele weiterhin wirksam bleiben und maßgeblich die Umsetzung bzw. Umsetzbarkeit bankunternehmungsbezogener Ziele beeinflussen.

2. Erfassung und Ordnung bankbetrieblicher Ziele in einem Zielsystem

Das Zielsystem[468] einer Bank kann als geordnete Gesamtheit von Zielelementen aufgefaßt werden, zwischen denen horizontale bzw. vertikale Beziehungen bestehen oder hergestellt werden können. Die Ordnung von Zielen, die immer dann anzustreben ist, wenn mehrere Ziele gleichzeitig verfolgt werden, läßt hierbei eine Unterscheidung in die äußere Struktur eines Zielsystems, gekennzeichnet durch horizontale und vertikale Beziehungen, und die innere Struktur, die an eine operationale Beschreibung einzelner Zielelemente anknüpft, zu.

---

468 Vgl. allgemein Hauschildt, J.: Zielsysteme, in: Handwörterbuch der Organisation, hrsg. von E. Grochla, 2. Aufl., Stuttgart 1980, Sp. 2419–2430.

Betrachtet man zunächst die *horizontalen* Beziehungen von hierarchisch gleichgestellten Zielen, so kann zwischen diesen Zielneutralität, Zielantinomie, Zielkomplementarität oder Zielkonkurrenz vorliegen.[469] Zielneutralität oder auch Zielindifferenz liegt vor, wenn die Erfüllung eines Ziels keinen Einfluß auf die Verfolgung eines anderen Ziels hat. Für praktische Überlegungen ist davon auszugehen, daß Zielneutralität nur innerhalb eines bestimmten sachlichen und zeitlichen Bereiches gilt, außerhalb dessen Konkurrenz- oder Komplementärrelationen vorliegen. Von Zielantinomie oder inkompatiblen Zielen spricht man, wenn multivariable Ziele angestrebt werden, deren Komponenten sich gegenseitig ausschließen. Bei Vorliegen komplementärer Zielbeziehungen bewirkt die positve Erfüllung des einen Ziels auch eine wachsende Erfüllung eines anderen Zielelementes. Komplementäre Ziele lassen regelmäßig die Bildung von Zielhierarchien bzw. Zielpyramiden zu, bei denen hierarchisch tiefer angesiedelte Zielelemente in unmittelbarer Zweck-Mittel-Relation zu übergeordneten Zielen stehen. Liegt hingegen Zielkonkurrenz vor, so führt die fortschreitende Erfüllung des einen Ziels zur wachsenden Nichterfüllung eines anderen. Ihre Ordnung verlangt besondere Aufmerksamkeit und ein anderes Instrumentarium zur Zielordnung. Zur Strukturierung gegenläufiger Ziele bedient man sich üblicherweise des Nutzenkonzeptes oder des Nebenbedingungskonzeptes. Das Nutzenkonzeptverfahren transformiert konträr gerichtete Ziele in eine gemeinsame übergeordnete Zieleigenschaft, den „Nutzen". Hierbei wird von der Vorstellung ausgegangen, daß keines der Zielelemente absoluten Vorrang genießt, sondern daß die Mindererfüllung des einen Ziels durch die Übererfüllung eines anderen ausgeglichen wird. Für den eigentlichen Bewertungsvorgang wird üblicherweise auf Scoring-Verfahren zurückgegriffen. Genießt hingegen ein Ziel absoluten Vorrang gegenüber anderen, so ist das Nebenbedingungskonzept für die Ordnung der Ziele zu wählen. Hierbei werden für das wichtigste Ziel — u.U. auch für mehrere zentrale Ziele — Mindestnormen oder auf jeden Fall erreichbare Grenzwerte festgelegt. Die Erreichung konfligierender Ziele ist dann nur insoweit wünschenswert, als diese Normen zumindest eingehalten werden. Nutzenkonzept und Nebenbedingungskonzept sind aber keine sich ausschließenden Verfahren zur Zielordnung, sondern werden in neueren Ansätzen vielfach miteinander kombiniert.

Zielbeziehungen bestehen, wie bereits angedeutet, nicht nur auf horizontaler Ebene, sondern auch zwischen den Zielen einer *vertikalen* „Zielkette" innerhalb des Zielsystems. Die Erreichung der an oberster Stelle eines Zielsystems befindlichen Ziele, sog. „Oberziele" oder „Primärziele", erfordert dabei die Erfüllung hierarchisch tiefer liegender Ziele verschiedener Ranghöhe — entsprechend auch als Sekundär-, Tertiär- usw. Ziele bezeichnet. Diese sind einerseits Mittel zur Erreichung übergeordneter Zielvorgaben, können andererseits aber wiederum als Zielvorschrift für nachgeordnete Normvorstellungen fungieren. Es entsteht so eine Zielhierarchie, die sich, ausgehend von obersten Unternehmungszielen, mit abnehmendem Zielrang in immer tiefer liegende Ziele verästelt. Die Verfolgung untergeordneter Ziele stellt dabei ein adäquates Mittel zur Erreichung eines übergeordneten Ziels dar, wenn zwischen diesen entweder Komplemen-

469 Vgl. zum folgenden Heinen, E.: Einführung in die Betriebswirtschaftslehre, 8. Aufl., Wiesbaden 1982, S. 101 ff.

tärbeziehungen vorliegen oder aber trotz konfligierender Zielrelationen das übergeordnete Ziel in einem akzeptabel erscheinenden Ausmaß realisierbar erscheint.

Hierbei darf nicht übersehen werden, daß die bisherigen Ausführungen sich lediglich auf ein — ggf. in weitere Subsysteme zerlegbares — Zielsystem beziehen. Für die Erfassung bankunternehmerischer Gestaltungsaufgaben steht dabei das Zielsystem der Bank im Mittelpunkt der Betrachtungen. Darüber hinaus sind aber auch individuelle Ziele der Bankmitarbeiter bzw. Gruppenzielsysteme als handlungsbestimmende Normen anzusprechen. Deren Strukturen und deren Beziehungen zum Zielsystem der Bank, das bereits als Kompromißlösung der am Zielbildungsprozeß Beteiligten bezeichnet wurde, sind aber ebenfalls relevant, will man ein realitätsnahes Abbild der Unternehmungsziele zeichnen.

Beschränkt man die weiteren Ausführungen auf das Zielsystem der Bank, so wird dieses ein zielverwirklichendes Verhalten nur dann zulassen, wenn die einzelnen Zielkomponenten (Zielelemente) operational und operabel formuliert sind. Ein Ziel ist operational, wenn es hinsichtlich Zielinhalt, Zielausmaß, Zielzeitbezug und Zielbereich hinreichend genau beschrieben ist. Nach dem Kriterium „Zielinhalt" muß das Zielobjekt in qualitativer Hinsicht eindeutig und verständlich präzisiert werden. Das „Zielausmaß" ist dann operational fixiert, wenn meßbare, überprüfbare Zielwerte formuliert werden, anhand derer geplante und tatsächliche Zielerreichungsgrade festgestellt werden können. Die Fixierung des Zielausmaßes beinhaltet das wichtigste und zugleich problematischste Bestimmungselement operationaler Zielsetzung; zur Meßbarkeit von Zielerreichungsgraden finden im weiteren Sinne Kardinal-, Ordinal- oder Nominalskalen Anwendung. Bei Nominalskalen ist lediglich eine qualitative Zielidentifizierung möglich. Ordinalskalen erlauben eine Rangreihung, ohne indessen die zwischen ihnen herrschenden Abstände angeben zu können. Dies leistet die Kardinalskala, wobei hier insbesondere Geldeinheiten als Maßstab dienen. Das Kriterium „Zielzeitbezug" bezieht sich auf den Zeitpunkt bzw. Zeitraum, auf den sich die Zielfixierung bezieht. Von der „Operationalität" einer Zielgröße bzw. eines Zielsystems ist die „Operabilität" zu unterscheiden. Ziele sind operabel, wenn sie für den Einzelnen befolgbar sind bzw. eine klare Normsetzung für sein Verhalten möglich ist.

3. Zielkonkretisierung in der (Universal-)Bank

a) Typisierung und Erfassung bankwirtschaftlich relevanter Zielelemente

Grundsätzlich lassen sich Unternehmungsziele in Sachziele und Formalziele unterteilen.[470] Den Ausgangspunkt jeder Betätigung am Markt bildet dabei die Definition des *Sachziels*, das sich inhaltlich auf den Gegenstand der Unternehmung, mithin auf die zu erstellenden, absatzfähigen Güter und Dienstleistungen bezieht. Dementsprechend kon-

---

470 Vgl. zum folgenden Büschgen, H.E.: Bank-Unternehmungsführung, a.a.O., S. 87 ff.

kretisiert sich das Sachziel der Bank in den Komponenten des Leistungsprogramms, die in marktwirtschaftlichen Systemen aufgrund bankautonomer Entscheidungen zusammengestellt werden.

Im Unterschied zu Sachzielen, die an die Leistungserbringung anknüpfen, beziehen sich *Formalziele*[471] auf jene unternehmungsindividuell festzulegenden Maßstäbe, anhand derer die Ergiebigkeit — der ökonomische Erfolg — unternehmerischen Handelns zum Ausdruck kommt. Durch Formalziele werden Dispositionen über knappe Mittel unter das Prinzip der Wirtschaftlichkeit gestellt, so daß sie die Relationen von Mitteleinsatz und Ergebnis determinieren. Ihre jeweilige Ausprägung und relative Gewichtung liefern Kriterien zur Bewertung und Auswahl alternativer Handlungsweisen.

Dabei sollte nicht übersehen werden, daß Formalziele — so insbesondere bei Sparkassen- und Genossenschaftsbanken — aufgrund gesetzlicher und satzungsmäßiger Normen zumindest de jure vorgegeben sind und zuweilen unter systembildenden Aspekten als wesentliches Differenzierungsmerkmal einzelner Bankgruppen herangezogen werden. Den öffentlich-rechtlichen Instituten sind Auftragsziele vorgegeben, die ihre Entstehung dem Prinzip staatlicher Daseinsfürsorge verdanken. Entsprechend findet sich in ihren Satzungen das Gemeinnützigkeitsprinzip verankert, das besagt, daß die Gewinnerzielung nicht Hauptzweck des Geschäftsbetriebes sein dürfe und daß dem als „öffentlicher Auftrag" apostrophierten Aufgabenkatalog dieser Banken eine vorrangige Stellung einzuräumen sei. Im Bereich der Genossenschaftsbanken findet die Formalzielausrichtung — ohne jedoch näher konkretisiert zu sein — ihre Festlegung im Förderungsauftrag des § 1 GenG. Die hier fixierte Leitmaxime genossenschaftlicher Banktätigkeit sieht die „Förderung des Erwerbes oder der Wirtschaft ihrer Mitglieder mittels gemeinschaftlichen Geschäftsbetriebes" vor.

Zieht man für die Ermittlung bankbetrieblicher Formalziele das bankwissenschaftliche wie auch -praktische Schrifttum heran, so ergibt sich, daß hier üblicherweise Größen wie Gewinn bzw. — relativiert — Rentabilität, Liquidität und Sicherheit angeführt werden. Der Zielcharakter der beiden letztgenannten Elemente ist allerdings nicht unumstritten, da Liquidität und Sicherheit als strikt einzuhaltende Nebenbedingungen — nicht als eigenständige Zielvariablen — aufgefaßt werden können. Des weiteren werden als Formalziele die Aufrechterhaltung oder Vergrößerung der Eigenkapitalquote, die Stabilisierung oder Erweiterung des Marktanteils sowie die Pflege des standing genannt.

Von Relevanz ist ferner eine Unterscheidung in quantitative und qualitative Bankunternehmungsziele. Diese Unterscheidung richtet sich danach aus, ob es sich um zahlenmäßige oder um artmäßige Ziele handelt. *Quantitative* Ziele sind solche, denen sich eindeutig Zahlenwerte zuordnen lassen. Diese absolut wie relativ fixierbaren Vorgaben können sich sowohl auf Geldeinheiten beziehen, z.B. „Gewinnsteigerung um x %", oder auch (seltener) Mengeneinheiten als Bezugsbasis haben, z.B. „Steigerung der Sparkontenanzahl um y Konten". Hingegen lassen sich *qualitativen* oder nicht quantifizierbaren Zielen unmittelbar keine konkreten Zahlenwerte zuordnen. Beispiele sind etwa „Wah-

---

[471] Vgl. hierzu ausführlicher Leupold, E.W.: Die Planung der Formalzielkonzeption in Universalbanken, Köln o.J., S. 17 ff.

rung eines gewissen standing und image“ oder „Verbesserung des Betriebsklimas“. Ungeachtet ihres nicht quantifizierbaren Charakters müssen aber Kriterien gefunden werden, die eine Operationalisierung zulassen, da anderenfalls die Zielsetzung zu wenig operabel ist. Hierbei sind Verfahren wünschenswert, die eine Transformation in quantitative, kardinal meßbare Größen zulassen, doch wird man sich oft mit Ordinal-, ungünstigenfalls eben auch mit Nominalskalierungen begnügen müssen, etwa in der Form: „Die Qualität des Bankleistungsprogramms muß verbessert werden“, oder: „Es soll beim Kunden das image eines leistungsstarken, flexiblen und fairen Partners entstehen“.

Ferner sind in der Bank monetäre und nichtmonetäre sowie ökonomische und außerökonomische Zielsetzungen anzusprechen. *Monetäre* Ziele lassen sich in Geldgrößen ausdrücken. Beispiele sind etwa das Gewinnziel oder Deckungsbeitragsvorgaben für die Subzielsysteme der Bank. Hingegen erlauben *nichtmonetäre* Ziele, die ebenfalls eine bedeutende Rolle spielen, keine Quantifizierung in Geldeinheiten, so z.B. prozentuale Marktanteilsvorgaben sowie im Grunde alle qualitativen Zielsetzungen. Hiervon zu unterscheiden sind *ökonomische* und *außerökonomische* Ziele, deren Abgrenzung darauf abstellt, ob die bankbetrieblichen Ziele aus der (unmittelbaren) wirtschaftlichen Sphäre stammen oder nicht. Außerökonomische Ziele sind z.B. das Streben nach einem guten image oder das Streben nach Unabhängigkeit.

Darüber hinaus sind sogenannte *Sozialziele* als eigenständiger Zieltyp neben Formal- und Sachzielen anzusprechen, die ebenfalls auf außerökonomische Wirkungen wirtschaftlicher Prozesse abstellen und Prinzipien für sittlich begründetes, verantwortliches Handeln im Sozialbereich festlegen. Sozialziele, die insbesondere bei wachsender Einflußnahme der Bankmitarbeiter am Willensbildungs- und Zielformulierungsprozeß an Bedeutung gewinnen dürften, finden in der bankwirtschaftlichen Literatur und Praxis nur wenig Aufmerksamkeit. Ursachen hierfür mögen sein, daß sie sich einer Operationalisierung weitgehend entziehen und in Konkurrenz zu ökonomischen Zielen stehen, von denen sie überlagert werden.

b) Zielannahmen der klassischen Bankbetriebslehre

Die traditionelle Bankbetriebslehre geht implizit oder explizit von dem Rentabilitäts-, dem Sicherheits- und dem Liquiditätsstreben als den drei Oberzielen bankbetrieblicher Tätigkeit aus.[472] Dabei werden keine einheitlichen Aussagen über die mögliche Rangordnung zwischen diesen drei Zielen getroffen. Vielmehr besteht in der Literatur bei der Gewichtung dieser Ziele wenig Übereinstimmung.

Besondere Aufmerksamkeit erfuhren aber das *Liquiditätsziel* sowie dessen Ausformulierung zur „Goldenen Bankregel“[473] und deren Fortentwicklungen, die teilweise ihren Niederschlag in Normen des Kreditwesengesetzes gefunden haben. Zweifellos hat die überragende Bedeutung des Liquiditätsproblems für Banken mit dazu geführt, dem Streben nach jederzeitiger Liquidität einen hervorgehobenen Stellenwert im Rahmen der Bankgeschäftspolitik zu sichern. Doch kann wohl davon ausgegangen werden, daß die

472 Vgl. Büschgen, H.E.: Bankbetriebslehre, a.a.O., S. 22.

473 Vgl. hierzu in diesem Teil fünftes Kapitel Abschnitt D. I. 4. a) (2) (b) (bb).

erwähnten bankunternehmerischen Dispositionsregeln spezielle Entscheidungsregeln darstellten und noch darstellen, ohne daß dadurch auf eine Vernachlässigung anderer Zielgrößen geschlossen werden darf. Die Verfolgung anderer bankbetrieblicher Ziele ist jedoch wohl nie durch eine ähnlich markante Entscheidungsregel explizit verdeutlicht worden, wie das Liquiditätsziel mit Hilfe der „Goldenen Bankregel".

Ungeachtet der Tatsache, daß die Bankbetriebslehre inzwischen nachgewiesen hat, daß die Aufrechterhaltung der jederzeitigen Liquidität im wesentlichen von anderen Faktoren abhängt als von der Einhaltung starr formulierter Grundsätze zur Fristenstruktur der Aktiva und Passiva, sind starke Zweifel anzumelden, ob die Liquidität jemals ein bankbetriebliches Ziel an sich gewesen ist. Vielmehr scheint es nahezuliegen, daß das Liquiditätsstreben immer eine conditio sine qua non war, die bankunternehmerische Entscheidungsträger bei der Verfolgung anderer übergeordneter Ziele einhalten mußten, da andernfalls, bei Insolvenz, die Existenzberechtigung des Instituts im Rahmen der bestehenden Wirtschaftsordnung in Frage gestellt wäre.

Klammert man auch das Streben nach *Sicherheit* (Risikovermeidung) als eigenständige bankbetriebliche Zielsetzung aus, wie es ja auch in der heutigen Bankbetriebslehre geschieht, so verbleibt von den traditionellen Zielannahmen noch das *Rentabilitätsstreben* bzw. das *Gewinnstreben*. Jedoch kann heute auch das Gewinnstreben, zumindest in seiner Ausprägung als Gewinnmaximierung, nicht mehr als alleiniges Ziel der Bank angesehen werden. Es sind im wesentlichen drei Gründe, die Anlaß zur Kritik geben: die empirisch belegte Vielfalt möglicher bankbetrieblicher Zielentscheide, der Einfluß der Ungewißheit auf bankbetriebliche Planungsprozesse sowie der (zunehmende) Einfluß der Bankorganisation auf die Zielfixierung.[474]

c) Ausgangspunkt der neueren Bankbetriebslehre

Obwohl sich auch in der Bankbetriebslehre die These von der Gewinnmaximierung als der bankbetrieblichen Zielsetzung schlechthin sehr lange halten konnte, wendet man sich in neuerer Zeit endgültig von dieser engen Annahme als Erklärungshypothese ab. Statt des monovariablen Extremierungsansatzes wendet man sich heute vielmehr multivariablen Satisfizierungsansätzen zu, wobei für einzelne Zielsetzungen nicht Minimierungs- oder Maximierungsvorschriften, sondern im Zeitablauf anpaßbare *„Anspruchsniveaus"* formuliert werden.[475] Mögliche Oberziele können dabei z.B. die Erzielung eines angemessenen Gewinns, die Erreichung eines angestrebten Eigenkapitals oder die Erhöhung von Marktanteilen sein.

Die Gewinnerzielung wird hier ausdrücklich nicht im Sinne der Maximierungsthese aufgefaßt, sondern als eine starke Antriebskraft bankbetrieblichen Handelns. Die Bedeutung des Gewinnziels rührt daher, daß die Bank bestrebt sein muß, Ansprüchen gerecht zu werden, die sich an eine Überschußerzielung richten. Der „angemessenen" Gewinnausschüttung und der Bildung offener Rücklagen kommt dabei eine besondere Bedeutung zu. Der Gewinn dient regelmäßig auch als Maßstab für den absolut wie relativ darstell-

---

474 Vgl. ausführlicher Kolbeck, R.: Bankbetriebliche Planung, Wiesbaden 1971, S. 67 ff.

475 Vgl. Kolbeck, R.: Bankbetriebliche Planung, a.a.O., S. 81 ff.

baren Erfolg wirtschaftlichen Handelns und der Sicherheit der Bank. Die Erzielung eines Gewinns ist ferner von Bedeutung bei der Erfolgsbeteiligung des Bankmanagement und anderer Bankmitarbeiter.

Die Hervorhebung des Eigenkapitals bzw. seines Anteils am Gesamtkapital als eigenständige Oberzielgröße resultiert zunächst aus der Risikoträgerfunktion gegenüber den Gläubigern im Fall von Unternehmungsverlusten. Die Bedeutung des Eigenkapitals muß aber auch vor dem Hintergrund spezifischer Normen des Kreditwesengesetzes gewürdigt werden, die eine „angemessene" Haftungskapitalausstattung zur Bedingung für die Existenz und das Wachstum einer Bank machen. Weiterhin wird dem Eigenkapitalanteil eine Akquisitionswirkung zugeschrieben, die darin gesehen werden kann, daß ein hoher Eigenkapitalanteil vertrauensbildend auf die Öffentlichkeit wirkt.

Neben dem Gewinnstreben wird den Zielvariablen Marktanteil bzw. Marktposition, die sich oft hinter dem Wachstumsstreben verbergen, prioritätische Bedeutung innerhalb des Zielsystems einer Bank zugewiesen. Dies mag einmal darin begründet liegen, daß die vorhandenen technischen und finanziellen Kapazitäten nach Ausnutzung verlangen und daher das in den einzelnen Geschäftsarten erreichte Volumen in etwa erhalten bleiben muß, wenn nicht Störungen im strukturellen und organisatorischen Gefüge einer Bank eintreten sollen. Zum anderen — und dieser Punkt scheint noch wichtiger zu sein — dokumentieren sich in den Marktzielen die Kundenbeziehungen und das Vertrauen der Öffentlichkeit zu einer Bank.

In der Literatur wird zuweilen dem Marktziel im Sinne von Markterweiterung ein stärkeres Gewicht als dem Gewinnstreben beigemessen. Dabei wird unterstellt, daß Gewinn und Marktanteil im Rahmen der strategischen Planung einer Zweck-Mittel-Relation unterliegen, in der der Gewinn der Realisation des Markterweiterungszieles dient. Einer solchen Gewichtung dieser beiden Zielvariablen ist jedoch entgegenzuhalten, daß eine langfristige Markterweiterungskonzeption letztlich auch die zusätzliche Gewinnerzielung implizit miteinbezieht, so daß Gewinnstreben und Markterweiterung langfristig gleichrangig sein werden. Hingewiesen sei noch darauf, daß von den am Zielsetzungsprozeß beteiligten Personen besonders die für den Absatzbereich zuständigen Entscheidungsträger Wert auf die Zielvariable Marktanteil legen, da sie im Erreichen dieser Zielvariablen eine Bestätigung für ihre eigenen Fähigkeiten und die Richtigkeit ihrer Geschäftspolitik sehen.

Zur Verwirklichung der Oberziele ist nun denkbar, das Gesamtsystem „Bank" in eine Anzahl von Subsystemen zu zerlegen. Werden diese nach den jeweilig zu steuernden Beziehungen abgegrenzt, so können folgende Bereiche Gegenstand aufeinander abstimmbarer Partialzielbereiche sein[476]:

- der interne Bereich, wobei dieses Subsystem die Beziehungen zwischen den produktiven Faktoren im Leistungserstellungsprozeß zu regulieren hätte;
- der Absatzbereich, dessen Subzielsystem die Beziehungen zu (potentiellen) Kunden festzulegen hätte;

476 Vgl. Siewert, K. -J.: Bankbetriebliche Marktpolitik, Berlin 1983, S. 29.

- der Interbankenbereich, in dem das anzustrebende geschäftliche Verhältnis zu anderen Banken zu fixieren wäre;
- der Subordinationsbereich, für den Ziele hinsichtlich der Beziehungen zur Deutschen Bundesbank und zum Bundesaufsichtsamt für das Kreditwesen zu formulieren sind;
- der Sozialbereich, dessen Subsystem vornehmlich mitarbeiterbezogene wie aber auch umweltbezogene Sozialziele aufzunehmen hat.

Jedes der Subsysteme hat als integraler Bestandteil des Gesamtsystems die Aufgabe, die ihm zugeordneten Beziehungen so zu gestalten, daß es über diese seinen spezifischen Beitrag zur Erreichung oberster Bankunternehmungsziele leisten kann. Dabei kommt den einzelnen Teilzielsystemen oder Subzielsystemen aber nicht die gleiche Bedeutung zu. Im Hinblick auf die Oberziele Gewinn und Markterweiterung wird vielmehr dem internen Bereich und dem Absatzbereich eine besondere Bedeutung beigemessen.

Konzentriert man sich im folgenden auf das Gewinn- und das Markterweiterungsstreben als gleichrangige Oberziele und unterscheidet man in eine interne Leistungs- (Betriebs-) und eine externe Leistungs-(Geschäfts-)sphäre als Zielobjektbereiche, so können — dem Satisfizierungsansatz folgend — Erlössteigerungs- und Kostensenkungsziele den obersten Zielen als gleichrangige Unterziele zugeordnet werden. Da in beiden Zielobjektbereichen einerseits Kosten (Betriebs- und Wertkosten) und andererseits Erlöse (Betriebs- und Werterlöse) entstehen, betreffen die Unterziele Kostensenkung und Erlössteigerung beide Sphären. Unter Hinzuziehung von Begriffen der Kosten- und Erlösrechnung der Bank können aus beiden Unterzielen die Kosten- und Erlöselemente hervorgehoben werden, die jeweils einer der Sphären zugeordnet sind: Dem Unterziel Kostensenkung können dann als weitere Subziele die Verminderung der Betriebskosten sowie die Verminderung der Wertkosten zugeordnet werden und dem Unterziel Erlössteigerung die weiteren Subziele Erhöhung der Betriebserlöse sowie Erhöhung der Werterlöse.[477]

Mit Blick auf den Absatz in käuferdominierten Märkten gewinnen in jüngerer Zeit „Marketing-Ziele" zunehmend an Bedeutung. Hierbei ist jedoch zu beachten, daß eine Zuordnung des Marketing zu einzelnen (Bereichs-)Zielvariablen des bankunternehmerischen Zielsystems nur schwer möglich ist, wenngleich der Marketing-Gedanke aus der Suche nach weiteren Möglichkeiten der Gewinnerzielung, hier insbesondere aus dem Streben der langfristigen Markterweiterung und -sicherung, hervorgegangen ist. Rein einzelwirtschaftlich betrachtet ist das Marketing in der Bank jedoch kein Ziel, sondern besitzt eher instrumentellen Charakter. Es kann eher als (übergreifende) Denkweise oder Grundeinstellung („Philosophie") betrachtet werden, die fast alle bankbetrieblichen Ziele beeinflußt. Aus diesem Blickwinkel betrachtet, ist dann ein Marketing-Denken in der Bank mehr der allgemeinen Bankunternehmungsphilosophie zuzurechnen, ohne daß eine Zuordnung zu den bankbetrieblichen Einzelzielen explizit zu erfolgen hat.

Neben dem hier dargestellten Zielkatalog werden — besonders von der Bankpraxis — noch weitere Ziele, die oft nur mittelbare Beziehungen zum Gewinn-, Markterweiterungs- und Eigenkapitalstreben haben, als Bestandteile eines realistischen Anspruchsni-

[477] Zum internen Rechnungswesen der Banken vgl. Abschnitt A des fünften Kapitels.

veaus genannt.[478] Zu nennen ist z.B. das geschäftspolitische Ziel Standing-Pflege, das teils auch in Form des „window dressing“ spezifische Bedeutung erlangt hat. Es ist in den größeren Rahmen des von Banken geförderten Bilanzkonformitäts- und Bilanzkontinuitätsstrebens einzuordnen. Bei zwischenbetrieblichen Vergleichen soll vermieden werden, daß gegenüber den Konkurrenzinstituten ein ungünstigeres Bild entsteht. So wird mittels window dressing den für die Öffentlichkeit bestimmten Jahres- und Zwischenbilanzen ein besseres Aussehen verliehen, wobei es sich meistens um stichtagsbezogene Maßnahmen zur Gewinnregulierung und Liquiditätsverbesserung handelt. Es kann sich somit eine in Teilaspekten konkurrierende Beziehung zwischen dem Gewinn- und dem Standing-Ziel ergeben.

Weitere Zielelemente können z.B. ein weiterer Ausbau der Stellung innerhalb der Gesamtheit der deutschen Banken oder eine möglichst vollständige und wirkungsvolle Repräsentanz an deutschen und wichtigen internationalen Bankplätzen sein. Daneben werden soziale Zielsetzungen betont, etwa im Sinne des Anstrebens einer besseren Relation zwischen betrieblichen Informationsverarbeitungssystemen und den Mitarbeitern, die sie anwenden, sowie das Ziel einer verstärkten Interessenberücksichtigung der sozialen und politischen Umwelt.

Wenngleich die vorstehenden Ausführungen Hinweise auf ein typischerweise anzusprechendes Bankzielsystem liefern, so darf dabei nicht übersehen werden, daß ein generell gültiges Zielsystem für Banken nicht existiert. Die konkrete Formulierung einzelner institutsspezifischer Ziele und deren Zusammenfassung zu einem institutsspezifischen Zielsystem, sich untergliedernd in weitere Subzielsysteme, bleibt vielmehr eine Aufgabe, die von der Bankunternehmungsführung unter besonderer Berücksichtigung der am Zielbildungsprozeß Beteiligten sowie der aus dem In- und Umsystem resultierenden Restriktionen gelöst werden muß. Ferner ist zu berücksichtigen, daß einzelne, in der Bank einmal formulierte (Sub-)Zielsysteme keinesfalls ein Datum darstellen. Vielmehr unterliegen sie infolge sich im Zeitablauf ändernder Präferenzvorstellungen im Insystem der Bank oder aufgrund sich verschiebender Umweltbedingungen einem Wandel, was zumindest dazu führen kann, daß im Zeitablauf die Gewichtung der einzelnen im Zielsystem vorhandenen bankbetrieblichen Ziele eine Modifizierung erfahren kann. So können z.B. in Zeiten wirtschaftlicher Anspannung Wachstumsziele zugunsten einer stärkeren Betonung der Sicherheitspräferenzen zurückgestellt werden.

d) Zielsetzungsentscheidungen als Aufgabe des Bankmanagement

Die Formulierung der Unternehmungsziele wird häufig als bedeutsame Aufgabe des Top-Management herausgestellt.[479] Dies ist sicherlich zutreffend, doch kann diese Aussage nicht auf den gesamten Zielplanungs- und Zielformulierungsprozeß bezogen werden. In einem typischerweise heute anzutreffenden dezentralen Planungs- und Entscheidungssystem innerhalb der Bank kann die Formulierung von Zielen nicht als Aufgabe

---

[478] Vgl. zum folgenden Steinbrink, K.: Information und Entscheidung im Bankbetrieb, Frankfurt a.M. 1976, S. 28 f.

[479] Vgl. zum folgenden u.a. Eich, D.: Die zielorientierte Organisation, a.a.O., S. 156 ff..

angesehen werden, deren Erfüllung sich allein auf die oberste Geschäftsleitung beschränkt; vielmehr stützt sich dieser Prozeß auch auf eine Vielzahl hierarchisch tiefer anzusiedelnder Planungs- und Entscheidungsträger.

Grundsätzlich obliegt es der Bankgeschäftsleitung, zunächst ihre grundlegenden, langfristigen, unternehmungs- und geschäftspolitischen Oberziele und Grundsätze eindeutig festzulegen. Sie hat hierbei — ggf. die Erreichung von (Primär-)Zielen einschränkende — Restriktionen bzw. Nebenbedingungen zu erkennen und diese durch innerbetriebliche Kommunikation zur Kenntnis zu bringen. Des weiteren hat sie dafür Sorge zu tragen, daß durch die Schaffung geeigneter Planungs-, Kontroll- und Informationssysteme eine operationale und operable Zielformulierung für die Gesamtunternehmung erfolgt. Nicht zuletzt aus der Erkenntnis heraus, daß eine systematische Zielplanung das wohl bedeutendste Instrument der Unternehmungssteuerung darstellt, haben viele Bankgeschäftsführungen den Aufbau von Planungsabteilungen gefördert, die Zielvorgaben, Budgets usw. erarbeiten sollen, damit die Koordination dezentraler Entscheidungen in der Bank gesichert und insgesamt die (Primär-)Zielsetzung erreicht werden kann.

Neben der Formulierung oberster Bankunternehmungsziele bedarf es einer Festlegung der geschäftspolitischen Mittel, mit deren Hilfe sie erreicht werden sollen. Diese Mittelentscheidung bezieht sich auf die Wahl der Instrumente, Verfahren, Taktiken oder Strategien, die den Zweck erfüllen sollen, der Zielrealisierung zu dienen. Es ist davon auszugehen, daß die Bankgeschäftsführung in entscheidender Weise an der Fixierung ranghoher Mittelentscheidungen mitwirkt. So ist sie regelmäßig bei der Formulierung wichtiger Absatzstrategievorgaben eingeschaltet, bei denen es z. B. um die Festlegung des Bankleistungsprogramms und adäquater Werbekonzeptionen oder um Formen der Kundenbetreuung durch Bankmitarbeiter geht. Mittelentscheidungen der Bankgeschäftsleitung als weiter zu konkretisierende (Sub-)Zielvorgaben finden sich ebenso als Normen im Leistungserstellungsprozeß, so z.B. besonders deutlich bei Rationalisierungsentscheidungen erkennbar.

Es kann mithin festgestellt werden, daß oberste Bankunternehmungsziele sowie (zahlreiche) ranghohe Ziel-Mittel-Entscheidungen vom Willen und von der Durchsetzungsfähigkeit der Bankgeschäftsführung als Gruppe bzw. der in ihr mitwirkenden Führungskräfte geprägt werden. Dies sagt aber noch nichts über die Aufgaben und Funktionen der Bankzielentscheidungen als Mittel der Bankunternehmungsführung aus.

Die betriebswirtschaftliche Literatur weist Zielen als normativen Aussagen bzw. als Sollgrößen zwei wesentliche Funktionen zu: zum einen eine eher vergangenheitsorientierte Kontrollfunktion, zum anderen eine zukunftsorientierte Steuerungsfunktion.

Zunächst zur *Kontrollfunktion* in der Bank. Durch die im Zielplanungsprozeß vorgegebenen Ziele erhalten die Entscheidungsträger — denen konsequenterweise auch die Mitglieder des Bankmanagement zuzurechnen sind — verbindliche Soll-Vorgaben für ihre Tätigkeit bzw. für die Erstellung von Bankleistungen. Die Kontrollfunktion der (obersten) Ziele besteht darin, daß anhand operationaler Zielvorgaben die Zieladäquatheit der Bankleistungserbringung laufend zu überprüfen und zu überwachen ist. Der Grad der Zielerreichung oder -abweichung wird durch einen Vergleich der Soll-Größen mit Ist-Größen der Bankleistungen als „output" des Zielerreichungssystems ermittelt und als spezifische Kontrollinformation verwendet[480]. Dadurch können frühere Zielentscheide überprüft und neue Zielentscheidungsprozesse eingeleitet werden. Hierbei gilt es aber zu berücksichtigen, daß die Erfüllung oberster Bankunternehmungsziele nicht durch eine isolierte Beurteilung von Einzelleistungen ersichtlich wird. Vielmehr setzt sich das universalbanktypische Leistungsangebot fast immer aus „Leistungsbündeln", d.h. aus einer Mehrzahl von Teilleistungen, die Leistungskonglomerate bilden, zusammen. Sie bedürfen einer ganzheitlichen Bewertung. Daher darf sich eine an den obersten Bankunternehmungszielen ausgerichtete Leistungskontrolle auch nicht auf die Kontrolle der Zieleffizienz analytisch ermittelbarer Einzelleistungen ausrichten; solche können nämlich durchaus — und zwar geplant — negative Zielbeiträge bewirken, wobei z.B. an oft nicht kostendeckende Leistungen im Zahlungsverkehr zu denken ist. Dennoch sollten auch diese aus der Leistungsgesamtheit extrahierbaren Teil- oder Einzelleistungen einer Zielkontrolle unterworfen werden; nur sind hierfür operationale Subziele bzw. Bereichsziele heranzuziehen.

Entsprechend den angeführten Beziehungen zwischen den obersten Bankunternehmungszielen und der Gesamtleistungserstellung — bzw. der im Zielbildungsprozeß zu beachtenden Zurechnungsproblematik im Soll-Ist-Vergleich — läßt sich auch der Beitrag einzelner Bankmitarbeiter zur Primärzielerreichung nicht bestimmen. Folglich eignen sich oberste Unternehmungsziele — so z.B. das Streben nach einem angemessenen Gewinn — nicht zur Mitarbeiterbeurteilung; vielmehr muß auch hier auf operationale Subziele Bezug genommen werden, so z.B. in Form bereichsbezogener, durch Individuen bzw. durch Gruppen steuerbarer Deckungsbeiträge unter Beachtung bestimmter Volumenvorstellungen. Ebenso wie bei der Kontrolle von Einzelleistungen ist auch bei „Eignungsanalysen" der Mitarbeiter zu berücksichtigen, daß deren Zielvorgaben — bei isolierter Betrachtung — durchaus in Zielkonkurrenz zu einzelnen Oberzielgrößen stehen können.

Den vom Top-Management fixierten Oberzielen kommen neben Kontrollfunktionen Aufgaben bei der *Entscheidungsfindung* und *Entscheidungskoordination* zu. Wird allgemein davon ausgegangen, daß in Entscheidungsprozessen die Ausrichtung an genau umrissenen Zielen Vorbedingung für ein rationales Problemlösungsverhalten ist, so ist es Aufgabe der fixierten (obersten) Bankunternehmungsziele, die Aktionen der Entscheidungsträger einer Bank an den Organisationszielen auszurichten. Es soll verhindert werden, daß sich der Handlungsvollzug an individuellen, mit Unternehmungszielen konfligierenden Zielvorstellungen orientiert.

Betrachtet man die Zielfunktionen im Entscheidungsfindungsprozeß, so läßt sich deren Relevanz sowohl in der Anregungs-, der Such- als auch in der Bewertungs- und Optimierungsphase nachweisen. So kann bereits in der Anregungsphase das Erkennen eines Handlungsproblems in direkter Verbindung mit der Verfügbarkeit von Zielinformationen stehen. Durch eine unzureichende Zielrealisation in der Vorperiode oder durch die Vorgabe neuer Zielkonzeptionen kann bei den Entscheidungsträgern über das Bewußtwerden einer Entscheidungssituation ein Problemlösungsprozeß in Gang gesetzt werden. In der Suchphase, die durch eine Analyse des Entscheidungsfeldes gekenn-

480 Vgl. hierzu in diesem Kapitel Abschnitt D. III. 3.

zeichnet ist, bezieht sich die Relevanz der Ziele auf das von Entscheidungsträgern beeinflußbare Aktionsfeld. Um eine Alternative aus der Vielzahl möglicher Variablen des externen und des internen Leistungsbereichs auswählen zu können, müssen die Konsequenzen aller Problemlösungsalternativen im Hinblick auf ihre Zieleffizienz überprüft werden. Hier stellen die Ziele Abgrenzungskriterien zwischen zielerreichenden und zielunwirksamen Mitteln zur Verfügung und begrenzen dadurch den Aktionsparameterbereich für zielerfüllende Entscheidungen. In der Bewertungs- und Optimierungsphase werden die zulässigen Handlungsalternativen im Hinblick auf ihren möglichen Zielbeitrag in einer Rangfolge angeordnet. Danach stellt sich diejenige Aktionsmöglichkeit als Problemlösungsvorschlag dar, die der vorgegebenen Zielvorstellung am nächsten kommt, d.h. diejenige, die den höchsten Zielbeitrag leistet.

Oberste Bankunternehmungsziele sind allerdings nicht in der Lage, direkte Entscheidungsfunktionen für die Entscheidungsprozesse der einzelnen Filialen, Zweigstellen, Abteilungen oder gar für Einzelentscheidungen darzustellen. Die obersten Ziele sind vielmehr in weitere entscheidungsrelevante, entscheidungsträgerbezogene Subziele bzw. Subzielsysteme „aufzubrechen“, wobei den dezentralen Entscheidungsträgern innerhalb des Zielerreichungssystems der Bank durch Kompetenzanweisungen jeweils bestimmte Entscheidungsprozesse bzw. Entscheidungsfelder zugewiesen werden.

Im Zusammenhang mit der angesprochenen Entscheidungsfindungsfunktion bankbetrieblicher Ziele ist die Koordinationsfunktion der Subziele zu sehen. Aufgrund der Orientierung sämtlicher Entscheidungsträger in der Bank an den aus den obersten Bankunternehmungszielen abgeleiteten, in Ziel-Mittel-Relation stehenden Subzielen wird gewährleistet, daß interdependente bankbetriebliche Entscheidungsprozesse, die in der dezentral organisierten Bank einer Vielzahl von Entscheidungsträgern übertragen worden sind, voneinander unabhängig ablaufen können, insgesamt aber dennoch auf die obersten Ziele abgestimmt sind.

Die Formulierung oberster Bankunternehmungsziele und die Sicherstellung, daß diese in operationale, operable und konsistente Zielsysteme umgesetzt werden, kann zusammenfassend als entscheidende Voraussetzung für effektive Leistungskontrollen und bankzieladäquate Entscheidungsfindungen und Entscheidungskoordinationen angesehen werden. Ihre Aufgabenerfüllung ist in besonders starkem Ausmaß mit dem Bestand und dem dauerhaften Erfolg der Bank verbunden und ist somit — als echte Führungsentscheidung — dem zentralen Tätigkeitsfeld des Bankmanagement zuzuweisen.

e) Implikationen von Gruppeninteressen für die Gestaltung des bankbetrieblichen Zielsystems

(1) Anspruchshaltungen aus dem In- und Umsystem der Bank

Aufgrund der besonderen, exponierten Stellung, die Banken im Wirtschaftsleben einnehmen,[481] und infolge der daraus resultierenden engen Verflechtung der Banken mit ihrer Umwelt sind Banken in der konkreten inhaltlichen Formulierung ihrer Ziele nicht

[481] Vgl. Börner, C.J.: Öffentlichkeitsarbeit von Banken, a.a.O., S. 99 ff.

völlig frei; sie sind vielmehr gezwungen, im Rahmen der Ziel- und Mittelentscheidungen die Interessen und Anforderungen externer Gruppen und Institutionen (Umsystem der Bank) und interner „Satellitengruppen" (Insystem der Bank) zu berücksichtigen.[482] Die Notwendigkeit einer solchen Beachtung ergibt sich einerseits aus rechtlich fixierten Normen und Verpflichtungen, die nicht ohne Einfluß auf die bankbetrieblichen Ziel- und Mittelentscheidungen sein können. Als Beispiele seien diesbezüglich allgemeine Bestimmungen des Wirtschaftsrechts, die besonderen geschäftspolitischen Normen des Kreditwesengesetzes, Verpflichtungen aus dem Mitbestimmungs- und Betriebsverfassungsgesetz oder die Verantwortung der Bankgeschäftsleitung gegenüber Aktionären und Aufsichtsrat angeführt. Zum anderen scheinen oft geschäfts- und betriebspolitische Überlegungen Anlaß zu geben, die Vorstellungen externer und interner Gruppen im Rahmen von Ziel- und Mittelentscheidungen zu berücksichtigen. Nur exemplarisch sei auf die Erreichung von Standing-Zielen oder im internen Bereich auf die Verankerung partizipativer Führungsstrukturen verwiesen.

(a) Restriktionen aus dem Umsystem

Restriktionen bei Zielsetzungs- und Zielerreichungsentscheidungen aus dem Umsystem können von regulatorischen Gruppen, so beispielsweise den Bankkunden, der Konkurrenz oder allgemein von der breiten Öffentlichkeit ausgehen.

Regulatorische Gruppen geben Banken die Beachtung gesetzlicher Normen vor bzw. versuchen, durch Anreiz- und Sanktionsmechanismen eine (indirekte) Verhaltensbeeinflussung herbeizuführen. Die Rechtsvorschriften des Kreditwesengesetzes, die Normen des Bundesaufsichtsamtes für das Kreditwesen sowie die Bestimmungen des Gesetzes über die Deutsche Bundesbank bilden hierbei eine für alle Bankengruppen relevante rechtliche Rahmengebung. Für Sparkassen und Genossenschaftsbanken engen darüber hinaus bankengruppenspezifische institutionelle Vorschriften das Entscheidungsfeld im Bereich der Ziel- und Mittelentscheidungen zusätzlich ein. Der Staat und seine Institutionen nehmen jedoch nicht nur auf gesetzlichem Wege Einfluß auf die Ausprägung und Ausgestaltung bankbetrieblicher Zielsysteme. Auf wirtschaftspolitischem Gebiet versucht der Staat, alle Unternehmen, insbesondere aber die Banken als „Geldseite" der Volkswirtschaft in der Weise zu beeinflussen, daß sie zum Erreichen seiner wirtschaftspolitischen Zielvorstellungen beitragen.

Als klassisches Instrument einer solchen Einflußnahme kann das Bestreben der Bundesregierung erachtet werden, die gesamtwirtschaftliche Entwicklung mit Hilfe der Deutschen Bundesbank zu steuern, da mittels deren geldpolitischer Maßnahmen unmittelbar wirksame Beeinflussungen bankwirtschaftlicher Ziel- und Mittelentscheidungen, beispielsweise über Änderungen der Rediskontkontingente, erfolgen können. Durch die Einbindung der Deutschen Bundesbank in das Europäische System der Zentralbanken (ESZB) und die Errichtung der Europäischen Zentralbank (EZB) wird dieser Einflußmöglichkeit jedoch zunehmend Einhalt geboten.[483] So sieht das Sechste Gesetz zur Än-

[482] Vgl. zum folgenden u.a. Leupold, E.W.: Die Planung, a.a.O., S. 140 ff.

[483] Vgl. hierzu im Ersten Teil Zweites Kapitel Abschnitt C. VI. 3.

derung des Gesetzes über die Deutsche Bundesbank eine Neufassung des § 12 BBankG dergestalt vor, daß eine Unterstützung der allgemeinen Wirtschaftspolitik der Bundesregierung durch die Deutsche Bundesbank nur dann in Betracht kommt, wenn „dies unter Wahrung ihrer Aufgabe als Bestandteil des Europäischen Systems der Zentralbanken möglich ist". Wenngleich auch das ESZB und die EZB als künftig maßgebliche Institutionen ungeachtet ihrer weitreichenden Unabhängigkeitsregelungen gehalten sind, die allgemeine Wirtschaftspolitik in der Gemeinschaft zu unterstützen — soweit dies ohne Beeinträchtigung des vorrangigen Zieles der Preisstabilität möglich ist —, ist der Einfluß einzelner nationaler Regierungen auf ihr Wirken gleichwohl als gering zu erachten.[484] Indirekte Wirkungen auf den bankbetrieblichen Zielentscheid durch hoheitliche Organe können sich auch durch den Einsatz von wirtschafts- und sozialpolitischen Instrumenten ergeben, die sich im wesentlichen auf die Dispositionen der Bankkunden auswirken. So sind durch die Gewährung von Zulagen und Steuervergünstigungen Änderungen des Kreditnachfrage- bzw. Sparverhaltens erreichbar, denen sich die Bank bei der Planung und Umsetzung ihrer Geschäftspolitik anzupassen hat.

Ein wesentlicher Einfluß auf die Freiheitsgrade bankbetrieblicher Zielformulierung geht insbesondere auch von den *Bankkunden* als Abnehmer der Bankleistungen aus. Da der Erfolg des nach außen gerichteten Handelns einer Bank maßgeblich von den Aktionen und Reaktionen ihrer Geschäftspartner mitbestimmt wird, müssen auch deren Anforderungen an die Bank Berücksichtigung finden. Vornehmlich handelt es sich hierbei um Kundenziele materieller, teilweise auch immaterieller Art, die z.B. ihren Niederschlag in der Forderung nach möglichst günstiger Konditionengestaltung, umfassender Beratung, örtlicher Präsenz einer Bank oder auch verstärkter Beachtung des Sicherheitsstrebens finden. Zweifellos werden Bankkunden ihre Zielvorstellungen nur in unterschiedlichem Maße realisieren können, wobei der Zielerreichungsgrad maßgeblich von ihrer Marktstellung und ihrem Verhandlungsgeschick geprägt sein dürfte.

Im breiten Privatkundengeschäft sehen sich die Banken einer Vielzahl von Nachfragern gegenüber, die jedoch aufgrund ihrer geringen Gesamtleistungsabnahme über (allenfalls) geringe Verhandlungsmacht verfügen. Da Universalbanken in der Regel nicht bereit sind, Angehörigen dieser Kundengruppen in ihren Konditionen entgegenzukommen, bleibt diesen meist nur die Wahl, die entsprechenden Leistungsangebote zu akzeptieren oder abzulehnen. Aus diesem Grunde ist die Reaktionsfähigkeit der meisten Kunden im breiten Privatkundengeschäft gering. Hinzu kommt oftmals auch eine geringe Nachfrageelastizität bei Konditionenunterschieden. Infolgedessen wird die Bindung des Kunden an eine Bank im breiten Privatkundengeschäft weniger von materiellen als vielmehr von immateriellen Ansprüchen getragen, wobei hier räumliche und persönliche Präferenzen im Vordergrund zu stehen scheinen. Demgegenüber dominieren bei Großkunden eher materielle Zielsetzungen. In der Regel nutzen Großkunden bestehende Zinsunterschiede zwischen den einzelnen Instituten eher aus und sind unter Umständen sogar dazu bereit, auch langfristige Geschäftsbeziehungen abzubrechen. Diese Verhaltensweise wird dadurch begünstigt, daß Großkunden in der Regel Geschäftsverbindungen mit mehreren Banken unterhalten. Deshalb lassen sich gegenüber Großkunden Zugeständnisse bei der

[484] Vgl. Art. 105 und 107 EGV sowie Art. 2 und 7 ESZB Statut.

Konditionengestaltung nicht vermeiden, zumal infolge erhöhter Markttransparenz, des Umfangs alternativer Finanzierungsquellen sowie der Bedeutung der Kreditkosten in ihrer Erfolgsrechnung die Zinsempfindlichkeit dieser Kundengruppe meist besonders stark ausgeprägt ist. Ferner verlangen die Großkunden — gerade bei Vorliegen sog. Hausbankbeziehungen — besonders qualifizierte und umfassende Beratungsleistungen.

Weitere Determinanten aus dem externen Bereich bezüglich der Zielfixierung und Zielerreichung ergeben sich aus dem Verhalten der Konkurrenz und der allgemein anzusprechenden Öffentlichkeit. Hinsichtlich der *Wettbewerber* ist die Bank gezwungen, sich bei ihrer Formalzielkonzeption Angemessenheitsvorstellungen vergleichbarer Wettbewerber anzuschließen, da anderenfalls Störeinflüsse zu befürchten sind, die sich z.B. in Konditionenunterbietungen oder auch in einem Ausschluß im Konsortialgeschäft bemerkbar machen können. Hiervon zu unterscheiden sind drohende Sanktionen der *Öffentlichkeit*, sofern bankbetriebliche Zielvorstellungen mit allgemeinen Wertvorstellungen, z.B. solchen politischer Natur, konfligieren. Dabei unterliegen gerade Banken als „Geldseite" der Volkswirtschaft einer besonders kritischen Beachtung durch die Öffentlichkeit, was sich besonders auch in den Medienbeiträgen zum vieldiskutierten Thema „Macht der Banken" zeigt. Für den Zielbildungsprozeß sind verständlicherweise in erster Linie diejenigen Anforderungen relevant, die sich auf die konforme Meinung einer größeren und damit meist auch einflußreichen Gruppe stützen, die gewillt ist, ihre Zielvorstellungen durchzusetzen oder zumindest eindringlich zu artikulieren. Entsprechende Einflüsse können hierbei sicherlich von Gewerkschaften, Verbraucherorganisationen und Parteien ausgehen.

(b) Restriktionen aus dem Insystem

Zu den zentralen, die betriebliche Willensbildung beeinflussenden Anspruchsgruppen rechnet die Betriebswirtschaftslehre traditionell die Anteilseigner. Die von dieser Gruppe realisierbare Einflußnahme auf das Zielsystem einer Bank kann hierbei von Bank zu Bank erheblich differieren, was nicht zuletzt eine Folge der Rechtsform, der Größe einer Bank sowie der Struktur des Eigentümerkreises ist. Es kommt hierbei in besonderer Weise darauf an, inwieweit Anteilseigner gewillt und befähigt sind, die ihnen de jure eingeräumten Mitwirkungsrechte auszuüben, und inwieweit eine Konsensbildung innerhalb dieser Gruppen ein gezieltes Einwirken erlaubt.

Handelt es sich um einen relativ kleinen, überschaubaren Eigentümerkreis, wie er meist bei Privatbankiers vorfindbar ist, oder liegen bedeutendere Beteiligungen vor, so ist der direkte Einfluß der Anteilseigner auf den Zielbildungsprozeß einer Bank oft deutlich spürbar. Hingegen sind bei den Großbanken die Aktien häufig so breit gestreut, daß die Aktionäre weder willens noch in der Lage sind, unmittelbar am Zielformulierungsprozeß mitzuwirken. Dies besagt aber nicht, daß damit ihre Interessenberücksichtigung durch die Bankgeschäftsleitung entfällt. Denn neben dem Stimmrecht in der Hauptversammlung bildet das Verhalten der Aktionäre eine Entscheidungsvariable für die Refinanzierungsmöglichkeiten der Aktienbank. Da die Anteile an der Bank fungibel sind, ist denkbar, daß die Aktionäre bei tatsächlicher oder vermeintlicher Nichtberücksichtigung ihrer Interessen Sanktionen dergestalt ergreifen können, daß sie ihre Anteile massiv an der Börse verkaufen. Ein dadurch hervorgerufener Kursrückgang könnte sich ungünstig bei zukünftigem Auftreten der Bank am organisierten Kapitalmarkt auswirken. Es erscheint daher allein schon aus finanzierungspolitischen Gründen opportun, bei der Formulierung der geschäftspolitischen Zielsetzungen ein besonderes Gewicht auf die monetären Interessen der Eigenkapitalgeber zu legen. Dies gilt insbesondere für die in diesem Zusammenhang relevante Politik des Gewinnausweises und die Ausschüttungspolitik der Bank.

Bei den Kreditgenossenschaften ist die Generalversammlung bzw. Vertreterversammlung formal als oberstes Willensbildungsorgan vorgesehen. Doch hat — ähnlich wie bei großen Aktienbanken — auch bei Genossenschaftsbanken der Vorstand erhebliche Freiräume bei der Zielformulierung. Aufgrund der hohen Mitgliederzahlen, der damit verbundenen heterogenen Interessenstruktur der Mitglieder sowie der beschränkten Einflußmöglichkeiten des Einzelnen entfällt regelmäßig eine unmittelbare Beteiligung am Zielbildungsprozeß. Mittelbar ergeben sich jedoch auch hier erhebliche Einflüsse über die mögliche Eigenkapitalaufbringung durch die Mitglieder. Ferner steht den Mitgliedern das Recht zu, in der Generalversammlung über die Qualität der Geschäftspolitik zu befinden und ggf. Vorstandsmitglieder abzuberufen. Bei der Formulierung der Geschäftspolitik ist ferner zu berücksichtigen, daß die Mitglieder nicht nur als Anteilseigner mit berechtigtem Interesse an Gewinnausschüttungen auftreten, sondern regelmäßig auch als Kunden an das Institut herantreten und günstige Konditionen für die Inanspruchnahme von Bankleistungen erwarten.

Im Gegensatz zu den Verhältnissen bei den Aktienbanken, Privatbankiers und Genossenschaftsbanken, wo Aktionäre, Anteilseigner und Genossenschaftsmitglieder grundsätzlich befugt sind, die obersten Ziele der Bankunternehmen zu konkretisieren, können die Gewährträger der Sparkassen als öffentlich-rechtlichen Banken derartige Rechte nach dem Sparkassengesetz nicht geltend machen. Dies liegt darin begründet, daß die Gewährträger den Sparkassen kein Eigenkapital zur Verfügung stellen, wenngleich sie aber eine eigentümerähnliche Stellung einnehmen. Formal gehört die Ausgestaltung der Auftragsziele in den Kompetenzbereich des Verwaltungsrates als Organ der Gewährträger; faktisch besteht aber auch hier ein gewisser Freiraum, der bei der Zielformulierung und Ausgestaltung der Geschäftspolitik durch den Sparkassenvorstand zu berücksichtigen ist. Zudem darf nicht übersehen werden, daß der Gewährträger aufgrund des Vorschlags- und Berufungsrechtes über die Mitglieder des Sparkassenvorstandes mittelbaren Einfluß geltend machen kann.

Neben Zielvorstellungen der Kapitaleigner hat die Bankgeschäftsleitung bei der Zielformulierung auch Ansprüche der in Abhängigkeit von der jeweiligen Rechtsform ausgeprägten Aufsichtsorgane zu beachten, deren Mitglieder nicht einseitig und ausschließlich Ziele der Kapitalgeber oder der Belegschaftsangehörigen vertreten müssen. Berücksichtigt man z.B., daß bei den Banken in der Rechtsform der Aktiengesellschaft die Wiederbestellung der Aufsichtsratsmitglieder in mehr oder weniger starkem Maße auch von deren Geschäftsleitung beeinflußbar ist, liegt die Vermutung nahe, daß sich die Aufsichtsratsmitglieder in ihren Zielvorstellungen denjenigen der Bankgeschäftsleitung anpassen. Dies kann bedeuten, daß sich die Ansprüche der Kontrollorgane nicht nur an Renditezielsetzungen oder Interessen der Mitarbeiter orientieren werden; vielmehr ist davon auszugehen, daß Aufsichtsratsmitglieder auch Einkommens- und Prestigezielsetzungen zu verwirklichen suchen. Deren Erreichung hängt aber von der Erhaltung der

Leistungsfähigkeit einer Bank ab. Dies bedeutet, daß die Kontrollorgane ein besonderes Interesse an deren Existenzsicherung haben und sie somit vornehmlich Sicherheitspräferenzen gegenüber der Bankgeschäftsleitung geltend machen. Dieser Umstand dürfte sich besonders in der Thesaurierungs- und Rücklagenpolitik von Banken bemerkbar machen, da die finanzielle Sicherheit um so ausgeprägter einzuschätzen ist, in je höherem Maße etwaige Rückschläge durch ein Reservepolster aufgefangen werden können. Insofern ist auch davon auszugehen, daß das Streben nach höchstmöglichem (langfristigem) Gewinn tendenziell als Anforderung der Aufsichtsratsmitglieder an die Bankgeschäftsleitung herangetragen wird.

Schließlich sind als dritte Gruppe Bankmitarbeiter und ihre Interessenvertretungen bei Zielsetzungs- und Zielerreichungsentscheidungen zu berücksichtigen. Hierbei gilt es zu unterscheiden zwischen den gesetzlich geregelten Mitwirkungsrechten sowie den sich aus dem Führungsstil und dem Selbstverständnis der Bankorganisation ableitenden Einwirkungsmöglichkeiten. Von besonderer Bedeutung für die Ausgestaltung der Geschäftspolitik sind die gesetzlich normierten kollektiven Beteiligungsrechte. Sie werden überwiegend vom Betriebsrat, bei größeren Banken auch vom Gesamtbetriebsrat sowie den ggf. vom Betriebsrat zu bildenden Ausschüssen gegenüber dem Arbeitgeber wahrgenommen. Von Bedeutung für die Zielfixierung als (vorübergehendes) Verhandlungsergebnis permanenter Zielbildungsprozesse sind hierbei die Mitwirkungsrechte im Bereich sozialer, personaler und wirtschaftlicher Fragen. Die eigentliche unternehmerische Mitbestimmung und damit auch Beteiligung an ranghohen Zielentscheidungen wird aber über Arbeitnehmervertreter im Aufsichtsrat als Kontrollorgan der Bankgeschäftsführung wahrgenommen. Die Rechtsgrundlagen hierzu finden sich im Mitbestimmungsgesetz von 1976, das Anwendung findet, sofern die Bank i.d.R. mehr als 2 000 Arbeitnehmer beschäftigt.

Neben rechtlichen Momenten sprechen aber auch betriebswirtschaftliche Gründe dafür, (individuelle) Vorstellungen der Mitarbeiter bei der Zielformulierung zu berücksichtigen. Sie schlagen sich nieder in den heute weitgehend aus Gründen der Rationalisierung und Effizienz angewandten Führungsstilen[485], die mehr oder weniger auf dem Delegationsprinzip beruhen. Die Partizipation der Mitarbeiter an Führungsentscheidungen in Verbindung mit dezentraler Entscheidungsverantwortung wird hierbei als wesentliches Führungsinstrument angesehen und findet ihren deutlichsten Niederschlag in der Profitcenter-Organisation. Die Einwirkungsmöglichkeiten dezentraler Entscheidungsträger ergeben sich einmal aus dem Umstand, daß ihnen bei der Operationalisierung vorgegebener Bereichsziele bedeutende Freiheitsgrade eingeräumt werden; zum anderen spielt die Erkenntnis eine Rolle, daß die Realisationsgrade ranghoher Bankunternehmungsziele umso höher liegen werden, je mehr die Ziele mit den Ansprüchen der Belegschaftsangehörigen harmonieren und von diesen akzeptiert werden.

Mit Blick auf die Zielinhalte der Bankmitarbeiter ist zunächst das Streben nach einem bestimmten Einkommen hervorzuheben. Dieses scheint zwar oft mit Kostensenkungszielen der Bankunternehmung zu konfligieren, doch ist ebenfalls zu berücksichtigen, daß Einkommensteile erfolgsabhängig festgelegt sein können und damit ein besonderes In-

---

[485] Vgl. hierzu in diesem Kapitel Abschnitt E. I.

teresse der Mitarbeiter an einer möglichst hohen Gewinnrealisierung besteht. Weiterhin artikulieren die Belegschaftsangehörigen Karrierevorstellungen, die oft eng mit dem Wachstumsstreben bzw. mit Markterweiterungszielen verbunden sind. Ferner ist ein starkes Bedürfnis nach Selbstverwirklichung und Anerkennung innerhalb der zugewiesenen Tätigkeitsressorts zu verzeichnen, was die Leistungsfähigkeit und Leistungswilligkeit der Mitarbeiter entscheidend beeinflußt und dem die Bankunternehmung im Rahmen ihrer Zielfixierung Rechnung zu tragen hat. Schließlich gewinnen in jüngster Zeit auch Ansprüche an Fort- und Weiterbildungsmaßnahmen wie auch das Streben nach verkürzter Arbeitszeit zunehmend an Relevanz.[486]

(2) Das Management von Anspruchshaltungen unter Berücksichtigung des „Shareholder-value-Konzeptes" und des „Stakeholder-Ansatzes"

Sind die relevanten Anspruchshaltungen der Interessengruppen aus dem In- und Umsystem der Bankunternehmung in hinreichendem Maße identifiziert, schließt sich die Frage an, mit welcher Gewichtung oder Priorität die einzelnen Ansprüche in die Gestaltung des Zielsystems einzubeziehen sind. Eine eindeutige Position zu dieser Fragestellung bezieht das in jüngerer Zeit in Theorie und Praxis gleichermaßen kontrovers diskutierte *Shareholder-value-Konzept*[487], welches die *shareholders* oder *stockholders* als Anteilseigner und deren Erwartungen in den Mittelpunkt des bankbetrieblichen Zielsystems rückt. Abzugrenzen ist diese für die Unternehmungsführung normgebende Interpretation der Shareholder-value-Thematik, die eine strikte Ausrichtung unternehmerischer Zielbildung und Entscheidung am Aktionärs- bzw. Eigenkapitalgebernutzen vorsieht, dabei von einem weiteren, divergenten Bedeutungsinhalt des Shareholder-value-Begriffs. Dieser fokussiert die Methodik einer unternehmenswertorientierten Planung im Sinne einer Verwendung dynamischer, gegenwartswertorientierter Investitionsrechnungen, auf die im folgenden jedoch nicht näher eingegangen werden soll.[488]

Um den Marktwert des Eigenkapitals nachhaltig zu steigern, fordert das Shareholder-value-Konzept eine aktive Steuerung des Geschäftsfeldportfolios anhand angestrebter Renditekennziffern unter besonderer Akzentuierung vorhandener Kernkompetenzen. Neben der Ausrichtung der Geschäftspolitik auf profitable Betätigungsfelder wie das investment banking oder das asset management impliziert die postulierte Neuordnung des Bankportfolios gleichermaßen den Rückzug aus unrentablen Geschäftsfeldern. Hervorzuheben ist in diesem Zusammenhang insbesondere die Abkehr von Diversifikationsstrategien, deren Verfolgung dem shareholder durch entsprechende Dispositionen seines Anlageportfolios am Kapitalmarkt selbst mit erheblich geringerem Aufwand möglich wäre. Vielmehr sollen mittels des mit Verabschiedung des Dritten Finanzmarktförderungsgesetzes möglich gewordenen Rückkaufs eigener Aktien Anteile des free cash flows, die nicht für Investitionen im Bereich der Kerngeschäftsfelder benötigt werden, zur eigenen Disposition an die Aktionäre zurückfließen. Um das Engagement des

---

486 Vgl. Büschgen, H.E.: Bank-Unternehmungsführung, a.a.O., S. 108 ff.

487 Vgl. Günther, T.: Zur Notwendigkeit des Wertsteigerungsmanagement, in: Wertsteigerungs-Management, hrsg. v. K. Höfner und A. Pohl, Frankfurt a.M. et al. 1994, S. 14 ff.

488 Vgl. Rappaport, A.: Shareholder Value, Stuttgart 1995, S. 19 ff.

Bankmanagement zur Marktwertmaximierung des Eigenkapitals dauerhaft zu gewährleisten, sieht der Shareholder-value-Ansatz eine anreizorientierte Vergütung des Führungspersonals vor, die — bspw. in Form von stock options — an die Wertentwicklung der bankeigenen Beteiligungstitel gebunden ist. Neben dem Ergreifen der zur Umsetzung erforderlichen geschäftspolitischen Maßnahmen impliziert der Gedanke des shareholder value eine kontinuierliche Kommunikation zwischen der Bank und ihren Eigenkapitalgebern, die im Rahmen einer systematischen Investor-relations-Politik erfolgt.

Bankbetriebliche *investor relations*, verstanden als das auf die Pflege von Vertrauen und Verständnis ausgerichtete Management der Kommunikationsbeziehungen zwischen einer Bank und ihren Kapitalgebern, stellen dabei ebenso wie das Shareholder-value-Konzept selbst einen relativ neuen Ansatz dar, der erst seit Beginn der neunziger Jahre eine zunehmende Beachtung erfährt.[489] Als auf die Eigenkapitalgeber gerichtete Instrumente der investor relations gelangen sowohl persönliche Kommunikationsformen wie Face-to-face-Gespräche, road shows oder Analystentreffen als auch unpersönliche Kommunikationsformen wie die Gestaltung von Aktionärsbriefen oder Geschäftsberichten zum Einsatz. Durch die umfassende Bereitstellung von Informationen über die tatsächliche Situation der Bank — die gegebenenfalls unter Einschaltung von Multiplikatoren oder Meinungsbildnern wie Vertretern der Wirtschafts- bzw. Börsenberichterstattung oder Finanzanalysten erfolgt — wird die Unsicherheit der shareholder über die künftige Entwicklung der Bank reduziert, was sich in einer Verringerung der geforderten Rendite seitens der Eigenkapitalgeber niederschlagen und damit für die Bank eine Senkung der Finanzierungskosten implizieren kann. Aufgrund der offenen Informationspolitik erhöht sich zugleich das standing der Bank an den internationalen Kapitalmärkten. Eine besondere Relevanz der investor relations von Banken resultiert dabei aus der speziellen Bedeutung des bankbetrieblichen Eigenkapitals, das aufgrund aufsichtsrechtlicher Regelungen eine Limitierungsfunktion hinsichtlich des Geschäftsvolumens wahrnimmt. Aus dem Umstand, daß investor relations betreibende Banken immer auch selbst Mitglieder der financial community sind, leitet sich eine weitere bankspezifische Besonderheit ab. Da die Bank eine Person oder Institution sowohl als Kunde als auch als Investor umwirbt, besteht die Notwendigkeit einer klaren inhaltlichen wie organisatorischen Abgrenzung, um keinen Glaubwürdigkeitsverlust zu erleiden. Bankspezifische Widerstände gegen eine offene Investor-relations-Politik resultieren aus einer traditionell eher restriktiven Handhabung von Informationen, deren Ursache zum einen in den bankbetrieblichen Rechnungslegungsgepflogenheiten und zum anderen darin begründet liegt, daß wichtige Informationen — bspw. aufgrund des mangelnden Patentschutzes für Bankdienstleistungen — Wettbewerbern vorenthalten werden sollen. Die angeführten Restriktionen der Rechnungslegung bestehen darin, daß der Gesetzgeber den Banken explizite Gestaltungsfreiräume zur Bildung und Auflösung stiller Reserven ermöglicht, mittels derer ein gleichmäßiger Ergebnisausweis gefördert wird, um die Stabilität der einzelnen Bank und des Bankensystems zu gewährleisten. Dieses Interesse des Funktionsschutzes steht dem Investoreninteresse nach möglichst transparenter und aussagefä-

[489] Vgl. hierzu und zum folgenden Börner, C.J.: Investor relations bei Banken, in: ÖBA, 1995, S. 690–698.

higer Information diametral gegenüber. Entsprechend präferiert das Shareholder-value-Konzept die angelsächsische Rechnungslegung nach IAS oder US-GAAP.

Obgleich das Postulat einer primären Ausrichtung des Zielsystems an der Marktwertmaximierung des Eigenkapitals vor allem bei privatwirtschaftlichen Banken keineswegs ein Novum darstellt, scheinen erst die wettbewerbsinduzierten Bemühungen um die Attrahierung des international mobilen Kapitals infolge der weiter fortschreitenden Globalisierung der Finanzmärkte zu einer besonderen Fokussierung des shareholder value zu führen. Aus der Perspektive global agierender deutscher Banken wird die Relevanz des Shareholder-value-Ansatzes darüber hinaus speziell durch ihre Eigentümerstruktur akzentuiert, die durch einen wachsenden Anteil performanceorientierter institutioneller Investoren gekennzeichnet ist. Gleichwohl erweist sich die Verfolgung des Eigentümerinteresses als alleinige Maxime der Zielsystemausrichtung, welche die Anspruchshaltung anderer Interessengruppen allenfalls als eine nach Möglichkeit zu begrenzende Nebenbedingung einbezieht, speziell für Banken als problematisch. So legen insbesondere die hohe Bedeutung der personellen Komponente im Rahmen der bankbetrieblichen Leistungserstellung wie auch die hohe Exponiertheit von Banken innerhalb einer pluralistischen Gesellschaft eine ausgewogenere Berücksichtigung konfligierender Anspruchshaltungen nahe. Einen solch kompromißgerichteteren Lösungsweg bestreitet der sogenannte *Stakeholder-Ansatz*[490], der über einen kontinuierlichen Aushandlungsprozeß eine den Erwartungshaltungen sämtlicher relevanten Anspruchsgruppen (*stakeholder*) weitgehend gerecht werdende Positionierung der Bankunternehmung im Spannungsfeld widerstreitender Interessen verfolgt. Wesentlich bedeutsamer als das Streben nach einem einmaligen Optimalkonsens ist dabei die ausgewogene Berücksichtigung gegenläufiger Anspruchshaltungen im Zeitablauf. Eine theoretische Fundierung erhält der Stakeholder-Ansatz durch die Anreiz-Beitrags-Theorie[491], die in ihrem Kern auf die Aussage reduziert werden kann, daß die einzelnen stakeholders nur solange bereit sind, einen zielgerichteten Beitrag zur Erreichung des Unternehmungserfolgs beizusteuern, solange ihre Eigeninteressen — gewissermaßen als Gegenleistung — selbst hinreichend Berücksichtigung finden. Entsprechend muß das Management bei der fortlaufenden Integration der unterschiedlichen Anspruchshaltungen in das bankbetriebliche Zielsystem insbesondere bei den Interessengruppen, deren Ressourcen eine kritische Größe für den erfolgreichen Fortbestand der Bank darstellen, darauf achten, daß das Verhältnis von Anreiz und Beitrag im Zeitablauf als angemessen wahrgenommen wird, um ihr Interesse an der Unternehmung zu erhalten und somit die Versorgung der Bank mit wichtigen Ressourcen zu gewährleisten. Mit der alleinigen finanzwirtschaftlichen Fokussierung von Anspruchshaltungen der Eigenkapitalgeber kann dieser Anforderung offenkundig nur unzureichend entsprochen werden. Ein direkter Widerspruch zwischen Shareholder-value-Konzept und Stakeholder-Ansatz ist aus der Perspektive der Eigenkapitalgeber gleichwohl nicht zu konstatieren, richten sich doch beide Ansätze auf die Erfolgssteigerung der Unternehmung, die auch beim Stakeholder-Ansatz — wenngleich auf einem indirektem Wege — letztlich zu einem erhöhten Nutzen der Anteilseigner führt.

---

490 Vgl. Speckbacher, G.: Shareholder Value und Stakeholder Ansatz, in: DBW, 1997, S. 633 ff.

491 Vgl. Barnard, C.: The Functions of the Executive, Cambridge 1938.

II. Entscheidungen und Entscheidungsprozesse in der Bankunternehmung

1. Phasen des Entscheidungsprozesses

Zur Realisierung der gesetzten Ziele — die ihrerseits auch Ergebnis eines (vorgeschalteten) Entscheidungsprozesses sind — haben die Entscheidungsträger einer Bank Handlungsmöglichkeiten zu bestimmen, die eine möglichst zieladäquate Umsetzung vorgegebener Soll-Werte in Ist-Werte erlauben. Der hierbei anzusprechende Entscheidungsprozeß läßt sich idealtypisch in verschiedene Phasen unterteilen, ohne damit aber den Anspruch erheben zu wollen, reale Entscheidungsvorgänge in ihrem chronologischen Ablauf hinreichend erfaßt zu haben.[492]

Grundsätzlich lassen sich die Hauptphasen der Willensbildung und Willensdurchsetzung unterscheiden. Die Willensbildungsphase als Abschnitt der eigentlichen Entscheidungsfindung erlaubt dann eine weitere Aufspaltung in die Anregungsphase, Suchphase und Auswahlphase. In der Anregungsphase wird ein nicht zielentsprechender Ist-Zustand diagnostiziert. Ist dieser durch Entscheidungshandlungen grundsätzlich in einen wünschenswerteren Zustand überführbar, so schließt sich die Suchphase an. In dieser sind unter Berücksichtigung interner und externer Determinanten zielwirksame Handlungsmöglichkeiten zu bestimmen und hinsichtlich ihres Zielbeitrages zu konkretisieren. Schließlich findet die Willensbildungsphase mit der Auswahl derjenigen Aktionsmöglichkeit ihren Abschluß, die unter den gegebenen Umständen eine bestmögliche Zielerreichung erlaubt. Der Entscheidungsprozeß ist damit jedoch nicht abgeschlossen, denn dem Willensbildungsakt muß noch die Willensdurchsetzung als realisierender Entscheidungsvollzug folgen. Hierbei gilt es zu beachten, daß die eigentliche Entscheidungsfindung und die Ausführung meist personell getrennt sind und daß daher zusätzlich anweisende und unterrichtende Informationen des Entscheidungsträgers notwendig sind. Der Prozeß der Willensbildung und Willensdurchsetzung wird schließlich von laufenden Kontrollen beeinflußt[493], die Abweichungen zwischen erwünschten und erzielten Ergebnissen ermitteln und den Entscheidungsträgern und ausführenden Organen Informationen für ggf. erforderliche Anpassungsmaßnahmen bereitstellen.

Mit Blick auf reale Entscheidungssituationen in Banken bleibt anzumerken, daß dieses Bild des Entscheidungsprozesses als logische Abfolge separierbarer Phasen in vielen Fällen nicht zutrifft. Einmalige und komplexe (Führungs-) Entscheidungen erfordern ein viel intensiveres Durchdringen der Entscheidungssituation als häufig vorzunehmende Routineentscheidungen, bei denen man das Augenmerk eher auf den Entscheidungsvollzug richtet, da sich die eigentliche Willensbildung oft auf die Anwendung erlernter Problemlösungsalgorithmen oder vorgegebener Entscheidungsregeln beschränkt. Die Mehr-

---

492 Vgl. zum folgenden insbesondere Heinen, E.: Grundlagen betriebswirtschaftlicher Entscheidungen, 3. Aufl., Wiesbaden 1976, S. 21 ff.

493 Vgl. hierzu ausführlicher in diesem Kapitel Abschnitt D. III. 3.

zahl bankbetrieblicher Entscheidungen liegt aber zwischen beiden Extremen liegen und erfordert oft die Einschaltung mehrerer Entscheidungsträger sowie das mehrmalige Durchlaufen einzelner Entscheidungsphasen.

2. Typen bankbetrieblicher Entscheidungen

a) Klassifikationsansätze

Die Entscheidungen einer Bank lassen zunächst eine grundlegende Trennung in betriebsbezogene und in marktbezogene Entscheidungen zu, wobei eine strikte Trennung nicht möglich und sinnvoll ist. Aufgrund der engen Verzahnung von Leistungserstellungshandlungen und Leistungsabsatzprozessen berühren nämlich einerseits marktbezogene Entscheidungen direkt oder indirekt die betriebliche Sphäre, so insbesondere bei der Bemessung personeller und finanzieller Kapazitäten. Andererseits zeigen aber auch betriebsbezogene Entscheidungen unmittelbare oder mittelbare Auswirkungen auf den Absatzbereich. Beispiele für letzteren Fall können zu gering dimensionierte Leistungserstellungskapazitäten oder eine unzweckmäßige Gestaltung der Ablauforganisation bei objektiv ausreichenden Kapazitäten sein, die eine Befriedigung von Kundenbedürfnissen nur eingeschränkt zulassen und damit den Bereich absatzbezogener Entscheidungen erheblich tangieren können.

Marktbezogene Entscheidungen als Führungsentscheidungen sind in erster Linie auf eine zielentsprechende Gestaltung des Marketing-Mix, d.h. des Einsatzes des marktpolitischen Instrumentariums in Gestalt der Leistungs-, der Konditionen-, der Kommunikations- sowie der Distributionspolitik gerichtet[494]. Derartige Führungsentscheidungen sind auf allen Ebenen des Bankmanagement zu treffen; allerdings fallen der obersten Führungsebene primär die zur Koordination der marktpolitischen Instrumente notwendigen Entscheidungen zu, während die nachgeordneten Führungsebenen für konkrete Marktentscheidungen der einzelnen Einsatzbereiche der Instrumente zuständig sind, die dann wiederum Eingang in die Leistungserstellungsprozesse finden.

Betriebsbezogene Entscheidungen betreffen einerseits Organisationsentscheidungen und haben andererseits Entscheidungen zur Faktorkombination, die sowohl Führungs- als auch Ausführungsentscheidungen darstellen können, zum Gegenstand. Für die Willensbildung und die Willensdurchsetzung seitens des Bankmanagement sind hierbei beide Bereiche — die Aufbau- wie auch die Ablauforganisation — relevant. Während Entscheidungen zur Aufbauorganisation aufgrund ihres relativ seltenen Anfalls sowie aufgrund ihrer Komplexität überwiegend den höchsten Führungspersonen bzw. -gremien vorbehalten sind, erweisen sich ablaufbezogene Entscheidungen zur Leistungserstellung auf allen Ebenen des Bankmanagement als notwendig, wobei die Zahl der zu fassenden Entschlüsse jedoch in Richtung auf die untersten Führungsebenen der Bank zu- und der Komplexitätsgrad abnimmt.

494 Vgl. hierzu in diesem Teil drittes Kapitel Abschnitt D.

Die Unterscheidung in marktbezogene und betriebsbezogene Entscheidungstatbestände beruht — anknüpfend an den Prozeß der Leistungserstellung und -verwertung — vornehmlich auf einer funktional orientierten Systematisierung. Hiervon zu trennen sind konstitutive Entscheidungen (Metaentscheidungen), die — anknüpfend an die chronologische Entwicklung einer Betriebswirtschaft — in erster Linie Fragen der Gründung, Organisationsgestaltung und Liquidation einer (Bank-)Unternehmung zum Gegenstand haben.[495] Es sind Entscheidungen, die einen als langfristig gültig gedachten Rahmen für die nachfolgenden laufenden markt- und betriebsbezogenen Entscheidungen abstecken. Nur grundlegend neue Sachverhalte sollen eine Revision dieser Willensakte in anderen Phasen der Bankunternehmungsentwicklung notwendig machen (sekundäre konstitutive Entscheidungen).

Eine Differenzierung zwischen Führungs- sowie Bereichs- oder Ressortentscheidungen steht in engem Zusammenhang mit der Delegierbarkeit von Entscheidungen. *Führungsentscheidungen* in der Bank haben eine besondere Bedeutung für die Vermögens-, Ertrags- und Liquiditätslage und damit für den weiteren Bestand der Gesamtunternehmung. Diese Führungsentscheidungen können demnach nicht delegiert werden. Entscheidungen, die diesen Kriterien entsprechen, umfassen die Formulierung ranghoher Ziele, die Festlegung der langfristigen Unternehmungspolitik, die Koordinierung bedeutender betrieblicher Teilbereiche, die Beseitigung von gravierenden Störungen im laufenden Betriebsprozeß, geschäftliche Maßnahmen von außergewöhnlicher Tragweite für die Bank sowie die Besetzung von Führungsstellen. Bereichs- oder Ressortentscheidungen weichen innerhalb der Entscheidungshierarchie von oben nach unten zunehmend von den genannten Merkmalen echter Führungsentscheidungen ab.[496]

Unter Hervorhebung des Geltungsbereichs einer Entscheidung ist ferner zwischen Total- (Gesamtbereichs-) und Partial-(Teilbereichs-)entscheidungen zu differenzieren. Totalentscheidungen haben Auswirkungen auf die Gesamtunternehmung und sind ausschließlich der Bankunternehmungsleitung vorbehalten. Partialentscheidungen können ebenfalls in den Zuständigkeitsbereich der obersten Führungsorgane fallen, doch werden sie überwiegend auf hierarchisch tiefer anzusiedelnden Managementebenen getroffen.

Hinsichtlich des Problemlösungsgehaltes wurden bereits innovative Entscheidungen und Routineentscheidungen als Extremausprägung bankbetrieblicher Entscheidungen angesprochen. *Innovative Entscheidungen* werden in Situationen getroffen, für die es noch keine Präzedenzfälle gibt. Die Alternativen, die als Lösung des Problems gelten können, sind noch nicht oder nur unzureichend bekannt und erst im weiteren Entscheidungsprozeß hinreichend genau konkretisierbar. Zu den innovativen Entscheidungen in der Bankunternehmung zählen z.B. Beschlüsse zur Internationalisierung des Bankgeschäfts oder Aufnahme und Entwicklung „innovativer" Dienstleistungen. Im Rahmen von *Routineentscheidungen* wird dagegen aus einer bekannten Menge von Aktionsmöglichkeiten aufgrund von Erfahrungen bzw. vorgegebenen Entscheidungsregeln diejenige ausgewählt, von der vermutet wird, daß sie die vorliegende Problemstellung am besten löst.

---

495 Siehe hierzu in diesem Kapitel Abschnitt D. II. 2. b).

496 Vgl. u.a. Büschgen, H.E.: Bank-Unternehmungsführung, a.a.O., S. 126 f.

Zum Bereich bankbetrieblicher Routineentscheidungen zählen z.B. zahlreiche Entscheidungsaspekte im Mengengeschäft wie etwa die der Eröffnung von Sparkonten, der Gewährung von Kleinkrediten oder der Vorhaltung in- und ausländischer Zahlungsmittel für den Kassenverkehr.

Einer weiteren möglichen Typologisierung in Entscheidungen unter Sicherheit, Risiko und Ungewißheit liegt der Grad der Informiertheit des Entscheidungsträgers zugrunde. Bei einer *Entscheidungssituation unter Sicherheit* weiß der Handelnde, daß bestimmte Auswirkungen eindeutig und ohne Zweifel eintreten werden. Bei *Risikoentscheidungen* besitzt der Entscheidungsträger zumindest subjektive Kenntnisse über die Eintrittswahrscheinlichkeiten der Folgen bestimmter Alternativen. Im Falle der *Ungewißheit* ist dem Entscheidungsträger zwar bekannt, daß eine bestimmte Umweltsituation zu bestimmten Konsequenzen der Alternativen führt, doch kennt er nicht die Eintrittswahrscheinlichkeiten verschiedener Umweltsituationen. Für Entscheidungen in der Bank sind Risikoentscheidungen typisch. Hierbei gilt es jedoch zu beachten, daß die Entscheidungen in unterschiedlichem Maße risikobehaftet sein können. So sieht sich z.B. die Bank im Kreditgeschäft oft mit erheblichen Ausfall- und Besicherungsrisiken konfrontiert, wogegen z.B. die Anlage von liquiden Mitteln in Rentenwerten öffentlicher Schuldner hinsichtlich der Kapitalrückzahlung als quasi-sichere Entscheidung klassifiziert werden kann.

b) Konstitutive Entscheidungen als Rahmenbedingungen für die Bankunternehmungspolitik

Wie bei der Abgrenzung der verschiedenen Arten bankbetrieblicher Entscheidungen bereits herausgestellt, handelt es sich bei konstitutiven Entscheidungen um Entscheidungen, die einen als langfristig gültig gedachten Rahmen für die nachfolgenden laufenden Entscheidungen zur Leistungserstellung und zum Leistungsabsatz abstecken. Sie gelten zwar nicht „für die Ewigkeit", doch wird trotz sich zunehmend wandelnder Umfeldbedingungen an sie die Erwartung einer gewissen Beständigkeit geknüpft. Nur grundlegend neue Sachverhalte sollten eine Revision notwendig machen. Zudem verbieten sich kurzfristige Änderungen von der Metaebene zuzurechnenden Entscheidungen zumeist nicht nur aus ökonomischen, sondern häufig auch aus technisch-organisatorischen Gründen von selbst; darüber hinaus müßten bei häufigem Kurswechsel vielfach auch imageschädigende Wirkungen einkalkuliert werden. Entsprechend ihrer Natur und der Bedeutung für die Unternehmung sind konstitutive Entscheidungen fast immer dem Top-Management vorbehalten.[497]

(1) Geschäftsspartenentscheidung

Zu den konstitutiven Entscheidungen, die zu Beginn der bankbetrieblichen Tätigkeit getroffen werden, gehört die Geschäftsspartenentscheidung, die unter Berücksichtigung der in § 1 KWG genannten Bankgeschäfte erfolgen muß. Eine zunächst in Richtung einer Spezialisierung auf einzelne Tätigkeitsbereiche gefallene Geschäftsspartenentscheidung einer Bank ist dabei — theoretisch — ebenso revidierbar, wie im umgekehrten Fall

497 Vgl. Büschgen, H.E.: Bankbetriebslehre, a.a.O., S. 58 ff.

bestimmte Geschäftszweige aufgegeben werden können. Für eine Reihe spezialisierter Kreditinstitute (z.B. Realkreditinstitute, Investmentgesellschaften, Kreditinstitute mit Sonderaufgaben), die eigens für sie erlassenen Sondergesetzen unterliegen, gilt, daß sie, ohne de facto eine Umgründung vorzunehmen, den bestehenden Geschäftskreis nicht auf gänzlich andere Aktivitäten ausweiten können.

Mit der Geschäftsspartenentscheidung eng verbunden und häufig einer eingehenden Erörterung unterzogen werden ordnungs- und wettbewerbspolitische Fragen, wie die von Zeit zu Zeit mit neuer Intensität auflebende Diskussion über die Vor- und Nachteile des Universalbankensystems zeigt. Eine Vielzahl der gegen das Universalbankensystem vorgebrachten Argumente läßt sich im Kern auf die Aussage reduzieren, daß sich die Universalbanken bei der Verfolgung ihrer Ziele spezifischen Interessenkonflikten ausgesetzt sähen, die nicht selten zu Lasten der wirtschaftlich Schwächeren, vor allem entsprechender Kundengruppen, ausgetragen würden. So sei z.B. ein Interessenkonflikt schon dadurch vorprogrammiert, daß eine universalisierte Bank für Anlage-, Kredit- und Dienstleistungswünsche ihrer Kunden nahezu stets mehrere Alternativen offerieren könne und nicht auszuschließen sei, daß letztlich nicht die für den Kunden günstigste Problemlösung, sondern die z.B. unter refinanzierungspolitischen Erwägungen für die Bank optimale Entscheidung getroffen werde. Für Kritiker des Universalbankensystems sind auch Konflikte innerhalb einzelner Bankgeschäfte, so zwischen dem Effektenkommissionsgeschäft und dem Eigen- und Kundengeschäft dergestalt vorstellbar, daß Universalbanken aufgrund von Insider-Informationen in der Lage sein könnten, ihre Kunden zu Transaktionen zu veranlassen, die eher für das Portefeuille der Bank, nicht aber für das des Kunden erfolgversprechend seien. Die unter dem Schlagwort „Macht der Banken" geführte Auseinandersetzung gründet sich schließlich auf den Verdacht, daß es den Banken möglich sei, ihr Einflußpotential aufgrund des Besitzes an gewerblichen Beteiligungen, des Depotstimmrechts sowie der von Bankenvertretern übernommenen Aufsichtsratsmandate zu nutzen, um in den Gremien der Industrieunternehmen Entscheidungen zugunsten bankeigener Ziele und Interessen durchzusetzen.

Ob und in welchem Ausmaß die von den Gegnern des Universalbankensystems unterstellten Auswirkungen tatsächlich virulent werden, ist u.a. abhängig von dem Grad der Konkurrenz zwischen den einzelnen Bankengruppen. Für das Bankgewerbe in der Deutschland dürfte es charakteristisch sein, daß insbesondere der Wettbewerb zwischen den Sektoren des privaten, des öffentlich-rechtlichen und des genossenschaftlichen Bereiches als recht ausgeprägt gilt, so daß schon aufgrund dieses Umstandes die Ausschöpfung eines potentiell konfliktären Möglichkeitsbereichs durch systemimmanente Korrekturfaktoren begrenzt ist. Wer den Universalbanken Manipulationen und Mißbräuche der oben beschriebenen Art zuzuschreiben versucht, verkennt zudem, daß eine solche Taktik allenfalls kurzfristige Erfolge zeitigen könnte. Auch läßt sich nachweisen, daß die dem Universalbankensystem unterstellten Konflikte keineswegs systemimmanent sind, sondern daß es auch in spezialisierten (Trenn-)Bankensystemen zu Interessenkollisionen kommen kann.

Die Vielschichtigkeit des Leistungsprogramms, die eine flexible Anpassung an die sich ändernden Finanzierungs- und Kapitalanlagebedürfnisse der Kunden ermöglicht, sowie die aufgrund der weitverzweigten Stellennetze gegebene Überlegenheit bei der Erschließung und Verwertung der Geld- und Kapitalquellen einer Volkswirtschaft sprechen vielmehr ebenso für das Universalbankensystem wie der in den angelsächsischen Ländern erkennbare Trend zu einer Universalisierung der Banken.

(2) Entscheidung über die Rechtsform

Eine zentrale Stellung innerhalb der Vielzahl von Entscheidungen, die für die Gründungsphase einer Unternehmung kennzeichnend sind, nimmt die Wahl der Rechtsform ein. Dies resultiert vor allem aus der Tatsache, daß die gewählte Rechtsform ein Datum darstellt, das den Spielraum vieler Folgeentscheidungen determiniert. Wie die jüngere Vergangenheit belegt, kann sich jedoch auch die Frage nach der „richtigen" Rechtsform für eine Bankunternehmung zu einem späteren Zeitpunkt erneut stellen. Dies ist vor allen Dingen dann der Fall, wenn veränderte Umweltkonstellationen die ursprünglich gewählte Rechtsform für die Erreichung der Unternehmungsziele als nicht mehr geeignet erscheinen lassen. So sahen sich in den letzten Jahren besonders Privatbankierhäuser — in erster Linie zur Verstärkung ihrer Kapitalbasis — zu einer Umwandlung oder Umgründung veranlaßt.

Voraussetzung bei der Auswahl einer Rechtsform ist die Bewertung sämtlicher Alternativen im Hinblick auf die angestrebten Ziele. Von den in der betriebswirtschaftlichen Literatur genannten Kriterien zur Lösung dieses Entscheidungsproblems sind vor allem solche von Interesse, die sich mit den einzelwirtschaftlichen Konsequenzen der Rechtsformentscheidung befassen. Zu diesem Problemkreis gehörige Beurteilungskriterien sind u.a. Haftungsbestimmungen, gesetzliche Leitungs- und Kontrollbefugnisse, Gewinn- und Verlustverteilung, Kapitalbeschaffungsmöglichkeiten, Besteuerungsnormen und Steuerbelastung, Anforderungen an die Rechnungslegung und Publizität, Informationspflichten und Mitbestimmung.

Wenngleich grundsätzlich Wahlfreiheit bei der Rechtsformentscheidung besteht, sah sich der Gesetzgeber bei einigen spezialisierten Instituten bzw. Institutsgruppen aufgrund von Sicherheitsüberlegungen zu gewissen Einschränkungen veranlaßt; so dürfen z.B. Hypotheken- und Schiffspfandbriefbanken nur als AG oder KGaA, Kapitalanlagegesellschaften nur als AG oder GmbH, private Bausparkassen nur als AG betrieben werden. Ferner ist die Neugründung einer Bank in der Rechtsform des Einzelkaufmanns seit der Novellierung des KWG im Jahre 1976 nicht mehr möglich.

(3) Standortentscheidung

Eine weitere nur schwer revidierbare Entscheidung von Bankinstituten ist die Wahl ihres Standortes. Das Problem der (optimalen) Standortwahl stellt sich sowohl bei der Neugründung eines Bankbetriebes als auch bei der Erweiterung oder dem Abbau des Zweigstellennetzes oder bei Standortverlagerungen, wenn sich die bisherigen Standortbedingungen nicht länger als günstig erweisen. Da Neugründungen eines Bankbetriebes mehr noch als Standortverlagerungen — letztere könnten im Falle einer weiter zunehmenden Dominanz des Finanzplatzes Frankfurt für Banken, deren Zentrale bislang in anderen Städten Deutschlands beheimatet ist, zukünftig verstärkt Gegenstand unternehmungspolitischer Überlegungen sein — Sonderfälle repräsentieren, erstrecken sich die folgenden

Ausführungen in erster Linie auf die Errichtung bzw. den Abbau von Zweigstellen. In Anbetracht der damit verbundenen Kapitalbindung sowie der Auswirkungen auf die Kostenstruktur — neben den hohen Investitionskosten sind es besonders die größtenteils fixen Folgekosten — und auf die innerbetriebliche Arbeitsteilung ist es durchaus einsichtig, daß Entscheidungen über Umfang, Dichte und geographische Verteilung des Stellennetzes der Metaebene zuzurechnen sind.

Wurden Standortentscheidungen in der Vergangenheit nahezu ausschließlich unter dem Aspekt der Standortsuche zur Erweiterung des Zweigstellennetzes diskutiert, rücken bankrelevante Entwicklungstendenzen jüngerer Zeit vornehmlich Fragestellungen nach einer Reduktion der Zweigstellenanzahl in den Mittelpunkt der Betrachtung. Während im Anschluß an die Aufhebung der Bedürfnisprüfung 1958 bei allen Institutsgruppen eine starke Expansion der Zweigstellennetze beobachtbar war, wurde diese in den siebziger Jahren von einer Konsolidierungsphase abgelöst, die seit Beginn der neunziger Jahre in einer Trendwende hin zu einer Ausdünnung bestehender Filialnetze gipfelt. Wesentliche Auslöser dieser Entwicklung sind über Veränderungen im Kundennachfrageverhalten hinaus insbesondere in der Kostenproblematik des stationären Vertriebs, der rasanten Weiterentwicklung von Informations- und Kommunikationstechnologien sowie in Veränderungen des Wettbewerbsumfeldes zu sehen. Infolge des verstärkten Markteintritts filialloser Direktbanken in den deutschen Bankenmarkt scheinen die bestehenden Zweigstellennetze auch künftig eher einer weiteren Ausdünnung oder zumindest Neukonzipierung als einer neuerlichen Trendwende hin zu einer weiteren Expansion entgegenzusehen. Ein hinreichendes Potential für weitere Zweigstellenschließungen oder -zusammenlegungen scheint zudem gegeben zu sein, verfügt Deutschland doch trotz aller bisherigen Konsolidierungsmaßnahmen neben Belgien und der Schweiz immer noch über die höchste Zweigstellendichte in der Welt. Während einer Bankstelle in Deutschland statistisch betrachtet rund 1 600 Einwohner gegenüberstehen, beträgt diese Relation in den USA mit weiter zunehmender Tendenz rund 2 400 Einwohner pro Bankfiliale, in Großbritannien sind es sogar rund 3 000 Einwohner, denen eine Bankzweigstelle zur Verfügung steht.

Richtet sich die Standortentscheidung somit tendenziell weniger auf die Zweigstellenerrichtung als auf die Reduktion des bestehenden Filialnetzes, weisen die zu treffenden Entscheidungen gleichwohl einen hohen Verwandtschaftsgrad zu den bisherigen Fragestellungen der Standortsuche auf. In Analogie zu einer Zweigstellengründung muß auch für jede Filialschließung oder -zusammenlegung eruiert werden, inwieweit die bestehenden Filialen geschäftspolitischen Funktionen im Hinblick auf die Oberziele der Bankunternehmung dienen. Hierbei lassen sich in weiterer Analogie zur Zweigstelleneröffnung zum einen vorwiegend rentabilitäts- oder prestigeorientierte ausgerichtete Überlegungen unterscheiden, wobei es sich in praxi zumeist um eine Kombination beider Aspekte handelt. Soweit rentabilitätsmäßige Überlegungen dominieren, sind für die Schließung oder Aufrechterhaltung bestehender Filialen vornehmlich Aspekte des Markterfolgs sowohl für den Absatz von Bankleistungen als auch für die Beschaffung monetärer Faktoren von Bedeutung. Entscheidungen zur Errichtung oder Schließung von Zweigstellen sind jedoch nicht allein von leistungsprogrammorientierten und primär rentabilitätsmäßig fundierten Erwägungen abhängig, sondern es spielen auch solche

Motive eine Rolle, die keinem exakten Kalkül zugänglich sind. In diesen Zusammenhang gehören etwa die Erhaltung einer unrentablen Niederlassung aus „Prestigegründen", die im Regelfall mit einer Agglomerationstendenz von Banken an bestimmten Orten („Bankenviertel", Niederlassungsnähe einer Zweigstelle der Deutschen Bundesbank, nationale und internationale Finanzzentren) einhergehen[498].

3. Charakterisierung von Entscheidungsprozessen in Banken

Im Gegensatz zu dem beschriebenen idealtypischen Ablauf von Entscheidungsprozessen, bei dem Entscheidungen sozusagen „aus einem Guß" getroffen werden, treten in Banken oft Entscheidungsprozesse anderer Art auf, die durch ein sukzessives Hinführen über Teilentscheidungen zum endgültigen Entschluß gekennzeichnet sind. Der endgültige Entschluß (Finalentscheidung) ist bei diesem Typus von Entscheidungsprozessen von den bisher gefällten Teilentscheidungen vorgeprägt. Das bedeutet aber nicht, daß der Finalentschluß von den vorangegangenen Teilentschlüssen vorbestimmt ist; die für die Finalentscheidung kompetenten Entscheidungsträger sind in der Ablehnung der bisherigen Teilentscheidungen ebenso frei wie hinsichtlich deren uneingeschränkter oder teilweiser Akzeptanz.

Bankbetriebliche Entscheidungsprozesse, die in mehreren Schritten mit jeweils abschließenden Teilentscheidungen ablaufen, sind immer dann anzusprechen, wenn vom Bankmanagement innovative, komplexe Entscheidungen zu treffen sind. In dieser Situation erfolgt eine schrittweise (iterative) Lösung des Entscheidungsproblems in arbeitsteiliger Verzahnung mit den planenden Stäben, die selbst keine Entscheidungskompetenzen besitzen. Den Stäben wird durch Partialentscheidungen jeweils die Zusage für weitere Planungsschritte gegeben, oder aber der Planungsprozeß wird abgebrochen. Die Entscheidung zur vorzeitigen Beendigung des Planungsprozesses stellt einen Willensakt dergestalt dar, die anvisierten Problemlösungen aufzugeben. Dafür können verschiedene Gründe bestimmend sein: Entweder ist die Problemlösung nach Lage der Dinge zum gegenwärtigen Zeitpunkt nicht möglich, oder sie ist nicht opportun, oder sie ist nur mit unverhältnismäßig hohem Aufwand zu realisieren. Ebenfalls ist denkbar, den weiteren (internen) Entscheidungsbildungsprozeß nur vorübergehend zu unterbrechen, um z.B. weitere Entwicklungen abzuwarten oder externe Berater in den Problemlösungsprozeß einzuschalten.

Die Möglichkeit zum Abbruch des Entscheidungsprozesses bleibt bis zum endgültigen Finalentschluß grundsätzlich bestehen. Für verzahnte Planungs-Entscheidungs-Prozesse ist darüber hinaus charakteristisch, daß die Zwischenentscheidungen (Entscheidungsschritte) auf verschiedenen Hierarchiestufen getroffen werden können, wobei die Koordination durch diejenigen Entscheidungsträger erfolgt, denen die Kompetenz für Finalentscheidungen zugewiesen ist. Dies wird bei Banken z.B. besonders deutlich im

[498] Vgl. hierzu auch in diesem Teil drittes Kapitel Abschnitt C. III. 2.

Kreditgeschäft, bei dem gesetzliche Normen bzw. interne Regeln ein System abgestufter Entscheidungskompetenzen vorsehen. Wird auf vorgelagerten Entscheidungsstufen ein Kreditantrag geprüft und befürwortet, so wird dieser Kreditentscheid bei bedeutenderen Engagements — je nach Kompetenzregelung — an ranghöhere Entscheidungsträger zur erneuten Prüfung und Entscheidungsfindung weitergeleitet. Der zuletzt entscheidenden Instanz steht zwar noch immer die Möglichkeit offen, den geprüften und befürworteten Kreditantrag abzulehnen, ihn zu modifizieren oder zur erneuten Überprüfung zurückzuweisen; doch wird dies nur im Ausnahmefall geschehen, so z.B. wenn plötzlich eine Veränderung der Kreditnehmer- bzw. Umweltsituation eintritt, die noch nicht in den Teilentscheidungen berücksichtigt wurde, oder wenn die Partialentscheidungen übergeordneten Zielsetzungen der Bankunternehmung widersprechen würden.

Im Zuge sukzessiver Entscheidungsfindung über den Weg von Partialentscheidungen innerhalb einzelner Entscheidungsinstanzen verbleiben den Entscheidungsträgern jeweils bestimmte Entscheidungsspielräume, die vom Konkretisierungsgrad der Zielsetzungen, von deren Stellung im Zielsystem der Bank sowie von den zugewiesenen Entscheidungsbefugnissen abhängen. Die Wahlhandlungen sind hierbei jeweils auf diejenigen Alternativen beschränkt, die den vorgegebenen (Bereichs-)Zielvorgaben nicht widersprechen. Dabei zeigt sich in Bankunternehmen, daß die Wahlakte der Ausführungsebene und zum Teil auch der untersten Führungsebenen auf Grund einer Vielzahl von Führungsanweisungen (Reglements) weitgehend determinierten Charakter aufweisen, d.h. nur geringen oder überhaupt keinen Entscheidungsspielraum aufweisen.

Der Typ multipersonaler Entscheidungen, der sowohl Entscheidungsprozesse über verschiedene Hierarchiestufen hinweg als auch die Involvierung hierarchisch gleichgestellter Entscheidungsträger einschließlich der zu Zwecken der Entscheidungsvorbereitung eingeschalteten Stabsstellen beschreibt, ist für Banken teilweise auch in Gesetzen und Satzungen geregelt. Dies gilt insbesondere für Entscheidungen auf der obersten Führungsebene. So schreiben z. B. § 77 Abs. 1 AktG und § 25 Abs. 1 GenG vor, daß sämtliche Vorstandsmitglieder eines aus mehreren Personen bestehenden Vorstandes nur gemeinschaftlich zur Geschäftsführung bzw. Vertretung befugt sind, wobei die Satzung oder Geschäftsordnung Ausnahmen zulassen kann. Darüber hinaus erweitert das KWG als lex specialis den Kreis notwendiger Kollegialentscheidungen. So bestimmen § 13 Abs. 2 KWG und § 13a Abs. 2 KWG, daß Großkredite von Banken in der Rechtsform einer juristischen Person oder einer Personenhandelsgesellschaft nur auf Grund eines einstimmigen Beschlusses sämtlicher Geschäftsleiter, der vor der Kreditvergabe gefaßt werden soll, gewährt werden dürfen. Zu diesen Regelungen des KWG, die für alle Banken der genannten Rechtsform gelten, kommen bankengruppenspezifische Regelungen hinzu, wie z. B. für Sparkassen, für die in landesgesetzlichen Vorschriften (Mustersatzungen) Entscheidungsmodalitäten der Organe der Sparkassen fixiert sind. Ferner sind auch bankübergreifende multipersonale Führungsentscheidungen zu beobachten, so z.B. bei der Bildung von Konsortien zur Gewährung von Gemeinschaftskrediten bzw. zur Durchführung von Emissionen oder im Rahmen von (internationalen) Beteiligungen und Gemeinschaftsgründungen von Banken.

Wenngleich multipersonale Entscheidungen und Entscheidungsprozesse teilweise gesetzlich vorgeschrieben, teilweise faktisch unabdingbar sind, darf nicht der Eindruck entstehen, Kollegialentscheidungen würden überwiegen oder die Regel darstellen und in beliebigem Ausmaß zu fordern oder auf alle Bereiche auszudehnen sein. Gerade im laufenden Geschäftsbetrieb sind nämlich zahlreiche Routineentscheidungen bzw. weitgehend programmierbare Entscheidungen zu treffen, die aus Kosten- und Zeitgründen nicht die Einschaltung mehrerer Personen erlauben.

Der Entscheidungsprozeß ist neben objektiv vorgegebenen bzw. bestehenden Einflußgrößen — z.B. in Form von Planungsvorgaben, rechtlichen Vorschriften oder Reglements — auch von subjektiven Situationsbewertungen (Einstellungen) und Erwartungshaltungen einzelner oder mehrerer Entscheidungsträger bestimmt. Hierbei weisen in Banken häufig anzutreffende multipersonale Entscheidungen gegenüber Individualentscheidungen die Tendenz auf, daß sie zu Entschlüssen führen, bei denen subjektive Bewertungseinflüsse zugunsten objektivierter Situationseinschätzungen und Alternativenabwägung zurückgedrängt werden. Für multipersonale Entscheidungsprozesse in Banken spricht neben der möglichen Verbesserung der Entscheidungsqualität ferner die Unternehmungsgröße und die Komplexität von Entscheidungen, die die Fähigkeiten Einzelner zu ziel- und sachgerechter Entscheidungsfindung leicht übersteigen kann und daher eine Aufteilung von Entscheidungsproblemen in simultan oder aber sukzessiv zu lösende Teilprobleme nahelegt. In Anbetracht bankbetrieblicher Entscheidungen über erhebliche Volumina an Finanzmitteln und typischerweise vorherrschender Risikoaversion der Bankmitarbeiter wird die Einschaltung mehrerer Entscheidungsträger auch dadurch begünstigt, daß Individuen nach Absicherung ihrer Entschlüsse oder auch Abwälzung der Verantwortung auf Mitglieder von Entscheidungsgremien streben.

Allerdings kann trotz der Entscheidungsgremien immanenten Tendenz zur Vornahme objektivierter Bewertungen nicht ausgeschlossen werden, daß selbst bei multipersonalen Entscheidungsprozessen ein überproportionaler Einfluß von wenigen, bestimmten Entscheidungsträgern ausgeht. Dieser gründet sich z.B. auf deren besondere Stellung innerhalb der Führungshierarchie oder deren Expertenwissen und ist darauf gerichtet, die übrigen Mitglieder des Gremiums zu gewünschten Wahlhandlungen zu veranlassen.

Das Entscheidungsverhalten in der Bank wird weiter durch kognitive Erwartungen geprägt, die die Gesamtheit an Informationen umfassen, über die Entscheidungsträger bezüglich der Umsetzbarkeit und der Konsequenzen von denkbaren Aktionsmöglichkeiten verfügen. Diese von Person zu Person meist unterschiedlichen Erwartungen werden sowohl von aktuellen Informationen als auch von Erfahrungen beeinflußt, die der Entscheidungsträger in früheren, ähnlichen Entscheidungssituationen gemacht hat und die er nun auf die aktuelle Entscheidungssituation überträgt. Aus der Gesamtheit der wahrgenommenen Handlungsalternativen wird sich daher der Entscheidungsträger für diejenige entscheiden, von der er erwartet, daß sie hinsichtlich der Zielerreichung der Bankunternehmung die bestmögliche realisierbare Alternative darstellt. Der Entscheidungsträger wendet damit im Grunde eine selbsterstellte Entscheidungsregel an, die ihm die Wahlhandlung erleichtert, aufgrund ihres Vergangenheitsbezuges aber auch die Gefahr einer unerwünschten Einengung und verzerrten Wahrnehmung des tatsächlichen Entscheidungsfeldes in sich birgt. Daneben bleibt es ihm unbenommen, zur Unterstützung und Fundierung seiner Entscheidungen speziell für bzw. von Banken entwickelte Entscheidungsregeln aufzugreifen, um die — trotz aller planerischen Anstrengungen nach wie vor bestehenden — Unsicherheitsmomente über das tatsächliche Eintreffen der gewünschten Ergebnisse zu reduzieren. Besondere Bedeutung kommt derartigen entscheidungsunterstützenden Maßnahmen und Methoden bei Entscheidungsprozessen der Ausführungsebene und der unteren Führungsebene zu. Hier wird versucht, durch Darbietung geeigneter Informationssysteme, so z.B. in Form von Kundeninformationssystemen und ggf. geeigneter, bereichsbezogener Entscheidungsregeln — als instrumentale Bindeglieder zwischen bankbetrieblichen Zielsetzungen und Entscheidungen — zum Risikoabbau und zur Unsicherheitsreduzierung beizutragen und damit insgesamt die Qualität der Entscheidungen zu verbessern. Diese Hilfestellungen werden vor allem deshalb nötig, weil diese Art der Entscheidung einen Rückgriff auf Planungsprozesse nicht zuläßt und eine Vielzahl ähnlicher Entscheidungen zu treffen ist, die eine Automatisierung im Sinne vorgegebener Regeln oder programmierbarer Entscheidungen nahelegen.

III. Planung und Kontrolle in Banken

1. Planung und Kontrolle im Rahmen der Bankunternehmungsführung

a) Grundzüge der Planung und Kontrolle

Dem klassischen Verständnis des Managementprozesses[499] im Rahmen der Bankunternehmungsführung folgend setzt dieser bei der Planung als der geistigen Konzeption zukünftiger Handlungen an, die über die Organisation als Realisierung dieser Pläne zur Kontrolle gelangt, die mittels einer Abweichungsanalyse den Ausgangspunkt für weitere Aktivitäten bildet. Die als klassische Managementfunktionen dieses Prozesses herauszustellenden Aufgaben der Planung sowie der Kontrolle sind Gegenstand des folgenden Kapitels; die Organisation im Sinne der Strukturierung einer Bank hat als Gegenstandsbereich des Management[500] bereits in Abschnitt C dieses Kapitels Erläuterung gefunden.

Die systematische *Planung* als klassische Instrumentalfunktionen der Bankgeschäftsleitung im Prozeß der Unternehmungsführung nun konkreter betrachtend ist diese als gedankliche Vorwegnahme zukünftigen Geschehens im Hinblick auf die allgemeinen unternehmerischen Zielsetzungen als Mittel der aktiven Zukunftssicherung in den vergangenen Jahren von den Banken zunehmend eingesetzt worden; ihre Bedeutung als bankbetriebliche Führungsfunktion ist stetig gestiegen. Heute umfaßt nahezu jeder Be-

---

499 Vgl. hierzu Gutenberg, E.: Grundlagen der Betriebswirtschaftslehre, Band 1: Die Produktion, Berlin 1983, S. 72 ff.

500 Vgl. hierzu u.a. Steinmann, H., und Schreyögg, G.: Management – Grundlagen der Unternehmensführung, Wiesbaden 1997, S. 8 ff., sowie Horváth, P.: Controlling, München 1996, S. 195 ff.

reich der Geschäftspolitik einer Bank Planungsaufgaben und die Formulierung von Plänen, um späteres Handeln gedanklich zu antizipieren und die bankgeschäftliche Zukunft zu erschließen.

Wenngleich ein gewisser Grad an Planung bei den Banken schon immer gegeben war, kann von einer Planung im eigentlichen Sinne als wesentliche Aufgabe der Bankgeschäftsleitung erst in jüngerer Zeit gesprochen werden. Dies zeigt sich in einer stärkeren Betonung und expliziten Hervorhebung der Planungsaufgaben durch die Bankgeschäftsleitung und der damit verbundenen Schaffung einer die Planung fördernden Mentalität — die sogenannte „Planungsphilosophie" — auf Gesamtbankebene sowie in der Ausbildung von Ansätzen in der Bankpraxis, die Planungstätigkeiten systematischer als in früheren Jahren zu organisieren und der Gesamtunternehmung bewußter zu machen.[501] Diese Entwicklung macht deutlich, daß zwei Aspekte der Planung besonders hervorzuheben sind. Zum einen beinhaltet Planung bestimmte Techniken und Verfahren der Bankgeschäftsleitung im Prozeß der Unternehmungsführung, zum anderen dokumentiert sich in der Planung eine spezifische Geisteshaltung, ein auf Rationalität beruhendes Denken.

Herrscht in der Literatur zwar weitgehend Einigkeit darüber, daß der Planungsbegriff mit einer rationalen Grundhaltung der am Unternehmungsprozeß Beteiligten verbunden ist und als geistige Vorwegnahme zukünftigen unternehmerischen Handelns angesehen werden kann, so finden sich jedoch in bezug auf eine präzise inhaltliche Abgrenzung des Planungsbegriffs unterschiedlich weit gefaßte Definitionsversuche, die durch den jeweilig zugrunde gelegten Betrachtungsaspekt geprägt werden:

- In einer ersten Begriffsfassung wird unter Planung eine zum Zweck *der Koordinierung* vorzunehmende Vorausschätzung und Vorausrechnung verstanden. Ein derartiges Planungsverständnis impliziert jedoch die Annahme eines wenigstens in groben Umrissen festgelegten Ablaufes der Bankunternehmung durch die oberste Geschäftsleitung, da eine Koordinierung gerade darin besteht, daß die Maßnahmen der verschiedenen Unterinstanzen in eine bereits festgelegte Gesamtpolitik der Geschäftsleitung eingeordnet werden. Dabei hat der Plan gewöhnlich die Aufgabe, Vorgabewerte für die im Zielerreichungssystem untergeordneten Instanzen zu fixieren.[502]

---

501 Vgl. Büschgen, H. E.: Bank-Unternehmungsführung, a.a.O., S. 141 ff. sowie Zapp, H.: Zentrale und dezentrale Planung in einer Großbank, in: Fragen der Bankplanung aus der Sicht von Wissenschaft und Praxis, hrsg. von Ludwig Mülhaupt, 2. Aufl., Frankfurt a. M. 1978, S. 57-66.

502 Vgl. zu diesem Ansatz, in dem die Planung faktisch der Budgetierung gleichgesetzt wird, ausführlicher: Heiser, H. C.: Budgetierung. Grundsätze und Praxis der betriebswirtschaftlichen Planung, Berlin 1964; Weilenmann, P.: Planungsrechnung in der Unternehmung, Zürich 1994.

- Des weiteren wird unter Planung nicht nur eine auf dem unternehmerischen Entscheidungsprozeß aufbauende Koordinierungsmaßnahme, sondern ein *System von Entscheidungen* verstanden, durch das die Bank im voraus (verbindlich) festgelegt wird. Folgt man diesem Planungsbegriff, so bildet die Planung zugleich die Grundlage für eine Budgetierung.
- In der dritten Version wird Planung lediglich als *Ausarbeitung von Wahlmöglichkeiten und Lösungsvorschlägen* angesehen, zwischen denen eine Entscheidung zu treffen ist.

Auch kann, ansetzend an der grundlegenden Unterteilung jedes zielgerichteten Handelns in die klassischen *vier Phasen* (Entscheidungsvorbereitung, Entscheidung, Realisation und Kontrolle), der Planungsbegriff wie folgt ausgelegt werden:

- Planung als Entscheidungsvorbereitung, Entscheidung, (Realisation) und Kontrolle der Entscheidung;
- Planung als Entscheidungsvorbereitung und Entscheidung;
- Planung als Entscheidungsvorbereitung.

Wenngleich in der älteren Literatur vornehmlich die erstgenannte Planungsauffassung zu finden ist, so scheint diese insbesondere vor dem Hintergrund einer signifikanten Überschneidung mit den weiteren Instrumentalfunktionen des Bankmanagement — Organisation und Kontrolle — wenig geeignet. Und auch die zweite Begriffsversion, die neben der Entscheidungsvorbereitung auch die Entscheidung im Sinne der Realisation umfaßt und die in praxi die weiteste Verbreitung findet, scheint für den Bankenbereich weniger geeignet. Angesichts der Tatsache nämlich, daß auch in der Bankpraxis organisatorisch wie begrifflich häufig zwischen Planung — im Sinne von Entscheidungsvorbereitung — und Entscheidung getrennt wird, soll sich der hier gewählte Planungsbegriff ausschließlich auf die Entscheidungsvorbereitung beschränken, die neben der Zielbildung, Problemfindung und Problemanalyse zudem die Alternativengenerierung, Prognose und Alternativenbewertung umfassen kann.[503]

Als weitere Instrumentalfunktion des Managementprozesses, die zudem eng einhergeht mit der Instrumentalfunktion Planung ist die Kontrolle anzuführen; oftmals wird sogar konstatiert, daß eine Planung ohne *Kontrolle* sinnlos sei.[504] Dies resultiert vornehmlich aus der Erkenntnis, daß die zur Führung der Bank und insbesondere zur Steuerung ihrer Teilbereiche auf allen Ebenen der Management-Hierarchie erforderlichen Planziele und Plannormen wirkungsvoller Kontrollmaßnahmen bedürfen, um den Realisationsgrad dieser Normen und Zielvorgaben überprüfen zu können. Denn letztlich kann erst aufgrund aussagefähiger Kontrollergebnisse steuernd und beeinflussend in das Unternehmensgeschehen eingegriffen werden. So ist es konkrete Aufgabe der Kontrolle, auf der Basis von Soll-Werten sogenannte Ist-Werte zu ermitteln und diese mit den Soll-Werten zu vergleichen, um eine zielgerechte Erfüllung der festgelegten Pläne zu überprüfen.

503 Vgl. Wild, J.: Grundlagen der Unternehmungsplanung, Reinbek bei Hamburg 1974, S. 38 ff.

504 Vgl. Schreyögg, G.: Zum Verhältnis von Planung und Kontrolle, in: WiSt, 1994, Nr. 7, S. 345-351, insbesondere S. 345.

Werden in diesem Zusammenhang eventuelle Abweichungen festgestellt, ist es zudem Aufgabe der Kontrolle, diese Abweichungen zu analysieren, die relevanten Ursachen zu eruieren und potentielle Auswirkungen zu prognostizieren.

Wenngleich Planung und Kontrolle gewissermaßen in gegenläufiger Richtung gehen, so sind jedoch beide als integraler Bestandteil des Management-Prozesses aufzufassen. Dies ist eine zwangsläufige Folge der Tatsache, daß Management-Entscheidungen unter Unsicherheit gefällt werden müssen, so daß die geplanten Aktivitäten auch bei Anwendung der besten Prognose- und Planungstechniken nicht mit Sicherheit realisiert werden können. Das Bankmanagement muß sich also ständig über die Ist-Werte wie auch über die Soll-Größen und zudem über die Ursachen eventueller Soll-Ist-Abweichungen informieren, um bei Planungsabweichungen korrigierend eingreifen zu können. Im laufenden Informationsprozeß des Bankmanagement ist die Funktion der Kontrolle somit gleichzeitig als Abschluß laufender und als Ausgangspunkt zukünftiger Planungs- und Entscheidungsprozesse anzusehen.[505]

b) Abgrenzung zum Controlling

Vor dem Hintergrund einer vielfältigen Verwendung des Begriffs Controlling im Rahmen der Unternehmungsführung einerseits und zudem einer weitgehend uneinheitlichen Definition in der Literatur andererseits bedarf es einer Abgrenzung dieses Begriffs zu obig dargelegtem Verständnis der klassischen Instrumentalfunktionen des Bankmanagement.

Ein Blick in betriebswirtschaftliche Literatur zeigt, daß der Gebrauch des Begriffs Controlling von der synonymen Verwendung für die Managementfunktion Kontrolle, über eine Gleichsetzung mit der Kombination aus Planung und Kontrolle bis hin zum Synonym für die Summe aller Managementfunktionen im Sinne des Terminus Unternehmungsführung reicht[506] und somit weit voneinander abweichende Verständnisauffassungen umfaßt. Eine Gleichsetzung des Controlling mit der Unternehmungsführung selbst scheint jedoch verfehlt, eher kommt dem Controlling eine die Unternehmungsführung unterstützende *Informationsfunktion* zu. Auch scheint die Verwendung des Controlling als Synonym für Planung und Kontrolle unzutreffend, da diese beiden Managementfunktionen zwar als zentrale Aktionsbereiche des Controlling angesehen werden, die jeweils eingesetzten Planungs- und Kontrollsysteme neben dem Rechnungswesen und der internen Revision jedoch als Instrumente des Controlling dienen. Allerdings ist das Controlling auch nicht mit der Kontrolle der Unternehmungsaktivitäten gleichzusetzen, da auch die Kontrolle lediglich als Hilfsmittel bzw. Instrument eingesetzt wird und nicht als Selbstzweck des Controlling anzusehen ist.

---

505 Vgl. Büschgen, H. E.: Bank-Unternehmungsführung, a.a.O., S. 193.

506 Vgl. exemplarisch hierzu und zum folgenden Harbert, L.: Controlling — Begriffe und Controlling-Konzeption, Bochum 1982, sowie Mag, W.: Die Funktionserweiterung der Unternehmensführung, in: WiSt 1992, Nr. 2, S. 60-64, insbesondere S. 63 f., sowie Hahn, D.: PuK — Planung und Kontrolle — Controllingkonzepte, Wiesbaden 1994, S. 167 ff.

Im folgenden wird Controlling vielmehr als eigenständige Funktion im Sinne eines Subsystems der Unternehmungsführung verstanden, das alle Instrumente des Management-Zyklus funktionsübergreifend mit Informationen versorgt und koordiniert und somit die Entscheidungsträger der Bank bei der Unternehmungsführung unterstützt.

Aus dem bisher Angeführten wurde bereits deutlich, daß für den Prozeß der Steuerung der Unternehmungsentwicklung — sofern er als eine sich ständig wiederholende Abfolge von Planung, Realisation und Kontrolle verstanden wird — neben der originären unternehmerischen Entscheidung in allen Phasen des Planungs- und Kontrollprozesses die Informationsgrundlagen und die kommunikative und koordinierende Verknüpfung der einzelnen Teilbereiche sehr wichtig sind. Hier wird der Ansatzpunkt für die Funktion der Unternehmungsführung gesehen, die das Controlling wahrnimmt. Die Hauptaufgabe des Controlling liegt in der *Koordination von Planung und Kontrolle* mittels der Bereitstellung von Informationen, die in geeigneter Weise beschafft und im Führungsprozeß verwendet werden. Gerade in Zeiten steigender Umweltdynamik und zunehmender Aufgabendifferenzierung sollen durch diese Funktion, die unter systemtheoretischen Gesichtspunkten auch als funktionales Subsystem der Unternehmungsführung bezeichnet werden kann, alle geschäftspolitischen Aktivitäten der Bank zielgerichtet — meist ertragsorientiert — gesteuert werden und eine bessere Anpassung und Koordination des gesamten Systems „Bank" erreicht werden.[507]

Diese Steuerungsfunktion des Controlling wird einerseits deutlich in der Ausarbeitung und Implementierung einer geeigneten Systemstruktur für die wahrzunehmenden Aufgaben wie auch andererseits in der ständigen Anpassung dieser Systemstruktur an mögliche Umweltveränderungen. Das Controlling hat zudem unterstützende Funktion in dem Sinne, daß die einzelnen Bereiche der Bank in die Lage versetzt werden, ihre eigenen Aktivitäten im Hinblick auf die Zielsetzung und die im Rahmen der Planung gesetzten Daten zu kontrollieren. Die Controlling-Aufgabe konkretisiert sich somit einerseits in der Lieferung von Informationen über erfolgsbeeinflussende Zustände sowie Zustandsveränderungen in der Bankumwelt und andererseits in der Umsetzung dieser Informationen — unter Zuhilfenahme nomologischer Informationen über die Auswirkungen der Umwelteinflüsse auf den Zielerreichungsgrad der Banktätigkeiten — in zielorientierte Steuerungsimpulse. Damit soll ein möglichst günstiges, zielgerichtetes, adaptives Verhalten der Bank in bezug auf Veränderungen in der Umwelt ermöglicht werden. Neben diesen Aufgaben der Informationsbeschaffung, -verarbeitung und -speicherung gehören auch die Einführung aufgabenadäquater Planungs-, Kontroll-, Informations- und Kommunikationssysteme sowie die Überwachung der Funktionssicherheit und Funktionseffizienz dieser Systeme zum Aufgabenbereich des Controlling.

Grundsätzlich ist das Controlling dabei auf die Gesamtheit des bankbetrieblichen Handelns ausgerichtet. Aus organisatorischen Gründen und aus Gründen einer höheren Effi-

---

507 Vgl. hierzu und zum folgenden insbesondere Horváth, P.: Controlling, a.a.O. 1996, S. 17 ff., sowie Büschgen, H. E., und Böhner, W.: Controlling in Universalbanken, in: BFuP, 34. Jg. (1982), H. 3, S. 193-207, insbesondere S. 195 ff.

zienz der Controlling-Arbeit ist eine Aufteilung der Gesamtaufgabe in einzelne Teilbereiche zweckmäßig. Die praktische Ausgestaltung der Controlling-Funktion — als managementunterstützendes Subsystem der Bank — ist sehr unterschiedlich. Während einzelne Funktionen wie Planung oder interne Revision bereits seit längerem zur Unterstützung der Bankunternehmungsführung fest institutionalisiert sind, — teilweise in eigenen Organisationseinheiten — ist eine diese Einzelfunktionen umfassende, organisatorische Controlling-Einheit erst in jüngerer Zeit in der Bankpraxis anzutreffen. Die Zweckmäßigkeit einer solchen Organisationseinheit scheint jedoch unter Berücksichtigung einer Verbesserung der Unternehmungsführung durch das Controlling außer Frage.

c) Notwendigkeit von Planung und Kontrolle in Banken

Vielfältige Einflußfaktoren sowohl interner als auch externer Art haben in den letzten Jahren die Bemühungen um eine verbesserte analytische, stärker objektivierte Durchdringung der Gesamtbank und ihrer Marktbeziehungen verstärkt und dazu geführt, daß die Notwendigkeit intensiver Planungs- und Kontrollprozesse als zentraler Aufgabenbereich des Bankmanagement evident wurde. Die Entwicklung eines geeigneten Planungs- und Kontrollinstrumentariums in Banken wird insbesondere dann deutlich, wenn man die Hemmnisse betrachtet, die im Planungs- und Kontrollbereich universal tätiger Banken auftreten.

Die starken Interdependenzen zwischen den verschiedenen Bankunternehmungsteilbereichen und Bankleistungsarten sowie insbesondere der hohe Komplexitätsgrad der Bankunternehmung als solcher wirken erschwerend auf die Anwendung anspruchsvoller Planungs-, Prognose- und Kontrollverfahren. Die Probleme der Bankunternehmung sind vor allem auch deshalb schwierig in Modelle zu fassen, weil die komplexen Faktoren der auf Banken einwirkenden Entscheidungen anderer Wirtschaftseinheiten diffizil zu quantifizieren und zu prognostizieren sind.

Die Gründe für die Notwendigkeit einer intensiveren Planung und Kontrolle im Bankensektor lassen sich auf folgende Entwicklungen reduzieren, die teilweise als interdependent anzusehen sind:

- Die *zunehmende Internationalisierung*, verbunden mit stetig verkürzten Innovationszyklen des finanziellen Sektors, führen zu einer gestiegenen und wohl auch weiter steigenden Komplexität des Bankgeschäfts und damit der Geschäftspolitik der Banken,
- *strukturelle Veränderungen an den nationalen und internationalen Finanzmärkten* führen zu einer Veränderung traditioneller Geschäftsbereiche von Banken und Nichtbanken und bedingen einen intensiveren Wettbewerb zwischen diesen Instituten und Institutsgruppen,
- ein *erhebliches*, teilweise *überproportionales Wachstum* der Kosten des internen Leistungsbereichs der Banken, insbesondere der Personalkosten, bedingt einen deutlichen Anstieg der Bedarfsspanne,
- erheblich *komplexer* und damit weniger gut prognostizierbar gewordene *Umweltbedingungen der Banken* — vor allem solche gesamtwirtschaftlicher Art — führen zu

einer geänderten Risikosituation für die einzelne Bank wie auch für das gesamte Bankensystem.

Da die genannten Faktoren in der Vergangenheit nicht bzw. nicht in diesem Maße existent waren, konnte bei den deutschen Banken in der Expansionsphase der sechziger und siebziger Jahre lange Zeit ein nur gering ausgeprägtes Planungsbewußtsein festgestellt werden. Anstelle einer systematischen Planung und Kontrolle wurde die Nachfrage nach ihren Leistungen von den Banken lange Zeit weitgehend als unbeeinflußbares Datum hingenommen, wodurch ein lediglich reagibles Marktverhalten impliziert wurde.[508] Vor diesem Hintergrund ist die Notwendigkeit für eine differenzierte und systematische Bankplanung insbesondere in einer frühzeitigen Erkennbarkeit von Marktveränderungen zu sehen, damit daß deren Auswirkungen leichter begegnet werden kann. Weiterhin lassen sich die Konsequenzen von Fehlentscheidungen mit Hilfe eines bankspezifischen Planungs- und Kontrollinstrumentariums schneller erkennen und entsprechend schneller korrigieren. Je früher es der Geschäftsleitung gelingt, relevante Datenänderungen aus dem In- und Umsystem der Bank zu erkennen, desto eher ist sie in der Lage, sich auf diese veränderten Rahmenbedingungen mit ihrer Geschäftspolitik einzustellen, und desto zahlreicher sind die Maßnahmen, die sie ergreifen kann, um diesen Datenänderungen Rechnung zu tragen.

Gerade hierin liegt einer der Hauptvorteile einer planungsorientierten gegenüber einer vornehmlich improvisationsbetonten Bankgeschäftspolitik. Denn in letzterem Fall kann sich die Anzahl der in einer bestimmten Entscheidungssituation möglichen Handlungsalternativen schon deshalb reduzieren, weil Entscheidungen sozusagen unter dem Druck der Ereignisse gefällt werden müssen. Für eine umfassende Entscheidungsvorbereitung auf der Basis vorausgegangener Planungs- und Kontrollprozesse sowie für die notwendige Abstimmung der Entscheidungen zwischen den einzelnen Planungsbereichen verbleibt in diesem Fall oftmals nur wenig Zeit, so daß eine geschlossene, in sich konsistente Bankpolitik nur schwer realisierbar erscheint.

d) Funktionen von Planung und Kontrolle in Banken

Bei funktionaler Betrachtung von Planung und Kontrolle ist deren Elementarfunktion in einer Verbesserung der Bankunternehmungsführung und somit in einer langfristigen Unternehmungssicherung zu sehen. Im einzelnen dienen dabei Planungs- und Kontrollprozesse der Erfolgssicherung, der Effizienzsteigerung und damit der Positionierung der gesamten Bankgeschäftspolitik, dem Erkennen und der Reduzierung von Risiken und der Erhöhung der Flexibilität der Bank, da die Anpassungsfähigkeit durch die Erweiterung des bankbetrieblichen Handlungsspielraumes vergrößert wird. Weiterhin bewirkt eine systematische Bankplanung und -kontrolle durch Selektion von Handlungsmöglichkeiten und deren Festlegung eine Reduktion der Komplexität von Entscheidungsprozessen, und nicht zuletzt ist sie ein Garant dafür, Synergieeffekte durch die integrative Wirkung einer zielbezogenen Planung zu nutzen.

---

[508] Vgl. Büschgen, H. E.: Bank-Unternehmungsführung, a.a.O., S. 144 ff.

Die hier genannten Grundfunktionen der Bankplanung und -kontrolle werden durch Funktionen ergänzt, die Planung und Kontrolle innerhalb des Führungssystems der Bank erfüllen. So dienen sie der Zielausrichtung der Aktivitäten der gesamten Bank sowie ihrer einzelnen Organisationseinheiten durch Finden, Selektieren und Durchsetzen der Unternehmungsziele und deren Teilziele. Des weiteren wird die Bankgeschäftsleitung durch systematische Planung und Kontrolle veranlaßt, die Situation, in der eine Entscheidung getroffen werden muß, genau zu analysieren. Die Planung ist somit ein wesentliches Mittel der Entscheidungsvorbereitung, da sie der Problemanalyse und der Alternativensuche dient. Hierdurch wird die Bankgeschäftsleitung gezwungen, sich über die verschiedenen Möglichkeiten der Zielrealisation genaue Vorstellungen zu machen, und damit verbunden eine Alternativenbewertung durchzuführen sowie mögliche neue Entscheidungsdeterminanten, die erst in der Realisationsphase wirksam werden, zu berücksichtigen.

Durch eine wechselseitige Abstimmung und Ausrichtung auf gemeinsame, übergeordnete Ziele dienen die Bankplanung und -kontrolle der Koordination von Entscheidungen und helfen auf diesem Wege, sektorale Suboptimierungsprozesse zu verringern. Weiterhin ermöglichen sie es, durch laufende Soll-Ist-Vergleiche die Ergebnisse der Realisationsphase anhand der Planvorgaben zu überprüfen. Bankplanung und -kontrolle sind somit auch wesentliche Instrumente der Problemerkenntnis, da sie dazu beitragen, daß laufend die Ursachen erkannter Soll-Ist-Abweichungen analysiert und gegebenenfalls neue Maßnahmen zur Zielerreichung ergriffen oder die Planziele den veränderten Determinanten im In- und Umsystem der Bank angepaßt werden können. Des weiteren stellt ein System von Planung und Kontrolle ein wichtiges Informationssystem innerhalb der Bank dar, das die Mitarbeiter über Ziele, geplante Maßnahmen, Mittelverwendungen usw. unterrichtet. Auf dem Weg der innerbetrieblichen Information und Kommunikation können Planung und Kontrolle einerseits auch zur Motivation der Mitarbeiter eingesetzt werden, da sich die Mitarbeiter, bei Berücksichtigung ihrer individuellen Ziele besser mit den Plänen der Bank identifizieren und somit vermehrt plankonforme Verhaltensweisen zeigen, andererseits Rückmeldungen über den individuellen und kollektiven Zielerreichungsbeitrag für den einzelnen Mitarbeiter bzw. die einzelnen Organisationseinheiten in der Bank Motivations- und Steuerungsgrößen sein können.[509]

e) Einflußfaktoren bankbetrieblicher Planung und Kontrolle

Aufgrund der besonderen Stellung, die Banken im Wirtschaftsleben einnehmen, den strukturellen Eigenarten bankbetrieblicher Leistungen wie auch des gesamten Leistungserstellungs- und -verwertungsprozesses sowie der Komplexität des betrieblichen Insystems sind Banken in der Formulierung ihrer Ziele und der sich aus diesen Zielen ableitenden Pläne nicht völlig frei, sondern gezwungen, zahlreiche Einflußfaktoren externer und interner Art in ihren Planungsüberlegungen zu berücksichtigen.

---

[509] Vgl. Büschgen, H. E.: Bank-Unternehmungsführung, a.a.O., S. 148 ff.

Als *Einflußfaktoren externer Art* sind insbesondere die starke Integration der Banken in die prozeßpolitische Steuerung der Wirtschaftsabläufe und die daraus resultierende Reglementierung der Banken durch spezifische rechtliche Normen zu sehen. Neben allgemeinen, auch andere Wirtschaftsunternehmen betreffenden Normen sind hier als branchenspezifische Vorschriften das Kreditwesengesetz, die Anordnungen und Empfehlungen des Bundesaufsichtsamtes für das Kreditwesen, das Wertpapierhandelsgesetz sowie das Bundesbankgesetz zu nennen, die die Gestaltungsfreiräume der Bankplanung beeinflussen.

Weiterhin muß in der Bankplanung und -kontrolle berücksichtigt werden, daß der Erfolg des nach außen gerichteten Handelns einer Bank maßgeblich von den Aktionen und Reaktionen der einzelnen Kunden und Kundengruppen mitbestimmt wird und somit die Anforderungen dieser Interessengruppe an die Bank die Bankplanung beeinflussen. Dieser Einflußfaktor erscheint bei Banken gewichtiger als bei anderen Unternehmen, da aufgrund der Stofflosigkeit der Bankmarktleistungen und der hiermit einhergehenden fehlenden Lagerfähigkeit eine autonome Endkombination von produktiven Faktoren zum Zwecke der Erstellung absatzfähiger Leistungen — bis auf periphere Teilleistungen — kaum realisierbar erscheint. Für den Bankbetrieb ist vielmehr das Zusammenfallen von Leistungserstellung und -absatz unter unmittelbarer Mitwirkung der externen Faktoren „Kunden", d.h. die Fremddeterminiertheit der Absatzstrukturen, charakteristisch, was besonders Probleme der personellen, sachlichen und finanziellen Ressourcen- und Kapazitätsplanung hervorruft. Neben der Abhängigkeit der Bankplanung von den Handlungen der Kunden zeichnet sich die Planung im externen Leistungsbereich der Banken durch eine unverhältnismäßig starke Abhängigkeit der zu planenden Größen von Entscheidungen im Bereich der nationalen und internationalen Finanz-, Geld- und Währungspolitik aus, was sich z.B. in der weitgehenden Unmöglichkeit manifestiert, die Liquiditätssituation und die Zinssätze langfristig zu prognostizieren.

Als zentraler Einflußfaktor, in dem sich die zuvor genannten Größen weitgehend widerspiegeln und der sich auf die Qualität der Bankplanung direkt auswirkt, ist die Informationsbasis der Bank zu nennen. Im internen Bereich wird diese Informationsbasis häufig durch das Fehlen einer ausgebauten Kostenrechnung, insbesondere einer leistungsfähigen Kunden- und Kontenkalkulation bzw. einer aussagefähigen Kapazitätsrechnung, begrenzt. Im externen Bereich wirken sich unvollständige Analysen der Konkurrenz- und Marktbeziehungen häufig als Defizite der Informationsbasis aus. Aber selbst in den Bereichen, in denen die Informationsbasis als hinreichend angesehen werden kann, fehlt es häufig an geeigneten Systemen, die vielfältigen Informationen zusammenzuführen und zu Plänen und Handlungsstrategien zu verdichten.

In diesem Zusammenhang sind als weitere *interne Einflußfaktoren* der Bankplanung und -kontrolle die Aufbau- und die Ablauforganisation der Bank anzuführen. Während durch die Ablauforganisation weitgehend festgelegt ist, wie Informationsbeschaffung, -aufbereitung und -auswertung erfolgen und die hierauf aufbauenden Teilpläne koordiniert werden, wird durch die bankbetriebliche Aufbauorganisation festgelegt, wie die Verantwortung und die Kompetenzen im Rahmen des Planungs- und Kontrollprozesses verteilt sind. Mit der Entscheidung, ob das Planungs- und Kontrollsystem in einer zentralen oder dezentralen Organisationsform in das Gesamtsystem Bank implementiert wird, werden weitreichende Entscheidungen über die Ausgestaltung und Arbeitsweise dieser funktionalen Unternehmungsbereiche getroffen.

Ein weiterer, die Leistungsfähigkeit der Bankplanung und -kontrolle maßgeblich beeinflussender Faktor ist der jeweils aktuelle Entwicklungsstand der Planungs- und Kontrollverfahren und -instrumente. Erst auf der Basis einer erkenntnisleitenden Theorie der Bankplanung und durch die Bereitstellung realitätsnaher und leistungsfähiger Planungs- und Kontrollverfahren kann eine wirkungsvolle Planung und Steuerung des komplexen Gesamtsystems Bank erfolgen.

f) Planung und Kontrolle als revolvierender Prozeß

Wie einleitend erwähnt, ist die Kontrolle als Instrument der Bankunternehmungsführung unabdingbar mit der Planung verbunden. Denn mit dem Instrument der Planung allein kann der Notwendigkeit einer aktiven Zukunftssicherung der Bank nicht entsprochen werden hinzutreten muß eine Überprüfung im Hinblick auf den Zielerreichungsgrad.[510] Diese Überprüfung im Sinne einer Kontrolle erstreckt sich nicht nur auf die Prüfung eines effizienten Mitteleinsatzes, sondern bezieht auch das gesamte Planungsprozedere und die der Planung zugrundeliegenden Prämissen mit ein. Kontrolliert werden dabei sowohl der Inhalt der Planung als auch die bei der Planung angewandten Verfahren, insbesondere die in sie eingehenden Informationen über die relevanten Umweltzustände sowie die nomologischen Aussagen über die Ursache-Wirkungs-Beziehungen zwischen relevanter Umwelt und bankbetrieblichem Handeln im Hinblick auf das Zielsystem der Bank.

(1) Phasen des Planungs- und Kontrollprozesses

Planungs- und Kontrollvorgänge sind keine nur einmal stattfindenden Handlungsakte, sondern sie bestehen aus mehreren, voneinander abgrenzbaren Prozeßphasen, die sich ständig im Zeitablauf wiederholen. Zwar sind je nach Planungsobjekt und Planungszeitraum unterschiedlich viele Einzelschritte für einen Planungsablauf bzw. -durchlauf notwendig, es lassen sich jedoch in einem idealtypischen Grundmodell des Planungs- und Kontrollprozesses unter sachlogischen Aspekten die folgenden Hauptphasen darstellen, die jeweils einen Komplex von aus den gesamten Planungsaktivitäten herausgelösten, zusammenhängenden Aktivitäten umfassen:

- Erkennung und Abgrenzung des zu planenden Problems, Problemformulierung;
- Informationsbeschaffung und -auswertung;
- Entwicklung von alternativen Lösungsmöglichkeiten und Strategien;
- Beurteilung der Alternativen und Entscheidung für eine Alternative;
- Durchführung der gewählten Alternative (Realisationsphase);

---

[510] Vgl. Wild, J.: Grundlagen der Unternehmungsplanung, a.a.O., S. 44 f.

- Kontrolle, Soll-Ist-Vergleich und Abweichungsanalyse.[511]

Nur in den seltensten Fällen wird der Planungs- und Kontrollprozeß so streng chronologisch ablaufen wie oben geschildert. Wahrscheinlicher ist, daß eine ständige Rückkopplung im Sinne im folgenden erläuterter sogenannter „feed backs“ zwischen den einzelnen Phasen stattfindet, so z.B., wenn bei der Informationsaufbereitung festgestellt wird, daß die Problemformulierung nicht exakt war, oder wenn bei der Beurteilung der Alternativen deutlich wird, daß noch weitere Informationen beschafft werden müssen.

(2) Verbindung von Planung und Kontrolle im kybernetischen Regelkreis

Die enge Beziehung zwischen Planung und Kontrolle bzw. zwischen Planungs- und Kontrollprozessen wird insbesondere deutlich, wenn man die Planungs- und Kontrollvorgänge im Rahmen eines kybernetischen Modells darstellt (vgl. Abbildung 27). In diesem Modell sind Planung und Kontrolle durch Rückkopplungsprozesse — feed backs — verbundene Elemente eines Regelkreises, der das durch Einfluß- und Störgrößen des Unternehmungsumfeldes beeinflußte System „Bank“ selbständig regelt. Erst das enge Zusammenwirken von Planung und Kontrolle ermöglicht an den Zielen der Unternehmung orientierte und die festgestellten Abweichungen korrigierende Handlungen der Geschäftsleitung. Außerdem bewirkt eine im Anschluß an die Planungs- und Durchführungsphase fest verankerte Kontrolle, daß eine ständige Einwirkung auf Übereinstimmung von Ist- und Soll-Daten im gesamten Unternehmungsprozeß erzeugt wird und Abweichungen zwischen Ist und Soll auf ein nicht vermeidbares Maß reduziert werden.

Bedingt durch die enge Verbindung und Interaktion zwischen Planungs- und Kontrollvorgängen — jede Phase des Planungsprozesses kann einer Kontrolle unterliegen, deren Ergebnis wiederum Grundlage für die nächstfolgende Phase des Planungsprozesses ist — sollten Planung und Kontrolle immer einer gemeinsamen Analyse unterzogen werden. Aus methodischen Gründen bzw. um die Inhalte von Planung und Kontrolle in einer Bank anschaulicher darstellen zu können, wird in den Abschnitten B und C dieses Kapitels bei der Darstellung von Planung und Kontrolle eine (gedankliche) Trennung vorgenommen.

---

[511] Zum Phasen-Theorem bei Entscheidungsprozessen vgl. bspw. Witte, E.: Entscheidungsprozesse, in: HWO, 2. Aufl., hrsg. von Erich F., Stuttgart 1992, Sp. 552-565, insbesondere Sp. 553 ff.

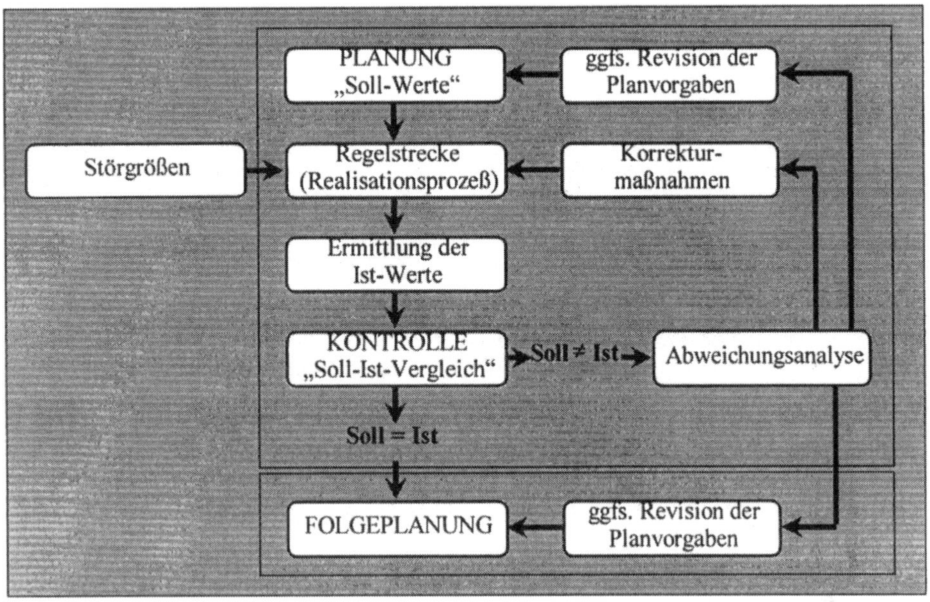

Abb. 27: Planung und Kontrolle im kybernetischen Regelkreis

2. Die Ebenen der Planung in der Bank

a) Abgrenzungskriterien und Beschreibungsmerkmale der bankbetrieblichen Planungsebenen

Die verschiedenen Planungsebenen lassen sich anhand unterschiedlicher Abgrenzungskriterien unterscheiden, wobei gleichzeitig die verschiedenen Ebenen bereits andeutungsweise beschrieben und charakterisiert werden können (vgl. Abbildung 28). Mit diesen Abgrenzungskriterien wird eine — gedankliche — Trennlinie zwischen den beiden „Endpunkten“ des Planungsspektrums — strategische und operative Planung — gezogen, um die Unterschiede zwischen beiden Planungsebenen zu verdeutlichen. Dabei ist jedoch zu beachten, daß zwischen den einzelnen Kriterien ein mehr oder weniger starker Zusammenhang besteht, demzufolge ein einzelnes Kriterium den Unterschied nicht eindeutig sichtbar machen kann und die im folgenden genannten Kriterien deshalb nicht nach einer bestimmten Reihenfolge geordnet sind. Hervorzuheben ist des weiteren, daß zwar mit Hilfe der Abgrenzungskriterien eine gedankliche Trennung zwischen strategischer und operativer Bankplanung erfolgen kann, in der Planungspraxis jedoch eine sehr enge Verbindung zwischen beiden Stufen der bankbetrieblichen Unternehmungsplanung besteht, indem die strategische Planung den Rahmen für die Planungsvorgänge im operativen Bereich bildet.[512]

Ein Differenzierungskriterium gründet auf unterschiedlichen *Durchführungsebenen* der Bank und primär am jeweiligen Planungsprozeß beteiligten Leitungsebenen. Während bei der strategischen Planung in erster Linie die Geschäftsleitung bzw. die oberste Managementebene der einzelnen Geschäftsbereiche der Bank involviert ist, erfolgt die operative Planung vorwiegend auf der mittleren und unteren Managementebene. Die jeweilige Organisationsstruktur der Bank ist dabei von großer Bedeutung. Inwieweit z.B. im Sinne eines kooperativen Führungsstils auch hierarchisch niedriger angesiedelte Managementebenen in den strategischen Planungsprozeß eingebunden werden können, wird im Abschnitt über die Organisation der strategischen Planung erörtert.[513]

Zur Abgrenzung der beiden Planungsebenen kann auch die *Bezugsebene* der jeweiligen Planungsstufe und damit einhergehend die Detailliertheit der Pläne sowie die Vollständigkeit der jeweiligen Planung herangezogen werden. Die strategische Planung betrifft im allgemeinen eine Bank oder einzelne Geschäftsbereiche einer Bank in ihrer Gesamtheit. Die Pläne sind deshalb gewöhnlich breit angelegt und weniger detailliert gehalten. Wenn die strategische Planung auf einzelne Geschäftsbereiche — im Rahmen der strategischen Geschäftsfeldplanung — bezogen ist, wird die gesamte Geschäftstätigkeit im Planungsprozedere erfaßt, während bei der operativen Planung einzelne Teilbereiche, herausgelöst aus dem Geschäftsbereich, Gegenstand des Planungsprozesses sind. Damit einhergehend weisen die operativen Pläne eine wesentlich größere Detailliertheit und Verbindlichkeit auf, und die Operationalität ihrer Pläne ist im Gegensatz zu den strategischen Plänen wesentlich größer.

Eine Differenzierung der Planungsebenen ist auch in bezug auf die *Zielsetzung* und *Zielinhalte* möglich. Während die strategische Planung primär das Erfolgspotential einer Bank zum Inhalt hat und damit die angestrebten Entwicklungslinien der Bank festlegt, ist es die der operativen Planung vorgegebene Zielsetzung, ein angemessenes, periodenbezogenes Geschäftsergebnis zu verwirklichen sowie die laufende Effizienz und Effektivität der Geschäftstätigkeit zu planen, wozu z.B. auch die jederzeitige Zahlungsfähigkeit der Bank gehört.

Daraus folgend ergibt sich ein weiteres Kriterium zur Unterscheidung von strategischer und operativer Planung, nämlich die *Komplexität und Strukturiertheit der Planungsinhalte bzw. -probleme.* Strategische Planungsprobleme sind durch eine hohe Komplexität und weitgehende Unstrukturiertheit gekennzeichnet. Operative Planungsprobleme dagegen sind wesentlich weniger komplex und weisen weitaus größere Strukturiertheit auf. Aus der Komplexität und Unstrukturiertheit der strategischen Planung resultieren deshalb andere Informationserfordernisse als bei der operativen Planung. Für die strategi-

---

512 Zur Beziehung zwischen operativer und strategischer Planung vgl. z.B. Coenenberg, A. G., und Baum, H.: Strategisches Controlling, Augsburg 1984 (Kurzfassung DBW-Depot 86-1-6), S. 10 ff.

513 Siehe hierzu in diesem Kapitel Abschnitt D. III. 2 b) (1) (d).

sche Planung werden vorwiegend Informationen aus der Unternehmungsumwelt benötigt (z.B. Informationen über die Mitbewerber, über aktuelle und potentielle Kunden oder Kundengruppen, über wirtschafts- und gesellschaftspolitische Entwicklungen sowie über wirtschaftliche Entwicklungen, die den Bankenmarkt verändern können), die von Bedeutung für die Bank sind oder es in Zukunft sein können. Gerade Informationen über zukünftige Marktentwicklungen oder über Kundenproblemstellungen führen zu Konsequenzen für die Bearbeitung der Geschäftsfelder, für die Gestaltung des Leistungsprogramms und für die geeignete Dimensionierung der Unternehmungsressourcen. Charakteristikum dieser Daten ist ihre starke Zukunftsbezogenheit; oft lassen sie sich nur mit Hilfe von Prognoseverfahren gewinnen. Der Informationsbedarf der operativen Planung bezieht sich dagegen vorwiegend auf interne Daten, die aus dem Rechnungswesen der Bank abzuleiten und eher vergangenheitsorientiert — im Sinne von Erfahrungswerten — sind.

Außerdem stellt der zeitliche *Horizont der jeweiligen bankbetrieblichen Planungsstufe*[514] ein wichtiges Unterscheidungsmerkmal dar. Die strategische Planung bezieht sich im allgemeinen auf einen längeren Zeitraum als die operative Planung, wobei die zeitliche Dimension je nach Planungsobjekt bei der strategischen Planung variieren kann, während sie bei der operativen Planung eher einheitlich gehalten ist. Der strategische Planungszeitraum sollte so lang gewählt werden, daß die meist zeitlich weitreichenden Auswirkungen der gegenwärtigen strategischen Entscheidungen noch explizit berücksichtigt werden können. Bei der operativen Planung bezieht sich die zeitliche Dimension hinsichtlich der Zielsetzungen meist auf eine Geschäftsperiode, und die Maßnahmen sind nur mit mittel- oder kurzfristigen Wirkungen verbunden.

Aus der unterschiedlichen zeitlichen Dimensionierung der Planung resultiert auch eine mehr — bei der strategischen Planung — oder weniger — bei der operativen Planung — ausgeprägte *Unsicherheit der Planung.* Außerdem steigt mit abnehmender Zeitdimension und zunehmender Sicherheit der Planung die Möglichkeit, die Wirksamkeit und die Ergebnisse der jeweiligen Planung abzuschätzen. Denn gerade bei der strategischen Planung werden die Ergebnisse der Planung oft erst nach Jahren erkennbar, bzw. Entscheidungen im Rahmen der strategischen Planung sind i.d.R. mit wesentlich weiter reichenden Wirkungen verbunden als Entscheidungen im Rahmen der operativen Planung. Im Zusammenhang mit der Zeitdimension läßt sich als weiteres Kriterium zur Unterscheidung der beiden Planungsstufen die *Häufigkeit* bzw. Regelmäßigkeit anführen, mit der die jeweiligen Planungsprozesse durchgeführt werden. Bei der strategischen Planung handelt es sich um Planungsvorgänge, die zwar kontinuierlich, aber oft unregelmäßig und ohne festen Zeitplan ablaufen, da sie vielfach von Entwicklungen im bankbetrieblichen Umfeld ausgelöst werden, während operative Planungsarbeiten häufig und laufend wiederkehrend sowie nach einem Zeitschema ausgeführt werden.

---

[514] Vgl. u.a. Kolbeck, R.: Bankbetriebliche Planung, a.a.O., S. 184 ff.

Kriterien	operative Planung	strategische Planung
Durchführungs- und Leitungsebene	mittlere und untere Ebene	Geschäftsleitung
Bezugsebene	Teilbereiche der einzelnen Geschäftsbereiche	gesamte Bank oder einzelne Geschäftsbereiche in ihrer Gesamtheit
Detailliertheit der Pläne	sehr detailliert	weniger detailliert
Zielsetzung / Zielinhalte	periodenbezogenes Geschäftsergebnis	gesamte Geschäftspolitik der Bank
Komplexität / Strukturiertheit der Planungsinhalte	wenig komplex / stark strukturiert	sehr komplex / wenig bis unstrukturiert
zeitliche Dimension	kürzerfristig	längerfristig
Ausmaß der Unsicherheit	geringe Unsicherheit	hohe Unsicherheit
Häufigkeit / Regelmäßigkeit der Planungsprozesse	häufig / regelmäßig	weniger häufig / unregelmäßig
Formalisierungsgrad	hoch	gering

Abb. 28: Abgrenzungskriterien der bankbetrieblichen Planungsebenen

Demzufolge ist der *Formalisierungsgrad* des jeweiligen Planungsprozesses bei der operativen Planung wesentlich größer als bei der strategischen Planung: Während bei der operativen Planung der Ablauf des Planungszyklus exakt vorgegeben ist und heute fast immer unter Einsatz elektronischer Datenverarbeitung in der bankbetrieblichen Ablauforganisation fest installiert ist, um die laufenden Informationserfordernisse erfüllen zu können, muß sich die strategische Planung weit weniger einer formalen Ordnung unterwerfen, um den oft damit verbundenen kreativen Prozeß möglichst wenig einzuengen.

Trotz der aufgezeigten Unterschiede zwischen strategischer und operativer Planung läßt sich keine eindeutig klare Trennungslinie zwischen beiden Planungsebenen ziehen. Jede Ebene bildet ein Ende des Planungsspektrums, und die Grenzen sind dabei fließend. Beide zusammen bilden ein möglichst umfassendes Planungssystem, das der Koordination aller Planungsaktivitäten im Sinne der Zielsetzung der gesamten Bank dienen, die Transparenz des Bankgeschehens sichern und die Erfolgskontrolle im Hinblick auf die Zielsetzungen ermöglichen soll.[515]

b) Strategische Planung in der Bank

(1) Konzept der strategischen Planung

Bei der Abgrenzung der strategischen von der operativen Planung ist bereits deutlich geworden, daß erstere im gesamten Planungssystem die umfassendere Stellung ein-

515 Vgl. Wild, J.: Grundlagen der Unternehmungsführung, a.a.O., S. 166 ff.

nimmt. Sie dient als Rahmen für alle operativen Planungstätigkeiten in den einzelnen Geschäftsbereichen und deren Organisationseinheiten.[516]

(a) Begriff und Wesen der strategischen Planung

In aller Regel wird dem Begriff „strategische Planung" ein komplexer, permanenter Informationsverarbeitungs- und Willensbildungsprozeß subsumiert, in dem auf der Basis einer rationalen Analyse der geschäftspolitischen Ausgangssituation wie auch der zukünftigen Möglichkeiten und Risiken der Unternehmung die Konzipierung und Formulierung von Zielen, Intentionen, Strategien und Maßnahmen angestrebt wird. Für einen längeren Zeitraum wird für die Bank die Entwicklung in ihrer Gesamtheit geplant; unter Einbeziehung derjenigen Veränderungen, die sich auf das Gesamtsystem „Bank" beziehen. Dabei basiert die Konzeption der strategischen Planung zum einen auf der Forderung nach einem methodisch-rationalen, bewußten und zielbezogenen Planungsablauf und zum anderen auf einer umfassenden systemtheoretischen Sichtweise, wobei das System „Bank" als ein Subsystem des Gesamtsystems „Umwelt" angesehen wird und damit die aus dem Umweltsystem resultierenden Einflußfaktoren entsprechend berücksichtigt werden. Bankbetriebliche Aktivitäten sind nämlich von jeher durch ein kompliziertes System verschiedener Restriktionen, vielfältiger Fremdeinflüsse und zahlreicher Wechselwirkungen mit Elementen der Umwelt beeinflußt worden. Zusätzlich erschwerend wirkt sich aus, daß das gesamte ökonomische und sozio-kulturelle Umsystem der Bank in zunehmendem Maße einer Komplexitätszunahme unterliegt sowie sich in ihrer Dynamik ebenfalls erhöhen.

Zusammenfassend läßt sich also die strategische Planung durch die folgenden Merkmale charakterisieren:

- Sie ist von entscheidender Bedeutung für die zukünftige Entwicklung der (Bank-) Unternehmung.
- Vor dem Hintergrund der unternehmerischen Gesamtzusammenhänge und aus der Verantwortung für die Bankunternehmung als Ganzheit können Entscheidungen im Zusammenhang mit der strategischen Planung grundsätzlich nur von der obersten Unternehmungsleitung getroffen werden.
- In aller Regel gelten diese Entscheidungen für längere Zeiträume und sind daher sowohl vergleichsweise selten zu treffen als auch nur in Ausnahmefällen revidierbar.

Die Funktion der strategischen Planung liegt demzufolge nicht nur in der Erfüllung allgemeiner Planungsaufgaben wie der Reduzierung des Risikos von Fehlentscheidungen, der Schaffung und Erweiterung von zukünftigen Aktionsfreiräumen zur Begrenzung von Sach- und Zeitzwängen, der Verringerung der Komplexität und der Integration von Einzelentscheidungen in einen Gesamtplan, sondern auch in der Prüfung und ggf. in der Revision von Absichten und Zielen. Dabei können Zielvorstellungen, Strategie- und

[516] Vgl. zum folgenden Büschgen, H. E.: Strategische Planung im marktorientierten Bankbetrieb, in: Die Bank, 1983, H. 3, S. 260-271.

Strukturentwürfe zur Erhaltung und Schaffung von Ertragspotentialen Gegenstand der strategischen Planung sein.

Die allgemeinen geschäftspolitischen Entwicklungslinien werden in der Weise geplant, daß die wichtigsten Aktionsvariablen der Bank hinreichend genau festgelegt werden. Diesen Variablen sind all diejenigen Größen zu subsumieren, die bei einer Änderung die Zielsetzungen der Bank vornehmlich beeinflussen, wie bspw. die Bankleistungsprogrammgruppen, die Breite und Tiefe des Leistungsprogramms, die Sachmittel- und Personalkapazität sowie das Eigenkapital. Im Rahmen der strategischen Planung einzelner Geschäftsbereiche zählen zu diesen Aktionsvariablen zudem Umfang, Breite und Tiefe des jeweiligen Teilleistungsprogramms der einzelnen Geschäftsbereiche, die jeweilige Organisation des Leistungsabsatzes usw.

Sowohl die strategische Gesamtplanung als auch die strategische Planung in den einzelnen Geschäftsbereichen sind als komplexe Problemfindungs-, Problembearbeitungs- und Problemlösungsprozesse zu verstehen, die als reine Denk- und Strukturierungsvorgänge der Durchführung innerhalb der Bank vorgeschaltet sind. Ihre Aufgabe ist es, möglichst frühzeitig die Entwicklungen der Umwelt gedanklich zu antizipieren und innere und äußere Wirkungszusammenhänge für die Bank transparent zu machen.

(b) Problemfelder der bankbetrieblichen strategischen Planung

Die oben bereits konstatierte vergleichsweise späte Beschäftigung der Banken mit Fragen der systematischen Unternehmungsplanung, insbesondere mit Fragen der strategischen Planung, wird vornehmlich mit den spezifischen Besonderheiten dieser Branche begründet. Vornehmlich resultieren Planungsschwierigkeiten aus den strukturellen Eigenschaften der Bankleistungen sowie deren Leistungserstellungs- und -verwertungsprozessen und aus der charakteristischen Art der Inanspruchnahme von Bankleistungen durch die Kunden. So sind Bankleistungen bspw. abstrakter Natur und aus diesem Grund in erhöhtem Maße erklärungsbedürftig, was im Rahmen der strategischen Personalplanung zu der Forderung nach einer ausreichenden Anzahl von qualifizierten Kundenberatern führt. Aufgrund der Stofflosigkeit der Bankleistungen ist zudem keine Leistungserstellung auf Vorrat und somit keine Lagerhaltung möglich; vielmehr fallen Leistungserstellung und -absatz unter unmittelbarer Mitwirkung des sogenannten externen produktiven Faktors „Kunde" zusammen. Indem der Kunde seine speziellen Wünsche hinsichtlich der Leistungen äußert, der Bank den Auftrag zur Leistungserstellung gibt und die Bank diese Leistung an den Markt bzw. den Kunden abgibt, entsteht die Bank-Markt-Leistung.

Für die strategische Planung ergeben sich aus dieser Fremddeterminiertheit der Absatzstrukturen Probleme der personellen, sachlichen und finanziellen Ressourcen- und Kapazitätsplanung. Kenntnisse bezüglich zukünftiger Bedürfnisstrukturen aktueller und potentieller Kunden sowie über deren Reaktionen auf marktpolitische Aktivitäten der Bank(en) sind Voraussetzungen für die Planung erfolgversprechender Strategien. Als Dienstleistungsunternehmung ist die Bank bei der Leistungserstellung in weitaus stärkerem Maße von ihren Kunden abhängig als eine auf Lager produzierende Sachleistungsunternehmung. Die weitgehende Bestimmung von Art und Menge der Leistungserstellung durch den Kunden zeigt die Grenzen der quantitativen Planung von Bankgeschäften auf und begründet die Notwendigkeit, Handlungsspielräume einzuplanen. Mit Hilfe der strategischen Planung ist auch dafür Sorge zu tragen, daß trotz der oft kurzfristig auftretenden, starken Nachfrageschwankungen keine zu großen Kapazitäten aufgebaut werden, sondern daß sich die Planung der Leistungsbereitschaft der Bank am langfristigen Nachfragetrend, der unter Berücksichtigung eigener Beeinflussungsmaßnahmen zu prognostizieren ist, orientiert; kurzfristigen Nachfrageschwankungen ist dagegen durch operative Maßnahmen zu begegnen. Da Leistungserstellung und der Absatz der Leistungen im allgemeinen zeitgleich erfolgen, ist eine Produktionszeitplanung — z.B. mit Netzplänen — allenfalls zur Verbesserung der Ablauforganisation erforderlich bzw. überhaupt möglich.

Problematisch für die strategische Planung ist weiterhin die Besonderheit der bankbetrieblichen Leistungen. Die Bankmarktleistung besteht in den meisten Fällen aus einer Kombination mehrerer Teilleistungen des internen als auch des externen Leistungsbereichs, d.h., die Bankleistung hat eine wert- und eine stückmäßige Komponente (sog. Dualismus der Bankleistung[517]). Die Wert- und Stückleistungen sind jedoch nicht in einer starren Relation zueinander fixiert, sondern können schwankende Wert- und Mengenverhältnisse aufweisen. Die jeweilige Bedeutung der einzelnen stück- und wertmäßigen Komponenten für das Betriebsergebnis der Bank kann je nach Geschäftsvorfall sehr unterschiedlich sein, was ex ante eine quantitative Erfassung innerhalb der Planung erschwert. Außerdem finden neben diesen technischen Leistungskoppelungen auch solche aus wirtschaftlichen Überlegungen statt, da in aller Regel mehrere kundenindividuell zusammengefügte Leistungen sich zu einem „Leistungsbündel“ ergänzen. Diese meist unvermeidlichen Leistungskombinationen sind bei der Planung des Leistungsprogramms, insbesondere bei Fragen der Programmerweiterung oder -verkürzung, zu berücksichtigen. Darüber hinaus sind aufgrund der starken Abhängigkeit der zu planenden Größen im Wertbereich von Entscheidungen in der nationalen und internationalen Währungs-, Geld- und Finanzpolitik Prognosen bspw. über die Liquiditätsposition oder über die Entwicklung der Zinssätze äußerst schwierig. Starke Restriktionen für die Gestaltungsfreiräume der strategischen Planung können sich auch aus rechtlichen Normen — wie z.B. aus dem Kreditwesengesetz, dem Wertpapierhandelsgesetz dem Bundesbankgesetz und aus Anordnungen des Bundesaufsichtsamtes für das Kreditwesen — ergeben.

Ein weiteres Charakteristikum von Bankleistungen ist, daß sie sich relativ schnell entwickeln und am Markt einführen lassen. Je geringer die Veränderungen des Betriebsbereichs im Zusammenhang mit der Einführung einer neuen Bankleistung sind, desto kürzer ist die Entwicklungs- und Einführungsphase. Umgekehrt nimmt der Zeitaufwand für diese Phase zu, wenn es sich um umfangreiche, komplizierte neue Leistungen handelt, deren Angebot am Markt neue Techniken sowie zusätzliche sachliche und personelle Kapazitäten erforderlich macht. Die Innovationsmöglichkeiten sind in Banken jedoch

[517] Siehe hierzu ausführlich im Ersten Teil, Fünftes Kapitel, Abschnitt A.

durch verschiedene Rahmenbedingungen begrenzt. Einerseits ist die Funktion der Bank als Finanzierungs-, Kapitalanlage-, Zahlungsverkehrs- und Dienstleistungsinstitut relativ unveränderbar und durch die Vorschriften des Kreditwesengesetzes weitgehend festgelegt. Außerdem führt die recht hohe Markttransparenz am Bankleistungsmarkt im Zusammenhang mit fehlenden Patentschutzmöglichkeiten für Neuentwicklungen in vielen Fällen zu einer hohen Nachahmungsgeschwindigkeit, die den ohnehin sehr engen Bereich der Innovationsmöglichkeiten zusätzlich einschränkt. Für die strategische Planung folgt daraus, daß die strategischen Planungsmöglichkeiten für Innovationen durch Gesetze begrenzt sind und damit die Komplexität reduziert wird. Zudem eignen sich Bankleistungsinnovationen nur in geringem Maße zur Schaffung von langfristig anhaltenden Kundenpräferenzen, da kein gesetzlicher Schutz der Innovation gewährt wird.

Trotz der beschriebenen bankbetrieblichen Besonderheiten und der daraus resultierenden Schwierigkeiten und Restriktionen für die strategische Planung der bankbetrieblichen Aktivitäten erscheint es grundsätzlich sinnvoll, die systematische strategische Planung auch in der Bank als Führungsinstrument einzusetzen. Es ist jedoch den aus den Besonderheiten resultierenden spezifischen Anforderungen an die Gestaltung des Planungssystems und an die Interpretation der Planungsergebnisse Rechnung zu tragen.

(c) Voraussetzungen erfolgreicher strategischer Planung in Banken

Der in den letzten Jahren gestiegene und auch in Zukunft eher noch zunehmende Grad der Komplexität der gesamten ökonomischen, technischen, sozio-kulturellen und politischen Umwelt der Banken sowie die sich ständig erhöhende Dynamik der bankbetrieblichen Problemfelder haben sicherlich das Bewußtsein der Bankgeschäftsführung für die Notwendigkeit einer umfassenden Analyse des bankbetrieblichen In- und Umsystems mit andauernder Anpassung der Bankunternehmung an die Erfordernisse des spezifischen Bedingungsrahmens geschärft. Die positive Einstellung der Bankgeschäftsleitung zur strategischen Planung ist für den Erfolg dieser Planung von essentieller Bedeutung. Da es der Geschäftsleitung obliegt, die Planung in der Bank zu etablieren, alle Verantwortlichen von der Notwendigkeit der Planung zu überzeugen und für die volle Unterstützung der Planung Sorge zu tragen, sollte vor allem bei den Mitgliedern der Bankgeschäftsleitung eine positive Einstellung zur strategischen Planung bestehen, zumal sie in besonderem Maße zu den Entscheidungsträgern innerhalb der strategischen Planung gehören. In diesem Zusammenhang ist auch das Vorhandensein eines kooperativen Führungsstils von nicht zu unterschätzender Bedeutung, damit alle verantwortlichen Mitarbeiter der Bank in den Planungsprozeß mit einbezogen werden können und eine Identifikation mit den von ihnen auszuführenden Plänen erfolgen kann. Weitere wichtige Voraussetzungen sind das Bestehen eines umfassenden Informationssystems, das alle für die Planung benötigten Informationen jederzeit zur Verfügung stellen kann, sowie eines ausreichenden Kommunikationsnetzes, das einen ungehinderten Informationsfluß gewährleisten soll. Die Implementierung dieses Informations- und Kommunikationssystems obliegt, wie oben erwähnt, dem Controlling.

Auch die Organisation der strategischen Planung selbst zählt zu den wichtigsten Voraussetzungen für eine erfolgreiche Planung. Es ist notwendig, daß ein Planungssystem geschaffen wird, das auch für die Institutionalisierung der Planung Sorge trägt, so insbesondere in Form von Planungsabteilungen, Beratungs- und Projektgruppen, und das zudem alle Organisationseinheiten der Planung ordnet und ihre Beziehungen zueinander sowie den Ablauf des Planungsprozesses regelt.

(d) Organisation und Träger der strategischen Planung in Banken

Als wichtige Voraussetzung für den Erfolg der strategischen Planung ist bereits die Notwendigkeit ihrer Organisation genannt worden, wobei die Organisation grundlegend unterteilt werden kann in *Ablauforganisation* — die raum-zeitliche Struktur des Arbeitsprozesses — und in Aufbauorganisation, die Gliederung der gesamten Unternehmung oder bestimmter Teilbereiche in funktionsfähige Teileinheiten sowie deren sinnvolle Verknüpfung. Wenngleich die Ablauforganisation zwar den zeitlichen Ablauf der Planung und dessen Koordination fokussiert, jedoch als Ausgangspunkt den in der Aufbauorganisation bestimmten Aufgabenzusammenhang zugrunde legt, dessen Komplexität sich zudem auf die Koordination des Ablaufes überträgt, so kann eine enge Verzahnung dieser beiden organisatorischen Bereiche konstatiert werden.[518] Im Rahmen der strategischen Planung und somit der folgenden Ausführungen wird jedoch vornehmlich auf die *Aufbauorganisation* fokussiert; ablauforganisationsinduzierte Fragen und Problembereiche sind an anderer Stelle Gegenstand der Betrachtung.

Wenn im folgenden erläutert wird, welche Planungsaufgaben in welcher organisatorischen Einheit erfüllt werden sollen und wie Entscheidungskompetenzen innerhalb dieser Planungsorganisation zu verteilen sind, d.h. wie die Aufbauorganisation der strategischen Planung erfolgen kann, ist dabei zu berücksichtigen, daß die Gestaltung dieser Aufbauorganisation von vielen situativen Faktoren beeinflußt wird, so daß die Angabe einer optimalen Organisationsstruktur nicht möglich ist. Diese Einflüsse können sowohl unternehmungsexterne Faktoren aus z.B. der ökonomischen, gesellschaftlichen oder technischen Umwelt als auch Faktoren aus dem unternehmungsinternen Bereich sein, wozu z.B. die Größe der Bank, die bereits bestehende Gesamtorganisationsstruktur oder die Leistungen der Bank zu zählen sind.

Als oberste Organisationseinheit innerhalb der Planungsorganisation — im Sinne eines obersten Entscheidungsgremiums — ist die Geschäftsleitung anzusehen. Sie trägt — trotz möglicher Entscheidungsdelegation — die Gesamtverantwortung für die Bank und sollte deshalb in dieser Weise in die Planungsorganisation einbezogen sein. Die Geschäftsleitung ist nicht nur für die erstmalige Initiierung und Implementierung des Planungssystems verantwortlich, sondern insbesondere auch für die Festlegung und Präzisierung der globalen Unternehmungsziele. Unterstützt wird die Geschäftsleitung durch zentrale und dezentrale Planungsorgane, wobei unterschiedliche organisatorische Ein-

---

[518] Vgl. ausführlich hierzu und zum folgenden Horváth, P.: Controlling, a.a.O., 1996, S. 211 ff.

ordnungen dieser Planungsorgane möglich sind.[519] Eine *zentrale Planungseinheit* ist denkbar in der Form einer zentralen Stabsstelle, die direkt dem Entscheidungsgremium, also der Geschäftsleitung, unterstellt ist, aber über keine Weisungs- oder Entscheidungsbefugnisse verfügt. Möglich ist aber auch eine zentrale Planungsabteilung, die ebenfalls dem Entscheidungsgremium unterstellt ist, aber über fachlich gebundene Weisungsbefugnisse verfügt. Neben der Unterstützung des Entscheidungsgremiums obliegen den zentralen Planungsorganen Aufgaben des Planungsmanagement und sog. Service-Aufgaben, während die Aufgaben der inhaltlichen Planung von den Linienmanagern zu erfüllen sind. Diese Planungsmanagement- und Service-Funktionen erstrecken sich auf die Planung, Organisation und Steuerung des Planungsprozesses, auf die Informationsversorgung und Koordination der Planung sowie auf die Entwicklung bzw. Verfeinerung von Planungstechniken und die Erstellung von Prognosen.

Als dezentrale Organisationseinheiten sind geschäftsbereichsübergreifende Planungsorgane und/oder geschäftsbereichsinterne Planungsorgane denkbar. Als Form der bereichsübergreifenden Organisationseinheit ist eine *dezentrale Planungsgruppe* anstelle einer zentralen Planungseinheit insbesondere in kleineren und/oder filiallosen Banken vorstellbar, die sich mit der inhaltlichen Planung und mit allen anderen im Zusammenhang mit der strategischen Planung stehenden Aufgaben, die allenthalben eine zentrale Planungseinheit erfüllen würde, beschäftigt. Weiterhin ist — als Ergänzung zu einem zentralen Planungsorgan — eine dezentrale Beratungsgruppe möglich, die vor allem bei stark filialisierten oder bei in einzelne, eigenständige Teilbereiche mit eigener Gewinnverantwortung (profit center) untergliederten Banken für eine ausreichende Koordination und Beachtung der dezentralen Planungsprozesse Sorge tragen kann. Als weitere Form der bereichsübergreifenden Planungsorgane kann die dezentrale Projektgruppe angesehen werden, die für einen begrenzten Zeitraum für bestimmte Sonderaufgaben im Bereich der strategischen Planung gebildet wird, die neben zentralen und/oder dezentralen Planungsorganen eingesetzt werden und sich in praxi oftmals aus Mitarbeitern unterschiedlicher Unternehmungsbereiche zusammensetzt. Insbesondere in weitverzweigten Filialbanken oder in Banken mit Profit-center-Organisation ist auch der Einsatz bereichsinterner Planungsorgane denkbar, die für eine ausreichende Informationsbasis der strategischen Planung sorgen sowie die jeweiligen Filial- oder Bereichsleiter bei den Aufgaben der strategischen Planung und bei der Zusammenarbeit mit den bereichsübergreifenden und/oder zentralen Planungsorgane unterstützen sollen.[520]

Wenngleich im Rahmen der grundlegenden Gestaltung des Planungssystems — der Aufbau- und Ablauforganisation — das Modell einer völlig zentralen wie auch das einer völlig dezentralen Bankunternehmungsplanung als idealtypische Gestaltungsformen charakterisiert werden, so können diese Organisationsformen für die planerische Praxis der Banken nicht ohne weiteres Verwendung finden. Im Rahmen einer pragmatischen

---

[519] Zur zentralen versus dezentralen Bankunternehmungsplanung vgl. u.a. Büschgen, H. E.: Bank-Unternehmungsführung, a.a.O., S. 170 f.

[520] Vgl. hierzu auch Büschgen, H. E.: Organisation der Kreditinstitute, in: HWO, 2. Aufl., hrsg. von Erich F., Stuttgart 1992, Sp. 1189-1200, insbesondere Sp. 1198 ff.

Vorgehensweise bieten sich eher *Mischformen* an, die die Vorteile beider Organisationsformen zu verbinden versuchen:[521] Zur besseren Koordination können zentrale Planungsorgane eingerichtet werden; zwecks besserer Motivation der Mitarbeiter und Ausschöpfung des Ideenpotentials dürfen dezentrale Organisationseinheiten nicht fehlen. Exemplarisch sei in diesem Zusammenhang das sogenannte Gegenstromverfahren[522] angeführt, das Teilbereiche der zentralen mit der der dezentralen Planung kombiniert. Bei diesem Verfahren bestimmt die oberste Führungsebene vorläufige Oberziele, aus denen untergeordnete Ebenen Teilpläne bzw. Unterpläne zwecks Prüfung und Realisationsmöglichkeiten ableiten und die zu einem Rücklauf derart führen, daß die Pläne schrittweise von „unten" nach „oben" koordiniert werden, um schließlich zu einer Festlegung der Ziele und Pläne auf oberster Führungsebene zu führen.

Abschließend sei jedoch darauf verwiesen, daß die organisatorische Gestaltung wesentliche Beeinflussung erfährt von der jeweiligen Situation der Bank wie auch den jeweiligen Annahmen über Situationsveränderungen und somit keine allgemeingültige optimale Organisationsstruktur für die strategische Planung angegeben werden kann.

Sind die im Rahmen der Aufbauorganisation festzulegenden Bereiche — die Aufgaben selbst wie auch die Zuordnung dieser zu den am Planungsprozeß Beteiligten — erfolgt, muß im Rahmen der Ablauforganisation auf den zeitlichen Ablauf der Planung und dessen Koordination fokussiert werden.[523] Ausgangspunkt hierbei ist der Aufgabenzusammenhang, dessen Komplexität sich auf die Koordination des Ablaufes überträgt; mit zunehmender Anzahl der sachlichen Interdependenzen steigt somit die Komplexität des zeitlichen Ablaufes, der als zeitliche Abbildung des entsprechenden Sachzusammenhanges zu definieren ist. Wesentliche Problemstellung der ablauforganisatorischen Planung ist die zeitliche wie auch die inhaltliche Überprüfung, Korrektur und Weiterentwicklung der verabschiedeten Pläne; dieser Anpassungsrythmus ist sehr eng mit der die Planung betreffenden Kontrollen verbunden.

(e) Instrumente und Verfahren der strategischen Planung

In der betriebswirtschaftlichen Literatur und Praxis ist in den letzten Jahren eine große Anzahl von Planungsinstrumenten und -verfahren zur Unterstützung des strategischen Planungsprozesses entwickelt worden,[524] die grundsätzlich auch in Banken einsetzbar sind. Hierbei handelt es sich zumeist um Verfahren und Instrumente zur systematischen Informationsgewinnung und -verarbeitung, die Aussagen aufstellen, umformen und prüfen sollen und damit einer systematischen Erkenntnisgewinnung dienen. Grundsätzlich

---

521 Vgl. hierzu ausführlicher Zapp, H.: Zentrale und dezentrale Planung in einer Großbank, a.a.O., S. 57 ff.

522 Vgl. hierzu Horváth, P.: Controlling, a.a.O., 1996, S. 219 f.

523 Vgl. ausführlich hierzu und zum folgenden Horváth, P.: Controlling, a.a.O., S. 211 ff.

524 Vgl. exemplarisch hierzu Bea, F. X., und Haas, J.: Strategisches Management, Stuttgart 1995, S. 94 ff.; Welge M. K., und Al-Laham, A.: Planung, Wiesbaden 1992, S. 182 ff., sowie Welge, M. K.: Unternehmensführung, Bd. 1 Planung, Stuttgart 1988, S. 317 ff.

können diese Verfahren analytischen wie auch prognostischen Charakter aufweisen; die in praxi Einsatz findenden und im folgenden erläuterten einzelnen Verfahren weisen weitgehend — wenn auch nicht unbedingt paritätisch — sowohl analytische als auch prognostische Züge auf. Der *analytische* Charakter der Instrumente hat vornehmlich eine Beschreibung der aktuellen Situation und zudem eine Strukturierung der Planungsprobleme zum Gegenstand. Der *prognostische* Charakter dagegen dient der Vorhersage unternehmungsinterner und -externer Variablen und greift hierbei insbesondere auf objektiv-statistische und subjektiv-intuitive Verfahren zurück.

Ein klassischer Bereich der Analyse im Rahmen der strategischen Planung ist die gegenwärtige Unternehmenssituation, deren vornehmliche Vorgehensweise auf einer Gegenüberstellung von Stärken und Schwächen bzw. Chancen und Risiken beruht. Die *Analyse der Stärken und Schwächen* basiert auf der Zusammenstellung strategisch relevanter Unternehmensfaktoren — bspw. aus den Bereichen Unternehmensentwicklung, Marketing, Finanzen, Produktion, Personal, Führung und Organisation usw. —, die aufgrund der Ermittlung vorhandener Potentiale in den angeführten Bereichen als *Potentialanalyse* bezeichnet wird. Diese Potentialermittlung erfolgt in praxi oftmals anhand von Check-Listen, die dann zu einem Stärken-Schwächen-Profil ausgearbeitet werden. Von besonderer Relevanz bei der Ermittlung und Beurteilung institutsspezifischer Stärken und Schwächen ist eine vergleichende Betrachtung der ermittelten Werte mit denen der Konkurrenten, so daß den jeweiligen Merkmalsausprägungen anhand semantischer Differentiale konkrete Vergleichswerte zugeordnet werden können. Wettbewerbsvorteile der eigenen Unternehmung werden hierbei grundsätzlich mit positiven Werten und Wettbewerbsnachteile mit negativen Werten beurteilt; wobei erstere auf die genutzten Potentiale der Unternehmung hinweisen. Noch zu nutzende Potentiale werden sichtbar, wenn sich durch sinnvolle Verstärkung der genutzten Potentiale ein Abstand zur gegenwärtigen Situation einstellt.

Zu den strategischen Planungsinstrumenten zählen zudem die verschiedenen Versionen der — eine Kombination von Unternehmens- und Umweltanalyse beinhaltenden — *Portfolio-Methode.* Diese — in gewisser Anlehnung an Überlegungen zur Strukturierung eines optimalen Wertpapier-Portefeuilles im Rahmen der Portfolio-selection-Theorie entwickelte — Technik betrachtet die Unternehmung als eine Gesamtheit von strategischen Geschäftsfeldern, für die im einzelnen Zielvorstellungen und Strategien zu entwickeln sind; sie bietet demnach einen Bezugsrahmen, um unterschiedliche Geschäftsfelder zu betrachten und gleichzeitig Zielvorstellungen und Strategien aus der Gesamtperspektive der Unternehmung zu entwickeln. Hinter dieser Technik steht einerseits die Überlegung, daß unterschiedliche Geschäftsfelder unterschiedliche (Wachstums-)Chancen und Risiken aufweisen und anderen Konkurrenzsituationen ausgesetzt sind, so daß demzufolge unterschiedliche strategische Maßnahmen dafür entwickelt werden müssen. Andererseits soll eine ausgewogene zieloptimale Verteilung der knappen finanziellen, materiellen und personellen Ressourcen erreicht werden, damit der Erfolg der Unternehmung langfristig gesichert ist. Ausgehend von der Analyse des Ist-Portfolios wird ein Soll-Portfolio entwickelt, wobei die jeweilige Position der Geschäftsfelder im Ist-Portfolio anhand bestimmter ein- oder mehrdimensionale Faktoren bestimmt werden und gleichzeitig sogenannte Normstrategien zur Formulierung von konkreten Strategien abgeleitet werden. Die Visualisierung erfolgt üblicherweise anhand einer zweidimensionalen Matrix; auf die verschiedenen Versionen sowie Möglichkeiten des Einsatzes der Portfolio-Methode wird im Zusammenhang mit der strategischen Geschäftsfeldplanung näher eingegangen werden.[525]

Als klassisches Instrument der strategischen Planung ist auch die *Gap-Analyse* anzuführen, mit deren Hilfe eine voraussichtlich entstehende Lücke sichtbar gemacht werden kann, die bei Fortführung der bisherigen Aktionsprogramme und Managementaktivitäten zwischen den in der Planung festgelegten Zielen und dem prognostizierten Zielerreichungsgrad entsteht. Diese Ziellücke muß dann mit Hilfe entsprechender Strategien geschlossen werden. Während die Gap-Analyse ebenso wie ökonometrische Modelle, Regressionsanalyse und Trendextrapolation den objektiv-statistischen Prognoseinstrumenten zu subsumieren ist, sind die Delphi-Methode und die Szenario-Technik zu den subjektiv-intuitiven prognostischen Instrumenten zu zählen. Letztere Verfahren zeichnen sich insbesondere dadurch als für die strategische Planung geeignet aus, weil hierbei mit Hilfe menschlichen Urteilsvermögens und von Bewertungsverfahren qualitative Informationen in quantitative Daten transformiert werden.

Mit Unterstützung der *Szenario-Technik* sollen hypothetische qualitative und quantitative Entwicklungen in der Umwelt in Form von einzelnen Teilentwicklungen gedanklich analysiert werden, insbesondere hinsichtlich ihrer Auswirkungen auf einen zukünftigen Zustand (Szenario) einschließlich der daraus erwachsenen Chancen und Risiken für die Banken. Der Einsatz dieser Technik erfolgt hauptsächlich zur langfristigen Prognose politischer, gesamtwirtschaftlicher oder auf Teilmärkte bezogener Entwicklungen. Dabei steht jedoch weniger die genaue Vorhersage der Zukunft im Vordergrund als vielmehr die Analyse und Systematisierung denkbarer Entwicklungsprozesse, deren Diskontinuitäten frühzeitig erkannt und in Strategieüberlegungen mit einbezogen werden sollen. Die *Delphi-Methode*, die ebenfalls zur langfristigen Vorhersage über Absatzmöglichkeiten und Marktpotentiale für neue Leistungen sowie zur Prognose von langfristigen technischen Entwicklungen dienen kann, beinhaltet eine mehrstufige Expertenbefragung. Indem die schriftliche Befragung in mehreren Durchgängen erfolgt und die Ergebnisse der vorangegangenen Stufe systematisch allen beteiligten Experten zugänglich gemacht werden, kann eine gleichmäßige Verteilung der bereits erhaltenen Informationen erreicht und die Qualität des Ergebnisses erhöht werden.

Weitere Hilfen der strategischen Planung, wie z.B. das *Erfahrungskurvenkonzept*, der *Produktlebenszyklus* oder das *PIMS-Konzept* („profit impact of market strategies"), werden hinsichtlich ihrer Relevanz für den Bankensektor oftmals als gering eingestuft, da diese Instrumente für die Planung im Industriebetrieb entwickelt worden sind und die Besonderheiten des spezifischen Betriebstyps „Bank" nicht präzise berücksichtigen. Die Funktion dieser Instrumente und Methoden im Rahmen der strategischen Planung kann somit vornehmlich in der sachgerechten Ordnung und Strukturierung der Daten und In-

525 Siehe hierzu in diesem Kapitel, Abschnitt D. III. 2. b) (2) (a).

formationen gesehen werden: sie stellen somit lediglich einen Bezugsrahmen dar, vor dessen Hintergrund die Informationen interpretiert werden können.

(2) Ausgewählte Anwendungsbereiche strategischer Planung in Banken

Strategische Planung, verstanden als ein permanenter, revolvierender und willensbildender Prozeß, der, aufbauend auf der Analyse der geschäftspolitischen Ausgangssituation sowie der zukünftigen Möglichkeiten und Risiken, die Konzipierung und Formulierung von Strategien und Maßnahmen anstrebt, beinhaltet nicht nur die Erarbeitung einer Gesamtstrategie für die Bank, sondern auch die systematische und problemorientierte Erstellung von Strategien für einzelne, abzugrenzende Geschäftsbereiche im Rahmen der sogenannten strategischen Geschäftsfeldplanung. Sind diese geschäftsfeldspezifischen Strategien in qualitativer und quantitativer Hinsicht festgelegt, bedarf es aufgrund externer Restriktionen zudem einer Überprüfung, inwieweit diese Strategien mit der Bilanzstruktur konsistent sind. Insbesondere sind in diesem Zusammenhang die Eigenkapital- und die hiermit eng einhergehende Risikostruktur der jeweiligen Bank wie auch die Liquiditätssituation zu betrachten, um daraus eventuelle Rückkopplungen auf die im Rahmen der strategischen Geschäftsfeldplanung eruierten Ziele und Strategien zu ziehen; als zweiter zentraler Bereich der strategischen Planung ist somit die strategische Liquiditäts- und Eigenkapitalplanung anzuführen. Darüber hinaus bedarf es zudem einer Abstimmung der Ausstattung der jeweiligen Geschäftsfelder mit personellen wie auch technisch-organisatorischen Kapazitäten; eine mit den genannten Plänen korrespondierende strategische Kapazitätsplanung kann somit als dritter zentraler Problembereich der strategischen Planung angeführt werden.

(a) Strategische Geschäftsfeldplanung

Insbesondere für große Unternehmen mit diversifiziertem Leistungsangebot — denen auch Banken zu subsumieren sind — scheint es notwendig, strategische Planung nicht nur auf zentraler Unternehmungsebene, sondern auch in einzelnen Geschäftsbereichen durchzuführen. Die aus diesen Überlegungen resultierende konkrete Bestimmung und Abgrenzung einzelner Geschäftsbereiche in sogenannte strategische Geschäftsfelder, hat das Ziel, das gesamte unternehmerische Tätigkeitsfeld in einzelne Tätigkeitsbereiche zu zerlegen und somit eine Reduktion der die Planungsaufgaben grundsätzlich kennzeichnende Komplexität zu erzielen. Die im Rahmen dieser abgegrenzten einzelnen Geschäftsfelder durchzuführende strategische Planung, die strategische Geschäftsfeldplanung, weist im Gegensatz zur strategischen Gesamtbankplanung einen höheren Detaillierungsgrad auf und läßt sich in diesem Sinne auch als strategische Feinplanung auffassen. Dementsprechend sind die für ein solches Geschäftsfeld entworfenen Strategien konkreter und können eher geschäftsfeldspezifische Besonderheiten berücksichtigen als die strategische Gesamtbankplanung. Zweck der geschäftsfeldbezogenen Strategien ist die Steuerung von knappen Ressourcen innerhalb der Geschäftsfelder in langfristig erfolgversprechende Teilmärkte. Zu berücksichtigen ist dabei jedoch, daß jede Geschäftsfeldplanung nur im Rahmen der strategischen Gesamtbankplanung erfolgen kann und demzufolge die Implikationen der einzelnen Geschäftsfeldstrategien für die übrigen Geschäftsfelder sowie für die Bank in ihrer Gesamtheit ständig zu überprüfen sind. Dies bedeutet, daß eine sukzessive oder simultane Koordination der Teilpläne für die einzelnen strategischen Geschäftsfelder in engem Zusammenhang mit der strategischen Gesamtplanung durchgeführt werden muß, eine Aufgabe, die im Rahmen des Controlling erfüllt wird.

Ausgangspunkt der strategischen Geschäftsfeldplanung[526] ist somit die zweck- und sachgerechte Segmentierung des Bankmarktes in sog. strategische Geschäftsfelder. Dabei wird die Gesamtheit der Geschäftsaktivitäten in einzelne Bereiche aufgeteilt, in denen eine sinnvolle strategische Planung möglich erscheint. Als klassische *Abgrenzungskriterien* können in diesem Zusammenhang die von Abell aus der Ansoff'schen Produkt-Markt-Kombination entwickelten Kriterien des Kundenproblems (Welches Bedürfnis hat ein Kunde?), der Technologie (Wie wird das Kundenbedürfnis befriedigt?) und der Kundengruppen (Wer hat das Bedürfnis?) dienen. Diesem Ansatz folgend können Geschäftsfelder somit mittels der strategischen Orientierung an einer Kundengruppe, einem Kundenproblem, einer Problemlösungstechnik oder einer Kombination dieser drei Varianten eruiert werden.

Diese genannten Abgrenzungskriterien erfuhren im Laufe der Zeit eine Erweiterung und Modifikation, so daß heute als typische Abgrenzungskriterien für strategische Geschäftsfelder u.a. die Kunden- wie auch die Leistungsstruktur der Bank, die eindeutig bestimmbare Konkurrenz, regionale oder ressourcenbezogene Aspekte wie auch die Marktaufgabe im Sinne der Befriedigung von Kundenbedürfnissen anzuführen sind, die sich als geschäftsfeldspezifische Kriterien von den jeweiligen Ausprägungen anderer Geschäftsfelder deutlich abheben und von diesen weitestgehend unabhängig sein sollen.

Die geforderte Unabhängigkeit der strategischen Geschäftsfelder impliziert, daß jeweils nicht nur eine eigenständige Formulierung von Zielvorstellungen, sondern auch eine eigenständige Planung, Auswahl und Realisation konkreter geschäftspolitischer Strategien in einem strategischen Geschäftsfeld möglich sein sollen. Zu den Anforderungen an eine weitgehende Separierung der bankbetrieblichen Geschäftstätigkeit gehört außerdem, daß in jedem strategischen Geschäftsfeld eigenständige, von anderen Geschäftsfeldern unabhängige Marktaufgaben, -ziele und -strategien verfolgt werden sollen, wobei das Potential des strategischen Geschäftsfeldes die Erzielung relativer Wettbewerbsvorteile am Markt ermöglichen sollte. Weiterhin muß jedes strategische Geschäftsfeld klar abgrenzbare Leistungen und Leistungsbündel beinhalten; eine Forderung, die gerade bei Banken aufgrund der starken Leistungsverbundenheit sicherlich schwerlich erfüllbar ist. Außerdem müssen innerhalb eines strategischen Geschäftsfeldes einheitliche, zu anderen Geschäftsfeldern aber unterschiedliche Merkmale bezüglich der Kundenbedürfnisse, der Marktverhältnisse sowie der Kostenstruktur bestehen. Eine weitere Anforderung beinhaltet, daß die Geschäftsfeldstrategien und -entscheidungen über Personal-, Finanz- und

---

526 Vgl. hierzu insbesondere Büschgen, H. E.: Strategische Planung, a.a.O., S. 264 ff. Zur strategischen Geschäftsfeldplanung allgemein vgl. u.a. Bea, F. X., und Haas, J.: Strategisches Management, a.a.O., S. 42 ff.

Sachmitteleinsatz sowie über Organisation, Kommunikation und Kontrollmechanismen ebenfalls unabhängig von anderen Geschäftsfeldern realisierbar sein müssen.

Im Bankenbereich dominieren als Abgrenzungskriterien der strategischen Geschäftsfelder vornehmlich das der Leistungsarten, der Kundengruppen sowie der regionalen Gesichtspunkte. Da aufgrund des Sortimentscharakters von Bankdienstleistungen und hiermit eng einhergehenden Cross-selling-Gesichtspunkten von der leistungsartenspezifischen Abgrenzung in jüngerer Zeit weitgehend Abstand genommen wird, erscheint neben einer insbesondere in filialisierten Banken gemeinsamen Verwendung der Kundengruppen- und regionalen Abgrenzungskriterien eine Abgrenzung ausschließlich nach Kundengruppen — z.B. hinsichtlich Firmenkunden, vermögenden Privatkunden und Mengenkunden — aufgrund der den einzelnen Gruppen immanenten homogenen Bedürfnisse sinnvoll. Über diese exemplarische Einteilung hinaus ist in praxi eine weitere Unterteilung der so abgegrenzten Kundengruppen erforderlich, da bspw. bei der Kundengruppe „Firmenkunden" die Gesamtheit des Geschäftes keinen ausreichend homogenen Markt bildet. Denkbar ist in diesem Kontext eine weitere Einteilung nach Kundengröße in Großunternehmen, mittlere Unternehmen und Kleingewerbetreibende oder — unter Berücksichtigung der Art und Intensität der außenwirtschaftlichen Beziehungen der Kunden — in export- und importorientierte Kunden, in- und ausländische Unternehmen bzw. Niederlassungen ausländischer Konzerne.

Der *Detailierungsgrad* der Geschäftsfeldeinteilung hängt in starkem Maße von den unternehmensspezifischen Gegebenheiten und der jeweiligen Praktikabilität einer gewählten Einteilung ab. Die generelle Problematik, die mit der Festlegung des Detailierungsgrades verbunden ist, zeigt sich z.B., wenn bei einer zu weit angelegten Abgrenzung der eigene Marktanteil geringer bzw. bei einer zu engen Abgrenzung der eigene Marktanteil höher erscheint, als er in Wirklichkeit ist. Da sich die Formulierung von Strategien oft an dieser Größe orientiert, dürfte die auf ungeeignete Geschäftsfeldabgrenzung zurückzuführende Angabe von irreführenden Marktanteilen zu nicht optimalen Strategien führen und deshalb das Ziel der Sicherung von bestehenden Erfolgspotentialen und der Erschließung von neuen Erfolgspotentialen verfehlen. Die Ähnlichkeit dieser Vorgehensweise mit der „klassischen" Marktsegmentierung[527], der Bildung von in sich homogenen, in der Gesamtheit jedoch heterogenen Marktsegmenten, ist bei lediglich oberflächlicher Betrachtung gegeben, da bei der Abgrenzung von strategischen Geschäftsfeldern nicht nur umfeldbezogene — in diesem Fall marktbezogene — Daten, sondern auch bankinterne — rentabilitäts- und risikopolitische — Überlegungen eine wichtige Rolle spielen. Des weiteren bedeutet diese Abgrenzung von Geschäftsfeldern nicht notwendigerweise auch eine Neugestaltung der organisatorischen Gestaltung.

Nach erfolgter Bestimmung der strategischen Geschäftsfelder sind die den Geschäftsfeldern immanenten Stärken und Schwächen zu analysieren, Zielvorstellungen und daraus resultierende Strategien und Maßnahmen zu planen und durchzuführen. Zur Beurteilung der strategischen Position der Bank insgesamt und des einzelnen Geschäftsfeldes ist es

---

[527] Siehe hierzu in diesem Teil, Drittes Kapitel, Abschnitt C. III sowie Abschnitt E. II.

notwendig, Beeinflussungsfaktoren hinsichtlich Wachstum und Gewinn einer Bank — sogenannte *strategische Erfolgsfaktoren* — zu benennen, anhand derer und deren Bewertung eine Einschätzung der Situation der Bank möglich ist. Solche strategischen Erfolgsfaktoren beschreiben eine Bedingungslage der Bank und sind dadurch gekennzeichnet, daß sie einen großen Einfluß auf das Unternehmungsgeschehen und -ergebnis aufweisen und sie bei angemessener Würdigung strategisch bedeutsame Konsequenzen nach sich ziehen.

Zu den strategischen Faktoren — sowohl mit positiver als auch mit negativer Wirkung auf die Bank — zählen institutsinterne wie auch -externe Faktoren. Sie sind branchen- und unternehmungsspezifisch und resultieren aus Restriktionen und/oder Freiräumen bezüglich der ökonomischen, rechtlichen, technischen, politischen und gesellschaftlichen Rahmenbedingungen. Sicherlich ist die besondere Relevanz des ökonomischen Bereichs nicht in Frage gestellt, jedoch müssen aufgrund der starken Interdependenzen zwischen den Bereichen alle Aspekte in die strategische Planung mit einbezogen werden. Exemplarisch seien als strategische Erfolgsfaktoren der Marktanteil oder das Marktvolumen der strategischen Geschäftseinheit, Konkurrenzsituation, Kundenbedürfnisse oder — als Beispiel für bankinterne Erfolgsfaktoren — Risiko- und Kostenstrukturen der Bank, Aufbau- und Ablauforganisationen genannt. Diesen Erfolgsfaktoren ist immanent, daß sie das Erfolgspotential der Bank und der einzelnen Geschäftsfelder beeinflussen und aus diesem Grund entdeckt und durch gezielte strategische Maßnahmen ausgenutzt werden müssen.

Die nach der Identifikation erfolgende Bewertung der einzelnen Faktoren für ein spezielles strategisches Geschäftsfeld gibt dann Auskunft darüber, in welcher Hinsicht dieses Geschäftsfeld Stärken und in welcher es Schwächen aufweist. Faßt man diese Einzelbewertungen zusammen, erhält man ein Urteil über die augenblickliche Situation der Bank. Vor der eigentlichen Bewertung ist es jedoch für die weitere Vorgehensweise im Rahmen der strategischen Planung unerläßlich, die Umwelt der Bank auch mit ihrer zukünftigen Entwicklung in die Betrachtung miteinzubeziehen. Denn von dieser Zukunftsentwicklung ist auch abhängig, welche Auswirkungen die festgestellten Stärken und Schwächen zukünftig auf die Bank haben werden. Zu den in diesem Zusammenhang wichtigen Umweltfaktoren zählen u.a. die zukünftige Wettbewerbssituation, die durch zunehmenden Preis- und Leistungsartenwettbewerb unter den einzelnen Instituten und Institutsgruppen sowie die vornehmlich durch das Aufkommen von non banks und near banks induzierte stetig wachsende Substitutionskonkurrenz gekennzeichnet ist. Weiterhin sind die Entwicklung im Bereich der Banktechnologie, das zukünftige Konsumentenverhalten und die möglichen rechtlichen Rahmenbedingungen zu nennen. Die erwähnten Erfolgsfaktoren stehen in den meisten Fällen in einer Ergänzungsbeziehung zueinander, können teilweise aber auch gegensätzliche Auswirkungen haben. Die Verfahren, die in dieser Phase der strategischen Geschäftsfeldplanung eingesetzt werden können, sind die schon genannten Szenariotechniken, ökonometrische Modelle und die Delphi-Methode. Mit der Stärken-Schwächen-Analyse, der Diagnose der Umweltsituation sowie der Prognose ihrer zukünftigen Entwicklung ist die Grundlage für eine eingehende Bewertung der einzelnen Geschäftsfelder und — daran anschließend — für die gesamte Bank geschaffen.

Die zur Bewertung verwendeten Modelle unterscheiden sich zum einen hinsichtlich der Bezugsgröße (einzelnes Geschäftsfeld, alle Geschäftsfelder) und zum anderen hinsichtlich der angewendeten Verfahren (Rentabilitätsrechnung, Scoring-Verfahren). Hinzuweisen ist in diesem Zusammenhang darauf, daß die einzelnen Verfahren keineswegs eine exklusive Anwendung erfordern, sondern sinnvollerweise kombiniert eingesetzt werden. Exemplarisch soll im folgenden anhand der Portfolio-Technik eine methodische Vorgehensweise im Rahmen der strategischen Planung erläutert werden. Als Grundlage dieses Modell dienen im Rahmen empirischer Studien festgestellte „Gesetzmäßigkeiten" zwischen der Ausprägung strategischer Erfolgsfaktoren und vorgegebener Zielgrößen der Unternehmen. Wenngleich auch für dieses Modell die grundsätzliche Problematik der Übertragbarkeit auf bankbetriebliche Verhältnisse und der zu starken Vereinfachung komplexer Sachverhalte gilt, resultiert ihre Einsatzberechtigung aus der ihr immanenten Funktion als Denkhilfe im Rahmen der strategischen Geschäftsfeldplanung. Im folgenden wird ausführlich auf diese Methode eingegangen werden, zumal durch sie auch die grundlegende Idee der strategischen Geschäftsfeldplanung verdeutlicht werden kann.

Die Techniken der *Portfolio-Methode*[528] basieren von der Idee her auf der Portefeuille-Theorie (Portfolio-selection-Theorie) aus dem finanzwirtschaftlichen Bereich, mit deren Hilfe eine zieloptimale Mischung von Investitionsmöglichkeiten erzielt werden soll. Im Rahmen der strategischen Planung — nicht nur für den Gesamtbankbereich, sondern auch für die einzelnen Geschäftsbereiche bzw. strategischen Geschäftsfelder — soll unter Anwendung der Portfolio-Techniken eine unter Risiko-, Ertrags-, Finanzierungs- und Zeitaspekten ausgewogene Struktur von Erfolgspotentialen bzw. „Produkten" oder Leistungsarten geschaffen werden. Der besonderen Bedeutung der Produkt-Markt-Kombination für die zukünftige Unternehmenssicherung wird dabei in hohem Maße Rechnung getragen. Es steht bei dieser Methode die Überlegung im Vordergrund, daß in einer diversifizierten Unternehmung eine selektive Wachstumspolitik, die auf vorhandene und noch zu erschließende Erfolgspotentiale abzielt, der Verbesserung der Ertragskraft dient.

Ausgangspunkt bzw. Voraussetzung für die Anwendung der Portfolio-Methode ist die bereits erläuterte Abgrenzung der strategischen Geschäftsfelder. Zunächst werden die einzelnen Geschäftsfelder in einer — je nach angewandten Kriterien bzw. Parametern unterschiedlich konstruierten — Portfolio-Matrix positioniert, wobei die jeweilige, konkrete Ausprägung der Parameter für jedes einzelne Geschäftsfeld die Position dieses Geschäftsfeldes in der Matrix bestimmt. Dieser Positionierung auf Gesamtbankebene folgt dann eine Anwendung der Portfolio-Methode auf der Ebene des einzelnen Geschäftsfeldes. Mit Hilfe dieses Ist-Portfolios soll eine unausgewogene Ertrags- und Risikovertei-

---

[528] Vgl. zum folgenden insbesondere Hauschildt, J., und Schewe, G.: Der Controller in der Bank, hrsg. v. Büschgen, H. E., und Kopper, H., Frankfurt 1993, S. 27 ff.; Bea, F. X., und Haas, J.: Strategisches Management, a.a.O., S. 119 ff., sowie Tanew-Iliitschew, G.: Portfolio-Analyse als Instrument strategischen Bankmanagements, in: ÖBA, 1982, Nr. 4, S. 133-149.

lung — bezogen auf die Gesamtbank und bezogen auf das einzelne Geschäftsfeld — deutlich gemacht werden. Vor dem Hintergrund dieser Ist-Portfolio-Struktur läßt sich dann im nächsten Schritt ein unter erfolgs-, finanzwirtschaftlichen und Risikoaspekten gewünschtes, ausgewogenes (optimales) Soll-Portfolio entwickeln. Auf diesem Soll-Portfolio wiederum basiert die Entwicklung von Aktionsprogrammen für die einzelnen Geschäftsfelder bzw. für die einzelnen Leistungsarten innerhalb eines Geschäftsfeldes, wobei je nach Art der Portfolio-Technik unterschiedliche spezifische Zielvorstellungen für die einzelnen Geschäftsfelder abgeleitet werden können und sog. Normstrategien empfohlen werden. Diese Strategien können jedoch nur ein Anhaltspunkt für die Entwicklung unternehmens- und geschäftsfeldspezifischer Strategien und Aktionsprogramme sein, da sie nur in geringem Umfang die unternehmenseigenen Gegebenheiten berücksichtigen können.

Im Rahmen der strategischen Planung für Industriebetriebe ist eine Vielzahl unterschiedlicher Portfolio-Techniken konzipiert worden, so bspw. das von der Boston Consulting Group (BCG) entwickelte Marktwachstums-Marktanteils-Portfolio oder das von McKinsey entwickelte Marktattraktivitäts-Wettbewerbsstärke-Portfolio. Zur Darstellung der verfügbaren Informationen über die strategische Ausgangsposition und über die relevanten Erfolgsfaktoren sowie zur anschaulichen Präsentation der Positionierung bedienen sich diese Modelle einer leicht verständlichen zweidimensionalen Matrix. Diese Zweidimensionalität bedingt jedoch, daß entweder aus der Gesamtheit der verschiedenen Erfolgsfaktoren die zwei wichtigsten Parameter extrahiert werden — wie es bei dem Marktwachstums-Marktanteils-Portfolio der Fall ist — oder aber mit Hilfe einer starken Verdichtung der Erfolgsfaktoren zwei komplexe, aus mehreren Faktoren zusammengesetzte Parameter zur Einteilung der Matrix benutzt werden (z.B. Marktattraktivitäts-Wettbewerbsstärke-Portfolio). Durch die verknüpfende Darstellung der beiden Parameter in Form einer Matrix mit den jeweiligen Merkmalausprägungen „niedrig“ und „hoch“ bzw. „niedrig“, „mittel“ und „hoch“ entsteht eine Vier-Felder- bzw. eine Neun-Felder-Matrix als Grundlage für die Positionierung der einzelnen Geschäftsfelder. Je nach Position der Geschäftsfelder lassen sich unterschiedliche Normstrategien ableiten, denen es jedoch an konkreten, auf den bankbetrieblichen Tätigkeitsbereich angepaßten Handlungsanweisungen für die zum Ziel-Portfolio führenden Managementmaßnahmen und an Methoden zur praktischen Umsetzung der Empfehlungen mangelt. Neben einer Vielzahl weiterer Kritikpunkte, so bspw. die fehlende Berücksichtigung von Prognosen bzgl. der Entwicklung der strategischen Geschäftsfelder oder eines Mindestgewinns, sei hier zudem als Vorbehalt gegenüber sämtlichen existenten Portfolio-Methoden aus bankbetrieblicher Sicht insbesondere die unzureichende Beachtung der banktypischen Interdependenzen leistungserstellungs- und leistungsverwertungswirtschaftlicher Art angeführt; weder die Leistungsbündelung noch die Verflechtungen des Leistungsprozesses gehen in die Analyse ein.

Trotz der zahlreichen Kritikpunkte und der darauf zurückzuführenden nur begrenzten Übertragbarkeit der Portfolio-Konzepte auf die spezielle Situation von Banken ist der diesen Modellen immanente Nutzen insbesondere darin zu sehen, daß anhand von anschaulichen und handhabbaren, visuellen Mitteln systematisch Anregungen und Informationen für die Strategiediskussion im Rahmen der strategischen Planung gegeben werden können. Berücksichtigt man ferner, daß strategische Bankunternehmungsführung weniger eine Frage des zur Verfügung stehenden Instrumentariums als vielmehr eine Frage der strategischen Denkhaltung und Verhaltensweise aller Bankmitarbeiter ist, die in die strategische Planung und deren Ausführung involviert sind, und Portfolio-Konzepte dies fördern können, wird ein positiver Effekt dieser Konzepte im Zusammenhang mit der strategischen Planung deutlich.[529]

So ist es auf der Grundlage der mit Hilfe von Portfolio-Techniken generierten Ergebnisse möglich, für jedes Geschäftsfeld ein geschlossenes Ziel- und Aktionsprogramm zu entwickeln, das dann auf seine Kompatibilität mit den Geschäftsfeldplanungen für die anderen strategischen Geschäftseinheiten und mit der Gesamtbankplanung zu überprüfen und gegebenenfalls anzupassen ist. Damit werden ein einheitliches Planungskonzept für die gesamte Bank und somit das Ziel, vorhandene Erfolgspotentiale zu sichern und neue zu schaffen, erreicht. Durch die Überprüfung werden die Nachteile einer Dekomponierung gesamtbankbezogener Planung weitestgehend wieder aufgehoben und die Vorteile dieser Aufspaltung genutzt. Gleichzeitig wird dadurch bewirkt, daß die Bankgeschäftsleitung ihre Managementaufgabe an die Gegebenheiten der Umwelt — Zunahme der Komplexität und Dynamik — anpassen kann.

(b) Strategische Liquiditäts- und Eigenkapitalplanung

Damit die im Rahmen der strategischen Geschäftsplanung entwickelten Strategien erfolgreich durchgeführt werden können und es nicht zu einer Fehlallokation der Ressourcen oder zu einer Risikoakkumulation auf Gesamtbankebene kommt, ist es notwendig, die Geschäftserfolgsstruktur und hiermit verbunden die Bilanzstruktur der Bank strategisch zu planen. Ziel dieser Planungsbemühungen ist die interdependente und aufeinander abgestimmte Entwicklung von Rentabilitäts-, Wachstums- und Risikostrategien, an denen die längerfristige Geschäftsentwicklung der Bank ausgerichtet werden kann und auf deren Grundlage operative Pläne für die einzelnen Teilbereiche der Bank entwickelt werden können. Diese monetär-strukturellen Aspekte der strategischen Gesamtplanung gehen somit weit über den Blickwinkel der Planung innerhalb der Geschäftsfelder hinaus und können als echte Führungsaufgaben nur von der obersten Entscheidungsinstanz aus der Gesamtsicht der Bank behandelt werden.

Die Bankgeschäftsleitung kann jedoch bei der strategischen Planung des monetär-strukturellen Bereichs nicht vollkommen frei entsprechend ihren Zielvorstellungen vorgehen, sondern sie muß ihre Planungsüberlegungen an einer Vielzahl externer, vor allem *aufsichtsrechtlicher Restriktionen* orientieren. Als gesetzliche Normen, die im Hinblick auf die Planung des monetären Bereichs von besonderer Bedeutung sind, sind die §§ 10-13 KWG sowie die Grundsätze über das Eigenkapital und die Liquidität des Bundesaufsichtsamtes für das Kreditwesen zu nennen. Aufgrund dieser gesetzlichen Normen

529 Vgl. auch Büschgen, H. E.: Strategische Bankplanung im Firmenkundenbereich, in: Strategische Bankplanung, H. 2 der Schriftenreihe des Österreichischen Forschungsinstitutes für Sparkassenwesen, Wien 1985, S. 7-29, insbesondere S. 13 ff.

kommt im Rahmen der strategischen Planung des monetären Bereichs der Sicherung der strukturellen Liquidität sowie der Planung des für die zukünftige Geschäftsentwicklung als notwendig erachteten Eigenkapitalbedarfs große Bedeutung zu. Diese Planungsbereiche sollen im folgenden exemplarisch dargestellt werden.

(aa) Strategische Liquiditätsplanung

Wie für andere Wirtschaftssubjekte auch ist für Banken die Liquidität[530] im Sinne einer jederzeitigen Zahlungsfähigkeit von besonderer Relevanz, da mit Eintreten der Zahlungsunfähigkeit, d.h. mit dem Unvermögen, fällige Zahlungsverpflichtungen termingerecht und betragsgenau zu erfüllen, ein Konkurstatbestand gemäß §§ 102 und 209 KO erfüllt ist. Im Vergleich zu Wirtschaftssubjekten des Nichtbankenbereichs stellt sich die Aufgabe der Liquiditätsplanung in Banken jedoch aufgrund einer der bankbetrieblichen Grundfunktionen, die als Handel mit liquiden Mitteln umschrieben werden kann, sowie aufgrund ihrer spezifischen Geschäftsstruktur, insbesondere des hohen Fremdmittelanteils, als besonders problematisch dar.[531] Die Besonderheiten des bankbetrieblichen Liquiditätsproblems resultieren überwiegend daraus, daß die die Banken durchlaufenden Zahlungsströme nur z.T. der autonomen Disposition der Banken unterliegen und de facto von den Zahlungsverfügungen der Kunden determiniert werden. Die Liquiditätsplanung der Banken darf sich infolgedessen nicht allein an den Zahlungsverpflichtungen orientieren, für die ein Rechtsanspruch besteht, sondern es sind darüber hinaus auch diejenigen Liquiditätsbewegungen einzubeziehen, die aus unvorhersehbaren, exogen determinierten Faktoren resultieren. Während der operativen Liquiditätsplanung hierbei die Aufgabe zukommt, durch eine Antizipation der Zahlungsströme zu einer kurzfristigen Liquiditätssicherung beizutragen, ist es die Aufgabe der strategischen Liquiditätsplanung, die Vermögenswerte der Bank nach Volumen und Struktur so zu dimensionieren, daß die Zahlungsfähigkeit unter gleichzeitiger Beachtung des Rentabilitätszieles gesichert wird (strukturelle Liquidität).

Die Ungewißheit, nicht alle Einzahlungs- und Auszahlungsströme exakt quantifizieren zu können, erfordert im Rahmen der strategischen Bilanzplanung die Bildung ausreichender Liquiditätsreserven zur Vorsorge gegen unausweichliche Liquiditätsrisiken. Im Rahmen der Bilanzplanung sind die Vermögenswerte somit so zu strukturieren, daß einerseits in Zeiten einer Liquiditätsanspannung kurzfristig und ohne hohe Kosten Aktiva in Zentralnotenbankgeld umgewandelt werden können, andererseits jedoch eine möglichst rentable Anlage der Vermögenswerte erfolgt. Bei der Planung und Strukturierung der Liquiditätsreserve lassen sich die Vermögenswerte entsprechend ihrer „Geldnähe", d.h. entsprechend des jeweils zur Umwandlung in Zentralnotenbankgeld erforderlichen Zeitbedarfs (Bindungsfrist) sowie der dabei anfallenden Kosten in Form von Zinsen, Gebühren oder Kursverlusten in Aktiva unterschiedlicher Liquiditätsgrade einteilen.[532]

---

530 Siehe ausführlich hierzu und zum folgenden in diesem Teil, Fünftes Kapitel, Abschnitt D. I.

531 Vgl. hierzu auch Büschgen, H. E.: Einführung in die Bankbetriebslehre, a.a.O., S. 186 ff.

532 Vgl. zum Liquiditätsbegriff u.a. Krümmel, H.: Liquidität, in: HdWW, Bd. 5, hrsg. von Willi Albers et al., Stuttgart 1980, S. 47-54.

Bezogen auf die (universal-)banktypische Vermögensstruktur werden die Aktiva üblicherweise in drei Liquiditätskategorien — so die primärliquiden Mittel, die sekundärliquiden Mittel und die tertiärliquiden Mittel[533] — eingestuft.

Die strategische Liquiditätsplanung kann sich jedoch nicht nur darauf beschränken, durch die Strukturierung der Aktiva eine angemessene Liquiditätsreserve bereitzustellen; sie muß vielmehr auch darauf ausgerichtet sein, die längerfristige Sicherung der Liquidität durch die strukturelle Abstimmung der Aktiv- und Passivpositionen hinsichtlich Volumina und Fristigkeit unter Berücksichtigung des rechtlich zulässigen und von der Bank als erstrebenswert angesehenen Transaktionsvolumens zu gewährleisten. Obwohl eine allgemein anerkannte, geschlossene Liquiditätstheorie für Banken bis heute nicht existiert, sind in Theorie und Praxis zahlreiche liquiditätstheoretische Ansätze entwickelt worden, die als Anhaltspunkte für die Planung einer auf Liquiditätssicherung ausgerichteten Bilanzstruktur dienen können. Diesbezüglicher historischer Ausgangspunkt ist die Mitte des vergangenen Jahrhunderts aufgestellte *„goldene Bankregel*", die eine strenge Kongruenz von Laufzeiten und Volumen einzelner Aktiva und Passiva fordert. Die Weiterentwicklung bankbetrieblicher liquiditätstheoretischer Ansätze führte jedoch bald zu einer Abkehr von diesem Postulat und machte die Aufrechterhaltung der Liquidität letztlich von anderen Faktoren als ausschließlich von der formellen Einhaltung des Kongruenzprinzips abhängig. Bereits 1857 wurde deshalb die erwähnte erläuterte Dispositions- und Planungsregel Hübners durch Wagner dergestalt ergänzt, daß auf der Grundlage eines *„Bodensatzes*" (resultierend aus dem Divergieren von formellen und materiellen Fristen) Banken in begrenztem Umfang Fristentransformationen vornehmen können. Die vorrangige Orientierung an der Bindungs- bzw. Überlassungsdauer korrespondierender Aktiva und Passiva wurde endgültig von Knies aufgegeben, der die Refinanzierung bei der Zentralnotenbank sowie die Realisierbarkeit von Bankaktiva (*„shiftability*") als entscheidend für die Liquiditätssicherung ansah. Neuere Dispositionsregeln berücksichtigen neben dem bislang erwogenen „Normalbelastungsfall" zudem die Situation eines „Run" der Einleger und damit den Extremfall eines gegen Null tendierenden Bodensatzes und verlangen demzufolge, daß das Eigenkapital so zu bemessen sei, daß es potentielle Verluste, die bei der (zwangsweisen) Veräußerung von Vermögensteilen zum Zwecke der Befriedigung von Verbindlichkeiten entstehen, in voller Höhe auffangen kann.

Die Entwicklung solcher liquiditätstheoretischer Ansätze zeigt, daß durch eine am Ziel der Liquiditätssicherung orientierte Planung der Bilanzstruktur nur bedingt der bankbetrieblichen Liquiditätsproblematik begegnet werden kann, da sich die Planungsüberlegungen zwangsläufig an bilanziellen Bestandsgrößen und nicht an liquiditätswirksamen Zahlungsströmen orientieren. Strategische Bilanzplanung kann somit nur die Voraussetzung für eine Liquiditätsplanung schaffen und versuchen, durch eine sicherheits- und

---

533 Siehe ausführlich hierzu und zum folgenden in diesem Teil, Fünftes Kapitel, Abschnitt D. I. 4. a) (1).

rentabilitätsorientierte Strukturierung der Bilanz eine möglichst klare Planungsvorgabe für die nachgeordnete Planungsebene zu liefern.[534]

Welche Bedeutung der strukturellen Liquiditätssicherung trotz dieser Kritikpunkte beigemessen wird, wird deutlich, wenn man die Liquiditätsnormen des Bundesaufsichtsamtes für das Kreditwesen (Grundsätze II und III)[535] betrachtet. Fragt man nach den Konzepten, die bei ihrer Formulierung als Grundlage gedient haben, so ist ihrer Strukturierung zu entnehmen, daß sie — trotz der aufgezeigten Unzulänglichkeiten einer an bilanziellen Bestandsgrößen und deren Schichtung orientierten Liquiditätssicherung — teilweise auf dem Fundament der traditionellen Bodensatztheorie fußen. Im Kontext der strukturellen Liquiditätsplanung stellen die Liquiditätsgrundsätze jedoch lediglich Mindestnormen dar, gegen die nicht verstoßen werden darf, deren Einhaltung jedoch nicht als hinreichende Maßnahme zur Absicherung des Liquiditätsrisikos angesehen werden kann. Es bleibt somit Aufgabe des Bankmanagement, durch die Entwicklung differenzierter Risikonormen — unter Berücksichtigung der Besonderheiten der einzelnen Bank bzw. ihrer Geschäftsstruktur — und durch die hierauf aufbauende Planung der Bilanzstrukturen eine effiziente Steuerung des Liquiditätsrisikos zu erreichen.

Zur Sicherung des strukturellen finanziellen Gleichgewichts einer Bank ist es jedoch nicht nur notwendig, die Liquiditätsentwicklung zu planen und für mögliche Krisenfälle durch eine angemessene Liquiditätsreserve vorzusorgen, sondern gleichzeitig muß durch die strategische Planung des finanziellen Bereichs versucht werden, die Risikostruktur der Gesamtbankbilanz zu optimieren. Im Rahmen der strategischen Planung sind hierzu — bezogen auf die banktypischen Erfolgsrisiken (Ausfallrisiko, Zinsänderungsrisiko, Währungsrisiko) — entsprechend der Risikopräferenz der einzelnen Bank Risikostrukturziele zu formulieren und durch eine hierauf abgestimmte Geschäftspolitik der Aufbau bestimmter Risikopositionen auf Gesamtbankebene a priori zu begrenzen.

Da ein völliges Ausschalten der bankbetrieblichen Risiken jedoch weder möglich noch letztlich intendiert ist, bedarf es einer Haftungsbasis, die in der Lage ist, aus der Risikoübernahme möglicherweise resultierende Verluste aufzufangen. Eine solche Haftungsbasis bietet das (haftende) Eigenkapital der Banken.

(bb) Strategische Planung des Eigenkapitalbedarfs

Die Notwendigkeit, den Eigenkapitalbedarf einer Bank nach Höhe und Zusammensetzung strategisch zu planen, beruht — wie bei anderen Unternehmen auch — auf allgemein betriebswirtschaftlichen Überlegungen, die insbesondere auf der den Eigenmitteln vornehmlich immanenten Funktion des Haftungs- und Garantiekapitals basieren. Obschon die Höhe des zu haltenden Eigenkapitals grundsätzlich in den Entscheidungsbereich der jeweiligen Geschäftsleitung fällt, existiert jedoch insbesondere im Bankbereich eine Vielzahl diesbezüglicher gesetzlich fixierter Normen über das Eigenkapital der

534 Vgl. u.a. Bellinger, B.: Liquidität der Banken, in: HdF, hrsg. von Hans E. Büschgen, Stuttgart 1976, Sp. 1301-1313, insbesondere Sp. 1301 ff.

535 Siehe ausführlich hierzu in diesem Teil, Fünftes Kapitel, Abschnitt D. IV. 2. b).

Banken und seine Berechnung, die bei der Planung und Durchführung geschäftspolitischer Aktivitäten in den bankbetrieblichen Entscheidungskalkül einzubeziehen sind.[536]

Wenngleich das Kreditwesengesetz an unterschiedlichen Stellen restriktive Eigenkapitalvorschriften enthält — bspw. § 12 (Anlagen in Beteiligungen), §§ 13, 13a (Großkredite) und § 33 (Versagen der Geschäftsbetriebserlaubnis bei unzureichendem Eigenkapital) —, so ist als wohl bedeutendste aufsichtsrechtliche Norm *§ 10 KWG i.V.m. dem Eigenmittelgrundsatz I des BAK* anzuführen. Gemäß § 10 KWG müssen Banken zwecks Erfüllung ihrer Verpflichtungen gegenüber den Gläubigern, vor allem zur Sicherung der ihnen anvertrauten Vermögenswerte, eine angemessene Eigenkapitalausstattung aufweisen. Eine Konkretisierung dieser interpretationsfähigen Rahmenbestimmung erfolgt mittels des vom Bundesaufsichtsamt für das Kreditwesen im Einvernehmen mit der Deutschen Bundesbank aufgestellten Grundsatzes I der Grundsätze über das Eigenkapital und die Liquidität, der im Regelfall beurteilt, ob die Eigenkapitalausstattung einer Bank den gesetzlichen Anforderungen genügt. Bereits in seiner ersten Fassung in den 60er Jahren setzte diese risikobegrenzende Norm an eine bestimmte Relation zwischen dem Eigenkapital der Bank und ihrem risikogewichteten Kreditvolumen an, die als Mindestrelation, dem sogenannten Solvabilitätskoeffizient, von den Banken einzuhalten ist; später kamen neben dem Kreditvolumen zudem Eindeckungsrisiken wie auch Preisrisiken — letztere in Grundsatz Ia — hinzu. Konkret legen die aufsichtsrechtlichen Normen derzeit fest, daß die Summe der mit Erfolgsrisiken behafteten risikogewichteten Geschäfte zu mindestens 8 % mit Eigenkapital unterlegt werden müssen und somit, anders ausgedrückt, die gewichtete Summen der erfaßten risikobehafteten Geschäfte das 12,5-fache des Eigenkapitals nicht überschreiten darf.

Signifikante Änderungen hat der *Eigenmittelgrundsatz I* jedoch mit seiner ab dem 1. Oktober 1998 geltenden Neufassung im Rahmen der sechsten KWG-Novelle erfahren, die insbesondere eine Integration von Adressenausfall- und Preisrisiken in einem Grundsatz — der Grundsatz Ia ist in diesem Zusammenhang weggefallen —, und zudem eine integrative Solvabilitätsrechnung beinhaltet. Auch sei als weitere Neuerung die Definition des Eigenkapitals angeführt: Wenngleich das Eigenkapital der Banken seitens der Bankenaufsicht schon seit jeher nicht mit den bekannten bilanziellen Größen übereinstimmt, sondern das bislang definierte „haftende Eigenkapital" zwischen dem „Kernkapital" und dem „Ergänzungskapital" unterschieden hat, so wurden im Rahmen der sechsten KWG-Novelle zudem „Drittrangmittel" definiert, die zur Deckung bestimmter Risikopositionen herangezogen werden können. Der Gesetzgeber führte in diesem Zusammenhang neben dem Begriff des haftenden Eigenkapitals als Summe des Kernkapitals und der Ergänzungsmittel zudem den Begriff „haftende Eigenmittel" ein, der neben dem haftenden Eigenkapital besagte Drittrangmittel berücksichtigt.

Grundlegend hat der Eigenmittelgrundsatz I jedoch seine ursprüngliche Funktion behalten und zielt somit weiterhin auf eine Reduzierung des Risikos aus Verlusten in den Geschäften, die den mit Risiken behafteten Positionen zu subsumieren sind, und zwar in

536 Siehe hierzu in diesem Teil, Fünftes Kapitel, Abschnitt D. IV. 3. a).

der Weise, daß mit wachsendem Volumen dieser Positionen auch die Eigenkapitalbasis steigen muß, um potentiell höhere, absolute Verluste aus diesen Geschäften auffangen zu können. Die strategische Planung des Eigenkapitalbedarfs kann somit als unabdingbare Voraussetzung für eine Expansion des bilanzwirksamen und bilanzunwirksamen Geschäfts betrachtet werden. Zwar ist es den Banken möglich, dem Erfordernis einer Kapitalerhöhung kurzfristig auszuweichen, indem bei der Annäherung an die Grenzen des Grundsatzes I verstärkt solche „grundsatzwirksamen" Geschäfte betrieben werden, die aus Sicht der Bankenaufsicht als risikoarm oder -frei gelten und daher nur mit einem geringeren Prozentsatz oder gar nicht in die Grundsatzberechnung eingehen. Allerdings wird durch diese Vorgehensweise der geschäftspolitische Handlungsspielraum der Bank u.U. so stark eingeschränkt, daß diese Strategie keine dauerhafte Lösung darstellen kann. Vielmehr ist eine Aufstockung des haftenden Eigenkapitals notwendige Voraussetzung für ein Wachstum des Geschäftsvolumens und somit für den Erhalt der Wettbewerbsfähigkeit am Bankenmarkt.

Vor dem Hintergrund der aufgezeigten Begrenzungsnormen wird die Bedeutung der strategischen Eigenkapitalplanung für eine weitgehend uneingeschränkte und sanktionsfreie, langfristig ausgerichtete Geschäftsentwicklung der Bank deutlich. Die Entwicklung von Strategien zur Erhöhung des Eigenkapitals, d.h. die strategische Planung des zukünftigen Eigenkapitalbedarfs und der Möglichkeiten seiner Deckung, kann hierbei gedanklich in mehrere Schritte unterteilt werden. Zuerst muß aufgrund der aktuellen Geschäftsstruktur, des Eigenkapitalbestandes und des hieraus abzuleitenden Grundsatz-I-Auslastungsgrades sowie aufgrund der längerfristig geplanten Geschäftsentwicklung der absolute Eigenkapitalbedarf prognostiziert werden. Neben den im autonomen Dispositionsbereich der Bankgeschäftsleitung liegenden Plangrößen — wie z.B. dem Wachstumsziel oder der Struktur der geplanten Geschäftsentwicklung im Hinblick auf ihre Grundsatzwirksamkeit — sind auch Entwicklungen im Marktbereich und Veränderungen der bankenaufsichtsrechtlichen Regelungen bei diesen Planungsüberlegungen von Bedeutung.

Im Anschluß an die Prognose und Quantifizierung des Eigenkapitalbedarfs sind in einem zweiten Planungsschritt die institutionellen wie auch zeitlichen Möglichkeiten der Eigenkapitalbildung bzw. -beschaffung zu analysieren und im Hinblick auf eine Veränderung der einzelnen Eigenkapitalbestandteile die Kosten und Folgen einer Erhöhung einzelner Eigenkapitalbestandteile zu prognostizieren und miteinander zu vergleichen. Welche Alternative zur Erhöhung des Eigenkapitals von der Bankgeschäftsleitung zu präferieren ist, hängt bei einem gegebenen Zielsystem neben den Kosten insbesondere von der Erhältlichkeit und der Ergiebigkeit der betreffenden Finanzierungsquellen sowie der Flexibilität und den Mitbestimmungsrechten ab, die mit den jeweiligen Kapitalien verbunden sind. Derartige Opportunitätsvergleiche als Ergebnis der zweiten Planungsphase können — unter Berücksichtigung der individuellen Zielsetzungen der einzelnen Bank — abschließend als Grundlage zur Erarbeitung von Richtlinien für die längerfristige Gewinnverwendung (Gewinnausschüttung, Gewinneinbehaltung zur Aufstockung der

Rücklagen) sowie von Grundsätzen für die externe Eigenkapitalaufstockung spezifiziert und in strategischen Plänen manifestiert werden.[537]

(c) Strategische Planung der personellen und technisch-organisatorischen Kapazitäten

Die strategische Planung der personellen und der technisch-organisatorischen Kapazitäten einer Bank erfährt — wie bereits erläutert — signifikante Beeinflussung sowohl durch die strategische Geschäftsfeldplanung als auch durch die strategische Planung des liquiditätsmäßig-finanziellen Sektors. Eine Koordination der strategischen Kapazitätsplanung mit den Planungsvorgängen in diesen Sektoren soll sicherstellen, daß die geplanten und prognostizierten finanziellen Transaktionen wie auch die weiteren Aktivitäten zur Nutzung und Erschließung der Erfolgspotentiale einer Bank nicht durch personelle und technisch-organisatorische Engpässe bei der Durchführung be- oder sogar verhindert werden.

Ein besonderer Problembereich im Rahmen der Kapazitätsplanung von Banken ist zum einen darin zu sehen, daß zwischen den wert- und den mengenmäßigen Bestandteilen von Bankleistungen a priori keine eindeutige Beziehung besteht und somit eindeutige, auf wertmäßig-finanziellen Aktivitäten basierende Prognosen hinsichtlich ihres technisch-organisatorischen Kapazitätsbedarfs nicht erfolgen können. Zum anderen haben die Banken aufgrund der Besonderheiten ihres Leistungserstellungsprozesses und insbesondere der fehlenden Speicherbarkeit des überwiegend aus der Hervorbringung immaterieller Dienstleistungen bestehenden Leistungsergebnisses im Gegensatz zu anderen Unternehmen kaum einen Spielraum für kurzfristige Anpassungsmaßnahmen an ein schwankendes Nachfragevolumen. Die kapazitätsmäßige Dimensionierung des technisch-organisatorischen Leistungsbereichs hat aufgrund dieser bankbetrieblichen Besonderheiten zwangsläufig so zu erfolgen, daß die vorgehaltenen Kapazitäten einerseits potentiellen Spitzenbelastungen gewachsen sind, andererseits jedoch die Wirtschaftlichkeit der Leistungserstellung gewahrt bleibt und somit potentielle Leerkosten durch flexible Kapazitätsanpassungen möglichst gering gehalten werden können.

Im folgenden werden konkrete Planungsansätze der strategischen Kapazitätsplanung technisch-organisatorischer sowie personeller Art anhand ausgewählter, besondere Signifikanz aufweisender Bereiche, so der Planung der Zweigstellenkapazität, der Sachmittelkapazität und des für die Bankleistungserstellung dominanten Produktionsfaktors, der Personalkapazität, erläutert.

Entscheidungen über die Entwicklung der *Zweigstellenkapazität*[538] sind dem strategischen Bereich zuzurechnen, da sie hohe Investitionskosten sowie größtenteils fixe Folgekosten nach sich ziehen und zudem der im Zuge der Umsetzung dieser Entscheidungen geschaffene Umfang, die Dichte wie auch die geographische Verteilung des

---

537 Vgl. hierzu die in neuerer Auflage nicht mehr vorhandenen Ausführungen von Schierenbeck, H.: Ertragsorientiertes Bankmanagement, 3. Aufl., Wiesbaden 1991, S. 360 ff.

538 Vgl. ausführlich hierzu Büschgen, H. E.: Bankmarketing, a.a.O., S. 187 ff.

Geschäftsstellennetzes kurzfristig nicht revidierbare Größe darstellt. Bevor im Rahmen der Geschäftsstellenkapazitätsplanung somit neue Standortalternativen auf ihre Eignung untersucht werden, ist die grundsätzliche Frage zu beantworten, ob die Bank überhaupt geographisch verteilt neue Geschäftsstellen eröffnen oder ob sie sich auf einen Standort beschränken sollte. Entscheidend für die Beantwortung dieser Frage sind die vorgelagerten Leitideen — die Unternehmungsphilosophie der Bank — und das prognostizierte Marktpotential für das bisherige Einzugsgebiet im Vergleich zur sonstigen Bankmarktentwicklung. Vom Marktpotential und von den prognostizierten Wettbewerbspositionen der Bank hängt es ab, in welchem Umfang und wo eine Bank Geschäftsstellen eröffnet und unterhält.

Wenngleich die Ausdehnung der Zweigstellenkapazität zu einer Erhöhung der bankspezifischen räumlichen Leistungserstellung führt und somit räumliche Präferenzen setzen kann, so befaßt sich die heutige strategische Planung der Geschäftsstellenkapazität mehr mit der selektiven Kapazitätssteuerung. Dies findet seine Begründung insbesondere in der Tatsache, daß es in der Vergangenheit zu einer mitunter weniger nach Maßgabe fundierter Wirtschaftlichkeitsrechnungen als vielmehr nach nicht genauer spezifizierbaren Erwartungshaltungen vorgenommenen Geschäftsstellenexpansion der Banken gekommen ist und heute die Situation in Deutschland als „overbanked" bezeichnet werden kann. Vor diesem Hintergrund versucht die selektive Kapazitätssteuerung nach möglichst exakten Wirtschaftlichkeitsberechnungen vornehmlich die Kapazitäten der zukünftig rentabelsten Geschäftsstellen im In- und Ausland auf- bzw. auszubauen, dagegen die Kapazitäten der weniger rentablen Geschäftsstellen zu verringern.

Besondere Berücksichtigung müssen in diesem Rahmen zudem alternative Vertriebsformen mit substitutiver Wirkung — hier vornehmlich durch Kunden bediente Automaten sowie dem direct banking[539] zu subsumierende Distributionsalternativen — erfahren, deren Aufkommen neben zunehmender kundenseitiger Akzeptanz neuer Kommunikationstechnologien insbesondere durch stark gestiegene und auch weiter steigende Kosten des Personal- bzw. des gesamten internen Leistungsbereichs begünstigt wird. Sollte die Kundenakzeptanz alternativer Vertriebswege auch gering eingeschätzt werden, so kann eine Ausdünnung des Zweigstellennetzes dennoch rationalem Kalkül entsprechen, vorausgesetzt die Kundenloyalität wird als relativ hoch und damit die Gefahr eines Bankwechsels als relativ gering eingeschätzt. Dies setzt jedoch voraus, daß bei einer Zusammenlegung von Zweigstellen entsprechende Synergien wie etwa durch eine bessere Auslastung spezialisierter Berater oder durch einen Ausgleich von Spitzenbelastungen freigelegt werden. Abgesehen von der Schließung einzelner Geschäftsstellen sind zudem klarer definierte Filialstrukturen zu prognostizieren: Neben einigen sogenannten Kompetenz-centers, die die Kunden in allen Belangen beraten, werden zudem sogenannte Service-Geschäftsstellen zur Abwicklung des Standardgeschäftes wie auch Selbstbedienungs-shops, die das Selbstbedienungsgeschäft „rund um die Uhr" offerieren und als kleinste Einheit ohne eigene Geschäftsräume bspw. an Tankstellen oder in Kaufhäusern aufgestellt werden können, zu erwarten sein.

539 Siehe hierzu in diesem Teil, Dirttes Kapitel, Abschnitt D. III. 2. c).

Da im Rahmen letzterer Alternative, mittels den in Selbstbedienungs-shops implementierten, von den Kunden selbst zu bedienenden Bankautomaten Personalkapazitäten eingespart werden können, zeigt sich schon hier die enge Verbindung der Bereiche Zweigstellenkapazitätsplanung und strategische Planung der Personal- und Sachmittelkapazitäten. Innerhalb der strategischen Planung ist hierbei jedoch besonders darauf zu achten, daß eine unter Rentabilitätsgesichtspunkten als richtig anzusehende Automationsstrategie nicht in Konflikt mit den Vorstellungen und Wünschen der Kunden gerät. Eine Reduzierung der Geschäftsstellenkapazität bzw. eine Substitution traditioneller Geschäftsstellen durch voll- bzw. teilautomatisierte Bankstützpunkte erscheint nur in dem Maße sinnvoll, wie sie von den Kunden akzeptiert wird und keine negativen Auswirkungen auf Image- und Standing-Ziele der Bank hat.

Analog zur Planung der Geschäftsstellenkapazität hat die strategische Planung der *Sachmittelkapazität* die Aufgabe, die Versorgung der Bank mit sachlichen Leistungsfaktoren in der Weise sicherzustellen, daß die Bankgeschäfte reibungslos und zieladäquat abgewickelt werden können. Obwohl der Planung der Sachmittelausstattung aufgrund des dominierenden Anteils des Faktors Arbeit bei der bankbetrieblichen Leistungserstellung in der Vergangenheit eher eine geringe Bedeutung beigemessen wurde, haben die Tendenzen zur Bankautomation und die hierdurch induzierten rentabilitätswirksamen Substitutionsmöglichkeiten die wachsende Bedeutung einer strategischen Planung der Sachmittelkapazitäten deutlich werden lassen. Während in einer ersten Phase der Bankautomation vor allem die stark ansteigende Zahl der Geschäftsvorfälle im Mengengeschäft dazu geführt hat, daß im Rahmen der strategischen Kapazitätsplanung Rationalisierungsmöglichkeiten in der Bank mit dem Ziel einer effizienteren Gestaltung der Leistungserstellung aufgezeigt werden sollten, stehen heute Fragen der richtigen Auswahl und Gestaltung der technischen Hilfsmittel und Medien an der Schnittstelle Kunde/Bank im Vordergrund. Um einerseits die negativen Folgen der Automation für die Kunde-Bank-Beziehung zu minimieren, andererseits jedoch die technischen und wirtschaftlichen Vorteile dieser Entwicklung nutzen zu können, ist es die Aufgabe der strategischen Planung, die Entwicklungen im In- und Umsystem der Bank zu beobachten, zu analysieren und im Hinblick auf qualitative und quantitative Aspekte der Leistungserstellung unter besonderer Berücksichtigung der Kundenakzeptanz die richtig dimensionierte Sachmittelkapazität zu prognostizieren und zu planen.

Vor dem Hintergrund der signifikanten Bedeutung des produktiven Faktors Arbeit auf den Unternehmenserfolg von Banken, der einerseits aus dem Einsatz hochqualifizierter Mitarbeiter sowie andererseits aus der Notwendigkeit eines — in Relation zu anderen Wirtschaftsbereichen — relativ hohen Personaleinsatzes bei Banken resultiert, kommt der Planung der quantitativen und qualitativen *Mitarbeiterkapazitäten* im Rahmen der strategischen Bankplanung besondere Bedeutung zu.[540] Im Gegensatz zu der Planung der Sachmittel- bzw. der Geschäftsstellenkapazität ergeben sich bei der Personalplanung besondere Probleme, da nicht materielle Größen, sondern Menschen „Objekte" der Planung sind. Die Mitarbeiter sind Mitglieder des sozio-technischen Systems Bankunter-

[540] Vgl. zum folgenden Büschgen, H. E.: Bank-Unternehmungsführung, a.a.O., S. 219 ff.

nehmung, eines arbeitsteiligen Sozialsystems also, das zwar auf selbständige Unternehmungsziele ausgerichtet ist, in dessen zur Zielerreichung und -sicherung notwendige Entscheidungs- und Handlungsprozesse die Mitarbeiter jedoch eigene, individuelle, handlungsbestimmende Zielsetzungen einbringen. Planungen zur Personalkapazität und hierauf aufbauende personalpolitische Entscheidungen müssen somit immer auch psychologische, soziologische und organisationstheoretische Fragestellungen und Erkenntnisse einbeziehen und stellen somit ein komplexes Wirkungsgefüge dar.

Die im Rahmen der strategischen Kapazitätsplanung zu fokussierende Planung des Personalbedarfs hat die Aufgabe, den für das Erreichen der Unternehmensziele notwendigen Personalbedarf neben zeitlichen und örtlichen Aspekten vornehmlich in quantitativer und qualitativer Hinsicht auf Basis des aus marktpolitischer Sicht angestrebten Wachstums der Bank zu ermitteln. Während den quantitativen Fragestellungen vornehmlich Aspekte einer ausgewogenen Betriebsbereitschaft im Sinne einer zügigen Abwicklung von Kundenanliegen auch in Spitzenbelastungszeiten einerseits sowie einer Wirtschaftlichkeitskriterien und damit hohe Flexibilitätspotentiale aufweisenden Leistungserstellung andererseits zu subsumieren sind, sind Gegenstand der qualitativen Personalplanung vornehmlich qualitative Voraussetzungen der Mitarbeiter im Sinne von Anforderungsprofilen, welche die zur Strategierealisierung notwendigen Fähigkeiten spezifizieren.

Grundlage der strategischen Kapazitätsplanung bilden die Ergebnisse der strategischen Geschäftsfeldplanung, in denen Vorstellungen über das Ausmaß und die Eigenschaften der künftigen Entwicklungsziele und Entwicklungsmöglichkeiten der Bank formuliert wurden; sie gehen eng einher mit der entsprechenden Gestaltung der Ablauforganisation, deren primäres Ziel in der Planung einer adäquaten Kapazitätsbemessung in Form der Betriebsbereitschaft besteht. Außerdem gehen aus der marktpolitischen Sphäre, insbesondere von der geplanten Leistungsprogrammpolitik, wichtige Einflüsse auf personalpolitisch relevante Eigenschaften des Wachstums, d.h. auf den in der Zukunft benötigten qualitativen und quantitativen Personalbestand, aus. Weiterer, die Personalkapazität determinierender Faktor, ist der bereits angeführte verstärkte Einsatz technischer Hilfsmittel in Bankunternehmungen, der eine Substitution menschlicher Arbeitsträger durch Datenverarbeitungsinstrumente insbesondere im internen Leistungsbereich und somit eine eventuelle Straffung des quantitativen Personalbedarfs bewirken kann.

Ist die Bestimmung quantitativer und qualitativer Größen der strategischen Mitarbeiterkapazitätsplanung erfolgt, so bedarf es eines Vergleichs dieser Größen mit den aktuellen Daten des Personalbestandes und daraus resultierend einer unter Berücksichtigung der zukunftsbezogenen Fortschreibung dieser Bestandsdaten eventuellen Durchführung entsprechender Personalbeschaffungs- oder Personalentwicklungsmaßnahmen zur Vermeidung prognostizierter Personalengpässe. Der Personalbeschaffungsplanung kommt in diesem Zusammenhang die Aufgabe zu, unter Berücksichtigung der gegenwärtigen und zukünftigen Entwicklung auf dem Arbeitsmarkt für qualifizierte Bankmitarbeiter festzulegen, mit Hilfe welcher Rekrutierungsmaßnahmen Mitarbeiter mit entsprechendem

Eignungspotential am externen und/oder internen Arbeitsmarkt verfügbar gemacht werden müssen. Parallel hierzu ist es die Aufgabe der Personalentwicklungsplanung, durch die Festlegung geeigneter Weiterbildungsmaßnahmen die Mitarbeiter auf die künftigen Anforderungen in ihrem Arbeitsbereich sowie an die zu erwartenden Veränderungen im bankbetrieblichen Umfeld vorzubereiten.

(d) Strategische Planung im Rahmen der „Euro"-Einführung

Die Realisierung der Europäischen Währungsunion durch Einführung der einheitlichen Währung „Euro" in den Teilnehmerländern betrifft Banken in besonderer Weise. Da Banken ausschließlich in der finanziellen Sphäre der Volkswirtschaft agieren und somit sämtliche ihnen immanenten Bereiche von einer Währungsumstellung tangiert werden, bedarf es einer besonderen Berücksichtigung dieser Entwicklungen im Rahmen der strategischen Planung.

Betrachtet man zunächst kurz die einzelnen Schritte der Währungsunion, so ist zu beginnen mit der ersten Phase (Phase A), deren Beginn der 1. Januar 1998 ist. Als Hauptbestandteile dieser Phase sind die Entscheidung über die an der Währungsunion teilnehmenden Länder sowie die Errichtung der Europäischen Zentralbank anzuführen. Die zweite Phase (Phase B) der Europäischen Währungsunion wird sich der Planung zufolge am 1. Januar 1999 anschließen. Als elementare Entscheidungen in dieser Phase sind die endgültige Fixierung der Wechselkurse sowie die Einführung der Eurowährung zunächst als Buchgeld anzuführen. Der „Euro" wird ab diesem Zeitpunkt zu einer eigenständigen Währung und die nationalen Währungen zu vollkommenen Substituten, d.h., sie verkörpern lediglich verschiedene Bezeichnungen einer einheitlichen Währung. Zudem wird in dieser Phase die geldpolitische Verantwortung von den jeweiligen nationalen Zentralbanken auf die Europäische Zentralbank transferiert. Zum 1. Januar 2002 wird sodann voraussichtlich die dritte Phase (Phase C) der Währungsunion beginnen, die insbesondere die Ausgabe von Euro-Noten und Euro-Münzen zum Gegenstand hat. Die nationalen Noten und Münzen werden ab dem Zeitpunkt der Einführung weitere sechs Monate ihre Gültigkeit behalten und diese erst zum 1. Juli 2002 verlieren.[541]

Die konkreten strategischen Implikationen der Währungsumstellung für Banken nun genauer betrachtend[542] sind diese vornehmlich auf die Phase B gerichtet, bedürfen jedoch einer so langen Vorlaufzeit, daß diese in praxi spätestens in Phase A begonnen werden müssen. Die in Phase C erfolgende Bargeldumstellung dagegen weist eine eher operative Bedeutung auf, da die Umstellungsphase für das Bargeld vergleichsweise kurz gestaltet ist und zudem vermutet werden kann, daß ihre Dauer kürzer als sechs Monate sein wird. Für Banken sind in dieser Phase insbesondere technische und logistische Schwierigkeiten zu prognostizieren, die sich im Kassenverkehr, bei Geldausgabeautomaten sowie bei

541 Vgl. ausführlicher hierzu Büschgen, H. E.: Leasing und Europäische Währungsunion, in: FLF, 1997, Heft 1, S. 1-8, insbesondere S. 1 ff.

542 Vgl. hierzu und zum folgenden ausführlich Börner, Ch.: The Implications of the European Monetary Union für Competition and the Competitive Strategies of Banks, in: The European Monetary Union: Blessing or Disaster?, hrsg. von CEMS Graduate Conference Commitee Köln e.V., S. 133 ff.

Transport und Lagerung von Bargeldbeständen ergeben, aber auch die erforderliche Umstellung alter Daten.

Komplexer, mit größerer Unsicherheit und deshalb mit höherem strategischen Gewicht versehen ist die Phase B. In dieser Phase übernehmen die Banken eine wesentliche gesamtwirtschaftliche Aufgabe, da der Beschluß der EU-Wirtschafts- und Finanzminister im Dezember 1995 in Madrid, durch den diese Umstellungsphasen definiert wurden, ihnen eine spezielle Rolle zwischen dem Euro und den alten Währungen zuweist. Zum Jahresanfang 1999 wird der Zahlungsverkehr zwischen den Zentralbanken und damit das clearing der Zentralbanken mit den Geschäftsbanken auf Euro umgestellt. Auch das clearing unmittelbar zwischen Banken soll schnellstmöglich nach dem 1. Januar 1999 auf Euro umgestellt werden; jedoch wird in praxi lediglich ein sehr geringer Teil des Bankgeschäfts bereits zu diesem Zeitpunkt in Euro denominiert sein. Die Banken dienen in dieser Phase als Konvertoren zwischen den Währungen, die schon über feste und unwiderrufliche Wechselkurse miteinander verbunden sind. Aus dieser Konvertierung, die die Parallelität zweier Währungen bedingt, ergeben sich vielfältige technische Problemstellungen. Banken — dies betrifft vor allem kleinere und kleinste Institute —, die sich zur Konvertierung selbst nicht in der Lage sehen, können Hilfen der nationalen Zentralbanken in Anspruch nehmen. Wettbewerbswirkungen ergeben sich von daher aus der erforderlichen Währungskonvertierung nicht; sie sollen vielmehr ausdrücklich ausgeschlossen werden.

Banken dienen in dieser Phase jedoch nicht allein als Konvertoren, sondern sie übernehmen darüber hinaus eine „Pufferfunktion“, die aus der Tatsache resultiert, daß den Banken im clearing de facto der Euro als Währung vorgegeben wird, es den Kunden der Bank jedoch überlassen bleibt, den Zeitpunkt ihrer Kontenumstellung selbst zu bestimmen. In Phase B steht somit den Kunden die Verwendung des Euro frei; sie können von den Banken in dieser Periode nicht zu einer Umstellung ihrer Konten auf den Euro gezwungen werden. Wenngleich auch im Kundenverkehr eine Parallelität beider Währungen etwa auf Kontoauszügen oder Zahlungsverkehrsvordrucken üblich sein wird, kann eine Bank nicht sicher planen, wann welche Kunden die Umstellung wünschen. Banken müssen also die Diskrepanz zwischen der zeitpunktbezogenen Umstellung im Großbetragszahlungsverkehr und dem sukzessiven Vordringen des (unbaren) Euro in das Alltagsleben bedürfnisgerecht und flexibel auffangen. Es ist zu vermuten, daß sich die Banken in diesem Zusammenhang bemühen werden, eine möglichst schnelle Umstellung vieler Geschäftsbeziehungen zu erreichen, um die Übergangsphase kurz zu halten. Gleichwohl wird sich die Währungsumstellung bei den Kunden wohl über die gesamte Phase B hinziehen.

Ein mögliches Szenario ist, daß die Geld- und Kapitalmärkte, die schon jetzt kaum mehr national begrenzt sind, sondern europäischen beziehungsweise globalen Charakter aufweisen, sehr schnell nach dem Eintritt in Phase B eine weitgehende Umstellung auf den Euro vornehmen. Entsprechende Hinweise lassen auch aus der Forderung der Bankwirtschaft und den Absichtserklärungen vieler Staaten entnehmen, Kapitalmarkttitel — namentlich vor Beginn der Währungsunion emittierte treasury bonds — so früh wie möglich auf Euro umzustellen. Neuemissionen des öffentlichen Sektors der Teilnehmer-

Staaten dürfen ohnehin ab Anfang 1999 nur noch in Euro denominiert werden. Auch im industriellen Großkundengeschäft wird die neue Währung schnell die alten, nationalen Währungen als Recheneinheit — mehr sind die alten Währung kaum noch — ablösen; eine Vorreiterrolle können hierbei internationale Unternehmen spielen. Im retail banking wird die Umstellung jedoch nur schleppend vonstatten gehen, weil hier Bargeld ein wesentliches Medium ist, das in Euro aber erst am Anfang des Jahres 2002 verfügbar wird. Solange die Privatkunden Bartransaktionen in alter Währung durchführen beziehungsweise durchführen müssen, werden sie auch ihre Konten in dieser Währung führen wollen. Ferner wird die öffentliche Verwaltung der Teilnehmerländer erst am Ende der Phase B auf den Euro übergehen, um keinen Druck zur vorzeitigen Umstellung auf die Bürger auszuüben.

Wettbewerbswirkungen und strategische Spielräume ergeben sich in der Phase B zudem insbesondere aus der Unsicherheit darüber, wann welche Kunden ihre finanziellen Dispositionen auf Euro umstellen. Offensichtlich können sich solche Banken, die entsprechende Kundenbedürfnisse frühzeitig erkennen und flexibel bedienen können, eher als kundenorientierte Institute positionieren als solche Banken, denen diese Antizipationsfähigkeit und Flexibilität fehlt. Um die Kundenbedürfnisse zu steuern, vor allem aber um die Geschäftsbeziehung zu sichern oder auszuweiten, können Banken darüber hinaus ihren Kunden Hilfestellungen bei der Währungsumstellung geben. Solche Hilfestellungen sind in einfacher Form, etwa als Broschüren, zwar wenig geeignet, nennenswerte Wettbewerbsvorteile zu generieren, weil hier alle Banken gleichermaßen aktiv sind. Gehen die Hilfen bei der Währungsumstellung jedoch über oberflächliche Informationen hinaus, besteht durchaus Potential, sich von den Konkurrenten abzuheben. Beispielsweise erscheint vorstellbar, daß eine Bank ihrem Firmenkunden bei der Umstellung des internen und externen Rechnungswesens hilft und ein modernes Zahlungssystem implementiert. Trotz dieser akquisitorischen Möglichkeiten ist jedoch zu konstatieren, daß durch die Realisierung der Europäischen Währungsunion auf die Banken zunächst ein großer Umstellungsaufwand zukommt, der zwar in der Regel auch mit Modernisierungen der Geschäftsabläufe einhergeht, der aber auf bis mehr als 2,1 Milliarden DM für eine einzelne Bank[543] beziffert wird und der in Unsicherheit über die Chancen der Währungsunion aufzubringen ist.

Beziehen sich die bisherigen Überlegungen zu den Wettbewerbswirkungen der Umstellungsphasen vornehmlich auf die deutschen Banken, so ist die Perspektive um eine internationale Betrachtung zu erweitern. Banken zum Beispiel aus Deutschland, Frankreich und den „Benelux"-Staaten können davon ausgehen, daß diese Länder zum 1. Januar 1999 an der Währungsunion teilnehmen werden; diese Institute können entsprechend konkrete Vorbereitungen treffen. Für Banken aus einigen anderen Ländern ist jedoch zunächst ungewiß, ob ihre Heimatländer von Beginn an an der Währungsunion teilnehmen werden; gleiches gilt aus politischen Gründen für Banken aus Großbritannien und Dänemark. Banken aus solchen Ländern müssen ihre Vorbereitungen also unter einer erhöhten Unsicherheit treffen. Sie sehen sich in einem Spannungsfeld, einerseits die Vorbereitungen rechtzeitig, d.h. notwendigerweise vor der endgültigen Entscheidung

---

543 Vgl. Wölfing, D.: Dauerbaustelle EWU, in: Geldinstitute, 1996, Heft 4/5, S. 30 ff.

über die Teilnehmerländer, beginnen zu müssen, die sich jedoch andererseits bei eventuellem Nichteintritt als hinfällig erweisen. Vielleicht erklärt dies, warum viele der in London ansässigen Investment-Banken vergleichsweise schlecht auf die Europäische Währungsunion vorbereitet sind sowohl hinsichtlich der Umstellungsphase als auch der strategischen Implikationen des entstehenden einheitlichen europäischen Kapitalmarktes.

c) Operative Planung in Banken

(1) Das Konzept der operativen Planung

(a) Begriff und Wesen der operativen Planung

Die operative Planung, als Gegenstück zur langfristig ausgerichteten strategischen Planung die kurzfristige Komponente des bankbetrieblichen Planungskonzeptes, dient der Transformation global formulierter Strategien in detaillierte, periodenbezogene, operationale *Zielvorgaben*, der Vorbereitung kurz- und mittelfristig wirksamer Aktivitäten sowie der Konzeption eines geeigneten konkreten Ressourceneinsatzes. Sie basiert auf den im Rahmen der strategischen Planung entwickeltem längerfristige Handlungs- und Entwicklungsrahmen der Bank. Die grundlegende Aufgabe der operativen Planung besteht in einer sukzessiven „Übersetzung“ dieser oftmals wenig konkreten und zudem zumeist qualitativen Zielvorgaben in detaillierte, operationale vornehmlich quantitative Größen mit dem Ziel, die bankspezifischen Erfolgs- und Effizienzpotentiale bestmöglich im Sinne der Erzielung eines angemessenen Ergebnisses für die Folgeperiode auszuschöpfen und die Zahlungsfähigkeit der Bank aufrecht zu erhalten; entsprechend ist die operative Planung zu unterteilen in die Ergebnisplanung und die kurzfristige Liquiditätsplanung, die Planung der dispositiven Liquidität.

Die Auflösung der im Rahmen der strategischen Planung eruierten Strategien im Sinne einer Detaillierung dieser Vorgaben in operationale Ziele und Maßnahmen erfolgt vornehmlich in Form einer Jahresplanung, die als Kernstück der operativen Planung angesehen werden kann und an deren systematischer Erarbeitung alle Bankunternehmungsbereiche aktiv beteiligt werden sollten. Die in diesem Kontext anzufertigenden Einzelpläne für die entsprechenden operativen Planungsbereiche nennen die bereichsspezifischen konkreten Ziele, die in der Planperiode anzustreben sind und werden in Form von *Budgets*, die für den Bereich und den Planungszeitraum relevanten Größen vorgeben, quantifiziert. Abschließend werden diese kurzfristigen funktionalen Teilpläne konsolidiert und koordiniert, so daß am Ende der operativen Planung die sogenannten Planbilanzen und Planerfolgsrechnungen stehen. Durch dieses Planungsprozedere soll sichergestellt werden, daß die Leistungsträger der Bank sich an konkreten, operationalisierten, aus der Gesamtkonzeption abgeleiteten Zielen orientieren können und sich bei der Leistungserstellung auf Fragen und Problemstellungen konzentrieren können, die für die Zielsetzung in ihrem Verantwortungsbereich von Bedeutung sind.

(b) Voraussetzungen der operativen Planung

Resultierend aus der — der operativen Planung immanenten — Aufgabe in Form einer Transformation von im Rahmen der strategischen Planung eruierten abstrakten Zielvorgaben in konkrete, periodenbezogene Ziele und Maßnahmen, ist als signifikante Grundvoraussetzung einer erfolgreichen operativen Planung das Vorhandensein klar formulierter und dokumentierter strategischer Planungsvorhaben notwendig. Damit diese systematisch in operative Teil- bzw. Bereichspläne überführt werden können und gleichzeitig ein hoher Integrationsgrad dieser Bereichspläne gewährleistet werden kann, bedarf es des weiteren eines formalisierten und weitgehend institutionalisierten Planungssystems, das eine eindeutige und überschneidungsfreie Zuweisung von Aufgaben und Kompetenzen an die involvierten Planungsträger gewährleistet. Eine weitere materielle Voraussetzung für die Aufstellung operativer Pläne und Planvorgaben kann in der Existenz eines funktionsfähigen und benutzeradäquaten Informationssystems gesehen werden. Hierbei müssen das Informationssystem und die Datenbasis so konzipiert sein, daß den Planungsträgern sämtlicher Planungsebenen die für ihren Planungsbereich relevanten Daten aktuell zur Verfügung stehen; eine Voraussetzung, deren Erfüllung in praxi aufgrund der rechnungstechnischen Gegebenheiten des bankbetrieblichen Berichtswesens einerseits und aufgrund des hohen Detaillierungsgrades der für die operative Planung benötigten Daten andererseits in Frage zu stellen ist.

Neben diesen materiellen und weitgehend institutionalisierbaren Voraussetzungen wird die Qualität der operativen Planung, ähnlich wie bei der strategischen Planung, davon bestimmt, inwieweit es der Bankunternehmungsführung gelingt, die Planungsträger — insbesondere die der unteren Hierarchieebenen — von der Notwendigkeit der Planung zu überzeugen und eine entsprechende Planungsmentalität zu verbreiten. Je besser es gelingt, die Planungsträger aller Hierarchiestufen in den aktiven Planungsprozeß zu integrieren, desto eher kann davon ausgegangen werden, daß eine Identifikation der Betroffenen mit den Planvorgaben erreicht wird und Widerstände sowie Durchsetzungskonflikte bei der Realisation der in den operativen Plänen festgelegten Ressourcenaufteilung und der geplanten Aktivitäten reduziert werden.

(c) Organisation und Verfahren der operativen Planung

Analog zur Organisation der strategischen Planung lassen sich auch für die operative Planung verschiedene Planungssysteme bzw. organisatorische Planungsansätze unterscheiden. Für die bankbetriebliche Ablauforganisation der operativen Planung hat sich aufgrund des Detaillierungsgrades, der Differenziertheit, der kürzerfristigen Zielreichweite und Wirkungsweite der zu planenden Sachverhalte in der Praxis ein als Gegenstromverfahren bezeichnetes Planungssystem herausgebildet, das durch eine spezifische Kombination von zentraler Planung und Koordination durch Stäbe der Geschäftsleitung und dezentraler Planung der beteiligten Linieninstanzen charakterisiert wird.[544] Aus-

---

[544] Vgl. zum folgenden Schierenbeck, H.: Ertragsorientiertes Bankmanagement, Band 1, 5. Auflage, Wiesbaden 1997, S. 11, sowie Wild, J.: Grundlagen der Unternehmungsführung, a.a.O., S. 196 ff.

gangspunkt dieses Planungsprozederes ist eine Deduktion vorläufiger (Ober-)Ziele aus den vorgelagerten strategischen Plänen, die — ebenfalls auf deduktivem Wege — von „oben nach unten" zunehmend konkretisiert werden. Hat dieser retrograde Planungsverlauf die unterste Planungsebene erreicht, setzt ein in entgegengesetzter Richtung laufender progressiver „Rücklauf" ein, der die nachgeordneten Pläne schrittweise koordiniert und zusammenfaßt und zudem in einer endgültigen Entscheidung über das Gesamtsystem der Pläne endet.

Um dem Grundsatz der Einheitlichkeit der Bankplanung Rechnung zu tragen, sind die einzelnen an der Planung beteiligten Entscheidungsträger mit instrumentellen Planungshilfen, z.B. mit zweckmäßig gestalteten Formblättern, auszustatten. Die einzelnen Planungsträger sollen hiermit in die Lage versetzt werden, ihre Aktivitäten bzw. die ihres Verantwortungsbereichs systematisch und einheitlich darzustellen und gegenüber der übergeordneten Planungsinstanz rechtfertigen zu können. Der Inhalt der Formblätter bezieht sich auf die derzeitigen Aktivitäten des Planungsträgers, die seinen Bereich beeinflussenden Umwelt- und Konkurrenzbedingungen, die von ihm für den Planungszeitraum erwarteten Geschäftsmöglichkeiten, Ertragschancen sowie die für die Umsetzung der geplanten Aktivitäten benötigten Ressourcen.

Aus diesem Planungsschritt ergibt sich als wichtigstes Ergebnis die vorläufige Formulierung von Zielen und Mitteln der dezentralen Planungsträger. Diese Einzelpläne werden zu Plänen der jeweils übergeordneten Planungseinheit — z.B. zu Abteilungsplänen — zusammengefaßt und koordiniert, wobei ggf. eine erneute Diskussion und ein erneutes „feed-back" innerhalb der Planungseinheit vorgenommen werden muß. Diese noch nicht genehmigten und somit vorläufigen Pläne werden der zentralen Planungsabteilung zur Überprüfung zugeleitet. Hier erfolgt eine Zusammenfassung der Einzelpläne zu Geschäftsbereichsplänen, wobei i.d.R. erneute Koordinierungsmaßnahmen erforderlich werden, insbesondere unter dem Aspekt eines Vergleichs der Planungsergebnisse mit den ursprünglich zugrunde gelegten, den nachgeordneten Planungsinstanzen vorgegebenen Zielvorstellungen. Das Ergebnis dieses Planungsschrittes sollte einen vollständigen Überblick über alle relevanten Sachgebiete und Mittel der operativen Bankplanung geben.

Erweisen sich die von den dezentralen Planungseinheiten eingebrachten Pläne bei der Überprüfung durch die Planungsabteilung als nicht ziel- oder mittelkompatibel, ist ein erneuter „Feed-back"-Prozeß erforderlich. Die Endabstimmung in der Planungsabteilung muß dann auch gewährleisten, daß die Pläne der Hilfsabteilungen, die nur Leistungen für andere Abteilungen und Stellen erbringen, auf die Anforderungen letzterer abgestimmt werden. Mit der abschließenden Genehmigung der Pläne bzw. des Gesamtplanes durch die Geschäftsleitung werden die Teilpläne der einzelnen dezentralen Planungsträger verpflichtend, und an die operative Planungsphase kann sich nunmehr die Realisationsphase anschließen.

(d) Instrumente der operativen Planung

Neben der aufbau- und ablauforganisatorischen Verankerung der operativen Planung innerhalb der Gesamtplanung der Bank bedarf es zur Erstellung funktionsfähiger und kontrollfähiger operativer Planvorgaben entsprechender Planungsinstrumente, die dazu dienen, die für den Planungszeitraum beabsichtigten Aktivitäten in meßbare Mengen- und Wertgrößen zu überführen und somit für die Planungsträger sowie die von der Planung Betroffenen handhabbar zu machen. Das in praxi bekannteste diesbezügliche Verfahren ist die *Budgetierung*[545]; der eine Formalisierungsfunktion derart zukommt, daß diese eine Zusammenfassung der inhaltlichen Planungsergebnisse in explizite quantitative Zielgrößen für jede Organisationseinheit bewirkt. In diesem Zusammenhang werden die Teilplanungsergebnisse der einzelnen Organisationseinheiten einheitlich dokumentiert und an die übergeordnete Hierarchieebene weitergegeben. Gerade in stark dezentralisierten Banken mit vielfältigen Interdependenzen zwischen den einzelnen Subsystemen erfüllt das Budget eine bedeutsame Koordinationsfunktion, indem es die Teilplanungsaktivitäten horizontal und vertikal aufeinander abstimmt. Aus der Quantifizierung der Bereichsziele ergeben sich zunächst die Marktleistungs- und Absatzbudgets, die unter Berücksichtigung der kurzfristig zu erwartenden Zinsentwicklung sowie der prognostizierten Marktpreise für die Strömungsleistungen der Bank durch ein Ertrags- und Zinskostenbudget ergänzt werden. Wichtig ist bei der Festlegung der einzelnen Budgetposten, daß sie das Ergebnis eines rationalen Planungsprozesses und nicht die unreflektierte Fortschreibung der Vergangenheitswerte darstellen. Es bleibt hierbei im Einzelfall zu prüfen, inwieweit die mathematische Trendextrapolation oder anderweitige mathematische Prognoseverfahren als Budgetierungshilfe einsetzbar sind.

Da die Budgetierung genaue Planungsgrößen definiert, die innerhalb der nächsten Planperiode zu erzielen sind, ist diesem Instrument zudem eine Überwachungs- und Kontrollfunktion immanent, die mittels regelmäßiger monatlicher, quartalsmäßiger oder jährlicher Soll-Ist-Vergleiche mit dem Ziel der kürzerfristigen Plankontrolle und der gegebenenfalls notwendig werdenden Planrevision durchzuführen ist. So werden in praxi die Planungsträger während der Phase der Planrealisation und der parallel hierzu verlaufenden operativen Folgeplanung in den einzelnen Bereichen laufend über den Realisationsgrad ihrer Planziffern (Ist-Werte) informiert, um einen Vergleich mit den Soll-Vorgaben vornehmen und evtl. verbesserte Aktivitäten und Aktionen einleiten zu können. Grundvoraussetzung für die Einführung solcher periodischer Soll-Ist-Vergleiche ist die Existenz plausibler interner Abteilungs- und Filialerfolgsrechnungen, die als wesentliche Voraussetzung wiederum die Entwicklung und Anwendung sorgfältig durchdachter und als gerechtfertigt empfundener Verrechnungssysteme für interne Aufwendungen und Erträge haben. Das grundsätzliche Verfahren der operativen Planung, der instrumentelle Einsatz eines Finanzbudgets sowie die bankspezifischen Probleme bei der operativen Planung sollen im folgenden am Beispiel der dispositiven Liquiditätsplanung —

[545] Vgl. zum folgenden u.a. Horváth, P.: Controlling, a.a.O., 1996, S. 225 ff., sowie Welge, Martin K., und Al-Laham, A.: Planung, Wiesbaden 1992, S. 441 ff.

quasi als Fortführung der Planung der strukturellen Liquidität im Bereich der strategischen Planung — dargestellt werden.

(2) Exemplarische Betrachtung operativer Planung in Banken: die operative Liquiditätsplanung

Schon im Rahmen der strategischen Liquiditätsplanung wurde darauf hingewiesen, daß die Liquiditätssicherung im Sinne der Aufrechterhaltung der jederzeitigen Zahlungsfähigkeit zu den Kardinalproblemen der bankbetrieblichen Planung zu zählen ist.[546] Wird im Rahmen der strategischen Liquiditätsplanung, orientiert an bilanziellen Bestandsgrößen, versucht, die volumenmäßige und zeitliche Abstimmung und Strukturierung von Aktiv- und Passivpositionen sowie durch die Dotierung einer angemessenen Liquiditätsreserve dem bankbetrieblichen Liquiditätspostulat Rechnung zu tragen, so konzentriert sich die operative Liquiditätsplanung auf die kürzerfristig ausgerichtete Liquiditätssicherung durch die zeitliche Koordination der erwarteten Einzahlungen und Auszahlungen. Der Übergang von der strategischen zur operativen Liquiditätsplanung ist somit verbunden mit einer Abwendung von bilanziellen Bestandsgrößen und einer Hinwendung zu konkreten Zahlungsmittelbewegungen, d.h. zu Strömungsgrößen. Die Problembetrachtung wird also von einer Zeitpunkt- zu einer Zeitraumanalyse verlagert.[547]

Da im Rahmen der operativen Liquiditätsplanung die Zahlungsströme als liquiditätsdeterminierende Faktoren angesehen werden, müssen alle Bemühungen der operativen Liquiditätsplanung darauf gerichtet sein, die künftige Konstellation dieser Stromgrößen möglichst betrags- und termingenau zu prognostizieren. Die Ergebnisse dieser Vorausberechnungen werden in Form eines kurzfristigen Finanzplanes (Finanzbudget) zusammengefaßt und dokumentiert. Die Liquiditätssicherung wird im Rahmen dieser Prognoserechnung dann als gegeben angesehen, wenn die Summe aus Zahlungsmittelanfangsbestand und kumulierten Einzahlungen jederzeit die kumulierten Auszahlungen übersteigt. Aus dem so aufgestellten Liquiditätsplan lassen sich die Höhe und der Zeitpunkt möglicher Liquiditätsdefizite oder Einzahlungsüberschüsse erkennen und somit geeignete Ausgleichsoperationen — Mobilisierung von Liquiditätsreserven bzw. rentable Anlage von Zahlungsmittelüberschüssen — frühzeitig einleiten.

Um eine möglichst große Anpassungsfähigkeit und Prognosegenauigkeit der operativen Liquiditätsplanung sicherzustellen, müssen bei der Aufstellung des Liquiditätsplanes einige formelle und materielle Verfahrensgrundsätze berücksichtigt werden. Unter formellen Gesichtspunkten ist neben einem klaren und für die einzelnen Planungsträger verständlichen Aufbau des Liquiditätsplans darauf zu achten, daß die zu berücksichtigenden Einzahlungen und Auszahlungen unsaldiert, d.h. nach dem Bruttoprinzip, aufgeführt werden, da nur so bei einer unvorhergesehenen Veränderung der Prognosewerte

546 Siehe hierzu in diesem Kapitel, Abschnitt D. III. 2. b) (2) (b) (aa).

547 Vgl. zum folgenden die in neuerer Auflage nicht mehr vorhandenen Ausführungen von Schierenbeck, H.: Ertragsorientiertes Bankmanagement, 4. Aufl., a.a.O., S. 728 ff.

eine verursachungsgerechte Planrevision möglich erscheint. Unter materiellen Gesichtspunkten ist zu berücksichtigen, daß

- gemäß dem *Planungsgrundsatz der Vollständigkeit* alle Zahlungsströme in sämtlichen Geschäftsbereichen der Bank berücksichtigt werden;
- gemäß dem *Grundsatz der Betragsgenauigkeit* die prognostizierten Zahlungsmittelströme möglichst exakt quantifiziert werden, und
- gemäß dem *Grundsatz der Zeitpunktgenauigkeit* die Termine, zu dem Einzahlungen bzw. Auszahlungen für die Bank anfallen, exakt prognostiziert werden.

Des weiteren ist darauf zu achten, daß in der Liquiditätsplanung eine kurzfristige Planrevision möglich ist und Interdependenzen zwischen der Liquiditätsplanung und den übrigen operativen Teilplänen jederzeit Berücksichtigung finden können. Obwohl die Einhaltung des Liquiditätspostulats als conditio sine qua non bankbetrieblicher Tätigkeit angesehen werden muß, hat auch die Liquiditätsplanung dem Grundsatz der Wirtschaftlichkeit zu genügen, d.h., zwischen Nutzen und Aufwand der operativen Liquiditätsplanung muß eine vernünftige Relation bestehen. Diese kann solange als gegeben angenommen werden, wie der zusätzliche Erkenntniswert, der aus einer Verbesserung des Planungsprozedere resultiert, den hierzu notwendigen zusätzlichen Planungsaufwand, insbesondere in Form weiterer Informationskosten, übersteigt.

Aufgrund der schon bei der strategischen Liquiditätsplanung als Planungsproblem angesprochenen weitgehenden Fremddeterminiertheit der die Bank durchlaufenden Zahlungsströme wird die Qualität der operativen Liquiditätsplanung in Banken vornehmlich durch die Exaktheit der seitens der Planungsträger erstellten Prognosen des Kundenverhalten, ihrer Zahlungsgewohnheiten und Zahlungsströme sowie induzierender Veränderungen im marktlichen und rechtlichen Umfeld der Bank bestimmt. Neben diesen *allgemeinen*, die Zahlungsströme determinierenden Faktoren müssen zudem von den Planungsträgern unternehmungs*spezifische* Faktoren, die die Zahlungsmittelbewegungen in der Bank beeinflussen, berücksichtigt werden. Als relevante Faktoren sind hier insbesondere die Kundenstruktur, die Institutsgröße und damit verbunden das gesamte die Liquiditätsplanung tangierende Zahlungsverkehrsvolumen sowie der Filialisierungsgrad der einzelnen Bank zu nennen, da durch diese bankspezifischen Faktoren die haus- bzw. konzerninternen Möglichkeiten der Verrechnung von Zahlungsmittelverfügungen und somit die nicht liquiditätswirksame Kompensation von Einzahlungen und Auszahlungen bestimmt werden.

3. Die Kontrolle in Banken

Wie bereits oben dargestellt, ist jede Planungsphase eng mit einer Kontrollphase verbunden, da die zur Führung einer Bank eruierten Planziele und Plannormen wirkungsvoller Kontrollmaßnahmen bedürfen, um den Realisationsgrad dieser Normen und Zielvorgaben überprüfen zu können. Gegenstand der folgenden Ausführungen sind demnach einige ausgewählte bankspezifische Problemfelder der Kontrolle und ihrer Durchführung, wobei der Schwerpunkt auf der strategischen Kontrolle liegt, da ihre Durchführung in Banken in besonderem Maße kritisch zu beurteilen ist.

a) Begriff und Wesen der Kontrolle

Wie bereits gesagt, bezeichnet der Begriff „Kontrolle“ allgemein die Überprüfung des betrieblichen Geschehens in der Realisationsphase hinsichtlich der Erreichung geplanter Normen, d.h., es findet ein Vergleich zwischen Soll-Werten und Ist-Werten statt. Die Soll-Werte besitzen dabei erstens die Funktion, die in den Vergleich einzubeziehenden Realitätstatbestände auszuwählen, und zweitens diejenige, als Maßstab für die Beurteilung der realisierten Ist-Ergebnisse zu dienen. Generelle Voraussetzung für eine effiziente Kontrolle ist jedoch, daß die in den Soll-Ist-Vergleich einbezogenen Ist-Größen in der gleichen Weise wie die entsprechenden Plangrößen abgegrenzt und gegliedert werden. Des weiteren können bzw. haben Kontrollen auch i.d.R. Auswirkungen auf das Verhalten der Personen, die im Planungs- und Realisationsprozeß tätig sind. Diese Verhaltensbeeinflussung, die sowohl von der tatsächlichen Kontrolldurchführung als auch nur von der Ankündigung bzw. Erwartung derselben durch die davon betroffenen Personen ausgehen kann, macht den möglichen prophylaktischen Charakter der Kontrolle deutlich.[548]

Die Vielschichtigkeit von Kontrollen läßt sich anhand verschiedener Kriterien aufzeigen. Zum einen läßt sich unterscheiden, ob die Kontrollen *unternehmungsextern* oder ob sie unternehmungsintern durchgeführt werden, wobei ersterer Kategorie für das Unternehmen relevante, jedoch nicht in seiner Entscheidungssphäre liegenden Normen und Zielsetzungen subsumiert werden, während die *unternehmungsinterne* Kontrolle auf vom Unternehmen zu bestimmenden bzw. beeinflussbaren Soll-Werten basiert. Daraus läßt sich jedoch nicht zwingend ableiten, daß die Kontrolle von Realisationsergebnissen, bezogen auf interne Werte, nur von unternehmungsinternen Kontrollträgern und die Kontrolle extern vorgegebener Normen nur von externen Kontrollträgern vorgenommen werden kann; bspw. ist die Einhaltung der extern durch das Bundesaufsichtsamt für das Kreditwesen vorgegebenen Liquiditätsnormen auch durch interne Kontrollträger ständig zu überprüfen. Des weiteren lassen sich Kontrollvorgänge nach dem *Bezugsobjekt* unterscheiden; während *ergebnisorientierte* Kontrollen Aufschluß über Handlungsergebnisse und deren Abweichungsgrad von den Planungsgrößen geben, liefern *verfahrensorientierte* Kontrollen Informationen über die Beachtung und Einhaltung bestimmter Verfahrens- und Methodenvorschriften, die verbindlich für den Planungs- und Kontrollprozeß vorgeschrieben sind.

Im Rahmen der Bankunternehmungsführung haben Kontrollvorgänge wichtige Informationsfunktionen wahrzunehmen. Da selbst bei kurzen Planungs- und Prognosezeiträumen in der Bankenbranche das Problem der Unsicherheit nicht völlig ausgeschaltet

---

548 Vgl. zum folgenden allgemein Müller, W.: Kontrolle, Organisation der, in: HWO, hrsg. von Erwin Grochla, 2. Aufl., Stuttgart 1980, Sp. 1082-1091, insbesondere Sp. 1082 ff.

werden kann — je länger dieser Zeitraum ist, desto größer dürfte das Problem sein — und demzufolge die Ist-Werte in den meisten Fällen nicht mit den geplanten Soll-Werten übereinstimmen werden, ist es unumgänglich, den Realisationsgrad der in der Planung festgelegten Ziele, Normen und Werte festzustellen und die Gründe für die Abweichung näher zu analysieren. Dabei dürften nicht nur *negative* Abweichungen im Sinne eines ungenügenden Zielerreichungsgrades im Mittelpunkt des Interesses stehen, sondern auch *positive* Abweichungen im Sinne einer Planzielüberschreitung und -übererfüllung mit Hilfe der Abweichungsanalyse näher zu untersuchen sein. Beide Analyseergebnisse liefern wichtige Informationen für zukünftige Planungen; sie geben Auskunft über falsch festgelegte Planansätze, oder aber sie lassen sich auf bestimmte Störfaktoren während der Ausführungs- bzw. Realisationsphase zurückführen. In diesem Kontext fungiert die Kontrolle als Instrument der zielgerichteten Bankunternehmungsführung; damit zusammenhängend kann anhand dieser Kontrolle auch die Leistungsbeurteilung der Mitarbeiter erfolgen, die gekoppelt mit einem leistungsabhängigen Entgeltsystem eine Erhöhung der mitarbeiterspezifischen Leistungsbereitschaft bewirken kann.

b) Kontrolle im bankbetrieblichen Planungs- und Kontrollprozeß

Wendet man die im vorhergehenden Abschnitt aufgeführten Kriterien bei der Charakterisierung der Kontrollvorgänge im bankbetrieblichen Planungs- und Kontrollprozeß an, so kann man festhalten, daß es sich dabei vornehmlich um interne Kontrollen handelt, die entweder ergebnis- oder verfahrensorientiert sind. Die Kontrolltätigkeit beschränkt sich aber nicht nur auf den operativen Teil der Planung, sondern erfolgt auch im Zusammenhang mit der strategischen Planung.

Die *ergebnisorientierte Kontrolle* beinhaltet eine erfolgsanalytische Überprüfung von Kosten und Leistungen, während die *verfahrensorientierte Kontrolle* — auch als systemorientierte Kontrolle bezeichnet — die Überprüfung und Analyse der grundlegenden Strategien der Planungs-, Realisations- und Kontrollprozesse sowie die Untersuchung und Überprüfung der organisatorischen Rahmenbedingungen zum Inhalt hat. Die ergebnisorientierte Kontrolle steht in einem besonders engen Verhältnis zur Planung; sowohl im strategischen als auch im operativen bankbetrieblichen Planungs- und Kontrollprozeß bilden sie eine strikte Einheit. Jeder Planungsphase sollte also unwiderruflich eine Phase der Kontrolle zugeordnet sein, angefangen von der Aufstellung der Pläne über die Durchführung der geplanten Aktionsprogramme und Maßnahmen bis hin zur Feststellung der realisierten Ergebnisse. Aufbauend auf dieser laufenden Kontrolle und den dabei gewonnenen Kontrollinformationen werden Korrekturinformationen für die nächsten Planungsaktivitäten und/oder für die Realisationsphase zur Verfügung gestellt.

c) Kontrollträger

Ein Problemkreis, der sowohl mit der strategischen als auch mit der operativen Kontrolle verbunden ist, beschäftigt sich mit der Bestimmung derjenigen Personen, die diese Kontrollen im Zusammenhang mit der Planung durchzuführen haben. Durch die Festlegung der Kontrollträger wird die Organisationsstruktur der Kontrollvorgänge determiniert.

Grundsätzlich ist zu konstatieren, daß jeder Mitarbeiter der Bank bei der Erfüllung seiner Aufgaben die einzelnen Schritte seiner Handlungen selbst kontrolliert und je nach Ergebnis der „*Selbstkontrolle*" entsprechende Korrekturen durchführen sollte. Dieser Art der Kontrolle werden insbesondere motivations- und innovationsfördernde Wirkungen zugesprochen; als nachteilig wird der subjektive Einfluß angesehen. Aus Gründen der Arbeitsteilung, mangelnder Fachkompetenz oder möglicher Interessenkonflikte wird es jedoch in den meisten Fällen notwendig bzw. zweckmäßig sein, Teile der Kontrolltätigkeit durch andere Kontrollträger bzw. Mitarbeiter durchführen zu lassen. Diese Art der Kontrollträgerschaft wird dem Begriff „*Fremdkontrolle*" subsumiert, wobei z.B. der jeweilige Vorgesetzte und/oder eine zentrale Abteilung, eine spezielle Kontrollabteilung, eine Planungs- bzw. Controllingabteilung — diese Kontrollfunktion ausüben kann. Vorteile dieser Fremdkontrolle sind vor allem eine höhere Objektivität und Neutralität bei der Beurteilung, während von dieser Art der Kontrolle ausgehender Leistungsdruck und gegebenenfalls Mißbrauch der Kontrollmacht als Nachteile angeführt werden.

Generell gilt sicherlich, daß derjenige, der für die Planerstellung und für die Planrealisation in der Bank verantwortlich ist, auch für die Kontrolle der Ergebnisse zuständig sein sollte, d.h., daß das Organisationsschema, das für den Planungsprozeß gewählt wurde, weitestgehend auch die Organisationsstruktur und damit die Träger der Kontrolle determiniert. Als zweckmäßig ist wohl eine Kombination von Selbst- und Fremdkontrolle anzusehen, um die mit den einzelnen Formen der Kontrolldurchführung verbundenen Probleme abmildern oder gar eliminieren zu können. So ist derjenige, der für die Kontrolle verantwortlich ist — z.B. bei der Messung der erreichten Ist-Werte und bei der sich anschließenden Abweichungsanalyse — auf die Unterstützung einer zentralen Abteilung mit entsprechenden Experten für solche Arbeiten, insbesondere hinsichtlich der anzuwendenden Verfahren, angewiesen. Auch ist eine solche zentrale Abteilung für die Aufbereitung der Daten aus dem gesamten Zahlenwerk der Bank und des weiteren für die verfahrensorientierte Kontrolle zuständig.

d) Voraussetzungen einer effizienten bankbetrieblichen Kontrolle

Grundlegende Voraussetzung für eine effiziente Kontrolle ist einerseits die Möglichkeit einer Rückführung der bankbetrieblichen Geschäftsergebnisse bzw. -erfolge, die in den einzelnen Bereichen der Bank erzielt werden, auf die Entscheidungen der dafür verantwortlichen Mitarbeiter, und andererseits — damit zusammenhängend — die adäquate Ausgestaltung des Rechnungswesens der Bank im Sinne einer Aufteilung der erfolgsbezogenen Größen in von den Mitarbeitern beeinflußbare und unbeeinflußbare Größen.

Die Erfüllung dieser Voraussetzungen dürfte jedoch für Banken relativ schwer sein, da diese Institute von Entwicklungen in der gesamten wirtschaftlichen Umwelt mehr oder weniger stark beeinflußt werden. Sie unterliegen besonderen gesetzlichen Regelungen, die eine Geschäftstätigkeit in manchen Bereichen beschränken oder gänzlich verbieten. Außerdem sind sie unmittelbar geldpolitischen Maßnahmen der Zentralnotenbank ausgesetzt, die ebenfalls den geschäftspolitischen Spielraum begrenzen können. Auch ist zu bezweifeln, ob eine weitgehende Beeinflußbarkeit der Geschäftsergebnisse durch die jeweils verantwortlichen Mitarbeiter gegeben ist, da die einzelnen Geschäftsbereiche auf unterschiedliche Weise von der Geschäftsleitung der Bank abhängig bzw. selbständig sind. Denn sie werden sowohl durch die grundlegenden Zielvorstellungen der Geschäftsleitung als auch durch Richtlinien und Anweisungen zur Geschäftspolitik z.T. in erheblichem Maße beeinflußt. Je mehr ein Geschäftsbereich in dieser Hinsicht von der Geschäftsführung abhängig ist, um so schwieriger wird die Zurechnung des Geschäftserfolges auf diesen Bereich und um so weniger eignen sich die Ergebnisse der Kontrolle zur Überprüfung der Leistungsfähigkeit dieses Bereichs.

Weiterhin sind gerade Banken in besonderem Maße von marktlichen Einflüssen abhängig, sowohl vom Verhalten der Kunden als auch von dem der Konkurrenz. Diese marktbedingten Einflüsse auf den Geschäftserfolg können so stark sein, daß eine Isolierung der Einflüsse unmöglich ist und demzufolge ebenfalls keine exakte Beurteilung der Leistungsfähigkeit des jeweiligen Geschäftsbereichs durch eine Kontrolle erreicht werden kann. Diese Beurteilung wird zusätzlich durch den z.T. sehr engen Verbund zwischen den einzelnen bankbetrieblichen Leistungen erschwert, da eine Leistung oft als Anbahnungshilfe für andere Bankleistungen dient und demzufolge der Erfolg nicht eindeutig zurechenbar ist.

e) Strategische Kontrolle in Banken

Da der eigentliche Sinn einer Planungstätigkeit darin besteht, alle Realisationsabläufe möglichst so zu steuern, daß keine negativen Abweichungen im Sinne einer unvorteilhaften Verfehlung der geplanten Ergebnisse erzielt werden, ist es unerläßlich, auch der strategischen Planung eine entsprechende Kontrolle gegenüberzustellen. Denn die strategische Planung hat langfristig Auswirkungen auf zukünftige Erfolgspotentiale und damit letztlich auf die Existenz der Bank. Insbesondere in Zeiten starker Umweltveränderungen und Krisenerscheinungen sind Fragen einer rechtzeitigen Korrektur strategischer Fehlentscheidungen bzw. einer Ergreifung entsprechender Ausgleichsmaßnahmen von großer Bedeutung. Die strategische Kontrolle weist jedoch im Vergleich zur operativen Kontrolle eine wesentlich vielseitiger gestaltete Struktur auf, die auf die im Gegensatz zur operativen Planung höhere Komplexität der strategischen Planung zurückzuführen ist. Deshalb sind mit der strategischen Kontrolle einige typische Problembereiche verbunden, die im folgenden, nach Darlegung der der strategischen Kontrolle immanenten Aufgabenbereiche, näher erläutert werden sollen.

(1) Aufgaben der strategischen Kontrolle in Banken

Die bereits angesprochene hohe Komplexität der strategischen Planung im Vergleich zur operativen Planung bedingt auch eine wesentlich komplexere Aufgabenstruktur der damit verbundenen Kontrolle. Diese Kontrolle bezieht sich auf alle Faktoren im unternehmungsinternen und unternehmungsexternen Umfeld, die die strategische Zielerreichung und Aufgabenerfüllung im strategischen Planungsprozeß beeinflussen. Grundsätzlich gilt für die Kontrolle der strategischen Planung, daß, je differenzierter der strategische

Planungsprozeß ist, desto differenzierter auch der Kontrollprozeß sein sollte. Das führt dazu, daß eine Reihe von verschiedenen Kontrollaufgaben zu unterscheiden sind.

Als wichtige Aufgaben werden zum einen die Überprüfung der strategischen Planung in bezug auf die Vollständigkeit und die formelle sowie materielle Konsistenz der Pläne sowie zum anderen die fortlaufende Prüfung der der Planung zugrundeliegenden Prämissen genannt. Die erstgenannte Kontrollaufgabe beinhaltet u.a. die Fragestellung, ob alle relevanten Problemgebiete entsprechend ihrer Relevanz und ihrer Verknüpfung erfaßt und behandelt werden, wie auch die Überprüfung der der strategischen Planung zugrundeliegenden Zielsetzung hinsichtlich ihrer Realisierbarkeit. Die zweitgenannte Aufgabe bezieht sich auf die Richtigkeit der gesetzten Prämissen und dabei insbesondere derjenigen, die bei Nichteintreten eine Änderung der strategischen Pläne nach sich ziehen würden.

Ein weiterer Aufgabenkomplex erstreckt sich auf die laufende Überwachung während der Durchführung der geplanten Aktionen. Diese Überwachungsfunktion ist auf die Durchführung strategisch wichtiger Entscheidungen sowie deren Voraussetzungen gerichtet. Dazu gehören in Banken z.B. Entscheidungen hinsichtlich der Modifikation des bestehenden Zweigstellensystems oder Entscheidungen über eine Ausweitung der Geschäftstätigkeit ins Ausland und die damit verbundenen Folgeentscheidungen, z.B. im Bereich der Personalpolitik. Zu diesem Aufgabenkomplex ist aber sicher auch die terminliche Überwachung der einzelnen Teilschritte im Zusammenhang mit den vorgenannten strategisch wichtigen Entscheidungen und ihrer Umsetzung zu zählen. Diese Art der Durchführungskontrolle soll u.a. Aufschluß darüber geben, ob bei der Betrachtung der Kontrollergebnisse die gesamte Strategieausrichtung noch weiter verfolgt werden kann. Als Folge dieser Art von Kontrolltätigkeit kann auch ggf. eine Strategieänderung angezeigt sein, sofern der dafür notwendige Spielraum vorhanden ist.

Da die ersten beiden Aufgabenkomplexe einen eher selektiven Charakter haben, erscheint es sinnvoll, den Katalog der Kontrollaufgaben im strategischen Bereich um einen Aufgabenbereich zu erweitern, der die regelmäßig stattfindende Überprüfung der gesamten strategischen Geschäftssituation und der für die strategischen Entscheidungsfelder wichtigen Verhaltensgrundsätze der Geschäftspolitik umfaßt. Ähnlich der Frühwarninformationen, jedoch ohne vorher festgelegten Indikatoren, soll diese Kontrollaufgabe es ermöglichen, erste Hinweise von sich entwickelnden, möglicherweise strategisch wichtigen Problemen zu identifizieren, um darauf entsprechend vorbeugend reagieren zu können. Dabei müssen jedoch die Vorteile einer evtl. frühzeitigen Änderung der geschäftspolitischen Strategien mit dem möglichen Risiko einer falschen Strategieanpassung gründlich abgewogen werden.

Aber auch die dem strategischen Planungs- und Kontrollprozeß zugrundeliegenden Verhaltensmaßstäbe bedürfen — vor allem in Zeiten einer sich schnell ändernden Umwelt — einer regelmäßigen Kontrolle, obwohl sie eher einen langfristig gültigen Charakter haben. Der zuletzt aufgezeigte Aufgabenbereich der strategischen Überwachung versucht also, die Selektivität der beiden zuerst genannten Aufgabenbereiche ausgleichend zu ergänzen und damit der „Allumfassenheit“ der strategischen Planung, die in entsprechender Weise kontrolliert werden muß, Rechnung zu tragen.

(2) Problembereiche der strategischen Kontrolle

Eines der bedeutendsten Problemfelder der strategischen Kontrolle liegt in der großen *Zeitspanne* begründet, die zwischen Beginn der Planung — Planerstellung — und der Kontrollphase liegt.[549] Wendet man die üblichen Soll-Ist-Vergleiche im Sinne einer Überwachung späterer Zielerreichung innerhalb der strategischen Kontrolle an, so kommen die daraus abzuleitenden Erkenntnisse meist zu spät; Fehlentwicklungen mit meist langfristigen, negativen Auswirkungen auf die Situation der Bank lassen sich nicht rechtzeitig erkennen und entsprechende Korrekturmaßnahmen nicht frühzeitig genug einleiten.

Des weiteren ergeben sich bei der strategischen Kontrolle Probleme hinsichtlich der Interpretation der Informationen, die aus einer Abweichungs- bzw. Ergebnisanalyse gewonnen werden. Bei weitgehend strukturierten Entscheidungsbedingungen, wie sie bspw. in Teilbereichen der operativen Kontrolle zu finden sind, sind die vorhandenen Abweichungen meist eindeutig erkennbar, erklärbar und korrigierbar. Im Gegensatz hierzu ergeben sich im Rahmen der strategischen Kontrolle Schwierigkeiten bei der eindeutigen Kennzeichnung des Kontrollmaßstabes: Je länger der Planungszeitraum ist, desto größer wird die Prognoseungewißheit und damit die genaue Bestimmung der zu erreichenden Zielvorgaben. Für Banken ergeben sich in diesem Kontext zusätzliche Probleme aufgrund der schon erwähnten starken Fremddeterminiertheit der Beschaffungs- und Absatzstrukturen und der hieraus resultierenden Grenzen für die Planung von Bankgeschäften. Auch die unterschiedlichen stück- und wertmäßigen Komponenten der einzelnen Bankleistungen und deren erschwerte quantitative Erfassung verstärken die angesprochene Problematik der Interpretation. Hinzu kommt, daß strategische Zielvorgaben oft nicht als monetäre, sondern als qualitative Vorgaben formuliert werden, demzufolge eine klare Definition und Interpretation der Zielerreichung nicht möglich ist.

Aber auch in dem Fall, in dem eine Zielvorgabe ohne größere Probleme formuliert werden kann, tritt die Problematik der Abweichungsmessung und Abweichungsanalyse in besonderem Maße zutage, wenn aufgrund des längeren Planungszeitraumes im Zusammenhang mit der strategischen Planung Zwischenkontrollen durchgeführt werden, etwa im Sinne des oben erwähnten Frühwarnsystems. Um diese frühen Kontrollen im Rahmen der strategischen Kontrolle auch tatsächlich durchführen zu können, muß außerdem innerhalb der strategischen Planung festgelegt oder prognostiziert werden, in welchem Teilzeitraum welches Teilergebnis erreicht werden kann, damit keine „Abweichungen“ dort festgestellt werden, wo eigentlich gar keine sind. Aufgrund der Unbestimmtheit der bei der Abweichungsmessung und bei der dann folgenden Abweichungsanalyse zugrundeliegenden Zielvorgaben muß dabei ein gewisses Maß an Abweichung toleriert werden

[549] Vgl. zu diesem Problemkomplex allgemein Köhler, R.: Die Kontrolle strategischer Pläne als betriebswirtschaftliches Problem, in: ZfB, 1976, Heft 4/5. S. 301 ff.

bzw. müssen die Abweichungen relativ groß ausfallen, bevor diesbezügliche Korrekturmaßnahmen innerhalb der bankbetrieblichen Planung aufgrund festgestellter Abweichungen ergriffen werden.

Ein weiteres Problem, das mit der Kontrolle strategischer Planung verbunden sein kann, ergibt sich, wenn ursprüngliche Zielvorgaben und die darauf aufbauende strategische Planung wegen z.B. zwischenzeitlich eingetretener Veränderungen in den Umweltbedingungen geändert werden oder sogar bestimmte Zielinhalte durch andere Ziele ersetzt werden müssen; auch hierfür können bedeutende Entwicklungen im Umsystem der Bank oder aber Veränderungen im Wertesystem der Planungsverantwortlichen ausschlaggebend sein. In einer solchen Situation gilt es zu unterscheiden, an welchem Maßstab — an dem ursprünglich formulierten oder an dem geänderten Maßstab — das Ergebnis der Kontrolle gemessen werden soll. Selbst die Etablierung der strategischen Kontrolle kann sich als problematisch erweisen, da mit ihr vor allem bankbetriebliche Grundsatzentscheidungen der Unternehmungsleitung einer Kontrolle unterworfen und damit überprüfbar werden. Dabei ist — wie bei der Planung allgemein — gerade die positive Einstellung der Unternehmungsleitung für die erfolgreiche Implementierung und Durchführung der Kontrolle von großer Wichtigkeit.

f) Operative Kontrolle in Banken

Die zumeist kurzfristige Ergebniskontrolle im operativen Planungs- und Kontrollprozeß greift in starkem Maße auf die Daten des Rechnungswesens, insbesondere auf die Konten- und Kundenkalkulation[550], zurück, die als das adäquate Instrument für ein geeignetes bankbetriebliches Management die Erfolgsermittlung der Konten einzelner Kunden oder — aggregiert — einzelner Kundengruppen rechnerisch bereitstellt.

Fundamentale Voraussetzung einer aussagefähigen Konten- und Kundenkalkulation ist die entsprechende Ausgestaltung des Rechnungswesens bzw. eine adäquate Aufbereitung der relevanten Daten auf kundenbereichsbezogener Ebene. Damit repräsentiert die Konten- und Kundenkalkulation im Stufenaufbau der bankbetrieblichen Kostenrechnung eine hohe Rechnungsstufe, deren Durchführung auf den Ergebnissen vorhergehender Rechnungsstufen basiert. Insbesondere dienen der Konten- und Kundenkalkulation die Ergebnisse der Stückleistungsrechnung. Die dazu i.d.R. durchgeführte Vollkostenrechnung birgt jedoch die Problematik, den banktypisch hohen Gemeinkostenanteil so zu proportionalisieren, daß die Kostenüberwälzungen die eigentlichen Erfolgswirkungen einzelner Kundenverbindungen adäquat abbilden. Ein zentrales Problem liegt zudem in der Zurechnung des kunden- bzw. kundenbereichsbezogenen Werterfolges und somit in der innerbetrieblichen Leistungsverrechnung im Wertbereich. Die entsprechend entwikkelten und angewandten Verfahren stellen sämtlich keine betriebswirtschaftlich exakte, verursachungsgerechte Erfolgsermittlung dar. Infolge dieser Bedenken wird als alterna-

---

550 Siehe ausführlich hierzu in diesem Teil, Viertes Kapitel, Abschnitt III. 1. c), sowie Büschgen, H. E.: Konten- und Kundenkalkulation, in: Stichwörter zum Bank-Marketing, a.a.O., S. V.1-1. ff.

tive Möglichkeit der innerbetrieblichen Leistungsverrechnung insbesondere auf die Deckungsbeitragsrechnung verwiesen, die eine Aggregation der Erfolge einzelner Kundenverbindungen über Kundengruppenerfolge zum Gesamtbankergebnis zuläßt und die Kosten und Erlöse auf der Bezugsgrößenhierarchie zurechnet, auf der sie ergebnisrelevant sind. Als aus der Anwendung der Deckungsbeitragsrechnung resultierende Zielvorstellung kann dann die Maximierung positiver Deckungsbeiträge bzw. die Minimierung negativer Deckungsbeiträge von Kundenverbindungen gelten.

Neben der primären Funktion der Überprüfung des anteiligen Erfolges einzelner oder aggregierter Kundenverbindungen bietet — eine entsprechend aussagefähige Ausgestaltung vorausgesetzt — die Konten- und Kundenkalkulation Anhaltspunkte zum Einsatz und zur Wirkungskontrolle der zur Umsetzung strategischer Pläne in operative Maßnahmen eingesetzten Instrumente. So lassen sich aus der Konten- und Kundenkalkulation Erlösschwellen ermitteln, die als Grundlage der Konditionengestaltung dienen und die Nutzung bspw. des preispolitischen Spielraums ermöglichen können. Über die Bildung von Kennzahlen, die eine Beziehung zwischen dem Aufwand des Instrumentaleinsatzes und dem Erfolg in der anvisierten Kundengruppe herstellen, lassen sich außerdem in vergleichender Analyse Schlußfolgerungen über die Effizienz und Wirkung der eingesetzten Instrumente deduzieren. Derartige Kennzahlen können allerdings nur Unterschiede und Veränderungen aufzeigen, ihre Ursachen jedoch lediglich in sehr begrenztem Maße verdeutlichen. Deshalb sind derartige operationale Kontrollmethoden um Analysen zu ergänzen, die Aufschluß über die subjektive Wertschätzung und Beurteilung des Maßnahmeneinsatzes geben können. Zudem erscheint problematisch, daß aufgrund der sachlichen und zeitlichen Ausstrahlungseffekte zwischen den einzelnen Instrumenten bzw. deren Einsatz sowie aufgrund externer Störeinflüsse die isolierte Betrachtung und Kontrolle der einzelnen Methoden nur bedingt möglich sind.

Dementsprechend kommt der operativen Kontrolle nicht lediglich die Aufgabe einer Überprüfung eventueller Kostenabweichungen sondern ähnlich der strategischen Kontrolle zudem die Aufgabe einer Inspektion der Einzelbudgets hinsichtlich ihrer Vollständigkeit, Plausibilität und Zielkonformität zu. Die Kontrolle der Zielkonformität erstreckt sich dabei jedoch sowohl auf die operativen als auch auf die strategischen Zielsetzungen. Während der Realisationsphase erfolgt ein regelmäßiger Soll-Ist-Vergleich, der von den jeweiligen Planungsverantwortlichen durchgeführt wird.

Ergeben sich im Rahmen der Soll-Ist-Vergleiche Divergenzen, so ist — bei Abweichungen ab einer gewissen und a priori zu spezifizierenden Größe — eine Abweichungsanalyse durchzuführen, um Ursachen und Beseitigungsmöglichkeiten dieser Abweichungen zu erörtern. Je nach dem Ergebnis dieser Analysen werden dann entsprechende Korrekturen vorgenommen, um die Erreichung der langfristig gesetzten Ziele nicht zu gefährden. Es handelt sich hierbei generell um Änderungsmaßnahmen innerhalb einer festgesetzten Strategie, die dabei nicht in Frage gestellt wird. Bei gravierenden kurzfristigen Fehlergebnissen kann jedoch auch die Realisation der längerfristigen Planungswerte in Frage gestellt sein. Sollten die Abweichungsursachen zurückzuführen sein auf schwerwiegende, nachhaltige, zu Beginn des Planungszyklus nicht antizipierbare, vom Planungsträger nicht oder kaum beeinflußbare Faktoren, so ist in Abstimmung mit der zentralen Planungsabteilung — und der Geschäftsleitung — eine Revision des langfristigen Einzelplanes anzustreben. Dies sollte allerdings auf seltene Ausnahmefälle beschränkt bleiben, da nennenswerte Revisionen eines Planes auch meist solche anderer Einzelpläne und eventuell des Gesamtplanes nach sich ziehen.

E. Die personale Funktion des Bankmanagement

Mit der Betrachtung der personalen Dimension des Bankmanagement rückt der Mitarbeiter als Erfolgsfaktor bankbetrieblicher Tätigkeit in den Mittelpunkt des Erkenntnisinteresses. Die besondere Bedeutung der personellen Komponente für Banken resultiert dabei daraus, daß sich die Spezifikation und die Erstellung der Bankdienstleistung überwiegend im persönlichen Kontakt zwischen dem Kunden und dem Bankmitarbeiter vollziehen. Somit tragen die Handlungen und Verhaltensweisen der Mitarbeiter über die eigentliche Leistungserstellung hinaus auch zur Entwicklung präferenzbildender und damit erfolgsrelevanter Beziehungen zwischen der Bank und ihren Kunden bei. Trotz zunehmender Technisierung und einer — zumindest proklamierten — Entpersonalisierung bankbetrieblicher Leistungserstellungsprozesse ist davon auszugehen, daß die Bedeutung des Humankapitals auch künftig in dem Maße weiter an Bedeutung gewinnen wird, in dem der Wettbewerb im Finanzdienstleistungssektor und die Ansprüche der Kunden weiter zunehmen. Dieser besonderen Relevanz des bankbetrieblichen Humankapitals Rechnung tragend fokussieren die personalbezogenen Aufgabenbereiche des Bankmanagement vornehmlich Fragen des Führungsverhaltens und der Motivation.

I. Gestaltungsansätze bankbetrieblicher Führung

Im Zentrum bankbetrieblicher Führung steht der Bankmanager in seiner Rolle als Vorgesetzter. Zur Klärung der Frage, warum es dabei offenkundig nicht allen Managern gleichermaßen gelingt, ihre Mitarbeiter zieladäquat zu einem höchstmöglichen Leistungseinsatz zu bewegen, sind in den vergangenen Jahrzehnten vielfältige Theorieansätze entwickelt worden.[551] Als wesentliche Grundausrichtungen der Führungstheorie lassen sich dabei der Eigenschafts-, der Verhaltens- und der Situationsansatz differenzieren.

---

[551] Vgl. hierzu und zum folgenden Oechsler, W.A.: Personal und Arbeit, 6. Aufl., München, Wien 1997, S. 303 ff.

Die Kernaussage des *Eigenschaftsansatzes*, der sich in der „great man theory" oder „trait theory" konkretisiert, besteht darin, daß die Befähigung zur Führung durch bestimmte Eigenschaften oder innere Qualitäten einer Person determiniert wird. Vornehmlich in den USA konzentrierte sich die Führungsforschung in den fünfziger und sechziger Jahren auf die Eruierung solcher Eigenschaften, die ein Individuum zur Führungspersönlichkeit prädestinieren. Wenngleich mit einer gewissen Übereinstimmung Merkmale wie etwa Willensstärke, Intelligenz, Fleiß usw. als führungsrelevante Eigenschaftsdimensionen ermittelt wurden, ist gleichwohl zu konstatieren, daß viele der Ergebnisse lediglich mittels intuitiv-introspektiver Verfahren oder anhand empirischer Korrelationsuntersuchungen ohne Kausalanalyse erfolgten. Ein empirischer Nachweis darüber, ob das Vorliegen bestimmter Eigenschaftsmerkmale zu einem signifikant höherem Führungserfolg führt, konnte nicht erbracht werden. Zudem erweist sich die Eigenschaftstheorie insofern als ungeeignet, als daß ihre Ausrichtung auf universale Führungseigenschaften jegliche situative, kontextbezogene Gesichtspunkte vernachlässigt. Wurde die Eigenschaftstheorie nach den erfolglosen Forschungsversuchen gegen Ende der 60er Jahre weitgehend verworfen, erlebte sie Mitte der 80er Jahre eine Renaissance und rückte aufgrund neuerer kausalorientierter Forschungsergebnisse, in deren Rahmen beispielsweise als typisches Führungsmerkmal ein hohes Maß an Kreativität und Belastbarkeit ermittelt wurde, in den Blickpunkt führungsbezogenen Forschungsinteresses.[552] Inwieweit sich jedoch aus solchen Ergebnissen Handlungskonsequenzen deduzieren lassen, bleibt gleichwohl fraglich, dürften sich anhand derartig allgemein gehaltenen Eigenschaftsaussagen kaum sinnvolle Verfahren zur Auswahl von Führungskräften konzipieren lassen.

Ebenso wie bei der Eigenschaftstheorie bleiben auch bei den *verhaltensorientierten* Führungstheorien Situationsparameter weitgehend unberücksichtigt. Im Gegensatz zum Eigenschaftsansatz werden hierbei jedoch keine personenbezogenen Merkmale des Bankmanager, sondern vielmehr Führungsstile und Formen des Führungsverhaltens thematisiert. In Abhängigkeit von der Partizipation der Geführten am Entscheidungsprozeß lassen sich die klassischen Auffassungen des autoritären und demokratischen Führungsstils dabei als Randpunkte eine Kontinuums führungsrelevanter Verhaltensoptionen identifizieren.[553] Entgegen einer traditionellen „Entweder-oder-Zuordnung" eröffnet die Berücksichtigung mehrerer Abstufungen zwischen einem rein autoritären und rein demokratischen Führungsstil zwar einen differenzierteren Zugang zu einem situativeren Führungsverständnis; gleichwohl erscheint die eindimensionale Ausrichtung am Partizipationsgehalt der Entscheidungsfindung die Komplexität des Führungsverhaltens nur unzureichend zu berücksichtigen. So haben sich denn auch vornehmlich in der amerikanischen Managementlehre verschiedene Ansätze herausgebildet, die zumindest zwei als verhaltensrelevant erachtete Dimensionen zur Determinierung bestimmter Führungsstile heranziehen. Stellvertretend für eine Vielzahl weiterer Konzepte sei hier

---

552 Vgl. die Ergebnisse von Lord, R.G.; De Vader, C.L.; Alliger, G.M.: A Meta-Analysis of the Relation between Personality Traits and Leadership Perceptions: An Application of Validity Generalization Procedures, in Journal of Applied Psychology, vol. 71, 1986, S. 402–410.

553 Vgl. Tannenbaum, R.; Schmidt, W.H.: How to choose a leadership pattern, in: Harvard Business Review, 1973, S. 162 ff.

das bekannte „Verhaltensgitter"-Modell von Blake/Mouton[554] angeführt, das eine matrixartige Einordnung des Führungsverhaltens anhand einer mitarbeiter- und anhand einer leistungsorientierten Dimension mit jeweils unterschiedlichen Ausprägungsgraden vornimmt. Während eine hohe Mitarbeiterorientierung in Kombination mit einer gering ausgeprägten Leistungsorientierung beispielsweise einen — plakativ als „*country club management*" bezeichneten — Führungsstil generiert, der durch eine positive Arbeitsatmosphäre unter Vernachlässigung der Leistungsziele charakterisiert ist, läßt sich aus einer Kombination höchster Ausprägungen hinsichtlich beider Dimensionen ein — als „*team management*" bezeichnetes — Führungsverhalten deduzieren, das sich durch ein hohes Leistungsstreben unter gleichzeitiger starker Berücksichtigung von Mitarbeiterinteressen auszeichnet. Obgleich durch eine Dimensionserweiterung derartiger Ansätze ungeachtet einzelner konzeptioneller Schwächen wesentliche Erkenntnisse gewonnen werden können, führt die Vernachlässigung situativer Elemente auch bei den verhaltensorientierten Theorieansätzen dazu, daß sich konkrete Handlungsanweisungen für das bankbetriebliche Führungsverhalten aufgrund der starken Komplexitätsreduktion hieraus nur schwer entwickeln lassen.

Den Versuch einer stärkeren Einbeziehung situativer Einflußfaktoren auf das Vorgesetztenverhalten unternehmen solche Führungstheorien, die den sogenannten *Situationsansatz* verfolgen. Insbesondere die vielfältigen Einflußdeterminanten aus dem In- und Umsystem auf das gesamte Betätigungsfeld einer Bankunternehmung lassen eine solch situativ geprägte Orientierung des Führungsverhaltens unumgänglich erscheinen. Die Situationsabhängigkeit der Führung kann dabei auf verschiedene Art und Weise konzeptionalisiert werden.[555] Im wesentlichen lassen sich dabei drei Vorgehensweisen unterscheiden: Der *Moderator-Ansatz*, der das Situationselement als intervenierende Variable auffaßt, der *situationsanalytische Ansatz*, der vornehmlich die systematische Situationserkundung fokussiert, und der *instrumentalistische Ansatz*, der auch das Führungsverhalten selbst als situatives Element begreift. Der Nachteil dieser Ansätze besteht im wesentlichen darin, daß mit der zunehmenden Einbeziehung situativer Determinanten zwangsläufig auch eine wachsende Modellkomplexität einhergeht, eine abschließende Erfassung sämtlicher ausschlaggebender Einflußparameter gleichwohl jedoch nicht erreichbar ist. So lassen sich einerseits aufgrund zunehmend differenzierterer Beschreibungs- und Erklärungsmodelle handfeste Handlungsanweisungen für die bankbetriebliche Führungspraxis nur schwer verfügbar machen. Andererseits kann auch mittels der Situationstheorien insbesondere im bankbetrieblichen Kontext keine abschließende Berücksichtigung aller Einflußgrößen erfolgen.

So zeichnet sich denn auch in der allgemeinen Führungsdiskussion in jüngerer Vergangenheit ein zunehmender Trend hin zu individualisierteren Ansätzen des Motivierens ab. Im Zentrum einer solch neuen Paradigmenausrichtung steht die Überzeugung, daß die jeweilige persönliche Individualität des Vorgesetzten und der von ihm geführten Mitarbeiter ein schablonenhaftes, schematisches Verhalten ebensowenig zweckmäßig erscheinen läßt, wie die jeweiligen Arbeitsumstände. Vielmehr erscheint es zur betrieblichen

554 Vgl. Blake, R.A.; Mouton, J.S.: The new managerial grid, 3. Aufl., Houston 1985.

555 Vgl. hierzu und zum folgenden Steinmann, H.; Schreyögg, G.: Management, a.a.O., S. 583 ff.

Zielerfüllung sinnvoll, die wechselseitigen Beziehung zwischen jedem einzelnen Mitarbeiter und dem Vorgesetzten nicht gleichförmig, sondern individuell zu gestalten. Wenngleich damit insbesondere der sozialen Kompetenz des Vorgesetzten eine Schlüsselrolle im Führungsverhalten zufällt, können die klassischen Theorieansätze zu Führungsstilen und -verhalten hierzu gleichwohl einen Beitrag leisten. Anstelle einer Fixierung des Führungsverhaltens auf der Basis einer bestimmten Modellvorgabe, kommt es in einem umgekehrten Sinne vielmehr darauf an, das gesamte Kontinuum möglicher Führungsstile zu beherrschen, um situativ darauf zurückgreifen zu können. Aufgrund ihres gegenüber neueren, komplexeren Theorien stärkeren Praxisbezuges kommen vor allem die klassischen Ansätze als Bestandteil eines erforderlichen Verhaltensrepertoires in Betracht.

II. Die Motivationsfunktion des Bankmanagement

1. Motivationstheoretische Grundlegung

Angesichts der kaum noch überschaubaren Vielzahl unterschiedlicher, von der Motivationsforschung hervorgebrachter Theorien setzt eine nähere Auseinandersetzung mit der Motivationsproblematik zunächst eine theoretische Grundlegung voraus. Obgleich über den Begriff der „Motivation" in der Literatur keine einheitliche Auffassung besteht, kann eine grobe Übereinkunft der unterschiedlichen Definitionsansätze dennoch dahingehend getroffen werden, daß der Motivationsbegriff einen „aktivierenden Prozeß mit richtunggebender Tendenz" umschreibt.[556] Während die ältere Motivationsforschung vorrangig die erstgenannte, energetische Komponente dieser weitgefaßten Definition, beispielsweise in Form von Bedürfnis- und Aktivationstheorien, thematisiert hat, befaßt sich die neuere Motivationsforschung überwiegend mit dem zweiten, kognitiven Aspekt des Motivationsgeschehens, der die bewußte Ausrichtung von Tätigkeiten auf ein bestimmtes Handlungsziel hin beschreibt; dieser Entwicklungslinie folgend wird den weiteren Ausführungen ein kognitiver Ansatz zugrunde gelegt. Stellvertretend für den überwiegenden Teil der neueren Theorien, die zumindest in ihren Grundzügen dem Modelltyp der sogenannten „Erwartungs-Valenz-Theorien" entsprechen, soll zur Veranschaulichung auf das Instrumentalitätsmodell von Vroom zurückgegriffen werden[557].

---

[556] Vgl. hierzu und zum folgenden Wiswede, G.: Einführung in die Wirtschaftspsychologie, 2. Auflage, München, Basel 1995, S. 59.

[557] Vgl. Vroom, V.H.: Work and motivation, New York 1964.

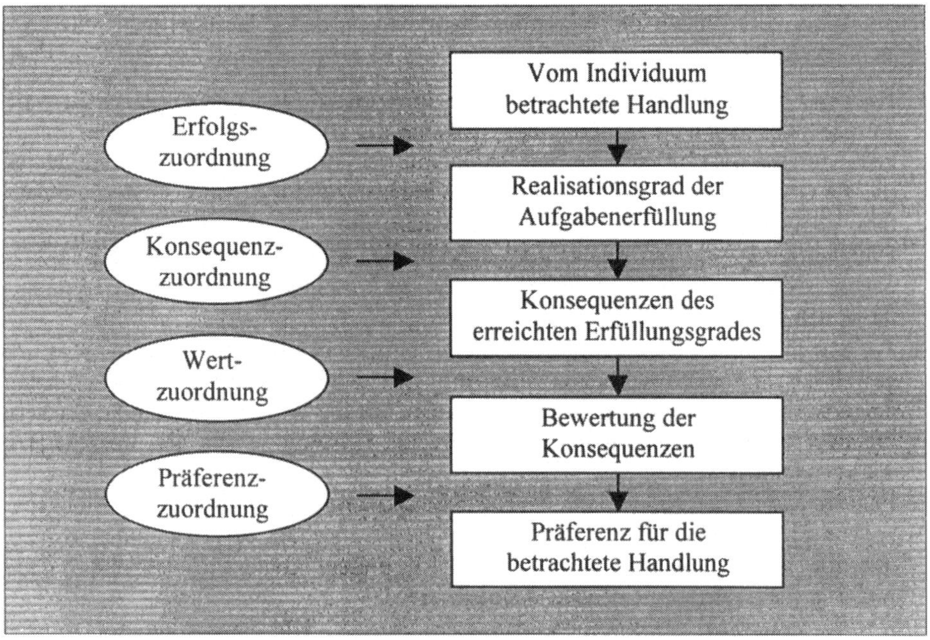

Abb. 29: Das Instrumentalitätsmodell von Vroom

Wie in Abbildung 29 ersichtlich, vollzieht sich die Präferenzbildung des Bankmitarbeiters für eine entsprechend der Bankzielsetzung erwünschte Handlung nach dem Instrumentalitätsmodell von Vroom über mehreren Stufen. Eine besondere motivationale Neigung seitens des Bankmitarbeiters für eine bestimmte Tätigkeit ist dabei nur dann zu erwarten, wenn der Mitarbeiter im Sinne der *Erfolgszuordnung* von einer erfolgreichen Realisierbarkeit der ihm gestellten Aufgabe ausgeht, wenn er weiter perzipiert, daß die gelungene Verrichtung der ihm angetragenen Tätigkeit im Sinne der *Konsequenzzuordnung* belohnt wird und er die erwartete Belohnung letztlich im Sinne der *Wertzuordnung* auch positiv beurteilt. Eine weitere Voraussetzung für die Präferierung bestimmter Verhaltensweisen, die Vroom nicht explizit hervorhebt, besteht zudem darin, daß die Verhaltensbelohnung dem notwendigen Beitrag des Mitarbeiters zur Aufgabenerfüllung im Sinne der Anreiz-Beitrags-Theorie zumindest entspricht. Ist nur eine der angeführten erforderlichen Erwartungs- und Bewertungsanforderungen nicht erfüllt, muß im Umkehrschluß angenommen werden, daß eine motivationale Präferenzbildung für die entsprechende Tätigkeit ausbleibt.

Ein wesentlicher Erkenntnisbeitrag des Vroomschen Models liegt in der Identifikation der einzelnen Einflußfaktoren auf die Motivationsentstehung. Wenngleich sich daraus keine unmittelbaren Handlungsanweisungen ableiten lassen, so eignet sich die Modellbetrachtung gleichwohl zur Verdeutlichung wesentlicher Anknüpfungspunkte für ein motivationsorientiertes Führungsverhalten des Bankmanagement. Entsprechend der einzelnen Zuordnungsebenen des Vroomschen Modells (vgl. Abbildung 29) und unter Berücksichtigung der Anreiz-Beitrags-Theorie, spielen für die Wahrnehmung der Motivationsfunktion vornehmlich die folgenden theorieinduzierten Prämissen der Präferenzbildung eine Rolle:

- *Positive Fähigkeitserwartung:* Durch eine kompetenz- und qualifikationsadäquate Aufgabendelegation ist zu vermeiden, daß sich der Bankmitarbeiter in seiner Tätigkeitserfüllung überfordert sieht und bereits mit der Aufgabenübernahme eine demotivierte Grundhaltung einnimmt. Da für die Präferenzbildung jedoch nicht die objektive, sondern vielmehr die vom Mitarbeiter subjektiv wahrgenommene Fähigkeitserwartung von Relevanz ist, besteht die Motivationsfunktion des Bankmanagers in diesem Punkt auch darin, unbegründet erscheinende Zweifel der Mitarbeiter an den eigenen Fähigkeiten zu entkräften.
- *Positive Konsequenzerwartung:* Durch eine entsprechende Anreizgestaltung ist zu gewährleisten, daß erfolgreich erfüllte Aufgabenstellungen seitens des Vorgesetzten Anerkennung finden. Hierbei geht es weniger um die Art der Belohnung, sondern vielmehr um den Tatbestand, ob die erbrachte Leistung seitens des Vorgesetzten wahrgenommen wird.
- *Positive Konsequenzbewertung:* Wesentliche Voraussetzung für eine handlungsbezogene Präferenzbildung ist eine positive Bewertung der zu erwartenden Konsequenzen. Problematisch erweist sich gerade in diesem Kontext der subjektive Charakter in der Bewertung einzelner Anreizformen.
- *Positive Bewertung des Anreiz-Beitrags-Verhältnisses:* Die Bewertung des Anreiz-Beitrags-Verhältnisses richtet sich auf die Dimensionierung der erwarteten und bewerteten Verhaltensentgeltung. Ein wesentliche Rolle spielt dabei mangels eines objektiven Bewertungsmaßstabes die Gleichbehandlung der Mitarbeiter durch den Vorgesetzten.

2. Implikationen für die Anreizgestaltung

Vor dem Hintergrund der motivationstheoretischen Ausführungen stellt sich die Frage nach der Gestaltung eines betrieblichen Anreizsystems, mit dem der erforderliche Leistungsbeitrag der Bankmitarbeiter stimuliert werden kann. Je nachdem, ob sich die zur Verhaltenssteuerung des Mitarbeiters vorgesehenen Belohnungen unmittelbar aus der Aufgabenerfüllung selbst ergeben oder aber in Form von außerhalb der Tätigkeit liegenden Gratifikationen eingesetzt werden, kann grundsätzlich zwischen intrinsischen und extrinsischen Anreizen differenziert werden. Die intrinsischen Anreize sind immaterieller Art und umfassen Motivationsfaktoren wie Eigenverantwortung und abwechslungsreiche Tätigkeitsgestaltung, mit denen die Selbstentfaltungsbedürfnisse der Stelleninhaber angesprochen werden. Unter Gratifikationen in Form extrinsischer Anreizen sind hingegen sowohl immaterielle als auch materielle Belohnungen, wie Prämien, Ehrungen, Beförderungen zu verstehen, die in erster Linie auf die Befriedigung von materiellen Bedürfnissen und Anerkennungsbedürfnissen gerichtet sind.

Da die verhaltenssteuernde Wirkung antizipierter Belohnungen, wie oben gezeigt, maßgeblich von der subjektiven Bewertung durch den einzelnen Bankmitarbeiter abhängt, die ihrerseits wiederum durch dessen individuelle und im Zeitablauf schwankende — und damit für das Bankmanagement nur bedingt ermittelbare — Bedürfnisstruktur geprägt wird, kommt der Gestaltung eines „Anreiz-Mixes", der eine möglichst große Vielzahl unterschiedlichster Bedürfnisse anzusprechen vermag, eine zentrale Bedeutung zu. Im Widerspruch zu dieser Einsicht zeichnet sich in der Bankpraxis gegenwärtig eine Entwicklung ab, die insbesondere den Anerkennungs- und Sicherheitsbedürfnissen nur unzureichend Rechnung zu tragen scheint. So ist hinsichtlich der Anerkennungsbedürfnisse zu konstatieren, daß diesen nicht nur durch den Abbau von Titeln, Ehrungen usw., sondern insbesondere auch aufgrund mangelnder hierarchischer Aufstiegschancen im Rahmen eines fortwährenden Lean-banking-Prozesses mit einem Trend zu flacheren Hierarchien zunehmend schlechter entsprochen wird. Im Hinblick auf das Sicherheitsbedürfnisses der Mitarbeiter erweist sich die mit dem gegenwärtigen Umstrukturierungsprozeß im deutschen Bankgewerbe einhergehende Arbeitsplatzverunsicherung in bestimmten Funktionsbereichen — zumeist der unteren Gehaltsklassen — als problematisch. Der drohende Verlust des Arbeitsplatzes beeinträchtigt die Gestaltung des Anreizsystems nicht nur durch die mangelnde Möglichkeit, auf das Sicherheitsbedürfnis ausgerichtete Anreize glaubwürdig einzubinden, sondern kann darüber hinaus auch dazu führen, daß die Stelleninhaber die Übernahme des Risikos im Hinblick auf die Bewertung des Anreiz-Beitrags-Verhältnisses als solch hohen Beitrag auffassen, dem auch mittels der auf andere Bedürfnisse gerichteten Anreize nicht entsprochen werden kann.

Ein weiterer wesentlicher Aspekt der Anreizgestaltung besteht darin, nur solche Erwartungen auf Belohnungen zu wecken, die langfristig einlösbar erscheinen. Gerade enttäuschte Versprechungen können die Konsequenzerwartung über Lernprozesse nachhaltig beeinträchtigen. Ein weiterer bedeutsamer Aspekt hinsichtlich der Konsequenzerwartung besteht darin, die Verhaltensbelohnung regelmäßig und einheitlich zu gestalten, um eine sichere Erwartungshaltung zu ermöglichen.